Vahlens Handbücher
der Wirtschafts- und Sozialwissenschaften

Internationales Marketing

Going und Being International

von

Univ.-Prof. Dr. Prof. h.c. Bernhard Swoboda

Univ.-Prof. Dr. Hanna Schramm-Klein

Univ.-Prof. Dr. Tilo Halaszovich

4., vollständig überarbeitete Auflage

Verlag Franz Vahlen München

Univ.-Prof. Dr. Prof. h.c. Bernhard Swoboda ist Inhaber der Professur für Betriebswirtschaftslehre, insbesondere Marketing und Handel der Universität Trier.

Univ.-Prof. Dr. Hanna Schramm-Klein ist Inhaberin der Professur für BWL, insbesondere Marketing und Handel der Universität Siegen.

Univ.-Prof. Dr. Tilo Halaszovich ist Inhaber der Professur für Global Markets & Firms der Jacobs University Bremen.

ISBN Print: 978 3 8006 6450 4
ISBN E-Book: 978 3 8006 6451 1

© 2022 Verlag Franz Vahlen GmbH
Wilhelmstr. 9, 80801 München
Satz: DTP-Vorlagen der Autoren
Druck und Bindung: Beltz Grafische Betriebe GmbH
Am Fliegerhorst 8, 99947 Bad Langensalza
Umschlaggestaltung: Ralph Zimmermann – Bureau Parapluie

vahlen.de/nachhaltig

Gedruckt auf säurefreiem, alterungsbeständigem Papier
(hergestellt aus chlorfrei gebleichtem Zellstoff)

Vorwort zur vierten Auflage

Die vierte Auflage ist eine vollständige Neukonzeption im Vergleich zur dritten Auflage. Der Aufbau des Lehrbuches orientiert sich nicht mehr an früheren Büchern in der Reihe „Vahlens Handbücher", sondern behandelt die vielfältigen Entscheidungen des Internationalen Marketing in 21 Kapiteln, welche nach fünf Themengebieten geordnet sind: Grundlagen, Marktengagement, Entry/Operation Modes, Marktbearbeitung und Koordination/Führung. Dies entspricht nicht nur der modernen Seminar- und Lehrekultur, in der ausgewählte und wechselnde Themen behandelt werden, sondern auch didaktischen Anforderungen der Eignung von Büchern für eine punktuell vertiefte Lektüre durch einen „eiligeren Leser". Schließlich wird in jedem Kapitel ein in Seminaren oder in Abschlussarbeiten nutzbarer „Literature Review" zum jeweiligen Thema neu geboten.

Neben den fünf Themengebieten des Internationalen Marketing werden Interdependenzen adressiert. Hierzu zählen Entscheidungssequenzen i.S.d. Dynamik von Kernentscheidungen zum Marktengagement, zu Entry/Operation Modes und zur Marktbearbeitung. Gemeint sind damit Erst- und Folgeentscheidungen eines International Business Development, i.S.d. erstmaligen Eintritts („Going-International") und längerfristiger Bearbeitung von Märkten („Being-International"). Dies entspricht einer dynamischen Sicht des Internationalisierungsprozesses von Unternehmen, die (i.d.R. länderspezifische) Erstentscheidungen beim Eintritt in einem ausländischen Markt treffen und (i.d.R. länderübergreifenden) Folgeentscheidungen, die oftmals Anpassungen der getroffenen Erstentscheidungen im Zeitablauf oder gar einen Strategiewechsel zum Gegenstand haben können. Dies ist zugleich aber auch mit der Interdependenz zwischen einer ländermarktspezifischen und -übergreifenden Sicht im Internationalen Marketing verbunden. Schließlich umfasst dieses auch diverse Formen eines reduzierten Auslandsengagements, wie den Austritt oder die Reduktion des „Commitment" in Auslandsmärkten, ggf. zugunsten des Erfolges auf anderen.

Die Kernentscheidungen zu Marktengagement, zu Entry/Operation Modes und zur Marktbearbeitung werden in Studien i.d.R. isoliert betrachtet. Wir verweisen ferner auf deren Einbindung in übergeordnete (internationale) Produkt-Markt-Strategien, Grundsatzentscheidungen oder generierte Ressourcen in Unternehmen. Allerdings bilden in der Neuauflage die globale, multinationale oder transnationale Strategie nicht mehr den Ansatzpunkt für alle Kernentscheidungen. Dies ist empirisch nicht haltbar und hat sich insb. bei der Behandlung von Marktbearbeitungsentscheidungen nicht bewährt. Gleichermaßen werden offensichtliche Wechselbeziehungen und Sequenzänderungen von Kernentscheidungen exemplarisch angesprochen.

Neu wird explizit auf die Bedeutung der Makroumwelt für die Kernentscheidungen und zugleich für die Bewertung der Ergebnisse der Kernentscheidungen durch lokale Kunden eingegangen. Schließlich entscheiden im Marketing und somit auch im Internationalen Marketing die Kunden über den Erfolg eines Unternehmens und idealtypisch richten Manager ihre Entscheidungen an Kundenbedürfnissen aus, sei es länderspezifisch oder länderübergreifend. Diese naheliegende und vordringliche Kundensicht schlägt sich u.a. darin nieder, dass nicht nur Länderdistanzen (vorherrschend in Studien zu Managemententscheidungen), sondern auch Länderdifferenzen (vordringlich in kundenorientierten Studien) behandelt werden. Hierdurch steigt gleichwohl die Komplexität, weil Distanzen i.d.R. mit einem Index abgebildet werden (können), die vielfältigeren Differenzen demgegenüber v.a. mit einzelnen relevanten Dimensionen oder Items.

Weiterhin betrachtet werden sektorale Besonderheiten für die o.g. Kernentscheidungen. Die sektoralen Besonderheiten werden konsequent in die Analyse einbezogen und insb. anhand von Fallstudien am Ende der Textabschnitte zu den Kernentscheidungen zum Marktengagement, zu den Entry/Operation Modes und zur Marktbearbeitung. Die Fallstudien behandeln Industriegüterunternehmen (B2B), Konsumgüterunternehmen (B2C) und Serviceunternehmen, was v.a. herausfordernd ist, weil die Besonderheiten der vielen und heterogenen Dienstleistungsbranchen kaum in einem einzigen Lehrbuch abgebildet werden können.

Schließlich sind die Erörterungen nicht auf strategische und operative marktorientierte Entscheidungen zum International Business Development begrenzt, sondern schließen auch die Implementierungs- und Führungsperspektive ein. So werden auch die Organisationsstruktur, -prozesse und -systeme sowie Aspekte der Unternehmenskultur diskutiert. Schließlich verzichten wir auf bisherige Praxisbeispiele und Stellungnahmen von Vertretern der Wirtschaftspraxis jenseits von Fallstudien, weil diese schnell überaltern und zudem in ein kompakteres Format des Buches nicht hineinpassen.

Unser Dank gilt allen Mitarbeitern, die zum Entstehen dieser Auflage wesentlich beigetragen haben, so aus Trier, Herrn Nils Fränzel, M. Sc., Frau Dr. Carolina Sinning, Frau Dr. Amelie Winters, Herrn Zimmer, M. Sc., und engagierte Hilfskräfte, aus Siegen Frau Carmen Richter, Herrn Julian Schmitz, M. Sc., und Herrn Jan-Lukas Selter, M. Sc., sowie aus Bremen Frau Dipl.-Kulturw. Univ. Sonja Mattfeld, Herrn Thore Rümper und Frau Clara Dziuron. Frau Ursula Faßbender und Frau Dr. Carolina Sinning aus Trier, danken wir für die engagierten redaktionellen Abschlussarbeiten. Wie in allen Auflagen danken wir den Vertretern der Wirtschaftspraxis, die uns durch die Bereitstellung der erforderlichen Materialien die Möglichkeit zur Integration von umfassenden Fallstudien geboten haben.

Bewährt hat sich in den bisherigen Auflagen die durchgängige Verwendung der männlichen Form „Manager" oder „Entscheidungsträger", wohl wissend, dass ein Großteil unserer Leser Frauen sind und auch in der Unternehmenspraxis immer mehr Frauen in Führungspositionen tätig sind. Die männliche Form soll keineswegs eine Diskriminierung sein, sondern eine Kurzform für die Geschlechter darstellen.

Über jeden inhaltlichen und redaktionellen Hinweis zu diesem Lehrbuch danken wir schon im Voraus. Am einfachsten erreichen Sie uns per E-Mail.

Trier, Siegen und Bremen, im Oktober 2021

Bernhard Swoboda	Hanna Schramm-Klein	Tilo Halaszovich
B.Swoboda@uni-trier.de	HSK@uni-siegen.de	T.Halaszovich@jacobs-university.de

Vorwort zur ersten Auflage

Mit Blick auf die Vielzahl vorliegender Lehrbücher in deutscher und englischer Sprache zum Themenbereich des Internationalen Marketing stellt sich die Frage, die möglicherweise auch potenzielle Rezensenten bewegen wird, ob es sich um ein weiteres oder ein anderes Lehrbuch handelt. Die Autoren hoffen, dass letzteres der Fall sein möge.

Die angestrebte Charakteristik des Buches soll sich in zwei als wesentlich erachteten Merkmalen manifestieren. So wird erstens versucht, konsequent zwischen Erstentscheidungen und Folgeentscheidungen zu differenzieren, d.h. eine dynamische Perspektive zu beachten, so hinsichtlich des Marktengagement, der Betätigungsformen und der Marktbearbeitung. Zweitens sollen die Interdependenzen dieser Entscheidungsfelder beleuchtet werden. Darüber hinaus werden die sektoralen Besonderheiten des Internationalen Marketing diskutiert. Unterschieden wird dabei zwischen Industriegüterherstellern, Konsumgüterherstellern, Groß- und Einzelhandelsunternehmen und (sonstigen) Dienstleistungsunternehmen wie Banken, Versicherungen, Softwareunternehmen usw.

Das Lehrbuch stellt eine Ergänzung des im selben Verlag erschienenen Lehrbuches „Internationales Wertschöpfungsmanagement" dar. Herausgegriffen wird der dort unter den Aspekten der Konfiguration, der Transaktionsformen und der Koordination diskutierte Wertschöpfungsprozess „Marketing". Das Lehrbuch ergänzt auch das im selben Verlag erschienene Lehrbuch „Handelsmanagement". Die dort unter wettbewerbsstrategischen Gesichtspunkten diskutierte Internationalisierung der Handelsunternehmen wird hier unter dem Aspekt der sektoralen Besonderheiten aufgegriffen und vertieft; die sektoral-übergreifenden Überlegungen stellen eine Erweiterung der dortigen Ausführungen dar.

Insofern resultiert das Lehrbuch auch aus der Forschungs- und insbesondere Lehrtätigkeit der Autoren an der Universität des Saarlandes bzw. an der Universität Trier. Der hier gewählte Ansatz ist jedoch nicht zugeschnitten auf eine standortspezifische Ausrichtung von Vertiefungsfächern, sondern erhebt einen universellen Anspruch.

Unser Dank gilt zunächst allen Mitarbeitern des Instituts für Handel & Internationales Marketing (H.I.MA.) an der Universität des Saarlandes sowie der Professur für Marketing und Handel der Universität Trier, so Herrn Peter Domma, Dipl.-Kfm., Herrn Constantin Hilt, Dipl.-Kfm., Herrn Guido Hüffer, Dipl.-Kfm., Herrn Markus Lehnert, Dipl.-Kfm., Frau Sandra Pocsay, Dipl.-Kff., Herrn Lambert Scheer, M.A., (Saarbrücken) sowie Frau Judith Giersch, Dipl.-Kff., Herrn Frank Hälsig, Dipl.-Kfm., Herrn Martin Jager, Dipl.-Kfm., und Frau Sandra Schwarz, Dipl.-Kff., (Trier), die an dem Entstehen dieses Buches aktiv mitgewirkt haben.

Unser Dank gilt zugleich den Unternehmen, die mit Beispielen, Meinungen und Stellungnahmen vertreten sind und die durch die Bereitstellung der erforderlichen Materialien die Möglichkeit zur Integration von umfassenden Fallstudien geliefert haben.

Nicht zuletzt gilt unser Dank Frau Heike Frensch und Frau Gabriele Thös (Saarbrücken) und Frau Ursula Fassbender (Trier) für die äußerst sorgfältigen Schreib- und Layoutarbeiten. Frau Sandra Pocsay, Dipl.-Kff., und Frau Sabine Herwig, Dipl.-Kff., danken wir für die engagierten redaktionellen Abschlussarbeiten.

Da ein Großteil unserer Leser Frauen sind und auch in der Wirtschaftspraxis immer mehr Frauen tätig sind, wäre es nicht nur ein Gebot der Höflichkeit, stets auch von Managerinnen und Entscheidungsträgerinnen zu sprechen, was die Lesbarkeit des Textes unserer Meinung nach aber stark einschränken würde. Auch die Wortschöpfung „ManagerInnen" gefällt uns weniger. Wenn im vorliegenden Buch also die männliche Form gewählt wird, so soll dies keineswegs eine Diskriminierung, sondern eine Kurzform für beide Geschlechter bedeuten.

Über jeden Hinweis zu diesem Lehrbuch sind wir schon im Voraus dankbar. Richten Sie diese bitte an das Institut für Handel & Internationales Marketing an der Universität des Saarlandes oder an die Professur für Marketing und Handel der Universität Trier.

Saarbrücken und Trier, im Februar 2006

Joachim Zentes   Bernhard Swoboda   Hanna Schramm-Klein

Inhaltsverzeichnis

Vorwort zur vierten Auflage V
Vorwort zur ersten Auflage VII
Inhaltsverzeichnis IX
Abkürzungsverzeichnis XVII

GRUNDLAGEN

1. **Dynamik, Begriffe und Erklärungsansätze** 1
    1.1. Ziele der Internationalisierung und des Internationalen Marketing 1
        1.1.1. Dominanz der Marktziele 1
        1.1.2. Spezifische Marketingziele 3
    1.2. Dynamik der Internationalisierung 3
        1.2.1. Volkswirtschaftlich 3
        1.2.2. Branchenspezifisch 6
        1.2.3. Unternehmensspezifisch 8
    1.3. Internationalen Marketing als spezifische Marketingdisziplin 10
        1.3.1. Charakteristika 10
        1.3.2. Abgrenzung zum Internationalen Management 12
    1.4. Theoretische Grundlagen des Internationalen Marketing 13
        1.4.1. Einblick in theoretische Ansätze 13
        1.4.2. Grundlegende Managementperspektive 17

2. **Strategische Ebenen und Entscheidungen im Internationalen Marketing** 21
    2.1. Perspektiven und Ebenen von Strategien 21
    2.2. Internationale Strategien als Basisoptionen 23
        2.2.1. Grundorientierungen im IR-Framework 23
        2.2.2. Globale Orientierung 26
        2.2.3. Multinationale Orientierung 28
        2.2.4. Transnationale Orientierung 30
        2.2.5. Internationale Orientierung 31
        2.2.6. Empirische Einsichten 33
    2.3. Kernentscheidungen im Internationalen Marketing 35
    2.4. Interdependenzen von Entscheidungen 39

3. **Umfeldfaktoren des Internationalen Marketing** 43
    3.1. Systematik des Umfeldes 43
    3.2. Auswahl relevanter Umfeldfaktoren 45
        3.2.1. Länderdistanzen und -differenzen im Internationalen Marketing ... 45
        3.2.2. Bedeutung unternehmensexterner und -interner Umfeldfaktoren ... 47

3.3. Makroumfeld 49
    3.3.1. Grundsätzliche Faktoren 49
    3.3.2. Nationale Institutionen 51

3.4. Kultur als besonderes Makroumfeld 54
    3.4.1. Abgrenzungen und Grundlagen 54
    3.4.2. Ansatz von Hofstede 57
    3.4.3. Ansatz von Schwartz 58
    3.4.4. GLOBE 59
    3.4.5. Ansatz von Inglehart 60

3.5. Wettbewerbsumfeld 61

3.6. Unternehmensinterne Faktoren (Internes Umfeld) 64

OPTIONEN DES MARKTENGAGEMENTS

4. Markteintritt und -austritt als Grundsatzentscheidungen 67

4.1. Gegenstand 67

4.2. Systematisierung der Entscheidungsoptionen 68
    4.2.1. Ex-ante- und Ex-post-View 68
    4.2.2. Integrale vs. internationale Segmentierung 70
    4.2.3. Opportunistische vs. systematische Identifikation von Auslandsmärkten 72

4.3. Formen länderspezifischer und -übergreifender Markteintritte 73
    4.3.1. Opportunistisch: Nachfrage aus dem Ausland und Grobeinschätzung von Marktpotenzialen 73
    4.3.2. Opportunistisch: Empfehlungen Dritter und Wettbewerbsbeobachtungen 74
    4.3.3. Opportunistisch: Messeauftritte und Portale 74
    4.3.4. Ohne Marktselektion: Auslandsprojekte 75
    4.3.5. Ohne Marktselektion: Follow-the-Customer-Strategie 75
    4.3.6. Ohne Marktselektion: Eintritte aus Nachbarländern 78
    4.3.7. Ohne Marktselektion: Brückenkopfländer und -städte 79
    4.3.8. Systematische Selektion: Länderselektionsmodelle 79

4.4. Besonderheiten des Marktaustritts und der Re-Nationalisierung 82
    4.4.1. Systematisierung der Entscheidungsoptionen 82
    4.4.2. Länderspezifischer und -übergreifende Marktaustritt und Divestments 84
    4.4.3. De-Internationalisierung und Re-Nationalisierung 87

5. Integrale Marktsegmentierung 89

5.1. Systematisierung der Entscheidungsoptionen 89

5.2. Integrale Segmentierung im B2C-Bereich: Verbrauchersegmentierung 93
    5.2.1. Grundsätze der Kundensegmentierung 93
    5.2.2. Länderübergreifende Eigenstudien 94
    5.2.3. Länderübergreifende Lifestyles 95
    5.2.4. Länderübergreifende Segmentierung von Online- und Omni-Channel-Kunden 98

5.3. Integrale Segmentierung im B2B-Bereich: Unternehmenssegmentierung 101
    5.3.1. Grundsätze der Unternehmenssegmentierung 101
    5.3.2. Segmentierung neuer Kunden und Lieferanten 102
    5.3.3. Segmentierung bestehender Kunden 104

6. Ländermarktsegmentierung und -selektion 109
    6.1. Systematisierung der Entscheidungsoptionen 109
    6.2. Einstufige Ansätze: Einzellandbewertung 110
    6.3. Mehrstufige Ansätze: Attraktivste Länder 112
        6.3.1. Filterverfahren 112
        6.3.2. Beurteilungshilfen 115
    6.4. Länderportfolios: Ländervergleiche 118
        6.4.1. Grundlegende Ansätze 118
        6.4.2. Betonung der Unternehmenssituation 122
    6.5. Länderrisiken als spezifische Markteintrittsbarrieren 124
        6.5.1. Länderrisikobeurteilungskonzepte im Überblick 124
        6.5.2. BERI-Index 126

7. Timing, Pfade und Interdependenzen 129
    7.1. Systematisierung der Entscheidungsoptionen 129
    7.2. Länderspezifische Timing-Entscheidungen 131
        7.2.1. Grundtypen 131
        7.2.2. Vor- und Nachteile sowie Determinanten 132
    7.3. Länderübergreifende Timing-Entscheidungen 135
        7.3.1. Grundtypen 135
        7.3.2. Vor- und Nachteile sowie Determinanten 137
    7.4. Internationalisierungspfade und -muster über die Zeit 139
        7.4.1. Grundtypen 139
        7.4.2. Determinanten und Internationalisierungsgeschwindigkeit 142
    7.5. Interdependenzen im Marktengagement 146

8. Cases in drei Branchen 151
    8.1. Besonderheiten der Industriegüterhersteller 151
    8.2. Internationales Marktengagement von HYDAC International 152
        8.2.1. Kurzvorstellung des Unternehmens 152
        8.2.2. Länderübergreifende Entwicklung 153
        8.2.3. Marktexpansion und -selektion als facettenreicher Prozess 155
        8.2.4. Ausblick 158
    8.3. Besonderheiten der Konsumgüterhersteller 158
    8.4. Timing am Beispiel von Tesla 160
        8.4.1. Kurzvorstellung des Unternehmens 160
        8.4.2. Marktsegmente 162
        8.4.3. Timing 163
        8.4.4. Ausblick 165
    8.5. Besonderheiten der Dienstleistungsunternehmen 166
    8.6. Internationale Marktselektion von METRO Cash & Carry 169
        8.6.1. Kurzvorstellung des Unternehmens 169
        8.6.2. Länderübergreifende Bewertungen 169
        8.6.3. Länderspezifische Bewertungen 170
        8.6.4. Ausblick 175

OPTIONALE BETÄTIGUNGSFORMEN

9. Entry und Operation Mode als Grundsatzentscheidung 177
    9.1. Gegenstand 177
    9.2. Systematisierung der Entscheidungsoptionen 178
        9.2.1. Systematik von Betätigungsformen 178
        9.2.2. Wahl und Wandel von Betätigungsformen 181
    9.3. Charakteristika und Wahl eines Modes 183
        9.3.1. Vor- und Nachteile der Betätigungsformen 183
        9.3.2. Gewählte versus präferierte Eintrittsstrategie 184
        9.3.3. Einflussfaktoren der Wahl 186
        9.3.4. Methoden der Wahl 189
    9.4. Besonderheiten von Mode-Changes 192
        9.4.1. Systematisierung der Entscheidungsoptionen 192
        9.4.2. Einflussfaktoren und Erklärungsansätze 194
        9.4.3. Empirische Einsichten 197

10. Exporte 201
    10.1. Systematisierung der Entscheidungsoptionen 201
    10.2. Export Market Orientation 203
        10.2.1. Begriffsbestimmung 203
        10.2.2. Konzeptualisierung 204
    10.3. Exportgeschäfte 206
        10.3.1. Basisexportformen 206
        10.3.2. Vergleich und Dynamik der Basisexportformen 210
    10.4. Intermediäre, Marktzugänge und Kompensationshandel 213
        10.4.1. Absatzmittler und Handelsmittler 213
        10.4.2. Netzwerke und digitale Plattformen als Marktzugänge 216
        10.4.3. Kompensationshandel 219
    10.5. Erfolgsfaktoren des Exports als Eintritts- und Bearbeitungsmode 220
    10.6. Abwicklungsbesonderheiten beim Export 222
    10.7. Interdependenzen der Entscheidungsfelder 224

11. Kooperative Betätigungsformen 225
    11.1. Systematisierung der Entscheidungsoptionen 225
    11.2. Lizenzen 228
        11.2.1. Lizenzen in der internationalen Marktbearbeitung 228
        11.2.2. Erfolgsfaktoren und Rahmenbedingungen von Lizenz-Systemen ... 230
    11.3. Franchising 232
        11.3.1. Franchising in der internationalen Marktbearbeitung 232
        11.3.2. Erfolgsfaktoren und Rahmenbedingungen von Franchise-Systemen ... 234
    11.4. Management-Contracting 236
    11.5. Joint Venture 238
        11.5.1. Joint Ventures in der internationalen Marktbearbeitung ... 238
        11.5.2. Erfolgsfaktoren und Rahmenbedingungen von Joint Ventures ... 241
    11.6. Management und Erfolg von Kooperationen 243
    11.7. Interdependenzen der Entscheidungsfelder 246

12. Direktinvestive Betätigungsformen 249

12.1. Systematisierung der Entscheidungsoptionen 249

12.2. Konfigurationsformen von Tochtergesellschaften 253
    12.2.1. Vertriebsniederlassungen 253
    12.2.2. Produktions- und Vertriebsniederlassungen 255
    12.2.3. Regionale Zentren 257

12.3. Neugründungen und Akquisitionen 258
    12.3.1. Abgrenzung von „Greenfield und Brownfield Investments" 258
    12.3.2. Vor- und Nachteile von Akquisitionen und Neugründungen 260
    12.3.3. Divestments 262

12.4. Erfolgsfaktoren und Rahmenbedingungen 264
    12.4.1. Erfolgsfaktoren und Rahmenbedingungen von Akquisitionen 264
    12.4.2. Erfolgsfaktoren und Rahmenbedingungen von Tochtergesellschaften 267

12.5. Interdependenzen der Entscheidungsfelder 269

13. Cases in drei Branchen 273

13.1. Besonderheiten der Industriegüterhersteller 273

13.2. Dynamiken internationaler Betätigungsformen bei Schaeffler 274
    13.2.1. Kurzvorstellung des Unternehmens 274
    13.2.2. Firmengeschichte und Internationalisierung 275
    13.2.3. Organisationsstruktur und Geschäftstypen 278
    13.2.4. Ausblick 280

13.3. Besonderheiten der Konsumgüterhersteller 282

13.4. Vertikalisierung und Betätigungsformen von HUGO BOSS 284
    13.4.1. Kurzvorstellung des Unternehmens 284
    13.4.2. Vertikalisierung und Diversifikation 285
    13.4.3. Wahl und Wandel der Betätigungsformen 288
    13.4.4. Ausblick 290

13.5. Besonderheiten der Dienstleistungsunternehmen 291

13.6. Entry and Operation Modes at Amazon 294
    13.6.1. Kurzvorstellung des Unternehmens 294
    13.6.2. Direktinvestive Aktivitäten 296
    13.6.3. Exportbasierte Aktivitäten 299
    13.6.4. Kooperative Aktivitäten 300
    13.6.5. Ausblick 303

MARKTBEARBEITUNG

14. Standardisierung vs. Adaption des Marketing-Mix als Basisentscheidung... 305

14.1. Gegenstand 305

14.2. Ziele und Vorteile von Standardisierung vs. Differenzierung 306

14.3. Systematisierung der Entscheidungsoptionen 308

14.4. Strategische Entscheidungsebenen 310
    14.4.1. Gesamtmarketingstrategie 310
    14.4.2. Relative Bedeutung der Marketinginstrumente 312
    14.3.3. Weitergehende Marketingprozesse 316

14.5. Kundenbewertung des Marketing-Mix 317
14.6. Interdependenzen und Dynamik 318
       14.6.1. Interdependenzen von internationaler Strategie und Marktbearbeitung 318
       14.6.2. Interdependenzen von Marktwahl, -eintrittsform und -bearbeitung..........321

15. Internationales Markenmanagement 323
15.1. Systematisierung der Entscheidungsoptionen 323
15.2. Strategische Entscheidungen als Basis 327
       15.2.1. Strategien und Aufbau von Global Brands 327
       15.2.2. Positionierung und Determinanten von Wahrnehmung und Wirkung.....329
       15.2.3. Corporate Brand, Product Brands und Markenarchitekturen 332
       15.2.4. Country-of-Origin und Marke 334
15.3. Kundenbewertung als Basis 336
       15.3.1. Perceived Brand Foreignness, Globalness and Localness....................336
       15.3.2. Product Brands 338
       15.3.3. Corporate Brands 340
       15.3.4. Endorser Strategy: Interplay of (Corporate and Product) Brands 343
15.4. Weitere Elemente von Produktmarken 346
15.5. Interdependenzen und Dynamik 348

16. Internationale Produktpolitik...349
16.1. Systematisierung der Entscheidungsoptionen 349
16.2. Internationale Produktgestaltung 351
       16.2.1. Standardisierung und Adaption von Produktdimensionen 351
       16.2.2. Standardisierung und Adaption des Kernproduktnutzens......................352
       16.2.3. Standardisierung und Adaption der Produktattribute............................354
       16.2.4. Standardisierung und Adaption der (Produkt-)Dienstleistungen............358
16.3. Internationale Programmgestaltung 360
16.4. Internationale Produktlebenszyklen 362
16.5. Anpassungen der internationalen Produktpolitik 364
       16.5.1. Dynamik der internationalen Produktpolitik 364
       16.5.2. Produktinnovation 366
       16.5.3. Produktvariation 370
       16.5.4. Produktdifferenzierung 371
       16.5.5. Diversifikation des Produktprogramms 371
       16.5.6. Produkteliminierung 372
16.6. Interdependenzen und Dynamik 373

17. Internationale Preispolitik..375
17.1. Systematisierung der Entscheidungsoptionen 375
17.2. Strategische Entscheidungen 378
       17.2.1. Preislagen und -gefüge 378
       17.2.2. Preisstrategie für neue Produkte und neue Märkte 379
       17.2.3. Taxonomie internationaler Preisstrategien...380
       17.2.4. Standardisierung und Adaption als Strategie und Umsetzung...............382
17.3. Weitere Entscheidungen 388
       17.3.1. Preisfindung auf internationalen Märkten..388

17.3.2. Währungsrisiken..388
17.3.3. Besonderheiten im Online-Bereich..389
17.3.4. Transferpreise..391
17.4. Internationale Konditionenpolitik 391
17.5. Interdependenzen und Preisdynamik 396

18. Internationale Kommunikationspolitik...399
18.1. Systematisierung der Entscheidungsoptionen 399
18.2. Strategische und operative Gestaltungsoptionen...402
    18.2.1. Planungsprozess der internationalen Kommunikation im Überblick........402
    18.2.2. Internationale Corporate-Identity und Integrierte Kommunikation.............403
    18.2.3. Ziele und Kommunikationsstrategie 404
    18.2.4. Standardisierung und Adaption als Strategie und Umsetzung.................405
    18.2.5. Budgetierung..409
18.3. Internationaler Kommunikationsmix..411
    18.3.1. Touchpoints in der Customer Journey 411
    18.3.2. Systematisierung der Instrumente des Kommunikationsmix................. 412
    18.3.3. Internationale Werbung...413
    18.3.4. Persönliche Kommunikation 417
    18.3.5. Internationale Online- und Social-Media-Kommunikation...................418
    18.3.6. Internationale Public Relations..420
    18.3.7. Internationale Verkaufsförderung, Messen, Ausstellungen und Events 421
    18.3.8. Internationales Sponsoring und internationales Product Placement.......... 422
18.4. Interdependenzen und Dynamik 423

19. Internationaler Vertrieb...425
19.1. Systematisierung der Entscheidungsoptionen 425
19.2. Strategischer Planungsprozess und spezifische Ziele 429
19.3. Kernentscheidungen..430
    19.3.1. Direkter und indirekter Vertrieb sowie Vertriebsorgane 430
    19.3.2. Tiefe des Vertriebs und Vertikalisierung 434
    19.3.3. Breite des Vertriebs und Marktabdeckung...436
    19.3.4. Breite des Vertiebssystems: Ein- vs. Mehrkanalsysteme....................437
19.4. Weitergehende Gestaltung einer Vertriebskonzeption 438
    19.4.1. Elemente einer Vertriebskonzeption 438
    19.4.2. Block Chains und Automatic Sales Options 440
19.5. Management und Kontrolle..441
    19.5.1. Bewertung und Auswahl...441
    19.5.2. Vertikale Beziehungsgestaltung 442
    19.5.3. Global Account-Management 445
19.6. Internationale Distributionslogistik 448
19.7. Interdependenzen und Dynamik...449

20. Cases in drei Branchen... 451
20.1. Besonderheiten der Industriegüterhersteller...451

20.2. IEE Group – Innovative Sensorlösungen und -services 453
    20.2.1. Kurzvorstellung des Unternehmens..453
    20.2.2. Produktanagebote und -innovation 454
    20.2.3. Produktion und Marktbearbeitung in Weltregionen 457
    20.2.4. Ausblick 461

20.3. Besonderheiten der Konsumgüterhersteller 461

20.4. Marktbearbeitung am Beispiel Apple..464
    20.4.1. Kurzvorstellung des Unternehmens..464
    20.4.2. Markenmanagement 464
    20.4.3. Produktpolitik..465
    20.4.4. Preispolitik...466
    20.4.5. Kommunikationspolitik 467
    20.4.6. Vertriebspolitik 468
    20.4.7. Ausblick 469

20.5. Besonderheiten der Dienstleistungsunternehmen.......................................469

20.6. Internationale Angebotsplanung und Distribution der SAP SE 473
    20.6.1. Kurzvorstellung des Unternehmens..473
    20.6.2. Globale und lokal adaptierte Leistungen..473
    20.6.3. Internationale Vertriebsnetzwerke 477
    20.6.4. Global Account Management..479
    20.6.5. Ausblick 480

IMPLEMENTIERUNG, KOORDINATION UND FÜHRUNG

21. Koordination als Grundsatzentscheidung 481

21.1. Gegenstand 481

21.2. Systematisierung der Entscheidungsoptionen...482
    21.2.1. Internationales Marketing vs. Management 482
    21.2.2. Interne und externe Kontingenz..484

21.3. Organisationsstruktur 487
    21.3.1. Einbindung des Internationalen Marketing in die Gesamtorganisation.....487
    21.3.2. Interne Gestaltung des Internationalen Marketing 489
    21.3.3. Zentralisierung vs. Dezentralisierung 492

21.4. Organisationsprozesse und -systeme...494
    21.4.1. Planungssysteme..494
    21.4.2. Informations- und Kommunikationssysteme 498
    21.4.3. Marketing-Controlling-Systeme..501
    21.4.4. Künstliche Intelligenzen..508

21.5. Unternehmenskultur und Human Resource Management 509
    21.5.1. Strategische Bedeutung von Unternehmenskultur und HRM...............509
    21.5.2. Herausforderungen und Gestaltung des internationalen HRM 512
    21.5.3. Führungskultur und Kulturtransfer...515

21.6. Koordination und internationale Strategie 518

Literaturverzeichnis 521

Stichwortverzeichnis 561

Abkürzungsverzeichnis

Länderkürzel	https://docs.wto.org/gtd/Default.aspx?pagename=WTOIsocodes&langue=e
AG	Aktiengesellschaft
AJP	Asien-Pazifik-Japan
AMA	American Marketing Association
ASEAN	Association of South East Asian Nations
B2B	Business to Business
B2C	Business to Consumer
BERI	Business Environment Risk Intelligence
Bill.	Billionen
BIP	Bruttoinlandsprodukt
BMWI	Bundesministerium für Wirtschaft und Technologie
BRIC(S)	Brasilien, Russland, Indien, China (South Africa)
Bspw.	Beispielsweise
BSP	Bruttosozialprodukt
Bzgl.	Bezüglich
Bzw.	Beziehungsweise
C&C	Cash & Carry
Ca.	Circa
CAS	Computer Added Selling
CEO	Chief Executive Officer
CLV	Customer-Lifetime-Value
COO	Country-of-Origin
CRM	Customer-Relationship-Management
CSR	Corporate Social Responsibility
DACH	Germany, Austria, Switzerland
DAX	Deutscher Aktienindex
EJV	Equity Joint Venture
EMEA	Europa-Arabien-Afrika
ERP	Enterprise Resource Planning
Etc.	Et Cetera
EU	Europäische Union
EUR	Euro
Euro NCAP	European New Car Assessment Programm
EXIM	Export-Import Bank of the United States
F&E	Forschung und Entwicklung
FDI	Foreign Direct Investment
FMCG	Fast Moving Consumer Goods
FORELEND	Forecast of Country Risk for International Lenders
GAINS	Gestalt-Approach-of-Internationalisation
GAM	Global Account Management
GATT	General Agreement on Tariffs and Trade
GfK	Gesellschaft für Konsumforschung
Ggf.	Gegebenenfalls
GLOBE	Global Leadership & Organizational Behavior Effectiveness Research Program

GmbH	Gesellschaft mit beschränkter Haftung
GDP	Gross Domestic Product
GTAI	German Trade & Invest
HRM	Human Resource Management
HYDAC	Hydraulic Accessory, Hydraulic Accumulator
IR	Integration-Responsiveness
I.d.R.	In der Regel
I.e.S.	Im engeren Sinne
I.S.d.	Im Sinne der/die/das/des
I.S.v.	Im Sinne von
I.w.S.	Im weiteren Sinne
Ifo	Institut für Wirtschaftsforschung
IfM	Institut für Mittelstandsforschung
INCOTERMS	International Commercial Terms
Inkl.	Inklusive
Insb.	Insbesondere
IT	Informationstechnologie
IuK	Information und Kommunikation
JV	Joint Venture
KAM	Key Account Management
Kfz	Kraftfahrzeuge
KMU	Kleine und mittlere Unternehmen
KO	Knock-Out
KPIs	Key Performance Indicators
LEH	Lebensmitteleinzelhandel
M&A	Mergers & Acquisitions
Mio.	Millionen
MNC	Multinational Corporation/Multinational Corporations
MNU	Multinationales Unternehmen/Multinationale Unternehmen
Mrd.	Milliarden
NAFTA	North American Free Trade Agreement
O.Ä.	oder Ähnliches
O.g.	Oben genannt(es)
O.S.	Ohne Seite
O.V.	Ohne Verfasser
OECD	Organization for Economic Cooperation and Development
OEM	Original Equipment Manufacturer
ORI	Operation Risk Index
P.a.	Per anno
PBG	Perceived Brand Globalness
PBL	Perceived Brand Localness
RBV	Resource-based View
PKW	Personenkraftwagen
PoS	Point of Sale
R&D	Research and Development
RFID	Radiofrequenztechnologie
ROI	Return on Investment
S.	Seite
SCM	Supply Chain Management
SGE	Strategische Geschäftseinheiten

SGF	Strategische Geschäftsfelder
SME	Small and medium sized enterprises
Sog.	Sogenannter
SRI	Stanford Research Institute
TCO	Total Cost of Ownership
Tlw.	Teilweise
Tsd.	Tausend
U.a.	Und andere, unter anderem
U.Ä.	Und Ähnliches
UNCTAD	United Nations Conference on Trade and Development
USMCA	United States-Mexico-Canada-Agreement
US-GAAP	United States Generally Accepted Accounting Principles
USD	US-Dollar
Usw.	Und so weiter
V.a.	Vor allem
VALS	Values and Life Styles
Vgl.	Vergleiche
Vs.	Versus
WTO	World Trade Organization
WVS	World Value Survey
Www	World Wide Web
z.B.	Zum Beispiel
z.T.	Zum Teil
Zzgl.	Zuzüglich

GRUNDLAGEN

1. Dynamik, Begriffe und Erklärungsansätze

1.1. Ziele der Internationalisierung und des Internationalen Marketing

1.1.1. Dominanz der Marktziele

Die Internationalisierung schreitet dynamisch voran. Dabei korrespondieren **hierarchische Ziele** der Internationalisierung mit Hierarchien von Unternehmensstrategien (siehe Abschnitt 2.1.). Entsprechende Ziele können auf den Ebenen des gesamten Unternehmens, der SGFs/SGEs oder der einzelnen Funktionsbereiche (z.B. Beschaffung, Personal) betrachtet werden. Da die Internationalisierung eine **Gesamtunternehmensstrategie** ist, trägt sie wesentlich zur Erreichung der **Gesamtunternehmensziele** bei. Dieser Beitrag hängt natürlich von der Bedeutung von Auslandsmärkten für ein Unternehmen ab: Unternehmen mit einer hohen (geringen) gegenwärtigen/zukünftigen Bedeutung von Auslandsmärkten werden naheliegend entsprechenden Zielen eine eher hohe (geringe) Bedeutung beimessen.

Interessanterweise dominieren bei der Internationalisierung Umsatzziele (Marktziele). Abbildung 1.1 zeigt grundsätzliche Ziele, die mit einem „Going- und Being-International" verbunden sind (i.S. erstmaliger Eintritte und längerfristiger Aktivitäten). Im Rahmen der absatzorientierten Internationalisierungsziele sind Umsatzziele das klassische Metier von marktorientierten Aktivitäten, i.S. eines „**International Market Development**". Beschaffungsorientierte Ziele, so Kostenziele, führen bspw. zur Verlagerung entsprechender Wertschöpfungsprozesse ins Ausland, um relative Kostenvorteile ausschöpfen zu können, während effizienzorientierte Ziele bspw. der Steigerung der Produktivität und der Sicherstellung der Versorgung mit Rohstoffen gewidmet sind. Sonstige strategische Ziele führen Unternehmen ebenfalls in Gastländer, so zur Konfiguration und Koordination weltweiter F&E-Aktivitäten oder finanzielle und steuerliche Motive.

Abbildung 1.1: Ziele der Internationalisierung

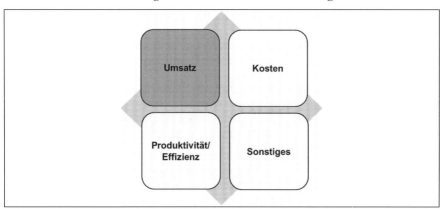

Quelle: I.A.a. Kutschker/Schmid 2011, S. 89ff.

Die Ziele der internationalen Unternehmenstätigkeit werden empirisch vielfältig erörtert. Hierbei kommt absatzmarktorientierten Zielen eine dominante Bedeutung zu (siehe Abbildung 1.2), selbst bei Befragung bzgl. der internationalen Produktion/Beschaffung.

Abbildung 1.2: Typische Internationalisierungsziele nach Zielkategorie

Market-seeking	Resource-seeking	Cost-seeking
■ Securing/developing existing markets ■ Entering/developing new markets ■ Exporting to other countries ■ Presence of main client ■ Access to a market ■ First mover advantages ■ Presence of competitors	■ Availability/price of infrastructure ■ Availability of qualified workers ■ Supply of intermediate goods ■ Availability of natural resources	■ Wage/labour costs ■ Supplying the own firm ■ Transport costs
		Other
		■ Trade barriers in general ■ Exchange rates ■ Taxes burden

Klassischerweise stehen im Mittelpunkt des Internationalen Marketing **Marktziele** bezogen auf die einzelnen SGF oder SGE, die von den übergeordneten Gesamtunternehmenszielen i.S. eines Zielsystems determiniert werden, aber auch einen wesentlichen Beitrag zu deren Erreichung leisten. Die Trennung zwischen Internationalisierungszielen i.e.S. und internationalen Marktzielen ist somit eher unscharf, weswegen wir generell von einem „**International Market Development**" sprechen und beide Zielebenen betrachten (auch wenn Internationalisierungsziele auch weiteren **Funktionsbereichszielen** übergeordnet sind, bspw. Beschaffungszielen). Marktziele sind v.a. auf den Entscheidungsebenen der Entwicklung/Selektion neuer Märkte und der „Entry-/Operation Modes", i.S.d. Ausmaßes der Einflussnahme auf Kunden im **vertikalen Marketing** (Swoboda/Morschett 2017), angesiedelt, aber auch auf der Marketing-Mix-Ebene (Marketingziele i.e.S.).

Eine weitergehende Systematisierung der Internationalisierungsziele erfolgt anhand unterschiedlicher, nicht überschneidungsfreier Kriterien (Macharzina/Wolf 2018, S. 888f.):

- absatzorientierte, produktionsorientierte und ressourcenorientierte Ziele,
- ökonomische und nicht-ökonomische Ziele sowie
- defensive und offensive Ziele.

Naheliegende internationale **ökonomische Ziele** sind das Gewinnstreben (auch i.S.d. Ausgleichs negativer Effekte inländischer Konjunkturzyklen durch das Auslandsgeschäft) oder die Sicherung und das Wachstum durch die internationale Tätigkeit. Prestigestreben oder Kundenbindung sind **nicht-ökonomische Ziele**, die als Vorsteuerungsgrößen zur Erreichung ökonomischer Ziele verstärkend wirken. Der enge Bezug zwischen generellen Internationalisierungszielen und Marktzielen gilt gleichermaßen im Hinblick auf die Differenzierung zwischen **defensiven und offensiven Zielen**. So wird der Internationalisierung ein defensiver Charakter zugesprochen, wenn ein Unternehmen zur Stabilisierung seiner Marktposition die Auslandsproduktion aufnimmt oder der Konkurrenz ins Ausland folgt, um Wettbewerbsnachteile auszugleichen. Offensive Internationalisierungsziele verfolgen hingegen jene Unternehmen, die Wettbewerbsvorteile, z.B. in Form von Technologievorsprüngen, im internationalen Vergleich nutzen wollen oder die eine Verlängerung der Lebenszyklen ihrer Produkte anstreben (Macharzina/Wolf 2018, S. 888).

In Summe sind Marktziele mit den Gesamtunternehmens- bzw. Produkt/Market-Strategien und entsprechenden Marktauswahl- und Eintrittsstrategien verbunden (siehe Abschnitt 2.1.). Bei dem Marketing-Mix sind Marktziele zudem mit spezifischen SGFs/SGEs und spezifischen Wettbewerbsstrategien sowie mit entsprechenden Geschäftsfeldentwicklungsstrategien (Wachstum oder Konsolidierung) verbunden (siehe Kapitel 14.ff.).

1.1.2. Spezifische Marketingziele

Wie angedeutet, sind Marketingziele im internationalen Zielsystem den Marktzielen nachgeordnet. Die Realisierung der Marktziele in Ländermärkten oder -marktsegmenten setzt voraus, dass diese auf die Ebene einzelner Funktionsbereiche wie des Marketing heruntergebrochen werden (z.T. auch als Umsetzungsziele bezeichnet). **Internationale Marketingziele i.e.S.** werden oft nur als Imperative für die Ausgestaltung des Marketing-Mix, d.h. der Marken-, Produkt-, Preis-, Kommunikations- und Vertriebspolitik auf ausländischen Märkten gesehen. Die Marketing-Mix-Instrumente haben sodann weiter spezifische Ziele, die an dieser Stelle nicht erläutert werden (siehe Kapitel 4.). Zur Illustration sei als preispolitisches Ziel die Preisführerschaft – i.S. des günstigsten Preises im Wettbewerbsvergleich – erwähnt, um möglichst rasch eine gewünschte Penetration im ausländischen Markt zu erreichen oder um als Pionier schnellstmöglich eine kritische Masse zu erzielen, die für Folger eine Markteintrittsbarriere bilden könnte.

Diese Ausgestaltung des Marketing-Mix wird international jedoch stark von den marktorientierten Gesamtunternehmenszielen und -strategien (Marktzielen) beeinflusst.

Für die internationalen Marketingziele sind auch Entscheidungen bzgl. der Marktselektion und der Betätigungsform von Relevanz. Letztere drücken das geplante Ausmaß der Einflussnahme auf den Endkunden aus und bestimmen somit auch die Ausgestaltung des Marketing-Mix und die Beziehungen zu direkten Kunden wie Intermediären, die zwischen den Endkunden und den betrachteten Unternehmen eingeschaltet sind. Strebt z.B. ein Konsumgüterhersteller danach, die Marken- und Kommunikationspolitik gegenüber Konsumenten zu steuern, hat dies zunächst Konsequenzen für die Wahl der Betätigungsform im Ausland. Konkret kann dies die Errichtung eigener **Offline-/Online-Stores** oder eines Franchise-Systems zur Folge haben. Diese Festlegung bedingt die Ausgestaltung des Marketing-Mix.

1.2. Dynamik der Internationalisierung

1.2.1. Volkswirtschaftlich

Von der **Geschichte** geht eine besondere Faszination aus, auch für die jahrtausendealte Internationalisierung. Man denke an Ägypten zu Zeiten der Pharaonen, das antike Griechenland, an Babylonien oder an China. Der Außenhandel, so Exporte und Importe von Gewürzen, Seide oder Nahrungsmitteln des täglichen Bedarfs, wie Weizen aus Alexandria, erlangte eine erste Blüte in der Römerzeit und war bereits durch vielfache wirtschaftliche Überlegungen geprägt (Warnking 2015). Die damalige Expansion des römischen Reiches fußte u.a. auf einer institutionellen Überlegenheit gegenüber vielen anderen Gesellschaften in normativer, regulativer und kognitiv-kultureller Hinsicht. Im Mittelalter etablierten sich große Außenhandelsimperien, bspw. das der Fugger, das im 16. Jahrhundert Könige, Kaiser und Päpste finanzierte und damit sowohl die Politik als auch Außenhandelspolitik und -recht beeinflusste. Später folgten niederländische und englische **Fernhandelshäuser**. Die **Handelskompanien** oder **Trading Houses** unterhielten ein weltweites Netz von Außenhandelsverbindungen und Stützpunkten vor Ort. Auch Verbraucher beförderten den internationalen Handel bereits in Ägypten und Britannien. Im römischen Militärlager Kastell Vindolanda nahe des Hadrianswalls bezeugen gefundene Holztäfelchen (aus dem 1./2. Jahrhundert nach Christus) internationale Warenlieferungen und entsprechende Forderungen über Gegenleistungen hierfür. So schreibt Octavius an seinen Bruder Candidus, dass er 5.000 Hohlmaßgefäße Kornähren gekauft habe und um die Sendung von Denaren bitte, damit er die vorausbezahlten Waren übersenden bzw. zum Abtransport bereitstellen kann

(Römer 1992). Später wird von französischen Reisenden berichtet, die im frühen 18. Jahrhundert beim Betrachten von Schaufenstern sog. Mercers in London ins Schwärmen gerieten, da man dieses in Frankreich nicht kannte.

Entwicklung der Basisformen der Internationalisierung

Als Massenphänomen sollte sich die Internationalisierung ab Ende des 19. Jahrhunderts ausgeprägt haben, aufgrund industrieller Veränderungen (z.B. Schulpflicht, Eisenbahnnetze, Zahlungsverkehr). Anfang des 20. Jahrhunderts waren auch deutsche Unternehmen international, ja europaweit tätig, und der Eintritt vieler US-Unternehmen datiert hierzulande auf die Zeit nach dem zweiten Weltkrieg. Indessen deuten diese Tendenzen die heutige volkswirtschaftliche Sicht der Internationalisierung nur an. Tabelle 1.1 visualisiert die spätere, aber dynamische Entwicklung der Basisformen der Internationalisierung:[1]

- **Außenhandel**
  - **Export** (Ausfuhr innerhalb der EU) bezeichnet die grenzüberschreitende Bereitstellung von wirtschaftlichen Leistungen an das Ausland (direkt oder indirekt).
  - Analogerweise ist **Import** (Einfuhr innerhalb der EU) der grenzüberschreitende Bezug von wirtschaftlichen Leistungen aus dem Ausland (direkt oder indirekt).
- **Direktinvestitionen** (Foreign Direct Investment, FDI) sind Kapitalanlagen im Ausland, die vom Investor zur
  - Gewinnung eines unmittelbaren Einflusses auf die Geschäftstätigkeit eines Unternehmens (bspw. M&A, JV) oder
  - zur Neugründung eines Unternehmens (Tochtergesellschaft, JV) getätigt werden.

Tabelle 1.1: Weltweite(r) ...

... Entwicklung der Exporte und Importe (in Mrd. USD)

	1970	1980	1990	2000	2010	2019
Exporte	318	2.376	4.261	7.941	18.837	25.159
Importe	330	2.391	4.259	7.949	18.377	23.811

... Bestand an ausländischen Direktinvestitionen (in Mrd. USD)

	1980	1990	2000	2010	2019
Auslandsdirektinvestitionen		698	2.081	7.511	20.371	36.470

Quelle: UNCTAD 2021.

In der Tabelle wird deutlich, dass erstens der Außenhandel für viele Unternehmen nicht älter als 50 Jahre ist, bei FDI 40 Jahre. Zweitens, das Wachstum in den Dekaden ist enorm dynamisch, schwächt sich jedoch in der letzten Dekade ab. Aufgrund der Pandemie 2019 wird zudem nicht nur von einer weiteren kurzfristigen Reduktion ausgegangen, sondern von einem Umdenken bzgl. der Globalisierung, was einige ggw. nationalistisch-politische Tendenzen andeuten könnten. Drittens, nur implizit ist erkennbar, dass das Export- und Direktinvestitionswachstum miteinander verwoben sein können:

- Nimmt ein MNU die Produktion in einem Land und für ein Land auf, in das zuvor exportiert wurde, dann reduzieren sich die Exporte, die Direktinvestitionen steigen.
- Nimmt ein MNU indessen eine Produktion in einem Land auf, allerdings mit dem Ziel die Produkte auch im Heimatland anzubieten (bspw. kostenbedingte Produktionsverlagerung), dann steigen die Direktinvestitionen und die Exportvolumina.

---

[1] Interessenten können in den o.g. Quellen i.d.R. im März jeweils die aktuellen Vorjahresdaten sehen.

Des Weiteren ist eine länderspezifische Sicht volkswirtschaftlich und politisch interessant. Tabelle 1.2 zeigt u.a. den prozentualen Anteil der führenden Exportländer am gesamten Welthandel. Dies deutet die relative Exportabhängigkeit Deutschlands an, verglichen bspw. mit größeren Volkswirtschaften wie China und USA. Ein großer Teil der deutschen Inlandswertschöpfung wird im Export vermarktet. Deutlich wird auch die relativ geringe Bedeutung der Exporte für Japan, was u.a. aus der o.g. Substitution von Exporten durch direktinvestive Auslandsaktivitäten resultiert. Lokal produzierende Landesgesellschaften wurden oft als Reaktion auf **Handelsbarrieren** etabliert, was herausfordernd war, aber spezifische Wettbewerbsvorteile bietet, so die Adaption ehemals standardisierter, in Japan produzierter Produkte, bspw. Kfz, an länderspezifische Kundenwünsche.

Tabelle 1.2: Exportentwicklung (in Mrd. USD) und Anteil am Welthandel ausgewählter Exportnationen (in %)

	1993	1999	2005	2011	2017	2019	%
USA	642,9	968,2	1.288,7	2.125,9	2.351,3	2.518,9	**8,5**
Deutschland	442,9	622,7	1.079,8	1.680,7	1.726,7	1.830,1	**8,0**
Japan	405,9	462,9	674,1	930,8	875,0	910,7	**3,8**
Frankreich	274,4	383,3	596,5	823,7	834,6	858,5	**3,0**
Großbritannien	245,7	387,8	642,2	799,3	791,6	886,0	**2,5**
Italien	221,4	294,7	456,6	617,1	604,9	659,7	**2,8**
Kanada	169,3	284,6	431,1	547,9	511,9	546,8	--
Niederlande	165,8	251,1	480,8	730,4	738,2	972,6	**3,7**
Hongkong	162,3	210,3	322,3	528,9	644,8	636,1	**2,9**
Belgien/Luxemburg	139,7	225,2	342,5	525,5	542,0	697,4	**2,4**
China	99,9	220,9	767,5	2.008,9	2.444,3	2.782,6	**12,8**
Taiwan	99,3	140,9	244,5	356,4	394,9	382,4	--
Südkorea	97,4	172,0	335,9	678,1	667,8	644,6	**3,1**
Singapur	96,5	153,1	288,3	562,6	572,5	595,5	--
Spanien	92,5	165,4	287,1	434,5	456,2	492,1	--
Schweiz	86,0	110,6	210,0	453,9	438,5	435,5	--
Schweden	61,9	105,9	174,1	262,1	238,9	237,1	--
Russland	60,3	84,8	268,9	537,4	410,8	482,5	--
Malaysia	52,7	96,0	161,1	253,6	223,5	279,0	--
Thailand	47,5	71,4	129,0	257,0	303,4	328,2	--
Brasilien	43,6	55,2	133,7	292,5	252,5	259,2	--
Indien	27,1	51,4	154,6	445,7	489,5	538,7	--
Gesamt	3.682,3	5.518,4	9.469,3	15.852,9	16.513,8	17.974,2	--
Andere Länder	1.059,9	1.607,8	3.367,6	6.499,4	6.342,8	7.184,6	**46,5**
Welt	4.742,2	7.126,2	12.836,9	22.382,3	22.856,6	25.158,8	**100,0**

Quelle: WTO 2019; UNCTAD 2021.

Weiterhin wird im Vergleich der Jahre 1993 und 2019 die Dynamik in den USA und Deutschlands deutlich (Vervierfachung des Exportvolumens). Dieses Wachstum ist bei den Drachenländern Taiwan, Südkorea, Singapur und Malaysia stärker (z.T. Versechsfachung) und in China enorm (sechsundzwanzigfach).

Deutsche Außenhandelspartner

Die nationale Abhängigkeit vom Auslandsgeschäft ist nicht nur volkswirtschaftlich und v.a. politisch interessant, sondern auch geographisch. Letzteres deuten Tabellen 1.3 und 1.4

für den deutschen Außenhandel und die deutschen Direktinvestitionen an. Die meisten Außenhandelspartner sind europäisch (zzgl. USA, China), während über 70% deutscher Direktinvestitionen in „Oversee Markets" erfolgen. Tendenziell bearbeiten deutsche Unternehmen europäische Ländermärkte mit inländischer Wertschöpfung, was die wirtschaftliche Bedeutung der **EU** für Deutschland unterstreicht. Neben Exporten (Ausfuhren) sind es auch Importe (Einfuhren), die oft aus europäischen Ländern kommen (auch wenn Niederlande und Belgien aufgrund großer Überseehäfen auch für Aktivitäten aus „Oversee Markets" stehen). **Außenhandelsbilanzen**, i.S.d. Saldos aus Exporten und Importen zwischen zwei Ländern oder Regionen (so der EU, China, Japan oder USA), zeigen aus Sicht eines Landes an, ob deutlich mehr ausländische Produkte (nur rd. ein Fünftel des weltweiten Außenhandels sind Dienstleistungen) importiert als exportiert werden.

Tabelle 1.3: Führende Außenhandelspartner Deutschlands (in Mrd. EUR und in %)

Exporte			Importe		
	Mrd. EUR	%		Mrd. EUR	%
1. USA	104	8,6	1. China	116	11,3
2. China	96	8,0	2. Niederlande	88	8,6
3. Frankreich	91	7,6	3. USA	67	6,5
4. Niederlande	84	7,0	4. Polen	58	5,7
5. Großbritannien	67	5,6	5. Frankreich	56	5,5
6. Polen	65	5,3	6. Italien	54	5,3
7. Italien	60	5,0	7. Schweiz	45	4,4
8. Österreich	60	5,0	8. Tschech.Republik	44	4,3
9. Schweiz	56	4,6	9. Österreich	40	3,9
10. Belgien	43	4,0	10. Belgien	37	3,6
Andere	479	39,8	Andere	420	41,0
Gesamt	**1.205**	**100,0**	**Gesamt**	**1.025**	**100,0**

Quelle: Destatis 2021.

Tabelle 1.4: Regionen deutscher Direktinvestitionen im Ausland (in Mrd. EUR)

	Amerika	Europa	Asien	Ozeanien	Afrika
Gesamt	472,6	674,9	192,3	19,6	12,1
in %	34,4	49,2	14,0	1,4	0,9

Quelle: Deutsche Bundesbank 2021.

Direktinvestitionen im Ausland sind mit der Verlagerung der Wertschöpfung aus dem Inland verbunden. Sie erfolgen aus strategischen Überlegungen heraus, aber auch als „Response" bspw. auf regulative Vorschriften eines Landes, die bspw. Exporte unattraktiv erscheinen lassen. Es gibt zudem Dienstleistungsbranchen, in denen Unternehmen i.d.R. nur direktinvestiv internationalisieren können, bspw. Hotel- oder Offline-Handelsunternehmen. Schließlich wird erwartet, dass in der kommenden Dekade die Bedeutung der sog. „**BRIC-Countries**" deutlich zunehmen wird (v.a. China und Indien), wie auch die der sog. „**MINT- oder MIST-Countries**" oder der „Next 11" (Roland Berger 2018).

1.2.2. Branchenspezifisch

Die Branchen sind sehr unterschiedlich internationalisiert. Beispielsweise zeigt Tabelle 1.5. die Außenhandelsaktivitäten – nicht Direktinvestitionen – ausgewählter deutscher Branchen. Hier ist zunächst evident, dass v.a. die Branchen Kraftwagen/-teile, Maschinen und mit Abstand chemische Erzeugnisse die bei weitem höchsten Exportquoten und positiven Außenhandelssalden aufweisen. Sie machen den Kern der inländischen Wertschöpfung aus, die exportiert wird. Weitere Branchen weisen ebenso beachtenswerte positive Außenhandelssalden auf, so Metallindustrie, elektrische Ausrüstungen, pharmazeutische Erzeugnisse oder sonstiges Fahrzeugequipment. Die letzten vier Branchen haben indessen negative Saldi.

Tabelle 1.5: Außenhandelsaktivitäten in deutschen Branchen (in Mrd. EUR)

	Export	Import		Export	Import
Kraftwagen und -teile	186,7	109,8	Nahrung/Futter und Getränke	61,2	55,5
Maschinen	174,1	78,0	Sonstige Fahrzeuge	44,6	30,2
Chemische Erzeugnisse	111,1	79,2	Gummi- und Kunststoffwaren	44,1	29,9
Elektrische, optische Erzeugnisse	109,3	114,1	Textil, Kleidung und Leder	40,3	61,9
Metallindustrie	94,5	80,5	Kohle und Kokereierzeugnisse	9,9	17,1
Pharmazeutische Erzeugnisse	88,2	63,9	Landw., Forstw. und Fischerei	9,9	30,6
Elektrische Ausrüstung	85,0	66,2	Öl und Gas	8,1	44,5

Quelle: Destatis 2021.

Die Branchensituation sieht natürlich in anderen Ländern bzw. Volkswirtschaften anders aus. Länderübergreifend und grundsätzlich können Branchen danach systematisiert werden, ob sie in erster Linie auf die Erzielung von Globalisierungsvorteilen – auch als Integrationsvorteile bezeichnet („Globalisation Advantages") – oder auf Lokalisierungsvorteilen – auch als Adaptionsvorteile bezeichnet („Adaptation Advantages") – abzielen.

- **Globalisierungsvorteile** beziehen sich auf ein eher zentralisiertes, verbundenes Management von geographisch gestreuten Aktivitäten, was durch Bestrebungen nach Vermarktung von Innovationen, Skaleneffekten oder Reduzierung von Kosten geprägt ist. Eine hohe Technologieintensität, ein weltweit einheitlicher Bedarf oder ein hoher Kostendruck fördern diese Wettbewerbsvorteile. So können Skaleneffekte in einer bestimmten Branche hoch sein, was zu international standardisierten Produkten führt, oder es sind Kostenvorteile eines Landes, die einen Anreiz bieten, sich auf bestimmte Aktivitäten zu spezialisieren, was die gegenseitige Abhängigkeit der weltweiten Tochtergesellschaften fördert. Eine zentrale strategische Koordination von Ressourcenentscheidungen zielt auf die Erkennung, Bildung und Verteidigung von Wettbewerbsvorteilen ab. Beispiele hierzu sind die Wichtigkeit internationaler Kunden (wenn bspw. ein MNU von diesen Kunden abhängig ist, wird die Notwendigkeit einer globalen strategischen Koordination angenommen), Präsenz globaler Wettbewerber oder eine hohe Investitionsintensität.
- **Lokalisierungs- bzw. Anpassungsvorteile** beziehen sich auf Anforderungen der lokalen Nachfrage und des lokalen Wettbewerbs, verbunden mit (autonomen) Ressourcenentscheidungen von Tochtergesellschaften. Dies tritt in Branchen auf, in denen die Notwendigkeit einer signifikanten Produktanpassung an lokale Gegebenheiten Wettbewerbsvorteile verspricht bzw. weitergehende nennenswerte Skaleneffekte nicht entscheidend sind. Unterschiedliche Kundenwünsche, Unterschiede in den Absatzkanälen oder der Marktstruktur, das Vorliegen lokaler Substitute oder Anforderungen der Regierung im Gastland sind weitere Beispiele, die bei Unternehmen zum Aufbau lokaler Wettbewerbsvorteile beitragen. Ziel ist also, Wirkungen durch weitgehende Anpassung an die nationalen, regionalen oder lokalen Gegebenheiten zu erreichen, im Extremfall verbunden mit einem vollständig adaptierten Marktauftritt im Ländervergleich.

In Abbildung 1.3 sind exemplarisch ausgewählte Branchen nach den globalen oder lokalen Wettbewerbsvorteilen unterteilt. Eindeutig erscheinen globale Wettbewerbsvorteile in Branchen, die von einem starken globalen Wettbewerb und von Innovation bzw. Technologien geprägt sind, so die Luftfahrtindustrie, der Maschinenbau, die Unterhaltungselektronik oder Uhren/Schmuck. Demgegenüber weisen private Versicherungen und Nahrungsmittelhersteller oder -händler eher Wettbewerbsvorteile durch Anpassung auf. Gesondert zu diskutieren wären die Branchen, die beides, Globalisierungs- und Lokalisierungsvorteile, nahelegen, wie die Rüstungsindustrie, die Telekommunikation oder die Banken, ebenso die Zuordnung von Branchen wie Automobil- oder Pharmaindustrie in ein mittleres Feld. Das Prinzip einer Kombination von Globalisierung bzw. Adaption auf der Branchenebene wird jedoch einsichtig.

Abbildung 1.3: Wettbewerbsvorteile in Branchen

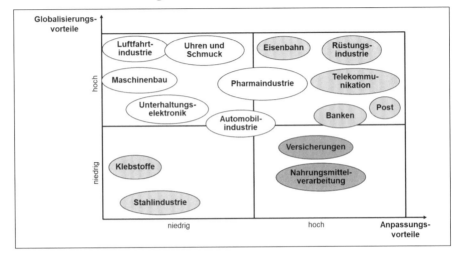

In diesem Buch wird v.a. in Fallstudien und durch Akzentuierung von Besonderheiten zu jeder Entscheidung im Internationalen Marketing drei Branchen Rechnung getragen: Industriegüterhersteller, Konsumgüterhersteller und Dienstleistungen.

1.2.3. Unternehmensspezifisch

Die Branchentypologisierung gilt nicht für alle MNU in jeder Branche. Wie wäre sonst zu erklären, dass die Top-Konsumgüterhersteller wie Nestlé, P&G oder Unilever aus der Lebensmittelbranche kommen. Hier ist eine Verbindung zur verbreiteten Unterscheidung bzgl. zweier gegensätzlicher Entwicklungen des Konsumverhaltens gegeben. Die sog. **Konvergenzthese** geht von einer globalen Angleichung dieses Verhaltens aus, wobei typische konvergente Kundensegmente länderübergreifend als jünger, reicher oder urbaner als die übrige Bevölkerung beschrieben werden. Wenngleich die Tragweite des Trends soziokultureller Konvergenz eher überschätzt wurde, lassen sich europa- oder weltweit in einigen Konsumgüterbranchen länderübergreifende Cluster, so bezogen auf Lebensstile, identifizieren, die ein (weitestgehend) standardisiertes Marketing ermöglichen (siehe Kapitel 5.). Dem gegenüber steht die **Divergenzthese** (vgl. De Mooij 2019, S. 85ff.), nach der das Konsumverhalten im Zeitablauf immer nationaler oder regionaler wird und somit eine andere Grundorientierung des Marketing erforderlich macht. Ebenso wird eine Verbindung zu sog. „Cultural-Free- vs. Cultural-Bounded-Products" hergestellt (siehe Abbildung 1.4). Sind Produkte nicht an kulturelle Gegebenheiten gebunden, wie Computerhardware usw., kann eine weitgehende internationale Standardisierung erfolgen; sind sie kulturgebunden, ist eine gewisse Adaption erforderlich, wie bei Lebensmitteln. Marktkonvergenz und -fragmentierung werden durch diverse Treiber gefördert, die in Abbildung 1.5 grundsätzlich der Konvergenz bzw. Fragmentierung zugeordnet sind. Auffällig ist dabei, dass Umfeldfaktoren v.a. die Fragmentierung bedingen, während Unternehmensfaktoren eher auf Seiten der Konvergenz stehen. Insgesamt erfährt die Annahme der Homogenisierung der Weltmärkte eine Relativierung, auch wenn sie oft in B2B-Märkten stärker ausgeprägt ist als in B2C-Märkten. Eine Polarisierung auf Basis materieller, abstrakter kultureller Unterschiede (in Wirtschaftsblöcken wie **EU, USMCA, ASEAN**) und eine Regionalisierung sind zu beobachten.

Abbildung 1.4: Kulturgebundenheit von Produkten

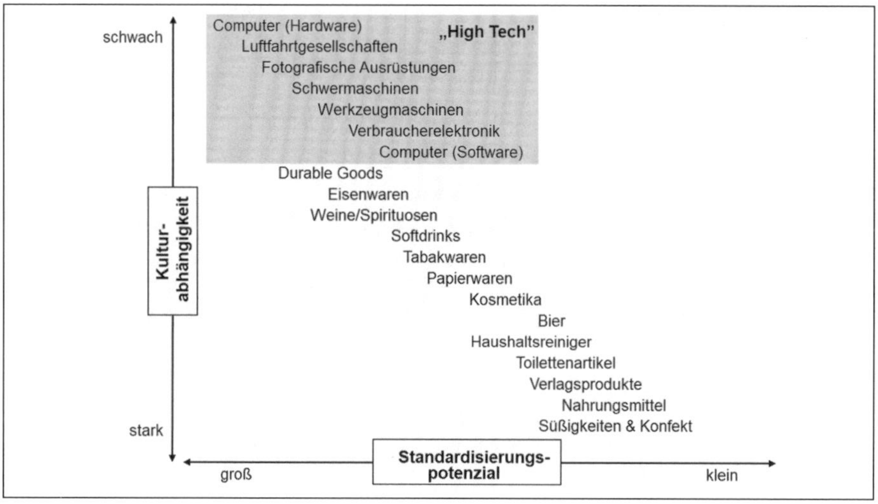

```
schwach    Computer (Hardware)       „High Tech"
           Luftfahrtgesellschaften
           Fotografische Ausrüstungen
           Schwermaschinen
           Werkzeugmaschinen
           Verbraucherelektronik
           Computer (Software)
           Durable Goods
           Eisenwaren
           Weine/Spirituosen
 Kultur-   Softdrinks
 abhängigkeit  Tabakwaren
           Papierwaren
           Kosmetika
           Bier
           Haushaltsreiniger
           Toilettenartikel
           Verlagsprodukte
           Nahrungsmittel
stark      Süßigkeiten & Konfekt
      groß         Standardisierungs-       klein
                   potenzial
```

Quelle: I.A.a. Müller/Gelbrich 2015, S. 294.

Abbildung 1.5: Treiber der Marktkonvergenz und -fragmentierung

Marktkonvergenz	Marktfragmentierung
Global „Corporate and Product Brands", Standardisierte (Low-Cost) Produkte, Online-Kommunikation und -Distribution, zunehmende Marketingausgaben und Investitionen, Akquisition von Wettbewerbern, Rationalisierung der Produktion	Geschmacksunterschiede, kulturelle Unterschiede und Sprachunterschiede, verkürzte Produktlebenszyklen, Marktsättigung, neue Nischenmärkte, Variationen in technischen Standards, niedrige Markteintritts- und hohe Marktaustrittsbarrieren, flexible Produktion 4.0

Wie oben angedeutet, bestimmt das internationale Umsatz- und Erfahrungsniveau die Bedeutung der Internationalisierung für Unternehmen. Allerdings besteht auch hier eine Dynamik. Abbildung 1.6 stellt die Situation von großen Unternehmen vor rund 30-40 Jahren der heutigen Situation gegenüber. Seinerzeit waren viele **Großunternehmen** in Auslandsmärkten Pioniere, hatten eine niedrige Interdependenz im Wettbewerb mit anderen Großunternehmen, internationalisierten eher schrittweise und verfügten oft über keine ausformulierte internationale Strategie. Heutzutage sind MNU oft einer von vielen, entsprechend sind die Wettbewerbsinterdependenz und die Internationalisierungsgeschwindigkeit hoch und ebenso die Bedeutung einer internationalen Strategie. Auch der strategische Fokus wandelte sich, so geographisch von Nachbarländern/Europa zu der gesamten Welt, bzgl. der Eintrittsstrategien von Exporten/Vertriebsgesellschaften zu Allianzen/Akquisitionen/Gründungen sowie zu allen Wertschöpfungsfunktionen und deren länderübergreifende Koordination. Viele der heutigen Großunternehmen, bspw. aus dem DAX 30, weisen eine derartige Dynamik auf.

Letztere sieht natürlich für **KMU** mit bis zu 250 bzw. 500 Beschäftigten anders aus. Sie internationalisieren traditionell stufenweise (siehe Abbildung 1.7): beginnend mit Importen und i.e.S. mit Exporten, Vertriebsgesellschaften vor Ort und dann der Aufnahme lokaler

Produktion oder – seltener – autonomen Landesgesellschaften. Die ins Ausland transferierte Wertschöpfung nimmt dabei jeweils zu. Kaum wird von KMU eine globale Integration aller Wertschöpfungsaktivitäten über Ländergrenzen vorgenommen, wie es bei vielen Großunternehmen der Fall ist.

Abbildung 1.6: Internationalisierungsdynamik in Großunternehmen

	1980-90er Jahre	2010-20er Jahre
Internationalisierungssituation	Early Starter	International Among Others
Wettbewerbsinterdependenz	Niedrig	Hoch
Geschwindigkeit des Internationalisierungsprozesses	Niedrig	Hoch
Bedeutung der internationalen Strategien	Niedrig	Hoch
Länderorientierung	Nachbarländer, Europa	Welt
Dominante Entry/Operation Modes	Exporte, Agenten, eigene Vertriebsgesellschaften	Allianzen, Akquisitionen, Gründungen
Vorherrschende Internationalisierungsdimension	Länder und Absatz als Wertschöpfungsdimension	Alle Wertschöpfungsdimensionen und deren Integration/Koordination

Abbildung 1.7: Internationalisierungsdynamik in KMU

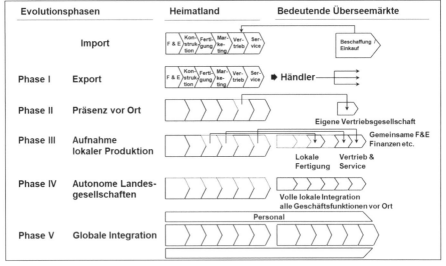

Quelle: Swoboda 2002, S. 109.

1.3. Internationales Marketing als spezifische Marketingdisziplin

1.3.1. Charakteristika

Zur Abgrenzung des Internationalen Marketing ist es sinnvoll, eine Begriffsfassung des **Marketing** in allgemeiner Hinsicht vorzunehmen. Im Zeitablauf wurde das entsprechende Verständnis zunächst deutlich breiter, ebenso wie die darunter subsumierten Aufgabenbereiche (siehe auch Homburg 2020, S. 6ff.; Meffert u.a. 2019, S. 10f.):

1. Absatz- bzw. Kundenorientierung
2. Beobachtung des relevanten Unternehmensumfeldes
3. Systematische Marktsuche und Markterschließung
4. Differenzierte Marktbearbeitung
5. Festlegung marktorientierter, strategischer Unternehmensziele und -strategien
6. Planmäßige Gestaltung des Marktes
7. Organisatorische Verankerung.

Sodann wurde das Verständnis des Marketing eher enger, operativer, wie die aktuelle Definition der American Marketing Association zeigt: „Marketing is the activity, set of institutions, and processes for creating, communicating, delivering, and exchanging offerings that have value for customers, clients, partners, and society at large". Im Folgenden steht jedoch eine managementorientierte Perspektive des Marketing im Vordergrund.

> **Marketing** ist die Planung, Koordination und Kontrolle aller auf die aktuellen und potenziellen Märkte ausgerichteten Unternehmensaktivitäten, wobei die Unternehmensziele durch eine dauerhafte Befriedigung der Kundenbedürfnisse verwirklicht werden sollen (Meffert u.a. 2019, S. 11).

Auch das Begriffsverständnis des **Internationalen Marketing** änderte sich im Zeitablauf, korrespondierend mit der zunehmenden Bedeutung der Internationalisierung:

1. Export als wesentliche Form der Internationalisierung, in den ersten Schriften zur Internationalisierung in der BWL.
2. Exportmarketing als Absatzpolitik im Ausland, vorherrschend bis in die 1980er Jahre.
3. Internationales Marketing als Erschließung und Bearbeitung ausländischer Märkte.
4. Internationales Marketing als alle Aktivitäten und Bereiche, die im Unternehmen durch internationale Märkte beeinflusst werden.

Das letzte Begriffsverständnis stellt eine Extremposition in der regelmäßigen Diskussion über den Sinn der eigenständigen Behandlung internationaler Fragestellungen dar, mit der Gegenposition, dass Internationalität keine eigenständigen Gestaltungsempfehlungen und Methodenspektren notwendig macht. Allerdings weist das internationale ggü. dem nationalen Marketing Besonderheiten auf, die im Zentrum des Lehrbuchs stehen. Die internationale Tätigkeit ist nicht nur eine „graduelle Veränderung" zur nationalen Tätigkeit; es treten spezifische, eigenständige Fragestellungen auf, z.B. Ländermarktselektion, Eintrittsstrategiewahl, Exporterfolge, Koordinationsanforderungen, Rückkopplungen zwischen Ländern oder die Standardisierung des Marketing-Mix (was der klassischen Marketingsicht, nämlich der Befriedigung divergenter Bedürfnisse in Ländermärkten entgegen steht, ebenso wie entsprechend autonomen Marketingorganisationen in den Ländern). Internationales Marketing ist kein „**multiples nationales Marketing** oder kein „**klassisches Marketing nur auf Auslandsmärkten**" Backhaus/Voeth 2010, S. 41ff.). Aus deutscher Sicht ist Marketing in Russland Marketing im Ausland, aber für russische Mitarbeiter desselben Unternehmens ist es national. Ein zunehmend dynamisches Umfeld oder neue Formen der Internationalisierung (wie **Born Globals**, **Online-Player**) verstärken das Spezifische des Internationalen Marketing. Unter Verzicht auf die Diskussion der vielfachen Definitionsansätze wird an dieser Stelle das Internationale Marketing wie folgt definiert:

> Charakteristisch für das **Internationale Strategische Marketing** sind dynamische grenzüberschreitende (Management-)Aktivitäten (Analyse, Planung und Kontrolle) und länderspezifisches sowie länderübergreifendes Denken und Handeln bezogen auf die Bearbeitung von Auslandsmärkten und zur Steigerung des Gesamtunternehmenserfolges.

Dieses Begriffsverständnis ist sinnvoll, weil nachfolgend sowohl

- Gesamtunternehmensentscheidungen wie **Marktselektion und -eintrittsstrategien** (sowie dynamische Austrittsstrategien und „Operation Modes") behandelt werden, und
- strategische und operative Entscheidungen im Marketing-Mix, so der Marken-, Produkt-, Preis-, Kommunikations- und Distributionspolitik, und die Bewertung deren Umsetzung durch Kunden in einzelnen Ländern und länderübergreifend, sowie
- Organisation, Prozesse und Organisationskultur zur Führung des Internationalen Marketing.

Die Komplexität des Internationalen Marketing im hier verwendeten, strategischen Begriffsverständnis resultiert aus der Vielzahl der interdependenten Entscheidungen (siehe Kapitel 2.), aus der Heterogenität der zu berücksichtigenden Umfeldeinflüsse (i.S.d. Makro-, Meso- und Mikroebene, siehe Kapitel 3.) sowie aus dem Koordinationsbedarf, der u.a. zwischen interdependenten Ländermärkten und Entscheidungen besteht. Mit dieser Komplexität verbunden sind ein erhöhter Informationsbedarf, ggf. Herausforderungen in der Informationsbeschaffung, höhere Risiken der Auslandsmarktbearbeitung und die besondere Bedeutung der Entscheidungsvorbereitung, d.h. erhöhte Managementanforderungen.

1.3.2. Abgrenzung zum Internationalen Management

Auch das Internationale Management bzw. **International Business** wird vielfach und unterschiedlich definiert, ist aber v.a. mit Fragen der internationalen Entwicklung von Unternehmen und Ländern über die Zeit verbunden. Das Internationale Management widmet sich pauschal ausgedrückt zwei Aufgabenfeldern (siehe Abbildung 1.8):

- Gestaltung und Führung der **Wertschöpfungsprozesse** (i.S.v. Konfiguration und Koordination von Beschaffung, Produktion usw. bzw. von Supply-Chain- und Marktorientierten-Prozessen)
- Gestaltung und Führung des **gesamten Wertschöpfungssystems** (i.S.v. Organisationsstruktur, -prozesse und -kultur eines MNU).

Abbildung 1.8: Aufgabenfelder des Internationalen Managements

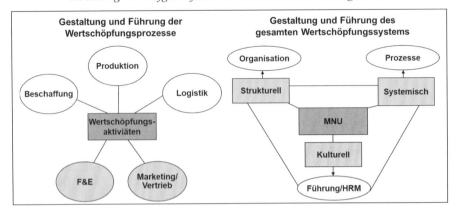

Erstens geht es um die Entscheidungen zur Konfiguration (i.S.d. geographischen Streuung bzw. Konzentration) einer jeden Wertschöpfungsfunktion über Ländergrenzen hinweg, so in Tochtergesellschaften und der Koordination dieser Wertschöpfungsfunktionen (i.S.d. Aufgabenzuweisung, Transfer von Technologien/Wissen inkl. entsprechender Kontrolle). So entscheidet ein MNU über länderspezifische Produktionsstandorte und deren Zusammenarbeit, mit den Extrema von spezialisierten und weltweit verteilten „**Production Hubs**". Analoges betrifft weitere Wertschöpfungsfunktionen und deren Abstimmung untereinander (im Detail siehe bspw. Zentes/Swoboda/Morschett 2004). Im Unterschied dazu liegt der Fokus des Internationalen Marketing nicht auf der Konfiguration und Koordination sämtlicher Wertschöpfungsaktivitäten, sondern auf den marktorientierten Aktivitäten.

Zweitens sind Entscheidungen zum Management des Gesamtunternehmens zu treffen, die in ihrer Komplexität mit einer zunehmenden Internationalisierung steigen. Es geht hier zunächst um die Primär- und Sekundärorganisationsstruktur im Hinblick auf die internationalen Aktivitäten und die Gestaltung von Prozessen wie Planung, Information oder Kontrolle (alternativ um Formalisierung, Zentralisierung oder Spezialisierung in der strukturellen und prozessualen Koordination). Eine gesonderte Position nimmt die Gestaltung der Führung ein, mit diversen Charakteristika wie Führungskultur, Kultur- oder Managementtransfers. Ähnliche Entscheidungen sind im Hinblick auf das Internationale Marketing und seine Einbindung in die Gesamtorganisationsstruktur, die Prozesse (so Marktforschung, Planung), oder die marktorientierte Führung zu treffen. Sie werden in Kapitel 21. behandelt.

1.4. Theoretische Grundlagen des Internationalen Marketing

1.4.1. Einblick in theoretische Ansätze

Vielfältige theoretische Ansätze werden als für das Internationale Marketing (und v.a. das Internationale Management) relevant hervorgehoben. Dies verwundert nicht, angesichts

- der vielen Entscheidungen zur Wahl der Märkte, der Eintrittsstrategie oder des Marketing-Mix, und deren i.d.R. volks- und betriebswirtschaftlichen Verwurzelung, sowie
- der breiten Optionen zum Studium aktivierender, kognitiver oder konativer Kundenreaktion auf die Angebotsleistungen, und deren i.d.R. psychologischen Verwurzelung.

In diesem Buch werden theoretische Ansätze im Kontext von Managerentscheidungen angesprochen (von Kunden nur im jeweiligen Kontext, Foscht/Swoboda/Schramm-Klein 2017). Nachfolgend erfolgt eine kurze Auswahl und Darstellung (sie weitergehend und vertiefend Backhaus/Voeth 2010; Macharzina/Wolf 2018; Holtbrügge/Welge 2015). Charakteristisch für viele Ansätze ist die Frage nach dem „Warum oder Wie" der Internationalisierung, weniger die Kundenreaktionen oder -sichtweisen, bspw. auf die Entscheidung eines Unternehmens, international tätig zu werden. Viele Ansätze streben daher eine Erklärung dafür an, warum Internationalisierungsschritte vollzogen werden (Kausalität), in welcher Form die Internationalisierung realisiert wird (Modalität), wann und wie schnell sie erfolgt (Temporarität) und wohin Internationalisierungsschritte gerichtet werden (Lokalität) (Kutschker/Schmid 2011, S. 379).

Erste Ansätze zur Erklärung der Internationalisierung

Die **Technologische Lückentheorie** sieht technologische Vorsprünge als Auslöser der Aufnahme von Exporten (Posner 1961). Diese evozieren Imitations-/Innovationsanstrengungen ausländischer Konkurrenten, was im Falle komparativer Kostenvorteile im Ausland zur Umkehrung der Außenhandelsströme und zu erneuten Innovationsanstrengungen führt (v.a. in Hochlohnländern). Die **Lebenszyklus-Theorie** argumentiert, dass entwickelte, wenig standardisierte Produkte zunächst in Heimatmärkten angeboten und dann ins Ausland

– in Industrie- und dann Entwicklungsländer – exportiert werden (Vernon 1966). Mit zunehmender (Lebenszyklus-)Reife der Produkte erfolgen Produktionsverlagerungen ins Ausland – in Industrie- und Entwicklungsländer – was schließlich zu Re-Importen ins Ursprungsland führt (siehe Abschnitt 16.4.).

Zu erwähnen sind diverse **Theorien zur Erläuterung der Durchführung von Direktinvestitionen**. Zum einen können monopolistische Kontrollmotive die Grundlage für das direktinvestive Streben nach Marktbeherrschung, nach Wettbewerbsvorteilen im Ausland und im Einzelnen nach Sicherheit für das eingesetzte Kapital oder nach der Ausschaltung des Wettbewerbs bilden (Hymer 1976). Zum anderen wird standorttheoretisch argumentiert, dass der Export irgendwann zu teuer wird, und somit Direktinvestitionen folgen, wobei die Standortwahl multipel zu fundieren ist. Eine weitere Sichtweise setzte an oligopolistischem Parallelverhalten an, welches in entsprechender Marktsituation durch Investition im Ausland zu Wettbewerbsvorteilen führt, die das oligopolistische Gleichgewicht im Inland stören und Parallelreaktionen bewirken. Werden Oligopole in Zielländern durch Direktinvestitionen gestört, führt dies zu Cross Investments.

Ersten, das Management fokussierenden **behavioristischen Ansätzen** zufolge, erfolgt die Internationalisierung oft auf der Basis irrationaler, schwer berechenbarer Entscheidungen. Zu nennen ist die **Verhaltenstheorie** von Aharoni (1966). Demnach werden Entscheidungen meist von heterogenen Personengruppen mit beschränkter Informationsaufnahme-, verarbeitungs- und Problemlösungskapazität getroffen. Sie sind durch eine Orientierung an der Anspruchsniveauerfüllung und nicht am Optimum gekennzeichnet, und stark durch die Managerattitüden, Konflikte und Machtkämpfe bedingt. Dieses Verhalten prägt den Internationalisierungsprozess (v.a. gering internationalisierter Firmen). Internationalisierungsentscheidungen erfolgen initial durch interne und externe Anstöße und befassen sich mit einzelnen Projekten. Im Laufe der Zeit wandeln sie sich zu generellen Entscheidungen.

Vorherrschende Ansätze

Nachfolgend werden jene Ansätze behandelt, die heute auch zur Erklärung der Wahl von Märkten, Eintrittsstrategien oder der Standardisierung des Marketing-Mix genutzt werden. Ausgespart werden die Ansätze, die unsere grundsätzliche Outside-In und Inside-Out-Managementperspektive im Abschnitt 1.4.2. begründet, so der „**Resource-based View**".

Verbreitet ist der **Transaktionskostenansatz**, welcher die Grundlage der **Internalisierungstheorie** bildet (Buckley/Casson 1985). Beide gehen davon aus, dass die Kosten einer Transaktion (so internationale Anbahnung, Vereinbarung, Kontrolle, Anpassung), der bestimmende Einflussfaktor darauf sind, wie internationalisiert wird (Annahmen: opportunistisches Verhalten und begrenzte Rationalität). Internationale Aktivitäten werden internalisiert, wenn Transaktionen intern günstiger durchgeführt werden können. Dies kann an steigenden Kosten bei zunehmender Faktorspezifität, Transaktionshäufigkeit, Unsicherheit, Komplexität und in Situationen des „Small Number Bargaining" liegen. Ist der Markt Transaktionspartner, führt die o.g. Situation zu Marktversagen. In dem Fall kann die Tendenz der Partner zum opportunistischen Verhalten nur durch stringente Verhandlungen und eine Partnerüberwachung reduziert werden, wodurch sich die Transaktionskosten von marktlichen Arrangements relativ zur vollständigen Internalisierung erhöhen. Allerdings wurde früh evident, dass diese rein effizienzorientierte Perspektive zu ergänzen ist.

Ein Ansatz, der Wettbewerbsvorteile berücksichtigt, ist das **Totalmodell von Dunning** (das sog. **OLI-Paradigma**, Dunning 1973). Hiernach nehmen Unternehmen Direktinvestitionen vor, wenn sie unternehmensspezifische Wettbewerbsvorteile besitzen („Ownershipspecific Advantages), der ausländische standortspezifische Vorteile bietet („Location-specific Advantages"), und es für Unternehmen vorteilhaft ist, die Wettbewerbsvorteile durch eigene Wertschöpfung im Ausland zu nutzen („Internalisation Advantages").

Das in der Tradition o.g. behavioristischer Ansätze stehende **Stufenmodell der Uppsala-Schule** sieht Internationalisierung als inkrementellen, graduellen Entwicklungsprozess, in dessen Verlauf Unternehmen schrittweise Wissen und Marktbindung im Ausland steigern und sich dabei immer weiter vom Heimatmarkt entfernen (siehe Abbildung 1.9; Johanson/Vahlne 1977; 2009). Es akzentuiert das subjektive Wissen der Entscheidungsträger (aber auch „Organizational Learning") und das Niveau und die Geschwindigkeit des Ressourcencommitment. Unternehmen mit geringer internationaler Erfahrung haben ein niedriges Commitment (bevorzugen bspw. Exporte), das im Zeitablauf schrittweise bis hin zur produzierenden Tochtergesellschaft erhöht wird. Einstellungen und Ziele der Entscheidungsträger stehen im Vordergrund, wie auch deren Unsicherheitsreduktionsstreben, Perzeptionsabwehr und nachträglich rationalisierende Verhaltensweisen. Das Modell wird auch dem Ressourcenansatz zugeordnet, da es auf eine spezifische Fähigkeit abstellt. In der zuletzt überarbeiteten Version wurden Teile des Uppsala-Modells an die von Vahlne/Johanson (2017) definierten modernen Firmen angepasst. Moderne Firmen zeichnen sich dabei durch folgende Charakteristika aus:

- Prozessorientierung statt Strukturorientierung,
- Netzwerkbezug statt Selbstfokussierung,
- Fokus auf Geschäftsaustausch statt Produktion,
- proaktiv und unternehmerisch statt passiv sowie
- heterarchisch statt hierarchisch.

Es besteht dabei die Annahme, dass moderne Firmen Entscheidungen verstärkt unter Risiko und Unsicherheit treffen und ein gewisses Maß an Verlust akzeptieren. Es wird nicht mehr nur die Chancenidentifikation, sondern verstärkt deren Umsetzung im Rahmen des Commitment-Prozesses fokussiert. Der Wissensentwicklungsprozess setzt sich verstärkt aus dem Beziehungsaufbau, der strategischen Flexibilität und Anpassungsmöglichkeiten an das unternehmerische Umfeld zusammen.

Abbildung 1.9: Uppsala-Modell

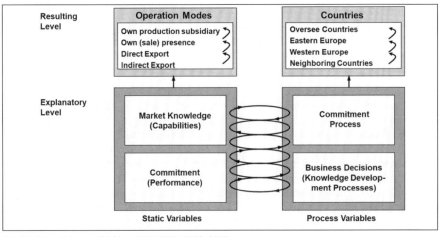

Quelle: I.A.a. Johanson/Vahlne 1977, 1990, 1998, 2017.

Motive zum Eintritt in einen Markt können umfassend sein, und auch Entscheidungen zur Erreichung diverser strategischer Ziele sind nicht nur von Effizienzstreben geleitet. Im **Unternehmensstrategie-Ansatz** liegt der Fokus auf dem Wettbewerb und den Anforderungen an strategische Entscheidungen, die sich aus der Unternehmensstrategie sowie den spezifischen Rollen der Auslandseinheiten ergeben. International interdependente Konkurrenzbeziehungen, Ziele der Standardisierung oder Synergieeffekte sind denkbare Einflussfaktoren, wie auch die benötigte Kontrolle über Auslandseinheiten.

In der **neo-institutionalistischen Perspektive** werden internationale Entscheidungen als Reaktion auf isomorphe Zwänge gesehen, die aus der externen Umwelt des Unternehmens (v.a. im Gastland) und aus der internen Umwelt resultieren (Walgenbach 1999). Der Druck führt zum Nachahmen des bisherigen im Unternehmen oder bei Wettbewerbern üblichen Verhaltens („**Mimetic Behavior**"). Dieser Ansatz rückt die Legitimation als Kernkriterium von Entscheidungen in den Vordergrund und impliziert ein angepasstes Verhalten selbst dann, wenn es keine Hinweise auf eine Effizienzerhöhung durch ein solches Verhalten gibt. Die Durchführung internationaler Aktivitäten kann damit durch die Orientierung am Herdenverhalten begründet werden. Ein Unternehmen entscheidet sich nur für solche Aktivitäten, welche die größte Chance auf Akzeptanz der wichtigsten im Markt agierender Akteure haben.

Gemeinsam sind **Kontingenz- und Konfigurationsansätze** anzusprechen, obwohl sie nicht identische Aussagen treffen. Kontingenzansätze bzw. Situationsansätze bringen bspw. die Kontingenz von internen Faktoren und externen Faktoren und deren Fit als Voraussetzung für den Erfolg in die Diskussion ein. Hiernach streben MNU nach einem in sich konsistenten Umwelt-Strategie-Struktur-Kultur-Fit. In einem ersten **Konfigurationsansatz**, dem **GAINS-Ansatz** (**G**estalt **A**pproach to **In**ternational Business **S**trategies) werden MNU weitergehend als komplexe Entitäten gesehen, die bei der Internationalisierung in ihrer Gesamtheit betroffen sind und ihre Konstellation gesamthaft verändern, sodass typische Entwicklungspfade und darin typische **Gestalten** identifizierbar sind (Macharzina/Engelhard 1991). Eine Gestalt umfasst sowohl die Summe der sie charakterisierenden Variablen (Umfeld, Strategie, etc.) als auch deren Konfiguration, wobei nur eine begrenzte Anzahl stimmiger Variablenkonfigurationen erwartet wird. Bestehende Gestalten verändern sich, Ruhephasen werden abgelöst durch Übergangsphasen. Wandel/Entwicklung im MNU vollzieht sich eher radikal, um so lange wie möglich eine effiziente Konfiguration zu gewährleisten. Dieser Wandel erfolgt aber auch evolutionär, wie u.a. der **Three-Es-Ansatz** ausführt, der die stetige internationale Unternehmensentwicklung als einen diskontinuierlichen Prozess, mit langen Phasen evolutionärer Entwicklung (wie in behavioristischen Modellen), kürzeren Episoden (z.B. wichtigen Entscheidungen) und fallweisen Epochen (z.B. Wechsel im Vorstand) beschreibt (Kutschker/Bäurle/Schmid 1997).

Der **Netzwerkansatz** setzt die Internationalisierung in Zusammenhang mit dem Netzwerk eines Unternehmens. Ein Netzwerk besteht aus verschiedenen Akteuren, so Unternehmen, Kunden, Zulieferer, die formale sowie informale Beziehungen miteinander pflegen. Diese Beziehungen ermöglichen insb. sog. Born Globals, Ressourcenknappheit, Neuartigkeit sowie Unsicherheiten der internationalen Expansion zu überwinden (Kutschker/Schmid 2011, S. 534 ff., siehe Abschnitt 7.4.1.). Netzwerke versorgen Unternehmen mit marktspezifischem Wissen und gelten als Schlüsselfaktor zur Wahrnehmung und Erschließung neuer Märkte (Yamin/Kurt 2018). Somit werden basierend auf dem Wissen und der Kompetenz des Netzwerkes des Unternehmens oder Unternehmensgründers die Auswahl internationaler Märkte sowie der Internationalisierungsgrad bestimmt. In einer fortgeführten Version des Uppsala-Modells greifen auch Johanson/Vahlne (2009) die

Bedeutung von Netzwerken im Internationalisierungsprozess auf. Plant ein Unternehmen in einen ausländischen Markt einzutreten, in welchem es keine relevante Netzwerkposition innehält, wird es mit der sog. „Liability of Outsidership" konfrontiert. Die darüberhinausgehende „Liability of Foreignness" erschwert den Prozess, Teil des Netzwerks zu werden, um erfolgreich internationalisieren zu können. Ist ein Unternehmen allerdings bereits Teil eines Netzwerks, welches international aktiv ist, kann es von diesen Beziehungen und dem Wissen des Netzwerks profitieren.

1.4.2. Grundlegende Managementperspektiven

Im Internationalen Marketing ist der explizite Fokus auf die Umwelt, insb. die Länder (Makro) und klassisch die Kunden/Wettbewerber (Meso) zwingend, v.a. in den Marketing-Mix-Entscheidungen, deren Erfolg nur im Anschluss an Kundenurteile bewertet werden kann. Dabei ist es ebenso sinnvoll, die strategischen Entscheidungen zur Wahl von Ländern, Eintrittsstrategien und Marketing-Mix-Instrumenten wettbewerbsstrategisch aus Sicht eines Unternehmens zu betrachten (Mikro). Dies führt uns – wie in anderen aktuellen Lehrbüchern bereits (vgl. bspw. Swoboda/Foscht/Schramm-Klein 2019) – dazu

- die marktorientierte Sicht (**Outside-Inside-Perspektive**) und
- die ressourcenorientierte Sicht (**Inside-Outside-Perspektive**) zu integrieren.

Dies ist insofern sinnvoll, weil die meisten der o.g. Entscheidungen im Internationalen Marketing durch externe und interne Faktoren determiniert und modelliert werden und auch aus didaktischer Sicht bzgl. der Gegenüberstellung von externen und internen Vor- und Nachteilen für einzelne Entscheidungen (bspw. die Vorteile von JV ggü. Tochtergesellschaften, als Basis für ein entsprechendes sequenzielles Entscheidungsbaumverfahren von Managern). Stellvertretend für diese Sichtweisen werden zwei Ansätze betrachtet.

Die **Outside-Inside-Perspektive**, kann – allerdings nur grundlegend – i.S.d. des „**Market-based View**" betrachtet werden. Die Grundannahme des Ansatzes besteht darin, dass die Einzigartigkeit bzw. der Erfolg von Unternehmen durch ihre Stellung auf dem Absatzmarkt bestimmt wird. Stärken und Schwächen sollten im Allgemeinen an die Chancen und Risiken des Marktes angepasst werden. Um erfolgreich zu sein, ist es notwendig, Wettbewerbsvorteile – aus Sicht der Kunden – gegenüber den Konkurrenten zu generieren. Das zentrale Denkmodell dieser Perspektive ist das „**Structure-Conduct-Performance-Paradigma**" der **Industrieökonomik**. Dabei wird ein Zusammenhang zwischen den Markt- und Wettbewerbsbedingungen („Structure"), dem Verhalten im Wettbewerb („Conduct") und den Ergebnissen („Performance") beschrieben. Die Grundaussage ist, dass die Marktstruktur das Verhalten bestimmt und dieses wiederum die Marktergebnisse. Die Marktstruktur variiert in Abhängigkeit der jeweiligen Branche, weshalb der Unternehmenserfolg stark von der Branchenzugehörigkeit determiniert wird. Wenngleich auch Rückkopplungen zwischen diesen Größen auftreten, ist das Verständnis der Marktstruktur – i.w.S. des klassischen Marketingdreiecks, bestehend aus der Interdependenz zwischen Anbietern, Nachfragern und Wettbewerbern – die zentrale Basis für den Unternehmenserfolg. Dieser marktorientierte Ansatz wurde insb. von Porter (2013) geprägt, u.a. indem er Instrumentarien zur Analyse der Wettbewerbs- und Branchenstruktur entwickelt hat, die im Abschnitt 3.5. angesprochen werden. Wettbewerbsvorteile basieren, in Erweiterung dieser Sichtweise, auf der Abstimmung strategischer Entscheidungen an das Makro- und Meso-Umfeld.

Die **Inside-Outside-Perspektive** kann – konkreter – i.S.d. „**Resource-based View**" betrachtet werden, weil dieser Ansatz im Internationalen Marketing explizit eine bedeutende Rolle einnimmt (Penrose 1995). Letzteres ist insofern sinnvoll, weil auch hier Wettbewerbsvorteile betrachtet werden, allerdings basierend auf internen Ressourcen als Ausgangspunkt, nicht externen Marktstrukturen. In dem Ansatz werden die Entwicklung von spezifischen Ressourcen sowie die interne Sicht des Managements in den Vordergrund gestellt. Die Grundüberlegung dazu ist: Wenn alle Unternehmen prinzipiell Zugang zu allen Ressourcen haben, dann sind monopolartige Positionen langfristig nicht mehr zu halten. Wenn es aber gelingt, unternehmensspezifische Ressourcen aufzubauen und diese zu Kernkompetenzen zu entwickeln, dann ist ein Schutz vor Konkurrenten eher möglich. Der Erfolg wird durch den Einfluss von Ressourcen auf Entscheidungen wie Markteintritt, oder auf die Branchenstruktur und u.a. durch die Rolle der Ressourcen als Schutzmechanismus von Wettbewerbsvorteilen erklärt. Um mithilfe unternehmensspezifischer Ressourcen einen nachhaltigen Wettbewerbsvorteil aufzubauen, müssen diese bestimmte Eigenschaften erfüllen: wertvoll, selten, unvollkommen imitierbar und nicht substituierbar (Barney 1991). Darüber hinaus ist die Ressourcenallokation und das -management für den Unternehmenserfolg entscheidend. Somit sind Wettbewerbsstrategien abhängig von der spezifischen Ressourcenzusammensetzung zu entwickeln. Es wird grundsätzlich zwischen zwei Ressourcentypen unterschieden (Macharzina/Wolf 2018, S. 66f.):

- materielle bzw. tangible Ressourcen, z.B. Finanzmittel, Kontrakte, standort- bzw. kontextspezifische Ressourcen und
- immaterielle bzw. intangible Ressourcen von Unternehmen, so personenunabhängige (wie Marken, Patente, Verträge, Routinen) oder personengebundene Ressourcen (wie Wissen, Fähigkeiten).

Intangible Ressourcen gelten in der Literatur relativ zu tangiblen Ressourcen als besser geeignet für den Aufbau von langfristigen Wettbewerbsvorteilen. Durch deren meist stark ausgeprägte Unternehmensspezifizität sind intangible Ressourcen schwerer imitierbar und damit wertvoller. Studien im Internationalen Marketing zeigen insb., dass beziehungsbasierte sowie erfahrungsbasierte Ressourcen (also intangible Ressourcen) den Unternehmenserfolg erhöhen (Kozlenkova/Samaha/Palmatier 2014). Als beziehungsbasierte Ressourcen werden insb. Beziehungen zu Kunden, Lieferanten und weiteren Partnern betrachtet, welche als wertvolle strategische Ressourcen aufgefasst werden (Clarke/MacDonald 2019; Kull/Mena/Korschun 2016).

Zur Begründung internationaler Expansionen kann der „Resource-based View" in zweierlei Hinsicht beitragen (Kozlenkova/Samaha/Palmatier 2014). Zum einen, wenn Unternehmen in neue Märkte expandieren, um die Vorteile bestehender Ressourcen auszuspielen. Zum anderen, wenn Unternehmen in neue Märkte expandieren, um neue Ressourcen und Kernkompetenzen zu entwickeln, die dann Wettbewerbsvorteile in neuen sowie bestehenden Märkten darstellen. Die Übertragung bestehender Ressourcen auf ausländische Märkte kann dann riskant werden, wenn Unternehmen annehmen, dass diese gleichermaßen vorteilhaft im Auslandsmarkt sind wie im Heimatmarkt.

Die „Resource-based View" wird verstärkt durch das Konzept dynamischer Fähigkeiten („Dynamic Capabilities") bestimmt (Macharzina/Wolf 2018, S. 68). Dieses Konzept umfasst die Fähigkeiten eines Unternehmens, sich an dynamische Umfeldbedingungen anzupassen. Es gilt auch, bzw. insb. in einem dynamischen Umfeld, Wettbewerbsvorteile auf- und ausbauen zu können. Der weitergehende **„Organizational Capability-Ansatz"** wird im Abschnitt 3.6. aufgegriffen.

Integration der Perspektiven

Die kurzen Ausführungen deuten an, dass bei strategischen Entscheidungen im Internationalen Marketing nur eine Sicht unzulänglich ist. Die Outside-Inside- und Inside-Outside-Perspektiven sind gedanklich zu verbinden, wobei Abbildung 1.10 beide gegenüberstellt.

Abbildung 1.10: Vergleich markt- und ressourcenorientierter Ansatz

	Marktorientierter Ansatz	Ressourcenorientierter Ansatz
Denkfigur	Unternehmung als Portfolio von SGF/SGE	Unternehmung als Reservoir von Fähigkeiten und Ressourcen
Allgemeine Zielsetzung	Wachstum durch Cash Flow-Balance im Betriebstypen- oder SGF-Lebenszyklus	nachhaltiges Wachstum durch Entwicklung, Nutzung und Transfer der Kernkompetenzen
Träger des Wettbewerbs	Betriebstyp gegen Betriebstyp (bzw. SGE gegen SGE)	Unternehmen gegen Unternehmen
Konkurrenzgrundlage	Kosten- oder Differenzierungsvorteile	Ausnutzung von handelsunternehmensweiten Kompetenzen
Charakter strategischer Vorteile	Zeitlich befristet/eruierbar, geschäftsspezifisch wahrnehmbar	Dauerhaft/schwer angreifbar, transferierbar in andere SGF/SGE, verborgen („tacit")
Strategiefokus	Tendenziell defensiv: Ausbau und Verteidigung bestehender SGF/SGE; Anpassung der Strategie an die Wettbewerbskräfte	Tendenziell offensiv: durch Kompetenztransfer Weiterentwicklung alter und Aufbau neuer Märkte; Beeinflussung der Wettbewerbskräfte
Planungshorizont	Eher kurz- und mittelfristig	Betont langfristig
Rolle der SGE	Quasiunternehmung, „Owner" von Personen und Ressourcen (Profit-Center)	Speicher von Ressourcen und Fähigkeiten (Center of Competence)
Aufgabe des Top-Managements	Zuweisung von finanziellen Ressourcen an die strategischen SGE	Integration von Ressourcen, Fähigkeiten auf Basis eines Gesamtkonzeptes
Gewinnung empirischer Aussagen	Kollektivistische, integrative (strategische Gruppen-)Betrachtung	Individualistische, einzigartige Betrachtungen

Quelle: I.A.a. Welge/Al-Laham/Eulerich 2017, S. 385.

Dies erscheint sinnvoll, da die eine Sichtweise eine zu reaktive und an Branchendurchschnitten orientierte Rolle internationaler Unternehmen postuliert, während die andere proaktive, individualistische Sichtweise die Erfolgsrelevanz von Märkten vernachlässigt. Zugleich ist dies keine puristische Trennung, da bspw. im umfelddeterministischen Ansatz die **Wettbewerbsvorteile** – aus einer weiten Sichtweise heraus – auch in internen Ressourcen begründet sein können, und umgekehrt intern entwickelte Konzepte nur dann Vorteile begründen können, wenn sie sich auf internationalen Märkten durchsetzen. Zu pauschal ist es auch, die ressourcenorientierte Denkrichtung nur als Ergänzung der industrieökonomischen Ansätze zu betrachten. Für das Management reicht es nicht, attraktive Produkt/Markt-Positionen oder das Käuferverhalten allein zum Inhalt einer Strategie zu erheben, wenn unternehmens- und kontextspezifische Führungs- bzw. Koordinationsparameter außer Acht bleiben, welche die Ausschöpfung derartiger Zielpositionen erst ermöglichen. Umgekehrt bestimmen in letzter Konsequenz internationale Märkte (und faktisch Kunden) das ökonomische Ergebnis (siehe Abbildung 1.11). Im Einzelnen (den Pfeilen folgend):

- Bestimmen „Märkte" und Ressourcen die Entscheidungen von Unternehmen und diese bestimmen den unternehmerischen Erfolg in internationalen Märkten.
- Einzigartige Ressourcen, wie Top-Marken, Patente usw. können den Erfolg eines Unternehmens auch direkt sichern.
- Ressourcen von Unternehmen bestimmen die Marktstruktur (die Marktstruktur kann aber auch zur Entwicklung derartiger Ressourcen beitragen).

- Schließlich wird in Feedbackschleifen angedeutet, dass natürlich auch der Erfolg das unternehmerische Verhalten, die Marktstruktur und die Ressourcen bedingen kann.

Abbildung 1.11: Kombination der Inside-Outside- und der Outside-Inside-Perspektive

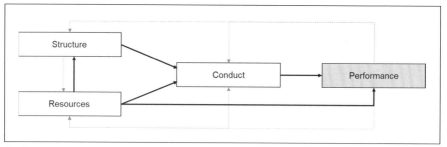

Quelle: I.A.a. Swoboda/Foscht/Schramm-Klein 2019, S. 47.

In Summe sollen die Ausführungen die Bedeutung des externen Umfeldes und der internen Ressourcen als Determinanten im Internationalen Marketing verdeutlichen.

2. Strategische Ebenen und Entscheidungen im Internationalen Marketing

2.1. Perspektiven und Ebenen von Strategien

Im strategischen Management wird der Strategiebegriff in einer umfassenden Abgrenzung als die verfolgten Unternehmensgrundsätze, Ziele und Strategien (i.e.S.) definiert. Nachfolgend wird einer engen Fassung gefolgt (Macharzina/Wolf 2018, S. 225):

> Strategien bilden Aktivitäten zur Erreichung von Unternehmenszielen; sie stellen grundlegende Mittel zur Erreichung von Unternehmenszielen dar (siehe Abschnitt 1.1.).

Die Auseinandersetzung mit Strategien reicht bis in die Frühgeschichte zurück (Lampel u.a. 2014, S. XX). Klassisch ist dabei die Darstellung der Schlacht von Chaironeia, in der Philipp und sein Sohn Alexander die Makedonische Armee gegen die überlegenen Athener und Thebaner siegreich führten. Sie verwirklichten in ihrer „Grand Strategy" und ihrer „Battle Strategy" viele Konzepte, die in der heutigen Planung wiederzufinden sind. Ähnliches trifft für spätere militärisch-diplomatische Strategien zu, wie die Abhandlungen über Machiavelli, Napoleon, von Clausewitz, Montgomery oder Mao Tse-Tung zeigen. Heutige unternehmerische Konzepte basieren auf diesen militärisch-diplomatischen Komponenten. Konsens besteht darin, dass Unternehmen eine Hierarchie von Strategien besitzen, die mit den unterschiedlichen Hierarchien von Zielen und Unternehmensgrundsätzen korrespondieren. Somit können Strategien auf drei Ebenen betrachtet werden (siehe Abbildung 2.1):[1]

- **Gesamtunternehmensstrategien** charakterisieren die Geschäftsfelder, in denen ein Unternehmen tätig sein will (Produkt/Markt-Strategien) und wie es in diese eintreten will (**Eintrittsstrategien**). Definiert werden Breite, geographische Ausdehnung und Tiefe der (Wertschöpfungs-)Aktivitäten. Eintrittsstrategien umfassen bspw. die Wahl der Entwicklung oder Akquisition eigener Tochtergesellschaften, marktlicher oder hierarchischer Eintrittsstrategie bzw. Betätigungsform und das Timing. Ziel ist pauschal die Steigerung des Unternehmenswertes (v.a. bei Publikumsgesellschaften) und v.a. eine Weichenstellung für die zukünftige Gesamtunternehmensentwicklung.
- **Geschäftsfeldstrategien** („Business Strategies") stellen Aktivitätsstrukturen in Bezug auf eine SGE bzw. breiter ein SGF dar. Die Frage ist, wie die wettbewerbsorientierten Ziele und Leistungsprogramme für eine SGE oder ein SGF erreicht werden sollen. Eine Klassifizierung von Geschäftsfeldstrategien führt zur Betrachtung von Wettbewerbsstrategien (z.B. Kosten- vs. Qualitätsführerschaft) und von Entwicklungsstrategien (z.B. Expansion, Konsolidierung oder Rückzug).
- **Funktionale Strategien** betreffen Aktivitäten mit Bezug auf die Funktionsbereiche wie Marketing, Beschaffung oder Personal. Ziel ist die Entwicklung und der Einsatz von Ressourcen in diesen Bereichen und, zum Wohl des Gesamtunternehmens.

Die Strategieebenen sind interdependent und müssen – aus normativer Sicht – kohärent formuliert werden. In der Forschung werden jedoch selten alle Strategien gleichzeitig und definitorisch einmütig betrachtet, wobei welche der Strategien wie betrachtet werden, von dem Analysegegenstand, der theoretischen Perspektive oder dem Forscher abhängt. Ferner wandelt sich die Sichtweise der Strategien im Laufe der Jahre.

---

[1] Siehe zu dem Abschnitt auch Swoboda/Foscht/Schramm-Klein (2019, S. 152f.).

Abbildung 2.1: Ebenen von Unternehmensstrategien

I. Gesamtunternehmensstrategien		
Produkt/Markt-Strategien (Bestimmung der Strategischen Geschäftsfelder)		
Diversifikation/Spezialisierung	Internationalisierung	Vertikale Integration
Eintritts-/Umsetzungsstrategien		
Entwicklung/Akquisition	Eigentumsform	Zeitlicher Eintritt bzw. Timing
II. Geschäftsfeldstrategien		
Wettbewerbsstrategien (i.e.S.)		
Kostenführerschaft	Differenzierung	Fokussierung
Geschäftsentwicklungsstrategien		
Expansion	Konsolidierung	Rückzug
III. Funktionale Strategien		
Marketing	Beschaffung	Logistik	HRM

Internationale Strategien sind auf der Gesamtunternehmensebene verortet und strahlen auf Geschäftsfeldstrategien aus. Zugleich verfolgen MNU diverse Strategien für SGFs und SGEs, d.h., sie entwickeln diverse Marktleistungen und **strategische Erfolgspositionen**. Dies bietet eine höhere Flexibilität, hat aber Konsequenzen für Umsetzungsmaßnahmen in den Funktionsbereichen (bspw. **Business Units** als organisatorische Verankerung von SGEs/SGFs). Jede SGE – so eine Produktmarke oder eine autonom geführte Landesgesellschaft – verfügt aber über (eigenständige) Marktaufgaben mit bekannten Merkmalen:

- Sie bildet relativ autonome Einheiten mit eigenen Stärken/Schwächen sowie Chancen/ Bedrohungen unter besonderer Orientierung an einem dauerhaften Kundenproblem.
- Sie soll eine bestimmte Funktion erfüllen, die sich von den anderen SGEs abhebt und zwar in Bezug auf die Kundenbedürfnisse, Marktverhältnisse und Kostenstrukturen.
- Sie muss Wettbewerbsvorteile erzielen können, die Voraussetzungen für strategische Planung und deren Durchführung müssen für jede SGE gegeben sein.

Zugleich sind sie von **funktionalen Strategien** abzugrenzen. Wenngleich es naheliegt, Internationales Marketing aus funktionaler Sicht zu betrachten, stellen wir auf die erstgenannten Strategieebenen ab, da MNU oft unterschiedlich mit SGFs/SGEs auf internationalen Absatzmärkten tätig sind, gleichwohl innerhalb einer internationalen Gesamtstrategie (siehe analog zum Zielverständnis im Abschnitt 1.1.). Eine alleinige funktionale Sicht würde der Vielfalt der zu treffenden internationalen Marketingentscheidungen nicht gerecht.

Weitere Ansätze und der Strategiebildungsprozess

Wie angedeutet, wandelt sich die Sichtweise von Strategien, diverse Ansätze kamen hinzu und eröffnen jeweils andere Sichtweisen von Strategien (Lampel u.a. 2014, S. 8f.):

- **Strategy As Plan:** Strategien sind als Pläne definiert, die ex-ante-Aktivitäten beschreiben und zukünftige Unternehmensentscheidungen und -handlungen steuern.
- **Strategy As Ploy**: Strategien können Manöver darstellen, die ergriffen werden, um einen Konkurrenten zu überlisten. Sie sind dynamische und temporäre Verhaltensweisen.
- **Strategy As Pattern**: Strategien sind Verhaltensmuster, die sich als Struktur ergeben, sich herausbilden; sie können Pläne sein oder Ergebnis inkrementeller Entwicklungen.
- **Strategy As Position:** Hier erfolgt eine strategische Positionierung des Unternehmens in eine näher zu definierende Umwelt.

In Abhängigkeit von der Sichtweise variieren das Verständnis der Strategiebildung und die empirische Messung. In Unternehmen treten i.d.R. mehrere Strategien kombiniert auf: Ex ante beabsichtigte Strategien, die realisiert werden („**Deliberate Strategies**"), geplante

Strategien, die bspw. wegen unrealistischer Erwartungen oder Implementierungsänderungen nicht realisiert werden („**Unrealized Strategies**") und „**Emergent Strategies**", realisierte Strategien, die nicht beabsichtigt waren, weil sie bspw. anfangs nicht vorgesehen waren (so als Reaktion auf Umfeldveränderungen). Diese Abgrenzung zeigt u.a., dass die strategische Planung in der Realität durch ein Verhalten überlagert werden kann, das als „Muddling Through" oder „Trial and Error" zu beschreiben ist.[1]

Zudem wird der Strategiebildungsprozess bspw. von der Größe und der Organisation des Unternehmens bedingt. So bildet bei stark zentralisierten MNU die Unternehmensstrategie den Ausgangspunkt weiterer Strategieentscheidungen; bei dezentralen MNU bildet eher die Geschäftsfeldstrategie den Ausgangspunkt. Die folgenden Überlegungen gehen im Grundsatz von einer „Deliberate Strategy"-Orientierung aus, was jedoch natürlich nicht ausschließt, dass auch „Emergent Strategies" angesprochen werden.

2.2. Internationale Strategien als Basisoptionen

2.2.1. Grundorientierungen im IR-Framework

Internationale Strategien können als Grundorientierungen im Internationalen Marketing verstanden werden, da sie den Markteintritt eines Unternehmens und die im Abschnitt 2.3. zu behandelnden Kernentscheidungen prägen. Das Integration-Responsiveness-Framework (IR-Framework) bildet eine Konzeptionierung von internationalen Strategien und gilt als angesehenes Konzept zur Untersuchung von Unternehmensstrategien im internationalen Kontext. Auf Vorarbeiten beruhend haben Prahalad/Doz (1987) und Bartlett/Ghoshal (1989) ein Spannungsfeld zwischen den einzigartigen Ressourcen eines Unternehmens, die unverändert eingesetzt auch in anderen Ländern zu Wettbewerbsvorteilen führen können, und den notwendigen Anpassungen dieser Ressourcen an die lokalen Kulturen beschrieben. Es handelt sich hierbei um eine Typologie, die späteren empirischen Tests zugeführt wurde und basierend auf zwei Dimensionen (dichotom „niedrig vs. hoch") vier Strategietypen unterscheidet (siehe Abbildung 2.2). Als Dimensionen werden dabei betrachtet:

- **Globale Integration** bezieht sich auf das zentralisierte Management von geographisch gestreuten Aktivitäten und ist notwendig, da MNU mit dem Druck, Kosten zu reduzieren und Investitionen zu optimieren, konfrontiert sind. Als Auslöser von Zwängen zur Integration werden z.B. eine hohe Technologieintensität, ein Druck zur Kostenreduktion oder ein weltweit einheitlicher Kundenbedarf angeführt. Strategische Koordination bezieht sich auf das zentrale, grenzüberschreitende Management von Ressourceneinsätzen/-entscheidungen und ist essenziell zur Gewährleistung einer wettbewerbsfähigen Übereinstimmung des „Resource Commitment" und zielt auf die Erkennung, Bildung und Verteidigung von Wettbewerbsvorteilen. Beispiele sind die Abhängigkeit/Wichtigkeit von internationalen Kunden, Präsenz multinationaler Wettbewerber oder eine hohe Investitionsintensität. Die Koordination wird mit der Notwendigkeit zur Integration verbunden, sodass beide „Building Blocks" die globale Integration bilden.
- **Lokale Anpassung** („Responsiveness") bezieht sich auf (autonome) Ressourcenentscheidungen, die notwendig sind, um Anforderungen von lokalem Wettbewerb oder lokaler Nachfrage adäquat zu begegnen. Dies tritt auf der Ebene von Branchen in denjenigen auf, die keine nennenswerten Skaleneffekte aufweisen, bzw. in denen die Notwendigkeit einer signifikanten Anpassung an lokale Gegebenheiten besteht. Unterschiedliche Kundenwünsche, Unterschiede in den Absatzkanälen oder der Marktstruktur,

---

[1] Dies führte zur legendären Diskussion von Ansoff und Mintzberg, die bis heute andauert (Witzel 2017).

das Vorliegen lokaler Substitute oder regulative Anforderungen der Gastlandregierung sind Beispiele für derartige lokale Zwänge für Unternehmen zur Anpassung.

Abbildung 2.2: IR-Framework: Grundlegende internationale Strategien

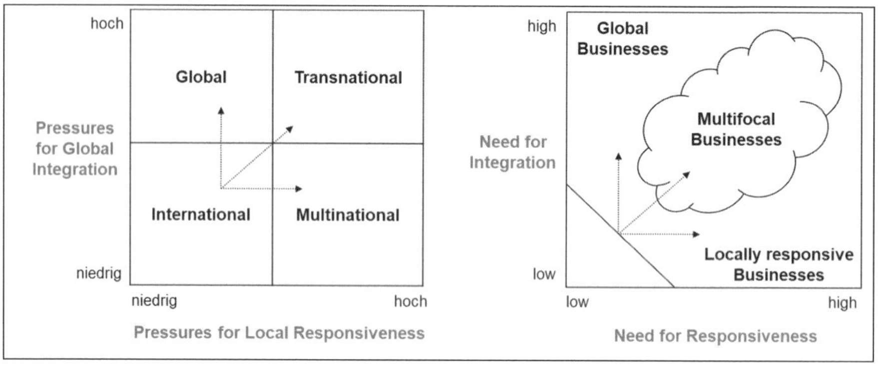

Quelle: I.A.a. Bartlett/Ghoshal 1989, S. 116ff.; Prahalad/Doz 1987, S. 24f.

Die beiden Dimensionen Globale Integration und Lokale Anpassung sind externe Rahmen-/ Branchenbedingungen, die auf ein MNU einwirken. MNU können jedoch auch entlang der beiden Dimensionen proaktiv eine strategische Grundorientierung wählen. Das Framework lässt beide Sichtweisen zu, auch wenn in der Vermischung von (Umwelt-)Ursache und Wirkung ein Kernkritikpunkt liegt, der zu vielfachen Anregungen zur Ergänzung des Ansatzes führte (z.B., um eine Ressourcensicht, um Wissensgenerierung, Rollen von Tochtergesellschaften, Lernen und Innovation als ein weiterer Umweltzwang/-achse).

Abhängigkeit von beiden Achsen identifizierten Prahalad/Doz (1987) drei Strategien, wobei eine lokale Anpassungsstrategie durch eine Sensitivität für Gastlandregierungen und lokale Kundenpräferenzen, Produktdifferenzierung, autonome Tochtergesellschaften und geographisch gestreute Aktivitäten charakterisiert ist. Eine globale Strategie zielt demgegenüber auf Rationalisierung und Kosteneffizienz durch globale Skalenvorteile, was durch Produktstandardisierungen und geographische Konzentration von Aktivitäten erreicht wird. Schließlich gibt es eine Strategie, die lokale Anpassung und globale Integration gleichzeitig verfolgt. Bartlett/Ghoshal (1989) haben als vierte Strategie die internationale Grundorientierung ergänzt, die niedrige globale Integration mit niedriger lokaler Anpassung verbindet. Diese Strategie wird teilweise als ein temporäres Phänomen betrachtet, welches insb. bei Unternehmen in der Frühphase der Internationalisierung beobachtet werden kann. Sie werden in den folgenden Abschnitten eingehend behandelt.

Das IR-Framework kann auf verschiedenen Ebenen genutzt werden, von der Branche bis hin zu individuellen Aufgaben (siehe Abbildung 2.3). Die noch anzusprechenden Studien zum Ansatz fokussieren mehrheitlich auf die Ebene der Unternehmen, seltener der Tochtergesellschaften, und mehrheitlich auf den Mechanismus für Strategietypologien/-taxonomien, seltener als Prädiktor in Kausalmodellen (siehe Abschnitt 2.2.6.). Nachfolgend gehen wir davon aus, dass ein MNU die Strategien unterschiedlich für einzelne SGFs/SGEs verfolgen oder regional unterschiedlich vorgehen kann (bspw. in Asien global und in Europa multinational). Damit sind die Strategien kombinierbar, was jedoch nachfolgend nicht en detail differenziert wird, sodass nachfolgend eine Gesamtunternehmenssicht dominiert.

Abbildung 2.3: Ebenen der Anwendung des IR-Framework

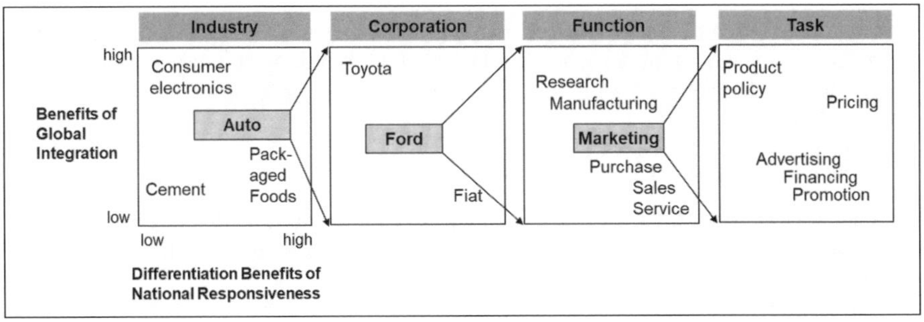

	Industry	Corporation	Function	Task
Benefits of Global Integration (high→low)	Consumer electronics; **Auto**; Packaged Foods; Cement	Toyota; **Ford**; Fiat	Research; Manufacturing; **Marketing**; Purchase; Sales; Service	Product policy; Pricing; Advertising; Financing; Promotion

Differentiation Benefits of National Responsiveness (low→high)

Quelle: I.A.a. Ghoshal 1987, S. 429.

Bevor die Strategien genauer behandelt werden, ist auf die empirische Messung zu verweisen (bzgl. welche Strategie von einem MNU verfolgt wird): Dies kann durch Erfragung der Ausprägungen der Achsen und durch die Selbsteinordnung erfolgen (siehe Abbildung 2.4).

Abbildung 2.4: Messung der Achsen und der Internationalen Strategie

Axis*	Statements (measured on a 5-point Likert scale from totally disagree to totally agree).
Integration	Our competitive position has an identical regional/global orientation; competition is global.
	Our firm focuses internationally on achieving economies of scale by concentrating important activities in a small number of international locations.
Responsiveness	Our competitive strategy is multi-national, i.e. each foreign company deliberately acts alone/autonomously in order to generate domestic/international competitive advantages.
	Our firm considers the differences in buying behaviour/culture in different countries and reacts to them with customized services adapted on a broad basis to suit the markets concerned.
Self typing Strategy*	(indicate in each dimension which statement best reflected the international strategy of your firm)
	Dimension: Achievement of competitive advantages
	Our firm achieves competitive advantages in an "international" context by …
Global	… achieving cost advantages with identical regionally/globally oriented and largely standardized activities. ☐
International	… making use of knowledge and skills of the parent company, and implementing and adapting these skills internationally/worldwide. ☐
Multinational	… generating a strong local presence, with an intuitive feel and adapting to special features of the countries concerned. ☐
Transnational	… creating networked resources, i.e. foreign subsidiaries perform specialist tasks and operations between countries are networked. ☐
	Dimension: Strategic skills and resources
Global	Strategic skills and resources are centralized and oriented towards all markets (regional/global). ☐
International	Strategic skills and resources are available at the parent company in the home market and are passed on to the foreign subsidiaries. ☐
Multinational	Strategic skills and resources are spread at international level, each foreign subsidiary acts independently. ☐
Transnational	Strategic skills and resources are spread internationally over specialized foreign subsidiaries that interact to a large extent with other foreign subsidiaries. ☐
	Dimension: Enhancing and distributing of knowledge
Global	New knowledge is generated and tested centrally and is aimed regionally/global at all markets equally. ☐
International	New knowledge is mostly created in the home market and is passed on from there to all foreign subsidiaries. ☐
Multinational	New knowledge is mostly created in the countries where there are foreign subsidiaries, but is not transferred to other subsidiaries. ☐
Transnational	Knowledge is created in subsidiaries and in the parent company and is also exchanged via cross-links between the subsidiaries (not via head office). ☐

Note: *The questionnaire did not contain this column.[1]

Quelle: Swoboda/Elsner/Morschett 2014, S. 334 und die dort angegebene Literatur.

2.2.2. Globale Orientierung

> Eine globale Orientierung ist durch eine Integration aller Aktivitäten in ein zusammenhängendes Gesamtsystem der (eher standardisierten) Marktbearbeitung und (eher straffen) Führung der Tochtergesellschaften sowie auf eine geographische Ausrichtung auf den Weltmarkt geprägt.

Diese Strategie lässt sich wie folgt charakterisieren:

- Global orientierte Unternehmen richten ihre Anstrengungen auf die Erzielung von Kostenvorteilen mit identisch regional/global ausgerichteten und weitgehend **standardisierten Aktivitäten** aus.
- Sie zentralisieren die wichtigsten Vermögenswerte, Ressourcen und Verantwortlichkeiten und richten diese in Richtung eines regionalen oder globalen Marktes aus.
- Neues Wissen entsteht zentral und wird von dort aus auf alle Tochtergesellschaften einheitlich verteilt. Wesentliche Aufgabe der Auslandseinheiten ist die Implementierung der Strategie, d.h. sie sind eher Pipelines für Strategien oder Marken/Produkte.

Die Achsen des Konzeptes, verstanden als „Pressures", beschreiben die Rahmenbedingungen dieses strategischen Verhaltens, v.a. über die Integrationsachse. Diese liegen in einer gleichen/ähnlichen Wettbewerbsposition, die regional bzw. global ausgerichtet ist und zwar im globalen Wettbewerb. Die fokussierte internationale Erzielung von „Economies of Scale" erfolgt durch die Konzentration wichtiger Aktivitäten an einigen wenigen internationalen Standorten. Implizit sind die Ausprägungen der Adaptionsachse weniger relevant, da hierauf nicht auf „Pressures" reagiert wird.

Die **Standardisierung** des Marktauftritts, als erstes Merkmal dieser Orientierung, wird oft als „**Global Marketing**" bezeichnet. Dies bedeutet die Entwicklung von Marketingprogrammen für den Weltmarkt, was nicht zu verwechseln ist mit einer (weitestgehend) unmodifizierten Übertragung einer Heimatmarktkonzeption in ausländische Märkte (i.S. eines „**Transference**", was typisch ist bei einer Internationalen Strategie oder einer Heimatmarktorientierung). Aus Effizienzgründen wird auf nationale bzw. lokale Anpassungen weitgehend verzichtet, die zwar ggf. eine größere Ausschöpfung des lokalen Marktvolumens ermöglichen würden, jedoch zu einem Verzicht auf Skaleneffekte, Lernkurveneffekte u.Ä. sowie zu größerer Komplexität führen würden. All dieses kann geographisch gleichermaßen auf eine Region, bspw. Triade-, BRIC- oder europäische Länder und muss nicht notwendigerweise den Weltmarkt bezogen sein. Diverse **globalisierungstreibende Kräfte** können als „Pressures" des strategischen Verhaltens angeführt werden:

- **Konvergenzthese**: Länderübergreifende Zielgruppen mit übereinstimmenden Präferenzen und Verhaltensweisen (sog. „Cross-Cultural Groups") sind im Konsumgüterbereich ein Treiber. Die **Globalisierungsdebatte** beherrschte die Diskussion, wenngleich der Trend soziokultureller Konvergenz überschätzt wurde. Dennoch können europaweit oder weltweit länderübergreifende Cluster von Lebensstilen identifiziert werden, die ein (weitestgehend) standardisiertes Marketing ermöglichen. Dieses lässt sich durch Verfahren der **integralen Segmentierung** identifizieren (siehe Kapitel 5.). Dies steht im Übrigen nicht im Widerspruch zu gleichzeitigen **Divergenztendenzen**, so nationalen/regionalen Präferenzen.
- **Technologiekonvergenz**: Eine Homogenität der Märkte ist v.a. bei weltweit tätigen gewerblichen Kunden, so Industriekunden verbreitet. Herauszustellen sind hierbei einheitliche neueste, technische Standards, die zur Realisierung von Effizienzvorteilen er-

forderlich sind und daher in Form von Maschinen, Anlagen oder Services weltweit beschafft werden. In diesem Fall stehen MNU in einem globalen Wettbewerb. Ähnliches kann für technologische Konsumgüter hervorgehoben werden, sei es Software, Autos oder Unterhaltungselektronik.
- **Regulative/normative (Konvergenz-)Faktoren**: Griffith (2010) beobachtet über die kulturelle Konvergenz weitere institutionelle, insb. politische und rechtliche Konvergenzfaktoren, die er beispielhaft auf supranationale Wirtschaftsräume wie die EU bezieht. Diese würden „Cross-national Market Segments" und v.a. eine Passung von Strategieelementen zur Umwelt befördern, d.h., es MNU erlauben, effizient und erfolgreich international zu arbeiten. Dies führt zur Dekomposition des Standardisierungskonzeptes in den Marketing-Mix-Instrumenten. Abbildung 2.5 versucht dies im Hinblick auf einzelne Elemente des Marketing-Mix zu verdeutlichen.

Abbildung 2.5: Cross-Cultural Groups und dekompositorische Standardisierung

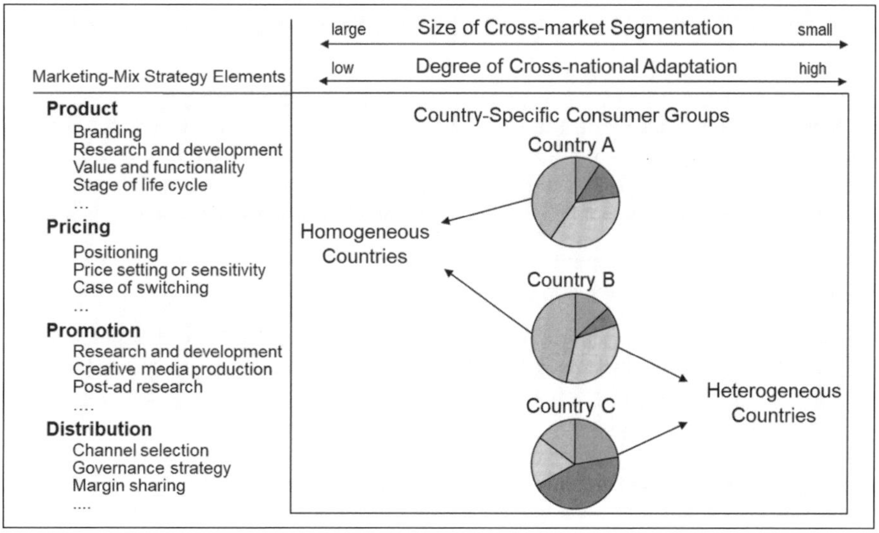

Marketing-Mix Strategy Elements	large ← Size of Cross-market Segmentation → small
	low ← Degree of Cross-national Adaptation → high
Product Branding Research and development Value and functionality Stage of life cycle ... **Pricing** Positioning Price setting or sensitivity Case of switching ... **Promotion** Research and development Creative media production Post-ad research .... **Distribution** Channel selection Governance strategy Margin sharing	Country-Specific Consumer Groups Country A Homogeneous Countries Country B Country C Heterogeneous Countries

Quelle: I.A.a. Griffith 2010, S. 63.

Ein zweites Merkmal für die globale Orientierung des Internationalen Marketing ist der Umgang mit strategischen Fähigkeiten und Ressourcen sowie mit Wissen und dessen Verteilung innerhalb der Organisationseinheiten eines MNU. Damit sind u.a. spezifische Strukturen der Wertschöpfungsprozesse und auch der Führung des gesamten Unternehmens angesprochen. Dabei wird oftmals von einer „**Global Organization**" gesprochen, die zur Stärkung der internationalen Wettbewerbsfähigkeit beiträgt. Beispiele sind die Erstellung der Leistungen an einem oder wenigen Standorten in effizienten Fabriken oder die Bündelung von Marketingkompetenzen und Ressourcen globaler Marken oder Nachfrager. Informationen und Ressourcen fließen tendenziell eher unidirektional in die Auslandseinheiten, die nicht autark operieren, sondern zentral gesteuert werden und weltweit zur Arbeitsteilung und Spezialisierung verpflichtet sind. Deren Aufgabe ist z.B. die Implementierung der Marketingkonzeption i.S. einer Pipeline für Marken, Produkte oder Preise. Unter bewusster Inkaufnahme eines national, ggf. suboptimalen Marketing wird weltweit oder regional ein gesamthaft optimales Marketing realisiert. Auch das Wissen über Produkte/Innovationen, die Kontrolle der Marketingwirkung und die Marktforschung erfolgen zentral.

Insgesamt ist das globale Internationale Marketing – wie die weiteren internationalen Strategien – graduell zu verstehen, d.h. es kann von dieser Orientierung gesprochen werden, wenn die aufgezeigten grundlegenden Merkmale dominieren, auch wenn in einzelnen Ländern Abweichungen bestehen. Drei typische Beispiele sind anzuführen:

- Typisch ist dies für **Born Global Firms** (oft Gründungen/Spinnoffs im High-Tech-Sektor), die kurz nach ihrer Gründung weltweite Aktivitäten aufweisen, die einen Großteil ihres Umsatzes ausmachen. Ähnliches ist bei spezialisierten **Online Pure Playern** zu beobachten, die schnell eine globale Perspektive entwickeln können.
- **Global Product Brands** sind ebenso typische Ausprägung eines global-orientierten Marketing, auch wenn Produkte, Preise oder Distribution länderübergreifend variieren und auch wenn sie in unterschiedlichen Kulturen oder in Ländern mit unterschiedlichen Entwicklungsgraden unterschiedlich wahrgenommen werden.
- Zudem sind **Technologien** und **gesamte Geschäftsmodelle** global, so im Kontext des Wettbewerbs zwischen Flugzeugherstellern oder des Ausschreibungsgeschäfts bei Anlagen- und Infrastrukturbauunternehmen mit individualisierten Produkten.

2.2.3. Multinationale Orientierung

> Bei einer multinationalen Orientierung steht das Ziel der Sicherung des Erfolgs auf einer Vielzahl nationaler Märkte im Mittelpunkt strategischer Überlegungen. Die Tochtergesellschaften haben Entscheidungsspielräume, die es ihnen ermöglichen, sich auf die Erfordernisse des Auslandsmarkts auszurichten und als quasi autonomes Unternehmen aufzutreten.

Charakteristisch für die Multinationale Strategie ist, dass

- multinationale Unternehmen eine starke lokale Präsenz bilden, durch Gespür und Anpassung an nationale Besonderheiten der Länder, um lokale Wettbewerbsfähigkeit und -stärke zu erlangen,
- die strategischen Fähigkeiten und Ressourcen international verteilt sind, jede Auslandsgesellschaft agiert selbstständig,
- neues Wissen nur in den Ländern der Auslandsgesellschaften entsteht und von dort aus aber in die Zentrale transferiert wird, nicht jedoch unmittelbar in andere Auslandsgesellschaften.

Auch hier beschreiben die Achsen als „Pressures" die Rahmenbedingungen des Verhaltens, v.a. über die „Responsiveness-Achse", während die Ausprägungen der Integrationsachse weniger hoch sind, da hierauf weniger als „Pressures" reagiert wird. Ein MNU sieht die nationalen Unterschiede im Kultur- und Käuferverhalten und versucht darauf zu reagieren, durch speziell und tiefergehend angepasste Leistungen in den Märkten. Jede Auslandsgesellschaft agiert weitgehend autonom, um nationale Wettbewerbsvorteile zu generieren.

Die Adaption des Marktauftritts, als erstes Merkmal dieser Orientierung, ist durch die Betonung der Unterschiede der nationalen Ländermärkte gekennzeichnet. Hierbei handelt es sich weniger um regulative Anpassungen, denn die Erfüllung lokaler rechtlicher Vorgaben ist eher eine generelle Notwendigkeit, wenn eine Markteintrittsentscheidung getroffen wird, weniger eine Marktbearbeitungsentscheidung per se. Vielmehr werden Produkte und Dienstleistungen angepasst, um den unterschiedlichen lokalen Bedürfnissen adäquat zu begegnen. Diese Fokussierung auf die Wettbewerbsgegebenheiten des jeweiligen Ländermarktes ermöglicht eine weitgehende Ausschöpfung des Marktpotenzials, z.b. gemessen am Marktanteil, oder die Erzielung eines Preispremiums, da die Kunden bereit sind, die Berücksichtigung ihrer spezifischen Präferenzen, so in der Produktgestaltung, zu honorieren. Den Lokalisierungsvorteilen stehen geringere Effizienzgrade gegenüber, z.b. durch relativ kleinere Losgrößen in der Produktion oder die Entwicklung spezifischer lokaler Marketingkonzepte, zumeist zusätzlich gekoppelt mit geografisch verteilten Produktionsstätten und Marketingabteilungen. Eine multinationale Orientierung vernachlässigt bestehende **Rückkopplungseffekte** von Ländermärkten. Es handelt sich oftmals um eine Profilierung gegenüber den stärksten nationalen/lokalen Wettbewerbern durch eine differenzierte Bearbeitung der Auslandsmärkte und somit um ein **multiples nationales Marketing ("Multi-domestic Marketing")**.

Ausgangspunkt des multinationalen Ansatzes sind häufig kulturelle Unterschiede verschiedener Ländermärkte. Im Sinne des **Culture-Bound-Ansatzes** gilt es, das Marketing den kulturellen Bedingungen anzupassen: Die Kultur wird zur zentralen Einflussgröße; sie wird bewusst bzw. proaktiv in die Marketingkonzeption einbezogen. Bei der Kulturbetrachtung, welche im Abschnitt 3.4. eingehend betrachtet wird, sind zumindest bedeutend (siehe Abbildung 2.6):

- Länderübergreifende **nationale Kulturhomogenität oder -heterogenitäten**, die auf gesellschaftlicher Basis zur Identifikation homogener Länder-Cluster genutzt werden können oder als wesentliche Moderatoren (seltener als Determinanten) in Wirkungsbetrachtungen bspw. von Markenpräferenzen über Ländergrenzen hinweg genutzt werden.
- **Interkulturelle Ansätze** sind – seltener – innerhalb von Ländern und auf Individualebene relevant. Eine zunehmende **kulturelle Diversität** vieler Einwohnerstrukturen in Ländern wie der Schweiz rechtfertigt zudem eine Betrachtung ausländischer Konsumenten (i.S. eines **„Ethno-Marketing"**).

Abbildung 2.6: Kulturelle Homogenität und Heterogenität

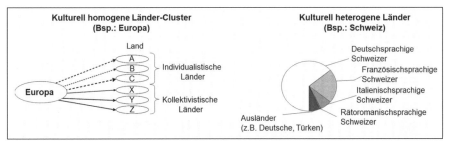

Ein zweites Merkmal der multinationalen Orientierung ist die Entwicklung und Umsetzung der nationalen bzw. lokalen Marketingstrategien von weitgehend autonomen und oftmals auch bzgl. des Wertschöpfungsprozesses weitgehend autarken Tochtergesellschaften. Deren Unternehmenskultur, z.B. Führungsstile, Anreiz- und Sanktionsmechanismen, sind wesentlich durch landeskulturelle Gegebenheiten geprägt. Die Kernkompetenzen derartig ausgerichteter Unternehmen liegen hier in dem Wissen bzgl. der marktstrukturellen Unterschiede in den Ländern und der Einsicht in eine differenzierte strategische Vorgehensweise sowie in der Fähigkeit zur Koordination der dislozierten unternehmerischen Einheiten. Da die Auslandseinheiten relativ unabhängig vom Headquarter sind, findet ein begrenzter Wissenstransfer auch zu anderen Auslandseinheiten statt. Typisch sind daher **Profitcenterstrukturen** in der Steuerung der Auslandseinheiten.

2.2.4. Transnationale Orientierung

> Bei einer transnationalen (auch glokalen) Orientierung ist zugleich die Sicherung des Erfolgs auf einer Vielzahl nationaler Märkte als auch eine Integration aller Aktivitäten in ein zusammenhängendes Gesamtsystem der Marktbearbeitung und eine straffe Führung der Tochtergesellschaften relevant für die strategischen Überlegungen.

Die wesentlichen Merkmale der transnationalen Orientierung sind:

- Transnationale Unternehmen erzielen Wettbewerbsfähigkeit/-stärke im „internationalen" Wettbewerb, indem miteinander vernetzte Marketingkonzeptionen geschaffen werden, d.h. Auslandsgesellschaften nehmen spezialisierte Aufgaben wahr, und die Aktivitäten zwischen den Ländern sind vernetzt.
- Fähigkeiten und Ressourcen sind international auf spezialisierte Auslandsgesellschaften verteilt, die stark mit anderen Auslandsgesellschaften interagieren (Netzwerkstrukturen).
- Wissen entsteht bei den Töchtern sowie bei der Mutter und wird in Querverbindung netzwerkartig auch zwischen den Töchtern ausgetauscht.

Beide Achsen des IR-Frameworks sind als „Pressures" relevant für das Verhalten. Somit wird sowohl auf nationale Unterschiede im Käuferverhalten und in der Kultur durch speziell angepasste Leistungen in den Märkten geachtet, als auch auf eine regional bzw. global standardisierte Wettbewerbsposition. Zugleich erfolgt ein starkes Streben nach „Economies of Scale", eine Konzentration wichtiger Wertschöpfungsfunktionen an wenigen internationalen Standorten sowie eine eher geringere Autonomie der Tochtergesellschaften.

Bezüglich der „Responsiveness" sollen Effizienzvorteile durch Standardisierung weitgehend ausgeschöpft werden; zugleich gilt es jedoch, die gegebenen Unterschiede, so hinsichtlich der Abnehmerpräferenzen, zu berücksichtigen, was eine differenzierte Vorgehensweise mit sich bringt. Man versucht, die unterschiedlichen Ländermärkte im Rahmen eines globalen Ansatzes zu integrieren. Aussagen wie **„Think global, act local"** bzw. „globale Lokalisierung" heißen kurzgefasst, dass ein erfolgreicher globaler „Marketer" die Fähigkeit besitzen muss, sowohl global zu denken als auch lokal zu agieren. Insofern ist diese Orientierung des Internationalen Marketing als eine Kombination von standardisierten Ansätzen (z.B. Marke, Kernprodukt) und nicht standardisierten Ansätzen (z.B. Verpackung, Kommunikation oder Distribution) anzusehen: Ein globales Produkt kann auf der gesamten Welt das gleiche und doch verschieden sein. Dies erfordert von den Unternehmen, sich im gewissen Sinne global und lokal zur gleichen Zeit zu verhalten, um auf Ähnlichkeiten und Unterschiede der Märkte einzugehen (Keegan/Schlegelmilch/Stöttinger 2014, S. 13). Wie auch bei anderen Basisoptionen bedeutet diese Orientierung nicht, jeden Markt dieser Erde zu bearbeiten; dies kann jedoch durchaus der Fall sein. Das Prinzip einer transnationalen Orientierung ist auch übertragbar auf regionale Aktivitäten. Innerhalb einer Region wird dann ein Ausgleich zwischen Standardisierung und Differenzierung angestrebt. Operiert ein international tätiges Unternehmen nach diesem Konzept in mehreren Regionen, so kann dies zu einer Parallelität mehrerer „transnationaler" Orientierungen führen. Zum Beispiel kann dann der Marktauftritt in der Region Europa trotz nationaler Unterschiede weitgehend ähnlich sein, jedoch unterschiedlich zur Region Amerika oder Asien.

Das zweite Merkmal der Integration stellt besondere Herausforderungen an die transnationale Führung eines Unternehmens, da der Chance auf Skaleneffekte eine gute lokale Wettbewerbsposition gegenübersteht. Bezüglich der organisatorischen Gestaltung weist ein transnationales Unternehmen Charakteristika einer Globalen Strategie auf. Allerdings sind

Ressourcen, Verantwortlichkeiten oder Wissen auf spezialisierte Auslandseinheiten verteilt. Zwischen dem Headquarter und den Auslandseinheiten bestehen dadurch reziproke Interdependenzen. Neues Wissen kann in vielen Ländern entstehen, wird aber von dort weltweit weitergegeben und ausgeschöpft. Auslandseinheiten sind somit von unterschiedlicher strategischer Wichtigkeit für das Gesamtunternehmen und nehmen Rollen ein, wie „Strategic Leader vs. Implementer". Zudem wird ein starker Austausch von Mitarbeitern, Produkten und Informationen zwischen Unternehmenseinheiten erwartet. So sind multinationale Flexibilität, weltweite Lernfähigkeit und globale Integrationsfähigkeit gefragt. Ressourcen und Kernkompetenzen werden nicht auf das Stammland konzentriert, sondern durch Integration „lokaler" Fähigkeiten verstärkt; i.S. einer koordinierten Interdependenz in dislozierten Auslandseinheiten.

Lange Jahre hindurch zeichnete sich eine Tendenz zu transnationalen Unternehmen ab, und diesen wurde das größte Erfolgspotenzial zugesprochen, zumal hier die Marktvorteile globaler und multinationaler vereint werden, zu Ungunsten einer eher komplexen Integration bzw. Führung interner Prozesse (Swoboda/Elsner/Morschett 2014). Diese Orientierung kann auf eine Transformation einer ursprünglich globalen oder multinationalen Orientierung durch zunehmende Differenzierung/Anpassung bzw. Integration folgen.

2.2.5. Internationale Orientierung

> Die Internationale Orientierung (auch Heimatmarktorientierung) ist dadurch charakterisiert, dass die im Heimatmarkt praktizierten (und dort auch bewährten) Marketingkonzepte weitestgehend oder im Extremfall vollständig ins Ausland übertragen werden, d.h., eine Anpassung an nationale oder lokale Gegebenheiten, so an Unterschiede im Kundenverhalten, findet nicht statt (Ausnahmen sind regulative Gegebenheiten, die beim Eintritt in einen Markt zu erfüllen sind).

Die Ausprägungen der internationalen Orientierung in der o.g. Selbsteinschätzung ist wie folgt zu charakterisieren:

- Die Wettbewerbsfähigkeiten und die entsprechenden Marketingkonzeptionen konzentrieren sich auf die Muttergesellschaft und werden international/weltweit multipliziert.
- Auch weitergehende strategische Fähigkeiten und Ressourcen liegen bei der Muttergesellschaft im Heimatmarkt und werden an die Auslandsgesellschaften weitergegeben.
- Neues Wissen entsteht nur im Heimatmarkt und wird von da aus an alle Auslandsgesellschaften weitergegeben.

Beide Achsen sind als „Pressures" relativ gering ausgeprägt. Der Heimatmarkt gibt die Besonderheiten bzgl. Käuferverhalten und Kultur vor und wichtige Aktivitäten erfolgen bei der Muttergesellschaft, die entsprechend die Tochtergesellschaften steuert.

Bei dieser Strategie werden zwar Effizienzvorteile realisiert, weil das betrachtete Unternehmen mit einem einheitlichen Marketingkonzept operiert, jedoch werden i.d.R. nicht die „kritischen Massen" erreicht, die bei einer Weltmarktorientierung möglich sind, d.h. durch eine Gestaltung des Marketingkonzeptes dahingehend, dass dieses Konzept eine möglichst große globale Zielgruppe anspricht. Ferner beschränkt sich das Unternehmen dagegen darauf, die im Heimatmarkt praktizierte und auf diesen Markt „zugeschnittene" Konzeption in andere Länder zu transferieren. In der Literatur wird – wie bereits erwähnt – der Begriff **„Transference"** genutzt, d.h. die Übertragung der für einen Markt (den Heimatmarkt) entwickelten Konzepte in andere Märkte, während insb. Standardisierung für die spezifische

Entwicklung einer einheitlichen Konzeption für viele Märkte steht. Die Heimatmarktorientierung deutet bzgl. des Entscheidungsfeldes der Marktbearbeitung bereits auf eine weitestgehende Standardisierung hin, zu deren Um- bzw. Durchsetzung bestimmte Betätigungsformen förderlich sind, andere dagegen eher ausscheiden. Mit dieser Basisoption werden implizit auch Aussagen getroffen bzw. Vorgaben fixiert hinsichtlich der Eignung bestimmter Ländermärkte für den Eintritt.

Die „Nicht-Anpassung" an nationale/lokale Gegebenheiten ist bei dieser Orientierung strategisch intendiert und insofern ein dieser Basisoption inhärentes Merkmal. Wie im Zusammenhang mit den Strategiebildungsprozessen in Abschnitt 2.1. diskutiert, kann gerade diese Vorgehensweise auch das Ergebnis einer **Emergenten Strategie** sein: Der Transfer der im Heimatland bewährten Konzeption auf einen und dann ggf. weitere ausländische Märkte kann aus dynamischer Sichtweise eher strategisch unreflektiert erfolgen oder auch aufgrund begrenzter Ressourcen die einzig machbare Form sein. Dies ist oftmals bei kleinen KMU anzutreffen. Für sie stellt der Transfer der Heimatmarktkonzeption oftmals den ersten Schritt ihres Internationalisierungsprozesses dar.

Der Transfer der Heimatmarkt-Konzeption bzw. die strategische „Nicht-Anpassung" dieser Konzeption kann auch primär marktorientiert erfolgen. So kann die heimatmarktbewährte Vorgehensweise gerade die Basis der Akzeptanz in den Auslandsmärkten sein. In diesem Kontext spielt der **Country-of-Origin-Effekt** (z.B. „Made in Germany") eine bedeutende Rolle. Die Präferenzen für ein Produkt werden durch seine Herkunft gestützt, weil das Ursprungsland z.B. mit einer starken Marke o.Ä. assoziiert wird. Das „Länderimage" ist dann von Bedeutung für die Übertragung eines Marketingkonzeptes. Beispielhaft zeigt Tabelle 2.1 „World's Most Valuable Nation Brands" basierend auf dem Business Finance Report.[1] Die USA nehmen den ersten Platz in einem Ranking von 100 Ländern ein.

Tabelle 2.1: World's Most Valuable Nation Brands

Rank 2019	Rank 2018	Nation brand	Nation brand value (in bn USD) 2019	Nation brand value (in bn USD) 2018	1-Yr value change (in %)	Brand rating 2019	Brand rating 2018
1	1	United States	27,751	25,899	+7.2	AAA	AAA
2	2	China	19,486	13,869	+40.5	AA	AA
3	3	Germany	4,855	5,147	-5.7	AAA	AAA
4	5	Japan	4,533	3,598	+26.0	AAA	AAA-
5	4	United Kingdom	3,851	3,750	+2.7	AAA	AAA
6	6	France	3,097	3,224	-4.0	AA+	AA+
7	9	India	2,562	2,159	+18.7	AA-	AA
8	7	Canada	2,183	2,224	-1.8	AAA	AAA-
9	10	South Korea	2,135	2,001	+6.7	AA+	AA
10	8	Italy	2,110	2,214	-4.7	AA-	AA-

Quelle: Brand Finance 2019.

Faktisch kommt es aber auf die Wahrnehmung der Kunden bzgl. des **Country-of-Origin** an. Insofern kann das Länderimage bspw. das **Corporate Image** i.S. eines **Imagetransfers** stützen (vice versa) und so das Kaufverhalten positiv bedingen. Insofern kann durchaus

---

[1] "Brand Finance measures the strength and value of the nation brands of 100 leading countries. Nation brand values are produced through a detailed analysis of economic data, perceptual market research data and infrastructure measures producing a combined score out of 100" (Brand Finance 2019).

auch ein starkes und nachhaltiges Firmenimage die Grundlage einer Heimatmarktorientierung sein und als Kernkompetenzen die Basis für einen erfolgreichen internationalen Markauftritt bilden.

Bei einer internationalen Orientierung ist allerdings ein weitergehender Entwicklungspfad von internationalen Unternehmen naheliegend: Ausgehend von der im Heimatmarkt praktizierten Konzeption erfolgt der Transfer in einen oder mehrere Auslandsmärkte. In einem evolutorischen Sinne kann die Erschließung der ausländischen Märkte sequenziell oder simultan erfolgen. Denkbar und auch empirisch anzutreffen sind schrittweise Vorgehensweisen, bei denen ab einer bestimmten Entwicklungsstufe ein gleichzeitiger Eintritt in mehrere Märkte erfolgt. Bei diesem Fall ist in einem frühen Stadium der Internationalisierung ein schrittweiser Eintritt in ausländische Märkte gegeben, ab einer „kritischen Erfahrungsgrenze" und verfügbaren Ressourcen erfolgt ein breit angelegter „Roll-out". Auf diese Überlegungen zum Wandel der internationalen Strategien wird in diesem Buch jedoch nicht eingegangen.

2.2.6. Empirische Einsichten

Viele empirische Studien haben sich intensiv mit internationalen Strategien, meistens basierend auf dem IR-Framework beschäftigt. Ihr Ziel ist in der Mehrheit die Identifikation der Strategietypen, dabei häufig ohne Bezug zum Erfolg, i.S.d. Vergleichs der Strategien hinsichtlich ihres Erfolges (siehe Abbildung 2.7).

Abbildung 2.7: Ausgewählte Studien zum IR-Framework

		Without performance implications	With performance implications
I/R as criterion in causal model		- Luo 2001, 2002 (e) - Fan/Zhu/Nyland 2012 (c) - Breunig/Kvålshaugen/Hydle 2013 (e)	- Johnson/Arya/Mirchandani 2013 (e)
I/R as base for taxonomies/typologies		Firm-typologies - Rugman/Verbeke 1992 (c) - Leong/Tan 1993 (e) - *Sternquist 1997* (c) - Devinney/Midgley/Venaik 2000 (c) - Harzing 2000 (e) - Pla-Barber 2002 (e) - Mukherji u.a. 2004 (c) - *Leknes/Carr 2004 (e)* - Kasper u.a. 2009 (e) - Romelaer/Beddi 2015 (c) - Verbeke/Asmussen 2016 (c) - Brock/Hydle 2018 (e)	Firm-typologies Performance within groups (fit) - Roth/Morrison 1990 (e) - Ghoshal/Nohria 1993 (e) - Lin/Hsieh 2010 (e) - Meyer/Su 2015 (e) Performance between groups - *Swoboda/Elsner/Morschett 2014 (e)* - Tian/Slocum 2014 (e)
		Subsidiary-typologies - Prahalad/Doz 1981 (e) - Jarillo/Martinez 1990 (e) - Taggart 1997, 1998 (e) - Rugman/Verbeke/Yuan 2011 (c) - Meyer/Estrin 2014 (e)	Subsidiary-typologies - Roth/Schweiger/Morrison 1991 (e) - Lin 2014 (e)
I/R as predictor in causal model		- Venaik u.a. 2004 (e) - Kim/Park/Pescott 2003 (c) - Grøgaard 2012 (e)	- Grein u.a. 2001 (e) - Haugland 2010 (c) - Qu/Zhang 2015 (e) - *Swoboda/Morbe/Hirschmann 2018* (e)

Note: *Italics*=focusing retailing, (e) empirical, (c) conceptual studies. Studies are not included in references.
Quelle: Swoboda/Morbe/Hirschmann 2018, S. 643.

Grundsätzlich hat eine Typologisierung eine stärkere Erklärungskraft, wenn sie auf einer Branchenebene erfolgt (Swoboda/Morbe/Hirschmann 2018). Abbildung 2.8 zeigt entsprechend Ergebnisse für internationale Handelsunternehmen, wobei vier Strategietypen in einer

Clusterlösung auf Basis der Urteile zu den im Abschnitt 2.2.1. dargelegten IR-Achsen resultierten. Die Gruppe mit einer Transnationalen Strategie ist die kleinste, was vergleichbar ist zu den Studien zu produzierenden Unternehmen. Vier Strategietypen werden von den befragten CEOs/Expansionsmanagern auch bei der Selbsteinschätzung gewählt. Des Weiteren zeigt die Korrespondenzanalyse rechts relativ ähnliche Ergebnisse unter Nutzung der Skalen bei den IR-Achsen (Mittelwert der identifizierten Cluster) und der Selbsteinschätzung.

Abbildung 2.8: Vierclusterlösung und Korrespondenzanalyse

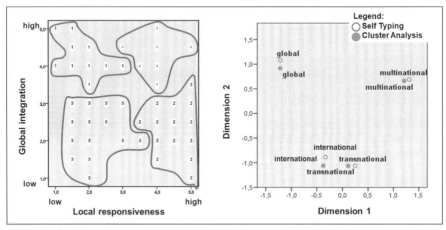

Quelle: Swoboda/Elsner/Morschett 2014, S. 326.

Bezüglich des Erfolgs der Strategien können zwei Sichtweisen verfolgt werden. Einerseits existiert die Annahme eines gleichmäßigen Erfolges aller Strategietypen, d.h., alle können zum ähnlichen Erfolg führen, wenn sie zur Umwelt „passen". Andererseits wird ein überlegener Strategietyp angenommen, oft die Transnationale Strategie. Allerdings fanden viele Studien keine Bestätigung hierfür, andere zeigten entsprechende Erfolgsunterschiede zwischen allen internationalen Strategien. In o.g. Beispiel wird ein Erfolgsvorteil, so bzgl. Umsatz, Profitabilität, Marktanteil usw., für transnational orientierte Handelsunternehmen untermauert, aber nicht sehr deutlich. Naheliegend und im Vergleich von Branchen wird ferner gezeigt, dass Food-Händler wesentlich öfter eine Multinationale Strategie verfolgen und signifikant stärker „responsive" sind als Nonfood-Händler, die signifikant stärker die Globale Strategie wählen und einem stärkeren globalen Wettbewerb ausgesetzt sind. Zu erwähnen ist ferner, dass weitere Studien über die hier akzentuierte Gesamtunternehmensebene hinaus die Ebene von Tochtergesellschaften analysieren, weil diese – wie angedeutet – in unterschiedlichen Ländern auch unterschiedliche Strategien verfolgen können.

Strategien können den Erfolg eines MNU nicht vollständig alleine erklären und Typologien werden darüber hinaus wegen konzeptioneller Differenzen und widersprüchlicher Implikationen für den Erfolg kritisiert. Wenige Studien schauen sich „Strategy-Implementation-Performance"-Pfade an. Diese Pfade sind jedoch interessant, weil sie für „Integration" und „Responsiveness" variieren (sollten) und in Gastmärkten unterschiedlich sein sollten. Abbildung 2.9 fasst, erneut am Beispiel der Handelsbranche, diese Sicht zusammen. Die IR-Achsen bestimmen einerseits die Entscheidungen zur Standardisierung/Adaption des Marketing-Mix und andererseits die Zentralisierung/Dezentralisierung der Entscheidungen. Die Annahme der Studie ist, dass bei einer Strategie der Integration ein Händler eher auf die Übertragung der Vorteile aus dem Heimatmarkt ins Ausland setzt, während bei „Responsiveness" eher das

Ziel besteht, neue Vorteile im Gastland zu generieren. Im Ergebnis wirken weder „I" noch „R" direkt auf den Erfolg, aber sie sind unterschiedlich (indirekt) bedeutend für den Erfolg in nahen und fernen Ländern, wobei die (Erfolgs-)Pfade über die Standardisierung und die Zentralisierung unterschiedlich aussehen und Trade-off-Entscheidungen nahelegen:

- Nahe Länder: Integration wirkt positiv auf den Erfolg, wenn sie über eine Standardisierung des Marketing-Mix implementiert wird, aber auch negativ, über die Zentralisierung (Trade-off). Responsiveness wirkt zudem negativ, über eine stärkere Anpassung des Marketing, aber auch positiv über die Dezentralisierung des Managements (erneut Trade-off).
- Ferne Länder: Hier wirkt Integration nur positiv über die Zentralisierung des Managements, nicht signifikant über die Standardisierung. Responsiveness wirkt nur negativ über eine Dezentralisierung des Managements, erneut nicht signifikant über die Standardisierung. Die Einflüsse von Integration und Responsiveness über die Standardisierung sind grundsätzlich insignifikant, sodass dieses keinen Erfolgsbeitrag in fernen Ländern hat.

Insgesamt zeigt sich, dass die Unternehmensstrategie nicht direkt wirkt, sondern nur über deren Implementierung. Zudem hat in fernen Ländern nur die Integrationsachse eine Erfolgsrelevanz, in nahen Ländern führen hingegen mehrere Pfade zum Erfolg.

Abbildung 2.9: Wirkung der IR-Achsen auf den Erfolg

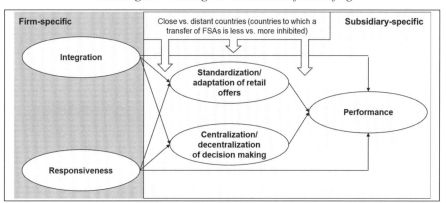

Quelle: I.A.a. Swoboda/Morbe/Hirschmann 2018, S. 644.

2.3. Kernentscheidungen im Internationalen Marketing

Die Kernentscheidungen des Internationalen Marketing werden oft traditionell in drei Fragen kondensiert

- welche Länder sind zu betreten („Where?"),
- mit welchen „Operation Modes" („How?") und
- mit welchen Angeboten („What/How?").

Diese Entscheidungen sind eingerahmt von Umfeldfaktoren, so

- länderspezifischen Unterschieden oder Länderdistanzen (Makroumfeld),
- Wettbewerbsbedingungen (Mesoumfeld, bekannt aus dem nationalen Marketing in Form des sog. Marketingdreiecks aus Anbietern, Wettbewerbern und Nachfragern) und
- unternehmensspezifischen Faktoren (internes Umfeld für Managemententscheidungen).

Die Umfeldfaktoren sind nicht nur spezifisch in internationalen Märkten, i.d.R. aufgrund des limitierten Wissens über Ländermärkte, sondern bilden den Kontext von Entscheidungen und deren Bewertung aus Kundensicht (siehe Kapitel 3.). Nachfolgend wird wesentlich darüberhinausgehend eine die Praxis sinnvoller abbildende, dynamische Sicht entwickelt, welche durch diverse Spezifika gekennzeichnet ist (siehe Abbildung 2.10).

Vorentscheidungen

Zunächst werden die Entscheidungsfelder des Internationalen Marketing auf Vorentscheidungen zurückgeführt. Es handelt sich hier um gesamtunternehmerische Entscheidungen (wie die behandelten internationalen Strategien), aber auch um unternehmerische Prinzipien (z.B. Grundsätze, wie lediglich Märkte mit geringer Konkurrenz zu betreten oder nur eigene Tochtergesellschaften als Eintrittsstrategie zu nutzen o.Ä.) und ebenso um Ressourcen (z.B. Größe und finanzielle Ressourcen eines Unternehmens). Ebenso sind internationale Ziele/Motive – bspw. bezogen auf einzelne Länder/Regionen – prägend für die folgenden Entscheidungen im Internationalen Marketing.

Abbildung 2.10: Entscheidungen des Internationalen Marketing in dynamischer Sicht

Dynamische Kernentscheidungen

Entscheidungen bzgl. des Marktengagements, der in diesen Märkten zu praktizierenden Betätigungsformen und der Art der Marktbearbeitung werden als geradezu klassische Fragestellungen des Internationalen Marketing betrachtet.

Allerdings werden die erstmaligen Markteintritte, i.S. eines „**Going-International**", durch typische Folgeentscheidungen, so Anpassungen während eines „**Being-International**", ergänzt. Diese dynamische Perspektive des Internationalen Marketing folgt einem Grundverständnis der Internationalisierung als Entwicklungsprozess. In diesem Verständnis findet die Internationalisierung als Teil der Unternehmensentwicklung über die Zeit statt. Sie ist ein Prozess der zunehmenden Ausweitung oder der rückwärts gerichteten Einschränkung des Auslandsengagements mit entsprechenden Konsequenzen für die Unternehmensstrategie, -struktur oder Marketinginstrumente. Insofern ist sie als Serie von inkrementalen oder radikalen Entscheidungsfolgen und nicht als einmaliger Akt zu interpretieren.

Beim **Marktengagement** lauten die Grundsatzentscheidungen **Markteintritt** und **Marktaustritt**, wodurch sich die dynamische Perspektive ausdrückt, i.S.d. Eintritts in einen Ländermarkt als Erstentscheidung und des Austritts als Folgeentscheidung (bspw. aufgrund einer veränderten Rolle eines Ländermarktes im zukünftigen Länderportfolio). Die Basis dieser Entscheidungen bilden Modelle der Marktselektion oder der Bewertung von Länderengagements mittels einer Vielzahl von länderspezifischen und -übergreifenden Verfahren und denkbaren Kriterien. Wie angedeutet, sind Anpassungen im Ländermarktportfolio denkbar, was v.a. eine veränderte bzw. angepasste Bedeutung von konkreten Auslandsmärkten für das zukünftige Wachstum eines MNU bedeutet. Hierauf wird in den Kapiteln 4.-6. eingegangen.

Die Entscheidung bzgl. der **Betätigungsform** (Modes) beim Eintritt in zuvor ausgewählte Ländermärkte wird oft verkürzt als „Markteintrittsstrategien" bezeichnet. Vernachlässigt wird bei dieser Sichtweise, dass die gewählte Betätigungsform innerhalb eines ausländischen Marktes angepasst oder gar fundamental verändert werden kann, v.a. wenn die Eintrittsstrategie sich beim „Going-International" eher ungeplant ergab, z.B. in Form des Exports infolge eines Messeauftritts, und dann – bei erfolgreichen Geschäften in dem Land – durch eine Vertriebsgesellschaft abgelöst wird. Eine dynamische Sichtweise ist sinnvoll, ebenso wie die Unterscheidung gradueller Anpassungen und fundamentalerer Switches oder von **„Entry Modes vs. Operation Modes"**. Hierauf wird in den Kapiteln 9.-13. eingegangen.

Die Entscheidungen zur **Marktbearbeitung** beziehen sich auf die Ausgestaltung des Marketing-Mix in den einzelnen Ländermärkten, so

- des Markenmanagement,
- der Produktpolitik,
- der Preispolitik,
- der Kommunikationspolitik und
- des Vertriebs.

Auch hier wird zwischen einer Primärgestaltung beim „Going-International" und einer Adaption bzw. fundamentaleren Switches während des „Being-International" unterschieden. Prinzipiell besteht ein Link des Marketing-Mix zur internationalen Strategie, da globale Unternehmen eher standardisieren und multinationale eher adaptieren. Dies gilt jedoch in beiden Fällen per se nicht für alle Marketing-Mix-Instrumente gleichermaßen, wie u.a. empirische Studien zeigen. Dies ist insofern naheliegend, weil bspw. eine **Global Brand** nicht zwangsläufig standardisierte Produkte oder eine standardisierte Kommunikation bedeuten muss, und eine lokale Marke nicht notwendigerweise auf ebenfalls lokalisierten, z.B. technisch unterschiedlichen Produkten oder Distributionsprozessen beruhen muss. Zudem ist zwischen einer strategischen Entscheidungsperspektive und einer kundenseitigen Wahrnehmungs- bzw. Bewertungsperspektive zu unterscheiden. So kann die Adaption einer Global Brand in einzelnen Ländern aus strategischer Sicht nur der Entsprechung regulativer Anforderungen eines Landes folgen oder beim Fehlen derartiger regulativer Einschränkungen strategisch bewusst entschieden worden sein. Indessen bewerten lokale Kunden die Marke subjektiv und selektiv, oft ohne Wissen über die „formalen" Hintergründe der Adaption, aufgrund ihrer lokalen, ggf. kulturell geprägten Werte unterschiedlich. So gelten viele westliche Marken, auch wenn sie objektiv nicht weltweit standardisiert sind, lokal nicht nur als „Foreign Brands", sondern auch als „Global Brands" und vermitteln aus Sicht von Kunden bspw. in Entwicklungsländern spezifische funktionale und psychologische Werte, die den Kauf dieser Marken stützen (gleiches gilt nicht für

„Local Brands" und auch nicht in Industrienationen, Swoboda/Pennemann/Taube 2012; Swoboda/Hirschmann 2016; Swoboda/Sinning 2020).

Abgeleitete Entscheidungen zur Implementierung/Koordination

In der Abbildung stehen Marktengagement, Betätigungsform und Marktbearbeitung vor denen **zur Implementierung/Koordination**, was eine marktorientierte Sicht andeutet. Indessen sind Entscheidungen zur geeigneten Organisationsstruktur, zu internen Prozessen/Systemen (bzgl. Zielsetzung, Planung, Kontrolle usw.) und zur (Unternehmens-)Kultur oder HRM auch im Internationalen Marketing relevant. Sie bestimmen den Erfolg und sind von denselben Entscheidungen, die auf das gesamte Unternehmen bezogen sind, zu unterscheiden. Im Internationalen Marketing geht es in diesem Kontext alleine um die Implementierung bzw. Koordination der Marketingaktivitäten.

Rückkopplungen zwischen Ländern

Zusätzlich sind **Rückkopplungen** (Länderinterdependenz) zwischen Ländern, v.a. beim „Being-International" zu berücksichtigen (angedeutet in der Mitte der Abbildung 2.10). Entscheidungen können länderspezifisch, also nur auf ein Land bezogen, betrachtet werden. Wie aber bereits dargestellt, ist bspw. das Marketing eines deutschen Unternehmens in Russland nur für die deutschen Mitarbeiter – wenn sie zentral dieses Länderengagement verantworten – international, für russische Mitarbeiter – in einem dezentral geführten Unternehmen – handelt es sich um nationale Aktivitäten. Länderinterdependenz betrifft bspw. Entscheidungen in einem Land, deren Ursachen (z.B. Wettbewerbsbedingungen) aber nicht in diesem Land liegen. Ein Beispiel ist das Angebot von MasterCards in Spanien, obwohl dieser Markt von Visa dominiert wird und für MasterCard eher unattraktiv ist. In Spanien verbringen aber viele Deutsche ihren Urlaub, die ihre im deutschen Kernmarkt erworbene MasterCard auch im Urlaub einsetzen wollen. Daher bestimmt die marktführende Position von MasterCard in Deutschland die Aktivitäten von Spanien. Folgende Rückkopplungen sind relevant (Backhaus/Voeth 2010, S. 20ff.):

- **Anbieterbezogene Rückkopplungen**: Die Erschließung eines Ländermarktes oder mehrerer neuer Ländermärkte bzw. die Veränderung seiner oder ihrer Bearbeitung verändert die Rahmenbedingungen innerhalb des anbietenden Unternehmens so, dass sich die Freiheitsgrade bei der Marktbearbeitung anderer Ländermärkte verändern. Mithin muss die nationale Marketingpolitik in anderen Ländermärkten angepasst werden.
- **Nachfragerbezogene Rückkopplungen**: Die Erschließung eines Ländermarktes oder mehrerer neuer Ländermärkte bzw. die Veränderung seiner oder ihrer Bearbeitung beeinflusst in der Folge das Verhalten der Nachfrager in anderen Ländermärkten, sodass auch hier eine Anpassung der Marketingaktivitäten in diesen Ländermärkten erforderlich wird.
- **Konkurrenzbezogene Rückkopplungen**: Bei der Erschließung eines Ländermarktes oder mehrerer neuer Ländermärkte bzw. bei der Veränderung seiner oder ihrer Bearbeitung haben Unternehmen Konkurrenzreaktionen zu beachten, die mit Auswirkungen auf die relative Wettbewerbssituation des Unternehmens verbunden sind, und die das Unternehmen zu Anpassungen des Marktauftritts in anderen Ländermärkten zwingen.
- **Institutionelle Rückkopplungen**: Rechtliche und/oder politische Verflechtungen zwischen Ländermärkten sind von Unternehmen zu berücksichtigen, da diese bei der Erschließung eines Ländermarktes oder mehrerer neuer Ländermärkte bzw. bei der Veränderung seiner oder ihrer Bearbeitung Unternehmen zu Anpassungen in verflochtenen Ländermärkten veranlassen können.

Beispielhaft können Rückkopplungen am Problem der **Preisarbitrage** verdeutlicht werden, ein Problem, das zwischen zwei Märkten auftreten kann, in denen ein standardisiertes Produkt zu unterschiedlichen Preisen angeboten wird. Das Problem etwaiger „grauer Märkte" kann aus den gewählten Betätigungsformen resultieren. Wählt ein Unternehmen sowohl die Errichtung eigener Verkaufsfilialen als Betätigungsform in ausländischen Märkten als auch Franchising in anderen ausländischen Märkten – was häufig anzutreffen ist, auch innerhalb eines Ländermarktes –, so liegt die Verkaufspreishoheit (in den Staaten der EU) bei dem Franchise-Nehmer. Während bei international einheitlicher Betätigungsform, z.B. ausschließlichem Verkauf über eigene Verkaufsniederlassungen das Aufkommen grauer Märkte ausgeschlossen oder kontrolliert werden kann, ist dies bei **hybriden Betätigungsformen** (der aufgezeigten Art) nicht oder schwierig möglich. Will ein Unternehmen ein derartiges Arbitrageproblem erst gar nicht entstehen lassen, so scheidet die Betätigungsform des Franchisings mindestens in „benachbarten Märkten" aus, in denen ein etwaiger Preisvorteil nicht durch Transaktionskosten, z.B. Transportkosten, überkompensiert würde. Damit sind zugleich Rückkopplungen zur Marktwahl und eine weitere zum Marktengagement gegeben. Sind in bestimmten Ländern z.B. keine eigenen Niederlassungen möglich, sondern nur kooperative Formen, so kann dies im Grenzfall den Ausschluss dieses Landes im Prozess der Marktwahl bedeuten.

Komplexität des Internationalen Marketing

Insgesamt erwächst die Komplexität des Internationalen Marketing anhand der bereits angesprochenen Sichtweisen/Situationen und einer Fülle weiterer, in Kapitel 3. zu behandelnder Umfeldfaktoren. Dies kann wie folgt zusammengefasst werden:

- Unterschiedliche **Sichtweisen/Situationen** denkbar, so
  - „Going- vs. Being-International"
  - Länderspezifisch vs. -übergreifend
  - Geringes vs. starkes Internationalisierungswissen oder -commitment
  - Strategische Entscheidungen vs. Bewertung der Ergebnisse der Entscheidung durch Kunden
  - Branche: Industriegüterproduzent, Konsumgüterproduzent, Dienstleister
- Fülle von **Umfelddeterminanten** für Entscheidungen und Erfolg
  - Unternehmensexterne **Makro-Faktoren**: politisch-rechtlich, ökonomisch, soziokulturell, technologisch usw.
  - Unternehmensexterne **Meso-Faktoren**: Kundenverhalten, Wettbewerb
  - Unternehmensinterne **Mikro-Faktoren**: Ressourcen und Wettbewerbsvorteile

Selbst diese recht komplexe Auflistung ist unvollständig, weil bspw. rechtliche also regulative Makro-Faktoren ein Unternehmen zur Adaption zwingen (bereits beim Markteintritt sind diese virulent), während bspw. sozio-kulturelle Makro-Faktoren eine strategische Entscheidung, i.S. Anpassung oder Nicht, ermöglichen. Die Kunden des Unternehmens sehen indessen nur ein lokales Angebot, und es ist auch beim Vergleich derselben Markenprodukte in diversen Ländern für die Kunden nicht direkt erkennbar, ob ein „anderes Aussehen" nur regulativen Einflüssen Rechnung trägt oder strategisch entschieden wurde (ggf. sogar vor einer langen Zeit bereits, also ggf. historisch gewachsen ist).

2.4. Interdependenzen von Entscheidungen

Das komplexe Entscheidungsfeld des Internationalen Marketing ist durch vielfältige **Interdependenzen** der isoliert erörterten Ebenen charakterisiert. Die internationale Strategie, die Kernentscheidungen (Marktengagement, Betätigungsformen, Marktbearbeitung) sowie die dynamische Perspektive des Internationalen Marketing i.S. von Erst- und Folgeentscheidungen unterstreichen denkbare Interdependenzen. Zwei Interdependenzen werden im Folgenden aufgegriffen:

- Interdependenzen zwischen den Basisstrategien einerseits und dem Marktengagement, den Betätigungsformen sowie der Marktbearbeitung andererseits.
- Interdependenzen zwischen Marktengagement, Betätigungsformen und Marktbearbeitung.

Interdependenzen zwischen der internationalen Strategie und den Kernentscheidungen

Die Strategien beeinflussen maßgeblich die Ausgestaltung der Kernentscheidungen, so des Marktengagements, der Betätigungsformen und der Marktbearbeitung. Entscheidet sich ein MNU im Rahmen eines „Going-International" für die Option des globalen Marketing, so prägt dieses die Selektion der zu erschließenden Märkte, da die angestrebte Zielgruppe in einem bestimmten kritischen Ausmaß in diesen Ländern gegeben sein muss, und somit auch das bearbeitete Länderportfolio. Die mit der globalen Option einhergehende (weitestgehend) standardisierte Marktbearbeitung eröffnet diesbezüglich keine bzw. kaum noch Freiheitsgrade. Die standardisierte Marktbearbeitung erfordert ferner Betätigungsformen, die dem Unternehmen auf den ausländischen Märkten weitestgehend Einflussnahme ermöglichen. Damit wird das Spektrum möglicher Betätigungsformen eingeengt. Nicht in Frage kommen bspw. indirekte oder direkte Exporte und „lose" Kooperationsformen. Dagegen sichern bspw. Tochtergesellschaften, M&A und „straffe" Formen der Kooperation, wie Franchising, dem MNU maßgeblichen Einfluss.

Zugleich ist hier eine zweite Wirkungsrichtung von Relevanz. Strebt ein Unternehmen danach, international tätig zu werden, bietet sich ihm aber aufgrund begrenzter Ressourcen z.B. nur eine internationale Orientierung an, d.h. eine Übertragung der im Heimatmarkt bewährten Konzeption, so kann dies restriktiv auf das erreichbare Länderportfolio wirken, da z.B. nur wenige Länder sich bzgl. der angebotenen Leistungsprogramme als geeignet erweisen könnten. Sind die am Beispiel der globalen Option angesprochenen „Operation Modes" rechtlich nicht zulässig, wie dies oftmals in Schwellen- oder Transformationsländern der Fall ist, z.B. bzgl. eines direktinvestiven Engagements mit Tochtergesellschaften, so ist die angestrebte standardisierte Marktbearbeitung letztlich nicht durchsetzbar. Aber auch Restriktionen bzgl. der Marktbearbeitung, so regulative, normative oder kognitiv-kulturelle Länderunterschiede, können einer standardisierten Marktbearbeitung entgegenstehen bzw. weitgehende Anpassungen erfordern, was zur Durchsetzung einer transnationalen Strategie, aber eben nicht einer globalen Strategie führt.

Die Interdependenzen gelten auch in einem dynamischen Sinne. So können Veränderungen der Gegebenheiten in den Ländermärkten zu Rückkopplungen auf die Basisoption führen.

Interdependenzen zwischen den Kernentscheidungen

Oft wird eine bestimmte **Sequenz** bei der Erschließung ausländischer Absatzmärkte unterstellt. Ausgehend von der Marktwahl über die Festlegung der Betätigungsform und der Marktbearbeitung. In Unternehmen können jedoch auch Betätigungsformen oder die Marktbearbeitungsstrategien einen Ausgangspunkt bilden. Gründe hierfür können in einer grundsätzlichen Präferenz für eine Betätigungsform (z.B. Franchising) liegen oder in regulativen Umfeldfaktoren in einzelnen Ländern. Folgende **Sequenzen** sind hinsichtlich der Kernentscheidungen denkbar (siehe Abbildung 2.11), die beispielhaft erläutert werden können:

- Liegt z.B. der Ausgangspunkt der Marketingentscheidungen darin, dass angestrebt wird, bestimmte **Märkte** zu bearbeiten, so sind die lokal nutzbaren Betätigungsformen von diesen Märkten abhängig. Nicht in jedem Land können bspw. Akquisitionen erfolgen, da nicht überall potenzielle Übernahmekandidaten existieren. Auch kann wegen Kulturunterschieden nicht das gleiche Marketing-Mix angewandt werden.
- **Betätigungsformen** bilden den Ausgangspunkt, wenn bspw. als Grundsatzentscheidung die Internationalisierung mittels Franchising angestrebt wird. Dies beinhaltet i.d.R. bereits die Festlegung bestimmter marketingpolitischer Vorgaben, die im Franchise-Vertrag „exportiert" werden und weitere Handlungsspielräume begrenzen. Auch begrenzt dies den Eintritt in Auslandsmärkte, in denen Franchise-Nehmer nicht verfügbar sind.
- Oft liegt der Ausgangspunkt in der **Marktbearbeitung**. Ein angestrebter standardisierter Marktauftritt erfordert Betätigungsformen, die eine entsprechende Durchsetzung ermöglichen, z.B. Tochtergesellschaften. Umgekehrt ist es bei der Wahl von Betätigungsformen wie z.B. Joint Ventures wesentlich schwieriger, Standardisierungen zu realisieren, da zunächst Potenzialharmonisierungen stattfinden müssen bzw. interne Widerstände gegenüber Multiplikationsansätzen bestehen können. Auch müssen die Märkte hinsichtlich der Rahmenbedingungen (z.B. regulativ, kulturell, Kundenbedürfnisse) die Realisierung solcher Systeme ermöglichen und entsprechend ausgewählt werden.

Abbildung 2.11: Varianten der Strategiefestlegungssequenz

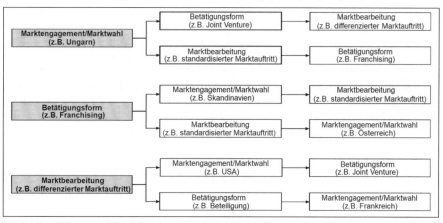

Quelle: Zentes/Schramm-Klein/Morschett 2005, S. 555.

Diese Beispiele zeigen, dass die „klassische" Sequenz der Konzeption des Internationalen Marketing nicht zwangsläufig realisiert wird, sondern eine Vielzahl von Optionen bietet. Nachfolgend wird dennoch aus didaktischen Gründen der „klassischen" Sequenz folgend vorgegangen.

Dynamik der Kernentscheidungen

Schließlich kann auch eine dynamische Perspektive bei den Kernentscheidungen vorliegen. Angesprochen werden damit Rückkopplungen, die aus Anpassungen bzw. Revisionen einmal getroffener Erstentscheidungen (oder entsprechender Folgeentscheidungen) resultieren. Dieser Beziehungszusammenhang kann an einem Beispiel schematisch verdeutlicht werden. Abbildung 2.12 zeigt eine Strategiesequenz, bei der, ausgehend von der Basisoption einer internationalen Orientierung, die Auswahl der Ländermärkte (z.B. Frankreich, Großbritannien, Österreich, Schweiz) erfolgt, die über die Betätigungsform des direkten Exports erschlossen werden. Eine spätere Ausweitung der Betätigungsformen um Lizenzierung, die in der Folge getroffen wird, da z.B. in einem Pilotprojekt in einem ausländischen Markt positive Erfahrungen gewonnen wurden, ermöglicht ein Marktengagement in weiteren Ländern (z.B. Russland, Ukraine), in denen das Unternehmen bisher aus rechtlichen Gründen (Importbarrieren in tarifärer und/oder nicht-tarifärer Form) oder wegen bestehender kultureller Distanzen nicht tätig war.

Abbildung 2.12: Auswirkungen einer Ausweitung der Betätigungsformen auf die Marktwahl

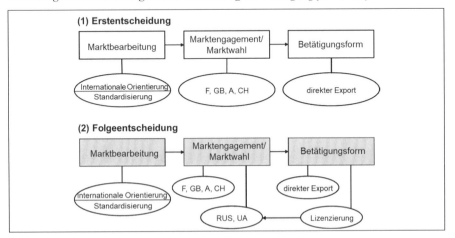

Zu Fragen der Dynamik und Komplexität der internationalen Marketingentscheidungen bzw. zu marktorientierten Internationalisierungsprozessen liegt eine Vielzahl von Studien vor, die hier im Einzelnen nicht dargestellt werden können (siehe Abschnitt 7.4.). Auch die aufgezeigten Interdependenzen werden nur fallweise angesprochen.

3. Umfeldfaktoren des Internationalen Marketing

3.1. Systematik des Umfeldes

Die vielen im Internationalen Marketing wichtigen Einflussfaktoren werden unterschiedlich systematisiert, weil diese die Entscheidungen von Managern bestimmen und v.a. die Wahrnehmung der Ergebnisse der Entscheidungen durch die internationalen Kunden. Nachfolgend werden eine grundsätzliche und eine theoretisch-verankerte Abgrenzung vorgestellt.

Grundsätzliche Systematik

Determinanten können in unternehmensexterne und -interne Faktoren unterteilt werden. Wie in Abbildung 3.1 dominieren dabei in der Anzahl Umfeldfaktoren auf den Makro- und Mesoebenen ggü. den Mikrofaktoren auf der Unternehmensebene, wobei letztere z.T. auch die Reaktion auf die Erstgenannten umfassen (siehe Abschnitt 1.5.2.).

- Eine besondere Bedeutung im Internationalen Marketing hat das **Makroumfeld**, so politisch-rechtliche, ökonomische, sozio-kulturelle, natürliche und technologische Faktoren. Kultur ist bspw. eine der am häufigsten studierten Kontextvariablen im Internationalen Marketing (mit einer Literaturbestandsaufnahme Swoboda/Batton 2019).
- Weiterhin relevant ist das **Mesoumfeld**, so aus dem nationalen Marketing bekannte Wettbewerbsbedingungen, wie Kundenverhalten, Wettbewerb oder Lieferanten (dargestellt mit Konstrukten der Kaufverhaltensforschung und/oder der Branchenstrukturanalyse von Porter 2014, S. 25f.). International sind diese zumindest mit einer stärkeren Unsicherheit behaftet, allerdings ist die Mehrzahl einzelner Auslandsmärkte für die meisten Unternehmen z.T. nicht so relevant wie der Heimatmarkt.
- Auf der **Mikroebene** sind essenzielle unternehmensinterne Faktoren verortet, so tangible und intangible Ressourcen, Ziele, Strategien oder Leistungsprogramme von Unternehmen. Wie erwähnt, repräsentieren diese zugleich die Unternehmens- bzw. Entscheidungsebene und hier das unternehmensinterne Umfeld im Internationalen Marketing.

Abbildung 3.1: Systematik der Rahmenbedingungen des Internationalen Marketing

MAKRO: Generelles Umfeld („National Institutions")				
Politisch-rechtliche Faktoren	**Ökonomische Faktoren**	**Sozio-kulturelle Faktoren**	**Natürliche Umwelt**	**Technologische Faktoren**
- Politische Unsicherheit - Demokratieverständnis - Rechtsvorschriften - Außenhandelspolitik - Börsenkapitalisierung - ...	- Einkommen/Kaufkraft - Marktgröße/-potenzial - Entwicklungsgrad - Inflation - Geschäftsklima - ...	- Nationale Kultur - Werte, Normen - Religion - Sprache - Lebenserwartung - ...	- Klima - Topografie - Infrastruktur - Geographische Distanzen - ...	- IT-Systeme - Logistikinfrastruktur - Internetnutzung - Technologischer Fortschritt - ...

INTERNATIONALES MARKETING

Kundenverhalten	**Branchenstruktur/ Wettbewerb**	**Beschaffungsmärkte**	**Kompetenzen/Wettbewerbsvorteile eines Unternehmens**
- Motive, Einstellungen - Wahrnehmungen, Kognition, Wissen - Segmente - Nachfragemacht - Preisempfindlichkeit - ...	- Rivalität: Wachstum, Kosten, Barrieren ... - Art, Zahl, Größe, Leistung der Konkurrenz - Eintrittsbarrieren - Substitutionsgefahr - ...	- Lieferantenmacht/-konzentration - Art, Zahl, Größe, Leistung der Lieferanten - Gefahr der Vorwärtsintegration - ...	- Tangible/intangible Ressourcen - Ziele (Corporate, Marketing etc.) - Internationale Strategien - Wettbewerbsstrategien - Leistungsprogramme - ...
MESO: Wettbewerbsumfeld			**MIKRO: Internes Umfeld**

Die Bedeutung der Einflussfaktoren im Marketing eines internationalen Unternehmens ist individuell und situativ. Allerdings ist darauf hinzuweisen, dass die Systematik lediglich heuristischer Natur ist, also keiner theoretischen Fundierung unterliegt.

Institutionelles Makroumfeld

Einen Ansatz zur Systematik eines wesentlichen Ausschnitts der generellen Umfeldfaktoren bietet die Betrachtung von Institutionen (**Institutionentheorie**), die aber nicht einheitlich, sondern in vielen Disziplinen, jenseits der Betriebswirtschaftslehre unterschiedlich behandelt werden (sei es im soziologischen, ökonomischen, chemischen oder geschichtlichen Bereich, Berry/Guillén/Zhou 2010). Kostova u.a. (2020) unterscheiden im Kontext der Betrachtung institutioneller Distanzen (im Internationalen Marketing sind zudem Länderdifferenzen vordringlich, bspw. zur Erklärung von Wahrnehmungsunterschieden des Marketing-Mix durch Kunden in diversen Ländern, siehe Abschnitt 3.2.) – drei zentrale Stränge der Institutionentheorie, die eine unterschiedliche Relevanz für Unternehmen haben:

- Der „**Organizational Institutionalism**" hat Wurzeln in der Soziologie, und Institutionen werden als relativ stabile soziale Strukturen betrachtet, die sich aus regulativen, kulturell-kognitiven und normativen Elementen zusammensetzen und mit den dazugehörigen Aktivitäten und Ressourcen dem sozialen Leben Stabilität und Bedeutung verleihen.
- Die „**Institutional Economics**" hat ihre Wurzeln in den Wirtschaftswissenschaften und definiert Institutionen als die von Menschen erdachten Zwänge, die menschliche Interaktion strukturieren und kategorisieren (in formelle Regeln, Gesetze, Verfassungen und informelle Verhaltensnormen, Konventionen und selbst auferlegte Verhaltensregeln).
- Der "**Comparative Institutionalism**" betont das System interdependenter institutioneller Arrangements in diversen Bereichen des sozioökonomischen Lebens in einem Land (z.B. Wirtschaft, Recht, Bildungs- oder Innovationssysteme, Entwicklungsstand, Rolle des Staates, Arbeit). Diese Sichtweise schlägt Typologien nationaler institutioneller Systeme vor, wie z.B. die liberale Marktwirtschaft oder die koordinierte Marktwirtschaft.

Kostova u.a. (2020) zeigen für die o.g. Felder, dass die meisten, rd. ein Drittel aller Studien den ersten Strang nutzt (gefolgt vom zweiten und weiteren, die hier nicht genannt wurden). Ein entsprechender, soziologischer Ansatz, der verbreitet und zugleich kompakt ist, basiert auf Scott (2014), der Organisationen als soziale Akteure sieht, die in ihrem institutionellen, regulativen, kognitiven und soziologischen Kontext bestehen, um Legitimität zu erlangen, in Heimat- und in Gastländern. Die entsprechende institutionelle Umwelt beeinflusst die internationale Strategie, die Entscheidungen und den Erfolg von MNU. Sie kann in drei wesentliche „Pillars" systematisiert werden (siehe Abbildung 3.2):

- „**Regulative Institutions** (i.e., Rules and Laws that Exist to Ensure Stability and Order in Societies)" begrenzen die Handlungsmöglichkeiten internationaler Unternehmen durch das Setzen, die Überwachung und die Sanktionierung von Regeln. Um dies zu vermeiden, handeln Unternehmen in Übereinstimmung mit den Vorgaben.
- „**Normative Institutions** (i.e., Domain of Social Values, and Norms)" sind v.a. die Standards und Normen für das Verhalten internationaler Unternehmen. Im Vordergrund steht die soziale Verpflichtung, ein bestimmtes Verhalten zu zeigen – mit dem Ziel, gesellschaftliche Akzeptanz zu erreichen, indem bspw. den gesellschaftlich akzeptierten Normen und den damit verbundenen Erwartungen entsprochen wird.
- „**Cultural-Cognitive Institutions** (Established Cognitive Structures in Society that are taken for Granted)" beziehen sich auf die Wahrnehmungsdimension, indem aus der Interpretation der institutionellen Gegebenheiten und Bedingungen in den Unternehmen durch Interpretation und Definition der Situation organisationale Formen und

Praktiken abgeleitet werden. Die kognitive Dimension ist zudem stark damit verbunden, dass Unternehmen durch organisatorische Gewohnheiten und eine gewisse Trägheit gekennzeichnet sind. Aus diesem Grund spielen auch das Verhalten und die strategischen und operativen Entscheidungen der Vergangenheit eine besondere Rolle.

Abbildung 3.2: Drei Säulen von Institutionen[1]

	Regulative Pillar	**Normative Pillar**	**Cultural-cognitive Pillar**
Basis of compliance	Expedience	Social obligation	Taken-for-grantedness, Shared understanding
Basis of order	Regulative rules	Binding expectations	Constitutive schema
Mechanisms	Coercive	Normative	Mimetic
Logic	Instrumentality	Appropriateness	Orthodoxy
Indicators	Rules, laws, sanctions	Certification, accreditation	Common beliefs, shared logics of action, isomorphism
Affect	Fear guilt/innocence	Shame/honor	Certainty/confusion
Basis of legitimacy	Legally sanctioned	Morally governed	Comprehensible, recognizable, culturally supported

Quelle: I.A.a. Scott 2014, S. 60.

Nachfolgend werden zwei Sichtweisen behandelt mit besonderem Blick auf die bedeutende Kultur. Davor sind Einblicke in die Besonderheiten der Auswahl der Umfeldfaktoren zu beachten und die Nutzung von Länderdistanzen vs. -differenzen.

3.2. Auswahl relevanter Umfeldfaktoren

3.2.1. Länderdistanzen und -differenzen im Internationalen Marketing

Für die Auswahl und Bewertung relevanter Umfeldfaktoren ist zunächst die Unterscheidung von Länderdistanzen und -differenzen im Internationalen Marketing wichtig.

Länderdistanzen sind als Kontext von Internationalen Managemententscheidungen relevant und zumindest zwei Länderdistanzen werden unterschieden: zwischen Gastland und Heimatmarkt (in dem Entscheidungen getroffen werden, so die Annahme) und zwischen Gastland und Ländermärkten, in denen MNU/Manager vorhergehende Erfahrung haben (dadurch ist das Wissen über das Gastland im MNU vorhanden und die Distanz reduziert). Dies gilt auch für Entscheidungen im Internationalen Marketing, wo aber auch **Länderdifferenzen** bedeutend sind. Kunden in Gastländern bewerten Angebote von Unternehmen aufgrund ihres lokalen Makro- und Mesoumfeldes. Insofern sind für das Kaufverhalten über Ländergrenzen hinweg Länderdifferenzen vordringlich, nicht Länderdistanzen. Letztere würden aus Verbrauchersicht oder in Verbraucherstudien voraussetzen, dass der Kunde in einem Land im Kaufprozess überlegt, inwiefern ein Manager aufgrund seiner Distanz zum Gastland eine bestimmte Angebotsentscheidung getroffen oder nicht getroffen hat. Es ist offensichtlich, dass Kunden bei Kaufentscheidungen kaum in dieser komplexen Form denken. Sie bewerten vielmehr lokal und situativ Angebote. Entsprechend selten werden in Studien aus Kundensicht Länderdistanzen betrachtet (bspw. bei der Wirkung der „Corporate Reputation" auf Kundenloyalität und -vertrauen über 40 Länder hinweg, Swoboda u.a. 2017; Morschett/Schramm-Klein/Swoboda 2010).

---

[1] Hinzuweisen ist auf eine gewisse Inkonsistenz des Ansatzes, weil der normative Pillar mittels Werten und Normen definiert wird, was typisch ist für ein modernes Verständnis der (Landes-)Kultur, während die (Landes-)Kultur i.d.R. zur Erfassung der „Cultural-cognitive Pillars" genutzt wird (siehe Abschnitt 3.3.2.).

Distanzmaße

Distanzmaße sind v.a. aus Unternehmenssicht relevant und die Institutionen werden i.d.R. in einem Index kondensiert, so dem verbreiteten Kogut-Singh-Index (Kogut/Singh 1988):

$$KSIndex_j = \sum_{i=1}^{n} \left\{ \frac{(I_{ij} - I_{iHOME})^2}{V_i} \right\} / N$$

Dabei ist I_{ij} der Mittelwert des Gastlandes j für die i-te (kulturelle) Dimension (z.B. Hofstede), I_{iHOME} der Mittelwert des Heimatlandes für dieselbe Dimension, V_i die Varianz der i-ten Dimension und N die Anzahl der Dimensionen. Der Index ist für jede mehrdimensionale institutionelle Distanz nutzbar (für MNU, Manager, Teams usw., Beugelsdijk/Ambos/Nell 2018). Ein Beispiel für vier Kulturdimensionen von Hofstede (siehe Abschnitt 3.4.2.) ergibt anhand von Portugal als Heimatmarkt (Werte für PDI=63, UAV=99, IND=27, MAS=31) und USA als Gastland (Werte für PDI=40, UAV=46, IND=91, MAS=62) Es folgt: $KSIndex_{Portugal}$=[23²/503,2+53²/605,5+64²/620,8+31²/324,1]/4=3,81. Der Index wird vielfach kritisiert (z.B. bzgl. der inkorrekten Spezifikation Konara/Mohr 2019); er ist in die Familie der Euklidischen Distanzmetriken einzuordnen, was ein Zusatzproblem darstellt, da neben unberücksichtigten Varianzunterschieden zwischen einzelnen Dimensionen deren potenzielle Korrelationen unbeachtet bleiben. Derartige Kovarianzen berücksichtigt der Mahalanobis-Index (Berry/Guillén/Zhou 2010). Dieser ist besonders relevant, wenn eine Mischung aus hohen und niedrigen Korrelationen zwischen einzelnen Dimensionen (bspw. den im Abschnitt 3.3.2. adressierten Institutionen) existiert. Die Mahalanobis Distanz lautet:

$$MahalanobisDistanz_j = \sqrt{(a_t - b_t) S^{-1} (a_t - b_t)}$$

Dabei repräsentiert a das Gastland, b das Heimatland und t das Jahr; S ist die Kovarianzmatrix (i x i) der Dimensionen, a_t ist der Vektor der Gastland-Scores der i Dimensionen in Jahr t (a=($a_1, a_2, a_3, ..., a_i$)) und b_t ist entsprechend der Vektor der Heimatland-Scores (b=($b_1, b_2, b_3, ..., b_i$)). Im Internationalen Marketing und Management ist bekannt, dass mit zunehmender Distanz bspw. zwischen Heimat- und Gastland die Wahrscheinlichkeit des Markteintritts sinkt (insb. bei kultureller Distanz, Berry/Guillén/Zhou 2010), Markteintrittsstrategien mit geringem „Commitment", d.h. geringer Bindung von Ressourcen auf Auslandsmärkten, bevorzugt werden (Kostova u.a. 2020) oder Markenwirkungseffekte variieren (Swoboda u.a. 2017).

Die alternative „**Added-Distance**" geht davon aus, dass die Distanz zwischen Gastland und (nahen) bereits bearbeiteten Ländermärkten für MNU relevant ist, weil entsprechendes Länderwissen vorhanden ist. Ist bspw. ein Schweizer Unternehmen in Polen tätig und möchte in die Ukraine eintreten, dann ist die faktische Kenntnis der regulativen Institutionen in der Ukraine in der polnischen Tochtergesellschaft mehr verfügbar („Added-Distance") als im Züricher Headquarter (o.g. „Distance"). Studien zeigen, dass die Wahl einer Markteintrittsstrategie von der zunehmenden „Added Cultural Distance" bedingt wird, und die internationale Expansion reduziert wird, aufgrund dynamischer Anpassungskosten und Unsicherheiten (Batsakis/Singh 2019; Hendriks/Slangen/Heugens 2018). Auch hier können unterschiedliche institutionelle Distanzen betrachtet werden (selbst für den Gesamterfolg eines MNU, Hutzschenreuter/Kleindienst/Lange 2014).

Länderdifferenzen

Wie angedeutet, sind Länderdifferenzen v.a. im Internationalen Marketing v.a. aus Kundensicht relevant. In einem bestimmten Land tätig zu sein bedeutet, dass Unternehmen in das institutionelle Umfeld dieses Landes eingebettet sind, und sich den Herausforderungen und Chancen stellen müssen, die sich aus diesem Umfeld ergeben (Van Hoorn/Maseland 2016). Charakteristika von Ländern bedingen einerseits die Wahrnehmung von Kunden und Verbrauchern direkt, und andererseits als Kontextvariablen (Moderatoren) die Wirkung der wahrgenommenen Marketing-Mix-Instrumente (bspw. auf die Kundenloyalität).

Länderdifferenzen können bspw. auf den in Abbildung 3.3 dargelegten Institutionen beruhen (ebenso auf den Faktoren in Abschnitt 3.1.). Die Auswahl einer Kontextvariablen hängt bspw. von der Zielsetzung einer Studie (auch im Vorfeld von Managemententscheidungen) sowie ihrer (theoretischen) Fundierung ab, und i.d.R. werden spezifische Dimensionen/Indikatoren ausgewählt. Im Internationalen Marketing dominiert die Kultur (siehe Abschnitt 3.4.), seltener eine Kombination von zwei Dimensionen/Indikatoren (z.B. Landeskultur, Entwicklungsgrad, Swoboda/Sinning 2020). Alle Dimensionen der Abbildung werden von Swoboda/Puchert/Morschett (2016) betrachtet, die untersuchen, inwiefern und wie stark jede Dimension/Indikator bedeutend ist (i.S.d. Verstärkens oder Abschwächens der Wirkung der „Corporate Reputation" auf die Loyalität von Kunden über viele Länder hinweg). Manager lernen aus derartigen Studien bspw., dass nicht die Kultur am stärksten die Reputation, die Bindung von Kunden verstärkt/mindert. Weitere Studien zeigen, dass bei der Wahl des Markteintritts verschiedene Kontextfaktoren des Heimat- und Gastlandes von Bedeutung sind, und eine höhere Erklärungskraft aufweisen als bspw. die kulturelle Distanz zwischen Heimat- und Gastland (Harzing/Pudelko 2016).

Abbildung 3.3: Potenzielle Länderunterschiede und -distanzen

Dimension	Definition	Examples of Indicators
Economic	Differences in economic development and macroeconomic characteristics	Income, Inflation, Exports, Imports
Financial	Differences in financial sector development	Private credit, Stock market capitalization, Listed companies
Political	Differences in political stability, democracy, and trade bloc membership	Policy-making uncertainty, Democratic character, Size of the state, WTO member, Regional trade agreement
Administrative	Differences in colonial ties, language, religion, and legal system	Colonizer-colonized link, Common language, Common religion, Legal system
Cultural	Differences in attitudes toward authority, trust, individuality, importance of work, family	Power distance, Uncertainty avoidance, Individualism, Masculinity
Demographic	Differences in democratic characteristics	Life expectancy, Birth rate, Population under 14, Population above 65
Knowledge	Differences in patents and scientific production	Patents, Scientific articles
Global connectedness	Differences in tourism and internet use	Internet use, International tourism expenditure, International tourism receipts
Geographic	Distance between geographic centers of countries	Great circle distance

Quelle: I.A.a. Berry/Guillén/Zhou 2010, S. 1464f. und zur Anwendung Swoboda/Puchert/Morschett 2016.

3.2.2. Bedeutung unternehmensexterner und -interner Faktoren

Die grundsätzliche Bedeutung von Umfeldfaktoren variiert in spezifischen Entscheidungen. Abbildung 3.4 deutet die Vielzahl von denkbaren Einflussfaktoren im Hinblick auf die drei Kernentscheidungen im Internationalen Marketing an.

- Es sind **externe Umfeldfaktoren**, differenziert nach Gastland- und Heimatmarktumwelt und darin (in unterschiedlichen Grautönen hervorgehoben) bspw. ökonomische, politisch-rechtliche, sozio-kulturelle und Wettbewerbsfaktoren.

■ Andererseits sind es **unternehmensinterne Faktoren** und darin (in unterschiedlichen Grautönen hervorgehoben) bspw. die internationale Erfahrung, die Unternehmenscharakteristika, strategische Entscheidungen oder Auslandseinheitscharakteristika.

Die Abbildung deutet die Vielzahl denkbarer Determinanten an, zeigt aber v.a. exemplarisch, welche bedeutend sind, in der Abbildung nur aus einer Meta-Analyse zu einer der vielen Entscheidungen im Internationalen Marketing, nämlich zur Wahl zwischen Tochtergesellschaft (+) vs. Joint Venture (-), angedeutet. Eine Meta-Analyse aggregiert dabei alle in bisherigen empirischen Studien untersuchten Determinanten (aus methodischen Gründen müssen pro Determinante mehr als fünf Studien verfügbar sein). Angedeutet ist in der Abbildung, ob der jeweilige Faktor (+) zur Wahl von Tochtergesellschaften führt, (-) zur Wahl eines Joint Ventures, oder – ohne Vorzeichen – keinen signifikant eindeutigen Einfluss auf diese Entscheidung in bisherigen Studien hatte.

Abbildung 3.4: Determinanten von Entscheidungen

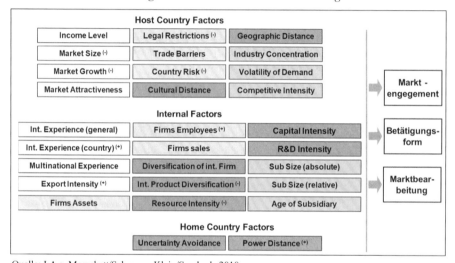

Quelle: I.A.a. Morschett/Schramm-Klein/Swoboda 2010.

Auch bzgl. der o.g. „Institutions" kann eine Reihung nach dem Verbindlichkeitsgrad erfolgen, mit dem internationale Unternehmen in den Heimat- oder Gastlandmärkten den institutionellen Gegebenheiten zu entsprechen versuchen, um Legitimität zu erlangen (siehe Abbildung 3.5). Den größten Anpassungsdruck erzeugen regulative Elemente, will ein Unternehmen Sanktionen und Bestrafungen vermeiden („Muss-Faktoren"). Hingegen wirken die normativen Elemente eher als „Kann-Faktoren". Kulturell-kognitive Einflussfaktoren weisen einen gewissen informellen Charakter auf und ermöglichen eine gewisse Interpretation von Entscheidungen und deren Umsetzung.

Allerdings ist diese Einschätzung zur relativen Bedeutung der Faktoren pauschal, weil die drei Gruppen von Faktoren die drei Entscheidungsfelder im Internationalen Marketing (so Marktengagement, Betätigungsform und Marktbearbeitung) oder Teile davon unterschiedlich beeinflussen. Zudem ist diese Einschätzung nur für Managemententscheidungen relevant, nicht für die Wahrnehmung der Kunden. Ferner stehen in Unternehmen und in empirischen Studien oft ausgewählte, vordringliche Umfeldfaktoren im Vordergrund, was impliziert, dass man sich an diesen Faktoren orientiert, nicht an weiteren.

Abbildung 3.5: Relative Bedeutung institutioneller Umfeldfaktoren

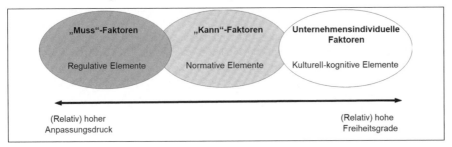

3.3. Makroumfeld

3.3.1. Grundsätzliche Faktoren

Der eingangs genannten Systematisierung folgend, sind politisch-rechtliche, ökonomische, sozio-kulturelle, geographische und technologische Faktoren beachtenswert. Hier sind deren Ausprägungen und beispielhafte Bedeutung im Internationalen Marketing anzudeuten.[1]

Politisch-rechtliches Umfeld

Das **politisch-rechtliche Umfeld** ist durch staatliche oder supranationale Organisationen geprägt und beeinflusst das Entscheidungsspektrum der Unternehmen hinsichtlich diverser Marketingmaßnahmen. Für das Internationale Marketing sind neben den grundsätzlichen politischen Rahmenbedingungen, wie z.b. politisches System oder Stabilität, insb. Unterschiede in rechtlichen Bestimmungen bedeutsam, z.B. wettbewerbsrechtliche Regelungen, Datenschutzbestimmungen, Regelungen der Konditionengewährung usw. Diese Faktoren führen dazu, dass kein einheitliches Marketing realisiert werden kann. Dies betrifft bspw. Werbeverbote für bestimmte Produktgruppen oder Regelungen, welche die Gewährung von Sonderleistungen, den Einsatz von E-Commerce/Social-Media oder die Durchführung von Gewinnspielen betreffen. Bedeutend sind **Handelshemmnisse** tarifärer oder nicht-tarifärer Art, politische Interventionen in die wirtschaftliche Tätigkeit der Unternehmen oder „**Local-Content-Regelungen**", die von Ländern aufgestellt werden und festlegen, wie hoch der Anteil der Wertschöpfung im Inland (mindestens) sein muss, damit dort Transaktionen möglich sind (i.S.v. Verpflichtungen von Unternehmen zur Verwendung heimischer Vorleistungen). Aus den nationalen Regelungen resultieren komparative Vorteile für Länder. Zu erwähnen sind auch **Liberalisierungstendenzen**, auf der Ebene des Welthandels bzw. der Direktinvestitionen von **GATT** bzw. **WTO**. Zugleich sind regionale Integrationsräume wie **EU, USMCA, ASEAN** bedeutend, da sie den Handel innerhalb der Wirtschaftsräume und deren Bedeutung im internationalen (Länder-)Wettbewerb bedingen. Im Jahr 2020 bestanden über 300 weitere regionale Handelsabkommen.

Ökonomische Rahmenbedingungen

Beim **ökonomischen Umfeld** steht die allgemeine wirtschaftliche Situation im Vordergrund. Dabei ist neben der wirtschaftlichen Entwicklung auch die Entwicklung des **Geschäftsklimas** von Bedeutung. Die wirtschaftlich-infrastrukturellen Gegebenheiten lassen

---

[1] Wie diese Umfeldfaktoren in hierarchischen Modellen und Konsumenten- oder Unternehmensstudien einbezogen werden können zeigen bspw. methodisch, Hirschmann/Swoboda 2017 und inhaltlich bzgl. der Reputation von MNU bspw. Swoboda/Puchert/Morschett 2016.

sich durch eine Vielzahl von Indikatoren charakterisieren, so **BIP** (Stand, Wachstum, pro Kopf), **Inflationsrate** oder Ressourcenausstattung (z.B. Rohstoffe, Transport- und Kommunikationsnetz u.Ä.). Diese Rahmenbedingungen beeinflussen das Marktpotenzial bzw. -volumen und somit die Marktchancen für Unternehmen. Neben diesen Faktoren sind die Entwicklungen der Zinsen und damit der Kapitalkosten relevant. Dies betrifft u.a. Entscheidungen hinsichtlich eines direktinvestiven Engagements. Auch die Entwicklung der **Wechselkurse** ist von Bedeutung. Sie beeinflussen z.B. bei Exporten die Höhe der Erlöse oder bei Direktinvestitionen die von ausländischen Tochtergesellschaften an die Muttergesellschaft transferierten Gewinne. Auch Arbeitskosten sind bedeutend.

Soziodemografische und -kulturelle Rahmenbedingungen

Für die Absatzpotenziale relevante Entwicklungen liegen in soziodemografischen Faktoren begründet, so Größe, Entwicklung und Alter der Bevölkerung, Anteil von Ein- oder Doppelverdienerhaushalten, Kinderzahl oder Grad der Verstädterung. Bedeutend ist auch die international polarisierende Entwicklung der Einkommens- und Vermögenssituation. Hier zeigt sich nicht nur im Ländervergleich, dass die „Schere" zwischen „Arm und Reich" auseinandergeht, in Entwicklungsländern und zunehmend auch in Industrieländern. Das Pro-Kopf-Einkommen bestimmt wesentlich das Kaufverhalten, da bei weniger als 10.000 USD im Jahr ein Großteil der Einnahmen für Lebensmittel und andere Notwendigkeiten benötigt wird, während erst ab einem Einkommen von 20.000 USD der frei verfügbare Teil des Einkommens sich erhöht. Erst dann ergibt sich ein sog. konvergentes Kaufverhalten, wie wir es in Industrienationen kennen. Das Phänomen ist auch verbunden mit der Entwicklung globaler Märkte i.S. länderübergreifender Absatzmarktsegmente für bestimmte Produkte oder Produktbereiche (z.B. High-Tech-, Luxusgüter). Andererseits gewinnt das sog. „**Bottom of the Pyramid**", der unterste Teil der Welteinkommenspyramide, an Bedeutung. Diese ärmere Bevölkerung eines Landes wie bspw. Indien (hier leben rd. 60% der Bevölkerung auf dem Lande) sollen als Kunden oder auch Partner bspw. in Public Private Partnership-Projekten gewonnen werden. Sie konsumieren anders – auch globale Marken – und unterliegen anderen Kaufprozessen, bspw. geprägt durch experimentelle, ungebundene Markennachfrage in kleinsten Mengen. Die in westlichen Ländern propagierten Markenbindungskonzepte, bspw. für Global Brands, greifen kaum. Gefragt sind Konzepte für „the Bottom of the Pyramid", ansetzend auf einer Analyse der Bedürfnisse dieser Bevölkerungsteile, aber mit anderen Lösungen, so Kleinstmengenabgaben oder Bindungszielen an diverse Marken eines MNU, nicht die stärkste Marke. Zudem ist die Förderung der Transaktionsfähigkeit dieser Nachfrager durch ihre Integration in die Wertschöpfungskette sinnvoll. Die zu dieser Gruppe als Rahmen gehörende **nationale Kultur** wird aufgrund der hohen Bedeutung im Internationalen Marketing separat in Abschnitt 3.4. behandelt.

Geographische Rahmenbedingungen

Geographische Rahmenbedingungen, z.B. klimatische Bedingungen oder Topografie, haben einen Einfluss auf das Internationale Marketing. Sie beeinflussen die Nachfrage nach bestimmten Produkten oder deren Funktionsfähigkeit. Auch die Ressourcenausstattung der Länder ist zu den wichtigen Faktoren des natürlichen Umfeldes zu zählen, so das Vorkommen natürlicher Ressourcen (z.B. Seltene Erden). Die Ausstattung der Länder mit natürlichen Ressourcen, bzw. das Fehlen bestimmter Ressourcen, können die Richtung und Ströme des Außenhandels und die Konfiguration der internationalen Wertschöpfung beeinflussen. Neben dem Einfluss auf Eignung oder Bedarf bestimmter Leistungen haben die geographischen Faktoren, wie die Verfügbarkeit von „Highways", Einfluss auf die Belieferung der Märkte, indem sie die logistische Realisierung der Distribution tangieren.

Technologische Rahmenbedingungen

Die Entwicklungen der **technologischen Rahmenbedingungen** stellen einen wesentlichen Treiber der Marktdynamik dar. International werden diese Bedingungen auch durch Unterschiede in der Verfügbarkeit technologischer Infrastruktur geprägt. Auf grundlegender Ebene zählen hierzu die Verfügbarkeit von Elektrizität, so in Entwicklungsländern, oder die geographische Abdeckung von Mobilfunknetzen. Wesentliche Veränderungen in den Kommunikations- und Distributionskanälen sowie dem Technologienutzungsverhalten, so durch Internet und Social Media stehen heute erst am Anfang der Betrachtung im Internationalen Marketing. Der Trend zur verstärkten **Vernetzung** ermöglicht ein vergleichsweise einfaches „International Market Development". Verbraucher haben u.a. die Möglichkeit, über „Online-Channels" Angebote ausländischer Anbieter zu nutzen. Der Einsatz neuer Technologien erleichtert es Unternehmen, zusätzliche Informationen über Kunden zu gewinnen. Eine Herausforderung liegt dabei darin, dass nicht in jedem Land identische „Channels and Touchpoints" vorhanden sind oder genutzt werden können. Solche Unterschiede sind für den Aufbau des Online-Marketing bedeutend, da enorme Wachstumsraten des E-Commerce weltweit zu verzeichnen sind (siehe Tabelle 3.1); allerdings existieren bei Ländern Unterschiede in der Verbreitung/Nutzung. Die Entwicklungen sind zudem dadurch gekennzeichnet, dass die **Innovationszyklen** von Produkten zunehmend kürzer werden, bei zeitgleich kürzeren Lebenszyklen. Diese Zyklen forcieren eine durch IuK-Technologien bedingte Vernetzung von Ländermärkten, was wiederum eine Angleichung der Produktlebenszyklen einzelner Absatzmärkte bedingt.

Tabelle 3.1: Globaler Überblick zu Digitalisierung

Total population	7.75 bn	Urbanisation	55%
Unique mobile phone users	5.19 bn	Mobile phone penetration (min: 39%, max: 99%)	67%
Internet users	5.54 bn	Internet penetration (min: 35%, max: 99%)	59%
Active social media users	3.80 bn	Penetration (min: 12%, max: 99%)	49%
Global E-Commerce Growth p.a.	+18%	E-Commerce adoption	74%
Total global ad spend	USD 333.3 bn	Share of total global ad spend	50.1%

Quelle: We Are Social 2020.

3.3.2. Nationale Institutionen

Wie angedeutet, sind regulative, normative und kulturell-kognitive Institutionen zur Systematisierung des Makroumfeldes als Kontext von Managemententscheidungen relevant.

Regulative Institutionen

Wie ebenfalls angedeutet, umfassen regulative Institutionen im Allgemeinen das Ausmaß, in dem Regeln etabliert, deren Einhaltung durch andere überprüft und, sofern notwendig, Sanktionen – in Form von Belohnung oder Bestrafung – verhängt werden (Scott 2014, S. 59). Sie dienen zur Sicherung der Stabilität und Ordnung in einem Land (Liou/Lee/Miller 2017). Spezifisch unterscheidbar sind **regulative Institutionen** anhand dreier Dimensionen: Verpflichtung, Präzision und Delegation. Ob Sanktionen durchgesetzt werden, beeinflusst, inwiefern sich Menschen zu Gehorsam verpflichtet fühlen. Präzision beschreibt, inwieweit Regeln das geforderte Verhalten abbilden, während Delegation den Autoritätsgrad Dritter zur Durchsetzung dieser Regeln angibt (Scott 2014, S. 60). Somit sind zur Bestimmung regulativer Institutionen nicht nur verschriftlichte Regeln und Gesetze, sondern auch ungeschriebene Verhaltenskodizes von Bedeutung (Ang/Benischke/Doh 2015).

Verschiedene Indizes werden genutzt, um regulative Institutionen zu erfassen; sie beschreiben auch die Vielfalt der Ausprägungen dessen, was darunter zu verstehen ist (siehe Abbildung 3.6; Kostova u.a. 2020). Die in der Literatur zu Länderdistanzen am häufigsten genutzte Messung ist die anhand der **World Governance Indicators** (gefolgt von dem breiter angelegten **Economic Freedom Index**). Sie umfasst sechs Indikatoren in Bezug auf die Regierung eines Landes (siehe Abbildung 3.7; Ang/Benischke/Doh 2015). Die Bedeutung für die Entscheidungen im Internationalen Marketing zeigt sich bspw. im Einfluss der regulativen Distanz auf die Wahl des Markteintrittsmodus. Bei steigender Distanz werden Akquisitionen einer Greenfield-Investition bevorzugt (Van Dut u.a. 2018; Trąpczyński/Halaszovich/Piaskowska 2020). Zudem werden Kundenerwartungen determiniert. So erwarten Konsumenten in Ländern mit stark ausgeprägten regulativen Institutionen eine transparentere Unternehmenskommunikation, bspw. hinsichtlich der **Corporate Social Responsibility** (Khan/Lew/Park 2015).

Abbildung 3.6: Überblick Messansätze der regulativen Institutionen

Index	Indicators	Source
World Governance Indicators	Voice and accountability, Political instability and violence, Government effectiveness, Regulatory quality, Rule of law, Control of corruption	World Bank
Economic Freedom Index	Property rights, Freedom of corruption, Fiscal freedom, Government spending, Business freedom, Labor freedom, Monetary freedom, Trade freedom, Investment freedom, Financial freedom	Heritage Foundation
Global Competitiveness Report	– Anti-trust policy in your country effectively promotes competition – The legal system in your country is effective in enforcing commercial contracts – Private business can file suits at independent courts if there is a breach of trust on the part of the government – Citizens of your country are willing to accept legal means to adjudicate disputes rather than depending on physical force or illegal means – Chance that legal/political institutions drastically chance in five years is low – Your country's police are effective in safeguarding personal security so that this is an important consideration in business activity	World Economic Forum
World Competitiveness Yearbook	Fiscal policy (inflation), Antitrust regulation, Political transparency, Intellectual property protection, Judiciary system efficiency, Rarity of market domination in key industries	IMD Business School

Quelle: I.A.a. Kostova u.a. 2020, S. 476f.

Abbildung 3.7: Meistbenutzte Messung der regulativen Institutionen

Indicators	Description
Voice and accountability	Perception of the extent to which a country's citizens are able to participate in selecting their government, experience freedom of expression and association, and a free media.
Political instability and violence	Perceptions of the likelihood of political instability and/or politically motivated violence, including terrorism.
Government effectiveness	Perceptions of the quality of public services, the quality of the civil service and the degree of its independence from political pressures, the quality of policy formulation and implementation, and the credibility of the government's commitment to such policies.
Regulatory quality	Perceptions of the ability of the government to formulate and implement sound policies and regulations that permit and promote private sector development.
Rule of law	Perceptions of the extent to which agents have confidence in and abide by the rules of society, and in particular the quality of contract enforcement, property rights, the police, and the courts, as well as the likelihood of crime and violence.
Control of corruption	Perceptions of extents to which public power is exercised for private gain, including both petty and grand forms of corruption, as well as "capture" of the state by elites and private interests.

Quelle: I.A.a. Ang/Benischke/Doh 2015, S. 1544; World Bank 2020.

Normative Institutionen

Normative Institutionen resultieren aus den Werten und Normen in einer Gesellschaft. Werte sind Grundlagen zur Konstruktion von Standards, die zum Vergleich und zur Bewertung von Verhalten herangezogen werden. Normen legen legitimierte Wege und Mittel fest, mit deren Hilfe erstrebte Ziele erreicht werden können (Scott 2014, S. 64). Aus beiden leiten sich implizit informelle Verpflichtungen, Rollen und Konventionen ab. Gemeinsam bilden sie eine präskriptive, evaluative und obligatorische Dimension des Soziallebens, die als vorgegebene Struktur für akzeptables Verhalten gilt.

Normative Institutionen werden i.d.R. mittels zweier Indizes erfasst/gemessen (siehe Abbildung 3.8; Kostova u.a. 2020). Die Indikatoren des **Global Competitiveness Report** beziehen sich auf unternehmensinterne Prozesse. Dagegen leiten sich Indikatoren des **World Competitiveness Yearbook** aus der Effizienz der Regierung ab (Ang/Benischke/Doh 2015). Es wird angenommen, dass eine niedrige (hohe) Effizienz der Regierung in einem spezifischen Land dazu führt, dass Individuen und Organisationen sich stark (schwach) an Werten und Normen orientieren (Swoboda u.a. 2017). Je effizienter eine Regierung demnach ist, desto schwächer ist die Ausprägung normativer Institutionen in diesem Land. Die Bedeutung für Konsumentenwahrnehmung im Internationalen Marketing wurde sehr selten behandelt: So schwächt eine steigende normative Distanz zwischen Heimat- und Gastland den Effekt der wahrgenommenen Unternehmensreputation auf das Konsumentenverhalten (Swoboda u.a. 2017). Auch hier dominieren Managementstudien: So wurde festgestellt, dass eine steigende normative Distanz den Effekt zwischen der Marktorientierung und dem Exporterfolg positiv beeinflusst (He/Brouthers/Filatotchev 2018).

Abbildung 3.8: Überblick Messansätze der normativen Institutionen

Index	Indicator	Source
Global Competitiveness Report	– Product design capability is heavily emphasized – Firms in country pay close attention to customer satisfaction – Staff training is heavily emphasized – Willingness to delegate authority to subordinates is generally high – Compensation policies link pay closely to performance – It is more common for owners to recruit outside professionals than to appoint children or relatives – Corporate boards are effective at monitoring management performance and represent shareholder interests	World Economic Forum
World Competitiveness Yearbook	– Bureaucratic hindrance to business activities – Transparency of government policy – Adaptability of government policy – Extent of bribery and corruption – Protectionism impairment to business activities	IMD Business School

Quelle: I.A.a. Kostova u.a. 2020, S. 476f.

Kulturell-kognitive Institutionen

Kulturell-kognitive Institutionen beschreiben die gemeinsamen Vorstellungsbilder einer Gesellschaft, die das tägliche Leben ausmachen und diesem einen Sinn geben (Scott 2014, S. 67). Diese Vorstellungsbilder sind geprägt durch Symbole, so Wörter, Zeichen und Gesten, die durch die Interaktion zwischen Menschen entstehen. Zwei Ausprägungen sind hervorzuheben, wobei die erstgenannten nur bei Managemententscheidungen, während die zweitgenannten sowohl als Distanzen bei Managemententscheidungen als auch als Differenzen bei Kundenurteilen genutzt werden und insofern im Internationalen Marketing relevant sind.

- Um den Vorstellungsbildern zu entsprechen, werden Verhaltensweisen anderer beobachtet und ggf. imitiert. Manager orientieren sich demnach bspw. bei der Wahl der Markteintrittsstrategie nicht nur an ihrer bisherigen Erfahrung im Unternehmen, sondern imitieren das Handeln anderer Unternehmen bzw. Wettbewerber („**Mimetic Behavior**", Mas-Ruiz/Ruiz-Conde/Calderón-Martínez 2018)
- Dominant werden kulturell-kognitive Institutionen mit nationalen Kulturansätzen erfasst (Hofstede oder GLOBE, Kostova u.a. 2020). Beide sind nicht psychologisch fundiert, werden aber dennoch im Kontext von Entscheidungsprozessen in den Köpfen von Managern oder Kunden genutzt. Aufgrund ihrer Bedeutung wird Kultur separat behandelt.

3.4. Kultur als besonderes Makroumfeld

3.4.1. Abgrenzungen und Grundlagen

Grundsätzlich bildet Kultur, als spezifische Errungenschaft menschlicher Gruppen, ein Hintergrundphänomen, das menschliches Verhalten prägt, ohne dass sie sich dieses Einflusses bewusst sind. Sie besteht aus expliziten und impliziten Denk- und Verhaltensmustern, die durch Symbole erworben und weitergegeben werden, so durch Tradition weitergegebene Werte. Gruppen mit einer eigenen Kultur können Branchen, Unternehmen, Länder, Regionen oder bspw. ethnische Gruppen und Subkulturen sein (Müller/Gelbrich 2015, S. 17ff.). Für alle diese Gruppen manifestiert sich die Kultur auf immateriellen und materiellen Ebenen und weist drei Erscheinungsformen auf, die mentale Kultur als Verhaltensursache und die soziale und materielle Kultur als abhängige, sichtbare Ergebnisse der mentalen Kultur (siehe Abbildung 3.9).

Abbildung 3.9: Explikativ-deskriptives Kulturmodell

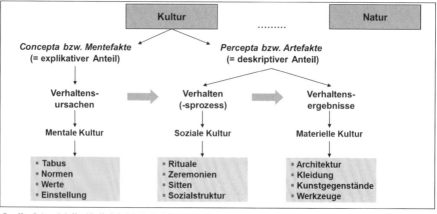

Quelle: I.A.a. Müller/Gelbrich 2015, S. 84.

Somit beinhaltet Kultur sichtbare Elemente wie spezifische Verhaltensweisen, aber auch und v.a. die hinter diesem beobachtbaren Verhalten stehenden kollektiv geteilten **Werte**, Einstellungen, Überzeugungen oder Motive, die über Generationen überliefert werden. Als wesentlicher Einflussfaktor im Internationalen Marketing beeinflusst die nationale Kultur (Länderkultur) die Art und Weise, wie Kunden auf Marketingaktivitäten reagieren, aber auch, wie Manager entscheiden (siehe zu den hier angedeuteten entsprechenden Länderdistanzen vs. -differenzen Abschnitt 2.2.1.).

> Nationale Kultur umfasst eine Reihe von geteilten Überzeugungen, Einstellungen, Normen, Rollen und Werten, die innerhalb einer Gesellschaft zum Ausdruck kommen (Triandis 1995, S. 6); und evtl. sich in ähnlichen Wahrnehmungen und Verhaltensweisen niederschlagen (De Mooij 2017).

Plausiblerweise übernehmen Menschen die für ihre Landeskultur charakteristischen Werte (die durch gemeinsame Symbole, Helden oder Rituale geprägt werden), aber mit unterschiedlicher Intensität und Verbindlichkeit. Dem trägt die kulturvergleichende Forschung unterschiedlich Rechnung, u.a. im (Müller/Gelbrich 2015, S. 20)

- hermeneutisch-verstehenden Ansatz der Kulturanthropologie (i.S. der Suche nach Unterschieden/Gemeinsamkeiten von Angehörigen diverser Kulturkreise mittels ethischer/universalistischer und/oder emischer/kulturspezifischer Forschungsstrategien),
- psychometrischen Ansatz (der die individuelle Kultur akzentuiert, i.S., Kunden oder Manager unterliegen grundsätzlich der Landeskultur und deren dimensionalen Ausprägungen, weisen aber individuelle Charakteristika derselben auf),
- typologischen Ansatz (mit dem Ziel, Landeskulturen zu systematisieren).

Für das Marketing ist das Konzept der kollektivistischen (Landes-)Kultur dann hilfreich, wenn Ländermärkte als Ganzheit bearbeitet werden sollen (Analyseeinheiten=Länder), während bei Ansprache intranationaler Zielgruppen die individuelle Kultur bedeutsam ist (Analyseeinheiten=Entscheider/Verbraucher, Müller/Gelbrich 2015, S. 186). Vor diesem Hintergrund ist die breite Kritik an noch anzusprechenden klassischen Kulturmodellen, wie Hofstede, Schwartz oder GLOBE, zu bewerten. Diese richtet sich v.a. an Durchschnittsbetrachtungen von Individuen in Ländern, wobei Unterschiede in kulturellen Werten in einzelnen Ländern natürlich mehr erklären (v.a. bei Hofstede und GLOBE, Taras/Steel/Kirkman 2016; Kirkman/Lowe/Gibson 2017). Alternativ wird das Erfragen der Kultur bei jedem Befragten, i.S. einer individuellen Kultur (Yoo/Donthu/Lenartowicz 2011; Sharma 2010, was aber aus diversen Gründen keine Lösung bietet und zudem für an Länderunterschieden interessierte MNU unbedeutend ist. Vorgeschlagen wird daher eine Kombination der Analyseebenen Land und Individuum, was mit „Multilevel Structural Equation Models" möglich ist, aber Daten aus vielen Ländern voraussetzt, und zudem den Rückgriff auf die Messungen in den traditionellen Kulturansätzen voraussetzt (Müller/Gelbrich 2015, S. 71ff.). Bei Individualbefragungen stellt sich allerdings immer auch die Frage, warum Kultur gemessen wird und näher am Kaufverhalten liegende Normen, Einstellungen oder sonstige Kognitionen.

Zentral für das Verständnis der nationalen Kultur sind **Werte**, also Konzepte/Überzeugungen, i.S.d. geordneten Systems an über die Zeit und Situationen hinweg stabilen Prioritäten, anhand derer Menschen Handlungen, Personen und Ereignisse bewerten (Schwartz 1999, S. 24f.). Werte geben Orientierung für Bewertungen und Verhalten. In jeder nationalen Kultur existieren universelle Werte, die auch in weiteren Kulturen vorkommen. Dies ist die Sicht der „Major Cultural Value Models", die in Abbildung 3.10 dargelegt und in den folgenden Abschnitten betrachtet werden. Im Internationalen Marketing dominiert Hofstede (1980) bei Weitem (Swoboda/Batton 2019), während das Modell auch am schärften kritisiert oder sogar für ungültig erklärt wird (Minkov 2018; Minkov u.a. 2017). Im Internationalen Management dominiert Hofstede und GLOBE, mit weiterer Kritik (López-Duarte/Vidal-Suárez/González-Díaz 2016). Weitere Modelle werden seltener genutzt, schlagen aber alternative Konzeptualisierungen und Messungen vor, erklären z.T. mehr Varianz bei Kundenwahrnehmungen, und führen zu unterschiedlichen Ergebnissen selbst bei gleichlautenden Kulturdimensionen (z.B. bei Reputation MNU, Swoboda/Batton 2019). Offensichtlich erfassen sie unterschiedliche Werte (De Mooij 2017).

Abbildung 3.10: „Major Cultural Value Models"

	Hofstede u.a. 1980, 2010	Schwartz 1992, 2014	GLOBE House u.a. 2002, 2004	Inglehart 1997
Definition	Collective programming of the mind which distinguishes the members of one human group from another.	Implicitly or explicitly shared abstract ideas about what is good, right and desirable in a society.	Shared motives, values, beliefs, identities, interpretations or meanings of significant events that result from common experiences of members of the collectives and are transmitted across age generations.	A system of attitudes, values, and knowledge that is widely shared within a society and is transmitted from generation to generation.
Theoretical/ empirical basis	– Descriptive; one of first addressing national culture multi-dimensionally. – Survey of >117,000 IBM employees, 40 (76) countries 1967/73, factor analysis (means of national aggregated responses (ecological level). – Replication of dimensions and development of two further ones in studies (Hofstede/Bond 1988; Hofstede/Hofstede/Minkov 2010) by factor analysis. – Hofstede/Hofstede/Minkov 2010 rescaling.	– Theory of universals in the content and structure of values Schwartz 1992 based on anthropological theory of values Kluckhohn 1951, personality and psychological theory of values Rokeach 1973. – Survey of college student and teachers in 38 (1988-1992, today >90) countries; ten individual- and seven country-level value factors.	– Based on Hofstede 2001and implicit leadership theory Lord/Maher 1991 and (human) motivation theory McClelland. – Survey of 17,000 managers (951 organizations, 62 societies), multi-phase and multi-method survey (150 scholars) and factor analysis on national level	– Dominant sociological approaches; (post) modernization theory eg, Inglehart 1997. – Survey of >330.000 respondents in the WVS with 360 questions (on economy, family, politics, and gender in >80 countries) and factor analysis on national and then individual level initially 22 items, later ten items;Inglehart/Baker 2000.
Dimensions	Six: – Power distance – Uncertainty avoidance – Individualism vs. collectivism – Masculinity vs. femininity – Long-term orientation Bond's Chinese Survey; Hofstede/Bond 1988. – Indulgence vs. restraint Minkov's analysis of data from the WVS, Hofstede/Hofstede/Minkov 2010.	Seven (3 bipolar values): 1. Relationship individual and group – Embeddedness – Intellectual autonomy – Affective autonomy 2. Ensuring responsible social behavior – Hierarchy – Egalitarianism 3. Individuals social/natural environmental relations: – Mastery – Harmony	Nine (two manifestations): 1. Collective agreement (as should be) 2. Observed practice (as is) – Power distance – Collectivism I – Collectivism II – Uncertainty avoidance – Gender egalitarianism – Assertiveness – Future orientation – Performance orientation – Human orientation	Two: – Traditional vs. secular-rational values – Survival vs. self-expression values
Advantages	– Timely publication start of scholars to view country interactions; Søndergaard 1994. – Rigorous design and systematic data collection (at time of publication). – Studies confirm validity De Mooij 2019; Søndergaard 1994.	– Th. stringently deduced. – Sample procedure reflects broader range of cultural variations for the whole society. – Rigorous individual- and country-level conceptualization/calculation. – Replicated eg Schwartz/Boehnke 2004.	– Theoretical basis and expansive classification (compared to Hofstede). – Strong empirical design e.g., separation of cultural practices Taras/Steel/Kirkman 2010. – Replicated e.g.; Javidan u.a. 2006.	– Sampling reduces common source bias. – Regularly updated, count of cultural dynamics (first: 1981-1984; sixth: 2010-2014). – Replication high correlations between time points and levels, e.g., Inglehart/Baker 2000.
Disadvantages	– No theoretical foundation. – Data old and sampling may cause common method bias Brewer/Venaik 2012. – Questionable measurement/method: invalid to infer individual value, low correlation of national vs. individual value McSweeney 2009, 2013.	– Sampling may cause common source bias. – External validity. – Complex questions complicate answering; result-interpretation complicated by unipolar dimensions De Mooij 2019.	– Sampling causes common source bias; representativeness of society. – High abstraction level of questions. – Unexpected negative correlations of cultural values and practices Taras/Steel/Kirkman 2010.	– Explorative (less normative; item selection and reduction questionable). – National culture reflected by two dimensions (i.e., no covering entire national cultural sounding). – Sociological roots compound hypothesizing direct effects of national culture.

Quelle: Swoboda/Batton 2019, S. 176f.

3.4.2. Ansatz von Hofstede

Das verbreitetste Kulturkonzept hat Hofstede entwickelt. Er versteht Kultur als mentale Programmierung des Geistes, wobei der Geist das Denken, Fühlen und Handeln tangiert und Auswirkungen auf Wertvorstellungen, Einstellungen und Fertigkeiten hat. Die Zielsetzung seiner Studie war es, Grunddimensionen herauszuarbeiten, auf deren Basis sich Kulturen vergleichen lassen. Im IBM-Konzern wurden mehr als 116.000 Mitarbeiter aus diversen Berufsgruppen in 71 Ländern befragt. Das Ergebnis waren vier kulturelle Dimensionen, die später um eine fünfte bzw. sechste erweitert wurden. Die Dimensionen sind jeweils i. S. eines Kontinuums zu verstehen (siehe Abbildung 3.11).

Abbildung 3.11: Kulturdimensionen nach Hofstede

high	Dimension	low
Hierarchy and an unequal distribution of power is natural and beneficial	Power Distance	Minimizing social class inequalities, reducing hierarchical structures
Stability, rules, not tolerating irregular/unknown ideas, behavior, situations	Uncertainty Avoidance	Willing to risk, flexible, relaxed, encourage initiative
Independence, privacy, individual decision making, self-orientation	Individualism vs. collectivism	Group interest over personal ones
Success, achievements, assertiveness, material rewards (e.g., earnings, leadership)	Masculinity vs. feminity	Quality of life, relationship to people, show a consensual nature
Respect for tradition, steadiness, fulfilling social obligations	Long- vs. Short-Term Orientation	Encourage thrift, perseverance
Allowing free gratification related to enjoying life and having fun	Indulgence vs. Restraint	Gratifications need to be curbed/regulated by strict norms, enjoying live, having fun

Quelle: I.A.a. Hofstede/Hofstede/Minkov 2010, S. 53ff.

62 Länder können den sechs Dimensionen zugeordnet werden und 70 Länder den vier Basisdimensionen (wie exemplarisch in Abbildung 3.12 für sechs Länder gezeigt).

Abbildung 3.12: Beispiel für Länder

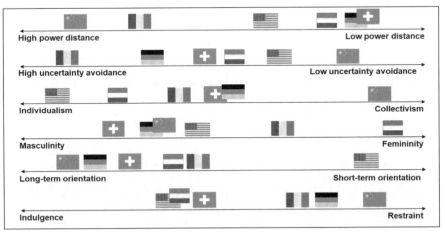

Entgegen der vielfachen Anwendung des Ansatzes gibt es vielfache Kritik gegenüber seiner Anwendbarkeit und Aussagekraft, da die empirischen Befunde zur Konzeptualisierung der Kulturdimensionen auf einer Mitarbeiterstudie beruhen, nicht theoretisch untermauert sind usw. (Brewer/Venaik 2012; Minkov 2018). Dennoch basieren viele Studien hierauf. In Management-Studien werden vorwiegend kulturelle Distanzen verwendet, die

Hofstedes vier, seltener alle Basisdimensionen integrieren (z.B., López-Duarte/Vidal-Suárez/González-Díaz 2016; Beugelsdijk/Ambos/Nell 2018). Im Internationalen Marketing widmen sich viele Studien (einzelnen) kulturellen Differenzen, wie Beispiele zeigen:

- Machtdistanz: Studien zeigen, dass die zunehmende Machtdistanz den Eintritt/das Involvement im Ländermarkt reduziert (Qiu/Homer 2018, **Markteintritt**) oder ebenso die Bedeutung von Word-of-Mouth für den Produkterfolg (Tang 2017, **Produktpolitik**).
- Unsicherheitsvermeidung: In Kulturen mit zunehmender Unsicherheitsvermeidung steigt die Wirkung einer glaubwürdigen Social Media-Werbung (auf Verbrauchereinstellung, Johnston u.a. 2018, **Kommunikation**) und der Reputation eines MNU für die Kundenbindung (Swoboda/Hirschmann 2017, **Markenmanagement**).
- Individualismus vs. Kollektivismus: Studien nutzen Individualismus zur internationalen Segmentierung (Schlager/Maas 2013, **Segmentierung**), zur Erklärung der Präferenzen für M&A-Aktivitäten (Chan/Cheung 2016, **Markteintrittsstrategie**) oder der Nutzung von Online-Kanälen zum Einkauf (Lu u.a. 2018, **Distribution**).
- Maskulinität vs. Femininität: Maskulinität erhöht internationale Markteintrittschancen (Rothaermel/Kotha/Steensma 2006, **Markteintritt**) oder verstärkt die Wirkung der Reputation von MNU auf die Kundenloyalität (Swoboda/Hirschmann 2017, **Markenmanagement**).
- Langzeitorientierung: Als relativ neue Dimension wird diese in relativ wenigen Studien als Kontextfaktor betrachtet. Eine zunehmende Langzeitorientierung schwächt bspw. die Wirkung einer positiven Kundeneinstellung gegenüber der Werbekampagne auf die Kaufintention der Kunden ab (Walsh/Shiu/Hassan 2014, **Kommunikation**), hat aber oft auch keine signifikante Bedeutung (bspw. für die o.g. Reputationswahrnehmung oder Reputationswirkung, Swoboda/Hirschmann 2017, **Markenmanagement**).
- Genuss vs. Zurückhaltung: Noch seltener wird diese neueste Dimension in diesem Ansatz betrachtet. Die Genussorientierung schwächt bspw. die positive Beziehung zwischen Multichannel-Käufen und Kaufhäufigkeit ab (Kumar/Pansari 2016, **Distribution**), verstärkt aber die positive Beziehung zwischen Markenbeziehungsdauer und Wiederkaufsabsicht (Krautz/Hoffmann 2017, **Markenmanagement**).

3.4.3. Ansatz von Schwartz

Schwartz (1992) ist der Erste, der ein mehrdimensionales, theoriebasiertes Modell vorschlägt. Er verweist auf die Wurzeln der psychologischen Kulturforschung, die sich grundsätzlich erst mit Rokeach (1973) entwickelte, die Werte, Einstellungen und andere Elemente des Glaubenssystems von Individuen in eine **Wertetheorie** brachte.

Schwartz' Theorie von inhaltlichen und strukturellen universellen Werten geht davon aus, dass Gesellschaften bei der Bildung ihrer menschlichen Aktivitäten mit ähnlichen Grundproblemen konfrontiert sind: den Beziehungen zwischen Individuum und Gruppe, dem verantwortungsbewussten sozialen Verhalten sowie dem Individuum und seiner sozialen/natürlichen Umwelt. Dazu wurden bipolare Achsen, auf denen übergeordnete Wertedimensionen verankert sind, formuliert (siehe Abbildung 3.13). Die Evolution zwingt Gesellschaften zur Entwicklung von Problemlösungsstrategien (Schwartz 2014). Dementsprechend spiegeln kulturelle Werte gesellschaftliche Antworten auf Probleme wider. Dieses normative Modell ergänzt Hofstede sowohl theoretisch als auch methodisch, indem es bspw. die kulturellen Werte zunächst auf individueller Ebene und dann konsistent auf Länderebene konzeptualisiert (De Mooij 2019, S. 57ff.; Müller/Gelbrich 2015, S. 158ff.). Daten zu Schwartz' Dimensionen sind für 71 Länder verfügbar.

Abbildung 3.13: Wertetypologie nach Schwartz

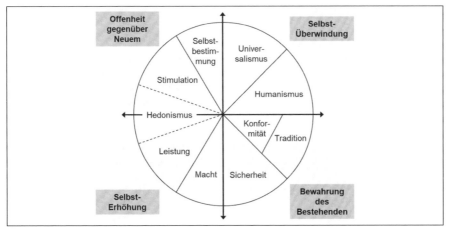

Quelle: Schwartz/Sagiv 1995, S. 96.

Je drei Dimensionen sind äquivalent bzw. gegensätzlich formuliert (bspw. „Embeddedness" vs. „Affective and Intellectual Autonomy"). Kritisiert wird dennoch die Validität, wegen weniger Folgestudien (Steenkamp 2001; McSweeney 2013), oder die Befragung von Studenten/Lehrern oder der Mehrwert des Ansatzes wegen ähnlicher Dimensionendefinition zu Hofstede (z.B. Leistungsabstand/Hierarchie, De Mooij 2017). Studien über viele Länder hinweg unterstreichen die hohe Bedeutung des Ansatzes (bspw. für die Wirkung der Reputation von MNU auf die Kundenloyalität Swoboda/Puchert/Morschett 2016) und seine Überlegenheit ggü. Hofstede oder GLOBE (i.S.d. mehr erklärte Ländervarianz, Swoboda/Batton 2019). Studien zeigen seine Bedeutung auch bspw. für CSR-Wirkungen, Wahl einer Tochtergesellschaft oder Erfolg im Gastland (Beugelsdijk u.a. 2018; Swoboda/Batton 2020).

3.4.4. GLOBE

Eine theoretische und methodische Weiterentwicklung der Kulturdimensionen von Hofstede nimmt das „Global Leadership and Organizational Behaviour Effectiveness Research Program" (kurz GLOBE) vor. Ziel war es, empirische Daten über den Zusammenhang zwischen Gesellschaftskultur, Unternehmenskultur und Führungsstilen zu finden. Seit 1991 erfasste ein Team aus rd. 170 Wissenschaftlern die Daten von 17.370 Führungskräften des mittleren Managements aus 951 Unternehmen und 62 Ländern. Auf dieser Basis werden bei GLOBE neun Dimensionen der Kulturen differenziert (House u.a. 2004):

- Unsicherheitsvermeidung,
- Machtdistanz,
- institutioneller Kollektivismus,
- Intra-Gruppen-Kollektivismus,
- Geschlechtergleichheit,
- Bestimmtheit,
- Zukunftsorientierung,
- Leistungsorientierung und
- soziale Orientierung.

Die Dimensionen sind teilweise identisch benannt wie jene bei Hofstede, aber erfassen offensichtlich andere Werte (De Mooij 2017) und führen zu unterschiedlichen, z.T. konträren Ergebnissen (bspw. Unsicherheitsvermeidung, Individualismus vs. Kollektivismus, Swoboda/Batton 2019). Besonders ist, dass sich die Dimensionen auf zwei Arten kultureller Manifestationen beziehen: kollektive Vereinbarungen über psychologische Eigenschaften (wie sie sein sollen) und beobachtbare Praktiken (wie sie sind).

Kritisiert wird der Ansatz, weil die genutzten Fragen abstrakt sind, was zu unbegründeten nationalen Stereotypen führen kann, oder wegen des Fokus auf Führungskräfte des mittleren Managements, die nicht die nationale Kultur abbilden (Taras/Steel/Kirkman 2016). GLOBE wird seltener als Hofstede im Internationalen Management und kaum im Internationalen Marketing genutzt (Kostova u.a. 2020; López-Duarte/Vidal-Suárez/González-Díaz 2016; Swoboda/Batton 2019). In Management-Studien dominiert die Betrachtung des gesamten Ansatzes (i.S.d. kulturellen Distanz), während im Marketing einzelne Dimensionen genutzt werden (Swoboda/Batton 2019). Studien zeigen für GLOBE einen positiven Einfluss der kulturellen Distanz für die Wahl einer Tochtergesellschaft (vs. Joint Venture), aber der Gastlanderfolg bleibt unbeeinflusst (Beugelsdijk u.a. 2018, was anders bei der entsprechenden „Added Cultural Distance" ist Hutzschenreuter/Voll/Verbeke 2011). Studien zeigen auch, dass Manager in Gesellschaften mit bspw. hoher Unsicherheitsvermeidung, hoher Leistungsorientierung, niedriger Bestimmtheit oder niedriger Machtdistanz eine größere Anzahl an Kennzahlen bei Marketing-Mix-Entscheidungen nutzen (Mintz u.a. 2019); hohe Bestimmtheit und Leistungsorientierung bedingt die Bewertung von Marken (Chan/Petrovici/Lowe 2016).

3.4.5. Ansatz von Inglehart

Inglehart (1997, S. 15) verwendet die **(Post-)Modernisierungstheorie** und definiert die nationale Kultur als ein gesellschaftliches System von gemeinsamen Einstellungen, Werten und Wissen. Das primäre Ziel der Gesellschaft ist die Maximierung des individuellen Wohlbefindens. In dieser soziologischen Sichtweise (Werte sind fast alles, was von Bedeutung ist) sind kulturelle Werte eine Grundlage für die Ablehnung oder Akzeptanz von Normen, die das Verhalten des Einzelnen beeinflussen. Der Ansatz analysiert nur auf Länderebene (zu Tests auf Individualebene Inglehart/Baker 2000) und ist nahezu explorativ. Basierend auf der World Value Survey wird auf eine breite empirische Basis zurückgegriffen, die sich über 110 Länder erstreckt. Zwei Dimensionen werden unterschieden (siehe Abbildung 3.14): Traditionelle (vs. säkular-rationale) Autorität und Überleben (vs. Wohlbefinden). Die erste Dimension beschreibt, wie Autorität innerhalb einer Gesellschaft ausgeübt wird. Traditionelle Gesellschaften tendieren dazu, sich Autoritätsstrukturen, Religion und Familienwerten zu unterwerfen, absolute Standards einzuhalten und sich auf nationale und lokale Elemente zu konzentrieren. Säkular-rationale Gesellschaften zeichnen sich durch gegenteilige Bewertungen aus. Die zweite Dimension fokussiert sich auf Werte, die das Überleben bei einer knappen Ressourcenausstattung sichern. Gesellschaften des Überlebens versuchen, physische und wirtschaftliche Sicherheit zu erreichen und zeichnen sich durch ein geringes Maß an Vertrauen und Toleranz aus. In Gesellschaften des Wohlbefindens, in denen weniger Mängel existieren, rücken Emanzipation, Lebensqualität und Selbstverwirklichung in den Fokus (postmaterielle Werte, Inglehart u.a. 2004).

Kritisch ist die explorative Herangehensweise. Zudem unterscheidet sich dieses soziologische von den o.g. psychologischen Modellen durch die Annahme, dass Individuen indirekt durch die nationale Kultur geprägt sind: Werte als Richtlinien zur Bildung von Normen, die wiederum das Verhalten beeinflussen. Damit fehlt eine Verbindung zu psychologischen Elementen des Kaufverhaltens wie Motiven, Einstellungen oder Überzeugungen, was theoretisch eine Verbindung mit diesen unmöglich macht.

Abbildung 3.14: Inglehart Kulturdimensionen

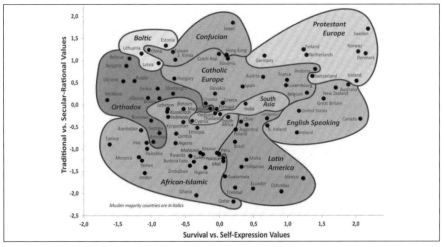

Quelle: World Value Survey 2015.

Wenige Studien im Internationalen Marketing nutzen den Ansatz. Sie zeigen bspw., dass die Konsumentenzufriedenheit in Ländern höher ist, die eine niedrige Ausprägung beider Dimensionen haben (Morgeson u.a. 2011), oder dass beide die Beziehungen von Markenvorteilen und Kaufintention sowie von Kundenzufriedenheit und -ausgaben reduzieren (Van der Lans/Van Everdingen/Melnyk 2016; Yeung u.a. 2013).

3.5. Wettbewerbsumfeld

Das Branchenumfeld (Mesoumfeld) internationaler Unternehmen ergänzt und spezifiziert das Makroumfeld. Faktisch müsste en detail das Kaufverhalten und der Wettbewerb betrachtet werden. Mit dem bekannten Ansatz von Porter (2014) können vereinfachend für das Mesoumfeld fünf „**Triebkräfte des Branchenwettbewerbs**" unterschieden werden, die den Stand des Unternehmens im Wettbewerb in einer Branche bestimmen (siehe Abbildung 3.15). Nachfolgend werden grundsätzlich Wettbewerber, Kunden, Intermediäre und Lieferanten angesprochen (i.S.d. Stakeholder-Ansatzes aber Kapitalgeber, Medien, Mitarbeiter oder ihre gewerkschaftliche Vertretung ausgeklammert).

Wettbewerber in der Branche

Die **Branchenstruktur** beschreibt die Charakteristika des Sektors, in dem die jeweiligen Unternehmen agieren. Die Marktform (z.B. Oligopol, Polypol), die Markteintrittsbarrieren und – damit verbunden – die Konkurrenzsituation beeinflussen die Art und Intensität des Wettbewerbs in der Branche. Als Wettbewerber können einerseits lokale/nationale Konkurrenten auf den Ländermärkten relevant sein, auf der anderen Seite kann auch ein Wettbewerb mit MNU bestehen. In diesem Zusammenhang wird oftmals die „Globalisierung des Wettbewerbs" angeführt. Diese ist mit der Tendenz der MNU verbunden, ihre Planung zunehmend auf länderübergreifender Ebene vorzunehmen und eine Profilierung gegenüber anderen internationalen Wettbewerbern anzustreben, bspw. die länderübergreifende Planung zur Realisierung eines international optimalen Erfolges. Dabei kann sogar bewusst in Kauf genommen werden, dass auf einzelne Ländermärkte bezogen suboptimale Strategien realisiert werden, die aber länderübergreifend von Vorteil sein können. Internationale Wettbewerbsbeziehungen sind durch zunehmende Konzentrationstendenzen geprägt, und auch im Kontext des Branchenumfeldes der Unternehmen sind Konvergenz- bzw. Fragmentierungserscheinungen der internationalen Märkte von Relevanz. Auch die Zunahme von Kooperationen/Netzwerken wird durch die Verstärkung des Branchenwettbewerbs forciert und das Auftreten neuer Konkurrenten.

Abbildung 3.15: Triebkräfte des Branchenwettbewerbs

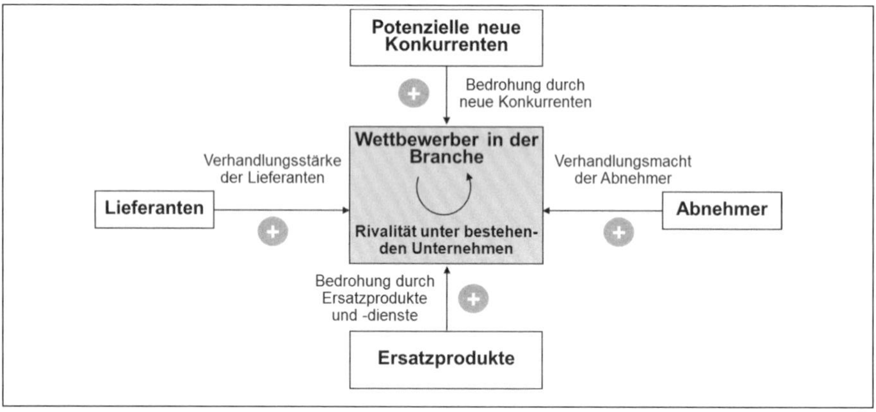

Quelle: Porter 2014, S.25.

Kundenverhalten

Aktuellen und potenziellen Kunden kommt naturgemäß auch im Internationalen Marketing eine zentrale Rolle zu. Da die spezifischen Absatzmarktbedingungen und -einflüsse im Rahmen der nachfolgenden Kapitel detailliert behandelt werden, sollen an dieser Stelle lediglich grundsätzliche Ausführungen erfolgen, wobei einerseits die (privaten und gewerblichen) Kunden bedeutend sind und andererseits aber auch Intermediäre (z.B. der Offline-, Online- und Omnichannel-Handel, Swoboda/Foscht/Schramm-Klein 2019).

Betrachtet man Kunden, so ist eine Vielzahl von Faktoren zu beachten, die von Bedeutung für das Internationale Marketing sind, so z.B. Kaufkriterien, Bedarfshäufigkeiten, Bedürfnisstrukturen, Einstellungen und Präferenzen, Beschaffenheit und Größe der Marktsegmente, Preisbereitschaft oder die jeweiligen Produktlebenszyklen. Übergeordnet ist die Dynamik der Märkte relevant. In diesem Zusammenhang sind Faktoren wie z.B. gesellschaftlicher **Wertewandel**, aber auch die technologischen Entwicklungen von Bedeutung – eigentlich externe Einflussfaktoren –, die aber zu einer Beschleunigung der Änderung des Kaufverhaltens – sowohl im B2C- als auch im B2B-Bereich – beitragen. Gerade international sind diese Erscheinungen von besonderer Relevanz, da sie die Absatzpotenziale wesentlich beeinflussen und die originären für das Kaufverhalten bedeutenden Kriterien, Bedarfshäufigkeiten etc. Eine zentrale Kontroverse in diesem Zusammenhang im Internationalen Marketing besteht in der „**Globalisierungsthese**" (siehe Abschnitt 1.2.3.).

Intermediäre

Betrachtet man den Bereich der Intermediäre, so steht – nicht nur im Bereich der Konsumgüterwirtschaft – der Online- und Offline-Handel im Vordergrund. Im internationalen Zusammenhang ist somit die Analyse der jeweiligen Handels- bzw. Distributionsstrukturen in den alternativen Ländermärkten erforderlich. Quantitative und qualitative Veränderungen auf dieser Ebene haben im internationalen Kontext bspw. zu einer Veränderung der Marktgleichgewichte zwischen Hersteller- und Handelsunternehmen geführt (insb. im Lebensmittelhandel) oder genereller in den internationalen Distributionsbeziehungen (siehe Kapitel 21.). Als quantitative Veränderungen sind dabei insb. die Reduktion der Anzahl der Entscheider infolge der **Konzentration** auf der Handelsebene, so insb. aufgrund der internationalen Expansion der Handelsketten sowie der Zunahme horizontaler und vertikaler Kooperationen (z.B. nationale und internationale Einkaufskooperationen und Verbundgruppen), von Relevanz. Der Handel hat sich dadurch – auch in den jeweiligen Ländern – aus der Rolle des reinen Absatzmittlers heraus zu einem immer stärker werdenden Marktpartner der Industrie emanzipiert. Diese Entwicklung ist eng mit weiteren Veränderungen verbunden, so der Tendenz zur **Zentralisierung** des Einkaufs bzw. der Listung über regionale, nationale oder europäische Zentralen. Aufgrund dieses Machtgewinns auf Seiten des Handels ist eine Neuorientierung im Rahmen der Marketingkonzeption der Hersteller erforderlich. Auch im Rahmen des Internationalen Marketing ist die Verknüpfung zwischen Absatzmarketing des Handels und dem handelsgerichteten Marketing der Hersteller erforderlich – als Ergänzung der zuvor im Wesentlichen auf die Einkaufsseite des Handels und die Verkaufsseite der Hersteller fokussierten Kommunikation – und zwar über Ländergrenzen hinweg. In diesem Kontext sind Konzepte des **internationalen Key Account Managements** von besonderer Bedeutung, bei denen eine Ausrichtung des Unternehmens auf internationale Schlüsselkunden und eine länderübergreifende Koordination dieser Kundenbeziehungen erfolgt (Swoboda/Schlüter/Olejnik 2011). Ähnlich und in Zukunft sicherlich weitreichender ist die internationale Entwicklung von **Marktplätzen** und **Portalen** als Intermediäre (Swoboda/Foscht/Schramm-Klein 2019, S. 116f., 1993ff.). Drittanbieter profitieren bzgl. ihrer eigenen Internationalisierung von international tätigen Plattform, sowohl auf der Nachfrageseite als auch der Beschaffungsseite durch Zugänge zu ausländischen Kunden, oder durch Zugänge zu (auch kleineren, unbekannten) Lieferanten. Traditionelle Absatzmittler im Außenhandel verlieren dadurch an Bedeutung (siehe Kapitel 10.).

Lieferanten

Die Bedeutung der **Beschaffung** ist aufgrund der Tendenzen zur Reduktion der Fertigungstiefe in den letzten Jahren enorm gestiegen. Sie ist von hoher wettbewerbsstrategischer Relevanz, da strategische Aspekte der Versorgung mit Inputfaktoren – auch hinsichtlich der Frage „Make or Buy" – von besonderer Bedeutung für die Wettbewerbsposition von Unternehmen sind. Diese Bedeutung, verbunden mit einer zunehmenden internationalen Orientierung der Beschaffung i.S. eines „**Global Sourcing**", weist auf die wettbewerbsstrategische Relevanz von Fragestellungen der Auswahl von Beschaffungsmärkten hin. Nicht nur die Abnehmerseite, sondern gerade auch die internationalen Beschaffungsbeziehungen sind durch eine hohe Komplexität gekennzeichnet. Es existiert eine Vielzahl heterogener Beschaffungsmarktkonstellationen, und die Beschaffungsbeziehungen sind höheren Risiken und Unsicherheiten ausgesetzt als dies in nationalen Beschaffungsbeziehungen der Fall ist. Die Unterschiede zwischen nationalen und internationalen **Lieferantenbeziehungen** betreffen v.a. situative Determinanten, wie die geographische oder kulturelle Distanz zwischen den Akteuren und Wechselkurs- bzw. Währungsumrechnungsproblematiken, die nicht nur die Beschaffungsbedingungen beeinflussen, sondern auch Einfluss auf die Beurteilung der Lieferanten haben. Die Auswahl eines Beschaffungsmarktes ist abzugrenzen von der Auswahl der Absatzmärkte, jedoch besteht eine Beziehung zwischen beiden Entscheidungsfeldern. Relevante Kriterien, die im Rahmen der **Beschaffungsmarktanalyse und -wahl** von Bedeutung sind, sind zunächst Faktoren, die allgemein die relative **Attraktivität von Beschaffungsmärkten** bestimmen.

Derartige Kriterien sind u.a. Leistungsmerkmale (z.B. Arbeitsproduktivität/-qualität, Logistik- und Technologiestandards, Kapitalverfügbarkeit usw.), Kostenmerkmale (Produkt- und Produktionsmittelkosten, wie Arbeitskraft-, Logistik-, Kapitalkosten, Steuern usw.) und Risikomerkmale (z.B. politische Risiken, ökonomische Instabilität, Ressourcenverfügbarkeit usw.). Zudem ist auch der relative beschaffungsbezogene Wettbewerbsvorteil von Bedeutung, wodurch Faktoren wie u.a. Beschaffungsmarktgröße, Konkurrenzstrukturen, Versorgungsrisiken sowie relevante Leistungs-, Technologie- und Flexibilitätspotenziale berücksichtigt werden. Auch Handelshemmnisse wirken sich auf die Beschaffungskosten sowie die administrative Abwicklung von Beschaffungsbeziehungen aus. Wirtschaftliche Rahmenbedingungen, z.B. politische Gegebenheiten wie **Local-Content-Verordnungen** oder Im- und Exportbestimmungen beeinflussen die Versorgungssicherheit, die Produktionsbedingungen und die Lieferantenbeziehung. Diese Makrobedingungen betreffen zunächst vornehmlich die Auswahl der Märkte. Auf der Ebene der Lieferanten sind analog Leistungskriterien (z.B. Produkt-, Logistikqualität, Flexibilität), Innovationsfähigkeit u.Ä.), Kostenkriterien (z.B. Preise und Konditionen (Höhe und Struktur), Logistikkosten u.Ä.) und Risikokriterien (z.B. Versorgungssicherheit/Kapazität, Störanfälligkeit, Finanzierungsrisiko u.Ä.) bedeutend.

3.6. Unternehmensinterne Faktoren (Internes Umfeld)

Unternehmensinterne Faktoren, die im Rahmen des Internationalen Marketing beim Vergleich von Unternehmen oder aus Managementsicht bedeutend sind, sind enorm vielschichtig. I.S.d. **Inside-Outside-Perspektive** und der theoretischen Ansätze im Abschnitt 1.4. wird nachfolgend auf den **Ressourcenansatz** rekurriert (siehe auch Abschnitte 1.4.1. und 1.4.2.). Dieser Perspektive folgend, erlangen Unternehmen aufgrund spezifischer Ressourcen dauerhafte Wettbewerbsvorteile. So wird die Internationalisierung oder hiervon abhängig ein zunehmendes Gewinnpotenzial in internationalen Märkten dadurch erklärt, dass Unternehmen bzw. bestimmte Gruppen von Unternehmen in einer Branche über spezifische (homogene) Charakteristika des Vorgehens verfügen. Auf Unternehmensebene entstehen im „**Resource-based View**" Wettbewerbsvorteile durch (einzigartige) Vermögensgegenstände und Fähigkeiten, die dem Unternehmen zur Verfügung stehen, wobei diese heterogen zwischen Unternehmen verteilt und schlecht handel- oder imitierbar sind (Hoskisson u.a. 2018; Clarke/MacDonald 2019). Der optimale Einsatz bestehender Ressourcen beim Eintritt in einen Ländermarkt, die Möglichkeit der Erweiterung der eigenen Ressourcenbasis und ggf. der Zugriff auf komplementäre Ressourcen sind Einflussfaktoren auf die Entscheidungswahl im Internationalen Marketing (Nason/Wiklund 2018).

Auf spezifische Ressourcen fokussiert der weitergehende „**Organizational Capability-Ansatz**". Hiernach basiert der Wettbewerb zwischen Unternehmen v.a. auf dem Aufbau, der Entwicklung und der Anwendung spezifischer Fähigkeiten. Die o.g. Entscheidungen, so der Eintritt in einen Auslandsmarkt wird durch die unterschiedliche Verfügbarkeit von Wissen und die Effektivität beim Transfer von Unternehmensfähigkeiten bestimmt. Vorteilhaft ist, wenn das benötigte Wissen (in diversen Formen unterschieden) im Unternehmen existiert und durch langjährige Erfahrung erlernt ist, da die Effektivität des Wissenstransfers im Vordergrund steht. Ebenso kann der effektive Transfer bspw. von Geschäftsmodellen (i.S.v. Unternehmensfähigkeiten) ins Ausland vom Wissen abhängen.

Im Internationalen Marketing bilden i.d.R. die Kernkompetenzen von Unternehmen bzw. von SGFs und die darin begründeten Wettbewerbsvorteile die Basis der wettbewerbsstrategischen Ausrichtung. Ebenso prägen auch Unternehmensphilosophie bzw. -kultur als Regulative des unternehmerischen Handelns das Internationale Marketing. Die Unternehmensphilosophie prägt wesentlich die generelle Einstellung zu internationalen Aktivitäten und determiniert die internationale Strategie (z.B. global, multinational, siehe Abschnitt 2.2.). Auch die **Organisationsstruktur** und die Managementprozesse (so Informations-, Kontroll-, Kommunikations- sowie Führungssysteme) sind relevant. Von wesentlicher Bedeutung für das Internationale Marketing ist jedoch die spezifische **Ressourcenausstattung** eines Unternehmens, wobei grundsätzlich tangible (materielle) oder intangible (immaterielle) Ressourcen unterschieden werden können (siehe Abbildung 3.16).

Ausgewählte tangible Ressourcen

Zu den tangiblen Ressourcen zählen u.a. die **Kapitalausstattung**, so die Eigenkapitalausstattung, die Höhe der finanziellen Überschüsse oder die Möglichkeiten der Eigen- oder Fremdfinanzierung. Der finanzielle Spielraum, über den Unternehmen verfügen, ist wichtig, da er z.B. erforderlich sein kann, um Anfangsinvestitionen oder Anlaufzeiten zu finanzieren oder um ggf. Zahlungsrisiken, die im internationalen Kontext höher sind, zu kompensieren. Im Kontext der Ressourcenausstattung der Unternehmen sind zudem die Produktionsmittelausstattung (z.B. spezifische Produktionsstraßen) sowie die **Produktionskapazität** der Unternehmen von Bedeutung. Oftmals können z.B. gerade nicht ausgelastete Kapazitäten im Inland erste Anstöße für Auslandsaktivitäten in Form von Exporten geben. Die Produktionskapazitäten sind zudem neben ihrer Wettbewerbsrelevanz i.S. des Einflusses auf die Kostenstrukturen auch im Rahmen der Wahl der Betätigungsformen auf den unterschiedlichen Ländermärkten Einfluss gebend. Auch die **Personalausstattung** kann als tangible Ressource gesehen werden, wenngleich das Know-how des Personals zu den intangiblen Ressourcen zählt. Die Personalausstattung ist also sowohl in quantitativer als auch in qualitativer Hinsicht entscheidend. Neben der grundsätzlichen Mitarbeiterverfügbarkeit im Inland und in den Auslandsmärkten sind die Qualifikation und die Auslandserfahrung der Mitarbeiter wesentliche Erfolgsfaktoren. In diesem Zusammenhang sind z.B. (intangible) Kenntnisse hinsichtlich internationaler Abwicklungstechniken (z.B. internationale Vertragsgestaltung, Versendung, Verzollung u.Ä.) oder konkrete Kenntnisse der Auslandsmärkte (z.B. Distributionswege, Markt- und Konkurrenzverhältnisse) von Bedeutung.

Abbildung 3.16: Systematik unternehmensspezifischer Ressourcen

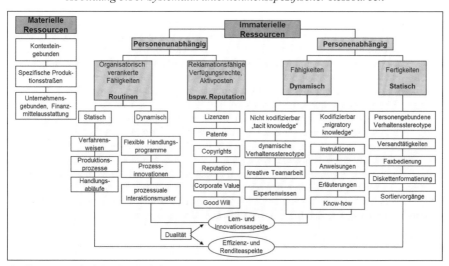

Quelle: I.A.a. Welge/Al-Laham/Eulerich 2017, S. 387.

Ausgewählte intangible Ressourcen

Wesentliche intangible Ressourcen stellen das Wissen bzw. das Know-how des Personals bzw. des gesamten Unternehmens dar. Aufgabe eines international tätigen Unternehmens ist es deshalb, dieses **Wissen** bzw. Know-how grundsätzlich zu identifizieren, zu bewahren, zu nutzen, zu entwickeln bzw. zu erwerben und zu verteilen. Das Management von unternehmensspezifischem Wissen stellt somit eine der Kernaufgaben im Internationalen Marketing dar, da – i.S. des „Resource-based View" – kein Unternehmen es sich leisten kann, sein Wissen zu verlieren, sei es durch Abwanderung von Mitarbeitern, unzureichende F&E-Tätigkeiten, unfreiwillige Know-how-Diffusion an Konkurrenten oder im Zuge von Fusionen oder Kooperationen. Weiterhin können unternehmensspezifische **interne Prozesse**, Patente sowie **Marken** als interne Faktoren gesehen werden, welche die Internationalisierung von Unternehmen ermöglichen bzw. fördern.

- Eng in Verbindung mit den externen, rechtlichen Rahmenbedingungen stehen bei internationalen Aktivitäten **Patente** (bzw. Copyrights) eines Unternehmens. So waren z.B. die internationalen Aktivitäten deutscher Unternehmen durch den Verlust ihrer internationalen Markenrechte nach den beiden Weltkriegen stark eingeschränkt. Nur mit hohen Ablösezahlungen für die Markenrechte erhielt z.B. Henkel in den 1950er Jahren sukzessive entsprechende Rechte zurück, bis auf Länder bspw. Frankreich und Großbritannien (wo diese im Besitz des Konkurrenten Unilever sind).
- Weil **Produkt-** bzw. **Unternehmensmarke** und die Reputation eines Unternehmens als eine der bedeutendsten intangiblen Ressourcen gesehen werden, spielt die Markenführung im internationalen Kontext eine entscheidende Rolle. Die **Corporate Reputation** – sowohl gegenüber den Kunden als auch gegenüber den weiteren Stakeholdern – wird als eine der entscheidenden Ressourcen betrachtet, da sie prinzipiell nicht zu imitieren bzw. zu substituieren ist und sich über Jahre gebildet hat.

Bedeutung für Marktengagement, Betätigungsform und Marktbearbeitung

Neben den o.g. Ressourcen ergeben sich einige weitere Anknüpfungspunkte für Internationalisierungsentscheidungen aus der internationalen Tätigkeit selbst. So wählen Unternehmen auch weniger attraktive Märkte, solange diese zu den Ressourcen des Unternehmens passen, und das sog. „**Administrative Heritage**" zu Aktivitäten führt, die unter dem Gesichtspunkt der Effizienz nicht optimal sein können. Dies verdeutlicht, dass u.U. situationsbedingte Faktoren zu einer dominierenden Rolle der internen im Vergleich zu externen Einflussfaktoren bei der Marktwahl führen können. Bei der Betrachtung der Ressourcen ist die gewählte Perspektive äußerst wichtig, d.h., ob von einer unternehmensbezogenen, internen Ressource oder von einer Abhängigkeit von externen Ressourcen ausgegangen wird (Ressourcenabhängigkeitsperspektive). Bei der Betrachtung von Kooperationen können z.B. beide Sichtweisen eingenommen werden. Aus der unternehmensspezifischen Sicht werden Kooperationen ebenso wie eine „wertvolle" Geschäftsbeziehung als intangible Ressourcen angesehen, die zu Wettbewerbsvorteilen führen. Andererseits können Unternehmen auf externe Ressourcen, i.S. der „**Resource-Dependency Theorie**" angewiesen sein. So lassen sich entweder Kompetenz- bzw. Ressourcenlücken in einer Kooperation schließen oder neue Kompetenzen gemeinsam aufbauen. Auch im Rahmen der Marktbearbeitung sind interne Einflussfaktoren bzw. der Aufbau von wettbewerbsvorteilgenerierenden Ressourcen bedeutsam, wie in diesem Abschnitt mehrfach anhand der Bedeutung von Produkt- bzw. Unternehmensmarken verdeutlicht wurde, fallweise angesprochen.

OPTIONEN DES MARKTENGAGEMENTS

4. Markteintritt und -austritt als Grundsatzentscheidungen

4.1. Gegenstand

Im Rahmen des Marktengagements werden Unternehmen in Auslandsmärkten absatzseitig aktiv, oder sie verändern die Struktur der bearbeiteten Ländermärkte/-marktportfolios. Darunter sind zwei Entscheidungsebenen zu subsumieren, nämlich

- Grundsatzentscheidungen bzgl. eines Markteintritts (inkl. des Timing), aber auch eines Marktaustritts, worin eine dynamische Perspektive zum Ausdruck kommt, und
- die damit zusammenhängenden Entscheidungen bzgl. der Marktsegmentierung und -selektion.

> Unter **Marktengagement** wird die aus Unternehmenssicht getroffene Entscheidung bzgl. der Aktivitäten in einem Ländermarkt bzw. in mehreren Ländermärkten verstanden, wobei die Entscheidungen, die Marktsegmentierung und -selektion, den Markteintritt und -austritt sowie das Timing umfassen.

Wie idealtypisch in Abschnitt 2.3. dargelegt, ist der Markteintritt ein erster strategischer Schritt in der Markterschließung bzw. einem Auslandsengagement in einem oder mehreren Ländermärkten. Im Internationalen Marketing können die Marktsegmentierung/-selektion, die Wahl einer zeitlichen (Timing-) und sachlichen Erschließungsstrategie (Betätigungsform und Marktbearbeitung) sowie ggf. ein Marktaustritt betrachtet werden (übergeordnet mit internationalen Strategien oder Vorentscheidungen – in Abbildung 4.1. nicht dargestellt – und Situationsanalysen und Zielen). Das Management trifft jedoch die finale Entscheidung, d.h., alle Methoden oder Verfahren der Marktsegmentierung/-selektion zielen darauf ab, dem Management als Entscheidungshilfen zu dienen.

Abbildung 4.1: Entscheidungen der Markterschließung

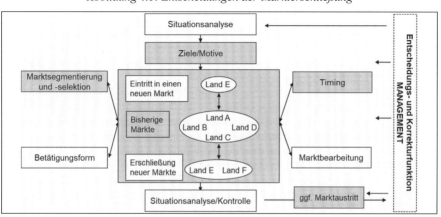

Ein Markteintritt setzt idealtypisch eine Marktsegmentierung/-selektion voraus. Allerdings kann ein Markteintritt auch ungeplant erfolgen, d.h., ohne Märkte vorher initial, also i.S. einer an erster Stelle stehenden strategischen Entscheidung bewertet und ausgewählt zu haben. Dies ist der Fall, wenn bspw. ein ausländischer Kunde auf Messen nach einer Lieferung fragt, wenn Kunden selbst ins Ausland gehen und einen Lieferanten „mitnehmen" (**Follow-the-Customer-Strategie**), oder eine autonome Tochtergesellschaft beschließt, ins Nachbarland zu liefern. Diese Beispiele deuten bspw. an, dass eine internationale Strategie (siehe Abschnitt 2.3.) übergeordnet ist, da autonome Landesgesellschaften nur bei Multinationaler Strategie vorliegen. Internationale Strategien bestimmen auch die Systematik einer systematischen Selektionsentscheidung, so die Abfolge von Selektionsstufen und -kriterien in typischen Länderselektionsmodellen (siehe Abschnitt 4.3.8.).

In den folgenden fünf Kapiteln wird vor diesem Hintergrund ein Überblick über die Optionen des Marktengagements gegeben, mit der Diskussion von

- dem Markteintritt und -austritt als Grundlage,
- der integralen, länderübergreifenden (Kunden-)Segmentierung,
- der länderübergreifenden Ländermarktsegmentierung und -selektion,
- den länderspezifischen/-übergreifenden Timing-Entscheidungen sowie
- passenden Fallstudien zu den davor behandelten Optionen.

Zunächst erfolgt jedoch die Systematisierung der Entscheidungsoptionen in Kapitel 4.

4.2. Systematisierung der Entscheidungsoptionen

4.2.1. Ex-ante- und Ex-post-View

Wie angedeutet, setzt ein Markteintritt in einer systematischen Sicht eine geplante Selektion von Auslandsmärkten voraus, anhand eines Selektionsmodells und entsprechender Bewertungskriterien (i.S.d. **Informationsbeschaffung**). Selektionskriterien können prinzipiell Umfeldfaktoren des Internationalen Marketing sein (siehe Abschnitt 3.1.). Abbildung 4.2 zeigt diese entsprechend, ergänzt um eine Einschätzung bzgl. deren Messbarkeit, zeitliche Stabilität, aber auch mit Bezug zur Marktbearbeitung von Unternehmen und zur Verhaltensrelevanz für Kunden (i.S.v. Reaktionen der Kunden auf eine Umsetzung der Marktbearbeitung). Die Kriterien, wie auch die systematische Sicht, werden nachfolgend primär aufgegriffen. Diese Kriterien sind jedoch auch bei Ex-post-Analysen relevant, die i.d.R. erfolgte Markteintritte vs. Nicht-Eintritte von Unternehmen und Gründe dafür betrachten. Zwei derartige Ex-post-Views sind hervorzuheben.

Erstens vollziehen z.B. (v.a. mittelständische) Industrieunternehmen oftmals ihre ersten Engagements im Ausland eher ungeplant, so aufgrund von Nachfrage aus dem Ausland, Grobeinschätzung von Marktpotenzialen, Kundenempfehlungen o.Ä. Sie weisen dann ein geringes **Auslandscommitment**, oftmals eine **Risikoaversion** im Hinblick auf Auslandsmärkte auf und übertragen v.a. bestehende Angebote unverändert ins Ausland. Entscheidend ist jedoch, dass sie v.a. zunächst in ihre Nachbarländer eintreten, was mithilfe des bei der Internationalisierung relevanten Konzeptes der **psychisch-kulturellen Distanz** erklärbar ist. Dieses entspringt der Überlegung, wonach einzelne Ländermärkte zwar geographisch nahe sein können, kulturell aber als weiter entfernt wahrgenommen werden und daher trotz hoher Attraktivität nicht betreten werden. Erste Erklärungen hierfür liegen bei bspw. bei dem sog. Distanzfaktor: Je größer der Distanzfaktor zwischen Ländern, umso kleiner ist (volkswirtschaftlich gesehen) der Handel zwischen zwei Ländern. Die Basis für betriebswirtschaftliche Erklärungen dieses Verhaltens bilden erste **behavioristische Ansätze**, wonach Unternehmen zunächst in vertraute, nahe Märkte eintreten, bevor sie sich in entfernte Regionen wagen (siehe Abschnitt 1.4.1.). Die Begründung beruht auf Beobachtungen, wonach gering internationalisierte Unternehmen tendenziell Gefahren im Ausland überbewerten und Chancen unterbewerten, z.b. sich bei objektiv attraktiven, aber subjektiv geographisch-kulturell entfernten Ländermärkten nicht engagieren. In einer länderübergreifenden Betrachtung schreitet das Engagement eher in **konzentrischen Kreisen** um das Heimatland voran, d.h., wachsendes Auslandswissen führt zu sinkender subjektiv wahrgenommener Distanz, auch zu entfernten Märkten.

Die Relevanz der psychisch-kulturellen Distanz bei der internationalen Marktselektion wurde aber nicht immer empirisch bestätigt, da diese Betrachtung bspw. das Potenzial einzelner Ländermärkte weitgehend ausklammert. Insgesamt sind diese Ansätze weiterhin relevant, auch wenn sie nicht einen einzelnen Selektionsschritt (Selektion i.e.S.), sondern den gesamten Entscheidungsprozess der Manager bzgl. der Internationalisierung (inkl. Evaluation hilfreicher Informationsquellen) erfassen. Auch wenn dieses Vorgehen sich bewähren kann, birgt es Gefahren einer emergenten (ungeplanten) Marktselektion. Ein systematisches Vorgehen ist erfolgsrelevant. Swoboda (2002, S. 412ff.) zeigt bspw., dass Unternehmen, die bereits früh ein Informations- und Planungssystem implementieren, erfolgreicher sind. Zudem internationalisieren Unternehmen auch komplett anders, bspw. die **Born Globals**, die nach der Gründung schnell global tätig werden (siehe Abschnitt 7.4.1.)

Abbildung 4.2: Selektionskriterien auf der Makro-, Meso- und Mikro-Ebene

Faktoren (Beispiele)	Messbarkeit	Stabilität	Marktbearbeitungsbezug	Verhaltensrelevanz
Politisch-rechtlich ■ Rechtsvorschriften/-struktur ■ Wirtschafts-/Außenhandelspolitik ■ Politische Stabilität	Problemlos zu erheben	Mittel-hohe zeitliche Stabilität	Rechtliche Merkmale zeigen Grenzen auf; politische Merkmale geben Hinweise auf die inhaltlichen Gestaltungsnotwendigkeiten des Marketing	Relative generelle Kaufvoraussetzungen; pauschale Hinweise auf Bewertungsverhalten von Angeboten
Ökonomisch ■ Marktgröße/-potenzial ■ Einkommen/Kaufkraft ■ Entwicklungsgrad ■ Geschäftsklima	Leicht erfassbar durch Länderstatistiken etc.	Relativ hohe zeitliche Stabilität	Enorm hoch bzgl. des Marketing-Mix, situativ bspw. von internationaler Strategie abhängig	Relativ enger Bezug zu Kaufvoraussetzungen (Einkommen etc.) und für Bewertungsverhalten
Sozio-Kulturell ■ Nationale Kultur ■ Werte, Normen ■ Sprache ■ Bildungssystem	Schwierig bzgl. Kultur, leicht durch Statistiken	Sehr hohe zeitliche Stabilität	Hinweise für Marktsegmentierung, bedeutend für die Wirkung des Marketing-Mix	Wichtige Bedeutung für Gebrauchs- und Kaufgewohnheiten; allerdings pauschal
Natürlich/Technologisch ■ Klima ■ Topografie ■ Technologie ■ Infrastruktur	Leicht erfassbar	Hohe zeitliche Stabilität	Kenntnis insb. der Infrastruktur als Grenze der Einsatzmöglichkeiten des Marketing-Mix	Relativ gering; Einfluss auf generelles Verhalten, weniger auf Bewertungsverhalten
Wettbewerblich ■ Kundenverhalten (heute/zukünftig) ■ Wettbewerbsstruktur ■ Lieferanten	Schwerer erfassbar, i.d.R. lokale Präsenz nötig	Mittel-hohe zeitliche Stabilität	Entscheidend für den Einsatz und die Wirkung des Marketing-Mix bei adaptierten Strategien	Zentrale Bedeutung für Gebrauchs- und Kaufgewohnheiten; sehr detailliert
Intern ■ Ressourcen (Marktwissen, Strategie etc.) ■ Distanzen (psychisch-kulturell, geographisch)	Intern verfügbar	Mittlere zeitliche Stabilität	Entscheidend für jede Marketing-Mix-Gestaltung	Entscheidend für jede Marketing-Mix-Gestaltung, i.d.R. nicht jedoch Bewertung durch Kunden

Zweitens studieren **Ex-post-Analysen** die Treiber eines Eintritts von Unternehmen empirisch. Auch hier werden Kriterien ausgewählt, natürlich entsprechend relevanter theoretischer Ansätze und empirischer Erkenntnisse. Hierbei existiert eine Vielzahl an Studien, die weltweit oder regional (innerhalb Europas, Afrikas etc.) schauen, welche Länder betreten oder nicht betreten wurden und warum. Das Ergebnis einer Studie ist exemplarisch in Abbildung 4.3 dargestellt, und zwar bezogen auf **E-Commerce-Unternehmen** in Europa, die vom Internet profitieren – das die Eintrittsbarrieren und -risiken reduziert – und schneller sowie arrhythmischer internationalisieren (d.h., kurz nach der Gründung bereits Auslandsmärkte mit einer Website in lokaler Sprache und Währung aber auch Domain (wie ".de, oder de.companyname.com) betreten, danach viele Länder in einer kurzen Zeitspanne (Schu/Morschett 2017; Sinning/Swoboda 2021). Da die wenigen Studien zu E-Commerce-Unternehmen i.d.R. Sekundärdaten nutzen, ist die Anzahl der Erklärungsvariablen begrenzt. Allerdings zeigt sich, dass zwei Faktoren aus dem **Makroumfeld**, so Marktgröße (bezogen auf die Verbreitung des Internet) und stabile regulative Bedingungen in einem Markt einen Markteintritt positiv beeinflussen. Entsprechend werden Länder, die kleiner und nachteiliger in der „Rule of Law" erscheinen, von Unternehmen nicht betreten. Demgegenüber reduzieren die unternehmensinternen Faktoren (**Mikroumfeld**), so geographische und kulturelle Distanz, die Wahrscheinlichkeit, dass ein europäischer Ländermarkt online betreten wird. Allerdings wirken ebenfalls die unternehmensinternen Faktoren lokales Marktwissen und „Added Cultural Distance" (also bereits existente Aktivitäten in kulturell nahen Ländern) positiv auf die Wahrscheinlichkeit des Eintritts. Die Variablen Sprache, Logistikstruktur und überraschenderweise negativ die Internetnutzung (Makroumfeld), bedingen die Eintrittswahrscheinlichkeit ebenfalls.

Abbildung 4.3: Internationale Markteintritte im E-Commerce

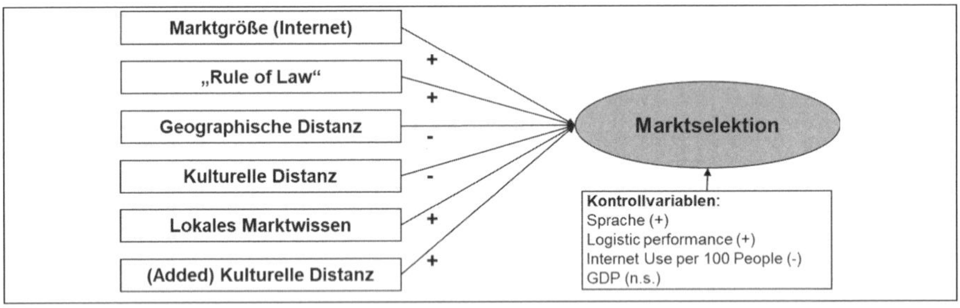

Marktgröße (Internet)	+	
"Rule of Law"	+	
Geographische Distanz	-	**Marktselektion**
Kulturelle Distanz	-	
Lokales Marktwissen	+	Kontrollvariablen: Sprache (+) Logistic performance (+) Internet Use per 100 People (-) GDP (n.s.)
(Added) Kulturelle Distanz	+	

Quelle: Schu/Morschett 2017.

Dieses Beispiel ließe sich natürlich beliebig weiter entwickeln. Denkbar ist, dass das Mesoumfeld, so Kunden und Wettbewerber, den Eintritt oder Nicht-Eintritt ebenso bedingen. Schließlich wäre es denkbar, dass **Online-Anbieter** Märkte aus anderen Gründen betreten (mit länderspezifischen Homepages oder darüber hinaus sogar lokalen Logistikzentren mit entsprechenden Lieferservices), so als **Brückenkopf** für den Eintritt in weitere, weniger große Länder oder als Reaktion auf Aktivitäten von **Wettbewerbern**. Diese Eintrittsoptionen werden nachfolgend angesprochen.

4.2.2. Integrale vs. internationale Segmentierung

Bei der Absatzsegmentierung können Kunden oder Länder nach diversen Kriterien bewertet/gruppiert werden, um Anpassungen betrieblicher Entscheidungen und eine **adaptierte Marktansprache** zu ermöglichen. Die Kundensicht entspricht den Grundtypen auch nationaler Strategien der undifferenzierten vs. segmentspezifischen Marktbearbeitung. Im Internationalen Marketing kommt der Ländermarktfokus hinzu, weshalb v.a. die Optionen

- der Ländermarktbewertung und -wahl sowie
- die hierbei nutzbaren Kriterien und Verfahren

zu betrachten sind (siehe Kapitel 6.). Dies entspricht Backhaus/Voeth (2010, S. 66ff.), die neben einer Marktschließung von der Marktauswahlentscheidung sprechen und zwischen Bewertung und Auswahl (i.S.v. Verfahren) von Ländermärkten differenzieren, nicht aber Papadopoulos/Chen/Thomas (2002), die „Market Selection" auf allen Schritten vor einer tiefergehenden Analyse eingrenzen. Letzteres resultiert u.a. aus einer normativen Sicht der „Country Market Selection", in der optimale Selektionsmodelle diskutiert werden, ohne diese in die Marketingplanung einzubinden (bspw. internationale Strategien oder Ziele zu berücksichtigen, die zu unterschiedlichen Selektionsanforderungen und -modellen führen). Unberücksichtigt wird zudem in einer derartigen normativen Sicht, dass nicht nur Länder, sondern auch gegenwärtige oder potenzielle Kunden über Ländergrenzen den Ansatzpunkt einer Entscheidung bilden können. In Abbildung 4.4 sind diesbezüglich zwei Optionen angedeutet.

Abbildung 4.4: Grundformen internationaler Marktsegmentierung

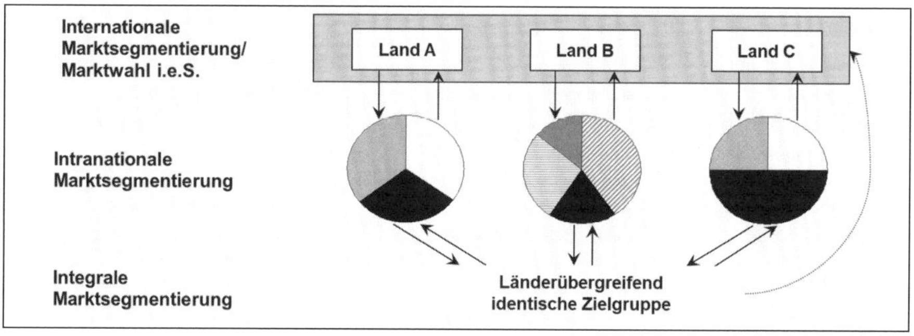

Die **integrale Marktsegmentierung (Cross-Country-Segmentierung)** setzt an den Kunden an, wobei idealtypisch eine länderübergreifende Klassifikation der Abnehmer erfolgt (siehe Kapitel 5.). Sie kann im Extremfall auf den Weltmarkt ausgerichtet sein und ermöglicht Unternehmen länderübergreifend ein standardisiertes Auftreten. Kriterien zur Segmentbildung können bei Verbrauchern z.B. demo-, psychografische oder verhaltensorientierte Kaufverhaltensmerkmale sein, wobei wertebasierte Lifestyle-Typologien verbreitet sind. Bei gewerblichen Kunden werden zudem dyadische Beziehungen (z.B. im Zuge der Follow-the-Customer-Strategie) betrachtet, mit Kriterien wie z.B. strategische, organisatorische oder prozessuale Partner-Fits (siehe Abbildung 4.5).

Die **Internationale Marktsegmentierung** zielt auf Länder mit dem Ziel der Auswahl der geeigneten Ländermärkte aus Sicht eines Unternehmens (internationale Marktsegmentierung i.S., bzw. Marktwahl) und dann ggf. einer Kundensegmentierung in den einzelnen Ländern (**intranationale Segmentierung**). Da Gewinne oder ähnliche Größen vor dem Markteintritt nicht unmittelbar erfassbar sind, werden zur Marktwahl Indikatoren als Auswahlkriterien herangezogen, welche die aktuelle und zukünftige Marktbedeutung abbilden. Diese stehen im direkten (z.B. Handelshemmnisse) oder indirekten Zusammenhang (z.B. BIP-Wachstum) mit den Erfolgsaussichten im Markt. Unternehmen wählen Länderportfolios, in denen im Extremfall der Weltmarkt in Ländergruppen unterteilt wird, suchen einen, den attraktivsten, Ländermarkt aus oder treten aufgrund nicht-rational systematisierbarer Entscheidungsmuster ein. Daher können hier normative bzw. deskriptive Zugänge gegenübergestellt werden wie in der Abbildung näher erläutert. Den State-of-the-Art bilden kombinierte, mehrstufige Selektionsansätze.

Abbildung 4.5: Basisansätze der internationalen Marktsegmentierung

Ansätze zur Analyse der integralen Marktsegmentierung und -selektion		
Merkmale	Kunden im Massenmarkt	Dyadische Kundenbeziehungen
Entscheidungsproblem	■ Auswahl von Kundengruppen	■ Auswahl von Kunden/Partnern
Analyseebene	■ Anbietendes Unternehmen	■ Dyaden/Netzwerke
Entscheidungsansatz	■ Meistens deskriptiv	■ Meistens deskriptiv
Entscheidungsmodell	■ Unbestimmt	■ Bounded rationality
Verbindung zu anderen Entscheidungen	■ Segmentierung als Basis der Internationalisierung	■ Nicht spezifiziert
Informationstypen	■ Kundengruppen bzw. -cluster	■ z.B. Organisations-, Prozess-, Kultur-Fits mit (Firmen-)Kunden
Quellen der Information	■ Oftmals Primärdaten	■ Beziehungs-/Erfahrungsdaten
Anzahl Ländermärkte	■ Länderübergreifend	■ Eher Länderspezifisch
Ansätze zur Analyse der internationalen Marktsegmentierung bzw. -selektion		
Merkmale	Normativ	Deskriptiv
Entscheidungsproblem	■ Länderselektion	■ Länderselektion
Analyseebene	■ Anbietendes Unternehmen	■ Anbietendes Unternehmen
Entscheidungsansatz	■ Normativ/systematisch	■ Heuristisch/unsystematisch
Entscheidungsmodell	■ Rational	■ Disjointed incrementalism
Verbindung zu anderen Entscheidungen	■ Marktwahl (oft) als isoliertes Entscheidungsproblem	■ Marktwahl als Funktion der unternehmerischen Internationalisierung
Informationstypen	■ Länder-/Marktindikatoren	■ Subjektive Wahrnehmung, z.B. kulturell-psychische Distanz
Quellen der Information	■ Oftmals Sekundärdaten	■ Erfahrungsbasiertes Wissen
Anzahl Ländermärkte	■ Länderspezifisch/-übergreifend	■ Länderspezifisch/-übergreifend

Quelle: I.A.a. Andersen/Buvik 2002, S. 351ff.; Swoboda u.a. 2009, S. 407.

4.2.3. Opportunistische vs. systematische Identifikation von Auslandsmärkten

Die o.g. Optionen der Marktsegmentierung implizieren eine länderübergreifende und -spezifische Perspektive, wie sie auch für Markteintritte und -austritte in den folgenden Abschnitten genutzt werden.

- Die **länderspezifische Perspektive** umfasst die Entscheidung über den Markteintritt in einen Ländermarkt, den Zeitpunkt dieses Eintritts sowie die Besonderheiten des Austritts aus einem Ländermarkt.
- Die **länderübergreifende Perspektive** umfasst Entscheidungen bzgl. des Markteintritts in und -austritts aus mehreren Ländern, ggf. eine Länderportfoliobereinigung. Hierzu zählt also auch die langfristige Entwicklung von MNU im Ausland, so die Abwägung zwischen einem sukzessiven oder simultanen Timing der Expansion.

Für diese Perspektiven sprechen einige Argumente. Erstens ist eine länderübergreifende Segmentierung dann obsolet, wenn ein MNU nur die Bewertung einzelner Ländermärkte vornehmen will. Zweitens ist im Planungsprozess – v.a. bei **direktinvestiven Eintritten** –

nach einer gröberen, länderübergreifenden Segmentierung und Selektion eine länderspezifische, detaillierte (Feasibility-)Analyse unerlässlich. Drittens soll ein Ländermarkt erschlossen werden, dann sind Rückkopplungen und der daraus resultierende Koordinationsaufwand zwischen diesem Markt und ggf. den bereits bearbeiteten Märkten zu beachten, während beim gleichzeitigen Bewerten und Betreten mehrerer Ländermärkte darüber hinaus Rückkopplungen zwischen verschiedenen neuen Märkten zu berücksichtigen sind (Backhaus/Voeth 2010, S. 63f.). Viertens sind länderübergreifende und -spezifische Ansätze der Marktsegmentierung und -selektion zu unterscheiden. Erstere setzen z.B. auf einer Vielzahl von Märkten an (im Extremfall der Welt), mit dem Ziel der Gruppierung oder Herausfilterung der optimalen Länder. Zweitgenannte dienen der Bewertung bzw. Einschätzung einzelner Ländermärkte. Analog kann bzgl. der Marktaustritte und länderspezifischer sowie -übergreifender Timing-Entscheidungen argumentiert werden.

In allen Fällen führen unterschiedliche Wege Unternehmen ins Ausland, wobei die Identifikation von Auslandsmärkten auf drei Arten erfolgen kann (siehe Abbildung 4.6):

- Eine idealtypische Basis bildet die **systematische Selektion** von Alternativen, z.B. eines Landes oder mehrerer Länder, wie bereits mehrfach angedeutet.
- Daneben kann ein **unsystematisches (opportunistisches) Verhalten** die Basis für ein Engagement in einem oder in mehreren Auslandsmärkten bilden, z.B. wenn Nachfragen aus dem Ausland vorliegen, wenn am Rande von Reisen eines Unternehmenseigners eine Grobeinschätzung des Marktpotenzials vorgenommen wird, oder ein Unternehmer Empfehlungen von Geschäftspartnern oder Konkurrenten folgt. In all diesen Fällen bildet nicht die systematische Auswahl den Ausgangspunkt für das Auslandsengagement, sondern die Marktwahl ist eine Funktion der unternehmerischen Aktivitäten.
- Ähnlich zu bewerten ist ein Engagement, das ohne eine **initiale Marktselektion** als Ausgangspunkt zustande kommt, z.B. bei Auslandsprojekten, um die sich ein Unternehmen nach deren Ausschreibung bewirbt und aufgrund eines Zuschlags in das entsprechende Land eintritt. Zu berücksichtigen ist, dass bspw. im Anschluss an den Zuschlag bei einer Projektausschreibung eine länderspezifische Bewertung sinnvoll ist, auch im Hinblick auf weitergehende Aktivitäten in dem Land, nach Projektabschluss.

Abbildung 4.6: Optionen zur Identifikation von Auslandsmärkten

Grundlegende Perspektiven	Basis für das Engagement im Ausland		
	Opportunistisch	Ohne initiale Marktselektion	Systematische Selektion
Länderspezifisch	■ Nachfrage aus dem Ausland ■ Grobeinschätzung von Marktpotenzialen	■ Auslandsprojekte ■ Follow-the-Customer ■ Eintritte aus Nachbarländern	■ Bewertung/Auswahl eines Landes
♦ Länderübergreifend	■ Empfehlungen Dritter ■ Konkurrenzbeobachtung ■ Messen oder Portale	■ Brückenkopfstrategie	■ Länderbewertung/Auswahl eines Landes (Elimination) ■ Ländervergleiche (Portfolios)

4.3. Formen länderspezifischer und -übergreifender Markteintritte

4.3.1. Opportunistisch: Nachfrage aus dem Ausland und Grobeinschätzung von Marktpotenzialen

Unternehmen präsentieren ihre Angebote bspw. in Katalogen, auf Homepages oder **Portalen**, was nur drei von vielen denkbaren Kommunikationsmaßnahmen sind. Diese können natürlich dazu führen, dass Interessenten aus dem Ausland Kontakt zum Unternehmen als potenziellen Lieferanten aufnehmen oder das Unternehmen zur Teilnahme an einer Ausschreibung eines Auftrages einladen (Swoboda/Foscht/Schramm-Klein 2019, S. 672f.). Die Bekanntheit und Bewertung eines Lieferanten ist für das anfragende Unternehmen in diesen Fällen vordringlich, bspw. bzgl. seiner Marken- und Technologiestärke, Erfüllung von CSR-Auflagen etc. Auch bzgl. der Nachfrage nach deutschen IuK-Dienstleistungen wird von einer nachfrageseitigen Internationalisierung berichtet (ausländische Kunden wollen deutsche Qualität, Datensicherheit etc., Hoffmann/Kranzusch 2017). Aus Anbietersicht handelt es sich damit um eine eher passive Expansionsform.

Vereinzelt wird von Unternehmern berichtet, welche Vorlieben für bestimmte Länder oder Regionen haben bzw. auf einer Dienstreise deren Potenzial grob einschätzen. Dies kann Basis für einen Projektauftrag sein, der auf **Initiative des Unternehmers** in der Organisation in Folge detaillierter bzgl. eines Eintritts bewertet werden kann. Manager in KMU mit nur begrenzten Ressourcen zur Marktselektion nehmen sich bspw. pro Geschäftsjahr vor, den Fokus bewusst auf einen bestimmten (neuen) Auslandsmarkt zu richten.

4.3.2. Opportunistisch: Empfehlungen Dritter und Wettbewerbsbeobachtungen

Bei den Empfehlungen durch Dritte kann es sich bspw. um befreundete Unternehmen handeln, oft mit bestehenden Geschäftsbeziehungen. Ferner können selbst im Ausland tätig werdende Unternehmen entsprechende Empfehlungen aussprechen.

Auch das klassische im Abschnitt 1.4.1. theoretisch aufgegriffene **oligopolistische Parallelverhalten** kann zu entsprechenden Investitionen im Ausland führen, wobei hier Wettbewerbsvorteilsbegründungen (i.S. oligopolistisches Gleichgewicht im Inland) als Begründungsbasis genutzt werden. Boehe (2016) verdeutlicht ein typisches „Follow the Leader-Behavior" für Serviceunternehmen aus Entwicklungsländern. Die **neo-institutionalistische Perspektive** nennt sog. isomorphe Zwänge, die im Fall von Wettbewerbsbeobachtungen aus der externen Umwelt des Unternehmens kommend, Unternehmen zu internationalen Markteintritten verleiten („**Mimetic Behavior**"). Hier wird das angepasste Verhalten bspw. in einer Branche, die Legitimation als Kriterium von Entscheidungen und Überlegungen zu Effizienzerhöhung in den Vordergrund gestellt. Dabei zeigen Unternehmen dieses Verhalten dann eher, wenn es konsistent ist mit den eigenen kulturellen Normen und Erwartungen (Li/Parboteeah 2015).

4.3.3. Opportunistisch: Messeauftritte und Portale

Messen im Ausland erfüllen diverse Funktionen. Obwohl internationale Messen als eine opportunistische Möglichkeit für die Identifikation von Auslandsmärkten gelten (oder auch von Kunden) und zugleich ein wichtiges Marketinginstrument zur Bearbeitung von Auslandsmärkten bilden (siehe Abschnitt 18.3.), werden sie aktiv von Unternehmen zur Vorbereitung von Marktengagements genutzt. Studien zeigen dies v.a. für jene Exporteure, die bisher ein relativ geringes Kundennetzwerk im Ausland haben und zugleich relativ wenige Länder bearbeiten. Ellis (2011) unterstreicht dieses für weniger erfahrene Exporteure in Entwicklungsländern, welche durch die Teilnahme an internationalen Messen signifikant viele Neukontakte zu Kunden aus diversen Ländern bekommen. Umgekehrt nutzen deutsche Exporteure Messen als Eintrittsoptionen in Schwellenländern. Dieses Ziel nennen fast alle am entsprechenden Auslandsmesseprogramm des Bundeswirtschaftsministeriums beteiligten KMU, die aufgrund der Messeauftritte ihre Expansion verstärken und zugleich ihre Exporte erhöhen können (Bundesministerium für Wirtschaft und Energie, 2019). Wer allerdings an Messen in Schwellenländern teilnimmt, muss mit rund einem Viertel mehr zeitlichem und finanziellem Aufwand im Vergleich zu einem westlichen Heimatmarkt rechnen. Zu erwähnen ist ferner, dass bekannte Messeveranstalter, so die Messe Frankfurt selbst internationalisieren und Messen im Ausland veranstalten (Rinallo/Golfetto 2015).

Ähnlich kann bzgl. der Nutzung von **Portalen** bzw. **Marktplätzen** argumentiert werden, die selbst internationalisieren (zu Strategien von Amazon und Alibaba, Wu/Gereffi 2019). Plattformen bilden v.a. ein internationales Sprungbrett für kleine, unerfahrene Unternehmen. Die Verringerung eigener Schwachstellen bzgl. unbekannter Neuprodukte/-anbieter im Ausland, CoO-Nachteile des Heimatmarkts, Zugang zu Ressourcen, Teilen der Risiken mit Anderen und eine schnellere Internationalisierung sind einige Charakteristika dieses Vorgehens. Dies wird v.a. bzgl. der Exportmarketingmöglichkeiten und der Exportleistung von KMU in Schwellenländern diskutiert (Jean/Kim 2020; Nambisan/Zahra/Luo 2019).

4.3.4. Ohne Marktselektion: Auslandsprojekte

Internationale Projekte bieten eine verbreitete Option für einen internationalen Markteintritt von Unternehmen. Hierbei kann es sich um für spezialisierte Unternehmen immer wiederkehrende Formen des Auslandsmarktengagements handeln, wie im Fall von zeitlich begrenzten Großprojekten durch kooperierende Unternehmen bspw. Konsorten im Anlagengeschäft (Aarseth/Rolstadås/Andersen 2014). Dazu zählen bspw. die Exploration von Rohstoffvorkommen, Entwicklungsprojekte, bezogen auf die Verkehrsinfrastruktur (so Flughäfen, Straßen, Staudämme) oder sonstige Anlagen wie Windparks etc. Wird an einen der Partner kein Betreiber- oder Serviceauftrag erteilt, dann ist das Projekt mit einem klaren Markteintritt und -austrittszeitpunkt verbunden. Grenzüberschreitende Projekte können für Unternehmen allerdings auch zu einer ersten Präsenz auf dem jeweiligen Zielmarkt führen und somit eine Grundlage für die weitere Markterschließung bilden (**Referenzprojekte**).

In der Literatur werden **Internationale Projekte** seltener betrachtet. So beschäftigen sich Javernick-Will/Scott (2010) mit der Frage, welches institutionelle Wissen vordringlich ist, um internationale Projekte erfolgreich zu gestalten. Andere beschäftigen sich mit kritischen Erfolgsfaktoren in internationalen Projekten: Fossum u.a. (2019) zeigen die zentrale Bedeutung der Auswahl und der Schulung der Projektbeteiligten als Effizienztreiber in globalen Projekten und Aarseth/Rolstadås/Andersen (2014) die Einbindung externer Stakeholder als Kernherausforderung in solchen Projekten (bzgl. Unterschiede in regulativen Institutionen wie Local Content und Kontrakten, in der Kultur oder in der Verhandlungsführung). Demgegenüber stellen Chen/Messner (2011) im Kontext der Analyse von Industrieunternehmen die Identifikation von Heimatmarkt- und Unternehmensfaktoren in den Vordergrund, welche die Wahl des internationalen Projekts als Markteintritt begünstigen. Sie vergleichen hierbei die sog. permanente Eintrittsentscheidung und eine auf die Dauer des Projektes begrenzte Entscheidung und stellen damit eine Schnittstelle zu Eintrittsstrategien dar. Die Autoren zeigen, dass v.a. kleinere Unternehmen, solche mit geringer Auslandserfahrung und größerer Risikoorientierung Auslandsprojekte als Form des Eintritts im Ausland wählen. Zudem kommen derartige Unternehmen eher aus kleineren Ländern.

4.3.5. Ohne Marktselektion: Follow-the-Customer-Strategie

Der Markteintritt kann auf der Strategie, dem Kunden ins Ausland zu folgen, basieren. Die **Follow-the-Customer-Hypothese** geht auf Grubel (1977) zurück, der das Phänomen im Bereich der Geschäftsbeziehung von Banken mit internationalen Kunden identifizierte. Die

Strategie gilt aber nicht nur für „Corporate Customers", sondern auch für „Non-Corporate Customers", so im Ausland lebende Privatkunden, ethnische Gruppen etc. (zu Follow-the-Client Boehe 2016; Fotopoulos/Siokis/Papapanagos 2016). Aus Herstellersicht kann von „Follow Sourcing" gesprochen werden. Die Follow-the-Customer-Strategie wird i.d.R. mit **Kunden-Lieferanten-Netzwerken** verbunden (z.B. Sharma u.a. 2019 mit deren einzigartiger Struktur, Ho/Ghauri/Larimo 2018 mit der Rolle institutioneller Distanz; Vahlne/Johanson 2013 mit dyadischen Beziehungen im Uppsala-Modell).

> Unter der Follow-the-Customer-Strategie wird ein Aktivitätsmuster des internationalen Marktengagements verstanden, bei dem ein Unternehmen den Kunden folgt (idealtypisch mit eigenen Niederlassungen), um mit seinen Leistungen in den Gastländern als Anbieter (so in regionalen „Netzen") präsent zu sein.

Unternehmen wie Hersteller oder Händler sind die Kunden und die in der Wertschöpfungskette vorgelagerten Unternehmen wie produktionsorientierte Zulieferer und Dienstleister (Banken, Logistikunternehmen) die Lieferanten. Zwei grundlegende **Antriebskräfte der Bedeutungszunahme des Follow-the-Customer** sind hervorzuheben:

- Die Konzentration auf Kernkompetenzen bzw. die Intensivierung des Outsourcings, wobei Teile der Wertschöpfung den Zulieferanten, Dienstleistern usw. anvertraut werden, woraus neue dyadisch-kooperative oder netzwerkartige Beziehungen resultieren.
- Die grundsätzlich zunehmende Internationalisierung der Produktions- oder Absatzaktivitäten in bisher national tätigen Branchen.

Lean Management, **Reengineering**, **Just-in-time-Belieferung** u.Ä. begünstigen ein Outsourcing und führen dazu, dass Lieferanten immer größere Teile der Wertschöpfung übertragen werden, z.B. Entwicklungs- und Logistikaufgaben (Swoboda/Weiber 2013, S. 220ff.). Ihre Einbindung in die Wertschöpfungsprozesse des Kunden führt zu einer Konzentration der Direktlieferanten, die „**First Tier**" oder „**Tier One-supplier**" sind, während die Zahl der Lieferanten auf der zweiten und dritten Ebene („Second and Third Tier-supplier") zunimmt. So entstehen **Wertschöpfungsnetzwerke** auf verschiedenen Ebenen, die eine hohe Flexibilität, Kooperationsbereitschaft und spezifische Kompetenzen induzieren. Mit der zunehmenden Verlagerung von Wertschöpfungsaktivitäten ins Ausland müssen, um die hohe Verflechtung und Wettbewerbsabhängigkeit – etwa zwischen Kunden und „First Tier" – zu gewährleisten, die bestehenden Beziehungen auch in die neuen Länder verlagert werden. Insbesondere für Lieferanten, die bereits im Inland eine enge Kundenanbindung als „**First or Second Tier-supplier**" erreicht haben, spielt die Verlagerung der Kundenaktivitäten ins Ausland eine strategische Rolle.

Relevante Entscheidungen

Die Entscheidung des Lieferanten, eine Follow-the-Customer-Strategie zu verfolgen, ist abhängig von der Entscheidung des Kunden, in einen bestimmten Auslandsmarkt einzutreten. Fragen des Marktengagements oder der Standorte werden i.d.R. durch den Kunden vorgegeben. Für Lieferanten handelt es sich damit um eine Ja-Nein-Entscheidung. Auch der Markteintrittszeitpunkt, die Eintrittsstrategie und das anzubietende Leistungsspektrum werden durch den Kunden beeinflusst. Dies bedeutet aber nicht, dass der Lieferant in Bezug auf sein Auslandsengagement nicht strategisch planen würde. Für ihn sind aber weniger die potenziellen Markteintrittsländer, sondern die Strategien, Strukturen oder Prozesse seiner Kunden relevante Entscheidungsparameter. Letztere repräsentieren die Analyse- und Gestaltungsvorlagen für die entsprechende Prognose und Adaption. Dabei kommt auch dem **Timing, i.S.d. schnellen Reaktion, eine wichtige Rolle zu. Je frühzeitiger die eigenen Internationalisierungsmöglichkeiten strategisch vorbereitet werden, desto leichter kann das Problem kurzer Reaktionszeiten auf die Markteintrittsentscheidung des Kunden entschärft werden. Diese Form der Reaktion/Anpassung bedeutet Proaktivität und die Implementierung vorausschauender Aktivitäten und Maßnahmen. Sie ist mit der Fähigkeit eines Unternehmens zur **proaktiven Kundenorientierung** und damit der Schaffung von Kundenwerten verbunden, gerade bei multinationalen Unternehmen. Diese Fähigkeit determiniert den Kundenwert nachhaltig. Gleichwohl hängt das Ausmaß des Zusammenhangs zwischen proaktiver Kundenorientierung und Kundenwert von einigen Rahmenbedingungen ab, bspw. „intense levels of customer value change, a global relationship scope, and a transnational relationship structure" (Blocker u.a. 2011, S. 216). Daher ist aus der Perspektive des Kunden auch die Integration der Kernlieferanten in eigene Strategien/Prozesse bedeutend. Diese Ausführungen deuten die Bedeutung eines **Key Account Managements** aus Lieferantenperspektive bzw. eines **Key Supplier Managements** aus Kundenperspektive an (siehe Abschnitt 19.5.), deren gemeinsames Ziel die Schaffung einer Win-Win-Zusammenarbeit darstellt, und die international einen weit höheren strategischen Charakter aufweist.

Determinanten einer Follow-the-Customer-Strategie

In Abbildung 4.7 sind spezifische interne und externe Determinanten für eine Follow-the-Customer-Strategie zusammengetragen, die über die Determinanten einer klassischen Markteintrittsentscheidung hinausgehen.

Abbildung 4.7: Einflussfaktoren der Follow-the-Customer-Strategie

	Beschaffungsobjekt	Innerbetriebliche Faktoren
Intern	■ Strategischer Input: differenzierte, weit tragende, auf Abnehmer abgestimmte Leistung ■ Kaufvolumen, Kaufhäufigkeit ■ Grad der Standardisierbarkeit, Imitierbarkeit ■ Komplexitätsgrad oder Bedeutung	■ Sourcing-Strategie (i.d.R. Single Sourcing) ■ Ausmaß spezifischer Investitionen ■ Organisationsstruktur ■ Selbstverständnis des Sourcing („Key Supplier and Key Account Management")
	Neigungen beteiligter Unternehmen	**Zwischenbetriebliche/menschliche Faktoren**
	■ Strategische Neigung ■ Risikoneigung ■ Beziehungsneigung	■ Vertrauen: langfristiges Commitment, intensiver Informationsaustausch, technische Unterstützung, gemeinsame Entwicklung der Leistungen ■ Ethische Position
	Wettbewerb/Branche	**Faktoren der Makroumwelt**
Extern	■ Verhandlungsmacht der Kunden/ Lieferanten ■ Wettbewerbsintensität auf dem Auslandsmarkt ■ Risiko neuer Wettbewerber ■ Gefahr von Substitution	■ Makro-Faktoren, wie Rechtliche Rahmenbedingungen, Wachstum, Wechselkurs etc. ■ Länderrisiken ■ Kulturell-kognitive Institutionen, so Werte
	Dynamischer Faktor Zeit	

Quelle: I.A.a. Boutellier/Wagner 2001, S. 40.

Interne Anforderungen an das Beschaffungsobjekt aus Sicht des Kunden können ein strategischer Input sein, i.S.d. differenzierten, werttragenden bzw. auf die Abnehmerkompetenzen abgestimmten Leistung. Relevant sind die Kaufhäufigkeit bzw. das Kaufvolumen seitens des Kunden und die Möglichkeiten etwaiger Produktstandardisierung oder Imitierbarkeit. Je kundenspezifischer die Leistung ist, desto naheliegender ist die Strategie, weil das spezifische Know-how ggf. im Ausland bisher nicht vorhanden ist. Weiterhin sind die Lebenszyklusphase und die Zukunftsfähigkeit bis hin zur Fähigkeit der Just-in-time-Lieferung relevant. Die generelle **Neigung** der beteiligten Lieferanten und Kunden (z.B. Risiko- und Beziehungsneigung) kann ein weiterer Faktor sein. In Bezug auf die Faktoren des Kunden sind die Sourcing-Strategie, das Ausmaß spezifischer Investitionen oder die Organisation des Buying Centers erwähnenswert (Swoboda/Weiber 2013, S. 223ff.). Im Bereich zwischenmenschlicher Determinanten sei exemplarisch auf das **Vertrauen** hingewiesen, sodass langfristige Commitment, Informationsaustausch, technische Unterstützung, gemeinsame Weiterentwicklung der Leistungen gemäß den Kundenanforderungen etc. Zur Bewältigung der Abstimmungsprozesse sind u.a. das Management von Wissens- und Lernprozessen oder (kontingenztheoretisch) die Fit-Dimensionen in Kooperationen erwähnenswert (siehe Abschnitt 11.6.).

Externe Determinanten beziehen sich auf Charakteristika der Branche und auf Umweltfaktoren. Zu Ersteren gehören das Ausmaß der Verhandlungsmacht der Kunden und Lieferanten, die Wettbewerbsintensität, das Risiko neuer Wettbewerber etc. Makro-Faktoren sind u.a. rechtliche Rahmenbedingungen wie Local-Content-Vorschriften, aber auch Länderrisiken, Institutionen.

Wichtig ist die Determinante **Zeit**, da der Lieferant bei dieser Strategie aufgrund der dem Kunden nachgelagerten Aktivität i.d.R. unter hohem Zeit- bzw. Termindruck handelt und sich daraus die Tatsache ergibt, dass er bzgl. der Ressourcenakquisition im Ausland ebenfalls im Hintertreffen ist. Die Gefahr steigt, im Ausland als Lieferant substituiert zu werden.

Vor- und Nachteile der Follow-the-Customer-Strategie

Die Follow-the-Customer-Strategie birgt sowohl Vor- und Nachteile bzw. Chancen und Risiken für Zulieferer/Dienstleister als auch für Kunden.

Vorteile der Abnehmer liegen darin, dass sie einen Transaktionskostenvorteil beim Aufbau der Zulieferbeziehung am ausländischen Standort haben und zugleich einen Koordinationsvorteil mit erhöhten Potenzialen zur wechselseitigen Anpassung und Abstimmung, was letztlich die Flexibilität der Zulieferbeziehung erhöht. Die geographische Nähe zwischen Lieferant und Kunde kann die Zugangs- bzw. Akquisitionskosten des Kunden senken und die Flexibilität des Lieferanten erhöhen. Diese Aspekte unterstreichen die Bedeutung der Follow-the-Customer-Strategie als Option des Marktengagements und zeigen, dass nicht nur der Lieferant einseitig davon profitiert, sondern reziprok auch der Kunde. Die **Nachteile der Strategie** sind mit den generellen Risiken eines internationalen Engagements verbunden; Aufbau und Organisation eines Netzes von Tochtergesellschaften bzw. Niederlassungen im Ausland ist ressourcenintensiv und stellt Herausforderungen an die Kompetenzen des MNU. Erwähnenswert sind Risiken durch Investitionen für die Errichtung von Tochtergesellschaften, Kosten der Auslandsmarktbearbeitung, fehlende Erfahrungen auf dem jeweiligen Auslandsmarkt, sprachliche, psychologische Barrieren usw.

4.3.6. Ohne Marktselektion: Eintritte aus Nachbarländern

Der Eintritt in Nachbarländer ist bspw. bei autonomen Tochtergesellschaften aufgrund ihrer kulturellen Nähe verbreitet (i.S.d. geringen „**Added Cultural Distance**", siehe Abschnitt 3.2.1.), bspw. durch Aufnahme von Exporten in das Nachbarland. Dies ist prinzipiell bspw. bei einer Multinationalen Strategie denkbar, weil hier eine entsprechende Autonomie existiert. Ähnlich wie bei den folgenden Brückenkopfländern dient die Expansion aus Nachbarländern dem Eintritt in das geographisch und kulturell nahe Nachbarland, z.B. Eintritt in Moldawien durch die rumänische Tochter oder in die Ukraine von Polen aus. Letzteres spiegelt länderspezifische Marktengagements wider. Studien zeigen, dass die „Added Cultural Distance" im Hinblick auf diverse internationale Entscheidungen mehr erklärt als die „Cultural Distance" (Hutzschenreuter/Voll/Verbeke 2011). Sie bestimmt die Expansion, die Wahl einer Markteintrittsstrategie oder den Erfolgt eines MNU (Batsakis/Singh 2019; Hendriks/Slangen/Heugens 2018; Hutzschenreuter/Kleindienst/Lange 2014).

Eintritte in Nachbarländer sind auch Ausdruck der schrittweisen Expansion. Behavioristische Erklärungsansätze (siehe Abschnitt 1.4.) werden dazu genutzt, um bspw. bei ersten Internationalisierungsschritten den Eintritt zuerst in Nachbarländer zu erklären (Amal u.a. 2013).

4.3.7. Ohne Marktselektion: Brückenkopfländer und -städte

Eine Entscheidungsgrundlage und zugleich Verbindung zwischen länderspezifischen und -übergreifenden Entscheidungen bilden **Brückenkopfländer** (i.e.S. auch **Referenzländer** als Muster für die Expansion in neue, ähnliche Länder). Ein Brückenkopfland kann als Grundlage für den Eintritt in weitere Märkte oder die Erschließung einer Zielregion dienen. Der erste Fall tritt v.a. dann auf, wenn etwa der weitere Markt klein, weniger attraktiv erscheint und daher vom Brückenkopf aus erschlossen und ggf. bearbeitet wird, v.a., wenn Rahmenbedingungen wirtschaftlich, kulturell etc. vergleichbar sind. Im zweiten Fall nimmt der Brückenkopf für eine Region eine zentrale Position ein. Weitergehend versprechen „Core Locations" Wettbewerbsvorteile für MNU bei der Expansion in andere oder innerhalb eines Landes: Hierbei handelt es sich z.B. um globale Städte, „Economic/political Hubs", ethische Cluster oder Co-Industrien (Asmussen u.a. 2018; McDonald u.a. 2018; Teng/Huang/Pan 2017) mit spezifischem Zugang zu Wissen und Information, Netzwerken oder kritischen Ressourcen und reduzierten Geschäftsrisiken sowie **„Liabilities of Foreignness"**.

Insofern kann die Brückenkopffunktion dadurch charakterisiert werden, dass Erfahrungen des Brückenkopfs bei der Expansion, so schnelle Gründung von Tochtergesellschaften im Land (Hutzschenreuter/Harhoff 2020) und Erschließung weiterer Auslandsmärkte, nutzbar sind. Weitere Begründungen liegen auch in Synergien oder in der Nutzung positiver Rückkopplungen als Entscheidungsgrundlage. Pauschal wird oftmals Ländern wie Dubai, Singapur oder Taiwan eine Brückenkopffunktion für den asiatischen Raum, Polen, Österreich oder Tschechien eine Brückenkopffunktion für den osteuropäischen Raum oder Mexiko eine Brückenkopffunktion für den mittel-/südamerikanischen Raum zugesprochen.

4.3.8. Systematische Selektion: Länderselektionsmodelle

Mit zunehmender Internationalisierung erfolgt der Markteintritt zumeist strategisch geplant, aufbauend auf unternehmerischen Zielen (i.d.R. Wachstum im Ausland), in Situationsanalysen generierten Informationen oder sich öffnenden attraktiven Auslandsmärkten. Die Planungsentscheidungen lösen eine aktive Ländermarktsuche aus. Den Entscheidungsrahmen bilden bspw. Unternehmensgrundsätze oder internationale Strategien ebenso wie Produktstrategien, existierendes internationales Wissen oder kritische Ressourcen sowie die Eintrittsstrategie, weil sich der Eintritt und die vorherige Bewertung von Ländern für direktinvestive vs. exportbasierte Eintritte fundamental unterscheiden. Auf dieser Basis erfolgt eine systematische Selektion zumindest in drei Formen:

- Bewertung/Auswahl eines einzigen Landes
- Länderbewertung/Auswahl eines attraktiven Landes (Elimination)
- Ländervergleiche (Portfolios).

Diese Optionen können anhand der konzeptionellen **Konstruktion geeigneter Länderselektionsmodelle** verdeutlicht werden (siehe Abbildung 4.8). Die darin angedeutete Einbindung in „Pre-decisions" und v.a. die Entscheidungs- bzw. Korrekturfunktion des Managements folgen einer integrativen Sicht. Dies bedeutet erstens, dass die Marktselektion in die Unternehmensplanung eingebunden ist. Zweitens wird dadurch berücksichtigt, dass Selektionsverfahren im Internationalen Marketing Entscheidungshilfen sind, d.h., dass bspw. die „rechnerisch" ermittelte Rangfolge von Ländern gemäß ihrer Attraktivität nur Entscheidungsunterstützend sind, d.h. vom Management bewertet und ggf. in der Rangfolge verändert werden.

Abbildung 4.8: Schritte zur Entwicklung von Länderselektionsmodellen

Pre-decisions (for the model development)	Principles and International Strategies				Decision function MANAGEMENT
	Product line/ product strategy/ lindustry	International knowledge and goals	Critical factors	International mode of entry	
Construction of MS models	(Order of) selection steps	Model function		Choice of selection criteria	
Structural determinants of the model	Aims of the model most attractive country vs. country comparisons	Function of the model market oriented vs. firms oriented		Search strategy for standardized vs. adapted offers	

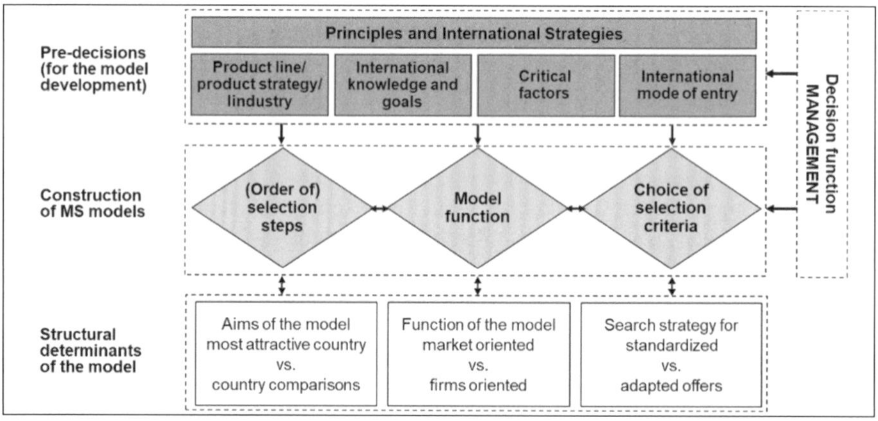

Quelle: I.A.a. Swoboda/Schwarz/Hälsig 2007, S. 262.

Im Zentrum der Konstruktion von Länderselektionsmodellen stehen drei Entscheidungsfelder: Modellfunktion, Abfolge der Selektionsschritte und Auswahl von Selektionskriterien. Diese werden – neben den Vorentscheidungen – von den sog. Strukturdeterminanten des Modells bestimmt, welche exemplarisch in der obigen Abbildung dargestellt sind:

- Der **Funktion eines Marktselektionsmodells** kommt ein Leitcharakter zu, der die Entscheidungsfindung strukturiert, und der von den o.g. Einbindungen der „Pre-decsions" abhängt. Wenn ein Unternehmen bspw. den attraktivsten Markt für einen folgenden Eintritt sucht, erfolgt i.d.R. eine Rangreihung von Ländermärkten. Wenn ein Unternehmen den Vergleich von Ländern anstrebt, erfolgt demgegenüber bspw. die Bewertung bearbeiteter Ländermärkte. Diese Optionen werden auch als **Gruppierungs- oder Filterverfahren** bezeichnet (d.h. die Anzahl in Frage kommender Länder eingrenzen, indem Länder nicht mehr berücksichtig werden, die bestimmte Kriterien nicht erfüllen).
- Die Fragen nach der grundsätzlichen Notwendigkeit und dann der Festlegung von **Selektionsschritten** bilden eine zweite Konstruktionsebene. Bei dem „Funnel-Approach" ist bspw. die Festlegung einer mehrstufigen Struktur üblich: länderübergreifendes, generelles Screening, länderspezifische, tiefer gehende Evaluation und finale Eintrittsentscheidung. Ein einstufiges oder sogar „Ad-hoc"-Vorgehen ist aber auch denkbar.
- Die Wahl der **Selektionskriterien** (Makro-, Meso- und Mikroumfeld) wird von der Funktion eines Selektionsmodells und den Selektionsschritten, aber auch von weiteren Aspekten (z.B. Daten-, Ressourcenverfügbarkeit) bestimmt. Bei dem „Funnel-Approach" werden bspw. zunächst einfach verfügbare Sekundärdaten supranationaler Organisationen wie der WTO für eine Grobselektion genutzt, bevor genauere Faktoren aus dem Mesoumfeld für weniger Länder genutzt werden.

Ähnlich könnten Modelle konstruiert werden, wenn bspw. ein Unternehmen eher marktorientiert agiert, d.h. an Kunden und Wettbewerb orientiert, oder eher unternehmerische (Ressourcen-)Überlegungen den Ansatzpunkt des Modells bilden. Die sog. **Suchstrategie** umfasst die Optionen eines standardisierten bzw. differenzierten Auslandsengagements. Bei **standardisierten (vs. flexiblen) Angebotskonzepten** werden im Extremfall Eintritte nur in geeignete, d.h. die standardisierte Konzeption tragende, Ländermärkte erfolgen, was einer Ländermarktsuche nach dem Grundsatz des „Looking for Similarity" entspricht. Beim flexiblen Angebotskonzept, so im Falle einer Multinationalen oder Transnationalen Strategie, erfolgt die Anpassung an den attraktivsten Markt, der die Basis für die (Wettbewerbs- bzw. Marketing-) Strategie bildet. Weitere Vorgaben sind natürlich denkbar, denn soll bspw. ein Modell nur eine Lücke im Länderportfolio schließen helfen, ist es nur auf ein Land bezogen, und es sind länderspezifisch, detaillierte Faktoren relevant.

Nachfolgend wird v.a. auf die Konstruktionsaspekte und die Determinanten wiederholt Bezug genommen.

Hinzuweisen ist auf die besondere Bedeutung von Gruppierungsverfahren. Ein Beispiel hierfür bildet die Gegenüberstellung der Auswahl neuer Ländermärkte oder der Allokation von Ressourcen in einem bestehenden Länderportfolio (siehe Abschnitt 6.4.). Pauschale **Portfolio-Grunddimensionen** sind Attraktivität und Barrieren, deren Bewertung für verschiedene Länder vorgenommen werden. Hinter diesen Attraktivitäts- und Barrierefaktoren stehen unterschiedliche, zu gewichtende Kriterien (wie z.B. Marktattraktivität, ökonomische Umwelt, Wettbewerbsintensität), die unabhängig voneinander sein sollten. Abgebildet werden können aktuell bearbeitete Märkte und/oder neue Märkte. Ein derartiges Portfolio kann auch als eine Basis zur Identifikation von Optionen der **Marktexpansion und -reduktion** angewandt werden, so zur Ressourcenreallokation über bearbeitete und neue Länder hinweg, mit der Konsequenz der Aufgabe eines Ländermarktes oder der Erschließung eines neuen Marktes. Mit zunehmender Marktabdeckung gewinnt das Ziel der Etablierung bzw. des Ausbaus der Stellung in einem Ländermarkt oder die optimale Ressourcenallokation in einer (Welt-)Region an Bedeutung. Entsprechend verlagert sich auch die Zielsetzung. Bei Unternehmen mit hohem Internationalisierungsgrad wird das bestehende Länderportfolio hinsichtlich der Absatzchancen, i.S. einer marketingzentrierten Führung, betrachtet. Letzteres ist mit Länderportfolien und der generellen Länderbewertung verbunden, umfasst aber nicht nur Neueintritte oder generelle Länderbewertungen, sondern die Bewertung gegenwärtiger und erwarteter Entwicklung einzelner **Produkt-Markt-Bereiche**, d.h. SGE in den Ländern eines Portfolios (Abbildung 4.9 deutet dieses an).

Abbildung 4.9: Länderübergreifende Produkt-Markt-Bereiche

4.4. Besonderheiten des Marktaustritts und der Re-Nationalisierung

4.4.1. Systematisierung der Entscheidungsoptionen

Häufig sind **Austritte aus Auslandsmärkten** zu beobachten, was mit zunehmender Internationalisierung zu erwarten ist. Forschungserkenntnisse bzgl. der Expansion sind enorm, bzgl. **Marktaustritt** oder **Divestments** jedoch relativ gering. Der Wissensbedarf ist aber groß, da viele Marktaustritte reaktiv bzw. überraschend erfolgen und ein weiterer Teil nach einer „**Underperformance**". Folgende Ansatzpunkte zum Thema sind hervorzuheben.

In einer der ersten Studien zum Thema werden zwei Sachverhalte als Ansatzpunkt genannt (Benito/Welch 1997, S. 9):

- der Extremfall des vollständigen Rückzugs aus internationalen Märkten, d.h. eine **Re-Nationalisierung** und
- der häufigere Fall einer partiellen oder vollständigen **De-Internationalisierung** bezogen auf einen Ländermarkt mit einer Reihe denkbarer Varianten, z.B.
  - (graduelle) Zurücknahme der Marktbearbeitungsaktivitäten, Restrukturierung bis hin zum Rückzug aus einem bestimmten Markt,
  - Schließung ausländischer Vertriebs- oder Produktionsniederlassungen, Reduzierung der Eigentumsrechte an einer Beteiligung oder Wandel zu Betätigungsformen mit einem geringeren Marktcommitment,
  - Rückzug aus einem bestimmten Markt infolge der Übernahme durch Konkurrenten, Enteignung durch eine Auslandsregierung usw.

Allgemeiner wird von Divestments gesprochen und darunter „**Adjustments**", „**Failures**" und „**Results of Restructuring**" subsummiert, oder es werden Gründe für Divestments benannt (Benito 2005, S. 242; Swoboda/Olejnik/Morschett 2011):

- **Proaktive (vs. reaktive) Entscheidungen** zum Austritt oder zur Reduktion von Aktivitäten fußen auf Bewertungen des Umfeldes durch das Management, z.B.:
  - Die zukünftigen externen Marktbedingungen werden verändert eingeschätzt.
  - Aus interner Sicht ändert sich das relative Gewicht des Marktes im Länderportfolio, so im Zuge eines Strategiewandels oder einer veränderten Ressourcenallokation.
  - Ein neues Management verfolgt neue Visionen oder Ideen.
- **Failure** beschreibt einen (ungeplanten) Misserfolg („**Underperformance**"), der sich in operativen Verlusten in einem Land niederschlägt. Aus strategischer Perspektive bestehen für Unternehmen folgende Optionen:
  - (temporäre) Verluste akzeptieren und nichts tun
  - Investition erweitern oder operative Veränderungen vornehmen
  - sich aus dem Markt zurückziehen („**Divestment**").
- „**Results of Restructuring**" meint einen Prozess der Ressourcen-Reallokation, so:
  - Verringerung bzw. Anpassung der Marktpräsenz, wie Schließung von Niederlassungen im Markt („**Closure or Adjustments**")
  - organisationale Restrukturierung durch den Wandel von Ressourcen und Aktivitäten, so Betätigungsform, Marktbearbeitung usw. („**Organisational Restructuring**")
  - Verlassen des Marktes („**Exit**"), d.h. totaler Rückzug mit Aufgabe der Marktpräsenz.

Divestments werden verstanden als Liquidation/Verkauf von Auslandsgesellschaften (Schmid/Morschett 2020). Abbildung 4.10 zeigt ausgewählte Studien hierzu, gegliedert nach länderspezifischen oder länderübergreifenden **Desinvestitionen**.

Abbildung 4.10: Ausgewählte Studien zur Divestments

Autor(en)	Gegenstand	Th./Emp. Basis	Ergebnisse
Länderspezifisch			
Jiang/ Beamish/ Makino 2014	Auswirkungen von Schnelligkeit der Etablierung von Tochtergesellschaften und Erfolg/Überleben in einem Land	Ressourcenansatz, Uppsala/ Sekundärdaten 3.416 Tochtergesellschaften 1578 JAP MNU in China 1980-2001, Regression	▪ Geringe Geschwindigkeit des Eintritts von Tochtergesellschaften reduziert das Austrittsrisiko bzw. erhöht die Überlebensrate; dieser Effekt ist unabhängig vom Timing. ▪ „Time Compression Diseconomies" wirkt stärker bei früh eingetretenen Tochtergesellschaften (Early Mover). ▪ Bei frühem Markteintritt senkt die schnelle Etablierung weiterer Niederlassungen die Profitabilität; beim späten Eintritt erhöht die Schnelligkeit die Gewinnwahrscheinlichkeit.
Li/Liu 2015	Ursachen für Desinvestitionen in China	Keine/Sekundärdaten >20.000 Tochtergesellschaften in China 2006, logistische Regression	▪ "Subsidiaries Profitability, Subsidiaries Sales, Subsidiaries Fixed Capitals, Subsidiaries Operating Periods and Total Assets" wirken negativ auf die Wahrscheinlichkeit der Divestments. ▪ "Subsidiaries Debts" steigern die Wahrscheinlichkeit der Divestments.
Soule/ Swaminathan/ Tihanyi 2014	Effekt von Heimatlandcharakteristika und Verhalten anderer Firmen auf die Desinvestition in Burma	Diffusionstheorie/ Sekundärdaten 449 Firmen aus 32 Ländern mit Niederlassung in Burma 1996-2002, Regression	▪ „Protest Activity in Home Country and Level of Transparency in Home Country" wirken positiv auf die Desinvestitionen in Burma, während "Home Country's Level of Political Freedom" keinen signifikanten Effekt haben. ▪ "Home Country Centrality in Social Networks" stärkt die Anfälligkeit für Desinvestitionen anderer Firmen, während „Economic Networks" die Anfälligkeit für Desinvestitionen anderer Firmen senkt.
Zhong u.a. 2019	Politikwechsel als Treiber von „Failures" und Produktivität	Institutionelle Theorie/Sekundärdaten 78.537 Tochtergesellschaften in China 1998-2007, Logit	▪ „Party Secretary Turnover" zeigt positiven Effekt auf die „Failures" von Tochtergesellschaften. ▪ Moderatoren: Lokale Promotionsaktivitäten, starke lokale institutionelle Entwicklung schwächen diesen Effekt ab, während Joint Ventures keine Moderationswirkung haben.
Länderübergreifend			
Berry 2013	Moderatoren der Beziehung zwischen Erfolg und Divestments	Keine/Sekundärdaten 12.430 Gesellschaften von 759 US MNU in 68 Ländern 1989-2004, Hazard	▪ Firmen tendieren weniger dazu unerfolgreiche Niederlassungen zu schließen in stark wachsenden Ländermärkten und wenn hohe „Sunk Costs" vorliegen. ▪ Dies gilt nicht für politische Stabilität des Gastlandes. ▪ Austritt ist wahrscheinlicher bei geringeren Investments, bei geographisch entfernten Ländern, bei jungen Niederlassungen und solchen mit „redundanten" Aktivitäten.
Gaur u.a. 2019	Bedeutung diverser Moderatoren der Beziehung von Umsatz/Einsatz von Expatriates und Überleben von Tochtergesellschaften	Internalisierungstheorie/Sekundärdaten 6.170 Tochtergesellschaften von 292 MNU aus KOR in 63 Ländern 1995-2013, Hierarchische logistische Regression	▪ Ebene Tochtergesellschaften: Größe, Werbeintensität, Alter, Humankapitalintensität bedingen Exit der Tochtergesellschaft negativ; Gastland: Erfahrung wirkt negativ und kulturelle Distanz, GDP/Kopf positiv; Muttergesellschaft: Größe, Alter, Profitabilität wirken negativ. ▪ Hauptbeziehung: Umsatzgröße und Expatriates-Einsatz bedingt das Überleben der Tochtergesellschaften positiv ▪ Hauptbeziehung z.B. negativ moderiert/reduziert durch Gastmarktinstitutionen, positiv moderiert durch Muttergesellschaftsumsatz; hinzu kommen diverse Interaktionen.
Schmid/ Morschett 2020	Statistisch signifikante Treiber von Divestments auf Basis aller verfügbaren Studien	Multiply theories/ Metaanalyse von 45 Quellen mit 236 Korrelationen; Hedges-Olkin Metaanalyse	▪ Divestment-Wsk. steigt: Subsidiary product unrelatedness Subsidiary entry mode with M&A (vs. Greenfield). ▪ Wahrscheinlichkeit sinkt: Parent R&D intensity, Parent advertising intensity, Parent and Subsidiary financial performance, Subsidiary product unrelatedness, Subsidiary entry mode WOS vs. IJV, Subsidiary ownership level, Host country economic growth.
Sousa/Tan 2015	Determinanten von Austritten von Tochtergesellschaften	Kontingenztheorie/Primärdaten 368 Befragungen von 184 Firmen aus China, Logistische Regression	▪ Hoher lokaler Erfolg, „Strategic Fit" von Auslandseinheit und MNU senken die Wahrscheinlichkeit eines Austritts. ▪ Kulturelle Distanz mildert die Beziehung von lokalem Erfolg und Austritt; variiert aber U-förmig abhängig vom Niveau der internationalen Erfahrung. ▪ Größe, staatliche Unterstützung, Alter der Auslandseinheit wirken positiv, organisatorische Lücken und Produktlebenszyklusphasen negativ auf Austritte.

In den Studien werden meist sekundärdatenbasiert die Gründe für Desinvestitionen, „Failures" oder auch das Überleben von Tochtergesellschaften (auch als eine Ausprägung des Erfolges MNU) untersucht. Diese liegen auf der Ebene der Tochtergesellschaft (in einem Land, so deren Größe, Alter, Humankapital, und länderübergreifend, so Erfahrung, Attraktivität oder Distanz) und der Muttergesellschaft (so Alter, Profitabilität, Gaur u.a. 2019).

Nachfolgend werden länderspezifische und -übergreifende Marktaustritte und Divestments behandelt, insb. deren interne/externe Determinanten und die Folgen bzw. denkbare Barrieren sowie kurz die sog. De-Internationalisierung bzw. Re-Nationalisierung.

4.4.2. Länderspezifische und -übergreifende Marktaustritte und Divestments

Steht der vollständige Austritt (**Exit**) im Vordergrund, dann kann dieser zunächst auf der Ebene einzelner Branchen beobachtet werden. In Europa von einem Austritt betroffene und ehemals große Branchen sind bekannt, so Textilindustrie, Unterhaltungselektronik oder Handyproduktion. **Gründe für die Reduktion des Engagements** in einem Markt können nach externen und internen Faktoren unterschieden werden. Detaillierter – in Analogie zu Betätigungsformen in Abschnitt 9.4.2. – kann folgende Systematik der Einflussfaktoren angeführt werden (Calof/Beamish 1995; Swoboda/Olejnik/Morschett 2011):

- Wandel bzw. Veränderungen der Einstellungen bzw. des „Foreign Commitment" des Managements (1).
- Wandel bzw. Veränderungen im Unternehmen, so Strategiewandel (z.B. Produkt-Markt-/Wettbewerbsstrategie) (2), ressourcenbezogene Entscheidungen (3), neues Management, das neue Ideen vertritt (4).
- Wandel bzw. Veränderungen im unternehmensexternen Umfeld, so im Makroumfeld (politisch-rechtliche, sozioökonomische, technische Entwicklung) (5) oder im Wettbewerbsumfeld (Kunden, Konkurrenz) (6).
- Wandel bzw. Veränderungen in der Performance, und zwar im Gastland oder in anderen Märkten (7).

Die Gründe müssen nicht unabhängig voneinander sein, zumal eine Umfeldentwicklung auf die unternehmensinterne Ebene wirkt, und umgekehrt etwa ein Wechsel des Managements zum Wandel der Strategien, der Bewertung des Wettbewerbsumfeldes usw. führen kann. Sie können aber mit einem weitergehenden Modell des Wandels in Absatzmärkten verbunden werden. In Abbildung 4.11 werden fünf Determinanten dargestellt, die über Managemententscheidungen und über Zustandsgrößen (Mediatoren) zum eigentlich betrachteten Wandel führen, so der Reduktion des Marktengagements oder der Betätigungsform. Dies ist insofern sinnvoll, weil MNU den Prozess der Desinvestition zu organisieren haben, um nachfolgend – d.h. nach dem Rückzug – erfolgreich sein zu können und zwar sowohl in anderen Auslandsmärkten als auch im Heimatmarkt. Einen entsprechenden Prozess skizzieren Cairns u.a. (2008), indem sie vier konsekutive Phasen hervorheben:

- Phase 1: Desinvestitionsentscheidung und deren Gründe, wie bereits behandelt.
- Phase 2: Herausforderung während des Austrittsprozesses, wozu u.a. die Ankündigungen des Austritts (ggü. Mitarbeitern, Geschäftspartnern etc.), die zeitliche Ablaufplanung oder der Umsetzungsprozess i.e.S. gehören.
- Phase 3: Einschätzung, ob der Austritt Auswirkungen auf die strategische Ausrichtung des MNU hat.
- Phase 4: Strategische Maßnahmen, mit denen ein MNU auf die Desinvestition reagiert, im Heimatmarkt (z.B. Neudefinition der Werte, Kernprodukte) oder international (z.B. Restrukturierung der Auslandsorganisationen, Länderbewertungen).

Abbildung 4.11: Modell des internationalen Wandels

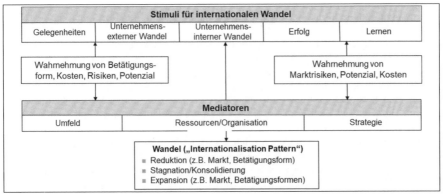

Quelle: I.A.a. Calof/Beamish 1995, S. 126; Swoboda/Olejnik/Morschett 2011, S. 578ff.

Schmid/Morschett 2020 haben auf Basis der 142 Studien zu **Divestments** (Liquidation/ Veräußerung von Auslandsniederlassungen) die Bedeutung unterschiedlicher Treiber für diese Entscheidung in einer Meta-Analyse untersucht. Abbildung 4.12 zeigt die ausgewählten theoretischen Ansätze, deren Hauptaussage bzgl. der Entscheidung und die empirisch genutzten Indikatoren. Nur zehn der 22 Indikatoren zeigen über alle Studien einen konsistent positiven bzw. negativen Einfluss auf diese Entscheidung, v.a. basierend auf dem „Resource-based-View", der Transaktionskostentheorie und der Institutionentheorie, während die Bedeutung weiterer Theorien limitiert ist (siehe Abschnitt 1.4.). Hervorgehoben wird, dass die meisten signifikanten Indikatoren auf der Ebene der Tochtergesellschaft verortet sind, nicht auf der Ebene der Muttergesellschaft oder der Makroumwelt. Allerdings hängt die Güte einer Meta-Analyse v.a. von den bisherigen empirischen Ergebnissen ab, und da diese oft Sekundärdaten nutzen, ist bspw. das Mesoumfeld in den Indikatoren unterrepräsentiert und auch die subjektiven Managementüberlegungen.

Die **Folgen eines vollständigen oder partiellen Austritts** aus einem Auslandsmarkt können vielfältig sein. Sie können sich intern in ökonomischen Ergebnissen (bzgl. des Marktes und des Gesamtunternehmens), in den Strukturen und Prozessen des Unternehmens usw. auswirken. Externe Effekte können ausstrahlen in Richtung des Ländermarktes, i.S. von Rückkopplungen auf andere Ländermärkte, die Branche, die Stake- und Shareholder usw. Zu verweisen ist darauf, dass Marktaustritte möglicherweise auch verhindert oder wesentlich beeinträchtigt werden. Drei Gruppen von **Austrittsbarrieren** für Unternehmen nennen Nargundkar/Karakaya/Stahl (1996, S. 242f.):

- **Ökonomische Barrieren** können in „Asset Durability", in der Kapitalintensität der Engagements in den Märkten, in kontraktmäßigen Bindungen oder in den besonders zu beachtenden „Sunk Costs" liegen.
- **Strategische Barrieren** sind u.a. eine enge vertikale Integration (vorwärts wie rückwärts), eine hohe Kunden- und Lieferantenmacht, oder wenn im Anschluss an einen partiellen Austritt ein operativer und marketingorientierter Fit zwischen den verbliebenen Unternehmenseinheiten nicht mehr besteht.
- **Managementorientierte Barrieren** können in einer persönlichen Betroffenheit, in wahrgenommenen negativen Imageeffekten und Entschädigungsansprüchen liegen.

Greift man bedeutende „**Sunk Costs**" exemplarisch auf, dann resultieren diese aus dem Fakt, dass, um auf einem Markt agieren und wettbewerbsfähig bleiben zu können, Kosten anfallen. Entscheidet ein MNU nun, aus einem Markt auszutreten, so können bestimmte Investitionen wieder ausgeglichen werden, indem etwa an Konkurrenten veräußert wird, andere wiederum nicht, woraus vielfach ausgeprägte „Sunk Costs" entstehen (können).[1]

> „Sunk Costs" (versunkene Kosten) meint den Teil der Kosten, der sich aus den Ist-Kosten vergangener Perioden zusammensetzt, wie Kosten der Markterschließung oder Produktentwicklung, und der beim Marktaustritt ersichtlich wird.

Grundsätzlich können tangible und intangible „Sunk Costs" unterschieden werden, oder externe „Sunk Costs", die für alle im Markt eintretenden Unternehmen und interne „Sunk Costs", die jeweils spezifisch bzgl. der Stimulierung der Kundennachfrage anfallen. Beispiele sind fixes Kapital mit spezifischer Verwendung, Know-how in der Produktion, Marktbedingungen, Beschäftigungsverhältnisse, Werbeausgaben, Marktforschung, F&E, Über-/Unterauslastung von Maschinen und Infrastruktur. Yamakawa/Cardon (2017) zeigen, dass „Sunk Costs" den Austritt auch verschieben können, neben finanziellen Investitionen als weitere ökonomische Barriere und der durch ein Unternehmen investierten Zeit, i.S. einer persönlichen Betroffenheit bzw. Managementbarriere.

Abbildung 4.12: Ausgewählte theoretische Argumente und Indikatoren für Divestments

Theory	Rationale for Froeign Subsidiary Divestment	Variables (Theoretical Effects)
Resource-based View	■ Financial and non-financial resources create competitive advantages and protect foreign subsidiaries from divestment	■ Parent firm size (-) ■ **Parent R&D intensity (-)** ■ **Parent advertising intensity (-)** ■ **Parent firm financial performance (-)** ■ Subsidiary size (-) ■ Subsidiary age (+/-) ■ **Subsidiary financial performance (-)** ■ Parent firm geographical diversification (-)
Knowledg-Based-View	■ Knowledge protects foreign subsidiaries from divestment ■ The knowledge transfer from the MNC to a subsidiary is less effective in unfamiliar business fields	■ **Subsidiary product un-relatedness (+)** ■ Host country cultural distance (+)
Organizational Learning	■ Over time, foreign subsidiaries acquire relevant knowledge that lowers their liability of foreignness and thereby protects them from divestment	■ **Parent firm host country specific international experience (-)** ■ Parent firm general international experience (-)
Transaction Cost Theory	■ Foreign subsidiaries are subjected to different degrees of transaction costs depending on their entry mode and ownership levels. Uncertainty and other characteristics of foreign markets increase the costs of less internalized transactions relative to higher levels of vertical integration	■ Subsidiary age (-) ■ **Subsidiary entry mode WOS vs. IJV (-)** ■ **Subsidiary entry mode M&A vs. Greenfield (+)** ■ **Subsidiary ownership level (-)**
Institutional Theory	■ nstitutional characteristics of the host country are relevant and subsidiaries face important information processing and adaptation challenges in countries with important cultural and institutional differences ■ Foreign subsidiaries that have gained local legitimacy and are embedded in the local environment can minimize these challenges	■ Parent firm host country specific International experience (-) ■ Subsidiary age (-) ■ **Host country risk (+)** ■ Host country cultural distance (+) ■ **Host country economic growth (-)**

Note: **Bold**=Significant, (+) Positive and (-) Negative Effects.
Quelle: I.A.a. Schmid/Morschett 2020.

---

[1] Sunk Costs sind auch für Exporte und Markteintritte relevant (Padmaja/Sasidharan 2017).

4.4.3. De-Internationalisierung und Re-Nationalisierung

Neben Austritten aus einzelnen Ländermärkten sind auch (parallele) Austritte aus mehreren Ländern bis hin zu einer Re-Nationalisierung, also einem vollständigen Rückzug aus allen bearbeiteten Auslandsmärkten, relevant.

Benito/Welch (1997) modellieren die vollständige und partielle „**De-Internationalization**" in Abhängigkeit vom internationalen „**Commitment**" (siehe Abbildung 4.13). Wenngleich diese Betrachtungsweise vergleichsweise eng ist (die o.g. Gründe für Divestments könnten auch hier relevant sein), kann verdeutlicht werden, dass bei einem „Novice Exporteur" und einem geringen internationalen „Commitment" die Wahrscheinlichkeit der „De-Internationalization" hoch ist, sodann mit zunehmendem „Commitment" sinkt und schließlich mit hohem Niveau steigt (siehe auch zu den sog. Born-again Globals Abschnitt 7.4.2.). Zu begründen sind Rückzüge u.a. mit der zunehmenden Anzahl von bearbeiteten Ländern und Niederlassungen im Ausland, was die Wahrscheinlichkeit von „**Failures**" und zugleich die Flexibilität zur Re-Allokation steigert oder das „Commitment" zu Ländern sinken lässt. Ferner sind vielfache Formen des vollständigen und partiellen Rückzugs aus Auslandsmärkten abgrenzbar (Sort/Turcan 2019), ebenso wie die der „Reverse Internationalization" (Gnizy/Shoham 2018).

Abbildung 4.13: „Commitment and De-Internationalization"

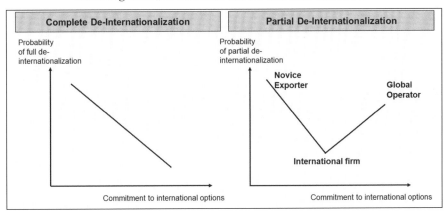

Quelle: Benito/Welch 1997, S. 17f.

Grundsätzlich sind die Ausführungen zu den Determinanten und Folgeabschätzungen der länderspezifischen und -übergreifenden Divestments für die De-Internationalisierung nutzbar. Letztere hat aber das gesamte Unternehmen im Fokus, bspw. bei MNU im Zuge von Länderportfoliobereinigung(en). In absatzseitigen **Portfolio-Betrachtungen** von Produkt-Markt-Bereichen oder nur von Ländern wird selten die hier interessierende internationale Reduktion von Absatzmärkten von Unternehmen behandelt. Betrachtungen von Reduktionen auf der Ebene von Betätigungsformen oder Bearbeitungsoptionen in einzelnen, weniger attraktiven oder mit hohen Marktrisiken behafteten Ländern liegen nahe. Auch hier könnte bspw. eine proaktive, auf Bewertungen des Managements basierende, und eine eher reaktive, so auf „Failures" fußende Betrachtung angeführt werden (zu weiteren Sichtweisen bspw. Trąpczyński 2016).

Eine **vollständige Re-Nationalisierung** wird v.a. bei einem niedrigen „Commitment" gesehen, d.h. in den ersten Phasen der Internationalisierung. Diesbezüglich sind zwei Ausprägungen besonders relevant, so

- vollständiger Rückzug des Unternehmens (Gesamtunternehmensbetrachtung) oder
- vollständiger Rückzug einzelner SGF bzw. SGE (Teilunternehmensbetrachtung)

aus allen internationalen Märkten, d.h. Konzentration auf den Heimatmarkt. Fallbetrachtungen unterstützen die Vermutung, dass eine Re-Nationalisierung bspw. mit einer kompletten Veräußerung von SGF bzw. SGE einhergehen kann. Ebenso nahe liegt eine eher **revolutionäre Begründung des Wandels**, die etwa bei Unternehmen in finanziellen Problemen im Heimatmarkt begründet liegen kann. Dies kann zur abrupten Aufgabe von Auslandsaktivitäten und zur weitgehenden Re-Nationalisierung führen. Die unternehmensinternen Konsequenzen von vollständigen Marktaustritten in MNU betreffen Änderungen von **Strukturen**, **Prozessen** und **Unternehmenskultur** in den Unternehmen, wenngleich diese nicht vollständig re-nationalisiert werden, und das Managementcommitment nicht voll auf null sinkt. Onkelinx/Manolova/Edelman (2016) zeigen für exportierende KMU, "that firms that stop exporting have lower profitability and profitability declines even further after they exit foreign markets. Firms that were highly dependent on revenues from exports and firms exiting multiple markets are more negatively affected, as reflected in lower post-exit survival rates and profitability". Allerdings führt eine nicht erfolgreiche Internationalisierung nicht zu einem völligen Scheitern des Unternehmens.

5. Integrale Marktsegmentierung

5.1. Systematisierung der Entscheidungsoptionen

Mit der integralen Marktsegmentierung wird der grundlegenden normativen Perspektive im Internationalen Marketing entsprochen, dass jeder Unternehmensaktivität eine Analyse der Kundenbedürfnisse und -wünsche vorausgehen sollte. Auch im internationalen Kontext ist es häufig der Fall, dass sich unterschiedliche (aktuelle und/oder potentielle) Zielgruppen von Unternehmen hinsichtlich ihrer kaufverhaltensrelevanten Merkmale deutlich unterscheiden. Um den Bedürfnissen und Charakteristika der unterschiedlichen Zielgruppen entsprechen zu können, kann eine differenzierte Marktbearbeitung sinnvoll sein. Auf diese Weise kann heterogenen Bedürfniskonstellationen besser entsprochen werden. Der Identifikation und systematischen Bearbeitung solcher Nachfragergruppen dient die Marktsegmentierung. Generell versteht man darunter die „Aufteilung eines Gesamtmarktes in bzgl. ihrer Marktreaktion intern homogene und untereinander heterogene Untergruppen (Marktsegmente) sowie die Bearbeitung eines oder mehrerer dieser Marktsegmente" (Meffert u.a. 2019, S. 215). Aus der potenziellen Vielzahl bestehender Marktsegmente müssen nicht alle identifizierten Nachfragergruppen zwangsläufig auch adressiert werden, sondern im Rahmen von Selektionsverfahren erfolgt die Auswahl attraktiver Zielsegmente, auf die sich die Marktbearbeitung bezieht.

Im internationalen Kontext steht die Betrachtung internationaler Zielgruppen im Vordergrund. Die Besonderheit der **integralen Marktsegmentierung** liegt darin, dass nicht nach Länderspezifika selektiert wird, und die Betrachtungsebene auch nicht innerhalb von Ländermärkten ansetzt, sondern ein länderübergreifender Ansatz verfolgt wird. Die Identifikation von Marktsegmenten erfolgt entweder global oder über mehrere Ländermärkte oder -regionen hinweg. Aus diesem Grund wird diese Form der internationalen Marktsegmentierung auch als Cross-Country-Segmentierung bezeichnet:

> Unter einer integralen oder **Cross-Country-Marktsegmentierung** versteht man einen Marktsegmentierungsansatz, bei dem eine länderübergreifende Segmentierung der Kunden über mehrere oder alle Ländergrenzen hinweg vorgenommen wird.

Die Segmentierung erfolgt potenziell in einer simultanen und direkten Form, bei der sämtliche relevanten Marktteilnehmer im Rahmen eines Segmentierungsschrittes – über alle betrachteten Ländermärkte hinweg – auf der Basis vorher festgelegter Segmentierungskriterien erfasst und dann bearbeitet werden.

Die integrale Marktsegmentierung folgt einer globalen bzw. einer übergreifenden Perspektive und fokussiert auf Nachfragermerkmale, unabhängig davon, welchem geographischen Standort bzw. Herkunfts- oder Residenzort sie zugeordnet sind. Im Vordergrund steht die **länderübergreifende Identifikation** von Ähnlichkeiten bzw. Gemeinsamkeiten der Zielgruppen (Berndt/Fanatapié-Altobelli/Sander 2020, S. 145). Dies korrespondiert mit globalen oder transnationalen Grundorientierungen von Unternehmen (siehe Abschnitt 2.2.), mit der Betrachtung von Zielgruppen und nicht spezifischen Ländermärkten. Eine solche Form der internationalen Marktsegmentierung, die auf Zielgruppenmerkmalen, unabhängig von ihrer Nationalität bzw. ihren Residenzorten ausgerichtet ist, erhöht die Effektivität von Marketingstrategien stark. Im Extremfall erfolgt eine integrale Segmentierung unter Betrachtung des gesamten Weltmarkts. Sie kann aber auch abgestufter auf einzelne Regionen bezogen werden, wie z.B. auf Südostasien, Mittelamerika oder Europa.

Grundsätzliches Ziel ist es, länderübergreifende Kundensegmente zu finden (**Cross-National oder Cross-Cultural Groups**), die in sich möglichst homogen (z.B. hinsichtlich der Bedürfnisse, Präferenzen, Verhaltensreaktionen auf absatzpolitische Aktivitäten usw.) sind („**Intra-Homogenität**"), im Vergleich zu anderen Segmenten hingegen möglichst heterogen sind („**Inter-Heterogenität**"). Die Kunden mit gleichem Kauf- und Verwendungsverhalten in unterschiedlichen Ländern bilden dann den Ansatzpunkt der internationalen Aktivitäten. Bestehen nämlich bei grenzüberschreitenden Marktaktivitäten ähnliche oder gleiche Kundensegmente in mehreren Ländern, so bietet dies die Möglichkeit eines länderübergreifend (weitgehend) standardisierten Auftretens. **Homogene Kundensegmente** sind eine Grundlage für den Einsatz regional bzw. global standardisierter Marketingstrategien. Bei der integralen Marktsegmentierung ergibt sich dabei die Besonderheit, dass die Nachfrager, die den jeweiligen länderübergreifend gebildeten Segmenten zugeordnet sind, sich international bzw. länderübergreifend mit Blick auf die zugrunde gelegten Segmentierungskriterien untereinander ähnlicher sind als die unterschiedlichen Segmente innerhalb eines jeweiligen Landes.

Häufig werden vornehmlich zwei **Zielgruppen** im Rahmen der integralen Marktsegmentierung und -selektion unterschieden:

- Konsumenten, die über Ländergrenzen hinweg betrachtet werden (B2C-Betrachtung),
- gewerbliche Verwender, wie z.B. Industrie-, Dienstleistungs- oder Handelsunternehmen (B2B-Betrachtung).

Denkbar sind auch weitere spezifische Kundengruppen, wie z.B. öffentliche Institutionen. Die Segmentierung muss dabei jedoch nicht zwangsläufig auf eine dieser Gruppen begrenzt werden, sondern es sind auch Segmentierungsansätze denkbar, bei denen bspw. sowohl Endverbraucher als auch gewerbliche Kunden gleichzeitig betrachtet werden.

Für die integrale Marktsegmentierung müssen Kriterien existieren, welche die Zerlegung eines Marktes nach bestimmten Gesichtspunkten (Disaggregation) oder den Aufbau eines Teilmarktes erlauben. Diese Marktsegmentierungskriterien müssen somit einen Bezug zur Marktbearbeitung aufweisen, und sie müssen länderübergreifend reliabel und valide messbar sein. Weitere **Voraussetzungen** jeder Segmentierung sind, wie im nationalen Marketing, zudem insb. die folgenden Aspekte (siehe z.B. Grunert 2019):

- Kaufverhaltensrelevanz: Die Kriterien, die zur Cross-Country-Segmentierung verwendet werden, müssen geeignet sein, um das Kaufverhalten zu prognostizieren.
- Identifizierbarkeit: Der Gesamtmarkt muss definierbar sein, und die Segmente müssen anhand der vorliegenden Kriterien voneinander unterschieden werden können.
- Substanzialität und Wirtschaftlichkeit: Die Segmente müssen groß genug sein, um die ihnen zugedachte Aufmerksamkeit zu verdienen, und es muss möglich sein, die Teilmärkte mit (auch differenziertem) Instrumentaleinsatz (wirtschaftlich) zu bearbeiten.
- Erreichbarkeit: Die Segmente müssen über einzelne bzw. eine Kombination von Medien erreicht werden können.
- Stabilität: Die Segmente müssen über die Zeit hinweg stabil sein. Zudem müssen die verwendeten Messkriterien zeitlich stabil sein.
- Reaktionsfähigkeit: Die Nachfrager sollen auf die Marketingparameter in homogener Weise innerhalb und in heterogener Weise über die Segmente hinweg reagieren.
- Handlungsfähigkeit: Die verwendeten Instrumente und resultierenden Segmente müssen die Möglichkeiten nahelegen, die Segmente durch eine bestimmte Art des Marketing-Mix anzusprechen.

Der Prozessablauf einer Cross-Country-Segmentierung ist in Abbildung 5.1 dargestellt.

Abbildung 5.1: Cross-Country-Segmentierung im Kontext des Managementprozesses

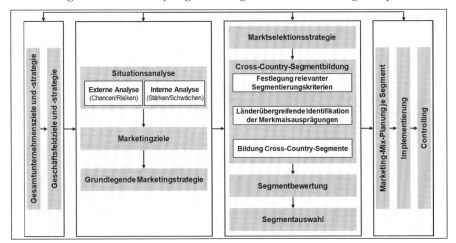

Unabhängig davon, welche Art von Nachfragern betrachtet wird, ist die **grundlegende Vorgehensweise zur Segmentbildung** bei der integralen Marktsegmentierung durch die folgenden Schritte gekennzeichnet (Berndt/Fanatapié-Altobelli/Sander 2020, S. 146):

- Im ersten Schritt erfolgt die Festlegung der relevanten **Segmentierungskriterien**.
- Im zweiten Schritt erfolgt die Identifikation bzw. Feststellung der **Merkmalsausprägungen** in den internationalen Märkten.
- Der dritte Schritt besteht in der Bildung der **Cross-Country-Segmente**, in denen homogene Nachfragergruppen zusammengefasst werden, unter Anwendung geeigneter Verfahren wie Clusteranalysen oder latenter Klassenanalysen (Van Rosmalen/Van Herk/Groenen 2010).

Im Rahmen von Segmentierungsstrategien geht es jedoch nicht nur um die Abgrenzung von Marktsegmenten, sondern es sind geeignete Segmente für die Marktbearbeitung auszuwählen, und das für diese jeweiligen Segmente optimale, differenzierte Marketing-Mix-Instrumentarium ist festzulegen.

An die Bildung der **Cross-Country-Segmente** schließt sich daher im Rahmen der integralen Marktsegmentierung die Analyse der identifizierten Segmente auf weitere Merkmale an. Das können z.B. Merkmale wie die Größe des Segments, das erwartete Wachstum dieses Segments, Kauffrequenzen, Preiselastizitäten u.Ä. sein. Diese weiteren Analysen dienen v.a. dazu, abzuschätzen, inwieweit potentielle Marktsegmente attraktiv bzw. profitabel für das Unternehmen sein könnten, welche Risiken mit Blick auf die Segmente bestehen, oder inwieweit die Bearbeitung dieser Marktsegmente mit den Zielen des Unternehmens korrespondieren. Entsprechend der daraus abgeleiteten Einschätzung erfolgt dann die Auswahl der Zielsegmente, die dann im Rahmen der Marktbearbeitung mit einem auf die jeweiligen Charakteristika der Segmente abgestimmten Marketing-Mix-Instrumentarium adressiert werden.

Nachfolgend liegt der Fokus v.a. auf der Segmentbildung, und es werden die Segmentierungsoptionen von Konsumenten in Massenmärkten und von gewerblichen Kunden in B2B-Märkten behandelt. Abbildung 5.2 gibt einen Überblick über aktuelle Studien zur länderübergreifenden Marktsegmentierung in B2B- und B2C-Märkten.

Abbildung 5.2: Ausgewählte Studien zur Integralen Marktsegmentierung

Autor(en)	Gegenstand	Th./Emp. Basis	Ergebnisse
B2C-Studien			
Lockshin/ Cohen 2011	Segmentation of international markets by the means of product attributes and retail display information	Discrete choice/ N=2.744 consumers, eleven countries, Latent Gold clustering	■ 13 items lead to three segments: Cognitive based, assurance-based and promotion based decision makers. ■ Cognitive cues (emphasize product attributes) represent biggest segment, followed by assurance cues. ■ In-store cues (use displays and attractive labels for decision making) represent the smallest segment.
Grunert 2019	International segmentation in food markets	None/Conceptual	■ International segmentation should follows criteria: (1) Theoretically linked, (2) incorporating reaction to marketing efforts, (3) validation, (4) test for cross-cultural validity. ■ Proposed: (1) Segmentation based on product benefits, (2) on means-end chains, (3) food-related lifestyle instrument. (1-2) only product focused, (3) with more factors.
Kim/Park 2020	Korean culture as basis for segmentation/decisions behavior to Korea	--/ N=2.414 consumers, five ASEAN countries, hierarchical clustering	■ Six segments acc. to experiences/emotions to Korean Wave ■ Use of Korean culture, watching/listening to Korean drama and K-pop differ between the clusters across borders. ■ Quality value of Korean nonfood product differ in clusters.
Prince u.a. 2020	Facets of an individual's personal and role identities: personal values, moral foundations and gender role identities	Attitude and value theories; moral foundation theory/ N=1010 consumers, five countries, latent factor analysis, SEM	■ Consumers' personal values, moral foundations and role identities behavior. ■ Personal values act as precursors to consumer orientations ■ Four cross-national segments identified: disengaged, parochial, worldly, dialectical. ■ Better understanding of the identity-based attitudes and behaviors fosters more durable market segmentation.
Schlager/ Maas 2013	Consumers in emerging countries (dissimilarities and segmentation)	Institutional, diffusion, transaction cost/ N=18.293, 6.513 consumers, multi-level finite mixture modelling	■ Ten cross-national segments identified. ■ Heterogeneity among consumers from different emerging countries; economic factors fail to reflect the heterogeneity ■ Institutional influences determine the behavior ■ Segmentation upon basis of patterns that account for institutionally induced heterogeneity not geographic proximity
Agarwal/ Malhotra/ Bolton 2010	Cross-national, cross-cultural approach to global market segmentation with regard to perceived service quality	Culture theories/ N=769 consumers from US and India, confirmatory factor analysis	■ Vertical and horizontal market segmentation should be employed by companies ■ Horizontal market segments derive from culture-based differences across countries and people; two horizontal market segments identified in study (conservative consumers and achievement orientated consumers) ■ Vertical market segmentation based on national characteristics
B2B-Studien			
Balci/Cetin 2017	Base of segmentation and purpose of market segmentation?	None/N=20 container lines operating in Turkey, semi-structured interviews, qualitative analysis	■ Segmentation framework for container lines constructed ■ Segmentation bases: type, size and loyalty of customer, the seasonality of shipments, decision maker, industry of shippers, cargo characteristics, destination region, container type and export/import. ■ Segmentation bases vary depending on purpose and company size majority of middle and small-sized container lines in Izmir do not use market segmentation in a systematic way → gap between academic research and practice.
Boejgaard/ Ellegaard 2010	Extent of knowledge of segmentation in industrial markets	None/Conceptual, literature review	■ Implementation/execution of market segmentation plans especially complex in industrial markets ■ Three core elements of execution identified: organization, motivation and adaption ■ Imbalance between theoretical and empirical research; practitioners struggle with implementation of theoretical suggestions for segmentation and mathematical tools and models
Powers/ Sterling 2008	Combining company demographic information with need based criteria in order to predict segment membership for firms	Nested approach (Bonoma/Shapiro, 1984), Macro-micro segmentation (Wind, 1978)/ N=263 suppliers, cluster/discriminant analysis	■ Five customers segments identified; three discriminant functions derived ■ Market segments can be distinguished based on perceived importance of the marketing services ■ By linking readily available macro segmentation demographic descriptors to micro segmentation-based need information, the markets can now classify and target customers in a timely and cost-effective manner

5.2. Integrale Segmentierung im B2C-Bereich: Verbrauchersegmentierung

5.2.1. Grundsätze der Kundensegmentierung

Integrale Segmentierung von Konsumenten kann basierend auf unterschiedlichen Kriterien durchgeführt werden. Hierzu werden bspw. soziodemografische, psychografische, physiologische oder verhaltensorientierte Kundenmerkmale herangezogen.

Die **Soziodemografie** ermöglicht (erste) Einblicke etwa über die Struktur bzw. Segmente der Bevölkerung nach Alter, Haushaltsgröße, Einkommen usw. **Psychografische Charakteristika** weisen bspw. auf Persönlichkeitsmerkmale, Motive oder Einstellungen hin, und physiologische Merkmale können Ableitungen über physiologisch bedingte Bedürfnisse oder Anforderungen an Produkte und Leistungen ermöglichen.

Verhaltensbezogene Kundenmerkmale zielen hingegen darauf ab (aktuelle bzw. historische) Verhaltensmerkmale, z.B. das Produkt- oder Einkaufsstättenwahl-, Mediennutzungs- oder Preisverhalten, als Grundlage der Bildung von Marktsegmenten heranzuziehen. Dabei werden nicht die Auslöser bzw. Gründe, sondern das tatsächliche Verhalten in den Vordergrund gerückt. Häufig genutzte Segmentierungskriterien sind in Abbildung 5.3 dargestellt.

Abbildung 5.3: Beispielhafte Kriterien der internationalen Konsumentensegmentierung

Verhaltensorientierte Kriterien	**Produkt- und Markenwahl** ■ Produkt- und Markenwahl (z.B. Käufer vs. Nicht-Käufer, Verwender vs. Nicht-Verwender) ■ Markentreue ■ Kaufvolumen (z.B. Vielkäufer, Wenigkäufer) ■ Kauffrequenz (z.B. Häufigkeit, Regelmäßigkeit) ■ Verbundnachfrage	**Einkaufsstättenwahl** ■ Betriebstypen, Vertriebstypen, Omnichannel ■ Einkaufsstättenloyalität ■ Einkaufsstättenwechsel ■ Einkaufsstättenfrequenz
	Preisverhalten ■ Preisklasse/Preisniveau ■ Kauf von Sonderangeboten	**Mediennutzung und Kommunikation** ■ Art und Zahl genutzter Medien ■ Häufigkeit/Intensität genutzter Medien ■ Funktion im Entscheidungsprozess ■ Empfehlungsverhalten (Meinungsführer, Influencer)
Soziodemografische Kriterien	**Demografische Merkmale** ■ Geschlecht ■ Alter ■ Familienstand ■ Familienlebenszyklusphase ■ Haushaltsgröße	**Soziografische/sozioökonomische Merkmale** ■ Beruf ■ Ausbildung (Schulbildung, Berufsbildung) ■ Einkommen ■ Soziale Schicht ■ Kaufkraft
Psychografische Kriterien	**Allgemeine Persönlichkeitsmerkmale** ■ Lebensstil (z.B. Motive, Werte, Aktivitäten, Interessen, allgemeine Einstellungen) ■ Soziale Orientierung ■ Risikoneigung	**Produkt-/Markenspezifische Merkmale** ■ Wahrnehmungen ■ Motive ■ Spezifische Einstellungen ■ Nutzenvorstellungen (Benefits) ■ Involvement ■ Kaufabsichten ■ Präferenzen
Geographische Kriterien	**Makrogeographische Merkmale** ■ Region ■ Stadt/Land ■ Wohnortgröße	**Mikrogeographische Merkmale** ■ Art der Ortsteile ■ Art der Wohngebiete ■ Art der Straßenabschnitte

Quelle: I.A.a. Meffert u.a. 2019, S. 223; Berndt/Fanatapié-Altobelli/Sander 2020, S. 148.

Wenn eine Kundensegmentierung vorgenommen wird, wird meist nicht nur ein Segmentierungskriterium herangezogen, sondern häufig werden mehrere Kriterien miteinander kombiniert. Oft werden mehrdimensionale Ansätze genutzt, die auf einzelnen Konstrukten geringerer Komplexität wie Wahrnehmungen, Einstellungen oder auf multiattributiven Konstrukten größerer Komplexität – insb. Lifestyles – beruhen.

5.2.2. Länderübergreifende Eigenstudien

Für Unternehmen ist es besonders zielführend, auf ihre Situation bezogene Segmentierungen zu nutzen, um möglichst effiziente und effektive Strategien daraus ableiten zu können. Es kann daher vorteilhaft sein, **unternehmensindividuelle Segmentierungsstudien** (sog. Eigenstudien) durchzuführen, die spezifisch auf die Entscheidungssituation angepasst sind. Einerseits können dabei Variablen herangezogen werden, die sich auf die Nachfrage konzentrieren, wie z.B. Präferenzen für Produktmerkmale und -vorteile, die Art, wie Konsumenten mit Produkten und untereinander interagieren, oder bestimmte Entscheidungsbarrieren, die sie daran hindern, ihren Nutzen zu maximieren (z.B. Informationslücken über Produkte und Marken). Solche Kriterien werden häufig angewandt und können Auswirkungen auf die Angebotsseite haben, aber sie beziehen sich vornehmlich auf die Verbrauchernachfrage. Für die individuellen Unternehmen steht jedoch gerade bei Eigenstudien oft die Frage im Vordergrund, wie attraktiv die Konsumenten für das Unternehmen sind. Deshalb werden oft (ggf. zusätzlich) angebotsseitige Segmentierungsvariablen verwendet, wie die Nachfrage- und Verhandlungsmacht oder die Profitabilität der Konsumenten. Diese können sich zwischen Konsumentengruppen unterscheiden, auch wenn diese eine ähnliche oder gleiche Nachfrage aufweisen.

Abbildung 5.4: Beispiel einer internationalen Konsumentensegmentierung

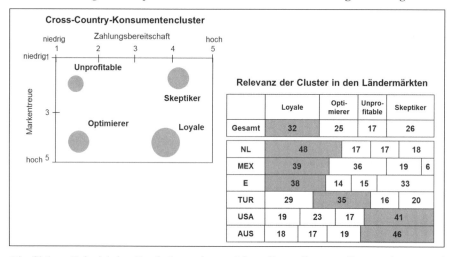

Ein fiktives Beispiel des Ergebnisses einer solchen **Cross-Country-Segmentierung** auf der Basis mehrdimensionaler Segmentierungskriterien ist in Abbildung 5.4 skizziert. Entsprechend der Schritte der integralen Marktsegmentierung ist es das Ergebnis eines klassischen Segmentierungsprozesses, bei dem zunächst die Selektion geeigneter Segmentierungskriterien erfolgt, in diesem Beispiel einerseits ein verhaltensorientiertes Kriterium, nämlich die Markentreue der Konsumenten, und andererseits ein Kriterium, das die Profitabilität der Verbraucher beschreibt, so in diesem Beispiel die Zahlungsbereitschaft der Konsumenten. Um herauszufinden, wie diese Merkmale in den internationalen Märkten ausgeprägt sind, ist auf der Basis empirischer Erhebungen zu identifizieren, wie diese

Merkmale bei den Verbrauchern in den betrachteten Ländern oder Regionen, in diesem Beispiel sechs Ländermärkte, ausgeprägt sind. Basierend auf diesen Informationen erfolgt dann die Bildung von länderübergreifenden Kundenclustern. Neben der Gesamtbetrachtung der Größe und Attraktivität der resultierenden Kundencluster kann analysiert werden, wie bedeutend die einzelnen Kundensegmente in den betrachteten Ländermärkten sind. Derartige Studien können von Unternehmen bspw. unter Nutzung internationaler Panels durchgeführt werden und ermöglichen es ihnen, attraktive Zielgruppen im globalen Kontext zu identifizieren.

5.2.3. Länderübergreifende Lifestyles

Im Gegensatz zu eindimensionalen Segmentierungsverfahren werden bei **Lifestyle-Ansätzen** länderübergreifende Zielgruppen anhand von Merkmalskombinationen gebildet, die eine generelle Kaufverhaltensrelevanz aufweisen. In Lebensstilen kommen die Persönlichkeit, Wert- und Zielorientierungen von Konsumenten zum Ausdruck. Auf Basis von Lebensstilen identifizierte länderübergreifende Zielgruppen zeigen daher aufgrund ihrer weitgehend gleichen Werte, Einstellungen und Verhaltensweisen ähnliche Reaktionen auf Marketingmaßnahmen (Berndt/Fanatapié-Altobelli/Sander 2020, S. 149ff.). **Lebensstile** werden häufig basierend auf dem **AIO-Ansatz** operationalisiert, indem Activities (z.B. bezogen auf Freizeit, Arbeit, Shopping, Sport), Interests (z.B. bezogen auf Familie, Fashion, Home, Beruf) und Opinions (z.B. bezogen auf Zukunft, Gesellschaft, Umwelt, Wirtschaft) erhoben werden und die Basis für die Bildung von Lifestyle-Typen bilden (Hoffmann/Akbar 2019, S. 131).

Abbildung 5.5: Überblick über ausgewählte internationale Lifestyle-Studien

Inhalt	Geographische Abdeckung	Ergebnis/Typen
GfK (Growth for Knowledge) mit den GfK Roper Consumer Styles – www.gfk.com		
Multidimensionale und länderübergreifend validierte Identifikation von Lebensstilen, bei der ein ganzheitliches Verständnis des Verbrauchers über die Soziodemografie hinaus und unabhängig von spezifischen Produktkategorien bereitgestellt wird. Segmentierung nach grundlegender Wertorientierung, Einstellung zum Kaufverhalten und Technologieaffinität.	Länderübergreifender Ansatz unter Berücksichtigung nationaler Nuancen; Weltweiter Ansatz im Rahmen des GfK Consumer Life in über 25 Ländern.	1. Alphas 2. Self-Indulgers 3. Rooted 4. Easy-Going 5. Safety-Seekers 6. Trend Surfers 7. Idealists 8. Care-Takers
Sinus mit den Sinus-Meta-Milieus – www.sinus-institut.de		
Länderspezifische Milieus, die sich nach Ausprägung der sozialen Schicht und der Grundorientierung formieren.	Innerhalb der Sinus-Milieus werden in mehr als 40 Ländern länderspezifische Segmente gebildet. Die Sinus-Meta-Milieus erfassen Basis-Zielgruppen im Internationalen Marketing. Sinus-Meta-Milieus lassen sich in Typen für Established und Emerging Markets unterteilen (hier dargestellte Typen: Established Markets).	1. Established 2. Intellectuals 3. Performers 4. Cosmopolitan Avantgarde 5. Adaptive Navigators 6. Modern Mainstream 7. Traditionals 8. Consumer-Materialists 9. Sensation-Oriented
SRI Consulting Business Intelligence mit VALS – www.sric-bi.com		
Das „VALS Framework" teilt die Segmente nach zwei Dimensionen ein: „Primary Motivation" und „Resources". VALS verbindet das Konsumentenverhalten mit Persönlichkeitseigenschaften.	VALS nutzt spezifische Instrumente, die auf den jeweiligen Markt abgestimmt sind: US-VALS, Japan-VALS, UK-VALS, China VALS, Dominicana VALS, Nigeria VALS und Venezuela VALS.	1. Innovators 2. Thinkers 3. Achievers 4. Experiencers 5. Believers 6. Strivers 7. Makers 8. Survivors

Lifestyle-Segmentierungen können als Eigenstudien von Unternehmen selbst durchgeführt werden. Sie werden aber insb. von großen international tätigen Marktforschungsunternehmen auf Basis von Paneldaten durchgeführt. Beispiele derartiger Typologien sind z.B. die **Milieu-Studien** vom Sinus Institut, **VALS** von SRI (Stanford Research Institute) Consulting Business Intelligence oder die **GfK Roper Consumer Styles** von der GfK (siehe Abbildung 5.5).

In den meisten Studien sind die Lebensstile von Länderaspekten weitgehend unabhängig, es variiert aber die Bedeutung der Segmente in den verschiedenen Ländern. Einen Unterschied macht das Sinus Institut mit den Sinus-Meta-Milieus, bei denen sich die Milieu-Typen zwischen den „Established Markets" und den „Emerging Markets" unterscheiden, wenngleich die identifizierten Milieus als vergleichbar angesehen werden.

Bei den **GfK Roper Consumer Styles (GfK RCS)** werden die Lebensstiltypen anhand ihrer grundlegenden Werte, wie Weltoffenheit, Begeisterung, das Streben nach Status oder Umweltorientierung, auf der Basis von Einstellungen gegenüber neuen Technologien und basierend auf ihren Einstellungen zum Kaufverhalten, z.B. mit Blick auf die Bedeutung von Preis, Qualität oder Marken, gebildet. Anhand dieses multidimensionalen Ansatzes der Lifestyle-Segmentierung wurden acht Lebensstilsegmente identifiziert, die das Konsumentenverhalten ganzheitlich abzubilden versuchen. Sie werden in einem zweidimensionalen Betrachtungsraum mit den Achsen „Einfachheit vs. Erfahrung" und „Das Leben genießen vs. Sicherheit" positioniert (siehe Abbildung 5.6).

Abbildung 5.6: Integrale Marktsegmentierung: GfK Roper Consumer Styles

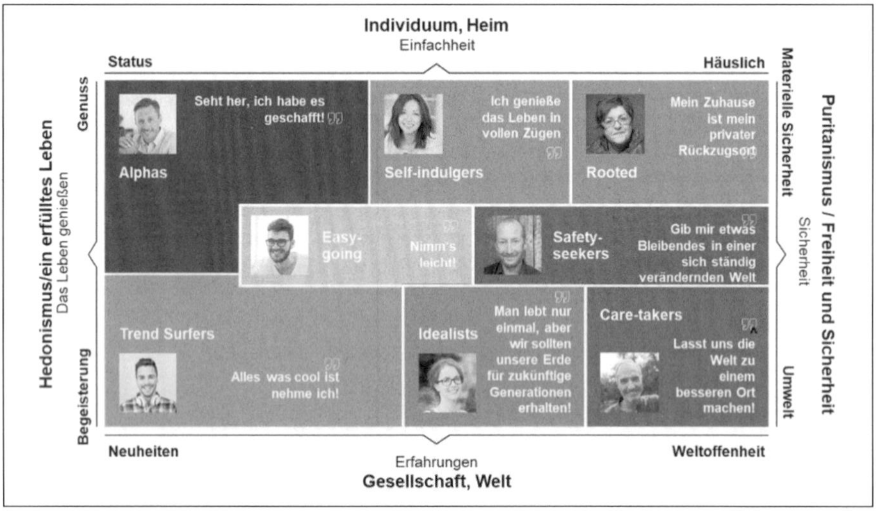

Quelle: GfK Roper Consumer Styles 2020.

Das System der GfK RCS, die jedes Jahr neu erhoben werden, ist dabei zunächst unabhängig von der Soziodemografie und auch unabhängig von Produktkategorien. Dennoch wird den identifizierten Lifestyle-Segmenten eine „typische" Demografie zugesprochen.

Jeder einzelne der GfK-Roper Consumer Styles wird detailliert anhand weiterer Charakteristika beschrieben. Beispielsweise sind die länderübergreifend identifizierbaren „Alphas" (siehe Abbildung 5.7) dadurch gekennzeichnet, dass sie eine hohe Ausprägung hedonistischer Dimensionen und von Statusorientierung zeigen. Die charakteristischen Merkmale jedes Cross-Country-Lifestyles schlagen sich in einem typischen Kaufverhalten nieder. Bei den „Alphas" sind typische Kaufverhaltensmerkmale bspw. eine hohe Innovationsorientierung bei geringer Preisorientierung und ausgeprägter Online-Affinität.

Abbildung 5.7: GfK Roper Consumer Styles: Die „Alphas"

Seht her, ich habe es geschafft!		
	Top 5 Werte	Freundschaft • Gesundheit und Fitness • Ehrlichkeit • Vorfahren achten • die Umwelt erhalten
	Charakteristische Werte	Gesundheit und Fitness • Vorfahren achten • Freizeit • in Übereinstimmung mit der Natur sein • Kreativität • Sexualität • Ehrgeiz • Reichtum
	Am meisten differenzierende Einstellungen	Hätten gerne lieber mehr Zeit als mehr Geld • machen sich um ihre Sicherheit Sorgen • virtuelle Interaktionen mit Menschen oder Orten können genauso gut sein wie persönliche Kontakte bzw. tatsächlich dort zu sein
	Kaufverhalten	Immer auf der Suche nach Neuem • Produkte sollten ihren gesunden Lebensstil unterstützen • achten nicht auf den Preis • Umweltaspekte sind nicht relevant für die Kaufentscheidung • effiziente Online-Käufer, unmittelbare Verfügbarkeit ist nicht wichtig
	Tech Affinität	Tech Leading Edge Konsumenten • nutzen fortgeschrittene Funktionen • Tech-Produkte als Statussymbole • einfache Anwendung um das Leben zu erleichtern
	Demografie	Männlich • 15-39 Jahre • überdurchschnittlich oft Single oder in einer Partnerschaft zusammenlebend, ohne verheiratet zu sein • gering-mittleres bis hohes Einkommen • Vollzeit Erwerbstätige oder Studenten überrepräsentiert

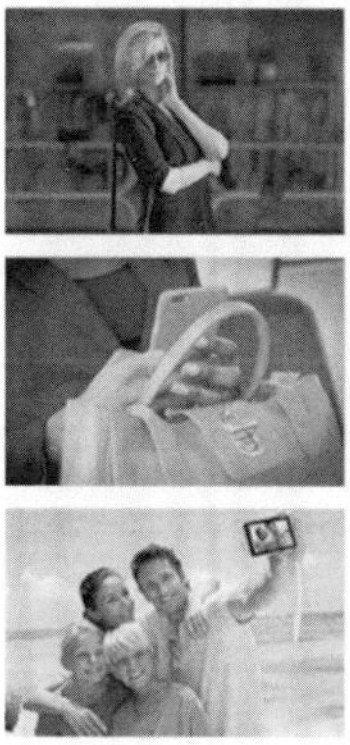

Quelle: GfK Roper Consumer Styles 2020.

Die Lifestyle-Segmentierungen der großen Marktforschungsinstitute werden i.d.R. unabhängig von Produktgruppen gebildet und basieren im Schwerpunkt auf Persönlichkeitsmerkmalen bzw. AIO-Merkmalen. Zudem existieren **Lifestyle-Segmentierungsansätze**, die sich auf produktgruppenspezifische Merkmale beziehen. So werden in der Fashionbranche häufig Lifestyle-Segmentierungen eingesetzt, denn für diese Branche hat sich gezeigt, dass das, was die Konsumenten tragen, häufig entsprechend ihrer Einstellungen, Werte und Sichtweisen variiert. Da die Fashionbranche sich besonders durch die Saisonalität und das (z.T. sehr schnelle und kurzfristige) Auf- bzw. Abtauchen von Modetrends auszeichnet, spielt der Versuch, den Geschmack der Verbraucher und ihre Reaktionen auf Fashion-Neuheiten mithilfe von Lifestyle-Segmentierungen zu prognostizieren, eine besondere Rolle (Sarabia-Sanchez/Vigaray/Hota 2012). Solche Segmentierungen werden häufig auf spezifische Teilbereiche der Textilbranche bezogen, wie z.B. Damen- bzw. Herrenmode oder Sportswear.

Für den Bereich Sportswear Fashion identifizieren Ko u.a. (2012) bspw. auf Basis einer Studie in vier Ländern (USA, China, Australien, Korea) vier länderübergreifende Lifestyle-Segmente, die „Fashion-Leaders, Conspicious Fashion Consumers, Sensational Seekers und Sociable Followers" (siehe Abbildung 5.8).

Diese Segmentierung zeigt, dass es länderübergreifend relevante Lifestyle-Segmente gibt, die in analoger Form im Rahmen des Marketing adressiert werden können. Der Bedeutungsgrad der jeweiligen Segmente ist jedoch zwischen den Ländermärkten unterschiedlich. Beispielsweise weist mit Blick auf die hier dargestellte Segmentierung für den Bereich Sportswear Fashion das chinesische Sample einen deutlich niedrigeren Anteil an Fashion Leaders auf als die drei übrigen betrachteten Ländermärkte, hingegen treten im chinesischen Sample aber mehr Sociable Followers auf.

Abbildung 5.8: Integrale Lifestyle-Segmentierung in der Sportswear Branche

Fashion Leaders	Conspicious Fashion Consumers	Sensational Seekers	Sociable Followers
Gesamt: 15,7% Australien: 18,0% USA: 17,0% Korea: 17,8% China: 8,0%	Gesamt: 27,4% Australien: 24,7% USA: 28,4% Korea: 28,3% China: 28,5%	Gesamt: 24,8% Australien: 26,7% USA: 22,0% Korea: 23,4% China: 27,5%	Gesamt: 32,1% Australien: 30,6% USA: 32,6% Korea: 30,5% China: 36,0%
Consumers rank highest in fashion/appearance concerns, brand concerns, and leadership propensity, but low in economic orientation. Consumers are highly involved with fashion interests and willing to devote considerable time and effort to being fashionable. These consumers are opinion leaders, and report high levels of shopping enjoyment. They are not price sensitive and are less concerned about practical and utilitarian aspects of fashion products than consumers in other lifestyle segments.	Consumers rank high in trendiness but show an inclination toward being ostentatious and having some interest in price/value and DIY activity. Consumers are concerned with social status and see clothing as an important means to express that status. Consumers show a tendency toward planned and bargain shopping. Consumer are motivated by the opinions of others and prefer to purchase prestigious brands.	Consumers follow an adventurous orientation, showing an interest in unusual, exciting, and new things. Compared to the other clusters, this group cares less about fashion/appearance or brand name. Consumers are less concerned about the opinions of others and are not ostentatious in orientation. To them, clothing is not a major aspect of expressing or achieving social status.	Consumers tends to place a high value on social activity but shows only a moderate tendency toward fashion and prestigious brands. Consumers are price sensitive. To some degree, they care about what others think of their sportswear choices, but are not willing to devote excessive effort to researching purchases or shopping around. Consumers tend to purchase various brands rather than being fiercely brand loyal. They do care about quality and design but are not trendsetters.

Quelle: Ko u.a. 2012.

5.2.4. Länderübergreifende Segmentierung von Online- und Omnichannel-Kunden

Auch für Unternehmen, die vornehmlich **Online-Vertriebskanäle** nutzen, spielen klassische Formen, Kriterien und Ansätze der Marktsegmentierung eine Rolle. Darüber hinaus stehen Unternehmen im Online-Kontext weitere Informationen zur Verfügung, die genutzt werden können, um eine länderübergreifende Konsumentensegmentierung vorzunehmen. Beispielsweise erfolgt beim **Online-Profiling** die Nutzung von personenbezogenen Daten, wie bspw. User Generated Content oder Verhaltens- bzw. Nutzungsdaten der Internetnutzer (z.B. Website-Besuche, Clickstream-Data usw., Bernecker 2020). Auf Basis solcher Informationen können nicht nur (personalisierte) Nutzerprofile erstellt, sondern auch einander ähnliche Konsumentencluster gebildet werden. Aufgrund von Personalisierungsmöglichkeiten, die im Online-Kontext zur Verfügung stehen, können basierend auf solchen Online-Profil- und -Verhaltensdaten nicht nur Customer Touchpoints und Omnichannel-Systeme im Hinblick auf länderübergreifende Kundensegmente optimiert werden, sondern es besteht auch die Möglichkeit einer One-to-One-Segmentierung, bei der nicht die länderübergreifende Zusammenfassung von homogenen Kundengruppen im Vordergrund steht, sondern „**Segments of One**" gebildet werden, und Kunden individuell im Rahmen der Marktbearbeitung z.B. mit individueller Kommunikation, personalisiertem Content auf Webseiten, personalisierten Produktangeboten oder individuellen Preisen adressiert werden.

Im Online-Kontext interessiert zudem häufig die spezifische Segmentierung von Online- bzw. von Omnichannel-Kunden. Bei diesen Segmentierungsansätzen steht oft die Identifikation von Online-Shopper-Profilen entsprechend ihrer Einkaufsorientierungen im Vordergrund oder es erfolgt die Analyse von Einstellungen und Werten. Vor dem Hintergrund, dass eine Vielzahl von Unternehmen, die im B2C-Bereich aktiv sind, Omnichannel-Systeme etabliert hat, also die Kunden über unterschiedliche Kanäle sowohl online als auch offline anspricht, aber auch mit Blick auf die Tatsache, dass Konsumenten im Verlauf ihrer **Customer Journey** von der Phase der Bedürfniserkennung bis hin über die Suchphase nach Alternativen, den eigentlichen Kauf bis zum Aftersales-Service häufig eine Vielzahl von Kanälen und Touchpoints nutzen und kombinieren, werden zudem Segmentierungsansätze genutzt, die im Rahmen einer integralen Konsumentensegmentierung an Verhaltensdaten ansetzen, die sich auf die Gestaltung bzw. Wahl „typischer" Customer Journeys beziehen.

Segmentierung auf Basis objektiver Daten

Zur Segmentierung auf Basis **objektiver Daten** müssen zuerst geeignete Segmentierungskriterien für die Cross-Country-Segmentierung identifiziert werden. Tools, wie z.B. Google Analytics, bieten Unternehmen die Möglichkeit, Segmentierungen anhand dieser Daten vorzunehmen (siehe Abbildung 5.9). Diese umfassen das Verhalten auf Websites/Online-Shops wie Anzahl der Besuche/wiederkehrender Besuche, Besuchsdauer, Absprungrate, Anteil der Besuche durch Kampagnen, Page Speed, Besuchszeit, Conversion Rate oder den Umsatz. Daten können nach einzelnen Ländern erfasst und angezeigt werden, ebenso heruntergebrochen auf Verkaufsregionen (z.B. Europe, Nordamerika) oder Stadt bzw. Stadtgebiete. Mithilfe dieser Segmente können Datenteilmengen isoliert werden, sodass einzelne Trends für Unternehmen pro gewähltem Segment sichtbar werden. Die Segmente können im Kartenformat angezeigt werden oder tabellarisch, woraus sich Datenreports erstellen lassen. Unternehmen können demnach ihre Website-Daten nutzen, um attraktive Märkte zu identifizieren. Anhand der Segmente werden spezifische Zielgruppen erstellt, die z.B. anhand angepasster Kommunikationsinstrumente adressiert werden können. Vorteile dieser Art von Segmentierung liegen u.a. in der Nutzung dynamischer Daten und der Möglichkeit, die Veränderungen eines Marktes zu reflektieren. Allerdings sind die Informationen nur auf den Datenverkehr bzw. die Nutzer der Website oder des Online-Shops begrenzt, sodass entdeckende Verfahren für Segmentierungen breiterer Kundengruppen oder neue Märkte heranzuziehen sind.

Abbildung 5.9: Segmentierung anhand des Datenverkehrs

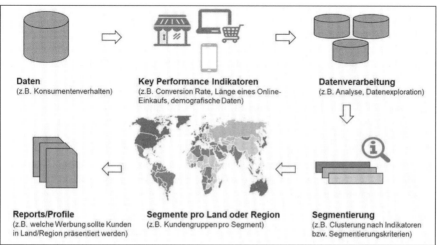

Segmentierung anhand onlinespezifischer Makrofaktoren

Weiterhin kann eine Cross-Country-Segmentierung auf Basis von Makrofaktoren (z.B. bezogen auf unterschiedliche Regionen) erfolgen. Diese Faktoren lassen sich aus Sekundärdaten ableiten und sind zum einen onlinespezifisch (z.B. Online-Suchverhalten) für die jeweiligen Regionen, oder es lassen sich Rückschlüsse auf das Onlineverhalten der Kunden ableiten (z.B. elektronischer Zahlungsverkehr, Internetnutzung, Smartphonenutzung, Nutzung sozialer Netzwerke, sichere Internetserver, digitale Käufe im Vergleich zu physischen Käufen, Lieferpräferenzen, E-Commerce-Adoption, Technologieakzeptanz). Diese werden nicht isoliert betrachtet, sondern finden in Kombination mit weiteren Makrofaktoren Anwendung (z.B. Marktgröße, regulative Faktoren, logistische Infrastruktur, Kultur, Schu/Morschett 2017). Potenzielle Kunden können anhand dieser Kriterien in homogene Gruppen mit ähnlicher Nachfrage unterteilt werden. Der Einsatz von Ressourcen kann auf Basis der Segmentierung effektiv auf geeignete Zielsegmente eines Unternehmens verteilt werden. Segmentierungen dieser Art finden besonders oft Anwendung, da generelle Informationen über Makrofaktoren oftmals über öffentliche Sekundärdatenquellen relativ einfach zu sammeln sind, während es schwieriger und teurer ist, länderübergreifende Verbraucherdaten zu erheben.

Segmentierung auf Basis von Eigenstudien

In Eigenstudien erfolgt die Segmentierung oftmals, indem Entscheidungsprozesse von Konsumenten über Länder als vorausschauende Prozesse konzeptualisiert werden. Ein Beispiel für eine solche Cross-Country-Segmentierung von **Customer Journeys** haben Herhausen u.a. (2019) erarbeitet. Individuelle psychografische Unterschiede zwischen Kunden helfen, unterschiedliche Nutzen und Kosten von bestimmten Touchpoints und somit unterschiedliche Touchpoint-Präferenzen und Journey-Muster zu identifizieren. Zur Segmentierung der entstehenden Daten werden Faktoren berücksichtigt wie die Dauer der Customer Journey, Online- und Offline-Erfahrungen, Kaufhäufigkeit oder Ausgaben. Mithilfe derartiger Faktoren haben Herhausen u.a. (2019) für drei Ländermärkte (Deutschland, Österreich, Schweiz) fünf länderübergreifende Segmente von Customer Journeys identifiziert:

- **Store-focused Segment**: Diese Kunden nutzen nur zwei Touchpoints für die Suche, haben in der Suchphase den geringsten Anteil an Online-Touchpoints und kaufen immer im Ladengeschäft ein. Nur 1% von ihnen nutzt mobile Endgeräte.
- **Pragmatic Online Segment**: Dieses Segment nutzt nur zwei Touchpoints zur Suche, hat einen hohen Anteil an Online-Touchpoints in der Suchphase und kauft fast immer im Online-Shop. Zudem erfolgt die Nutzung mobiler Geräte.
- **Extensive Online Segment**: Diese Kunden nutzen vier Touchpoints für die Suche, haben den höchsten Anteil an Online-Touchpoints in der Suchphase und kaufen fast immer im Online-Shop. Sie nutzen mobile Geräte moderat.
- **Multiple Touchpoint Segment**: Die Kunden dieses Segments nutzen die meisten Touchpoints für die Suche (mehr als 6), haben einen durchschnittlichen Anteil an Online-Touchpoints in der Suchphase (über 60%), kaufen zunehmend im Online-Shop und nutzen intensiv mobile Geräte.
- **Online-to-offline Segment**: Diese Kunden nutzen vier Touchpoints für die Suche und haben einen durchschnittlichen Anteil an Online-Touchpoints in der Suchphase (60%). Für den Kauf wird immer das physische Geschäft des Fachhändlers genutzt. Die Nutzung mobiler Geräte ist moderat.

Diese typischen Merkmale mit Blick auf die Gestaltung von Customer Journeys ermöglicht es, auf ihre länderübergreifenden Zielgruppen hin die Customer Experience zu optimieren. Allerdings ist häufig eine länderspezifische Adaption der Touchpoints erforderlich. Nachteile solcher Eigenstudien sind der eher längerfristige Charakter und die Erhebungsform, in der subjektive Eigenangaben von Probanden (z.B. Einstellung, Intention), im Vergleich zu objektiven Daten, verwendet werden.

5.3. Integrale Segmentierung im B2B-Bereich: Unternehmenssegmentierung

5.2.1. Grundsätze der Unternehmenssegmentierung

Segmentierungsansätze auf Ebene von B2B-Beziehungen sind komplexer als auf der Ebene von Konsumenten. Dies liegt v.a. darin begründet, dass Unternehmen in komplexe, oft global ausgerichtete Netzwerke aus kommerziellen Beziehungen, Wertschöpfungsketten, interorganisationalen und interpersonalen Zusammenhängen eingebunden sind. In den Wertschöpfungsketten sind sie an vor- und nachgelagerten Transaktionen beteiligt – im Gegensatz zu den Konsumenten, die das „Ende" der Wertschöpfungskette bilden. Organisationale Kunden weisen also ein **derivatives Nachfrageverhalten** auf – entsprechend ihrer jeweils z.T. sehr unterschiedlichen Kunden. Dies führt dazu, dass im Rahmen der integralen Marktsegmentierung oft nicht einstufig vorgegangen werden kann (wie bei Konsumenten), sondern, dass mehrstufige Ansätze mit Blick auf die Einbeziehung weiterer Marktebenen (insb. nachfolgender Marktstufen) erforderlich sein können, um die Kundenbesonderheiten erfassen zu können.

Unternehmen als Kunden sind profit- und wachstumsorientiert und verfolgen ihre eigenen Geschäftsmodelle – dies oftmals auf sehr unterschiedliche Art und Weise. Im Vergleich zu den B2C-Märkten, die typischerweise durch eine hohe Anzahl potenzieller Kunden gekennzeichnet sind, existieren auf internationalen B2B-Märkten zumeist – je nach Geschäftstyp – weniger Kunden, die zumeist seltener, dabei aber häufig größere Kaufentscheidungen treffen – und dies meist in einem **Buying Center** im Rahmen von komplexen multipersonalen, z.T. multiorganisationalen Entscheidungsprozessen (Thomas 2012). Dies erschwert internationale Segmentierungsansätze, insb. dann, wenn die Mitglieder des Buying Centers in unterschiedlichen Ländermärkten bzw. Kulturkreisen ansässig sind.

Auch im B2B-Kontext sind Segmentierungskriterien wie Unternehmens- und individuelle Werte oder Demografie (z.B. Unternehmensgröße, Alter, Rechtsform) bedeutend. Weiterhin werden „härtere" Kriterien herangezogen (z.B. Beschaffungspotenzial, Marktmacht, Auftragsverhalten). Entsprechend der **Geschäftstypen im B2B-Marketing** lassen sich für integrale Segmentierungsansätze unterschiedliche Aspekte herausstellen:

- Bietet z.B. ein Industrie- oder Konsumgüterhersteller eine standardisierte Produktpalette (im **Produktgeschäft**) an, und ist die Kundengruppe relativ groß, dann kann methodisch vergleichbar zur Konsumentensegmentierung vorgegangen werden.
- Ist ein Unternehmen im **Systemgeschäft** aktiv, sind neben klassischen Segmentierungskriterien v.a. Aspekte relevant, die das Potenzial einer langfristigen Kundenbindung (auch über das System) mit einbeziehen.
- Im **Anlagengeschäft** werden sehr spezifische, individuelle Leistungen in Form komplexer Produkte oder Systeme angeboten, sodass Kriterien für die Segmentierung relevant sind, die v.a. der Individualität der Leitungskomponenten und der Beziehungsgestaltung entsprechen können. Oft existieren hier nur wenige potenzielle Kunden, sodass individuelle Analysen möglich oder verbreitet sind.
- Da das **Zuliefergeschäft** durch eine hohe Individualität der Leistungen im Rahmen eines engen Kaufverbundes gekennzeichnet ist, spielen auch hier für Segmentierungsansätze v.a. individuelle Leistungsanforderungen der (aktuellen und potenziellen) Kunden

eine Rolle. Zudem müssen Segmentierungsansätze auch Potenziale der Leistungsintegration und des Beziehungsaufbaus mit einbeziehen und anhand geeigneter Kriterien abbilden.

Als **Segmentierungskriterien** spielen im Rahmen der integralen Marktsegmentierung drei Bezugsgrößen von Charakteristika eine Rolle:

- Kriterien, welche die Organisation bzw. das Unternehmen beschreiben (z.b. geographische oder unternehmensdemografische Merkmale)
- Kriterien, die sich auf die Mitglieder der Organisation beziehen (z.b. individuelle psychografische Merkmale)
- Kriterien, die auf das Verhalten der Organisation ausgerichtet sind (z.b. Beschaffungsverhalten, Beziehungs-/Bindungsverhalten).

Damit wird deutlich, dass es nicht nur „harte" Kriterien sind, die für die Identifikation von **Cross-Country-Segmenten** im organisationalen Kontext relevant sind. Wichtig ist es jedoch auch, die Mehrstufigkeit von Wertschöpfungsketten zu berücksichtigen, in die B2B-Kunden eingebunden sind. In Abbildung 5.10 sind beispielhaft ausgewählte Segmentierungskriterien zusammengefasst, die genutzt werden können, um eine integrale Marktsegmentierung im B2B-Kontext vorzunehmen.

Abbildung 5.10: Beispielhafte Kriterien der internationalen Unternehmenssegmentierung

Basis-Variablen	Deskriptoren	Response-Variablen	Marketing-Variablen
Einsatz zur Definition von Marktsegmenten	Einsatz zur Beschreibung und zum Targeting von Marktsegmenten	Einsatz zur Entwicklung einer Segment-Positionierung	Einsatz zur Ableitung der Marketing-Strategie
■ Bedürfnisse (Kerngründe, warum Kunden zum Kauf motiviert sind) ■ Angestrebter/nachgefragter Nutzen ■ Einstellungen, Interessen, Überzeugungen und verwandte Variablen ■ Intention-to-buy (bezogen auf Marken oder Produkt-/Konzeptinnovationen) ■ Art des Kaufs (new tast, modified, straight rebuy) ■ Produktnutzungsrate (stark, mittel, gering)	■ Organisationale Merkmale (z.B. Größe, Mitarbeiteranzahl, Umsatz, Marktanteil, Alter, Branche) ■ Merkmale des Buying Centers (z.B. Größe, Anzahl beteiligter Mitglieder, Einfluss, Standorte) ■ Individuelle Faktoren der Organisationsmitglieder (z.B. Alter, Einkommen, Aufgabenfeld/Beruf, Geschlecht, Ausbildung) ■ Kulturelle Faktoren ■ Gesellschaftliche Faktoren ■ Unternehmenskultur ■ Zeitliche Variablen (z.B. Saisonalitäten, Kauffrequenz) ■ Phase im Kundenlebenszyklus	■ Awareness für bestehende Anbieter/Marken (z.B. Top-of-Mind-Marken, Markenbekanntheit, Relevanz von Konkurrenzmarken) ■ Wahrnehmungen der bestehenden Anbieter/Marken zu Bedürfnissen und Nutzen, Verständnis der Markenbedeutung ■ Präferenz/Vorliebe für bestimmte Anbieter oder Marken ■ Kaufintention für bestimmte Marken/Anbieter, Produktinnovationen, Konzepte ■ Marken-/Anbieterloyalität ■ Marken-/Anbieterzufriedenheit	■ Produktdesign, Sortiment, Entwicklung ■ Wahrnehmung des Preis-Leistungsverhältnisses ■ Vertriebskanäle (z.B. direkt, indirekt) ■ Mediennutzung, -präferenz ■ Customer-Touch-Points ■ Sensibilität des Außendienstes, technische Unterstützung, Kundendienst

Quelle: I.A.a. Thomas 2012, S. 194.

5.2.2. Segmentierung neuer Kunden und Lieferanten

Die grundsätzliche Systematik der Cross-Country-Segmentierung findet auch im Bereich des B2B-Geschäftes ihre Anwendung. Mit Blick auf die Identifikation der Segmente sind dabei einstufige oder mehrstufige Ansätze möglich. Bei den einstufigen Ansätzen erfolgen

Analysen der direkten (aktuellen und potenziellen) Kunden und Segmentbildung in einem Schritt mit Blick auf die Kundenebene als Analyseobjekte. Dabei sind unterschiedliche Methoden zur Segmentbildung denkbar, wie z.b. die Klassifikation der Kunden anhand vorselektierter kategorialer Variablen (z.B. Branche, Unternehmensgröße), die Gruppierung von Kunden anhand mehrerer Variablen, z.B. mittels Clusteranalyse, oder die Optimierung von Segmenten anhand weiterer Kriterien, z.B. Rentabilität oder Erreichbarkeit der Segmente und Machbarkeit, die zusätzlich zu Charakteristika einbezogen werden, und welche die Nachfrageseite bezogen auf Kundenbedürfnisse oder Organisationsmerkmale beschreiben.

Eine derartige einstufige Betrachtung der direkten Kunden bietet auf den internationalen Märkten v.a. den Vorteil, dass der direkte Nutzen und die direkten Bedürfnisse der Kunden in den Vordergrund der Segmentierung gestellt werden können. Auch können Aspekte der Kundenbeziehungen, wie die Profitabilität, berücksichtigt werden und individuelle Spezifika der Kundenorganisation und der Organisationsmitglieder in die Betrachtungen einbezogen werden. Allerdings besteht bei dieser Vorgehensweise das Problem, dass die Integration der Kunden in deren Netzwerke bzw. Wertschöpfungskette nicht mit einbezogen wird. Vor allem die den unmittelbaren Kunden nachgelagerten Märkte können relevant sein, was die Marktbearbeitung der Unternehmen angeht. Die Kernidee solch mehrstufiger Marktkonzeptualisierungen liegt darin, dass Unternehmen Wettbewerbsvorteile erlangen können, wenn sie auch an die Kunden ihrer unmittelbaren Kunden vermarkten (Hillebrand/Biemans 2011) und dies entsprechend in den Segmentierungsansätzen berücksichtigen. Beispielsweise ist eine dreistufige Betrachtung möglich, die unter Einbeziehung der „Kunden der Kunden" die folgenden Aspekte berücksichtigt:

- Merkmale der unmittelbaren Kunden (z.B. Branche, Größe, Kaufverhalten)
- Benefits bzw. Nutzen, die von den unmittelbaren Kunden aus den Leistungen (z.B. den Produkten oder Systemen) des Anbieters erwünscht werden (i.S. einer Benefit-Segmentierung)
- Merkmale der nachgelagerten Kunden (Kunde zweiter Ordnung), einschließlich ihrer jeweiligen Bedürfnisse, Einstellungen und Verhaltensweisen.

In Abbildung 5.11 ist das Vorgehen einer **integralen mehrstufigen Marktsegmentierung** dargestellt, bei der zwei Marktstufen betrachtet werden. Diese werden in dem Beispiel entsprechend ihrer Kundenbedürfnisse segmentiert. Die Segmente beider Stufen werden im nächsten Schritt auf Ähnlichkeiten hin analysiert werden. Deutlich wird in dem Beispiel, dass es Möglichkeiten für ein sog. **Segment Alignment** gibt, da auf beiden Stufen Segmente mit gleichen Anforderungen erkennbar sind, auf die sich der Anbieter im Rahmen eines mehrstufigen Internationalen Marketing hin ausrichten kann. Auf diese Weise können auf beiden Stufen die jeweiligen Segmente bedarfsorientiert adressiert werden bzw. im Rahmen der strategischen Orientierung auf die unmittelbaren Kunden können die Bedürfnisse der nachgelagerten Stufe mit einbezogen werden (Thomas 2016).

Nicht in allen Märkten ist eine mehrstufige integrale Marktsegmentierung jedoch sinnvoll, sondern dies hängt davon ab, ob mehrstufige Marketingstrategien seitens der Unternehmen verfolgt werden. Hinzu kommt, dass die Größe der Märkte sehr unterschiedlich sein kann. Beispielsweise kann auf der Ebene der unmittelbaren Kunden die Anzahl der Kunden vergleichsweise begrenzt sein, während auf der nachfolgenden Stufe sehr viele Kunden vorhanden sind (z.B. dann, wenn es sich dabei um Endkundenmärkte handelt). Gerade bei kleineren Märkten ist häufig der Zugang zu geeigneten Daten für die integrale Marktsegmentierung schwierig, da die Unternehmen die Daten oft als sensibel und wettbewerbsrelevant betrachten, und sie i.d.R. nicht öffentlich zugänglich sind.

Abbildung 5.11: Beispiel einer mehrstufigen Marktsegmentierung

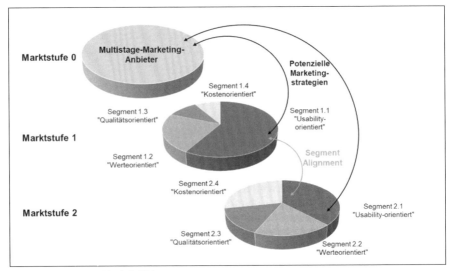

Quelle: I.A.a. Thomas 2016, S. 824.

Basierend auf den identifizierten Marktsegmenten ist festzulegen, welche der Cross-Country-Cluster von den Unternehmen für eine Marktbearbeitung ausgewählt werden sollen. Hierzu erfolgt eine tiefergehende Analyse im Hinblick auf die Realisierbarkeit effektiver und profitabler Marktbearbeitungsoptionen. Neben Kriterien wie Identifizierbarkeit, Substanzialität, Zugänglichkeit, Stabilität, Reaktionsfähigkeit und Handlungsfähigkeit liegen wichtige Beurteilungsaspekte für die **Auswahl von Zielmarktsegmenten** v.a. in der Möglichkeit, die Unternehmen der identifizierten Segmente auf den internationalen Märkten zu erreichen, insb. auch vor dem Hintergrund der internationalen Wettbewerbsposition des Unternehmens auf diesen Märkten. Zudem spielen die Marktgröße, die von den Segmenten repräsentiert wird, und das erwartete Marktwachstum, ebenso wie die Rentabilität bzw. die Profitabilität der Segmente eine Rolle, wenn es darum geht, die Attraktivität der Cross-Country-Segmente zu beurteilen. Weiterhin muss eine Vereinbarkeit des identifizierten länderübergreifenden Zielmarktes mit den Zielen und Ressourcen des Unternehmens gegeben sein (Cortez/Clarke/Freytag 2021).

5.2.2. Segmentierung bestehender Kunden

Eine weitere Option der integralen Kundensegmentierung besteht darin, nicht auf gesamte globale bzw. internationale Branchen bzw. Märkte zu fokussieren, bei denen Nicht-Kunden und Kunden gleichermaßen in die Betrachtung einbezogen werden, sondern die bestehende Basis internationaler Kunden dahingehend zu untersuchen, welche Gruppen von Kunden sich mit Blick auf Beziehungsmerkmale identifizieren lassen. Die Konzepte, die hier zur Anwendung kommen, entsprechen den Ansätzen des **Beziehungsmarketing**. Solche Segmentierungsansätze können auch im Rahmen von B2C-Beziehungen eingesetzt werden, gerade im internationalen Kontext spielen sie jedoch v.a. im B2B-Bereich eine besondere Rolle, weil dort häufig einzelne Kunden bzw. Kundencluster größere Volumina (z.B. mit

Blick auf Absatz-, Umsatz- bzw. Profitabilitätsanteile) repräsentieren. Die Ansätze der Kundenclusterung dienen dann v.a. dazu, zu identifizieren, welche Art von bzw. welches Ausmaß an Beziehungsinvestitionen seitens des Unternehmens gegenüber den jeweiligen Kunden der Cross-Country-Cluster realisiert werden soll.

Die Segmentierung bestehender Kundenportfolios ist dadurch gekennzeichnet, dass die Unternehmen nicht nur über grundsätzliche Informationen i.S. klassischer Segmentierungskriterien, wie sie auch bei der Marktsegmentierung eingesetzt werden können, über ihre Kunden verfügen. Darüber hinaus sind weitergehende Informationen über die Kundenbeziehung verfügbar, so z.B. in der Vergangenheit realisierte Umsätze oder Deckungsbeiträge, je nach Datenlage zudem auch Zufriedenheits- oder Loyalitätsinformationen oder Informationen, die die wesentlichen Akteure des jeweiligen Buying Centers betreffen.

Um Kunden im Hinblick auf Beziehungscharakteristika zu segmentieren, existiert eine Vielzahl von Ansätzen. Diese unterscheiden sich bei der Cross-Country-Segmentierung mit Blick auf die grundsätzliche Vorgehensweise nicht von Ansätzen, bei denen rein nationale Kunden segmentiert werden. Im Vordergrund steht dabei v.a. der **Kundenwert**. Der Kundenwert spiegelt den von dem Unternehmen wahrgenommenen und bewerteten Beitrag der Kunden zur Erreichung seiner (monetäre und nicht-monetäre) Ziele wider (Bruhn 2016). Als Segmentierungsgrundlage dient dabei die Beurteilung, mit welchen Kunden langfristige Kundenbeziehungen eingegangen bzw. intensiviert werden soll(t)en (Kunden mit hohem Kundenwert) bzw. welche Kunden weniger intensiv bearbeitet werden soll(t)en (Kunden mit niedrigem Kundenwert, Eggert 2017). Das Ziel ist es, einen Stamm an profitablen internationalen Kunden aufzubauen, zu binden und zu halten sowie für die Zukunft zu entwickeln. Der Kundenwert kann in unterschiedlicher Form gemessen werden (siehe Abbildung 5.12 und zu KAM/GAM Abschnitt 19.5.3.).

Abbildung 5.12: Ansätze zur Messung des Kundenwertes als Basis der länderübergreifenden Kundensegmentierung

Heuristisch	Nicht-monetär	Statisch	■ Demografische und ökonomische Segmentierung ■ Klassifikationsschlüssel ■ Kundenportfolio
		Dynamisch	■ Loyalitätsleiter
	Monetär	Statisch	■ ABC-Analyse
		Dynamisch	■ ABC-Analyse mit dynamischen Werten ■ Kundenlebenszyklusanalyse
Quasi-Analytisch	Nicht-monetär	Statisch	■ Scoring-Tabelle ■ Scoring-Tabelle mit mikrogeographischen Daten
		Dynamisch	■ Scoring-Tabelle mit Potentialwerten/RFM-Tabelle
	Monetär	Statisch	■ Kundendeckungsbeitragsrechnung ■ Kundenbezogene Rentabilitätsrechnung (ROI) ■ Customer Costing
		Dynamisch	■ Customer Lifetime Value

Quelle: Bruhn/Hadwich/Georgi 2017, S. 589.

Das prominenteste dieser Messverfahren ist die **Customer-Lifetime-Value-Analyse**. Der CLV bezieht sich auf die gesamte Dauer der Kundenbeziehung und basiert auf der klassischen Investitionsrechnung, dabei auf dem Kapitalwertverfahren. Aus der hierbei eingenommenen investitionspolitischen Perspektive ist die Bindung von Kunden nur dann erstrebenswert, wenn das Verhältnis der zu erwartenden kundenbezogenen Auszahlungen und Einzahlungen positiv bewertet wird. Zur Berechnung des **Customer Lifetime Values** können unterschiedliche Elemente mit einbezogen werden (Voeth/Zimmermann 2020):

- Ein- und Auszahlungen: Berechnung des CLV mittels eines klassischen investitionstheoretischen Verfahrens zur Ermittlung der Beziehungsprofitabilität
- Einbeziehung der Kundenbindungswahrscheinlichkeit: Berechnung des CLV mit Einbeziehung des Risikos einer Beziehungsbeendigung
- Einbeziehung des Referenzwertes: Berücksichtigung der Weiterempfehlungen eines Kunden als Bestandteil des Kundenwertes
- Einbeziehung von Informations-, Kooperations- und Synergiepotenzial als weitere Vorteile durch die Kunden in die CLV Berechnung.

Integral angelegte Segmentierungsansätze des internationalen Kundenportfolios sind relativ weitreichend. Beispielsweise sind einfache, eindimensionale ABC-Analysen möglich, bei denen die Kunden entsprechend ihres Umsatzanteils der Vergangenheit oder mit Blick auf ihr zukünftiges Umsatzpotenzial in Gruppen unterschiedlicher Umsatzbedeutung aufgeteilt werden (analog denkbar im Hinblick auf deren Deckungsbeiträge oder zukünftige strategische Bedeutung). Genutzt werden können auch dynamische Modelle, wie Kundenlebenszyklusanalysen, die die Kunden entsprechend der Phasen, in denen sie sich im Kundenlebenszyklus befinden (z.B. Kundenakquisitions-, Kundenbindungs-, Kundenrückgewinnungsphase), einteilen, oder multikriterielle Scoringmodelle, wie die RFM-Methode, bei der ein Scoringwert auf Basis der Merkmale „Recency of Last Purchase", „Frequency of Purchase" sowie „Monetary Value" entwickelt wird.

Eine weitere Möglichkeit der integralen Cross-Country-Segmentierung von Kunden bieten **Portfolio-Ansätze**. Dabei handelt es sich um zweidimensionale Bewertungssysteme, mit denen differenziertere Einschätzungen über die Relevanz, die Beiträge und die Potenziale der Kunden möglich sind. Sie dienen dabei im Kontext von Segmentierungsansätzen nicht nur der Clusterung, Charakterisierung und Beschreibung der Kunden im Hinblick auf ihre Relevanz und Wertigkeit für die Unternehmen, sondern v.a. dienen sie auch der Ableitung von Handlungsimplikationen in Form von strategischen Stoßrichtungen. Ein Beispiel für ein solches Kundenportfolio ist in Abbildung 5.13 dargestellt.

Abbildung 5.13: Beispiel für ein Kundenportfolio

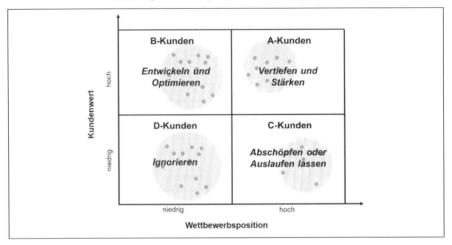

Hier wird ein zweidimensionaler Beurteilungsraum aufgespannt, mit dem Merkmal des Kundenwertes auf der einen Achse und dem Merkmal der Wettbewerbsposition des Unternehmens auf der anderen Achse, als Beispiele. Die Einordnung der Kunden erfolgt innerhalb des Portfolios entsprechend ihrer jeweiligen Merkmale, und es lassen sich Cross-Country-Kundensegmente sowie auch Normstrategien für die vier Kundencluster ableiten.

Segmentierung durch B2B-Plattformunternehmen

Auch **B2B-Plattformunternehmen**, die den Onlineverkauf von Produkten oder Dienstleistungen an andere Unternehmen vornehmen, wenden Cross-Country-Segmentierungen an, wobei sich folgende Segmentierungstendenzen, ähnlich derer der physischen B2B-Pendants herauskristallisieren (Weinstein 2014):

- „Firmographic Segmentation" (nach Industrie, Standort, Größe, rechtliche Struktur)
- „Technographic Segmentation" (basiert auf verschiedenen Hardware- und Softwaretechnologien, die von den Kunden verwendet werden, z.B. Marketingtechnologie)
- „Needs-based Segmentation" (auf Basis von Daten, welche die Bedürfnisse und Anforderungen von potenziellen Kunden identifizieren)
- „Value-based Segmentation" (Priorisierung oder Gruppierung von potenziellen Kunden nach dem potenziellen Wert, den sie für ein Unternehmen haben; Unterscheidet Kunden nach ihrem Transaktionswert, basierend auf früheren Kaufdaten)
- „Psychographic Segmentation" (nach Motivation, unterteilt in Käuferbedürfnisse, Unternehmenskultur, Innovationskraft; Beziehungsstil, unterteilt in Landeskultur, Persönlichkeitstypen sowie Risikomanagement, unterteilt in Risikowahrnehmung, Verhandlungsstil)
- „Tiering Segmentation" (basiert darauf, wie gut der Kunde zu den Zielen des Unternehmens passt, z.B. zur eigenen Vertriebs- und Marketingstrategie).

Einer der bekanntesten Plattformbetreiber, Alibaba, ist aufgrund seines einzigartigen Geschäftsmodells und der gut geplanten internationalen Expansion zum größten B2B-Unternehmen der Welt geworden. Alibaba betreibt neben B2C-Plattformen eine der größten **B2B-Plattform** weltweit und ist spezialisiert auf die Verbindung von KMUs über das Internet. Alibaba bringt Anbieter und Käufer aus diversen Industrien (z.B. Landwirtschaft, Bekleidung, Elektronik, Gesundheit, Chemie) zusammen. Zur Aufnahme auf B2B-Plattformen müssen Anbieter und auch Käufer gewisse Anforderungen bzw. Voraussetzungen erfüllen (Anwar 2017). Um potenzielle neue Anbieter sowie Käufer anzusprechen, wird Alibaba vermutlich neben den dargestellten Segmentierungsschritten, ebenso Segmentierungen anhand dieser Anforderungen und Voraussetzungen vornehmen. Anforderungen von Anbietern ergeben sich insb. bzgl.

- Produktinformation
- Preisgestaltung
- Verfügbare Menge von Produkten
- Zahlungsbedingungen/Methoden
- Transaktionsrechnung
- Aktualisierung des Produktionsstatus
- Rabatte/Großeinkauf
- Produktentwicklung.

Anforderungen von Einkäufern ergeben sich insb. bzgl.

- Produktinformation
- Preisgestaltung

- Mengenanforderung
- RFIs/RFQs
- Transaktionsprozess
- Kredithistorie
- Versicherung
- Kaufvertrag.

6. Ländermarktsegmentierung und -selektion

6.1. Systematisierung der Entscheidungsoptionen

In diesem Kapitel werden v.a. Ansätze der Ländersegmentierung und -selektion betrachtet. Wie in Abschnitt 4.2.2. angedeutet, handelt es sich eher um normative Ansätze, die Marktselektions- und -segmentierungsentscheidungen systematisieren, also diverse Entscheidungsstrukturierungen anbieten.

> Normative Ansätze postulieren ein systematisches, logisch-rationales Entscheidungskalkül, unter der Annahme, dass die Ländermarktsegmentierung und -selektion strukturierbar ist und Aktivitäten wie Modelldefinition, Bewertung von Kriterien sowie Vorbereitung von Entscheidungen umfassen.

Wie im Abschnitt 4.3.8. ausgeführt, kann das Ziel eines Länderselektionsmodells in der klassischen, ländermarktübergreifenden Segmentierung oder in der ländermarktspezifischen Bewertung liegen. Nachfolgend werden darüber hinaus drei Gruppen von nicht immer trennscharfen Verfahren behandelt:

- Bei der **einstufigen Einzellandbewertung** handelt es sich um die Analyse konkreter Ländermärkte. In der Regel werden formale Modelle genutzt, die spezifische Kriterien mit dem Ziel heranziehen, in einem Schritt eine „optimale" Bewertung von Ländern zu ermöglichen. Alternativ, jedoch seltener erfolgt eine eingehende Analyse spezifischer Märkte, bspw. eines attraktiven Marktes, der ggf. für einen (direktinvestiven) Eintritt vorausgewählt wurde (i.S. einer Feasibility-Study inkl. eines Business Cases vor dem unmittelbaren Eintritt).
- Die Funktion von **Filtermodellen** liegt in der mehrstufigen Bewertung von Ländermärkten mittels ggf. multiattributiver Kriterien pro Stufe, mit dem Ziel, ein Ranking von Ländern hinsichtlich ihrer Attraktivität für ein Unternehmen vorzunehmen. Dies geschieht als Entscheidungsvorlage für Manager und im Vorfeld einer auf der Entscheidung beruhenden „Feasibility-Study" für einen ausgewählten Markt.
- In **Vergleichsmodellen** erfolgt die Gruppierung von Ländermärkten anhand bestimmter Kriterien/Faktoren. Dabei kann es sich um vom MNU nicht bearbeitete Länder handeln (bzgl. der Auswahl für die Expansion) oder um bearbeitete Länder (im Hinblick auf die zukünftige Planung der Aktivitäten in den Ländern). Typisch sind **Länderportfolios**, deren Anwendung die Kombination unterschiedlicher Beurteilungsgrundlagen (subjektive vs. objektive, sekundäre vs. primäre Daten) ermöglicht. Diese Flexibilität wird aber mit einer hohen Abhängigkeit vom beurteilenden Entscheider, der heuristischen Anlage und der Problematik „erkauft", dass bspw. Rückkopplungen zwischen den Ländern nicht ohne Weiteres berücksichtigt werden können.

Diese Verfahren werden nachfolgend behandelt, ergänzt um einen Blick auf **Länderrisiken**, i.S.v. bedeutenden Markteintrittsbarrieren. Hervorzuheben ist, dass weitergehende Optionen zur Marktsegmentierung und -selektion existieren, die nachfolgend an zwei exemplarischen Beispielen erläutert werden. Ein Beispiel für eine Marktgruppierung umfasst drei Ablaufschritte: Erstens, Bestimmung geeigneter Kriterien mittels bipolarer, branchenspezifischer Kriterien mit Positionierung der relevanten Länder; zweitens, Gruppierung der Länder nach Ähnlichkeiten und Kombinationen von Ländern als Zielmärkte; drittens, Gruppenauswahl, bspw. anhand eines Vergleichs der Marktanforderungen mit dem Stärken-Schwächen-Profil eines Unternehmens. Die Vorteile eines solchen Vorgehens liegen in der Genauigkeit, infolge der Berücksichtigung und gleichzeitigen, nicht-kompensatorischen Verwendung relevant erscheinender und auch Ländermarktinterdependenzen abbildender Kriterien. Nachteile sind hohe Anforderungen an die Verfügbarkeit der quantitativen/qualitativen Datenbasis, methodisch fehlende Aussagen zu den gewählten Ländersegmenten oder hohe Durchführungsanforderungen bzgl. Kosten und Zeit. Eine Option bieten auch Verfahren, wie sie in der „Industry Unit" Gebäudeautomatisierungstechnik der Siemens AG zum Einsatz kommen (siehe Abbildung 6.1):

1. So werden relevante Märkte definiert und bzgl. ihres Entwicklungsstands gruppiert. Hierdurch entstehen **Ländergruppen**: Entwickelte Länder und Schwellenländer (weiter unterteilt nach BRIC/Mittlerer Osten und weiteren Schwellenländern).
2. Die eigentliche Marktsegmentierung erfolgt anhand von Clustern bzgl. der **Preisbereitschaft** mit drei **Kundensegmenten**: Hochpreis-, Mittelpreis- und Niedrigpreissegment.

Abbildung 6.1: Ländergruppenspezifische Marktsegmente

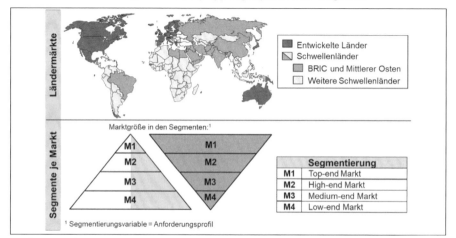

Quelle: I.A.a. Siemens AG 2017, S. 17; Agarwal/Brem 2018, S. 196f.

6.2. Einstufige Ansätze

Einstufige Modelle nehmen eine Länderbewertung i.d.R. mittels Sekundärdaten vor. Dabei wird meist festgestellt, welche Länder noch tiefgehender zu evaluieren sind. Es handelt sich i.d.R. um Betrachtungen von Exporten, bei denen implizit davon ausgegangen wird, dass die Marktsegmentierung bzw. -selektion durch Unternehmen erfolgt, bspw. im Vorfeld eines direkten Exports. Die Modelle können, basierend auf dem Ziel der Marktbetrachtung, in marktgruppierende und marktschätzende Konzepte unterteilt werden (siehe Abbildung 6.2).

Marktgruppierende Konzepte bündeln Länder auf Basis ihrer Ähnlichkeit. Hierzu werden unterschiedlichste Indikatoren vorgeschlagen:

- **Makrosegmentierende Verfahren** zielen darauf ab, anhand von politischen, sozialen, ökonomischen Umfeldindikatoren, wie der industriellen Entwicklung, Ländergruppen zu bilden. Mittels diverser Methoden – v.a. solche, die eine Vielzahl an Indikatoren auf wenige oder einen Index reduzieren – werden die Länder mit ähnlichem Entwicklungsstand zu Gruppen gebündelt.

■ **Mesosegmentierende Verfahren** gehen vergleichbar vor, berücksichtigen aber zusätzlich situative Indikatoren wie Kundenmerkmale, aber auch Kriterien wie wettbewerbliche Aspekte, mit dem Zweck, die Basis der Bündelung zu verfeinern.

Abbildung 6.2: Ausgewählte diverse Ansätze

Marktgruppierung	Makrosegmentierung	♦ Bartels 1963; Liander u.a. 1967; Litvak/Banting 1968; Sethi 1971; Sheth/Lutz 1973; Ramond 1974; Doyle/Gidengil 1977; Mullen/Sheng 2006.
	Mikrosegmentierung	♦ Hodgson/Uyterhoeven 1962; Wind/Douglas 1972; Papadopoulos 1983; Cavusgil/Kiyak/Yeniyurt 2004; Douglas/Craig 2005; Alon/Shoham 2010.
Marktschätzung	Importnachfragepotenzial	♦ Multiple criteria (UNCTAD/GATT 1968; CFCE 1979). ♦ Econometric methods (Alexandrides 1973; Alexandrides/Moschis 1977; Wood/Karriker/Williams 2009).
	Gesamtnachfragepotenzial	♦ Econometric methods (Moyer 1968; Singh/Kumar 1971; Ferguson 1979; Lindberg 1982; Ojala/Tyrväinen 2008; Saen 2011; Sheng/Mullen 2011; Shaban/Saen/Vazifehdoost 2013; Ragland/Brothers/Widmier 2015). ♦ Multiple factor indices (Micro: Douglas/Craig/Keegan 1982; Sakarya/Eckman/Hyllegard, 2007; Górecka/Szalucka 2013; Bosáková u. a. 2013); (Macro: Conners 1960; Dickensheets 1963; Liander u.a. 1967; Samli 1977; Helsen/Jedidi/ DeSarbo 1993; Shama 2000; Mullen 2009; Jekanyika Matanda 2012).

Legende: Quellen sind nicht im Literaturverzeichnis aufgenommen worden.
Quelle: I.A.a. Papadopoulos/Chen/Thomas 2002, S. 166ff.; Ozturk/Joiner/Cavusgil 2015, S. 124ff.

Marktschätzende Verfahren haben das Ziel, Märkte auf Basis ihres erwarteten Potenzials zu bewerten. Hierzu werden Indikatoren wie Größe, Wachstum, Wettbewerb oder Zugangsmöglichkeiten zu Märkten herangezogen, wobei Import- oder Gesamtpotenziale der Märkte im Vordergrund stehen. Das heißt, hier werden Länder nach einem bzw. mehreren Kriterien bewertet und das Land oder die Länder mit der größten Attraktivität ausgewählt.

■ Marktschätzende Verfahren, die auf das **Importnachfragepotenzial** fokussieren, bewerten Auslandsmärkte anhand von Daten zumeist aus Handelsstatistiken.
  – Die **Multiple-Kriterien-Methode** verwendet Marktindikatoren wie Höhe und Wachstum der Importe oder der Marktausschöpfung von Im- und Exporten. Jedem Indikator werden ggf. Akzeptanz- und Ablehnungsniveaus (auf Basis von Experteneinschätzungen) zugewiesen und so ein Ranking vorgenommen.
  – **Ökonometrische Methoden** gehen produktspezifisch vor, indem sie aus Handelsstatistiken die (produkt-)relevanten Importnachfragedaten auswählen. Da sie von einer direkten Beziehung zwischen der Importnachfrage und der Nachfrage nach einem Produkt ausgehen, wird ein mathematisches Modell entwickelt, das aus den ausgewählten Daten die produktspezifische Nachfrage schätzt.
■ Die auf das **Gesamtnachfragepotenzial** fokussierenden, marktschätzenden Verfahren bewerten Auslandsmärkte anhand von Gesamtnachfrageindikatoren.
  – Bei **ökonometrischen Methoden** wird i.d.R. mit Regressionen die Gesamtnachfrage geschätzt, indem bspw. als abhängige Variable die Marktsättigung und als unabhängige die persönlichen Konsumausgaben für ein bestimmtes Produkt betrachtet werden.
  – Die vielen **Multiple-Faktoren-Indizes** messen das Marktpotenzial indirekt, durch Zuweisung relativer Werte zu Teilindikatoren, die aus Statistiken, Erfahrung usw. gewonnen werden. Exemplarisch sind hier Kaufkraft-, Marktqualitätsindizes o.Ä. zu nennen. Zum Beispiel werden zur Ermittlung eines Marktqualitätsindex Durchschnittswerte von Indikatoren wie nationales Einkommen, Elektrizitätsverbrauch o.Ä. gebildet und diese in Relation zu Werten wie Bevölkerungszahlen, Größe des Marktes usw. gesetzt. Vergleichbar können Indizes auf Basis unterschiedlicher Mesoindikatoren und alternativer Methoden gebildet werden.

Die Ansätze verdeutlichen die Vielfalt der Entscheidungssituationen und -indikatoren sowie gleichsam die Bandbreite der Literatur zum Thema. Sie weisen jeweils spezifische Vor- und Nachteile auf. So charakterisieren makrosegmentierende Verfahren zur Marktgruppierung zwar das gesamte Umfeld, ihnen fehlt aber ein Produkt- bzw. Branchenbezug. Dies berücksichtigen mesosegmentierende Verfahren, die aber spezifische Daten erfordern, die meist mühsam erhoben werden müssen. Marktschätzende Ansätze, die auf der Importnachfrage basieren, teilen die Problematik, dass die relevanten Daten oft mit Zeitverzug publiziert werden. Den Multiple-Kriterien-Methoden fehlt oft der Produkt- bzw. Branchenbezug. Die Hauptherausforderungen, v.a. bei Gesamtnachfragemodellierungen sind Redundanz und Kollinearitäten zwischen den genutzten Indikatoren/Faktoren. Die ökonometrischen Verfahren, deren Datenbasis gut zugänglich ist, sind stark methodengebunden und eignen sich eher für stabile Produkt- bzw. Marktsituationen.

Wie angedeutet, gehören zu Länderbewertungen auch „**Feasibility-Studies**", die von Unternehmen im Hinblick auf ein Land und v.a. bei direktinvestiven Engagements vorgenommen werden. Diese sind allerdings oft die letzte Stufe in mehrstufigen Ansätzen.

6.3. Mehrstufige Ansätze

6.3.1. Filterverfahren

Mehrstufige Ansätze streben neben einer grundsätzlichen Länderbewertung eine differenzierte Analyse der Entscheidungsprozesse bis zu Selektion und Eintritt an. Sie folgen der Sichtweise, dass aufgrund der vielfach denkbaren Bezugsebenen (z.B. Länder, Kundengruppen) bzw. der Optionen bei der Entwicklung von Länderselektionsmodellen es zweckmäßig ist, die Marktsegmentierung und -selektion als hierarchisches Konzept aufzufassen. Die Bestandsaufnahme in Abbildung 6.3 zeigt, dass die unterschiedlichen Ansätze einen graduellen und sequenziellen Ablauf vorgeben. Die Übersicht verdeutlicht die Vielfalt denkbarer Einzelstufen, die genutzten Methoden und die Anwendungsfelder bzw. die empirische Eignung.

Zumindest pauschal kann – losgelöst von der konkreten Phasenanzahl oder denkbaren Rückkopplungen zwischen Stufen – auf eine Inside-Outside-Perspektive und eine Outside-Inside-Perspektive verwiesen werden. Modelle, die eher einer **Inside-Outside-Perspektive** zuzuordnen sind, setzen an unternehmerischen Zielen, Strategien, Ressourcen an und analysieren dann Märkte. Indessen ist das Gewicht der Unternehmensperspektive unterschiedlich: Einbindung der Marktwahl in die Unternehmensplanung (d.h. starke Betonung von Vorentscheidungen), Integration der Unternehmensrestriktionen in eine erste Grobselektion oder in eine detaillierte Branchenbetrachtung oder keine besondere Betrachtung von Unternehmenszielen, Strategien oder Ressourcen. Modelle, die eher einer **Outside-Inside-Perspektive** verhaftet sind, setzen an der Marktbetrachtung an bzw. verbleiben auf dieser Ebene. Allerdings ist diese Abgrenzung eher eine akademische, weil kein Unternehmen einen systematischen, mehrstufigen Ansatz ohne die Berücksichtigung von Unternehmensgrundsätzen, Strategien, Zielen etc. nutzen dürfte (siehe auch die grundsätzlichen Vorentscheidungen bei allen Kernentscheidungen im Internationalen Marketing in Abschnitt 2.3.).

Mehrstufige Ansätze dienen nicht ausschließlich, aber mehrheitlich der Filterung attraktiver Ländermärkte (i.S. einer Pipeline von Eintrittskandidaten), im Extremfall des attraktivsten Ländermarktes. Sie umfassen idealtypisch mehrere Phasen (siehe Abbildung 6.4 und auch Abschnitt 8.6.3.).

Abbildung 6.3: Synopse mehrstufiger Marktselektionsmodelle

Autor(en)	Entscheidungsstufen	Methoden	Anwendung
Swoboda/ Schwarz/ Hälsig 2007	1. Pre-decisions, strategies, resources, rules etc. 2. Range of analyzed regions/markets und KO-Criteria 3. Macro-criteria based evaluation 4. Evaluation of a primary ranking 5. Management decisions on further evaluation 6. Feasibility study process on selected country 7. Market entry	Management decisions (1/2), KO-Criteria, scoring models (3), managerial decision (4/5), intensive value-chain handbook and final decision (6/7).	Direct investments, case study in service industries
Douglas/ Craig 2011	Analyzing contextual factors on different levels 1. Macro-level factors: Economic, demographic, socio-cultural, geographic 2. Meso-level factors: Comparing differences in topography, climate, ethnic groupings, urban vs. rural populations 3. Micro-level factors: Physical infrastructure in a village, roads, electricity, market infrastructure 4. Situational factors: Analyzing the specific situation in which consumption takes place (influences consumption behavior)	Collecting data and assessing the relevance of each contextual factor in each stage to rate and compare countries.	Universally; conceptual
Marchi u.a. 2014	1. Initial screening stage: Eliminating unsuitable countries 2. Second stage: Evaluation focused on the attractiveness and accessibility of a smaller number of countries 3. Third stage: Entrepreneur selects the best option (entrepreneur validates the final ranking)	non-compensatory lexicographic rule (1), multi-criteria approach and Fuzzy Expert System (FES) as evaluate system (2), internal reports and interviews with the entrepreneur.	Small firms, case study with a small Italian firm in the stationery industry
Iazzi u.a. 2015	1. Screening: Macro-level indicators 2. Identification: Investigate the level of competition, entry barriers and market segments (in depth screening) 3. Final selection	Personal judgments of data (1), marketing intelligence approach (using software operation flow = semi-automated screening of foreign markets) (2), selecting countries to compare (systems shows attractiveness factors, critical factors and obstacles) (3).	Universally
Ozturk/ Joiner/ Cavusgil 2015	1. Country responsiveness: identification of promising markets for a company's own products or services (using income elasticity of industry-specific consumer expenditure/only high responsive countries stay in the model) 2. Growth potential: focusing on industry market size and gross industry-specific consumer expenditure 3. Aggregate market measure: the rate of urbanization, country risk score, or real GDP growth rate, which managers would consider most critical to their business	Linear regression (1), sum of the industry specific consumer expenditure and income forecast for the next ten years, in comparison to those for the past decade (2), four clusters of FMOA (foreign market opportunity analysis) tool (portfolio) (3).	Meat industry, automotive industry, health care industry
Cano/ Campo/ Gómez-Montoya 2017	1. Preselection: Candidate countries, base import volume 2. Criteria definition 3. Weighing: Subjective weighing for criteria/subcriteria 4. Data collection 5. Data variability 6. Model: Final ranking of countries, to select number one	Decision (1-3), public data from (4), analyzing the variability of criteria over time (5), fuzzy modeling, normalization and weighing; Monte Carlo simulation (6).	SME's, case study of frozen beef export from Columbia
Lages/ Fonseca/ Paulino 2018	VCW-Value Creation Wheel consists of five phases 1. Tap: Defining the challenge 2. Induce: Idea generation (discussing different possibilities for international market entry) and identification of possible filters/rejection criteria → Data collection phase 3. Analyze: Discussing potential of markets and filters (goal is to create a ranking for the final filters) 4. Ground: Building the Value Creation Funnel (goal is to develop a concept for the final market 5. Operate: Development of business model and implementation	Analyzing market trends (1), multiple methodological approaches (2); POKER method (five steps: informing, validating, refining, multiplying and/or eliminating) (3), applying the filters (4), decision about Go, NoGo, Check (5).	Universally, case study with pet supply store, space engineering, IT

- **Generelles Screening der Ländermärkte**: In einer ersten Phase dominieren makroökonomische Kriterien, wobei es in den o.g. Literaturbestandsaufnahmen bspw. politisch-rechtliche, ökonomische, sozio-kulturelle Faktoren sein können, auf deren Basis Auslandsmärkte (im Extremfall die Welt) selektiert, gerankt oder ausgeschlossen werden. Sinnvollerweise werden, wenn mit einer Vielzahl von Ländermärkten begonnen wird, zuerst KO-Kriterien zur ersten Elimination herangezogen, bspw. politische Stabilität, rechtliche Unsicherheiten, Zugang für Auslandsunternehmen etc. Genutzt werden eher weitergehende, verfügbare Sekundärdaten von supranationalen Organisationen, wie WTO, UNCTAD oder World Bank, die eine kostengünstige und schnelle Bewertung einer Vielzahl von Ländern ermöglichen.[1] Diese Daten können auch dazu genutzt werden, in dieser Stufe und nach der KO-Betrachtung auch ein weitergehendes Scoring von Ländern vorzunehmen. Auch hier könnten Länder, die einen erfahrungsbasiert vorgegebenen Wert nicht erreichen, ausgeschlossen werden.
- Identifikation geeigneter Märkte mit **tiefer gehendem Screening**: Eine zweite Phase der Bewertung der verbleibenden Gruppe potenzieller Länder erfordert anhand genauerer, ggf. primärer und branchenspezifischer Informationen bzw. unternehmensspezifischer Wettbewerbsdaten. Oftmals findet an dieser Stelle ein Übergang zu einem eigenen, aktiven Desk Research statt, der ggf. eine pauschale Bewertung der relevanten Wettbewerbssituation voraussetzt (so Kunden, Wettbewerb). Am Ende dieser Phase steht oft ein Ranking von Ländern gemäß ihrer Attraktivität.
- **Abschließende Auswahl**: Hier erfolgt die Marktselektion anhand unternehmensspezifischer Faktoren wie der Profitabilität und Kompatibilität der neuen Länder zum bisherigen Länder- oder Produktportfolio oder auch nur schlicht der Attraktivität der Länder im Hinblick auf eine Marktbearbeitung. Spätestens dies erfolgt durch Primärdaten, oftmals in aufwändigen „**Feasibility Studies**", in spezifischen, vom Management ausgewählten Ländern. Unternehmen bspw., welche eine autonome Tochtergesellschaft mit vollständiger Wertschöpfung in einem Ländermarkt anstreben, müssen an dieser Stelle die Gestaltung nahezu jeder Wertschöpfungsfunktion, sei es Finanzierung, HRM, Produktionsstandorte, Lieferanten usw. vornehmen und in ein beim Eintritt zu nutzendes Manual überführen. Oft ist eine „Feasibility Study" aufgrund ihrer Komplexität mehrstufig aufgebaut, mit Grobbewertungen und Gesprächen vor Ort durch erfahrene Manager (siehe den Case in Abschnitt 8.6.3.).

Abbildung 6.4: Multiple Phasen: Prinzipiendarstellung

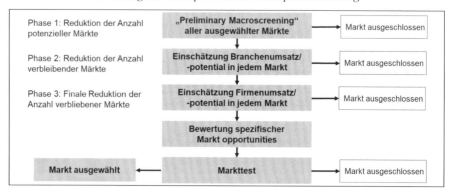

---

[1] Möglich, aber seltener erfolgt auf dieser Ebene die Bildung von Länderclustern.

In allen Phasen kommt dem **Management** eine entscheidende Rolle zu, zumal die Betrachtungen anhand historischer Daten erfolgen, und das Top-Management bspw. die Gesamtinvestitionen des Unternehmens im Blick hat (u.a. den Teil, der für ein „New Market Development" in einem Jahr investiert werden soll). Somit können die Ergebnisse der o.g. Pipeline aus diversen Gründen geändert werden, so vorgezogener Eintritt in weiter hinten gerankte Ländermärkte wg. Synergien zu existenten Ländern oder wg. Timing-Entscheidungen. Abbildung 6.5 zeigt exemplarisch das Prinzip der Filterverfahren anhand eines Beispiels und mit weiter unterteilten Phasen/Kriterien in der Baubranche.

Abbildung 6.5: Beispiel eines stufenweisen Vorgehens bei der Marktselektion

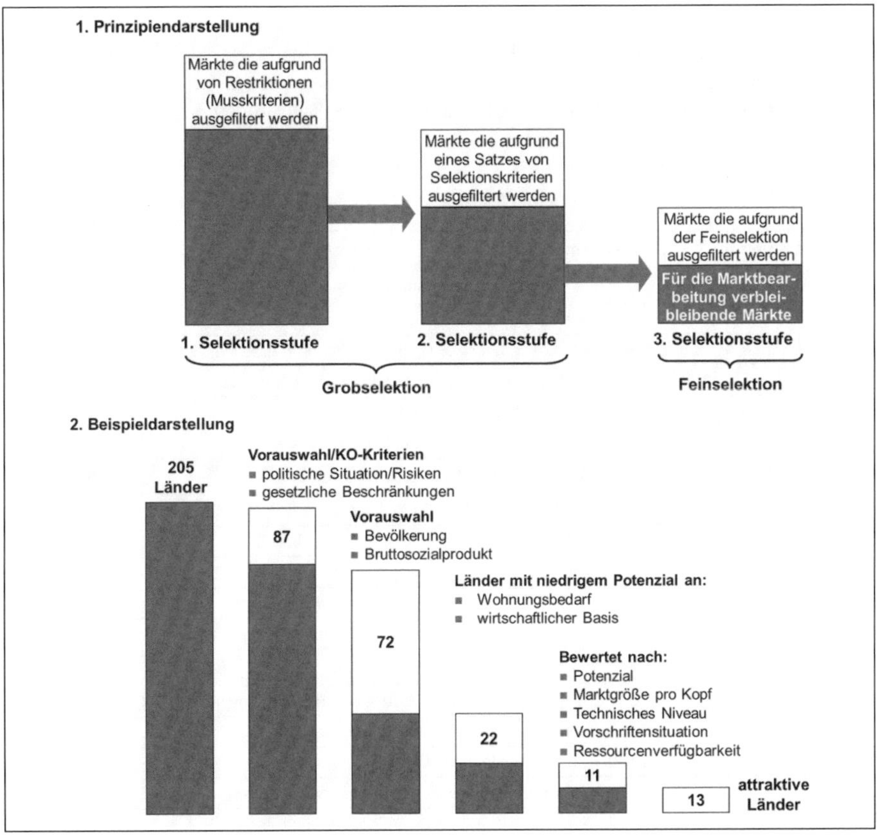

6.3.2. Beurteilungshilfen

Als Beurteilungshilfen sind zunächst denkbare Kriterien zu diskutieren (wie sie in Abschnitt 3.1. auf den Makro-, Meso- und Mikro-Ebenen beschrieben wurden). Eher allgemein zugängliche Makro-Kriterien bilden die Grundlage für eine **Grobselektion**, was die Beschaffung von Primärinformationen für viele Länder vermeidet. Die methodischen Nachteile liegen in der Abhängigkeit von der Einschätzung von Analysten oder in der nur bedingten Berücksichtigung von Interdependenzen zwischen diversen Kriterien. Es kann vorkommen, dass ein Rekurs auf KO-Kriterien erfolgt, die zum Ausschluss eines Marktes führen, obwohl eine Marktbearbeitung – über alle Kriterien gesehen – doch vorteilhaft wäre. Für die letzte Stufe der **Feinselektion** kommen individuell entwickelte Beurteilungshilfen und Informationsquellen zum Einsatz. Vor dem Hintergrund der Vor- und Nachteile wäre eine Kombination von Kriterien aus Plausibilitäts- und Ressourceneinsatzüberlegungen naheliegend. Allerdings ist eine generelle Empfehlung schwierig.

Tabelle 6.1 zeigt exemplarisch KO-Kriterien und Kriterien in drei Stufen der Selektion von Fashionproduzenten in Absatz- und Beschaffungsmärkten. Über 100 Unternehmen wurden offen befragt. Als KO-Kriterien wurden in der Mehrzahl politische/rechtliche, gefolgt von kulturellen und ökonomischen/infrastrukturellen Kriterien und somit **Markteintrittsbarrieren** angegeben. Bei den Selektionskriterien in den Stufen/Phasen dominieren demgegenüber marktorientierte Aspekte. Dies stützt nicht die Sicht der o.g. Stufenmodelle, die von einer eher auf Makro-Kriterien basierenden Grobevaluation und einer auf markt- und unternehmensspezifischen Kriterien beruhenden, vertiefenden Selektion ausgehen. Allerdings wurden Unternehmer ex post gebeten, Kriterien anzugeben, was nicht ausschließt, dass in der vergangenen Entscheidungssituation andere Rangfolgen gewählt wurden. Allerdings sind durchaus ähnliche Kriterien für Absatz- und Beschaffungsmärkte relevant.

Tabelle 6.1: Bewertungskriterien von Beschaffungs- und Absatzmärkten (offene Nennungen)

KO	Stufen	Absatzmärkte	Beschaffungsmärkte	Stufen	KO
35	29	**Politische/rechtliche Aspekte**		17	34
14	11	Politische Stabilität/Lage	politische Stabilität/Lage	11	14
6	7	Zahlungs-/Währungsbed./-risiken	Zahlungs-/Währungsbed./-risiken	--	3
4	7	Außenhandelsbedingungen/-risiken	Außenhandelsbedingungen	5	4
--	4	Länderrisiken	Länderrisiken	1	3
11	--	Handelshemmnisse	Handelshemmnisse	1	10
14	25	**Ökonomische/infrastrukturelle Aspekte**		19	12
6	7	Generelle Kaufkraft	Infrastruktur	8	--
5	8	Wirtschaftliche Stabilität	Wirtschaftliche Stabilität	9	6
3	6	Konjunktur/Wachstum	Konjunktur/Wachstum	8	2
--	4	Wirtschaftspolitik	Wirtschaftspolitik	8	--
			Monopolstellungen Lieferanten	--	4
12	74	**Marktorientierte Aspekte**		92	22
	30	Umsatz-/Absatzpotenziale	Produktions-/Beschaffungskosten	20	4
1	10	Generelle/fehlende Attraktivität	Lohnkosten/-niveau	15	--
3	7	(Fehlende) Kundenpotenziale	Günstige Preise	21	4
5	13	Markt-/Konkurrenzumfeld	Logistikkosten(-probleme)	11	--
--	12	Distributionsstrukturen/-partner	(Niedrige) Produktivität	5	1
3	2	Marktsättigung/Konzeptkompatibilität	Qualität (Arbeit/Produkte)	20	13
24	58	**Kulturelle, qualitative und Übereinstimmungs-Aspekte**		56	12
3	8	Bonität der Kunden	Kompatibilität/Zuverlässigkeit	10	2
9	15	Nähe/Kultur/Mentalität/Sprache	Lieferfähigkeit/-treue	10	2
--	5	Physische Marktnähe	Marktentfernung/Schnelligkeit	11	6
	10	Kompatibilität der Konzeption	Know-how/Wissen/Technologie	9	2
	12	Wissen über Markt	Nähe/Kultur/Mentalität/Sprache	6	
12	8	Sonstiges: Barrieren/Auslastung/ Finanzlage/fehlende Struturen	Sonstiges: Flexibilität/langfristige Perspektive/Ethik	10	

Quelle: I.A.a. Swoboda u.a. 2009, S. 419.

Insbesondere auf die Barrieren wird in den folgenden Abschnitten zurückgekommen. In derselben Studie war interessant, inwiefern die Bewertung von Beschaffungs- und Absatzmärkten gemeinsam zu charakteristischen Länderselektionsfaktoren führen (siehe Abbildung 6.6). Den Unternehmern wurden viele Kriterien vorgelegt, mit der Bitte, deren Bedeutung auf einer Skala einzuschätzen. Mehrere Faktorenanalysen auf Basis aller Items und bei isolierter Sicht von Beschaffungs- vs. Absatzmärkten führten zu zwei Faktoren auf der Beschaffungsseite: Unternehmen orientieren sich v.a. an **Kostenvorteilen** (Faktor 1) und **Produktivitäts-/Qualitätsvorteilen** (Faktor 2). Auf der Absatzseite sind es drei Faktoren: **Absatzpotenzial/-marktattraktivität** von Auslandsmärkten (Faktor 3), **wahrgenommene Marktnähe/-distanz** (Faktor 4) und **unternehmensspezifische Aspekte** (Faktor 5). Bemerkenswert sind die Ergebnisse deswegen, weil sie aus Sicht der befragten Unternehmen für eine Orientierung an fünf unterschiedlich bedeutenden Dimensionen sprechen und zugleich für eine Trennung zwischen beschaffungs- und absatzseitigen Marktselektionsentscheidungen. Derartige Faktoren variieren aber sicherlich in Branchen und Unternehmen (bspw. bei Erfahrungsunterschieden im Ausland, für Exporte vs. Direktinvestitionen).

Abbildung 6.6: Empirische Faktoren der internationalen Marktselektion

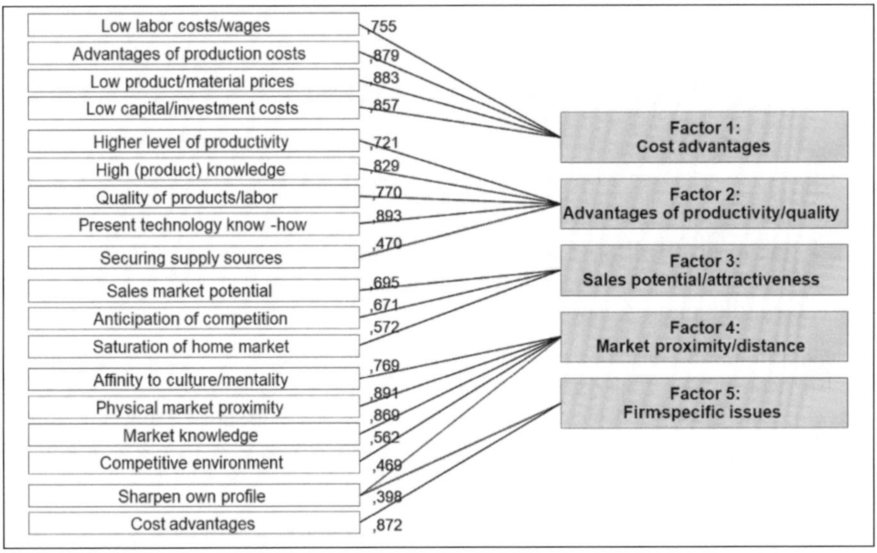

Kriterium	Ladung	Faktor
Low labor costs/wages	,755	Factor 1: Cost advantages
Advantages of production costs	,879	
Low product/material prices	,883	
Low capital/investment costs	,857	
Higher level of productivity	,721	Factor 2: Advantages of productivity/quality
High (product) knowledge	,829	
Quality of products/labor	,770	
Present technology know-how	,893	
Securing supply sources	,470	Factor 3: Sales potential/attractiveness
Sales market potential	,695	
Anticipation of competition	,671	
Saturation of home market	,572	
Affinity to culture/mentality	,769	Factor 4: Market proximity/distance
Physical market proximity	,891	
Market knowledge	,869	
Competitive environment	,562	Factor 5: Firmspecific issues
Sharpen own profile	,469	
	,398	
Cost advantages	,872	

Quelle: I.A.a. Swoboda u.a. 2009, S. 421.

Zudem spielen weitere Beurteilungshilfen eine Rolle, wie z.B. **Entscheidungsbaumverfahren** und **Rankings**, heuristische und kapitalrechnungsbasierte Bewertungsmethoden, Kosten-Nutzen-Überlegungen, mit verschiedenen Kriterien nutzbare **Scoring-Modelle** oder **Profile** (siehe Abbildung 6.7). Bei Letzteren handelt es sich um Beurteilungshilfen, oft für die ersten Phasen einer Selektion. Während bei Scoring-Modellen eine gewichtete Summe der Einzelbewertungen der Kriterien errechnet wird, können durch die Darstellung der Einzelergebnisse mithilfe der Profilmethode zulässige Grenzwerte für die jeweiligen Kriterien mit den jeweiligen Bewertungen verglichen werden (zu weiteren denkbaren Methoden siehe auch Abschnitt 9.3.4.).

Abbildung 6.7: Zwei Beurteilungshilfen im Rahmen der Marktselektion

1. Punktbewertungsverfahren

Kriterien / Länder	Länderrisiko Gewicht (G) = 25		Rechtliche Bedingungen (G) = 22		Marktvolumen (G) = 17		Infrastruktur (G) = 16		Konkurrenzsituation (G) = 15		Strategische Wichtigkeit (G) = 5		Summe Max. 400 P.	Rang
	Bewertung (B)	G X B	(B)	G X B	(B)	G X B	(B)	G X B	(B)	G X B	(B)	G X B		
Dänemark	3,5	87,5	3,5	77	1,5	25,5	3,5	56	0,5	7,5	2,0	10	263,5	3
Schweden	3,0	75	2,5	55	3,5	59,5	2,5	40	2,0	30	4,0	10	269,5	2
Norwegen	2,5	62,5	3,5	77	2,0	34	3,5	56	1,0	15	3,0	15	259,5	4
Finnland	2,0	50	3,0	66	3,5	59,5	3,0	48	4,0	60	4,0	20	303,5	1

Bewertung (B): 0 = sehr schlechte Bedingungen   1 = schlechte Bedingungen   2 = annehmbare Bedingungen
3 = günstige Bedingungen   4 = sehr günstige Bedingungen

2. Profilmethode

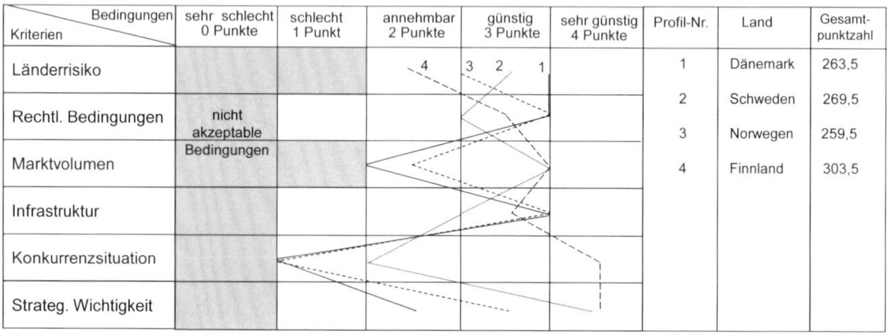

Kriterien / Bedingungen	sehr schlecht 0 Punkte	schlecht 1 Punkt	annehmbar 2 Punkte	günstig 3 Punkte	sehr günstig 4 Punkte	Profil-Nr.	Land	Gesamtpunktzahl
Länderrisiko			4 3 2 1			1	Dänemark	263,5
Rechtl. Bedingungen	nicht akzeptable Bedingungen					2	Schweden	269,5
Marktvolumen						3	Norwegen	259,5
Infrastruktur						4	Finnland	303,5
Konkurrenzsituation								
Strateg. Wichtigkeit								

6.4. Länderportfolios: Ländervergleiche

6.4.1. Grundlegende Ansätze

Länderportfolios dienen dem Vergleich bereits bearbeiteter oder neuer Länder. In grundlegenden, heuristischen Konzepten wird die Bewertung von Ländermärkten in erster Linie vor dem Hintergrund von Chancen- und Risikobetrachtungen diskutiert, wobei als Indikatoren hierfür

- die **Marktattraktivität** und
- die **Marktbarrieren**

herangezogen werden. Die Begriffspaare Chancen/Risiko und Attraktivität/Barrieren sind insofern ähnlich, als Märkte, die der Planung zufolge gute Erfolgschancen bieten, für die Unternehmen attraktiv sind, und Risiken bei der Länderbearbeitung i.d.R. wie Marktbarrieren wirken. Da sich andererseits nicht jede Marktbarriere auf Risikoüberlegungen zurückführen lässt, und zugleich die Marktattraktivität über die alleinige Analyse von Erfolgspotenzialen hinausgeht, stellen die Abgrenzungsdeterminanten Marktattraktivität/Marktbarrieren den umfassenderen Ansatz dar (Backhaus/Voeth 2010, S. 70).

Beide Dimensionen können in eine Portfolio-Darstellung überführt werden – eine Systematik, anhand derer Unternehmen bearbeitete oder potenzielle Ländermärkte in eine systematische Struktur bringen können (siehe Abbildung 6.8). Ziel ist die Abgrenzung von Ländermärkten: **Kernmärkte**, **spekulative Märkte** oder **Peripherie-/Gelegenheitsmärkte**, und solcher, die nicht bearbeitet werden sollen (**Abstinenzmärkte**).

Abbildung 6.8: Marktattraktivität-Marktbarrieren-Länderportfolio

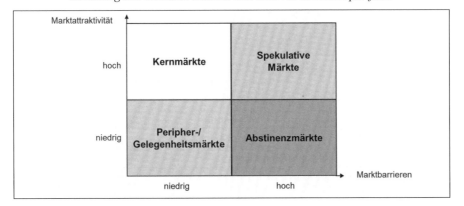

Dieses Ländermarktportfolio kann – i.d.R. prognostisch, i.S. der Entwicklung in der Zukunft – als Grundlage für internationale Länderexpansionspläne eingesetzt werden, zumindest jedoch für eine differenzierte Bearbeitung der bereits bearbeiteten Ländermärkte, d.h., im bestehenden Länderportfolio. In beiden Kontexten ist einiges zu beachten.

Erstens besteht eine Kernherausforderung in der Kriterienwahl. Wood/Robertson (2000) nennen über 200 Einzelkriterien, anhand derer ein Markt beurteilt werden kann. Diese sind je nach Kontext in Attraktivitäts- oder Barrierefaktoren zu überführen:[1]

- Zur Beurteilung der **Marktattraktivität** können idealtypisch Indikatoren von Marktgröße und -wachstum herangezogen werden. Marktgröße kann über die Höhe der lokalen Produktion, über die Differenz aus Ex-/Importen gemessen werden oder indirekt über das Pro-Kopf-Einkommen. Indikatoren wie Wachstumsrate des BSP, Inflationsrate, Bevölkerungsgröße, Größe der Mittelschicht, Bildungsniveau, Währungsreserven und Wechselkursstabilität werden zur Beurteilung von Marktgröße/-wachstum genannt. Neben der Makroumwelt sind – insb. beim Export – „Country-of-Origin-Effects" relevant. Eine unternehmensindividuelle Bestimmung von Kriterien ist sinnvoll.
- **Marktbarrieren** werden in vielfältigerer Form unterschieden, wie nachfolgend ausgeführt (zu Länderrisikobeurteilungskonzepten als spezifische Barrieren siehe Abschnitt 6.5.). Politische Stabilität, Kontrolle durch die Regierung sowie kulturelle Unterschiede sind Hauptgruppen von Eintrittsbarrieren direktinvestiv tätiger Unternehmen, während Steuern, Zölle und Kontingente leichter messbar, v.a. aber für Exporteure relevant sind. Abbildung 6.9 visualisiert die Bereiche, in denen Barrieren liegen können.

Zweitens ist im jeweiligen Kontext zu beurteilen, inwiefern Attraktivität und Barrieren unabhängige Dimensionen bilden. Anders als oft postuliert, ist nicht davon auszugehen. Vielmehr liegt die Vermutung nahe, dass Märkte, denen eine hohe Attraktivität zuzuordnen ist, auch durch hohe Marktbarrieren gekennzeichnet sind und vice versa. Wettbewerber werden hier bemüht sein, den Markteinstieg durch Barrieren zu erschweren.

Drittens ist hervorzuheben, dass bei der Beurteilung von bestehenden Auslandsengagements Marktattraktivität-Marktbarrieren-Portfolios dann nicht ausreichen, wenn weitere Aspekte bedeutend sind, so die Unternehmenssituation oder Wettbewerbsposition. Zudem

---

[1] Überblicke über 200 Marktattraktivitätsitems geben Schühly/Tenzer (2017) in vier Dimensionen ("Society, Culture, Transport/Infrastructure, Economy, Politics") und über Barrieren/Risiken Niu/Dong/Chen (2012).

postulieren Länderportfolios eine einstufige Selektion/Bewertung, während vorgelagerte Kriterien und Rahmenbedingungen denkbar sind (siehe Abschnitt 6.3.1.).

Abbildung 6.9: Mögliche Dimensionen von Marktbarrieren

Politik	Wirtschaft	Gesetze
▪ Stabilität ▪ Diplomatische Beziehungen ▪ Interne politische Taktiken	▪ Entwicklung und Leistung ▪ Produktionsstärke ▪ Konsum	▪ Zolltarife/Steuern ▪ Nicht-tarifäre Vorschriften ▪ Weitere Gesetze
Marktpotenzial	**Infrastruktur**	**Kultur**
▪ Allgemeine Nachfrage ▪ Anpassungskosten ▪ Wettbewerb	▪ Distributionsbezogen ▪ Kommunikationsbezogen ▪ Geographisch	▪ Kulturelle Einheit ▪ Kulturelle Unterschiede

Quelle: I.A.a. Wood/Robertson 2000, S. 37ff.

Viertens wandelt sich die Zuordnung der Ländermärkte im Zeitablauf, sodass eine Matrix – idealtypisch – periodisch und prognostisch zu erstellen ist. Marktengagements sind zu planen und umzusetzen, was Zeit benötigt. Abbildung 6.10 zeigt exemplarisch asiatische Ländermärkte in einer entsprechenden Sicht, allerdings für Importe bzw. Exporte. Schließlich sind somit die o.g. Ausführungen für Exporte vs. Direktinvestitionen unterschiedlich.

Abbildung 6.10: Einschätzung der E-Pkw-Märkte in Asien

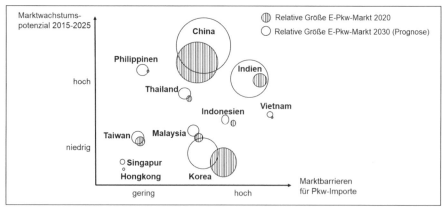

Zudem ist hervorzuheben, dass es in Branchen sinnvoll ist, neben Risiken auch eine Kombination von Kriterien zur Beurteilung eines Länderpotenzials zu nutzen. Dies erfolgt bzgl. Attraktivität, Marktsättigung und Timing im internationalen Einzelhandel. Abbildung 6.11 betont entsprechend den Eintrittszeitpunkt für Einzelhändler (wobei die Achsen gedreht wurden). Weitere, weniger integrative Portfolios auf einer Branchenebene umfassen Betrachtungen bspw. des prognostizierten pro Kopf Wachstums der Ausgaben auf der Abszisse und des Einwohner- oder Einkommenswachstums auf der Ordinate (siehe die Beispiele für Fleisch-, Automobil- und Gesundheitsbranchen, Ozturk/Joiner/Cavusgil 2015).

Kriterien der Marktattraktivität und der Marktbarrieren

Die Attraktivität von Ländermärkten beschreibt die auf diesen Märkten möglichen Ertragschancen. Diverse Attraktivitätsindikatoren können zu Faktoren gebündelt werden (siehe die in Abschnitt 6.3.2. angeführten Studienergebnisse):

- **Kostenvorteile**, so geringere Einkommensniveaus, Produktions- oder Materialkosten und Kapital-/Investitionskosten
- **Produktionskostenvorteile**, so höheres Niveau der Produktivität, höheres Produktions-Know-how und Qualität der Fertigerzeugnisse, vorhandene Technologie
- **Umsatzpotenzial/-attraktivität**, so Absatzmarktpotenzial und -wachstum, günstige Wettbewerbssituation, Sättigung des Heimatmarktes
- **Marktähnlichkeit/-distanz**, so Affinität zur Kultur, physische Distanz, Marktwissen
- **Unternehmenseigene Wettbewerbsvorteile**, so Kostenvorteile, Profil/Image.

Abbildung 6.11: Länderpotenzial-Länderrisiko-Portfolio im Handel

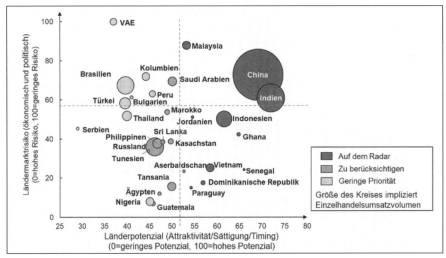

Quelle: I.A.a. A.T. Kearney 2019, S. 4.

Markteintrittsbarrieren, d.h., Erfordernisse und Bedingungen, deren Erfüllung zur bedarfsgerechten Marktbearbeitung notwendig sind, und die für ein Unternehmen eintrittshemmend wirken, werden breit diskutiert. Grundsätzlich könnten die im Abschnitt 3.3. behandelten Faktoren des Makroumfeldes oder jene in Abbildung 6.9 dargestellten Dimensionen auch Markteintrittsbarrieren sein. Diskutiert werden vordringlich tarifäre und nichttarifäre Handelshemmnisse (Hollensen 2020, S. 211ff.) und bedeutende **politische Risiken** bzw. **Länderrisiken** (siehe Abschnitt 6.5.). Des Weiteren können Barrieren auch im **Wettbewerbsumfeld** liegen und im **Mikroumfeld**.[1]

Exportierende (vs. direktinvestiv tätige) Unternehmen haben spezifische, wenngleich ebenfalls interne und externe Barrieren (Narayanan 2015), aber v.a. spezifische Außenhandelsrisiken und Absicherungsnotwendigkeiten (Haber/Ogertschnig 2020, S. 321ff.).

Außenhandelsrisiken entstehen aufgrund der international erhöhten Wahrscheinlichkeit des Eintretens von Krisen, Diskontinuitäten etc. und sind als Abweichungen von Zielvorstellungen zu begreifen, auch wenn einige Risiken (so Währungsrisiko) auch positiv (aus)genutzt werden und bei einer Absicherung Gewinnchancen erhöhen können.

---

[1] Weiter zu fassen sind Eintrittsbarrieren (bspw. in einzelnen Ländern wie China, Niu/Dong/Chen (2012); interne Exportbarrieren wie Information, Finanzen, Marketing und Management nennt Narayanan (2015).

Exemplarisch können vielfältige **ökonomische Risiken** und deren Absicherungsmöglichkeinen hervorgehoben werden (Haber/Ogertschnig 2020, S. 324ff.; siehe Abschnitt 17.4.).

- Das **Geschäftsrisiko** ist die Grundrisikoart jeder unternehmerischen Tätigkeit und resultiert bspw. aus falschen Einschätzungen von Auslandsmärkten, was durch Marktforschung im Vorfeld der Marktauswahl reduziert werden kann.
- Das **Kreditrisiko** bezieht sich auf die Zahlungsunwilligkeit, -unfähigkeit oder -verzug eines Partners, was im Außenhandel aufgrund unterschiedlicher Rechtssysteme bedeutend ist. Zur Absicherung bestehen u.a. Möglichkeiten wie Vorauszahlung, Kreditsicherheiten, Exportkreditversicherung, Forderungsverkauf.
- Das **Preisrisiko** bezieht sich auf die Gefahr von Preisveränderungen, die relevant sind, wenn sich die Leistungserstellung über einen längeren Zeitraum erstreckt, und in dieser Zeit Preisunterschiede bei Rohstoffen oder Löhnen entstehen; Absicherungsoptionen sind Preisgleitklauseln, Sicherungsgeschäfte etc.
- Das **Währungsrisiko** bezieht sich auf mögliche Veränderungen von Austauschrelationen zwischen verschiedenen Währungen im Zeitraum zwischen Vertragsabschluss und Zahlungseingang, insb. zwischen der fakturierten Währung gemäß Kaufvertrag und der Landeswährung. Zur Absicherung von Wechselkursrisiken steht eine Vielzahl von Instrumenten der Kurssicherung zur Verfügung.
- Das **Lieferungsrisiko** bedeutet aus Anbietersicht, dass ein Exporteur eine vorgegebene und vereinbarte Lieferfrist, Lieferqualität oder -menge nicht einhält. Das **Annahmerisiko** bedeutet, dass ein Importeur Ware nicht annimmt bzw. sie annimmt, aber bspw. unberechtigte Mängel anmeldet. Als Risikoabsicherungsmöglichkeiten kommen Auskünfte über die Abnehmer in Frage. Finanzwirtschaftliche Absicherungen sind insb. die Kaufvertragsgestaltung mit Gewährleistungsgarantien und Dokumentenakkreditive.
- Das **Transportrisiko** umfasst die Gefahr der Beschädigung oder des Verlusts der Ware auf dem Transport ins Ausland. Aufgrund der größeren Entfernung hat dieses auch im Inland (Binnenhandel) relevante Risiko im Außenhandel eine größere Bedeutung. Absicherungsmöglichkeiten bestehen insb. durch den Abschluss einer Transportversicherung oder durch die Gestaltung der Lieferbedingungen (INCOTERMS).

Diese Risiken gelten v.a. für Exporte; sie sind aber z.T. auch bei anderen Betätigungsformen relevant, wie Kreditrisiko und Währungsrisiko für Lizenzierung und Franchising. Das Kreditrisiko und das sog. Annahmerisiko (bspw. nimmt der Kunde die Lieferung nicht an) treten bei direktinvestiven Betätigungsformen als „inländische" Risikoarten in den ausländischen Märkten auf. Das Geschäftsrisiko sowie das Preisrisiko gelten für alle Betätigungsformen.

6.4.2. Betonung der Unternehmenssituation

Wie angedeutet, sind für die Beurteilung der Auslandsengagements Marktattraktivität-/Marktbarrieren-Portfolios dann nicht hinreichend, wenn weitere situative Merkmale eine hohe Bedeutung haben, z.B. Strategie, Wettbewerbsposition, Timing. Jung/Han/Lee (2012) schlagen ein quantifizierbares Länderportfolio unter Berücksichtigung von Unsicherheitskriterien vor, so „Expected Market Growth Rate, Market Growth Valatility, Market Profit Rate, and Market Profit Uncertainty", welches für bearbeitete, aber auch zu betretende Länder nutzbar ist, bei entsprechenden Annahmen und Verfügbarkeit entsprechender Daten. Verbreitet sind Betrachtungen, welche die **Markt- und Wettbewerbsposition** von Unternehmen berücksichtigen, also eine Strategiekomponente – neben der Marktkomponente – auf einer der Achsen integrieren. Ein Beispiel ist das **McKinsey-Portfolio** mit den Achsen Marktattraktivität und Wettbewerbsstärke eines Unternehmens, das bspw. Decuseara (2013) mit zehn Makro- und Mesoindikatoren für

Marktattraktivität und sieben Indikatoren für Wettbewerbsstärke in einem Scoring-Modell exemplarisch in einigen Ländern umsetzt. In Abbildung 6.12 sind exemplarisch zwei Grundportfolios abgebildet, die Folgendes leisten können:

- Sie berücksichtigen die Wettbewerbsposition und damit mittelbar die auf den Markt transferierbaren Ressourcen eines Unternehmens.
- Kreisgrößen sind ein Indiz für das Marktpotenzial eines Landes (z.B. BSP).
- Aufgrund der Einordnung der Länder in das Portfolio können Strategien abgeleitet werden. So kommt ein Markteintritt v.a. für Länder oberhalb der Diagonalen in Frage, während von einer Bearbeitung der Länder unterhalb der Diagonalen eher abzusehen wäre. Länder, die in den Feldern auf der Diagonalen liegen, können vor einer finalen Entscheidung weiter evaluiert werden.

Abbildung 6.12: Länderportfolios mit Selektionsentscheidungen und Strategieansätzen

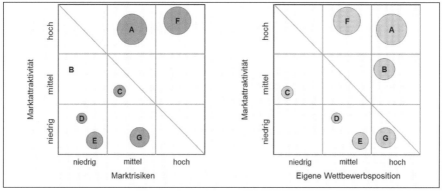

Quelle: I.A.a. Kutschker/Schmid 2011, S. 969f.

Zwei unternehmerische Komponenten, die **Wettbewerbsintensität** im Zielland und die strategische Bedeutung des Ziellandes, zeigt Abbildung 6.13, die andeutet, welche subjektive Bedeutung (nicht nur objektive Attraktivität) Ländermärkte haben. Die Berücksichtigung dieser Faktoren ist etwa beim Betreten wettbewerbsintensiver Märkte relevant.

Abbildung 6.13: Strategisches Bedeutung-Wettbewerbsintensitäts-Portfolio

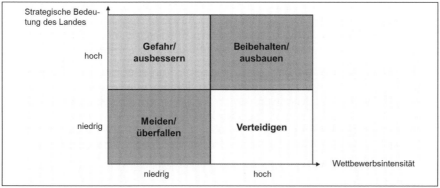

Quelle: I.A.a. Yip/Hult 2012, S. 122.

Auf diese Art können unternehmerische Belange und auch Rückkopplungen zwischen Märkten weitgehend berücksichtigt werden (zu Vor- und Nachteilen von Portfolios siehe auch Backhaus/Voeth 2010, S. 88ff.).

6.5. Länderrisiken als spezifische Markteintrittsbarrieren

6.5.1. Länderrisikobeurteilungskonzepte im Überblick

Eine besonders relevante Gruppe von Markteintrittsbarrieren bilden Länderrisiken (politische Risiken i.w.S.). Im Gegensatz zu den o.g. ökonomischen, in Unternehmen begründeten Risiken, resultieren Länderrisiken aus der Situation des Gastlandes. Es handelt sich um Verlustgefahren, die aus der gesamtwirtschaftlichen, politischen und soziokulturellen Situation eines Landes entstehen können. Teilweise werden politische und wirtschaftspolitische Risiken unterschieden, z.T. politische Risiken i.e.S. von Zahlungsverbots-/Moratoriumsrisiken und Transfer-/Konvertierungsrisiken:

1. Zu den **politischen Risiken (i.e.S.)** zählen Schäden, die als Folge von kriegerischen Ereignissen, politischen Instabilitäten (Regierungswechsel), Blockaden oder Boykottmaßnahmen auftreten, sodass die Ware nicht vertragsgemäß geliefert werden kann bzw. darf. Hierzu zählen auch Schäden als Folgeerscheinungen von innenpolitischen Entwicklungen im Schuldnerland, wie Bürgerkriege und Unruhen. Diese Ereignisse schlagen sich in der Beschlagnahmung, im Verlust, in der Beschädigung der Ware, in der Nicht-Realisierung einer Liefertransaktion oder in Enteignung nieder.
2. Bei **Zahlungsverbots- und Moratoriumsrisiken** werden durch staatliche Maßnahmen zahlungswillige/-fähige Schuldner an der Zahlung ihrer Verbindlichkeiten gehindert. Gründe hierfür können zwischenstaatliche Konflikte, aber auch Zahlungsbilanzprobleme sein. Bei einem Moratorium (Zahlungsaufschub) wird oft nur eine teilweise Zahlung erlaubt oder die Überweisung über einen längeren Zeitraum gestreckt.
3. Das **Konvertierungsrisiko** liegt vor, wenn der Umtausch der Währung des Schuldners – aufgrund eines staatlichen Umtauschverbots – nicht möglich ist. **Transferrisiken** bestehen, wenn die Währung des Schuldners nicht überwiesen werden kann, da der Staat des Schuldners dies nicht erlaubt, aus währungspolitischen oder politischen Gründen.

Da die Länderrisiken im geringeren Maße als die ökonomischen Risiken durch vertragliche Gestaltungen von internationalen Unternehmen abgesichert werden können, kommt der Bewertung von Länderrisiken eine besondere Bedeutung zu, bspw. als KO-Kriterien. Entsprechend liegen vielfache **Konzepte zur Beurteilung von Länderrisiken** vor, deren Ziel es ist, Entscheidungshilfen für die Selektion von Auslandsmärkten zu liefern. Klassische risikobezogene Länderanalysen umfassen neben politischen und wirtschaftlichen (ökonomischen) Aspekten auch gesellschaftliche (soziokulturelle) Rahmenbedingungen.

Länderrisikobeurteilungskonzepte können grundsätzlich in Partialansätze und Totalansätze eingeteilt werden. Bei den **Partialansätzen der Länderrisikoanalyse** werden aus der Komplexität des Entscheidungsfeldes jeweils nur Ausschnitte der relevanten Risikoursachenbereiche in Betracht gezogen. Das Ziel der Totalansätze besteht darin, die Umweltkomponenten möglichst vollständig zu erfassen. Darüber hinaus können quantitative und qualitative Verfahren der Bewertung unterschieden werden (siehe Abbildung 6.14):

- Unter **qualitativen Verfahren** sind Konzepte zu subsumieren, die keine zahlenmäßige Bewertung verwenden, sondern versuchen, ein ganzheitliches Bild der Situation des entsprechenden Landes wiederzugeben. Hierzu zählen u.a. Expertisen, Szenarien,

Checklisten und Risikoprofile. Sie bieten die Möglichkeit, die speziellen Stärken und Schwächen eines Landes zu bewerten.

- Unter **quantitativen Verfahren** werden Konzepte verstanden, die unter Zuhilfenahme von zahlenmäßigen Bewertungen das Länderrisiko als kardinale bzw. ordinale Maßzahl darstellen. Die Mehrzahl der Verfahren basiert auf Punktbewertungs-Modellen, stellt das Länderrisiko eindimensional als Zahlenwert dar und verwendet diesen Wert als Grundlage für ein Länderrating.

Abbildung 6.14: Systematisierung von Länderrisikobeurteilungskonzepten

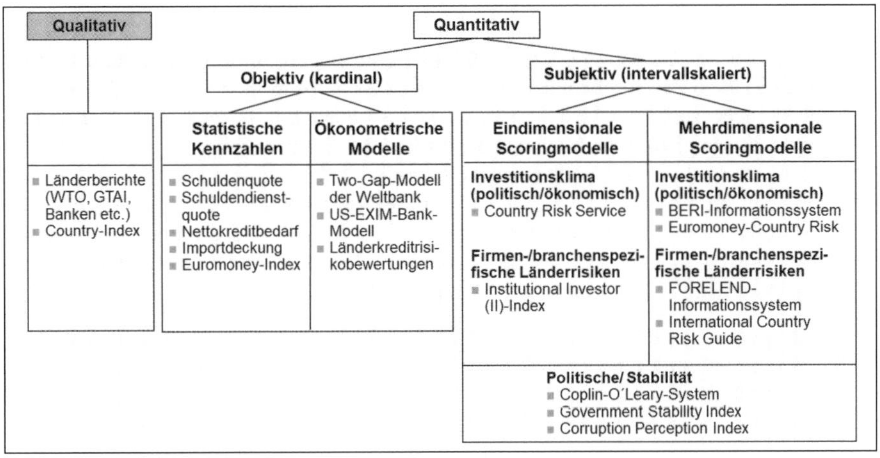

Qualitativ	Quantitativ			
	Objektiv (kardinal)		Subjektiv (intervallskaliert)	
	Statistische Kennzahlen	Ökonometrische Modelle	Eindimensionale Scoringmodelle	Mehrdimensionale Scoringmodelle
■ Länderberichte (WTO, GTAI, Banken etc.) ■ Country-Index	■ Schuldenquote ■ Schuldendienstquote ■ Nettokreditbedarf ■ Importdeckung ■ Euromoney-Index	■ Two-Gap-Modell der Weltbank ■ US-EXIM-Bank-Modell ■ Länderkreditrisikobewertungen	**Investitionsklima (politisch/ökonomisch)** ■ Country Risk Service **Firmen-/branchenspezifische Länderrisiken** ■ Institutional Investor (II)-Index	**Investitionsklima (politisch/ökonomisch)** ■ BERI-Informationssystem ■ Euromoney-Country Risk **Firmen-/branchenspezifische Länderrisiken** ■ FORELEND-Informationssystem ■ International Country Risk Guide
			Politische/ Stabilität ■ Coplin-O'Leary-System ■ Government Stability Index ■ Corruption Perception Index	

Betrachtet man derartige „**Country Ratings**", dann handelt es sich um Früherkennungssysteme für Chancen und Risiken in Auslandsmärkten, die aufgrund politischer Ereignisse sowie sozialer, ökonomischer und rechtlicher Entwicklungen zu erwarten sind. Methodisch betrachtet sind es quantitative **Konzepte der Länderrisikoanalyse**. Dabei werden Kriterien und Risikoindikatoren (etwa von Experten subjektiv) bewertet und durch Gewichtung miteinander in einem Scoring-Modell verbunden, um einen Kennwert zu ermitteln. Dadurch können sowohl verschiedene Länder miteinander verglichen als auch frühere Bewertungen gleicher Länder im Hinblick auf Veränderungen untersucht werden.

Neben der dargestellten Systematik können inhaltlich drei Ausprägungen von Länderratings unterschieden werden, die sich durch die Träger und Anwender der Ergebnisse, durch die Zahl der befragten Experten, die Anzahl der Wiederholungen der Befragung p.a. sowie v.a. den Fokus der Analyse differenzieren lassen:

- Indikatormodelle der **politischen-staatlichen Stabilität**: Bei diesen Ratings wird versucht, das politische-staatliche Landesumfeld anhand geeigneter Indikatoren zu erfassen. Beispielsweise erfolgt bei dem **Coplin-O'Leary System** eine Evaluierung der Regimestabilität eines Landes sowie der Gefahr von Unruhen, bei dem **Government Stability Index** erfolgt die Bewertung der Stabilität der Exekutivgewalt bzw. bei dem **Corruption Perceptions Index** wird der Grad der in Politik und Verwaltung wahrgenommenen Korruption mittels 13 Einzelindizes von zwölf unabhängigen Institutionen gemessen. Diesen Modellen ist gemeinsam, dass das Länderrisiko für die Beurteilung eines Auslandsmarktes nur durch Einschätzung der politischen-staatlichen Lage in einem Land bestimmt wird. Sie lassen offen, ob und in welcher Weise auch ökonomische Risiken für ausländische Firmen existieren.

- Umfassende Indikator-Modelle zur Bestimmung von **Investitionsrisiken** bzw. **-klima**: Hier steht nicht die politische Situation eines Landes allein sondern Indikatoren zur Bestimmung von Investitionsklima bzw. -risiken im Zentrum. Bekannt ist der **BERI-Index**, der im folgenden Abschnitt exemplarisch behandelt wird. Eine vergleichbare Anlage hat der **Euromoney-Country Risk**, der quartalsweise für 186 Länder auf Basis von Expertenurteilen einen Gesamtwert von 0-100 ermittelt, anhand von vier im Scoring-Modell verbundenen Dimensionen („35% Political Risk, 35% Economic Risk, 10% Structural Risks and 10% Access to International Capital Markets"), die wiederum fast alle jeweils in weiteren bis zu sechs Indikatoren auf einer zehnstufigen Skala evaluiert und mit Daten des Internationalen Währungsfonds im Euromoney Belt and Road Index kombiniert werden.
- Die Gruppe der Länderratings zur **Erfassung von firmen- und branchenspezifischen Länderrisiken** basiert ebenfalls auf umfassenden Indikatormodellen, die aber firmen- bzw. branchenspezifische Faktoren in den Fokus stellen. Ein Beispiel ist der mittlerweile eingestellte **Institutional Investor (II)-Index**, der zweimal jährlich publiziert wurde und die Beurteilung der Kreditwürdigkeit von 100-120 Ländern durch 75-100 Experten führender internationaler Banken wiedergab. **FORELEND** ist ein weiterer Index, der Auskunft über die Bonität von 50 Ländern gibt und ebenfalls speziell auf international tätige Banken zugeschnitten ist. Dieser und der **International Country Risk Guide** werden im folgenden Abschnitt exemplarisch behandelt.

Als Kritikpunkte an den Länderratings werden deren Subjektivität, Theorielosigkeit, Nichtberücksichtigung länderspezifischer Besonderheiten sowie Probleme hinsichtlich der Datenverfügbarkeit und -qualität angeführt. Dennoch haben Länderratings wesentliche Vorteile, insb. eine hohe Übersichtlichkeit und eine systematische Vorgehensweise. Sie werden auch in der Forschung berücksichtigt. So untersuchen Asiri/Hubail (2014) die politischen und ökonomischen Faktoren, die das Country Risk Rating am stärksten beeinflussen (gemessen mittels der Ratings von Euromoney und Economic Intelligence Unit). Brown/Cavusgil/Lord (2015) stellen den **Robinson Country Risk Index** vor, der auf vier gleichgewichtigen Dimensionen beruht („Governance, Economics, Operations and Society") und 114 Indizes in 126 Ländern dynamisch über acht Jahre darstellt, was für MNU diverse Dashboards und damit Sichtweisen auf die Länder im Portfolio anbietet.

6.5.2. BERI-Index

Der Business Environment Risk Index ist ein Indikatormodell zur Ermittlung des Risikowertes eines Landes, der seit 1966 vierteljährlich für 50 Länder erstellt wird (BERI 2019). Das BERI-Institut der University of Delaware bietet drei Informationsdienste an:

- BERI-Index („**Business Risk Service**", BRS), der den an Auslandsgeschäften interessierten Unternehmen insb. Investoren als Instrument zur Beurteilung des Investitionsklimas in einem Land dient
- FORELEND-Rating („**Forecast of Country Risks for International Lenders**") mit speziellen Länderrisikoprognosen für Kapitalgeber
- „**Quality of Workforce Index und Financial Ethics Index**", die als Instrumente zur Beurteilung der Arbeitsbedingungen und der Einhaltung von Kreditverpflichtungen herangezogen werden können
- MERA („**Mineral Extraction Risk Assessment**") wird jährlich für Länder mit starkem Wachstum der Öl-, Gas- und Mineraliengewinnungskapazitäten durchgeführt.

Der BERI-Index besteht aus drei Subindizes, dem **„Operation Risk Index"** (ORI, Geschäftsklima), dem **„Political Risk Index"** (Politische Stabilität) und dem **„Remittance- und Repatriation Factor"** (Rückzahlungsfaktor). Jeder Subindex umfasst wiederum zahlreiche Kriterien. Abschließend werden die Subindizes in einem Wert, dem **„Profit Opportunity Recommendation"** verdichtet. Die Ermittlung basiert auf einem internationalen Expertenpanel von rund 100 Führungskräften aus Industrieunternehmen, Regierungsbehörden, Banken und Wirtschaftsinstituten, die ihnen bekannte Länder mittels 15 Kriterien bewerten (siehe Abbildung 6.15). Jeder Beteiligte gibt eine Einschätzung des wirtschaftlichen Risikos für 5-15 Staaten über einen Zeitraum von 6-12 Monaten ab. Die Kriterien werden subjektiv mit Punktzahlen zwischen 0 (nicht akzeptabel) und 4 (außerordentlich günstig) auf einer zehntelpunktgenauen Skala bewertet. Da es sich um ein Scoringmodell handelt, werden im nächsten Schritt die arithmetischen Mittel jeweils gewichtet und anschließend zu einem Gesamtpunktwert aufaddiert, der die Risikoklasse eines Landes angibt. Ein Punktwert von 100 spiegelt ein hervorragendes Geschäftsklima wider, während ein Wert unter 40 Punkten ein nicht mehr akzeptables Risiko darstellt.

Abbildung 6.15: Struktur, Gewichtungsschema und Entwicklung der Operation Risk Indizes

Criteria (i= 1, 2, ..., 15)	(a_i)	(g_i)	($a_i * g_i$)	Development of ORI	
				Year	ORI
1 Political stability	2,3	3,0	6,90	2005	38
2 Attitude towards foreign investment	2,1	1,5	3,15	2006	37
3 Expropriation	1,8	1,5	2,70	2007	42
4 Inflation	1,3	1,5	1,95	2008	42
5 Balance of payments	1,1	1,5	1,65	2009	43
6 Bureaucratic obstacles	1,6	1,0	1,60	2010	42
7 Economic growth	2,0	2,5	5,00	2011	37
8 Currency convertibility	1,6	2,5	4,00	2012	38
9 Enforceability of contracts	1,7	1,5	2,55	2013	41
10 Labor costs/productivity	1,8	2,0	3,60	2014	44
11 Availability of local specialists	1,6	0,5	0,80	2015	48
12 News/transport	1,7	1,0	1,70	2016	49
13 Management and partners	1,8	1,0	1,80	2017	52
14 Availability of short-term credit	1,7	2,0	3,40	2018	49
15 Availability of long-term credit	1,8	2,0	3,60	2019	44
Maximum 25 * 4 = 100 points		$\sum_{i=1}^{15} g_i = 25$	$\sum_{i=1}^{15} a_i * g_i = 44,4$		

Note: a_i = Average occurrence of characteristic (0,0 = not acceptable until 4,0 = very positive); g_i = Weighting
Country ranking: +70 points: Typical situation of an overall stable developed country
55-70 points: Countries with moderate risk and certain complications with daily business
40-55 points: High risk and bad business climate for foreign corporations
Less than 40 points: Not acceptable for foreign investment

Quelle: BERI 2019.

Der R-Faktor misst die Evaluierung der Zahlungsfähigkeit eines Landes und verweist auf das Risiko internationaler Unternehmen, die ihre Erträge und ihr investiertes Kapital nicht mehr re-transferieren können. Bei diesem Modell werden quantitative Daten verwendet. Die Ergebnisse der drei Indizes werden zum Zwecke der Investitionsempfehlung im gleichen Verhältnis additiv zusammengefasst. Entsprechend der errechneten Werte werden die Länder abschließend einer von vier Gesamtrisikoklassen zugeordnet. Die Relevanz des BERI-Index zeigt sich im hohen Bekanntheitsgrad und der Bedeutung, den er bei Banken, Versicherungen und staatlichen Institutionen erlangt hat. Schätzungen zufolge nutzen 50% der japanischen, amerikanischen und deutschen Industriefirmen den BERI-Index als eine Grundlage für ihre Direktinvestitionen. Indessen lässt er eine branchenspezifische Differenzierung vermissen und ist mit seinen auf bis zu fünf Jahren gerichteten Prognosen nicht in der Lage, Wirtschaftsturbulenzen abzubilden; er ersetzt keine vertiefenden Analysen.

Forecast of Country Risk for International Lenders und International Country Risk Guide

Forecast of Country Risk for International Lenders (FORELEND) ist ein branchenspezifisches Länderrisikokonzept (Bankenindikator), das seit 1978 dreimal jährlich vom BERI-Institut angeboten wird. Es ist speziell auf die Kreditrisikoprüfung der Banken zugeschnitten, denen so wichtige Auskünfte über die Bonität von rund 50 Ländern gegeben werden. Das Modell baut zum großen Teil auf den Kriterien und der Methodik des BERI-Index auf. Der Gesamtindex, bezeichnet als „Recommended Lender Action" (Kreditempfehlung), setzt sich aus drei Subindizes zusammen:

- LRquant (quantitativer Index)
- LRqual (qualitativer Index)
- LRenvir (sozialer Index).

Im Subindex LRquant dienen aktuelle statistische Kennzahlen zur Einschätzung der Fähigkeit eines Landes, Devisen zu erwirtschaften, ausreichend hohe Währungsreserven zu unterhalten, seine Auslandsverschuldung zu begrenzen und den Staatshaushalt auszugleichen. Der Subindex LRqual verwendet qualitative Kriterien zur Beurteilung der Zahlungsfähigkeit. Der LRenvir-Index erfasst auf der Grundlage qualitativer Einzelkriterien die Auswirkungen der politischen, sozialen und wirtschaftlichen Bedingungen auf die Kreditwürdigkeit. Die Ergebnisse der drei Komponenten werden für eine Kreditempfehlung zum Recommended Lender Action zusammengefasst, wobei der LRquant mit 50% und der LRqual und der LRenvir jeweils mit 25% in den Gesamtindex eingehen. Die Gewichtung der drei Teilindikatoren verdeutlicht, dass die Kreditempfehlung am stärksten von der Bedeutung der Zahlungsfähigkeit eines Landes beeinflusst wird (BERI 2019). Abschließend werden die Gesamtpunktwerte in acht Kreditwürdigkeitsklassen eingestuft, die dem Kreditgeber Handlungsempfehlungen geben. Wie der BERI-Index beurteilt auch FORELEND die gegenwärtige und auch die zukünftige Situation.

Der **International Country Risk Guide** wird durch das US-Consultingunternehmen PRS Group für 140 Länder erstellt. Aus insgesamt 22 Variablen werden zunächst Teilindizes für drei Risikounterkategorien gebildet, in denen Punkte erreicht werden können:

- finanzielles Risiko (max. 50 Punkte)
- ökonomisches Risiko (max. 50 Punkte)
- politisches Risiko (max. 100 Punkte).

Die Summe der Teilindizes dividiert durch zwei ergibt letztendlich die Gesamtbewertung eines Landes. Die Skala reicht von 0 „sehr hohes Risiko" bis 100 „sehr niedriges Risiko".

7. Timing, Pfade und Interdependenzen

7.1. Systematisierung der Entscheidungsoptionen

Timing-Strategien haben eine Bedeutung bei Neuproduktentwicklung und auch im internationalen Bereich. Hier werden Arten von Timing-Entscheidungen abgegrenzt und eine vergleichende Perspektive eingenommen, i.S. unterschiedlicher Timing-Strategien innerhalb einer jeden Art. Zwei klassische Arten werden nachfolgend ergänzt um den verwandten Blick auf Internationalisierungspfade behandelt:

- Die **länderspezifische Timing-Entscheidung** liegt pauschal darin, den Markteintritt zum richtigen Zeitpunkt – bei einem geöffneten „strategischen Fenster" – zu realisieren, denn Unternehmen können einen Ländermarkt zu früh oder zu spät betreten.
- Die **länderübergreifende Timing-Entscheidung** wird klassisch als gegensätzliche Option einer sukzessiven vs. simultanen Strategie, seltener einer Diversifikations- vs. Konzentrationsstrategie, betrachtet.
- Die **Internationalisierungspfade und -muster** meinen typische Abläufe des Internationalisierungsprozesses, so durch Verhaltensmuster von Unternehmen geprägte Phasen, u.a. die unterschiedliche Geschwindigkeit der Internationalisierung.

Innerhalb der beiden klassischen Timing-Entscheidungen (länderspezifisch und länderübergreifend) werden i.d.R. unterschiedliche Timing-Strategien gegenübergestellt, bspw. **Early vs. Second vs. Late Mover** als Strategien bei Eintritt in ein spezifisches Land, und hinsichtlich spezifischer Treiber/Determinanten der Strategie, deren Vor- und Nachteile bzw. den Erfolg betrachtet. Ähnlich ist dies bei den Internationalisierungspfaden und -mustern, wenngleich hier die Beschreibung der Entwicklungstypen und deren Determinanten/Erfolgsfaktoren im Vordergrund stehen. Abbildung 7.1 gibt einen Einblick in genannte Aspekte in empirischen Studien.

Tabelle 7.1: Ausgewählte Studien zum internationalen Timing

Autor(en)	Gegenstand	Th./Emp. Basis	Kernergebnisse
Länderspezifisches Timing			
Dykes/ Kolev 2018	Einfluss der First vs. Late Mover-Strategie auf Erfolg sowie deren Moderationseffekt	First Mover-Vorteile/N=21 Studien, Metaanalyse	■ First Mover haben einen höheren Erfolg als Late Mover. ■ First Mover, die in den europäischen Markt eintreten erzielen mehr Vorteile als solche, die in China eintreten. ■ Europäische First Mover sind erfolgreicher als chinesische. ■ Serviceunternehmen erzielen höhere First Mover-Vorteile.
Gómez/ Maícas 2011	Mediieren Wechselkosten die Beziehung von Markteintrittszeitpunkt und Leistung eines MNU	Diverse/EU Mobilfunkindustrie, 19 Länder 1998-2007, OLS	■ Reihenfolge des Markteintritts wichtiger Bestimmungsfaktor für den Marktanteil als auch für Profitabilität. ■ First Mover haben höhere Marktanteile und sind profitabler. ■ First Mover-Effekte z.T. durch Wechselkosten erklärbar; wichtiger Mediator zwischen Reihenfolge des Markteintritts und Marktanteil sowie Rentabilität.
Hawk/ Pacheco-De-Almeida/ Yeung 2013	Geschwindigkeitsfähigkeitseinfluss auf Eintritte und Leistung	Capabilities/N= 352 Erdgasindustrie im Atlantik, 1996-2007, Logit	■ Eintrittszeitpunkt ist endogen, von Fähigkeiten abhängig, die Verbindung von Eintrittszeitpunkt und Leistung bedingen. ■ Vorteil „Fast Follower/Fast Second-Strategie" beruht auf intrinsischen Geschwindigkeitsfähigkeiten von MNU.
Klingebiel/ Joseph 2016	Wie treffen Unternehmen Entscheidungen über das Timing von Innovationen?	Keine, N=68 Manager, 12 Handyherstellern, GfK-Daten 2004-2009, Diverse	■ Early Mover gehen größere, unsicherere Ertragschancen mit breiteren Innovationsportfolios an. ■ Spätersteiger zielen auf geringere, sichere Ertragschancen mit schmaleren, selektiveren Portfolios ab. ■ Timing unabhängig von Leistung.

– Abbildung wird fortgesetzt –

– Fortsetzung –

			Länderübergreifendes Timing
Azman/ Mohamad/ Ahmad 2018	Einfluss normativer Institutionen auf die Sprinkler-Strategie	Institutionentheorie/N=124 KMU in Malaysia, PLS	■ Der regulative Druck des Heimatlandes beeinflusst die Strategie der internationalen Marktverbreitung (gemessen anhand der Sprinkler-Strategie) negativ. ■ Mimetischer und normativer Druck haben keinen Einfluss.
Bhalla 2013	Analyse der optimalen Preis- und Markteinführungsstrategie	Keine/Ökonometrisches Modell	■ Wenn Konsumenten einem Produkt einen mittleren Wert beimessen, wird die Wasserfall-Strategie gewählt. Dabei wird eine Hochpreisstrategie verfolgt. ■ Messen Konsumenten einem Produkt einen hohen Wert bei, wird die Sprinkler-Strategie bei niedrigen Preisen gewählt.
Mohr/ Batsakis/ Stone 2018	Analyse der Einflussfaktoren des simultanen Markteintritts	Ressourcentheorie/N=102 Händler, Regressionsanalyse	■ Immaterielle Vermögenswerte, Profitabilität und internationale Erfahrung haben einen positiven Effekt auf den simultanen Markteintritt von Händlern. ■ Die kulturelle Distanz moderiert diese Effekte positiv.
Sleuwaegen /Onkelinx 2014	Internationales Engagement neu gegründeter internationaler Unternehmen	N=35.184 KMU in Belgien, Regressionsanalyse	■ In langsam wachsenden Industrien erlaubt die Wasserfall-Strategie Spillover-Effekte zu generieren und das Risiko der Expansion zu minimieren. ■ In hoch kompetitiven Industrien mit kurzen Produktlebenszyklen und schnell wachsenden Märkten ist die Sprinkler-Strategie angemessener.
			Internationalisierungspfade und -muster
Baum/ Schwens/ Kabst 2015	Identifikation verschiedener Internationalisierungsmuster und Analyse der Determinanten zur Zugehörigkeit zu diesen Mustern	Ressourcentheorie/N=248 KMU in Deutschland, Latent class analysis	■ Identifikation von vier Internationalisierungsmustern: Traditionals, Born Globals, Born-again Globals, und Born Regionals. ■ Internationale Wachstumsorientierung/vorherige internationale Erfahrung erhöhen die Wahrscheinlichkeit zur Zugehörigkeit zu dem Born Global- bzw. Born Regional-Muster. ■ Eine hohe Lernorientierung ist den Traditionals zuzuordnen. ■ Born Regionals zeichnen sich durch eine hohe Produktdifferenzierung aus.
Hilmersson u.a. 2017	Wirkung des Beginns der Internationalisierung und Zeitpunkt auf Geschwindigkeit internationaler Expansion	Internationalisierungsprozesstheorie/N=203 KMU in Schweden, Regressionanalyse	■ Geschwindigkeit internationaler Expansion umso geringer, je länger die Zeit bis zur Internationalisierung ist. ■ Geschwindigkeit der internationalen Expansion umso geringer, je früher Zeitpunkt des Internationalisierungsbeginns. ■ Antagonistischen Interaktionseffekt: Negative Effekt auf Geschwindigkeit der Expansion wg. längerer Zeit bis zur Internationalisierung abgeschwächt durch Zeitpunkt des Beginns.
Olejnik/ Swoboda 2012	Identifikation verschiedener Internationalisierungsmuster und Analyse der Determinanten zur Zugehörigkeit zu diesen Mustern	Uppsala Modell/N=674 KMU in Deutschland, Latent Class Cluster Analysis	■ Identifikation von drei Internationalisierungsmustern: Traditionals, Born Globals und Born-again Globals. ■ Eine hohe internationale Orientierung sowie ein standardisierter Marketing-Mix sind den Born Globals zuzuschreiben. ■ Wachstumsorientierung sowie die Fähigkeit Marktwissen zu generieren ist charakteristisch für die Born-again Globals. ■ Hohe interne Kommunikationsfähigkeit sowie die Standardisierung des Marketing-Mix stehen für das Internationalisierungsmuster der Traditionals.
Paul/ Rosado-Serrano 2019	Identifikation der Determinanten der inkrementellen Internationalisierung vs. Born Global Internationalisierung	Literaturbasiert	■ Unternehmerbezogene Charakteristika beeinflussen die Entscheidung, ob ein Unternehmen der inkrementellen vs. Born Global Internationalisierung folgt. ■ Die Adaption einer Nischenstrategie, Netzwerke und starke Firmenbeziehungen begünstigen die Entscheidung eines Unternehmens den Born Globals zu folgen. ■ Firmen in Technologieintensiven Branchen neigen dazu nach dem Muster der Born Gobals zu internationalisieren.
Schu/ Morschett/ Swoboda 2016	Einflussfaktoren auf Internationalisierungsgeschwindigkeit von Online-Händlern und Auswirkungen auf Schritte?	Ressourcentheorie/N=150 Online-Händler (1110 Markteintritte, 47 Länder, 19 Jahre), Längsschnittstudie, Hazard Regression	■ Imitierbarkeit des Online-Shops mit Einfluss auf Geschwindigkeit der Internationalisierung (umgekehrte U-Form). ■ Entfernung zwischen Eintritts- und Heimatland mit negativem Einfluss auf die Geschwindigkeit. ■ Geographische Ausdehnung des Länderportfolios mit Einfluss auf Geschwindigkeit (umgekehrte U-Form). ■ Diversitätsgrad im Länderportfolio mit Einfluss auf Geschwindigkeit (umgekehrte U-Form).

7.2. Länderspezifische Timing-Entscheidungen

7.2.1. Grundtypen

Lieberman/Montgomery (1988) entwickelten erstmals einen Bezugsrahmen zur Erklärung der Wirkung des Timings auf den Erfolg von MNU. Bis heute dominiert dieser Blick auf den Erfolg der Pioniere. „**Early Mover**" begründen konzeptionell einen **Lebenszyklus** (siehe Abbildung 7.2). Sie haben (zeitliche) Vorteile und entsprechend mehr Handlungsoptionen, aber gleichzeitig einen höheren Unsicherheitsgrad bzgl. der Marktentwicklung. Diese Unterteilung weist auch eine gewisse Willkür auf, weil die Einstufung von Unternehmen als „**Second Mover** and **Late Mover**" von der Dynamik der Entwicklung im Eintrittsmarkt, der Wettbewerbskonzentration etc. abhängt. In reifen Oligopolmärkten kann der dritte Folger bereits als spät bezeichnet werden, in einem jungen Markt mit stark wachsendem Volumen und hoher technologischer Innovationsrate ist dasselbe Unternehmen möglicherweise als „früh" zu klassifizieren. Bemühungen, dieses zu berücksichtigen, rekurrieren u.a. auf

- die Neuartigkeit der Produkt- bzw. auch Verfahrenstechnologie, i.S. einer technologieorientierten Klassifizierung mit einem deutlichen Zeitakzent.
- Demgegenüber steht eine marktorientierte Sicht einer kundensubjektiven Neuartigkeit der Angebote, die auch durch althergebrachte Technologie erzeugt oder vom einführenden Unternehmen bereits in anderen Märkten erprobt worden ist.

Somit beinhaltet die technologieorientierte Sicht einen deutlichen Zeitakzent, während der marktorientiert inspirierte Pionierbegriff auf **wettbewerbliche Kalküle** abstellt. In beiden Sichtweisen kommt es für eine dauerhafte Marktführerschaft grundsätzlich darauf an, die Marktposition früh zu festigen und potenzielle Konkurrenten am Markteintritt zu hindern.

Abbildung 7.2: Grundlegende Typen der länderspezifischen Timing-Strategie

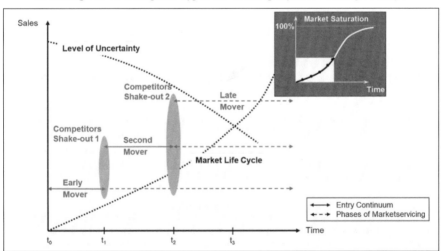

Quelle: I.A.a. Swoboda 2002, S. 89.

Studien zu Timing-Strategien im internationalen Kontext zeigen, dass Pioniere tendenziell **dauerhafte Wettbewerbsvorteile** ggü. Folgern aufbauen und erfolgreicher sind.

Dies belegt eine Meta-Analyse (Dykes/Kolev 2018). Exemplarisch ist zunächst auf zwei Ergebnisse von Luo (1999) hinzuweisen (siehe Tabelle 7.1):

- In einer ersten Studie wurden sieben, im Jahr 1979 in China eingetretene Pionierunternehmen mit 24 „Late Mover-Unternehmen" (Eintritt 1989/1990) verglichen. Die Ergebnisse verdeutlichen ein im Durchschnitt stärkeres Umsatzwachstum und einen höheren Gesamtumsatz der Pioniere, zugleich aber auch höhere Risiken und geringere ROIs.
- Eine zweite Studie zeigt auf der Basis von 96 Unternehmen einen Einfluss des späten Eintrittszeitpunkts auf diverse Erfolgsgrößen (daher mit negativen Koeffizienten), so Eigenkapitalrentabilität, Umsatzwachstum, Gesamtumsatz, Wettbewerbsposition und Grad des operativen Risikos. Die Regressionsanalysen deuten allerdings auch die starke Bedeutung von anderen (Kontroll-)Variablen auf, so v.a. der Branche und der F&E-Aufwendungen, die z.T. stärkere Effekte auf die abhängigen Variablen haben als das Timing; Unternehmensgröße und Eigenkapitalausstattung sind insignifikant.

Tabelle 7.1: Ausgewählte Timing-Effekte: Multiple Regressionsanalyse

	Eigenkapital-rentabilität	Umsatz-wachstum	Gesamt-umsatz	Wettbewerbs-position	Operatives Risiko
Unabhängige Variable:					
■ Timing	-0,43*	-0,26*	-0,34*	-0,24**	-0,28**
Kontrollvariablen:					
■ Branche	0,27*	0,31*	0,27*	0,35*	0,20***
■ Unternehmensgröße	-0,08	0,05	-0,05	0,03	-0,20
■ Eigenkapitalausstattung	0,02	0,11	0,09	0,12	0,13
■ F&E-Aufwendungen	0,34*	0,41*	0,43*	0,47*	-0,17
Modell:					
F-Wert	21,60	15,04	20,76	20,66	7,12
p-Wert	0,001	0,001	0,001	0,001	0,001
R^2	0,55	0,46	0,53	0,53	0,36
korrigiertes R^2	0,52	0,42	0,51	0,51	0,32

Signifikanz $p < 0{,}001^*$, $< 0{,}01^{**}$, $< 0{,}05^{***}$.
Quelle: Luo 1999, S. 193.

Auch wenn Studien schwache Erfolgsbeziehungen, U-Förmige-Beziehungen o.Ä. andeuten (Dykes/Kolev 2018), zeigt das Beispiel, dass für die **Erfolgsrelevanz der länderspezifischen Timing-Strategie** weitere Variablen oder Moderatoren berücksichtigt werden sollten. Einen derartigen Gesamtbezugsrahmen zeigt, erneut exemplarisch, Abbildung 7.3. Darin wirken Determinanten des unternehmerischen Umfeldes und der potenziellen Wettbewerber direkt und/oder indirekt auf die Timing-Entscheidung. Bisherige Untersuchungen nehmen meistens eine Partialbetrachtung vor, verbinden die Vor- bzw. Nachteile einer Timing-Entscheidung mit unterschiedlichen determinierenden Faktoren, was im Folgenden thematisiert wird.

7.2.2. Vor- und Nachteile sowie Determinanten

Abbildung 7.4 fasst Vor- und Nachteile der länderspezifischen Timing-Strategien zusammen. In Studien dominieren auf Seiten der Vorteile von Pionieren Argumente wie Zugang zum lokalen Markt, Fehlen von Konkurrenten, Markierungsvorteile, Zugang zu knappen Ressourcen oder größere Optionen in der Gestaltung der Strategie. Im Wesentlichen handelt es sich hier um marktorientierte Optionen zur frühzeitigen Erreichung einer Marktmacht und zum Aufbau von Eintrittsbarrieren für die Folger.

Abbildung 7.3: Wettbewerbsorientierter Bezugsrahmen der Timing-Strategieformulierung

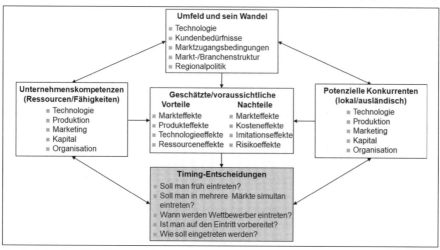

Quelle: I.A.a. Luo 1999, S. 186; Swoboda 2002, S. 90.

Abbildung 7.4: Vor- und Nachteile der länderspezifischen Timing-Strategien

	Vorteile	Nachteile
Early Mover	■ Möglichkeit der Etablierung von Marktstandards ■ Längere Amortisationsphase im Markt ■ Marktanteilsbedingte Kostenvorteile ■ Aufbau von Markterfahrung ■ Intensive Kundenbindung ■ Strategische Autonomie/Monopolgewinne	■ Höhere Kosten für Markterschließung ■ Höherer Überzeugungsaufwand bei den potenziellen Kunden ■ Höherer F&E-Aufwand ■ Gefahr von Technologiesprüngen ■ Unsicherheit über weitere Marktentwicklung
Second Mover	■ Partizipation an der Marktaufbauleistung des Pioniers ■ Risikoreduktion (Abwarten der Marktentwicklung des Pioniers) ■ Im Vergleich zu „Late Movern" Möglichkeit zur Beeinflussung von Standards	■ Geringere strategische Autonomie als der Pionier (Faktenregistrierer) ■ Kosten- und Erfahrungsnachteile gegenüber dem Pionier ■ Ggf. Markteintrittsbarrieren des Pioniers ■ Im Vergleich zu den „Late Movern" höhere Marktinvestitionen und höheres Risiko
Late Mover (Me-too Strategy)	■ Kostenreduktion in F&E ■ Anlehnung an Gebrauchsstandards ■ Verfahrensstabilität durch Anwendung bewährter Technologien ■ Standardisierungspotenziale	■ Imagenachteile gegenüber etablierten Angeboten ■ Markteintrittsbarrieren (insb. bei System- und Verbrauchsgütern) ■ Wettbewerbsprobleme bei Preissenkung der Konkurrenz ■ Relativ geringe strategische Flexibilität

Marktorientiert wird die Marktmacht verankert im frühen Aufbau von **Kundenpräferenzen** für Angebotsleistungen. Der Pionier kann das Kaufverhalten früh bzgl. der langfristigen Bindung prägen. Dies verspricht dann Vorteile, wenn der Wechsel eines Produktes für die Abnehmer mit einem subjektiv empfundenen Risiko und Wechselkosten verbunden ist. Letzteres ist sowohl im Systemgeschäft, etwa aufgrund der technischen Beschaffenheit von Systembauteilen, möglich, als auch im Konsumgüterbereich, z.B. durch den Aufbau starker Marken und eine psychisch zu begründende Markenbindung. Verstärkend wirken die **Komplexität und Erklärungsbedürftigkeit der Produkte**, wenn damit Investitionsbarrieren oder Kaufwiderstände der Kunden verbunden sind. Im Zuge der Öffnung von Entwicklungsländern gibt es ferner die Möglichkeit zur frühen Bindung von Absatzmittlern, mit der Folge, später eintretenden Konkurrenten den **Zugang zu Distributionskanälen** zu erschweren. Damit korrespondiert ggf. auch die **Bindung von Zulieferern**.

Parallel zur marktorientierten Perspektive kann die Argumentation aus einer lerntheoretischen Perspektive heraus erfolgen. Der frühe Aufbau von **Markt-Know-how** ist dabei ein zentrales Argument. In entsprechenden behavioristischer Ansätze der Internationalisierung (siehe Abschnitt 1.4.1.) bilden vorhandene Informationsdefizite, gepaart mit der grundsätzlichen Risikoneigung des Managements, eine Grundlage für die Timing-Entscheidung von Unternehmen. Ein frühzeitig vorhandenes Know-how stützt entsprechend die frühe Timing-Entscheidung und stärkt die Position eines Pioniers. Letztere Argumentation kann auch auf netzwerkorientierte Ansätze i.S. einer starken Position eines Unternehmens in **internationalen Netzwerken** zurückgeführt werden (Chandra/Wilkinson 2017).

Hinsichtlich der mit einem frühzeitigen Eintritt verbundenen Nachteile – oftmals aus der Perspektive von Risiken betrachtet – findet sich ebenfalls eine Reihe von Argumenten. Eine Meta-Analyse zum finanziellen und nicht-finanziellen Erfolg, allerdings nur über 22 Studien, zeigt bspw. die Bedeutung folgender Kontingenzfaktoren (Dykes/Kolev 2018):

- **Gastlandumwelt**: Frühe Eintritte in Europa und in China (nicht USA) führen zu signifikanten finanziellen Erfolgen, wobei die Erfolge in Europa stärker sind.
- **Heimatmarktumwelt:** Frühe Eintritte europäischer und asiatischer Unternehmen führen zu signifikanten finanziellen Erfolgen, v.a. in Europa.
- **Marktdynamik**: Pioniervorteile sind stärker in den Jahren nach 2000 als in den Jahren davor.
- **Branche**: Pioniervorteile existieren in Service- und Industriebranchen, allerdings sind die Vorteile stärker in den Servicebranchen.
- **Betätigungsformen**: Pioniere, welche mit einzelnen Produkten internationalisieren sind erfolgreicher als solche mit Tochtergesellschaften, JV oder Strategische Allianzen.

Insgesamt sind die Ergebnisse weniger stabil für finanzielle als für nicht-finanzielle Erfolgsmaße, und es fehlen darin die unternehmensinternen bzw. Managementfaktoren. Ferner könnten weitere denkbare Kontingenzfaktoren nicht untersucht werden. Insbesondere können attraktive, dynamische **Märkte** die Wettbewerbsvorteile relativieren, weil sich durch das hohe Potenzial/Wachstum für Folger Spielräume bieten. Bei instabilen Marktbedingungen relativiert sich ggf. die Bedeutung der Erfahrungsvorteile des Pioniers, sodass in beiden Fällen eine Folgerstrategie hilft, aus den Fehlern der Pioniere zu lernen und entsprechende Fehlinvestitionen zu vermeiden. Ähnliche Entwicklungstendenzen können im Falle sich ändernder Kundenpräferenzen sowie bei **Technologiesprüngen** bestehen. Sind Kaufkriterien bei den Abnehmern Schwankungen unterworfen bzw. nicht absehbar, und ist die Positionierung erst nach einer gewissen Zeit möglich, kann eine abwartende Haltung vorteilhaft wirken. Letztere bieten für Folgerunternehmen die Option für eigene Eintrittsaktivitäten oder zum Erwerb der notwendigen Technologie. Analog kann für **unternehmensinterne Faktoren** argumentiert werden, so die Finanzstärke eines Folgers, die Exzellenz eines Marken-, Produktprogrammes oder generell die Marktbearbeitungsebene.

7.3. Länderübergreifende Timing-Entscheidungen

7.3.1. Grundtypen

Bei länderübergreifenden Timing-Entscheidungen stehen Sichtweisen über die Zeit im Vordergrund, wobei die betretenen Länder (selten Segmente) das Bezugsobjekt bilden. Wie Abbildung 7.5 zeigt, werden drei Varianten unterschieden, welche für Unternehmen (v.a. zu Beginn der Internationalisierung) und Produkte/Innovationen gelten.

Abbildung 7.5: Basisformen der länderübergreifenden Timing-Strategien

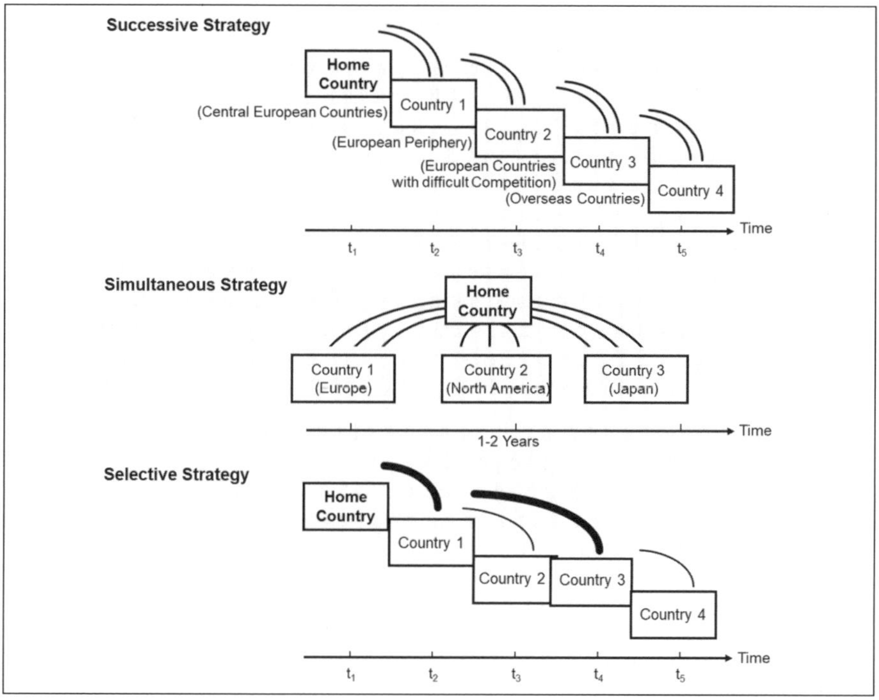

Quelle: Swoboda 2002, S. 95.

Die erste Variante bildet ein sukzessives Vorgehen bei der Erschließung von Auslandsmärkten ab (**Wasserfall-Strategie**). Nachdem bspw. Erfahrungen mit einem Produkt im Heimatmarkt gesammelt wurden, wird dieses auf ausgewählten Auslandsmärkten eingeführt, usw. Dieses Vorgehen hilft Unternehmen auf die im jeweiligen Markt gemachten Erfahrungen zurückzugreifen. Mit einer weiteren Stufe steigt der Grad der Heterogenität der zusätzlich aufgenommenen Ländermärkte. Dabei sind drei Vorgehensweisen denkbar:

- Erstens kann ein Unternehmen am Ende jeder Einführungsphase überlegen, welche Märkte im Folgenden erschlossen werden sollen, sodass in jeder Planungsstufe eine veränderte Unternehmens- und Umweltsituation antizipiert werden kann (Letzteres im Vorfeld von eingehenden Machbarkeits- bzw. Feasibility-Studien).
- Zweitens ist vorstellbar, bei Unternehmen mit strategischer Marktwahl bzw. v.a. bei **Neuprodukteinführungen**, dass nicht nur das Auslandsengagement in einem Land festgelegt wird, sondern auch die späteren Schritte eingehend geplant werden.

- Drittens können Unternehmen, v.a. KMU, zwischen den einzelnen Eintritten Ressourcen und entsprechendes Potential aufbauen.

Die zweite Variante zeigt einen simultanen Eintritt in mehrere Märkte (bspw. die Triade- oder BRIC-Länder, **Sprinkler-Strategie**). Dies erweitert die Sichtweise der sukzessiven internationalen Entwicklung von Unternehmen (siehe Abschnitt 1.4.1.). Eine praktische Relevanz hat dieses Vorgehen bei international tätigen Unternehmen, die etwa eine Neuprodukteinführung in bereits erschlossene Märkte planen. Eine Marktneuerschließung nach diesem Muster ist demgegenüber eher auf ausgewählte Länder/Regionen, weniger auf den Weltmarkt, zu beziehen, d.h., bei Marktneuerschließung ist diese Strategie in Reinform mit einer Zeitspanne von bis zu zwei Jahren selten praxisrelevant. Zunehmend verkürzte Produktlebenszyklen führen zum Bedeutungsgewinn der simultanen Timingstrategie.

Die dritte Variante zeigt ein in der Realität häufig zu beobachtendes, selektives Vorgehen (**selektive Strategie**). Dabei wird nicht der Annahme eines ausschließlich sukzessiven oder eines ausschließlich simultanen Vorgehens gefolgt. Die selektive Strategie bzw. die Ad-hoc-Internationalisierung bildet somit eine kombinierte Vorgehensweise ab. Im Rahmen dieses Strategietyps werden die Unternehmensressourcen auf die Erschließung und intensive Bearbeitung einzelner Märkte konzentriert, während weitere Märkte simultan oder sukzessive erschlossen und weniger intensiv, z.B. nur mit Exporten, bearbeitet werden. Die Unternehmen konzentrieren ihre Ressourcen auf ausgewählte Märkte, die sie tief bearbeiten. Dies ist durch „dickere Linien" gekennzeichnet (**Strahlen-Strategie**). Realitätsnah ist dies deshalb, weil in der Reinausprägung der simultanen Strategie Unternehmen nur ein einziges Mal Märkte (der Triade) betreten könnten; im umgekehrten Fall würden erste sukzessive Engagements den Zugang zur idealtypischen simultanen Strategie verschließen.

Ähnlich wie im länderspezifischen Fall erscheint die Dreiteilung der Timing-Strategie zunächst willkürlich. Oft werden die Ausgestaltungsformen in einer relativ freien Interpretation übertragen auf die Entscheidungsalternativen „**Eintritt in einen Markt vs. in mehrere Märkte**". Offen bleibt, wie viele Märkte erschlossen werden „sollen", welche Zeitperioden zwischen den Schritten liegen „dürfen", um als simultan gelten zu können, oder ob mit „simultan" ausschließlich der „Big Bang" im Grenzfall an einem Tag gelten darf. Entgegen länderspezifischer Entscheidungen beziehen sich die vorliegenden Erkenntnisse meistens auf Beschreibungen der Wahl einer der o.g. Optionen (Azman/Mohamad/Ahmad 2018; Mohr/Batsakis 2018), selten auf die Erfolge (Green/Barclay/Ryans 1995). Zudem sind die Fälle „**Marktneuerschließung**", d.h. der erstmalige Eintritt eines Unternehmens, und „**Produktneueinführung**", d.h. die Neueinführung von Produkten bzw. Innovation in bereits früher erschlossene Märkte (auch im Fall einer kundensubjektiven Neuartigkeit), klar zu unterscheiden. Im zweiten Fall hat das Unternehmen grundsätzliche Marktkenntnisse, ggf. eine bestimmte Infrastruktur usw., auf denen es aufbauen kann, was die Entscheidung bzw. den Eintritt wesentlich erleichtern kann (siehe Abbildung 7.6). Eine selektive Vorgehensweise, in der die Intensität des Eintritts berücksichtigt wird, ist denkbar, wird aber nicht abgebildet.

Abbildung 7.6: Perspektiven der länderübergreifenden Timing-Strategie

	Simultan/ Weltweit	Sukzessive/ Einzelne Länder	Selektiv/ Kombiniert
Marktneuerschließung (neue Technologie)			
Produktneueinführung (u.U. alte Technologie)			

7.3.2. Vor- und Nachteile sowie Determinanten

Die Erkenntnisse zu den Vor- und Nachteilen der unterschiedlichen länderübergreifenden Timing-Strategien stützen sich auf grundsätzliche Überlegungen, weniger auf empirische Befunde. Abbildung 7.7 fasst die Vor- und Nachteile dieser Strategien zusammen.

Abbildung 7.7: Vor- und Nachteile länderübergreifender Timing-Strategien

	Vorteile	Nachteile
Sukzessive Strategie	■ Möglichkeit zur schrittweisen Anpassung an unähnliche Ländermärkte ■ reduzierter Bedarf an Ressourcen ■ geringeres Risiko ■ Verlängerung der Produktlebenszyklen ■ Möglichkeit zur internationalen Preisdifferenzierung	■ Gefahr des frühzeitigen Abbruchs der Marktbearbeitung ■ Vernachlässigung weiterer, attraktiver Märkte ■ Gefahr der Imitation bei nachahmungsfähigen/-würdigen Produkten ■ sehr langsame Internationalisierung
Simultane Strategie	■ unabdingbar bei kurzen Produkt- und Technologiezyklen/langen F&E-Zeiten ■ Schaffung von Markteintrittsbarrieren für Konkurrenten ■ Verteilung von Risiken auf Märkte ■ simultane Realisierung von Economies of Scale	■ hoher/maximaler Koordinationsaufwand ■ hoher/maximaler Ressourceneinsatz ■ lediglich standardisierte Vorgehensweise ■ Überwindungsnotwendigkeit unterschiedlicher Vorschriften der Länder
Selektive Strategie	■ realistische, marktchancenspezifische Vorgehensweise ■ selektive Konzentration auf Märkte ■ selektive Anpassung an Marktbedingungen ■ Lerneffekte durch Aktivitäten auf Referenzmärkten	■ Wettbewerbsnachteile aufgrund des Verzichts einer simultanen Vorgehensweise ■ Koordinations- und Führungsnotwendigkeit v.a. für die Kernmärkte ■ langsame Internationalisierung ■ Abhängigkeit von Kernmärkten

Als Vorteil einer sukzessiven Vorgehensweise lässt sich anführen, dass sich ein Unternehmen in das Auslandsgeschäft hineintasten kann. Es kann die Möglichkeit nutzen, in Bezug auf die Ressourcen mit der Größe des Auslandsgeschäftes zu wachsen. Damit korrespondieren lerntheoretische Argumente für eine **Informationssuche** bei einer Konzentration der Ressourcen auf einzelne Märkte. Unter Koordinationsgesichtspunkten eröffnet sich hier die Möglichkeit zur Anpassung der Aktivitäten an die jeweiligen Marktentwicklungen und damit an tatsächlich stattfindende Austauschprozesse. Koordinationspotenziale und -instrumente müssen nicht unter Zeitdruck aufgebaut werden, sondern lediglich nach Bedarf. Aus der Sicht von Lebenszyklusanalysen ist dabei eine **Verlängerung des Produktlebenszyklus** denkbar, wenn es gelingt, die im Heimatmarkt in der Reifephase befindlichen Produkte auf Auslandsmärkten verzögert zu positionieren (siehe Abbildung 7.8).

Im Zeitablauf fallende Preisniveaus, gepaart mit länderspezifischen Zahlungsbereitschaften, können durch Verzögerung des Markteintritts in niedrigpreisige Länder ausgenutzt werden (siehe Abbildung 7.9). Damit wird die zeitliche Abfolge der Marktengagements zu einem Instrument der Preispolitik. Voraussetzung für dieses Vorgehen ist aber die Vermeidung denkbarer Arbitrageeffekte (siehe Abschnitt 17.2.4.).

Bezüglich der Treiber der Strategiewahl legen **Marktfaktoren** einen sukzessiven Eintritt nahe, wenn bestimmte Märkte die Funktion von **Referenzmärkten (Brückenkopfländer)** für andere Märkte bilden. Dann ist es unabdingbar, diese zuerst zu erschließen. Ein regulativer Druck aus dem Heimatland bedingt die Wahl der Sprinkler-Strategie negativ (Azman/Mohamad/Ahmad 2018), während Kunden, die einem Produkt einen hohen Wert beimessen, zur Wahl der Sprinkler-Strategie führen (zumindest bei niedrigen Preisen gewählt, Bhalla 2013).

Abbildung 7.8: Lebenszykluseffekte einer sukzessiven länderübergreifenden Strategie

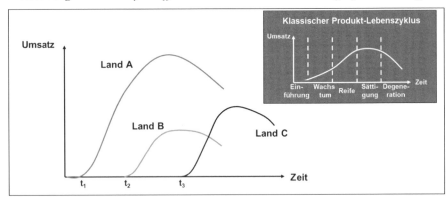

Abbildung 7.9: Eintrittseffekte von Preisdifferenzen bei länderübergreifenden Strategien

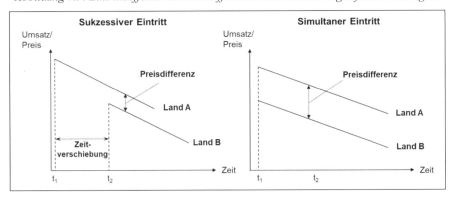

Bezüglich der **Markteintrittsstrategien** zeigen Ayal/Zif (1978) u.a. auf, dass im Falle von Exporten simultane Aktivitäten wahrscheinlich sind. Andere sehen hingegen eine simultane Vorgehensweise vornehmlich bei Vertriebsgesellschaften.

Hinzuweisen ist auf die Möglichkeit der simultanen **Verteilung der Markteintrittsrisiken** auf eine Vielzahl von Ländern bei einer Sprinkler-Strategie. Die Relevanz der Risikoneigung weisen bereits Ayal/Zif (1979) nach. So bedingt entsprechendes Management die Erschließung mehrerer Länder oder die Konzentration der Aktivitäten auf einen Zielmarkt. Analog kann bzgl. der Vermeidung länderübergreifender Flops argumentiert werden, wenn erst nach Einschätzung der Zielvorgabenerreichung über das weitere Vorgehen entschieden wird. Denkbar ist aber auch, dass eine simultane Einführung mit wenig intensiven Engagements, so Exporten, in mehreren Ländern langfristig zur Selektion ertragreicher Märkte genutzt werden kann (erfolglose Märkte werden wieder aufgegeben). Andererseits sind Unternehmen durch die **Verkürzungen von Produkt- und Technologielebenszyklen** gezwungen, ihre Produkte weitgehend simultan auf mehreren Märkten einzuführen, da die innerhalb kürzester Zeit zu erwartenden Produktfolgegenerationen keine Möglichkeit lassen, Auslandsmärkte sukzessiv zu erschließen. Die nächste technologische Generation kann eher marktfähig und von Konkurrenten bereits angeboten werden, bevor der letzte angestrebte Ländermarkt erschlossen wird. Geht damit eine Verlängerung der Entwicklungszeiten einher, dann sinkt die Zeit, um Investitionen zu amortisieren.

Unternehmensintern sind ebenfalls **Ressourcenüberlegungen** bedeutend. So bedingen immaterielle Vermögenswerte, internationale Erfahrung und Profitabilität einen simultanen Markteintritt (Mohr/Batsakis 2018). Sind umfangreiche Investitionen notwendig, dann ist tendenziell eine sukzessive Timing-Strategie vorteilhafter. Ein sukzessiver Eintritt und die damit verbundene ausgiebige Informationssuche ermöglichen die Adaption eines nationalen Konzeptes, während eine rasche Vorgehensweise zumindest in der Eintrittsphase das Vorliegen eines standardisierbaren Konzeptes impliziert. Schließlich wurde lange argumentiert, dass KMU kaum gleichzeitig mehrere Länder erschließen können, weil ihnen die Ressourcen hierzu fehlen. Dies hat sich insofern geändert, weil bestimmte kleinere Unternehmen auch sehr schnell internationalisieren, wie im Folgeabschnitt dargelegt wird.

7.4. Internationalisierungspfade und -muster über die Zeit

7.4.1. Grundtypen

Als Gegensatz zu den traditionell voneinander abgegrenzten länderspezifischen und -übergreifenden Timing-Entscheidungen, gewinnt die ganzheitliche Betrachtung der Internationalisierungspfade an Bedeutung. Ein **Internationalisierungspfad** beschreibt den Internationalisierungsprozess eines Unternehmens über die Zeit. Er umfasst mehrere Phasen, in denen ein Unternehmen ein bestimmtes Verhaltensmuster („**Internationalization Pattern**") in Zusammenhang mit seiner Internationalisierung verfolgt (Kuivalainen u.a. 2012). Innerhalb eines Internationalisierungspfades kann das Unternehmen sich auf ausschließlich eine Timing-Strategie stützen, mehrere Strategien kombinieren oder alle Strategien sequenziell anwenden. Studien zeigen, dass auf Basis der Verhaltensmuster maßgeblich zwischen drei Internationalisierungspfaden unterschieden werden kann (Olejnik/Swoboda 2012):

- Traditionals
- Born Globals (auch International New Ventures) und
- Born-again Globals.

Abbildung 7.10: Rhythmische vs. arrhythmische Internationalisierung

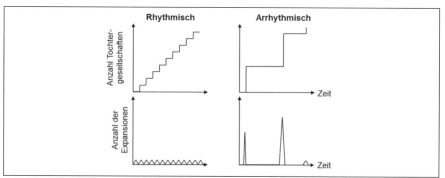

Quelle: I.A.a. Lin 2014, S. 397.

Die Abgrenzung dieser Internationalisierungspfade wird auf fünf Charakteristika zurückgeführt, die bei den o.g. Timing-Entscheidungen unberücksichtigt bleiben: Alter des Unternehmens, geographische Reichweite, Beginn der Internationalisierung, Internationalisierungsgeschwindigkeit und Internationalisierungsrhythmus (bspw. Hilmersson u.a. 2017; Knight/Liesch 2016; Paul/Rosado-Serrano 2019). Letztere kann i.e.S. zur Unterscheidung der Pfade herangezogen werden und beschreibt die Regelmäßigkeit, mit welcher der Internationalisierungsprozess abläuft (Lin 2014). Wird in gleichmäßigen Zeitabschnitten eine gleichbleibende Anzahl an Ländermärkten erschlossen, spricht man von einer rhythmischen Internationalisierung (siehe Abbildung 7.10). Eine in Schüben, mit immer wechselnder Anzahl gleichzeitig erschlossener Ländermärkte, verlaufende Expansion charakterisiert dagegen eine arrhythmische Internationalisierung.

Betrachtet man die o.g. Internationalisierungspfade, dann sind **Traditionals** überwiegend klassische Industrieunternehmen, die dem inkrementellen Internationalisierungsmodell von Johanson/Vahlne (2017) folgen (siehe Abschnitt 1.4.1.). Sie fokussieren zu Beginn ihrer internationalen Expansion weiterhin v.a. den Ausbau der Tätigkeiten im Heimatmarkt. Die internationale Expansion erfolgt nacheinander in einzelne Länder, wobei ein kleiner bis mittlerer Auslandsumsatzanteil erreicht wird. Es wird ausschließlich die sukzessive Timing-Strategie herangezogen. Diese inkrementelle und somit rhythmische Internationalisierung beginnt erst lange nach der Unternehmensgründung und ist durch eine niedrige Geschwindigkeit gekennzeichnet (siehe Abbildung 7.11).

Abbildung 7.11: Abgrenzung der Internationalisierungspfade

	Traditionals	Born Globals	Born-again Globals
Alter	▪ Ältere Unternehmen	▪ Junge Unternehmen	▪ Ältere Unternehmen
Geographische Reichweite	▪ Zuerst inländischer Ausbau ▪ Expansion in einzelne Märkte ▪ Kleiner bis mittlerer Auslandsumsatzanteil	▪ Gleichzeitige in- und ausländische Expansion ▪ Expansion in mehrere Länder gleichzeitig ▪ Hoher Auslandsumsatzanteil	▪ Zuerst inländischer Ausbau ▪ Expansion in mehrere Länder gleichzeitig ▪ Hoher Auslandsumsatzanteil
Beginn der Internationalisierung	▪ Spät ▪ Lange Zeit nach Gründung	▪ Früh ▪ Kurze Zeit nach Gründung	▪ Spät ▪ Lange Zeit nach Gründung
Geschwindigkeit	▪ Niedrig	▪ Hoch	▪ Mittel
Rhythmus	▪ Rhythmisch	▪ Arrhythmisch	▪ Arrhythmisch

Quelle: I.A.a. Olejnik/Swoboda 2012, S. 487.

Born Globals

Aufgrund der steigenden Bedeutung des Phänomens der **Born Globals** werden diese im Folgenden ausführlicher charakterisiert. Born Globals sind junge Unternehmen, die relativ kurz nach der Gründung bereits einen sehr hohen Auslandsumsatzanteil aufweisen (Paul/Rosado-Serrano 2019). Direkt zu Beginn der Internationalisierung werden mehrere Länder gleichzeitig mit einer hohen Geschwindigkeit erschlossen, worauf meist eine Wachstumsphase in bestehenden Märkten folgt. Dadurch ist dieser Internationalisierungspfad als arrhythmisch einzustufen. Charakteristisch für das Marktengagement der Born Globals ist neben der frühen Internationalisierung auch in psychisch weit vom Heimatmarkt entfernte Länder kurz nach der Firmengründung, die Führung durch engagierte Unternehmer, das Nutzen technologischer Innovationen und die Verwirklichung neuer Produktideen (Olejnik/Swoboda 2012). Das Aufkommen der Born Globals wird mehrheitlich technologie- und wissensintensiven Branchen zugeschrieben, wobei empirisch keine Konzentration von Born Globals in diesen Branchen nachgewiesen werden kann (Choquette u.a. 2017). Als aktuelle Beispiele für Born Globals werden Unternehmen wie Amazon, eBay oder Google in ihren frühen Entwicklungsphasen genannt, aus denen sich die heutigen, globalen Konzerne entwickelt haben.

Die Erklärung des Timings von Born Globals durch traditionelle Stufenmodelle greift insofern nur bedingt (Braunerhjelm/Halldin 2019). **Simultane Markterschließung** ist naheliegend, wobei diese meist durch eine selektive Vorgehensweise ergänzt wird. So heben Freeman/Hutchings/Chetty (2012) hervor, dass viele Born Globals rapide in solche Märkte expandieren, die bereit sind, ihre Technologie anzunehmen (i.S.d. Präferenz für größere entwickelte Länder mit schnellen Wachstumsoptionen). Des Weiteren ist die geographische Verbreitung der Aktivitäten von der früheren internationalen Erfahrung des Gründers und dessen Partnern geprägt. Die Internationalisierung verläuft über persönliche Netzwerke und Kontakte; auch neue Netzwerke werden aufgebaut bzw. geschaffen (Sedziniauskiene/Sekliuckiene/Zucchella 2019). Neben dieser netzwerkgetriebenen Vorgehensweise sind im Rahmen der Marktwahl auch ein Fokus auf „**Lead Markets**" (i.S. Ressourcenverteilung auf viele Märkte, aber intensive Bearbeitung von Kernmärkten) und die Follow-the-Customer-Strategie relevant (i.S. direktinvestiver Engagements bei wichtigen Kunden, neben den ansonsten üblichen Exporten). Ziele des selektiven Vorgehens sind insb. die Erlangung von Wettbewerbsvorteilen, eine schnelle Erschließung globaler Nischen sowie Schutz/Ausnutzung von proprietärem Wissen. Da viele Born Globals kleine, spezialisierte Nischenanbieter sind, bietet diese Vorgehensweise die Chance, im Wettbewerb zu bestehen.

Dieses selektive Vorgehen prägt die hinzugezogenen **Kriterien der Marktwahl**. So geben die Born Globals in der Mehrheit an, dass solche Märkte ausgewählt werden, welche die höchsten Wachstumsraten in ihrer Nische versprechen. Bei der Festlegung der Reihenfolge der Markteintritte treten im Wesentlichen zwei Varianten auf: Ein Teil der Firmen orientiert sich an den vorangehenden Erfahrungen und an bestehenden **Netzwerken**; der andere Teil gibt an, sich auf Marktforschung zu stützen. Überraschenderweise wird auch hervorgehoben, dass die schnelle Internationalisierung von Born Globals strukturierter und mehr an Expansionsplänen orientiert ist als bei „traditionellen" internationalen Unternehmen. Letztere verfolgen oft eine opportunistische, pragmatische Ad-hoc-Vorgehensweise.

Born-again Globals

Weiterhin wird zwischen Born Globals und sog. **Born-again Globals** unterschieden. Born-again Globals sind ältere Hersteller- oder Serviceunternehmen, die anfänglich auf dem Ausbau inländischer Aktivitäten beruhen. Nach langer Zeit im Heimatmarkt folgen sie plötzlich radikal dem Muster der Born Globals und erschließen eine Vielzahl an Ländern gleichzeitig (simultane Timing-Strategie). Ausgelöst wird die intensive Internationalisierung durch kritische Vorfälle, die zusätzliche Ressourcen verschaffen. Durch das lange Ausbleiben der internationalen Expansion und dem darauffolgenden Internationalisierungsschub, ist die Internationalisierung der Born-again Globals als arrhythmisch charakterisiert. Die Geschwindigkeit ist durch die Dauer bis zum ersten ausländischen Markteintritt lediglich moderat, wobei ein hoher Auslandsumsatzanteil erreicht wird.

International New Ventures

Über die vorgestellte Systematik hinweg sind die **International New Ventures** als Gegenstand der aktuellen Literatur im Internationalen Marketing anzuführen. Wie auch die Born Globals, sind die International New Ventures junge Unternehmen, die durch eine frühe sowie rapide Internationalisierung gekennzeichnet sind (Abrahamsson/Boter/Vanyushyn 2019). Sie haben eine limitierte Ressourcenverfügbarkeit, sind dazu geneigt eine Nischenstrategie zu verfolgen und verlassen sich auf vorhandene Netzwerke und Kooperationen statt auf den Aufbau von Organisationsstrukturen (Evers/Gliga/Rialp-Criado 2019). Die Begriffe Born Globals und International New Ventures werden in der Literatur immer wieder synonym verwendet (Paul/Rosado-Serrano 2019). Der eigentliche Unterschied liegt in der geographischen Ausrichtung: Während Born Globals von Beginn an global auf mehreren Kontinenten international aktiv sind, ist bei den International New Ventures eine regionale Herangehensweise der internationalen Expansion, wenn auch in viele Länder bspw. eines Kontinentes gleichzeitig, zu erkennen. Baum/Schwens/Kabst (2015) sprechen in ihrer Studie von sog. **Born Regionals**, welche ebenfalls durch den regionalen Bezug ihrer Internationalisierung von den Born Globals abgegrenzt werden. So ist bspw. Zalando mit 13 Markteintritten innerhalb Europas in den ersten vier Jahren nach Unternehmensgründung ein International New Venture oder Born Regional, allerdings kein Born Global.

7.4.2. Determinanten und Internationalisierungsgeschwindigkeit

Anders als in entsprechenden Abschnitten zu den Timing-Entscheidungen ist es nicht sinnvoll allgemeine Vor- und Nachteile der Internationalisierungspfade anzugeben. Aussagekräftiger sind die Determinanten der Zugehörigkeit zu den jeweiligen Internationalisierungspfaden. In der Studie von Olejnik/Swoboda (2012) können diverse Unterscheidungsmerkmale auf Basis einer speziellen „Latent Class Cluster Analysis" als determinierend der Pfadzugehörigkeit interpretiert werden (siehe Abbildung 7.12).

- Je stärker ein Unternehmer international orientiert ist, desto eher wird es dem Pfad der Born Globals oder Born-again Globals folgen.
- Eine hohe Wachstumsorientierung ist dagegen insb. den Born-again Globals zuzusprechen. Sie bauen ihre Aktivitäten erst national aus, lassen sie dort reifen und treten dann die rapide internationale Expansion mit dem Ziel des Wachstums an.
- Hohe interne Kommunikationsfähigkeiten sind insb. bei den Traditionals zu finden. Dem Modell der inkrementellen Internationalisierung folgend basiert die internationale Expansion der Traditionals auf Erfahrung, für deren Aufbau eine funktionierende Kommunikation unabdingbar ist.
- Eine erhöhte Fähigkeit, Marktanalysen durchzuführen und somit Informationen zu generieren, hat für die Born-again Globals die höchste Bedeutung. Während die Born Globals proaktiv und die Traditionals überwiegend reaktiv internationalisieren, nutzen die Born-again Globals solche Marktanalysen für eine kontrollierte Internationalisierung.
- Eine hohe Standardisierung des Marketing-Mix impliziert verstärkt die Zugehörigkeit zu den Born Globals, wobei Traditionals ebenfalls die Standardisierung zur Reduzierung der Komplexität nutzen.

Abbildung 7.12: Determinanten der Internationalisierungspfade

Einflussfaktoren	Born Global vs. Traditionals	Born-again Global vs. Traditionals	Born-again Global vs. Born Global
International orientation	+	+	-
Growth orientation	+	+	+
Communication capability	-	-	-
Intelligence generation capability	+	+	+
Marketing mix standardization	+	-	-

Legende: Kreise geben die Wirkungsrichtung der Variablen an; graue Kreise=signifikante Effekte.

Quelle: I.A.a. Olejnik/Swoboda 2012, S. 486.

Diese Merkmale der Zugehörigkeit zu den Internationalisierungspfaden sind vielfach erweiterbar. Paul/Rosado-Serrano (2019) greifen die Charakterisierung der Born Globals auf und zeigen auf Basis des Rückblicks von 115 Studien, dass Persönlichkeitsmerkmale des Unternehmers, die Verwendung einer Nischenstrategie sowie starke Netzwerkbeziehung das Folgen des Pfades der Born Globals begünstigen. Zudem determiniert die Internationalisierungsgeschwindigkeit, sowohl die Geschwindigkeit bis zum Start der Internationalisierung, als auch die Geschwindigkeit der weiteren Markterschließung, die Zugehörigkeit zum Internationalisierungspfad der Born Globals (Hilmersson u.a. 2017).

Internationalisierungsgeschwindigkeit

Die Internationalisierungsgeschwindigkeit wird nicht nur als das Hauptmerkmal zur Unterscheidung der Internationalisierungspfade herangezogen, sondern determiniert darüber hinaus den Unternehmenserfolg und hat ebenso etwas mit dem länderübergreifenden Timing zu tun (Jain/Celo/Kumar 2019). Daher wird sie an dieser Stelle allgemein charakterisiert und bzgl. ihrer Determinanten beleuchtet.

Grundsätzlich wird die Internationalisierungsgeschwindigkeit verstanden als das Ausmaß der internationalen Expansion, welches ein Unternehmen innerhalb eines bestimmten Zeitraums erreicht hat (Hsieh u.a. 2019). Lange Zeit wurde sie als die Zeit zwischen der Unternehmensgründung und dem Beginn der internationalen Expansion konzeptualisiert. Diese Konzeptualisierung impliziert ein eindimensionales Verständnis der Internationalisierungsgeschwindigkeit, welches der Dynamik und Komplexität des Internationalisierungsprozesses nicht gerecht wird. Daher wurde sich in der Literatur auf die Internationalisierungsgeschwindigkeit als ein mehrdimensionales Konstrukt verständigt. Dieses umfasst die Zeitspanne zwischen Gründung und Beginn der Internationalisierung wie auch das Tempo, mit dem die darüberhinausgehende internationale Marktentwicklung vorangetrieben wird.

Abbildung 7.13: Messungen der Internationalisierungsgeschwindigkeit

	Indikator	Quellen
Eindimensionale Messung	■ Time to internationalization	♦ Hilmersson 2014; Jørgensen 2014
	■ Number of foreign subsidiaries p.a./divided by number of years since first foreign expansion/divided by a specific time period	♦ García-García/García-Canal/Guillén 2017; Jain/Celo/Kumar 2019; Mohr/Batsakis 2018
	■ Growth in foreign sales share	♦ Lin/Si 2019
	■ Time (days) between the entry into a new market and the prior foreign market entry	♦ Casillas/Moreno-Menéndez 2014; Schu/Morschett/Swoboda 2016
Mehrdimensionale Messung	■ Speed of international learning ■ Speed of committing internationally	♦ Chetty/Johanson/Martín 2014; Cheng/Zhong/Cao 2020
	■ Earliness of start of internationalization ■ Speed of deepening ■ Speed of geographic diversification	♦ Hsieh u.a. 2019
	■ Number of export markets ■ Percentage of international sales ■ Percentage of assets abroad divided by firm age	♦ Hilmersson/Johanson 2016
	■ Speed of international expansion ■ Time to internationalization ■ Point in time when internationalization starts	♦ Hilmersson u.a. 2017

Empirische Studien zeigen, dass trotz der multidimensionalen Konzeptualisierung noch kein Konsens über die Messung der Internationalisierungsgeschwindigkeit besteht. Ein- und mehrdimensionale Messungen werden gleichermaßen herangezogen (siehe Abbildung

7.13). Die uneinheitliche Messung lässt sich auf die Unterschiede der untersuchten Unternehmen zurückführen. Während der Zeitraum bis zum Beginn der Internationalisierung bei Born Globals und KMUs weiterhin relevant ist, findet diese Messung im Kontext von MNU keine Anwendung. Dagegen sind die durchschnittliche Anzahl an Tochtergesellschaften p.a. oder die Wachstumsrate der Auslandsumsatzanteile eine adäquate Messung der Internationalisierungsgeschwindigkeit bei MNU, nicht aber von E-Commerce-Unternehmen oder Born Globals. Chetty/Johanson/Martín (2014) haben eine mehrdimensionale Messung der Internationalisierungsgeschwindigkeit auf Basis des Uppsala Modells entwickelt. Sie schlagen die Messung anhand der Dimensionen „Speed of International Learning" und „Speed of Committing Internationally" vor. Diesem Vorschlag wurden weitere mehrdimensionale Messungen mit immer neuen und verschiedenen Facetten entgegengesetzt.

Bei den Determinanten der Internationalisierungsgeschwindigkeit stehen Unternehmens- sowie Unternehmerbezogene Einflussfaktoren im Vordergrund empirischer Studien. Die Geschäftsintelligenz und Anpassungsfähigkeit haben bspw. einen positiven Effekt auf die Internationalisierungsgeschwindigkeit multinationaler Unternehmen (Cheng/Zhong/Cao 2020). Die Persönlichkeitscharakteristika des Unternehmers sowie dessen bestimmende vs. explorative Vorgehensweise beschleunigen die Internationalisierung von Born Globals (Lin/Si 2019), während bei Handelsunternehmen die internationale Erfahrung des Top Management Teams von besonderer Bedeutung zu sein scheint (Mohr/Batsakis 2018). Einen weiteren Einblick in die unternehmensspezifischen Determinanten der Internationalisierungsgeschwindigkeit liefert die Studie von Schu/Morschett/Swoboda (2016, siehe Abbildung 7.14). Die Autoren zeigen für 150 Online-Händler aus 13 Ländern, dass die Imitierbarkeit des Geschäftsmodells einen kurvenförmigen Einfluss auf die Internationalisierungsgeschwindigkeit hat (durch „+/-" angedeutet). Solange die Imitierbarkeit niedrig ist, internationalisieren die Händler langsam. Steigt die Imitierbarkeit, so wird die Internationalisierung beschleunigt, da sich Händler durch die Erschließung weiterer Märkte den Aufbau neuer Wettbewerbsvorteile erhoffen. Ab einem gewissen Punkt können durch die Erschließung weiterer Märkte jedoch keine neuen Wettbewerbsvorteile aufgebaut werden, und die Internationalisierung verlangsamt sich.

Abbildung 7.14: Internationalisierungsgeschwindigkeit im E-Commerce

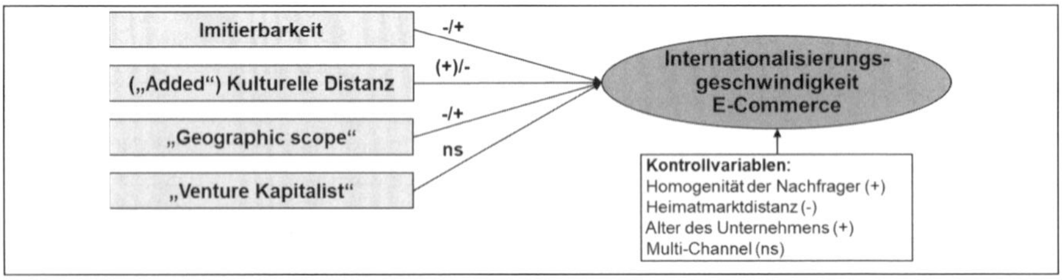

Quelle: I.A.a. Schu/Morschett/Swoboda 2016.

Gleiches ist für den Einfluss der geographischen Reichweite bzw. Diversität des Ländermarktportfolios zu erkennen. Bei einer moderaten Anzahl erschlossener Märkte können diese für den Eintritt in neue Länder genutzt werden, und die Internationalisierungsgeschwindigkeit steigt. Wurde jedoch bereits in eine Vielzahl von Länder eingetreten, ist es schwieriger neue Märkte zu erschließen, und die Geschwindigkeit nimmt ab.

Während die kulturelle Distanz zwischen Heimat- und Gastland die Geschwindigkeit der Internationalisierung negativ determiniert, wird diese von der („Added") kulturellen Distanz zwischen Gastland A und Gastland B positiv beeinflusst. Die Beteiligung eines Venture Kapitalisten weist keinen Einfluss auf.

Die Analyse länderspezifischer Kontextfaktoren der Internationalisierungsgeschwindigkeit wird in bisherigen empirischen Studien vernachlässigt und stellt eine große Forschungslücke dar, weil deren Einfluss auf den Internationalisierungsprozess als Ganzes vielfach empirisch belegt wurde. Ebenso liegen zur **Internationalisierung von E-Business-** oder E-Commerce-Unternehmen vergleichsweise wenige Studien vor (siehe zum Literaturüberblick Swoboda/Sinning/Hirschmann 2018). Brouthers/Geisser/Rothlauf (2016) behandeln auf Basis der „**Social Network Theory**" die Unterschiede zu traditionellen Unternehmen und nennen folgende hypothetische Erfolgsfaktoren:

- E-Business-Unternehmen mit einem größeren Netzwerk von Nutzern außerhalb eines Zielmarktes und in mehr Ländern sind erfolgreicher, die Nutzerakzeptanz in diesem neuen ausländischen Markt zu stimulieren, verglichen mit Unternehmen mit kleineren Netzwerken im Zielmarkt und in anderen Märkten.
- E-Business-Unternehmen, die Anreize für bestehende Nutzer bieten, ihre persönlichen Beziehungen in ausländischen Märkten zu aktivieren, und die verstärkt internetbasierten Kanäle zu nutzen, sind im Vergleich zu anderen Unternehmen erfolgreicher.
- E-Business-Unternehmen, die eine größere Anzahl von Meinungsführern auf dem ausländischen Markt sowie Change Agents einsetzen, sind erfolgreicher bei der Stimulierung der Benutzerakzeptanz auf dem ausländischen Markt als Unternehmen, die weniger Meinungsführer und Change Agents einsetzen.

Zudem mangelt es an Studien, welche die Auswirkung der Internationalisierungsprozesse von E-Commerce-Unternehmen auf z.B. den Erfolg untersuchen. Sinning/Swoboda (2021) sind die ersten Autoren, die den Effekt des Internationalisierungsrhythmus und der Internationalisierungsgeschwindigkeit auf das Gesamtunternehmenswachstum analysieren. Zudem betrachten sie die aufgeführten Beziehungen unter Berücksichtigung institutioneller Distanzen zwischen dem Heimat- und Gastland (siehe Abbildung 7.15). Die Autoren zeigen unter Berücksichtigung von 1.702 Markteintritten von 228 Unternehmen, dass E-Commerce-Unternehmen, die stärker wachsen auch arrhythmischer und schneller internationalisieren. Diese Effekte verändern sich in Abhängigkeit der institutionellen Distanzen (siehe Abschnitte 3.2.-3.3.). Je größer die regulative, normative und kulturell-kognitive Distanz, desto weniger profitieren E-Commerce-Unternehmen von einer arrhythmischen und schnellen Internationalisierung im Hinblick auf ihr Wachstum.

Abbildung 7.15: Effekt von Internationalisierungsprozessen im E-Commerce-Unternehmen

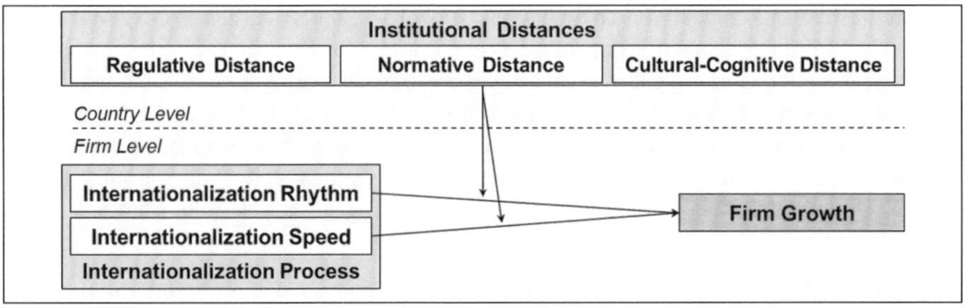

Quelle: Sinning/Swoboda 2021.

7.5. Interdependenzen im Marktengagement

Die Entscheidungen sind eingebunden in unternehmerische Vorentscheidungen, haben aber auch Interdependenzen zu den Kernentscheidungen des Internationalen Marketing und zu den internationalen Strategien, welche nachfolgend im Fokus stehen.

Interdependenzen zu Vor- und Kernentscheidungen im Internationalen Marketing

Eine Fülle von **Vorentscheidungen** können mit dem Marktengagement verbunden werden. So wird die Marktselektion – wie angedeutet – vom **Internationalisierungsgrad** eines Unternehmens, bspw. durch Hinzugewinn des internationalen Wissens im Zuge einer Ausdehnung des Auslandsengagements bedingt. Dies reduziert die wahrgenommene Unsicherheit der Entscheider und geht mit dem Aufbau (in-)formaler Strukturen im Internationalisierungsprozess einher. Mit zunehmender Marktabdeckung gewinnt das Ziel der Etablierung bzw. des Ausbaus der Stellung in einem Ländermarkt oder die optimale Ressourcenallokation in einer (Welt-)Region an Bedeutung. Entsprechend verlagert sich die Zielsetzung in der Marktselektion: Ein Länderportfolio wird bzgl. der Absatzchancen beleuchtet. Hier bilden nicht mehr nur Sekundärdaten die Basis, sondern die Analyse beruht oft auf **internen Informationsquellen** (z.B. Absatz-, Umsatz-, Kosten- oder Gewinnstatistiken). Mehrfach wurde die Rolle kritischer Faktoren angedeutet, so Grundsatzentscheidungen, wie bestimmte Märkte nicht zu betrachten, oder KO-Kriterien für die Marktselektion. Die Konkurrenzsituation bildet ein wichtiges Kriterium bzgl. der Marktselektion. Zugleich kann etwa in oligopolistischen Märkten aufgrund der Einschätzung, „der Konkurrenz folgen zu müssen", eine Marktselektion i.e.S. entfallen, wenn die „Geschwindigkeit" dominiert.

Die Wahl der **Betätigungsform** erfolgt in vergleichbarer Logik wie die Marktselektion bzw. -wahl, sodass beide als zwei Aspekte des gleichen Entscheidungsprozesses angesehen werden können. Hervorzuheben ist, dass die Ausgangspunkte für die Länderselektion bei Exporten (mit Indikatoren wie Importquote, Handelsbarrieren usw.) andere als bei Direktinvestitionen sind (mit Indikatoren wie Investitionsklima, Enteignungsrisiko usw.) und wiederum andere als bei kooperativen Strategien (siehe Kapitel 9.). Wie angedeutet, werden sich Unternehmen, die eine (weitgehend) standardisierte **Marktbearbeitung** anstreben, bei der Marktselektion eher auf solche Länder beschränken, die ein entsprechendes Potenzial für diese Leistung bieten. Adaptiert vorgehende Unternehmen können unterschiedliche Marktsegmente mit einem angepassten Marketing und breiteren Optionen bzgl. der Betätigungsformen bearbeiten.

Interdependenzen zur Globalen Strategie

Bei der Globalen Strategie ist bzgl. der **Markteintrittsentscheidung** die Dominanz länderübergreifender Perspektiven anzunehmen. Einzelne Länder werden als ein Markt betrachtet (z.B. Welt, Regionen, einige Länder) und mit standardisierten Leistungen und straffer Integration der Marketingaktivitäten angesprochen. Das Streben nach Größenvorteilen grenzt die für einen Markteintritt in Frage kommenden Länder auf jene ein, in denen eine attraktive Nachfragegruppe für die vom Unternehmen angebotenen standardisierten Leistungen besteht, und/oder in denen die Präferenzen der Kunden weitgehend homogen sind, da dem Unternehmen eine Adaption keine Vorteile bringt. Eine integrale Marktselektion liegt daher nahe.

Marktaustritte aus einzelnen Ländern sind wahrscheinlich, wenn ein Ländermarkt bzw. seine Kundengruppe nicht mehr ins Gesamtkonzept passt oder defizitär ist. Eine vollständige Re-Nationalisierung ist mit dem gesamten Produkt-Markt-Bereich verbunden.

Im Rahmen des **Marktsegmentierungs- und -selektionsprozesses** wählen die Unternehmen – neben dem integralen Ansatz – deutlich mehr Märkte als jene mit Internationaler Strategie und tendenziell mehr Ländermärkte als jene mit Multinationaler Strategie zur Marktbearbeitung aus. Da sie in erster Linie an einer Marktausweitung auf Länder mit gleichen oder ähnlichen Markt- und Branchenstrukturen interessiert sind, dominiert dies die Segmentierung und Selektion. Bei der Segmentierung werden eher das Gesamtnachfragepotenzial für die angebotene Konzeption sowie die konzeptionsspezifischen, bspw. politischen und ökonomischen Barrieren akzentuiert. Märkte werden nach ihrer Ähnlichkeit im Hinblick auf die wirtschaftlichen Rahmenbedingungen oder das Kauf- und Verwendungsverhalten der Kunden zusammengefasst, sodass als Ergebnis Länder- oder Kundencluster entstehen, die im Hinblick auf die Marketingaufgaben gleichartig bearbeitet werden können. Ausgangspunkt für die Länderselektion sind jene Kriterien, welche die marktbezogenen Erfolgskonstellationen für das Unternehmen abbilden (z.B. Vorliegen einer genügend großen, homogenen Abnehmergruppe, geeignete Distributionssysteme). Die Länderindikatoren werden dabei hinsichtlich ihrer Standardisierungsrelevanz ausgewählt bzw. werden als Restriktionen wirksam. Risikobeurteilungskonzepte dürften eine hohe Relevanz im Rahmen einer Marktsegmentierung haben, denn ein negatives Ereignis in einem Markt kann auf alle Aktivitäten ausstrahlen.

Aufgrund der engen Orientierung an der Strategie, Kundengruppen oder Wettbewerbern sind im Rahmen des **länderspezifischen Timings** First-Mover-Wettbewerbsvorteile wichtig. Dies ermöglicht die Etablierung eines Marktstandards, verspricht Marktanteile, marktanteilsbedingte Kostenvorteile und (temporäre) Monopolgewinne. Bezüglich des **länderübergreifenden Timings** ist eine sprinklerartige Vorgehensweise naheliegend und zwar bei neuen Produkten, nicht jedoch bei der vollständigen Auslandsmarktneuerschließung. Insofern erscheint eine hybride Strategie mit Schwerpunkten in einzelnen Regionen wahrscheinlich. Zudem können diese Unternehmen prinzipiell Born Globals sein und schnell internationalisieren.

Interdependenzen zur Multinationalen Strategie

Bei der **Multinationalen Strategie** stehen lokale Wettbewerbsvorteile im Vordergrund, d.h., Unternehmen decken individuelle Auslandsmärkte ab, in denen sie auf die spezifischen Marktbesonderheiten eingehen und landesspezifische Strategiefestsetzungen und -umsetzungen durchführen. Autonome Tochtergesellschaften, mit einer großen Entscheidungsfreiheit bzgl. der verfolgten Strategie und der anzuwendenden Marketingmaßnahmen, sind als organisatorische Verankerung typisch. Sie agieren auf den einzelnen Auslandsmärkten quasi wie nationale Unternehmen. Bei **Marktaustrittsentscheidungen** ist von einer eindeutigen Dominanz einer länderspezifischen Perspektive auszugehen, wobei die länderübergreifende Betrachtung aufgrund des weitgehenden Fehlens von Rückkopplungen zwischen den Ländermärkten sich eher auf die Festlegung der Abfolge der zu betretenden Märkte erstreckt. Der Eintritt ist auf attraktive, nachfragestarke Märkte ausgelegt, die ein hinreichend großes Potenzial für ein erstes adaptiertes Engagement und auch für eine entsprechende Penetration bieten. Im Extremfall wird auf große Märkte abgezielt, da diese ein größeres Marktpotenzial aufweisen und tendenziell eine intranationale Segmentierung erleichtern. In den Märkten wird ein nationales Marketing genutzt, individuelle Kundenbedürfnissen, werden erfüllt. Das länderspezifische Commitment ist hoch. **Länderübergreifende Überlegungen** zur Marktexpansion sind limitiert, da hier nicht wie bei anderen Strategien bekannte und im Heimatmarkt oder auf anderen Märkten erfolgreiche Konzepte auf neue Ländermärkte übertragen werden können. Somit sind Vergleiche der einzelnen Länder und deren Koordination erschwert.

Die notwendigen, relativ hohen Investitionen lassen die Wahrscheinlichkeit eines vollständigen **Marktaustritts** reduziert erscheinen. Auch „Failures" erscheinen aufgrund der weitgehenden Kundenorientierung relativ unwahrscheinlich. Wahrscheinlicher sind andere Optionen der „Divestments", mit denen die Präsenz im Markt aufrechterhalten wird. Die enorm hohen Barrieren eines Marktaustritts liegen sowohl im ökonomischen Bereich (so der Kapitalintensität des Engagements, „Sunk Costs") als auch im Managementbereich (z.B. persönliche Betroffenheit der Manager). Mit ähnlichen Begründungen erscheinen **Marktreduktionen** eher selten oder mit schwerwiegenden „Failures" verbunden.

Die **Segmentierung und Selektion** von Märkten orientiert sich primär an marktorientierten Faktoren, wie angedeutet, der grundlegenden Attraktivität der Ländermärkte. Andererseits sollten dem aufgrund der länderspezifisch hohen Investitionen Ressourcenüberlegungen gegenüberstehen. Da die Unternehmen sich sehr auf länderspezifische Besonderheiten einstellen, kommen für sie alle Märkte für eine Marktbearbeitung in Frage, in denen Nachfrage für die angebotenen Leistungen besteht, d.h., dass letztendlich die Attraktivität des Marktes bzw. die Kundenbedürfnisse und der Wettbewerb entscheidend sind. Dies setzt eine detaillierte Analyse voraus. Ausgehend vom groben Screening sind insb. Feinanalysen der Kunden- und Wettbewerbsbesonderheiten im Markt erforderlich. Beachtliche Ressourcenaufwendungen für die Informationsbeschaffung bereits im Vorfeld des Eintritts erscheinen unerlässlich. Hinsichtlich geeigneter Kriterien ist festzuhalten, dass Auslandsmärkte dann in die Marktbearbeitung aufgenommen werden, wenn auf diesen die Attraktivität die Barrieren übersteigt. Insofern liegt die Anforderung darin, dass Chancen-Risiko-Konstellationen überschaubar und vorab einschätzbar sind.

Im Rahmen der **Timing-Entscheidung** versucht das Unternehmen eher weniger, Pioniervorteile zu realisieren, da der Aufbau und Ausbau von Markterfahrung, und die Ansprache von Kundensegmenten im Vordergrund stehen. Aufgrund der fehlenden Interdependenz zwischen den Märkten ist eine wasserfallartige oder eine selektive **länderübergreifende Timing-Strategie** naheliegend. Die länderübergreifende Expansion erfolgt eher langsam, da Anpassungen an die spezifischen Länderbesonderheiten notwendig sind und Ressourcen binden. Insofern determiniert die Ressourcenverfügbarkeit die Geschwindigkeit der eher traditionellen, stufenweisen Expansion.

Interdependenzen zur Transnationalen Strategie

Bei dieser Strategie streben Unternehmen Globalisierungs- und Lokalisierungsvorteile an, wie globale und zugleich multinationale Unternehmen. Zwar spricht die Strategie bzgl. der Markteintritts- und Austrittsentscheidungen für keine Dominanz einer länderspezifischen oder -übergreifenden Perspektive. Andererseits steht – in Abgrenzung zu den anderen Strategien – eine gesamtunternehmerische Sicht mehr im Vordergrund, was eine länderübergreifende Perspektive nahelegt. Wählt man die o.g. weltweite Ausrichtung als Ausgangspunkt, dann bestimmt ein **strategischer Korridor** die Entscheidungen. Ist das Unternehmen eher an einer globalen Strategie ausgerichtet, dann bilden Ländermärkte, so der Weltmarkt oder Regionen, den Ansatzpunkt einer strategischen **Markteintrittsüberlegung**. Die Adaption in einzelnen Ländern ist eine nachgelagerte, aber gleichzeitig angestrebte Option. Letzteres erfolgt bspw. im Zuge der Penetration oder im Zuge einer Marktexpansion, so von einem Ländermarkt (ggf. einem Brückenkopf) in Richtung neuer Länder. Ist das Unternehmen demgegenüber eher an einer multinationalen Strategie ausgerichtet, dann bilden einzelne Ländermärkte den Ansatzpunkt der Markteintrittsüberlegung; die Standardisierung bildet eine nachgelagerte, aber gleichzeitig angestrebte Option. In diesem Fall wird eine Standardisierung über Ländergrenzen hinweg angestrebt, oder es werden im Zuge einer Marktexpansion nur solche Ländermärkte in das Portfolio aufgenommen, die Globalisierungsvorteile versprechen. Die Optionen können für einzelne Regionen durchgespielt werden. Das Follow-the-Customer-Prinzip ist eine Option.

Aufgrund der Selektivität der Aktivitäten sind **Marktaustritte** (v.a. auf Ebene von SGEs) üblich. Neben Austritten aus z.b. politisch problematischen Ländern sind länderübergreifende Portfolio- und Ressourcenallokationsüberlegungen wichtig. Für die **Marktreduktionen** können viele Gründe angeführt werden (siehe die bei „Divestments" genannten). Wahrscheinlich ist eine Marktreduktion, wenn einzelne Länder nicht erfolgreich sind, oder das Management proaktiv andere Produkt-Markt-Schwerpunkte setzt oder Ressourcenreallokationen anstrebt. Die Re-Nationalisierung erscheint eher unwahrscheinlich.

Auch bei der **Segmentierung und Selektion** wird ein Unternehmen selektiv vorgehen, d.h., bei der Entscheidung einerseits Lokalisierungsvorteile oder andererseits Globalisierungsvorteile in den Vordergrund stellen. Insofern müsste das Unternehmen prinzipiell das Know-how über (im Extremfall) alle denkbaren Varianten der Segmentierung und Selektion aufbauen. Sowohl die Basisansätze (Kundensegmentierung im Massenmarkt, dyadische Kundenbeziehungen, normative und deskriptive Ansätze) als auch die Varianten einer Modellkonstruktion wären situativ zu beleuchten. Portfolio-Überlegungen dürfte eine hohe Relevanz zukommen. Selbst bzgl. den **Selektionskriterien** ist eine Festlegung schwierig. Festgehalten werden kann allenfalls, dass im Gegensatz zu den anderen Strategien hier grundsätzliche Barrieren einzelner Märkte, so die rechtlichen Vorschriften zur Realisierung einer Adaption, eine nachgeordnete Rolle spielen, da die gesamtunternehmerische Strategie im Vordergrund steht.

Die Überlegungen können bei der **länderspezifischen Timing-Entscheidung** fortgeführt werden. Aus der Natur der Strategie heraus, wird ein Unternehmen je nach Zielsetzung sowohl Pioniervorteile als auch Vorteile aus einer Folgerstrategie generieren können. Letztendlich sind fallweise Entscheidungen zu treffen. Bezüglich der **länderübergreifenden Timing-Entscheidungen** verhalten sich transnationale Unternehmen je nach Zielsetzung selektiv. Sie können fallweise eine sukzessive Strategie (z.B. Erschließung großer, attraktiver Märkte) und eine simultane Strategie verfolgen (z.B. Einführung von Innovationen). Grundlegend ist eine selektive Strategie, in der einzelne Ländermärkte intensiver bearbeitet und zu unterschiedlichen Zeitpunkten schnell betreten werden. Ebenso ist im Hinblick auf die Geschwindigkeit der Internationalisierung zu argumentieren.

Interdependenzen zur Internationalen Strategie

Eine **Internationale Strategie** liegt dann vor, wenn Unternehmen sich in der Marketingkonzeption im Wesentlichen auf die Bearbeitung des Heimatmarktes konzentrieren und von dieser Position aus Gebrauch von den sich auf Auslandsmärkten ergebenden Marktchancen machen, im Extremfall nur beim Auftreten entsprechender Gelegenheiten (i.S.d „Looking for Similarity"). Entsprechend ist bei der Markteintrittsentscheidung eher von einer Dominanz einer länderspezifischen Perspektive auszugehen. Ausgangspunkte der **länderspezifischen Eintrittsüberlegungen** bilden ein einheitliches Marketingkonzept und die Eignung eines Auslandsmarktes für dieses. In diesem Rahmen wird somit eine Einschätzung der Potenziale eines Ländermarktes bzw. von Kunden im Markt für dieses Konzept vorgenommen. Wenn ein Unternehmen geringe internationale Erfahrungen aufweist – abgesehen von Born Globals –, dann dominieren dort eher pragmatische Überlegungen die Markteintrittsentscheidungen. Wahrscheinlich erscheinen ferner die Wahl von Auslandsprojekten bzw. einer Follow-the-Customer-Strategie als Basis des Markteintritts, wenn diese auf ähnlichen Bedingungen wie im Heimatmarkt beruhen. Tendenziell werden

Auslandsmärkte dann in die Marktbearbeitung aufgenommen, wenn ihre Attraktivität die Barrieren kurzfristig übersteigt. Bei sporadischen Auslandsaktivitäten sind die Unternehmen i.d.R. bemüht, nur solche Ländermärkte zu selektieren, bei denen – neben den geringen Austrittsbarrieren und der Möglichkeit zur Beendigung des Engagements – Chancen-Risiko-Konstellationen relativ gut überschaubar und zugleich auch vorab möglichst einschätzbar sind. Da diese zugleich am Heimatmarkt gespiegelt werden, ist neben einer Gruppierung von einer Marktschätzung auszugehen. Des Weiteren ist anzunehmen, dass die Unternehmen sich bietenden, opportunistischen Gelegenheiten folgen, die überraschend auftauchen und eine entsprechende Flexibilität der Managemententscheidung erfordern. Die auslandsgerichtete Investitions- und Ressourcenorientierung (in Relation zum dominanten Heimatmarkt) ist eher limitiert, was einer eingehenden, etwa mehrstufigen Länderbewertung und dem Einsatz detaillierter Evaluationsverfahren – insb. bei der Feinanalyse – entgegenstehen kann. Die Wahl relevanter Bewertungskriterien orientiert sich somit am Marketingkonzept, bspw. bzgl. der KO-Länderrisiken oder marktbezogener Attraktivität.

Marktaustritte werden mit einer höheren Wahrscheinlichkeit realisiert, da ein eher geringes, länderspezifisches Commitment vorliegt. Entsprechend dürften Länderengagements mit geringen Austrittsbarrieren eine hohe Präferenz haben. Marktaustritte sind bei dieser Strategie wahrscheinlicher und zugleich mit relativ geringen Konsequenzen verbunden. Zu denken ist v.a. an isolierte, kleinere Märkte, die ggf. nur über Export bearbeitet wurden. Auch eine **Marktreduktion**, bis hin zu Re-Nationalisierung, ist denkbar, aufgrund des geringen Commitments in einzelnen Märkten und der Dominanz des Heimatmarktes.

Bezüglich der **Segmentierung bzw. Selektion** sind relativ einfache Ansätze naheliegend, da das im Heimatmarkt erfolgreiche Marketing den Ausgangspunkt aller Überlegungen bildet. Märkte werden nach ihrer Ähnlichkeit (mit dem Heimatmarkt) im Hinblick auf die wirtschaftlichen Rahmenbedingungen oder das Kauf- und Verwendungsverhalten der Kunden zusammengefasst. Als Ergebnis können Ländercluster entstehen, die im Hinblick auf die Marketingaufgaben vergleichbar sind und solche, die es nicht sind. Entsprechend sind die Segmentierungskriterien oder Made-in-Präferenzen in der Produktpolitik bspw.

Das **länderspezifische Timing** spielt in den Überlegungen eine eher nachgeordnete Rolle, da diese Unternehmen im Heimatmarkt, aber weniger im Ausland Wert darauf legen, durch Pioniervorteile möglichst einen hohen Anteil am Branchenumsatz zu realisieren. Sie dürften insofern v.a. die Rolle der Second Mover einnehmen, da sie dann zwar Erfahrungs- und ggf. Kostennachteile gegenüber den Pionieren haben, zugleich aber im Vergleich zu Late Movern den Markt beeinflussen oder an seinem Aufschwung teilhaben können. Vorstellbar ist aber auch eine zu wählen. Ein Bezug zu marktbearbeitungsrelevanten Kriterien liegt nahe, wenn nämlich die vorhandenen Standards ins Ausland übertragen und i.S. von Wettbewerbsvorteilen genutzt werden. Im **länderübergreifenden Timing** ist v.a. die sequenzielle, seltener hingegen die simultane Ländermarkterschließung denkbar. Wahrscheinlich ist eine selektive Strategie des länderübergreifenden Timings dann, wenn einzelne Auslandsmärkte stärker bzw. intensiver bearbeitet werden als andere. Dies setzt vom Heimatmarkt aus eine strategische Abstufung der Relevanz einzelner Länder voraus. Die Schnelligkeit der Aktivitäten erscheint als nicht vordringlich.

8. Cases in drei Branchen

8.1. Besonderheiten der Industriegüterhersteller

Industriegüter sind Leistungen, die von Organisationen beschafft werden, um weitere Leistungen zu erstellen; entsprechend sind Industriegüterhersteller Unternehmen, die sich im Wesentlichen dem Angebot dieser Güter widmen. Auch wenn diese vielschichtig sind, weisen sie Gemeinsamkeiten auf. So ist das **B2B- bzw. Industriegütermarketing** auf andere Organisationen wie Industrie- oder Dienstleistungsunternehmen ausgerichtet. Neben weiteren Besonderheiten auf der Nachfragerseite, wie oft Multipersonalität und -organisationalität der Kaufentscheidungen, können Spezifika auf der Anbieterseite herausgestellt werden, so oft (projektspezifische) Anbietergemeinschaften, aufgrund der Komplexität der Leistungen, oder einer interaktiven Vermarktung an spezifische Kunden und damit direkte Geschäftsbeziehungen. Auch international sind folgende Geschäftstypen relevant (siehe Abbildung 8.1):

- Beim **Anlagen-/Projektgeschäft** (bspw. Kraftwerke, Straßen) handelt es sich um komplexe Projekte, bei denen der Absatz dem Fertigungsprozess vorläuft und bei denen i.d.R. die kundenindividuell erstellten Leistungen beim Nachfrager zu einem funktionsfähigen Angebotsbündel mit einem hohem Grad an Spezifität zusammengefügt werden.
- Im **Zuliefer-/Integrationsgeschäft** (bspw. Bauteilen, Baumodulen) werden i.d.R. spezifische Programme für einzelne Kunden mit dem Ziel einer längerfristigen Geschäftsbeziehung entwickelt.
- Im **Systemgeschäft** (bspw. Systemsoftware, in ein System kompatible Bauteile) werden Produkte vermarktet, die für einen anonymen Markt konzipiert sind, wobei in Abgrenzung zum Anlagengeschäft eine sukzessive Abfolge nacheinander geschalteter Kaufprozesse besteht, die eine innere Verbindung aufweisen.
- Im **Produktgeschäft** werden vorgefertigte und in Mehrfachfertigung erstellte Leistungen vermarktet, die sich an einen anonymen Markt richten und vom Nachfrager zum isolierten Einsatz nachgefragt werden. Der Spezifitätsgrad ist gering.

Abbildung 8.1: Geschäftstypen im Industriegütermarketing

	Fokus Einzelkunde	Fokus anonymer Markt
Fokus Kaufverbund	Zuliefer- bzw. Integrationsgeschäft	Systemgeschäft
Fokus Einzeltransaktion	Anlagen- bzw. Projektgeschäft	Produktgeschäft

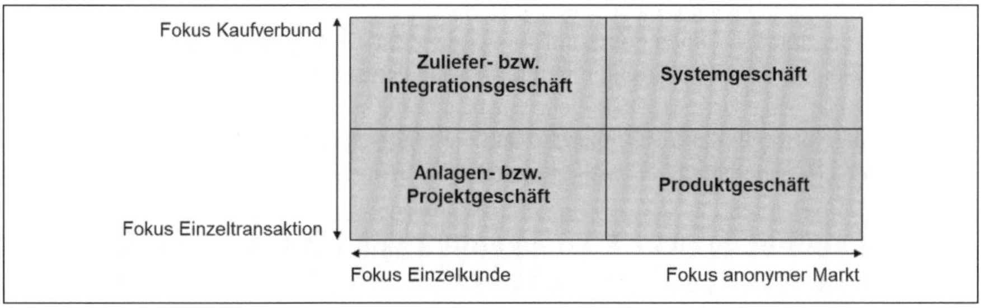

Quelle: I.A.a. Backhaus/Voeth 2014, S. 217.

In diesem Buch werden die Industriegüter-Fallstudien diesen Typen zugeordnet, weil dieses die Einsichten zu den drei Entscheidungen im Internationalen Marketing verdeutlicht. Insofern wird in der folgenden Fallstudie das Marktengagement mit Blick auf einen der deutschen **Hidden Champions** betrachtet, i.S. wenig bekannte, heimliche Gewinner bzw. mittelständisch geprägte MNU, die in ihren Marktsegmenten oft Europa-/Weltmarktführer sind.

Besonderheiten des Marktengagements von Hidden Champions

Bezüglich der räumlichen Dimension der für Industriegüterunternehmen relevanten Märkte ist oft die Globalität üblich, da Industriegüter i.d.R. weltweit vermarktet werden. Die Besonderheiten der internationalen **Marktbearbeitung** resultieren daraus, dass die Kunden dieser Leistungen Organisationen sind, und diese eine hohe Bedeutung der international orientierten strategischen Beschaffung i.S. eines „**Global Sourcing**" aufweisen. Zugleich ist der Beziehungsaufbau im internationalen Kontext schwieriger, da er durch eine größere geographische Distanz, Sprach- und Kulturunterschiede und unterschiedliche Verhaltensnormen und -praktiken gekennzeichnet ist. Hier finden sich nahezu alle Facetten der behandelten Marktengagements wieder. Ein Versuch zur kurzen Charakterisierung setzt an den Geschäftstypen an:

- Beim **Anlagengeschäft** kann die Option des Marktengagements auf Projekten beruhen, oder auf Brückenköpfen, auf deren Basis Kunden und Ländermärkte weiter erschlossen werden. Je nach Komplexität wäre auch eine Follow-the-Customer-Strategie denkbar, da die Leistungen direkt vor Ort zusammengefügt werden (müssen).
- Im **Zuliefergeschäft** spielen je nach Fokus auf wichtige Kunden oder ein generelles Marktpotenzial entweder wiederum die Follow-the-Customer-Strategie eine wichtige Rolle oder aber die aktive Selektion von potenziellen Wachstumsmärkten anhand geeigneter bzw. für die jeweilige Branche relevanter Kriterien. In der Regel wird hier den dyadischen Kunden-Lieferanten-Ansätzen eine vordringliche Bedeutung zukommen.
- Aufgrund der Charakteristik nacheinander geschalteter Kaufprozesse können beim **Systemgeschäft** tendenziell die Kundensegmentierungen eine Rolle spielen. Die Marktexpansion dürfte hier tendenziell mit der Ländermarktauswahl des jeweiligen Kunden zusammenhängen.
- Beim **Produktgeschäft** mit standardisierter Leistung ist die klassische Ländermarktselektion kombiniert mit klassischen Exportstrategien auf anonymisierten Märkten verbreitet. Die zu bearbeitenden Märkte richten sich sowohl nach den Standorten von zu bedienenden Kunden als auch nach aktiver Auswahl von attraktiven Märkten.

Charakteristische Spezifika der **Marktexpansion** im Industriegütersektor liegen u.a. in der hohen Bedeutung von KMU, aber auch Born Global Firms (siehe Abschnitt 7.4.). Während erstere i.d.R. schrittweise in Auslandsmärkte expandieren (bspw. sequenziell vom erschlossenen Ländermarkt in ein neues, benachbartes Land), werden **Born Globals** relativ schnell und netzwerkartig in vielen Ländern tätig, aber eher insofern sequenziell, dass sie im Rahmen der Marktwahl durchaus einen Fokus auf sog. „Lead Markets" legen (i.S. diejenigen Märkte, welche die höchsten Wachstumsraten in ihrer Nische versprechen). Typische Hidden Champions weisen jedoch ebenso facettenreiche wie dezentrale Markteintritte und -selektionen auf, wie auch die Notwendigkeit, Kernmärkte (und Geschäftstypen) nach einer gewissen Zeit zu priorisieren, d.h., Wachstums-, Peripherie- oder Austrittsmärkte zu identifizieren.

8.2. Internationales Marktengagement von HYDAC International[1]

8.2.1. Kurzvorstellung des Unternehmens

Die HYDAC International GmbH ist ein mittelständischer Ausrüster mit Komponenten und Systemen der Hydraulik und Fluidtechnik, Elektronik, Engineering und Dienstleistung für den stationären und mobilen Maschinenbau. Im Jahr 1963 startete Otmar Schön mit

---

[1] Die Fallstudie basiert auf Unternehmensinformationen. Besonderer Dank gilt Herrn Otmar Schön, Geschäftsführender Gesellschafter der HYDAC International GmbH, Sulzbach.

zwei Partnern das Unternehmen in einer 200 m² großen Wellblechhalle. Bereits bei der Gründung spielten internationale Beziehungen eine zentrale Rolle. Das **Start-up** basierte auf der Idee, als Full-Liner dem internationalen Markt im Bereich der Fluidtechnik und Hydraulik ein umfassendes Programm an Produkten und Systemen und mit applikationsorientiertem Engineering komplexe, innovative Lösungen anzubieten. Im Startprogramm dominierten Hydrospeicher aus einer US-amerikanischen Lizenz, die wiederum auf Patenten eines französischen Erfinders beruhte und Systeme für die Industrie. Als Firmenname wählte man HYDAC. Für die Kunden weckt dieser Name – als Akronym für **Hydraulic Accessory** und **Hydraulic Accumulator** – produktnahe Assoziationen zu Angeboten aus dem Hydraulikbereich, die für die erfolgreiche Realisierung der Internationalisierungsstrategie früher wie heute wesentliche Voraussetzungen darstellen, zumal er international aussprechbar ist.

Die Unternehmensphilosophie lautet: Alle Unternehmensbereiche richten sich an den Anforderungen des Weltmarktes aus. „Die Anforderungen des Marktes (in Bezug auf Qualität, wettbewerbsfähige Preise, Liefertermine, Service, Kundenberatung, Innovation, Technologieorientierung, Kundennähe), deren schnelle Umsetzung und anwendungsorientierte Lösungen für die Industrie sind die Basis unserer unternehmerischen Tätigkeit und wirken in das Tätigkeitsfeld jedes Mitarbeiters hinein. Eine produkt- und ergebnisorientierte Unternehmensstruktur mit Gliederung in Divisionen bei hoher Verantwortungsdelegation schafft die organisatorischen und sachlichen Voraussetzungen, mit denen Mitarbeiter die Herausforderungen des Marktes umfassend erkennen und gewonnene Erkenntnisse mit gutem Wirkungsgrad auf kürzestem Weg in marktfähige Produkte umsetzen können. Diese Organisationsform garantiert die kürzeste Verbindung zwischen Markt und Produkt."

Die Produktpalette von HYDAC ist in vielen Branchen zu finden, so im Maschinenbau, in der Verfahrenstechnik, Energietechnik, im Mobil- und Automobilbereich, in der Automatisierungstechnik bis hin zum Offshore-Bereich, der Luft- und Raumfahrt sowie der Umwelttechnik. Das Lieferprogramm umfasst Komponenten, Sub-Systeme und komplette Systeme für die Hydraulik, Schmierung, Öl-Reinheit, Verfahrens- und Umwelttechnik (siehe Abbildung 8.2). Durch die zunehmende Verzahnung der einzelnen Branchenbereiche mit der gesamten Produktpalette unterscheidet das Unternehmen den mobilen Maschinenbau, das sind ca. 55% des Produktprogramms und den stationären Maschinenbau, ca. 40% des Produktprogramms.

8.2.2. Länderübergreifende Entwicklung

In der Vision der HYDAC („The [global] customer is our focus. The solution to his problems is our objective.") ist bereits die Basis für die internationale Entwicklung des Unternehmens angelegt. Dabei ist bzgl. der internationalen Kundenstruktur zwischen OEM (Original Equipment Manufacturer) und industriellen technischen „consumers", MRO (Maintenance Repair Overhaul), zu unterscheiden.

Ihre Kundennähe realisiert die HYDAC durch ein weltweites Netz aus eigenen (vorwiegend produzierenden) Niederlassungen und Vertretungen sowie über Distributeure. Das Unternehmen verfügt über elf Vertriebsbüros in Deutschland, über 50 Auslandsniederlassungen und über 500 Vertriebs- und Servicepartner. Charakteristisch und von entscheidender Bedeutung für die globale Präsenz ist ein weltweit engmaschiges Netz von Partnern, so in Nord- und Südamerika, Europa, Asien, Südafrika und Australien. In allen wichtigen Märkten finden sich eigene Auslandsniederlassungen, welche die strategisch wichtige Kundennähe realisieren, aber auch für die aktive Erschließung weiterer Märkte in der Region wichtig sind. Deren länderübergreifende Entwicklung und Bedeutung wird in Abbildung 8.3 veranschaulicht. Distributeure ergänzen die Präsenz in den nationalen Märkten. Sie bilden einen wesentlichen Bestandteil des weltweiten Vertriebs- und Servicenetzes. Zudem betreibt HYDAC eigene Forschungs- und Entwicklungszentren, bspw. für Fluidtechnik. Die Entwicklung innovativer Produkte steht neben der Optimierung der Produktionstechnologien im Vordergrund. Die unternehmenseigene F&E wird ergänzt durch den Technologie-Transfer mit Instituten und Hochschulen.

Abbildung 8.2: Produktbereiche und Umsatzanteile nach Branchen

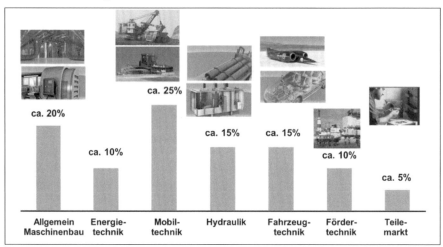

Abbildung 8.3: Entwicklung der weltweiten Präsenz von HYDAC

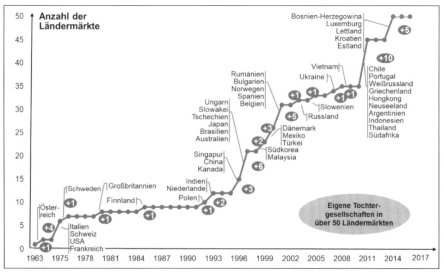

Bei der HYDAC sind weltweit rund 7.000 Mitarbeiter beschäftigt, rund 40% im Ausland. Die Angebotspalette wird aus Produktbestandteilen mit verschiedenster internationaler

Herkunft generiert, wobei der deutsche Produktanteil im Durchschnitt bei etwa 50% liegt. Dies lässt sich insofern begründen, als dass die HYDAC – um weltweite Wettbewerbsfähigkeit zu garantieren – ihre Produkte zu einem Weltmarktpreis anbietet, und eine rein deutsche Produktion nicht immer wettbewerbsfähig ist. Entsprechend erfolgt die internationale Markierung immer i.S. von „Made in Germany" und „Made by HYDAC". Der Umsatz der HYDAC-Gruppe im Jahr 2012 setzte sich zu 62% Europa, 20% Amerika und 18% Asien zusammen. Grundsätzlich operiert das Unternehmen nach der Maxime: Je mehr die Märkte wachsen, desto mehr Support gibt es von HYDAC.

8.2.3. Marktexpansion und -selektion als facettenreicher Prozess

Wie angedeutet, ist HYDAC in viele Divisionen organisiert, die je fast wie autonome KMU tätig sind, i.S.d. Wurzeln des Unternehmens (siehe Abbildung 8.4). Auch die Auslandsgesellschaften sind oft autonom, was eine Vielzahl von Markteintrittsoptionen ermöglicht.

Abbildung 8.4: Diversifizierung und autonome Landesgesellschaften

Multiple Basis für Markteintritt und -expansion

Ausgehend von der Absicherung des europäischen Heimatmarktes, verfolgt die HYDAC das Ziel, bedarfsadäquat verschiedene Kundensegmente und internationale Regionen zielgenau anzusprechen. Es existiert nicht nur eine Basis für Markteintritt und -expansion, sondern viele.

Eine wichtige Grundlage stellt die **Follow-the-Customer-Strategie** dar. Ein Beispiel für eine klassische Follow-the-Customer-Strategie stellt der Bau eines großen Stahlwerks in China dar. Die SMG (ein US-Kunde von HYDAC) hat einen Großauftrag in der Anhui Province erhalten, wobei im Lieferumfang ein neues Walzwerk mit Hochgeschwindigkeits-Auflaufsystem für eine neue Stabstahlstraße sowie ein Elektrik- und Automatisierungssystem enthalten waren. Die HYDAC als strategischer Partner auf dem europäischen Markt folgte der SMG dabei an den neuen Standort. Man versorgte als Ausrüster die SMG mit Walzwerkausrüstung, hydraulischen Bestandteilen und einem aktiven, individuellen Service in eigener Produktion vor Ort. Ein eher indirekter Follow-the-Customer-Markteintritt der HYDAC erfolgte in Russland. Der Neukundenkontakt kam auf Empfehlung eines anderen ausländischen Großkunden der HYDAC zu Stande. Die kulturell-geographisch nächste Niederlassung in Polen bediente die Anfragen des neuen Kunden. Die Follow-the-Customer-Strategie spielt für die HYDAC, insb. ausgehend von den zentralen Märkten bzw. Kunden, eine wichtige Rolle. Für das Unternehmen steht die Frage im Vordergrund, in welche Märkte die OEM und die Konkurrenz eintreten. Zum Beispiel finden sich im Zentrum der amerikanischen Kfz-Industrie zahlreiche wichtige HYDAC-Kunden: die Automobilzulieferindustrie, die i.d.R. just-in-time liefert und dies wiederum von ihren Zulieferern – wie der HYDAC – erwartet. Daher ist eine unmittelbare Nähe zum Kunden essenziell. Obwohl der Markteintritt in den USA bereits 1975 erfolgte, versucht HYDAC bis heute in diesem Markt selbst und von dort aus die Follow-the-Customer-Strategie konsequent und sukzessive zu realisieren. Umgekehrt hat sich der japanische Autohersteller Hyundai in Osteuropa in der Nähe der HYDAC u.a. Zulieferer platziert, was man als Follow-the-Supplier bezeichnen könnte.

Den Weltmarkt nur als Exporteur zu bedienen, war für die HYDAC früh bereits keine echte Option. Je nach geostrategischer Bedeutung wird an Erfolg versprechenden Standorten eine Niederlassung mit lokaler Produktion bzw. zumindest Montage errichtet. Länderübergreifend wird auch über **strategische Brückenköpfe** expandiert. Diese hat die HYDAC auf der ganzen Welt. So wurde der südosteuropäische Markt von Österreich aus erschlossen und bedient, Russland und die baltischen Staaten von Polen aus, der südostasiatische Raum von Singapur und Hongkong aus, Argentinien von Brasilien aus und Paraguay bzw. Peru von Chile aus. Diese Funktion der strategischen Brückenköpfe, sei es in Form von Niederlassungen oder (seltener) Vertretungen, bleiben solange bestehen, bis sich aufgrund der jeweiligen Marktattraktivität ein direktinvestiver Eintritt in die Märkte lohnt. Die Koordination obliegt Regionalmanagern in regionalen Headquartern.

Industriemessen wie die Hannover Industrie Messe und über 40 internationale Spezialmessen sind nicht nur für die HYDAC, sondern für den Industriegütersektor generell, von hoher Bedeutung. Sie dienen der HYDAC als Testfläche und als Möglichkeit, neue Kontakte zu knüpfen bzw. Neukunden zu akquirieren, Innovationen zu präsentieren, individuelle Kundenbedürfnisse zu erkennen und von Wettbewerbern zu lernen. Nicht selten resultieren daraus erste Geschäftsbeziehungen, die im Endeffekt zu einem direktinvestiven Markteintritt führen können.

„Internationale Industriemessen sind für HYDAC und viele Industriebranchen von zentraler Bedeutung. Sie dienen als bedeutender Kommunikator und zugleich Integrator."

(Otmar Schön, Gründer HYDAC)

Der Markteintritt wird zudem über **internationale Projekte** realisiert. Als global agierender industrieller Ausrüster nutzt die HYDAC spezifische Referenzprojekte, um neue Kunden bzw. Zulieferer zu akquirieren und den Markt weiter zu erschließen. So trat das Unternehmen über das schon erwähnte Projekt in den russischen Markt ein, bei dem im Bereich Umwelttechnik die Abwasseraufbereitung und ein systematisches Filtersystem für einen großen Kunden konzipiert wurden. Projekte dienen auch dazu, spezifisches Know-how über die jeweiligen Marktbedingungen zu sammeln, auch als Grundlage für ein späteres Engagement mit eigenen Tochtergesellschaften.

Klassische und netzwerkartige Ländermarktselektion

Bei der **aktiven Ländermarktselektion** verfolgt die HYDAC mehrere Ansatzpunkte. So werden oft in ersten Schritten Länder der Welt nach „weißen Flecken", v.a. auf Basis des weltweiten Firmengeflechtes, betrachtet. Diese „Rasterfahndung" kann bereits aktuelle und potenzielle Kunden zum Gegenstand haben. Anderseits wird das Entwicklungspotenzial der Länder nach makro- und mikroökonomischen Kriterien bewertet. Zu ersteren gehören u.a. das Bruttosozialprodukt, die politische Stabilität und die Ökonomie, d.h., inwiefern etwa der Schwerpunkt in der Land- bzw. Agrarwirtschaft liegt, wie die Local-Content-Vorschriften aussehen, welche Rolle Bewässerung, Windkraft und Umwelt spielen, oder wie weit die technologische und infrastrukturelle Entwicklung vorangeschritten ist. Zum Beispiel ist die HYDAC aus diesen Gründen auf dem afrikanischen Kontinent direktinvestiv lediglich in Südafrika präsent, da viele Länder Schwarzafrikas (bis heute) einzelne makroökonomische KO-Kriterien nicht erfüllen. Informationsquellen sind supranationale Organisationen (bspw. BfAi), das Internet u.a. Medien. Zentrale mikroökonomische Kriterien erfassen v.a. die Marktattraktivität, und zwar vor dem Hintergrund der Präsenz einzelner Industriebranchen in einem Land. Vorgaben für diese Auswahlstufe sind u.a.:

- Umsatzpotenzial und Marktwachstumsrate von mindestens 10% in industrialisierten bzw. Schwellenländern und von mindestens 20% in Entwicklungsländern
- potenzielle Ertragsrate und Rentabilität des im Raster befindlichen Ländermarktes sowie die Beobachtung der Entwicklung von industriellen Kunden und Konkurrenten in den relevanten Branchen im Zielmarkt
- Ressourcenvorgaben bzw. finanzielle Markteintrittsrisiken.

Eine zentrale Frage ist oft, wohin die Kunden der HYDAC gehen. Danach richtet sich oft auch maßgeblich die Entscheidung der zu bearbeitenden Ländermärkte. **Informationen zur Länderbewertung** und Basis einer möglichen Markteintrittsentscheidung bilden dabei weltweit mehr als 3.000 Informationsträger, die sich aus dem engmaschigen Informationsgeflecht der eigenen Mitarbeiter und wichtigen Kunden sowie Lieferanten konstituieren. Die konkrete Markteintrittsentscheidung soll letztlich flexibel gehandhabt und zügig in die Marktbearbeitung überführt werden. Wie angedeutet, setzt das Unternehmen entweder auf eine erste Vertriebsvertretung im Markt, um entsprechendes Know-how zu generieren, oder Brückenköpfe bedienen die neue Region bzw. es werden selbstständige Distributeure eingesetzt. Die Betätigungsform variiert in Abhängigkeit von der Wichtigkeit, dem Potenzial und der Entfernung zum jeweiligen Markt.

Insgesamt basieren die Entscheidungen der HYDAC auf Informationen aus einem weltweiten Netz interner und externer Informationslieferanten.

Die bereits in der Firmenphilosophie der HYDAC angelegte hohe Verantwortung der Vertriebseinheiten – seien es Auslands- oder Vertriebsniederlassungen – stellt die interne Basis für das weltweite Informationsgeflecht der HYDAC dar. Dezentral werden die Marktaktivitäten in Ländermärkten oder in Regionen analysiert; regelmäßige Entwicklungsberichte werden erstellt. Die integrative organisatorische Klammer bilden Landes- und Regionalbeauftragte mit hoher dezentraler Verantwortung für die Geschäftstätigkeit. Auf dieser Basis, i.S. einer **marktnahen Plattform**, kann das Headquarter der HYDAC seine internationalen Managemententscheidungen treffen. Den Auslandsniederlassungen kommt hierbei ein hoher Stellenwert zu.

Externe Partner, die OEM, die technischen „Consumer" und die in der Wertschöpfung vorgelagerten Lieferanten der HYDAC liefern i.S. eines externen Netzwerkes ständig Inputs für die Weiterentwicklung der internationalen Engagements. Charakteristisch ist etwa der stufenweise Netzwerkaufbau zu neuen Kunden. Zum Beispiel führt eine Kundenanfrage oder eine aktive Kundenansprache zur Frage: Welches Produkt hat der Kunde, und inwiefern können Problemlösungen der HYDAC angeboten oder entwickelt werden? Oftmals wird eine grundlegende Problemlösung angeboten, die als Türöffner dient, d.h., die Grundlage für eine Präsentation über das Gesamtangebot der HYDAC bildet. Hierdurch sollen eine gewisse Vertrauensbasis geschaffen und die Serviceorientierung der HYDAC dokumentiert werden. Auf dieser Basis strebt die HYDAC den Besuch der Werke von Kunden an, um sich ein Bild über weitere Bedürfnisse machen zu können. Vor diesem Hintergrund wiederum können weitere individuelle Angebote entwickelt und entsprechend die Expansion vorangetrieben werden. Im Hinblick auf zukünftige internationale Engagements hat diese Strategie insofern eine entscheidende Bedeutung, als dass solche Referenzen das Netzwerk erweitern, so auch im Hinblick auf die Expansion in neue Märkte.

8.2.4. Ausblick

Die HYDAC International wurde als Ausrüster mit einer breiten Produktpalette innovativer, intelligenter Lösungen für den industriellen Sektor zu einem großen und erfolgreichen Global Player, und das mit dem Grundsatz: Einzig und allein der Kunde entscheidet über den Erfolg eines Unternehmens. Entsprechend sind die Kunden in den Ländern der Maßstab aller Dinge. Vor allem die Bereitstellung einer qualitativ hochwertigen und zugleich Zufriedenheit erzeugenden Problemlösung setzt Kundennähe voraus, auch um deren Wünsche und Bedürfnisse besser kennen zu lernen. Diese Kundennähe als zentralen Erfolgsfaktor im produzierenden Gewerbe realisiert die HYDAC über die **Präsenz** auf den wichtigsten Märkten der Welt, so über ein engmaschiges Geflecht an eigenen Niederlassungen, Vertretungen und Distributionspartnern. Durch dieses **global strukturierte Netz** – zu dem ebenso Kunden und Lieferanten zählen – generiert das Unternehmen Schlüsselinformationen, um die internationale Expansion weiter zu forcieren und zugleich die globale Wettbewerbsposition zu sichern.

Die zukünftigen, internationalen Entwicklungsmöglichkeiten der HYDAC sind unmittelbar mit der Frage nach potenziellen, zentralen Zukunftsmärkten aus Sicht des Unternehmens verbunden. Dabei analysiert bzw. bewertet die HYDAC die Ländermärkte mit eigenen **Auslandsniederlassungen** und teilt sie nach ihrer **strategischen Bedeutung** absteigend in die vier Cluster AAA, AA, A und „Sonstige" ein:

- AAA: Australien, China, Indien, Japan, Südkorea, Russland, Südamerika, Skandinavien, USA
- AA: Finnland, Frankreich, Italien, Polen, Schweden
- A: Belgien, Dänemark, Großbritannien, Kanada, Niederlande, Norwegen, Österreich, Schweiz, Singapur, Tschechien, Türkei
- Sonstige: Bulgarien, Malaysia, Mexiko, Rumänien, Slowakei, Slowenien, Ungarn.

8.3. Besonderheiten der Konsumgüterhersteller

Konsumgüter werden von privaten Haushalten gebraucht oder verbraucht, die entsprechend von Konsumgüterherstellern angeboten werden. Zur Unterscheidung von Konsumgütern bietet sich eine Differenzierung nach dem Verwendungszweck

- in **Verbrauchsgüter** (für die einmalige Verwendung bestimmte Güter, z.B. des täglichen Bedarfs wie Lebensmittel) und
- **Gebrauchsgüter** (für eine längerfristige Verwendung bestimmt, z.B. Möbel) an.

Das Spektrum der Konsumgüterindustrie, das von Verbrauchsgüterherstellern, so Lebensmittelherstellern, bis zu Gebrauchsgüterherstellern, so der Automobilindustrie, reicht, ist bzgl. des Internationalen Marketing durch typische Merkmale gekennzeichnet, zumal das Marketing selbst den institutionellen Ursprung in dieser Branche hat. Wichtige Besonderheiten sind:

- Unter den Konsumgüterherstellern finden sich internationale Großkonzerne (v.a. im Verbrauchsgüterbereich), die i.d.R. Massenmärkte ansprechen und für die Strategien der Marktsegmentierung und des **Brandings** eine dominante Bedeutung haben. Sie haben oft eine jahrzehntelange Erfahrung in internationalen Märkten (so große Markenartikelunternehmen). Von geringerer internationaler Bedeutung sind KMU.
- In der traditionellen Sicht des Massenmarketing und aufgrund der Dominanz oligopolistischer Marktstrukturen agieren Konsumgüterhersteller i.d.R. markt- und kundenorientiert. Sie orientieren sich an der Marktposition, insb. an den Konsumentenbedürfnissen sowie dem Wettbewerberverhalten.
- Hinsichtlich der Marktengagements sprechen Konsumgüterhersteller i.d.R. sowohl ihre mittelbaren Kunden (Konsumenten) als auch ihre zunehmenden internationalen unmittelbaren Kunden (Handel, Intermediäre) an. Letztere bestimmen v.a. die Distributionsoptionen der Hersteller im Ausland, aber v.a. die Notwendigkeit konsumenten- und handelsgerichteter Marketingaktivitäten, da meist nur über kommunikative Instrumente ein direkter Kontakt zu Konsumenten besteht.

Aus Sicht der Konsumgüterhersteller sind somit neben den konsumentengerichteten Marketingaktivitäten die auf Handelsmittler, dabei insb. den (Einzel-)Handel, ausgerichteten Aktivitäten von Bedeutung (i.S.d. **Trade Marketing**). Hersteller haben meist nur über kommunikative Absatzinstrumente direkten Kontakt zu Konsumenten und ihr direkter Marktpartner ist meist der Handel, der wiederum mit eigenen Zielen Handelsmarketing betreibt (siehe Abbildung 8.5 und Abschnitt 8.5.). Somit ist das **vertikale Marketing**, mit den Konsumenten als finalen Kunden und den Absatzmittlern als direkten Kunden bedeutend. Konsumgüterhersteller praktizieren somit i.d.R. sowohl B2C- als auch B2B-Marketing.

Abbildung 8.5: Kundenbindung im vertikalen Marketing

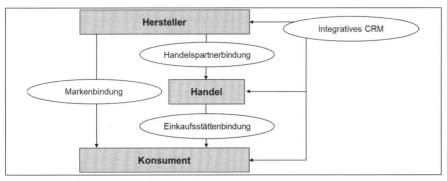

Quelle: Swoboda/Morschett 2017, S. 199.

Im Rahmen des vertikalen Marketing sind Konsumgüterhersteller daran interessiert, möglichst Einfluss auf die Marketingaktivitäten ihrer Handelspartner zu nehmen. Ihr Fokus liegt auf der Etablierung ihrer Produkte als Marke, während derjenige der Absatzmittler auf der Bindung der Verbraucher an ihre Offline- und Online-Einkaufsstätten liegt. Ein Zielkonflikt ist evident. Er erfordert Überlegungen bzgl. der Handelspartnerbindung und eines integrierten Customer Relationship Managements. Deren Komplexität und auch Machtkonstellationen verschärfen sich aber bei internationalen Akteuren. Zunehmend erfolgt aber auch in der Konsumgüterbranche, insb. in der Markenartikelindustrie, eine verstärkte **Vertikalisierung**, bei der Hersteller ihre Produkte direkt an die Verbraucher verkaufen (siehe Abschnitt 13.3.).

Als Spezifika des Marktengagements von Konsumgüterherstellern werden im Folgenden ausgewählte Charakteristika betrachtet.

Besonderheiten des Marktengagements von Konsumgüterherstellern

Viele, länger international tätige Konsumgüterhersteller erhalten **neue Expansionsimpulse** im Zuge der Öffnung neuer Märkte. Beispielsweise spielen Markteintritte i.s. eines „Going-International" in Schwellenländer, BRIC-Märkte, osteuropäische Märkte sowie große Volumenmärkte in Asien eine Rolle. Neben den Markteintrittsentscheidungen kommen hier Fragen der Eintrittsstrategie sowie Aspekte der Marktbearbeitung auch beim „Being-International" hinzu.

Bei der **Ländermarktselektion** orientieren sich Konsumgüterhersteller – politische und ökonomische Stabilität der Volkswirtschaft vorausgesetzt – oft unmittelbar an dem relevanten Mesoumfeld. Hierzu zählen absatzpotenzialorientierte Aspekte, wie Marktkapazität und -volumen, die Marktstruktur und die Markteintrittsbedingungen. Relativ früh werden Verbraucher betrachtet, während die direkten Kunden, also die Absatzmittler, insb. der Einzelhandel, oft aus einer Perspektive der indirekten Distribution im jeweiligen Land zu sehen sind. Da letztere jedoch zunehmend selbst internationalisieren, liegt zukünftig eine komplexere Kundenbetrachtung nahe. Trotz aller Marktorientierungen sind **Marktaustritte** bzw. „**Failures**" aufgrund von Fehleinschätzungen des Managements denkbar.

Für die Konsumgüterbranche sind Ansätze der **integralen Marktsegmentierung und -selektion** typisch. Kulturelle Besonderheiten spielen dabei auf mehreren Ebenen oft eine Rolle. Eine erste betrifft die integrale Marktsegmentierung als Grundlage des internationalen Marktengagements. Darüber besteht eine enge Verbindung zu den Marktbearbeitungsstrategien, sei es bzgl. der Bündelung kulturell ähnlicher Länder bzw. Konsumenten oder sei es bzgl. der Gestaltung und Wirkung/Wahrnehmung der Marketinginstrumente (z.B. Global Brands in Abschnitt 15.3.). Zudem sind kulturelle Aspekte im Hinblick auf die Gestaltung der einzelnen Marketinginstrumente relevant. Allerdings ist Landeskultur nur eine weitere psychische Determinante des Käuferverhaltens, die eher indirekt auf das Verhalten i.e.S. wirkt (zunächst auf näher am Verhalten liegende kognitive und affektive psychische Erklärungsdeterminanten, Foscht/Swoboda/Schramm-Klein 2017, S. 37ff.). Zudem bestimmen die internationalen Strategien die Bedeutung länderübergreifender Interdependenzen, i.S. der kulturellen Unterschiede oder Gemeinsamkeiten. Bei der multinationalen Strategie ist z.B. eher ein nationales Marketing dominant, mit geringerer Relevanz interkultureller Fragen.

Für die bereits weltweit tätigen Konsumgüterhersteller sind Strategien des Timings vordringlich, insb. dann, wenn innovative Produkte auf den Weltmarkt bzw. gleichzeitig in viele Regionen oder Ländermärkte eingeführt werden sollen. Die folgende Fallstudie greift das **regionenübergreifende Timing** bei der internationalen Einführung innovativer Produkte auf.

8.4. Timing am Beispiel von Tesla[1]

8.4.1. Kurzvorstellung des Unternehmens

Tesla, Inc. ist ein US-Unternehmen, das am 01. Juli 2003 von den beiden Softwareentwicklern Martin Eberhard und Marc Tarpenning gegründet wurde. Diese hatten das Ziel, Elektroautos zu bauen und orientierten sich bei der Wahl des Firmennamens an dem Physiker **Nikola Tesla**, der das Gebiet der Elektrotechnik durch zahlreiche Neuerungen prägen

---

[1] Die Fallstudie basiert auf Geschäftsberichten und öffentlich zugänglichen Quellen von Tesla.

konnte. Im Jahr 2004 konnte das Unternehmen verschiedene Risikokapital-Investoren, wie Google- oder Ebay-Gründer akquirieren. Mit rund 27 Mio. USD wurde der PayPal-Gründer Elon Musk Hauptinvestor und zudem Aufsichtsratsvorsitzender des Unternehmens. In den Jahren 2007 und 2008 verließen die beiden Gründer Martin Eberhard und Marc Tarpenning die Firma, während **Elon Musk** bis heute als Gesicht und Aushängeschild von Tesla agiert. Musk gründete diverse „Internetunternehmen" (u.a. PayPal, das er an eBay für rd. 180 Mio. USD veräußerte) und ist an Firmen wie SpaceX sowie SolarCity beteiligt. Neuere Gründungen sind Neuralink oder The Boring Company, die sich z.B. mit der Vernetzung des menschlichen Gehirns mit Maschinen beschäftigen.

Im Jahr 2008 hat Tesla bereits den Roadster als **erstes Elektrofahrzeug** entwickelt, einen Sportwagen, der bis 2012 produziert wurde und mit wegweisender Akku- und Elektroantriebstechnologie ausgestattet war. Für die weitere Finanzierung der Forschung zur Akku- und Elektroantriebstechnologie ging Tesla 2010 an die Börse und konnte über 225 Mio. USD einnehmen. Zudem wurde Tesla durch zahlreiche private und gewerbliche Investoren unterstützt. Im Jahr 2012 wurde die weltweit erste Limousine mit Elektroantrieb, das Model S, an Kunden ausgeliefert. In den Jahren 2015 bis 2017 war das Model S das weltweit meistverkaufte Elektroauto und wird von Tesla u.a. mit den **Alleinstellungsmerkmalen** als Elektrofahrzeug mit der größten Reichweite sowie einer rekordverdächtigen Beschleunigung beworben. Nach der Limousine wurde im Jahr 2015 der SUV Model X eingeführt. Sowohl das Model S als auch das Model X erhielten laut Tesla von der US-Verkehrssicherheitsbehörde die Bestnoten. Seit 2017 produziert Tesla das Model 3, eine kostengünstige Elektrolimousine, mit der Musk den Massenmarkt erreichen möchte. Kurze Zeit später wurde der Tesla Semi vorgestellt. Hierbei handelt es sich um einen Sattelschlepper, der besonders niedrige Betriebskosten aufweisen und somit langfristig sehr rentabel sein soll. Das Model Y, ein mittelgroßer SUV mit Platz für bis zu 7 Personen, wird seit 2019 angeboten. Ebenfalls 2019 wurde der Cybertruck präsentiert, welcher durch sein Material eine hohe Haltbarkeit und einen hohen Insassenschutz aufweisen soll. Im Jahr 2020 wurde schließlich ein Nachfolger des Tesla Roadster vorgestellt, der Tesla Roadster 2020. Die Auslieferung des Tesla Semi sowie des Tesla Cybertrucks soll im Jahr 2021 starten, während der Tesla Roadster ab 2022 erhältlich sein soll. Die in Deutschland erhältlichen Modelle sind mit den unterschiedlichen Kaufpreisen in Tabelle 8.1 aufgeführt. Da die vier Modelle jeweils in unterschiedlichen Varianten erhältlich sind, ist die jeweilige Preisspanne angegeben. Zudem umfasst die Preisspanne jeweils die normale Ausstattung der Modelle. Besonderheiten, wie andere Farben, Räder oder eine Anhängerkupplung müssen zusätzlich gekauft werden. Die technischen Eigenschaften beziehen sich jeweils auf die günstigste Variante.

Tabelle 8.1: Übersicht der derzeit Verfügbaren Tesla Modelle in Deutschland

Fahrzeug	Preis (in EUR)	Varianten	Reichweite	Maximale Geschwindigkeit	Beschleunigung 0-100km/h
Model S	86.990 – 139.990	3	663 km	250 km/h	3,2 s
Model 3	39.990 – 54.990	3	448 km	225 km/h	5,6 s
Model X	95.990 – 116.990	2	580 km	250 km/h	3,9 s
Model Y	58.620 – 65.620	2	505 km	217 km/h	5,1 s

Quelle: https://www.tesla.com/de_de/models/design#battery https://www.tesla.com/de_de/model3/design#battery; https://www.tesla.com/de_de/modelx/design#battery https://www.tesla.com/de_de/modely/design#battery, aufgerufen am 09.03.2021.

Die Fahrzeuge von Tesla sind mit einem Internetzugang ausgestattet, über den **Updates** direkt eingespielt werden können. Diese dienen primär zur Aktualisierung und Verbesserung der Software der Fahrzeuge, wie der Fahrassistenzfunktionen. Tesla Fahrzeuge verfügen nur noch über wenige manuell bedienbare Hebel und Schalter, wie z.B. Blinker, Scheibenwischer oder Gangschaltung. Auch auf die Gangschaltung plant Tesla in zukünftigen Fahrzeugen zu verzichten, und durch ein Steuerhorn statt Lenkrad sollen sich die Fahrzeuge zukünftig noch weiter von den typischen Autos differenzieren. Zudem verfügen die Fahrzeuge über ein großes Touch-Display, mit Hilfe dessen die Einstellungen des Fahrzeugs verwaltet und gesteuert sowie wichtige Informationen angezeigt werden können. Somit können dort neben den gängigen Funktionen, wie Navigation, Geschwindigkeit oder Heizung auch der Energieverbrauch sowie die Reichweite angezeigt und u.a. die Energiesparfunktion aktiviert werden.

Tesla besitzt 2021 **eigene Stores** sowie Service Center in 35 Ländern, so in Nordamerika, Europa und Asien. In Deutschland gibt es Ende des Jahres 2020 23 Tesla Stores und 18 Tesla Service Center. **Produktionsstätten** (bzw. Gigafactorys für Elektrofahrzeuge und Batterien) existieren in Sparks (Nevada), Buffalo (New York) und Shanghai sowie zukünftig in Austin (Texas) und Grünheide (Brandenburg). Letztere soll den Absatzmarkt in Europa bedienen (mit den Modellen Y und 3) und liegt südöstlich von Berlin (mit Zugverbindung nach Polen). Der Standort in Nevada soll stetig erweitert werden, bis hin zum größten Gebäude der Welt. Neben Elektrofahrzeugen vertreibt Tesla zudem Powerwalls (die als Energiespeichersystem für Privathaushalte dienen; für gewerbliche Zwecke als Powerpack) und errichtet ein Netz von **Superchargern** (Schnellladesäulen, die besonders kurze Ladezeiten ermöglichen). Tesla ist in den letzten Jahren sehr stark gewachsen und zählt inzwischen zu den zehn wertvollsten Unternehmen der Welt (der Börsenwert übersteigt jenen von Volkswagen, Daimler und BMW zusammen). Musk nutzt auch die Erfolge seiner weiteren Unternehmen, so den ersten bemannten US-Flug zur Internationalen Raumstation seit 2011 von SpaceX 2020, als Werbung für Tesla (bspw. fuhren die Astronauten mit einem Model X zum Startfeld).

8.4.2. Marktsegmente

Der Elektroautohersteller setzt fast ausschließlich auf **Online-Verkäufe** über die Website. Derzeit kann aus vier Ländern Nordamerikas, 24 Europäischen Ländern, drei Ländern aus dem Mittleren Osten sowie neun Ländern aus Asien und Ozeanien gekauft werden, während in Südamerika oder Afrika keine Kaufmöglichkeit existiert. Auch mit den Gigafactorys konzentriert sich Tesla auf die entsprechenden Regionen. Die Modelle S und X werden allerdings nur in Kalifornien (Fremont) produziert. Für den europäischen Markt erfolgt dort ebenfalls die Produktion, mit einer zusätzlichen Endmontage in Tilburg (Niederlande). Die Modelle 3 und Y werden in Kalifornien, in Shanghai, Brandenburg und Texas produziert. Demgegenüber werden in Nevada und New York hauptsächlich Batteriezellen sowie Photovoltaikmodule und Elektromotoren hergestellt. Die Produktion der zukünftigen Tesla-Modelle Cybertruck und Tesla Semi ist ebenfalls zunächst in den USA geplant. Eine Auswahl der auf der Website wählbaren Länder ist in Abbildung 8.6 zu sehen. Neben den vier wählbaren Ländern in Nordamerika sind zudem einige der für Europa wählbaren Länder zu erkennen.

Länder- und **kontinentübergreifend** bietet Tesla den Kunden bei fast allen Modellen die gleichen Ausstattungspakete an. Ausnahmen gibt es kaum, wie beim Model Y, das ausschließlich in Nordamerika auch mit dem Ausstattungspaket „Standard Reichweite" angeboten wird. Zudem gibt es bei den Tesla Modellen unter anderem eine amerikanische sowie eine europäische Version, die sich z.B. durch verschiedene Ladeadapter unterscheiden. Während die Tesla Supercharger als Gleichstromladesystem funktionieren, benötigen die Fahrzeuge in Europa aufgrund der verbreiteten Wechselstromanschlüsse einen angepassten Adapter. Auch kleine Adaptionen, wie die Farbe der Blinker oder ein zusätzlicher Notrufschalter, waren für eine Zulassung in Europa erforderlich. Neben den zwei bis drei unterschiedlichen, technischen Varianten der Tesla-Modelle (siehe auch Tabelle 8.1), können die Kunden im weiteren Kaufprozess nur zwischen wenigen Farben, zwei Felgen, zwei bis drei Variationen für den Innenraum sowie dem ergänzenden Kauf des Funktionspaketes für autonomes Fahren wählen. Diese individualisierten Auswahlmöglichkeiten können überall erworben werden. Die Beschränkung auf bestimmte geographische Zielmärkte lässt sich auch an der Verteilung der Tesla **Supercharger** erkennen. Diese sind oft an der West- und Ostküste der USA sowie in weiteren nordamerikanischen Metropolen, in Europa (primär in Mittel- und Westeuropa), den Vereinigten Arabischen Emiraten, in Australien, Neuseeland, Taiwan, Japan und Südkorea sowie in chinesischen Metropolen zu finden.

Abbildung 8.6: Ausschnitt der Länderübersicht auf Tesla's Website

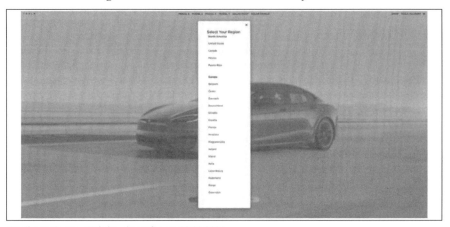

Quelle: Tesla, Inc. Website, abgerufen am 08.03.2021.

8.4.3. Timing

Während Elektroautos einen ersten Boom Ende des 19. Jahrhunderts erlebten, begannen moderne Forschungen für Akku und Antrieb erst in den 1990er Jahren. In den folgenden Jahren wurden verschiedene Prototypen entwickelt, die allerdings gar nicht oder aber nur in sehr geringen Stückzahlen zum Verkauf produziert wurden. Fahrzeuge mit Elektroantrieb aus dieser Zeit, die in Serienfertigung produziert wurden, verfügten über einen Hybrid- und keinen reinen Elektroantrieb (z.B. Toyota Prius). Besonders die hohen Batteriekosten und notwendigen Forschungs- und Entwicklungskosten erschwerten einen Verkauf der Fahrzeuge für lange Zeit. Als **Early Mover** war Tesla das erste Unternehmen, das reine Elektrofahrzeuge für den Straßenverkehr in Serienproduktion herstellen konnte. Die hohe Risikobereitschaft, die ein so früher Markteintritt fordert, bringt Tesla-Chef Elon Musk mit. Hoher Überzeugungsaufwand potenzieller Kunden, hohe Kosten für Forschung und Entwicklung oder die Unsicherheit der Marktentwicklung stehen Vorteilen für Early Mover, wie z.B. dem Aufbau von Markterfahrung, einer intensiven Kundenbindung oder strategischer Monopolgewinnung, gegenüber.

Mit der Gründung in San Carlos (Kalifornien; Hauptsitz heute: Palo Alto) konzentrierte sich Tesla in den ersten Jahren auch bei der Marktbearbeitung primär auf den Heimatmarkt. Von Teslas erstem Modell, dem Tesla Roadster 2008, wurden im Zeitraum von 2008 bis 2012 rund 2.500 Stück produziert. Während das Fahrzeug bereits ab März 2008 in Nordamerika ausgeliefert wurde, war das Auto erst rund ein Jahr später, im Mai 2009, auch in Europa erhältlich. Abbildung 8.7 zeigt die Zeitpunkte der Veröffentlichung der folgenden Modelle von Tesla in Amerika, Europa und Asien.

Nach dem Verkaufsstart des Model S im Heimatmarkt Amerika, startete die Auslieferung in Europa rund ein Jahr und in Asien fast zwei Jahre später. Zum Verkaufsbeginn in Europa im August 2013 gab es in europäischen Ländern teilweise hohe Fördersummen für Elektrofahrzeuge. Besonders in Norwegen, Dänemark und Schweden wurde der Kauf durch hohe Subventionen gefördert. In China dagegen, das der primäre Zielmarkt von Tesla im asiatischen Markt war, lieferte das Unternehmen erst ab April 2014 Fahrzeuge aus. Zwar legte das Land bereits einen großen Fokus auf die Förderung von Elektromobilität, behielt dies aber den heimischen Automobilherstellern vor. Ausländische Firmen mussten dagegen eine Einfuhrsteuer von bis zu 25% zahlen, zudem sind durch die Regierung **Local-Content-Auflagen** vorgeschrieben. Dennoch lockte in China der weltweit größte Absatzmarkt der Automobilindustrie, in dem 2013 knapp 16 Mio. Autos verkauft wurden. Zudem war das Interesse chinesischer Bürger an Elektrofahrzeugen z.B. durch den schnellen Zugang zu Nummernschildern, die ansonsten an lange Wartezeiten oder hohe Kosten gebunden sind, groß. Nach China und den USA war der drittgrößte Absatzmarkt der Welt im Jahr 2013 Europa. Sowohl in Europa als auch Asien gab es in den **Markteintrittsjahren** vereinzelt rein elektrische Fahrzeuge von Wettbewerbern, wie z.B. den Volkswagen e-Up! in Europa oder den Denza in China. Während diese Fahrzeuge nur knapp die Hälfte des Tesla Model S kosteten, konnte die Reichweite von maximal 200 km mit den fast 500 km von Tesla nicht mithalten.

Abbildung 8.7: Verkaufsstart der Tesla-Modelle nach Absatzmärkten

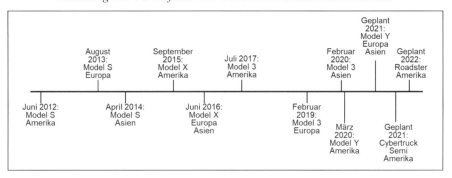

Während das Model X nach dem Verkaufsstart in Amerika neun Monate später gleichzeitig in Europa und Asien ausgeliefert wurde, war das Model 3 fast ein Jahr früher in Europa als in Asien verfügbar, was u.a. auf die Produktions- bzw. Montagewerke zurückzuführen ist.

Während das Montagewerk für Europa in Tilburg bereits seit 2013 Tesla Modelle zusammenbaut und 2019 mit der Montage des Model 3 startete, kommen fast alle Model 3 für den asiatischen Markt aus der Ende 2019 errichteten Gigafactory 3 in Shanghai. Durch die Gigafactory in China profitiert Tesla auch durch politische Subventionen und die Förderung durch die E-Auto-Quote, bei dem Elektrofahrzeughersteller Kreditpunkte an andere Autohersteller verkaufen können. Zudem kann somit die wachsende Nachfrage Chinas an Elektrofahrzeugen besser gedeckt werden. 2020 wurden dort, wie in Abbildung 8.8 dargestellt, fast 1,4 Mio. neue Plug-In Fahrzeuge (Battery Electric Vehicles, BEV und Plug-in Hybrid Electric Vehicles, PHEV) zugelassen. Auch die Gigafactory in Grünheide orientiert sich an der Nachfrage an Plug-In Fahrzeugen. Mit fast 400.000 zugelassenen Neufahrzeugen in 2020 hat die Nachfrage in Deutschland auch die des amerikanischen Marktes überholt.

Der Elektroautohersteller plant in den kommenden Jahren, stetig **weitere Absatzmärkte** zu erschließen. Somit ist der Bau einer Gigafactory in dem bislang noch nicht mit Tesla-

Fahrzeugen belieferten Land Indien sowie die weitere Expansion nach Afrika und Südamerika geplant. Auch der weitere Ausbau der Supercharger erfolgt schrittweise, indem sowohl zusätzliche Ladepunkte als auch Ladepunkte mit höherer Ladeleistung installiert werden.

Abbildung 8.8: Weltweite Verkaufszahlen für Plug-In Fahrzeuge (BEV, PHEV - Light Vehicles)

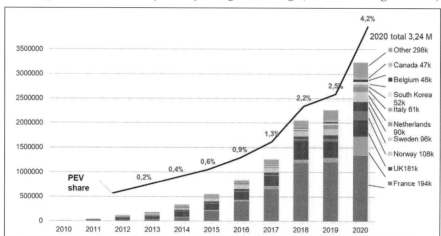

Quelle: I.A.a. www.ev-volumes.com/country/total-world-plug-in-vehicle-volumes/, abgerufen am 04.03.2021.

Der zeitlich **frühere Verkaufsstart** in Nordamerika verglichen zu Europa oder Asien zeigt sich auch bei geplanten Fahrzeugen, wie dem Cybertruck oder dem Tesla Semi. Während sowohl die Produktion als auch Auslieferung vorerst nur in den USA geplant ist, wird der Cybertruck aufgrund der steif gebauten Karosserie in Europa keine Zulassung bekommen. Auch die Überbreite des Fahrzeuges ist zu groß, sodass eine überarbeitete und kleinere Version für einen Verkaufsstart in Europa notwendig ist. Auch eine Funktion von Tesla-Fahrzeugen, das **autonome Fahren**, weist Unterschiede in der Nutzbarkeit zwischen den USA und Europa auf. Dies liegt derzeit an diversen regulatorischen Vorschriften, durch die in Europa z.B. alle 15 Sekunden Druck durch den Fahrer auf das Lenkrad ausgeübt werden muss. Da in Nordamerika eine längere Zeitspanne ohne Nutzung des Lenkrads rechtlich erlaubt ist, kann dort auch der Autopilot deutlich ausgeprägter genutzt werden. Zwar sind auch dort Lizenzen benötigt, dennoch sind in verschiedenen Gebieten, wie z.B. San Francisco, teilautonom fahrende Tesla-Fahrzeuge erlaubt. Zudem sind in den USA teilweise Tesla-Fahrer mit Beta-Versionen für vollständig autonomes Fahren unterwegs. Eine mögliche Zulassung von vollständig autonom fahrenden Tesla-Fahrzeugen ist in Europa – auch aufgrund der problematischen Rechtslage – erst (zeitlich gesehen) nach einer Zulassung in den USA zu erwarten.

8.4.4. Ausblick

Tesla hat in den letzten Jahren als **Early Mover** den Markt für Elektrofahrzeuge geprägt und kann heute besonders von den großen Produktionen in den Gigafactorys profitieren. Das Unternehmen konzentriert sich beim **Timing** auf die Märkte in Europa und Asien, wobei der Fokus durch die jeweilige Gigafactory in Deutschland und China besonders auf diesen Ländern liegt. Aus diesen Ländern kommen derzeit auch die größten Wettbewerber für Tesla. Während 2019 der chinesische Hersteller BYD Auto hinter dem amerikanischen Automobilhersteller die zweitmeisten Elektrofahrzeuge verkaufte, konnte das deutsche Unternehmen Volkswagen diesen Platz 2020 einnehmen. Somit wird sich Tesla in Zukunft vermehrt mit internationalen Wettbewerbern messen müssen, ist gleichzeitig durch das verhältnismäßig günstige Model 3 aber zunehmend „massentauglicher" geworden.

2015 wurde auf der Pariser Klimakonferenz von fast 190 Ländern die Bekämpfung des Klimawandels beschlossen, die von vielen Ländern unter anderem durch die Subvention von Elektrofahrzeugen unterstützt wird. Somit sieht z.b. der separate Klimaplan der EU Prämien für Elektroautos vor, durch die alleine auf deutschen Straßen bis 2030 mindestens sieben Mio. Elektrofahrzeuge fahren sollen. Bereits von 2019 auf 2020 zeigte sich weltweit ein deutlicher Anstieg an neuen Plug-In Fahrzeugen, der auch in den kommenden Jahren zu erwarten ist. Neben Elektrofahrzeugen liegt der Fokus von Tesla sowie den komplementären Firmen von Elon Musk in Zukunft auch auf der weiteren Entwicklung von Batterien, Solaranlagen oder auch Stromspeichern. Durch die stetige Weiterentwicklung soll die nachhaltige Mobilität sowie saubere Energie einer immer größeren Kundengruppe eröffnet werden. In den kommenden Jahren ist daher auch die **weitere Expansion** von Tesla in Regionen, wie z.B. Indien oder Afrika, in denen bislang weder Tesla-Fahrzeuge verkauft noch Supercharger errichtet worden sind, geplant.

8.5. Besonderheiten der Dienstleistungsunternehmen

Dienstleistungen sind selbstständige, marktfähige Leistungen, die mit der Bereitstellung (z.B. Versicherungen) oder dem Einsatz von Fähigkeiten (z.B. Unternehmensberatungen) verbunden sind. Interne (z.B. Personal) und externe Faktoren werden im Erstellungsprozess kombiniert. Die Faktorenkombination der Anbieter wird mit dem Ziel eingesetzt, an den externen Faktoren, an Menschen (z.B. Kunden) und deren Objekten (z.B. Auto des Kunden) nutzenstiftende Wirkungen (z.B. Inspektion) zu erzielen.

Kein Wirtschaftssektor weist eine so große Spannbreite an Branchen auf wie dieser.[1] Diese Vielfalt bringt es mit sich, dass es nur schwer möglich ist, Gemeinsamkeiten des Sektors herauszuarbeiten, der in vielen Industrieländern zwei Drittel des BIP ausmacht. Konsens besteht über die Merkmale von Dienstleistungen: Heterogenität (auch Interaktionsintensität), Intangibilität bzw. Immaterialität (Nicht-Lagerbarkeit), Integration des externen Faktors (Kunden im Erstellungsprozess) und hohe Individualität. Diese Merkmale werden v.a. typologisierend genutzt (siehe Abbildung 8.9). Typologisierend werden auch die Charakteristika und Entscheidungsoptionen der Internationalisierung von Dienstleistungsunternehmen betrachtet. So visualisiert Abbildung 8.10 die Ausprägungen der Merkmale von zwei Dienstleistungstypen (bspw. die kulturelle Spezifität der Leistung, i.S.d. benötigten kultur- bzw. länderspezifischen Know-how für die Dienstleistungserstellung und -vermarktung und sodann zwei der drei Internationalisierungsentscheidungen, so die Eintrittsstrategie und den Grad der Standardisierung der Angebotsleistungen). Aussagen zum Marktengagement und allgemeiner zur Internationalisierung sind somit allgemeingültig kaum möglich, sondern bedürfen eines Branchenfokus, selbst wenn man an dieser Stelle keine weitergehende Unterscheidung zwischen investiven und konsumtiven Dienstleistungen treffen würde, bei denen die Internationalisierung nochmals variiert (Burr 2016, S. 12). Insofern erfolgt im Folgenden der Blick auf Optionen des Marktengagements mit Blick auf (stationäre) Handelsunternehmen, entsprechend der Fallstudie. Im verschärften Maße gelten die Einschätzungen für Marktaustritte bzw. -reduktion oder das Timings wozu jenseits von Fallstudien empirische Studien fehlen.

---

[1] Die „Services Sectoral Classification List" der WTO umfasst Business Services, Communication Services, Construction and Related Engineering Services, Distribution Services, Educational Services, Environmental Services, Financial Services, Health Related and Social Services, Tourism and Travel Services, Recreational, Cultural and Sports Services, Transportation Services, Other Services not included elsewhere.

Abbildung 8.9: Typologie von Dienstleistungen

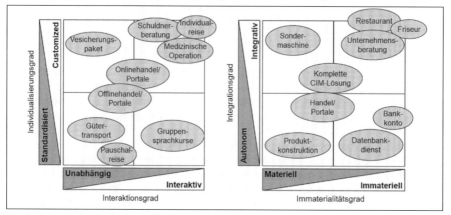

Quelle: I.A.a. Bruhn/Meffert/Hadwich 2019, S. 35.

Abbildung 8.10: Zusammenhang von Dienstleistungsmerkmalen und Internationalisierung

Quelle: I.A.a. Meffert/Bruhn/Hadwich 2015, S. 506.

Besonderheiten des Marktengagements von Handelsunternehmen

Das Marktengagement stationärer Handelsunternehmen unterliegt i.d.R. der Notwendigkeit einer direktinvestiven Strategie. Selbst Online-Anbieter benötigen lokale Homepages und ggf. Lager, um einige ihrer Wettbewerbsvorteile, wie Same-Day-Delivery, zu realisieren. Dies bedingt die Selektion von Auslandsmärkten (jenseits exportbasierter, globaler Lieferung der Produkte Swoboda/Sinning/Hirschmann 2018, und noch anders bei Online-Unternehmen, siehe bereits Foscht/Swoboda/Morschett 2006).

Da der Eintritt im Handel meistens direktinvestiv erfolgt, dominieren bei der **Marktselektion** die für Direktinvestitionen relevanten Kriterien, so Marktattraktivität und -risiken, regulative, normative oder kulturelle Institutionen. Interkulturelle Besonderheiten bspw. sind deswegen wichtig, weil Studien zeigen, dass die lokal erfolgreichen Händler tendenziell in kulturell ähnlichen Ländern tätig sind (Swoboda/Morbe 2019). Ferner sind im Handel Auslandsmärkte dahingehend zu bewerten, in welchem Maße **adäquates Personal** (für den direkten Kundenkontakt) verfügbar ist. Für intensive und dauerhafte Kundenbeziehungen ist die Bedeutung bzw. die Größe bestehender und potenzieller Kunden wichtig. Die folgende Fallstudie behandelt die Marktselektion von Handelsunternehmen, wobei Swoboda/Zentes/Elsner (2009) deren Spezifika im Marketing, Management und im Finanzbereich benennen (siehe im LEH Swoboda 2012):

- Einzelhändler haben direkte Kundenkontakte und einen großen Spielraum für Marketinganweisungen (z.B. Standort, Offline-/Online-Ladengestaltung). Die Märkte für Food-Einzelhändler sind lokal (kulturell spezifisch), durch Marktbarrieren begrenzt (z.B. Vorschriften zu Standort, Öffnungszeiten), und Ladendesign oder spezifisches (Handels-) Know-how können nicht als Markenzeichen geschützt werden. Die Vorteile einer internationalen Präsenz, wie Größenvorteile und Effizienz, mit der Sensibilität für unterschiedliche lokale Märkte zu verbinden, ist die Herausforderung, auch weil der Wettbewerb zwischen den Ländern und Kulturen sehr unterschiedlich ist.
- Einzelhandelsformate beinhalten zahlreiche Elemente, wie z.B. verschiedene Lieferketten- und Marketingprozesse (unsichtbare und sichtbare Teile des Internationalisierungsprozesses), und ihre Übertragung auf ausländische Märkte ist komplex. Internationale Einzelhandelsnetzwerke umfassen z.T. mehr als 500 Offline-Stores - und auch Online-Stores -, was zu einem gewissen Grad an geographischer Streuung im Unternehmen führt und ein Gleichgewicht zwischen zentralen und dezentralen Entscheidungen erfordert. Lokale Sortimente und eine große Anzahl von Lieferanten erhöhen die Bedeutung der Lagerhaltung und damit der Supply-Chain-Aktivitäten.
- Einzelhändler haben eine spezifische Kostenstruktur. Der Anteil der Wareneinstandskosten macht einen großen Teil der Gesamtkosten aus. Daher ist es wichtig, Größenvorteile zu erzielen. Aufgrund der hohen getätigten Direktinvestitionen sind die damit verbundenen Exit-Kosten enorm. Der Einnahmenstrom, der nach Investitionen generiert wird, ist anders als bei Herstellern, ebenso wie die Cash Flows.

Diese Besonderheiten müssten für Betriebs- und Vertriebstypen weiter unterschieden werden, und auch das Marktengagement von Online-, Offline- und Omnichannel-Unternehmen variiert (Schu/Morschett 2017; Swoboda/Sinning/Hirschmann 2018).

- Die Kunden im Online-Handel haben einen hohen Informationsstand. Die daraus gewonnene Vergleichbarkeit der Anbieter und Angebote führt zu einer steigenden Macht der Nachfrager und gleichzeitig zu Problemen in der Kundenbindung.
- Zunehmende Markttransparenz, sinkende Markteintritts-, Marktaustritts- sowie Wechselbarrieren sind Charakteristika der Online-Märkte. Dies stellt sowohl Chancen (z.B. breite Marktbearbeitung), als auch Risiken (z.B. Probleme in der Marktanalyse) in der Internationalisierung dar.
- Das Management von Online-Handelsunternehmen wird mit Besonderheiten, wie zunehmender Innovations- und Internationalisierungsgeschwindigkeit konfrontiert. Gleichzeitig ist eine Änderung der Kostenstruktur zu beachten, da anfallende Kosten zum Großteil auf Logistikleistungen zurückzuführen sind.

Schließlich erscheint die Marktbearbeitung, v.a. des LEH als sehr lokal geprägt, aber Händler übertragen Betriebstypen- und z.T. Sortimente oft unverändert ins Ausland (so im Non-Food- oder Service-Handel bei Ikea, McDonalds; zur „Format Replication" Swoboda/Elsner 2013), auch wenn dies nicht an jedem Standort erfolgreich ist (Swoboda/Morbe 2019). Zunehmend relevant wird, wie die Omnichannel-Vertriebskanäle, bspw. Offline- und Online-Vertriebskanäle, international interagieren, d.h., für das Kaufverhalten jeweils relevant sind und sich gegenseitig bzgl. der Anbieterbewertung unterscheiden, was wahrscheinlich ist (siehe national Swoboda/Winters 2021; international Sinning/Swoboda 2021).

8.6. Internationale Marktselektion von METRO Cash & Carry[1]

8.6.1. Kurzvorstellung des Unternehmens

Die METRO Group war im Jahr 1992 das weltweit größte Handelsunternehmen und gehörte auch noch 2012 mit rd. 70 Mrd. EUR Umsatz und 280.000 Mitarbeitern zu einem der größten Handelskonzerne der Welt. Allerdings war das Unternehmen in Folge diverser Akquisitionen enorm diversifiziert, und es folgte eine Herauslösung diverser Unternehmen aus dem Konzern (Spezialisierung), bspw. Adler Bekleidungsmärkte, Praktiker Baumärkte, Galeria Kaufhof Warenhäuser, MediaMarkt und Saturn Elektro-Fachmärkte oder Real SB-Warenhäuser. METRO C&C verantwortete immer rd. 50% des Konzernumsatzes mit rd. 100.000 Mitarbeitern. Die METRO AG unterstützte die Vertriebslinien mit konzernweiten Dienstleistungen wie Beschaffung, Logistik, Informatik, Werbung, Finanzierung, Versicherung oder Gastronomie.

Die Kernkompetenz bilden METRO **C&C**-Großhandelsmärkte, welche bereits 1964 von Otto Beisheim als Abholmarkt für Gewerbetreibende gegründet wurden und als Wurzel des Unternehmens gelten (auch wenn bspw. die Unternehmensgeschichte der Kaufhof AG bereits im Jahr 1879 begann, als Leonhard Tietz in Stralsund ein Kurz-, Weiß- und Wollwarengeschäft eröffnete, und auch die Asko Deutsche Kaufhaus AG, die u.a. 1996 zur METRO AG verschmolz, wurde im Jahr 1880 als Eisenbahn-Konsumverein gegründet).

METRO C&C hatte immer die führende Position bzgl. der Internationalisierung im Konzern. Bereits im Jahr 1992 hatte das Unternehmen zwölf westeuropäische Länder betreten, und betrat in den folgenden Jahren fast jährlich einen Auslandsmarkt, bis hin zu rd. 35 Auslandsmärkten (fast alle Länder in Europa und viele in Asien als Schwerpunkte sowie einige wenige in Nordafrika) und in der Spitze einem Auslandsumsatzanteil von rd. 80% (ein Top-Wert bei den 30 größten Händlern der Welt). Die Selektion der Ländermärkte erfolgte projektorientiert, i.S. separater Analysen. Diese wurden weitgehend vom Expansionsmanager vor seiner Pensionierung in einem systematischen Prozess überführt. Gegenstand der Fallstudie bildet dieser systematische **Marktselektionsprozess**, i.e.S. die Wahl/ Festlegung einzelner Phasen und jeweiliger **Selektionskriterien**. Auch Vorentscheidungen des Top-Managements bzgl. der internationalen Expansion werden betrachtet, weil sie die Wahl/Festlegungen wesentlich beeinflussen. Abbildung 8.11 zeigt den Selektionsprozess im Überblick.

8.6.2. Länderübergreifende Bewertungen

Mit C&C-Märkten unter den Retail Brands METRO und MAKRO (historisch durch Akquisition eines niederländischen Konkurrenten gewonnen und in einigen Auslandsmärkten genutzt) internationalisierte das Unternehmen im **Selbstbedienungs-Großhandel**. Das Cash & Carry-Prinzip bedeutet, dass die gewerblichen Kunden, anders als im traditionellen Großhandel, ihre Waren selbst zusammenstellen, bar bezahlen und abtransportieren. Das Sortiment der Märkte umfasst bis zu 20.000 Food-Artikel sowie 30.000 Non-Food-Artikel. Die METRO C&C-Märkte operieren in drei Formaten, die sich in Fläche, Sortimentsumfang und -schwerpunkt unterscheiden: Classic, Junior und ECO. Die beiden Letztgenannten haben kleinere Verkaufsflächen und einen höheren Food-Anteil im Sortiment.

---

[1] Die (historische) Fallstudie basiert auf Unternehmensinformationen (wir danken Herrn Gerd Becker), www.metrogroup.de; Swoboda/Schwarz/Hälsig 2007.

Abbildung 8.11: Selektionsprozess der Metro C&C im Überblick

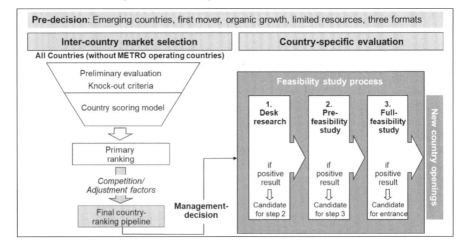

Die **Internationalisierungsstrategie** umfasst zwei Säulen. In bereits bearbeiteten Ländermärkten bildet eine stärkere Durchdringung (Penetration) mit Outlets das Ziel, indem erstens das Potenzial in großen Ländern ausgeschöpft und zweitens eine konsolidierte Durchdringung in anderen Ländern angestrebt wird. Die Erschließung neuer Ländermärkte als zweite Säule hat erstens neue Länder und zweitens sich bietende individuelle Gelegenheiten in einzelnen Ländern zum Ziel. Den Rahmen der Marktexpansion und -selektion bilden Unternehmensgrundsätze und -strategien:

- Das internationale Engagement basiert im Grundsatz auf organischem **Wachstum** – manchmal auch mit Joint-Venture-Partnern, z.B. in China und Japan. Dies bedeutet für die Marktselektion, dass z.B. Länder mit hoher Wettbewerbsintensität, die nur über Akquisitionen zu betreten wären, aus der Betrachtung ausscheiden.
- Der **Regionalfokus** liegt auf Europa, Asien und abgestuft Nordafrika; Amerika bspw. bleibt unbeachtet (wg. geringer Attraktivität/hoher konkurrenzbasierter Barrieren).
- Die **Ressourcenverfügbarkeit** für das Auslandsengagement ist limitiert.
- Das **Potenzial zur Erreichung einer Top-3-Position** im jeweiligen Markt muss gegeben sein, und das C&C-Format muss ein neues, innovatives Konzept in einem neuen Ländermarkt darstellen.

Ein wichtiger Grundsatz ist, dass man i.d.R. versucht First-Mover zu sein. Diese Vorreiterrolle beruht u.a. darauf, dass das C&C-Konzept relativ früh in sich transformierende oder öffnende Länder eingeführt werden kann, da erste marktwirtschaftliche Strukturen zunächst ein Potenzial im Großhandel bieten. Neu entstehende, kleine Privatunternehmen bilden dann die Kernzielgruppe. Demgegenüber verfügen die Konsumenten zu diesem Zeitpunkt meist noch nicht über ein entsprechendes Einkommens- und Konsumpotenzial.

8.6.3. Länderspezifische Bewertungen

Die erfolgreiche Internationalisierung in viele Länder – bei jahrelang nur relativ wenigen Rückzügen (z.B. aus den USA nach einem Test oder aus Marokko) – erfolgte lange Zeit eher erfahrungsbasiert. Erst später wurde ein Konzept zur Marktselektion entwickelt, das eine Doppelstruktur aufweist:

- Den **länderübergreifenden Ansatzpunkt** bilden alle Länder der Welt, die nach Regionen und mit KO-Kriterien bewertet werden. Es schließt sich ein Länderscoring mit einem Länderranking (das Länder und denkbare Eintrittstermine umfasst) als Ergebnis an. Das „errechnete" Ranking wird mit Unternehmensgrundsätzen, strategischen Überlegungen, situativen Chanceneinschätzungen als regulierende Faktoren kontrastiert.
- Jedes auf dem Ranking (sog. Pipeline) angeordnete Land durchläuft, wenn gemäß der vom Management festgelegten finalen Pipeline der geplante Eintrittszeitpunkt naht, einen länderspezifischen dreistufigen **Feasibility-Study-Prozess**. Ergeben alle Stufen positive Befunde für das Land, erfolgt i.d.R. der Markteintritt.

Im Folgenden werden beide Marktselektionsprozesse vertiefend dargestellt.

Länderübergreifende Marktselektion: Trichteransatz

Ziel des mehrstufigen, länderübergreifenden Marktselektionsprozesses ist es, am Ende eine Pipeline von Ländern vorliegen zu haben, die potenzielle Eintrittsländer für METRO C&C darstellen. „Pipeline" bedeutet, dass diese Länder auf einem Zeitstrahl angeordnet werden, d.h., jedem relevanten Land ist ein geplanter/s Eintrittszeitpunkt/-jahr zugeordnet.

Ausgangspunkt der Marktselektion sind alle Länder der Welt, ohne diejenigen, in denen man bereits tätig ist. Auf diese Länder wird eine sog. **regionale Segmentierung** angewendet, indem wirtschaftliche und geschäftsfeldspezifische Betrachtungen mit dem strategischen Fokus von METRO C&C kombiniert werden. Konkret werden zwei Faktoren geprüft: Zunächst wird evaluiert, ob Potenzial für das C&C-Geschäft vorhanden ist; im positiven Fall folgt die Evaluation der Wettbewerbsintensität. Aus der Höhe der Wettbewerbsintensität kann nämlich geschlossen werden, ob der Unternehmensgrundsatz – organisches Wachstum im Ausland – in den Ländern durchführbar ist. Wenn ferner die Top 3- bis 5-Handelsunternehmen mehr als 40% des Food-Einzelhandelsvolumens auf sich vereinen, ist ein Einstieg unwahrscheinlich. Dies trifft z.B. in Australien zu, wo ein niedriges Marktpotenzial bei einer gleichzeitig hohen Wettbewerbsintensität vorliegt. Diese Länder werden aus der weiteren Evaluation ausgeschlossen. Mittels Sekundärmarktforschung werden gesetzliche, steuerliche und finanzielle Daten erhoben, die ebenfalls als kritische Abbruchfaktoren fungieren. Beispiele solcher **KO-Kriterien** sind gesetzliche Unsicherheiten wie Rechtsunsicherheit, Beschränkung des Großhandels für/durch nationale Unternehmen, Einschränkungen des Währungsumtausches. Trifft eines der Kriterien auf ein Land zu, scheidet es aus der weiteren Betrachtung aus.

Länderscoring und vorläufiges Länderranking: Die verbleibenden Länder werden mit einem **Scoringmodell** bewertet. In einem Bottom-up-Ansatz wird im Modell aus einem Set an Faktoren, wie makroökonomische, politische, wettbewerbsbezogene und administrative Faktoren, ein jeweiliger Landesscore ermittelt. Jeder dieser vier Faktoren wird wiederum aus unterschiedlichen Kriterien gebildet (siehe Abbildung 8.12):

- Die Kriterien Bevölkerungsgröße, natürliche Ressourcen, Bruttoinlandsprodukt pro Kopf, Inflationsrate, Höhe des privaten Konsums, Kfz-Dichte, Armutsgrenze, Anteil der städtischen Bevölkerung und Anzahl an Städten über 500.000 Einwohner fließen in den Faktor „**Makroökonomie**" ein, der einem Anteil von 40% am Landesscore entspricht.
- Im Rahmen des Faktors „**Politik**", der zu 20% in den Landesscore eingeht, werden die Kriterien ethnische Konflikte, Machtgrundlage der Regierung und die Außenwirtschaftsbeziehungen evaluiert.
- Im Rahmen des mit 30% in den Landesscore einfließenden Faktors „**Wettbewerb**" werden die nationalen und internationalen Handelsunternehmen, die im jeweiligen Land tätig sind, analysiert.

- Importbeschränkungen, Unternehmenssteuergesetzgebung, Zollabwicklung, Grundbesitzverhältnisse usw. sind Kriterien, die in den Faktor „**Administration**" mit einem Gewicht von 10% einfließen.

Sind diese Kriterien für jedes Land erhoben, die Faktoren berechnet und zum jeweiligen Landesscore verrechnet, erhält man als Ergebnis dieses Trichteransatzes ein **vorläufiges Länderranking**. Dies besteht aus einer Liste der bis dahin verbliebenen Länder, die nach ihrem Landesscore absteigend sortiert sind. Entsprechend ist das Potenzial eines Eintritts für die vorne stehenden Länder größer.

Abbildung 8.12: Internationale Marktselektion – Vorläufige Länder-Pipeline

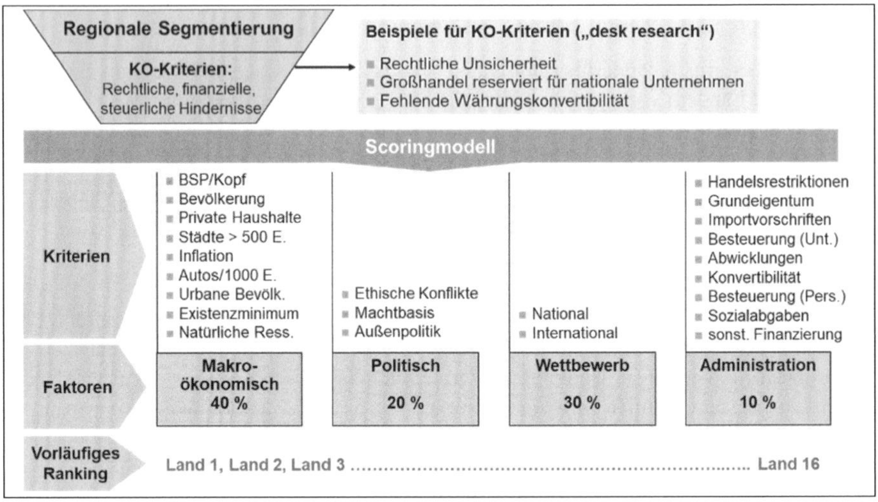

Regionale Segmentierung	Beispiele für KO-Kriterien („desk research")
KO-Kriterien: Rechtliche, finanzielle, steuerliche Hindernisse	▪ Rechtliche Unsicherheit ▪ Großhandel reserviert für nationale Unternehmen ▪ Fehlende Währungskonvertibilität

	Scoringmodell			
Kriterien	▪ BSP/Kopf ▪ Bevölkerung ▪ Private Haushalte ▪ Städte > 500 E. ▪ Inflation ▪ Autos/1000 E. ▪ Urbane Bevölk. ▪ Existenzminimum ▪ Natürliche Ress.	▪ Ethische Konflikte ▪ Machtbasis ▪ Außenpolitik	▪ National ▪ International	▪ Handelsrestriktionen ▪ Grundeigentum ▪ Importvorschriften ▪ Besteuerung (Unt.) ▪ Abwicklungen ▪ Konvertibilität ▪ Besteuerung (Pers.) ▪ Sozialabgaben ▪ sonst. Finanzierung
Faktoren	**Makroökonomisch 40 %**	**Politisch 20 %**	**Wettbewerb 30 %**	**Administration 10 %**
Vorläufiges Ranking	Land 1, Land 2, Land 3 .... Land 16			

Regulierende Faktoren und Managemententscheidungen: Allerdings wirken auf dieses vorläufige Länderranking im nächsten Schritt **regulierende Faktoren**, die u.a. strategische Überlegungen und weiche Faktoren umfassen und aus vier Bereichen entstammen. Zunächst wird die Frage gestellt, ob **Lücken im bestehenden Länderportfolio** zu schließen sind. Das heißt, wenn ein bestimmtes Land, das auch als potenzielles Eintrittsland eingestuft ist, aus benachbarten Ländern erschlossen sowie v.a. bearbeitet werden kann und somit günstige Erfolgsaussichten bestehen, bewirkt dies z.B., dass das Land im Ranking weiter oben positioniert wird. Einen zweiten regulierenden Faktor bilden **Vorteile aus Synergien**. Wenn – ähnlich dem ersten Punkt – ein Ländermarkt aus benachbarten Ländern (in denen man bereits tätig ist) heraus bearbeitet wird und so größere Synergien im Einkauf, in der Logistik oder der Verwaltung erzielt werden, kann dies ebenfalls zu einer Höherstufung des Landes führen. Dieser Fall traf z.B. für Moldawien zu, das als sehr kleines Land im Ranking ursprünglich weiter hinten lag: Es bestanden Transitabkommen mit Nachbarländern und durch die Nähe zu Rumänien – wo METRO C&C bereits tätig war – versprach man sich Synergien in der Bearbeitung dieses Landes von Rumänien aus. Zudem bot die Regierung infrastrukturelle Hilfen an, was Moldawien im Ranking nach vorne brachte und in einen vorgezogenen Markteintritt mündete. Zum Dritten werden sog. **Trade-off-Betrachtungen** durchgeführt. Da das verfügbare Investitionskapital für Auslandsexpansionen limitiert ist, muss bei jeder Höherstufung eines Landes berücksichtigt werden, welcher Ländermarkt dafür herabgestuft und somit erst später betreten werden kann. Hier muss also z.B. entschieden werden, ob die Eröffnung eines weiteren Outlets in St. Petersburg wichtiger ist als die Eröffnung des ersten in Tallinn. Dabei ist zu beachten, dass durch die Zurückstufung eines Landes ein späterer Eintritt in dieses ggf. nicht mehr möglich sein wird, wenn nämlich in der Zwischenzeit die Wettbewerbsintensität steigt, oder ein organischer Eintritt nicht mehr möglich ist. Als vierter Bereich werden sog. **„schwelende" KO-Kriterien** beleuchtet, wie z.B. politische Instabilität, wirtschaftliche Probleme u.ä., die zu einem Aufschieben des Markteintritts führen können (siehe Abbildung 8.13).

Abbildung 8.13: Finale Länder-Pipeline (Prinzipiendarstellung

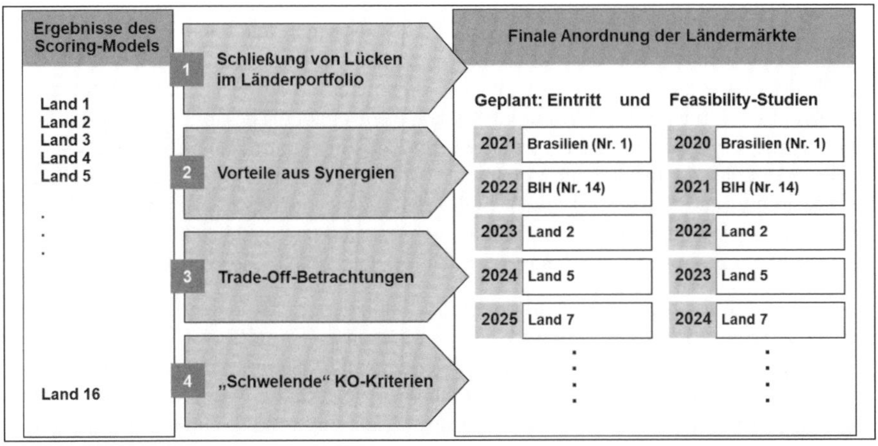

Ergebnisse des Scoring-Models		Finale Anordnung der Ländermärkte			
	1. Schließung von Lücken im Länderportfolio	Geplant: Eintritt		und Feasibility-Studien	
Land 1 Land 2 Land 3 Land 4 Land 5		2021	Brasilien (Nr. 1)	2020	Brasilien (Nr. 1)
	2. Vorteile aus Synergien	2022	BIH (Nr. 14)	2021	BIH (Nr. 14)
		2023	Land 2	2022	Land 2
	3. Trade-Off-Betrachtungen	2024	Land 5	2023	Land 5
		2025	Land 7	2024	Land 7
Land 16	4. „Schwelende" KO-Kriterien	...		...	

Finales Länderranking und zeitunterlegte Pipeline: Nachdem das vorläufige Ranking bewertet und angepasst wurde, liegt nach Top-Managemententscheidung im Ergebnis das **endgültige Länderranking** vor. Das Management berücksichtigt bei der Länderauswahl das gesamte finanzielle Expansionsvolumen im Konzern und sonstige Ziele bzgl. dessen Verwendung im Planungsjahr, bspw. für die Öffnung neuer Länder, die Modernisierung des Ladennetzes oder der Penetration bereits bearbeiteter Länder (bspw. Öffnung weiterer Filialen). In dem finalen Ranking wird den Ländern eine Zeitachse zugeordnet, d.h., als Planungsbasis zeigt das Ranking, in welchem Jahr welche Markteintritte vorzubereiten bzw. zu vollziehen sind. METRO C&C verfügt dadurch über eine Pipeline an potenziellen neuen Ländermärkten. Um einen Markteintritt tatsächlich zu vollziehen, sind aber weitere Analysen und Planungen notwendig; detaillierte Daten zu jedem Land sind zu erheben. Die länderübergreifende Marktselektion ist aber beendet und der Entscheidungsprozess geht in eine länderspezifische Betrachtung über.

Länderspezifische Marktselektion: Stufen des Feasibility-Study-Prozesses

Naht gemäß der Pipeline ein Markteintritt in ein Land, setzt vorher ein **dreistufiger Feasibility-Study-Prozess** ein, der, nach positiven Zwischenergebnissen, in einen Business-Plan mündet und zum Markteintritt führt. Zeigen die detaillierten Daten im Laufe des Feasibility-Study-Prozesses dagegen, dass ein Markteintritt doch (noch) nicht ratsam oder sogar nicht möglich ist (z.B. aufgrund zuvor nicht bekannter gesetzlicher Restriktionen), so kann der Prozess gestoppt oder zu einem späteren Zeitpunkt gestartet werden. Auch an dieser Stelle bewahrt sich das Unternehmen Flexibilität und strategische Reaktionsmöglichkeiten anstelle einer strikten Planverfolgung.

Aufgrund u.a. der Notwendigkeit der Planung der kompletten Wertschöpfungskette im stationären Handel im jeweiligen Ländermarkt dauert der Prozess acht bis zehn Monate und setzt das Engagement hoch spezialisierter Manager für jede Unternehmensfunktion voraus.

Die erste Stufe des Feasibility-Study-Prozesses besteht aus dem **Desk Research**. Im Headquarter wird durch Datenbankrecherchen, über spezialisierte Informationsagenturen (wie Planet Retail), über die Botschaften, Industrie- und Handelskammern, statistische Ämter u.Ä., ein genaues Landesprofil erstellt. Makroökonomische, wettbewerbsbezogene, politische und verwaltungsrechtliche Daten werden hier, sehr viel detaillierter als im vorausgehenden Trichteransatz, als Informationsbasis aufbereitet. Zu klärende Kernfragen betreffen z.B. das geographische und makroökonomische Profil und Potenzial des Landes, die Analyse der Key Player im Markt, den Marktsättigungsgrad, die politische Situation und Eignung für ein Investment durch METRO C&C sowie das rechtliche, steuerliche und finanzielle Umfeld. Zum Beispiel ergab sich im Laufe des Desk Research für die Vereinigten Arabischen Emirate, dass die Ländermärkte dieser Region ggw. einzeln nicht über ein ausreichendes Marktpotenzial verfügen. Ein Markteintritt bliebe nur interessant, wenn er auf die gesamte Golfregion ausgedehnt würde und durch Synergien zwischen den Ländern ein ausreichendes Marktpotenzial entstünde. Der Markteintritt in die Vereinigten Arabischen Emirate wurde daher verschoben, der Feasibility-Study-Prozess an dieser Stelle abgebrochen, aber zu einer erneuten Prüfung der gesamten Golfregion auf einen Zukunftstermin angesetzt. Sprechen hingegen die Daten des Desk Research weiterhin für einen Markteintritt, geht man in die nächste Stufe über.

Diese zweite Stufe, die **Pre-Feasibility-Study**, impliziert v.a. einen ersten Besuch im betreffenden Land. Ein kleines Team aus ca. drei Personen (ein oder zwei Personen aus der Abteilung Corporate Development sowie ein oder zwei Experten z.B. aus einem Nachbarland, die dort eher operative Aufgaben wahrnehmen) reist für ca. eine Woche dorthin. Dies dient zur Erfüllung der Hauptaufgaben der Pre-Feasibility-Study, nämlich die Daten des vorangegangenen Desk Research vor Ort zu verifizieren und einen ersten „Touch Down" im Markt zu erzielen, d.h., das Marktpotenzial, die Möglichkeiten usw. auch optisch in Augenschein zu nehmen und zwar auf Basis der langjährigen Erfahrung der Beteiligten im C&C-Geschäft. Daten wie Einkommenshöhe, Arbeitslosenquote u.Ä. weichen oft von den offiziellen Angaben ab und können vor Ort überprüft werden. Offen gebliebene Fragen des Desk Research, z.B. zu speziellen Steuern oder der steuerlichen Behandlung von Betriebs- und Geschäftsausstattung, können ggf. geklärt, und die Kooperationsbereitschaft der Ämter und Regierungen erfahren werden. Eine Begutachtung der bestehenden Handelslandschaft ermöglicht zudem eine bessere Einschätzung des Fits zwischen dem C&C-Format und dem Auslandsmarkt. So kann das tatsächliche Marktpotenzial genauer eingeschätzt und denkbare Hindernisse eines Eintritts aufgedeckt werden. Auf dieser Stufe zu klärende Kernfragen umfassen den Absatz (insb. Anzahl potenzieller C&C-Kunden pro Kundenkategorie und insgesamt), den Gewinn (insb. durchschnittliche Margen in Food und Non-Food), die Kosten (insb. Existenz überdurchschnittlich hoher oder niedriger Kostenfaktoren), den Markt (insb. Wettbewerbsintensität im C&C- und SB-Warenhausbereich), KO-Kriterien (insb. ob andere, bisher nicht beachtete Abbruchfaktoren vorliegen) und das allgemeine Gefallen (insb. die Attraktivität des C&C Geschäftskonzeptes für den Markt).

Spricht die Analyse der zweiten Stufe weiterhin für einen potenziell geeigneten Markt, folgt eine Entscheidung in Richtung der dritten Stufe, der **Full-Feasibility-Study**. In deren Rahmen geht ein rd. zehnköpfiges Expertenteam, zusammengesetzt aus allen involvierten Unternehmensbereichen (z.B. Vertrieb, Einkauf, Finanzen, Steuern, Personal), vor Ort und arbeitet ein Feasibility-Handbuch ab. Dieses enthält u.a. Checklisten und Fragebögen, um so dezidierte Kundenpotenzial- und Ausgabepotenzialeinschätzungen, das ausgaberelevante Einkommen und die Anzahl langfristig möglicher C&C-Outlets im Land zu evaluieren. Diese werden aus den verfügbaren Daten und aus Schätzungen extrapoliert bzw. selbst eingeschätzt, insb. Margen und Personalkosten müssen meist geschätzt werden. Kernfragen betreffen erneut den Absatzbereich (insb. Anzahl von C&C-Kunden pro Kundenkategorie, erzielbare Umsätze, Anzahl an Outlets), den Profit (insb. Spannen und Volumen pro Category unter Beachtung der Marktstruktur, des Kundenverhaltens, der Wettbewerbssituation), die Kosten bzw. Investitionen (insb. Betriebskosten und Gesamtinvestment), den Business-Plan (insb. Anzahl und Sequenz der Filialexpansion, Art/Höhe der Investition, EVA), den Markt (insb. Charakteristika und Positionierung der Wettbewerber, gegenwärtig und zukünftig), die Human Resources (insb. Mitarbeiterbedarf, Weisungs-, Aufgabenstrukturen), das finale Hinterfragen und Überprüfen von KO-Kriterien (insb. ob andere, bisher nicht beachtete Abbruchfaktoren vorliegen bis hin zu einer denkbaren sog. „Foreign Investment List"). Endergebnis dieses Prozesses ist ein **Business Case**, aus dem hervorgeht, wie viel investiert werden kann, über welchen Zeitraum und mit welchem ROI.

Fällt schließlich die Managemententscheidung zum Markteintritt, so reist oftmals eine Delegation unter der Leitung des Vorstandsvorsitzenden als „Besiegeler" des Investments in das Land. Zusammen mit einem Regierungssprecher wird z.B. eine entsprechende Verlautbarung gemacht, die den formalen Akt des Eintritts besiegelt. Selbst hier gibt es Beispiele für Abbrüche des Eintrittsprozesses.

Weitere länderspezifische Besonderheiten

Der länderübergreifende Internationalisierungsprozess von METRO C&C ist eher als **selektiv** zu charakterisieren, zu Beginn eher wasserfallartig, sukzessive und mit der Expansion ab Mitte der 1990er Jahre verstärkt simultan und durch parallelen Einstieg unter Nutzung von Synergien zwischen den Märkten geprägt. Die zukünftige Situation (so in Mittel-/Osteuropa oder Asien, mit einer hohen Präsenz internationaler Handelsunternehmen) dürfte nun wieder zu einer langsameren, schrittweisen Erschließung der noch nicht bearbeiteten Länder führen. Dies ermöglicht auch eine Allokation der Ressourcen in Richtung einer Durchdringung großer Märkte wie Russland in Europa oder China/Indien in Asien.

In China hat man bewusst auf die Nutzung von Synergien durch die Entscheidung gegen eine parallele Erschließung vieler asiatischer Länder verzichtet. China alleine birgt ein solches Marktpotenzial, dass eine intensive Filialisierung das gesamte verfügbare Internationalisierungskapital (und darüber hinaus) beanspruchen könnte. Eine „Full-Power-Erschließung" ist hier aufgrund finanzieller Restriktionen nicht möglich. So ist METRO C&C der erste westliche Händler in China, der ab dem Jahr 2006 die Erlaubnis zur Erweiterung der Joint-Venture-Beteiligung auf 90% nutzte. Weiterhin bergen die asiatischen Länder hohe wirtschaftliche Risiken, sodass eine Ressourcenkonzentration auf diese im Falle einer Wirtschaftskrise zu finanziellen Problemen führen könnte.

Eine weitere Ausnahme in der Expansionspipeline stellt Japan dar. Bereits die dort vorherrschende Wettbewerbsintensität wäre ein KO-Kriterium im Marktselektionsprozess gewesen. Dennoch ist METRO C&C dort eingetreten. Dies geschah vor dem Hintergrund, dass man sich mit dem Nischenkonzept ECO, dessen Sortiment in Japan fast nur frische Artikel umfasst, einen erfolgreichen Marktanteil zu erlangen versprach. Dies sollte getestet werden, auch um die Gewissheit zu erlangen, dass man in solchen Märkten erfolgreich operieren kann. Nach anfänglichen Schwierigkeiten verläuft die Entwicklung heute positiv.

8.6.4. Ausblick

METRO C&C arbeitet enorm international, auch im Vergleich der Top-Unternehmen im Handel weltweit. Man ist in vielen Ländern auf drei Kontinenten präsent. Während in westeuropäischen Märkten die Handelsstrukturen bereits vollständig ausgebaut sind, befinden sich die osteuropäischen, asiatischen und afrikanischen Länder in unterschiedlichen Entwicklungsstadien.

Um wirtschaftliche Herausforderungen in den Regionen schneller annehmen und Marktchancen besser nutzen zu können, hat das Unternehmen die Managementstrukturen angepasst und das Geschäft der acht Kernländer (China, Deutschland, Frankreich, Italien, Polen, Russland, Spanien und Türkei) in die direkte Verantwortung des CEO gelegt. Die neue Struktur ermöglicht der Vertriebslinie größere Markt- bzw. Kundennähe und trägt zur schnelleren Umsetzung von Wachstumsmaßnahmen bei. METRO C&C setzt die Expansion weiter fort, hat aber auch einzelne Länder „divested" (u.a. bedingt durch strukturelle Probleme auch im Heimatmarkt). So wurde auch MAKRO Cash & Carry in Großbritannien an die Booker Group PLC veräußert. Auch geplante Markteintritte, wie bspw. in Indonesien verfolgte das Unternehmen nicht weiter, u.a. wg. der strategischen Entscheidung, sich in bearbeiteten Märkten auf Umsatzsteigerungen auf vergleichbarer Fläche zu konzentrieren und die Penetration ausgewählter Länder zu beschleunigen. Die Schwerpunkte liegen v.a. in den Wachstumsregionen Osteuropa und Asien. Dies bedeutet eine Änderung der internationalen Wachstumsstrategie, inwiefern dies nach langen Jahren der Länderexpansion – bei gewisser Vernachlässigung der Länderpenetration und oft Ladenmodernisierung – zukunftsfähig sein wird, ist ggw. als offen zu bewerten (auch angesichts des Drucks durch Onlineanbieter oder globale Krisen).

Die weiteren Expansionsaktivitäten werden aus Metro C&C keinen weltweit tätigen Player machen, der in sämtlichen Ländern vertreten ist. Hier liegt der Fokus auf einer stärkeren Penetration der bestehenden Märkte und dem Ausbau einer **regionalen Identität**. Die C&C-Verantwortlichen sehen keine Notwendigkeit zu einer stringenten Grundorientierung in Richtung globaler oder multinationaler oder lokaler Wettbewerbsvorteile. Lange Zeit waren z.B. Standardisierungen in relativ homogenen Ländermärkten (etwa Westeuropas) und/oder parallel Differenzierungen in neueren Märkten (etwa Japan) zu erkennen. Durch die verstärkte Anpassung der Formate, Dienstleistungen und Absatzwege sowie die fokussierte Kundenorientierung scheint die Tendenz in Richtung Dezentralisierung und stärkere lokale Anpassung zu gehen.

OPTIONALE BETÄTIGUNGSFORMEN

9. Entry und Operation Mode als Grundsatzentscheidungen

9.1. Gegenstand

Zu den Kernentscheidungen im Internationalen Marketing und Management gehören, wie in Abschnitt 2.3. dargestellt, neben den Entscheidungen bzgl. des Engagements auf ausländischen Märkten sowie der Marktbearbeitung, die Wahl der Betätigungsform (Operation Mode). Letztere stehen im Vordergrund dieses Abschnitts mit den Kapiteln 9.-13.

> "Operation Mode" ist definiert als die vertraglichen Vereinbarungen/institutionellen Rahmenbedingungen der Marktaktivitäten in einem ausländischen Markt.

Ähnlich der Basisformen der Internationalisierung im Abschnitt 1.2. zählen zu den Betätigungsformen Exporte und Direktinvestitionen (so Tochtergesellschaften, JV), die allerdings um weitere kooperative Strategien des Marktengagements zu ergänzen sind, wie Lizenzen, Franchising oder Managementkontrakte. Aus dieser Vielfalt ist idealtypisch für jedes Marktengagement – i.d.R. für gesamte Unternehmen betrachtet, wie nachfolgend, seltener für einzelne Marketinginstrumente (z.B. Service, Morschett/Swoboda/Schramm-Klein 2006) – die entsprechende Betätigungsform zu wählen, was – ähnlich wie die Marktselektion – von diversen länder- und unternehmensspezifischen Einflussfaktoren bestimmt wird. Entscheidend ist, dass die Betätigungsform wesentlich die Marketingaktivitäten, die ein Unternehmen in einem Ländermarkt realisieren kann, bestimmt:

- So ist ein Unternehmen bei dem sog. direkten Export im Ausland präsent, entwickelt die Marketingstrategie (Produkte, Preise etc.) im Heimatmarkt, ohne direkte Präsenz im jeweiligen Auslandsmarkt und damit weniger Kundennähe und Adaption an deren Bedürfnisse als dies mit einer voll autonomen Tochtergesellschaft der Fall wäre.
- Franchising bspw. ermöglicht das Ausrollen einer globalen Marketingstrategie, die allerdings i.d.R. bzgl. der Responses zu lokalen Kundenbedürfnisse limitiert ist, während ein JV mit lokalen Partnern genau diesen „Response" und den Zugriff auf lokales Marktwissen verspricht, aber mit Herausforderungen der Kooperation verbunden ist.

Im anglo-amerikanischen Bereich wird von Modes gesprochen und zugleich zwischen Entry Modes beim „**Going-International**" und Operation Modes, beim „**Being-International**", unterschieden. Wenngleich auch bei vielen Studien nicht eindeutig erkennbar ist, was nun exakt betrachtet wird, wird in diesem Begriffsverständnis eine Dynamik angedeutet, d.h., einen potenziellen Wandel der Betätigungsform in einem Land über die Zeit, bspw. der Eintritt mit Exporten, die nachfolgend in Tochtergesellschaften umgewandelt werden, oder die Aufgabe eines JV zugunsten einer nur exportbasierten Marktbearbeitung. Entsprechend dem Grundansatz dieses Buches, werden solche Anpassungen bzw. Wechsel der Betätigungsform im Zeitablauf aufgegriffen, ebenso wie die Wechselbeziehungen zu den o.g. beiden Kernentscheidungen des Internationalen Marketing und den internationalen Strategien. Aufgrund der Themenbreite kann das Ziel dennoch nur in einem Überblick über die Optionen des Marktengagements liegen. Diese erfolgen in den folgenden fünf Kapiteln:

- Blick auf Operation Modes und deren Wahl sowie Wandel als Grundlage
- Behandlung exportbasierter Optionen (inländischer Wertschöpfungsschwerpunkt)
- Auseinandersetzung mit den vielfachen kooperativen Betätigungsformen
- Formen und Aufgaben von Tochtergesellschaften
- Passenden Fallstudien in drei Branchen zu den davor behandelten Optionen.

Zunächst erfolgt die Systematisierung der Entscheidungsoptionen, u.a. in Kapitel 9.

9.2. Systematisierung der Entscheidungsoptionen

9.2.1. Systematik von Betätigungsformen

Wie angedeutet, steht Unternehmen ein breites Spektrum an möglichen Betätigungsformen zur Verfügung. Die Alternativen können nach unterschiedlichen Kriterien gegliedert werden. Ein erstes Kriterium bezieht sich auf den **Schwerpunkt der Wertschöpfung** aus einer geographischen Perspektive; dabei stehen Fragen der **Konfiguration** der Wertschöpfung im Vordergrund: Konfigurationsentscheidungen beziehen sich auf die geographische Verteilung der Wertschöpfungsaktivitäten auf unterschiedliche Regionen oder Länder; sie betreffen somit die geographische Streubreite. Mit Bezug auf die Betätigungsformen bedeutet dies zunächst die Differenzierung in

- Betätigungsformen mit Wertschöpfungsschwerpunkt im Inland und
- Betätigungsformen mit Wertschöpfungsschwerpunkt im Ausland.

Die zweitgenannte Kategorie der Betätigungsformen („Wertschöpfungsschwerpunkt im Ausland") kann nach dem Kriterium des **Kapitaltransfers** weiter differenziert werden in

- Betätigungsformen ohne Kapitaltransfer und
- Betätigungsformen mit Kapitaltransfer.

Diesen Kategorien sind folgende Betätigungsformen zuzuordnen (siehe Abbildung 9.1):

- **Exporte** als Betätigungsform, die durch einen inländischen Wertschöpfungsschwerpunkt gekennzeichnet ist, wobei v.a. zwischen direkten und indirekten Exporten zu unterscheiden ist, mit sehr unterschiedlichen Optionen für das Internationale Marketing.

Abbildung 9.1: Systematisierung von Betätigungsformen nach dem Wertschöpfungsschwerpunkt und dem Kapitaltransfer

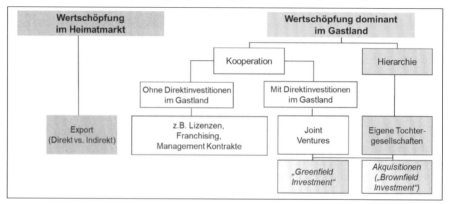

- **Lizenzen, Franchising** oder **Management Contracting** als Betätigungsformen, die durch einen ausländischen Wertschöpfungsschwerpunkt gekennzeichnet sind, bei denen (i.d.R.) kein Kapitaltransfer erforderlich ist.[1]
- **Joint Ventures** und **eigene Tochtergesellschaften** sind durch einen ausländischen Wertschöpfungsschwerpunkt und zugleich durch direktinvestive Engagements im Ausland gekennzeichnet; beide können als Neugründung („Geenfield Investment") oder als Akquisitionen („Brownfield Investment") realisiert werden.[2]

Die Kriterien Kapitaltransfer ins Ausland und Ausmaß an Managementleistungen im Stammland und im Ausland bilden eine „klassische" Differenzierung der Betätigungsformen. Weitere Differenzierungen der Betätigungsformen berücksichtigen weitere Kriterien, wie **Risiko**, **Steuerbarkeit** der ausländischen Operationen und **Ressourceneinsatz**: Bei der Entscheidung über den Eintritt in einen ausländischen Markt muss das Unternehmen abwägen, welches Risiko toleriert werden kann, welche Kontrolle erwünscht ist, und welche Ressourcen erforderlich sind, um das Gleichgewicht zwischen diesen Faktoren herzustellen. In Situationen mit geringem Risiko und geringer Kontrolle erscheint der Export, der einen Einsatz von weniger Ressourcen erfordert, angemessen. Allianzen werden dort eingesetzt, wo das Risiko größer ist, und deutlich mehr Ressourcen benötigt werden. Bei Allianzen besteht jedoch die Möglichkeit einer größeren Kontrolle. Für Märkte mit hohem Risiko kann eine größere Kontrolle durch hohe Investitionen in Neugründungen oder Akquisitionen erforderlich sein (Bradley 2005, S. 291f.). Abbildung 9.2 berücksichtigt neben Risiko/Unsicherheit, Investments und Bedeutung von Managemententscheidungen (i.S.v. Ressourcen), Kontrolle und Flexibilität exportorientierter, kooperativer und hierarchischer Betätigungsformen.

Abbildung 9.2: Gegenüberstellung der Betätigungsformen nach diversen Kriterien

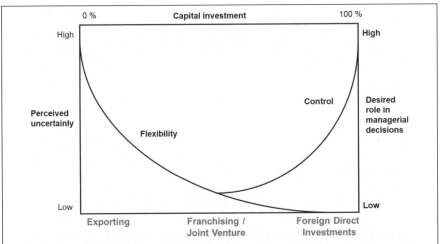

Weitere Systematiken beachten die Kosten internationaler Transaktionen, so die **Transaktionskosten**. Ausgangspunkt ist dabei die Annahme, dass die unterschiedlichen Betätigungsformen Kosten zur Anbahnung, Absicherung und Kontrolle der Transaktionen verursachen: „Ein Unternehmen hat die Wahl zwischen unterschiedlichen Erschließungsdesigns, die sich

---

[1] Beim Franchising sind auch Formen möglich, bei denen ein Kapitaltransfer erfolgt, so Gründung von JV oder Tochtergesellschaften im Ausland, die in diesen Ländern als Franchise-Geber agieren.
[2] Eigene Vertriebsgesellschaften operieren gleichwohl mit inländischem Wertschöpfungsschwerpunkt.

hinsichtlich des Eigentumsanteils oder auch des Integrationsgrades unterscheiden. Während es auf der einen Seite möglich ist, Märkte vollständig über unternehmenseigene Institutionen (Integration) zu erschließen, können auf der anderen Seite diese auch über unternehmensfremde Institutionen bedient werden (externer Partner). Es wird nun das Erschließungsdesign gewählt, das die Summe aus Produktions- und Transaktionskosten (alle Kosten zur Erreichung der Marktpräsenz des angestrebten Produktes auf dem Zielmarkt) minimiert. Können diese Transaktionen bei konstanten Produktionskosten intern „billiger" vollzogen werden als über den Markt, so wird internalisiert (z.B. Tochtergesellschaft). Anderenfalls bietet sich der Weg über einen Partner (indirekter Export oder Lizenzvergabe) an. Zwischenformen sind möglich, bei denen nur eine teilweise Integration der Transaktionen vorgenommen wird" (Backhaus/Voeth 2010, S. 194f.). Diese Überlegungen leiten über zu einer Verknüpfung der Transaktionskosten-Perspektive bzw. **institutionenökonomischen Perspektive** mit den herangezogenen Kriterien Wertschöpfungsschwerpunkt und Kapitaltransfer. Die Transaktionsformen **Markt** und **Integration** sind als Pole eines Kontinuums zu betrachten, zwischen denen vielfältige Formen **kooperativer Transaktionen** bzw. kooperativer Operationen liegen. Abbildung 9.3 zeigt ein „**Transaktionsformen-Band**", das von links nach rechts einen zunehmenden Internalisierungsgrad bzw. von rechts nach links einen zunehmenden Externalisierungsgrad aufweist.

Abbildung 9.3: Transaktionsformen-Band

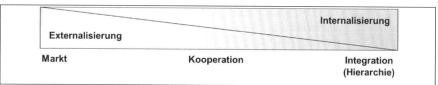

Legt man das Typenband als Systematisierungsansatz der Betätigungsformen zu Grunde, so lassen sich z.B. Tochtergesellschaften und Akquisition als integrative bzw. hierarchische Formen einstufen. Diese direktinvestiven Engagements ermöglichen dem Unternehmen den größtmöglichen Einfluss auf die Steuerung der Aktivitäten in den ausländischen Märkten; sie sind jedoch mit entsprechenden Risiken verbunden, so Kapitalrisiken. Joint Ventures, Lizenzierung, Management Contracting und Franchising stellen kooperative Formen der Marktoperationen dar. Während JV stets mit Kapitaltransfer, in Abhängigkeit von dem Ausmaß der Beteiligung an dem neu zu errichtenden Unternehmen im Ausland, verbunden sind, handelt es sich bei den anderen, beispielhaft erwähnten Varianten um **kontraktuelle Arrangements**. Den Vorteilen dieser Betätigungsformen in ausländischen Märkten, die wesentlich in den geringen Risiken begründet sind, da kein Kapitaltransfer stattfindet, sind die Transaktionskosten gegenüberzustellen, die insb. aus der Koordination der Vertragspartner resultieren.

Als **marktliche Transaktionsform** im institutionenökonomischen Sinne kann der Export eingestuft werden, so beim **indirektem Export**, bei dem im Stammland (Inland) eine Einschaltung von Absatzmittlern in Form von Außenhandelsunternehmen erfolgt, aber auch bei **direktem Export**, sofern in den ausländischen Märkten Absatzmittler eingeschaltet werden, welche die Marktbearbeitung in diesen Märkten (weitgehend autonom) realisieren. Insofern handelt es sich hierbei um eine Betätigungsform, bei der die Marktbearbeitung externalisiert wird. Dieser Fall zeigt zugleich eine enge Wechselbeziehung zwischen den Betätigungsformen und den **Freiheitsgraden** der Marktbearbeitung. Aus institutionenökonomischer Sicht ist der Export dann als eine integrative Betätigungsform einzustufen, wenn die Bearbeitung der ausländischen Märkte – unabhängig von der inhaltlichen Ausgestaltung – bspw. vom Stammland aus erfolgt. Dies kann als eine Vorstufe von vertriebsorientierten Repräsentanzen oder Tochtergesellschaften betrachtet werden.

9.2.2. Wahl und Wandel von Betätigungsformen

Während die folgenden Kapitel 10.-13. sich eingehend mit den vielfachen Besonderheiten spezifischer Betätigungsformen widmen, ist es Aufgabe des Kapitels 9. einen Überblick über die Basisentscheidungen zu geben. Einen Ansatzpunkt bildet die dynamische Unterscheidung zwischen Entry und Operation Modes, obwohl viele, v.a. statische Studien den Status-quo in einem Land oder bestimmter Unternehmen erfassen, unabhängig ob der Mode beim „**Going-International**", also beim erstmaligen Eintritt in ein Land, oder dem „**Being-International**", also einem langfristigen Engagement in einem Land, genutzt wird. Dennoch bedarf die Betrachtung beider Aspekte die Blicke

- auf die Charakteristika und die Wahl eines Modes sowie
- die Charakteristika eines Mode-Changes und -Switches,

die beide in diesem Kapitel angesprochen werden. In Abschnitt 9.3. werden die verschiedenen Betätigungsformen kurz behandelt und hinsichtlich ihrer Vor- und Nachteile charakterisiert. Sodann steht die Wahl des – idealtypisch für ein Land – „passenden" Modes im Vordergrund, wobei hier grundsätzlich die Frage ist, inwiefern Unternehmen, bspw. bei einem ersten Eintritt, tatsächlich die Flexibilität haben, einen „optimalen Mode" zu wählen, oder sie nicht vielmehr eine bevorzugte Betätigungsform haben, von der sie nur aufgrund unternehmensexterner Umfeldfaktoren oder unternehmensinterner Faktoren abweichen. Beim „Being-International" ist hingegen die Frage eher relevant, welche erfolgreiche Betätigungsform gewählt wird, bzw. welche Einflussfaktoren diese Wahl bestimmen.

Diese Überlegungen leiten zum Wandel der Betätigungsform über die Zeit hin, der im Abschnitt 9.4. inkl. einer Literaturübersicht behandelt wird. Dies ist, in Abgrenzung zur Wahl einer Betätigungsform, seltener erforscht, wenngleich bestimmte theoretische Erklärungsansätze dies geradezu nahelegen. Im Uppsala-Modell bspw. (siehe Abschnitt 1.4.), wird eine schrittweise Internationalisierung und damit verbunden der Wandel der Betätigungsform nahegelegt (im Extremfall für ein KMU generell oder in einem Land, siehe Abbildung 9.4).

Abbildung 9.4: Internationale (stufenweise) Entwicklung vieler KMU

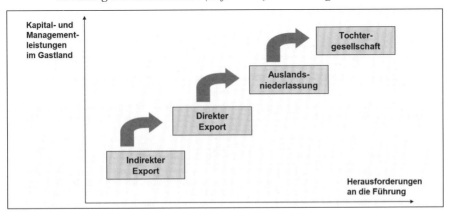

Abbildung 9.5 deutet die vielfachen Forschungsfragen rund um Foreign Operation Modes an.

Abbildung 9.5: Ausgewählte Studien zu Operation Modes

Autor(en)	Gegenstand	Th./Emp. Basis	Ergebnisse
Comparing Operation Modes			
Giachetti/ Manzi/ Colapinto 2019	Do firms entering foreign countries with high or low entry mode degree of control perform better?	Transaction cost theory/Meta-analysis of 133 studies; entry mode choices from 1980 to 2010	■ There is a positive effect of a firm's entry mode degree of control (based on percentage of equity or dummy/ordinal variable of entry mode type) on its performance. ■ Relationship between entry mode degree of control and performance is more positive for firms entering emerging (vs. developed) countries.
Grøgaard/ Rygh/ Benito 2019	How does state ownership influence entry mode strategies?	Internalization theory/58 firms in 23 countries with market entries in Canada; logistic regressions	■ State-owned (vs. private owned) enterprises from home-country contexts with weak market orientation are less likely to acquire firms rather than stand-alone assets. ■ State-owned (vs. private-owned) enterprises from countries with poor government quality/weak market orientation rather choose a JV than a WOS.
Hollender/ Zapkau/ Schwens 2017	Does entry mode choice affect performance; factors determining this relation.	Resource-based View/133 German SMEs; Hierarchical linear regressions	■ No direct effect on foreign venture performance. ■ Non-equity entry modes (exporting, franchising, licensing vs. JV, WOS, and acquisitions) enhance SME's foreign venture performance when levels of international experience/product adaptation are high.
Exports			
He/ Brouthers/ Filatotchev 2013	How do resource-based capabilities and institutions affect export channel selection and performance?	Institutional theory/195 CEOs of Chinese exporting firms; 116 hierarchical channels; 79 hybrid channels; logit regressions	■ Firms with strong (weak) market orientation capabilities use hierarchical (hybrid) export channels. ■ Institutional distance between home and target country positively moderates this relationship. ■ Firms that align their export channels with the level of market orientation capabilities they possess, contingent on the institutional distance between home and host country, have higher export performance.
McCormick/ Somaya 2020	Which factors influence the internationalization of born globals through exporting?	None/3,733 firms; 15 countries; 18 industries; regressions	■ Young (vs. established) firms export more by using internet-based technologies, have top managers with international experience, are founded by cross-national entrepreneurs. ■ They export more if they derive more efficient basic government service and if they are located in a capital city.
Cooperative Modes			
Del Giudice u.a. 2017	How do cognitive dimensions influence SMEs' collaborative entry mode choice?	None/345 managers; Italian SMEs; 129 using non-equity and 216 an equity-based collaborative entry mode; SEM	■ High informal institutional distance leads to preference of non-equity based (partnership, alliances) over equity-based (JV, partial acquisition) collaborative entry modes. ■ Positive time trends, perception about a host country's partner size/resources and perception of high power of a host country partner lead to preference of equity-based (vs. non-equity based) collaborative entry modes.
Hoffman/ Munemo/ Watson 2016	How do institutions and transaction costs affect international franchise expansion?	Institutional, transaction cost theory/101 of US franchise firms; regressions	■ A country's governance quality/institutional communication infrastructure positively influences franchise expansion into the country. ■ Low (high) levels of business entry regulations positively (negatively) affect franchise expansion into the country.
Sartor/ Beamish 2018	Does host market government corruption affect JV partner selection?	None/643 Japanese investments; 30 countries; logistic regressions	■ When pervasive grand corruption is high, an MNC rather uses a JV with a host (vs. home) country partner. ■ When pervasive petty corruption is high, an MNC rather uses a JC with a host (vs. home) country partner.
Hierarchy			
Ang/ Benischke/ Doh 2015	How do institutional difference influence the choice of using acquisitions as an entry mode?	Neoinstitutional theory/673 MNC from six emerging markets; hierarchical logistic regressions	■ There is a positive effect of the number of acquisitions of local and foreign firms in the same host country and industry on the subsequent adoption of acquisitions. ■ Regulatory distance positively moderates this relation. ■ There is a positive moderating effect of normative distance, which is stronger for foreign (vs. local) firms.
Klier u.a. 2017	How do different resources influence the choice of a Greenfield investment vs. acquisition?	Resource-based View/Meta-analysis of 31 studies; 13,559 establishment mode choices	■ Parent firms, which possess more knowledge-based (experience-based) resources, are more likely to establish a foreign subsidiary via Greenfield investment (acquisition). ■ The propensity of parent firms with abundant knowledge-based resourced to opt for Greenfield investment increase with higher cultural distance.

9.3. Charakteristika und Wahl eines Modes

9.3.1. Vor- und Nachteile der Betätigungsformen

Nachfolgend werden die wichtigsten Betätigungsformen vorgestellt, die in den folgenden Kapiteln vertieft betrachtet werden. Abbildung 9.6 zeigt deren Vor- und Nachteile im Überblick.

Export als Eintrittsstrategie ist für die meisten Unternehmen, etwa KMU die Kernaktivität und für MNU in jenen Ländern bedeutend, in denen nicht oder nicht das gesamte Produktprogramm produziert wird. Exporte werden also evtl. trotz anderer Betätigungsformen parallel in einem Land und v.a. länderübergreifend von Unternehmen genutzt.

- **Indirekter Export** ist dadurch gekennzeichnet, dass das anbietende Unternehmen nicht direkt ins Ausland liefert, sondern im Heimatmarkt bspw. an einen Absatzmittler (bspw. einen Exportgroßhändler) oder auch die Niederlassung eines Kunden liefert.
- **Direkter Export** ist durch eine direkte Lieferung ins Ausland gekennzeichnet, dies kann ebenfalls direkt an einen Absatzmittler erfolgen oder an einen Kunden oder an eine Vertriebseinheit des Anbieters im Auslandsmarkt.

Franchising kann wie auch **Lizenzen** zu den kooperativen Transaktionsformen gezählt werden. Franchising spielt dabei eine bedeutende Rolle u.a. in Konsumgüterbranchen, so Fastfood, Handel, Hotellerie. In diesen „Franchising-affinen" Branchen haben besonders vertikal integrierte, straffe Konzepte eine hohe Bedeutung. Lizenzen demgegenüber sind in den meisten Branchen anzutreffen, sei es als Produktionslizenzen, Markenlizenzen und Vertriebslizenzen. **Joint Ventures** eröffnen einen Marktzugang, bei dem Kosten, Gewinn und Risiko auf Partner verteilt werden. Damit wird der Eintritt in rechtlich, wirtschaftspolitisch oder strukturell schwierige oder für andere Eintrittsformen blockierte Märkte ermöglicht (oft Schwellenländer). Für den Erfolg von JV ist – wie bei anderen Kooperationen – ein Fit zwischen den beteiligten Partnern auf strategischer, struktureller und kultureller Ebene bedeutend (Swoboda u.a. 2011). Oft überdauern JV allerdings nur wenige Jahre.

Der internen Expansion mittels **Tochtergesellschaften** kommt eine enorme Bedeutung bei der Marktbearbeitung zu. Dabei sind diverse Rechtsformen und strategische Rollen von Tochtergesellschaften üblich, v.a. in MNU, die eine Vielzahl von Tochtergesellschaften in vielen Ländern haben und diese koordinieren müssen. Zwei Formen sind hervorzuheben.

- „**Sales subsidiaries**" sind Vertriebsniederlassungen, i.d.R. kombiniert mit Kundenservices, die ein Gastland bedienen und sich vollständig im Eigentum eines Unternehmens befinden, i.d.R. aber lediglich die im Heimatmarkt erstellten Leistungen vertreiben.
- „**Wholly owned production subsidiaries**" sind Tochtergesellschaften mit der Wertschöpfungsfunktion Produktion und oft einer Vertriebsabteilung, die ein Gastland bedienen, nach lokalen Gesetzen und Vorschriften agieren und sich vollständig im Eigentum eines Unternehmens befinden.

Zudem sind **M&A** bei JV und Tochtergesellschaften denkbar (i.S.d. „Brownfield Investments"), da sie allgemein den Einfluss auf ein Auslandsunternehmen beschreiben. Zu unterscheiden ist, ob M&A zum Zweck des Markteintritts durch Übernahme eines lokalen Unternehmens erfolgen oder darüber hinaus bspw. eines Unternehmens mit Präsenz in mehreren Ländern, was nicht eine Eintrittsstrategie i.e.S. ist, sondern eine übergeordnete Gesamtunternehmensentscheidung. Nachfolgend werden M&A dennoch separat betrachtet. Nicht separat angesprochen werden Minderheitsbeteiligungen, die durchaus eine (erste) Option für ein zukünftig stärkeres Engagement in Form einer Übernahme bilden können.

Abbildung 9.6: Vor- und Nachteile von Betätigungsformen

	Advantages	Disadvantages
Export	*Internal* ▪ Avoids the substantial cost of establishing manufacturing operations in the host country. ▪ Easy way to sell a surplus, thus achievement experience curve advantages at home. *External* ▪ Easy way to tap international market potential/ ▪ Low risk and remaining flexibility ▪ Potentially country-of-origin advantages	*Internal* ▪ There may be lower-cost locations for manufacturing abroad. ▪ Limited country knowledge and adaptation options due to missing local presence. *External* ▪ Transport costs ▪ Tariff barriers ▪ Agents in a country may not be efficient.
Franchise type Agreements	*Internal* ▪ Mutual know-how transfer (local knowledge). Low costs to franchise. ▪ Local management may be used; the franchisor gives managerial advice to the franchisee. ▪ Wide range of forms of agreement available. *External* ▪ Rapid expansion of presence possible. ▪ Marginal markets can be addressed; locally competitive marketing policy can be used.	*Internal* ▪ Difficult to control foreign franchisees, therefore a strong controlling system is needed. ▪ May become locked into an unsatisfactory relationship, problems in performance standard. *External* ▪ A franchise-suitable concept is needed. ▪ Possibly complex legal requirements and it is necessary to recruit suitable franchisees. ▪ Risks of local operations for the franchisee.
JV	*Internal* ▪ Access to resources, know-how, image; possibly rapid corporate growth. ▪ Share entry costs and risks with the partner. ▪ Possible to move later either to exit or make full entry into the market. ▪ Establishment of barriers to market entry. *External* ▪ Help available to climb learning curve and to overcome non-tariff (trade) barriers.	*Internal* ▪ Relative high costs of market entry and difficulties in finding a suitable partner. ▪ Necessary to share benefits. ▪ Difficult to coordinate, e.g. lack adequate procedures for protecting information. *External* ▪ (Possible) Partial loss of control over foreign operations.
Internal Expansion	*Internal* ▪ Low transportation/labor cost. ▪ Full control operation, exit is easier. ▪ Easy integration into own organizational structures; ability to adapt operation with each subsequent opening. ▪ High level of control over knowledge outflow. *External* ▪ Uniform market appearance. ▪ Circumvention of market barriers (host country restrictions).	*Internal* ▪ Takes long time and high costs to establish. ▪ Requirement to undertake full location assessment. ▪ More difficult if host market is distant from home market; needs to get local market knowledge. ▪ High investment might reduce flexibility. ▪ Lack of suitable sites in host country. *External* ▪ Company might have limited market knowledge. ▪ Foreign presence without third party support.
M&A	*Internal* ▪ Management in place/cash flow is instant. ▪ May be used as a way to obtain locations quickly for conversion to the chosen format. *External* ▪ Speed and synergies, e.g. substantial market presence quickly achieved. ▪ (Possible) Buying of market position/image. Possibility of know-how transfer.	*Internal* ▪ High information and search costs, e.g. evaluation of takeover target. ▪ Suitable firms may not be available and top management commitment is necessary. ▪ Management of acquired firm may by unsuited to new operations/coordination (e.g. cultures). *External* ▪ Available/adequate take-over object necessary.

Quelle: I.A.a. Kotabe/Helsen 2020, S. 271ff.

9.3.2. Gewählte vs. präferierte Eintrittsstrategien

Die meisten Studien gehen davon aus, dass Unternehmen bei der Wahl einer Eintrittsstrategie zwischen den Alternativen wählen. Inwiefern sie dieses tun oder eher präferierte Strategien haben, ist fraglich. In der Praxis vergleichsweise häufig ist es, dass bspw. KMU exportorientierte Aktivitäten wählen. Hierfür lassen sich diverse theoretische Erklärungen anführen (siehe Abschnitt 1.4.1.). Begründungen finden sich bspw. in behavioristischen Ansätzen oder in der Uppsala-Schule. Dabei wird mit der „**Mode Experience**", so der gesammelten Erfahrung eines Unternehmens mit einer bestimmten Markteintrittsstrategie in einem oder in diversen Ländern, argumentiert (zum „Mode Learning" Benito/Petersen/Welch

2009, S. 1464). Zudem liegen Gründe im Unternehmensstrategie-Ansatz, i.S.d. „Mode Use" im Heimatmarkt oder im „Resource-based View", i.S.d. **„Mode Competence"**, so eine auf die Fähigkeiten und Kompetenzen des Unternehmens abgestimmte Wahl der Markteintrittsstrategie. Außerdem wird in der neo-institutionalistischen Theorie verankertes **„Mimetic Behavior"** angeführt, wonach Manager sich am Verhalten der wichtigsten am Markt agierenden Akteure orientieren oder an den vergangenen im Unternehmen üblichen Aktivitäten. Wird an im Unternehmen verbreiteten Verhaltensweisen aus Legitimationsgründen oder gar Gründen der Trägheit gegenüber Veränderungen festgehalten, spricht man von sog. **„Mode Inertia"**. Derartige institutionalisierte Vorgehensweisen bei der Wahl einer Betätigungsform drücken eine Abhängigkeit der Wahl von früheren Entscheidungen aus; im Extremfall einer Duplizierung des bisherigen Verhaltens (Putzhammer u.a. 2018).

Unternehmen nutzen häufig nicht nur eine Markteintrittsstrategie, es ist jedoch für viele Unternehmen eine dominante Eintrittsform zu erkennen. Abbildung 9.7 zeigt die Ergebnisse einer Analyse im Zeitverlauf von rd. 20 Jahren, ob Lebensmitteleinzelhandelsunternehmen einer **bevorzugten Eintrittsstrategie** folgen, d.h. die Strategien institutionalisieren. Dies wird für die Unterscheidung zwischen Eintrittsstrategien mit voller Kontrolle (eigene Gesellschaften, Akquisitionen) oder geteilter Kontrolle (JV, Franchising, Lizenzen) dargestellt.

Abbildung 9.7: Bedeutung der präferierten Markteintrittsstrategie für die zukünftige Wahl

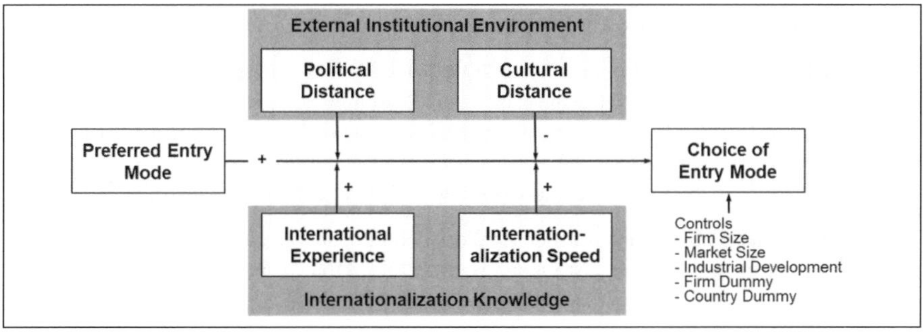

Quelle: Swoboda/Elsner/Olejnik 2015, S. 509.

Analysiert wurde ferner der moderierende Einfluss von politischer und kultureller Distanz sowie internationaler Erfahrung und Internationalisierungsgeschwindigkeit. Die **politische Distanz** spiegelt den Grad der Unterschiede von staatlichen und rechtlichen Einrichtungen zwischen Heimat- und Gastland wider, während die **kulturelle Distanz** den Unterschied in soziokulturellen Faktoren abbildet. Die **internationale Erfahrung** basiert auf dem Grad, inwieweit Unternehmen bereits in länderübergreifenden Aktivitäten involviert waren; die Anzahl der Markteintritte innerhalb eines bestimmten Zeitraums bestimmt die **Internationalisierungsgeschwindigkeit**. Die empirische Basis bilden 309 Markteintritte in 82 Länder von 18 der größten Food-Händler der Welt. Im Ergebnis hat der präferierte „Entry Mode" einen signifikanten und starken Effekt auf die Wahl späterer Eintrittsformen. Zudem

- führen unternehmensexterne Faktoren, wie die politische und kulturelle Distanz zum Auslandsmarkt, dazu, dass Unternehmen von der Wahl einer institutionalisierten Eintrittsstrategie abweichen, während
- unternehmensinterne Faktoren, wie internationale Erfahrung und Internationalisierungsgeschwindigkeit, das Festhalten an der präferierten Strategie verstärken.

Insofern wählt die Mehrheit von Handelsunternehmen bestimmte Markteintrittsstrategien als Grundsatz, es sei denn, Märkte erfordern eine Abweichung hiervon. So internationalisiert bspw. das US-Unternehmen Costco bevorzugt mit JV. Da nach langer Suche in Japan kein geeigneter Partner gefunden werden konnte, und man aufgrund der hohen Marktattraktivität nicht von einem Markteintritt absehen wollte, hat sich das Management dazu entschlossen, von der bisherigen Markteintrittsstrategie abzuweichen, indem Stores in Eigenregie eröffnet wurden (Swoboda/Elsner 2012). Bezüglich der internen Faktoren wie der internationalen Erfahrung und der Internationalisierungsgeschwindigkeit ist es offensichtlich, dass solche wissensgenerierenden Faktoren zur Bildung einer präferierten Eintrittsstrategie beitragen. Das Modell zeigt erstmals im Handel, wie Markteintrittsstrategien auf Basis der Präferenzen ausgewählt werden. Während in empirischen Studien in Summe über 200 Faktoren bzgl. der Bedeutung der Wahl der Markteintrittsstrategie untersucht wurden, ist in der Praxis nicht davon auszugehen, dass alle diese Faktoren tatsächlich bei einer Managemententscheidung berücksichtigt werden. Diese sind eher nicht simultan oder sich gegenseitig verstärkend wirksam, wie in typischen Regressionen, sondern eher sukzessive, i.S. eines Entscheidungsbaums. Hierbei kann die präferierte Eintrittsstrategie den Ansatzpunkt bilden. Das Modell liefert also nicht nur die Erkenntnis, dass etablierte Markteintrittsstrategien ggf. als erster Ansatzpunkt in Managemententscheidungen genutzt werden, sondern ferner auch wichtige Kernfaktoren aus der externen und internen Unternehmensumwelt, die es zu beachten gilt.

9.3.3. Einflussfaktoren auf die Wahl

Die Wahl der Betätigungsform hat eine zentrale Rolle für den Erfolg im Ausland und ist zugleich eine der komplexesten internationalen Entscheidungen. „Since the beginning of International Business research, the choice of a market entry mode has been considered one of the most important decisions in the internationalization process" (Morschett/Schramm-Klein/Swoboda 2010, S. 60). Die Komplexität der Wahl resultiert aus diversen Gegebenheiten:

- Marktorientierte Betätigungsformen in Wertschöpfungsnetzwerken können von anderen Wertschöpfungsfunktionen abhängen. Betreibt ein MNU bspw. aus Effizienzgründen eine Produktionsstätte in einem Land und vertreibt die Produkte auch in geographisch nahen Märkten oder im Heimatmarkt, so liegt im betrachteten Land eine integrative Betätigungsform vor (produktions-/vertriebsorientierte Tochtergesellschaft), in den übrigen Ländern aber Exporte (ggf. mit Vertriebsgesellschaften), ausgehend von der produzierenden Tochter-, nicht der Muttergesellschaft.
- Bei länderspezifischer und -übergreifender Perspektive nutzen MNU z.T. verschiedene Betätigungsformen parallel, so bzgl. unterschiedlicher oder derselben SGF oder SGE. Benito/Petersen/Welch (2009, S. 1457) sprechen von „Combinations or Packages of Modes", was bei Wahlentscheidungen in einem Land schwer zu berücksichtigen ist.
- Die realisierten Betätigungsformen sind oft weniger trennscharf und variantenreicher als die auch oben vorgenommene Klassifizierung.
- Zur mehrdimensionalen Betrachtungsweise zählt zudem eine Fülle denkbarer Einflussfaktoren, die nachfolgend primär behandelt werden.

Denkbare Einflussfaktoren resultieren dabei grundsätzlich aus dem Potpourri an den im Internationalen Marketing relevanten Determinanten (siehe Abschnitt 3.1.) oder können an die relevanten Einflussfaktoren für die Selektion von Ländermärkten angelehnt werden (siehe Abschnitt 6.3.). Dementsprechend könnte bspw. die Marktattraktivität (z.B. Marktpotenzial, Marktwachstum) ebenso als wesentlicher Einflussfaktor betrachtet werden wie das Marktrisiko (siehe die Länderselektionsportfolios in Abschnitt 6.4.). Tendenziell nimmt mit zunehmender Marktattraktivität das Interesse des MNU zu, sich direktinvestiv mit Tochtergesellschaften oder durch Akquisitionen im Ausland zu engagieren. Stehen diesen Betätigungsformen jedoch rechtliche Barrieren entgegen, so bieten sich kooperative Betätigungsformen, so JV, an (siehe zu weiteren Optionen Abbildung 9.8). Werden in einem Portfolio die Faktoren Marktattraktivität mit dem unternehmensspezifischen Faktor Wettbewerbsstärke verbunden, so können ebenfalls pauschal Betätigungsformen den Attraktivitäts-Wettbewerbsstärke-Konstellationen zugeordnet werden.

Abbildung 9.8: Portfolios zur Einschätzung von Betätigungsformen

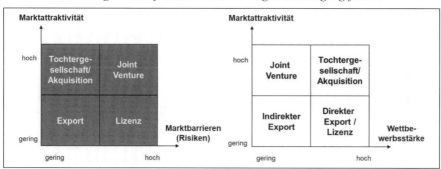

Eine Fülle von Einflussfaktoren ist denkbar, so für eine Strategie mit zunehmendem Niveau der Internalisierung: Ausgehend von Exporten („Externalization"), über kooperative Strategien bis zur WOS („Wholly-owned Subsidiary"). Hollensen (2020, S. 318ff.) behandelt interne, externe und transaktionsspezifische Faktoren, zugleich aber auch o.g. Charakteristika der Eintrittsstrategie wie Risiko, Kontrolle oder Flexibilität und nennt die Branche oder das Produkt als Rahmen (siehe Abbildung 9.9). Er geht dabei davon aus, dass v.a. ein Match/Fit zwischen unternehmensinternen Fähigkeiten und den externen Umfeldbedingungen herzustellen ist, moderiert durch transaktionsspezifische Faktoren. Auch wenn in den meisten Studien Faktoren bzgl. der Wahl spezifischer Strategiealternativen betrachtet werden (bspw. WOS vs. JV), herrscht Konsens, dass Einflussfaktoren auf vier Ebenen zu betrachten sind:

Abbildung 9.9: Einflussfaktoren der Wahl der Eintrittsstrategie in einem Land

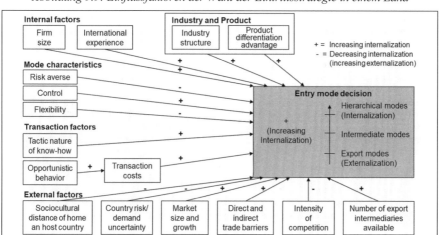

Quelle: I.A.a. Hollensen 2020, S. 318.

- gastlandspezifische Faktoren,
- heimatmarktspezifische Faktoren,
- unternehmensspezifische Faktoren und
- transaktionsspezifische Faktoren.

Abbildung 9.10 zeigt exemplarisch, welche Indikatoren innerhalb der vier Ebenen betrachtet werden und zwar auf Basis einer Metaanalyse, welche die Ergebnisse von 72 Studien zur Wahl zwischen WOS vs. kooperativen Strategien betrachtet. Es handelt sich mehrheitlich um gastlandspezifische und heimatlandspezifische Faktoren, i.S. einer strategischen Outside-Inside-Perspektive. Dem folgen unternehmensinterne und transaktionskostenorientierte Faktoren, i.e.S. unternehmensinterne Faktoren, wobei letztere u.a. das opportunistische Verhalten etwaiger Kooperationspartner in die Wahlentscheidung einbringen.

Abbildung 9.10: Determinanten und theoretische Argumente für die Strategiewahl

Factors affecting choices	Estimated WOS vs. Alliance				Examples for theoretical rationales for choices of WOS vs. cooperative modes
	TCT	OC	RBV	Further	
Host country factors					
■ Cultural distance	+/-	+/-			OC transferred reduces liability of foreignness vs. strongly rooted in home country.
■ Market size	+			+SA	Resource commitment need, high returns.
■ Income level	+	+		+SA	Stable economy, high market potential.
■ Market growth	-	-		+SA	External learning easy vs. use capacities.
■ Country Risk	+		-		Internalization absorb difficulties vs. flexibility
■ Volatility of demand	-	-			Increase uncertainty, exits with high costs
■ Legal restrictions				-IT	Clear tendency for partnerships.
■ Trade barriers			-	-OL	Less prior export experience.
■ Openness for FDI				-IT	Low (high) force alliances (WOS).
■ Industry concentration	+				Opportunistic behavior of a partner likely.
Further: Geographic distance, competitive intensity etc.					Different, leaning to above relatives (e.g., cultural distance, industry concentration).
Home country factors					
■ Power Distance				-OL	Decreasing managers' trust reduce WOS.
■ Uncertainty Avoidance	-			+/-OL	Risk/partnering vs. control/WOS.
Further: Competitive intensity, market volume/structure etc.					Different rationales.
Internal factors					
■ Firm size (measure: sales, employees, assets)			+	+OL	More resources and risk adaptation options.
■ Experience (measures: in country, of subsidiary or firm in general, in exports, # countries)			+	+OL	Increasing experience generally increase foreign commitment and WOS, but theoretical base for measures differ.
■ Diversification among countries		-		-SA	Development/accumulation of knowledge
■ Further: International/competitive strategy, cost situation etc.)					Diverse rationales.
Transaction factors					
■ Int. product diversification	-	-			Autonomous units better gain own local knowledge/resources in partnerships.
■ Factor specificity	+				High specificity lead to internalization.
■ Advertising intensity	+	+			Using strong brands increase specificity.
■ R&D intensity	+	+/-			Firms internalize unique knowledge or use of diversified innovations with partners.
■ Capital intensity	-		-		Increase costs of internalization.
■ Size of unit (absolute, relative)			-	+SA	Easer for alliance vs. importance for MNU.
■ Resource intensity of unit			-	-SA	Access to easer with a partner.

Note: TCT=Transaction cost theory, OC=Organizational Capability, RBV=Resource-based View. Further: IT=Institutional Theory, OL=Organizational Learning, SA=Strategy Approach.
+ Positive vs. - negative determination on the choice of WOS (vs. cooperative modes).

Quelle: I.A.a. Morschett/Swoboda/Schramm-Klein 2008; Morschett/Schramm-Klein/Swoboda 2010.

Diese Abbildung verdeutlicht zudem die Relevanz zentraler Theorien für die Wahl, so „Transaction Cost Theory, Organizational Capability, Resource-based View" und ergänzend „Institutional Theory, Organizational Learning, Strategy Approach" (siehe Abschnitt 1.4.). Ein „+" spricht aus Sicht des theoretischen Ansatzes für die Wahl von WOS, ein „-" für die Wahl einer kooperativen Betätigungsform (fehlende Angaben bedeuten, dass der Ansatz keinen klaren Erklärungsbeitrag liefert). Schließlich sind in der rechten Spalte exemplarische Erklärungen für die jeweiligen Wahlentscheidungen angegeben, sodass eine eingehende Beschreibung der Wirkung dieser Faktoren an dieser Stelle unterbleiben.

Inhaltlich zeigt die Studie einen positiven, signifikanten Einfluss auf die Entscheidung, eine Tochtergesellschaft im Ausland einer Kooperation vorzuziehen, nur für folgende Indikatoren (Reihenfolge entsprechend der standardisierten Effektgrößen):

- Größe des Unternehmens (Mitarbeiterzahl),
- Machtabstandstoleranz im Stammland,
- landesspezifische internationale Erfahrung des MNU,
- Werbeintensität des MNU und
- Exportintensität des MNU.

Einen negativen Einfluss auf die Neigung zu Tochtergesellschaften entfalten:

- Länderrisiko,
- staatliche Restriktionen,
- Marktgröße,
- Ressourcenintensität der Auslandsaktivität,
- Marktwachstum und
- internationale Produktdiversifikation.

Wenige der 26 untersuchten Indikatoren zeigen bei der Integration empirischer Ergebnisse einen signifikanten Einfluss. Ein Problem bei der Bewertung der Theorien auf der Basis der Ergebnisse ist, dass sie oft gleiche Konstrukte nutzen (bspw. Wissen in TCT und OC-Ansatz) aber divergente Erklärungspfade postulieren. Für viele Theorien liegen keine empirischen Ergebnisse vor, und die Forderung wird gestützt, die Transaktionskostentheorie (deren Bedeutung empirisch relativiert wird) mit unternehmensinternen Ansätzen zu ergänzen. "The study supports [...] researchers who demand that a comprehensive explanatory model need to be rooted in multiple theoretical perspectives" (Morschett/Schramm-Klein/Swoboda 2010, S. 72).

Zugleich ist zu bemängeln, dass die meisten Studien nicht den Erfolg der Strategien analysieren. Unberücksichtigt werden ferner vergangene Entscheidungen zur Eintrittsstrategie im Internationalisierungsprozess. Dies stützt die Bedeutung der in Abschnitt 9.3.2. behandelten präferierten Eintrittsstrategie und die Forderung nach entsprechende Vorentscheidungen berücksichtigenden Langzeitstudien (Hennart/Slangen 2015; Hollensen 2020, S. 318).

9.3.4. Methoden der Wahl

Der Einsatz spezifischer Methoden, i.S.d. rational-ökonomischen Vorgehensweise, übt eine unterstützende Rolle bei der Wahlentscheidung aus. Sie bieten Hilfestellung in der Evaluierung der Determinanten, um die bestmögliche Wettbewerbsfähigkeit, Effizienz und Kontrolle über marktorientierte Auslandsaktivitäten zu erlangen. Diese können in heuristische und analytische Ansätze unterschieden werden.

Heuristische Methoden

Einige Herangehensweisen können als heuristisches Verfahren eingestuft werden, so die o.g. Portfolios. Letztere können als Ergebnis einer sog. **Misfit-Analyse** interpretiert werden, bei der überprüft wird, ob eine der unterschiedlichen Gestaltungsformen für Auslandsaktivitäten mit der Umwelt in Einklang zu bringen ist.

Ein heuristisches Verfahren ist der **sequenzielle Auswahlprozess**, bei dem die o.g. Einflussfaktoren der Wahl als Elemente von **Checklisten** oder **Entscheidungsbäumen** herangezogen werden, wobei am Ende des stufenweisen Prozesses die geeignetste Betätigungsform steht. Diese Vorgehensweise ist bereits im Zuge der Ländermarktselektion erläutert worden, wobei bei der Wahl der Betätigungsformen bspw. institutionelle Barrieren Knockout-Kriterien bilden können. Dazu gehören gesetzliche Regulierungen bzgl. der Zulässigkeit eigener Gesellschaften, M&A bzw. Vorschriften JV einzugehen, aber auch hohe Handelsbarrieren wie Importzölle/-kontingente. Rechtliche Gegebenheiten sind durchaus mit Risiken verbunden (siehe Abschnitt 6.5.): Ein wachsendes Netz an institutionellen Regulierungen in einem (Entwicklungs-)Land reduziert zunächst das Risiko, während es ab einem bestimmten Niveau steigt. Abbildung 9.11 zeigt für Händler einen umgekehrt U-förmigen Zusammenhang zwischen Regelungsdichte und finanziellem Engagement. So führen eher unzureichende rechtliche Regelungen, die als risikoreich wahrgenommen werden, zu kontraktuellen Betätigungsformen wie Franchising. Überschreitet die Regulierungsdichte ein bestimmtes Maß, so sind kontraktuelle Betätigungsformen wieder zweckmäßig.

Abbildung 9.11: Zusammenhang zwischen Regulierungsdichte und Betätigungsformen

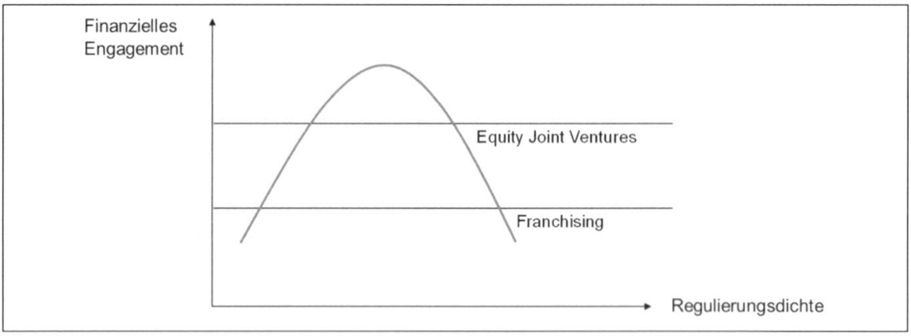

Quelle: Huang/Sternquist 2007, S. 618.

Eine gewisse quantitative Bewertung kann mittels Verknüpfung der o.g. Einflussfaktoren in **Punktbewertungs-** bzw. **Scoring-Modellen** erfolgen. Auch diese methodische Vorgehensweise entspricht Ansätzen zur Selektion der Ländermärkte, die im Abschnitt 6.3. diskutiert wurden. Beispielhaft zeigt Tabelle 9.1 ein Scoring-Modell, in dem typischerweise ausgewählte Evaluationskriterien unterschiedlich gewichtet werden.

Analytische Methoden

Als analytische Methode zur Wahl alternativer Betätigungsformen kann die **Wirtschaftlichkeitsanalyse** i.S. investitionsrechnerischer Kalküle herausgestellt werden (siehe z.B. Berndt/Fanatapié-Altobelli/Sander 2016, S. 150ff., wenn auch für die Bewertung von Ländermärkten). So kann ein Unternehmen z.B. mittels der **Kapitalwertmethode** analysieren, ob eine bestimmte Betätigungsform wirtschaftlich ist. Für die Betätigungsformen (i=1, 2,…, n) können Kapitalwerte wie folgt ermittelt werden:

(4.1) $\quad C_i = -\sum_{t=0}^{T} A_{it}(1+r)^{-t} + \sum_{t=0}^{T} E_{it}(1+r)^{-t} + L_i(1+r)^{-T}$

C_i = Kapitalwert der Betätigungsform i
A_{it} = notwendige Investition für die Betätigungsform i zum Zeitpunkt t
E_{it} = Einzahlungsüberschuss im Jahre t für die Betätigungsform i
T = Planungshorizont
L_i = Liquidationserlös am Ende des Planungshorizontes T
r = Kalkulationszinsfuß.

Tabelle 9.1: Exemplarisches Scoring-Modell zur Auswahl einer Betätigungsform

Bewertungskriterien	Gewich-tung	Mögliche Betätigungsformen			
		Export	Tochterge-sellschaft	Franchising	Joint Venture
Personalbedarf	0,10	4	1	5	2
Kapitalbedarf	0,10	4	1	5	1
Einfluss auf den lokalen Markt	0,05	2	5	2	5
Zugang zu Marktinformationen	0,05	3	4	3	5
Kundenserviceniveau	0,05	2	4	3	5
Wettbewerbsintensität	0,15	1	2	3	4
Marktvolumen	0,10	5	3	4	2
Kapitalrisiko	0,20	4	1	5	1
Distributionssystem	0,18	2	3	4	5
Handelsbeschränkungen	0,02	3	4	4	5
Gesamtpunktzahl	1,00	3,02	2,27	4,05	3,05

Legende: 1=sehr schlecht bis 5=sehr gut.

Soll nur eine alternative Betätigungsform realisiert werden, ist diejenige mit dem höchsten Kapitalwert vorteilhaft. Am Beispiel des Exports kann die Wirtschaftlichkeitsanalyse konkretisiert werden. Dabei wird aus Gründen der Vereinfachung unterstellt, dass für die Produktion der Exporterzeugnisse im Inland freie Kapazitäten vorhanden sind. Unterstellt man – ebenfalls vereinfachend –, dass der Export im gleichen Jahr zu Einzahlungen führt, dass die mit dem Export verbundenen Auszahlungen gleich den variablen Kosten sind, und dass Rabatte, Skonti, sonstige Erlösschmälerungen, Zölle und Abgaben in den Nettopreisen berücksichtigt sind, dann lautet der Kapitalwert für Export (C_{EX}):

(4.2) $\quad C_{EX} = \sum_{j=1}^{m} \sum_{t=1}^{T} \frac{(w_t p_{tj}^A - k_{vtj}^H) x_{tj}^A}{(1+r)^t} (1 - S_{EXt})$

w_t = Wechselkurs zum Zeitpunkt t
p_{tj}^A = Nettopreis des Erzeugnisses im Ausland zum Zeitpunkt t für Güterart j
k_{vtj}^H = variable Kosten im Inland zum Zeitpunkt t für Güterart j
x_{tj}^A = Exportmenge ins Ausland zum Zeitpunkt t für Güterart j
S_{EXt} = ertragsabhängiger Steuersatz zum Zeitpunkt t
j = Güterart des Exports (j=1, 2, ..., m)
T = Planungszeitraum
H = Inland.

Die Verfahren der Wirtschaftlichkeitsanalyse weisen zwar den Vorteil der Exaktheit auf, ihre Anwendung setzt jedoch bekanntlich die Verfügbarkeit der erforderlichen Daten voraus, was i.d.R. in der Praxis nur bedingt gegeben ist. Die **empirische Relevanz** dieser Verfahren ist daher begrenzt. Dies schließt jedoch nicht aus, dass versucht wird, diese Verfahren „näherungsweise" einzusetzen, so im Zusammenhang mit der Erstellung von Geschäftsplänen für ausländische Tochtergesellschaften oder Akquisitionen.

Eine weitere analytische Methode zur Bewertung von Betätigungsformen ist der **Realoptionsansatz**. Neben dem Kapitalwert ist der Optionswert, welcher die Flexibilität des noch zu investierenden Kapitals abbildet, zu berücksichtigen. Der Optionswert kann die Bedeutung des Kapitalwerts übersteigen. So unterlassen MNU ggf. rentable Investitionen, während sie unrentable Investitionen tätigen, um keine Optionen zu verlieren bzw. sich neue Optionen zu schaffen (Macharzina/Wolf 2018, S. 904f.). Mit dem Realoptionsansatz können Betätigungsformen als Investitionen mit unterschiedlichem Optionscharakter verstanden werden. Wann welche Betätigungsform den höchsten Optionswert hat, hängt von dem Grad der Unsicherheit des Unternehmensumfeldes und der Flexibilität der Betätigungsform zur Reaktion auf die Unsicherheiten ab. Grundsätzlich werden jedoch Exporte als aufgeschobene Investitionen, kooperative Betätigungsformen als Realoptionen und Tochtergesellschaften als sofortige Investitionen eingeordnet (Holtbrügge/Welge 2015, S. 130).

9.4. Besonderheiten von Mode-Changes

9.4.1. Systematisierung der Entscheidungsoptionen

Die bisherige Sicht soll nun um denkbare Veränderungen in der Betätigungsform – begriffen als Wandel der Eintrittsstrategie während des „Being-International" – erweitert werden. Wie im Abschnitt 2.3. dargelegt, sind gemäß der dynamischen Sicht der Kernentscheidungen und der Betätigungsformen im Internationalen Marketing (graduelle) **Anpassungen** und (fundamentalere) **Switches** der bisher praktizierten Betätigungsformen bedeutend. Allerdings ist die Unterscheidung nicht losgelöst von einem theoretischen Ansatz oder von der Managementsicht zu treffen, weil bspw. der Wechsel eines JV zu Tochtergesellschaften für ein MNU eine Anpassung bilden kann, für ein anderes MNU einen fundamentalen Switch bedeutet. Einen Ansatzpunkt bietet bspw. das Stufenmodell der Uppsala-Schule (siehe Abschnitt 1.4.1.), das von graduellen Veränderungen der Modes ausgeht. Demnach

- sind **Anpassungen** graduelle, einstufige Änderungen der zuvor gemäß dem Modell oder darüber hinaus angeordneten Modes, so indirekter zu direkter Export oder von Letzteren zum JV oder vom JV zur Tochtergesellschaft.
- **Switches** sind demgegenüber fundamentalere Änderungen, so vom indirekten Export zu JV oder vom direkten Export zu Tochtergesellschaften. Diese Anzahl und Ausprägung derartiger zweistufiger Änderungen ist faktisch von der empirischen Konzeptualisierung und Anordnung der Modes abhängig.

Man spricht auch von „**Within-mode Changes** or **Adjustments**" und von „**Mode Changes or Switches**". Beides wird i.d.R. i.S. eines vertieften Markt-Commitments begriffen. So ist der Wechsel von exportorientierten Aktivitäten zu (vertriebsorientierten) Tochtergesellschaften Ausdruck von mehr Marktnähe bzw. **Vertiefung des Markt-Commitments**. Analog ist der Wechsel von (produzierenden) Tochtergesellschaften bspw. zu Lizenzen als eine **Verringerung des Markt-Commitments** anzusehen. Im Extremfall könnten auch **Marktaustritte** betrachtet werden (siehe Abschnitt 4.4.). Die folgende Definition gibt die heute gebräuchliche Sicht an.

> Mode Changes sind solche Änderungen der Betätigungsform, die ein Unternehmen zur Durchführung internationaler Geschäftsaktivitäten an einem bestimmten Standort verwendet, die zu einem geänderten Operation Mode, einem höheren oder niedrigeren Operation Mode oder einer neuen Kombination mehrerer Operation Modes führen. Diese Änderungen treten entweder entlang einer Eigentums- oder einer Wertschöpfungskettendimension oder einer Kombination aus beidem auf (Putzhammer/Puck/Lindner 2020).

In der Definition werden drei Arten von Mode Changes angesprochen:

- **Between-Mode-Changes**, d.h. das Ersetzen einer Betätigungsform einer Auslandsniederlassung in einem Gastland durch eine Neue mit geringerem oder höherem Commitment in dem Land, z.B. Änderungen in der Eigentümerstruktur, die die Grenzen der Betätigungsform überschreiten, wie Exporte zu eigenen Vertriebstöchtern oder WOS zu JV.
- **Within-Mode-Changes**, d.h. Beibehaltung der Betätigungsform in einem Gastland, aber Anpassung der Form oder Anpassung der institutionellen Struktur innerhalb der Betätigungsform, wie Änderungen in der Wertschöpfungskette in einem Land innerhalb der Grenzen der Betätigungsform und Wechsel von einem 40%-igen zu einem 60%-igen JV/ einer 60%-igen Beteiligung, Exportanpassungen usw.
- **Changes in Mode-Combination**, i.e., Hinzufügen einer neuen Betätigungsform im Gastland mit höherem oder niedrigerem Commitment zu (einer) bestehenden Betätigungsform (en) oder Eliminierung (einer) bestehenden Betätigungsform (en) in einem Gastland, z.B. zusätzliche Betätigungsformen zu bestehenden Betätigungsformen in einem Land, wie bspw. durch Verdopplung von Betätigungsformen oder durch zusätzliche Betätigungsformen als Ergänzung eines bestehenden Settings von Betätigungsformen in einem Land.

Praktisch betrachten und gewichten Unternehmen jede der möglichen „Mode-Changes" unterschiedlich, abhängig von eigenen Ressourcen oder der Bedeutung des Auslandsmarktes. Für eine Analyse der drei Arten sowie weiterer denkbarer sind grundsätzlich konkrete Änderungen von Modes ebenso festzulegen wie die potenziellen, spezifischen Treiber der Entwicklung zu konzeptualisieren. Abbildung 9.12 gibt einen Einblick in Studien und ihre Ergebnisse hierzu. Nachfolgend detailliert betrachtet werden v.a.

- Einflussfaktoren und Erklärungsansätze für den „Between-Mode-Change" (der hier auch didaktisch als Kern des entsprechenden Wandels gesehen wird) und
- eine ausgewählte Studie mit genaueren Einblicken in die Besonderheiten des Wandels.

Abbildung 9.12: Ausgewählte Studien zu Mode-Changes

Autor(en)	Gegenstand	Th./Emp. Basis	Ergebnisse
Between-Mode-Changes: General			
Akbar u.a. 2018	Which factors influence SME's mode escalation in emerging markets	Uppsala/89 Italian exporting SMEs; 197 foreign operations, regression	■ Higher institutional voids have a significant negative effect on SMEs' mode escalation in emerging markets. ■ SME market experience positively moderates the negative effect of institutional voids on mode escalation in emerging markets, while SME performance has no moderating effect.
Gao/Pan 2010	Does experience in a host country affect the pace of MNC sequential decisions?	Learning theory/ 150 US firms with 730 entries in China, equations analysis	■ Cumulative entry experience speeds up the pace of sequential decisions of MNC in a foreign market; stronger for JV and wholly WOS (vs. contractual agreement) experience. ■ Switching from low to high resource commitment modes slows MNC pace of sequential entries in a foreign market.
Swoboda/ Olejnik/ Morschett 2011	How modes are changed and which perceived factors affect the likelihood of mode increase vs. reduction?	Calof/Beamish 1995/265 German SMEs; 210 mode increases, 110 reductions, logistic regressions	■ Different stimuli important for increases and reductions: Internal environment dominates mode increases, followed by attitudes; mode reductions are affected by past performance followed by external and internal environment. ■ External environment is significantly linked to radical mode changes (two-step increase/reduction). ■ Within internal factors strategic stimuli dominate increases, resources reductions.
Xu/Hitt/ Miller 2020	How does ownership structure influence the sequential international entry mode decision process?	Contingency theory/63,932 foreign subsidiaries in 51 different countries, logistic regression	■ Ownership structure determines operation mode changes. ■ In first stage of mode choice, family-influenced (-dominant) MNC choose owned subsidiaries (partial ownership modes). ■ Increasing commitment, family-influenced firms choose an acquisition (vs. greenfield investment). ■ WOS in first stage affect second-stage decisions.

– Abbildung wird fortgesetzt –

– Fortsetzung –

			Between-Mode-Changes: Specific
Chang 2019	Which factors influence the mode increase and how does this change affect performance?	Incomplete contract theory/2,369 foreign and 1,772 local conversions of former JV in China, logistic regression	■ The likelihood of conversion from international joint venture to foreign (local) wholly owned entity is higher in provinces with lower (higher) institutional barriers. ■ Converted foreign (local) wholly owned entities show greater performance improvement in industries with higher (lower) intangible assets and higher institutional barriers.
Fisch/ Schmeisser 2020	Do MNC abandon their local equity partners to better transfer accessed resources internally?	Institutional theory/4,418 subsidiaries of German MNC; 245 mode changes, panel regression	■ Host country's resource advantage in debt capital increases MNC use of shared ownership as the initial operation mode ■ Having entered such countries by shared ownerships, the demand for capital in the foreign subsidiary network increases an MNC's propensity to change the subsidiary's operation mode to sole ownership.
			Within-Mode-Changes
Driffield/ Mickiewicz/ Temouri 2016	Mode changes as changes in foreign ownership levels (from minority to majority ownership JVs).	Property rights theory, 38,849 MNEs, multinomial logit regression	■ Institutional level/level of corruption negatively impacts likelihood of a change towards minority ownership; improvements in local equity markets increase likelihood. ■ At firm level, maturity of local affiliate increases likelihood of a change towards minority ownership; as relatedness of parents and affiliates decreases the likelihood.
Pedersen/ Petersen/ Benito 2002	What and why firms change foreign mode (i.e., exports).	Uppsala/276 Danish firms, 36 switch from distributor to sales subsidiary, logistic regression	■ Diminishing satisfaction with distributors and market knowledge affect the switch from indirect to direct exports (opposite to transaction cost theory: the longer a relationship lasts, the more assets the parties will develop). ■ Switching costs (e.g. loss of sales) as explanation for (no) change might be reduced through careful planning.
			Changes in Mode-Combinations
Benito/ Petersen/ Welch 2011	Initial analysis of mode combinations and mode packages.	Configuration/6 Norwegian MNEs expanding China, UK, US, cases	■ Show prevalence of mode combinations, beside of changes and not simply a superfluous phenomenon. ■ Three motives for mode combinations: task or product differentiation, political demands, market adaption.
Putzhammer u.a. 2018	How does an MNC's experience influence its mode changes?	Learning theory/ 80 Austrian MNC; 332 mode elevations; 195 mode duplications, logistic regression	■ The depth/breadth of MNC's international experience positively affect the likelihood of implementing a mode elevation (vs. duplication). ■ Host country institutional quality positively moderates negative of experience effect on duplication of existing modes (weakens experience -mode elevation-link).

Weniger die vorherrschenden Erklärungsansätze, aber die Einflussfaktoren und z.T. deren Modellierung sind für Studien zu „Within-Mode-Changes and Changes in Mode-Combinations" andere. Dies verwundert insofern weniger, weil bspw. Letztgenannte in der Systematik dieses Buches bereits im Abschnitt 9.3.2. als präferierte Eintrittsstrategien behandelt wurden. Putzhammer/Puck/Lindner (2020) behandeln diese Unterschiede und nennen zudem u.a. folgende Forschungslücken im Themenfeld, nach einer Literaturbestandsaufnahme von 43 Artikeln: „Contradictory results regarding the role of performance as an antecedent and outcome of mode changes and increasing examination of the role of firm (vs. host-country) factors determine mode changes."

9.4.2. Einflussfaktoren und Erklärungsansätze

Vielfache **Auslöser einer Anpassung** der Betätigungsform können betrachtet werden, so

- Veränderungen in den Zielen, Strategien oder ressourcenbasierten Entscheidungen von Unternehmen und/oder Managern,
- im Makroumfeld oder in der Wettbewerbssituation im jeweiligen Land oder in anderen Ländermärkten oder
- der vergangene Erfolg oder Misserfolg im Gastland oder des Unternehmens generell.

Eine Anpassung der Betätigungsform als Folge **veränderter Marktziele** kann bspw. zum Übergang von indirektem zu direktem Export führen. Will ein Unternehmen z.b. seine Marktdurchdringung steigern, so kann die geplante höhere Penetration stärkere lokale Präsenz erforderlich machen. Umgekehrt kann ein (ländermarktbezogenes) Retraktionsziel zum Übergang vom bisherigen direkten zu indirektem Export führen. Weitere Einflussfaktoren der **Inside-Outside-Perspektive** sind Strategie- oder Ressourcenüberlegungen. Demgegenüber können sich Veränderungen in den Ländermärkten z.b. auf die **Steigerung ihrer Attraktivität** beziehen, so ein stärkeres Marktwachstum als ursprünglich erwartet. Ein entsprechender Mode-Change kann ebenfalls von indirekten zu direkten Exporten mit einer lokaleren Präsenz erfolgen. Die vielfachen, denkbaren Faktoren der **Outside-Inside-Perspektive** ergänzt der eigene Erfolg oder Misserfolg in einem Land oder im Unternehmen generell (letzteres ggf. mit Auswirkungen in Auslandsmärkten).

Für das Verständnis der „Mode-Changes" und v.a. deren Einflussfaktoren könnten diverse theoretische Ansätze genutzt werden. Eine wichtige Gruppe von Ansätzen begreift „Changes" als Teil des Internationalisierungsprozesses.

Erkenntnisse der dynamischen Prozessforschung

Wie im Abschnitt 1.4. angedeutet, liegen die Wurzeln erster Ansätze, die sich dieser Dynamik widmen, im volkswirtschaftlichen Bereich, so in den Theorien des internationalen Handels, der Produktlebenszyklustheorie oder der Wettbewerbstheorie, die Entwicklungen von Unternehmen im Ausland beschreiben und prinzipiell Anhaltspunkte für Mode Changes geben könnten. „**Patterns of Internationalization**" werden aber v.a. seit den **behavioristischen Arbeiten** diskutiert und bilden – auf diffusions-, wachstums-, system- oder entscheidungstheoretischen Überlegungen basierend – die Grundlage der in der Diskussion dominierenden Ansätze zum Thema, so der Exportstufenmodelle sowie v.a der Uppsala-Schule, welche beide **stufenweise Entwicklung** in internationalen Märkten annehmen.

Die Exportforschung stellt kein geschlossenes Theoriegebäude dar, sondern verwendet bspw. Konstrukte wie „Involvement, Commitment, Interest" der Entscheider als Erklärungsgrundlage. Die Wurzeln eines an der Universität Wisconsin entwickelten Ansatzes, finden sich in der **Diffusionsforschung**. Bekannt wurde z.B. das Modell von Cavusgil/Bilkey/Tesar (1979) oder Cavusgil (1980), das in vier Exportstufen unterscheidet (von „Non- up to Committed-Exporters") und die Herausforderungen je Stufe abgrenzt. Wenngleich derartige Modelle plausibel sind, zeigen andere Studien deren Grenzen auf (so ihre deskriptive Natur, ihr Fokus nur auf subjektive Entscheidungsträger, das potenzielle Überspringen von Stufen etc.).

Das am häufigsten aufgegriffene behavioristische Prozessmodell der **Uppsala-Schule** wurde bereits in Abschnitt 1.4. behandelt. Wie dort ausgeführt, beruht es auf vier behavioristischen Konstrukten, die zwei Muster der stufenweisen und **inkrementellen Internationalisierung** bedingen, die als Beispiele verstanden werden, dennoch aber auch Mode-Changes adressieren:[1]

- Die Entwicklung in einem Gastland erfolgt schrittweise entlang der „**Establishment Chain**" mit den folgenden Betätigungsformen: Export über einen unabhängigen Vertreter, Verkaufsniederlassung und Produktion im Ausland.
- Die Abfolge betretener Ländermärkte folgt dem **Konzept der psychischen Distanz**.

---

[1] Das Modell beruht u.a. auf behavioristischen und Wachstumstheorien (Cyert/March 1995; Penrose 1995).

Wie ausgeführt, wurde der Ansatz vielfach weiterentwickelt, liefert bis heute wertvolle theoretische Argumente, und v.a. die „Establishment Chain" bildete aufgrund ihrer intuitiven Logik die Grundlage vieler, auch kritischer Studien (siehe auch Abbildung 9.4). Nahe liegt, dass gemäß dem wachstumsorientierten Absatz „Mode-Increases" (nicht Reduktionen) ebenso behandelt werden können wie „Between-Mode-Changes" (begrenzt auf die drei o.g. Strategien) und schließlich die behavioristischen Erklärungsfaktoren wie „Commitment, Business Decisions and Market Knowledge" (siehe Abschnitt 1.4.). Entsprechend könnten bspw. KMU gegenübergestellt werden, die sich in einem Zeitraum von zehn Jahren entlang der beiden „Achsen" des Ansatzes positiv und in Erweiterung des Ansatzes negativ entwickelten (siehe Abbildung 9.13). Hiermit wird bereits deutlich, dass erstens weitere „Mode-Changes" nicht abgedeckt werden und zweitens alle oder die nicht abgedeckten Switches durch weitere Faktoren bedingt werden, können. Ein Beispiel ist die Born-Global-Forschung, die radikale Änderungen auf diverse Faktoren zurückführt (siehe Abschnitt 7.4.). Das Uppsala-Modell dominiert dennoch die Erklärung von „Mode-Changes", auch wenn Erklärungen die o.g. Erklärungsfaktoren hinausgehen. So analysieren auf dieser Basis Figueira-de-Lemos/Hadjikhani (2014) ausländische Betätigungsformen von Unternehmen im Iran und heben heraus, dass die Risikowahrnehmung den Wechsel zu anderen Betätigungsformen beeinflusst. Werden Umweltveränderungen als risikoreich eingestuft, erfolgen Wechsel von bspw. Tochtergesellschaften zurück zu JV. Werden risikoarme, gar vorteilhafte Veränderungen erwartet, ist ein entgegengesetzter Switch erkennbar.

Abbildung 9.13: Two-dimensional Change-Matrix

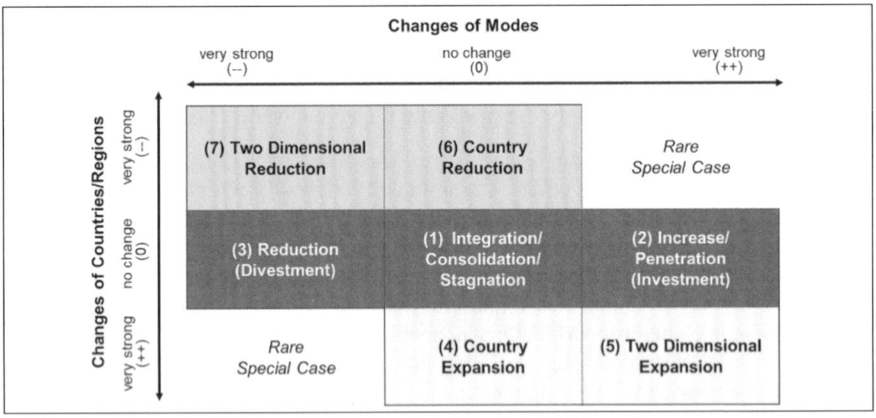

Changes of Countries/Regions	Changes of Modes		
	very strong (--)	no change (0)	very strong (++)
very strong (--)	(7) Two Dimensional Reduction	(6) Country Reduction	Rare Special Case
no change (0)	(3) Reduction (Divestment)	(1) Integration/ Consolidation/ Stagnation	(2) Increase/ Penetration (Investment)
very strong (++)	Rare Special Case	(4) Country Expansion	(5) Two Dimensional Expansion

Quelle: I.A.a. Olejnik/Swoboda 2012, S. 484.

Ökonomisch-strategische Ansätze

Unter den ökonomisch-strategischen Ansätzen werden jene subsummiert, die auch bei der Wahl der Eintrittsstrategie Verwendung finden und annehmen, dass Unternehmen die kostengünstigste, passendste Strategie unter gegebenen Bedingungen wählen. Entsprechend werden „Mode-Changes" auf substanzielle unternehmensinterne oder -externe Veränderungen ggü. der ursprünglichen Situation zurückgeführt. Wie in der Literaturbestandsaufnahme ersichtlich, handelt es sich hierbei um ökonomische Zugänge, wie Erklärungen der Transaktionskosten- oder Verfügungsrechtetheorie, und um betriebswirtschaftliche Zugänge, wie Institutionen-, Lern- oder Kontingenztheorie (siehe auch Abschnitt 1.4.). Die meisten entsprechenden Arbeiten betrachten individuelle „Mode-Changes", also losgelöst von einer Prozessbetrachtung, und zwar aus einer ökonomischen oder behavioristischen

Sicht (Putzhammer/Puck/Lindner 2020). So schlagen Fisch/Schmeisser (2020), basierend auf der Institutionentheorie, für das Verständnis des von JV ausgehenden Wandels zwei Erklärungsfaktoren vor: bessere Integration der Tochtergesellschaften in die Mutterorganisation und stärkerer Transfer lokal zugänglicher Ressourcen an andere Standorte. Ausnahmen bilden wenige prozessuale Arbeiten, bspw. Petersen/Welch/Benito (2010), welche die „Mode-Changes" als graduelle Internationalisierung von finanziellen und nicht-finanziellen Assets transaktionskostentheoretisch und konzeptionell betrachten. Konzeptionell wäre Mode-Change auch aus einer systematischen Planungsperspektive (i.S. von Marktauswahl, -eintritt und -bearbeitung) in einer kontingenztheoretischen Sicht und mit Fokus auf Betätigungsformen zu betrachten (Swoboda 2016).

9.4.3. Empirische Einsichten

Basierend auf behavioristischen Überlegungen entwickelten bspw. Benito/Petersen/Welch (2009) einen Bezugsrahmen zur Erklärung des Umgangs mit diversen „Mode Actions" (siehe Abbildung 9.14). Ausgangspunkt sind die „Past Experiences", i.S.d. Erfahrungen mit Modes in diversen Kontexten, aber auch präferierte Betätigungsformen im MNU (bspw. „Mode Inertia"). Auf dieser Erfahrung bauen länderspezifisch drei Auswahlstufen der Betätigungsformen auf, welche ihrerseits von Entscheidungstreibern bestimmt werden. Der „Mode Use and Outcome" schließlich wirkt in Feedbackschleifen auf dieselben Entscheidungen in anderen Ländermärkten bzw. im bereits betrachteten Markt zu einem späteren Zeitpunkt. Zudem kann ferner auf Calof/Beamish (1995) verwiesen werden, die vier Ebenen der Entscheidung und zugleich der Folgeentscheidungen beim Management unterscheiden:

- „Stimuli for change, e.g. opportunity, environ-mental/internal changes, performance, learning, and perception of modes and markets,
- Mediators, e.g. environment, resources, strategy,
- Results/patterns of mode change (influenced by the mediators), and
- Managerial consequences, e.g., structural, organizational and cultural."

Abbildung 9.14: Bezugsrahmen der Wahl der Betätigungsformen

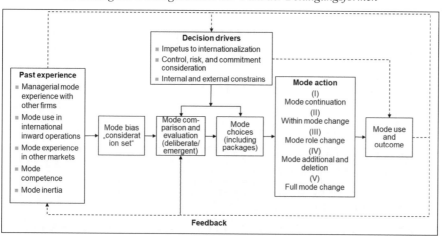

Quelle: Benito/Petersen/Welch 2009, S. 1465.

Beispielhaft wird eine Studie dargestellt, die auf zwei grundlegenden Annahmen beruht (Swoboda/Olejnik/Morschett 2011):

- „Mode Changes" folgen nicht nur inkrementellen Schritten (i.S.d. sich selbst verstärkenden Wachstumsprozesses), sondern können unterschiedliche verstärkende und reduktive „Commitments" in Auslandsmärkten einnehmen.
- Die Gründe für einen „Mode-Change" sind strukturierbar und solche für die Zurücknahme des Engagements sind andere als jene für eine Erweiterung des Engagements.

Primär die Annahme zu der Ausprägung der Changes und deren unterschiedliche Bewertung durch Unternehmer erweitert die bisherigen Perspektiven. Zu vermuten ist z.B. eine höhere Relevanz der Veränderung in der Unternehmensumwelt (i.S. überraschender Entwicklungen) bei einer Verringerung als bei einer Vertiefung des Engagements. Tabelle 9.2 zeigt die Arten und Richtungen des Wandels der Betätigungsformen auf Basis der Befragung von 265 Entscheidern in KMU in zehn Jahren. Die Mehrzahl sind Bewegungen zu direktinvestiven Betätigungsformen: 10,3% bzw. 25,5% zu eigener Repräsentanz bzw. Vertriebsniederlassung, 7,5% zu JV und 21,9% zur Produktionsgesellschaft (der Rest entfällt auf indirekte Exporte 10,9% bzw. direkte Exporte ohne eigene lokale Präsenz 24,4%). Trotz der relativen Breite der zu Grunde gelegten Betätigungsformen (wie angedeutet, eine Basisentscheidung in Studien) ist ein grober Mainstream der Entwicklung zu erkennen:

- Bei Vertiefungen (oberhalb der Diagonale) erfolgen 10,6% der Wechsel vom indirekten zum direkten Export, 15,0% vom direkten Export zu Vertriebsgesellschaften und 3,8% von Vertriebsgesellschaften zu Produktionsgesellschaften.
- Bei Reduktionen (unterhalb der Diagonale), die seltener auftreten, ist eine Dominanz der Exportaktivitäten zu erkennen, so von direkten zu indirekten Exporten (5,6%), von Vertriebsgesellschaften bzw. eigener Präsenz zu ohne eigene Präsenz (5,9% bzw. 4,4%).

Tabelle 9.2: Change/Choice Combination of Modes (in %)

Old Mode \ New Mode	Indirect export (n=35)	Direct export without presence (n=78)	Direct export with presence (n=33)	Sales subsidiary/ company (n=82)	Joint venture (n=22)	Wholly owned production (n=70)	Total (n=320) in %
Indirect export (n=70)	--	10.6	2.2	5.0	1.3	2.8	21.9
Direct export (without presence) (n=112)	5.6	--	1.9	15.0	3.4	9.1	35.0
Direct export (with presence) (n=39)	0.9	4.4	--	3.1	0.6	3.1	12.2
Sales subsidiary/company (n=51)	2.8	5.9	2.8	--	0.6	3.8	15.9
Joint venture (n=28)	0.9	1.3	3.4	--	--	3.1	8.8
Wholly owned production (n=20)	0.6	2.2	--	2.5	0.9	--	6.3
Total (n=320) in %	10.9	24.4	10.3	25.6	7.5	21.9	100.0

Note: Each number in this table represents the percentage of all mode change decisions accounted for by a given change/choice combination. The two types of direct exports are not used in the further analysis. 21 changes in further modes (licenses, contract manufacturing, non-sales alliances) were excluded.

Quelle: Swoboda/Olejnik/Morschett 2011, S. 583.

Weiterhin ist festzuhalten, dass nur 39,7% der Changes einer (inkrementellen) Stufenvariation entsprechen, i.S.d. einstufigen Wandels (was aber von den beobachteten Modes abhängt). 60,3% sind „Non Stages Patterns" (34% Reduktionen und 35,6% zweistufige Änderungen, die nicht im Uppsala-Modell vorgesehen sind, siehe Tabelle 9.3). Insofern kann die „Establishment-Chain" in zwei Drittel der Fälle nicht bestätigt werden, was noch stärker ist als bei Calof/Beamish (1995), die von sog. „Leap-Frogging" bei derartigen „Non Stages Patterns" sprechen.

Tabelle 9.3: Internationalization Patterns Observed (in %)

	Stages	Pattern non stages (n=193)			
	One-step increase (n=127)	One-step reduction (n=79)	Two-step reduction (n=31)	Two-step increase (n=83)	Total two steps (n=119)
Indirect export (n=70)	54.3	--	--	45.7	45.7
Direct export (without own presence) (n=112)	47.3	16.1	--	36.6	36.6
Direct export (with own presence) (n=39)	30.8	33.3	10.3	25.6	35.9
Sales subsidiary/company (n=51)	27.5	54.9	17.6	--	17.6
Joint venture (n= 28)	35.7	32.1	32.1	--	32.1
Wholly owned production (n=20)	--	55.0	45.0	--	45.0
Total (n=320)	39.7	24.7	9.7	25.9	35.6

Note: Each number represents the percentage of mode change decisions from the particular mode accounted for by a given number of steps.
Quelle: Swoboda/Olejnik/Morschett 2011, S. 585.

Die **Gründe für den Wandel** wurden den von Calof/Beamish (1995) in qualitativen Interviews ermittelten und theoretisch geordneten Kategorien zugeordnet. Jeder Manager konnte pro Change bis zu drei Kerngründe aus einer Liste der 15 Items in den sieben Kategorien nennen und wurde zudem gebeten, jedes Item bzgl. seiner Wichtigkeit auf einer Skala anzukreuzen.

- Einstellungen: Veränderungen in den Einstellungen bzw. im ausländischen „Commitment" des Managements (1).
- Interne Faktoren: Veränderungen im Unternehmen, bspw. Änderungen der Strategie (z.B. Produkt-Markt/Wettbewerbsstrategie) (2), ressourcenbasierte Entscheidungen (3), neues Management, das neue Ideen verfolgt (4).
- Externe Faktoren: Veränderungen in der externen Umwelt, z.B. in der Makroumwelt (politisch-rechtlich, ökonomisch, technologisch) (5) oder in der Mesoumwelt (Kunden, Wettbewerber) (6).
- „Percormance": Veränderungen im Erfolg als Basis, im Gastland oder in anderen Märkten (7).

Im Ergebnis haben alle Kategorien eine Bedeutung für die vier genannten „Mode Changes". Allerdings variieren diese je nach „Mode Change"

- „Mode Increases": Unternehmensinterne Gründe dominieren sehr deutlich (53,9% der Nennungen);[1] gefolgt von Einstellungen und bisherigem Erfolg (19,2% und 15,8%).
- Mode Reductions: Unternehmensinterne Gründe und bisheriger Erfolg sind v.a. bedeutend (38,7% und 29,1%), gefolgt vom externen Umfeld (24,9%).

---

[1] So strategische Entscheidungen (z.B. "A change was needed if we were to realize our growth objectives; We made a strategic decision that the foreign market is more (less) important"), weniger Ressourcen (z.B. "It was more efficient to serve the market in a new way; was the decision to integrate more (less) resources").

In weitergehenden Regressionen bestimmen die vier Gründe bspw. die Dichotomie zwischen „Mode Increase vs. Reduction". Sie geben somit die Intensität der Einflüsse an, aber mit unterschiedlichen Vorzeichen (Swoboda/Olejnik/Morschett 2011):

- negativ, i.S.d. Beförderung der Reduktion, Erfolg und externes Umfeld, und positiv, i.S.d. Erweiterung, unternehmensinterne Faktoren und Einstellungen des Managements.
- Bei identischer Betrachtung der ein- und mehrstufigen Changes sind i.d.R. drei der Faktoren bedeutend, allerdings erneut mit unterschiedlichen Vorzeichen.

10. Exporte

10.1. Systematisierung der Entscheidungsoptionen

Export, meist auch als eine **Grundform des Außenhandels** bezeichnet (v.a. neben Import), ist die traditionelle Ausprägung einer absatzmarktorientierten Internationalisierung.

> Export (Ausfuhr) bezeichnet die grenzüberschreitende Bereitstellung von wirtschaftlichen Leistungen (Waren- und Dienstleistungen) an das Ausland. Der Export von Dienstleistungen wird auch als aktiver Dienstleistungsverkehr bezeichnet.

Die zunehmende Bedeutung der Exporte für die Weltwirtschaft verdeutlicht Kapitel 1. in diesem Buch. Dieser Bedeutungsanstieg ist wesentlich zurückzuführen auf die erfolgreichen Liberalisierungsbemühungen, so der **World Trade Organization** (WTO) auf globaler Ebene und bspw. der **Europäischen Union** (EU) oder der **Verband Südostasiatischer Nationen** (ASEAN) auf regionaler Ebene. Zugleich ist ein wesentlich stärkeres Wachstum des Welthandels im Vergleich zur Weltproduktion festzustellen, was auf die zunehmende **Cross-Border-Wertschöpfung** international operierender Unternehmen zurückzuführen ist.

Die Aufnahme von Exportbeziehungen ist durch eine Reihe von Entscheidungsoptionen gekennzeichnet, die nachfolgend zunächst kurz vorgestellt werden und im weiteren Verlauf dieses Kapitels im Detail behandelt werden. Als grundlegende Entscheidung kann dabei zunächst die generelle Wichtigkeit des Exportgeschäfts angesehen werden. Hieraus folgt, wie stark das Commitment des Unternehmens bzgl. des Exportgeschäfts ausgeprägt ist. Die Ausprägung dieser sog. **Export Market Orientation** bestimmt, wie effizient Informationen über die zu bedienenden Auslandsmärkte gesammelt werden, im Unternehmen zugänglich sind und es dem Exporteur erlauben, seine Angebote auf den Auslandsmarkt und dessen veränderliche Marktbedingungen anzupassen.

Unternehmen, die Exportbeziehungen aufnehmen, stehen unterschiedliche Entscheidungsoptionen zur Verfügung, welche die operative Umsetzung des Handels determinieren. Hierbei spielt zunächst die Auswahl zwischen **indirekten Exporten** und **direkten Exporten** eine maßgebliche Rolle. Die wesentliche Unterscheidung zwischen beiden Exportformen besteht darin, dass der Handelspartner entweder im eigenen Heimatmarkt angesiedelt ist (indirekte Exporte) oder dieser sich im Auslandsmarkt befindet (direkte Exporte). Im Falle indirekter Exporte tätigt das eigene Unternehmen faktisch lediglich ein Inlandsgeschäft, welches jedoch dennoch einen Auslandsmarkt bedient. Wie im weiteren Verlauf dieses Kapitels gezeigt werden wird, eignen sich indirekte Exporte aufgrund ihrer geringen Komplexität v.a. als Einstiegsstrategie zur Aufnahme von Außenhandelsbeziehungen. Mit zunehmender Export Market Orientation weisen sie jedoch den Nachteil auf, dass das Unternehmen nur sehr begrenzten Zugang zu Informationen über den Auslandsmarkt besitzt und folglich zumeist nicht in der Lage ist, das Exportgeschäft im notwendigen Maße zu optimieren. In der Praxis ist damit vielfach ein dynamischer Übergang von indirekten Exporten zu direkten Exporten und darüber hinaus zu weiteren Operation Modes mit einer Verlagerung der Wertschöpfung ins Ausland zu beobachten. Diese Dynamiken lassen sich u.a. über das OLI-Paradigma erklären (siehe Abschnitt 10.3.3.).

Abhängig von der Grundform des Exports müssen weitere Entscheidungen hinsichtlich der Art und Anzahl von Intermediären getroffen werden, welche die Zwischenstufen zwischen dem exportierenden Unternehmen und dem Endkunden im Auslandsmarkt bilden. Intermediäre treten dabei in unterschiedlichen Formen auf und übernehmen verschiedene Aufgaben in der Geschäftsanbahnung, Informationsübermittlung und Logistik (siehe Abschnitt 10.4.1.). Auch der Zugang zu Netzwerken spielt im Auslandsmarkt eine wichtige Rolle. Ein Exportkanal, der in den letzten Jahren zunehmend an Bedeutung gewinnt, sind Handelsportale, die Exporteure digital mit Endkunden in zahlreichen Auslandsmärkten verbinden (siehe zu Marktzugängen über Netzwerke und Portale Abschnitt 10.4.2.).

Als Sonderform des Exports soll zudem noch der Kompensationshandel angesprochen werden. Diese **Kompensationsgeschäfte** bzw. Gegengeschäfte (Countertrade) zeichnen sich dadurch aus, dass die Handelspartner Waren oder Dienstleistungen nicht monetär vergüten sondern sich verpflichten, diese wechselseitig auszutauschen, abzunehmen oder für ihre Abnahme zu sorgen. Diese Formen des „**internationalen Tauschhandels**" wird in Abschnitt 10.4.3. näher betrachtet, da sie z.B. für Exporttransaktionen von High-Tech-Produkten in Entwicklungsländer, welche diese mit Rohstoffen oder Naturprodukten „bezahlen", relevant sind. Aufbauend auf den in Abbildung 10.1 zusammengefassten aktuellen wissenschaftlichen Erkenntnissen schließt dieses Kapitel mit einer Diskussion der Determinanten erfolgreicher Exportgeschäfte.

Abbildung 10.1: Ausgewählte Studien zu Exporten

Autor(s)	Topic	Th./Emp. Basis	Findings
Export Market Orientation			
Acikdilli u.a. 2020	Links of export orientation, capabilities, performance emerging markets	Resource-based View/346 Turkish SME, structural equation modelling	■ Export market orientation and marketing capabilities positively affect export performance ■ Competition intensity weakens the effect of export market orientation
İpek/ Bıçakcıoğlu-Peynirci 2020	Review on export market orientation	None/Literature review of 80 empirical studies	■ Export market orientation determines export performance ■ Export market orientation is influenced by intra-organizational, inter-organizational and environmental factors
Navarro-García 2016	Drivers of export entrepreneurship	Resource-based View/N=212 Spanish exporters, structural equation modelling	■ Export entrepreneurship depends on internal/external factors ■ Internal factors: export commitment, experience, organisational structure ■ External factors: Competitive intensity and distance (spatial and institutional) to export markets
Direct vs. Indirect Exports			
Campos-García u.a. 2020	Relationship between export strategy, firm efficiency and downsizing	Resource-based View/3599 Spanish exporters, regression analysis	■ Direct exporters are less likely to downsize ■ More efficient firms chose direct exporting
Martínez-Zarzoso/ Johannsen 2018	Motives and drivers of indirect exports	None/2409 firms from CEE countries, regression analysis	■ Higher fixed costs motivate firms to export indirectly ■ Customs, trade restrictions and transportation obstacles are mostly responsible for fixed costs ■ Most indirect exporters change to direct export after gaining experience
Determinants of Export Performance			
Azar/ Ciabuschi 2017	Organizational and technological innovation's effect on export performance	None/N=218 Swedish exporters, structural equation modelling	■ Organizational innovation enhances export performance directly and indirectly by affecting technological innovation ■ Extensive technological innovation positively affects export performance ■ Radical technological innovation has no effect
Beleska-Spasova/ Glaister/ Stride 2012	Resources and capabilities as determinants of exporting performance	Resource-based View/N=356 British, structural equation modelling	■ Four resources/capabilities positively affect exporting performance: managerial, knowledge, planning, technology ■ Relational and physical resources do not affect exporting performance

– Abbildung wird fortgesetzt –

– Fortsetzung –

Gkypali/ Love/Roper 2021	Strategic exporting choices of SMEs	None/4165 British SMEs, regression analysis	▪ Exporting strategy is based on productivity performance ▪ Export capabilities are driven by process innovation
Hortinha/ Lages/ Lages 2011	Impact of customer and technology orientation on export performance	Organisational learning theory/ N=170 Portuguese exporters, structural equation modelling	▪ Customer orientation is equally important as technology orientation ▪ Focusing more on customers than on technology is more efficient when prior export performance was weak
Haddoud u.a. 2021	Determinants of SMEs' export entry, factors affecting entry	None/Literature review of 82 papers (2008-2019)	▪ SMEs' export entry is determined by owners' characteristics, firm resources, and environmental factors
Leonidou u.a. 2014	Antecedents, components, and outcome factors of exporter-importer relationship quality	None/Literature review of 76 empirical studies	▪ Five antecedents: opportunism, conflict, communication, distance, adaptation ▪ Relationship quality: Cooperation, trust, commitment
Love/ Roper/ Zhou 2016	Determinants of SME exporting performance (experience and firm age)	Organisational learning theory/ N=900 UK firms active in exporting, regression analysis	▪ Exports enhance SME performance ▪ Prior international experience positively affects export-performance relation ▪ Intra-regional exports enhanced by incremental innovation ▪ Inter-regional exports enhanced by more radical innovation ▪ Export intensity and number of countries positively affect early internationalisation performance ▪ Early internationalisation is mostly intra-regional
Martin/ Javalgi 2019	Knowledge as determinant of exporting performance of international new ventures	Knowledge-based view, Entrepreneurial orientation/ N=1311 Mexican high-tech firms, structural equation modelling	▪ Entrepreneurial orientation helps to build relevant knowledge resources ▪ Knowledge resources impact marketing capabilities ▪ Marketing capabilities enhance exporting performance
Morgan/ Katsikeas/ Vorhies 2012	Drivers of export market performance and export marketing strategy	Dynamic capabilities/219 British exporters, structural equation modelling	▪ Effective implementation of planned export marketing strategy contributes to export and financial performance ▪ Marketing capabilities enable effective marketing strategy implementation

10.2. Export Market Orientation

10.2.1. Begriffsbestimmung

Das Konzept der Marktorientierungen nimmt im Marketing einen zentralen Stellenwert ein. Marktorientierte Unternehmen zeichnen sich durch „the organization wide generation of market intelligence pertaining to current and future customer needs, dissemination of the intelligence across departments, and organization wide responsiveness to it" (Kohli/Jaworski 1990, S. 6) aus. In diesem Sinne impliziert Marktorientierung die bewusste und konsequente Ausrichtung eines Unternehmens auf die Bedürfnisse seiner gegenwärtigen und zukünftigen Kunden, den Auf- und Ausbau geeigneter Fähigkeiten diese Bedürfnisse zu erfassen und zu bedienen sowie die organisationale Verankerung der Marktorientierung in sämtlichen Organisationseinheiten des Unternehmens. Auch wenn empirisch nachgewiesen wurde, dass marktorientierte Unternehmen auf ihrem Heimatmarkt überdurchschnittlich erfolgreich agieren, kann diese Orientierung nicht auch automatisch auf Auslandsmärkte übertragen werden (İpek/Bıçakcıoğlu-Peynirci 2020; Slater/Narver 1994).

Bearbeitet ein Unternehmen Auslandsmärkte über Exportgeschäfte, erhöht dies die Komplexität der relevanten Umweltfaktoren (Makroebene) und Kundenbedürfnisse (Mesoebene) erheblich. Zu denken ist hier bspw. an die rechtlichen und kulturellen Unterschiede zwischen

Ländermärkten sowie die hohe Komplexität internationaler Wettbewerbsbeziehungen (siehe Abschnitt 3.1. für eine Übersicht relevanter Faktoren). Aktuelle wissenschaftliche Befunde belegen, dass eine Übertragung der Marktorientierung aus dem Heimatmarkt auf das Exportgeschäft diesen Komplexitäten nicht gerecht werden kann, sondern es einer dezidierten Orientierung an den Exportmärkten bedarf (Acikdilli u.a. 2020; İpek/Bıçakcıoğlu-Peynirci 2020; Navarro-García 2016). Als wesentliche Komponenten einer solchen Export Market Orientation dienen dabei die in Abbildung 10.2. dargestellten Elemente auf der Mikroebene **„Intelligence Generation"**, **„Intelligence Dissimination"** und **„Responsiveness"** (Acikdilli u.a. 2020). Aus einer verhaltenswissenschaftlichen Perspektive kann Export Market Orientation daher wie folgt definiert werden.

> **Export Market Orientation** ist die organisationsweite Schaffung von Marktwissen in Auslandsmärkten, die abteilungsübergreifende Verbreitung dieses Wissens und die organisationsweite Fähigkeit, auf die Bedürfnisse unterschiedlicher Auslandsmärkte zu reagieren.

Hieraus ergibt sich die Fähigkeit des exportierenden Unternehmens akkurate Informationen über die relevanten Auslandsmärkte zu sammeln, Unterschiede im Bedarf der jeweiligen Konsumenten zu identifizieren und Strategien zu entwickeln, die eine nachhaltige Differenzierung von Wettbewerbern in den jeweiligen Auslandsmärkten erlauben (He/Brouthers/Filatotchev 2013). Unternehmen, die dieser Orientierung folgen, sind in der Lage, den dynamischen Änderungen in ihren Auslandsmärkten zeitnah zu entsprechen (Murray/Gao/Kotabe 2011). Export Market Orientation führt somit zu einem Kompetenzaufbau auf der Mikroebene, so im exportierenden Unternehmen, mit deren Hilfe sich die Exportstrategie an makroökonomische Umfeldfaktoren sowie das Wettbewerbsumfeld auf der Mesoebene anpassen lässt.

Abbildung 10.2: Komponenten der Export Market Orientation

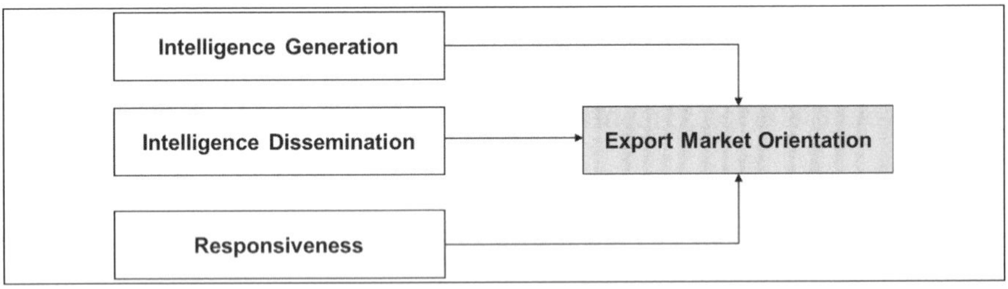

Quelle: I.A.a.Acikdilli u.a. 2020, S. 9.

10.2.2. Konzeptualisierung

Wie im vorherigen Abschnitt dargestellt, handelt es sich bei der Export Market Orientation um ein grundlegendes und organisational verankertes Commitment auf der Mikroebene zur Bearbeitung von Auslandsmärkten mit Hilfe von Exportgeschäften. Abbildung 10.3 zeigt hierzu zunächst die grundlegende Struktur einer internalisierten Export Market Orientation.

Aufbauend auf einer Meta-Analyse von 80 wissenschaftlichen Studien zur Export Market Orientation konnten İpek/Bıçakcıoğlu-Peynirci (2020) drei zentrale Bausteine erfolgreicher Exporteure identifizieren. Hierbei handelt es sich um intra-organisationale Faktoren (Mikroebene), intra-organisationale Faktoren (Mesoebene) sowie um Umfeldfaktoren (Makroebene).

Abbildung 10.3: Struktur einer internalisierten Export Market Orientation

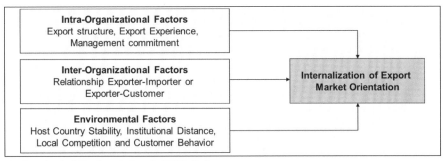

Quelle: I.A.a.İpek/Bıçakcıoğlu-Peynirci 2020, S. 6.

Mikroebene: Intra-organisationale Faktoren

Wie bereits aus der Definition von Export Market Orientation hervorgeht, muss diese grundsätzliche Orientierung in der Organisation des exportierenden Unternehmens verankert sein. Dieser Bedingung tragen die intra-organisationalen Faktoren Rechnung. Die ausgewerteten Studien zeigen, dass insb. eine Verankerung des Exportgeschäfts über zentralisierte **Exportstrukturen** einen wesentlichen Erfolgsfaktor darstellen. Die Aufgabe dieser Organisationseinheiten liegt in der Koordination, Formalisierung und Steuerung der Exporttätigkeiten. Strategisch konzeptualisierte Exportstrukturen, welche die Exportstrategie des Unternehmens stützen – sie aber nicht bestimmen, konnten empirisch als relevante Erfolgstreiber, i.S.d. organisationalen Innovationen (Azar/Ciabuschi 2017), identifiziert werden, welche die Exportfähigkeiten steigern (Gkypali/Love/Roper 2021). Eine wichtige Funktion der Exportstrukturen liegt auch in der Auswertung vergangener Exportgeschäfte und der darauf aufbauenden Analyse von erfolgreichen und nicht-erfolgreichen Maßnahmen. Über die Zentralisierung der Aktivitäten wird auch der reibungslose Austausch und die Verteilung der relevanten Informationen gewährleistet. Informationen über den Zielmarkt erlauben in der Folge marktorientierte Produktinnovationen, die ebenfalls ein Treiber des Exporterfolgs sind (Azar/Ciabuschi 2017). Die Funktion von adäquaten Exportstrukturen, wie zahlreiche Studien belegen, verbessert sich dabei mit zunehmender Exporterfahrung. Diese hilft primär dabei Prozesse zu optimieren und den verfügbaren Wissensvorrat zu steigern. Hinsichtlich des Managements zeigt sich, dass die Export Market Orientation nur dann erfolgreich sein kann, wenn auch die Unternehmensführung, so der Vorstand und Abteilungsleiter, die Wichtigkeit des Exportgeschäfts unterstreichen und hierfür Ressourcen zur Verfügung stellen (Navarro-García 2016).

Mesoebene: Inter-organisationale Faktoren

Neben der internen Organisation des exportierenden Unternehmens basiert eine erfolgreiche Etablierung einer Export Market Orientation auch auf der Gestaltung inter-organisationaler Beziehungen. Eine besondere Bedeutung kommt in diesem Zusammenhang der Beziehung zwischen dem Exporteur und seinen Importeuren, also seinen Auslandskunden zu. Jedwede Exportgeschäfte sind dadurch gekennzeichnet, dass der Exporteur keine eigene Niederlassung im Auslandsmarkt unterhält. Er folglich keinen unmittelbaren Zugang zu Marktwissen im Auslandsmarkt besitzt und nur mittelbar über seine Handelspartner Informationen über den Markt erhalten kann. Erfolgreiche Export Markt Orientation basiert damit auf einem möglichst umfassenden Zugang zu Informationen über Handelspartner, um hierüber dynamische Reaktionen auf veränderliche Marktbedingungen zu ermöglichen (Chang/Fang 2015). Empirisch konnte bestätigt werden, dass die Qualität dieser Beziehungen auf sozialer Interaktion und, in der Folge, dem Aufbau von gegenseitigem Vertrauen basiert. Die einseitige Ausnutzung von Vormachtstellungen hingegen verhindert den Aufbau der notwendigen Beziehungsqualität (Leonidou u.a. 2014; auf die Besonderheiten der Partnerwahl bei Exporten wird noch näher in Abschnitt 10.4.1. eingegangen). Ebenfalls der Mesoebene zuzuordnen ist die Ausrichtung des exportierenden Unternehmens an die Kunden im Auslandsmarkt, so Customer Orientation. Die Schaffung von Mehrwerten für Auslandskunden stellt einen wesentlichen Erfolgstreiber im Export dar. Grundsätzlich kann dies durch technologische Innovationen (i.S. radikaler Innovationen, siehe Kapitel 16.) sowie eine generelle Berücksichtigung von Kundenbedürfnissen auf dem Auslandsmarkt (i.S. inkrementeller Innovationen) erfolgen. Beide Formen der Innovationen steigern den Exporterfolg. Zu beachten ist jedoch, dass bei mangelnder Erfahrung mit dem Auslandsmarkt inkrementelle Innovationen einen höheren Erfolgsbeitrag leisten (Hortinha/Lages/Lages 2011). Ursächlich ist dies darauf zurückzuführen, dass insb. zu Beginn einer Exporttätigkeit zunächst eine Adaption von bestehenden Produkten auf die Spezifika des Auslandsmarkts notwendig ist, radikale Innovationen ohne ausreichende Erfahrung im Zielland diese Spezifika jedoch nicht berücksichtigen.

Makroebene: Umfeldfaktoren

Umfeldfaktoren nehmen auf die Bildung und erfolgreiche Etablierung einer Export Market Orientation im Wesentlichen darüber Einfluss, als dass sie die zeitliche Stabilität gewonnener Informationen sowie die Möglichkeit Informationen zu verstehen und umzusetzen moderieren. Von Bedeutung ist hierbei die Stabilität des Auslandsmarktes, so politische, wirtschaftliche und soziale Stabilität. Je instabiler ein Auslandsmarkt in dieser Hinsicht ist, wie bspw. bei Schwellen- und Entwicklungsländern häufig zu beobachten, desto schneller verlieren in der Vergangenheit gewonnene Erfahrungen und Informationen an Wert für das exportierende Unternehmen. Ob ein exportierendes Unternehmen in der Lage ist, Informationen über den Auslandsmarkt zu dechiffrieren, hängt vorrangig von den institutionellen Unterschieden zwischen Heimat- und Auslandsmarkt ab (Navarro-García 2016). Große kulturelle Unterschiede bspw. verhindern oftmals das Verständnis von Kundenbedürfnissen (Haddoud u.a. 2021).

10.3. Exportgeschäfte

10.3.1. Basisexportformen

Grundlegend definieren sich Exportgeschäfte darüber, dass die Wertschöpfung, so die Produktion der Waren, vollständig im Inland erfolgt, die Waren jedoch im Auslandsmarkt, verkauft werden. Unterschieden werden kann in diesem Zusammenhang zwischen dem indirekten und direkten Export. Der Unterschied zwischen beiden Exportgeschäften liegt darin, ob die Einschaltung eines Absatzmittlers (**Zwischenhändlers**) im Inland erfolgt oder nicht (siehe Abbildung 10.4).

> Beim direkten Export ist im Inland kein Zwischenhändler eingeschaltet, d.h., ein Unternehmen verkauft unmittelbar ins Ausland. Beim indirekten Export wird dagegen ein Zwischenhändler im Inland eingeschaltet.

Indirekter Export

Indirekte und direkte Exporte unterscheiden sich in den betrieblichen Operationen fundamental. So tätigt im Falle des ausschließlichen **indirekten Exports** ein Unternehmen letztlich nur **Inlandstransaktionen**; die eigentliche Exportaktivität, so bzgl. administrativer, zoll-, versicherungs- und währungstechnischer Fragen u.Ä., sowie die Bearbeitung der ausländischen

Märkte wird „outgesourct". Insofern handelt es sich um eine inländische marktliche Transaktionsform im institutionenökonomischen Sinne.

Abbildung 10.4: Indirekter vs. direkter Außenhandel

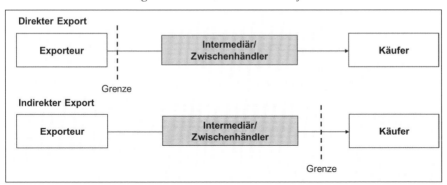

Der inländische Zwischenhändler (**Intermediär**) kann in zahlreichen Erscheinungsformen auftreten, so als inländisches Exporthandelsunternehmen oder als eine Niederlassung eines internationalen Handelshauses (z.B. eines **Generalhandelshauses**). Charakteristisch für diese Betätigungsform ist der Aspekt der Marktkenntnis des Handelspartners. So zeigen aktuelle Studien, dass bspw. lediglich 18% der deutschen Unternehmen, die in afrikanische Märkte exportieren, ohne lokale Handelspartner arbeiten (Halaszovich/Mattfeld 2020). Von zentraler Bedeutung sind dabei insb. die speziellen Kenntnisse der Partner bzgl. des lokalen Marktes sowie der juristisch, wirtschaftlichen und kulturellen Gegebenheiten (Halaszovich 2020). Der Aspekt der Marktkenntnis ist zugleich Ausdruck der Wahl eines Operation Modes auf ausländischen Märkten, die aus einer ressourcenorientierten Betrachtungsweise (Inside-Outside-Perspektive) resultiert: Nicht oder nur begrenzt vorhandene Kompetenzen auf Seiten des Exporteurs legen eine derartige Option nahe. Ist die Einschaltung eines Zwischenhändlers nicht auf eine einzelne Transaktion ausgerichtet, sondern eher langfristig angelegt, was in derartigen Fällen meist der Fall ist, dann kann diese Form auch als eine „**vertikale Unternehmenskooperation**" bezeichnet werden. Dies zeigt auch den eher fließenden Übergang zwischen marktlichen und kooperativen Transaktionsformen. Grundsätzlich können allerdings vielfache Organe in den indirekten Export im In- und Ausland genutzt werden, sodass die Aktivitäten eine beachtliche Komplexität einnehmen können (siehe Abbildung 10.5).

Empirisch konnte gezeigt werden, dass indirekte Exporte zumeist durch die Vermeidung hoher Fixkosten motiviert sind (Martínez-Zarzoso/Johannsen 2018). Diese Fixkosten basieren auf den beim direkten Export anfallenden Zollgebühren, Handelsrestriktionen und logistischen Abläufen. Hier zeigt sich für das produzierende Unternehmen der Vorteil der inländischen Zwischenhändler, deren Kernkompetenzen gerade in der Minimierung dieser Kosten und Hindernisse liegt.

Aus Sicht der Export Market Orientation weisen indirekt exportierende Unternehmen zumeist einen sehr geringen Grad an Commitment zum Auslandsmarkt auf. Die internen Strukturen sowie die organisational verankerten Möglichkeiten der Informationsgewinnung und -verwertung sind i.d.R. nur schwach ausgeprägt. Es zeigt sich jedoch, dass indirekte Exporteure im Zeitablauf genau diese Fähigkeiten und Ressourcen entwickeln und schlussendlich vielfach zu direktem Export wechseln (Martínez-Zarzoso/Johannsen 2018).

Abbildung 10.5: Struktur des direkten Exports

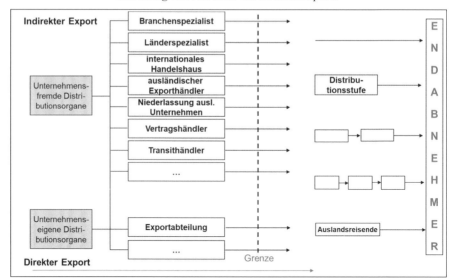

Direkter Export

Der direkte Export ist durch eine unmittelbar grenzüberschreitende Tätigkeit eines Unternehmens gekennzeichnet. Bezüglich der Distribution in dem ausländischen Markt – und damit auch weitergehend der Marktbearbeitung – kann weiterhin danach differenziert werden, ob diese über eigene Organe oder durch Einschaltung fremder Organe erfolgt. Das Spektrum der möglichen eigenen und fremden Distributions- bzw. Verkaufsorgane ist erneut sehr breit (siehe die obige Abbildung bei Verschiebung der Absatzmittler ins Ausland). Es reicht mit Bezug auf die eigenen Organe von fest angestellten Auslandsreisenden bis zu (stationären) Verkaufsrepräsentanzen oder Exportniederlassungen bzw. Vertriebsgesellschaften (zu den Organen siehe auch Abschnitt 19.3).[1] Wie bereits erwähnt, ist gleichermaßen eine im Inland ansässige Exportabteilung, von der aus die Bearbeitung (einschließlich der distributiven Versorgung) der ausländischen Märkte erfolgt, als eine Form des direkten Exports einzustufen, da die grenzüberschreitenden Aktivitäten, die für die Zuordnung zum direkten Export konstitutiv sind, von dem betrachteten Unternehmen realisiert werden (siehe Abbildung 10.6). Die Schaffung einer internen Exportabteilung spiegelt in aller Regel eine ernsthafte und nachhaltig angelegte Ausrichtung hin zur Export Market Orientation wider, da hiermit erstmals eine organisationale Verankerung des Exportgeschäfts in die interne Unternehmenshierarchie erfolgt. In der Folge können direkte Exporteure auch regelmäßig als effizienter in der Bearbeitung des Auslandsmarktes angesehen werden als indirekt exportierende Unternehmen (Campos-García u.a. 2020).

Die „Gegenseite" direkt exportierender Unternehmen im Auslandsmarkt, also die fremden Distributions- bzw. Verkaufsorgane im Ausland, umfassen im Auslandsmarkt ansässige Großhändler (z.B. in Form von Importhändlern, Niederlassungen internationaler Handelshäuser), Importgemeinschaften wie gleichermaßen die **Handelsmittler**, auf die an späterer Stelle näher eingegangen wird. Die Einschaltung eines ausländischen Handelshauses, dem

---

[1] Exportniederlassungen können auch als integrative Betätigungsform eingestuft werden, so bei rechtlich selbstständigen Tochter- bzw. Vertriebsgesellschaften, die mit Kapitaltransfer verbunden sind.

die Marktbearbeitung vollständig übertragen wird, stellt gleichermaßen ein Outsourcing dar; bei dem betrachteten Exporteur verbleiben dann nur die administrativ-technischen Aufgaben der grenzüberschreitenden Tätigkeiten. Insofern kann diese Form des direkten Exports ebenfalls als eine marktliche Transaktion eingestuft werden, die jedoch durch eine deutlich geringere Export Market Orientation geprägt ist.

Abbildung 10.6: Inländische Exportabteilung als Basis des direkten Exports

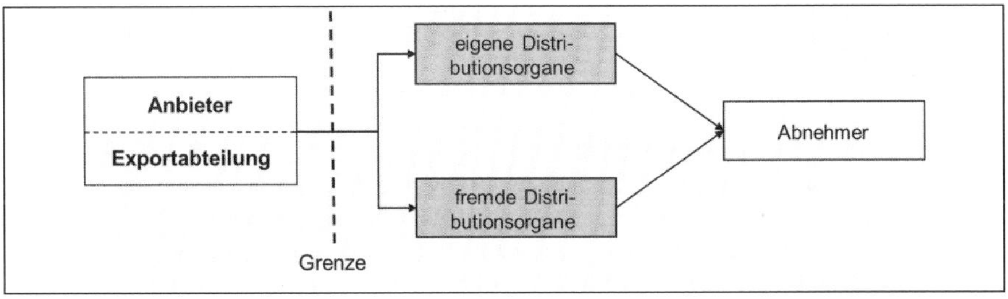

Exportgemeinschaft

Als horizontale Formen einer exportorientierten Unternehmenskooperation (**Exportkooperation**) können Exportgemeinschaften betrachtet werden, auch als Exportkartelle, -konsortien oder -syndikate bezeichnet. Sie werden hier im Rahmen des indirekten Exports betrachtet; es existieren jedoch auch Exportgemeinschaften, die ausschließlich in einem Zielmarkt oder in den Zielmärkten aktiv sind, so zur Geschäftsanbahnung, aber auch zum Exportabschluss, bei denen jedoch die eigentlichen grenzüberschreitenden Aktivitäten des Exports bei den Unternehmen aus dem Herkunftsland verbleiben, d.h., die insofern direkten Export praktizieren.[1]

Der Umfang der Leistungen der Exportgemeinschaften reicht von einzelnen bis hin zu allen Exportaktivitäten für die kooperierenden Unternehmen; sie können im eigenen Namen (der Exportgemeinschaft) oder in dem des jeweiligen Mitglieds erfolgen. Unternehmen gehen diese Kooperationen ein, um die mit Exporten verbundenen Kosten und Risiken zu reduzieren und Markteintrittsbarrieren im Ausland zu überwinden. Hier arbeiten oft mehrere Hersteller mit absatzmäßig komplementären Produkten zur Durchführung des Exports in bestimmte Länder über ein gemeinschaftlich getragenes **Exportbüro** zusammen. Die Möglichkeit der Gründung von Exportgemeinschaften mit anderen am Export interessierten Herstellern eignet sich insb. für Unternehmen, die sich teure eigene Exportorganisationen „nicht leisten" können (z.B. mittelständische Unternehmen) oder wollen, weil sie nur sporadisch exportieren. Der zentrale Vorteil der Exportgemeinschaften liegt somit darin begründet, dass sowohl die Ressourcen zum Aufbau einer nachhaltigen Export Market Orientation unter den Partnerunternehmen geteilt werden können, als auch darin, dass die kooperierenden Unternehmen ihr Wissen über die bearbeiteten Auslandsmärkte teilen können, und somit bereits mit einem niederschwelligen, individuellen Commitment zum Exportgeschäft die Vorteile einer Export Market Orientation nutzen können.

Die Exportkooperationen lassen sich – wie in Abbildung 10.7 dargestellt – gliedern; dies gilt analogerweise für Importkooperationen.

---

[1] Zur Vermeidung von Wiederholungen werden Exportgemeinschaften jedoch nur an dieser Stelle erörtert.

Abbildung 10.7: Intensitätsstufen der Export- und Importkooperationen

Exportkooperationsformen	Importkooperationsformen
▪ **Exportgemeinschaft einfacher Stufe**: Einzelne Exportaufgaben werden in Zusammenarbeit wahrgenommen. ▪ **Exportgemeinschaft höherer Stufe**: Sowohl die Akquisition als auch die Abwicklung von Exportgeschäften werden in Kooperation wahrgenommen. ▪ **Exportkartell**: Vereinbarung zwischen Unternehmen, um einen Wettbewerbsvorteil zu erreichen.	▪ **Import/Einkaufskooperationen**: Sie bestehen häufig in Form einer Einkaufsgenossenschaft bzw. Einkaufsverbundgruppe. Die Organisation und Bezahlung der Einkäufe wird von der Kooperationszentrale wahrgenommen (Zentralregulierung). ▪ **Import-/Einkaufskartell**: Grundlage ist eine Vereinbarung über den gemeinsamen Einkauf von Waren. Meist besteht eine Verpflichtung zum Warenbezug (Kartellzwang).

10.3.2. Vergleich und Determinanten der Wahl der Basisexportformen

Im Vergleich von indirektem und direktem Export besteht der Hauptunterschied darin, dass die direkte Variante – bei eigenen Verkaufs- bzw. Distributionsorganen – weitaus mehr Möglichkeiten der Einflussnahme auf das Marktgeschehen im Ausland ermöglicht (Hollensen 2020, S. 333); sie setzt aber zugleich Ressourcen voraus, die das Unternehmen aufbringen muss, und vorhandene Kompetenzen. Die Auswahl zwischen diesen beiden Formen des Exports hängt gesamthaft von produktbezogenen Faktoren (z.B. Problemlosigkeit (Seriengüter) und Serviceerfordernissen), unternehmensbezogenen Faktoren (z.B. Kapitalausstattung, Auslands-Know-how, Marketingfähigkeiten) und auslandsmarktbezogenen Faktoren (z.B. Konkurrenzsituation, Distributionswege) ab (Beleska-Spasova/Glaister/Stride 2012). In der Literatur finden insb. die unternehmensbezogenen Faktoren auf der Mikroebene Beachtung. Auch hierbei zeigt sich erneut die Relevanz einer Export Market Orientation, i.S. von Marketingfähigkeiten, zur unmittelbareren Bearbeitung eines Auslandsmarkts. Ohne diese Fähigkeiten fällt die Wahl der Exportform zumeist auf den indirekten Export, so auch als ausländischer Zulieferer. Über den Aufbau einer Export Market Orientation entsteht im Zeitablauf die Möglichkeit, zu einem direkten Export zu wechseln (Sharma/Nguyen/Crick 2018). Auf der Makroebene konnte zudem gezeigt werden, dass Unternehmen aus Heimatländern mit niedriger institutioneller Qualität, so v.a. aus Schwellen- und Entwicklungsländern, und einer Kultur mit geringer Unsicherheitsvermeidung eine stärkere Neigung zu direkten Exporten aufweisen, unabhängig vom internen Erfahrungsstand (Elango/Pangarkar 2021).

Einen Vergleich der Vor- und Nachteile der Exportformen, insb. als Markteintrittsstrategie, zeigt Abbildung 10.8. Wie dieser zu entnehmen ist, sind die Anforderungen an das Marketingmanagement eines exportierenden Unternehmens bei einem direkten Export ungleich höher als dies bei indirektem Export der Fall ist. Intern ergeben sich aber sowohl ein höheres Erfolgspotenzial als auch insb. höhere, wenn auch komplexer, Kontrollmöglichkeiten. Aus Sicht der externen Faktoren ist ein direkter Export dadurch gekennzeichnet, dass er zwar einen schnellen Markteintritt ermöglicht, sich das Profitpotenzial allerdings erst aus einem längerfristigen Engagement ergibt. Indirekte Exporte hingegen erlauben die kurzfristige Abschöpfung dieser Potenziale. Zu beachten ist jedoch, dass langfristig das Potenzial indirekter Exporte unter dem Niveau direkter Exporte liegt.

Für eine differenzierte Betrachtung der Entscheidungsoptionen, die für ein Unternehmen bzgl. der Aufnahme von Exportaktivitäten (i.S.d. „Going-international") oder der langfristigen Aufrechterhaltung dieser Aktivitäten (i.S.d. „Being-international") relevant sind, können sowohl eine zeitliche, **dynamische Perspektive** genutzt werden als auch die Faktoren **Kontrolle** und **Risiko(-wahrnehmung)** sowie das **Potenzial einer Internalisierung**.

Die zeitliche Perspektive, wie sie u.a. im Uppsala-Model, genutzt wird (siehe Abschnitt 1.4.1.), legt nahe, dass Exportaktivitäten primär zu Beginn einer Internationalisierung genutzt werden. Aus diesem Verständnis heraus stellen Exporte die erste Phase eines „Going-International" dar und werden im zeitlichen Verlauf durch andere Operation Modes ersetzt. Exporte dienen i.d.S. der Gewinnung von Erfahrungen und Wissen über den Auslandsmarkt. Aus der Perspektive der Transaktionskostentheorie können exportierende Unternehmen sukzessive Ungewissheiten bzgl. des Marktumfeldes sowie der Marktteilnehmer im Auslandsmarkt reduzieren und ihre Export Market Orientation aufbauen. Ebenfalls der Transaktionskostentheorie zugeschrieben werden kann der Aspekt der Transaktionshäufigkeit. Durch die Wiederholung von Transaktionen mit demselben Auslandsmarkt und insb. denselben Partnern im Auslandsmarkt, werden Erfahrungen gesammelt und Vertrauen aufgebaut (İpek/Bıçakcıoğlu-Peynirci 2020). Beide Effekte reduzieren die wahrgenommene Unsicherheit des exportierenden Unternehmens. Werden Exportgeschäfte daher über einen längeren Zeitraum, i.d.R. mehrere Jahre, konstant getätigt, rechtfertigt die beständige Transaktionshäufigkeit eine höhere Kapitalbindung i.s. von Operation Modes mit Kapitaltransfer, so JV oder WOS (Schellenberg/Harker/Jafari 2018).

Abbildung 10.8: Vor- und Nachteile der Exportformen als Markteintrittsstrategie

Vor- bzw. Nachteile der Marktschließung durch Export	Direkter	Indirekter
Externe Faktoren		
Schneller Markteintritt	+	+
Schnelle Multiplikation von Produkterfolgen	-	+
Gezielte Aufwertung des Absatzprogramms	-	o
Gute Abschöpfung des Marktvolumens	-	+
Interne Faktoren		
Höhere Koordinationskosten im Zeitablauf	-	+
Hohe Kontrolle und Einflussmöglichkeiten	+	-
Gefahr des Kompetenzverlustes bei Wettbewerbsvorteilen	-	+
Internalisierung der Erträge	+	-
Verminderter personeller Ressourceneinsatz	-	+
Einhaltung der strategischen Flexibilität	+	+

Legende: + gegeben; - nicht gegeben; o keine Aussage möglich.

Die Frage ob bzw. unter welchen Bedingungen Exporte auch ein adäquater Operation Mode für eine dauerhafte internationale Geschäftstätigkeit sind, i.S. von „Being-International", bestimmt sich vorrangig über die erreichbaren **Internalisierungsvorteile** einer Änderung des Operation Modes. Wie dem **OLI-Paradigma** entnommen werden kann, erklärt sich die Wahl von Operation Modes international tätiger Unternehmen über das Zusammenspiel von Ownership-, Location- und Internalization Advantages. Die Betrachtung dieser drei Kategorien bezogen auf Exporttätigkeiten ergibt:

- Exporteure müssen über relevante, zumeist outputbezogene „**Ownership Advantages**" verfügen, da diese es sind, die das Unternehmen überhaupt erst in die Lage versetzen, Kunden im Auslandsmarkt ein überlegenes Produkt oder eine überlegene Serviceleistung anzubieten. Ohne relevante Ownership Advantages wären schließlich auch die Exporte im Auslandsmarkt nicht wettbewerbsfähig. Darüber hinaus zeichnen sich exportierende Unternehmen zumeist dadurch aus, dass ihre Ownership Advantages an ihren Heimatstandort, so Produktions- und Entwicklungsanalgen, gebunden sind. Dies gilt insb. für weite Teile des deutschen Mittelstandes. Schwach bzw. schwächer ausgeprägt sind hingegen zumeist solche Vorteile, die eine effiziente Bearbeitung des Auslandsmarktes ermöglichen, so internationale Marketingfähigkeiten und -kenntnisse. Diese werden, i.S. des Uppsala-Modells, über eine fortwährende Exporttätigkeit sukzessive aufgebaut.
- Die Auslandsmärkte, in die exportiert wird, müssen über relevante „**Location Advantages**" verfügen, die sie für das exportierende Unternehmen interessant machen. Diese Vorteile beziehen sich dabei vorrangig auf die Marktattraktivität des Auslandsmarktes.

In der Forschung zum Internationalen Management werden Location Advantages vielfach auch mit vorteilhaften Bedingungen für Produktionsstandorte, so bspw. niedriges Lohnniveau oder Zugang zu relevantem Wissen, beschrieben (Halaszovich/Lundan 2016). Ob und in welchem Maße insb. der Zugang zu Marktwissen für das exportierende Unternehmen relevant ist, bedingt sich über die grundlegende strategische Ausrichtung der Internationalisierung bzw. darüber, ob ein Unternehmen Vorteile durch die Adaption der angebotenen Waren und Dienstleistungen an den Auslandsmarkt erzielen kann (siehe Kapitel 19.). Dieser letzte Aspekt leitet bereits zu Internalization Advantages über, da insb. wissensbasierte Vorteile nur dann genutzt werden können, wenn diese internalisiert werden können.

- Bei **„Internalization Advantages"** handelt es sich um solche Vorteile, die sich aus der Integration der Geschäftstätigkeiten mit Partnern im Auslandsmarkt in die eigene Unternehmenshierarchie ergeben. Aus Sicht eines exportierenden Unternehmens würden solche Vorteile die Integration, bspw. M&As, eines Absatzmittlers im Auslandsmarkt oder die Investition in ein eigenes Vertriebsbüro im Auslandsmarkt begründen. Ob es diese Vorteile gibt, und damit verbunden die Frage, ob ein Exporteur zum Investor wird, hängt wiederum von unterschiedlichen Faktoren ab. Von zentraler Bedeutung dabei sind:
  - **Verfügbarkeit geeigneter Assets im Auslandsmarkt**: Die Internalisierung relevanter Assets, so der Kauf von oder die Beteiligung an einem Absatzmittler, setzen zunächst voraus, dass diese Mittler auf dem Markt verfügbar sind. In der Forschung zum Internationalen Management wurde lange Zeit davon ausgegangen, dass diese Möglichkeit grundsätzlich immer besteht. In der jüngeren Vergangenheit wurde diese Sichtweise jedoch deutlich kritisiert (Hennart 2009). Es ist daher vielmehr davon auszugehen, dass Absatzmittler sowie geeignete Assets (bspw. Ladenlokale in attraktiven Innenstadtlagen) ein knappes Gut sind und somit nicht frei und in beliebiger Güte auf dem Markt verfügbar sind. Vor diesem Hintergrund können Exporteure gezwungen sein, langfristig an Exportaktivitäten festzuhalten, selbst wenn es ein Interesse an einem Wechsel des Operation Modes gibt.
  - **Effizienzgewinne:** Da sich die Internalisierungstheorie aus der Transaktionskostentheorie ableitet (Buckley/Casson 1985), ist es nicht verwunderlich, dass sich „Internalization Advantages" primär in Effizienzgewinnen widerspiegeln. Diese können durch eine Steigerung der Gewinnmargen, so Internalisierung der Margen von Absatzmittlern oder Reduktion der Kosten und Komplexitäten, sowie eine effizientere Marktbearbeitung, so Zugang zu relevantem Wissen über einen direkten Kundenkontakt, erzielt werden. Der Erwerb von Wissen – und damit verbunden der Aufbau von internationalen Marketingfähigkeiten – kann auch eine schrittweise Internalisierung, wie den Wechsel vom indirekten zum direkten Export begründen, da über das Wissen eine Auswahl von Kunden sowie von Handelspartnern im Auslandsmarkt ermöglicht wird. Ob Effizienzgewinne durch Internalisierung erzielt werden können, hängt nicht zuletzt von der Branche, dem Geschäftsmodell und der Export Market Orientation des Exporteurs ab. So waren deutsche Discounter gezwungen eigene Filialen in Auslandsmärkten wie dem Vereinigten Königreich aufzubauen. Dem gegenüber werden in vielen anderen Branchen keine oder nur sehr geringe Effizienzgewinne durch eine fortschreitende Internalisierung erzielt. Zu denken ist bspw. an spezialisierte Nahrungsmittelproduzenten, die in der Marktbearbeitung auf Supermarktketten angewiesen sind und damit Handelspartner benötigen. Für diese und viele weitere Branchen bleiben Exporte dauerhaft die effizienteste Form, einen Auslandsmarkt zu bedienen.

10.4. Intermediäre, Marktzugänge und Kompensationshandel

10.4.1. Absatzmittler und Handelsmittler

Die Unterscheidung zwischen direktem und indirektem Export verdeutlicht bereits die Stellung, die **Absatzmittler** im Außenhandel einnehmen (siehe Abschnitt 19.3.). Sie stellen wirtschaftlich und rechtlich **selbstständige Organe** dar, die i.d.R. auf der Großhandelsebene angesiedelt sind. So waren es diese selbstständigen Organe des **Exporthandels**, die bereits im 17. Jahrhundert den Handel zwischen Europa und Asien, insb. Indien, überhaupt erst ermöglichten. Die britische East India Company nimmt dabei historisch eine zentrale Stellung ein. Ihr Erfolg beruht, neben weitgehenden politischen Rechten, vorrangig darauf, dass die Organisation die Risiken und Kosten des Exporthandels tragen konnte; und somit kleinere Unternehmen überhaupt erst in die Lage versetzt Außenhandel zu betreiben (Mishra 2018).

Neben Absatzmittlern spielen ebenfalls **Handelsmittler** eine wichtige Rolle in Exportaktivitäten. Sie werden dadurch abgegrenzt, dass sie keine selbstständige Handelsstufe („im eigenen Namen und für eigene Rechnung") darstellen. Im Außenhandel sind dies:

- der Auslandsagent oder CIF-Agent
- der Handelsmakler
- der Einkaufs- und der Verkaufskommissionär.

General- oder Universalhandelshäuser

Die Außenhandelsunternehmen in Form der hier im Vordergrund stehenden Exporthandelshäuser sind in den ausländischen Absatzmärkten umfänglich vertreten. Ihre wichtige Stellung im Export verdanken sie im Wesentlichen den von ihnen, zumeist über Jahrzehnte aufgebauten Vertriebsnetzwerken in Auslandsmärkten. So verwundert es auch nicht, dass diese Exporthändler selbst für namenhafte deutsche Industriekonzerne die Absatz- und Kundendienstorganisation in diversen Auslandsmärkten übernehmen. Reine Außenhandelsunternehmen zeichnen sich durch eine extreme Form der Export Market Orientation aus, die den gesamten Kern ihrer Wertschöpfung ausmacht. Hieraus ergibt sich ein wesentlicher und nachhaltiger Wettbewerbsvorteil, da diese Unternehmen ein Maximum an Kompetenzen zur Informationsgewinnung und -verarbeitung entwickelt haben. Darüber hinaus decken diese Unternehmen auch Risiken für den Exporteur ab, indem sie z.T. eigenes Kapital einbringen und Fachkräfte für den After-Sales-Service im Auslandsmarkt bereitstellen. Ihren besonderen Wert haben sie v.a. in solchen Auslandsmärkten, die nicht bedeutend genug sind, um vollumfängliche interne Strukturen beim Exporteur zu rechtfertigen. Außenhandelsunternehmen spielen bspw. eine zentrale Rolle im Exportgeschäft des deutschen Mittelstandes in der Region Sub-Sahara Afrika (Halaszovich/Mattfeld 2020). Die einzelnen Länder in der Region bieten deutschen Mittelständlern vielfach keine ausreichende Marktgröße, um den Aufbau einer eigenen Vertriebsorganisation zu rechtfertigen. Über Außenhandelsunternehmen können Mittelständler dennoch parallel mehrere Länder in der Region bedienen.

Die Exporthändler sind auch maßgeblich in die Finanzierung von Exportgeschäften eingeschaltet. Über ihre Organisationsstrukturen im Auslandsmarkt können sie den dortigen Endkunden bspw. die jeweilig ortsüblichen Zahlungsziele einräumen und Finanzierungsmöglichkeiten anbieten. Diese Kompetenz ist insb. in Auslandsmärkten relevant, in denen Finanzierungen nur schwer über lokale Finanzdienstleister abgewickelt werden können, wie bspw. in vielen Schwellenländern. Eine weitere Aufgabe, die i.d.R. auch mit Finanzarrangements verbunden ist, stellt die Federführung in einem Lieferkonsortium

(**Konsortialführer**) bzw. die Funktion als „**General Contractor**" dar, so die Zusammenfassung mehrerer Lieferanten zur Erstellung einer kompletten Anlage.

Neben diesen Basisdienstleistungen im Bereich des Handels haben insb. die japanischen (**Sogo Shosha**) und die koreanischen Generalhandelshäuser (**Chaebol**) weitergehende Funktionen übernommen, so im Bereich der Ressourcenerschließung, des Technologietransfers usw.; sie haben sich zu komplexen Konglomeraten entwickelt. Bedeutende japanische und koreanische Handelshäuser sind bspw. Mitsubishi Corporation (Japan), Mitsui & Co. (Japan) oder die Samsung Group (Südkorea). Abbildung 10.9 zeigt diese und weitere bedeutende japanische und koreanische Handelshäuser.

Abbildung 10.9: Japanische Sogo Shosha und koreanische Chaebol (Handelshäuser)

Auslandsagent

Von den vielfältigen Erscheinungsformen der Handelsmittler im Außenhandel soll beispielhaft der Auslandsagent bzw. **Außenhandelsvertreter** kurz charakterisiert werden, da er insb. im direkten Export eine wichtige Stellung einnimmt, so als (fremdes) Distributionsorgan im Auslandsmarkt. Der Auslandsagent wird „in fremdem Namen und für fremde Rechnung" tätig; es handelt sich um einen Gewerbetreibenden oder um eine juristische Person, der/die ständig für ein anderes Unternehmen Geschäfte vermittelt oder abschließt. Im ersten Fall wird der Außenhandelsvertreter nur als **Vermittlungsagent** tätig, sodass das Geschäft erst mit der Zustimmung des Exporteurs rechtswirksam wird; im zweiten Fall dagegen ist er ein **Abschlussagent**, sodass der Geschäftsabschluss sofort bindend wird. Die Vertragsstruktur bei Einschaltung eines Auslandsagenten zeigt schematisch Abbildung 10.10.

Die überwiegende Zahl deutscher Exporteure, insb. aus dem Mittelstand, greifen zur Bearbeitung von Auslandsmärkten auf lokale Auslandsagenten zurück. In Afrika etwa nutzen durchschnittlich 75% aller deutschen exportierenden Unternehmen diese Form von Intermediären (Halaszovich/Mattfeld 2020).

Wie Abbildung 10.10 beispielhaft für Auslandsagenten verdeutlicht, was in gleicher Weise aber für alle Intermediäre gilt, erfolgt ein Informationsfluss aus dem Auslandsmarkt ausschließlich über den Intermediär und nicht unmittelbar vom ausländischen Endkunden zum Exporteur. Berücksichtigt man die hohe Relevanz der Informationsgewinnung für die Optimierung des Exportgeschäfts, zeigt sich hier, dass die Qualität der Beziehung zwischen Exporteur und Intermediär eine zentrale Stellung einnimmt. Ausschlaggebend für eine effektive und insb. effiziente Informationsgewinnung ist damit das Vertrauen und die resultierende Kooperationsbereitschaft zwischen Exporteur und Intermediär.

Abbildung 10.10: Vertragsstruktur bei Einschaltung eines Auslandsagenten

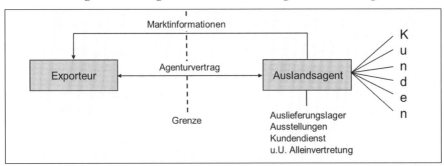

Auswahl und Evaluation von ausländischen Intermediären

Die bisherigen Ausführungen verdeutlichen die Bedeutung sowie die vielfältigen Aktivitäten der ausländischen Intermediäre für das exportierende Unternehmen. Vor diesem Hintergrund kommt der Auswahl und laufenden Evaluation der Handelsmittler ein besonderer Stellenwert zu. Wie bereits mehrfach dargestellt, besitzt ein Unternehmen, das plant in den Export einzusteigen im Regelfall nur sehr begrenzte Kenntnisse über die Strukturen und Akteure im Auslandsmarkt. Daher stellt bereits die Identifikation von potentiellen Intermediären eine Schwierigkeit dar. Zur Identifikation von Intermediären schlägt Hollensen (2020) daher fünf Optionen vor:

- Nachfrage bei potenziellen Endkunden, ob diese einen passenden Intermediär vorschlagen können
- Einholung von Empfehlungen bei Institutionen, so Handelsvertretungen oder Handelskammern
- Verwendung spezialisierter Agenturen
- Abwerben von Intermediären, die von Wettbewerbern genutzt werden
- Anzeigen in einschlägigen Handelsjournalen.

Gelingt es dem Unternehmen über einen oder mehrere der o.g. Wege potenzielle Intermediäre zu identifizieren, müssen diese einzeln beurteilt werden, um hierüber eine Rangfolge der geeignetsten Kandidaten zu erstellen. Ein möglicher, und in der Praxis verbreiteter, Weg hierzu ist die Erstellung eines Anforderungsprofils anhand spezifischer Attribute. Für jeden potentiellen Intermediär können dann entsprechende Leistungsprofile, so Beurteilung der Attribute je Intermediär, erstellt werden. Ausgewählt werden sollte dann das Unternehmen, welches die höchste Deckung zum Anforderungsprofil aufweist. Als Kriterien im Anforderungsprofil können u.a. die folgenden Attribute verwendet werden:

- Unternehmensgröße
- Physische Ausstattung
- Bereitschaft, Lagerbestände zu führen
- Marktwissen
- Reputation bei Kunden, Zulieferern und Finanzdienstleistern
- Leistungsfähigkeit im Verkauf
- Kosten
- Generelle Erfahrung
- Relevante Sprachkenntnisse
- Erfahrungen mit dem Heimatland des Exporteurs.

Selbst bei einer objektivierten Auswahl eines Intermediärs im Auslandsmarkt ist es im Zeitablauf unablässig, die Leistungen des Partnerunternehmens sowie das Potenzial des Auslandsmarktes regelmäßig zu evaluieren. Hierbei empfiehlt es sich, die Evaluation des Partners stets in Relation zum Marktpotenzial vorzunehmen, da selbst ein exzellenter Partner die in ihn gesetzten Erwartungen nur dann erfüllen kann, wenn das Marktpotenzial hoch genug ist. Eine solche Evaluation kann anhand der in Abbildung 10.11 dargestellten „International Partner Matrix" erfolgen (Hollensen 2020, S. 346). Diese greift dabei auch wieder die dynamische Perspektive der Operation Modes auf (siehe Abschnitt 9.4.). Insbesondere in Feld 9, hohe Marktattraktivität und hohe Performance des Partners, sollte das exportierende Unternehmen eine Internalisierung des Partners, und damit einen Wechsel des Modes, in Betracht ziehen.

Abbildung 10.11: International Partner Matrix

Country (market) attractiveness	Partner performance		
	low	medium	high
high	7. Get new partner	8. Grow partner	9. Consider integration
medium	4. Get new partner	5. Grow partner or maintain	6. Maintain position
low	1. Consider exit	2. Maintain position	3. Consider alternative mode

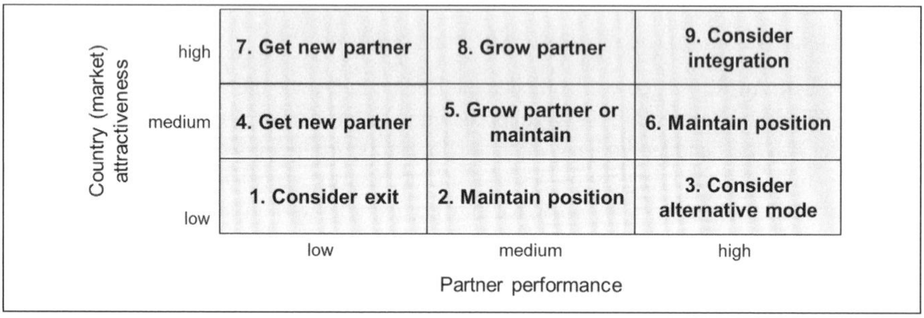

Quelle: I.A.a. Hollensen 2020, S. 346.

10.4.2. Netzwerke und digitale Plattformen als Marktzugänge

Neben Absatz- und Handelsmittlern stehen exportierenden Unternehmen noch weitere Wege zur Erschließung von Auslandsmärkten zur Verfügung. Die beiden bedeutendsten Formen dieser alternativen Zugänge sind Netzwerke und digitale Plattformen.

Netzwerke

Die Bedeutung von **Netzwerken** für die internationale Marktbearbeitung wurde bereits im Rahmen des Uppsala-Modells in Abschnitt 1.4.1. angesprochen. Neben dem Aufbau von Marktwissen nehmen Netzwerkpartner auch Funktionen von Absatzmittlern wahr, die einen direkten Zugang zu Kunden innerhalb des Netzwerks erlauben (Vahlne/Johanson 2017). Netzwerkpartner, so Exporteure, Absatzmittler und Kunden, helfen dabei Unsicherheiten zu überwinden (Kutschker/Schmid 2011) und versorgen ihre Mitglieder mit spezifischem Wissen. Über den Zugang zu einem Netzwerk im Auslandsmarkt gewinnt ein Exporteur somit unmittelbaren Zugang zu Endkunden sowie der notwendigen organisatorischen Struktur, diese auch beliefern zu können. Ein eigener Organisationsaufbau wird damit unnötig (Evers/Gliga/Rialp-Criado 2019). Als besondere Gruppe der Netzwerke sei an dieser Stelle auf **Wertschöpfungsnetzwerke** verwiesen. Diese zeichnen sich durch die enge Kooperation von Unternehmen entlang der Wertschöpfungskette aus, so Zulieferer unterschiedlicher Stufen und ihre Kunden. Um internationale Wertschöpfungsketten aufrechtzuerhalten, müssen insb. „First-Tier Supplier" ihren Kunden auch in Auslandsmärkten Zwischenprodukte bereitstellen (siehe Abschnitt 20.1.). Eine internationale Expansion kann innerhalb eines Wertschöpfungsnetzwerks daher auch darin bestehen, bestehende Kunden über Exporte zu beliefern. In diesem Sinne entfällt die Notwendigkeit einen eigenständigen Marktzugang erschließen zu müssen, da sich die bisher auf dem Heimatmarkt bestehende Kundenbeziehung nun auch auf Produktionsstandorte in Auslandsmärkten erstreckt.

Digitale Plattformen

Digitale Plattformen sind die Ursache für starke Veränderungen im (internationalen) Handel. Bei digitalen Plattformen handelt es sich um online Marktplätze, die nach vorgegebenen Regeln und Prozessen die Interaktion zwischen Anbietern und Nachfragern erlauben (Reinartz/Wiegand/Wichmann 2019). Typischerweise können die Akteure auf digitalen Plattformen den folgenden vier Gruppen zugeordnet werden, die in ihrer Gesamtheit das „Ökosystem" einer Plattform bilden (Van Alstyne/Parker/Choudary 2016):

- **„Owners"**: Eigentümer der Plattform
- **„Providers"**: Anbieter der digitalen Schnittstellen zwischen den Plattformnutzern (z.B. Smartphone Hersteller)
- **„Producers"**: Anbieter von Produkten und Dienstleistungen auf der Plattform (so internationale Händler)
- **„Consumers"**: Nachfrager von Produkten und Dienstleistungen auf der Plattform.

Das charakteristische Merkmal einer digitalen Plattform, so Alibaba oder Amazon, ist, dass der Owner (Betreiber der Plattform) im Wesentlichen als Vermittler zwischen Producer und Consumer agiert. Der eigentliche Handel auf der Plattform findet also zwischen den Nutzern der Plattform statt. Aus Sicht des Owners existieren damit zwei Kundengruppen, die er jeweils gesondert anspricht. Abbildung 10.12 fasst die typische Struktur einer Plattform zusammen.

Abbildung 10.12: Struktur und Akteure digitaler Plattformen

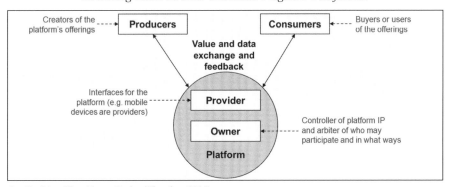

Quelle: I.A.a. Van Alstyne/Parker/Choudary 2016.

Die Attraktivität einer digitalen Plattform für „Producer" und „Consumer" steigt mit einer Zunahme der Akteure in der jeweils anderen Gruppe. Je größer die Zahl der Producers, und damit des Angebots, desto attraktiver wird die digitale Plattform für Nachfrager. Je größer die Anzahl potentieller Kunden auf der Plattform, desto attraktiver wird sie für Anbieter. Diese Skaleneffekte sind u.a. für eine zunehmende Monopolisierung im weltweiten Markt für digitale Plattformen verantwortlich. Auffällig ist, dass europäische Plattformen globalbetrachtet nur eine sehr geringe Bedeutung haben: 70% der globalen Marktkapitalisierung nehmen digitale Plattformen aus den USA ein, insb. Amazon, 27% vereinen asiatische Plattformen auf sich. Europäische Plattformen teilen sich lediglich 3% der globalen Marktkapitalisierung (Schmidt 2019). Zurückzuführen ist diese ungleiche Marktaufteilung u.a. durch Pioniervorteile US-amerikanischer Unternehmen, die maßgeblich an der Entwicklung digitaler Plattformen beteiligt waren. Der hohe Anteil asiatischer Plattformen hingegen basiert wahrscheinlich primär auf zwei Ursachen:

- Binnennachfrage in China: Der chinesische Markt bietet ein derart großes Absatzpotential, dass chinesische Plattformen einen Wettbewerbsvorteil in der Ansprache von inländischen „Producer" und „Consumer" haben.
- Internationale Wertschöpfungsketten: Insb. in der asiatischen Region befinden sich zahlreiche Hersteller, die digitale Plattformen zur Bedienung von Auslandsmärkten nutzen.

Dies leitet über zur Relevanz digitaler Plattformen für Exporteure. Für internationale Exporteure bieten digitale Plattformen einen globalen Marktplatz, auf dem der „Owner" die Kundenabsprache übernimmt und die Prozesse der Transaktion gestaltet. Die Schwierigkeiten der Identifikation von Kunden in Auslandsmärkten entfällt damit. Darüber hinaus reduzieren die Plattformen über ihre Prozesse die internationalen Transaktionskosten dramatisch. Große online Portale erlauben damit insb. kleinen und unerfahrenen Unternehmen die Aufnahme von Auslandsgeschäften, ohne die Notwendigkeit einer Investition in Export Market Orientation (Jean/Kim 2020; Nambisan/Zahra/Luo 2019). Abbildung 10.13 fasst dies schematisch zusammen. Im oberen Teil der Abbildung ist die Struktur eines international tätigen Portals abgebildet. Der untere Teil der Abbildung zeigt die Funktionsweise eines, lediglich in einem Auslandsmarkt tätigen Portals.

Abbildung 10.13: Internationale und Ausländische Portale im Exportgeschäft

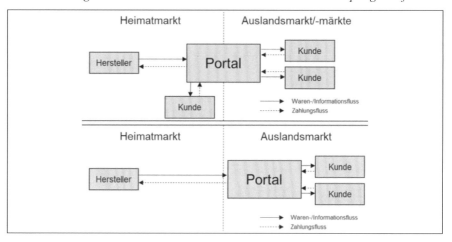

Die unterstützenden Prozesse, die „Producer" der Plattform, also auf ihnen agierenden Händlern, im internationalen Handel bieten, lassen sich bspw. bei Amazon nachvollziehen. Die Plattform unterstützt Exporteure weltweit durch einen technisch einfachen Prozess in vier Schritten, um Produkte weltweit zu vertreiben. Darüber hinaus übernimmt das Portal sowohl die Abwicklung der Bezahlprozesse, und ermöglicht hierbei auch den Austausch unterschiedlicher Währungen, sowie den internationalen Warenverkehr (Fulfillment by Amazon). Über diese Serviceleistungen reduziert Amazon gleichzeitig die Unsicherheiten für den Exporteur und für den Endkunden.

Neben den zahlreichen Vorteilen, die eine digitale Plattform exportierenden Unternehmen bietet, bestehen jedoch auch gravierende Nachteile. So ändert sich die Interaktion zwischen Anbieter und Nachfrager durch die moderierende Funktion des Portals in der Gestalt, dass der Anbieter nicht mehr zwangsläufig der letzte Kontaktpunkt zum Kunden in einer Transaktion ist. Vielmehr nimmt der Kunde die Plattform als Interaktionspartner wahr. Hierdurch besteht die Gefahr einer Commoditisierung der Händler. Sie werden von Kunden als austauschbar und undifferenziert wahrgenommen. Daher verwundert es nicht, dass die Etablierung einer **„Retailer Brand"** auf der Plattform als zentrale Herausforderung vom Handel angesehen wird. Darüber hinaus ergab eine Befragung von 502 Unternehmen in Deutschland durch die Firma Bitkom Research im Jahr 2019 die in Tabelle 10.1 dargestellten Problemfelder.

Tabelle 10.1: Gründe gegen eine Verwendung von Plattformen

	ca. in %
Einfacher Zugang für neue Wettbewerber	63
Erhöhter Preisdruck	62
Verlust der direkten Kundenbeziehungen und Schrumpfende Margen durch Gebühren	57
Abhängigkeit vom Plattformbetreiber	48
Weitergabe von Kundendaten an den Plattformbetreiber	46
Unklarer Rechtsrahmen	43
Es spricht nichts gegen die Verwendung von Plattformen	5

Quelle: Bitkom 2019 (Abrufdatum 13. Juli 2021)

10.4.3. Kompensationshandel

Kompensationsgeschäfte spielen im Welthandel nach wie vor eine bedeutende Rolle. Trotz divergierender Schätzungen bzgl. des wertmäßigen Anteils, die im Wesentlichen auf unterschiedliche Abgrenzungen zurückzuführen sind, wird von einem Anteil von 20 bis 25% ausgegangen. Von besonderer Bedeutung sind Kompensationsgeschäfte für viele Schwellen- und Entwicklungsländer, die hierüber Zugang zu Technologie und Wissen erwerben können. So stellen Kompensationsgeschäfte einen wesentlichen Pfeiler der Entwicklungsstrategie z.B. von Malaysia dar, welches hierfür das „Industrial Collaboration Program" gestartet hat (Abdullah/Safari 2018). Die Ziele von Kompensationsgeschäften können finanzpolitischer, beschaffungspolitischer, absatzpolitischer und wirtschaftspolitischer Natur sein. Von den vielfältigen Erscheinungsformen zeigt Abbildung 10.14 die wichtigsten Merkmale der sog. **Handelskompensationen**.

Abbildung 10.14: Merkmale der Handelskompensationen

Formen	Gestaltungsmerkmale	Besonderheiten
Barter-Geschäft	■ ein einziger Vertrag für beide Teilgeschäfte ■ zeitgleiche Abwicklung von Kauf und Gegenkauf ■ reiner Gütertausch ohne Zahlungsströme ■ Vollkompensation ■ keine Einschaltung von Dritten	■ keine Euler-Hermes-Absicherung möglich[1]
Kompensationsgeschäft i.e.S.	■ ein einziger Vertrag für beide Teilgeschäfte ■ Fakturierung in einer vereinbarten Währung ■ getrennte Güter- und Zahlungsströme ■ Voll-, Teil- oder Überkompensation ■ Einschaltung von Dritten möglich	■ keine Euler-Hermes-Absicherung möglich; u.U. Kreditversicherung oder Finanzierung durch Banken, da Geldforderungen vorliegen
Parallelgeschäft	■ zwei getrennte Verträge ■ Fakturierung in einer vereinbarten Währung ■ getrennte Güter- und Zahlungsströme ■ Voll-, Teil- oder Überkompensation ■ zeitgleiche Abwicklung, nachgelagerter Gegenkauf ■ Einschaltung von Dritten möglich	■ Euler-Hermes-Absicherung möglich ■ einfachere Abwicklung durch Unabhängigkeit der Verträge
Junktimgeschäft	■ wie Parallelgeschäfte, mit dem Unterschied, dass der Gegenkauf zeitlich vorgezogen wird	■ Versorgung des Geschäftspartners mit den erforderlichen Devisen

[1] Siehe hierzu im Einzelnen www.agaportal.de.

Quelle: I.A.a.Berndt/Fanatapié-Altobelli/Sander 2020, S. 186f.

Abbildung 10.15 stellt die formale Struktur eines Parallelgeschäftes dar, bei dem ein Handelsunternehmen (ggf. in einem Drittland) eingeschaltet ist, das die Kompensationsware (sog. „Weichware") abnimmt und veräußert. So drückt sich (implizit) die absatzpolitisch motivierte Struktur dieses Kompensationsgeschäftes aus. Der Exporteur, z.B. ein Maschinenbauhersteller, ist am Zustandekommen des Grundgeschäftes interessiert, das er in Form eines direkten Exports abwickelt. Die Bezahlung erfolgt durch Kompensationsware, die letztlich ein Kompensationshändler abnimmt, dessen Kernkompetenz in der Vermarktung derartiger Produkte weltweit liegt. Seine Einschaltung ist erforderlich, da der Exporteur z.B. nicht über derartige Möglichkeiten verfügt.[1]

Abbildung 10.15: Struktur eines Parallelgeschäftes bei Einschaltung eines Handelshauses

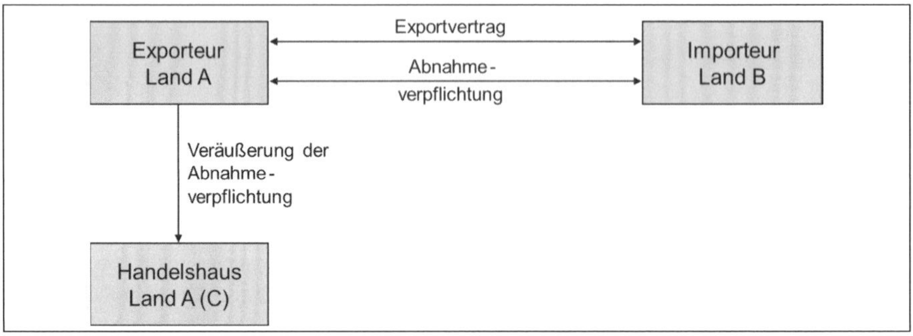

10.5. Erfolgsfaktoren des Exports als Eintritts- und Bearbeitungsmode

In der Literatur wurden vielfach die Erfolgsfaktoren von Exportgeschäften untersucht. Neben dem allgemeinen Befund, dass exportierende Unternehmen regelmäßig erfolgreicher sind als solche, die nur ihren Heimatmarkt bedienen, Exportgeschäfte als solches also schon einen Erfolgsfaktor darstellen (Love/Roper/Zhou 2016), ist auffällig, dass die Mehrzahl an Studien auf eine eher geringe Anzahl theoretischer Ursachen basiert. Wie Abbildung 10.1 entnommen werden kann, handelt es sich hierbei vorrangig um den „Resource-based View", inkl. Forschungen zu „Dynamic Capabilities", und der „Organisational Learning Theory". In Anbetracht der Ausführungen zur Export Market Orientation stellt diese zweigleisige theoretische Grundlage jedoch keine Überraschung dar. Vielmehr bilden beide theoretischen Denkschulen die Kernelemente der Export Market Orientation. So leiten sich aus der „Organisational Learning Theory" u.a. Voraussetzungen für die Organisationsgestaltung zur Gewinnung, Verbreitung und Nutzung von Informationen ab. Der „Resource-based View" bietet die Grundlage zur Identifikation nachhaltig wertstiftender Ressourcen und Fähigkeiten. Gemeinsam bilden beide Theorien damit die Grundlage erfolgreicher Exportaktivitäten, die durch weitere Aspekte angereichert werden. Festzuhalten ist damit, dass in der Forschung der Erfolg von Exportaktivitäten in einem sehr starken Maße durch die Mikroebene eines Unternehmens erklärt wird, wohingegen Meso- und Makroebene eine eher untergeordnete Rolle zukommt. Dieser Anschein trügt jedoch insofern, weil die im folgenden besprochenen Erfolgsfaktoren auf der Mikroebene insb. dazu dienen, das Meso- und Makroumfeld der bedienten Auslandsmärkte zu dechiffrieren. Die zentralen Erfolgsfaktoren von Exportaktivitäten auf der Mikro-, Meso- und Makroebene sind schematisch in Abbildung 10.16 zusammengefasst.

---

[1] Kompensationshandel ist, wie auch Transithandel, oft ein Geschäftsfeld von Außenhandelsunternehmen.

Abbildung 10.16: Erfolgsfaktoren von Exportgeschäften

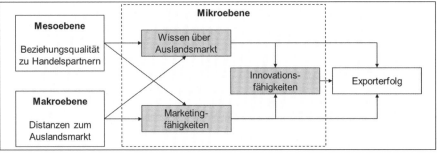

Aus Sicht des „Resource-based Views" konnte von Beleska-Spasova/Glaister/Stride (2012) gezeigt werden, dass insb. Ressourcen und Fähigkeiten aus den Bereichen Management, Wissensgewinnung, Planung und Technologie zu einer Steigerung des Exporterfolges beitragen. Auffällig ist, dass physische Ressourcen, so Produktionsanlagen und Maschinen, keinen gesonderten Beitrag zum Exporterfolg liefern. Besondere Bedeutung kommt hingegen wissensbasierten Ressourcen zu. Durch die Gewinnung und Umsetzung von Wissen über die bearbeiteten Auslandsmärkte, wird das exportierende Unternehmen in die Lage versetzt, seine Marketingfähigkeiten gezielt einzusetzen (Martin/Javalgi 2019). Je besser die Schnittstelle aus Wissen und Marketingfähigkeiten bespielt werden kann, desto stärker wirkt sich dies auf überdurchschnittliche Erfolge im Exportgeschäft aus (Morgan/Katsikeas/Vorhies 2012).

Die „Organisational Learning Theory" unterstützt diese Befunde über eine nähere Klassifikation von relevantem Wissen zur Steigerung des Exporterfolges. Gemäß Studien nehmen zwei Wissenskategorien hierbei eine zentrale Stellung ein: **Markt-/Konsumentenwissen** sowie **technologisches Wissen** (Hortinha/Lages/Lages 2011).

Markt-/Konsumentenwissen spiegelt die Fähigkeit des Unternehmens wider, relevantes Wissen über den Auslandsmarkt zu gewinnen und umzusetzen. Hierdurch wird bspw. die Fähigkeit zur zielgerichteten Adaption des Produktportfolios auf die Bedürfnisse des Auslandsmarktes ermöglicht. Einen zentralen Faktor zur Gewinnung dieses Marktwissens stellt auf der Mesoebene die Beziehungsqualität zu den ausländischen Handelspartnern dar (Leonidou u.a. 2014), die wiederum auf dem Ausmaß von Kooperation, Vertrauen und gegenseitigem Commitment beruht.

Technologisches Wissen trägt in zweifacher Weise zum Exporterfolg bei. Zum einen stellt es die Grundlage der produktbezogenen Wettbewerbsfähigkeit eines Unternehmens dar, dies auch unabhängig von Aktivitäten auf ausländischen Märkten. Zum anderen ermöglicht es die technische Umsetzung des Marktwissens (Azar/Ciabuschi 2017). Empirisch nachgewiesen wurde, dass für unerfahrene Exporteure Markt- und Konsumentenwissen aus dem Auslandsmarkt eine größere Rolle spielt als technologisches Wissen. Es ist also insb. zu Beginn der Exportaktivitäten wichtiger, die relevantesten Bedürfnisse der Nachfrager im Auslandsmarkt zu bedienen als technologisch fortschrittliche Lösungen anzubieten. Dieser Zusammenhang wird auch von Love/Roper/Zhou (2016) bestätigt, die empirisch zeigen, dass Exporteure in frühen Phasen ihrer Internationalisierung vorrangig intra-regional expandieren. Diese Unternehmen expandieren vorrangig in nahegelegene Auslandsmärkte, so bspw. deutsche Unternehmen innerhalb der EU. Für diese Unternehmen liefern inkrementelle Innovationen einen Erfolgsbeitrag. Hierbei handelt es sich primär um niederschwellige Anpassungen der exportierten Produkte. Somit nutzen Exporteure am Anfang ihrer Internationalisierung v.a. ihr verhältnismäßig gutes Wissen über nahe Auslandsmärkte, um es über kleinere Anpassungen zur

Angebotsoptimierung einzusetzen. In späteren Phasen der Internationalisierung hingegen, bei der Unternehmen über ihre Heimatregion hinaus expandieren, liefert die größere internationale Erfahrung den Nährboden, um über radikalere Innovationen Wettbewerbsvorteile zu realisieren. In diesen Zusammenhängen zeigt sich der Einfluss der Makroebene, insb. hinsichtlich der Unterschiedlichkeit der Makrofaktoren (z.B. politisch-rechtliche Unterschiede, kulturelle oder ökonomische Distanzen). Je unterschiedlicher Heimat- und Auslandsmarkt in ihren Makroumfeldern sind, desto schwieriger ist die Gewinnung und Integration von Markt- und Konsumentenwissen. Ebenso muss davon ausgegangen werden, dass die Marketingfähigkeiten des exportierenden Unternehmens einen ebenfalls reduzierten Nutzen stiften, wenn sich beide Ländermärkte in dieser Hinsicht deutlich unterscheiden.

10.6. Abwicklungsbesonderheiten beim Export

Auch wenn Exportgeschäfte eine Grundform der Internationalisierung und den am meisten verwendeten Operation Mode international agierender Unternehmen darstellen, sind sie durch hohe Unsicherheiten und Risiken geprägt. Während bisher vorrangig auf das Marktrisiko eingegangen wurde, werden in diesem Abschnitt primär die Risiken in der Abwicklung des Exports betrachtet. Aufgrund der hohen Bedeutung von Exporten für die Weltwirtschaft, ist es nicht verwunderlich, dass Exportgeschäfte einem hohen Maß an Regulierungen und staatlicher bzw. institutioneller Unterstützung unterliegen.

Exportpapiere

Exportpapiere nehmen in der Abwicklung von Exportgeschäften eine zentrale Stellung ein. In Abbildung 10.17 soll zunächst ein grundlegender Überblick über die Struktur eines Exportgeschäfts mit den jeweils zugeordneten Papieren und Regularien gegeben werden.

Abbildung 10.17: Dokumente in der Außenhandelsabwicklung

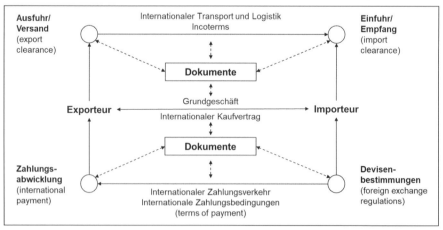

Quelle: I.A.a. Büter 2017, S. 266.

Im Zentrum des Exportgeschäfts steht der internationale Kaufvertrag. Wie bei jeder Markttransaktion, regelt der internationale Kaufvertrag den Gegenstand des Handels, so bspw. eine genaue Beschreibung der Ware und der Modalitäten. Wie der Abbildung entnommen werden kann, umfassen die Dokumente in einem Exportgeschäft darüber hinaus eine materielle Ebene (obere Hälfte von Abbildung 10.17) sowie eine finanzielle Ebene (untere Hälfte von

Abbildung 10.17). Auf der materiellen Ebene betrifft das Exportgeschäft zollrechtliche Aus- und Einfuhrbestimmungen sowie die Regulierungen für internationalen Transport und Logistik. Letztere werden auch als Incoterms (International Commercial Terms) bezeichnet (siehe Abschnitt 17.4.). Zur Abwicklung des Exportgeschäfts werden dabei typischerweise zahlreiche unterschiedliche Dokumente benötigt. Nachfolgend werden die zentralen Exportdokumente kurz erläutert:

- Handelsrechnung: Einzelheiten über das Warengeschäft, Beschreibung der Ware, Lieferbestätigung
- Proforma-Rechnung: Vorläufige Rechnung als Grundlage für abschließende Zahlung sowie Beantragung von Importlizenzen
- Zollfaktura: Einzelheiten zum Warengeschäft, Grundlage für Importverzollung im Zielland
- Konsulatsfaktura: Bestätigung des Konsulats, dass der Warenwert dem üblichen Wert im Ursprungsland entspricht, Grundlage für Importverzollung im Zielland
- Transportdokumente: Abhängig von Transportart können dies sein Konnossement (Frachtbrief bei Seetransport), Lkw-Frachtbrief, Luftfrachtbrief, Bahnfrachtbrief oder Multimodal Transport Document (bei Verwendung unterschiedlicher Transportarten)
- Ausfuhranmeldung: Formular zur Anmeldung der Ware beim Zoll im Ausfuhrland
- Ausfuhrgenehmigung: Eine gesonderte Genehmigung ist bei speziellen Waren (z.B. Waffenlieferungen) und speziellen Ziell ändern notwendig.

Neben den genannten Dokumenten können im Einzelfall noch weitere Dokumentationen und Genehmigungen erforderlich werden. Doch bereits diese Aufstellung zeigt, dass der administrative Aufwand von Exportgeschäften sehr hoch ist. Demnach ist es nicht verwunderlich, dass zahlreiche Exporteure in Großbritannien und der EU mit dem Austritt Großbritanniens aus der EU zunächst vor großen Problemen standen, und es zu zahlreichen Verzögerungen im Warenverkehr durch fehlende oder fehlerhaft ausgefüllte Dokumente kam.

Da es den Bezugsrahmen dieses Buchs übersteigt, soll an dieser Stelle nicht näher auf die Dokumente für die finanzielle Abwicklung von Exportgeschäften eingegangen werden.

Staatliche Exportkreditgarantien

Eine weitere Besonderheit im Export bzw. dem Außenhandel ist das Vorhandensein staatlicher Kredite und Versicherungen. Diese staatliche Unterstützung, in Form von Exportkreditgarantien und Außenhandelsversicherungen, spiegelt sowohl das hohe individuelle Risiko für den Exporteur (z.B. Verlust der Ware auf dem Transport) als auch die Bedeutung des Außenhandels aus volkswirtschaftlicher Sicht wider. So verwenden nahezu alle Staaten eigene Programme zur Exportförderung. Das Ziel dieser Programme ist es, den eigenen Export zu steigern und damit potenzielle Handelsbilanzdefizite zu reduzieren bzw. Handelsbilanzüberschüsse zu erhalten. Letzteres ist insb. aus deutscher Sicht ein zentrales Argument.

Exportkreditgarantien dienen der Absicherung von Exportrisiken für den Exporteur und mit ihm kooperierender Finanzinstitute. Zu beachten ist dabei, dass staatliche Garantien nicht den privaten Exportversicherungsmarkt ersetzen sollen und nur für solche Geschäfte gewährt werden, die eine hohe Wahrscheinlichkeit auf Gelingen aufweisen (also ein niedriges Risiko besitzen). In Deutschland werden sie unter dem Begriff **Hermes-Deckung** zusammengefasst. Entsprechend der Komplexität der Risiken von Exportgeschäften, existieren unter dem Begriff der Hermes-Deckung zahlreiche unterschiedliche Formate der Unterstützung, so Länder-Pauschal-Gewährleistung (LPG), Hermes-Garantien, Hermes-Bürgschaften und Sonderdeckungen.

10.7. Interdependenzen der Entscheidungsfelder

Interdependenzen zu Vor- und Kernentscheidungen im Internationalen Marketing

Hinsichtlich der Vor- und Kernentscheidungen im Internationalen Marketing ist an dieser Stelle insb. eine Orientierung an den Markteintritts- sowie Marktaustrittskosten vorzunehmen. Entscheidet sich ein Unternehmen für indirekten Export über inländische Absatzmittler, so kann diese Entscheidung zu jedem Zeitpunkt und mit geringen Marktaustrittskosten rückgängig gemacht werden, da keine Kapitalbindung und nur geringe Anbahnungskosten entstehen. Bestehen langfristige Kontrakte mit Handelshäusern, so gilt dies nach Ablauf der Vertragslaufzeit, oder aber Entschädigungszahlungen sind zu entrichten (Ausgleichszahlungen o.Ä.). Dies gilt analog bei direktem Export unter Einschaltung von Handelsmittlern im Ausland.

Interdependenzen zu internationalen Strategien

Die Globale Strategie zeichnet sich durch eine weitgehende Standardisierung der Marketingprogramme und eine hohe Koordination der auf den Weltmarkt ausgerichteten Aktivitäten aus. Zur effektiven Implementierung bedarf es demnach effizienter Steuerungselemente und der Möglichkeit die internationalen Aktivitäten zentral zu koordinieren. Dies gilt bedingt für den direkten Export, sofern die Distributionspolitik in den Auslandsmärkten weitgehend gesteuert werden kann. Der indirekte Export erscheint hingegen kaum geeignet, da hierbei die Erschließung und Bearbeitung der ausländischen Märkte weitestgehend im Einflussbereich der Absatzmittler, so der Außenhandelsunternehmen, liegt.

Eine Multinationale Strategie zeichnet sich durch ein verhältnismäßig hohes Maß an Freiheitsgraden in der jeweiligen Länderbearbeitung aus. Durch indirekten Export kann eine Anpassung an die ländermarktspezifischen Gegebenheiten erfolgen, die allerdings nur aus der jeweiligen Marktbearbeitung der eingeschalteten Absatzmittler resultiert, denn die im Heimatland hergestellten Produkte werden wahrscheinlich weniger auf die unterschiedlichen Bedürfnisse eines unbekannteren, da nicht mit Präsenz bearbeiteten Marktes ausgerichtet sein können. Bei direktem Export gilt dies gleichermaßen, es sei denn es werden bspw. Anlagen, Systeme, individuelle Produkte o.Ä. über eigene Repräsentanzen vertrieben. Im Falle direkter Distribution hat der Exporteur weitestgehenden Einfluss, einschließlich der Preis- und Konditionenpolitik.

Die Transnationale Strategie verbindet die Vorteile einer globalen sowie multinationalen Ausrichtung. Analog erscheint indirekter Export als alleinige Betätigungsformen weniger geeignet, direkte Exporte hingegen können durchaus geeignet für eine Transnationale Strategie sein. Einzelne Ländermärkte können dann über Exporte erschlossen werden, bei gleichzeitiger Errichtung von vertriebsorientierten Tochtergesellschaften oder Repräsentanzen in den Ländern, in denen keine weitergehenden Wertschöpfungsaktivitäten wie z.B. Produktion realisiert werden

Die Internationale Strategie ist insb. für Unternehmen in den frühen Phasen der Internationalisierung geeignet, bei der eine weitgehend unmodifizierte Übernahme der im Heimatmarkt praktizierten Marketingkonzeption erfolgt. Dementsprechend erscheinen sowohl indirekter als auch direkter Export als geeignete Operation Modes, da durch die relative Einfachheit der Aufnahme der Marktbearbeitung solche Länder fokussiert werden können, die eine unmodifizierte Übernahme erlauben. Dies gleicht ebenso die Nachteile von Exportgeschäften hinsichtlich der Informationsgewinnung über den Auslandsmarkt aus, die eine Anpassung in jedem Fall erschweren.

11. Kooperative Betätigungsformen

11.1. Systematisierung der Entscheidungsoptionen

Wie in Kapitel 9. verdeutlicht, werden im Folgenden solche Betätigungsformen betrachtet, deren Wertschöpfungsschwerpunkt im Ausland stattfindet, aber in kooperativer Form. Grundsätzlich kann dabei zwischen kontraktuellen Kooperationsformen (Kontraktkooperation) ohne Direktinvestitionen im Gastland und Equity-Kooperationen unterschieden werden. Weitere Unterscheidungsmerkmale betreffen die Richtung der Kooperation, bspw. horizontale und vertikale Kooperationen, welche über die Eintrittsstrategieentscheidung hinaus auch im Rahmen der Distribution bedeutend sind (siehe Abschnitt 19.3.). Im Vergleich zum Exportgeschäft bedeutet die Verschiebung des Wertschöpfungsschwerpunkts ins Ausland ein wesentlich höheres Commitment des MNU zu seinen Auslandsgeschäften. Dieses geht einher mit einem Verlust, oder zumindest einer deutlichen Reduktion, der Kontrolle über die Wertschöpfungsaktivitäten. Es ist daher nicht verwunderlich, dass kooperative Betätigungsformen für viele Unternehmen erst dann attraktiv werden, wenn bereits im Vorfeld über Exportbeziehungen lokale Netzwerke im Auslandsmarkt erschlossen wurden, und ein hinlängliches Wissen über den Auslandsmarkt erworben wurde. Aus einer dynamischen Perspektive können kooperative Betätigungsformen somit auch als Zwischenschritt zwischen Exportgeschäften und Auslandsdirektinvestitionen bzw. Tochtergesellschaften gesehen werden.

Für die grundsätzliche Systematisierung kann auf das **OLI-Paradigma** zurückgegriffen werden (siehe Abschnitt 10.3.2.). Hierüber kann die grundlegende Frage behandelt werden, ob eine Wertschöpfung im Auslandsmarkt bzw. eine Verlagerung der Wertschöpfung in den Auslandsmarkt zielführend ist. Diese Frage kann bejaht werden, wenn eine unmittelbare Kombination der Ownership-Advantages des Unternehmens mit den Location-Advantages des Auslandsmarktes positive Synergien erzeugt. Dies setzt i.d.R. voraus, dass die Ownership-Advantages des Unternehmens übertragbar sind. Übertragbare Ownership-Advantages basieren zumeist auf proprietärem Wissen, so Patente und Markenrechte sowie Managementfähigkeiten. Basieren die Ownership-Advantages hingegen auf nicht-übertragbaren Aspekten wie spezifischen Produktionsanlagen oder hoch spezialisierten lokalen Clustern, so Zulieferernetzwerken, bleibt dem Unternehmen zumeist nur die Exporttätigkeit. Im Falle der Übertragbarkeit der Ownership-Advantages stellt sich dann die Frage, ob die Location-Advantages des Auslandsmarkts eine effizientere Nutzung der Ownership-Advantages erlauben. Dies ist dann der Fall, wenn durch die Verlagerung der Wertschöpfung Kostenvorteile, so niedrigere Löhne oder Umgehung von Einfuhrzöllen, eine bessere Anpassung an lokale Kundenpräferenzen, oder eine effizientere Marktbearbeitung erzielt werden können. Bietet die Verschiebung der Wertschöpfung in den Auslandsmarkt hinreichende Vorteile, stellt sich dem Unternehmen die Frage nach der Ausgestaltung der Verschiebung.

Ganz grundlegend kann dies in Kooperation mit lokalen Partnern erfolgen oder allein. Letzteres bedingt unmittelbar Auslandsdirektinvestitionen in eine eigene Tochtergesellschaft (siehe hierzu Kapitel 12.). Generell basiert dieser Entscheidungsschritt auf möglichen Internalization-Advantages. Wesentliche Bestimmungsgrößen hierbei sind mögliche Risikofaktoren im Zielland und Unsicherheiten bzgl. lokaler Institutionen (Morschett/Schramm-Klein/Swoboda 2010). Hohe Risiken und Unsicherheiten begünstigen die Entscheidung für eine kooperative Betätigungsform, da das Risiko unter den Kooperationspartnern geteilt werden kann, und lokale Partner mit ihrem spezifischen Wissen über den Auslandsmarkt Risiken und Unsicherheiten reduzieren (Halaszovich 2020). Bedeutsam ist auch das wahrgenommene

Risiko des opportunistischen Verhaltens der Partner (Maekelburger/Schwens/Kabst 2012). Hierbei spielen insb. die rechtlichen Möglichkeiten zum Schutz der Ownership-Advantages eine Rolle, die dem Kooperationspartner zugänglich gemacht werden. Nur wenn ein hinreichender Schutz über Intellectual Property Rights gewährleistet ist, sollte eine Kooperation eingegangen werden. Andernfalls besteht die Gefahr für das MNU, dass der Kooperationspartner das geteilte Wissen nutzt, um eine selbstständige Wertschöpfung aufzubauen. In der Literatur werden bzgl. kooperativen Operation Modes diverse Themen v.a. zu Lizenzierungen, Franchising und Joint Ventures betrachtet (siehe Abbildung 11.1).

Abbildung 11.1 Ausgewählte Studien zu kooperativen Operation Modes

Autor(s)	Topic	Th./Emp. Basis	Findings
Licensing			
Aulakh Preet/Jiang Marshall/Yigang 2010	International technology licensing	Exploitation-Exploration/247 US firms, regression	■ Exclusivity of licensing agreements determines success. ■ Partner specific factors, internal factors, and external factors relevant for outcome.
Boyd/Brown 2012	Marketing control rights within technology licensing	None/129 pharmaceutical firms, regression	■ Experience of licensor and licensee is relevant. ■ Intellectual property rights in host country matter for transfer of control.
Jayachandran u.a. 2013	Market and contract characteristics effects on risks of moral hazard and shape royalty rates	Agency theory/64 interviews 22 B2B, 28 B2C licensor firms, 93 contracts, regression	■ Country's intellectual property rights protection enables licensees to benefit from lower royalty rates and market size enables licensors to demand higher royalty rates. ■ Concerns of opportunistic behaviour on the part of both the licensor and the licensee influence royalty rates.
Jiang/Menguc 2012	What makes embedded licensing different from standard licensing, and what determines a licensor's decision to select brand embedded licensing over standard licensing?	Transaction cost perspective/conceptual	■ Embedded licensing is determined by both the licensee's characteristics and the licensor's brand characteristics. ■ Licensor is more likely to utilize embedded licensing or the licensee is more willing to demand embedded licensing when: licensee's specific complementary investment is high, licensee's complementary capacity is high, market entry is late stage, licensor uses separate branding etc. ■ A strong intellectual property rights regime and a fast pace of technology change enhance the effects of these six determining factors on the licensor's selection of embedded licensing.
Kani/Motohashi 2012	Technology market for licensing	None/636 Japanese technology firms, regression	■ High relevance of intellectual property rights and their enforcement matters ■ Partner selection is a key challenge
Franchising			
Altinay/Brookes 2012	Evaluation of factors influencing relationship development of franchisors and franchisees	Power-dependence, transaction cost theories/Case studies of international hotel firms	■ Role performance, asset specificity and cultural sensitivity influence relationship development in franchise partnerships. ■ The influence of these factors, however, varies in different forms of franchise partnerships, namely individual and master franchises.
Madanoglu/Alon/Shoham 2017	Does differential between home and host market environmental affect franchising expansion?	Munificence, real options and ambidexterity theories/Panel data for 151 US franchising firms (1994-2008)	■ Differential in economic growth and economic uncertainty impacts franchisors' desire to expand abroad on a continual basis
Merrilees 2014	International Franchising: Evolution of Theory and Practice	None/Literature review of ten papers	■ Theory of international franchising has "borrowed" theory from mainstream marketing (beside the basic decision-making model explaining whether to internationalize or not) ■ International franchising theory has incorporated capabilities, relationship, stakeholder, and governance mode theory. ■ The biggest opportunity for future international franchising research is to add a branding theory perspective
Rosado-Serrano/Paul 2018	Conceptual model of franchising partnerships	Relational Contracting Theory/Literature review	■ The proposed model is dynamically addressing the possibilities for value creation, performance improvement and minimizing failure probability

– Abbildung wird fortgesetzt –

– Fortsetzung –

Rosado-Serrano/ Paul/ Dikova 2018	International franchising: Literature review and research agenda	None/Literature review of 112 studies (1989-2016)	▪ Provision of a greater understanding of the use of theories, methodologies, and the emergent phenomenon of international franchise partnerships in multiple industries. ▪ Detection of inconsistencies in paradigms that allowed us to offer suggestions for future research, e.g. cultural sensitivity, institutions, motivation, network complexity, performance.
International Joint Ventures			
Bai/Chang/ Li 2019	How do International JVs accumulate legitimacy after their formation in China?	Institutional/resource dependence theory/15 interviews + survey with 400 on-site interviews	▪ Identification of two non-market strategies (corporate social responsibility (CSR) and political ties) and their effects on two types of legitimacy: political legitimacy and market legitimacy. ▪ CSR has a stronger effect on gaining both political and market legitimacy than political ties. ▪ Political and market legitimacy contribute to IJVs' performance.
Beladi/Hu/ Lee 2021	Optimal ownership structure for IJVs which benefits MNC/local firms when capital irreversibility/expandability changes	Application of a discrete-time model on the real options literature, Bargaining approach of IB literature/Theoretic modelling	▪ MNC require smaller share ownership than their relative bargaining power with higher licensing royalties from their local partners, whereas they demand higher ownership with lower royalty rate or repurchase price of capital. ▪ However, if the repurchase price or resell capital increases, IJV firms will install higher capital capacity to enter the host-country markets.
Chang/ Wang/Bai 2020	B2B collaborations and knowledge co-creation (KCC) in international joint ventures (IJVs)	Matching theory, Institutional theory/ Survey data from 372 senior and middle managers in China-based IJVs	▪ Effects of matching qualities between foreign and local partners on IJV's knowledge co-creation show that partners' compatibility is positively related to KCC, whereas complementarity has a curvilinear relationship with KCC.. ▪ Effect of KCC on performance is contingent upon institutional environment. Moderating effect of information verifiability strengthens positive influence of KCC on performance.
Chang/Bai/ Li 2015	Institutional forces (rule of law, government intervention, dysfunctional competition) affect parent's opportunism/relationship extendedness?	Institutional theory/ 15 in-depth interviews + Survey with 392 on-site interviews (196 from senior managers and 196 from middle managers)	▪ Rule of law and dysfunctional competition curtail opportunism, whereas government intervention drives opportunism. ▪ In addition, relationships between institutional forces in local markets and the IJV's foreign parent's opportunism depend on the IJV's marketing capability. ▪ The authors further find support for a negative relationship between opportunism and the IJV's continuity.
e Silva/ Oliveira 2017	Systematisation of the most relevant decisions concerning the international partner selection process.	Literature review and analysis of existing studies	▪ Main proactive motive for entering new markets is to grow by diversifying geographically. Most relevant recourse normally required from a partner it market knowledge. ▪ Partner-related criteria, such as commitment to the relationship, and trust, are viewd as more important than task-related criteria in achieving success in an IJV.
Shu/Jin/ Zhou 2017	Is coopetition between foreign and local partners good or bad for IJV performance?	Contingency theory /194 IJV in China.	▪ Coopetition fosters IJV performance the conditions of high foreign equity share, low partner cultural compatibility, high technological turbulence, and market growth. ▪ In contrast, coopetition hinders IJV performance at low levels of foreign equity share, technological turbulence, and/or market growth, or at high levels of partner cultural compatibility.
Tower/ Hewett/ Fenik 2019	Examination of varied impact of cultural differences on IJV longevity based on the IJV's age.	Hofstedes's cultural dimensions/Literature review and quantile regression of 7272 IJVs	▪ Variations in the role of cultural differences across individual cultural dimensions. ▪ Variations in the patterns of association between cultural differences and IJV longevity dependent on the IJV's age.
Westman/ Thorgren 2016	Do partner conflicts emerge, grow, and explode in an IJV? A minority owner perspective.	Transaction cost, social exchange theory, Bargaining power and dependence/Case study (2005-2014)	▪ Identification of ten critical events that occurred and conditions that exacerbated the partners' conflicts and the IJV's demise. ▪ Discussion on how companies entering an IJV as a minority owner can proactively use the insights gained and by providing suggestions for future IJV research.

Nachfolgend wird zunächst die Internationalisierung unter Verwendung von Lizenzen und Franchising besprochen, gefolgt von Management Contracting. Daran anschließend werden Joint Ventures als kooperativer Operation Mode mit Equity-Beteiligungen erörtert.

11.2. Lizenzen

11.2.1. Lizenzen in der internationalen Marktbearbeitung

Die Vergabe von Lizenzen an Vertragspartner in Auslandsmärkten stellt i.w.S. eine Form der Internationalisierung dar, bei der die Wertschöpfung über einen ausländischen Lizenznehmer in einen Auslandsmarkt verlagert wird.

> Eine Lizenz ist das Nutzungsrecht an einer rechtlich geschützten oder ungeschützten Erfindung bzw. Technologie, das einem Unternehmen vertraglich gegen Entgelt oder andere Kompensationsleistungen gewährt wird. Lizenzverhältnisse sind meist enge, längerfristige Kooperationen und unterscheiden sich dadurch vom reinen Technologieverkauf.

Grundsätzlich wird mittels einer Lizenz einem Kooperationspartner die Möglichkeit eingeräumt, an einer Erfindung bzw. einem Wissensvorsprung zu partizipieren. Diese Lizenzierung kann sich sowohl auf nationale als auch auf internationale Partnerunternehmen beziehen (vgl. zur Lizenzierung als internationale Betätigungsform bereits Contractor 1981). Da es sich bei einer Lizenz um ein vertragliches Regelwerk handelt, haben die Vertragspartner weitgehenden Freiraum in der Ausgestaltung der gewährten Nutzungsrechte und Gegenleistungen. Lizenzen regeln zumeist die folgenden Aspekte:

- **Lizenzgegenstand**, so Kennzeichnungen, ästhetische Schöpfungen und technische Erfindungen,
- Ausmaß der **Lizenzbeschränkung**, so räumliche, sachliche und zeitliche Restriktionen,
- Art der **lizenzierten Rechte**, z.B. Patentlizenzen, Know-how-Lizenzen und Markenlizenzen, und
- **Gegenleistung**, so Pauschalgebühren („lump sum"), laufende Gebühren („royalties"), Lizenzaustausch („cross licensing"), Rücklieferungen.

Abbildung 11.2 zeigt eine Systematisierung der wesentlichen Lizenzarten. Dabei wird einerseits nach den rechtlichen Schutzmöglichkeiten (Patentlizenzen, Know-how-Lizenzen) und andererseits hinsichtlich der Vermarktungsalternativen unterschieden.

Abbildung 11.2: Lizenzarten

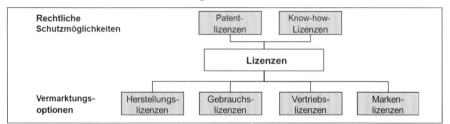

Bei der **Herstellungslizenz** erstreckt sich die Berechtigung auf die Produktion. Bei einer ausschließlichen Herstellungslizenz übernimmt häufig der Lizenzgeber den Vertrieb. Diese Lizenzform findet daher zumeist dann Anwendung, wenn durch die Produktion im Auslandsmarkt Kostenvorteile realisiert werden können, der Auslandsmarkt jedoch nicht für die Marktbearbeitung erschlossen werden soll. Mit **Gebrauchslizenzen** wird dem Lizenznehmer etwa der Einbau eines Teilaggregats in ein größeres System oder die Nutzung einer Produktionstechnik erlaubt. Die **Vertriebslizenz** ermöglicht den Vertrieb eines Produktes oder des Knowhows. Die **Warenzeichen-** oder **Ausstattungslizenz** (auch **Markenlizenz**) gestattet den Lizenznehmern die Benutzung eines Warenzeichens oder einer bestimmten Ausstattung.

In der Praxis finden sich zur Marktbearbeitung von Auslandsmärkten häufig Kombinationen der obigen Lizenzarten. Kombinierte **Herstellungs- und Vertriebslizenzen** ermöglichen eine eigenständige Marktbearbeitung durch den Lizenznehmer. Wird der Lizenzvertrag noch um eine **Markenlizenz** erweitert, erlaubt es die Kooperationsvereinbarung dem Lizenzgeber, zudem die Sichtbarkeit der eigenen Marke im Auslandsmarkt zu realisieren. Diese Möglichkeit bietet sich insb. dann an, wenn eine zukünftige Internalisierung der Marktbearbeitung angestrebt wird. In frühen Phasen der Marktbearbeitung kann es hingegen Sinn machen, die Produkte unter der Marke des lokalen Kooperationspartners zu vertreiben, wenn dieser über eine größere Akzeptanz im Markt verfügt. Eine reine Vergabe von **Markenlizenzen**, bei der einem Partner die Benutzung einer Marke oder bestimmter Ausstattungsmerkmale (z.B. Figuren) für andere Produkte oder Dienstleistungen ermöglicht wird, basiert auf den Vorteilen eines **Imagetransfers** (es handelt sich nicht um eine Betätigungsform i.e.S., siehe Abschnitt 15.3.). Abhängig von den gewählten Lizenzarten umfassen Lizenzpakete Elemente wie:

- Patente, Designs, Marken, Urheberrechte
- Produkt- und Fertigungsspezifikationen
- Qualitätskontrollverfahren
- Produktionszeichnungen und Betriebsanleitungen
- Modalitäten der Auftragsvergabe zur Erreichung einer Leistungsgarantie
- technische und kaufmännische Schulungsprogramme
- Produktbeschreibungen u.a. vertriebsunterstützende Unterlagen.

Art und Umfang der Lizenzierung, das Lizenzgebiet sowie Art und Höhe der vom Lizenznehmer („licensee") an den Lizenzgeber („licensor") zu entrichtenden Lizenzgebühren werden ebenfalls im **Lizenzvertrag** geregelt.

Zu den Vorteilen einer Lizenzvergabe zählen die Erschließung neuer oder blockierter Märkte, die Einsparung von Management- und Kapitalressourcen, die Vertrautheit des Lizenznehmers mit den lokalen Gegebenheiten oder eine Begünstigung durch ausländische Regierungen, geringere politische Risiken (siehe Abbildung 13.3). Aus Sicht des Lizenznehmers kann die Vergrößerung des Leistungsangebots, um so etwa eine komplette Leistungspalette anbieten zu können, ebenso genannt werden wie die Partizipation am Image des Lizenzgebers. Als Nachteile der Lizenzvergabe sind die Gefahren zu nennen, dass die Kontrolle verloren geht, und sich so die Wettbewerbssituation verstärken kann, und, dass durch schlechte Qualität und Serviceleistungen des Lizenznehmers das Image des Lizenzgebers beeinträchtigt wird.

Abbildung 13.3: Vor- und Nachteile der Lizenzierung

Vorteile	Nachteile
■ Zugang zu Märkten, z.B. Umgehung von tarifären/nicht-tarifären Handelshemmnissen ■ Schnelle, kostengünstige Einführung des Lizenzproduktes, z.B. Lizenznehmerkenntnisse bzgl. Land, Marktnähe, Kundenbeziehungen ■ Beschränkung des Auslandsmarktrisikos zur Übertragung von Risiken, die in Verbindung mit Zahlungen und Dienstleistungen auftreten ■ Bessere Nutzung von F&E-Investitionen ■ Profitable Erschließung kleinerer Märkte ■ Kostengünstige Informationen zu Produktleistungen und Aktivitäten der Wettbewerber in diversen Märkten	■ Förderung des eigenen Wettbewerbs des Lizenzgebers durch Know-how-Transfer, erwarteter Wettbewerb auf Drittmärkten (schafft mögliche künftige Wettbewerber) ■ geringe Wertschöpfung des Lizenzgebers ■ geringe Einfluss-/Kontrollmöglichkeiten der Geschäftspolitik des Lizenznehmers ■ passive Marktinteraktion ■ möglicher Ausschluss einiger Exportmärkte

11.2.2. Erfolgsfaktoren und Rahmenbedingungen von Lizenz-Systemen

Der Erfolg einer internationalen Lizenzvergabe ergibt sich aus Sicht des Lizenzgebers vorrangig aus der Höhe der Lizenzgebühren, den Kosten und der Geschwindigkeit des Markteintritts. Auch für den Lizenznehmer erlaubt die Lizenzvergabe insb. eine schnellere Marktbearbeitung, die eigenen Entwicklungskosten senkt und früher positive Cash Flows generiert. Abbildung 11.4 verdeutlicht einen entsprechenden Zusammenhang über die Zeit. Lizenzvergaben weisen dabei in frühen Phasen geringere Kosten auf, da die Technologie nur adaptiert, aber nicht entwickelt werden muss. Langfristig zeigt sich aber, dass der Profit einer Lizenz zumeist geringer ausfällt als bei der eigenen Technologieentwicklung. Insb. der frühe Cash Flow ist dabei ein Argument für die Nutzung von Lizenzen. Für die konkrete Vergabe von Lizenzen und deren internationalen Erfolg kommt eine Reihe unterschiedlicher Rahmenbedingungen eine Bedeutung zu (siehe Abbildung 11.5).

Abbildung 11.4: Zusammenhang von Lizensierung und Cash Flow über die Zeit

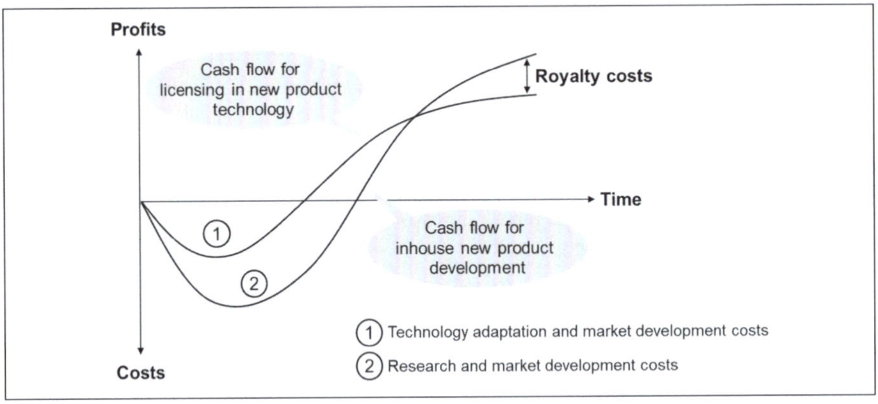

Quelle: I.A.a. Hollensen 2020, S. 359.

Unternehmensinterne Faktoren

Unternehmensinterne Faktoren auf dem Mikro-Level beziehen sich auf den Lizenzgeber. Der Erfolg einer Lizenzvergabe, sowohl in einem Auslandsmarkt als auch rein national, basiert maßgeblich auf dem technologischen Wissen (Technologielizenz) bzw. der Markenstärke (Markenlizenz), also der Qualität des Gegenstands der Lizenzvereinbarung. Je stärker diese ausgeprägt ist, desto erfolgsversprechender ist die Lizenzvergabe, da sie dem Lizenznehmer einen Wettbewerbsvorteil bieten kann (Aulakh Preet/Jiang Marshall/Yigang 2010; Jayachandran u.a. 2013). Ebenfalls den unternehmensinternen Faktoren zugerechnet werden kann die Erfahrung des Lizenzgebers sowohl mit dem anvisierten Auslandsmarkt als auch mit Lizenzvergaben generell (Aulakh Preet/Jiang Marshall/Yigang 2010; Kani/Motohashi 2012). Eine höhere Erfahrung steigert den Erfolg der Lizenzvergabe.

Partnerschaftliche Faktoren

Auf dem Meso-Level beeinflussen Charakteristiken des Lizenznehmers den Erfolg von Lizenzvergaben maßgeblich. Von zentraler Bedeutung sind die Erfahrungen und Fähigkeiten des Lizenznehmers auf dem jeweiligen Auslandsmarkt. Für die Auswahl eines geeigneten Lizenznehmers sollten Aspekte wie eine hohe technische Leistungsfähigkeit genauso berücksichtigt werden wie die Fähigkeiten des Lizenznehmers zur Markenführung, Kundenansprache, -akquisition und -pflege (Boyd/Brown 2012). Ferner bedürfen insb. Technologielizenzen auch erheblicher Investitionen auf Seiten des Lizenznehmers. Daher sollte ein Lizenznehmer auch über die finanziellen Möglichkeiten sowie die Bereitschaft zu technologiespezifischen Investitionen verfügen (Aulakh Preet/Jiang Marshall/Yigang 2010).

Abbildung 11.5: Rahmenbedingungen internationaler Lizenz-Systeme

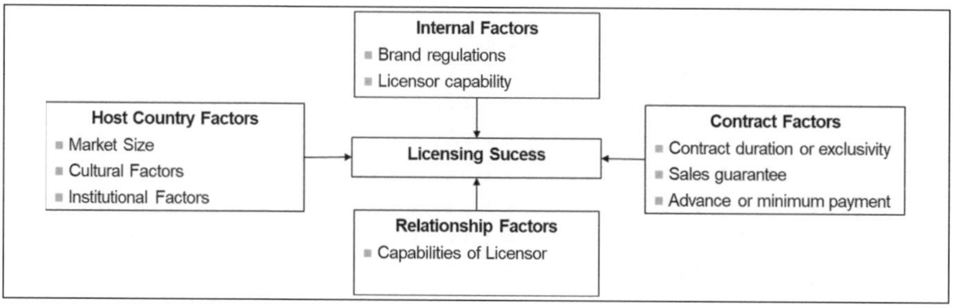

Host Country Factors	Internal Factors	Contract Factors
■ Market Size	■ Brand regulations	■ Contract duration or exclusivity
■ Cultural Factors	■ Licensor capability	■ Sales guarantee
■ Institutional Factors		■ Advance or minimum payment
	Licensing Sucess	
	Relationship Factors	
	■ Capabilities of Licensor	

Quelle: I.A.a. Jayachandran u.a. 2013, S. 112.

Auslandsmarkt-Faktoren

Während die Marktgröße des Auslandsmarktes einen grundlegenden Erfolgsfaktor für die Internationalisierung über eine Lizenzvergabe darstellt, nehmen auch weitere Aspekte des gewählten Auslandsmarkts auf dem Makro-Level eine wichtige Stellung ein. Da die Vergabe von Lizenzen die Weitergabe von Wissen zum Gegenstand hat, basiert der Erfolg einer Lizenzvergabe auf den Möglichkeiten des Schutzes geistigen Eigentums im Auslandsmarkt (Kani/Motohashi 2012). Nur wenn der Lizenzgeber sein geistiges Eigentum, also den Gegenstand der Lizenz, ausreichend schützen kann und diesen Schutz zur Not auch rechtlich durchsetzen kann, sollte ein Auslandsmarkt über eine Lizenzvergabe bearbeitet werden. Darüber hinaus spielt v.a. bei Markenlizenzen auch die kulturelle Distanz zwischen Heimat- und Auslandsmarkt eine Rolle, da sie bspw. darüber entscheidet, ob die Marke im Auslandsmarkt akzeptiert wird und für den Lizenznehmer Wert stiften kann (Jayachandran u.a. 2013).

Vertragliche Faktoren

Da es sich bei Lizenzvergaben vorrangig um vertragliche Regelwerke handelt, ist die Ausgestaltung der Verträge bedeutend für den Erfolg. Da das Vertragsrecht den Vertragspartnern weitgehende Gestaltungsfreiräume lässt, und dies keine Besonderheit internationaler Lizenzen ist, wird an dieser Stelle nur kurz auf die Bestandteile eines Lizenzvertrages und ihre Wirkungen auf die Höhe der Lizenzgebühren hingewiesen (siehe Abbildung 11.6).

Abbildung 11.6: Wesentliche Entscheidungstatbestände eines Lizenzvertrages

Vertragsbestanteil	Wirkung
Vertragsdauer	■ Längere Laufzeiten senken Lizenzgebühren
Exklusivität	■ Exklusive Lizenzverträge senken vielfach die Lizenzgebühren, können diese jedoch auch steigern, wenn der Schutz des Lizenzgegenstandes gewährleistet ist
Umsatzgarantien	■ Hohe Umsatzgarantien, die durch den Lizenznehmer gegeben werden, senken Lizenzgebühren
Voraus- und Mindestzahlungen	■ Voraus- und Mindestzahlungen senken die Lizenzgebühren

Quelle: I.A.a. Jayachandran u.a. 2013, S. 112.

11.3. Franchising

11.3.1. Franchising in der internationalen Marktbearbeitung

Nachfolgend wird auch Franchising als Betätigungsform auf ausländischen Absatzmärkten behandelt (**internationales Franchising**), wenngleich dieses kontraktuelle Arrangement gleichermaßen in inländischen Märkten anzutreffen ist. Franchising zeichnet sich allgemein durch folgende Merkmale aus (European Franchise Federation 2021):

- Es wird eine vertraglich geregelte, auf Dauer angelegte Zusammenarbeit zwischen rechtlich selbstständig bleibenden Unternehmen vereinbart.
- Der Franchise-Nehmer („Franchisee") erhält das Recht, gegen Zahlung einmaliger oder laufender Beträge, unter genau festgelegten Bedingungen über bestimmte Rechte des anderen Unternehmens, des Franchise-Gebers („Franchisor"), zu verfügen.
- Die Rechte, die Gegenstand des Vertrages sind, umfassen u.a. die Benutzung einer Marke oder des Firmennamens, die Erzeugung und/oder den Vertrieb einer Leistung sowie die Nutzung eines bestimmten Absatzprogramms.
- Der Franchise-Geber unterstützt den Franchise-Nehmer beim Aufbau und der Errichtung sowie der laufenden Führung des Betriebs und erhält dafür eine Gebühr (i.d.R. „Entrance Fee and Continuing Fee or Royalty").

Diese Merkmale lassen sich in der folgenden Definition zusammenfassen:

> Franchising ist ein vertikal-kooperativ organisiertes Absatzsystem rechtlich selbstständiger Unternehmen auf Basis eines vertraglichen Dauerschuldverhältnisses, das am Markt einheitlich auftritt und durch das arbeitsteilige Leistungsprogramm der Systempartner sowie durch ein Weisungs- und Kontrollsystem eines systemkonformen Verhaltens geprägt ist.

Franchise-Verträge umfassen dabei i.d.R. auch Lizenzvereinbarungen, so im Hinblick auf die Nutzung einer eingeführten und im Markt etablierten Marke. In diesem Sinne ist Produkt- und Vertriebsmarkenfranchising der Lizensierung ähnlich, während das „Business Format Franchising" darüber hinausgeht ("a business concept formatted into a duplicable value "package" founded on the franchisor's tested know-how and his continued assistance during the term of the agreement", European Franchise Federation 2021). Weitere Unterscheidungen zwischen beiden Modes ergeben sich bspw. auch über die typischen Laufzeiten (Lizenz: 16-20 Jahre, Franchising: 5-11 Jahre) oder auch darüber, dass technologische Innovationen bei Franchising-Verträgen dem Franchisee zugänglich gemacht werden, ein Lizenznehmer hierfür jedoch i.d.R. eine neue Lizenz erwerben muss (Hollensen 2020, S. 362).

Franchising als eine Betätigungsform in Auslandsmärkten, d.h. das internationale Franchising, kann in unterschiedlichen Varianten realisiert werden. Die Varianten und deren Vertragsstrukturen sind in Abbildung 11.7 aus formaler Sicht dargestellt.

Zunächst ist zwischen direktem und indirektem Auslandsfranchising zu unterscheiden. Beim **direkten Auslandsfranchising** ist der Franchise-Geber im Inland mit den Franchise-Nehmern im Ausland unmittelbar vertraglich verbunden. Demgegenüber ist beim **indirekten Auslandsfranchising** eine Institution im Land des Franchise-Nehmers zwischen den Franchise-Geber und Franchise-Nehmer geschaltet, welche die Franchise-Verträge abschließt und die Operationen „vor Ort" steuert. Diese Institution kann ein Vertragspartner als **Master-Franchise-Nehmer** sein, ein Equity Joint Venture mit einem lokalen Unternehmen oder eine Tochtergesellschaft. Die beiden letztgenannten Formen erfordern einen Kapitaltransfer und sind direktinvestiver Natur. Direktes Auslandsfranchising und Master-Franchising sind dagegen Betätigungsformen ohne Kapitaltransfer. Der Einfachheit halber werden die Internationalisierungsformen des Franchisings jedoch zusammenfassend an dieser Stelle erörtert.

Abbildung 11.7: Vertragsstrukturen des internationalen Franchisings

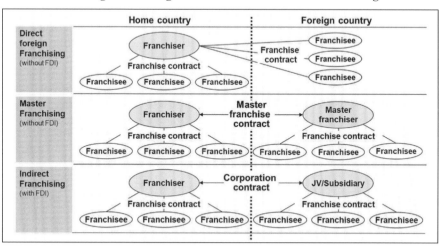

Gemeinsam sind diesen Varianten die in Abbildung 11.8 dargestellten Vor- und Nachteile bei der internationalen Expansion.

Abbildung 11.8: Vor- und Nachteile des internationalen Franchising

Vorteile	Nachteile
Allgemein ■ Kosten und Risikoreduktion bei der Erschließung von Ländermärkten ■ Rasche Expansion über größere Gebiete ■ Bidirektionaler Wissenstransfer, lokales Wissen mit Unterstützung eines Systems **Für den Franchise-Nehmer** ■ Nutzung der Marke des Franchise-Gebers ■ Umfassender Support durch Franchise-Geber ■ Klare Management-Vorgaben für die Franchise-Nehmer **Für den Franchise-Geber** ■ Nutzung der Kompetenzen von Partnern mit lokalen Kenntnissen (Unternehmertum) ■ Vermeidung der Auseinandersetzung mit dem Franchisenehmer im Tagesgeschäft ■ Nutzung des Kapitals der Franchisenehmer	**Allgemein** ■ Passive Marktinteraktion ■ Begrenzte direkte Kontrolle über lokale Aktivitäten und Risiko für Qualität und Markenstärke **Für den Franchise-Nehmer** ■ Keine volle Freiheit in Unternehmensentscheidungen ■ Lokale Wachstumsbeschränkungen ■ Risiko der lokalen Aktivitäten **Für den Franchise-Geber** ■ Notwendigkeit einer strikten Organisation und stringenter (Kontroll-)Prozesse ■ Passive Interaktion mit den Endkunden und Einfluss des Franchise-Nehmers auf die lokale Qualität und die (globale) Markenstärke ■ Verfügbarkeit von Franchise-/Master-Franchise-Nehmer möglicherweise länderspezifisch limitiert

In Abbildung 11.9 sind ausgewählte international operierende Franchise-Systeme dargestellt. Charakteristisch für die meisten Franchise-Systeme ist eine **hybride Struktur**. So praktizieren viele Systeme eine Mischstruktur aus Niederlassungen/Filialen (Equity) und Betrieben/Outlets der Franchise-Nehmer. Eine hybride Struktur ist auch mit Blick auf die praktizierten Internationalisierungsformen anzutreffen, so Master-Franchising in einzelnen Ländern und JV in anderen Ländern. Diese Mischformen resultieren aus institutionellen Rahmenbedingungen der Länder, so regulativer Restriktionen für Franchisebetriebe, oder der Attraktivität von Ländern und Standorten, aber auch aus Gründen des Benchmarking der Effektivität und Effizienz von Franchiseunternehmen anhand eigener Betriebsstätten.

11.3.2. Erfolgsfaktoren und Rahmenbedingungen von Franchise-Systemen

Entsprechend ihrer hohen Bedeutung in der Praxis und ihres Stellenwerts in Internationalisierungsprozessen wurden Erfolgsfaktoren und Rahmenbedingungen von Franchise-Systemen in der wissenschaftlichen Literatur intensiv diskutiert (vgl. bspw. Merrilees 2014). Rosado-Serrano/Paul/Dikova (2018) identifizierten bspw. 112 Studien zu der Thematik, die zwischen 1989 und 2016 publiziert wurden. Mithilfe einer Meta-Analyse haben die Autoren empirisch bestätigte Erfolgsfaktoren und Rahmenbedingungen internationaler Franchise-Systeme ableiten können (siehe Abbildung 11.10).

Abbildung 11.9: Führende internationale Franchising-Unternehmen

Nr.	Name	Branche	Heimatland	Gründung	Start Franchise	Anzahl Länder	Anzahl Outlets
1	Mc Donald's	Fast Food	USA	1955	1955	118	37.855
2	KFC	Fast Food	USA	1939	1952	142	21.445
3	Mariott Int.	Hotel	USA	1967	1967	130	7.000
4	Pizza Hut	Fast Food	USA	1958	1659	113	15.420
5	Burger King	Fast Food	USA	1956	1956	100	17.825
6	Domino's	Fast Food	USA	1963	1967	85	15.900
7	Dunkin' Donuts	Fast Food	USA	1954	1955	33	12.870
8	Subway	Fast Food	USA	1965	1974	111	42.430
9	Circle K	Convenience Store	USA	1951	1999	20	8.185
10	InterContinental	Hotel	UK	1946	1956	100	5.605

Quelle: I.A.a. https://www.franchisedirect.com/ (Abruf 19. Juni 2021).

Strukturell hängt der Erfolg des internationalen Franchisings von zwei, zeitlich aufeinander folgenden Entscheidungsfeldern ab: interner Bereich des Franchisors sowie zwischen Franchisor und Franchisee.

Abbildung 11.10: Erfolgsfaktoren und Rahmenbedingungen internationaler Franchise-Systeme

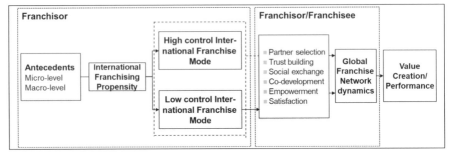

Quelle: I.A.a. Rosado-Serrano/Paul/Dikova 2018, S. 239.

Faktoren und Entscheidungen im internen Bereich des Franchisors

Hierbei handelt es sich zunächst um Entscheidungen und Kontextfaktoren im Bereich des Franchisors, die zur Aufnahme von Franchising und der Auswahl der Internationalisierungsform des Franchisings führen. Hinsichtlich der Kontextfaktoren ist zu unterscheiden zwischen Faktoren auf dem Makro-Level (Heimat- und Auslandsmarkt) und dem Micro-Level.

Auf dem Makro-Level wird die Aufnahme von Franchisingaktivitäten insb. durch eine hohe Wettbewerbsintensität im Heimatland und einen daraus resultierenden Druck auf die Profite des Unternehmens begünstigt. Internationales Franchising dient dabei dazu, den ungünstigen Wettbewerbsbedingungen im Heimatland größere Wachstumspotenziale im Ausland entgegenzustellen (Madanoglu/Alon/Shoham 2017). Relevante Faktoren auf dem Makro-Level des Auslandsmarktes sind das Marktwachstum, die Vorhersagbarkeit des Marktes bzw. dessen Stabilität sowie die im Auslandsmarkt vorherrschende Wettbewerbsintensität. Auffällig ist dabei, dass ungünstige Rahmenbedingungen, so schwaches Wachstum oder hohe Wettbewerbsintensität, die Wahrscheinlichkeit der Wahl von Master-Franchising Systemen steigern. Der Franchisor bemüht sich also insb. in „schwierigen" Auslandsmärkten darum, einen erfahrenen und einflussreichen Partner auszuwählen, der das Micro-Management der Franchisees bewältigt. Generell kann festgehalten werden, dass MNU eher zu Franchising als Operation Mode tendieren, wenn die Unsicherheiten des Auslandsmarkts als hoch angesehen werden. Ebenfalls dem Makro-Level zugerechnet werden kann der Einfluss geographischer und kultureller Distanzen zwischen dem Heimatland des Franchisors und möglichen Auslandsmärkten. Empirische Studien deuten an, dass hohe Distanzen die Wahrscheinlichkeit des Markteintritts über Franchising deutlich reduzieren (Baena/Cervino 2012). Dieser Umstand verdeutlicht, dass der Erfolg einer Internationalisierung über Franchising im erheblichen Maße von der grundsätzlichen kulturellen Übertragbarkeit des Franchisekonzepts abhängt, da dieses nicht oder nur in sehr begrenztem Umfang an die Bedingungen des Ziellandes angepasst wird.

Neben der Bedeutung externer Faktoren auf die Entscheidungstatbestände internationalen Franchisings, nehmen Faktoren auf der Micro-Ebene des Franchisors Einfluss auf die Ausgestaltung der Internationalisierung. Einen zentralen Stellenwert nimmt dabei die Motivation zur internationalen Expansion und die internationale Erfahrung des Managements ein (Baena/Cervino 2012; Grewal u.a. 2011). Die Internationalisierung über Franchising setzt dabei eine hohe Motivation zur internationalen Expansion bei gleichzeitiger hoher internationaler Erfahrung des Managements voraus. Insofern ist Franchising i.d.R. ungeeignet für frühe Phasen der Internationalisierung, und die Erfolgschancen von Franchising hängen wesentlich von den Fähigkeiten des Franchisors zur Auswahl von Auslandsmärkten und Franchisees ab.

Internationalisierungsform des Franchisings

Führen Makro- und Micro-Level Faktoren zur Aufnahme internationalen Franchisings, muss der Franchisor auf dem Meso-Level zunächst die Internationalisierungsform des Franchisings bestimmen. Da die Gestaltungsformen bereits behandelt wurden, wird im Wesentlichen auf die Unterschiede in den Kontrollmöglichkeiten des Franchisors eingegangen. Eine hohe Kontrolle bieten dem Franchisor insb. Franchiseformen mit Kapitaltransfer. Diese bieten sich v.a. für solche Auslandsmärkte an, bei denen der Franchisor bereits über größere Erfahrung, z.B. durch vorherige Exportbeziehungen und eigene Netzwerkzugänge verfügt. Zudem setzen Franchiseformen mit Kapitaltransfer eine hinreichende Ausstattung mit Ressourcen sowie eine hohe Motivation zur dauerhaften Etablierung des Franchisings voraus. Typischerweise werden solche Formen daher auch in stabilen und wachstumsstarken Auslandsmärkten eingesetzt.

Franchiseformen ohne Kapitaltransfer weisen i.d.R. nur geringe Kontrollmöglichkeiten durch den Franchisor auf. Der Masterfranchisee verfügt bspw. über eine alleinige Kontrolle über die Auswahl und die Führung lokaler Franchisees. Der Kontrollverlust, gepaart mit der hohen Komplexität der Vertragsform (Brookes/Roper 2011), macht Masterfranchising vorrangig für solche Auslandsmärkte attraktiv, die nicht von zentraler Bedeutung für den Franchisor sind und in denen wenig Erfahrung vorhanden ist. Anders verhält es sich beim Direktfranchising. Auch wenn hier die Kontrollmöglichkeiten geringer sind als bei Franchiseformen mit Kapitaltransfer, gestaltet der Franchisor unmittelbar mit seinem Franchisee das vertragliche Regelwerk. Zudem obliegt ihm selbst die Auswahl und Führung des Franchisees. Entsprechend ist diese Ausgestaltungsform geeignet für den Eintritt in marktlich attraktive Auslandsmärkte. Vielfach kann auch beobachtet werden, dass Direktfranchising nach einer Anfangsphase in Franchiseformen mit Kapitaltransfer überführt wird. Die Unmittelbarkeit der Auswahl und Führung lokaler Partner setzt aber Erfahrung und entsprechende Managementkompetenz voraus.

Faktoren und Entscheidungen zwischen Franchisor und Franchisee

Unabhängig von der gewählten Franchiseform basiert der Erfolg des internationalen Franchisings wesentlich auf der Beziehung zwischen Franchisor und Franchisee auf dem Meso-Level. Über den Erfolg der Beziehung zwischen beiden Parteien entscheidet dabei die Auswahl des richtigen Partners sowie die Qualität der Beziehung.

Erfolgsfaktoren bei der Auswahl des Franchisees

Üblicherweise folgt die Auswahl des Franchisees im Auslandsmarkt einem dreistufigen Prozess (Altinay/Okumus 2010):

(1) „**Initial Lead**": Vorauswahl potenzieller Franchisees anhand von Unternehmenskennzahlen und Marktstellung
(2) „**Selection**": Auswahl geeigneter Franchisees (persönlicher Treffen, Vorverhandlungen)
(3) „**Approval of a Partner**": Finale Auswahl und Vertragsangebot an Franchisees.

Relevante Kriterien für die Partnerselektion lassen sich in die Kategorien „Management Skills, Marketing Skills, Financial Skills und Market Knowledge" untergliedern (Merrilees 2014). Ebenfalls relevant sind hohe Übereinstimmungen beider Vertragspartner hinsichtlich ihrer Chancen und Risiko Wahrnehmung, Organisationsstruktur und ihrer Ziele, Visionen und Werte (Brookes/Altinay 2011).

Erfolgsfaktoren in der Qualität der Beziehung

Basierend auf der Auswahl geeigneter Franchisees im Auslandsmarkt bestimmt im Zeitablauf insb. die Qualität der Beziehung zwischen den Vertragspartnern den Erfolg des internationalen Franchisings. In der Literatur wurde wiederholt darauf hingewiesen, dass ein proaktiver Umgang mit Konflikten und kulturellen Unterschieden einen wichtigen Beitrag zur Beziehungsqualität in Franchisesystemen spielt. Eine zwingende Voraussetzung hierfür spielt gegenseitiges Vertrauen (Altinay/Brookes 2012), intensive Kommunikation, interkulturelle Kompetenz und Wissenstransfer. Rosado-Serrano/Paul (2018) fassen die Dynamik der Interaktion sowie ihren Einfluss auf den Erfolg der Franchising-Beziehung in einer Vierfelder-Matrix (Abbildung 11.11) zusammen.

11.4. Management Contracting

Bei einem **Managementvertragssystem** verpflichtet sich ein Vertragspartner (Manager oder Management-Geber, „Contracting Firm"), das Unternehmen des anderen Vertragspartners (Management-Nehmer, „Managed Firm") auf dessen Rechnung und Risiko im eigenen oder im fremden Namen gegen Entgelt zu führen. Dabei stellt der Management-

Geber sein unternehmerisches Wissen, seine Erfahrung und seine wirtschaftlichen Beziehungen zur Verfügung und verbindet diese immateriellen Ressourcen mit den sachlichen, finanziellen und personellen Produktionsressourcen des Unternehmens. Für die „Managed Firm" stellt der Managementvertrag eine Form zur Erlangung von Know-how dar, für den Management-Geber bzw. das Management-Unternehmen kann ein solcher Vertrag neben einer Einnahmequelle auch eine Möglichkeit sein, einen fremden Markt zu erkunden. Im internationalen Wirtschaftsverkehr dient der Managementvertrag v.a. in der Beziehung zu Entwicklungsländern (oder Schwellenländern) häufig auch als Alternative zu einer direktinvestiven Operation, da auf diese Art und Weise die Unabhängigkeit der Unternehmen in den Entwicklungsländern eher gewahrt bleiben kann.

Abbildung 11.11: Dynamiken in Franchising-Beziehung

Franchisor	Communication (face to face) Perceived Goodwill Culturally invest	Lack of knowledge transfer Inflexible to adapt to foreign culture Over control of the brand
Relationship Equilibrium	Dynamic Re-Negotiation	No Re-Negotiation
Franchisee	Communication & trusting Flexible at adaptation Knowledge transfer	Inflexible at adaptation No knowledge transfer Poor communication
	Success	**Failure**

Quelle: I.A.a. Rosado-Serrano/Paul/Dikova 2018, S. 184.

Die Struktur eines Managementvertragssystems, deren Ursprünge sich bis zum Beginn des Industriezeitalters zurückverfolgen lassen, verdeutlicht Abbildung 11.12, zunächst am Beispiel der internationalen Hotellerie. Danach besteht zwischen einer internationalen Hotel-Unternehmung mit Sitz in Land X und dem Eigentümer eines Hotels in Land Y, der selbst seinen Sitz in diesem Land oder in einem Drittland haben kann, ein Managementvertrag, auf dessen Grundlage die international operierende Hotel-Unternehmung das Hotel führt. In diesem Fall liegt eine rein vertragliche Form der Zusammenarbeit vor; es erfolgt keine kapitalmäßige Beteiligung des „Management-Gebers". Seine Tätigkeit wird vom Eigentümer (des Hotels) vergütet, z.B. in Form eines Fixums und/oder einer Erfolgsbeteiligung. Neben der Hotelbranche findet man Managementverträge in weiteren Dienstleistungsbranchen, so bei Flug- und Seehäfen und im Gesundheitsbereich.

Bedeutung für das Internationale Marketing erhalten Managementverträge dadurch, dass sie z.B. einen Einstieg in ein risikoreiches Land ermöglichen. Auch bei Managementverträgen spielen Lizenzvereinbarungen eine Rolle. So kann ein Managementvertrag mit einer Markenlizenzierung gekoppelt sein. In dem skizzierten Hotelbeispiel würde dies mit sich bringen, dass das Hotel in Land Y unter der Marke der internationalen Hotel-Unternehmung am Markt auftritt, von diesem Unternehmen jedoch ausschließlich betrieben wird. Dies bringt den Vorteil mit sich, dass die Marke der „Contracting Firm" in diesem Land bekannt wird, was ggf. einen späteren direktinvestiven Einstieg in dieses Land erleichtert. Analog zu den Betätigungsformen Lizenzierung und Franchising ist auch diese Betätigungsform auf ausländischen Märkten primär durch eine ressourcen- bzw. kompetenzorientierte Vorgehensweise geprägt. Die Vor- und Nachteile von Managementverträgen sind in Abbildung 11.13 zusammengefasst.

Abbildung 11.12: Struktur von Managementvertragssystemen

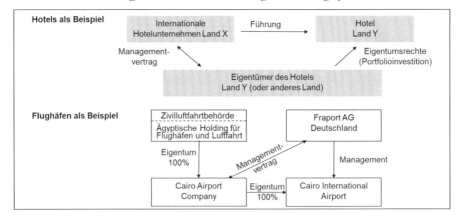

Abbildung 11.13: Vor- und Nachteile von Management Contracting

Vorteile	Nachteile
■ Geringes, generelles Eintrittsrisiko ■ Kein Equity-Investment ■ Hohe Kontrollmöglichkeiten über F&E, Marketing und Vertrieb ■ Vermeidung von Wechselkursrisiken ■ Imagevorteile als „lokales Unternehmen" ■ Schnelle Markteintrittsgeschwindigkeit ■ Umgehung von Marktbarrieren (so Local-Content-Vorschriften, tarifäre und nicht-tarifäre Handelshemmnisse, Übernahme ausländischer Unternehmen) ■ Geringere Komplexität in der Koordination im Vgl. zu Tochtergesellschaften	■ Wissenstransfer schwierig ■ Nur möglich, wenn ein verlässlicher und zufriedenstellender Hersteller gefunden werden kann ■ Intensiver Trainings- und Schulungsaufwand ■ Gefahr von Wettbewerb nach Beendigung des Vertrags ■ Qualitätskontrolle ist schwierig

11.5. Joint Ventures

11.5.1. Joint Ventures in der internationalen Marktbearbeitung

Während in Kontraktkooperationen, so Lizenzen oder Franchising, die Zusammenarbeit der Partner auf einem Vertrag beruht, der den Leistungsumfang, das Risiko, Umsätze/Kosten bzw. den Gewinn aus dem gemeinsamen Vorhaben auf die Partner aufteilt, ohne dass es dabei zu einer organisatorischen Verselbstständigung der gemeinsamen Betätigung kommt, basieren **Equity-Kooperationen** auf kapital- bzw. finanzwirtschaftlicher Grundlage.

> In Equity-Kooperationen wird die Zusammenarbeit in einer rechtlich selbstständigen Einheit (Organisation) institutionalisiert, an der die Allianzpartner (Parentalpartner) beteiligt sind und sowohl das Risiko als auch die Führungsverantwortung gemeinsam tragen.

Derartige Gemeinschaftsunternehmen werden als Equity Joint Ventures bezeichnet, oftmals auch verkürzt als Joint Ventures (JV) und zugleich von strategischen Allianzen abgegrenzt (siehe Abbildung 11.14, Beladi/Hu/Lee 2021). Equity-Kooperationen sind meist auf Dauer angelegt und beziehen sich daher i.d.R. auf eine große Zahl von Geschäftsvorfällen; sie können jedoch auch ausschließlich zu einem bestimmten Zweck mit einer zeitlichen

Befristung geschaffen werden. Sie treten vielfältig auf und können nach vielfältigen Charakteristika unterschieden werden, so

- Anzahl der Kooperationspartner, so JV mit einem oder mehreren Partnern,
- Bereich der Zusammenarbeit, so JV für eine oder zwei Wertschöpfungsaktivitäten oder unternehmensweit (funktionsübergreifend),
- Ort des JV, so JV mit Sitz im Heimatland eines Partners oder in einem Drittland,
- Geographischer Umfang der Zusammenarbeit, so lokales JV für ein bestimmtes Gastland oder für eine bestimmte Region oder für den Weltmarkt,
- Art der Zusammenarbeit, so horizontal, vertikal, konzentrisch oder konglomerat,
- Kapitalbeteiligung, so gleiche oder ungleiche Anteile, oder
- Zeithorizont, insb. temporäres JV oder solches ohne zeitliche Begrenzung.

Abbildung 11.14: Joint Venture und Strategische Allianzen

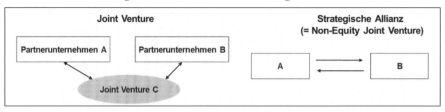

Equity Joint Ventures werden in allen betrieblichen Wertschöpfungsbereichen eingegangen; vorherrschend sind jedoch der Produktionsbereich und der Absatzbereich oder eine Kombination beider Bereiche. Eine Trennung ist oftmals schwierig, dennoch kann sie konzeptionell wie in Abbildung 11.15 dargestellt vorgenommen werden. Zwei Partner A und B haben eine eigene Wertschöpfungskette und können prinzipiell drei Typen von Partnerschaften realisieren:

(1) **Upstream-Kooperationen**, bei denen A und B in F&E und/oder Produktion kooperieren,
(2) **Downstream-Kooperationen**, bei denen A und B in Marketing und/oder Vertrieb kooperieren,
(3) **Upstream/downstream Kooperationen**, bei denen A und B unterschiedliche, aber komplementäre Kompetenzen in der Wertschöpfungskette in die Kooperation einbringen.

Abbildung 11.15: Kooperationsoptionen der Partner A und B in der Wertschöpfungskette

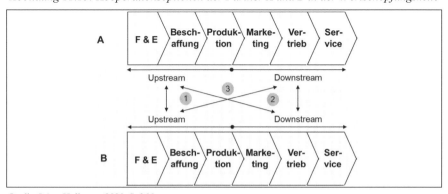

Quelle: I.A.a. Hollensen 2020, S. 366.

Typen 1 und 2 werden auch als Y-Kooperationen bezeichnet, da hier bspw. eine Verbindung von komplementären Produktlinien erfolgt, währen Typ 3 eine X-Kooperation bildet, da die Partner unterschiedliche Wertschöpfungsaktivitäten einbringen.

Nachfolgend steht primär die Absatzperspektive im Fokus, ebenso wie Equity Joint Ventures mit Partnern aus unterschiedlichen Ländern. Diese Gemeinschaftsunternehmen sind dadurch charakterisiert, dass sie ihren Sitz in einem Land haben, das für einen (oder mehrere) Partner einen Auslandsmarkt darstellt. Vielfach ist zu beobachten, dass jedoch mindestens ein Partnerunternehmen im Auslandsmarkt beheimatet ist.

Ein wichtiger Grund für die große Zahl von Markterschließungen und Marktbearbeitungen durch Equity Joint Ventures im internationalen Bereich ist darin begründet, dass viele Länder die Präsenz ausländischer Unternehmen nur dann tolerieren bzw. – abgestufter – unterstützen, wenn dies in Form von JV mit einem oder mehreren lokalen Partnerunternehmen erfolgt. Joint Ventures entstehen jedoch nicht nur reaktiv, so aufgrund regulativer Gegebenheiten, sondern werden meist aus strategischer Sicht eingegangen, bspw. um gemeinsam einen Markt zu erschließen. Dies gilt speziell für Märkte mit großen Wachstumschancen und/oder Risiken, wobei durch JV mit lokalen Partnern auch Importverbote umgangen und Forderungen nach nationalen Fertigungsteilen (**Local-Content-Politik**) erfüllt werden können.

Zusammenfassend sind die Vor- und Nachteile von Equity Joint Ventures in Abbildung 11.16 dargestellt. Wie bereits erwähnt, gelten diese Vor- und Nachteile z.T. auch für Equity Joint Ventures, die primär aus Produktions- oder aus anderen Wertschöpfungsüberlegungen errichtet werden.

Abbildung 11.16: Vor- und Nachteile von Equity Joint Ventures

Vorteile	Nachteile
■ Geringerer (geteilter) Kapitalaufwand und Risiko als beim Alleingang ■ Geringere (Transport-, ggf. Arbeits-)Kosten, Zugang zu regionalen Ressourcen ■ Komplementäre Technologie oder Management eröffnen Kompetenzen, Gelegenheiten ■ Zugang zu lokalem Marktwissen, Marktbeziehungen (einschließlich Kunden, Lieferanten), Vertriebsnetz ■ Schnelle Markteintrittsgeschwindigkeit ■ Umgehung von Marktbarrieren (so Local-Content-Vorschriften, tarifäre und nicht-tarifäre Handelshemmnisse, Übernahme ausländischer Unternehmen) ■ Imagevorteile als „lokales Unternehmen" ■ Inanspruchnahme von Förderprogrammen oder Subventionen im Gastland	■ Hohe Kontroll- und Steuerungsaufwendungen, ggf. Verlust von Einfluss- und Kontrolloptionen ■ Potenzielle Konflikte bei Zielen, Marketingstrategie oder Kulturelle Differenzen ■ Ggf. schwierige Integration in die internationale Strategie ■ Ggf. problematisch bei JV-Beendigung (bzgl. Ressourcenaufteilung) ■ Ggf. Veränderungen der Verhandlungsmacht der Partner im Zeitablauf ■ Langsame Anpassung des IV an marktliche, politische oder rechtliche Veränderungen ■ Änderung der Produkt-Markt-Strategie kann erschwert sein

Häufig entstehen JV i.S. des Resource-Dependence-Ansatzes (Salancik/Pfeffer 1978) durch eine **Potenzialinkongruenz** zwischen den Partnern im Rahmen von X-Allianzen, d.h. Allianzen, in denen sich die beteiligten Unternehmen die Durchführung der Wertschöpfungsaktivitäten auf der Grundlage ihrer Kernkompetenzen aufteilen.

Wie angedeutet, können JV unterschiedliche strategische Zielsetzungen zugrunde liegen. Auffällig dabei ist, dass JV zumeist nicht auf Dauer angelegt sind, sondern vielmehr mittelfristigen Zielsetzungen dienen. Bei der Erschließung eines Auslandsmarkts entstehen JV dabei vielfach aus der Vertiefung vorhergehender vertraglicher Beziehungen, die aufgrund ihres Erfolges eine Annäherung der Vertragspartner und gemeinsame Einbringung von Kapital rechtfertigen. Ist die Bearbeitung des Auslandsmarkts nicht nur auf ein zeitlich befristetes Projekt beschränkt, dient es zumeist den strategischen Zielen des ausländischen Partners, mittelfristig das JV vollständig zu internalisieren und in eine Tochtergesellschaft zu überführen. Dient das JV hingegen nur der Durchführung eines Projekts, so wenn die Partnerunternehmen auf die Kompetenzen des jeweils anderen für die Projektdurchführung angewiesen sind, oder das Risiko für ein einzelnes Unternehmen zu hoch erscheint, ist die Beendigung der Partnerschaft bereits zu Beginn vertraglich vereinbart. In seltenen Fällen werden JV auch defensiv als Schutz vor einer Übernahme durch einen größeren Wettbewerber genutzt. Auch wenn das Ziel dieser Partnerschaften keine zeitliche Befristung aufweist, kann durchaus das Interesse des größeren Partners in einer dauerhaften Internalisierung liegen. Hieraus ergeben sich übersichtsartig die nachfolgenden Strategien:

- **Sukzessive Integrations-Strategie**: Das JV startet mit schwachen Verbindungen zwischen den Unternehmen, entwickelt sich hin zu Interdependenzen und endet mit Übernahme.
- **Erst Zusammenschluss, dann Aufspaltung-Strategie**: Kooperation über längere Zeit mit nachfolgender Aufspaltung. Diese Form wird oftmals bei Projekten gewählt; nach Abschluss des Projektes löst sich das JV (vereinbarungsgemäß) auf.
- **Spinnennetz-Strategie**: Etablierung eines JV mit einem großen Wettbewerber und Vermeidung einer Übernahme durch den Partner durch Bildung von JV mit anderen. Das so entstehende Netzwerk „immunisiert" den „kleineren Partner" gegen eine etwaige Übernahme durch den „größeren Partner".

11.5.2. Erfolgsfaktoren und Rahmenbedingungen von Joint Ventures

Die Erfolgsfaktoren von JV werden in der Literatur umfänglich diskutiert. Da der Prozess der Bildung eines internationalen JV von zahlreichen Komplexitäten gekennzeichnet ist, schlagen e Silva/Oliveira (2017), in Anlehnung an Beamish/Lupton (2009), einen vierstufigen Prozess vor (siehe Abbildung 11.17).

Abbildung 11.17: Phasen und Entscheidungen in der Anbahnung von Joint Venture

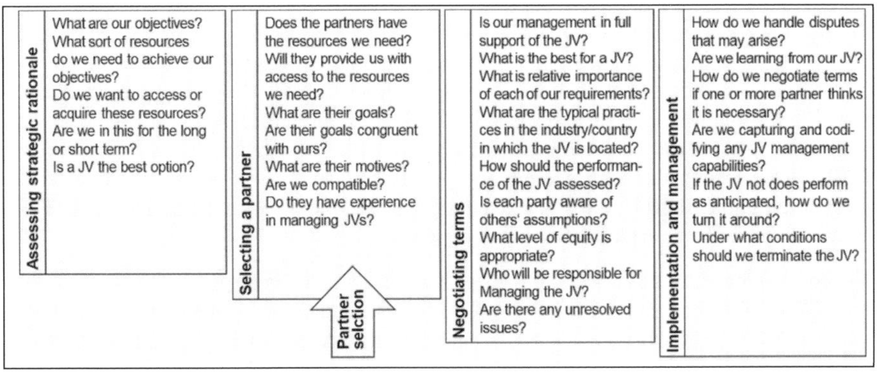

Assessing strategic rationale	Selecting a partner	Negotiating terms	Implementation and management
What are our objectives? What sort of resources do we need to achieve our objectives? Do we want to access or acquire these resources? Are we in this for the long or short term? Is a JV the best option?	Does the partners have the resources we need? Will they provide us with access to the resources we need? What are their goals? Are their goals congruent with ours? What are their motives? Are we compatible? Do they have experience in managing JVs?	Is our management in full support of the JV? What is the best for a JV? What is relative importance of each of our requirements? What are the typical practices in the industry/country in which the JV is located? How should the performance of the JV assessed? Is each party aware of others' assumptions? What level of equity is appropriate? Who will be responsible for Managing the JV? Are there any unresolved issues?	How do we handle disputes that may arise? Are we learning from our JV? How do we negotiate terms if one or more partner thinks it is necessary? Are we capturing and codifying any JV management capabilities? If the JV not does perform as anticipated, how do we turn it around? Under what conditions should we terminate the JV?

↑ Partner selection

Quelle: I.A.a. e Silva/Oliveira 2017, S. 204.

In der ersten Phase, „Assessing Strategic Rationale", muss das Unternehmen anhand geeigneter Leitfragen klären, ob ein JV der strategisch richtige Operation Mode ist. Basierend auf diesem Commitment erfolgt in der zweiten Phase die Partnerwahl. Ist ein geeigneter Partner gefunden, gilt es die rechtlichen und organisatorischen Rahmenbedingungen des gemeinsamen JV zu erarbeiten. Auf dieser Grundlage wird dann schließlich in der vierten Phase das JV implementiert und gemeinsam geführt.

Von zentraler Bedeutung für die gemeinsame Zielerreichung ist dabei die Auswahl eines geeigneten Partners (Chang/Wang/Bai 2020; Westman/Thorgren 2016). Die Eignung eines Partners ergibt sich über unterschiedliche **Fit-Dimensionen**. Empirisch bestätigt wurden vier Dimensionen, so Strategischer Fit, Kultureller Fit, Organisationaler Fit und Finanzieller Fit, in denen eine Passung zwischen den Partnerunternehmen vorliegen sollte (siehe Abbildung 11.18). Ein mangelnder Fit zwischen den Partnern erhöht die Gefahr von opportunistischem Verhalten und schädigt das gesamte JV (Chang/Bai/Li 2015).

Abbildung 11.18: Fit-Dimensionen internationaler Joint Venture

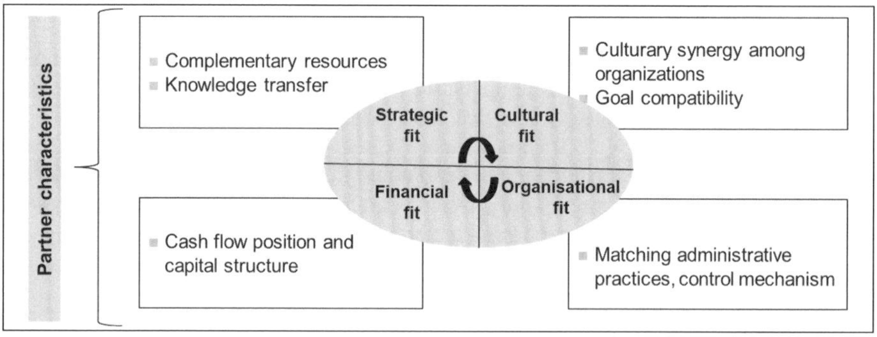

Partner characteristics		
▪ Complementary resources ▪ Knowledge transfer	**Strategic fit**	**Cultural fit**	▪ Culturary synergy among organizations ▪ Goal compatibility
▪ Cash flow position and capital structure	**Financial fit**	**Organisational fit**	▪ Matching administrative practices, control mechanism

Quelle: I.A.a. e Silva/Oliveira 2017, S. 210.

Innerhalb der Dimensionen gilt es, eine hohe Übereinstimmung von Zielen (**Zielkongruenz**) und Strategien, Leistungsfähigkeiten und damit Verhandlungspositionen der Partner anzustreben. Zudem bedarf ein erfolgreiches JV gemeinsamer Normen und Führungsstile der betroffenen Unternehmen (Lee/Madanoglu/Ko 2013). In diesem Kontext spielen die sozio-kulturelle Distanz zwischen den Kooperationspartnern (Shu/Jin/Zhou 2017; Tower/Hewett/Fenik 2019) und ihre Legitimität eine wesentliche Rolle (Bai/Chang/Li 2019). Organisational sollte auf eine Übereinstimmung, mindestens jedoch eine Kompatibilität, der organisatorisch-technischen Strukturen, der Systeme des Rechnungswesens/Controlling usw. geachtet werden. Die Einflussfaktoren beziehen sich dabei auch auf die innere Struktur eines JV und betreffen vorrangig die Verteilung der **Managementkontrolle**. Aus prozessualer Sicht werden hier Merkmale der Zusammenarbeit betrachtet, so **Vertrauen** und **Commitment** zwischen den Partnern, aber auch dynamische Aspekte wie Wissenstransfer bzw. **organisationales Lernen**.

Neben den Charakteristika der Unternehmen bedingen auch länderspezifische Einflussfaktoren den Erfolg von JV. Diese betreffen einerseits regulative Gegebenheiten, so den Zugang zu Märkten, aber auch steuerliche und sonstige ökonomische Anreize, andererseits die politische Stabilität, bspw. in Schwellen- und Entwicklungsländern und kulturelle Unterschiede. Diese Überlegungen verdeutlichen abermals, dass der **Partnerwahl** eine zentrale Rolle zukommt.

Zur zielgerichteten Partnerwahl bei international JV wird von Holmberg/Cummings (2009) ein vierstufiger, dynamischer Prozess vorgeschlagen. Anhand der Prozessstufen soll die Partnerwahl objektiviert und somit optimiert bestimmt werden (siehe Abbildung 11.19).

Abbildung 11.19: Dynamischer Prozess der Partnerwahl in international Joint Ventures

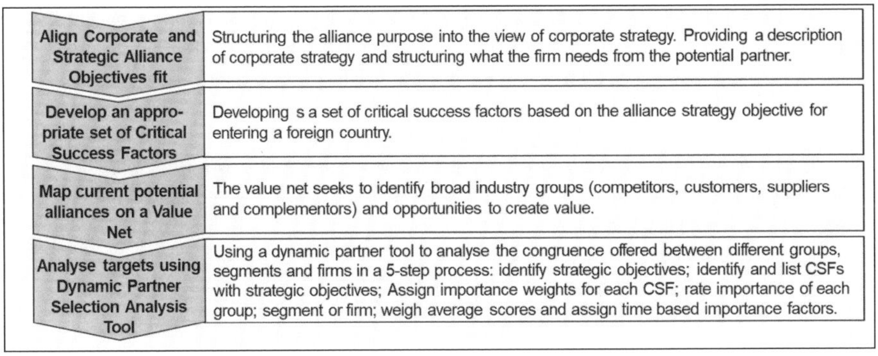

Align Corporate and Strategic Alliance Objectives fit	Structuring the alliance purpose into the view of corporate strategy. Providing a description of corporate strategy and structuring what the firm needs from the potential partner.
Develop an appropriate set of Critical Success Factors	Developing s a set of critical success factors based on the alliance strategy objective for entering a foreign country.
Map current potential alliances on a Value Net	The value net seeks to identify broad industry groups (competitors, customers, suppliers and complementors) and opportunities to create value.
Analyse targets using Dynamic Partner Selection Analysis Tool	Using a dynamic partner tool to analyse the congruence offered between different groups, segments and firms in a 5-step process: identify strategic objectives; identify and list CSFs with strategic objectives; Assign importance weights for each CSF; rate importance of each group; segment or firm; weigh average scores and assign time based importance factors.

Quelle: I.A.a. Holmberg/Cummings 2009, S. 207.

11.6. Management und Erfolg von Kooperationen

Wie angedeutet, ist der Erfolg internationaler Kooperationen kritisch, v.a. für KMU, und er wird von vielfachen Faktoren einer bilateralen oder netzwerkartigen Beziehung zwischen den Partnern beeinflusst, jenseits der Ressourcen und des Umfeldes der Partner (siehe auch zu vertikalen Vertriebskooperationen Abschnitt 19.1., auch bei KMU, Swoboda/Foscht 2015). Entsprechende Erfolgsfaktoren wurden in vielfältigen Studien untersucht (siehe Abbildung 11.1) und darüber hinaus für die behandelten kooperativen Betätigungsformen bereits in jeweiligen Abschnitten anhand spezifischer Studien angedeutet.

Grundsätzlich können derartige Faktoren in einer Etablierungs- und Managementphase der kooperativen Betätigungsform unterschieden werden, mit jeweils weiteren, diese Phasen konkretisierenden Teilentscheidungen. Ein weitergehender Hinweis erfolgt an dieser Stelle anhand von Abbildung 11.20, basierend auf einer Studie zu deutschen produzierenden KMU, weil die Teilentscheidungen in den einzelnen Phasen in diesem Kapitel nicht eingehend behandelt werden konnten.

- Die Motivation zur bzw. die Auswahl der Kooperation als Betätigungsform wurde bereits in den obigen Abschnitten fallweise angesprochen, sie ist jedoch v.a. in KMU oftmals reserviert ausgeprägt, v.a. ggü. der Kooperation mit größeren Unternehmen.
- Die Suche nach internationalen Partnern ist ebenso dann problematisch, wenn das Wissen über einen Auslandsmarkt und potenzielle Partner limitiert ist. Sie kann jedoch auch, bspw. bei der Gründung eines JV, systematisch anhand von Kosten-Nutzenanalysen erfolgen (siehe Hollensen 2020, S. 368f.).
- Die Verhandlung zur Kooperation umfasst bspw. die gemeinsamen Ziele, aber auch die gemeinsame Struktur, Strategie und Unternehmenskultur in der Kooperation. Ohne eine Einigung über die Ausgestaltung dieser Bereiche im JV wird die gemeinsame Koordination und Wissensakkumulation maßgeblich erschwert (Chang/Wang/Bai 2020).
- Das Management kann schließlich anhand derselben Aspekte beurteilt werden, wobei an dieser Stelle – wie angedeutet – angenommen wird, dass für den langfristigen Erfolg

ein mehrstufiger Fit zwischen den Partnern bestehen muss (siehe zum generellen kontingenztheoretischen Fit Abschnitte 1.4.1. und 21.2.2.).

Andererseits zeigen Swoboda u.a. (2011, und bereits Zentes/Swoboda 1999), dass das "organisational design of the alliance constitute (structural fit) and cultural values, standards, and behavioural principles" besonders stark den Erfolg internationaler Kooperationen von KMU bedingen. Offensichtlich kann die Kongruenz der Ziele und Strategien einfacher adaptiert werden. Allerdings reduzieren vergangene Probleme bei der Partnerauswahl und bei der Verhandlungsführung den Erfolg und sie reduzieren auch den Fit in allen drei Dimensionen, so bei Struktur, Strategie und Unternehmenskultur. Probleme, die bereits bei der Anbahnung einer Partnerschaft auftreten, wirken offensichtlich längerfristiger auf den Kooperationserfolg.

Abbildung 11.20: Factors Influencing International SME Alliance Success

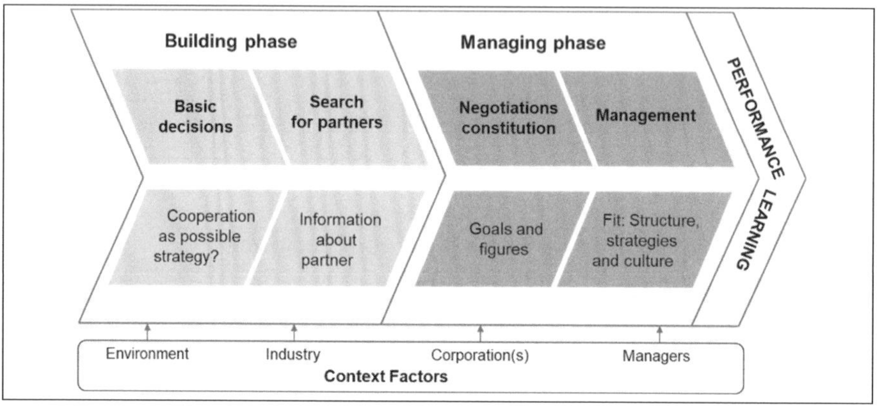

Quelle: I.A.a. Swoboda u.a. 2011, S. 274.

In der Managing Phase von kooperativen Betätigungsformen stellen das Auftauchen von sowie der Umgang mit **Konflikten** zwischen den beteiligten Unternehmen eine zentrale Herausforderung dar. Konflikte in Kooperationen können dabei unterschiedlichste Ursachen haben. Diese lassen sich zumeist jedoch zwei grundlegenden Kategorien zuordnen:

- **Meinungsverschiedenheiten** in Entscheidungsprozessen, so v.a. beim Auftreten unerwarteter Schwierigkeiten (z.B. zusätzlicher Kapitalbedarf)
- **Fehlverhalten** einer Partei, so bspw. Opportunismus.

Unabhängig von der Ursache eines Konflikts belastet das Auftreten solcher Differenzen die Beziehungsqualität innerhalb einer Kooperation sowie zumeist auch ihre Leistungsfähigkeit (Pajunen/Fang 2013). Kann der Konflikt nicht gelöst werden, führt er zudem häufig zur Beendigung der Kooperation. Vor diesem Hintergrund ist es nicht verwunderlich, dass Unternehmen die Partnerwahl und Ausgestaltung der Kooperation mit großer Sorgfalt betreiben, um Konfliktpotenziale von Anfang an möglichst gering zu halten. Auch in der wissenschaftlichen Forschung liegt der Schwerpunkt der Studien auf der Identifikation von Determinanten zur Vermeidung von Konflikten (Le Nguyen/Larimo/Ali 2016). Dennoch sind Konflikte in einer kooperativen Betätigungsform nahezu unumgänglich. Hieraus ergibt sich die Wichtigkeit von **Konfliktlösungsstrategien** („Conflict Resolution Strategies") in Ergänzung der bereits angesprochenen **Konfliktvermeidungsstrategien**.

Konfliktlösungsstrategien

Zur Systematisierung von Konfliktlösungsstrategien zwischen Kooperationspartnern kann, wie in Abbildung 11.21 am Beispiel von internationalen JV dargestellt, zunächst danach unterschieden werden, ob die Kooperationspartner einen Konflikt bilateral, also ohne Einbeziehung einer dritten Partei, oder trilateral lösen (Devarakonda u.a. 2021). Trilaterale Mechanismen können weitergehend unterschieden werden zwischen der Einschaltung privater und öffentlicher Institutionen.

Abbildung 11.21 Systematisierung von Konfliktlösungsmechanismen

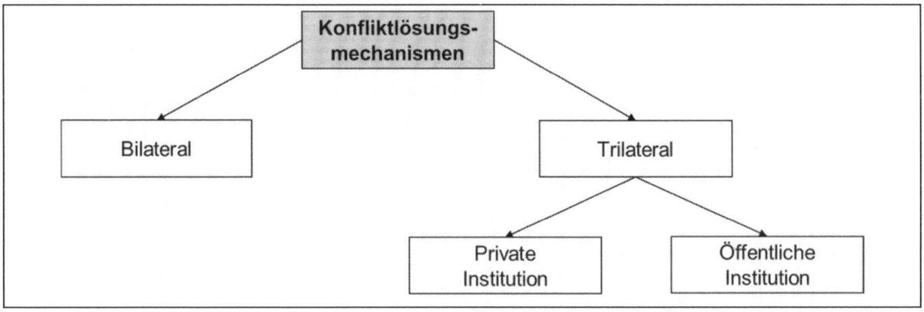

Quelle: I.A.a. Devarakonda u.a. 2021, S. 132.

Unabhängig vom gewählten Mechanismus, so bi- oder trilateral, konnten in der Literatur vier grundlegende Verhaltensweisen in der Konfliktlösung identifiziert werden (Le Nguyen/Larimo/Ali 2016):

- **Forcing**: Durchsetzung der eigenen Ansprüche gegen den Widerstand des Kooperationspartners
- **Problem Solving**: Lösungsorientierter Ansatz, um beide Parteien zufriedenzustellen
- **Compromising**: Aufgabe der eigenen Ansprüche zugunsten des Kooperationspartners
- **Legalistic**: Anstreben einer gerichtlichen Lösung des Konflikts.

Le Nguyen/Larimo/Ali (2016) konnten bei internationalen Kooperationen zeigen, dass die Verwendung der Verhaltensweisen in der Konfliktlösung zum einen vom Machtgefälle zwischen den Parteien, so z.B. Mehrheitseigner oder Minderheitseigner in einem JV, abhängt und zum anderen von der nationalen Kultur. Diese Zusammenhänge sind in Abbildung 11.22 schematisch dargestellt.

Wie diese Abbildung verdeutlicht, führt ein Machtgefälle in internationalen Kooperationen dazu, dass der „mächtigere" Partner tendenziell bemüht ist in einem Konflikt seine eigenen Interessen durchzusetzen. Der „schwächere" Partner wird sich hingegen viel eher um eine partnerschaftliche Lösung bemühen, um den Fortgang der Kooperation nicht zu gefährden. Die gerichtliche Lösung des Konflikts stellt insofern die Ultima Ratio dar, sollte das „Forcing" des stärkeren Partners zu weit gehen. Der empirisch bestätigte Einfluss der ausgewählten Kulturdimensionen auf die Verhaltensweisen der am Konflikt beteiligten Unternehmen sollte jedoch nicht außer Acht gelassen werden, da er insb. bei Konflikten mit Partnern aus sehr unterschiedlichen Kulturen zu unerwartetem und damit konfliktverstärkendem Verhalten führt.

Wie von Devarakonda u.a. (2021) aufgeführt wird, unterliegt auch eine gerichtliche Konfliktlösung nationalen Unterschieden. Diese ergeben sich vorrangig aus der rechtlichen

Tradition eines Landes, so „Civil Law" oder „Common Law". In der Tradition des „Civil Law", als vorherrschende Tradition in Kontinentaleuropa, werden Gesetze in abstrakter Form kodifiziert, sodass die richterliche Interpretation des Rechts nachrangig ist. Das Common Law, so z.B. in den USA oder UK, hingegen basiert auf Analogien zwischen Einzel- bzw. Präzedenzfällen. Dies bedingt eine fallweise Interpretation der Rechtslage durch das Gericht. Wird eine Konfliktlösung i.S.d. „Legalistic-Mechanismus" angestrebt, gilt es daher zu beachten, ob und in wie weit ein Unternehmen mit der anzuwendenden Rechtstradition vertraut ist. Kommen die Partner einer internationalen Kooperation aus Ländern mit unterschiedlichen Rechtstraditionen, empfiehlt es sich daher insb., bereits im Kooperationsvertrag Schlichtungsregelungen zu vereinbaren (Devarakonda u.a. 2021).

Abbildung 11.22 Beteiligungs- und Kulturabhängigkeit von Konfliktlösungsverhalten

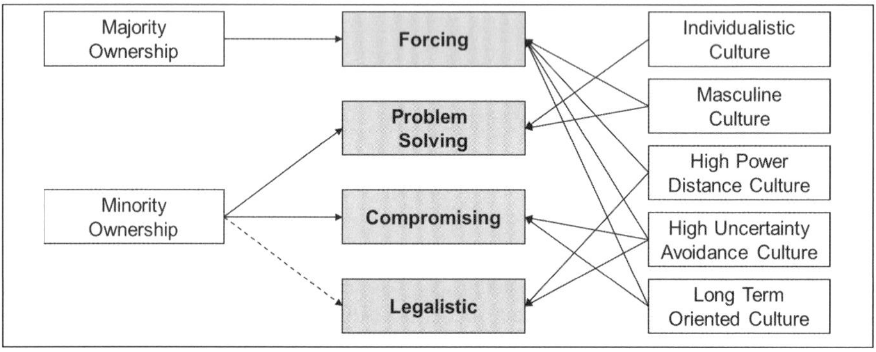

Quelle: I.A.a. Le Nguyen/Larimo/Ali 2016, S. 562.

11.7. Interdependenzen der Entscheidungsfelder

Interdependenzen zu Vor- und Kernentscheidungen im Internationalen Marketing

Wie bereits in Kapitel 10. im Kontext von Exporten, sollen auch an dieser Stelle die kooperativen Betätigungsformen hinsichtlich ihrer Markteintritts- und Marktaustrittskosten sowie der Eintrittsgeschwindigkeit betrachtet werden. Insb. Lizenzen, Franchising und Management Contracting eignen sich zum schnellen Markteintritt bei gleichzeitig geringen Eintrittskosten, da sie auf vertraglichen Vereinbarungen basieren und vorrangig einen Wissenstransfer mit den zugehörigen Verwendungsrechten umfassen. Für Equity Joint Ventures hingegen gilt dies nicht, da es sich bei diesem Operation Mode um ein, wenn auch kooperatives, Equity Investment handelt. Die Partnerwahl und das eigentliche Investment sind sowohl zeitaufwendig als auch ressourcenintensiv. Da alle kooperativen Operation Modes auf der Grundlage verbindlicher Verträge basieren, eignen sie sich nicht für einen schnellen Marktaustritt (vorausgesetzt es sind keine entsprechenden Klauseln in den Verträgen verankert, so z.B. Rücktrittsmöglichkeiten bei Unterschreitung eines Mindestumsatzes). Nach Ablauf der vertraglichen Bindung hingegen ist ein Marktaustritt, Partner- oder Operation Mode Wechsel jederzeit möglich. Zu diesem Zeitpunkt entstehen auch keine weiteren Marktaustrittskosten.

Interdependenzen zu internationalen Strategien

Um der hohen Standardisierung der Marketingprogramme im Rahmen einer Globalen Strategie gerecht zu werden, eignet sich insb. Franchising und Management Contracting.

Beide Modes erlauben es dem internationalisierenden Unternehmen, strikte Maßgaben für Prozesse, Marketing und Markenführung vorzugeben und vertraglich abzusichern. Hierüber wird die zentrale Koordination der globalen Aktivitäten unterstützt. In abgeschwächter Form gilt dies auch für Lizenzen, abhängig vom Umfang und Inhalt des Lizenzprogramms. Ob und inwiefern Equity Joint Ventures den Anforderungen einer Globalen Strategie gerecht werden, hängt hingegen vom Fit zwischen den JV Partnern ab. Weisen beide einen hohen Fit auf, kann auch ein JV eine hohe Standardisierung ermöglichen. Durch die gemeinsame Verantwortung des JV zwischen den Partnern wird diese jedoch zwangsweise geringer ausfallen als in den stärker hierarchisch geprägten kooperativen Modes.

Um die hohen Freiheitsgrade in der jeweiligen Länderbearbeitung im Rahmen einer Multinationalen Strategie zu nutzen, erscheinen v.a. Lizenzen und JV mit lokalen Partnern hilfreich. Beide Operation Modes erlauben über den lokalen Partner gezielte, länderspezifische Anpassungen, für die der Partner über das notwendige Wissen sowie die erforderliche Erfahrung in der landesspezifischen Marktbearbeitung verfügt. Management Contracting erscheint in dieser Hinsicht eher ungeeignet. Franchising hingegen kann nur im Rahmen der Multinationalen Strategie verwendet werden, wenn sehr gleichartige Länder, so innerhalb einer klar definierten und homogenen Region, bearbeitet werden sollen. Der Bearbeitung eines heterogenen Länderportfolios steht der hohe Standardisierungsgrad, der ein bestimmendes Merkmal von Franchising ist, entgegen.

Um über eine Transnationale Strategie die Vorteile von globaler und multinationaler Ausrichtung zu verbinden, erscheinen analog Lizenzen und Management Contracting als geeignete Operation Modes. Durch das Mitspracherecht und den höheren Koordinationsaufwand gilt dies für Equity Joint Ventures im begrenzten Maße. Franchising hingegen erscheint durch den einseitigen Fokus auf Standardisierung hingegen eher ungeeignet.

Nutzt ein Unternehmen die Internationale Strategie zu Beginn seiner Internationalisierung bieten sich sämtliche kooperativen Modes ohne Kapitaleinsatz an. Sie ermöglichen es dem Unternehmen Erfahrungen über den Kooperationspartner zu sammeln und gleichzeitig eine weitgehend unmodifizierte Marktbearbeitung zu verfolgen bzw. die Modifikation, z.B. im Rahmen von Lizenzen, dem lokalen Partner zu überlassen. Equity Joint Ventures hingegen eignen sich nur bedingt für diese Strategie, da sie sowohl eine hohe Kapitalbindung aufweisen als auch vorhandene internationale Erfahrungen von Nöten sind.

12. Direktinvestive Betätigungsformen

12.1. Systematisierung der Entscheidungsoptionen

Die in diesem Abschnitt behandelten direktinvestiven Betätigungsformen unterscheiden sich in zwei wesentlichen Aspekten von den bisher behandelten Betätigungsformen:

- Die Kontrolle über internationale Wertschöpfungsstufen liegt vollständig beim ursprünglichen Unternehmen (im Unterschied zu kooperativen Betätigungsformen).
- Der Wertschöpfungsschwerpunkt einzelner oder aller Aktivitäten wird in den Auslandsmarkt verlagert.

Aus diesen beiden Unterschieden wird ersichtlich, dass die hier besprochenen Formen integrativer Natur sind. Es findet eine vollständige Eingliederung der ausländischen Wertschöpfung und Marktbearbeitung in die unternehmensinterne Hierarchie statt. Die Internalisierung bedeutet jedoch nicht zwangsweise, dass sämtliche den Auslandsmarkt betreffende Entscheidungen zentralisiert im Stammsitz des Unternehmens getroffen werden. Ob und inwieweit die Internalisierung der Aktivitäten zu einer Zentralisierung der Entscheidungsfindung führt, hängt von unterschiedlichen Faktoren ab, so der grundlegenden Internationalisierungsstrategie (siehe Kapitel 2.) sowie den relevanten Umweltfaktoren (siehe Kapitel 3.) aber auch davon, welche Teile der Wertschöpfungskette in den Auslandsmarkt transferiert werden.

Unabhängig von der Entscheidung, welche Wertschöpfungsstufen ein Unternehmen in einen Auslandsmarkt transferiert, kann jeweils zwischen der Errichtung einer neuen, vollständig kontrollierten Tochtergesellschaft im Auslandsmarkt und der (vollständigen) Akquisition bestehender Unternehmen (mit oder ohne anschließender Fusion) unterschieden werden. Dabei ist die Grenzziehung zwischen kooperativen (direktinvestiven), so Joint Ventures, und integrativen Betätigungsformen, so Akquisition, in der Praxis fließend; sie wird wesentlich bestimmt durch die Beteiligungsverhältnisse, so Majoritäts-, Paritäts- und Minoritätsbeteiligungen (an bestehenden Unternehmen oder neu zu errichtenden Gemeinschaftsunternehmen). Aus pragmatischer Sicht werden die Beteiligungen an bestehenden Unternehmen nicht näher betrachtet, da die betriebswirtschaftlichen Fragestellungen im Wesentlichen denen von Joint Ventures entsprechen.

Faktisch wird sowohl über die Neuerrichtung als auch über die vollständige Akquisition im Auslandsmarkt eine Tochtergesellschaft etabliert.

> Unter Tochtergesellschaften werden rechtlich verselbstständigte Engagements von Unternehmen im Ausland verstanden; hinsichtlich des Eigentums wird der Begriff auf vollbeherrschte ausländische Einheiten, d.h. 100% des Kapitals (oder Stimmrechte), eingeengt.[1]

Charakteristisch für Tochtergesellschaften („Wholly-Owned Subsidiaries") ist somit auch die Haftung mit dem im Ausland investierten Kapital.

Wie angesprochen kann zwischen **Neugründungen** von Tochtergesellschaften – auch als „Greenfield Investments" oder „New Foreign Ventures" bezeichnet – und Übernahmen bzw.

---

[1] Sind die Eigentumsverhältnisse kleiner als 100%, wird, wie bereits erwähnt, von Beteiligungen gesprochen, z.B. Minderheits-, Paritäts- oder Mehrheitsbeteiligungen.

Akquisitionen bestehender ausländischer Unternehmen – auch als „Brownfield Investments" bezeichnet – unterschieden werden.[1]

Der grundsätzliche Vorteil von Tochtergesellschaften – in Abgrenzung zu Kooperationen – liegt primär darin, dass die Durchsetzung von eigenen Qualitäten, Kompetenzen und Knowhow sowie die Kontrolle der Marketingaktivitäten dem Unternehmen selbst obliegt, d.h., keine Abstimmung mit externen Partnern notwendig ist, und daher auch keine Gefahr des Aufbaus von Konkurrenten besteht. Dem gegenüber finden sich auf der Vorteilsseite von Kooperationen – wie aufgezeigt – Aspekte wie Risiko- und Kapitalteilung, Zugang zu Ressourcen, Markt-Know-how und Kompetenzen oder Aufbau von Marktzugangsbarrieren (siehe Abbildung 12.1 mit Vor- und Nachteilen von Neugründungen und Akquisitionen, wobei weitergehende Unterschiede zwischen beiden im Abschnitt 12.3. behandelt werden).

Abbildung 12.1: Vor- und Nachteile von Tochtergesellschaften

Vorteile	Nachteile
▪ Ggf. geringere Lohn- oder Transportkosten ▪ Unabhängige Marketing- und Geschäftsfeldstrategien möglich ▪ Relativ einfachere Integration in die eigene Organisationsstruktur und Koordination ▪ Bündelung und Schutz des Wissens im Unternehmen ▪ Uneingeschränkte und eigene Präsenz im Markt ▪ Einheitliche Erscheinung (Marken, CI, etc.) ▪ Erhöhte Marktmacht über Abnehmer, Zulieferer, Wettbewerber etc. ▪ Oftmals durch Gastland subventioniert ▪ Lokale Wertschöpfung im Gastland positiv angesehen; Image als lokales Unternehmen	▪ Hohe Investitionen notwendig und ggf. reduzierte Flexibilität in der internationalen Strategie ▪ Verfügbarkeit umfangreicher Ressourcen ▪ Akquisition von länderspezifischem Know-how schwieriger ▪ Entscheidung ist im deutlich geringeren Maße reversibel als bei anderen Betätigungsformen ▪ Evtl. geringes Marktwissen und Ressourcen können nicht mit einem Partner geteilt werden ▪ Enorme Risiken (Länderrisiko, Risiko der Expatriation), v.a. in instabilen Ländern

Die Motive für den Aufbau eigener Tochtergesellschaften im Absatzbereich liegen vorrangig in der unmittelbaren und eigenständigen **Präsenz**, welche die Unabhängigkeit in der Marktbearbeitung, die Durchsetzung der eigenen Strategie oder einen einheitlichen Marktauftritt (Image) sichert. Motive für die Gründung von Tochtergesellschaften können sehr unterschiedlich ausgeprägt sein. Die nachfolgende Aufzählung zeigt beispielhaft die häufigsten Motivationen von Unternehmen. Insbesondere die ersten sechs Motive gelten dabei sowohl für Investitionen in Industrieländern als auch in Schwellen-/Entwicklungsländern.

- Ausdehnung der Auslandsaktivitäten in neue Märkte
- Ausdehnungsabsicherung in einem bestehenden Markt
- Marktabsicherung und -kontrolle in dem Land
- politische Stabilität im Gastland
- Exportbasis für Produkte der Muttergesellschaft
- Überwindung von Handels- und Exportbarrieren
- hoher ROI
- Lieferant für andere Firmen im Gastland
- niedrige Löhne
- Leistungsabsicherung für die Muttergesellschaft.

Entsprechend vielfältig sind auch die Anlässe und die Fragen, welche mit direktinvestiven Betätigungsformen zu verbinden sind, wie folgende Beispiele zeigen:

---

[1] Oft wird der Begriff Tochtergesellschaften auf Neugründungen eingeengt und von Akquisitionen abgegrenzt.

- Welche Bedeutung kommt Tochtergesellschaften im Internationalisierungsprozess zu, also bei Unternehmen, die oft mit Exporten im Ausland starten?
- Wie werden Tochtergesellschaften gegründet (so Eigengründung, auch „Greenfield Investments", und Akquisitionen, auch „Brownfield Investments") und welche Wertschöpfung übernehmen sie, so „Sales vs. Wholly owned Production Subsidiaries"?
- Welche strategischen Rollen können Tochtergesellschaften in vernetzten, so transnationalen Unternehmen einnehmen?
- Welche Möglichkeiten der Steuerung von Tochtergesellschaften im Ausland bestehen, so strukturelle, prozessuale und kulturelle (siehe Kapitel 21.)?[1]

Während die erste Frage im Zuge des Mode-Change in Abschnitt 9.4. behandelt wurde, bspw. hinsichtlich ihrer Relevanz für weniger direktinvestiv tätige Modes KMU, wird die zweite grundsätzlichen Entscheidung zwischen Neugründung und Akquisition aufgrund ihrer Bedeutung in Abschnitt 12.3. eingehender behandelt.

Vertriebs- oder Produktionsniederlassungen

MNU müssen darüber entscheiden, welche Wertschöpfungsstufen in den Auslandsmarkt transferiert werden sollen. Abbildung 12.2 zeigt unterschiedliche Konfigurationsmöglichkeiten und die jeweils resultierenden Formen von Auslandsdirektinvestitionen.

Abbildung 12.2: Konfigurationsformen von Tochtergesellschaften

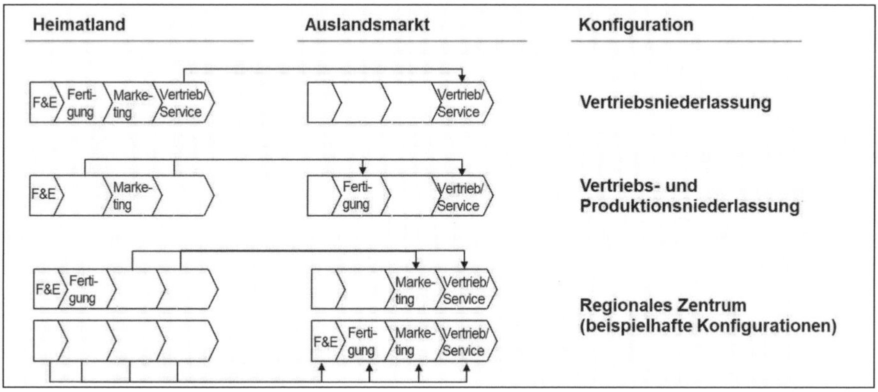

Quelle: I.A.a. Hollensen 2020, S. 386.

Als Basisoption hierarchischer Betätigungsformen kann die Etablierung einer eigenen Vertriebsgesellschaft im Auslandsmarkt angesehen werden. Hierdurch werden insb. die in Kapitel 10. behandelten Intermediäre durch eigene Einheiten ersetzt (internalisiert). Als Weiterentwicklung angesehen werden können eigene Produktionsstandorte. Dieser Schritt erhöht das Commitment zum Auslandsmarkt erheblich, da Produktionsanlagen immobile, materielle Anlagegüter darstellen, die nicht oder nur mit erheblichen Verlusten kurzfristig liquidiert werden können. Die Vorteile lokaler Produktionsstätten liegen, je nach Auslandsmarkt, in verringerten Produktionskosten (insb. in Schwellen-/Entwicklungsländern), einer höheren Flexibilität bei der Bedienung der Nachfrage im Auslandsmarkt, der Umgehung

---

[1] Nicht behandelt werden weitere Entscheidungen: Konfiguration i.S.d. Standortwahl für Direktinvestitionen, Personalmanagement i.S.d. Einsatzes von Expatriates, oder Koordination länderübergreifender Wertschöpfungsketten (auch in spezifischen Branchen, so Handel Swoboda/Foscht/Clique 2008; siehe Kapitel 21).

von Einfuhr- oder Local-Content-Bestimmungen sowie einer gezielten Berücksichtigung lokaler Anforderungen an die produzierten Waren. Nachteilig bei beiden skizzierten Optionen ist jedoch, dass durch den Verbleib der Marketingaktivitäten im Heimatland nur eine begrenzte Anpassung der marktgerichteten Aktivitäten an den Auslandsmarkt ermöglicht wird. Erfordern deutliche Unterschiede in den Umweltfaktoren eine stärkere Anpassung an die Bedürfnisse des Auslandsmarkts, bei gleichzeitiger Rechtfertigung dieser Anpassungen über das erschließbare Marktpotential bzw. allgemeiner über die Attraktivität des Auslandsmarkts, bietet sich die Errichtung regionaler Zentren an. Diese können hinsichtlich der Verlagerung von Wertschöpfungsstufen unterschiedlich konfiguriert werden, bspw. führen sie Vertriebs- und Marketingaktivitäten im Auslandsmarkt durch. Abbildung 12.3 fasst die Vor- und Nachteile der drei Ausgestaltungen von Auslandsdirektinvestitionen zusammen.

Abbildung 12.3: Vor- und Nachteile unterschiedlicher Konfigurationsformen

Auslandsdirektinvestitionsformen	Vorteile	Nachteile
Vertriebsniederlassung	■ Unmittelbarer Zugang zu Endkunden im Auslandsmarkt ■ Unmittelbare Informationsgewinnung ■ Wegfall von Margenzahlungen an Intermediäre (hierdurch entweder Preisvorteil oder Profitsteigerung)	■ Sehr geringe Anpassung an den Auslandsmarkt hinsichtlich Nachfrage und Anpassungsbedarf ■ Keine Nutzung weiterer Standortvorteile im Auslandsmarkt (so Produktionskosten, Zulieferernetzwerke, Lerneffekte)
Vertriebs- und Produktionsniederlassung	■ Anpassung an lokale Bedarfsschwankungen ■ Ausnutzung weiterer Standortvorteile ■ Umgehung von Standortnachteilen (z.B. Einfuhrbeschränkungen)	■ Hohe Kapitalbindung im Auslandsmarkt ■ Geringe Marktorientierung
Regionales Zentrum	■ Sehr hohe Marktorientierung	■ Hohe Komplexität ■ Redundanzen in den Zuständigkeiten zwischen Heimat- und Auslandsmarkt

Ausgestaltung und Rollen von Tochtergesellschaften

Die Fragen nach den strategischen Rollen und der Steuerung bzw. Koordination von Tochtergesellschaften sind verbunden. So haben bspw. KMU bzw. geringer internationalisierte Unternehmen eher wenige Produktionsgesellschaften im Ausland, und sie duplizieren diese, d.h. versuchen durch identischen Aufbau der Organisation oder der Produktionsprozesse die internationale Koordination zu vereinfachen (d.h., bei gleicher Organisation und Prozessen in jeder Tochtergesellschaft resultieren Abweichungen zwischen diesen bspw. aus kulturellen Unterschieden). Demgegenüber treffen große MNU zunächst eine strategische Entscheidung über die Rollen der vernetzten Aktivitäten. Ein Beispiel für die unterschiedlichen Rollen von Tochtergesellschaften transnationaler Unternehmen zeigt Abbildung 12.4, abhängig von der Bedeutung der lokalen Märkte und der Kompetenz der Einheiten in diesen Märkten. So übernehmen „Strategic Leader" Führungsrollen, bspw. als lokale Headquarter. „Contributor" können ihre Kompetenzen unternehmensweit zur Unterstützung von Projekten einsetzen. Durch die geringe Bedeutung des Auslandsmarkts bei gleichzeitig schwach ausgeprägten eigenen Kompetenzen, ist es das Ziel von „Implementern" vorgegebene Strategien möglichst effizient in ihrem Markt umzusetzen, ohne eigene strategische Handlungsvollmachten. Black Holes sind aus Sicht eines MNU kritisch zu betrachten, da es sich um Tochtergesellschaften mit schwachen, eigenen Kompetenzen handelt, die jedoch in strategisch wichtigen Auslandsmärkten angesiedelt sind. In diesen Fällen muss das MNU Maßnahmen ergreifen, um zusätzliche lokale Kompetenzen aufzubauen, so bspw. über lokale Partnerschaften. Diese Rollenzuweisung bedingt auch die Steuerung dieser Einheiten, wie sie in Kapitel 21. angedeutet wird.

Abbildung 12.4: Konfigurationsformen von Tochtergesellschaften

	low Strategic Importance of Local Environment	high
high Competence of Local Organization	Contributor	Strategic Leader
low	Implementer	Black Hole

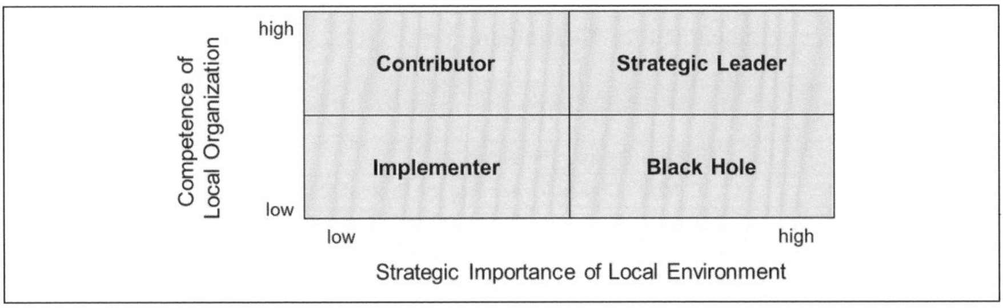

Quelle: I.A.a. Bartlett/Ghoshal 1986; Hollensen 2020, S. 90.

Schwerpunkte in der Forschung

Die Forschung fokussiert primär die Unterscheidung von Neugründungen und Akquisitionen; die Wertschöpfungsverlagerung wird eher verallgemeinert betrachtet (siehe Abbildung 12.5). In Abschnitt 12.4. werden die Ergebnisse der Studien im Rahmen der Erfolgsfaktoren und Rahmenbedingungen von Tochtergesellschaften näher behandelt. An dieser Stelle sei bereits darauf hingewiesen, dass ein wesentlicher Erfolgsfaktor darauf basiert, ob und in welchem Maße die Tochtergesellschaft in der Lage ist, lokales Wissen zu absorbieren und dieses in die Marktbearbeitung einzubringen. Die Möglichkeiten hierzu werden u.a. davon beeinflusst, ob es sich um eine Neugründung oder Akquisition handelt, und ob die Tochtergesellschaft über hinreichende Netzwerkzugänge (i.S. ihrer Rolle) und auch Autonomie verfügt.

Aus didaktischen Gründen werden nun zunächst die unterschiedlichen Konfigurationsformen von Tochtergesellschaften behandelt, gefolgt von der Unterscheidung in Neugründungen und Akquisitionen. Es schließt sich die Diskussion von Erfolgsfaktoren und Rahmenbedingungen der Gründung einer Tochtergesellschaft gemäß der Forschung an, bevor in Abschnitt 12.5. ausgewählte Interdependenzen der in Kapitel 10.-12. behandelten Betätigungsformen zu anderen Entscheidungen im Internationalen Marketing und zu den internationalen Strategien diskutiert werden.

12.2. Konfigurationsformen von Tochtergesellschaften

12.2.1. Vertriebsniederlassungen

Die Errichtung einer Vertriebsniederlassung (siehe Abbildung 12.2) in einem Auslandsmarkt erfolgt i.d.R. erst nach einer längeren Periode kooperativer Marktbearbeitung, so meist Exportbeziehungen, mit im Auslandsmarkt ansässigen Intermediären. Dieser Schritt ist zumeist mit der strategischen Zielsetzung verbunden, aktiv Kundenaufträge im Auslandsmarkt zu generieren (im Gegensatz zur passiven Annahme von Kundenanfragen, die i.d.R. keine Vertriebsniederlassung rechtfertigen). Darüber hinaus wird die Errichtung oftmals auch durch die Art der eigenen Produkte beeinflusst. Insbesondere technische und komplexe Produkte sowie Produkte, die eine intensive Betreuung durch Service und Wartung erfordern, profitieren von Vertriebsniederlassungen.

Sämtlichen Motivationen liegt dabei ein Hauptmotiv zugrunde: die Steigerung der Kontrolle der Aktivitäten im Auslandsmarkt. Diese wird dadurch erzielt, dass im Unterschied zu anderen Betätigungsformen alle Vertriebsaufgaben, so Kundenansprache, Kaufabwicklung, After-Sales Service, durch eigene Organisationseinheiten erfolgen, die unter direkter Kontrolle des Unternehmens stehen. Charakteristisch für Vertriebsniederlassungen ist dabei, dass zentrale Marketingfunktionen weiterhin im Heimatland durchgeführt werden. Die Vertriebsgesellschaft ist häufig jedoch dafür verantwortlich, Informationen über Kundenbedürfnisse zu sammeln und zu übermitteln.

Abbildung 12.5: Ausgewählte Studien zu direktinvestiven Betätigungsformen

Autor(s)	Topic	Th./Emp. Basis	Findings
Mode Choice (Greenfield vs. Brownfield)			
Schellenberg/Harker/Jafari 2018	Systematic overview of international market entry modes	None/Literature review	■ Choice of entry modes is affected by: control, commitment, and perceived risk in the host country
Trapczyński/Halaszovich/Piaskowska 2020	Role of institutional distance in foreign ownership level decisions	Institution-based view/100 Polish firms, regression analysis	■ Direction of institutional distance moderates ownership decisions
Qiu/Wang 2011	FDI policy: greenfield and cross-border mergers	None/Theoretical model	■ Four factors determine choice between greenfield and brownfield investments: market size, costs of establishment, competition, and legal conditions
Success Factors of Acquisitions			
Huang/Zhu/Brass 2017	Cross-border acquisitions and role of power distance	None/2,115 acquisitions, regression analysis	■ National cultural differences create "cultural clashes" in post-acquisition integration ■ Difference in power distance are most relevant
Wei/Clegg 2020	Levels of integration and functional integration strategies in post-acquisition integration	None/6 case studies, functional analysis	■ Post-acquisition integration success depends on three phases: (1) organizational integration, (2) sales-oriented integration, (3) supply-oriented integration ■ Success increases when the order of the phases are used accordingly
Welch u.a. 2020	Pre-Deal Phase of Mergers and Acquisitions	None/Literature review of 202 studies	■ Pre-Acquisition processes consist of six phases: (1) initiation (2) target selection, (3) bidding and negotiations, (4) valuation terms, and financing, (5) announcement, (6) closure
Success Factors of Subsidiaries			
Fang u.a. 2013	Multinational enterprise knowledge resources and foreign subsidiary performance	Resource-based View/Foreign subsidiaries of 572 Japanese MNEs in 47 countries, regression analysis	Subsidiary performance improves with: ■ Integration of parent firm's technological and marketing knowledge resources ■ High technological/market relatedness of parent firm and subsidiaries for transfer of technological/market knowledge ■ Co-presence of high technological and market relatedness in parent firm and subsidiaries
Geleilate/Andrews/Fainshmidt 2020	Subsidiary autonomy and subsidiary performance	None/Literature review of 94 studies	■ Subsidiary autonomy positively affects its performance ■ Formal institutional distance and industry dynamism positively affect the degree of subsidiary autonomy
Gammelgard u.a. 2012	Impact of in subsidiary autonomy and network relationships on performance	Network theory/350 subsidiaries in UK, Germany, Denmark, structural equation modelling	■ Complex interactions of autonomy and network relationships ■ Inter- and intra-organizational network relationships significantly affect subsidiary performance ■ Network relationships are positively affected by subsidiary autonomy
Gölgeci u.a. 2019	Subsidiary embeddedness and innovation performance	Resource-based View/91 subsidiaries of 11 EU-MNEs, regression analysis	■ Embeddedness of subsidiaries in host country networks stimulates innovation performance ■ Depth and breath of internal knowledge transfers moderates this effect
Halaszovich 2020	Effects of institutional environments on firm performance in emerging markets	Institution-based view/Survey of 12,782 firms in 35 emerging markets, regression analysis	■ Local embeddedness allows foreign firms to overcome institutional voids in emerging markets ■ Embeddedness of up- and downstreaming activities is relevant
Park 2012	Drivers of subsidiary knowledge acquisition from parent firms	Resource-based View/162 foreign-owned subsidiaries Korea, regression	■ Subsidiary learning depends on absorptive capacity in the organizations, relational capital, and parent firms' behaviour ■ The investment mode influences these determinants

Damit übernimmt sie in geringem Maße Aufgaben des zentralen Marketing. Die wesentliche Aufgabe der Niederlassung besteht aber in der Abwicklung der Aufträge. Hierzu leitet sie Bestellungen an das Heimatland weiter und wickelt den Verkauf vor Ort ab. Rechtlich beinhaltet dieser Prozess zwei Transaktionen: (1) Die Vertriebsniederlassung kauft die bestellten Produkte vom eigenen Unternehmen im Heimatland. (2) Die Vertriebsniederlassung verkauft die Produkte im Auslandsmarkt an den lokalen Kunden. Die Zweistufigkeit der Transaktion beinhaltet dabei unterschiedliche Komplexitäten, so einen Wechsel der Währung (Währung des Heimatlandes für internen Verkauf und Währung des Auslandsmarkts für Verkauf an Kunden) und Problematiken von internen Transferpreisen. Letztere eröffnen auch die Möglichkeit der Steuervermeidung über die Etablierung einer Vertriebsniederlassung im Niedrigsteuerland. Auf diesen Aspekt soll an dieser Stelle jedoch nicht näher eingegangen werden.

Ob mit der Errichtung einer Vertriebsniederlassung neben dem Zugewinn an Kontrolle auch wirtschaftliche Gewinne realisiert werden können, hängt wesentlich davon ab, ob das MNU in der Lage ist, die Funktionen externer Intermediäre effizient zu internalisieren. Insbesondere bei KMU muss regelmäßig davon ausgegangen werden, dass dies nicht der Fall ist. Intermediäre im Auslandsmarkt besitzen i.d.R. einen Wettbewerbsvorteil dadurch, dass sie über sehr gute Netzwerkkontakte und Vertriebsfähigkeiten verfügen. Demnach rentiert sich die Errichtung einer Vertriebsniederlassung nur dann (jenseits von Kosten- und Ertragsüberlegungen), wenn das MNU in der Lage ist, diese Kompetenzen intern zu übertreffen. Dies bedingt tiefgehende Kenntnisse über den Auslandsmarkt sowie Kontakte zu lokalen Kunden. Der Aufbau dieser Netzwerke erfordert viel Zeit und Erfahrung, die das Unternehmen während einer Marktbearbeitung mit kooperativen Betätigungsformen aufbauen muss (Obadia/Bello 2019). Darüber hinaus sollten Vertriebsniederlassungen insb. dann in Erwägung gezogen werden, wenn davon auszugehen ist, dass ausreichend viele Transaktionen pro Jahr erfolgen (siehe Abbildung 12.6). Bei einem zu geringen Auftragsvolumen decken die Umsätze die Fixkosten der Vertriebsniederlassung zumeist nicht, sodass in diesen Fällen ein Intermediär die effizientere Marktbearbeitung erlaubt, da dessen Vergütung variabel am Umsatz orientiert ist.

Abbildung 12.6: Zusammenhang Absatzvolumen und Vertriebskosten

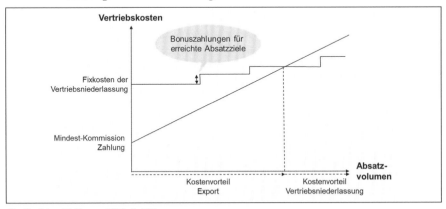

Quelle: I.A.a. Hollensen 2020, S. 390.

12.2.2. Produktions- und Vertriebsniederlassungen

Die Entscheidung, in einem Auslandsmarkt, der bisher nur über eine Vertriebsniederlassung bedient wurde, auch eine Produktionsniederlassung zu gründen, betrifft aus dynamischer Sicht sowohl Prozesse des „Going-International" als auch des „Being-International".

Auf der einen Seite wird die Internationalisierung durch weiteres Commitment im Auslandsmarkt vorangetrieben. Auf der anderen Seite stellt dieses Commitment auch eine deutlich erweiterte Ausbaustufe der Präsenz im Auslandsmarkt dar. Hiervon abzugrenzen ist die Errichtung von Produktionsniederlassungen in Ländern, die für MNU nicht als Absatzmarkt fungieren. Bei diesen Auslandsdirektinvestitionen werden zumeist nur Kostenvorteile in der Produktion realisiert, so beim Aufbau von Textilfabriken in asiatischen Schwellenländern. Da hierbei das Ziel nicht in der Marktbearbeitung liegt, werden diese Prozesse hier nicht betrachtet. In aller Regel stellen sie aber Expansionen i.S. von „Going-International" dar.

Grundsätzlich kann davon ausgegangen werden, dass Unternehmen erst dann zur Verlagerung von Produktionsstätten bzw. der Schaffung neuer Produktionsstätten in einen ausländischen Absatzmarkt bereit sind, wenn sie über längere Zeit, oftmals mehrere Jahre, hinreichende Erfahrungen im Markt gewonnen haben und dort über gute Netzwerkkontakte verfügen. Die gewonnene Erfahrung mindert das wahrgenommene und vielfach auch faktische Risiko der Investitionsentscheidung (Trąpczyński/Halaszovich/Piaskowska 2020). Die Risikoabwägung bei der Errichtung einer Produktionsniederlassung erfolgt dabei zwischen dem langfristigen Marktpotenzial des Auslandsmarkts, welches abgeschöpft werden soll, und den Risiken, die sich aus den Umfeldfaktoren, bspw. politische Stabilität oder Wettbewerbssituation, ergeben. Hieraus wird ersichtlich, dass durch die Schaffung der Produktionsniederlassung erhebliche Zugewinne in der Marktbearbeitung angestrebt werden.

Der zentrale Unterschied zur reinen Vertriebsniederlassung, und damit die vorrangige Ursache für die bessere Ausschöpfung des Marktpotenzials, besteht darin, dass keine oder deutlich geringere Importe notwendig sind, um den Auslandsmarkt zu bedienen. Dieser Unterschied führt zu ggf. geringeren Kosten, so Wegfall von Transportkosten und Einfuhrsteuern, sofern höhere Produktionskosten die Transportkosten nicht überkompensieren. Wesentlicher ist jedoch zumeist der Umstand, dass lokal produzierte Waren eine höhere Akzeptanz im Markt aufweisen (Halaszovich 2020). Abbildung 12.7 verdeutlicht dies an den Marktanteilen asiatischer Automobilhersteller in Deutschland, Frankreich und UK. Die Hersteller erzielen höhere Marktanteile in den Ländern, in denen sie auch lokal produzieren.

Abbildung 12.7: Zusammenhang Marktanteil und Operation Mode

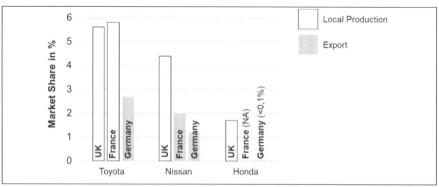

Quelle: UK: SMMT, France: CCFA, Germany: KBA.

Die Ursachen für eine höhere Akzeptanz lokal produzierter Waren hängen jedoch nur mittelbar mit der tatsächlichen Produktion zusammen. Vielmehr können sie auf zwei zentrale Aspekte zurückgeführt werden, die im Marketing verankert sind:

- **Adaptionspotenziale**: Über eine lokale Produktionsniederlassung kann das Unternehmen seine Produkte einfacher an lokale Bedürfnisse anpassen, da die Notwendigkeit einer höheren Standardisierung in zentralisierten Produktionsstätten entfällt (siehe auch Kapitel 19.). Zudem erlangt das Unternehmen über lokale Zulieferer auch bessere Einsichten in die Bedürfnisstrukturen der ausländischen Konsumenten.
- „**Liabilities of Foreignness**": Die Schaffung lokaler Produktionsstätten signalisiert das Commitment des Unternehmens zum Auslandsmarkt. Im Gegensatz zu reinen Importen „gibt das Unternehmen der Gesellschaft etwas zurück", indem lokale Beschäftigung geschaffen wird, und auch ein erhöhtes Steueraufkommen im Auslandsmarkt verbleibt. Das Unternehmen wird hierüber zu einem legitimen Akteur im Auslandsmarkt.

Nach Hollensen (2020) lassen sich zwei weitere Motive für die Erweiterung einer Vertriebsniederlassung um Produktionskapazitäten wie folgt zusammenfassen:

- Verteidigung der Märkte: Produktionsniederlassungen werden in solchen Absatzmärkten geschaffen, die durch hohe Abverkaufszahlen gekennzeichnet sind, gleichzeitig aber auch von erweiterten Einfuhr- oder Local-Content-Bestimmungen betroffen sind.
- Erschließung neuer Geschäftsmöglichkeiten: Insbesondere in Industriegütermärkten, in denen Zuverlässigkeit und Serviceleistungen wichtig sind, qualifiziert eine Produktionsniederlassung das ausländische Unternehmen als lokalen Zulieferer.

Als Variation von Produktionsniederlassungen soll abschließend noch auf **Montagewerke** eingegangen werden. Bei diesen handelt es sich nicht um Produktionsstätten im eigentlichen Sinne. Vielmehr erfolgt in Montagewerken lediglich der abschließende Zusammenbau unterschiedlicher Einzelteile. Montagewerke erlauben damit sowohl (im geringeren Maße) lokale Wertschöpfung und die damit angesprochenen Vorteile, als auch die Ausnutzung von Ländervorteilen für unterschiedliche Komponenten. In der Realität finden sich vielfach Kombinationen von Produktionsstätten und Montagewerken. So produziert BMW bspw. die technisch anspruchsvollen Motoren für den chinesischen Markt primär in Deutschland, diese werden in China lediglich eingebaut. Gleichzeitig werden andere Komponenten der Fahrzeuge für den chinesischen Markt aber auch in China gefertigt. Mit dieser hybriden Vorgehensweise nutzt BMW die technischen Kompetenzen der deutschen Stammwerke und schützt gleichzeitig die Technologie der Motorenfertigung über die sehr hohen Standards des deutschen Eigentumsrechts.

12.2.3. Regionale Zentren

Wie bereits das Beispiel der Automobilhersteller zeigte, nutzen MNU ihre Niederlassungen in einem Auslandsmarkt häufig dazu, ganze Regionen zu bearbeiten. Das Potenzial hierzu ergibt sich aus einer weltweit fortschreitenden Regionalisierung von Wirtschaftsräumen, so die EU, USMCA oder ASEAN. Über die Präsenz in einem Land innerhalb eines Wirtschaftsraums können die Vorteile des lokalen Standorts, insb. hinsichtlich rechtlicher Bestimmungen, auch in den weiteren Ländern der Region genutzt werden, sodass die Standortwahl von Produktions- und Vertriebsniederlassungen nicht mehr landesspezifisch getroffen werden muss. Das wesentlich größere Absatzpotenzial einer ganzen Region, im Gegensatz zu einem Land, rechtfertigt vielfach die Adaption der Wertschöpfung an eine Region. Um die regionalen Aktivitäten in den unterschiedlichen Ländern zu steuern, greifen Unternehmen auf sog. regionale Zentren zurück. Hierbei wird der Niederlassung in einem Land der Region die Führungsverantwortung für sämtliche Niederlassungen in den regionalen Ländern übergeben. Wie eingangs angedeutet, kann die Bearbeitung der Region unterschiedlich stark ausgeprägt sein. Die Bandbreite reicht von Marketing- und Vertriebsaktivitäten bis hin zur vollständigen Wertschöpfung über alle Stufen der Wertschöpfungskette hinweg. Das Führungsland („**Lead Country**") übernimmt zwei zentrale Rollen innerhalb der Region (siehe in Abgrenzung zu Brückenkopfland Abschnitt 4.3.7.):

- **Regionale Koordination**: Die Koordinationsfunktion umfasst drei Aspekte. So muss das „Lead Country" sicherstellen, dass die jeweiligen Landesstrategien mit der Gesamtunternehmensstrategie übereinstimmen. Ferner ist es verantwortlich dafür, dass die jeweiligen Niederlassungen nicht opportunistisch handeln und darüber anderen Niederlassungen schaden (so Preisunterschiede für identische Produkte in Frankreich und Deutschland). Schließlich gehört es auch zu den Koordinationsaufgaben des „Lead Countries" Synergien zwischen den Länderniederlassungen zu identifizieren und zu nutzen (so bspw. die Koordination von Produktions- oder Logistikniederlassungen in osteuropäischen Ländern und Vertriebsniederlassungen in westeuropäischen Ländern).
- **Regionale Stim**ulation: Zu den Aufgaben der regionalen Stimulation gehören die Übersetzung globaler Strategien eines MNU in regionale, landesspezifische Adaptionen. Ferner unterstützt das „Lead Country" die anderen Niederlassungen in der Region bei ihrer Entwicklung, bspw. durch Budgetvergaben, Personalentwicklung, Wissenstransfers.

Die Entscheidung darüber, welches Land in einer Region zum „Lead Country" ernannt wird, richtet sich sowohl nach seiner wirtschaftlichen Bedeutung, so Absatzmarktpotenziale, als auch nach der Zugänglichkeit. Letztere erklärt u.a., warum innerhalb der EU amerikanische und asiatische MNU vielfach die UK als „Lead Country" nutzen. Von besonderer Bedeutung dabei sind die geringen sprachlichen Barrieren, die Förderung ausländischer Investitionen und, bis 2021, der Zugang zum europäischen Binnenmarkt. Der Wegfall des Zugangs zum europäischen Binnenmarkt durch den BREXIT hat bei vielen MNU zu Standortwechseln auf den europäischen Kontinent geführt. Dass die Absatzmarktpotenziale bei der Wahl des „Lead Country" von Bedeutung sind, zeigt sich daran, dass MNU ihre regionalen Hauptquartiere primär nach Deutschland, Frankreich oder in die Niederlande verlegen, nicht jedoch in osteuropäische Mitgliedsstaaten, die diverse Kostenvorteile bieten könnten.

12.3. Neugründungen und Akquisitionen

12.3.1. Abgrenzung von „Greenfield and Brownfield Investments"

Unabhängig davon, welche der in Abschnitt 12.2. besprochenen Konfigurationsformen ein Unternehmen für die direktinvestive Betätigung in einem Auslandsmarkt wählt, muss entschieden werden, wie die gewählte Niederlassung errichtet werden soll. Grundsätzlich kann hierbei zwischen einer Neugründung und einer Akquisition unterschieden werden.

Neugründungen („Greenfield Investments")

Bei „Greenfield Investments" erfolgt der Eintritt in den Auslandsmarkt durch die vollständige Neugründung einer Niederlassung. Hierbei werden Produktionsstätten und Büroanlagen durch das investierende Unternehmen neu geschaffen. Aus diesem Umstand leitet sich auch die Bezeichnung „Greenfield Investment" ab, da die Niederlassung „auf der grünen Wiese" neu entsteht. Diese durchaus prosaische Sichtweise entspricht dabei nicht zwingend der Realität, da z.B. Büroflächen häufig nicht neu gebaut, sondern lediglich erworben oder angemietet werden. Allerdings beschränkt sich der Erwerb hierbei auf die reine Infrastruktur und ist unabhängig vom Kern des Geschäftsmodells. So kann eine erworbene Bürofläche für die Errichtung einer Vertriebsniederlassung eines Bekleidungsherstellers zuvor durchaus als Anwaltskanzlei gedient haben.

Akquisitionen („Brownfield Investments")

Bei Akquisitionen erfolgt der Markteintritt, bzw. die Errichtung einer Niederlassung, über den Kauf einer im Auslandsmarkt bereits bestehenden Einrichtung. Hierbei kann es sich um die Akquisition eines vollständigen Unternehmens handeln oder um den Kauf einzelner Anlagen, so einer Produktionsstätte. In der Literatur gängig ist die Betrachtung von Akquisitionen ganzer Unternehmen. Dieser Sichtweise wird auch an dieser Stelle entsprochen. Häufig werden Akquisitionen auch erweitert als „Mergers and Acquisitions" (M&A) behandelt. Im Unterschied zur reinen Akquisition, bei der die gekaufte Unternehmung in die Hierarchie des kaufenden Unternehmens integriert wird (vollständige Übertragung der Eigentums- und Kontrollrechte), fusionieren bei einem M&A beide beteiligten Unternehmen in einer neuen, gemeinsamen Form. In der Praxis zeigt sich jedoch, dass von allen als M&A bezeichneten Auslandsdirektinvestitionen lediglich 3% Mergers darstellen und der überwiegende Teil, 97%, reine Akquisitionen sind (Peng 2021, S. 238). Abbildung 12.8 zeigt die unterschiedlichen Arten von „Brownfield Investments", aufgeteilt nach Akquisitionen und Mergern.

Abbildung 12.8: Varianten von Cross-Border M&A

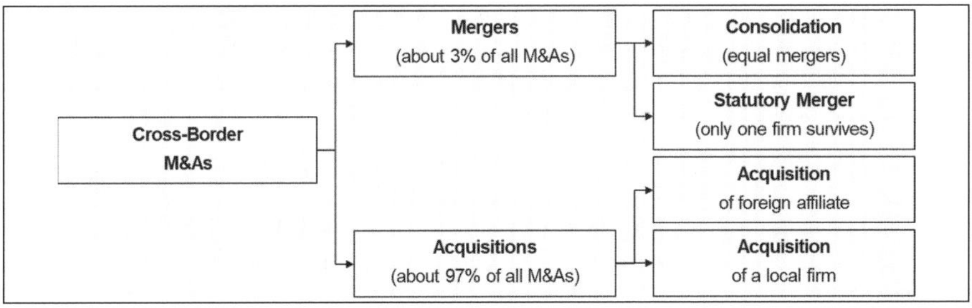

```
                           Mergers ───────► Consolidation
                    ┌──► (about 3% of all M&As)    (equal mergers)
                    │                    │
                    │                    └──► Statutory Merger
Cross-Border M&As ──┤                         (only one firm survives)
                    │
                    │                         Acquisition
                    │                    ┌──► of foreign affiliate
                    └──► Acquisitions ───┤
                         (about 97% of all M&As)
                                         └──► Acquisition
                                              of a local firm
```

Quelle: I.A.a. Peng 2021, S. 238.

Im Rahmen von Akquisitionen können drei unterschiedliche Typen von Akquisitionen entsprechend der Position des akquirierten Unternehmens innerhalb der Wertschöpfungskette unterschieden werden (Herger/McCorriston 2016):

- **Horizontale Akquisitionen**: Bei dieser Form der Akquisition wird ein Unternehmen im Auslandsmarkt erworben, das auf derselben Wertschöpfungsstufe operiert. Das Ziel dieser Akquisitionen besteht damit in der Replikation der eigenen Aktivitäten im Auslandsmarkt. Daher handelt es sich zumeist um die Akquisition von Produktionsanlagen, die in der Folge dann in das MNU integriert werden.
- **Vertikale Akquisitionen**: Im Rahmen einer vertikalen Akquisition wird ein Unternehmen gekauft, das in der Wertschöpfungskette entweder vorgelagert, so Zulieferer, oder nachgelagert, so Absatzmittler, ist. Im Internationalen Marketing sind insb. Akquisitionen von nachgelagerten Unternehmen relevant, da die Integration von Absatzmittlern eine Internalisierung der Marktbearbeitung erlauben.
- **Konglomeratsakquisitionen**: Dieser Typ von Akquisitionen stellt eine Diversifizierung des eigenen Leistungsangebots in bisher nicht bearbeitete Produkt- oder Dienstleistungsmärkte dar. Ziel der Akquisition ist ein Unternehmen, das in einer anderen Branche aktiv ist. Hierüber erweitert sich das Leistungsportfolios des MNU. Vielfach finden Konglomeratsakquisitionen in der Finanzbranche statt, weniger in Gütermärkten, da unabhängige

Finanzdienstleistungen häufig eine Überlappung in der Kundenstruktur aufweisen und hierüber Synergien geschaffen werden können.

12.3.2. Vor- und Nachteile von Akquisitionen und Neugründungen

Neben der definitorischen Unterscheidung zwischen Akquisitionen und Neugründungen bieten beide Formen des Markteintritts auch sehr unterschiedliche Vor- und Nachteile, die letztendlich ausschlaggebend für die Auswahl durch das eintretende Unternehmen sind.

Vor- und Nachteile von Akquisitionen

Die zentralen Vorteile von Akquisitionen liegen in der Geschwindigkeit, mit der eine Marktbearbeitung beginnen kann (siehe auch Abbildung 12.9). Die Niederlassung verfügt von Anfang an über Zugänge zu lokalen Vertriebskanälen sowie eine bestehende Kundenbasis. Abhängig von der Art und Ausgestaltung der Akquisition können auch bereits erfahrene Manager übernommen werden. Für das Marketing besonders relevant ist auch der Erwerb von Markenrechten der gekauften Unternehmung. Dieser Umstand ist oft ausschlaggebend in Konsumgütermärkten und überwiegt alle anderen Vorteile einer Akquisition. Aus Sicht der Markenführung erlaubt eine solche Akquisition die Umgehung von „Liabilities of Foreignness" und erspart die oft kostenintensiven Investitionen in die Etablierung einer neuen Marke in einem Auslandsmarkt. Wie stark die Ablehnung gegenüber ausländischen Marken sein kann, musste z.B. auch Coca-Cola in unterschiedlichen Auslandsmärkten immer wieder erfahren. Um im lokalen Wettbewerb bestehen zu können, kaufte Coca-Cola in Indien den lokalen Wettbewerber Thumbs Up, in Peru übernahm die US-amerikanische Firma den lokalen Wettbewerber Inca Kola. Sowohl Thumbs Up als auch Inca Kola waren lokale Marktführer.

Aufgrund der Möglichkeiten, bestehende lokale Expertise zu übernehmen, bieten sich Akquisitionen auch sehr für Unternehmen an, die bisher nur geringe Erfahrungen in der Internationalisierung gesammelt haben. Handelt es sich bei dem Ziel der Akquisition bspw. um einen bereits genutzten und bekannten Intermediär, so Übernahme eines lokalen Distributionspartners zur Errichtung einer Vertriebsniederlassung, kann auch ein unerfahrenes Unternehmen verhältnismäßig einfach sein Commitment im Auslandsmarkt erhöhen. Wie in Abschnitt 12.4.1. noch näher betrachtet wird, ist allerdings auch bei Akquisitionen ein ausgewogenes und vorsichtiges Vorgehen anzuraten, da diese vielfach an einem mangelnden Fit zwischen den beteiligten Unternehmen scheitern.

Die Nachteile von Akquisitionen als direktinvestive Betätigungsform gliedern sich in unterschiedliche Aspekte auf. So wird mit einer Akquisition ein bestehendes Bündel an Eigenschaften erworben, die entweder nicht alle benötigt werden oder in ihrer Ausgestaltung nicht ideal ausgeprägt sind. Zu denken ist bspw. an den Standort des Unternehmens, der bei einer Akquisition stets gegeben ist. Während sich ein Standort bei einer Vertriebsniederlassung relativ einfach verlegen lässt, z.B. durch die Anmietung geeigneter Büro- oder Storeflächen, ist dies bei Produktionsniederlassungen zumeist ausgeschlossen. Der Standort des Akquisitionsziels muss daher bzgl. seiner strategischen Eignung in den Auswahlprozess miteinbezogen werden. Kritische Aspekte können sein, ob lokale Zulieferer in hinreichender Menge und Qualität am Standort zur Verfügung stehen und ob weitere, eigene Zulieferer sich in der Nähe ansiedeln können.

Ebenfalls kann davon ausgegangen werden, dass auch die Belegschaft des Akquisitionsziels übernommen wird. Gerade bei personalintensiven Produktionsstätten führt eine Akquisition durch einen ausländischen Akteur im Auslandsmarkt oft zu Sorgen der Mitarbeiter um den Erhalt der Arbeitsplätze. Die Ungewissheit darüber, welche Ziele der neue Eigentümer verfolgt, schürt daher häufig Sorgen in der betroffenen Region. Hieraus ergibt sich auch ein weiterer Nachteil von Akquisitionen: Die Regierung des Auslandsmarkts, ob national oder auf regionaler Ebene, steht Übernahmen zumeist abwehrend gegenüber. Neben den Konsequenzen für die lokale Beschäftigung basiert diese Haltung vielfach auch auf der Sorge darum, dass ausländische Unternehmen lediglich an dem Know-How des Akquisitionsziels interessiert sind, und durch die Akquisition ein Wettbewerbsnachteil für die heimische Wirtschaft entstehen kann. Im Hinblick auf Wettbewerbsvorteile und technologisches Know-how weisen Akquisitionen ebenfalls einige potenzielle Nachteile auf. So bleibt mit einem Markteintritt über Akquisition zwar die Zahl der Wettbewerber im Auslandsmarkt identisch, doch ist zumindest bei Produktionsniederlassungen die Fertigungstechnologie zunächst über den technischen Entwicklungsstand des Akquisitionsziels vorgegeben. Dieser Umstand ist dann problematisch, wenn der Technologielevel entweder unter dem der Fertigung im Heimatland liegt, in diesem Fall müssen über Folgeinvestitionen die Produktionsstätten verbessert werden, oder wenn er deutlich über dem Level im Heimatland liegt. Auch wenn ein Akquisitionsziel im letzten Fall gerade darin bestehen kann, die Technologie im Auslandsmarkt zu internalisieren, gestaltet sich die Integration der Produktionsniederlassung oftmals schwierig.

Abbildung 12.9: Vor- und Nachteile von ausländischen Akquisitionen

Vorteile	Nachteile
▪ Skaleneffekte (von Anfang an) ▪ Oftmals schnelle Cash Flow-Generierung durch die Akquisition ▪ Schneller Zugang zum lokalen Markt ▪ Zugang zu zusätzlichen lokalen Ressourcen (Marken, Management-wissen, Marktwissen, Beziehungen zur Regierung, Vertriebsnetzwerke, Zulieferer) ▪ "Einkaufen" in Marktposition/Image ▪ Wettbewerbsintensität im Gastland wird nicht erhöht (geringeres Risiko an Überkapazität)	▪ Hohe Informations- und Recherchekosten (Informationsasymmetrien, akquirierende Firma bezahlt oftmals zu viel für die Vermögenswerte die akquirierte Firma, Synergiepotentiale oftmals geringer als erhofft) ▪ Widerstand der Gastlandregierung ▪ Notwendigkeit verschiedene Systeme, Kulturen etc. zu integrieren ▪ Adäquates Übernahmeobjekt muss verfügbar sein ▪ Hohe Risiken ▪ Widerstand des lokalen Unternehmens

Vor- und Nachteile von Neugründungen

Neugründungen bieten gegenüber Akquisitionen ein nahezu gespiegeltes Spektrum von Vor- und Nachteilen. Hinsichtlich der Marktbearbeitung erfolgt der Marktzugang bei einer Neugründung nicht unmittelbar, sondern muss zeitverzögert aufgebaut werden. Die Zeitspanne, innerhalb derer eine Neugründung operativ tätig wir, richtet sich dabei nach der Art und dem Umfang der benötigten Investitionen. Bei Produktionsniederlassungen, für die eigene Werke erbaut werden müssen, kann dies einen Zeitraum von vielen Monaten bis hin zu Jahren umspannen. Vertriebsniederlassungen können zwar, aufgrund des geringeren Kapitaleinsatzes, schneller gegründet werden, doch auch hier müssen entsprechende Räumlichkeiten zunächst gefunden, umgebaut und bestückt werden. Zudem müssen für die Neugründung sämtliche notwendige Lizenzen beantragt werden. Die Zeit, die diese administrativen Schritte beanspruchen, liegt im internationalen Vergleich zwischen 0,5 Tagen in Neuseeland und 70 Tagen in Somalia. Im Durchschnitt beträgt die Zeitspanne innerhalb der OECD-Länder 9,2 Tage (World Bank 2021). Dazu kommen noch Wartezeiten für Gebäude, Stromversorgung, etc. Neben den zeitlichen Verzögerungen beim Marktzugang i.S. von Infrastruktur und Organisation sind Neugründungen primär aus Sicht der Marktbearbeitung kritisch zu betrachten. Während bei einer Akquisition die Marktstellung, so bspw. der Marktanteil, unmittelbar erkauft wird, muss diese bei einer Neugründung aufgebaut werden.

Zur Eroberung von Marktanteilen im Auslandsmarkt muss das eintretende Unternehmen über das notwendige Wissen hinsichtlich lokaler Bedürfnisse verfügen, eine geeignete Vertriebs- und Distributionsstruktur aufbauen und gegenüber lokalen Wettbewerbern eigene Wettbewerbsvorteile nutzen können. Die Fülle dieser Anforderungen verdeutlicht die Wichtigkeit vorhergehender Bearbeitungen des Auslandsmarkts über kooperative Betätigungsformen sowie für den Umstand, dass Produktionsniederlassungen fast immer erst nach einer ausgedehnten Periode erfolgen, in der das Unternehmen über eine Vertriebsniederlassung im Auslandsmarkt vertreten war.

Zu den Vorteilen von Neugründungen zählen u.a., dass Regierungen in den meisten Auslandsmärkten darum bemüht sind, ausländische Direktinvestitionen i.S. von Neugründungen zu stimulieren (Halaszovich/Lundan 2016). Ein dabei häufig eingesetztes Mittel sind finanzielle Förderungen, entweder unmittelbar oder mittelbar über Steuererleichterungen. Darüber hinaus kann ein Unternehmen, das in einem Auslandsmarkt eine Produktionsniederlassung neu gründet, die neusten technologischen Verfahren einsetzen. Dieser Umstand rechtfertigt oftmals eine Neugründung, da hierüber relevante Wettbewerbsvorteile im Auslandsmarkt realisiert werden können. Auch gestaltet sich die Integration einer Neugründung in die internationale Unternehmensstruktur problemloser, da die Neugründung entsprechend ausgestaltet werden kann. Ebenso ist der Standort der Neugründung frei oder zumindest freier wählbar, sodass Synergien mit Zulieferern oder die Nähe zu wichtigen Kundensegmenten gesichert werden können.

Die freie Wählbarkeit des Standorts setzt allerdings voraus, dass im Auslandsmarkt ein vielfältiges Angebot unterschiedlicher Standorte besteht. Dies muss in der Realität nicht zwingend gegeben sein (Hennart 2009). Beispielsweise sind Geschäftslagen in Innenstadtlage in vielen Metropolen dieser Welt nur sehr begrenzt verfügbar und stehen oftmals nicht oder nur sehr eingeschränkt zur Verfügung. Sollte ein speziell benötigter Standort daher nicht auf dem Markt verfügbar sein, muss ein eintretendes Unternehmen u.U. nach einem entsprechenden Akquisitionsziel, mit genau so einem Standort, suchen. Abbildung 12.10 fasst die relevantesten Aspekte zur Beurteilung von Akquisitionen und Neugründungen überblicksartig zusammen.

Abbildung 12.10: Kriterien zur Beurteilung von Akquisitionen und Neugründungen

Kriterium	Akquisition	Neugründung
Marktzugang	Unmittelbar	Zeitverzögert
Marktanteil	Wird übernommen	Muss erobert werden
Kapitaleinsatz	Hoher Anfangsbetrag	Sukzessive Steigerung
Standort	Gegeben	Frei wählbar
Regierungseinstellung im Auslandsmarkt	Oft Abwehrhaltung	Häufig finanzielle Förderung
Technologie	Vorgegeben	Neuestes Verfahren einsetzbar
Integration	Schwierig	Problemlos
Anbieterzahl und Produktkapazitäten	Konstant	Wird erhöht

12.3.3. Divestments

Neben der Gründung von Tochtergesellschaften spielt auch die Aufgabe bzw. Schließung solcher eine wichtige Rolle in der internationalen Marktbearbeitung. Erstaunlicherweise wird diese wichtige strategische Option des Divestments in der Literatur und Forschung vielfach nur am Rande behandelt (siehe zu weiteren Mode Changes Abschnitt

9.4. und zur Aufgabe von Ländermärkten auch Abschnitt 4.4). Wie bereits ausgeführt wurde, handelt es sich bei der Gründung von Tochtergesellschaften, unabhängig von Akquisition oder Neugründung, um Entscheidungen, bei denen erhebliche Mengen an Kapital aufgewendet werden müssen. Vor diesem Hintergrund ist es verständlich, dass Unternehmen bemüht sind, ihre Auslandsniederlassungen erfolgreich fortzuführen. Dennoch gebietet es die wirtschaftliche Logik, im Falle von zurückgehender Profitabilität oder anhaltender Verluste, eine Auslandsniederlassung wieder zu schließen. Schließungen können auch aus strategischen Neuausrichtungen heraus begründet sein, die eine geographische Verlagerung von Wertschöpfungsaktivitäten nach sich ziehen.

Bezüglich der Ursachen von Divestments konnten Schmid/Morschett (2020) acht Faktoren identifizieren, die die Wahrscheinlichkeit eines Divestments beeinflussen (siehe Abbildung 12.11). Nicht berücksichtigt werden an dieser Stelle mögliche Interaktionen und Interdependenzen zwischen den aufgeführten Einflussfaktoren. So ist es durchaus vorstellbar, dass Unternehmen, die intensiv Forschung und Marketing konzentriert am Stammsitz betreiben, eine grundlegend andere, eingeschränktere Strategie auf dem „Subsidiary Level" verfolgen und damit die Wahlmöglichkeiten von vornherein einschränken. Ebenso ist es logisch, dass die institutionellen Charakteristiken des Auslandsmarkts, die im Rahmen von Divestments keinen unmittelbaren Einfluss aufweisen, bereits im Vorfeld auf die Ausgestaltung des „Subsidiary Levels" wirken, so durch den Zwang zu JV anstelle von Tochtergesellschaften.

Abbildung 12.11: Einflussfaktoren auf Divestmententscheidungen

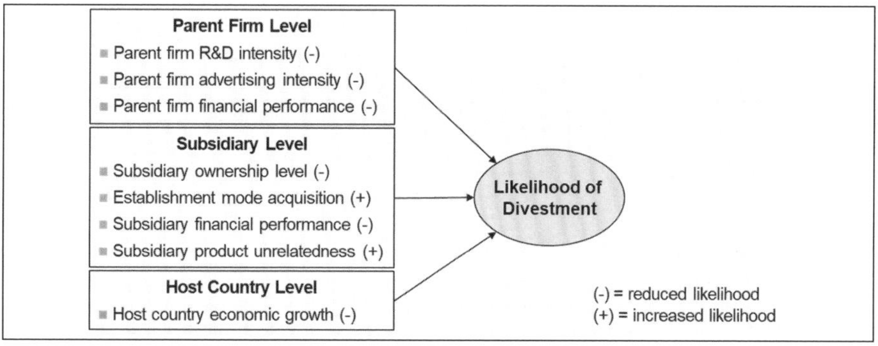

Parent Firm Level
- Parent firm R&D intensity (-)
- Parent firm advertising intensity (-)
- Parent firm financial performance (-)

Subsidiary Level
- Subsidiary ownership level (-)
- Establishment mode acquisition (+)
- Subsidiary financial performance (-)
- Subsidiary product unrelatedness (+)

Host Country Level
- Host country economic growth (-)

→ Likelihood of Divestment

(-) = reduced likelihood
(+) = increased likelihood

Quelle: I.A.a. Schmid/Morschett 2020, S. 9.

Auf der Ebene der Muttergesellschaft zeigen die Ergebnisse, dass MNU mit hinreichenden Ressourcen und Kompetenzen in der Marktbearbeitung seltener aus Auslandsmärkten austreten. Dies verdeutlicht die Relevanz des „Resource-based Views" für die internationale Marktbearbeitung. Auf der Ebene der Tochtergesellschaft wird ein Divestment wahrscheinlicher, wenn der Markteintritt über eine Akquisition erfolgte, oder die angebotenen Produkte keinen Bezug zum Kernportfolio des MNU aufweisen. Wenig überraschend ist der Befund, dass finanziell erfolgreiche Tochtergesellschaften eher erhalten bleiben als solche, die ihre finanziellen Erfolgsziele nicht erreichen können. Hinsichtlich der Bedingungen auf dem Auslandsmarkt konnten Schmid/Morschett (2020) einen klaren Einfluss auf die Wahrscheinlichkeit eines Divestments nur für die wirtschaftliche Entwicklung nachweisen. Weist diese eine negative Tendenz auf, steigt die Wahrscheinlichkeit für ein Divestment.

12.4. Erfolgsfaktoren und Rahmenbedingungen

12.4.1. Erfolgsfaktoren und Rahmenbedingungen von Akquisitionen

Auch wenn Akquisitionen im Rahmen internationaler Expansionen für viele Unternehmen ein wichtiger Operation Mode ist, zeigt sich empirisch, dass ca. 70% aller internationalen Akquisitionen scheitern. Im Durchschnitt zeigt sich, dass die übernommene Firma im Auslandsmarkt schlechtere Ergebnisse erzielt, als dies vor der Akquisition der Fall war (Peng 2021, S. 240). Aus diesem Grund soll in diesem Abschnitt zunächst auf die Erfolgsfaktoren und Rahmenbedingungen von Akquisitionen eingegangen werden. In Abschnitt 12.4.2. wird der Fokus dann auf eine allgemeinere Betrachtung dieser Faktoren hinsichtlich von Tochtergesellschaften, insb. Greenfield Investments, erweitert.

Grundsätzlich kann bei den Erfolgsfaktoren von Akquisitionen in zwei Prozessphasen unterschieden werden, so

- Selektionsphase (Pre-Akquisitionsphase) und
- Integrationsphase (Post-Akquisitionsphase).

Erfolgsfaktoren und Rahmenbedingungen der Selektionsphase (Pre-Akquisitionsphase)

Der Erfolg von Akquisitionen hängt maßgeblich von der Identifikation geeigneter Akquisitionsziele, den Verhandlungen, der Vertragsgestaltung, ihrer Ankündigung und letztlich dem Abschluss des Akquisitionsprozesses ab (Welch u.a. 2020). Hieraus ergibt sich ein sechsstufiger Prozess, wie er in Abbildung 12.12 dargestellt ist.

Abbildung 12.12: Stufen eines Akquisitionsprozesses

(1) Initiation	(2) Target Selection	(3) Bidding and Negotiations
▪ Motives ▪ CEO / TMT characteristics ▪ Governance and ownership	▪ Identification and pre-screening ▪ Information asymmetry and learning ▪ Contextual factors	▪ Competition and commitment ▪ Negotiation tactics ▪ Hostility and trust
(4) Valuation, Terms, and Financing	**(5) Announcement**	**(6) Closure**
▪ Valuation and due diligence ▪ M&A premiums ▪ …	▪ Impression management ▪ Information leakage	▪ Reducing deal uncertainty ▪ Effects of participants

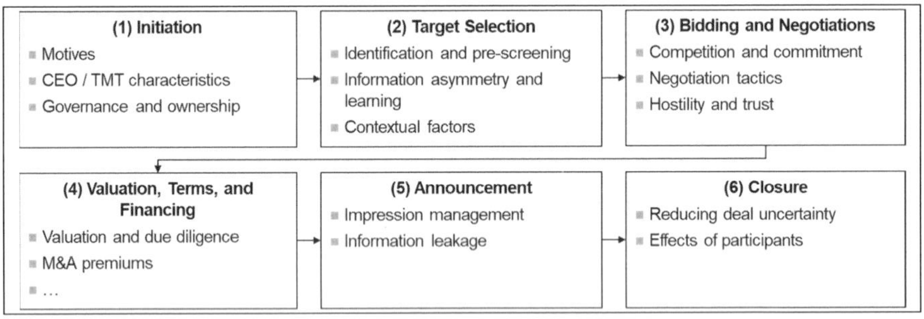

Quelle: I.A.a. Welch u.a. 2020.

Aus Sicht des Internationalen Marketing sind insb. die Phasen (1) Initiation und (2) Target Selection relevant. Auf die Stufen (3) Bidding and Negotiations, (4) Valuation, Terms, and Financing, (5) Announcement und (6) Closure soll an dieser Stelle nicht weiter eingegangen werden. Vertiefende Literatur hierzu findet sich u.a. bei Welch u.a. (2020).

Bei der **Initiation** einer Akquisition spielen insb. die Motive, die Geschäftsführung sowie die Governancestruktur des kaufenden Unternehmens eine wichtige Rolle. Die mit einer Akquisition im Internationalen Marketing verfolgten Ziele wurden bereits ausführlich in Abschnitt 12.3. besprochen und sollen an dieser Stelle nicht wiederholt werden. In der wissenschaftlichen Literatur herrscht jedoch Einigkeit darüber, dass die Motivation hinter einer Akquisition mit der internationalen Strategie übereinstimmen muss (**Strategy Fit**). Anders ausgedrückt müssen die strategischen Ziele des Unternehmens über eine Akquisition erreichbar sein (siehe auch die Vor- und Nachteile von Akquisitionen). Die Rolle des Topmanagements und insb. des CEOs nimmt einen wichtigen Stellenwert für den Erfolg von Akquisitionen ein. Empirisch belegt werden konnte, dass CEO-Charakteristiken wie Alter und Geschlecht, so jüngere und männliche CEOs, (Huang/Kisgen 2013; Yim 2013), übermäßiges Selbstvertrauen (Malmendier/Tate 2015), Narzissmus (Oesterle/Elosge/Elosge 2016; Zhu/Chen 2015), Extrovertiertheit (Malhotra u.a. 2018) und ein starker Fokus auf Beförderungen (Gamache u.a. 2015) zu einer Überschätzung der Fähigkeiten führt, eine Akquisition erfolgreich durchzuführen. Demgegenüber neigt ein international erfahrenes Topmanagementteam dazu, Akquisitionsmöglichkeiten realistischer zu bewerten, erfolgreicher zu initialisieren und abzuschließen (Nadolska/Barkema 2014; El-Khatib/Fogel/Jandik 2015). Bezüglich der Governancestruktur konnte gezeigt werden, dass Familienunternehmen Akquisitionen grundsätzlich eher ablehnend gegenüberstehen, da diese als zu disruptiv wahrgenommen werden (Feldman/Amit/Villalonga 2016). Staatliche Firmen hingegen nutzen Akquisitionen vermehrt zur Expansion auf neue Auslandsmärkte (Greve/Man Zhang 2017).

Unter allen Erfolgsfaktoren nimmt die Auswahl eines passenden Akquisitionsziels (**Target Selection**) den wichtigsten Stellenwert ein (Peng 2021, S. 240). Die Auswahl sollte sich danach richten, ob das Akquisitionsziel über geeignete Ressourcen und Fähigkeiten verfügt, so Patente (Bena/Li 2014) oder aus Marketingsicht auch Netzwerkzugänge im Auslandsmarkt (Hernandez/Shaver 2019). Die Beurteilung der Ressourcen und Fähigkeiten des Akquisitionsziels muss dabei relativ zum eignen Portfolio erfolgen, um einen entsprechenden Fit sicherzustellen (Peng 2021, S. 241). Dieser Fit ergibt sich aus einer Kombination supplementärer und komplementärer Ressourcen und Fähigkeiten. Eine Auswahl von Akquisitionszielen, die entweder identische Ressourcen und Fähigkeiten ausweisen (Yu/Umashankar/Rao 2016) oder ausschließlich komplementäre (Kaul/Wu 2016) erweist sich zumeist nachteilig für den Erfolg der Akquisition. Kritisch wirkt sich auf die objektive Auswahl eines Akquisitionsziels die Informationsasymmetrie der beteiligten Unternehmen aus. Die Reduktion dieser Asymmetrie stellt einen Erfolgsfaktor für Akquisitionen dar (Trichterborn/Zu Knyphausen-Aufseß/Schweizer 2016). Im Rahmen der Informationsasymmetrie wird vielfach auf die Bedeutung von Signalen, also dem aktiven Kommunizieren relevanter Aspekte, hingewiesen (Ragozzino/Blevins 2016). Im Sinne der internationalen Expansion ist es daher nicht verwunderlich, dass Unternehmen sehr häufig bemüht sind, solche Unternehmen zu akquirieren, mit denen sie bereits im Rahmen der Marktbearbeitung eigene Erfahrungen machen konnten. Als weiterer Einflussfaktor auf die Auswahl eines Akquisitionsziels sind weitere Rahmenbedingungen, allen voran kulturelle Unterschiede und rechtliche Aspekte, zu nennen. So steigt der Erfolg einer Akquisition zumeist durch die Auswahl eines Ziels mit geringer kultureller Distanz (Ahern/Daminelli/Fracassi 2015). Rechtliche Einschränkungen, wie kartellrechtliche Bestimmungen und Arbeitsschutzgesetzte, schränken die Auswahl möglicher Akquisitionsziele ein (Alimov 2015; Maas/Heugens/Reus 2019).

Erfolgsfaktoren und Rahmenbedingungen der Integrationsphase (Post-Akquisitionsphase)

Gelingt es in der Selektionsphase, sowohl ein geeignetes Unternehmen auszuwählen als auch die Akquisition rechtlich zu vollziehen, beginnt die Integrations- oder Post-Akquisitionsphase. Auch wenn der Erfolg der Integration maßgeblich von der Passung des gewählten Akquisitionsziels abhängt, zeigen sich darüber hinaus weitere Erfolgsfaktoren und Rahmenbedingungen, die über den Nutzen der Akquisition entscheiden. Überblicksartig fasst Abbildung 12.13 diese sowohl für Akquisitionen im Allgemeinen sowie für internationale Akquisitionen zusammen.

Abbildung 12.13: Kritische Erfolgsfaktoren für Akquisitionen in der Integrationsphase

Factors for all Acquisitions	Factors for cross-border Acquisitions
▪ Poor organizational fit ▪ Failure to address multiple stakeholder groups' concerns	▪ Clashes of organizational cultures compounded by clashes of national cultures ▪ Nationalistic concerns against foreign takeovers on the firm and employee levels

Quelle: I.A.a. Peng 2021, S. 240.

Im Rahmen der hier interessierenden internationalen Akquisitionen gewinnen vorrangig solche Konflikte an Bedeutung, die sich aus kulturellen Unterschieden zwischen den Belegschaften der beteiligten Unternehmen ergeben. Diese lassen sich dem **organisationalen Fit** zurechnen, da sie sich in Unterschieden der Organisationskultur zeigen. Bei internationalen Akquisitionen entstehen relevante Unterschiede in der Organisationskultur jedoch primär aus Unterschieden in den jeweiligen Landeskulturen: „National cultural differences can create "cultural clashes" to undermine the value creation by cross-border acquisitions" (Huang/Zhu/Brass 2017, S. 972). Hiernach basieren diese „Cultural Clashes" auf Unterschieden in der Kulturdimension Power Distance. Power Distance, also die Akzeptanz oder Ablehnung von Machtunterschieden, wirkt sich auf die Stärke und Bedeutung von Hierarchien in Unternehmen aus. Unternehmen aus Kulturen mit hoher Power Distance weisen dabei regelmäßig strengere Hierarchien auf als solche aus Kulturen mit geringer Power Distance. Cultural Clashes treten insb. dann auf, wenn die Power Distance im Auslandsmarkt geringer ist als im Heimatland des akquirierenden Unternehmens. In diesem Fall fällt es den Mitarbeitern der akquirierten Unternehmung besonders schwer, mit der strikten, neuen Hierarchie umzugehen. Die Konflikte werden zusätzlich verstärkt, wenn intensive Interaktionen zwischen beiden Kulturen notwendig sind.

Abschließend sei auf das Drei-Phasen-Modell der Post-Akquisitions-Integration nach Wei/Clegg (2020) verwiesen. Wie in Abbildung 12.14 dargestellt, konnten empirisch drei Integrationsphasen identifiziert werden, deren systematisches Durchlaufen dabei hilft, die Integration des Akquisitionsziels erfolgreich zu gestalten.

Abbildung 12.14: Drei-Phasen Modell der Post-Akquisitions-Integration

Phase 1: Organisational Integration		Phase 2: Sales-Oriented Integration		Phase 3: Supply-Oriented Integration	
(1) New organization structure	(2) Combination of operational activities	(3) Reconfiguration of existing and potential products	(4) Reallocation of customer-oriented resources	(5) Integration of suppliers	(6) Integration of production
▪ TMT change ▪ Integration plan revision	▪ Review and link the businesses to maintain normal daily operations	▪ Rationalize products and on-going R&D projects	▪ Redeployment of resources on products, sales, after-sales services	▪ Review contracts with suppliers ▪ Select and rationalize suppliers	▪ Close selected production sites ▪ Reallocate production tasks ▪ Assign new responsibilities

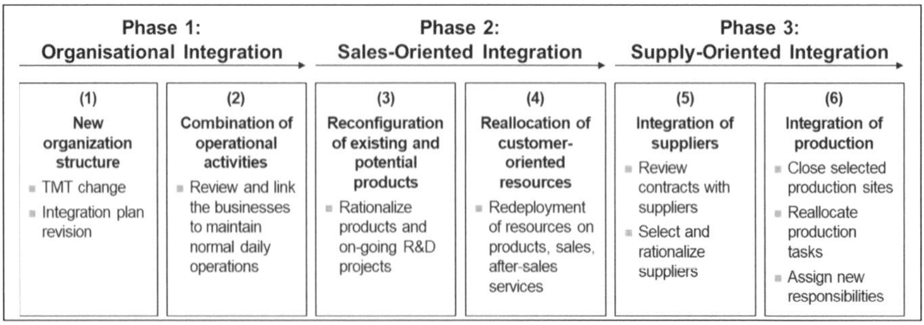

Quelle: I.A.a. Wei/Clegg 2020, S. 1659.

Wie das Modell zeigt, sollte eine Integration auf organisationaler Ebene beginnen und sukzessive Organisationsstrukturen, inkl. der Besetzung des Topmanagements, sowie operative Aktivitäten umfassen. Erst wenn die Integration auf organisationaler Ebene abgeschlossen ist, schlagen die Autoren vor, sollte eine Integration der Marktbearbeitung erfolgen. Hierbei ist zunächst auf die Konfiguration des Leistungsangebots zu achten. Im nächsten Schritt können dann Prozesse und Ressourcen der Kundenorientierung integriert werden. Die dritte und letzte

Phase der Integration bilden Zulieferer und Produktionsprozesse. Die Reihung der Phasen verdeutlicht die Bedeutung einer grundlegenden Integration des Akquisitionsziels hinsichtlich der organisationalen Ebene, da diese die Grundlage jedweder Wertschöpfungsprozesse darstellt.

Ökonomische Aspekte einer Integration

Aus ökonomischer Sicht misst sich der Erfolg einer Akquisition zudem daran, ob nach der Integration der Firmenwert höher zu bewerten ist, als dies vor der Akquisition der Fall war. Die Integration selbst erzeugt dabei spezifische Kosten, so Kaufpreis (Wert des Unternehmens zzgl. Preispremium), Restrukturierungskosten und Integrationskosten. Diesen Kosten steht das Synergiepotential gegenüber. Aus einer ökonomischen Logik heraus ergibt sich, dass eine Akquisition wirtschaftlich nur dann sinnvoll erscheint, wenn das Synergiepotential die Kosten der Akquisition und Integration übersteigen. Abbildung 12.15 fasst diese Zusammenhänge schematisch zusammen.

Abbildung 12.15: Ökonomische Logik einer Akquisition

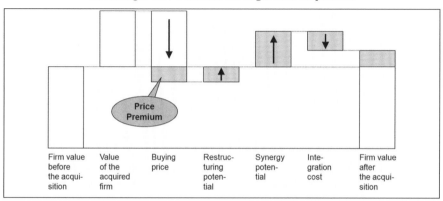

Quelle: I.A.a. Hungenberg 2014, S. 496.

12.4.2. Erfolgsfaktoren und Rahmenbedingungen von Tochtergesellschaften

Neben den spezifischen Erfolgsfaktoren bei Akquisitionen werden in der Forschung auch solche Faktoren und Rahmenbedingungen behandelt, die generell für Tochtergesellschaften und damit explizit auch für Neugründungen gelten. Inhaltlich lassen sich diese Forschungsarbeiten grob in drei thematische Felder gliedern:

- Autonomie der Tochtergesellschaften
- Einbettung in relevante Netzwerke im Auslandsmarkt
- Innovation und Wissensgewinnung.

Autonomie der Tochtergesellschaften

Als einer der wesentlichsten Erfolgsfaktoren für ausländische Tochtergesellschaften wurde in der Forschung der Grad an Autonomie identifiziert, der der Tochtergesellschaft gewährt wird. Unter Autonomie wird dabei der Grad verstanden, mit dem eine Tochtergesellschaft unabhängige strategische Entscheidungen in ihrem Auslandsmarkt treffen darf (Geleilate/Andrews/Fainshmidt 2020). Empirisch bestätigt werden konnte vielfach, dass ein höheres Maß an Autonomie mit einer Steigerung des Erfolgs der Tochtergesellschaft einhergeht. Dies verdeutlicht die Wichtigkeit der Einbeziehung lokaler Besonderheiten in der Bearbeitung des Auslandsmarkts sowie daraus resultierender lokaler Anpassungen. An dieser Stelle sei jedoch darauf hingewiesen, dass die Optimierung des Erfolges einer einzelnen Tochtergesellschaft nur in Einzelfällen auch zu einer Optimierung des Gesamterfolgs eines MNU beiträgt (siehe Kapitel 2.). Wie Abbildung 12.16 zeigt, hängt der Grad an gewährter Autonomie von der Dynamik der Industrie im Auslandsmarkt sowie der formellen, institutionellen Distanz zwischen Heimat- und Auslandsmarkt ab. Je höher Dynamik und Distanz ausgeprägt sind, desto mehr Autonomie sollte einer Tochtergesellschaft gewährt werden. Ursächlich kann dies darauf zurückgeführt werden, dass beide Faktoren eine vermehrte strategische Anpassung der Tochtergesellschaft an lokale Besonderheiten erfordern, die nicht oder nur unzureichend aus dem Heimatland gesteuert werden können. Auffällig in der Meta-Analyse von Geleilate/Andrews/Fainshmidt (2020) ist, dass für weitere Faktoren, wie bspw. kulturelle Distanzen, keine einheitlichen bzw. signifikanten Aussagen getroffen werden konnten.

Abbildung 12.16: Treiber und Relevanz von Autonomie der Tochtergesellschaft

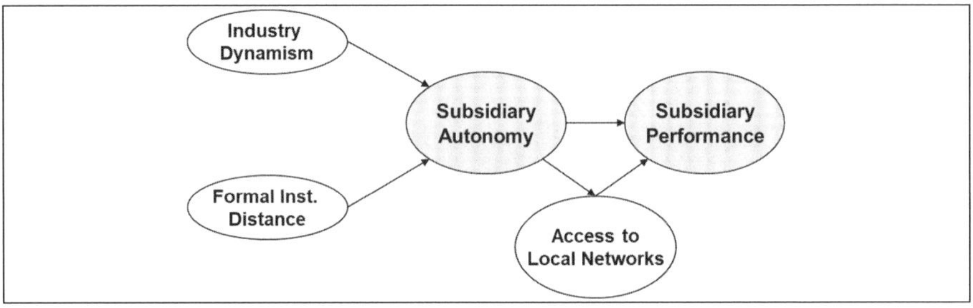

Quelle: I.A.a. Geleilate/Andrews/Fainshmidt 2020, S. 9.

Einen indirekten Erfolgsbeitrag leistet die Autonomie der Tochtergesellschaft zudem darüber, dass sie es der Gesellschaft erlaubt, effizientere Zugänge zu lokalen Netzwerken aufzubauen (Gammelgaard u.a. 2012).

Einbettung in relevante Netzwerke im Auslandsmarkt

Wie bereits im Uppsala-Modell gezeigt (siehe Kapitel 1.), stellen Zugänge zu lokalen Netzwerken einen wichtigen Erfolgsfaktor für internationale Unternehmen dar. Gerade auch in Schwellen- und Entwicklungsländern konnte empirisch die Bedeutung einer lokalen Einbettung von Tochtergesellschaften auf den Erfolg klar nachgewiesen werden (Halaszovich/Lundan 2016). Zugänge und Einbettung in lokale Netzwerke im Auslandsmarkt ermöglichen es Tochtergesellschaften bspw. mit unbekannten oder ineffizienten Marktmechanismen umzugehen. Dies gilt sowohl für Tochtergesellschaften in Industrieländern (Trąpczyński/Halaszovich/Piaskowska 2020) als auch in Schwellen- und Entwicklungsländern (Halaszovich 2020). Wie Trąpczyński/Halaszovich/Piaskowska (2020) zeigen konnten, bestimmt nicht nur die Qualität formeller Institutionen im Auslandsmarkt die Fähigkeit einer Tochtergesellschaft, in dieser Umwelt effizient zu arbeiten, sondern vielmehr die Unterschiedlichkeit der Institutionen zwischen dem Heimat- und Auslandsmarkt. So zeigten die Autoren, dass polnische Unternehmen, die in Deutschland Tochtergesellschaften unterhielten, deutlich erfolgreicher waren, wenn sie in deutsche Netzwerke eingebettet waren. Ohne die Einbettung fehlte ihnen die Kompetenz und das Wissen, ihre Marktbearbeitung auf den deutschen Markt anzupassen.

Innovation und Zugang zu Wissen

Eng mit der Einbettung der Tochtergesellschaft in lokale Netzwerke verbunden ist, wie angesprochen, der Zugang zu Wissen über den Auslandsmarkt. Wie bereits erläutert, handelt es sich hier auch um einen wesentlichen Unterschied zwischen Akquisitionen und Neugründungen, da letztere dieses Wissen erst aufbauen müssen. Grundlegend konnte in der Forschung bestätigt werden, dass Tochtergesellschaften erfolgreicher sind, wenn sie aktiven Zugriff auf Innovationen des MNU haben (Fang u.a. 2013), selbst in Innovationsprozesse eingebunden sind (Gölgeci u.a. 2019), und über die notwendigen Fähigkeiten zur Absorption lokalen Wissens verfügen (Park 2012). Eigenständige Innovationsprozesse, die durch die Tochtergesellschaft gestaltet werden, bedingen dabei ein hohes Maß an lokaler Einbettung im Auslandsmarkt, um erfolgreich zu sein (Ferraris/Bogers/Bresciani 2020). Hierfür wiederum muss die Tochtergesellschaft über hinreichende Autonomie verfügen, um die strategische Ausrichtung der Innovationsprozesse effizient ausgestalten und lenken zu können.

Zusammenfassend zeigt sich, dass der Erfolg einer Tochtergesellschaft aus der Wechselwirkung zwischen allen drei besprochenen Faktoren erwächst. Dieser Zusammenhang ist in Abbildung 12.17 zusammengefasst.

Abbildung 12.17: Wechselwirkungen der Erfolgsfaktoren von Tochtergesellschaften

12.5. Interdependenzen der Entscheidungsfelder

Im Folgenden werden ausgewählte Interdependenz der in den Kapitel 10.-12. behandelten Betätigungsformen diskutiert, so zu den anderen Kernentscheidungen im Internationalen Marketing und zu den internationalen Strategien.

Interdependenzen zu Vor- und Kernentscheidungen im Internationalen Marketing

Die Kernentscheidungen **Marktengagements** und Betätigungsformenwahl weisen besondere Interdependenzen auf. Die Auswahl der für den Eintritt relevanten Märkte wie auch deren Bedeutung im Länderportfolio kann unmittelbar mit der Wahl der exportbasierten, kooperativen oder direktinvestiven Betätigungsformen verbunden sein (siehe Abschnitte 4.3.8. und 6.4., sowie exemplarisch Abbildung 12.18). Umgekehrt bedingen „Entry- or Operation-Modes" auch die Art und Weise sowie die Kriterien der Wahl und Bewertung von Auslandsmärkten, da diese naheliegend bei Exporten vs. Tochtergesellschaften oder bei M&A oder JV variieren, bei denen zudem Unternehmen/Partner zu bewerten sind. Wie die Matrix in Abbildung 12.18 verdeutlicht, tendieren MNU immer dann zu Equity-basierten Modes, so Tochtergesellschaften oder Joint Ventures, wenn die Attraktivität des ausländischen Zielmarkts hoch ist.

Diese Entscheidung basiert, wie auch schon in Abschnitt 12.2. angesprochen, vorrangig auf den Effizienzgewinnen in der Marktbearbeitung durch eine Kontrolle des lokalen

Marketing, i.S.d. Kundenansprache, Informationsgewinnung und Identifikation von Adaptionspotenzial. Bei niedriger Attraktivität hingegen ist eine kooperative Marktbearbeitung gerechtfertigt, da das Potenzial des Marktes die hohen Investitionen nicht rechtfertigt. Aus einer dynamischen Perspektive, wie sie bspw. in Abbildung 12.6 angedeutet wurde, greifen Unternehmen jedoch auch in attraktiven Auslandsmärkten während früher Phasen der Marktbearbeitung auf kooperative Operation Modes zurück, dies jedoch mit dem Ziel einer späteren Internalisierung der Marktbearbeitung. Analog zu obigen Ausführungen ermöglicht dieses Vorgehen zunächst die Gewinnung von Erfahrungen und Markteinsichten, die dann in das eigene, lokale Marketing einfließen können. Die Frage danach wie stark die Marktbearbeitung internalisiert werden kann bzw. wie sehr ein MNU hierfür auf lokale Partner angewiesen ist, basiert gemäß der Abbildung langfristig auf den Marktbarrieren. Stehen diese einer vollständigen Internalisierung von einer Marktbearbeitung unter Einsatz von Investitionen entgegen, so in sehr attraktiven Auslandsmärkten, wird auch langfristig ein lokaler Partner, so JV, benötigt, um die Marktpotenziale abzuschöpfen. Wesentliche Barrieren sind hierbei eher im Bereich rechtlicher bzw. institutioneller Einschränkungen zu sehen, da diese auch mit fortschreitender Erfahrung nicht bewältigt werden können. In Auslandsmärkten mit geringer Attraktivität aber hohen Marktbarrieren, erfolgt die Marktbearbeitung am ehesten über eine sehr deutliche Externalisierung der Aktivitäten, indem dieses lokalen Partnern überlassen wird, entweder über eine Lizensierung oder indirekte Exporte. In beiden Fällen ist das MNU im Auslandsmarkt nicht selbst in die Marktbearbeitung eingebunden.

Abbildung 12.18: Modes in Marktattraktivität-Marktbarrieren-Länderportfolio

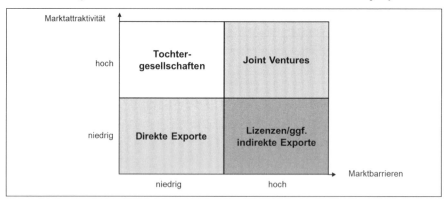

Genauer können die Beziehungen zwischen den Betätigungsformen und den Marktaustrittskosten sowie dem Timing verdeutlicht werden.

Das Spektrum der Betätigungsformen in Kapitel 12. orientiert sich am Ausmaß des direktinvestiven Engagements im Ausland und damit auch an **Markteintrittskosten**. Letztere und die Marktreduktion stehen nachfolgend im Fokus. Tendenziell besteht ein positiver Zusammenhang zwischen Markteintritts- und -austrittskosten: Je höher das direktinvestive Engagement im Land ist, umso höher sind etwaige Marktaustrittskosten. Marktaustrittskosten bei Akquisitionen und Neugründungen können auch beim Verkauf des Unternehmens (z.B. Immobilien, Anlagen) sowie durch Sozialpläne, Abfindungen etc. entstehen. Neben den Kosten, die aus gesetzlichen Verpflichtungen resultieren, können Rückzahlungen etwaiger ausländischer Subventionen im Rahmen von **Investitionszusa-**

gen anfallen. Ergänzend zu den genannten Austrittskosten, die als **direkte Marktaustrittskosten** bezeichnet werden können, sind indirekte Kosten relevant. Sie resultieren u.a. aus einer Reduzierung von Größenvorteilen (negative „Economies of Scale"), z.B. bei inländischer Produktion oder Beschaffung für Auslandsmärkte, oder denkbare Imageverluste. Die Marktaustrittskosten können ggf. als **Marktaustrittsbarrieren** wirken und zu einem Verbleib in einem Markt führen, wenngleich ein Rückzug bevorzugt würde. Deutlich wurde, dass Akquisitionen einen schnellen Markteintritt ermöglichen, Neugründungen hingegen eine längere Aufbauphase mit sich bringen. Der Faktor Zeit charakterisiert die strategische Ausrichtung eines Unternehmens im Hinblick auf einen etwaigen **Pionierstatus** im Auslandsmarkt, was einen raschen Markteintritt bedeutet. Streben Unternehmen in einen „Emerging Market", spielt der Zugang zu Markt-Knowhow, Beschaffungs- und insb. Absatzkanälen eine entscheidende Rolle. Dieser lässt sich eher über Akquisitionen sichern, was jedoch von der Verfügbarkeit geeigneter Kaufobjekte abhängt. Auch Tochtergesellschaften mit Aufbau eines Vertriebsnetzes sind möglich, wenngleich mit längeren Aufbauzeiten verbunden.

Öffnen sich Märkte, wie in der Vergangenheit asiatische Länder, so sind die (Marken-)Bekanntheit und die Erfahrungen in diesem Markt die Grundlage für direktinvestive Betätigungsformen. „Late Mover" treffen in den Zielländern i.d.R. auf eine intensive Wettbewerbssituation, in Bezug auf das politische und das sozial-ökonomische Risiko dagegen meist auf einen gefestigten Kontext. Für sie sind Akquisitionen denkbar. Bei einer länderübergreifenden Timing-Strategie, i.S.d. **Wasserfall-Modells** sind beide Investitionsformen nutzbar und aufgrund von Erfahrungs-/Lerneffekten im Zeitablauf denkbar. Ein simultaner Eintritt in eine Vielzahl von Ländern i.S.d. **Sprinkler-Modells** engt dagegen das Entscheidungsfeld ein, was bei einer **selektiven Timing-Strategie** wiederum weniger der Fall ist.

Interdependenzen zu Internationalen Strategien

Die Globale Strategie – wie sie im Abschnitt 2.2. beschrieben wurde – zeichnet sich durch eine weitgehende Standardisierung der Marketingprogramme und eine hohe Koordination der auf den Weltmarkt ausgerichteten Aktivitäten aus. Deren effektive Implementierung erfordert daher ein hohes Maß an effizienten Steuerungselementen, i.S. einer **straffen und zentralen Koordination** aller Marketingaktivitäten. Die Errichtung von Tochtergesellschaften oder (straffes) Franchising bietet grundsätzlich eine starke Einflussnahme und somit hohe **Standardisierungspotenziale**. Demgegenüber können bei Akquisitionen Widerstände bei der Multiplikation der Konzeption auftreten, wenn bspw. die ausländische Belegschaft aus kulturellen Gründen der Durchsetzung eines standardisierten Vorgehens entgegensteht, oder aber bestehende Technologien nicht mit dem globalen Standard des MNU übereinstimmen. Denkbar ist auch ein Link der Strategie zu M&A oder direkten Exporten, allerdings in Relation zu Tochtergesellschaften mit den behandelten Einschränkungen behaftet.

Eine Multinationale Strategie weist vermeintlich hohe Freiheitsgrade auf. Akquisitionen stellen eine Betätigungsform dar, der ein **Anpassungspotenzial** und damit Differenzierungspotenzial inhärent ist. So besteht oftmals der zentrale Vorteil von Akquisition gerade darin, das lokale Marktwissen, den Zugang zu den Distributionskanälen u.Ä. des ausländischen Unternehmens zu übernehmen, wenn das akquirierte Unternehmen den bisherigen eigenständigen Marktauftritt beibehält. Es kommt auf die Autonomie von Tochtergesellschaften an, ob diese vom Headquarter die Freiheit erhalten eine an das Gastland angepasste

Marketingkonzeption zu entwickeln und i.e.S. zu produzieren. Im Grenzfall existiert hierbei ein Gebilde weitestgehend autonomer organisatorischer Auslandseinheiten. Allerdings kann prinzipiell auch ein indirekter Export oder ein JV dieser Strategie zuträglich sein.

Die Transnationale Strategie deutet aufgrund ihrer komplexen Ausrichtung bereits auf die Eignung bzw. die Einsatzmöglichkeiten diverser Betätigungsformen hin. So ermöglichen in erster Linie Tochtergesellschaften, die untereinander und mit dem Stammhaus vernetzt sind (also unterschiedliche Rollen innehaben), die Realisierung des Leitprinzips „Think Global, Act Local". Grundsätzlich setzt diese Betätigungsform – wie auch bei globaler Orientierung – eine hohe **Kontroll- und Steuerungsfähigkeit** voraus. M&A sind in diesem Kontext als eine Vorstufe von Tochtergesellschaften einzustufen: Die akquirierten Unternehmen werden i.d.R. in den **Netzwerkverbund** integriert. Allerdings kann auch prinzipiell argumentiert werden, dass MNU mit Transnationalen Strategien in der Lage sein sollten, alle in den Kapiteln 10.-12. behandelten Betätigungsformen zu realisieren, was zugleich eine beachtliche Komplexität bedeutet.

Die Internationale Strategie wurde in Abschnitt 2.2. als jene für Unternehmen in den frühen Phasen der Internationalisierung ebenso beschrieben wie für Unternehmen mit einer weitgehend unmodifizierten Übernahme der im Heimatmarkt praktizierten Marketingkonzeption. Maßgeblich ist für beide Überlegungen das **Ausmaß der Einflussnahme** auf die Instrumente der Marktbearbeitung und zudem die **Marketingkonzeption im Heimatmarkt** bzw. die kulturelle und strukturelle Nähe des Auslandsmarktes zum Heimatmarkt. So ist es wesentlich, ob ein Anbieter die „Marketinghoheit" anstrebt (und praktiziert) oder nur einzelne Instrumentalbereiche „dominiert". Die Distributionspolitik kann exemplarisch angesprochen werden. Praktiziert z.B. ein Konsumgüterhersteller im Inland eine auf Verbraucher ausgerichtete Produkt- und Kommunikationspolitik, und zugleich eine indirekte Distribution über Absatzmittler, so ist die Eignung der Betätigungsformen im Ausland anders einzuschätzen als bei einem Konsumgüterhersteller, der i.S. einer vertikalisierten Distributionsstrategie ausschließlich über eigene Kanäle vertreibt. Dies gilt in analoger Weise für Industriegüterhersteller. Man denke etwa an einen Hersteller, der seine Produkte im Heimatmarkt über eine eigene Außendienstorganisation in Form von Reisenden an seine gewerblichen Industrie- oder Handwerksunternehmen vertreibt und somit die gesamte Marktbearbeitung vollständig steuert, ggü. einem Industriegüterhersteller, der im Inland ausschließlich über den Großhandel (i.S. des Produktionsverbindungshandels) distribuiert und keine direkten kommunikativen oder vertraglichen Beziehungen mit den gewerblichen Endkunden hat. Das Ausmaß der angestrebten Kontrolle prägt die Wahl der Betätigungsform. Bei starker und im Heimatmarkt auch praktizierter Einflussnahme erlauben sowohl Akquisitionen als auch Neugründungen eine vollständige Einflussnahme. Die Errichtung von Tochtergesellschaften ist bei der o.g. Strategien denkbar, wenngleich es auf die Autonomie der Auslandseinheit ankommt. Bei Akquisitionen muss der erworbenen Unternehmung im Auslandsmarkt ebenfalls ein hohes Maß an Autonomie zugestanden werden.

13. Cases in drei Branchen

13.1. Besonderheiten der Industriegüterhersteller

Die Wahl der Betätigungsform international agierender Industriegüterhersteller unterliegt unterschiedlichen Anforderungen, die sich sowohl aus der Art der erbrachten Leistungen als auch aus den jeweils genutzten Geschäftstypen im Industriegütermarketing (so Anlagen-/Projektgeschäft, Zuliefer-/Integrationsgeschäft, Systemgeschäft und Produktgeschäft, siehe auch Abschnitt 8.1.) ergeben. Zur Auswahl der Betätigungsform können folgende Leitfragen verwendet werden:

- **Wie bedeutsam sind eigene Innovationen für den Industriegüterhersteller?** In Industriegütermärkten, in denen relevante Wettbewerbsvorteile stark von proprietärem Wissen abhängen, z.B. in der chemischen Industrie, bedingt die Wahrung dieser Wettbewerbsvorteile eine Betätigungsform mit ausgeprägten Kontrollmöglichkeiten, so Tochtergesellschaften oder Akquisitionen.
- **Wie individuell sind die angebotenen Lösungen auf einzelne Kunden zugeschnitten?** Liegt der Fokus des Industriegüterherstellers auf individuellen Lösungen für zentrale Kunden, z.B. i.S.d. Technologiepartnerschaft, bedingt diese Verbundenheit ebenfalls ein hohes Maß an Kontrollmöglichkeiten durch die gewählte Betätigungsform. Werden hingegen verstärkt standardisierte Produkte vertrieben, sinkt die Notwendigkeit der Kontrolle.
- **Wie wichtig ist die Erschließung neuer Kunden im Auslandsmarkt?** Die Frage nach der Bedeutung neuer Kunden mag zunächst überraschen. Im internationalen Industriegütermarketing erfolgt die Internationalisierung jedoch häufig aus der Motivation heraus, bestehende Kunden auch in deren Auslandsmärkten bedienen zu können, i.S.d. Follow-the-Customer. Liegt der Internationalisierung eine solche Motivation zugrunde, bedarf der Industriegüterhersteller oftmals keiner oder nur begrenzter Zugänge zu Abnehmern im Auslandsmarkt. Sollen dem hingegen im Auslandsmarkt neue Kundengruppen angesprochen werden, muss das internationalisierende Unternehmen ggf. über eine kooperative Betätigungsform den Zugang zu Industrieunternehmen sicherstellen, so Joint Ventures oder Lizensierungen.
- **Wie relevant sind begleitende Serviceleistungen und pünktliche Lieferungen?** Sowohl die zeitnahe Erbringung begleitender Serviceleistungen als auch die Verlässlichkeit von pünktlichen Lieferungen, so z.B. bei Just-in-Time Produktionen, erfordern vielfach eine eigene lokale Präsenz des Industriegüterherstellers. Dies hängt zum einen mit den Transportrisiken, so bei Exporten, aber auch mit der Qualität der Leistungserbringung, z.B. bei der Einbindung von externen Dienstleistern in Kooperationen, zusammen. Bestehen hingegen keine Serviceverpflichtungen bzw. müssen Lieferungen nicht exakt getimt sein, können Auslandsmärkte bspw. auch im Industriegütermarketing über Exporte bearbeitet werden.

Wie eingangs bereits angesprochen, korrespondieren die Antworten auf obige Leitfragen mit den jeweiligen Geschäftstypen im Industriegütermarketing. Die einzige Ausnahme bildet dabei u.U. die Frage nach der Relevanz von Innovationen. Diese können, je nach Art der Wertschöpfung, in sämtlichen Geschäftstypen als Wettbewerbsvorteil dienen und tun dies zumeist auch. Die Zusammenhänge zwischen Geschäftstypen und Betätigungsformen fasst Abbildung 13.1 überblicksartig zusammen.

Abbildung 13.1: Zusammenhänge zwischen Geschäftstypen und Betätigungsformen im internationalen Industriegütermarketing

Geschäftstypen	Kontrollbedarf	Zugang zu neuen Kunden	Service/ Pünktlichkeit	Wahrscheinliche Betätigungsformen
Anlagen-/Projektgeschäft	Hoch	Gering	Hoch	Tochtergesellschaften/ggf. Joint Ventures
Zulieferer-/Integrationsgeschäft	Hoch bis mittel	Mittel bis hoch	Hoch bis mittel	Joint Ventures/ Tochtergesellschaften
Systemgeschäft	Mittel bis gering	Mittel bis hoch	Mittel	Lizenzen/ggf. Export
Produktgeschäft	Mittel bis gering	Hoch	Mittel bis gering	Export/Lizenzen

Das **Systemgeschäft** ist – wie in Kapitel 3. aufgezeigt – neben der Ausrichtung auf einen anonymen Markt durch den zeitlichen Kaufverbund gekennzeichnet, der von Nachfragern bei der sukzessiven Beschaffung von Leistungen wahrgenommen wird und die Vermarktungsaktivität des Anbieters beeinflusst (im Wesentlichen im sog. **Systembindungseffekt**). Im Ergebnis macht die Systembindung den Nachfrager – je nach Offenheitsgrad des Systems – mehr oder weniger stark von dem einmal gewählten System abhängig. Die Systembindung eines Systems kann in unterschiedlichem Ausmaß bestehen (Backhaus/Voeth 2010, S. 426).

In den Vermarktungsprozessen spielen daher Instrumente eine Rolle, die bei den Nachfragern eine Reduktion der Unsicherheit bewirken. In diesem Kontext kann **Leasing** als ein vertragliches Instrument zur Senkung der Einstiegsinvestitionskosten betrachtet werden. Internationale Leasing-Verträge, auch als **Cross-Border Leasing** bezeichnet, können i.w.S. als eine Betätigungsform auf ausländischen Märkten eingestuft werden:

Internationale Leasing-Verträge regeln die zeitlich begrenzte Nutzungsüberlassung eines Investitionsobjektes gegen Entgeltzahlung (Leasingraten) durch einen außenstehenden Finanzier und Eigentümer (Leasinggeber) mit der Wirkung, dass der Leasingnehmer die Anschaffungskosten des Investitionsobjektes nicht aus eigenen Mitteln aufbringen muss. Unterschieden wird weiterhin zwischen direktem Leasing und indirektem Leasing. Beim direkten Leasing ist der Hersteller zugleich der Leasinggeber; bei indirektem Leasing besteht neben dem Hersteller ein Leasinggeber, z.B. in Form einer Leasinggesellschaft, im Inland oder im Ausland.

13.2. Dynamiken internationaler Betätigungsformen bei Schaeffler[1]

13.2.1. Kurzvorstellung des Unternehmens

Die Schaeffler Gruppe (nachfolgend „Schaeffler") ist ein weltweit tätiger Automobil- und Industriezulieferer mit Sitz im deutschen Herzogenaurach. Zur Schaeffler gehören 150 Tochterunternehmen im In- und Ausland mit über 83.000 Mitarbeitern an mehr als 200 Standorten weltweit. Unter der Leitidee "Mobilität für morgen" entwickelt und produziert Schaeffler Präzisionskomponenten und Systeme in Motor, Getriebe und Fahrwerk sowie Wälz- und Gleitlagerlösungen für eine Vielzahl von Industrieanwendungen. Hierzu zählen innovative und nachhaltige Technologien sowohl für Fahrzeuge mit reinem Verbrennungsmotor als auch für Hybrid- und Elektrofahrzeuge, ebenso wie Komponenten und Systeme für rotative und lineare Bewegungen (bspw. in Motoren und Antriebssträngen) sowie Serviceleistungen, Instandhaltungsprodukte und Monitoringsysteme. Darüber hinaus bietet

---

[1] Die Fallstudie basiert auf Geschäftsberichten und öffentlich zugänglichen Quellen der Schaeffler Gruppe.

das Unternehmen Reparaturlösungen in Erstausrüsterqualität für den weltweiten automobilen Ersatzteilmarkt. Mit knapp 2.400 Patentanmeldungen gehörte Schaeffler im Jahr 2019 laut des Deutschen Patent- und Markenamtes zu den innovationsstärksten Unternehmen Deutschlands. Den Grundstein für die heutige Unternehmensgruppe legten die Brüder Dr. Wilhelm Schaeffler und Dr.-Ing. Georg Schaeffler mit der Gründung der Industrie GmbH in Herzogenaurach, dem heutigen Hauptsitz des Unternehmens. Seit dem Tod von Georg Schaeffler im Jahr 1996 sind seine Witwe Maria Elisabeth Schaeffler-Thumann und sein Sohn Georg F.W. Schaeffler die alleinigen Gesellschafter. Nach der Übernahme der Continental AG im Jahr 2009 führte die weltweite Finanzkrise und der damit unerwartet einhergehende Rückgang des Marktwerts der Continental AG sowie die durch die Übernahme drastisch gestiegene Finanzverschuldung letztendlich im Jahr 2015, unter der Führung des ehemaligen Dresdner Bank-Finanzvorstand und amtierenden Konzernchef Klaus Rosenfeld, zur Umwandlung der Schaeffler Gruppe in eine Aktiengesellschaft. Mutterunternehmen ist seitdem die Schaeffler AG, eine in Deutschland ansässige, börsennotierte Aktiengesellschaft. Im Zuge des Börsengangs verkaufte das Unternehmen 75 Mio. stimmrechtslose Aktien im Gesamtwert von 938 Mio. EUR. Derzeit befinden sich 24,9% des Grundkapitals des Unternehmens im Streubesitz. Trotz des Börsengangs bleibt Schaeffler eines der größten Unternehmen in Deutschland, das in Familienbesitz ist. Im Jahr 2020 erwirtschaftete die Schaeffler Gruppe Umsatzerlöse von insgesamt 12.600 Mio. EUR.

13.2.2. Firmengeschichte und Internationalisierung

Die Geschichte von Schaeffler reicht bis in das Jahr 1946 zurück. Der Aufstieg des Unternehmens begann mit der Gründung der Industrie GmbH und v.a. mit der Erfindung des Nadellagerkäfigs von Dr. Georg Schaeffler im Jahr 1949 sowie der Herstellung des käfiggeführten Nadellagers für die deutsche Automobilindustrie in großen Mengen. Der Nadelkäfig wurde 1950 unter der Produktmarke INA (Industrie-Nadellager) zum Patent angemeldet und war im Vergleich zu den damals existierenden Nadellagern deutlich leichter, kompakter, widerstandsfähiger und erlaubte höhere Drehzahlen.

Der Nadelkäfig entwickelte sich bald zu einem unverzichtbaren Bauteil für den Fahrzeug-, Maschinen- und Anlagenbau, was sich wiederum darin widerspiegelte, dass bis 1953 kein deutscher Neuwagen mehr ohne dieses Bauteil unterwegs war (Schaeffler 2008, S. 44). Im Zuge des wirtschaftlichen Aufschwungs des Unternehmens und der weiteren Erschließung des europäischen Marktes expandierte Schaeffler auch zum ersten Mal über die deutschen Ländergrenzen hinweg und eröffnete im Jahr 1956 die erste ausländische Produktionsstätte für Wälzlager im französischen Haguenau (siehe Abbildung 13.2).

Abbildung 13.2: Globale Expansion Schaeffler vor 2000

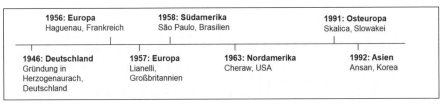

Quelle: Schaeffler Geschäftsberichte.

Bereits ein Jahr später folgte das Werk in Lianelli, Großbritannien. Im Jahr 1958 folgte das Unternehmen schließlich seinem Hauptkunden Volkswagen nach Brasilien und errichtete eine eigene Produktionsstätte in Südamerika. Anfang der 1960er Jahre folgte der Einstieg in den US-Markt in South Carolina sowie in Missouri über ein Joint Venture mit Fafnir Bearing Co, die im Jahr 1969 in eine 100-prozentige Tochtergesellschaft von Schaeffler überführt wurde. Vier Jahre zuvor wurden die Brüder Schaeffler darüber hinaus Mitbegründer der LuK Lamellen und Kupplungsbau GmbH in Brühl. Noch im gleichen Jahr wurde das Unternehmen mit einer für Volkswagen gefertigten Tellerfederkupplung zum Technologieführer im Markt. Mit dem Fall des Eisernen Vorhangs schritt die internationale Ausrichtung auch Richtung Osten weiter voran. So wurden bspw. neue Standorte in Osteuropa und Asien erschlossen. Im Zuge dessen entstand bspw. im Jahr 1992 die erste Produktionsstätte von Schaeffler in Korea, ein Meilenstein für die Erschließung der Wachstumsregion Asien. Seit dem Jahr 1999 gehört LuK als einer der weltweit größten Kupplungshersteller und Spezialist für Antriebsstränge vollständig zur Schaeffler Gruppe und bildet heute den Kern des Unternehmensbereichs Getriebesysteme. Ferner übernahm Schaeffler 2001 die FAG Kugelfischer AG & Co. KG in Schweinfurt und baute das Wälzlagerprogramm deutlich aus. Im Jahr 2006 erfolgte nach erfolgreicher Umsetzung einer einheitlichen Organisations- und Führungsstruktur die unternehmensrechtliche Zusammenführung der FAG Kugelfischer AG & Co. KG und der INA-Schaeffler KG zur Schaeffler KG. Folglich umfasst die Schaeffler Gruppe im Wesentlichen die drei Marken INA, LuK und FAG, die mit ihren jeweiligen Produkten ggü. den Kunden auftreten.

Es ist zu erkennen, dass die internationale Ausrichtung von Schaeffler bereits früh in der Konzerngeschichte erfolgte. Mit dem Ziel die finanzielle Unabhängigkeit des Unternehmens zu erhalten verfolgte Schaeffler seit Anbeginn der Unternehmensgeschichte eine beständige, mal stärker und mal schwächer ausgeprägte Expansionsstrategie. Das Hauptmotiv für die frühzeitige Internationalisierung des Unternehmens war es dabei v.a. die geographische Nähe zu wichtigen Kunden sicherzustellen. In den 1950er und 1960er Jahren errichteten viele deutsche Automobilhersteller Produktionsstätten in Lateinamerika und im Westen Europas. Die zunehmend globale Ausrichtung der Hersteller, die im Zuge ihrer eigenen Globalisierung zunehmend eine weltweite Präsenz ihrer direkten Geschäftspartner und folglich den Aufbau von Produktionskapazitäten ihrer Zulieferer in Reichweite der eigenen Werke forderten, führte zu einer passiven Globalisierung vieler mittelständischer Zulieferer und wirkte sich somit auch direkt auf die Standortentscheidung von Schaeffler aus. Im Zuge dessen tätigte Schaeffler zur Stärkung der technologischen Kompetenzen und der Wettbewerbsfähigkeit eine Vielzahl von nationalen aber v.a. auch internationalen Unternehmensinvestitionen und Akquisitionen. Dies führte dazu, dass Schaffer seine Marktstellung vom Spezialisten zum Lieferanten kompletter Systeme ausbauen und den in den 1950er Jahren angestoßene Ausbau der weltweiten Präsenz vorantreiben konnte (Schaeffler 2008, S.46).

Speziell im Zeitraum von 1998 bis 2013 wurde unter der Führung des ehemaligen ITT-Automotive-Manger Jürgen Geissinger als CEO von Schaeffler eine aggressive Akquisitionsstrategie verfolgt, im Zuge derer u.a. die vollständige Übernahme von LuK und der FAG in den Jahren 1999 und 2001 vollzogen wurde sowie im Jahr 2009 die Übernahme der deutlich größeren Continental AG. Die seitens Schaeffler lange Jahre verfolgte „Follow-the-Customer"-Strategie wurde in den letzten zwei Jahrzehnten von "Efficiency-Seeking" Motiven flankiert (Schaeffler, 2008). Der Schaeffler-Ansatz „in der Region - für die Region" beinhaltet die Verlagerung arbeitsintensiver Wertschöpfungsaktivitäten in Länder mit niedrigerem Lohnniveau, um somit die Kostenstrukturen dem Marktzwang anpassen zu können. Der zunehmende Lokalisierungsgrad soll zudem die Einkaufs- und Logistikkosten senken, und es dem Unternehmen ermöglichen, flexibel auf Wechselkursschwankungen zu reagieren. Markt- und effizienzsteigernde Motive der Internationalisierung wurden insb. für die Aktivitäten von Schaeffler in den BRIC-Staaten u.a. Schwellenländern deutlich. Gerade in letzteren sieht Schaeffler einen wachsenden Fahrzeugmarkt mit einer deutlich zunehmenden Anzahl an Fahrzeugen pro Einwohner (Schaeffler 2021, S. 57).

Heute weist Schaeffler mit rd. 200 Niederlassungen, Produktionsstätten und Forschungs- und Entwicklungszentren in weltweit mehr als 50 Ländern sowie einem globalen Vertriebs- und Servicenetz einen hohen Internationalisierungsgrad auf (siehe Abbildung 13.3). Die Steuerung und Organisation der Standorte erfolgt mit globaler Verantwortung aufgeteilt auf die Regionen Europa, Americas, Greater China und Asien/Pazifik. Die Region Europa umfasst die Subregionen Deutschland, Westeuropa, Mittlerer Osten & Afrika sowie Zentral- & Ost Europa und wird vom regionalen Hauptsitz in Schweinfurt verwaltet. Zum 31.12.2020 waren in der Region Europa 53.865 Mitarbeiter in 43 Werken und 10 F&E-Zentren beschäftigt (ein Anteil von 64,7% der Gesamtbelegschaft des Unternehmens).

Abbildung 13.3: Globale Tätigkeit von Schaeffler

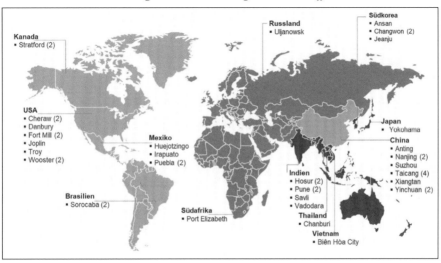

Quelle: I.A.a. Schaeffler 2021, S. U4.

Der Umsatzanteil der Region Europa am gesamten Konzernumsatz im Geschäftsjahr 2020 lag bei 42,6%, wobei die Subregion Deutschland dabei den größten Absatzmarkt der Schaeffler Gruppe darstellt (siehe Abbildung 13.4). In der Region Americas werden die Subregionen USA & Kanada, Südamerika und Mexiko zusammengefasst und vom regionalen Hauptsitz Fort Mill, USA geleitet. Der Umsatzbeitrag der Region betrug im Geschäftsjahr 2020 20,7%. In dieser Region sind 11.785 Mitarbeiter in 13 Werken und 5 F&E-Zentren beschäftigt. Der Lokalisierungsgrad dieser Region lag bei ungefähr 57%. Die Region Greater China inkl. Taiwan, Hongkong und Macao hat ihren regionalen Hauptsitz in China und erzielte im Geschäftsjahr 2020 23,4% des Konzernumsatzes der Schaeffler Gruppe. 11.787 Mitarbeiter in zehn Werken und ein F&E-Zentrum sind in dieser Region beschäftigt (Lokalisierungsgrad 56%). Auf die Region Asien/Pazifik, der die Subregionen Südkorea, Japan, Süd-Ost-Asien und Indien zugeordnet werden, entfielen 13,3% des Konzernumsatzes mit insgesamt 5.860 Mitarbeiter verteilt auf neun Werke und vier F&E Zentren. In dieser Region betrug der Lokalisierungsgrad im Geschäftsjahr 2020 43%.

Abbildung 13.4: Europäische Tätigkeit von Schaeffler

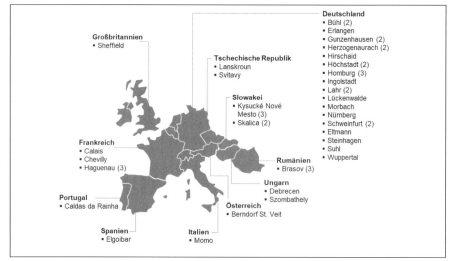

Quelle: I.A.aSchaeffler 2021, S. U4.

13.2.3. Organisationsstruktur und Geschäftstypen

Das Geschäft von Schaeffler wird maßgeblich durch die drei operativen Sparten Automotive Technologies, Automotive Aftermarket und Industrie gesteuert. Die Sparte Automotive Technologies (Anteil am Umsatzerlös: 62,1%) verantwortet die Entwicklung und Produktion von Komponenten und Systemen für Verbrennungsmotoren, Getriebe und Fahrwerke sowie für hybride und elektrische Antriebssysteme. In 52 Werken, die sowohl in der Region Europa (28), in der Region Americas (10), und den Regionen Greater China (8) und Asien/Pazifik (6) angesiedelt sind, werden in dieser Sparte, die in die vier Unternehmensbereiche E-Mobilität, Motorsysteme, Fahrwerksysteme und Getriebesysteme unterteilt ist, neben Technologien für emissionsarme und emissionsfreie Antriebssysteme Komponenten und Systeme für die Vernetzung von Fahrzeugen und autonomes Fahren entwickelt und produziert.

Das Produktportfolio von Schaeffler im Bereich Automotive Technologies ist v.a. dadurch gekennzeichnet, dass es sich hierbei um individuelle Kundenlösungen, also um (Vor)Produkte handelt, die nicht direkt für den Endkunden i.S. des Konsumenten entwickelt und produziert werden, sondern die von den OEM-Herstellern (Original Equipment Manufacturer, i.S.v. Erstausrüster) in der Automobilbranche (Backhaus/Voeth 2010, S. 493) im Zuge der Endproduktion benötigt werden. Die Produkte zeichnen sich v.a. durch eine einzelkundenspezifische Gestaltung aus. Dies bedeutet, dass der Absatzprozess schwerpunktmäßig vor dem Fertigungsprozess liegt. Im Prozess der individualisierten Leistungserstellung und der entsprechend längerfristigen Kundenbeziehung (zeitlicher Käuferverbund) sieht sich Schaeffler in der Rolle des Technologiepartners der Kunden. In der **Sparte Automotive Technologies** besteht folglich im Rahmen eines **zeitlichen Käuferverbundes** ein erhöhter **Fokus auf den Einzelkunden** (OEM Automobilhersteller (bspw. VW) sowie Tier 1 Zulieferer). Im Sinne der Typologie der Geschäftstypen im Industriegütermarketing ist die Sparte Automotive Technologies dementsprechend dem Zulieferer- und Integrationsgeschäft zuzuordnen (Backhaus/Voeth 2010, S. 493, siehe Abbildung 13.5). Die Sparte Automotive Technologies fungiert folglich überwiegend als Lieferant für die Automobilhersteller und -zulieferer (Tier 1), dementsprechend ist die Nachfrage nach Produkten der Sparte Automotive

Technologies eng verbunden mit der technologischen Entwicklung der Automobilbranche sowie der weltweiten Automobilproduktion, die sowohl kurz- als auch langfristig von gesetzlichen und wirtschaftlichen Rahmenbedingungen beeinflusst wird (Schaeffler 2021). Dies ist für Schaeffler v.a. deshalb von großer Bedeutung, da das Unternehmen einer der umsatzstärksten Automobilzulieferer Deutschlands ist. Darüber hinaus ist Schaeffler mit der Sparte Automotive Technologies zunehmend im Anlagen- bzw. Projektgeschäft tätig.

Abbildung 13.5: Einordnung der Geschäftstätigkeit von Schaeffler in Geschäftstypen im Industriegütermarketing

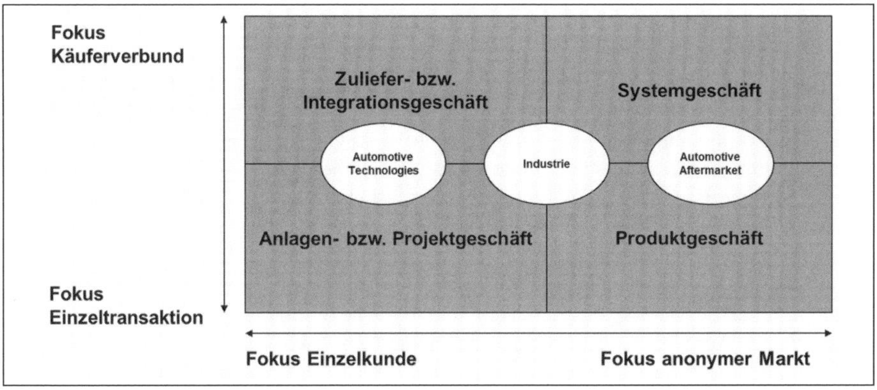

	Fokus Einzelkunde	Fokus anonymer Markt
Fokus Käuferverbund	Zuliefer- bzw. Integrationsgeschäft (Automotive Technologies)	Systemgeschäft (Automotive Aftermarket)
	Industrie	
Fokus Einzeltransaktion	Anlagen- bzw. Projektgeschäft	Produktgeschäft

Quelle: I.A.a. Backhaus/Voeth 2014, S. 217.

Neben dem OEM-Zulieferergeschäft der Automobilbranche bedient Schaeffler außerdem mit der **Sparte Automotive Aftersale** (Anteil Umsatzerlös: 13%) den dazugehörigen Ersatzteilmarkt mit Komponenten sowie ganzheitlichen Reparaturlösungen in Erstausrüsterqualität für Motoren-, Getriebe- und Fahrwerkanwendungen. Die Geschäftstätigkeiten dieser Sparte umfassen den Original Equipment Service (OES) und den freien (unabhängigen) Ersatzteilmarkt (IAM=Independent Aftermarket). Der Original Equipment Service umfasst das Ersatzteilgeschäft der Fahrzeugherstellung und somit die Belieferung von Automobilherstellern autorisierten, markengebundenen Werkstätten mit Originalersatzteilen. Der Fokus des OES liegt dementsprechend weiterhin mehrheitlich auf den Automobilherstellern, v.a. da die Sparte Automotive Aftermarket überwiegend durch die Werke der Sparte Automotive Technologies beliefert wird, und folglich eine enge Verzahnung dieser beiden Sparten besteht. Nichtsdestotrotz handelt es sich hierbei zwar weiterhin um ein kundenindividualisiertes Leistungsangebot (ursprünglich für OEM Hersteller), das jedoch nun zur Entwicklung eines Systems i.S. standardisierter Produkte für den breiten Markt, bei gleichzeitiger Beibehaltung des Kunden-Lock-ins der OEM Hersteller und deren autorisierten, markengebundenen Werkstätten, vertrieben wird (Backhaus/Voeth 2010, S. 571).

Folglich ist der Geschäftsbereich der Sparte Automotive Aftermarket der Geschäftstypologie Systemgeschäft zuzuordnen. Das Geschäft auf dem freien (unabhängigen) Ersatzteilmarkt umfasst neben dem traditionellen Komponentengeschäft, also der Belieferung von freien, markenunabhängigen Werkstätten mit Ersatzteilen, die Entwicklung und den Vertrieb von Reparatur-Sets und -Kits für eine effiziente und professionelle Fahrzeugreparatur sowie umfassende Serviceleistungen. Als Absatzmarkt dient ein weltweites Netz an, oftmals in Handelskooperationen organisierten, Großhändlern. Der Fokus liegt hierbei also ebenfalls nicht auf bestimmten Einzelkunden, sondern vielmehr auf dem anonymen, breiten

Markt. Die Produkte werden mit der Unternehmensmarke Schaeffler unter den drei Produktmarken FAG, LuK und INA u.a. im Produktgeschäft vertrieben. Unter der Servicemarke REPXPERT bietet Schaeffler außerdem umfassende Serviceleistungen für Werkstätten. Auf der gleichnamigen Service-Plattform REPXPERT finden Kunden den gesamten herstellerübergreifenden Produktkatalog (Alleinstellungsmerkmal) sowie technische Broschüren, Serviceinformationen und Installationsvideos. Das Angebot von REPXPERT stellt also eine Ergänzungsleistung zum eigentlichen Leistungsangebot auf Seiten der Kunden dar, und es entsteht ein integrativer Nutzungsverbund. Im Sinne der Geschäftstypologisierung besteht durch die innere Verbindung des Produktportfolios folglich eine Form des Käuferverbundes. Dementsprechend ist dieser Geschäftsbereich der **Sparte Automotive Aftermarket** darüber hinaus der Geschäftstypologie Systemgeschäft zuzuordnen.

Die **Sparte Industrie** (Anteil Umsatzerlös: 24,9%) entwickelt und produziert in 23 Werken, die global verteilt sind (Europa (15), Americas (3), Greater China (2) und Asien/Pazifik (3)), Komponenten und Systeme für rotative sowie lineare Bewegungen und bietet Serviceleistungen für unterschiedliche Industriebranchen an. Eine Einordnung hinsichtlich der Geschäftstypologie des Industriegütermarketing der Geschäftstätigkeiten innerhalb der Sparte Industrie ist jedoch auch an dieser Stelle nicht trennscharf. Dies liegt v.a. daran, dass die Geschäftstätigkeit aus einem breiten Produktportfolio von standardisierten, aber auch kundenspezifischen Komponenten im Rotativ- und Linearbereich sowie umfangreichen Serviceleistungen besteht und in die acht Sektorcluster (1) Wind, (2) Raw Materials, (3) Aerospace, (4) Railway, (5) Offroad, (6) Two Wheelers, (7) Power Transmission und (8) Industrial Automation unterteilt ist. Die hergestellten Produkte und Dienstleistungen kommen u. a. in der Antriebstechnik, in Produktionsmaschinen und Windkraftanlagen sowie in der Schwerindustrie zum Einsatz.

Im Zuliefergeschäft entwickelt und fertigt Schaeffler bspw. kundenspezifische Lösungen für den Bereich Luft- und Raumfahrt sowie Medizintechnik. Zum Produktportfolio gehören hochpräzise Sonderlagersysteme und Präzisionskomponenten für Flugtriebwerke, Hubschrauber und Raumfahrtanwendungen sowie für spezielle Anwendungsfelder mit hohen Leistungsanforderungen (z.B. Turbolader) oder höchstmöglicher Zuverlässigkeit (z.B. Medizintechnik). Im Produktgeschäft ist Schaeffler bspw. im Standard-Wälzlagergeschäft tätig (Beispiel: FAG Rillenkugellager). Hierbei handelt es sich um standardisierte Produkte für den anonymen Markt, die unter der Marke FAG mit Fokus auf Einzeltransaktionen u.a. für die Anwendungsbereiche Elektromotoren, weiße Ware, Ventilatoren und Pumpen sowie Elektro-Werkzeuge und Zweiräder hergestellt und weltweit vertrieben werden. Im Systemgeschäft bietet Schaeffler bspw. sensorisierte Wälzlager (Beispiel: „Vario Sense") und die dazugehörigen Monitoringsysteme (Beispiel: OPTIME), sogenannte IoT-Lösungen, die basierend auf speziell entwickelten Algorithmen zur kabellosen, automatisierten sowie cloudbasierten Zustandsüberwachung von Lagerstellen in Produktionsanlagen verwendet werden. Im Zuge dessen bietet Schaeffler außerdem zusätzliche Serviceleistungen, wie die Fernüberwachung der Anlagen. Darüber hinaus ist Schaeffler im Rahmen der Geschäftstätigkeiten der **Sparte Industrie** im Anlagen- bzw. Projektgeschäft tätig. Schaeffler entwickelt bspw. im Bereich Sondermaschinenbau kundenspezifische Lösungen für internationale Großprojekte, die von der Idee über die Entwicklung bis zur Gestaltung und Realisierung der Anlage Komplettlösungen darstellen.

13.2.4. Ausblick

Als ein weltweit tätiger Automobil- und Industriezulieferer zählt Schaeffler zu den umsatzstärksten Automobilzulieferern weltweit und gleichzeitig zu Deutschlands größten

Unternehmen in Familienbesitz. Mit 200 Standorten, 75 Werken in 22 Ländern, 20 Forschungs- und Entwicklungszentren sowie einem globalen Vertrieb und Service ist die Schaeffler Gruppe weltweit präsent.

Im Hinblick auf die Verteilung der Produktions- und Fertigungsstandorte auf die jeweiligen Regionen des Unternehmens zeigt sich jedoch weiterhin eine deutliche Verdichtung in Europa (siehe Tabelle 13.1). Mit 43 Werken befanden sich Ende 2020 immer noch mehr als die Hälfte aller Produktions- und Fertigungsstandorte in Europa. Nichtsdestotrotz ist zu erkennen, dass die Schaeffler Gruppe im Zuge der Verlagerung arbeitsintensiver Wertschöpfungsaktivitäten zur Anpassung der Kostenstrukturen und zur Steigerung der Lokalisierungsgrade ihre Präsenz über die letzten Jahre hinweg v.a. in den Regionen Greater China und Asien/Pazifik deutlich ausgebaut hat. Wie es dem Jahresbericht 2020 zu entnehmen ist, wird Schaeffler angesichts der sich abzeichnenden technologischen und regulatorischen Veränderungen sowie geänderten Kundenanforderungen auch in Zukunft den bereits seit einigen Jahren eingeschlagenen Kurs, den europäischen Werkeverbund strukturellen Veränderungen zu unterziehen, um somit die Wettbewerbs- und Zukunftsfähigkeit nachhaltig zu verbessern, weiter vorantreiben. Dementsprechend ist zu erwarten, dass das Unternehmen seine Präsenz in den Wachstumsregionen Greater China und Asien/Pazifik weiter ausbauen wird. Dies ist v.a. für die Sparte Automotive Aftermarket zu erwarten, da diese Regionen durch wachsende und alternde Fahrzeugflotten gekennzeichnet sind.

Tabelle 13.1: Werke und F&E Zentren von Schaeffler

Regionen	Europa	Americas	Greater China	Asien/Pazifik	Schaeffler Gruppe
Werke	43 (48)	13 (14)	10 (7)	9 (5)	75 (74)
Automotive	28	10	8	6	52
Industrial	15	3	2	3	23
F&E-Zentren	10	5	1	4	20
Campus-Lokationen	9	3	3	-	15

Quelle: I.A.a. Schaeffler 2021, S. U4; Schaeffler 2016, S. 22 (Vergleichswerte zum Jahr 2015 in Klammern).

Im Hinblick auf die Geschäftstypologie des Industriegütermarketing hat das Beispiel Schaeffler außerdem gezeigt, dass eine scharfe Trennung der Geschäftstypologien auf Unternehmensebene in der Praxis nicht immer ohne weiteres möglich ist. So zeigte sich, dass die Leistungen der Schaeffler Gruppe mehr als nur einem der vier Geschäftstypologien zugeordnet werden können. Darüber hinaus lässt sich selbst das Produktportfolio innerhalb der jeweiligen Sparten des Unternehmens Automotive Technologies, Automotive Aftersales und Industries verschiedenen Geschäftstypologien zuordnen. Schlussendlich umfasst die Geschäftstätigkeit von Schaeffler alle vier Geschäftstypen.

Das Unternehmen erwirtschaftet den mit Abstand größten Umsatzanteil mit der Sparte Automotive Technologies. Dementsprechend ist die Nachfrage und folglich auch der finanzielle Unternehmenserfolg eng verbunden mit der technologischen Entwicklung der Automobilbranche sowie der weltweiten Automobilproduktion, die sowohl kurz- als auch langfristig von gesetzlichen und wirtschaftlichen Rahmenbedingungen in den bearbeiteten Auslandsmärkten beeinflusst wird (Schaeffler 2020). Vor diesem Hintergrund führt Schaeffler die Erweiterung des Leistungsangebots im Rahmen der Entwicklung vom Komponentenzulieferer zu einem Anbieter von Systemen und integrierten Lösungen über die jeweiligen Sparten hinweg fort, um hierüber nachhaltige, internationale Wettbewerbsvorteile zu sichern.

13.3. Besonderheiten der Konsumgüterhersteller

Konsumgüterhersteller, so die Markenartikelindustrie, nutzen ein breites Spektrum an Betätigungsformen. Dies reicht von Export über kontraktuelle Arrangements wie Lizenzierung und Franchising bis zu ausländischen Tochtergesellschaften mit lokaler Produktion, F&E oder Marketing. Diese Alternativen stehen oft unter der Prämisse der Einflussnahme auf die Verbraucher und Vertriebsaktivitäten (z.B. Absatzmittler), um eine ganzheitliche Marketing- oder Markenkonzeption umsetzen zu können. Mit der Betätigungsform entscheidet ein Konsumgüterhersteller z.T. auch über die standardisierte bzw. adaptierte Gestaltung des Marketing-Mix und zugleich z.T. über den Grad der **Vertikalisierung** (Swoboda/Morschett 2017; Swoboda/Foscht/Schramm-Klein 2019, S. 10ff.).

Indirekter Export wie auch direkter Export mit Einschaltung von Absatzmittlern, z.B. Handelsunternehmen, in den ausländischen Märkten, sind Formen des **indirekten Vertriebs**, was nur eine begrenzte Einflussnahme auf die Vertriebskanäle bedeutet. Meist verbleiben den Konsumgüterherstellern eine empfehlende Positionierung gegenüber den Absatzmittlern und eine kommunikative Einflussnahme auf Verbraucher. **Direkter Export** mit Einschaltung von lokalen Handelsmittlern, z.B. Agenten bzw. Agenturen, ermöglicht eine größere Steuerungsmöglichkeit der Distribution auf den ausländischen Märkten, so durch Vorgabe von Selektionskriterien bzgl. der Auswahl der Wieder- und Weiterverkäufer (Absatzmittler). Dies gilt prinzipiell auch bei Aktivitäten auf internationalen **Online-Plattformen** von Drittanbietern, wenngleich derartige Kommissionsgeschäfte eine weitergehende Einflussnahme ermöglichen. Bei der Variante einer exportorientierten Betätigungsform besteht i.d.R. keine direkte (kauf-)vertragliche Beziehung zwischen den Konsumgüterherstellern und den ausländischen privaten Kunden. Allerdings kann der Export auch im Fall einer eigenen Präsenz vor Ort, bspw. mit Vertriebsgesellschaften, die Basis bilden.

Eine größere Einflussnahme ermöglichen kooperative Betätigungsformen. **Franchising** sichert Markenartikelherstellern – in der Rolle des Franchise-Gebers – einen weitgehenden Einfluss auf die Marktbearbeitung und damit ggü. den Konsumenten. Konsumgüterhersteller haben bei dieser Betätigungsform, die zugleich eine vertikale Distributionsform bildet, allerdings keinen Einfluss auf die Preispolitik, bei Kontrolle anderer Marketing-Mix-Instrumente der Franchise-Partner (z.B. in der EU). **Lizenzierung**, i.S.v. Produktions-, Vertriebs- und Markenlizenzierung, bietet im Vergleich zu Franchising eine geringere Einflussnahme, da die operative Ausgestaltung des Marketing-Mix weitgehend in der Hoheit der Lizenznehmer liegt. Ein vergleichsweise enger Spielraum der Lizenznehmer ist i.d.R. in der Produktpolitik gegeben, bspw. durch eine vorgegebene Produktionslizenz.

Eine größere Einflussnahme und v.a. Adaptionen des Angebots an das Gastland ermöglichen **JV** oder Beteiligungen an bestehenden Unternehmen, da hierdurch die Distributionsaktivitäten gesteuert werden können. Das Ausmaß der Einflussnahme ist dabei abhängig von den Kapitalbeteiligungsverhältnissen und/oder gesellschaftsvertraglich abgesicherten „Durchgriffsrechten". Integrative Betätigungsformen, so die Errichtung einer vertriebsorientierten Auslandseinheit beruht zunächst auf dem Export, bei dem die internationale Marketingstrategie eher im Heimatmarkt oder einheitlich auf den Weltmarkt hin ausgestaltet wird. Dies ist auch bei eigenen **Online-Stores**, selbst bei einer exportbasierten Zustellung, prinzipiell möglich. Autonome **Tochtergesellschaften** mit eigenem Marketing, Produktion, Produktentwicklung etc. bieten die weiteren Optionen der Einflussnahme und adaptierten bzw. standardisierten Angebotsgestaltung, je nach unternehmensinterner Zielsetzung.

Besonderheiten der Vertikalisierung

Veränderungen in der Konsumgüterwirtschaft bringen verstärkt die globale Tendenz mit sich, dass Konsumgüterhersteller den direkten Kontakt mit dem Endkunden suchen und den Direktvertrieb aufnehmen. Ursachen dafür liegen in Veränderungen des Konsumentenverhaltens, der Visionen und strategischen Bestrebungen der Unternehmen und in den zunehmenden Möglichkeiten dies umzusetzen, so online. Dabei zeigen Beispiele und auch die Geschäftslogik, dass sich der Trend besonders stark im Non-Food ausbreitet. Dort fördern Hersteller massiv den kontraktuellen und v.a. direkten Vertrieb an den Kunden (siehe Abbildung 13.6). Begonnen hat und weit fortgeschritten ist die Vertikalisierung mit den Top-Marken im Mode- und Sportbereich, so bei Nike, Adidas, Ralph Lauren, Under Armour, Trigema etc. (Swoboda/Foscht 2015 und zur Kundensicht bereits Schramm-Klein/Morschett/Swoboda 2008). Dass sich die Vertikalisierung weiter fortsetzen wird, liegt an zwei Entwicklungen. Einerseits sind es Hersteller aus weiteren Branchen, die vertikalisieren. Beispiele finden sich in Branchen von Sony oder Miele, Lego oder Steiff, Swatch oder Richemont, Oakley, Ray Ban, Victorinox, Remowa, Goodyear etc. Andererseits sind es auch die B-Marken, die diesen Schritt zunehmend wagten. Diese öffnen zwar i.d.R. keine stationären Geschäfte, weil ihre Pull-Wirkung zu gering ist, um die damit verbundenen Kosten zu tragen, aber über das Internet verkaufen auch diese direkt an den Kunden.

Abbildung 13.6: Optionen des Multichannel-Vertriebs von Fashionunternehmen

Retailing/Wholesaling	Kontraktuelle Optionen	Consumer Direkt
■ Großhandel	■ Selektiver Vertrieb	■ Konzessionsflächen
■ Systemfläche	■ Exklusiver Vertrieb	■ Monobrand Stores
■ Produktdepots	■ Shop-in-Shop	■ Flagship-Stores
■ Plattformen/Marktplätze	■ Franchise-Stores	■ Factory Outlet Center
■ Sozial-Shops	■ Co-Owned/Equity Stores	■ Online-Shops

Für kontraktuelle Optionen oder eigenen Einzelhandel haben die Hersteller unterschiedliche Gründe, welche mit Vorteilen verbunden sind, zugleich aber auch Nachteile mit sich bringen (siehe Abbildung 13.7).

Abbildung 13.7: Chancen und Risiken der Vorwärtsintegration

Chancen	Risiken
Verbesserung der Preisrealisierung	**Investitionsbedarf**
■ Vereinnahmungen der Handelsmarge	■ Aufbau der Handelskompetenz, so Systeme, Prozesse
■ Abverkaufssteuerung (Promotion, Marge-Artikel)	■ Standorte
Besserer Zugang zu Nachfragern	■ Ausstattung
■ Möglichkeit für Experimente/Innovation	**Strategische Risiken**
Einfluss auf Marktauftritt am PoS	■ Flexibilitätsverlust auf Absatzseite
■ Kontrolle von Verkauf und Service	■ Interner Anpassungsbedarf (z.B. Prozesse, Supply Chain Systeme)
■ Kontrolle der Markeninszenierung	
■ Kontrolle der Warenplatzierung	■ Gefährdung der Unternehmensexistenz bei Umsatzrückgang
Steigerung der Prozesseffizienz	
■ Time to Market (Schnittstellen, Infofluss etc.)	**Operative Risiken**
■ Kosteneffizienz	■ Standortsuche, -miete
Sicherung/Ausbau der Verkaufsoberfläche	■ Facility (Gebäude) Management
■ Unabhängigkeit vom Handel	■ Retail Management
■ Schnelles Erreichen kritischer Masse	■ Bestandsrisiken

Die Vertikalisierung etablierter Hersteller ist ein Phänomen, das in einen noch größeren Rahmen eingebunden ist: Insgesamt verschwimmen die Grenzen zwischen Industrie und Handel. War früher die Aufgabenteilung definiert, übernehmen immer stärker Akteure Aufgaben, die früher vom Partner übernommen wurden. Neben der Vertikalisierung der Hersteller kontrollieren immer stärker die Händler, selbst Online-Händler wie Amazon die Produktion im wichtigen Feld der Eigenmarken. Zudem treten sog. „**Verticals**", also Unternehmen, die ausschließlich über eigene Vertriebskanäle vertreiben, auf, so Zara, H&M, Ikea, M&S, L'Occitane, Next, Mango, Primark, The Body Shop, Massimo Dutti, Desigual etc. Zudem treten sog. „Digitally Native Verticals" auf, die v.a. in den USA mit der Idee für ein verbessertes Produkt und einer sehr kleinen Produktauswahl auftreten, um den Kaufprozess zu vereinfachen, und sodann über einen eigenen Online-Shop die Distribution von Anfang an kontrolliert und über soziale Medien (insb. Instagram) Kauferlebnisse vermitteln, so Casper, Dollar Shave Club und Harry's, Bonobos, Allbirds, Warby Parker, Glossier etc.

Insgesamt beeinflusst die Absicht zur Kontrolle der Vertriebswege auch die Internationalisierung und die Wahl der Betätigungsformen, was die folgende Fallstudie adressiert.

13.4. Vertikalisierung und Betätigungsformen von HUGO BOSS[1]

13.4.1. Kurzvorstellung des Unternehmens

Die HUGO BOSS AG – gegründet 1924 und mit Stammsitz in Metzingen – hat sich zum weltweit agierenden **Mode- und Lifestyle-Konzern** entwickelt, der Herren- und Damenmode im Premium-Segment anbietet, und im Luxusmarkt für mode- und bekleidungsnahe Accessoires tätig ist. Accessoires in den Bereichen Düfte und Kosmetik sowie Uhren und Brillen, aber auch Kindermode und Home Textilien, werden in Lizenz hergestellt/vertrieben. In der Vergangenheit ähnlich gehandhabte Schuhe, Lederwaren und Wäsche wurden in das Konzerngeschäft integriert, da sie als besonders stilbildende, die Identität der Marke festigende Bereiche identifiziert wurden, mit hoher Affinität zum textilen Kerngeschäft.

Fast 90% des Grundkapitals des Konzerns ist im Streubesitz. Die HUGO BOSS AG ist in 127 Ländern an über 2.600 eigenen Standorten vertreten (rd. 7.400 Offline-Touchpoints) und betreibt 12 eigene Showrooms (Basis für die Kollektionspräsentation für Vertriebspartner). Der Konzernumsatz betrug im Geschäftsjahr 2020 1,95 Mrd. EUR, das Konzernergebnis -219 Mio. EUR (auch aufgrund der Pandemie). HUGO BOSS erreichte einen Marktanteil von rd. 15% am gehobenen Segment für Herrenbekleidung und liegt als Weltmarktführer vor Marken wie Armani, Zegna etc. BOSS verfolgt eine **Zweimarkenstrategie**, mit BOSS (seit 2013, davor BOSS Selection bzw. Black) und HUGO (seit 1997), wobei die Markenstrategie fortlaufend überprüft und angepasst wird (z.B. Verkauf der Marke Baldessarini 2006, der Linie Boss Selection 2012, Aufgabe der Marken BOSS Orange bzw. Green 2016).

- BOSS (85% des Konzernumsatzes) bietet Kunden im Luxus-Preissegment Businessmode und Freizeitkollektionen (mit edelsten Stoffen und z.T. Handfertigung) und spricht einen statusorientierten, rational geprägten Kunden an, der sich klassisch-modern und hochwertig kleiden möchte.
- HUGO (15% des Konzernumsatzes) adressiert das Premiumsegment und zielt auf einen deutlich expressiveren Kunden ab, für den der Kleidungsstil ein zentrales Element ist, um die eigene Persönlichkeit auszudrücken (Trendsetter).

Kinder werden mit der BOSS-Linie angesprochen und 2019 wurde „BOSS Made for Me" als personalisiertes Produktangebot eingeführt, in dem Kunden sich Oberstoffe, Futter und Knöpfe ihres Anzugs auswählen können.

---

[1] Die Fallstudie basiert auf Geschäftsberichten und öffentlich zugänglichen Quellen der AG.

13.4.2. Vertikalisierung und Diversifikation

Wachsender konzerneigener Einzelhandel

BOSS und HUGO werden über den konzerneigenen Einzelhandel und den Großhandel angeboten; beides mit Offline- und Online-Vertriebskanälen (siehe Abbildung 13.8). Der Eigenhandel wuchs, auf 65% des Konzernumsatzes (prozentual ähnlich im Corona-Pandemiejahr), während der Großhandel eine (noch) weitgehend konstante Entwicklung zeigte (siehe Abbildung 13.9). Der Konzern nimmt mit einer zunehmenden Vertikalisierung direkten Einfluss auf Wertschöpfungsprozesse zu den Zielgruppen, baut Einzelhandelskompetenz auf, vermindert die Reaktionszeit auf aktuelle Marktentwicklungen und nutzt unmittelbare Kundenfeedbacks, die in der Fashionbranche von großer Bedeutung sind.

Abbildung 13.8: Vertriebsformate der HUGO BOSS AG

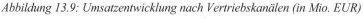

Quelle: Hugo Boss Geschäftsbericht 2020.

Abbildung 13.9: Umsatzentwicklung nach Vertriebskanälen (in Mio. EUR)

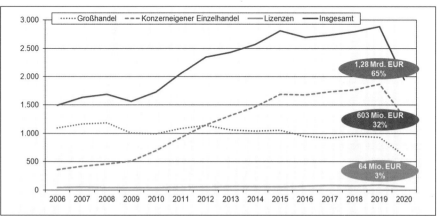

Quelle: Hugo Boss Geschäftsberichte 2006-2020 und diverse Investor-Relations-Präsentationen.

Zum Großhandel gehören weltweit v.a. ausgewählte Partner im gehobenen **Facheinzelhandel**, die im Zuge eines weiter zunehmenden selektiven Vertriebs entsprechend der

Markenpositionierung von der HUGO BOSS AG stärker ausgewählt wurden. Zu den Großhandelspartnern zählen weiterhin Department Stores und Franchisenehmer. Während Department Stores und Fachhändler BOSS und HUGO entweder in separaten Shop-in-Shops oder im Multibrand-Umfeld vertreiben, führen Franchisenehmer freistehende Geschäfte v.a. in kleineren, nicht durch den eigenen Einzelhandel erschlossenen Ländern (insgesamt rd. 6.000 Verkaufspunkte in über 100 Ländern).

Im Eigenhandel werden 957 **Directly Operated Stores** (445 freistehend und 512 Shop-in-Shops) betrieben (mehr als 50% in Europa), neben 200 eigenen Outlets und dem wachsenden Online-Store. Diese Stores visualisieren die Markenwelt von HUGO BOSS. Die weltweit standardisierte Shopgestaltung, die sich an den Vorgaben der Corporate Identity orientiert, wird durch spezielle Architekten- und Merchandising-Teams gewährleistet. Die Umsätze der Directly Operated Stores betragen rd. 1.160 Mio. EUR (über 39% des Konzernumsatzes) und deren Anzahl wurde seit 2010 mehr als verdoppelt (siehe Abbildung 13.10). Im Vordergrund des Retailwachstums stehen die Integration der von Handelspartnern betriebener Shops, der Aufbau neuer DOS und Outlets, bevorzugt in Regionen, in denen das Unternehmen noch nicht stark vertreten ist, wie Osteuropa und Asien.

Abbildung 13.10: Wachstum der konzerneigenen Einzelhandelsgeschäfte (in Mio. EUR)

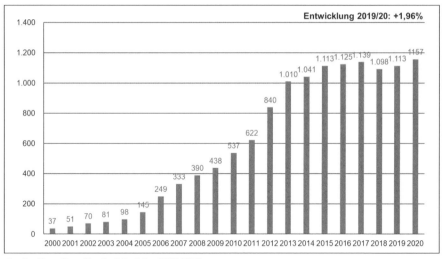

Quelle: Hugo Boss Geschäftsberichte 2000-2020.

Die DOS umfassen auch die für das globale Image wichtigen 65 **Flagship Stores** in exponierten Lagen, so der Champs-Elysées in Paris, der Fifth Avenue in New York, der Friedrichstraße in Berlin und am Neuen Wall in Hamburg. Hier werden Kollektionen der Marke BOSS oder v.a. im Ausland auf über 1.200 qm Kollektionen von BOSS und HUGO präsentiert. Flagship Stores wurden in Amsterdam, Boston, Hongkong, Moskau, Shanghai, San Diego, Toronto oder Tokio eröffnet. Weitere Öffnungen und Modernisierungen sind geplant, so des renovierten größten Flagship Stores in Paris.

Das Online-Geschäft wird für HUGO BOSS wichtiger (2020 rd. 221 Mio. EUR Umsatz). Dynamisch wurden 15 **Online-Stores** entwickelt (in Belgien, China, Deutschland, Dänemark, Finnland, Frankreich, Großbritannien, Irland, Italien, Niederlanden, Österreich,

Schweden, Schweiz, Spanien, USA); die Website hugoboss.com ist in weiteren 25 Ländern verfügbar (z.B. Australien, Japan, Kanada, Mexiko, Polen, Portugal). Diese Aktivitäten entsprechen nicht nur dem Wachstum des Vertriebskanals, sondern dienen auch dazu, neue Käuferschichten zu erschließen. Entsprechend sollen die Aktivitäten mit einem deutlich überproportionalen Wachstum wesentlich zum Erreichen der Unternehmensziele beitragen. Man fokussiert die Potenzialausschöpfung im eigenen Online-Store (inkl. digitaler Flagship Stores), aber v.a. die Ausweitung des **Konzessionsmodells**, da neue Online-Partnerschaften – mit Multibrand-Plattformen, die den Werten von BOSS und HUGO bestmöglich entsprechen – ein enormes Umsatzplus versprechen. Ähnliche Konzessionen, bei dem der Konzern im eigenen Namen und auf eigene Rechnung an Endkunden verkauft, sind bereits seit Jahren im Offline-Handel bekannt. Dies ermöglicht die direkte Steuerung der Präsentation und des Vertriebs seiner Marken sowie die Sicherstellung einer einheitlichen Preispolitik. Auch die Nutzung digitaler Kanäle schreitet voran, so Instagram oder WeChat, damit dem Kunden ein Omnichannel-Erlebnis in der Consumer Journey geboten wird, bereits heute mit Click & Collect- oder Order From Store-Angeboten.

Lizenzvergabe

Zur Ausweitung des Produktprogramms kooperiert man mit Unternehmen, die in ihren Märkten führend sind. So wurden Produktions- und Vertriebslizenzen für Düfte unter der Marke HUGO an Procter & Gamble Prestige Beauté vergeben. Die weltweite Produktion von Brillen erfolgt durch die Safilo Group, während die selektive Vermarktung durch die eigene Vertriebsgesellschaft Charmant Exclusive Division erfolgt, die auch eigene Shops und Premium-Optiker anspricht. Der Lizenzpartner für Produktion und Vertrieb von Damen- und Herrenuhren ist die MGI Luxury Group S.A., eine Schweizer Tochtergesellschaft der Movado Group, Inc., die im Luxusuhrenmarkt mit den Marken Movado, Concord und Ebel vertreten ist und die Einführung der Marken Coach und Tommy Hilfiger verantwortete. Weitere Lizenzen existieren bei Kindermode (Partner C.W.F. Children Worldwide Fashion SAS), Motorradhelmen (NexxPro), Mobiltelefonen und Tablets (STRAX Group), Heimtextilien-/Bed-&-Bath-Kollektion (Textile de Maison, eine Tochter der französischen Fremaux Group) etc. Die Partner übernehmen i.d.R. Design, Produktion und z.T. den weltweiten Vertrieb der Lizenzprodukte.

Abbildung 13.11: Lizenzerträge der HUGO BOSS AG (in Mio. EUR)

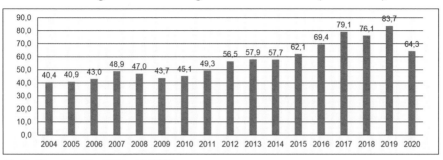

Quelle: Hugo Boss Geschäftsbericht 2020.

Die Lizenzaktivitäten wachsen seit Jahren. Auch hier zeigen sich aber Auswirkungen der pandemischen Lage und ein Einbruch der Lizenzerträge um 23%. Der Anteil am Konzernumsatz von rd. 3% blieb stabil. (siehe Abbildung 13.11). Wie angedeutet, werden

Lizenzen auch in das Eigengeschäft integriert, so bei Bodywear-Produkten (ehemals von Schiesser durchgeführt) oder bei Schuh-/Lederwaren (ehemals M.H. Shoes & Accessories AG). Diese Entscheidung wird v.a. durch die eingeschätzte Affinität der jeweiligen Produktgruppe zum Fashion-Kernkompetenzbereich bedingt, wie bei Bodywear, Socken, Strickwaren, Schuhe und Lederwaren. Auch diese Entwicklung ist Ausdruck einer zunehmenden Vertikalisierung.

13.4.3. Wahl und Wandel der Betätigungsformen

Wie erwähnt, sind die Kollektionen der HUGO BOSS AG weltweit verfügbar. Deren Herstellung erfolgt in Eigenproduktion in Europa (Deutschland, Türkei, Italien, Polen, 17%), durch externe Zulieferung v.a. aus Asien und Osteuropa (Lohnfertigung oder Handelsware, 83%), und weltweite Lizenzen. Die Betrachtung der Betätigungsformen ist v.a. auf die Absatz- bzw. Vertriebsaktivitäten zu beziehen, i.d.R. mit Warenexporten als Grundlage, da i.d.R. keine interne Endproduktion in den Gastländern erfolgt.

Vertriebsorganisation

Der Konzern gliedert seinen Vertrieb in drei Absatzregionen: Europa, Amerika und Asien/Pazifik (und Lizenzen). Der Ausbau eigener Vertriebswege ist das zentrale Bestreben des Konzerns, was sich in der Entwicklung der Vertriebsorganisation in der letzten Dekade zeigt (siehe Tabelle 13.2).

Tabelle 13.2: Anteile der Vertriebsformate in Vertriebsregionen (in %)

	Europa	Amerika	Asien/Pazifik	Europa	Amerika	Asien/Pazifik
		2010			2020	
Konzerneigener Einzelhandel	35	42	68	59	75	94
(Externer) Großhandel	65	58	32	41	26	6

Vielfache Betätigungsformen

HUGO BOSS praktiziert in den bearbeiteten Ländermärkten mehrere Betätigungsformen, oftmals auch parallel in einem Land. Dabei dominieren Exportaktivitäten, wobei weitere Betätigungsformen v.a. das Franchising und die Errichtung von eigenen Outlets (Monomarkenshops), i.S. von Filialen ausländischer Tochtergesellschaften, sind. Sämtliche bearbeitete Ländermärkte sind i.d.R. durch den **dualen Vertrieb** über Facheinzelhandelspartner sowie über eigene Monomarkenshops gekennzeichnet. Ob die Monomarkenshops im Franchising oder als DOS geführt werden, wird von der strategischen Bedeutung der Ländermärkte abhängig gemacht, d.h. eine höhere strategische Bedeutung geht mit der Errichtung von DOS einher. Strategisch bedeutsam sind die gegenwärtigen Kernmärkte und die osteuropäischen und ostasiatischen Zukunftsmärkte.

Der Export bildet die grundlegende Eintrittsform, da die Produkte i.d.R. nicht in den Gastländern produziert werden. Hierbei handelt es sich i.d.R. um **direkten Export** an ausgewählte Facheinzelhandelspartner (i.S.d. Großhandelsgeschäfts) oder an Franchisepartner. Nur ausgewählte Produkte werden an bestimmten Standorten produziert, so Schuhe am eigenen Produktionsstandort in Italien, die weltweit logistisch an die Verteileinheiten und Lager geliefert werden. Amerika verfügt über keine Produktionsstätte sowie keine Zulieferer (der letzte US-Produktionsstandort, in dem insb. Anzüge produziert wurden, wurde 2015 veräußert). HUGO und BOSS Produkte werden also von Produktionsstätten in Europa und Asien nach Amerika in ein Lager verbracht.

Der Anzahl der neu zu errichtenden und zu betreibenden DOS sind aufgrund der hohen Kapitalintensität Grenzen gesetzt, sodass das relativ einfach zu realisierende **Franchising** nach wie vor genutzt wird (i.S.d. Großhandelsgeschäfts). Allerdings ist Franchising rückläufig (insb. in Asien/Pazifik wurden seit 2013 62 Stores übernommen). In den Eigenhandel wurden fallweise Franchise-Stores überführt:

- Europa: Frankreich (je 1 Store 2018 und 2013) und Dubai (3 Stores 2017)
- Asien/Pazifik: Australien (5 Stores 2013), China (35 Stores 2015), Hongkong (1 Store 2016), Malaysia (5 Stores 2016), Neuseeland (1 Store 2015), Singapur (5 Stores 2013) und Südkorea (10 Stores 2015),
- Amerika: Brasilien (1 Store 2015)

Ferner wurden weitere unrentable indirekte Vertriebskanäle nicht beliefert, die Preis- und Rabattpolitik wurden in das Markenkonzept verstärkt integriert. Zukünftig will der Konzern in Wachstumsmärkten selbst kontrollieren, so in Osteuropa durch neue Tochtergesellschaften in Estland oder Lettland. Der Konzern hat im In- und Ausland 60 konsolidierte **Tochtergesellschaften** (drei Produktionsgesellschaften), davon 38 **Vertriebsgesellschaften** vorwiegend in Kernmärkten wie Benelux, Deutschland, China, Großbritannien, Frankreich und USA. Letztere verantworten 45,6% des Gesamtumsatzes des Konzerns. HUGO BOSS ist Lieferant und erreicht dadurch eine stärkere Kundennähe und kann besser auf Marktentwicklungen reagieren. Vertriebsgesellschaften existieren in einzelnen Regionen, wie seit 2015 jene in den VAE, die den Vertrieb in die Länder des Nahen Ostens verantwortet (nachfolgend einer entsprechenden Vertriebskooperation mit der Fashion Trading Company SARL, Libanon).

Fallweise werden **JV** genutzt. So gründete man mit der Rainbow-Gruppe, einem Franchisepartner in China, ein JV, um in China weiter zu wachsen. Die AG hielt eine Mehrheitsbeteiligung von 60% und profitierte von der lokalen Marktkenntnis und Infrastruktur des Partners in einem Land, in dem man bislang nicht mit eigenen Einzelhandelsaktivitäten präsent war. Dieser Zusammenschluss wurde jedoch vier Jahre später aufgelöst; 55 Franchise-Stores wurden übernommen. Heute verantwortet eine Vertriebsgesellschaft die Aktivitäten in China und Macau.

Der Konzern setzt weltweit auf den Ausbau des **Online-Vertriebs**. Online-Stores werden in über 40 erschlossenen Märkten vom Konzern selbst geführt. Die Lieferungen erfolgen von Online-Warenlagern in Deutschland und den USA. HUGO BOSS hat eine strategische Partnerschaft mit Global-e geschlossen, einem führenden Anbieter vollumfänglicher, länderübergreifender Lösungen im Online-Handel. Kunden profitieren vom nahtlosen, auf die lokalen Bedürfnisse zugeschnittenen Online-Erlebnis: Begrüßung in Landessprache, Preisangaben in lokaler Währung, Auswahl gängiger lokaler Zahlungsmethoden, schnelle/zuverlässige Lieferung sowie transparente/bequeme Retourenprozesse. Der Konzern erwartet auch durch die internationale Expansion digitaler Flagship Stores ein enormes Wachstum. Hierzu tragen noch wesentlicher Mehrmarken-Websites bedeutender Online-Partner bei, so Zalando. Der Ausbau des **Online-Konzessionsmodells** erfolgt dynamisch, sodass dieses eine direkte Steuerung der Präsentation und des Vertriebs der Marken in den Online-Stores der Partner und gleichzeitig eine einheitliche und stringente Preispolitik ermöglicht. Die BOSS Angebote wurden und werden entsprechend adjustiert (z.B. bei Zalando, Tmall oder JD.com). Schwerpunktregionen für den weiteren Ausbau des Online-Konzessionsmodells bilden Europa und Asien/Pazifik.

Die Eröffnung weiterer, besonders kapitalintensiver **Flagship Stores** als exklusivste Form der DOS ist auch zukünftig in Weltstädten mit Metropolenstatus geplant.

Herausforderungen der eigenen Präsenz im Ausland

HUGO BOSS betrat als eines der ersten internationalen Modeunternehmen den weltweit am schnellsten wachsenden chinesischen Fashion-Markt im Jahr 1994 (erster Store in Shanghai) und profitierte von der Nachfrage nach Luxusmarken. Der Konzern hatte die Marktführerschaft in diesem Land inne und investiert insb. in seine Markenwahrnehmung, bspw. durch eindrucksvolle Veranstaltungen (so 2018 der größten unternehmensinternen Fashion Show in Shanghai) oder die Öffnung von Flagship Stores in Shanghai und Peking oder Hongkong und Taipeh. China ist heute der Markt mit dem höchsten Umsatzanteil und immer noch einem Wachstum von 5% p.A. Wie angedeutet, erfolgte der Eintritt in **China** über einen Franchisepartner, mit dem später ein JV gegründet und wieder aufgelöst wurde. Ein Grund hierfür war die enorme und dreiste Produktpiraterie in China. HUGO BOSS klagte bspw. gegen einen chinesischen Konkurrenten, der gleiche Anzüge unter der Marke „BOSS" mit einem kleinen Schriftzug „Sunwen" verkaufte. Ein Gericht gab 2016 dem Konkurrenten Recht, was eine weitere Herausforderung für die Vermarktung der BOSS- und HUGO-Produkte bedeutet. Nichtsdestotrotz schreitet auch in China die o.g. Vertikalisierung voran. Der Konzern ist überzeugt, dass seine Marken in China und Asien noch ein erhebliches Wachstumspotenzial haben. Das Ausschöpfen der Potenziale in China und in weiteren Schwellenländern Asiens stellt einen strategischen Wachstumstreiber dar, u.a. aufgrund der prognostizierten steigenden Kaufkraft der Mittelschicht und einem damit einhergehenden Nachfrageanstieg im gehobenen Premiumsegment. HUGO BOSS führt die Wachstumsmärkte Asiens vollständig in Eigenregie. Die Ausweitung des Einzelhandelsnetzes durch die Eröffnung weiterer eigener Stores ist geplant, ebenso wie ein überproportionales Wachstum des Online-Geschäfts, u.a. in Kooperation mit Multibrand-Plattformen.

In **Amerika** muss seit einigen Jahren ein Umsatzrückgang hingenommen werden, was auf das schwierige Marktumfeld in den USA und Kanada zurückzuführen ist (z.B. geringe Nachfrage, sinkender Tourismus, Strafzölle, Handelskonflikte, Rabattpolitik der Händler). Der Rückgang ist im Großhandelsgeschäft deutlicher als im konzerneigenen Einzelhandel. Die Präsenz des Konzerns in der Region liegt im Jahr 2020 bei rd. 1.600 Verkaufspunkten, 92 DOS und zwei Showrooms. In Lateinamerika konnte die HUGO BOSS AG demgegenüber zweistellige Umsatzzuwächse im konzerneigenen Einzelhandel erzielen, bei stabilem Großhandelsumsatz.

Der Umsatz in der Region Europa (inkl. Naher Osten/Afrika) stieg bis zur Corona Pandemie v.a. im Eigenhandel. In einigen Ländern konnten die Zuwächse des konzerneigenen Einzelhandels rückläufige Großhandelsgeschäfte ausgleichen, so in Großbritannien. **Großbritannien** zählt zu einem der wichtigsten europäischen Märkte. Die Finanzkrise 2008/2009 wirkte sich aus: Franchisepartner waren nicht in der Lage ihren vertraglichen Verpflichtungen nachzukommen, was zu Umsatzeinbußen führte. HUGO BOSS erwarb daraufhin 15 Geschäfte des wichtigsten Partners Moss Bros Group im Jahr 2011, konnte dadurch seinen Marktauftritt wieder direkt kontrollieren und die individuelle Markenidentität stärken. Mit Blick auf den Brexit hat der Konzern aber eine Beteiligung der Frasers Group (10,1%) akzeptiert; Frasers unterstützt den Vertrieb und ist einer der größten lokalen Sportartikelhändler, der Partnerschaften mit mehreren Markenartiklern praktiziert.

13.4.4. Ausblick

Die als Global Player zu bezeichnende HUGO BOSS AG ist mit kooperativen (Franchising) und integrativen Betätigungsformen (Eigenhandel) auf den weltweit größten Ländermärkten aktiv. Der Eigenhandel und die Übernahme von Franchisepartnern werden im Rahmen der zunehmenden Vertikalisierung des Konzerns in den kommenden Jahren an Bedeutung gewinnen und somit einen weiteren Wandel der Betätigungsform befördern, auch von Exportaktivitäten zu eigenen Vertriebsgesellschaften. Trotz großer Unsicherheit im Jahr 2020 rechnet HUGO BOSS damit, dass sich das Geschäft größtenteils normalisieren wird. Für den eigenen Handel geht der Konzern weiter vom währungsbereinigten Umsatzanstieg im mittleren einstelligen Prozentbereich p.a. aus; für das Großhandelsgeschäft mit einem Rückgang im niedrigen einstelligen Prozentbereich p.a.

13.5. Besonderheiten der Dienstleistungsunternehmen

Merkmale vieler Dienstleistungsbranchen sind bekannt: Heterogenität bzw. Interaktionsintensität, Immaterialität bzw. Intangibilität, Integration des Kunden und hohe Individualität (Zeithaml/Parasuraman/Berry 1985, S. 42). Bezüglich der Internationalisierung sind Typologien verbreitet, so anhand der Anbieter- und Nachfragermobilität (siehe Abbildung 13.12).

- **Across-the-Border-Trade** umfasst Dienstleistungen, bei denen Anbieter und Nachfrager immobil sind. Diese Form des Dienstleistungshandels entspricht weitestgehend dem Warenexport mit Wertschöpfungsschwerpunkt im Inland. Das Leistungsbündel beinhaltet in hohem Maße oder gar ausschließlich immaterielle Komponenten, die vom Anbieter weitgehend autonom erstellt werden (z.B. Datenbankdienste).
- **Foreign-Earnings-Trade** liegt vor, wenn ein mobiler Anbieter eine Dienstleistung bei einem immobilen Kunden erbringt. Dies liegt bspw. dann vor, wenn eine „mobile" Unternehmensberatung ihre Consulting-Leistung unter weitgehender Mitwirkung des Kunden in dessen Land erbringt. Anders als in der Grundtypologie liegt der Wertschöpfungsschwerpunkt im Ausland. Die Leistungserstellung erfolgt in enger Zusammenarbeit mit dem Kunden; jedoch ohne Kapitaltransfer ins Ausland.
- **Domestic-Establishment-Trade** meint mobile Kunden, denen immobile Anbieter ihre Leistung anbieten. Er ist durch einen inländischen Wertschöpfungsschwerpunkt gekennzeichnet. Die Leistungsbündel werden im Inland im Zusammenwirken mit dem ausländischen (mobilen) Kunden erstellt (z.B. in der Tourismusbranche).
- **Third-Country-Trade** tritt seltener auf; hier sind sowohl die Anbieter als auch die Kunden mobil. Ein Beispiel sind Weiterbildungen, die eine US-MBA-School in der Schweiz für „Nicht-Schweizer" Manager anbietet. Der Standort ist daher für beide Parteien fremd.

Abbildung 13.12: Sampson-Snape-Box zur Typologisierung internationaler Dienstleistungen

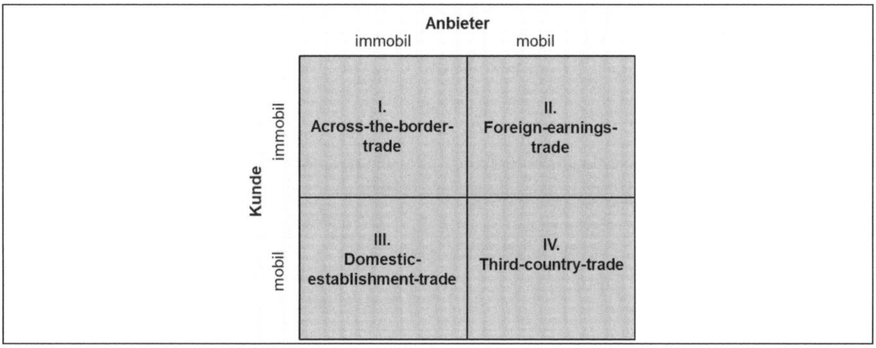

	Anbieter immobil	Anbieter mobil
Kunde immobil	I. Across-the-border-trade	II. Foreign-earnings-trade
Kunde mobil	III. Domestic-establishment-trade	IV. Third-country-trade

Quelle: I.A.a.Sampson/Snape 1985, S. 172.

Typologien geben auch erste Anhaltspunkte zur Wahl der **Entry und Operation Modes**, die auf Basis der o.g. konstitutiven Merkmale vorgenommen werden können (siehe Abbildung

13.13). Dies verdeutlichen aber nur ausgewählte, ggf. dominante Betätigungsformen, während weitere oder kombinierte Modes in den jeweiligen Branchen und Unternehmen eher verbreitet sind (bspw. i.d.R. Eintritt mittels Tochtergesellschaften, welche in einem Land Franchiseverträge vergeben bei McDonals, Burger King etc.). Ersichtlich wird, dass für die meisten Dienstleistungsbranchen jedoch Exporte von nachgeordneter Bedeutung sind, auch wenn diverse Exportformen v.a. bei Onlinegeschäftsmodellen an Bedeutung gewinnen.

Abbildung 13.13: Exemplarische Betätigungsformen in Branchen

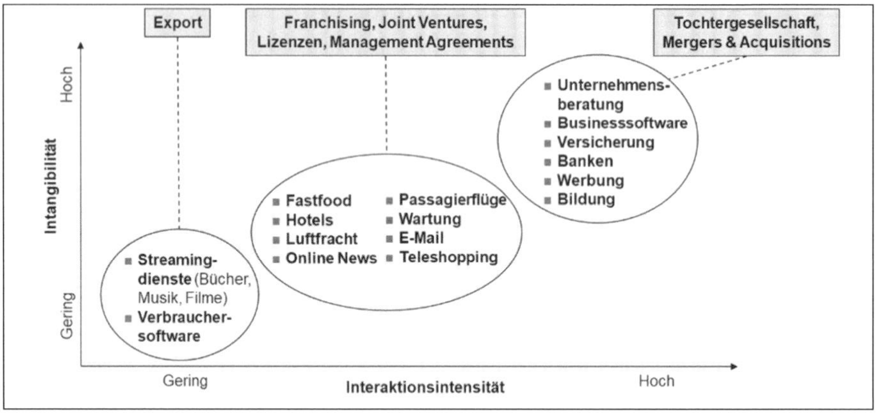

Quelle: I.A.a.Meffert/Bruhn/Hadwich 2015, S. 513.

Empirisch werden die Determinanten der Wahl betrachtet, bspw. wird für Branchen mit intensiven, dauerhaften Kundenbeziehungen, vielen Kunden, intensivem Kontakt zu lokalen Märkten und staatlichen Stellen oder starkem Wettbewerb eine lokale Präsenz vorgeschlagen. Die Strategiewahl wird auch mit **Unsicherheit** der Kundeninteraktion verbunden (Meyer u.a. 2015, S. 254). Ferner wird die „**Value Creation Logic**" als Bestimmungsbasis betrachtet, bspw. mit fünf Typen von Dienstleistungsunternehmen, die – angetrieben von spezifischen „Value Proposition Drivers" – diverse Kompetenzen für die Expansion nutzen (z.B., Strategie, Kosten-, Größen- und Verbundvorteile, siehe Abbildung 13.14). In Verbindung mit institutionellen Barrieren und Timing werden theoretisch dominante Eintrittsstrategien genannt. Eine entsprechende empirische Stützung steht aber aus und die „Value Logic" ist einer Branche nicht eindeutig zuzuordnen (Petersen 2014, S. 568ff.). Aussagen zur Strategiewahl oder -switches sind allgemeingültig kaum möglich, sondern bedürfen eines Branchenfokus. Dies erfolgt im Folgenden mit Blick auf Online-Unternehmen, entsprechend der Fallstudie.

Abbildung 13.14: Pace of Internationalization and Default Mode of Foreign Operation

Value Creation Logic	Institutional barriers to Internationalization	Pace of (unrestricted) Internationalization	Default Mode(s) of Foreign Operation
Production of Goods	Tariffs, quotas, local content requirements	Industry-Specific	Export, Licensing, FDI, JV, Contract Manufacturing
Analytics Services	Local ownership requirements	Slow	Greenfield FDI
Facility Services	Local ownership requirements	Slow to moderate	Franchising
Entertainment	Concessions, censorship	Slow/fast	Project Export, Licensing/ Export of Digitized Services
Logistics Services	Concessions	Moderate to fast	Strategic Alliance
Network Access	Concessions	Fast	Acquisition, FDI

Quelle: Petersen 2014, S. 569.

Besonderheiten der Betätigungsformen von Online-Unternehmen

Betätigungsformen von **Online Pure-Playern** können in Kontrast zu traditionellen Firmen betrachtet werden (bereits Zentes/Swoboda 2000). Shneor/Flåten (2008) zeigen dies anhand der Internationalisierungspfade und deuten idealtypische Modes an (siehe Abbildung 13.15).

- Ein „**Internet-based Path**" („**Pure Click**" beginnt mit der Einrichtung eines globalen Online-Shops (z.B. Zalando.com), dem bspw. aufgrund einer erhöhten Kundeninteraktion eine zunehmende Zusammenarbeit mit (lokalen) Dienstleistern (z.B. in der Logistik) folgt, mit schließlich, bspw. in attraktiven Märkten, einer Schaltung länderspezifischer Shops mit dedizierter Domain (mit Anpassung bzgl. Sprache, Inhalt, Währung, Format).
- Ein „**Internet-enabled Path**" („**Click & Mortar**" wird für ehemalige Offlineanbieter genannt, beginnend mit Kooperation mit Online-Intermediären (z.B. Plattform), gefolgt von lokalen Dienstleistern, eigenen globalen und final länderspezifischen Online-Shops.

Abbildung 13.15: Traditional and Online Internationalization Paths

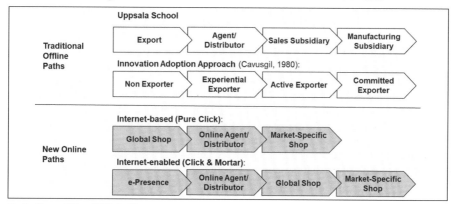

Quelle: Shneor/Flåten 2008, S. 46.

Ein Markteintritt erfolgt mit der Schaltung eines länderspezifischen Online-Shops; ohne eigene Niederlassung (Schu/Morschett/Swoboda 2016). Dennoch sind folgende Basisformen zu unterscheiden (Swoboda/Sinning/Hirschmann 2018, S. 218):

- **Indirekter Export** liegt vor, wenn ein globaler, standardisierter Online-Shop betrieben wird. Kunden können im Ausland indirekt Exportwaren beziehen. Anbieter profitieren von der geographischen Absatzmarkterweiterung, i.d.R. ohne länderspezifische Investitionen (z.B. www.blue-tomato.com; Foscht/Swoboda/Morschett 2006).
- **Direkter Export** liegt vor, wenn ein Online-Unternehmen länderspezifische Internetdomains betreibt, der Versand aber aus einem Lager im Ausland erfolgt. Diese Form findet sich besonders bspw. in solchen Ländermärkten, in denen eine eigene Präsenz zentral, kurze Lieferzeiten jedoch (vorerst) nachrangig sind (z.B. www.Zalando.nl).
- **Lokale Präsenz** umfasst einen länderspezifischen Online-Shop in Verbindung mit eigener lokaler Präsenz (i.d.R. eine Auslandsgesellschaft), was mit Ressourcen-, Kapitaleinsatz und Risiko, aber auch Kundennähe und Steuerbarkeit, verbunden ist.
  - „**Greenfield Investments**" sind Neugründungen der Auslandseinheiten (mit diversen Autonomiegraden), die i.d.R. vom Country-Manager gesteuert und mit lokalem Wissen, Logistik, Vertrieb oder Kundenservices verantwortet werden (Stallmann/Wegner 2015, S. 234, z.B. *Zalando* mit Fulfillment Centern in diversen EU-Ländern).

– **"Brownfield Investments"** umfasst i.d.R. die (partielle) Übernahme eines lokalen Unternehmens, mit den Optionen von der Online-Präsenz oder Reputation des Akquisitionsobjektes zu profitieren aber auch vom Marktwissen und von Vertriebs- oder Logistikkanälen. Bestehende Online-Shops nutzten bspw. *eBay* zum Eintritt in CHN, DNK, GBR, IND, MEX, SWE oder ESP (Stallkamp/Schotter 2019, S. 12).

In der Literatur werden auch kooperative Modes diskutiert, die z.T. Entry und Operation Modes sind, aber z.T. nur Umsetzungen einer der Basisformen darstellen.[1]

- Verbreitet werden virtuelle **Marktplätze** bzw. **Plattformen** als Eintrittsstrategie für deren Betreiber diskutiert; sie profitieren vom Marktwissen lokaler Online-Händler und bereiten schrittweise die eigene Präsenz vor (siehe Abschnitt 13.6.4.). Beispiele wie Alibaba, die selbst exportbasiert oder direktinvestiv im Ausland agieren, ermöglichen allerdings Drittanbietern einen schnellen, risikoreduzierten Markteintritt, bei reduzierter Gewinnspanne, Autonomie und Kontrolle (Swoboda/Sinning 2020). Für Letztere ist dies ein kooperativer Mode (Jin/Hurd 2018, S. 91; McKinsey & Company 2016), so für den Online-Shop von MediaMarkt (ein Omnichannel-Händler) über eBay in den USA.
- Von nachgeordneter Bedeutung sind **Lizenzen** bzw. die Gewährung temporärer Verfügungsrechte an Auslandspartner (z.B. Vertriebslizenz von Produkten/Services, gesamte Vertriebskonzepte bei **Franchising**). Beispiele sind Lizenzvergaben für einen Online-Shop (z.B. www.Lizenzo.de, inkl. Zugang zu Lieferanten- und Logistiknetzen), oder das Betreiben länderspezifischer Webshops (Pénard/Perrigot 2017, S. 164ff.). Auch **JV** sind bekannt (bspw. von Rakuten in IDN, TWN oder CHN, die jedoch in zwei Fällen aufgrund des intensiven Wettbewerbs aufgegeben wurden und zu Markt-Exits führten). **Strategische Allianzen** bzw. **Partnerschaften** (Brouthers/Geisser/Rothlauf 2016, S. 526), so mit lokalen Online-Shops und -Intermediären (z.B. Vertriebsagenturen) oder Fulfillment-Dienstleistern, sind zur Umsetzung aller vorgestellten Basisformen denkbar. Vereinzelt werden sie als Markteintrittsstrategie herangezogen. So hat *Netflix* mit der norwegischen *Telenor* den Streamingdienst in 13 Ländern eingeführt (Zahlungsdienste, Marketing, Set-Top-Boxen-Integration zur digitalen Erweiterung der TV Inhalte).

Determinanten der Strategiewahl sind wenig erforscht, aber empirisch werden Makrofaktoren genannt, wie lokale Infrastruktur (z.B. Internet, Logistik), regulative Faktoren (z.B. bzgl. ausländischer Direktinvestitionen) oder Marktattraktivität. Interne Faktoren sind geographische oder kulturelle Distanzen (erhöhen Eintrittsbarrieren und Adaptionsnotwendigkeit), Wissen (Schu/Morschett/Swoboda 2016; Schu/Morschett 2017) und weitere Ressourcen (bspw. bei impliziter Betrachtung von Klein- und Großunternehmen). Naheliegend dominieren bei **Online-KMU** eher indirekte Exporte, bei Plattformen lokale **Netzwerke** oder Akquisitionen (Stallkamp/Schotter 2019, S. 16). Wie angedeutet, dürfte dies aber über die Zeit variieren.

13.6. Entry and Operation Modes at Amazon[2]

13.6.1. Kurzvorstellung des Unternehmens

Mit einem Umsatz von rd. 386 Mrd. USD und über 1.298.000 Mitarbeitern 2020 ist Amazon der größte Händler im Internet. Die Marktkapitalisierung beträgt rd. 2.000 Mrd. USD (Rohertrag und Nettogewinn rd. 153 und 21 Mrd. USD in 2020). Amazon, gegründet 1994

---

[1] Vgl. hierzu bspw. Stallmann/Wegner 2015, S. 218 ff.; Stallkamp/Schotter 2019.
[2] Die Fallstudie basiert auf Geschäftsberichten und öffentlich zugänglichen Quellen des Unternehmens, sowie weitergehenden Studien. Die Fallstudie wurde von Herrn Marius Müller, M. Sc., erstellt, dem wir sehr danken.

als Buchhändler, weist ein enormes Wachstum auf und wurde in der Unternehmensvision und in den Geschäftsbereichen jahrelang von Jeff Bezos geprägt. Die **Vision** lautet „To be Earth's most customer-centric company, where customers can find and discover anything they might want to buy online". Das Geschäftsmodell basiert auf zentralen Komponenten, die das Wachstum durch gegenseitige Wechselwirkungen immer weiter (im sog. „Flywheel") antreiben:

- **Selection**, d.h. die Auswahl des Sortiments und der Dienstleistungen.
- **Customer Experience**, d.h. die Kundenerfahrung bei der Nutzung von Amazon.
- **Traffic**, d.h. Besucherfrequenz auf den Websites von Amazon.
- **Sellers**, d.h. in den Marketplace eingebundene Drittanbieter.

Hinzu kommen aus dem Wachstum entstehende **Economies of Scale**, die zu niedrigen relativen Kosten führen, um den Kunden niedrige Preise zu bieten, was wiederum die Kundenerfahrung bedingt. Amazon bietet gezielte Services wie Fulfillment by Amazon, Amazon Prime oder Amazon Web Services, um den Marketplace attraktiv für Seller und Kunden zu machen. Vier Geschäftsbereiche werden unterschieden (siehe Tabelle 13.3).

Tabelle 13.3: Umsatzentwicklung der Geschäftsbereiche von 2014-2020 (in Mrd. USD)

Geschäftsbereich	2014	2015	2016	2017	2018	2019	2020
Electronics and General Merchandise	80,3	92,9	114,4	140,2	165,7	195,0	277,8
Media Services	2,8	4,5	6,4	9,7	14,2	19,2	25,2
Others	6,0	9,6	15,2	22,1	35,8	49,1	66,8
Stationary Business	–	–	–	5,8	17,2	17,2	16,3
Total	89,1	107,0	136,0	177,8	232,9	280,5	386,1

Quelle: Amazon Geschäftsberichte.

Der größte Geschäftsbereich **Electronics and General Merchandise** umfasst den Versandhandel mit eigenen Sortimenten, den elektronischen Marktplatz sowie den Full-Service Vertriebskanal *Fulfillment by Amazon* (z.B. Logistikleistungen für Drittanbieter). Der Versandhandel besteht aus einem breiten und tiefen Universalsortiment, das gemäß der Vision ausgeweitet wird (inkl. *Amazon Fresh* mit Lieferung frischer Produkte innerhalb weniger Stunden in urbanen Zentren). Bei den beiden anderen Bereichen können Drittanbieter Ware an Kunden selbst versenden oder über Amazons Logistikzentren (inkl. Retouren im In- oder Ausland). Beides realisiert rd. 80 Mrd. USD Umsatz. Amazon setzt ferner einen Schwerpunkt auf die internationale Vermarktung von *Amazon Prime* (Jahresbeitrag in den USA 119 USD, international variabel), das neben kostenlosem und Premiumversand innerhalb eines Tages und Premiumangeboten auch den Zugang zu einer Vielzahl von Mediendiensten umfasst.

Mediadienste umfassen Vertriebsplattformen für Musik, Filme, E-Books, Software und Games. Der Bereich wird auf Auslandsmärkte ausgeweitet und wächst durch Streaming- und Entertainmentservices wie *Amazon Music*, *Prime Video*, *Kindle*, *Audible*, *Twitch* oder *Alexa*.

Other vereint weitergehende Serviceleistungen für Verbraucher und gewerbliche Kunden, so *Amazon Web Services*, *Advertise on Amazon* und *Amazon Payment Solutions*. Besonders *Cloud Services* wachsen stark, weltweit angeboten in 81 Verfügbarkeitszonen. Amazon sieht sich als führenden Anbieter von Cloud-Infrastruktur-Services (Marktanteil 33%).

Seit 2015 engagiert man sich v.a. im Heimatmarkt in **stationären Kanälen** (z.T. experimentell), so *Amazon Go*, Buchläden mit begrenztem Bestseller-Sortiment oder Pop-up Stores für *Kindle*, *Fire Tablet*, *Fire TV* oder *Echo*. Die Akquisition von *Whole Food Mar-*

kets, einer US-Biomarktkette, für 13,7 Mrd. USD, war ein Schritt in Richtung Omnichannel-LEH.

Auslandsaktivitäten

Wesentlich für das starke Wachstum sind die enorme Diversifikation und eine zunehmende Internationalisierung. Im Heimatmarkt werden rd. 70% des Umsatzes realisiert (mit höheren Wachstumsraten), gefolgt von drei wichtigen Ländern (siehe Tabelle 13.4). Allerdings haben bereits rd. 65% der US-Kunden eine Prime Mitgliedschaft und Neuanmeldungen stagnieren.

Tabelle 13.4: Umsatzentwicklung in den Kernmärkten von 2014-2020 (in Mrd. USD)

Ländermarkt	2014	2015	2016	2017	2018	2019	2020
USA	54,7	70,5	90,4	120,5	160,2	193,6	263,5
Deutschland	11,9	11,8	14,2	16,9	19,9	22,2	29,6
Großbritannien	8,3	9,0	9,6	11,4	14,5	17,5	26,5
Japan	7,9	8,3	10,8	11,9	13,8	16,0	20,5
Rest der Welt	6,1	7,4	11,2	17,2	24,5	31,1	46,0

Quelle: Amazon Geschäftsberichte.

Diese Fallstudie fokussiert Entry and Operation Modes, v.a. im dominanten Eigen- und Marktplatzhandel. Amazon strebt zunehmend ein internationales Netzwerk an, wobei länderspezifische Shops (i.d.R. mit lokalen Fulfillmentzentren) als Brückenköpfe zur Erschließung weiterer Länder dienen. So war für Prime Kunden ein Versand nach Belgien und die Niederlande über den deutschen Shop möglich, bevor 2014 lokale Domains entstanden; analog erfolgt nach Eingabe von Amazon.ch heute noch eine Weiterleitung zur deutschen Homepage.

13.6.2. Direktinvestive Aktivitäten

Amazon bearbeitet 20 Länder mit spezifischen Websitedomains (siehe Tabelle 13.5), die sich durch die Eintrittsstrategie unterscheiden: oft „**Greenfield**", z.T. „**Brownfield**" (früh in DEU und GBR, dann in CHN und jüngst in VAE, SAU, SWE und POL). Andererseits können die Länder nach der Art der lokalen Logistikzentren unterschieden werden, wobei diverse Lösungen vorliegen, die wesentlich die gebotenen Serviceleistungen in den Zustelldiensten bedingen:

- In Fulfillment Centern erfolgt die Lagerung und Kommissionierung breiter Teile des Sortiments für geographisch relativ große Belieferungsgebiete.
- Sortation Center sind kleinere Einheiten zur schnellen und effizienten Sortierung der Sendungen nach Zielort, insb. in Ballungsräumen (z.T. neben einem Fulfillment Center).
- Prime Now Hubs gewährleisten eine schnelle „Same-Day Lieferung" von schnelldrehenden Sortimenten aus Food und Non-Food Segmenten (z.B. Bestseller).
- Pantry- oder Fresh Food Distribution Center unterstützen die Auslieferung von Produkten des täglichen Bedarfs wie frische Lebensmittel, die Kühlung benötigen.
- Delivery Stations bereiten Kundenbestellungen für die „letzte Meile" der Zustellung vor, und Airport Hubs dienen als zentrale Anlaufpunkte für Amazons eigene Luftfracht-Flotte.

Verbreitet sind Websitedomains und Logistikzentren in Kernländern, auch wenn die Lösungen und Servicezustellleistungen variieren. Die Logistikaktivitäten sind auch Ausdruck einer zunehmenden vertikalen Integration, da Zustelldienstleister in Konkurrenz zu UPS,

FedEx oder DHL angeboten werden, so in europäischen Kernländern, zunehmend in Indien und VAE. Partiell werden Logistikstandorte ohne lokalisierte Domain genutzt (bspw. in Polen zur Lieferung nach Ostdeutschland, i.S. einer lohnkostenorientierten Standortwahl). In Singapur hat man aufgrund der urbanen Infrastruktur zuerst einen Prime Now Hub etabliert (der per Mobile-App verfügbar war), ehe 2019 ein Online-Shop folgte.

Tabelle 13.5: Übersicht direktinvestiver Aktivitäten und Logistikinfrastruktur

Land	Einwohner Mio. BIP Mrd. USD	Website	Eintritts- jahr[1]	Logistikzentren
			Eigenaufbau	
USA	329; 20,9	Amazon.com	1994 (1997)	217 Fulfillment Centers, 87 Sortation Centers, 55 Prime Now Hubs, 21 Fresh Food Distribution Centers, 427 Delivery Stations, 17 Airport Hubs
Japan	126; 5,1	Amazon.co.jp	2000 (2000)	18 Fulfillment Centers, 7 Prime Now Hubs
Frankreich	67; 2,6	Amazon.fr	2000 (2007)	10 Fulfillment Centers, 4 Sortation Centers, 1 Prime Now Hub, 11 Delivery Stations
Kanada	38; 1,7	Amazon.ca	2002 (2011)	13 Fulfillment Centers, 2 Sortation Centers, 1 Prime Now Hub, 17 Delivery Stations
Italien	60; 1,9	Amazon.it	2010 (2011)	8 Fulfillment Centers, 2 Sortation Centers, 2 Prime Now Hubs, 26 Delivery Stations
Spanien	47; 1,3	Amazon.es	2011 (2012)	10 Fulfillment Centers, 1 Sortation Center, 1 Fresh Food Distribution Center, 4 Prime Now Hubs, 30 Delivery Stations
Brasilien	213; 1,4	Amazon.com.br	2012 (2014)	7 Fulfillment Centers
Niederlande	17; 0,9	Amazon.nl	2014	-
Indien	1.380; 2,6	Amazon.in	2017 (2013)	66 Fulfillment Centers, 1 Fresh Food Distribution Center, 12 Sortation Centers, 15 Prime Now Hubs, 200 Delivery Stations
Mexiko	129; 1,1	Amazon.com.mx	2013 (2015)	5 Fulfillment Centers, 27 Delivery Stations
Australien	26; 1,3	Amazon.com.au	2017 (2017)	7 Fulfillment Centers, 12 Delivery Stations
Singapur	6; 0,3	Amazon.sg	2017 (2017)	1 Fulfillment Center, 2 Prime Now Hubs
Türkei	84; 0,7	Amazon.com.tr	2018	-
Schweden	10; 0,5	Amazon.se	2020	-
Polen	38; 0,6	Amazon.pl	2021 (2014)	6 Fulfillment Centers
Weitere	–	–	–	Fulfillment Centers in Ägypten (1), Kuwait (1), Slowakei (1); Delivery Stations in Ägypten (1), Österreich (3), Tschechei (1)
			Akquisitionen	
Großbritannien	67; 2,7	Amazon.co.uk	1998 (1998)	37 Fulfillment Centers, 7 Sortation Centers, 15 Prime Now Hubs, 1 Fresh Food Distribution Centers, 66 Delivery Stations
Deutschland	83; 3,8	Amazon.de	1998 (1999)	29 Fulfillment Centers, 7 Sortation Centers, 7 Prime Now Hubs, 56 Delivery Stations, 1 Airport Hub
China[2]	1.402; 14,7	Amazon.cn	2007 (2004)	15 Fulfillment Centers
VAE	10; 0,4	Amazon.ae	2019 (2018)	2 Fulfillment Centers, 1 Delivery Station
Saudi-Arabien	35; 0,7	Amazon.sa	2020 (2017)	3 Fulfillment Centers, 11 Delivery Stations

[1] Gründungsjahr der ersten eigenen Fulfillment-Einrichtung in Klammern. [2] 2019 Austritt aus Lokalgeschäft.
Quelle: Amazon Geschäftsberichte; MWPVL 2021; Weltbank 2021.

Eigenaufbau als Markteintrittsstrategie

Die Erschließung eines Logistikstandorts ist eine klassische **Direktinvestition**, zuerst in Kernmärkten, dann in Asien. Typischerweise erfolgt dabei die Gründung von **Tochtergesellschaften**, die oft ein bedeutsamer Arbeitgeber in einer Region sind. Die Wahl von Logistiklösung und Standort ist am geographischen und infrastrukturellen Rahmen sowie den angebotenen Warengruppen und Services orientiert. Amazon bietet nicht flächendeckend *Prime Now* (Zwei-Stunden-Zustellung) oder frische Waren, sondern erweitert diese gemäß dem Wandel der Konsumgewohnheiten oder der Verfügbarkeit des Prime-Programms. Ein sequentielles Vorgehen liegt nahe, da in vielen Ländern zunächst Fulfillment Centers zur breiten Versorgung aufgebaut werden, später ergänzt um „Hotspots" und ferner *Marketplaces*.

Ein Beispiel für diese Strategie ist Japan. Zentral für die Entscheidung waren kulturelle und marktspezifische Faktoren; trotz vorhandener Akquisitionsziele. Das Engagement erfordert enorme Anpassungen an japanische Konsumgewohnheiten, bspw. Barzahlung- und Abholungsmöglichkeiten in Convenience Stores („Konbinis"), aufgrund von Vorbehalten zu Online-Zahlung; die effiziente Logistik (frühe Automatisierung) und ein Ausbau von Prime Now Hubs in urbanen Zentren (zukünftig auch für Frische) begünstigten Amazon. Weitere Gründe waren umfangreiche Restriktionen und notwendige Adaptionen im Buchmarkt. Durch diese Anpassungen, eine nie da gewesene Sortimentsauswahl und das populäre Marktplatzmodell, gelang der Aufbau in einem wichtigen Land (Inagaki 2018; Stallmann/Wegner 2015, S. 238).

Ein anderes Vorgehen erfolgte in Brasilien. Ohne Logistikstandorte oder Marktplatz, fokussierte man den Vertrieb digitaler Literatur. Nach zwei Jahren, mit der Gründung eines ersten *Fulfillment Centers,* folgte das Angebot des Kindle und von Büchern und nach weiteren drei Jahren eines Marktplatzes für Elektronik. 2019 wurden Direktinvestitionen angekündigt, die langsam erfolgten (wg. Landesgröße, Infrastruktur, Steuersystem). Andererseits evozierte der Ausbau des Verteilerzentrums in São Paulo spezifisches Wissen, und der Eigenhandel förderte den Marktplatz, der wiederum „Websitetraffic" generierte (Torresan 2019).

Über die o.g. Standorte hinaus, investierte Amazon in Niederlassungen für **Customer Service** (in Costa Rica, Marokko, Irland, China, Südafrika etc.) oder **Software-Entwicklungszentren** (in Costa Rica, Luxemburg, Österreich, Polen, Israel etc.). Für die Cloud Services werden weltweit **Rechenzentren** betrieben, die eine flächendeckende und lokalen Regularien folgende Datenübertragungsinfrastruktur gewährleisten und regelmäßig, so kürzlich in Brasilien mit Millioneninvestitionen, erweitert werden (Goodison 2020). Das **stationäre Geschäft** ist hingegen national, mit Ausnahme von Pop-Up-Shops in Amsterdam, Berlin, London, Madrid etc.; Pläne für *Amazon Go* Stores existieren für Großbritannien oder Deutschland.

Akquisition als Markteintrittsstrategie

Wie angedeutet sind Akquisitionen nicht die bevorzugte Eintrittsstrategie. Sie erfolgten oft früh, als Amazon noch primär Buchhändler war und vereinfachten den Ressourcenaufbau. Interessant ist die Akquisition von Joyo.com in China 2004; gefolgt von der Umstellung auf Amazon.cn 2007. Dies war zwar nur der größte chinesische Online-Buchhändler, aber das Ziel war zunächst, von dessen Präsenz im Wettbewerb zu profitieren und zugleich in den wachsenden, aber kompetitiven Markt einzutreten. Die Entscheidung erfolgte auch aufgrund der Differenzen bzgl. Kultur, Marktdynamik und regulativer Hürden. Trotz Angebotserweiterungen und Logistikinvestitionen gelang es nicht im Preiswettbewerb mit der lokalen Konkurrenz zu bestehen, sodass 2019 ein Austritt mit dem Handels- und Marktplatzgeschäft erfolgte. Chinesische Kunden können ggw. über Amazon.cn auf den „Global Store" zurückgreifen und Importwaren aus den westlichen Ländern beziehen. Als besondere Ausprägung indirekter Exporte ermöglichen weiterhin existente lokale Fulfillment Center adaptierte Lieferservices und relativ schnelle Zustellungen in 82 Städten (Feifei 2019).

Bedeutsam ist ferner die Akquisition der arabischen E-Commerce Plattform Souq.com 2017, dem die Akquisition des Startups Wing.com folgte, und zwar mit dem Ziel einer „One-Day-

Delivery". Im Jahr 2019 erfolgte eine Umbenennung in Amazon.ae (in den VAE) und 2020 in Saudi-Arabien in Amazon.sa. Auch hier ist ein typisches Vorgehen im Anschluss an eine Akquisition zu erkennen. So können Nutzer im Amazon Online-Shop zum ersten Mal arabisch als Sprache wählen, inkl. auch kulturell angepasster Werbung und Sortimente (Gibbon 2020). Die ägyptische Plattform hingegen agiert weiter unter der Souq.com Domain mit dem Zusatz „an amazon company". Der *Souq* Online-Shop gilt als größte E-Commerce Plattform in arabischen Ländern und ist aufgrund der enormen Präsenz der Marke ein optimaler Einstieg in die Region. Amazon fokussiert zunächst die zwei führenden E-Commerce Märkte.

Im Hinblick auf weitere Geschäftsfelder, ist bzgl. der **Mediadienste** die Akquisition des britischen Online-Filmverleihs *Lovefilm International Ltd.* 2011 zu erwähnen, nach Beteiligung seit 2008. Als einer der europaweit größten Online-Filmverleihe und späterer Video-on-Demand Service operierte *LOVEFiLM* in Großbritannien, Schweden, Norwegen, Dänemark und Deutschland. Im Jahr 2014 vollzog Amazon die Verschmelzung mit seinem *Prime Instant Video* Streamingdienst; zwei Jahre später wurde dieser Dienst als *Prime Video* und Hauptkonkurrent zu *Netflix* in 200 Ländern lanciert. Auch im Jahr 2021 stärkt Amazon seine Position gegen *Netflix* durch die Akquisition des Metro-Goldwyn-Mayer Filmstudios. Zudem sind spätestens nach der Übernahme von Zoox, einem Unternehmen für autonome Fahrzeuge, im Jahr 2020 Akquisitionen in den verschiedensten Bereichen denkbar.

13.6.3. Exportbasierte Aktivitäten

Amazon exportiert in 129 Länder (siehe Abbildung 13.16). **Indirekter Export** erfolgt über das *AmazonGlobal* Programm (Zugriff über Amazon.com) primär in die Länder ohne lokalisierte Website (aber Zugriff aus jedem Land möglich). **Direkter Export** erfolgt in Märkte mit länderspezifischer Website, die aber noch kein lokales Fulfillment Center haben. Hier erfolgt der Versand meist aus Nachbarländern, bevor i.d.R. Logistikstandorte aufgebaut werden (so voraussichtlich in Schweden mit geplantem Standort für 2021).

Abbildung 13.16: AmazonGlobal Exportländer[1]

Europa	Albanien, Andorra, Armenien, Belarus, Belgien, Bosnien & Herzegowina, Bulgarien, Dänemark, Deutschland, Estland, Finnland, Frankreich, Gibraltar, Griechenland, Großbritannien, Irland, Island, Italien, Lettland, Liechtenstein, Litauen, Luxemburg, Kroatien, Malta, Monaco, Niederlande, Norwegen, Österreich, Polen, Portugal, Rumänien, Russland, St. Bartholomäus, San Marino, Serbien, Schweden Schweiz, Slowakei, Slowenien, Spanien, Tschechei, Türkei, Ukraine, Ungarn, Vatikan, Zypern.
Amerika	Argentinien, Aruba, Barbados, Belize, Bermudas, Bolivien, Brasilien, Chile, Costa Rica, Dominikanische Republik, Ecuador, El Salvador, Fr. Guyana, Guadeloupe, Guatemala, Honduras, Jamaika, Kaimaninseln, Kanada, Kolumbien, Martinique, Mexiko, Mikronesien, Panama, Paraguay, Peru, St. Kitts und Nevis, St. Martin, Trinidad und Tobago, Uruguay, Venezuela.
Asien und Australien	Australien, Bangladesch, China, Fidschi, Hong Kong, Indien, Indonesien, Japan, Kambodscha, Kasachstan, Macao, Malaysien, Marshallinseln, Neukaledonien, Neuseeland, Palau, Philippinen, Singapur, Sri Lanka, Südkorea, Taiwan, Thailand, Vietnam.
Afrika, Mittlerer Osten	Ägypten, Algerien, Angola, Bahrain, Botswana, Ghana, Israel, Jordanien, Kamerun, Katar, Kenia, Kirgistan, Kuwait, Marokko, Mauritius, Mayotte, Namibia, Nigeria, Oman, Pakistan, Palästinensergebiete, Réunion, Saudi-Arabien, Senegal, Südafrika, Tansania, Tunesien, Uganda, Vereinigte Arabische Emirate, Zimbabwe.

[1] Hier können Limitationen bestehen, ob und wo Amazon Marketplace Anbieter internationales Shipping anbieten. Die Einkäufe können bestimmten Gebühren und Importregulationen in einem Land unterliegen.

Quelle: www.amazon.com/gp/help/customer/display.html?nodeId=GCBBSZMUXA6U2P8R, 9. Juli 2021.

Das Länderportfolio ist z.T. für Marktplatzanbieter verfügbar, ein Angebot, das stetig erweitert wird. Formalrechtlich tritt für internationale Bestellungen (außerhalb der USA) die *Amazon Export Sales LLC* als Verkäufer auf, die auch den Versand übernimmt. Anfallende Zoll-

und Einfuhrgebühren liegen in der Verantwortung des Käufers, werden aber zuvor von Amazon geschätzt und in Rechnung gestellt. Grundsätzlich strebt Amazon eine internationale Zustellung innerhalb von zwei Werktagen für den Global Store an, wobei dies nur mit „Priority Shipping" möglich ist, mit höheren Versandkosten (die zudem regional und nach Produktkategorien variieren, so Basistarif beim Grundsortiment von Musik, DVD, Games, Schmuck und Büchern und zzgl. eines Aufschlags für andere Warengruppen). Für wenige Länder ist ein kostenfreier Versand für Prime Mitglieder möglich. „Priority Shipping" wird nicht in Russland oder Südostasien angeboten; nur ein globaler Schnellversand von 4-10 Tagen. Der Global Store umfasst über eine Million „Internationale Produkte", deren Verfügbarkeit durch landesspezifische Restriktionen aber eingeschränkt ist. Zudem erfolgt die Abwicklung von Retouren über den Kundenservice trotz z.T. fehlender Herstellergarantien für Importwaren.

Weitergehende Exportoptionen liegen in unbearbeiteten Ländern (z.B. Afrika, trotz regulativ, politisch und technologisch ungünstigen Bedingungen). Über die Zeit werden Länder vor Errichtung eines lokalen *Fulfillment Centers* als Exportland behandelt, und es liegt nahe, dass Amazon Exporte nutzt, um über den Markt zu lernen und Direktinvestitionen vorzubereiten.

Analog existieren für Mediadienste, insb. *Prime Video*, Formen des (digitalen) Exports, zumal Amazon mehr als 200 Länder über die globale Website www.primevideo.com bedient (mit Sprachoptionen für 28 Länder). Diese Adaption kann als „direkter Export" gesehen werden, wobei es sich eher um eine Mischform handelt, da keine Länderdomains vorliegen. Selbiges gilt für die Cloud Services, die in 15 Sprachen (über eine globale Website) verfügbar sind.

Die Vor- und Nachteile des Markteintritts mit Exporten sind für Amazon wie folgt zu nennen.

- Neben den Vorteilen marktspezifisches Wissen zu generieren, profitiert Amazon von geringem administrativem Aufwand und i.d.R. fehlenden Anstrengungen, regulative Vorgaben umzusetzen oder Direktinvestitionen in die Logistik. Ein weiterer Vorteil liegt in der relativ schnellen Reaktion, bei Sortiments- oder Preisanpassungen. Die länderspezifische Website bei direkten Exporten ist eine Form der adaptierten Marktbearbeitung durch Anpassung von Sprache, Seitenlayout, Preis, Sortiment/Marktplatzangebot und einer Markenpräsenz, während schrittweise die eigene physische Infrastruktur aufgebaut wird.
- Ein zentraler Nachteil besteht in der geringeren Kundennähe und der Langsamkeit der Services. Dieses ändert sich zwar beim Switch von indirektem zu direktem Export, bleibt aber relativ zur lokalen Präsenz bestehen, da Vorteile direktinvestiver Engagements wie Kundennähe, Einbindung in lokale Kultur etc., entfallen. Auch die Geschwindigkeit möglicher Anpassungen an sich ändernde Wettbewerbsbedingungen ist begrenzt, wie auch der Wissenszuwachs oder die Abhängigkeit von Partnern. Mit zunehmender internationaler Erfahrung und Kostendegressions- und Synergieeffekten gewinnen Direktinvestitionen an Attraktivität, auch vor dem Hintergrund der Logistikkompetenz von Amazon.

13.6.4. Kooperative Aktivitäten

Die primäre Form **internationaler Kooperation** (neben der Zusammenarbeit mit lokalen Logistikdienstleistern) ist Amazons *Marketplace*, der wesentliche Vorteile bietet. So kann die Schaltung eines länderspezifischen Marktplatzes genutzt werden, um vom Marktwissen und der Präsenz lokaler Anbieter zu profitieren. Weiterhin ist es eine risikoreduzierte Möglichkeit, das Potential diverser Produktkategorien in Ländern mit Drittanbietersortimenten zu testen. Gleiches kann Ziel der Ermöglichung des internationalen Versands durch Drittanbieter auf bereits bestehenden Marktplätzen sein. Entsprechend liegt es nahe, dass Amazon den Marketplace als Mode nutzt, um Märkte effektiver zu durchdringen. Mit rd. 1,3 Mio. Drittanbietern ist der Marketplace in den USA mit Abstand am größten, gefolgt von den europäischen Kernmärkten und dem Wachstumsmarkt Indien (siehe Tabelle 13.6).

Tabelle 13.6: Verteilung aktiver und neuer Drittanbieter nach Ländern

Ländermarkt	Anzahl aktiver Drittanbieter	Anteil neuer Drittanbieter weltweit[1,2]
USA	1.305.592	13,77%
Großbritannien	395.142	8,20%
Indien	373.711	12,08%
Deutschland	343.976	7,17%
Italien	319.261	7,39%
Frankreich	311.733	7,19%
Spanien	306.849	7,45%
Kanada	268.784	7,57%
Japan	230.333	4,09%
Mexiko	128.459	5,57%
Niederlande	117.845	8,49%
Schweden	66.867	4,81%
Vereinigte Arabische Emirate	42.632	1,57%
Australien	39.660	1,11%
Brasilien	31.719	1,16%
Saudi Arabien	14.537	1,05%
Singapur	14.054	0,89%
Türkei	12.015	0,43%

[1] Anteil neuer Drittanbieter bezogen auf weltweit ca. 1,4 Mio. neu registrierte Anbieter im Jahr 2020.
[2] Lesebeispiel: 13,77% aller neuen Drittanbieter weltweit im Jahr 2020 haben sich auf Amazon.com registriert.
Quelle: www.marketplacepulse.com/marketplaces-year-in-review-2020, 24. Januar 2021.

Ähnliches zeichnet sich für den Anteil neuer Marktplatzanbieter ab, die im Jahr 2020 weltweit hinzukamen (von rd. 1,4 Mio. neu registrierten Anbietern weltweit, haben sich fast 14% (28% im Vorjahr) auf der US Website Amazon.com angemeldet, wobei der indische Markt stark aufholt). Die Verteilung zeigt ferner das Potential in Ländern mit stark wachsendem E-Commerce (auch Pandemiebedingt), so in Indien und Mexiko mit Online-Umsatzwachstumsraten von 30% im Jahr 2020.

Der Marktplatz ist ein Operation Mode, weil der Markteintritt i.d.R. mit dem Eigenhandel erfolgt. Amazon bietet 18 Marketplaces im Großteil der direktinvestiv bearbeiteten Länder an (z.B. nach sechs Jahren in den Niederlanden etabliert). Weitere Optionen existieren in Ländern, die bereits über einen eigenen Shop verfügen. Das o.g. Beispiel des chinesischen Marketplace zeigt aber, dass der lokale Wettbewerb mit Alibaba und JD.com verbunden mit Kundenpräferenzen und dem regulativen Rahmen auch diese, als innovativ geltende Betätigungsform nicht überall rentabel macht. Bezüglich Preise, Kundenservice und Vermarktung konnte Amazon nicht mit Alibaba mithalten, bzgl. Kundendaten/-ansprache nicht mit JD.com (z.B. bei Food) und bzgl. der Anpassung an lokale Zahlungsoptionen nicht mit AliPay.

Amazon nutzt – wie erwähnt – Partnerschaften mit Logistikdienstleistern zur Umsetzung der Strategien. Ein Beispiel hierfür ist Kanada, das Amazon 2002 betrat, aber bis 2011 keine eigene Logistik anbot. Begründet lag dies in Regulierungen im Buchmarkt und Befürchtungen einer zu hohen Marktdominanz ggü. lokalen Buchhändlern und literarischen Kulturgütern. Entsprechend übernahm die Canada Post die Zustellung als 100%-ige Fulfillment Agentur.

In Bezug auf Media- und Clouddienste sind Partnerschaften als Entry Mode aufgrund der einfachen internationalen Skalierbarkeit digitaler Services bisher kaum relevant. Stattdessen nutzt Amazon Partnerschaften mit lokalen Telekommunikations- und Medienkonzernen, also einen Operation Mode i.w.S., um sein Streaming-Angebot und -Programm an regionale Konsumpräferenzen anzupassen. So erfolgte 2020 eine Erweiterung des brasilianischen Angebots um „Prime Video Channels", u.a. mit Zugang zum lokalen Streaming-Anbieter *Looke*.

Ein exklusives Marktplatzmodell für Indien

Im Jahr 2012 kündigte Amazon den Launch der neuen Online-Plattform Junglee.com (Hindi für „wild") an, die den E-Commerce Markt mit einer großen Auswahl indischer und globaler Produkte versorgen sollte. Anders als bei anderen Eintritten, nutzte man diese Domain, die erst 2017 durch Amazon.in abgelöst wurde. Die Überzeugung war, dass die Marke und das Logo die unerfahrenen Online-Kunden neugierig macht. Den strikten Regulierungen bzgl. ausländischer Direktinvestitionen Rechnung tragend, wurde kein Eigenhandelsangebot etabliert. Kunden konnten jedoch stationär in Convenience Stores von lokalen und globalen Online-Händlern im Junglee-Shop einkaufen, Amazon.com inbegriffen. Ähnlich wie Amazon.com bot Junglee.com die Empfehlungs- und Bewertungssysteme sowie Preisvergleiche zwischen Drittanbietern an; schon zum Start 10,2 Mio. Produkte von hunderten und auch sehr bekannten Offline- und Online-Händlern (Roy/Chakraborti 2014, S. 45f.). Im Jahr 2013 folgten Investitionen in das erste *Fulfillment Center*. Um unerfahrene Nachbarschaftshändler anzusprechen wurde das *Amazon Chai-Cart Programm* entwickelt. Mit Services wie „*Easy Ship*" oder „*Seller Flex*" reagierte Amazon zudem auf die speziellen Anforderungen bzgl. Indiens lokaler Infrastruktur. So holen Amazon-Kuriere Sendungen bei Verkäufern ab, oder Händler bieten Lagerfläche für Amazon Sortimente, die Amazon koordiniert. Die lokale Präsenz wurde 2015 mit der Gründung der *Amazon Transportation Services Private Limited* um einen eigenen Fahrrad- und Motorradzustelldienst erweitert (Govindarajan/Warren 2016). Der Konzern nutzte ferner Joint Ventures mit dominanten Anbietern auf dem Marktplatz (so mit Cloudtail, der Ashok Patni Group), um regulatorische Wettbewerbsbarrieren zu umgehen, Margen zu optimieren und Hauptkonkurrent Flipkart zu begegnen.

Der Marketplace – Ein zweischneidiges Schwert für Drittanbieter

Drittanbieter partizipieren bspw. von Bekanntheit, Service, Logistikdienstleistungen. Amazon verspricht eine Reichweitenerweiterung (z.B. Konten für einen europaweiten Verkauf), zweistellige Umsatzsteigerungen und schnelle Internationalisierung. Qualifizieren Anbieter ihre Produkte zudem für den Prime-Versand, werden diese im Suchalgorithmus bevorzugt gelistet. Wie für **zweiseitige Plattformen** typisch, werden diese umso attraktiver für Drittanbieter, je mehr Kunden sie nutzen, während ein breites Angebot mehr Kunden anspricht.

Allerdings nutzt Amazon, aufgrund der Dominanz bzw. Abhängigkeit kleiner Anbieter deren Verkaufsdaten, um attraktive und profitable Produktkategorien zu identifizieren. So sieht Amazon Brazils Head of Retail die Einführung lokaler Marktplätze als Option, um Produktkategorien zu testen und die Kaufbereitschaft für einen späteren Eigenhandel abzuschätzen (Torresan 2019). Online-Analytics zeigen, welche (neuen) Artikel eines Drittanbieters sich besonders gut verkaufen, während letzterer die anfänglichen Risiken trägt (Moore 2018, S. 119). Hat Amazon potentialreiche Produkte identifiziert, lanciert es Ähnliches (etwa unter der Eigenmarke „*Amazon Basics*") im Eigensortiment, oftmals zu geringeren Preisen. Die Konkurrenz zu Marktplatzanbietern wird als Koopetition bezeichnet (gleichzeitige Kooperation und Wettbewerb). Studien untermauern dieses und legen nahe, dass Amazon durch den Einstieg in bestimmte Sortimente Drittanbieter aus dem Markt drängt (Zhu/Liu 2018, S. 2636f.). Dies führte 2020 zu kartellrechtlichen Verfahren der Europäischen Kommission gegen die systematische Verwertung nichtöffentlicher Geschäftsdaten unabhängiger Drittanbieter, die Bevorzugung eigener Angebote und Bedrohung des fairen Wettbewerbes durch Bevorzugung von Drittanbietern, die auch das Fulfillment by Amazon nutzen. Dies ist bei Konkurrenten, bspw. Alibaba ggw. anders, weil kein Eigenhandel betrieben wird.

13.6.5. Ausblick

Insgesamt ist eine für Online-Unternehmen typische **Marktentwicklungsstrategie** erkennbar: Vom standardisierten, globalen Online-Shop werden sukzessiv Märkte durch lokalisierte Websites erschlossen und um Fulfillment Centers direktinvestiv erweitert, um lokale Services zu etablieren. Diese direktinvestiven Tätigkeiten und zudem gezielte Akquisitionen dienen als Basis für zukünftige Markteintritte in angrenzenden Regionen. Auch folgt die Einrichtung eines Marktplatzes, um Drittanbieter zu integrieren und langfristig eine dominante Wettbewerbsposition zu erringen. Diese Dynamik treibt Amazon an, indem die Plattform durch **indirekte Netzwerkeffekte** (auch international) an Attraktivität gewinnt. Somit steigt der Nutzen der Plattform sowohl für Konsumenten (großes Angebot) als auch Drittanbieter (mehr Kunden). Schließlich sind weitere Services wie die Cloud oder Filmunterhaltung attraktiv für Geschäftskunden. Hinzu kommt für reine Exportländer eine Strategie der Angebotsentwicklung, etwa breitere und tiefere Sortimente oder Services (z.B. globaler Versand in zwei Tagen). Im Ergebnis sind alle Prozesse darauf ausgelegt das Amazon „Flywheel" und somit internationales Wachstum zu akzelerieren. Obwohl Amazon damit stetig Impulse setzt, werfen (quasi-)monopolistische Vorteile auch regulatorische Fragen auf (z.B. Steuervermeidung, Dumping, Marktmacht).

Global bleibt abzuwarten, welche Dynamik das Kräftemessen zwischen Amazon und bspw. Alibaba annimmt. Noch hat Amazon v.a. in Europa eine nahezu monopolistische Marktpräsenz. Mit dem Austritt aus dem chinesischen Markt zeichnet sich aber ab, dass die Konkurrenz in Asien nicht schläft und ihren Heimatmarkt erfolgreich mit hohen Investitionen, Unterstützung der Zentralregierung und entsprechendem Marktwissen verteidigte. Inwiefern Nischenanbieter im Wettbewerb bestehen können, ist zu hinterfragen; Omnichannel-Retailing ist für den Einzelhandel indessen eine Alternative und zunehmend auch für Amazone durch neue stationäre Aktivitäten.

MARKTBEARBEITUNG

14. Standardisierung vs. Adaption des Marketing-Mix als Grundsatzentscheidungen

14.1. Gegenstand

Die Gesamtheit der vom Unternehmen angebotenen Marketingmaßnahmen bzw. -leistungen werden als Instrumente des Marketing-Mix bezeichnet (Meffert u.a. 2019, S. 396). Die übliche Systematisierung der „4 Ps",[1] wird nachfolgend um Marken erweitert, weil diese – oftmals als Teil der Produktpolitik betrachtet – eine enorme Bedeutung im Internationalen Marketing haben. Deren Ausgestaltung bedingt bspw. die Gestaltungsoptionen weiterer „Ps", wie noch zu verdeutlichen sein wird. Folgende Marketinginstrumente sind zu betrachten (siehe Abbildung 14.1 mit Beispielen zu weiteren Sub-Instrumenten):

- **„Branding"**: Das Markenmanagement umfasst die Gestaltung der Marken als Vorstellungsbild im Kopf der Zielgruppe, also jene spezifischen Nutzenbündel, die über Produktmerkmale hinaus sich von anderen Marken, die dieselben Basisbedürfnisse erfüllen, aus Sicht der relevanten Zielgruppen unterscheiden (Keller/Swaminathan 2019).
- **„Product"**: Die Produktpolitik umfasst alle Entscheidungen, die im Hinblick auf die an den Kundenbedürfnissen orientierte Gestaltung der Produkte und Leistungen und aller damit im Zusammenhang stehenden Fragestellungen getroffen werden.
- **„Price"**: Die Preispolitik beinhaltet Entscheidungen der Entgeltgestaltung, insb. Preise und Konditionen, aber auch Preis-Qualitäts-Überlegungen.
- **„Promotion"**: Die Kommunikationspolitik beschäftigt sich mit allen Kommunikationsoptionen von Unternehmen im Hinblick auf Märkte, bspw. bzgl. der Stützung der o.g. Vorstellungsbilder in den Köpfen der Zielgruppen.
- **„Place"**: Die Vertriebs- bzw. Distributionspolitik umfasst marktgerichtete akquisitorische und vertriebslogistische Offline-, Online- und Omnichannel-Absatzaktivitäten.

Abbildung 14.1: Marketing-Mix und Sub-Instrumente

---

[1] In diversen Branchen, v.a. Dienstleistungen, sind ggf. andere, zusätzliche Instrumente von Bedeutung (vgl. bei Dienstleistungen Bruhn/Meffert/Hadwich 2019, S. 490ff.).

> Die Entscheidungen der internationalen Marktbearbeitung beziehen sich auf die Ausgestaltung des Marketing-Mix im Ausland und zwar zwischen den Extrempolen der vollständigen Standardisierung und der vollständigen Adaption.

Konsens besteht darüber, die Optionen der Marktbearbeitung auf die Dichotomie zwischen vollständiger Standardisierung und vollständiger Adaption zu beziehen und zwar

- oft im Vergleich des Heimatmarkts mit einem jeweiligen Gastland oder im Vergleich geographischer Regionen, im Extremfall aller weltweiten Auslandsaktivitäten, sowie
- jeweils auf der Ebene eines Gesamtunternehmens oder einzelner Tochtergesellschaften, was insofern wesentlich ist, weil die Aktivitäten der Tochtergesellschaften im Rahmen derer Autonomie erfolgen und vom lokalen Kunden wahrgenommen werden.

Standardisierung und Adaption sind mit bestimmten Zielen und Vorteilen verbunden, die im folgenden Abschnitt behandelt werden. Sie gelten grundsätzlich für eine gesamte Marketingkonzeption – i.S. der Summe des Marketing-Mix – und die einzelnen Marketinginstrumente. Letztere weisen indessen Spezifika auf. Insofern kann ein Unternehmen Entscheidungen einerseits bzgl. des Marketing-Mix insgesamt fokussieren, so bzgl. der gesamten Marketingkonzeption oder andererseits für jedes Marketinginstrument, so Brands, Produkte, Preise etc. Beides hat spezifische Herausforderungen bzgl. der Entscheidungsebenen (bspw. Firmenleitung vs. Kommunikationsmanager) und der Kundenwahrnehmung. Aufgrund der Fülle denkbarer Perspektiven wird – im Anschluss an den Blick auf die generellen Ziele und Vorteile von Standardisierung/Adaption im folgenden Abschnitt – mit dem folgenden Aufbau in den Kapiteln 14.-19. ein jeweils ähnliches Vorgehen gewählt:

- Systematik der jeweiligen Entscheidungsoptionen,
- Fokus auf die Kernentscheidungen aus Unternehmenssicht und deren Bewertungen aus Kundensicht,
- weitere Entscheidungen,
- Interdependenzen zu Kernentscheidungen im Internationalen Marketing und Dynamik.

Alles dieses kann aus **länderübergreifender und länderspezifischer Perspektive**, i.S. Gesamtunternehmen/Headquarter und Tochtergesellschaften, betrachtet werden.

14.2. Ziele und Vorteile von Standardisierung vs. Adaption

Abbildung 14.2 zeigt die grundsätzlichen Ziele einer vollständigen Standardisierung bzw. Adaption. Es handelt sich um

- Kostenvorteile und Synergien, das Harmonisierungsstreben bzgl. Strategie, Marktauftritt und vereinfachter Expansion oder Cross-Border-Planung sowie
- Umsatz- und Marktanteilsziele, Marktdurchdringung und Profilierung im Wettbewerb.

Ebenso sind darin Vor- und Nachteile einer Standardisierung bzw. Adaption aufgelistet, die den Markt und das Unternehmen betreffen. Teilweise werden diese Entscheidungen aus einer reinen Umweltsicht heraus betrachtet, i.S.d. aus der Umwelt (länderspezifisch oder länderübergreifend) resultierenden **notwendigen** oder **förderlichen Bedingungen** für eine Standardisierung bzw. Adaption (Müller/Gelbrich 2015, S. 206f.):

- Für die Standardisierung sind notwendige Bedingungen bspw. die Angleichung der Bedürfnisse und des Verhaltens der Kunden sowie die Existenz hinreichend großer, transnationaler Marktsegmente, während förderliche Bedingungen bspw. eine verbesserte Transport- und Kommunikationsmöglichkeit oder internationale Mobilität sind.

- Für die Adaption sind notwendige Bedingungen bspw. kulturelle Unterschiede bzgl. Bedürfnissen und Verhalten der Kunden sowie rechtliche Rahmenbedingungen in Gastländern, während förderliche Bedingungen eine Mass Customization mittels flexibler Produktionssysteme oder Vorteile für als lokal wahrgenommene Anbieter sind.

Abbildung 14.2: Ziele und Vorteile von Standardisierung und Adaption

Standardisierung	Adaption
Ziele: ■ Kostenvorteile und Synergien ■ Harmonisierung von Strategie/Marktauftritt ■ Vereinfachung von Cross-Border-Planung/Expansion ■ Erfolg durch globalen Kundennutzen **Vorteile (Umfeld)** ■ Wahrnehmungs- und Imagevorteile (z.B. als internationale Brand) **Vorteile (Unternehmen)** ■ Economies of Scale und kritische Masse ■ Erfahrungs- und Lernkurveneffekte ■ Etablierung einer langfristigen Strategie ■ Spezialisierungsvorteile im Wettbewerb ■ Zeitvorteile beim „Going-International" ■ Aktivitätsspezifische Wettbewerbsvorteile, so Cross-Border-Koordinationsvorteile	**Ziele:** ■ Umsatz- und Marktanteilsmaximierung ■ Marktdurchdringung und Profilierung im länderspezifischen Wettbewerb ■ Erfolg durch lokalen Kundennutzen **Vorteile (Umfeld)** ■ Adaption zu Gastlandwettbewerbsbedingungen (Kundenbedürfnisse, Image als Heimathändler) ■ Adaption zu den politisch-rechtlich und den ökonomisch-infrastrukturellen Bedingungen (z.B. Supply Chain, Auslandshandelssystem) ■ Ausschöpfung der Umsatzpotenziale **Vorteile (Unternehmen)** ■ Flexible Anpassung an spezifische Ländermarktveränderungen ■ Aufbau internationalen Wissens

Diese pauschale Sicht ist freilich unvollständig und -zweckmäßig, v.a. angesichts der Fülle theoretischer Ansätze, welche die Rolle der Entscheider und der Unternehmen bei der Internationalisierung hervorheben (siehe Abschnitt 1.4.1.). Die Entscheidung basiert auf dem Zusammenwirken unternehmensinterner und -externer Umfeldfaktoren (siehe die Managementperspektive im Abschnitt 1.4.2.). Als Besonderheit sind die Branche und die Strategie hervorzuheben, so im Fall von Lebensmittelherstellern, die den Gesamtmarkt abdecken, und im Fall von Fashionherstellern, die oft Nischenanbieter sind. In Fall 1 resultieren internationale Standardisierungsbestrebungen z.B. aus Synergie- und Kostenzielen heraus, während in Fall 2 Innovations-/Harmonisierungsziele im Vordergrund stehen, insb. eine globale Multiplikation der neu zu entwickelnden Kollektion und der gesamten Marketingstrategie. Umgekehrt bedeutet das Ziel einer Adaption in Fall 1 den Aufbau länderspezifischer Wertketten, wozu hier grundsätzlich eine Tendenz besteht, während in Fall 2 zudem länderspezifische Kollektionen/Änderungen des Geschäftsmodells eintreten müssten. Damit ist es sinnvoll, neben **Gastlandmarktbedingungen** und **Synergiepotenzialen** als Determinanten der Standardisierung auch **Branche** und **Unternehmensfaktoren** zu berücksichtigen.

Werden aber pauschal unternehmensinterne und -externe Bestimmungsfaktoren betrachtet, dann kann die Entscheidung wie folgt umrissen werden:

- Unternehmerische Ziele, so die Erreichung von Kostenvorteilen oder Synergieeffekten (z.B. im Food-Bereich) oder die schnelle Multiplikation innovativer Leistungen (z.B. im Fashion-Bereich) führen – sofern sie auf homogene Kundenwünsche treffen – zu einer „**vollständigen Standardisierung**" der Marketinginstrumente.
- Sind die Nachfragewünsche nicht einheitlich und wird eine Durchdringung eines Marktes angestrebt, dann wird im Extremfall eine **vollständige Adaption** angestrebt.[1]

---

[1] Die Verbindung der Standardisierung bzw. Adaption zu Wettbewerbsstrategien wie Qualitäts- oder Kostenführerschaft ist indessen nicht haltbar, weil Standardisierung nicht mit Kostenorientierung identisch ist (bspw. standardisierte Luxusmarken weltweit, aber streben explizit keine Kostenführerschaft an).

In der Praxis dominieren Zwischenformen. Eine kann aus **dynamischer Sicht** beschrieben werden. Im Fall einer bisher adaptierten Marketingkonzeption kann der verstärkte Blick auf Kosten, Synergien und Profits von Global Brands zur stärkeren Standardisierung führen (bspw. bei Unilever, Henkel, Nestlé etc.). Umgekehrt kann eine zunehmende Adaption einer bisher standardisierten Marketingkonzeption sinnvoll sein, wenn eine Adaption Wachstum durch Marktpenetration in potenzialreichen Volumenmärkten ermöglicht, und ggf. die Multiplikation einer standardisierten Konzeption an Wachstumsgrenzen stößt (bspw. bei P&G, McDonalds, Ikea etc.).

Der Wandel braucht jedoch Zeit, wie Studien für Unternehmen mit bisher standardisierten Konzepten zeigen; die zunehmende Adaption in sehr potenzialreichen Volumenmärkten (z.B. Volumenmärkten mit spezifischem Kaufverhalten wie China oder USA für IKEA) strahlt in Folge langsam auf die Gesamtkonzeption aus (Jonsson/Foss 2011). Volumenmärkte bieten naheliegend ein großes Potenzial; es sind aber einzelne Landesaktivitäten, die nach und nach zur Änderung der Marketingkonzeption beitragen. Insgesamt wird damit historisch argumentiert, bspw. i.S. eines zunehmenden Wissens über Märkte oder der sich im MNU langsam ändernden internen Legitimation bisheriger verbreiteter Managemententscheidungen im sog. „**Mimetic Behavior**" (siehe Abschnitt 3.3.2.).

14.3. Systematisierung der Entscheidungsoptionen

Die Frage, inwiefern eine Standardisierung oder Adaption der Marktbearbeitung zum Erfolg führt – länderspezifisch, bspw. für eine Tochtergesellschaft oder länderübergreifend für ein Unternehmen – wurde in vielen Studien aufgegriffen. Für beide Perspektiven haben bereits Schmid/Kotulla (2011, S. 497) 330 Studien zusammengetragen. Die meisten Studien fokussieren auf einzelne Marketinginstrumente, z.B. Global Brands, Produkte, Kommunikation etc., was in den nachfolgenden Kapiteln 15.-19. betrachtet wird.

Eine relativ geringe Anzahl von Studien betrachtet die relative Bedeutung der standardisierten/adaptierten Marketinginstrumente oder der Standardisierung/Adaption der Marketingkonzeption (i.d.R. integrativ erfasst über die einzelnen Marketinginstrumente oder Sub-Instrumente). Diese berücksichtigen, dass im Rahmen des Internationalen Marketing alle absatzpolitischen Instrumente (und Sub-Instrumente) aufeinander abgestimmt und zur „optimalen Mischung" zusammengefügt werden müssen. Diese Sichtweisen stehen im Vordergrund dieses Kapitels, das folgende strategische Entscheidungen behandelt

- eine Gesamtkonzeptionsbetrachtung (i.S.d. Marktbearbeitungsstrategie),
- eine Betrachtung der relativen Bedeutung von Marketinginstrumenten und
- eine Einbindung der mit Instrumenten verbundenen internen Prozesse in die Betrachtung, was selten im Internationalen Marketing erfolgt, aber bedeutend ist.

Ergänzt wird dies durch die Bewertung der Marktbearbeitungsstrategie bzw. der relativen Bedeutung der Marketinginstrumente aus Kundensicht und schließlich die Interdependenzen zwischen der Marktbearbeitung einerseits und der internationalen Strategie sowie der weiteren Kernentscheidungen im Internationalen Marketing, so Marktengagement und Betätigungsform, andererseits.

In Abbildung 14.3 sind exemplarisch ausgewählte Studien zu dieser Systematik dargestellt; sie geben Einblicke in die Vielzahl der Wirkungsbeziehungen rund um Standardisierung/Adaption und Erfolg.

Abbildung 14.3: Ausgewählte Studien zur Standardisierung vs. Adaption und Erfolg

Autor(en)	Gegenstand	Th./Emp. Basis	Kernergebnisse
Wirkung der Marktbearbeitungsstrategie			
Magnusson u.a. 2013	Wirkung der Marketing-Mix-Adaption und Rolle kultureller Intelligenz von Managern	Resource-based View; N=153 US-Exportfirmen, PLS	▪ Umwelt-Marketingstrategieadaptionen-Erfolg-Link. ▪ Metakognitive kulturelle Intelligenz von Exportmanagern moderiert den Marketingstrategie-Erfolg-Link. ▪ Motivationale kulturelle Intelligenz der Manager moderiert den Umweltunterschiede-Marketingstrategie-Link.
Lee/Griffith 2019	Interaktion und Marketingstrategie-Standardisierung als verbundene Treiber des Profitwachstums	Attention Based View; N=128 US-MNU; Faktorenanalyse, multiple Regressionsanalyse	▪ Positive Interaktionsbeziehung länderbezogener Interaktion mit Kunden und Standardisierung der Marketingstrategie auf Gewinnwachstum. ▪ Wettbewerbsintensität hat negative, Marktdynamik positive Moderationseffekte auf die Interaktionsbeziehungen (zzgl. weiterer Interaktionsbeziehungen).
Venaik/Midgley 2019	Archetypen der Strategie in Tochtergesellschaften MNU, i.e.S. Beziehung Strategie, Umfeld und Erfolg	Kontingenz-/Äquifinalitätstheorie; N=216 MNU in 35 Ländern; Regressionsanalyse	▪ Vier Archetypen der Standardisierung/Adaption von Produkt, Preis, Promotion etc. in Tochtergesellschaften: Volle Standardisierung bzw. Adaption aller Elemente, Zwei hybride Strategien (u.a. Produkt standardisiert, Promotion adaptiert und Preis dazwischen). ▪ Archetypen variieren im jeweils lokalen Umfeld.
Einflussfaktoren und relative Wirkung einzelner Marketinginstrumente			
Chung/Wang/Huang 2012	Moderatoren der Beziehung von Standardisierung/Adaption und Unternehmenserfolg	Kontingenztheorie; N=151 Exporteure in EU; MANOVA	▪ Wirkung von Produkt, Preis, Werbung, Distribution auf Umsatzwachstum und Marktanteil für große/kleine Firmen und für (un-)erfahrene Unternehmen etc. ▪ Firmengröße, internationale Erfahrung, Verbrauchereigenschaften, rechtliches Umfeld, kulturelle Distanz, Produktart bestimmen die Bedeutung der Instrumente.
Tan/Sousa 2013	Synthese empirischer Erkenntnisse über Vorbedingungen der Standardisierung	110 Stichproben aus 108 Artikeln, Meta-Regressionsanalysen	▪ Standardisierung von Produkten wirkt negativ, Preis, Kommunikation, Distribution positiv auf den Erfolg; Preisstandardisierung mediiert Wirkung anderer Instrumente. ▪ Umfeldfaktoren: Marktentwicklung treibt Preisstandardisierung, Wettbewerbsintensität mit Schlüsselrolle für Preis-, Produkt- und Distributionsstandardisierung etc.
Bedeutung von Prozessen			
Swoboda/Elsner 2013	Adaption/Standardisierung von Marketing/SCM Prozessen und Marketing-Mix Instrumenten auf Erfolg im Gastland	Replikations-/Gewinnmaximierungstheorie, N=102 Händler aus DACH-Ländern, zwei Gastländern, PLS	▪ Händler transferieren Angebote (Marketing-Mix) und Prozesse hierarchisch (i.S. Kern-/Periphärelemente). ▪ Standardisierung Marketing-Mix-Kernelemente, Anpassung peripherer Elemente bedingt Gastlanderfolg. ▪ Prozesse wirken indirekt, bedingen aber die Standardisierung/Adaption der Angebote. ▪ Effektunterschiede in kulturell nahen/fernen Ländern.
Griffith u.a. 2014	Standardisierung/Adaption in Exportbeziehungen und Auswirkungen neuer Produkte und gemeinsam geschaffener Werte	Steuerungswertanalyse; N=151 US-Hersteller, PLS	▪ Transaktionsspezifische Investitionen führen zu einer Adaption des Beziehungsverhaltens, während psychische Distanz zu geringerer Adaption führt. ▪ Adaption des Beziehungsverhaltens und detaillierte Vertragsgestaltung wirken auf Exportleistung. ▪ Positiver Interaktionseffekt von Adaption des Beziehungsverhaltens und Vertragsgestaltung bzgl. gemeinsam geschaffenem Wert in Exportbeziehung.
Bewertung aus Kundensicht			
Lee u.a. 2014	Kulturspezifische Wirkung des Marketing-Mix auf Markeneinstellung und Customer Lifetime Value	Keine, N=483 Kunden drei Fast-Fashion Firmen in Korea, Deutschland und Italien, SEM	▪ Produkt, Preis und Kommunikation wirken auf die Markeneinstellung und indirekt auf den Customer Lifetime Value, Distribution wirkt direkt. ▪ Kommunikation wirkt indirekt und Produkt und Preis direkt in Korea, aber nicht in Europa; Marketing-Mix wirken direkter in kulturell unterschiedlichen Ländern.
Swoboda/Morbe/Dabija 2017	Positionierungsbedeutung der Kernelemente des Marketing-Mix in Inter- und Intraformatwettbewerb	Kategorisierungstheorie; N=3.237 zu 4 Händlern in Deutschland, 7 in Rumänien, 2 in Frankreich, Multigroup SEM	▪ Unterschiedliche Marketing-Mix-Elemente bestimmen die Retail Brand Equity für Discounter, Supermärkte und Hypermärkte; dies ist konstant in allen Ländern. ▪ Wettbewerber mit dem gleichen Betriebstyp weisen dennoch Unterschiede in der Positionierung auf, allerdings in den Grenzen der Betriebstypenpositionierung. ▪ Retail Brand Equity bestimmt Loyalität (in allen Fällen).

14.4. Strategische Entscheidungsebenen

14.4.1. Gesamtmarketingstrategie

Im Internationalen Marketing sind die Marketinginstrumente aufeinander abzustimmen, was im Zuge einer Gesamtkonzeptbetrachtung, i.S. einer gesamten Marketingstrategie, zu betrachten und umzusetzen ist.

Abbildung 14.4 verdeutlicht die Vielzahl der in über 300 Studien erfassten Facetten bzw. Sub-Instrumente der Standardisierung/Adaption. Demgegenüber nutzen viele Studien zur Erfassung der Gesamtmarketingstrategie einen Standardisierungs/Adaptions-Faktor von vier Marketinginstrumenten (i.S.d. „Global Marketing Strategy Approach" von Zou/Cavusgil 2002; Shi/Gao 2016). So untersuchen Magnusson u.a. (2013) bspw. einerseits die Bedeutung der Adaption des Marketing-Mix für den Erfolg exportierender Unternehmen und andererseits das kulturelle Umfeld als Einflussfaktoren der adaptierten Strategie sowie die kulturelle Intelligenz der Entscheider als Moderatoren dieser Beziehungen. Vielfache institutionelle und kulturelle Makrofaktoren sowie organisationale Mikrofaktoren der standardisierten bzw. adaptierten Marketingstrategie betrachten Rao-Nicholson/Khan (2017) bei internationalen Akquisitionen von „Emerging-Market Firms". Viele Studien zur Standardisierung bzw. Adaption folgen dieser Struktur: Wirkung der Gesamtstrategie auf den Erfolg, ergänzt um einen Blick auf diverse Umfeldfaktoren als Treiber oder Moderatoren dieser Wirkung.

Abbildung 14.4: Major Situational Factors, Strategy Elements and Performance Variables in Research on International Marketing Standardization/Adaptation

Environmental Factors	Strategy Elements	Performance Variables
Macro-Environment ■ Country-related: Cross-national similarity in the economic, social, cultural, political, legal, physical, and technological environments. ■ Market-related: foreign market size, cross-national distribution infrastructure, and advertising media availability. **Meso-Environment** ■ Consumer-related: Cross-national similarity in consumer characteristics/behavior, tastes/preferences, usage patterns. ■ Competition-related: Cross-national similarity in competition, structure, nature, and intensity of foreign competition. ■ Product-related: Product type, technological intensity, stage of the product life cycle. **Micro-Environment** ■ Organization-related: Country of origin, nature of ownership, organizational structure, firm size, foreign sales, foreign market share. ■ Management-related: International experience and commitment, international strategy, market entry strategy, formalization, centralization of decision-making or value-adding activities.	**Product Strategy** ■ General product strategy, product branding, brand positioning, brand name and labeling, product quality, product features/characteristics, product design/style, product packaging, product services, product warranty, items/models in product line. **Pricing Strategy** ■ General pricing strategy, pricing method, retail price, wholesale price, profit margins, price discounts, sales/credit terms. **Communication Strategy** ■ General communication strategy, advertising, creative/execution style, message/theme, media allocation, sales promotion, public relations, personal selling, advertising/communication budget. **Distribution Strategy** ■ General distribution strategy, distribution channels, physical distribution, type/role of middlemen/retail outlets, sales force structure/management/role. **Total Marketing-Strategy** ■ Factor of Marketing-Instruments, Grouping of Corporations.	**Financial performance** ■ Foreign profit, foreign sales, foreign market share, growth in foreign profit/foreign sales/foreign market share, return on sales, return on investment, return on assets, Cash Flow. **Non-financial performance** ■ Goal achievement, satisfaction with performance. **Customer-related measures** ■ Customer satisfaction, loyalty, retention, referral, acquisition of new customers, foreign consumer attitude toward the firm/product, foreign consumer purchase intention.

Quelle: I.A.a. Schmid/Kotulla 2011, S. 497.

Allerdings zeigen Lee/Griffith (2019), dass die Standardisierung der Marketingstrategie auch negativ wirken kann, während sie sich verbunden mit der lokalen Kundeninteraktion positiv auf das finanzielle Profitwachstum auswirkt. Idealtypisch ermöglicht die Adaption es, mit seinen Kunden zu interagieren und die durch erfolgreiche Interaktionen gewonnenen Informationen zu nutzen, um profitable Kundenbeziehungen zu erreichen (i.S.d. Kundenkonzepts, der Interaktionsfähigkeit, des „Customer Empowerment" und des „Value Managements", Ramani/Kumar 2008). Ferner zeigen sie, dass die Beziehungen geschwächt werden bei weiterer Betrachtung einer zunehmenden Wettbewerbsintensität im Land. So sind standardisierte Marketingstrategien in Interaktion mit der lokalen Kundeninteraktion unverändert erfolgreich, während eine adaptierte Marketingstrategie, die in Interaktion mit der lokalen Kundeninteraktion bei Ländern mit hohem Wettbewerb für das Profitwachstum an Bedeutung gewinnt, bei geringem Wettbewerb das Profitwachstum senkt. Bei hoher Marktdynamik verstärken sich die Interaktionseffekte für das Profitwachstum. Vielfache denkbare Interaktionen zwischen erfolgreicher Marketingstrategie, Kundenorientierung und Umwelt werden deutlich.

Seltener wird die Gesamtstrategie breiter erfasst und anders modelliert. Beispielsweise erfassen Venaik/Midgley (2019) sieben Marketinginstrumente, "Product, Price, Promotion and Place mit jeweils vier Items sowie „Positioning, Policies and People" (mit je drei Items) und bilden auf dieser Basis vier Typen der Marketingstrategie: volle Standardisierung aller Elemente, volle Adaption aller Elemente und zwei hybride Strategien (mit standardisierten Produkten und wahlweise Preisen oder Positionierung/Kommunikation, bei Adaption aller anderen Elemente). Auf vergleichbarer Basis von Tochterunternehmen von B2C- und B2B-Unternehmen in 35 Ländern verfolgen 23% die erste Strategie, 39% die zweite und 39% die beiden letzten Strategien. Die Marktbearbeitungsstrategietypen korrespondieren mit den jeweiligen „Pressures to Adapt or Respond", i.S. der internationalen Strategie und schließlich den Erfolgstypen im jeweiligen Ländermarkt. Auf Basis kontingenztheoretischer Überlegungen wird ein Zusammenhang zwischen Strategie, Umfeld und Erfolg hergestellt (siehe Abschnitt 21.2.2.).

Ähnlich hat im Handel Goldman (2001) bereits die Wahl einer **Formattransferstrategie** in China untersucht, indem er zwischen sog. „Visible Offers", d.h. den vom Kunden wahrgenommenen Marketinginstrumenten, „Background Processes/Technologies", d.h., für Kunden nicht sichtbaren Prozessen (Supply Chain-Aktivitäten), und „Retail Culture" (Management- und Führung) differenziert und auf dieser Basis dichotom 40 Elemente bzgl. der Standardisierung und Differenzierung im Vergleich zum Heimatmarkt bewertet. Durch Addition der gestalteten Elemente gelangt er zu vier Gruppen von Marketingstrategien von Unternehmen: „No Change, Very Few Changes, Few Changes and Extensive Changes". Die meisten Food-Händler sind – nicht überraschend – stärker adaptiert als Non-Food-Händler, wobei weltweit führende „Fashion-Brand-Firms" kaum adaptieren.

Natürlich sind derartige Sichtweisen limitiert, denn sie lassen unberücksichtigt: (1) die unterschiedliche strategische Relevanz der Instrumente in Unternehmen, (2) die Instrumente, die angepasst werden mussten (z.B. auf Basis von Rechtsvorschriften), und solche, die strategisch adaptiert oder standardisiert wurden, sowie (3) die Interdependenz von Instrumenten und Prozessen. Darüber hinaus kann auf die Bestimmung der Produkte oder Formate für die Auslandsexpansion hingewiesen werden, i.S. einer Basisentscheidung:[1]

---

[1] Zu Formaten bzw. Betriebstypen (i.S.v. Fachgeschäften, Supermärkten usw.) und Vertriebstypen im „Online-Retailing" (siehe die Ausführungen in Kapitel 19.).

- Wählt bzw. entwickelt ein Unternehmen ein SGF oder eine SGE für die Auslandsexpansion, dann **diversifiziert das Unternehmen** mit allen damit verbundenen Risiken und Chancen. Diese Strategie ist selten bei organischen Eintritten („Greenfield") zu beobachten, wohl aber bei Akquisitionen im Ausland, wobei dann Standardisierungsoptionen im Hinblick auf die weiteren Instrumente und Prozesse ggf. begrenzt sind.
- Wählt ein Unternehmen einen bekannten und ggf. das erfolgreichste SGF oder die erfolgreichste SGE für die Auslandsexpansion, dann verfolgt es eine Marktentwicklung. Folgeentscheidungen bzgl. der Marketinginstrumente und -prozesse können dann standardisiert oder adaptiert getroffen werden, entsprechend der o.g. Determinanten.

Diese Sichtweise knüpft an die Standardisierungs- bzw. Adaptionsentscheidung an, geht allerdings darüber hinaus, denn die Gestaltung von SGF oder SGE beim erstmaligen Eintritt in ein Land („Going-International") bestimmt die weitergehenden Standardisierungs- bzw. Adaptionsentscheidungen, d.h. während des „Being-International".

14.4.2. Relative Bedeutung der Marketinginstrumente

Die Bezeichnung Marketing-Mix impliziert, dass jedes Instrument nur unter Berücksichtigung sowie im Hinblick auf weitere Instrumente optimiert werden kann, so bspw. bei der **Allokation des Marketingbudgets**. Diese relative Bedeutung gilt auf unterschiedlichen Ebenen.

Ausgewählte Einflussfaktoren auf die Standardisierung/Adaption von Marketinginstrumenten

Die unterschiedliche Bedeutung der Marketinginstrumente für den Erfolg ist für Manager interessant und wird entsprechend in diversen Studien aufgegriffen. So verbinden bspw. Chung/Wang/Huang (2012) die Wirkung der Standardisierung/Adaption von Produkt, Preis, Kommunikation und Distribution auf den Erfolg (Umsatzwachstum und Marktanteil) mit diversen Kontextfaktoren. Deutlich wird, dass bspw. die Standardisierung fast aller Instrumente für kleinere Unternehmen erfolgversprechend ist, eine Adaption von Preis und Promotion (nicht Produkt und Distribution) für im Ausland erfahrene Unternehmen erfolgsentscheidend ist oder mit einer zunehmenden kulturellen Distanz die Adaption der Produkte sinnvoll ist, nicht jedoch der anderen Instrumente. Diese gemischten Ergebnisse zeigen einerseits die unterschiedliche Bedeutung der Marketingelemente für den Erfolg und andererseits die Bedeutung des Umfeldes.

Abbildung 14.5: Metaanalyse: Unterschiedliche Treiber von Marketinginstrumenten

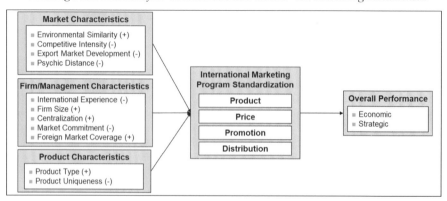

Quelle: I.A.a. Tan/Sousa 2013, S. 713.

Letzteres greifen Tan/Sousa (2013) in einer Metaanalyse der existenten Studien zu Exportunternehmen auf. Sie zeigen u.a., dass die Standardisierung von Produkten negativ auf den Erfolg wirkt, während die Standardisierung von Preis, Kommunikation und Distribution positiv wirkt (siehe Abbildung 14.5). Die Beziehung ist aber für die betrachteten Umfeldfaktoren als Treiber der Standardisierung/Adaption unterschiedlich:

- Produkt: positiv "Environmental Similarity" und negativ "Competitive Intensity, Management Commitment, Firm Size".
- Preis: positiv „Environmental Similarity, Export Market Development, Foreign Market Coverage" und negativ "Competitive Intensity, Market Commitment".
- Kommunikation: positiv „Environmental Similarity, Firm Size, Market Commitment" und negativ "Market Development, Foreign Experience, Foreign Market Coverage".
- Distribution: positiv "Environmental Similarity, Firm Size" und negativ "Competitive Intensity, International Experience, Foreign Market Coverage".

Bahadir/Bharadwaj/Srivastava (2015) untersuchen in einer eher volkswirtschaftlichen Sicht die Wirkung des Marketing-Mix auf den Markenkauf pro Kopf in einem Land und v.a. länderspezifische Marktcharakteristika zwischen Industrie- und Entwicklungsländern als Moderatoren dieser Beziehung in 14 Länder. Dabei wirken grundsätzlich die Kommunikation, Produktinnovation, Display, Distribution positiv und der Preis negativ auf den Markenkauf. Die vier Charakteristika von Schwellen- und Industrieländern zeigen verstärkende bzw. abschwächende Effekte, wenn auch nicht für alle Marketinginstrumente. Die Autoren versuchen jedoch Gründe bzw. Mechanismen hierfür anzugeben (siehe Abbildung 14.6).

Abbildung 14.6: Unterschiede der Marketing-Mix-Wirkung nach Ländercharakteristika

Country-market characteristic	Marketing-Mix element	Impact on Marketing-Mix-Brand-Sales-Links	Dominant mechanism
Market heterogeneity	Product Innovation	Amplifies	Better marketing mix strategy design and implementation.
	Display	Amplifies	Better marketing mix strategy design and implementation.
	Distribution	Amplifies	Better marketing mix strategy design and implementation.
	Price	Amplifies	Less consumer spending on branded products
Unbranded competition	Product Innovation	Amplifies	Lower branded competition.
	Distribution	Migrates	Less consumer spending on branded products.
Resources and infrastructure	Advertising	Migrates	Higher branded competition.
	Distribution	Migrates	Higher branded competition.
	Price	Migrates	Higher branded competition.
Sociopolitical governance	Product Innovation	Amplifies	More consumer spending on branded products.
	Display	Amplifies	More consumer spending on branded products.
	Distribution	Amplifies	More consumer spending on branded products.
	Price	Migrates	More consumer spending on branded products.

Quelle: Bahadir/Bharadwaj/Srivastava 2015, S. 612.

Interdependenzen der Marketinginstrumente

Zwischen den Marketinginstrumenten bestehen Wirkungsinterdependenzen. Sie sind nicht sukzessive Instrument für Instrument, sondern simultan zu gestalten (Sander 2011, S. 736ff.):

- **Funktionale oder hierarchische Interdependenzen**: Sachliche, inhaltliche oder hierarchische Wirkungszusammenhänge, die vorliegen, wenn der Einsatz eines Instrumentes vom Einsatz anderer abhängt, so substitutional/dominant oder komplementär.
- **Zeitliche Interdependenzen**: Die Wirkung eines Instruments hält auch in nachfolgenden Perioden an oder tritt mit zeitlicher Verzögerung ein (Carry-over, Time-lag). Treten

funktionale Interdependenzen auf, können zeitliche Einsatzmuster gewählt werden, so der parallele, sukzessive, intermittierende oder ablösende Einsatz der Instrumente.

Die Betrachtung derartiger Interaktionseffekte zwischen Marketinginstrumenten in Ländermärkten oder SGF kann anhand von sog. **Response-Modellen** vorgenommen werden. Sie kann aber auch pauschal über die Bedeutung der Marketinginstrumente erfolgen.

Marken gelten als prägend für andere Marketing-Mix-Instrumente (siehe Kapitel 15.). Bei einer adaptierten, also lokalen Marke, ist zumeist die Sinnhaftigkeit, sich mit der Standardisierung von Preisen, Kommunikation oder Distribution auseinanderzusetzen, geringer, als bei einer standardisierten, globalen Marke. Wie bei globalen Marken, kann auch bei Hochtechnologieprodukten argumentiert werden; hier liegt eine Standardisierung der weiteren Instrumente näher. Umgekehrt wird bspw. eine individuell für einen Kunden hergestellte Maschine oder Anlage auch in der Preispolitik individuell variieren.

Erwähnenswert sind ebenso **modularisierte Konzepte**. Zum Beispiel Fashion-Händler verfügen oft über modularisierte Shop- und Shop-in-Store-Konzepte sowie eher standardisierte Kollektionen, die ins Ausland transferiert werden. Vertikale berücksichtigen bereits während der Kollektionsentwicklung die modularisierten und standardisierten Flächen und entsprechende Sortimente. Dieses verdeutlicht, dass eine Modularisierung eine graduale Sicht nahelegt (siehe Abschnitt 14.4. und bspw. Swoboda/Elsner 2013.

Des Weiteren können Standardisierungen auf unterschiedlichen Ebenen beobachtet werden. So repliziert Ikea im Rahmen der Internationalisierung standardisiert sein Ladenlayout sowie den Service, nimmt jedoch länderspezifische Anpassungen des Sortiments, des Katalogs und der Werbung vor (Burt/Johansson/Thelander 2011). Eine instrumentenspezifische Betrachtung ist sinnvoll (siehe Tabelle 14.1):

- Betriebstyp, Standort und Ladenlayout werden am stärksten standardisiert, gefolgt von Sortiment, Preis und Service, Massenkommunikation oder Verkaufsförderung.
- Tendenziell wird die Marke als international strategisch wichtigstes Instrument bewertet, gefolgt von den am stärksten standardisierten Instrumenten. Service, Kommunikation und Verkaufsförderung weisen die geringste Bedeutung für die Expansion auf.

Die Studie legt eine Ebenenbetrachtung entsprechend der strategischen Relevanz nahe, d.h., eine Standardisierung des Betriebstyps, der Standorte und des Ladenlayouts hat weitreichende Konsequenzen für das Management und die Gestaltung weiterer Marketinginstrumente. Auf jeden Fall sind Instrumente abhängig voneinander zu sehen.

Tabelle 14.1: Standardisierungsniveau und Bedeutung von Marketinginstrumenten

Faktoren	Instrumente	Mittelwert (1-5)	Standardabweichung	Strategische Bedeutung (in%)
	Retail Brand	4,45	1,02	84,5
Strategische Instrumente	Betriebstyp	4,12	1,08	73,2
	Standort	3,54	1,32	64,8
	Ladenlayout	3,70	1,23	64,8
Taktische Instrumente	Sortiment	3,41	1,05	66,2
	Preis	2,91	1,20	45,1
	Handelsmarken	3,41	1,46	38,0
Operative Instrumente	Service	3,26	1,25	23,9
	Massenkommunikation	2,90	1,15	21,1
	Verkaufsförderung	2,67	1,08	14,2

Legende: 5-Punkt-Likert Skala mit 1=vollständig adaptiert bis 5=vollständig standardisiert.
Quelle: I.A.a. Swoboda/Elsner 2013.

Core und Peripherial Elements

Eine ähnliche Sichtweise setzt an den Kernkompetenzen von MNU an, die sie im Ausland aufbauen oder dorthin transferieren. Hierzu zählt – je nach Branchen – bspw. eine einzigartige Marke, eine ausgeprägte Technologie, ein Betriebstyp im Handel etc., die ein Unternehmen von anderen unterscheidet. Winter/Szulanski (2001) argumentieren, dass Unternehmen ihre Kerngeschäftselemente identifizieren, indem sie ein Informationsset definieren, das die grundlegenden, reproduzierbaren Merkmale eines Geschäftsmodells und seine ideale Zielanwendung festlegt. Diese Kernelemente bilden wichtige Werte und Routinen, d.h. Aspekte, die in einer unveränderten Form ins Ausland übertragen werden. Diese Routinen erlauben großflächige Replikationen, schnelle Hebelwirkungen und Wissenstransfer von Elementen/Modulen, die von Wettbewerbern nicht leicht zu imitieren sind (Jensen/Szulanski 2007; Szulanski/Jensen 2008). Konsequent können systematisch derartige Kernelemente für die internationale Expansion gesucht und adaptiert werden. Ähnlich argumentieren Jonsson/Foss (2011), dass derartige Elemente abhängig von der internationalen Erfahrung und dem Lernen von Unternehmen in Ländern und über Ländergruppen hinweg gestaltet werden.

Empirisch kann gezeigt werden, dass bspw. Händler Sortimente, Preise und Kommunikation adaptieren („**Peripherial Elements**"), während Retail Brand, Betriebstyp oder Standort standardisiert übertragen werden („**Core Elements**"). Swoboda/Elsner (2013) untermauern dies in einer Studie auf Basis von Gesprächen mit Top-Entscheidern aus 102 deutschsprachigen Handelsunternehmen, die den Grad der Standardisierung bzw. Adaption des Marketing-Mix in ihrem Unternehmen bewerteten. Die Ergebnisse zeigen, dass Kernelemente der Marketinginstrumente („Visible Offers") beim Transfer ins Ausland vermehrt standardisiert werden, während periphere Elemente eher adaptiert werden (siehe Abbildung 14.7) und v.a., dass die Standardisierung der Kernelemente positiv und die Standardisierung der peripheren Elemente negativ den Erfolg beeinflusst (i.S. Umsatzentwicklung, ROI und Marktanteil). Insofern wird der Erfolg in einem bestimmten Auslandsmarkt durch die Standardisierung der Kernelemente und durch die Adaption der peripheren Elemente des Marketingprogramms bestimmt.

Dieses Ergebnis ist in kulturell nahen bzw. fernen Ländern (i.S.v. wirtschaftlicher und kultureller Distanz, die nicht in der Abbildung visualisiert ist) stabil, wenngleich ein höherer Grad der Adaption/Standardisierung in psychisch fernen/nahen Ländern zu erkennen ist. Für Manager besteht die Herausforderung darin, periphere sowie Kernelemente zu identifizieren und entsprechend zu gestalten.

Abbildung 14.7: Standardisierungseffekte von Instrumenten und Prozessen

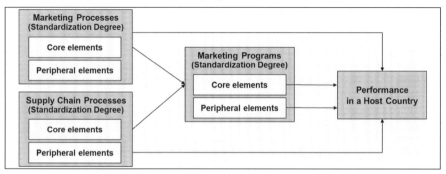

Quelle: I.A.a. Swoboda/Elsner 2013, S. 83.

14.4.3. Weitergehende Marketingprozesse

Das obige Beispiel deutet bereits an, dass erstens selten im Internationalen Marketing betrachtete Prozesse existieren und zweitens diese nach „**Core Elements** und **Peripherial Elements**" differenziert werden können.

Markt- und Trendanalysen, Produktprogrammplanungen, Kundengruppenanalysen oder Systeme des CRM sind typische Prozesse im Marketing, die den zu Beginn dieses Kapitels genannten Zielen und Vorteilen der Standardisierung bzw. Adaption unterliegen. Deren Standardisierung kann auch zur Steuerung der Auslandsaktivitäten i.S. einer Implementierung des Internationalen Marketing genutzt werden.

In der Studie von Swoboda/Elsner (2013) wurde nicht nur die Standardisierung bzw. Adaption der Marketinginstrumente sowie deren Interdependenzen mit der Standardisierung von innerbetrieblichen Marketing und Supply Chain-Prozessen betrachtet. Gerade Letztere haben in der Praxis der Internationalisierung von Handelsunternehmen eine hohe Bedeutung, sie wurden in der Literatur jedoch weitestgehend vernachlässigt. Es wird somit auch hier die Frage nach der Standardisierung und Adaption im Bereich der für den Konsumenten nicht sichtbaren innerbetrieblichen Prozesse aufgeworfen. Marktanalysen und Standortsuche sind bspw. Kernelemente der Marketingprozesse im Handel, Lieferantenbeziehungen oder Einkauf solche der Supply Chain-Prozesse. Dagegen sind periphere Elemente der Marketingprozesse, u.a. Preiskalkulationen und Werbekampagnenplanung, und der Supply Chain-Prozesse, u.a. Lagermanagement oder Rekrutierungsverfahren (siehe Abbildung 14.8).

Abbildung 14.8: Core and Peripheral Process Elements in Retailing

Marketing Processes	Supply Chain Processes
Core Elements	**Core Elements**
▪ Procedures of market and trend analysis ▪ Category development processes ▪ Procedures of store location planning ▪ Identification of target groups ▪ Procedures and systems for CRM	▪ Purchasing systems/ procedures (e.g., direct store, central) ▪ Relationships with key suppliers ▪ Logistics and warehouse systems ▪ ERP/ IRP systems ▪ Facility planning processes (location and design of logistics facilities)
Peripheral Elements	**Peripheral Elements**
▪ Processes of category composition ▪ Cost and price calculation procedures ▪ Processes of sales planning and monitoring ▪ Processes of customer service ▪ Processes of promotion planning ▪ Complaint management procedures	▪ Distribution logistics for stores ▪ Warehouse management ▪ Cross-docking procedures ▪ Store logistics processes ▪ Logistics of disposal ▪ Personnel recruitment processes

Quelle: I.A.a. Swoboda/Elsner 2013, S. 84.

Im Ergebnis zeigt die Studie Folgendes:

- Die Standardisierung der für Kunden unsichtbaren Marketing- und Supply Chain-Prozesse hat eine positive Wirkung auf die Standardisierung der Marketinginstrumente. Beide Prozesstypen stützen, dieser Logik folgend, die Standardisierung bzw. Adaption der für die Konsumenten sichtbaren Angebote. Dieser Zusammenhang spiegelt die Kernkompetenz eines Handelsunternehmens wider, sein Format erfolgreich ins Ausland zu transferieren. Hierbei korrelieren Kernprozesse und -elemente und Peripherieprozesse und -elemente stärker (als bspw. Kernprozesse und Peripherieelemente).
- Allerdings kann durch die alleinige Standardisierung bzw. Adaption von Prozessen der Auslandserfolg nicht erklärt werden, da die Prozesse i.d.R. keinen direkten Zusammenhang zum Erfolg haben. Somit hängt der Unternehmenserfolg im Ausland

primär von den „Visible Offers" und nur indirekt von den innerbetrieblichen Marketing- und Supply Chain-Prozessen ab.
- Der Erfolg wurde in kulturell fernen Märkten positiver bewertet als in kulturell nahen Märkten. Dieser Effekt klingt zunächst kontraintuitiv, ist als **Psychic Distance-Paradoxon** bekannt: Unternehmen agieren in kulturell nahen Märkten zu fahrlässig mit ihren Möglichkeiten aufgrund der hohen wahrgenommenen Ähnlichkeit im Vergleich zum Heimatmarkt, während in kulturell entfernten Märkten größere Aufwendungen betrieben werden, aus Respekt vor den großen wahrgenommenen Distanzen zum Heimatmarkt.

14.5. Kundenbewertungen des Marketing-Mix

Vor allem bei der Gestaltung der einzelnen Marketinginstrumente (siehe hierzu die Kapitel 15.-20.) kommt den Kundenbewertungen, d.h. deren Evaluation durch Kunden, eine hohe Bedeutung zu, die idealtypisch den Managemententscheidungen vorgelagert sind (i.S.d. Kundensicht), und als Regulativ in Folgeentscheidungen mit dem Ziel der langfristigen Kundenbindungen dienen. Dabei ist es erforderlich, länderspezifische und -übergreifende Distanzen und Differenzen zu unterscheiden (bspw. Institutionen, siehe Abschnitte 3.1.), da

- **Länderdistanzen** den Kontext von Marktbearbeitungsentscheidungen und
- **Länderdifferenzen** den Kontext für die **Kundenbewertung** und -präferenz bilden.

Dies führt zu konzeptionell und methodisch unterschiedlichen Herangehensweisen an entsprechende Studien. Zudem haben bspw. kulturelle und politisch-rechtliche Faktoren eine unterschiedliche Bedeutung für die Wahrnehmung der Standardisierung vs. Adaption. Während bspw. politisch-rechtliche Faktoren für Unternehmen **Anpassungsdruck** erzeugen, lassen die kulturellen Elemente einen gewissen Raum für strategische Entscheidungsspielräume. Daher ist die Adaption an rechtliche Vorgaben oft bereits Teil der Selektion und Auswahl eines Auslandsmarktes. Demzufolge sind Unternehmen in ein System **institutioneller Ebenen** eingebunden (siehe Abbildung 14.9).

Abbildung 14.9: Institutionelle Ebenen und Abgrenzung von Marktsegmenten

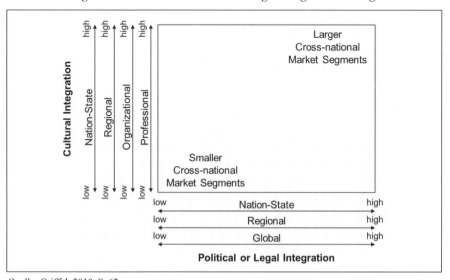

Quelle: Griffith 2010, S. 62.

Aus Kundensicht führen diese Überlegungen zu unterschiedlich großen Marktsegmenten. International stellen Studien einen Zusammenhang zwischen der Standardisierung und der lokalen Wahrnehmung von Marketing-Mix-Elementen her:

- So zeigen Swoboda/Berg/Dabija (2014) in einem europäischen Industrie- und Schwellenland, dass aus Kundensicht die gleichen Kernelemente eines Formats (z.B. Preis bei Discountern, Qualität, Sortimentsauswahl und Service bei Supermärkten) die Bewertung der Retail Brand Equity im Heimatmarkt und im Gastland bestimmen; wenige länderspezifische Marketing-Mix-Elemente sind bedeutend (Interformatwettbewerb).
- Swoboda/Morbe/Dabija (2017) unterstreichen dieses für den Intraformatwettbewerb in drei Ländern und zeigen ferner, dass darüber hinaus im Intraformatwettbewerb, d.h. zwischen Unternehmen mit demselben Format im Heimat- und Gastland, die gleichen wahrgenommenen Marketing-Mix-Elemente die Retail Brand Equity im Heimatmarkt und im Gastland bestimmen (bspw. Hypermärkte aus und in Frankreich und dieselben in Rumänien). Wettbewerber mit dem gleichen Betriebstyp weisen dennoch Unterschiede in der Positionierung auf, allerdings in den Grenzen der Betriebstypenpositionierung.

Demgegenüber zeigen Lee u.a. (2014), dass im Dreiländervergleich Produkt-, Preis- und Kommunikationspolitik indirekt auf den Customer Lifetime Value wirken (über die Markeneinstellung), v.a. in Europäischen Ländern. Demgegenüber wirken Produkt und Preis in Korea direkt auf den Customer Lifetime Value in Korea. Das Marketing-Mix-Instrumentarium wirkt direkter in kulturell fernen Ländern.

Eine Metaanalyse im Handel von 350 Studien und 239.000 Kunden in 41 Ländern untersucht indessen die Wirkung von 21 Sub-Instrumenten auf die „Retail Patronage", zeigt aber nur wenige Unterschiede zwischen Ländern. So sind sieben der zwölf überhaupt signifikant auf die Kundenbindung wirkende Sub-Elemente des Marketing-Mix bedeutend in Ländern mit höherem BSP (u.a. Corporate Brand, Service oder Ladengestaltung) oder zwei von sechs in solchen mit einem höheren Anteil des Handels am GDP (Blut/Teller/Floh 2018). Eine andere Studie von 15.073 Verbrauchern, 589 Marken in 13 Ländern zeigt länderübergreifend einen positiven Einfluss von Werbung und Häufigkeit der Neuprodukteinführung, einen schwachen Einfluss von Preis- und Vertriebsintensität und einen negativen von Preiswerbeintensität auf das Vertrauen der Verbraucher in Marken (Rajavi/Kushwaha/Steenkamp 2019).

14.6. Interdependenzen und Dynamik

14.6.1. Interdependenzen von internationaler Strategie und Marktbearbeitung

Neben den Interdependenzen, d.h., Abhängigkeiten zwischen Instrumenten, können weitere behandelt werden, so die Dynamik der Marketing-Mix-Gestaltung beim „Going- vs. Being-International" – was bzgl. der einzelnen Instrumente in den folgenden Kapiteln erfolgt – oder zwischen der Gestaltung der Marketinginstrumente und

- der internationalen Strategie sowie
- den Kernentscheidungen im Internationalen Marketing (Marktwahl und Foreign Operation Modes).

Nahe liegt ein Link zwischen der internationalen Strategie und dem internationalen Marketing-Mix, i.d.R. für SGE und SGF. Das Unternehmen hat also – abgestimmt auf die Strategie – bei der Marktbearbeitungsstrategie und bei allen Instrumenten das Differenzierungsbzw. Standardisierungsausmaß festzulegen (siehe Abbildung 14.10).

Abbildung 14.10: Standardisierung vs. Adaption und internationale Strategien

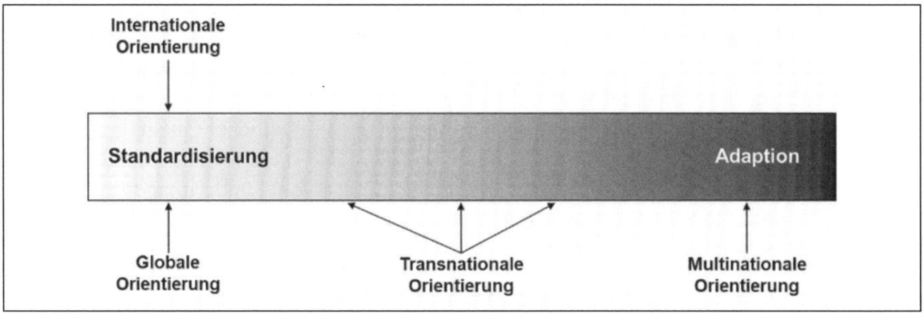

So sind die **Internationale Strategie** und die **Globale Strategie** jeweils durch ein hohes Ausmaß an Standardisierung der Marktbearbeitungsstrategie gekennzeichnet, entweder aufgrund einer Orientierung am Heimatmarkt oder dem Weltmarkt. Die **Multinationale Strategie** ist mit einem hohen Maß an Adaption, i.S. einer nationalen Marktbearbeitungsstrategie verbunden. Die **transnationale Strategie** führt durch die Verknüpfung von Globalisierung und Lokalisierung zur Mischung aus standardisierter und differenzierter Marktbearbeitungsstrategie. Hierauf wird noch nachfolgend eingegangen. Darüber hinaus stellt sich aber die Frage für jedes Marketinginstrument und die o.g. Prozesse. Tabelle 14.2 zeigt aus einer eigenen nicht publizierten Studie, dass internationale Händler Marketinginstrumente und Prozesse stärker standardisieren als multinationale Händler, während transnationale Unternehmen einen Mittelweg wählen, um Vorteile aus lokaler Anpassung und globaler Integration zu generieren.

Tabelle 14.2: Zusammenhang von Strategie und Standardisierung ausgewählter Marketinginstrumente und Prozesse im Handel

	Multinationale Unternehmen	Transnationale Unternehmen	Globale Unternehmen
Kernmarketingelemente			
Betriebstyp	3,65	4,14	4,71
Standort	3,04	3,57	4,25
Ladenlayout	2,85	3,61	4,29
Periphere Marketingelemente			
Sortiment	2,52	3,29	3,71
Preis	2,09	2,93	3,54
Handelsmarken	2,43	3,43	4,26
Marketingprozesse			
Entwicklung des Ladenlayouts	3,17	3,64	4,52
Entwicklung von CRM-Systemen	2,26	2,64	4,19
Zusammenstellung von Warengruppen	2,48	3,39	4,41
Planung von Verkaufsförderungsmaßnahmen	2,02	2,86	3,27
Supply Chain-Prozesse			
Logistiksysteme	2,26	3,86	4,37
Warenwirtschaftssysteme	3,60	4,18	4,65
Beschaffungslogistik	2,24	3,39	4,73
Distributionslogistik	1,93	3,29	4,08

Legende: 5-Punkt-Likert Skala mit 1=vollständig adaptiert bis 5=vollständig standardisiert.

Während dies in den folgenden Kapiteln für jedes Marketinginstrument betrachtet wird, erfolgt nachfolgend eine kurze allgemeinere Betrachtung der internationalen Strategien.

Wie angedeutet, wird die **globale Strategie** in enger Verbindung mit der „**Globalisierungsthese**" diskutiert und ist prinzipiell durch eine weitgehende Standardisierung der Marketing-Mix-Instrumente gekennzeichnet. Darüber hinaus ist es denkbar, dass die Strategie aus Effizienzgründen verfolgt wird und v.a. um Größendegressionseffekte (z.B. in Produktion,

F&E) zu realisieren, um eine möglichst große Zielgruppe anzusprechen, die größere Potenziale bietet als die Ausrichtung auf einzelne Ländermärkte. Im Rahmen dieser **globalen Marktausrichtung** werden die Ländermärkte aus Sicht des Anbieters als ein einheitlicher Markt betrachtet, der mit standardisierten Marken und Produkten – abgesehen von bspw. regulativen Vorgaben – bedient wird. Allerdings können im Rahmen der globalen Strategie auch Aspekte eines international einheitlichen Images und einheitlicher Qualität (oder Prestige, z.B. im Luxusmarkenbereich) angestrebt werden. Bei starker **Cross-Border-Wertschöpfung** besteht sicherlich die Tendenz, das Firmenimage vom Länderimage zu lösen und die Produkte mit „Made by" zu versehen (Czinkota/Ronkainen 2013, S. 192ff.). Eine solche Made-by-Ausrichtung setzt eine starke globale Marke voraus.

Wesentliches Kennzeichen der **multinationalen Strategie** ist ein maximales Ausmaß der Anpassung des Marketing-Mix an lokale Anforderungen, inkl. einer länderspezifischen bzw. regionalen Adaption. Somit stehen länderspezifische Divergenzen im Vordergrund, wobei es weniger das Makroumfeld ist, sondern – wie im nationalen Marketing – das Mesoumfeld, also Wettbewerb und Kundenverhalten. Befürworter der Adaption führen an, dass im Rahmen von **Mass-Customization/Individualisierung** Anpassungen trotzdem kostengünstig realisiert werden können. Weitere Vorteile wurden im Abschnitt 14.3. genannt. Eine multinationale Strategie kann in diesem Zusammenhang z.B. auch Erscheinungen wie „Consumer Patriotism" bzw. „Consumer Ethnocentrism" begegnen (Kipnis u.a. 2012).

Die **transnationale Strategie** stellt eine Mischform der zuvor beschriebenen Strategien dar. Diese Glokalisierung der Marktbearbeitung bedeutet, dass „so viel Standardisierung wie möglich, so viel Differenzierung wie nötig" erfolgt. Dieser Mittelweg basiert auf der Überlegung, dass ein möglichst hoher Anteil der Standardisierungspotenziale weltweit genutzt werden soll, um möglichst viele Effizienzvorteile zu realisieren. Jedoch führt eine vollständige Standardisierung zur Vernachlässigung lokaler Präferenzen, sodass basierend auf standardisierten Elementen eine Anpassung der Marktbearbeitung erfolgt, um durch die lokale Adaption von Teilbereichen des Marketinginstrumentariums den lokalen Präferenzen entsprechen zu können. Bei der Glokalisierung der Marktbearbeitung werden v.a. strategische Elemente in weitgehend standardisierter Form realisiert, während eher taktische Elemente an die lokalen Bedingungen angepasst werden (Czinkota/Ronkainen 2013, S. 383f.). Oft erfolgt eine Standardisierung eines Teilbereichs der Marketinginstrumente, z.B. der Marke oder von Produkteigenschaften, während andere lokal adaptiert werden (siehe Abbildung 14.11). Weitere Formen von Mischstrategien können auch durch segmentspezifische Standardisierung realisiert werden, bei der mehrere Länder zu Ländergruppen zusammengefasst werden, die in sich möglichst homogen sind (i.S.d. **regiozentrischen Strategie**). Der Ansatz wird auch als Strategie der **differenzierten Standardisierung** bezeichnet, da es bei jeder Entscheidungssituation erforderlich ist, entsprechend der Umfeldbedingungen das „richtige" Maß an Standardisierung bzw. Adaption zu bestimmen.

Abbildung 14.11: Exemplarische Gestaltung von Marketinginstrumenten bei einer transnationalen Strategie

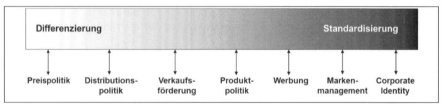

Die **internationale Strategie** beinhaltet eine Übertragung des im Heimatmarkt eingesetzten Marketing-Mix auf die Auslandsmärkte, i.S. eines **Lead-Country-Ansatzes**. Prinzipiell erfolgt keine Adaption an internationale Märkte. Ausnahmen hiervon erfolgen i.d.R. dann, wenn exogene Einflussfaktoren dies erzwingen, z.B. rechtliche Gründe. Dies impliziert entweder die Annahme, dass die Strategie des Heimatmarktes in unveränderter Form international eine positive Wirkung entfaltet, oder aber es erfolgt keine Adaption des Marketing, weil das Auslandsgeschäft nicht von ausreichender Bedeutung ist. Dies ist im Grundsatz ferner geeignet, wenn die Charakteristika der ausländischen Märkte bzgl. des relevanten Umfeldes mit denen des Heimatmarktes übereinstimmen.

14.6.2. Interdependenzen von Marktwahl, -eintrittsform und -bearbeitung

Einige Interdependenzen zwischen der Marktwahl, der Betätigungsform und der Art der Marktbearbeitung wurden bereits angedeutet, wobei die behandelte Abfolge der Schritte von Marktwahl, -eintrittsform und -bearbeitung nur idealtypisch zu sehen ist. So sind die Beziehungen zwischen dem Marktengagement oder der Markteintrittsstrategie einerseits und der Marktbearbeitung andererseits dadurch gekennzeichnet, dass die Entscheidung in einem der Felder jeweils Auswirkungen auf die Handlungsmöglichkeiten bei der jeweils anderen Kernentscheidung hat. Einige Überlegungen verdeutlichen dieses grundsätzlich.

Marktengagement und -bearbeitung

Die Wahl der Ländermärkte, auf denen die Unternehmen tätig sind, bestimmt wesentlich die Möglichkeiten zur Standardisierung/Adaption der Marktbearbeitung. Einsichtig ist das Beispiel der Aktivitäten in hochattraktiven Volumenmärkten, wie China, in denen eine standardisierte Marktbearbeitung aufgrund der Erfolgsaussichten als erstes aufgegeben wird.

Weitere Wechselwirkungen können abhängig von der internationalen Strategie betrachtet werden (siehe Abbildung 14.12). Bei einer multinationalen Strategie, bei der die Bereitschaft und Fähigkeit besteht, die Marktbearbeitungsstrategie an die Länderbedingungen anzupassen, erfolgt die Selektion von Ländermärkten auf der Basis der Attraktivität der Märkte. Dabei sind die Kosten der Marktbearbeitung – i.S. der Anpassungsnotwendigkeit des Marketing-Mix – relevant. Den Ausgangspunkt bildet das Marktengagement, bei dem eine bestimmte Ländermarktselektion erfolgt, an welche die Marktbearbeitung angepasst werden muss. Besteht hingegen eine globale oder internationale Strategie, so setzt die Länderauswahl daran an, Ländermärkte mit ähnlichen Konstellationen hinsichtlich der Märkte bzw. Zielgruppen zu identifizieren. Hier erfolgt dann eine standardisierte Marktbearbeitung.

Abbildung 14.12: Zusammenhang zwischen Marktengagement und Marktbearbeitung

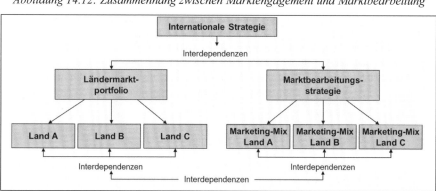

Entscheidungen hinsichtlich des Marktengagements, so Entscheidungen über einen Eintritt in oder Austritt aus Märkten, können auch Anpassungen der Marktbearbeitung nach sich ziehen. Werden z.B. Ländermärkte zu dem bestehenden Portfolio hinzugefügt, die über deutlich unterschiedliche Umfeldfaktoren verfügen, und von den bisher bearbeiteten Märkten hinsichtlich wesentlicher Einflussfaktoren abweichen, so kann bspw. die bisherige Marktbearbeitungsstrategie auf diesen Märkten Anpassungen erfordern. Dies hat wiederum Auswirkungen auf die Marktbearbeitung auf allen anderen Ländermärkten, i.S.d. langfristigen Erfahrung und Lerneffekte, welche zur Anpassung der Gesamtkonzeption führen (Jonsson/Foss 2011). Weitere, nicht behandelte Interdependenzen liegen nahe.

Betätigungsform und Marktbearbeitung

Auch zwischen den Betätigungsformen und den Marktbearbeitungsstrategien besteht ein enger Zusammenhang, d.h., das bestimmende Element kann entweder die Marktbearbeitungsform oder die Betätigungsform sein.

So führt die von vielen Unternehmen bevorzugte Wahl von Exporten als Eintrittsstrategie dazu, dass eher ein standardisiertes Marketing realisiert wird. Bei der Wahl der Tochtergesellschaft und voller lokaler Kontrolle lassen sich im Bedarfsfall einfache lokale Anpassungen im Marketing vornehmen. Bei Akquisitionen ist dies mit einem Time-lag versehen, da hier zunächst Strukturharmonisierungen vorzunehmen wären, und bei JV müsste ggf. ein Partner von den Vorteilen einer Standardisierung überzeugt werden. Bei Franchising ist das Gesamtkonzept eher auf Standardisierung ausgelegt, sodass die Adaption eine Herausforderung darstellt.

Bildet die Marktbearbeitung den Ausgangspunkt, dann ist es vorstellbar, dass die Betätigungsformen an eine angestrebte Ausgestaltung des Marketing-Mix gebunden sind, tendenziell wie folgt:

- Bei **standardisierter Marktbearbeitung** werden tendenziell die Betätigungsformen gewählt, die einen stärkeren Durchgriff auf den Auslandsmärkten „vor Ort" ermöglichen, so direkter Export, Franchising- oder Tochtergesellschaften, da der Multiplikation der eigenen Konzeption weniger starke Widerstände entgegentreten.
- Bei **adaptierter Marktbearbeitung** eignen sich v.a. Betätigungsformen, bei denen eine hohe Marktkompetenz vor Ort erreicht wird, so Beteiligungen und Joint Ventures, da dies einen Zugang zu lokalen Kenntnissen bzw. Kompetenzen ermöglicht.
- **Mischformen der Marktbearbeitung** korrespondieren mit kontraktuellen oder integrativen Vertriebssystemen, da sie aufgrund des „Think Global, Act Local"-Gedankens ein gewisses Ausmaß an Durchgriffsmöglichkeiten auf den Märkten erfordern.

Einen starken Einfluss hat die Festlegung der Betätigungsform auf die internationale Distributionspolitik (siehe Kapitel 19.), denn die Wahl der Betätigungsform beinhaltet unmittelbare distributionspolitische Konsequenzen, so die Wahl der Absatzorgane, die bei der Marktbearbeitung eingesetzt werden. Insbesondere bei vertraglichen Vertriebssystemen (z.B. Franchising) bzw. direktem Vertrieb (z.B. Niederlassungen bzw. Filialen, Online-Vertrieb) wird ein Großteil der Distributionsentscheidungen vorweggenommen bzw. determiniert.

15. Internationales Markenmanagement

15.1. Systematisierung der Entscheidungsoptionen

Das Markenmanagement ist als zentrales Entscheidungsfeld das „Dach" für andere Marketing-Mix-Instrumente. Verkürzt wird **Marke** nur als Kennzeichnung gesehen: „Name, Term, Design, Symbol, or any Other Feature that Identifies one Seller's Good or Service as Distinct from those of Other Sellers" (AMA 2021). In entscheidender Kundensicht wird Marke gesehen als "something that has actually created a certain amount of awareness, reputation, prominence etc. in the marketplace" (Keller/Swaminathan 2020, S. 32).

> Eine Marke ist ein Vorstellungsbild in den Köpfen der Zielgruppen über ein Nutzenbündel mit spezifischen Merkmalen, das sich ggü. anderen Nutzenbündeln, die dieselben Basisbedürfnisse erfüllen, aus Sicht der Zielgruppen unterscheidet.

Hieran knüpft der **identitätsorientierte Ansatz** an (siehe Abbildung 15.1), wonach die Markenidentität die Innensicht bildet: diejenigen raumzeitlich gleichartigen Merkmale der Marke, die aus Sicht der Manager nachhaltig den Charakter der Marke prägen. Die Außensicht bilden die Markenbekanntheit und das Markenimage als mehrdimensionales Einstellungskonstrukt, das die in der Psyche der Zielgruppe verankerten, verdichteten, wertenden Vorstellungsbilder von einer Marke wiedergibt, als Ergebnis der individuellen, subjektiven Wahrnehmung und Dekodierung aller von dem Nutzenbündel Marke ausgehenden Signale zur Befriedigung individueller Bedürfnisse. Die Herausforderung ist die Zusammenführung der Innen- und Außensicht, so die Kenntnis der Soll- und Ist-Positionierung aus Zielgruppensicht sowie immer wieder zu überprüfende Maßnahmen zur Angleichung. Entsprechend vermitteln Marken Nutzen für Anbieter und Nachfrager (siehe Abbildung 15.2).

Abbildung 15.1: Innen- und Außensicht der Marke

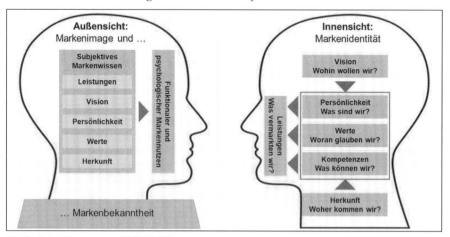

Quelle: I.A.a. Burmann u.a. 2018, S. 14f.

Abbildung 15.2: Nutzen einer Marke

... aus Nachfragersicht	... aus Anbietersicht
■ Orientierungshilfe (Identifizierungsfunktion) ■ Vertrauensfunktion ■ Prestigefunktion ■ Identifikationsfunktion ■ Qualitätssicherungsfunktion ■ Entlastungsfunktion	■ Präferenzbildung (Profilierung gegenüber der Konkurrenz) ■ Preispolitischer Spielraum ■ Segmentspezifisch differenzierte Marktbearbeitung ■ Kundenbindung ■ Effiziente Erschließung von Wachstumspotenzialen ■ Wertsteigerung des Unternehmens durch Steigerung des ökonomischen Markenwerts

Quelle: I.A.a. Burmann u.a. 2018, S. 2ff.

Unter „Branding" (Markierung) werden alle Maßnahmen verstanden, die dazu dienen, ein Angebot aus der Masse gleichartiger Angebote hervorzuheben, und die Zuordnung des Angebots zu einer Marke zu ermöglichen. Fragestellungen des Branding beziehen sich somit darauf, wie die Marke konkret ausgestaltet wird, bzw. wie sie erscheinen soll. Im Vordergrund des Internationalen Markenmanagement steht die langfristige, widerspruchsfreie, logische, ganzheitliche und aufeinander abgestimmte Gestaltung der Marke oder eines Markenportfolios im internationalen Kontext, wobei folgende, korrespondierende Entscheidungsfelder dominieren:

- **Strategische Entscheidung von Unternehmen** bezüglich der grundlegenden Typen von Markenstrategien und v.a. der beiden grundlegenden internationalen Markenstrategien, der „Global Brand" und der „Local Brand". Darin kommt die sog. **Markenreichweite** zum Ausdruck, die charakterisiert, welchen Geltungsbereich eine Marke in geographischer Hinsicht einnehmen soll. Hierzu gehören Überlegungen zum Aufbau von standardisierten „Global Brands". Nachfolgend werden Studien zu deren finanziellem Erfolg vorgestellt und zu deren Positionierung, die aufgrund unterschiedlichster Umfeldfaktoren in einzelnen Ländern variieren kann. Verantwortlich hierfür sind spezifische Umfeldfaktoren, die in diesem Kontext anzusprechen sind. Zudem werden Aspekte der Markenarchitektur betrachtet, mit einem Blick auf die strategischen Optionen zur Gestaltung von „Corporate Brands" und „Product Brands".
- **Kundenreaktionen** stellen die „Responses" zur Innensicht dar und bilden zugleich die Basis für weitere Entscheidungen von Unternehmen. Der Großteil der Studien zum internationalen Markenmanagement betrachtet diese Perspektive. Hierzu gehören zunächst „Perceived Brand Foreignness, Globalness and Localness", d.h., die Vorteile, die Kunden in diversen Ländern sehen, weil eine Marke als fremd/ausländisch, global oder lokal wahrgenommen wird (korrespondierend zur strategischen Entscheidung bzgl. der Markenreichweite). Weiterhin werden „Corporate Brands" betrachtet, die auf ein Unternehmen bezogen sind und strategisch eher international standardisiert ausgestaltet werden, international jedoch zumeist nicht identisch wirken. Bei „Product Brands" hingegen werden oft andere Strategien verfolgt, wie die Betrachtung von Basisstrategien im folgenden Abschnitt verdeutlichen wird. Von Bedeutung ist dabei das Zusammenspiel von „Corporate and Product Brands", bspw. für das Kaufverhalten der Zielgruppe, bezogen auf die betrachtete „Product Brand" oder breiter, die Angebote unter der „Corporate Brand".

Abbildung 15.3 vermittelt einen Überblick über empirische Studien zu den o.g. Bereichen der internationalen Markenpolitik, wobei es sich nur um einen Auszug zu den dargestellten und weiteren Themengebieten handelt (zu Retail Branding siehe bspw. Swoboda/Schramm-Klein/Weindel 2016; Swoboda/Foscht/Schramm-Klein 2019, S. 224ff.).

Abbildung 15.3: Ausgewählte Studien zum internationalen Markenmanagement

Autor(s)	Topic	Th./Emp. Basis	Core results
Strategic Decision in International Branding			
Talay/ Townsend/ Yeniyurt 2015	Effect of global brand architecture on market-based performance and moderating influence of national culture	Signaling theory/ N=96 companies, 18 countries, regression	■ Brands with a higher position in a global brand architecture (i.e., broader geographic scope) exhibit better market performance in countries with a higher level of power distance as well as masculinity (vs. femininity). ■ Global and multi-regional brands exhibit a better (vs. worse) market-based performance in countries with a higher level of uncertainty avoidance/individualism (vs. collectivism).
Lee/Hu 2018	Effects of corporate reputation on financial performance and social responsibility	Stakeholder, signaling theory/ N= 39 companies, 15 countries, regression	■ Corporate reputation positively affects corporate financial performance and corporate social responsibility. ■ Corporate financial performance enhances corporate social responsibility and has a mediating role on the relationship of corporate reputation and corporate social responsibility.
Kirca u.a. 2020	Effect of product portfolio and branding decisions on brand performance	None/N=40 companies from the US, generalized method of moments estimation	■ Increase in portfolio breadth, depth, innovativeness, larger brand scope associated with stronger market performance. ■ Higher quality brand positioning in itself does very little in terms of improving brand performance. ■ Market performance of parent brands with a deep and innovative (but not breadth) product portfolio accentuated when having a larger brand scope/high-quality brand positioning.
Perceived Brand Foreignness, Globalness and Localness			
Mohan u.a. 2018	Effects of perceived brand globalness and localness on B2B buyers' product quality, moderating role of buyer's ethnocentrism	Signaling theory/ N_1=102, N_2=100 B2B purchase decision makers from the US and Brazil, SEM	■ Only in the US: positive effect of perceived brand globalness of brand ally on the brand's perceived quality. ■ Indirect effect of perceived brand localness of the brand ally on perceived quality through perceived reduction in information search costs. In Brazilian: Direct effect of perceived brand localness on perceived quality emerge. ■ Buyer ethnocentrism positively moderates the relationship of brand globalness and brand's perceived quality
Swoboda/ Hirschmann 2016	Effect of perceived brand globalness on consumer loyalty and moderating role of consumer ethnocentrism, country of origin	Accessibility-diagnosticity theory/ N=2,647 consumers from India, Japan and the US (alternative models in China and Italy), SEM	■ Perceived brand globalness has a positive effect on loyalty through psychological and functional value, which is greater for foreign (vs. domestic) MNU in India and Japan (not US). ■ Indirect effect is equally strong through functional/psychological value for foreign MNC in India and Japan (not US); stronger through psychological value for domestic firms. ■ Consumer ethnocentrism negatively moderates total effects. For less (more) ethnocentric consumers, links of perceived brand globalness and loyalty is stronger through functional (psychological) value in Japan/the US (all countries).
Swoboda/ Sinning 2020	Important country-specific moderators on the paths of perceived brand globalness to consumer behavior across nations	Accessibility-diagnosticity theory/ N=22,055 consumers from 31 countries, MSEM	■ Perceived brand globalness positively determines repurchase intention via functional and psychological value across nations; direct link is insignificant. ■ The degree of country development diminishes the indirect paths; effects are equally strong on both value paths. ■ National cultural value dimensions, i.e., Schwartz's embeddedness, mastery, and hierarchy, enhance both paths; path through functional value trends to be more strongly affected.
Global Corporate Brands/Reputation			
Swoboda/ Puchert/ Morschett 2016	Effects of perceived corporate reputation on consumers' loyalty across nations, moderating role of national institutions	Signaling theory, Schema theory/ N=13,685 consumers from 40 countries, MSEM	■ Positive link of reputation on loyalty across nations, institutional country differences are important moderators. ■ Within business systems, high embeddedness, high harmony, population age reinforce the link, while mastery and international trade diminishing the link. ■ Within national innovation systems, tourism activities, literacy rate, and tertiary school enrollment reinforce the link, while number of mobile phones diminishes the link. ■ Within governance systems, corruption has a reinforcing impact on the reputation-loyalty link.

– Abbildung wird fortgesetzt –

– Fortsetzung –

Swoboda/ Batton 2019	Systematic comparison of four main cultural value models and their role for perceived corporate reputation	Signaling theory/ N_1=20,288, N_2=25,397 consumers from 25 countries, MSEM	■ Important cultural value models: Hofstede (1980), Schwartz (1994), GLOBE study (House u.a. 2004), Inglehart (1997). ■ Corporate reputation perceptions across nations are explained each cultural value model; including all dimensions explains more variance than each respective dimension. ■ Models explain different variances: Schwartz's explaining most, followed by Hofstede; few dimensions explain a high amount of variance (e.g., Schwartz's embeddedness).
Swoboda/ Batton 2020	Effects of perceived corporate reputation dimensions on consumer behavior across nations, moderating whole of context factors	Signaling theory/ N=32,811 consumers from 44 countries, MSEM	■ All five corporate reputation dimensions exert positive effects on consumer loyalty, but to varying extents. ■ Major levers are social/environmental responsibility and product range quality, three times stronger effects than reliability/financial strength, consumer orientation, good employer. ■ National culture and country development reinforce or diminish some dimensions, e.g. social/environmental responsibility, no product range quality (stable across nations).
Global Product Brands			
Steenkamp 2019	Correlations between attitude toward global products and attitude toward local products and individual-level and national-level factors	Consumer culture theory, customer globalization theory, acculturation theory/ N=13,000 consumers from 28 countries, Correlations	■ Consumer ethnocentrism, among individual-level correlates, with largest effect on attitude toward global/local products. ■ People with high attitude toward global products are open to experience/have negative attitude towards advertising. ■ Attitude toward global products positively correlates with long-term orientation, harmony, intellectual autonomy etc. ■ Attitude toward local products positively correlates with power distance, embeddedness, hierarchy, and negatively with individualism, harmony, autonomy, egalitarianism etc.
Van der Lans/van Everdingen/ Melnyk 2016	Effects of quality, uniqueness, leading and growing popularity as product brand benefits on purchase intention across nations	None/ N=19,682 consumers from 25 countries, hierarchical Bayesian model	■ Quality, uniqueness, leading and growing in popularity are determinants on product brand's purchase likelihood across countries and product categories. ■ Culture moderates different types of product brand benefits. ■ Competition moderates effects of all product brand benefits. ■ Consumers' self-image in terms of warmth and competence moderates the influence of the relation between a product brand's benefits and purchase intention.
Westjohn/ Magnusson/ Zhou 2015	Varying value of being global based on foreign vs. domestic origin of a product brand	Attitude formation theory/ N=376, N=216, N=326 consumers from the US, India and China, PLS-SEM	■ Belief that global (vs. local) product brand represent a mythic cultural ideal socially responsible has a positive impact on global consumption orientation, whereas social responsibility only significant in India. Quality has no effect. ■ Global consumption orientation with positive impact on attitude toward foreign global brands in all countries, but negative on attitude to domestic global brands in US and India.
Endorser Brands (Interplay of Corporate and Product Brands)			
Heinberg/ Ozkaya/ Taube 2018	Effect of corporate image on product brand equity	Signaling theory/ N_1=554, N_2=1,180 consumers from India, China, SEM	■ Corporate image has positive effect on product brand equity, also positive indirect effect on product brand equity through corporate reputation, both stronger in China vs. India. ■ Full mediation for India, partial mediation for China emerge.
Jakubanecs Supphellen 2012	Influence of individualism vs. collectivism on the application of the endorsed branding strategy	None/ N_1=1,108, N_2=2,091 consumers from five countries, SEM	■ Consumers' vertical individualistic (collectivistic) orientation has a positive indirect (direct) effect on perceived importance of corporate endorsement through brand knowledge. ■ There is a positive significant effect of corporate brand knowledge/perceived importance of corporate endorsement on product brand attitude.
Swoboda/ Sinning 2021	Effect of corporate image on product buying intention via product image across nations, moderating roles of national culture and country development	Schema theory/ N=7,660 consumers from 35 countries, MSEM	■ Corporate image enhances product image and has a direct positive effect on the product purchase intention. ■ Embeddedness positively affects indirect effect; endorsed branding strategy leads to a stronger intention to buy global product brands, the higher the cultural value is in a country; no effect on the direct effect of the endorser. ■ Country development affects indirect effect; more developed a country is, more MNEs create competitive advantages by endorsed branding; direct effect negatively determined, i.e., development has decisive role in direct impact of endorser.

15.2. Strategische Entscheidungen als Basis

15.2.1. Strategien und Aufbau von Global Brands

Diverse Markenstrategien sind generell im Marketing relevant (siehe Abbildung 15.4):

- **Einzelmarkenstrategie**: Führung eines jeden Produkts unter einer eigenen Marke, z.B. Rocher, Duplo und Raffaello von Ferrero; die Corporate Brand tritt in den Hintergrund.
- **Mehrmarkenstrategie**: Parallele Führung von mindestens zwei auf den Gesamtmarkt ausgerichtete Marken im Produktbereich, z.B. Persil, Spee, Weißer Riese bei Henkel.
- **Dachmarkenstrategie**: Führung aller Produkte des Unternehmens unter einer Marke, z.B. BMW, Dr. Oetker, Microsoft, Siemens.
- **Markenfamilienstrategie**: Führung mehrerer Produkte unter einer Marke, u.U. mehrerer Markenfamilien parallel nebeneinander, z.B. Milka und Suchard von Mondelēz.

Abbildung 15.4: Basisstrategien im Markenmanagement

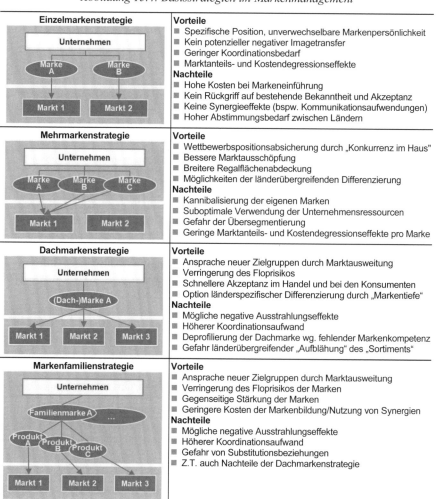

Alle Basisstrategien sind nicht spezifisch international, können aber auch in Auslandsmärkten ausgestaltet sein. Im Internationalen Markenmanagement steht die **Markenreichweite** am Anfang der Überlegung. Sinnvoll ist zu unterscheiden, ob eine Marke auf einen Ländermarkt (**lokale, nationale Marke**) oder auf den Weltmarkt – definitorisch mindestens drei Kontinente – ausgerichtet werden soll (**globale Marke**). Marken können auch in mehreren Ländermärkten oder nur in einer Region, wie Westeuropa, angeboten werden (**internationale oder regionale Marke**).[1] Abbildung 15.5 fasst die beiden Kernoptionen und deren wichtigste Vorteile (die wechselseitig i.d.R. die Nachteile der anderen Markenstrategie bilden) zusammen.

Abbildung 15.5: Internationale Markenstrategien

Global Brand	Vorteile
Company → Global Brand → Consistent marketing concept → Country 1, Country 2, Country 3	■ Weltweit stärkere Sichtbarkeit/Bekanntheit ■ Möglichkeit, weltweit ein konsistentes Image zu erzielen ■ Kosten zur Entwicklung/Führung werden über hohe Absatzvolumina verteilt (Economies of Scale, Scope, Lerneffekte) ■ Ansprache geozentrischer Konsumenten ■ Ggf. "Country of Origin"-/"Perceived Brand Globalness"-Effekte ■ Etablierung einer nachhaltigen Strategie mit einfacherer (zentraler) „Cross-Border-Coordination" ■ Timing-Vorteile während der Expansion („Going-International")
Local Brand	**Vorteile**
Company → Product → Local Brand 1, Local Brand 2 → Individual marketing concept → Country 1, Country 2	■ Adaption an lokale Kundenbedürfnisse ■ Hohe Marktanteile, Profil im lokalen Wettbewerb ■ Adaption an nationale regulative, normative oder kulturelle Institutionen ■ Ansprache ethnozentrischer Konsumenten ■ Lokale Wahrnehmungs- und Imagevorteile ("Perceived Brand Localness") ■ Dezentrale Organisation (aber begrenzte Koordination) ■ Einfachere Qualitäts-, Preisdifferenzierung ■ Lokaler Markenname ggf. einfacher verständlich

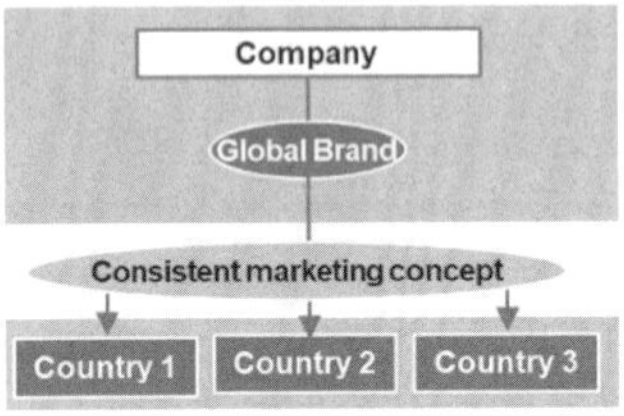

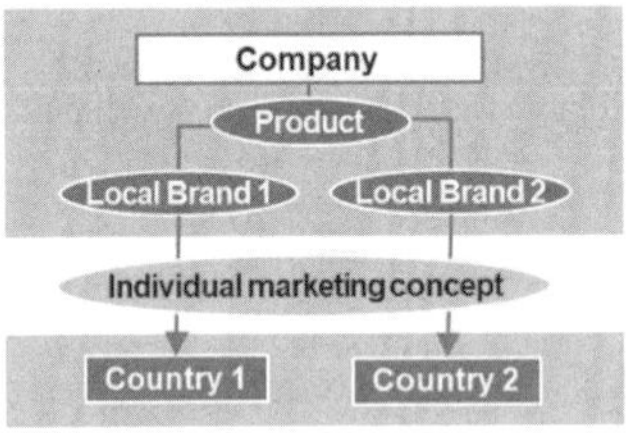

Grundsätzlich zählen Global Brands zu den weltweit wertvollsten Marken, auch in einzelnen Ländern wie Deutschland (Interbrand 2021, Kantar Group and Affiliates 2021). Natürlich haben auch „Local Brands" – wie in der Literaturbestandsaufnahme in Abschnitt 15.1. angesprochen – Vorteile, allerdings sind Global Brands diejenigen, mit denen sich das Internationale Marketing (weniger das generelle Marketing) beschäftigt. Der Aufbau einer „Global Brand" folgt dabei i.d.R. einem systematischen Prozess. Keller/Swaminathan (2020, S. 547ff.) betrachten bspw. folgende Schritte:

- "Identify differences in consumer behavior: What consumers know and feel about brands – in each market and how they purchase and use products?
- Adjust branding program accordingly through: Choice of brand elements, Nature of the actual marketing program and activities, Leveraging of secondary associations
- Core brand building blocks for global customer-based brand equity: Creating brand salience, Crafting brand image, Eliciting brand responses, Cultivating resonance".

Die Autoren beziehen sich auf das bekannte Konzept der **Customer-based Brand Equity**, dem die Annahme zugrunde liegt, dass eine Marke i.d.R. dadurch charakterisiert ist, dass sie einen Wiedererkennungswert hat (Bekanntheit) und dass mit ihr bestimmte Eigenschaften verbunden bzw. erinnert werden (Image).

---

[1] Markenreichweite wird auch in vertikaler Sicht (Ingredient Branding) und im kooperativen Dual- bzw. Co-Branding betrachtet (siehe dazu z.B. Baumgarth 2019, S. 435-458; Kotabe/Helsen 2020, S. 383).

- Hierbei repräsentiert die **Bekanntheit** die Grundlage des Markenwertes, denn unbekannte Marken können keine Images in den Köpfen der Zielgruppe haben. Die Bekanntheit ist jedoch weiter zu differenzieren, bspw. gestützte/passive, ungestützte/aktive Markenbekanntheit, Top of Mind oder exklusive Markenerinnerung.
- Das **Image** einer starken Marke repräsentiert zumindest vier Arten von Markenassoziationen, so Einprägsamkeit (emotionale/kognitive), Attraktivität/Vorteilhaftigkeit (i.S. der Markenbevorzugung), Stärke (i.S. der Quantität der Informationsverarbeitung) und Einzigartigkeit (als wesentliches Unterscheidungsmerkmal).

Auf dieser Basis wird ein zehnstufiger Prozess zur Bildung von internationaler Customer-based Brand Equity vorgeschlagen (siehe Abbildung 15.6).

Abbildung 15.6: Building global customer-based brand equity

1 Understand similarities and differences	2 Don't take shortcuts in brand building	3 Establish marketing infrastructure	4 Embrace integrated marketing communication	5 Cultivate brand partnerships
• Developed vs. developing markets • Changing landscape of global branding (e.g., younger consumers, increased mobility, growth of global media)	• Provide sources of CBBE in each country • Failure of exporting marketing programs from other countries • Building a brand from the bottom up (i.e., building brand awareness and image)	• Manufacturing, distribution, logistical advantages • Adaption of operations due to differing infrastructures • Investments in foreign partners • Production and distribution are key factors for success	• Advertising • Non-traditional forms of advertising • Promotion and sponsorship	• Establishing marketing partnerships • Optimizing access to distribution

6 Balance standardization and customization	7 Balance global and local control	8 Establish operable guidelines	9 Implementation of global BE measurement system	10 Leverage brand elements
• Standardized global marketing (e.g., common customer needs, global customers, comparable technical standards) • Global brand development (e.g., globally basic positioning and branding, globally applied technologies).	• Centralization at home office or headquarters • Decentralization of decision making to local foreign markets • Some combination of centralization and decentralization	• Brand charter • Product line • E.g., Assign every possible product to one category (Disney: acceptable without license permission, not permissible to ever license, requires validation from headquarter)	• Provide timely, accurate, and actionable information on brands • Tactical and strategic decisions • Global BE charter • Brand tracking • Avoid lack in marketing research infrastructure	• Translation to another culture Brand name memorability and recall • Non-verbal brand elements • Translation problems • Attempt to create more uniform brand elements

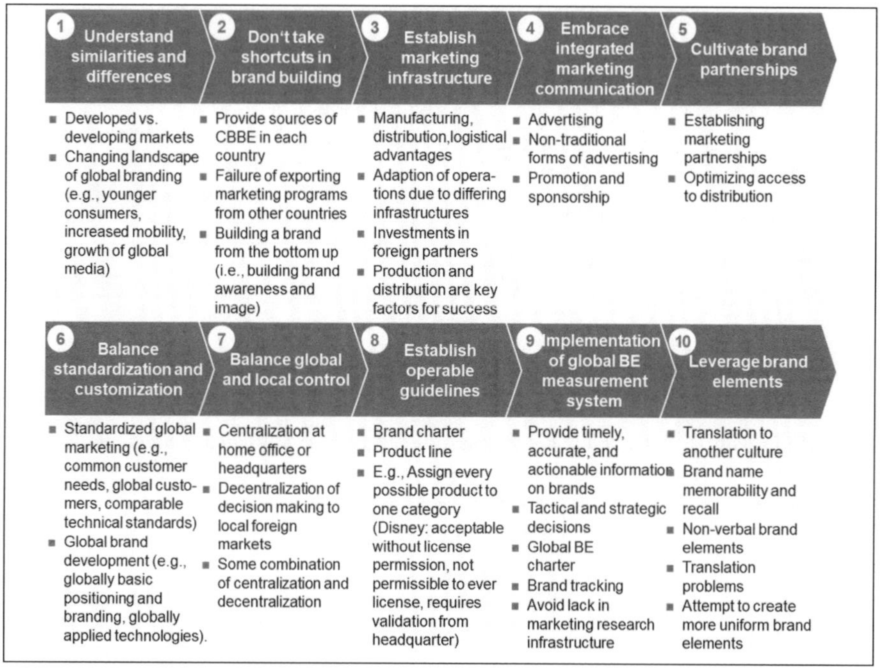

Quelle: I.A.a. Keller/Swaminathan 2020, S. 564ff.

15.2.2. Positionierung und Determinanten von Wahrnehmung und Wirkung

Markenpositionierung meint die Stellung einer Marke im relevanten Markt, i.d.R. aus Sicht der Zielgruppe, so der Verbraucher. Ansatzpunkte der Markenpositionierung können im einfachsten Fall Qualität und Kosten sein (i.S. des Wettbewerbsansatzes in Abschnitt 1.4.2.; zur Preispositionierung siehe Abschnitt 17.2.1.) oder realistischer, unterschiedliche funktionale Werte (z.B. Qualität, Preis-Leistung) und psychologische Werte (z.B. emotionale und soziale Verbundenheit). Bei der Markenpositionierung steht einerseits aus interner Sicht die Festlegung des spezifischen Nutzenversprechens der Marke für Nachfrager im Vordergrund, in dem bestimmte Nutzendimensionen in der Wahrnehmung der Nachfrager verankert werden sollen („Soll-Positionierung"). Dem gegenüber steht die von den Nachfragern wahrgenommene „Ist-Positionierung" im Wettbewerb.

Eine Besonderheit der internationalen Positionierung ist, dass selbst Global Corporate Brands, bei denen per Definition ein konsistentes Marketingkonzept länderübergreifend zu erwarten wäre, in der Positionierung aus Kundensicht variieren. Gründe hierfür sind bspw. unterschiedliche Wettbewerbssituationen in den Ländern (Mesoumfeld) und v.a. Länderdifferenzen (Makroumfeld). Abbildung 15.7 verdeutlicht beispielhaft links, dass identische Global Brands in Industrie- und Entwicklungsländern unterschiedlich aus Kundensicht positioniert sind. Dies kann daran liegen, dass bspw. in Entwicklungs-/Schwellenländern die Marken als westlich oder global wahrgenommen werden, teilweise unabhängig von ihrer Herkunft oder Qualitäts-/Preispositionierung. Für beide dargestellten Unternehmen ist dies entscheidend, weil sich die Wettbewerbsbeziehung der ansonsten in Westeuropa nicht i.e.S. konkurrierenden Marken in Entwicklungsländern ändert. Rechts ist ein ähnlicher, aber weniger problematischer Fall dargestellt, da die Positionierung zumindest im ähnlichen Feld verbleibt. Ferner zeigt Abbildung 15.8, dass Marken- bzw. Produktattribute durch Verbraucher aus unterschiedlichen Ländern unterschiedlich wahrgenommen werden.

Abbildung 15.7: Fiktive Beispiele für Positionierungsunterschiede

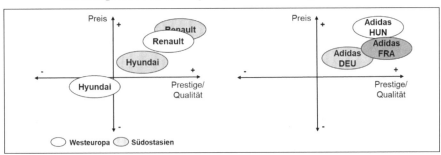

Abbildung 15.8: Beispiele für internationaler Markenbewertungsunterschiede

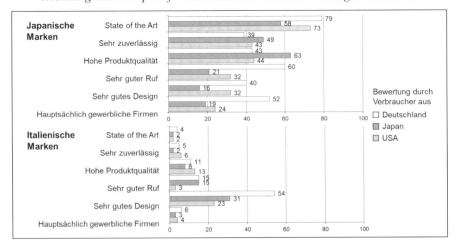

Umfeldfaktoren als Basis für Unterschiede in Markenwahrnehmung und -wirkung

Wie gesagt, liegen Gründe für Unterschiede in Positionierung oder Markenwahrnehmung und -wirkung in diversen Feldern des Makroumfeldes oder des Meso- und Mikroumfeldes begründet. Abbildung 15.9 visualisiert eine entsprechende Auswertung internationaler Studien zur Wahrnehmung und Wirkung der Corporate Reputation und Brand Equity, wobei die Faktoren auch für Product Brands nachfolgend aufgegriffen werden.

Abbildung 15.9: Einflussfaktoren auf internationale Markenwahrnehmung und -wirkung

Culture	Further Institutions	Firm-specific Factors	Individual Factors
■ Hofstede's power distance, masculinity, uncertainty avoidance, individualism, long-term orientation ■ Schwartz's embeddedness, intellectual/affective autonomy, hierarchy, egalitarianism, mastery, harmony ■ Globe Study ■ Inglehart	■ Economic development ■ Population age ■ Life expectancy ■ Household size, income ■ Household consumption ■ International trade, tourism, Internet users ■ Media penetration ■ Literacy rate ■ Scientific articles ■ Policy-making uncertainty ■ Democratic character ■ Corruption ■ Stock market returns ■ Shareholder rights ■ Financial earning volatility	■ Firm's geographical diversification level ■ Firm's home country's globalization level ■ Country commitment ■ Country experience ■ Industry ■ Firm's foreignness ■ Firm's local exposure ■ Firm's familiarity ■ Regulative, Normative and cultural-cognitive distance	■ Corporate philanthropy ■ Being (non-)customer ■ Consumers' engagement in social media ■ Word-of-mouth ■ Customer satisfaction ■ Trust ■ Perceived fit between new/existing products ■ Perceived reliability/financial strength ■ Perceived CSR ■ Perceived employer branding ■ Perceived product/service offers

Quelle: Batton 2020, S. 8ff. (Auswertung internationaler Studien zu Corporate Reputation/Brand Equity).

Meistens wird als Grund die **nationale Kultur** betrachtet (siehe Abschnitt 3.4.), i.d.R. mit den Basisdimensionen von Hofstede. Die inhaltliche Argumentation zeigen zwei Beispiele:

- Hofstedes **Machtdistanz** hat einen stark positiven Einfluss auf die Reputationswahrnehmung (Deephouse/Newburry/Soleimani 2016; Swoboda/Hirschmann 2017). Machtdistanz beschreibt den Grad, in dem eine Gesellschaft eine ungleiche Verteilung von Macht erwartet und akzeptiert. Gesellschaften mit hoher (niedriger) Machtdistanz akzeptieren Hierarchien ohne (nur mit) Rechtfertigung. Hohe Machtdistanz führt folglich zu höherer Sensibilität für Informationssignale wie bspw. Reputation oder Brand Equity. Unternehmen oder Marken, die mittels Kommunikation derartige Signale aussenden, werden von der entsprechenden Gesellschaft tendenziell als verlässliche Autoritäten verstanden und erzielen eine höhere Reputationsbewertung. Im Gegensatz dazu impliziert niedrige Machtdistanz die Ablehnung von Hierarchien und Autoritäten. Menschen in entsprechenden Gesellschaften bewerten die Reputation von MNU folglich niedriger.
- Der positive Einfluss von Corporate Reputation auf Loyalität wird durch die **Unsicherheitsvermeidung** verstärkt (Bartikowski/Walsh/Beatty 2011; Swoboda/Hirschmann 2017). Letztere ist das Ausmaß, in dem sich Gesellschaften durch ungewisse oder unbekannte Situationen bedroht fühlen. In solchen mit hoher Unsicherheitsvermeidung sind Menschen Veränderungen eher abgeneigt und tendieren dazu, mehrdeutige Situationen zu vermeiden. Hohe Unsicherheitsvermeidung ruft eine ausgiebigere Informationssuche hervor, daher ist zu erwarten, dass sich Verbraucher in ihrer Kaufentscheidung stärker auf Marken-/Reputationssignale verlassen.[1]

Unter den vielen, aber seltener als Begründung genutzten weiteren Makrofaktoren ist die o.g. abschwächende Wirkung des **Entwicklungsgrades** eines Landes für die Markenwahrnehmung/-wirkung interessant (Deephouse/Newburry/Soleimani 2016; Swoboda/Batton 2020). Der Entwicklungsgrad wird i.d.R. mittels des Human Development Index erfasst werden (der

---

[1] Swoboda/Batton (2019) zeigen für die korrespondierende Schwartz Kulturdimension „Hierarchy" Einflüsse auf die Reputationswahrnehmung mit deutlich stärkerer Erklärungskraft; die verschiedenen Kulturansätze erfassen unterschiedliche Facetten der Kultur (siehe Abschnitt 3.4.).

drei Indikatoren vereint: "Life Expectancy, Education, and Gross National Income, United Nations Development Programme 2020; Çilingirtürk/Koçak 2018) und bedingt die Erwartungen der Individuen, u.a. bei der Wahrnehmung von Marken. Menschen in Ländern mit einem niedrigen Entwicklungsniveau präferieren eher starke „Corporate Brands", weil MNU den Lebensstandard verbessern und institutionelle Lücken füllen (ggü. staatlichen Institutionen). In Ländern mit einem hohen Niveau sind Menschen hingegen eher beidem skeptisch gegenüber oder lehnen beides ab, weil der Lebensstandard hoch ist oder staatliche Institutionen gut entwickelt sind, was dazu führt, dass höhere Erwartungen an MNU bestehen. Darüber hinaus wird ein Reputation-Loyalität-Link durch viele weitere „**National Institutions**" bedingt (siehe Abschnitt 3.3.): so verstärkt in Ländern mit hohem Bevölkerungsalter, touristischen Aktivitäten, Alphabetisierungsrate oder Korruption und abgeschwächt in Ländern mit hohem Außenhandel oder hoher Anzahl an Smartphones (Swoboda/Puchert/Morschett 2016).

Firmenspezifische Faktoren werden in der Forschung seltener betrachtet. Die **Ländererfahrung** von MNU hat bspw. eine positive Wirkung auf die o.g. Beziehungen der Reputation. Die Erfahrung reduziert Unsicherheiten und Kosten für MNU, da bspw. etablierte Prozesse zur Informationsvermittlung entwickelt wurden. Sie gibt den MNU Sicherheit über die Verhaltensweisen und Regeln in dem jeweiligen Ländermarkt und hilft, sich lokal anzupassen. Verbraucher nehmen dies explizit wahr, z.B. durch die Länge des Engagements des MNU, aber auch implizit, durch die verbesserte Informationsvermittlung (Swoboda u.a. 2017).

Schließlich finden **individuelle Faktoren** Betrachtung. Beispielsweise wirkt die Kundenzufriedenheit positiv auf die Markenwahrnehmung (Ruiz/García/Revilla 2016).

15.2.3. Corporate Brand, Product Brands und Markenarchitekturen

Im internationalen Markenmanagement sind prinzipiell Markenebenen und Wechselwirkungen oder reziproke Beziehungen dazwischen relevant. Selbst bei „Global Brands", wie Pampers, Rolex, Ikea oder McDonald's etc. können Kunden ihre Kaufpräferenzen auf die Bewertung des Produktes bzw. der Einkaufsstätte fußen und auf die Bewertung der „Corporation" insgesamt. Bei vielen MNU sind **Markenportfolios**, als Gesamtheit der geführten (Produkt-)Marken, im Zeitverlauf gewachsen, was für die Markenverantwortlichen eine Herausforderung darstellt. Diese oft historisch begründete Zusammensetzung des Markenportfolios wird durch die Festlegung einer **Markenarchitektur** mit einer inneren Logik ausgestattet, strukturiert und dadurch einer systematischen Steuerung zugänglich gemacht. In der Markenarchitektur sind der hierarchische Aufbau des Markenportfolios sowie dessen Beziehungszusammenhänge definiert. Letztere können im einfachsten Fall[1]

- horizontal zwischen Produkt- oder (im Sonderfall) Unternehmensmarken und
- vertikal zwischen **Corporate Brand-** und **Product Brand-Ebenen**

betrachtet werden, wobei im Internationalen Marketing die Länderebene, i.S. der geographischen/strategischen Bedeutung der Märkte hinzukommt. Die Architektur bildet die Basis für die Markenführung, so die Festlegung von Markenstrategien und -entscheidungen, um bestehende Synergiepotenziale auszunutzen, die Markenidentität zu stärken oder die Komplexität zu koordinieren. Sie legt die Beziehung zwischen den einzelnen Marken fest, also deren Rollen und Positionierungen innerhalb des MNU, sowie die Grenzen und Schnittstellen zwischen Märkten/Marktsegmenten und Marken. Ziel ist es, die Relevanz und

---

[1] Burmann u.a. (2018 S. 117ff.) betrachten u.a. Vertikales zur Gestaltung des Integrationsgrades und Horizontales zur Gestaltung der Anzahl pro Marktsegment angebotener Marken (Einzel- vs. Mehrmarkenstrategie).

die Alleinstellungsmerkmale der Marken hervorzuheben und eine Ordnung zwischen Corporate-, Sortiments- oder Produktmarken für internationale Märkte durchzusetzen. Hiermit korrespondiert bspw. eine entsprechende Portfolio-Kommunikation, d.h., Darstellung einer Dachmarke mit ihrem Markenportfolio (siehe Abschnitt 18.2.).

Hierarchisch werden im nationalen Bereich i.d.R. eine Dachmarke, bspw. die Corporate Brand, über einen Pool an verschiedenen Produktmarken gestellt. Abbildung 15.10 visualisiert zunächst die Unterschiede zwischen „Corporate and Product Brands" und eine entsprechende, klassische Sichtweise des Grades ihrer Integration:

- **„House of Brands"**: Separierte Markenführung, bei der die Produktmarken isoliert wahrgenommen werden. Ein Beispiel ist Procter & Gamble mit den Linien Gesundheit (Wick, Oral-B), Beauty (Braun, Olaz) und Haushalt (Lenor, Ariel).
- **„Endorsed-/Sub-Branding"**: Differenzierte Markenführung, bei der die "Corporate die Product Brand" stützt. Beim Endorsed Branding wird das Logo der Unternehmensmarke auf der Produktverpackung angebracht, z.B. Ferrero mit Produktmarken wie Duplo oder Nutella. Beim Sub-Branding wird der Name der Unternehmens- in den der Produktmarke integriert, z.B. Sony Playstation, VW Golf (siehe Abschnitt 15.3.4.).
- **„Branded House"**: Fokussierte Markenführung, bei der die „Corporate Brand" alleine dominiert, Produktmarken werden nicht/kaum wahrgenommen. Siemens bspw. verfolgt in etwa diese Strategie, da auf den Produkten v.a. die „Corporate Brand" steht.

Abbildung 15.10: Corporate and Product Brands

	Product brand	Corporate Brand
Management	■ Middle management	■ CEO
Brand responsibility	■ Middle (brand) management	■ All employees of the firm
Scope of the concept	■ Marketing (business strategy)	■ Across functions (corporate strategy)
Marketing-Mix	■ Marketing communication	■ Corporate communication
Focused target groups	■ Customer	■ Internal and external groups
Communication values	■ Target group specific	■ Historic values

Level of Corporate Brand Integration

Low	"House of Brands" Company of brands	"Endorsed-/Sub-Branding" Combination	"Branded House" Company as brand	High
	■ Corporate brand only present at highest level (as identifier) ■ Single/family/umbrella brand strategies pursued at product level	■ Distanced link of brands by applying corporate logo on product package ■ Close link of brands by combining corporate with product brand name	■ Corporate brand solely responsible for defining the profile of the company ■ Total corporate brand integration	

Dies ist eine vereinfachte Sichtweise, weil MNU auf der Produktebene weitere länderübergreifende Markenstrategien realisieren können, z.B. Mehrmarken, Markenfamilien und/oder Markenallianzen, also **komplexe Markenarchitekturen** (Esch 2018, S. 547ff.). So führt Unilever auf der, der Unternehmensmarke nächstuntergeordneten Hierarchieebene die international verschieden benannte Heartbrand (z.B. Langnese in Deutschland, Frigo in Spanien oder Streets in Australien), die wiederum als hierarchisch untergeordnete Marke u.a. „Magnum" im Programm haben. Nestlé führt zudem neben weltweiten „Global Corporate and Product Brands", regionale und lokale Marken im Portfolio (siehe Abbildung 15.11). Die strategischen Planungsoptionen in dieser internationalen Markenarchitektur sind naheliegend: Vorteile von Markenadaption und Standardisierung sind nutzbar und bzgl. der Markenentwicklung können bspw. erfolgreiche lokale Marken in weitere Länder eingeführt, regionale Marken zu globalen Marken entwickelt werden et vice versa.

Abbildung 15.11: Markenportfolios: Nestlés „Branding Tree"

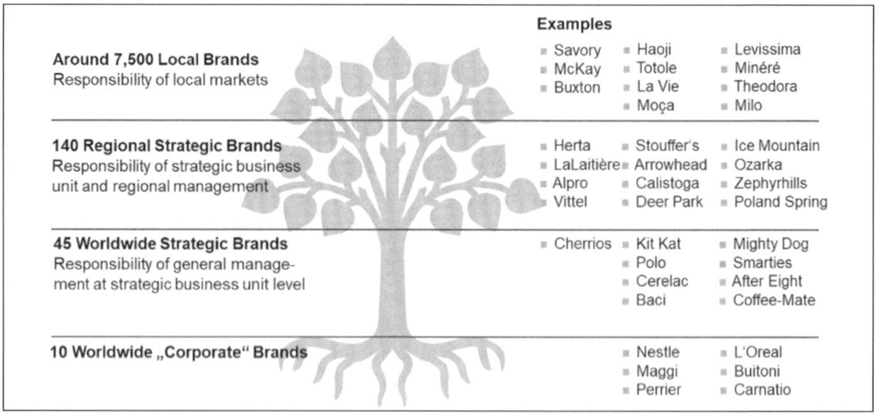

		Examples		
Around 7,500 Local Brands Responsibility of local markets		Savory McKay Buxton	Haoji Totole La Vie Moça	Levissima Minéré Theodora Milo
140 Regional Strategic Brands Responsibility of strategic business unit and regional management		Herta LaLaitière Alpro Vittel	Stouffer's Arrowhead Calistoga Deer Park	Ice Mountain Ozarka Zephyrhills Poland Spring
45 Worldwide Strategic Brands Responsibility of general manage- ment at strategic business unit level		Cherrios	Kit Kat Polo Cerelac Baci	Mighty Dog Smarties After Eight Coffee-Mate
10 Worldwide „Corporate" Brands			Nestle Maggi Perrier	L'Oreal Buitoni Carnatio

Quelle: I.A.a. Nestlé 2020.

Insgesamt und in der Tendenz nutzen MNU mit einem „House of Brands" zunehmend in diversen Ländern eine „Endorser Strategie", was von anderem Ausgangspunkt aus und mit anderen Zielen MNU mit „Branded Houses" auch tun.

15.2.4. Country-of-Origin und Marke

Ein symbolisches, positives Bild eines Landes wird durch Landschaften, Bauwerke, Persönlichkeiten, kulturelle oder Verhaltensbesonderheiten (z.B. Fleiß, Humor, Lebensfreude) geprägt. Derartige Assoziationen, die die Zielgruppe mit einem Land verbindet, können die Bewertung und die Bereitschaft, eine Marke zu kaufen, beeinflussen. Diese Verbindung kann auf dem Herstellungsland eines Produkts aufsetzen (z.B. in B2B-Märkten), während für Verbraucher in B2C-Märkten weniger der Produktionsort, als das Image der wahrgenommenen Markenherkunft entscheidend ist (Country-of-Origin-Image; COO-Image). Schooler (1965) legte eine der ersten Publikationen zum Thema vor, während heute COO zu den am meisten untersuchten Phänomenen im Internationalen Marketing gehört.

Entscheidungen zur Nutzung des COO-Image

Für MNU bestehen viele Möglichkeiten, um das Image eines Landes zu nutzen und zu transportieren, z.B. durch Kommunikation, Markenname, Verpackung etc. Das Ziel, sich durch den Bezug zum Herkunftsland vom Wettbewerb abzuheben und durch den Transfer von positiven Imagekomponenten auf die eigene Marke zu profitieren, kann durch die Verwendung eines Herkunftszeichens, idealtypisch durch den auf das Herkunftsland abgestimmten gesamten Markenauftritt erreicht werden. Im Einzelnen gibt es folgende Optionen: Verwendung von „Made in ...", Verwendung von Qualitäts- und Herkunftssiegeln, COO oder typische COO-Wörter als Teil des Firmennamens, Verwendung der Sprache des COO, Verwendung von berühmten oder stereotypischen Personen aus dem COO, Verwendung von Flaggen oder Symbolen des COO, Verwendung typischer Landschaften oder berühmter Gebäude aus dem COO etc. (Aichner 2014). Es kann hierarchisch davon ausgegangen werden, dass auf dem Country Image das Corporate Image aufsetzt und darauf wiederum das Produkt Image (siehe Abbildung 15.12). Dies kann man am Beispiel Schweizer Unternehmen darlegen, die weltweit für hochwertige Qualitätsarbeit in der Uhren- und Schokoladenindustrie bekannt sind. Dieses Image strahlt auch auf andere Branchen aus. Angaben wie „Swiss Made" oder Darstellungen der Schweizer Alpen sollen positive Assoziationen des Landes übertragen. Analog kommunizierte Audi über Jahre den Slogan „Vorsprung durch Technik" auch international in deutscher Sprache und signalisiert die deutsche innovative Technik.

Abbildung 15.12: Beispiele zum Country Image: Prinzipiell und in Branchen

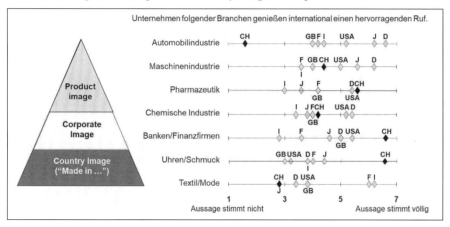

Studien zeigen facettenreich die Bedeutung des COO, ausgehend von Herkunftsland, Branche oder Produkt. Die meisten betrachten Endkonsumenten, während im B2B-Marketing prinzipiell alle Baugruppen, Komponenten oder Einzelteile im Produktionsprozess vom COO profitieren könnten. Ausgewählte Facetten der COO-Forschung sind an dieser Stelle hervorgehoben (vgl. zu Reviews, B2B Dobrucalı 2019; B2C Lu u.a. 2016):

- Effekte des COO als wichtige Information („Information Cue") für den Entscheidungsprozess, so Informationssuche, Alternativenbewertung und Kauf (so Qualität, Ansehen, Image oder Vertrautheit mit einer Marke, Hussein/Hassan 2018; Kim/Chun/Ko 2017).
- Bewertung bestimmter Ländermerkmale, wie Qualitätsassoziationen, Entwicklungsgrad etc., mit Bezug zu o.g. Entscheidungen oder zu Absendern des COO (Industrievs. Entwicklungsländer) und analog den „Ziel- bzw. Gastländern" (Sharma 2011; mit negativen Effekten einer COO-Fehlklassifizierung Cakici/Shukla 2017).
- Einflussfaktoren auf den COO, insb. demografische und psychografische Merkmale (wie Alter, Ethnozentrismus, Patriotismus), zur Charakterisierung und Segmentierung COO-sensitiver Kunden (Diamantopoulos/Arslanagic-Kalajdzic/Moschik 2020; auch Länder, Katsumata/Song 2015) oder zu marken-/produktbezogenen Wahrnehmungen von Individuen (wie „Brand Sensitivity", Involvement; Panda 2016).
- Blick auf Alternativen oder Ergänzungen zum COO, so „Country of Design, Country of Parts, Country of Assembly and Country of Manufacture" (Genç/Wang 2017; Johansson u.a. 2018) und ebenso andere Branchen wie Services und Marketing-Mix-Instrumente (in Abgrenzung zu Produkten; Aruan/Crouch/Quester 2018).

Insgesamt zeigt das COO-Image direkte und indirekte Effekte auf Markenwahrnehmung und Verbraucherverhalten. Seine Relevanz wird diskutiert, aufgrund der Differenzierungsschwierigkeiten von multinationaler Produktion, Global Brands etc. durch MNU, die nicht mehr einem Land zuzuordnen sind, oder aufgrund der Unkenntnis oder Nichtberücksichtigung von COO bei Marken (i.S. unwichtig, nicht diagnostisch, Herz/Diamantopoulos 2017).

15.3. Kundenbewertungen als Basis

15.3.1. Perceived Brand Foreignness, Globalness and Localness

Aus Kundensicht haben Global Brands eine hohe Bekanntheit, Verfügbarkeit, Akzeptanz und Begehrlichkeit und werden oft unter dem gleichen Namen mit konsistenter Positionierung und Persönlichkeit in Märkten angeboten, was durch standardisierte und zentral koordinierte Marktstrategien und -programme ermöglicht wird (Samiee 2019). Sie haben Vorteile, weil Verbraucher in Ländern diese als fremd/ausländisch (i.S.d. „Perceived Brand Foreignness") oder als global wahrnehmen (i.S.d. „Perceived Brand Globalness", PBG). Dem gegenüber steht das „Perceived Brand Localness" (PBL), i.S.v. Wahrnehmung als lokaler Player oder Symbol lokaler Kultur (Özsomer 2012). Studien beschäftigen sich mit diesem Phänomen (siehe Abbildung 15.13), meistens auf der Ebene von Product (vs. Corporate) Brands.

Abbildung 15.13: Internationale Studien zu PBG/PBL

		Only Perceived Brand Globalness	Perceived Brand Globalness & Localness
National Studies	Developed Countries	Akaka/Alden 2010; Davvetas/Sichtmann/ Diamantopoulos 2015; De Meulenaer/Dens/ De Pelsmacker 2015; Mandler 2019.	Halkias/Davvetas/Diamantopoulos 2016.
	Emerging Countries	Akram/Merunka/Akram 2011; Hussein/Hassan 2018; *Swoboda/Pennemann 2014*; Vuong/Khanh Giao 2020; Winit u.a. 2014.	Swoboda/Pennemann/Taube 2012; Xie/Batra/Peng 2015.
International Studies	Country Comparison	Johansson/Ronkainen 2005; Steenkamp/Batra/Alden 2003; Randrianasolo 2017; Sichtmann/Diamantopoulos 2013; *Swoboda/Hirschmann 2016*.	Mandler 2019; Mohan u.a. 2018; Özsomer 2012; Sichtmann/Davvetas/Diamantopoulos 2019.
	Across Nations	Swoboda/Sinning 2020.	--

Note: Italics=Studies on corporate brands (vs. product brands).
Quelle: Swoboda/Sinning 2020, S. 59.

Entscheidungen über Lokale und/oder Globale Marke

Fast alle Studien zeigen, dass PBG und PBL nicht direkt das Verhalten der Zielgruppe bestimmen (z.B. Kauf-, Wiederkaufintention, Loyalität, siehe Abbildung 15.14), aber wesentlicher die durch eine Marke vermittelten funktionalen oder psychologischen Werte, die bei Kaufentscheidungen essenziell sind, verstärken. MNU können wie folgt entscheiden:

- Erstens können sie Global Brands und Local Brands als im Wettbewerb stehende Optionen sehen, i.S. ob Global Brands aus Kundensicht Vorteile ggü. Local Brands haben. Tatsächlich zeigen Swoboda/Pennemann (2014); Swoboda/Pennemann/Taube (2012) in China, dass ausländische Händler oder vertikale Anbieter in drei Branchen signifikant stärker von PBG profitieren als chinesische.
- Zweitens kann es aber auch sein, dass es globalen Marken gelingt, sich aus Kundensicht auch als lokal zu etablieren und lokalen Marken, sich auch als global zu etablieren, ganz i.S. einer transnationalen Strategie. Hier zeigt die o.g. Studie, dass westliche Marken von funktionalen und psychologischen Werten profitieren (nicht ausländische, asiatische Marken, die nur funktionale Vorteile haben), während lokale Marken nur von psychologischen Werten profitieren. Zudem zeigen Sichtmann/Davvetas/Diamantopoulos (2019), dass der Effekt der PBL auf die Identifikation des Konsumenten mit der Marke stärker für ausländische vs. inländische Marken ist.
- Drittens ist nur der Blick auf PBG naheliegend, ohne PBL zu modellieren, was die Ergebnisse verändert (in der o.g. Studie resultieren getrennte funktionale und psychografische Effekte für ausländische und inländische Händler, Swoboda/Pennemann 2014).

Swoboda/Hirschmann (2016) zeigen für westliche MNU, dass die beschriebene Bedeutung der PBG v.a. in kulturell differenten Schwellenländern wie Indien und China und in kulturell entfernten Industrieländern wie Japan gilt, nicht jedoch in Industrieländern wie Italien oder USA, wo global tätige MNU zu typischen Anbietern für Verbraucher gehören (siehe auch Swoboda/Sinning 2020).

Ansetzend am zweiten Aufzählungspunkt, wird die Sinnhaftigkeit der dichotomen Unterscheidung der Kundenpräferenz für globale vs. lokale Marken diskutiert (Cleveland/Bartsch 2019). Argumentiert wird, dass keine „Global Consumer Culture", i.S. der Präferenz für globale Marken über Ländergrenzen hinweg, besteht, sondern hybride Kundengruppen, die sich durch die positive Einstellung ggü. globalen/lokalen Marken auszeichnen (Steenkamp 2019). So steigern globale Marken, die lokale Elemente einbeziehen, die Kaufintention der Verbraucher (He/Wang 2017). Dies kann auf Vorteile transnationaler Strategie hinweisen.

Abbildung 15.14: Effekte und Moderatoren von PBG und PBL

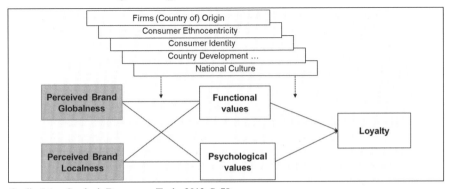

Quelle: I.A.a. Swoboda/Pennemann/Taube 2012, S. 78.

Kenntnisse länderspezifischer und -übergreifender Hebel

Die Herkunft der Marken ist über PBG oder PBL hinaus bedeutend. Daneben sind die in der Abbildung dargestellten Mechanismen für Zielgruppen mit unterschiedlicher Identität verschieden. Stärkere Wirkung der PBG bestehen bei "Global (vs. Local) Identity Consumers", allerdings bestehen keine umgekehrten Unterschiede bezüglich PBL. Offensichtlich ist PBL zielgruppenübergreifend bedeutend (Swoboda/Pennemann/Taube 2012). Analoges wird für PBG für mehr (vs. weniger) ethnozentrische Kundengruppen festgestellt (in Indien/China, Japan und Italien/USA, Swoboda/Hirschmann 2016). MNU sind ggf. angesichts politischer Entwicklungen mit skeptischen Einstellungen und Überzeugungen gegenüber der Globalisierung konfrontiert: Unter anderem durch das Verhalten des Ex-US-Präsidenten Trump, den Brexit etc. werden globale Marken reservierter bewertet. So zeigt sich auch, dass die PBL einen stärkeren Einfluss auf die Glaubwürdigkeit der Marke in globalisierten vs. globalisierenden Märkten hat (Mandler 2019).

Wichtige länderübergreifende Hebel zeigten bisher nur Swoboda/Sinning (2020). So hat der Entwicklungsgrad von Ländern einen negativen Einfluss auf den Wirkungspfad der PBG auf die Wiederkaufintention von Konsumenten (sowohl über den vermittelten funktionalen, als auch psychologischen Nutzen). Je entwickelter ein Land ist, desto schwächer ist diese Beziehung, aber die PBG globaler MNU bietet Wettbewerbsvorteile in besonders bedeutenden Entwicklungsländern. Hier nutzen Individuen diese Information, um hiervon v.a. Schlüsse auf die Qualität (weniger die emotionalen Werte) zu schließen und globale Marken wiederzukaufen.

Auch die Kultur einer Gesellschaft verändert die Bedeutung der PBG: Embeddedness, Mastery und Hierarchy verstärken den Effekt der PBG (siehe Abschnitt 3.4.). Je intensiver diese drei kulturellen Wertedimensionen in einem Land ausgeprägt sind, desto stärker neigen Verbraucher dazu globale Marken wieder zu kaufen (die Pfade über funktionale und psychologische Nutzendimensionen sind gleich stark bei Embeddedness sowie Mastery). Manager in MNU profitieren bei der Expansion in diese Länder von der Kommunikation der PBG der Marke, wobei Embeddedness die Dimension mit der größten positiven Hebelwirkung ist. Globale Marken spiegeln hier den Aufbau ersehnter länderübergreifender Beziehungen wider, den MNU aufgreifen und bspw. die eigene globale Vernetzung betonen.

Schließlich erlaubt die Verbindung der genannten Moderatoren in Wirkungsmodellen Implikationen für Länderportfolios, was vergleichende Studien in zwei Ländern nicht anbieten können: „In India, which has the lowest degree of country development in the sample, MNC profit most from PBG. To realize this potential and to gain market share through repurchases in such growing economies, managers should communicate their PBG's emotional and social benefits. In China, a country with the strongest hierarchy, MNC profit most from PBG. Here, managers can communicate quality, market power or listing in rankings, like Philips in the Best Global Brands" (Swoboda/Sinning 2020).

15.3.2. Product Brands

Eine globale Produktmarke verfügt ebenso über Vorteile (so weltweit stärkere Sichtbarkeit/Bekanntheit, ggf. ein konsistentes Image, reduzierte Kosten zur Entwicklung/Führung), wie auch eine lokale Produktmarke (so Adaption an lokale Kundenbedürfnisse, Chance für hohe Marktanteile, Profil im lokalen Wettbewerb oder Ansprache ethnozentrischer Verbraucher, siehe Abschnitt 15.2.1.). Allerdings sind internationale Produktmarkenstrategien aus diversen Gründen feinteiliger als bspw. Corporate Brand-Strategien, da hier bspw. Lokale, regionale und globale Produktmarken zu führen sind, diese in der Markenhierarchie vertikale Über-/Unterordnungsverhältnisse aufweisen können (z.B. bei Mehrmarken, Markenfamilien)[1], ebenso wie horizontale Beziehungen und schließlich selbst als globale Marke Unterschiede in Ländermärkten aufweisen können (z.B. aufgrund regulativer Vorgaben, nicht strategischer Adaptionsentscheidungen, Kotabe/Helsen 2020, S. 365f.).

Im Fokus stehen nachfolgend Grundsatzentscheidungen und horizontale Interdependenzen.

Entscheidungen zur Gestaltung von internationalen Product Brands

Eine Vielzahl von MNU haben globale, regionale oder nationale Produktmarken im Produktportfolio. Entsprechend sind internationale Markenführungsentscheidungen enorm breit, v.a., wenn sie das Verhalten privater oder gewerblicher Kunden antizipieren. Einige ausgewählte Entscheidungen sollen hervorgehoben werden.

- Die Berücksichtigung der Produktkategorie ist essentiell, denn Konsumenten präferieren z.T. globale Marken bspw. in technologischen Produktkategorien, wohingegen oft lokale Marken im Lebensmittelbereich bevorzugt werden (Davvetas/Diamantopoulos 2016).
- Qualität und Einzigartigkeit verstärken die Kaufabsicht. Bei globalen Produktmarken kann die Bedeutung der Qualität sinken, nicht die der Einzigartigkeit (Van der Lans/van Everdingen/Melnyk 2016); Qualitätssignale sind unwichtiger (Steenkamp/De Jong 2010).

---

[1] Vertikale Beziehungen zu Corporate Brands („Endorser Strategy") werden in Abschnitt 15.3.4. behandelt.

- Länderübergreifende, hybride Kundengruppen haben eine positive Einstellung ggü. lokalen und globalen Marken (Steenkamp 2019). Globale Marken, die lokale Elemente einbeziehen, steigern die Kaufintention der Verbraucher (He/Wang 2017).
- Schließlich können bisher national geführte Produktmarken bzgl. ihrer Eignung für das internationale Geschäft ebenso bewertet werden wie regional geführte Produktmarken hinsichtlich ihres globalen Angebots. Auch wenn Studien dies bisher kaum betrachten, ist dies ebenso eine bedeutende Entscheidung, wie jene zur Reduktion des geographischen Angebots für eine Marke, deren Renationalisierung oder Veräußerung.

Eine dynamische Sicht nimmt eine Vielzahl nationaler Studien in Industrie- oder Entwicklungsländern ein, die sich mit dem **horizontalen Imagetransfer** zwischen Produktmarken beschäftigen (siehe Abbildung 15.15). Eine hohe Anzahl an Studien stützt die praktische Relevanz dieses Themas (siehe Abschnitt 15.2.3.). In der Mehrzahl handelt es sich um sog. **Line Extensions**, d.h. bestehende Marken werden auf neue Produkte übertragen (i.S.d. Produktvariation, siehe Abschnitt 16.5.3.), oder um **Brand Extensions**, d.h. etablierte Produktmarken werden auf weitere Marken mit den Zielen einer Imageübertragung und der Ansprache neuer Zielgruppen betrachtet. Gefahren beider Vorgehensweisen liegen in der sog. **Markendehnung**.

Eine überschaubare Anzahl an ländervergleichenden Studien beschäftigt sich mit

- dem Imagetransfer zwischen Produktmarken (bspw. alleine von Global Brands, Zabkar u.a. 2017; von Local Brands, Dmitrovic/Vida/Reardon 2009; oder Global und Local Brands, Davvetas/Diamantopoulos 2016; Özsomer 2012) oder
- sonstigen horizontalen Beziehungen, so
  - Strategien und Erfolgsfaktoren der Produktmarkenextension (Boisvert/Ashill 2018)
  - Fit von Markenherkunft und Markenextension (Sichtmann/Diamantopoulos 2013).
  - kulturellen Einflüssen als Erfolgsfaktor der Produktmarkenexpansion (Henseler u.a. 2010; Kim/Park 2019).

Abbildung 15.15: Studien zum horizontalen Imagetransfer von „Product Brands"

Länderübergreifend		Länderspezifisch	
PB → PB	Others	PB → PB	Others
Country comparison		**Developed Countries**	
Davvetas/Diamantopoulos 2016; Dmitrovic/Vida/ Reardon 2009; Özsomer 2012; Strizhakova/Coulter 2015; Strizhakova/Coulter/ Price 2011; Zabkar u.a. 2017.	Boisvert/Ashill 2018; Henseler u.a. 2010; Kim/Park 2019; Miniard u.a. 2018; Sichtmann/ Diamantopoulos 2013.	Bartsch u.a. 2016; *Davvetas/Diamantopoulos 2018; Frank/Watchrave sringkan 2016;* Halkias u.a. 2017; Pedeliento u.a. 2016; Visentin/Pizzi/Pichieri 2019; etc.	Ahn/Park/Hyun 2018; Estes u.a. 2012; Johnson u.a. 2019; Liu u.a. 2018; Meyvis/Goldsmith/Dhar 2012; Parker u.a. 2018; Thomadsen 2012; Torelli/Ahluwalia 2012; etc.
Across Nations		**Emerging Countries**	
Song u.a. 2018; *Steenkamp 2019; Van der Lans/van Everdingen/Melnyk 2016.*	–	Essoussi/Merunka 2007; Hu u.a. 2012; Rodrigo/ Khan/Ekinci 2019; Wang u.a. 2012; Wang/Yang 2008.	Chang/Lin/Chang 2011; Huber u.a. 2013; Milberg/Sinn/Goodstein 2010; Ramanathan/ Velayudhan 2015.

Note: Italics=Global Brands. PB=Product Brand.
Quelle: I.A.a. Swoboda/Sinning 2020, S. 58ff.

Die meisten Studien betrachten die Wirkung auf das Kaufverhalten (Kaufabsicht, Wiederkaufsabsicht, Loyalität), aber auch strategische Entscheidungen. Alle vergleichen nur einige, wenige Länder, die sich bzgl. vieler Umfeldfaktoren unterscheiden, sodass die Rolle der spezifischen Makro-/Länderfaktoren nicht benannt werden kann. Letzteres ermöglichen nur vereinzelte länderübergreifende Studien. Diese thematisieren die „National Culture" (Song u.a. 2018), Einstellung ggü. globalen Marken (Steenkamp 2019) und Vorteile globaler Marken (Van der Lans/van Everdingen/Melnyk 2016).

Weitere dynamische Sichtweisen im Management internationaler Produktmarken sind bspw. **Markenrestrukturierung**, bei denen ausgehend von Dach- oder Familienmarken eine Umgruppierung zum mehrstufigen System von Familien- oder Produktgruppenmarken erfolgt.[1] Dies kann erforderlich werden, wenn ein MNU stark diversifiziert und sich vom Stammgeschäft entfernt. Letzteres kann auch mit einer Vergrößerung des **Markenportfolios** verbunden sein so durch **Markeninnovationen**, d.h., Neuentwicklung aller Markenelemente durch geographische Neueinführung (existenter Marken aus anderen Ländern) oder durch Markenrevitalisierung (Wiedereinführung länger nicht genutzter, existenter Marken). Auch die **Markeneliminierung** ist dynamisch, weil sie mit einer Verringerung der Anzahl der Marken verbunden ist.

Kenntnisse länderspezifischer und -übergreifender Hebel

Die Markenwahrnehmung und -wirkung wird international durch diverse Faktoren bestimmt (siehe Abschnitt 15.2.2.). Bedeutende Makrofaktoren sind Kultur und Institutionen, aber auch individuelle Kundenfaktoren (bspw. wirkt die geonozentrische Konsumorientierung positiv auf Einstellungen ggü. ausländischen aber globalen und negativ auf nationale aber globale Produktmarken, Westjohn/Magnusson/Zhou 2015; Guo 2013).

Bei Produktmarken sind insb. Faktoren der Produktebene bedeutend (siehe Abbildung 15.16). Studien zeigen, dass die Qualität und die Einzigartigkeit der Produktmarke die stärksten Treiber der Kaufwahrscheinlichkeit in diversen Ländern und Produktkategorien sind (Van der Lans/van Everdingen/Melnyk 2016). Die Untersuchung von bspw. „Brand Gender" zeigt, dass androgyne Marken im Vergleich zu männlichen, weiblichen und undifferenzierten Marken einen höheren Markenwert generieren (Lieven/Hildebrand 2016). Hinsichtlich „Brand Name" bevorzugen französisch-, spanisch- und chinesischsprachige Verbraucher Markennamen, bei denen es eine Übereinstimmung zwischen der phonetischen Symbolik der Wörter und den Produktattributen gibt (Shrum u.a. 2012).

Abbildung 15.16: Constructs in international literature on product brands

Independent variables		Dependent variables	
Brand-related Factors		**Attitudes**	**Perceptions and beliefs**
■ Cultural symbolism	■ Prestige/function	■ Brand evaluations	■ Brand meaning
■ Brand origin	■ Color	■ Brand liking	■ Brand quality
■ Uniqueness	■ Brand name	■ Satisfaction-dissatisfaction	■ Brand relevance
■ Quality	■ Language	■ Perceived value	■ Brand awareness
■ Price	■ Anthropomorphism	■ Brand extension evaluation	
■ Brand gender	■ Luxury/necessity	■ Logo preference/evaluation	**Behavioral outcomes**
■ Positioning	■ Customer orientation		■ Choice likelihood
■ Innovativeness	■ Perceived fit	**Brand recall/recognition**	■ (Purchase) intention
■ Credibility	■ Brand love		■ Commitment

Quelle: I.A.a. Gürhan-Canli/Sarial-Abi/Hayran 2018, S. 100.

15.3.3. Corporate Brands

Eine starke „Corporate Brand" ist vorteilhaft, da sie ein immaterieller Vermögenswert ist, den finanziellen Erfolg von MNU bedingt (Chatzipanagiotou/Christodoulides/Veloutsou

---

[1] Vgl. ausführlich Esch 2018, S. 517ff.; Keller/Swaminathan 2020, S. 425ff.

2019; Lee/Hu 2018) und zur Ansprache der Stakeholder, z.B. Verbraucher, Mitarbeiter, Öffentlichkeit, genutzt wird. Wie angedeutet, nutzen je nach Strategie MNU die Corporate Brand unterschiedlich. Dies spricht dafür, dass die „Corporate Brand" eher standardisiert ist, zumal jede Äußerung des Top-Managements Relevanz hat. Trotzdem sind dann MNU aber länderübergreifend mit Herausforderungen konfrontiert, weil aufgrund von Länderdifferenzen im Makro- und Mesoumfeld, aber auch im Mikroumfeld, eine standardisierte „Corporate Brand" weltweit unterschiedlich wahrgenommen wird und unterschiedlich auf die Stakeholder wirkt (Gupta/Pansari/Kumar 2018). Gerade hieraus resultieren zugleich Wettbewerbsvorteile, wenn Entscheider mit Blick auf Auslandsmärkte wissen,

- wie die (wahrgenommene) „Corporate Brand" erfasst werden kann und
- durch welche Umfeldfaktoren bzw. in welchen Ländern die Wahrnehmung oder Wirkung verstärkt oder abgeschwächt wird.

Unternehmen wie Bayer oder Unilever haben sich bspw. zum Ziel gesetzt, den Bekanntheitsgrad ihrer Unternehmensmarke durch weltweite Kampagnen zu erhöhen (Campaign 2019). Die H.J. Heinz Company nutzt die gute Unternehmensreputation aktiv, um Kunden anzusprechen, insb., wenn sie neue Märkte erschließt (Johnson 2011). Auch Unternehmen wie Amazon und Facebook gelingt es Jahr für Jahr, ihren Unternehmensmarkenwert zu steigern, weil sie innovative und digitale Wege nutzen, ihre „Corporate Brand" den Zielgruppen näher zu bringen (Forbes 2021; Gehani 2016).

Entscheidungen zur Koordination von Corporate Brand Equity oder Corporate Reputation

Literatur zu Corporate Brands ist breit (siehe Batton 2020, S. 8ff). Die Erfassung der Corporate Brand Equity kann objektiv erfolgen (Rahman/Rodríguez-Serrano/Lambkin 2019). Aus Kundensicht sind Pauschalurteile (Ou/Verhoef/Wiesel 2017; Zhang/van Doorn/Leeflang 2014) oder mehrdimensionale Ansätze verbreitet, wie die Consumer-based Brand Equity (Batton 2020, S. 129ff.; Swoboda/Weindel/Hälsig 2016). Letztere umfasst die subjektive Gesamtbewertung eines MNU durch Verbraucher bzgl. Angebot, Service, Kommunikation, Mitarbeiterinteraktion und weitere Unternehmensaktivitäten, welche auch die Reputation eines MNU prägen. Reputation wird unterschiedlich erfasst (Sarstedt/Wilczynski/Melewar 2013; Radomir/Moisescu 2019). Verbreitet ist die Erfassung der kundenbasierten Corporate Reputation mit fünf Dimensionen (Walsh/Beatty 2007; Walsh/Beatty/Shiu 2009):

- Die **Kundenorientierung** bezieht sich darauf, dass ein Unternehmen sich um die Kundenwünsche und -anliegen kümmert und die Mitarbeiter höflich zu den Kunden sind.
- Die **Produktqualität** zeichnet sich dadurch aus, dass das Unternehmen innovative und hochwertige Produkte in seinem Sortiment führt und einen guten Service bietet.
- Die **CSR** eines Unternehmens bezieht sich auf die Schaffung von Arbeitsplätzen und den verantwortlichen Umgang mit der Umwelt.
- Als **guter Arbeitgeber** wird das Unternehmen wahrgenommen, wenn es seine Mitarbeiter gut behandelt und eine ausgezeichnete Führung aufweist.
- Ein **finanziell starkes Unternehmen** nutzt seine Marktchancen, hat gute Aussichten auf zukünftiges Wachstum und tendiert dazu, besser als seine Konkurrenz zu sein.

Studien zeigen, dass die Reputation von MNU ein starkes Signal ist und länderübergreifend Kaufabsichten, Loyalität oder Wiederkäufe von Verbrauchern bedingt. Diese Wirkung wird durch diverse Umfeldfaktoren verstärkt oder gemindert (bei Dominanz der nationalen Kultur, Swoboda/Batton 2019; Swoboda/Hirschmann 2017; Abschnitt 15.2.2.). Wichtige länderübergreifende Determinanten für die Reputation sind Entwicklungsgrad, Globalisierungsniveau oder Shareholderrechte (Deephouse/Newburry/Soleimani 2016;

Soleimani/Schneper/Newburry 2014; Thams/Alvarado-Vargas/Newburry 2016). Auch wirken alle fünf Faktoren positiv, aber unterschiedlich stark (Swoboda/Batton 2020):

- Kundenorientierung ist ein schwächerer Hebel zur Beeinflussung des Kaufverhaltens, der aber global bedeutend ist, da er nicht durch nationale Institutionen beeinflusst wird.
- Produktqualität ist der zweitstärkste Hebel mit der Besonderheit, dass er von Kontext unbeeinflusst ist und daher weltweit ein besonders wertvolles Signal für MNU darstellt.
- CSR ist der stärkste Hebel, wird aber in bestimmten Ländern in der Wirkung signifikant gemindert, bspw. in Entwicklungsländern oder Ländern mit starker „Embeddedness".
- Arbeitgeberqualität wirkt eher ergänzend, wird aber länderspezifisch nicht beeinflusst.
- Finanzielle Stärke ist der drittstärkste Hebel und wird in bestimmten Ländern signifikant gemindert, bspw. in Industrieländern.

Kenntnisse länderspezifischer und -übergreifender Hebel

Die Kenntnis dieser Hebel ermöglicht es MNU zu entscheiden, in welchen Ländern sie die Reputation insgesamt oder die einzelnen Dimensionen einsetzen können.

Abbildung 15.17: Recommendations for the use of CSR signals

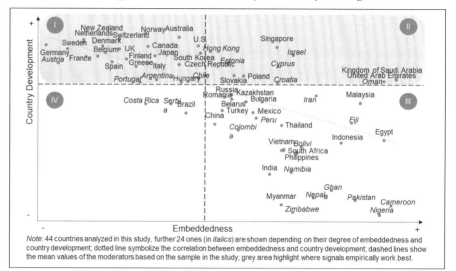

Quelle: Swoboda/Batton 2020, S. 1072.

Abbildung 15.17 zeigt exemplarisch die Wirkung der CSR. Deren Effekte hängen in erster Linie vom Entwicklungsgrad, aber auch von der nationalen Kultur ab, die in entgegengesetzter Richtung wirken. Das Länderportfolio zeigt, dass CSR die Kundenloyalität besonders in stärker entwickelten Ländern und solchen mit geringer Embeddedness verstärkt (Feld I; vorwiegend europäische Länder), gefolgt von weiterentwickelten und stärker eingebetteten Ländern (Feld II). In diesen Ländern haben MNU neben der Produktqualität (als Reputationssignal weltweit nutzbar, unabhängig von nationalen Institutionen) ein zweites starkes Reputationssignal, das zur Förderung von Reputationseffekten genutzt werden kann. CSR Effekte werden in Ländern, die in Feld III (so asiatische und afrikanische Länder) und Feld IV liegen, abgeschwächt, sodass die Nutzung von CSR Signalen als Teil der Reputation hier nicht empfohlen wird (siehe allgemein zu CSR, Schramm-Klein/Morschett/Swoboda 2015, 2016).

15.3.4. Endorser Strategy: Interplay of (Corporate and Product) Brands

Die Endorser-Strategie sowie die Sub-Branding-Strategie sind zwischen den beiden Extremen der House of Brands- und Branded House-Strategie einzuordnen. Beide Strategien sind durch das Zusammenspiel von Unternehmens- und Produktmarke charakterisiert. Diesem Zusammenspiel liegt jeweils, wenn auch in verschiedenem Ausmaß, ein vertikaler Imagetransfer, i.S. des „Fürsprechens oder Unterstützens", von der Unternehmens- auf die Produktmarke zugrunde. So wird die Unternehmensmarke bspw. auf der Produktverpackung sichtbar, so bei Danone, Ferrero, L'Oréal, Kellogg's, Nestlé, oder Unilever, oder die Unternehmensmarke ist in die Produktmarke integriert, z.B. Apple iPhone, Sony Playstation, VW Golf (siehe Abschnitt 15.2.3.). Viele Unternehmen nutzten beide Strategien zunehmend, anstatt reiner produkt- oder unternehmensdominanter Strategien.

Primär nationale Studien untersuchen das **Sub-Branding** vorwiegend im Kontext der Markenerweiterung. So zeigen Sood/Keller (2012), dass Sub-Branding sowohl die Bewertung der Markenerweiterung stützt, als auch die Familienmarke vor negativen Feedback-Effekten schützt. Gezeigt wird die positive Wirkung der Einstellung zur Familienmarke auf die Einstellung zur Sub-Brand (He u.a. 2016). Während einzelne ländervergleichende Studien die Bewertung von mit Hilfe des Sub-Brandings (vs. unabhängiger) getätigten Markenerweiterungen untersuchen (z.B. in zwei Ländern, Boisvert/Ashill 2018), fehlen länderübergreifende Betrachtungen. Vereinzelt werden ferner qualitativ die Endorsed- und Sub-Branding-Strategien gemeinsam betrachtet (z.B. Brexendorf/Keller 2017), wobei das Sub-Branding ein höheres Risiko im Markenmanagement aufweist (Hsu/Fournier/Srinivasan 2016). Durch die Hinzunahme des Unternehmensmarkennamens im Produktmarkennamen kommt es zu einer engen Verzahnung beider Markenkomponenten, die zu einem erhöhten Risiko der Markendehnung und zu Kannibalisierung führen kann.

Das **Endorsed Branding** bietet dagegen die Möglichkeit einer distanzierteren Unterstützung der Produktmarke durch die Unternehmensmarke (Keller 2014). Eine Vielzahl nationaler Studien – in Industrie- oder Entwicklungsländern – beschäftigt sich mit dem Endorsement, i.S.d. vertikalen Ausstrahlung von Corporate auf Product Brands oder von „Celebrities" (so Personen oder prominenter Personen) auf Produktmarken in der Kommunikation (siehe Abbildung 15.18, Swoboda u.a. 2010). Studien zeigen sowohl direkte, als auch indirekte Effekte der Unternehmensmarke, bspw. über die Einstellung zur Produktmarke, auf die Produktkaufintention oder die intendierte Loyalität zu einer Produktmarke (Biehal/Sheinin 2007; Suh/Youjae 2006).[1] In Bezug auf das sog. „**Celebrity Endorsement**" als Kommunikationstool im vertikalen Markenmanagement zeigen nationale Studien überwiegend direkte, positive Effekte des Endorsements sowohl auf das Konsumentenverhalten (z.B. Chen/Wyer Jr 2020), als auch den Unternehmenswert (z.B. Umsatz, Derdenger 2018). Weiter analysieren Studien die vertikale Markenerweiterung, so die Einführung neuer Produkte unter einer bestehenden Marke mit höheren/r bzw. niedrigeren/r Preisen und Qualität (z.B. Effekt auf das Markenimage, Allman u.a. 2016). Die Fülle der Studien stützt die praktische Relevanz dieses Themas, so die im Abschnitt 15.2.3. behandelten Tendenzen in **Markenarchitekturen**.[2]

---

[1] National werden zudem reziproke Zusammenhänge betrachtet, zwischen Corporate/Store, Offline/Online Brands oder Funktionalen/Psychologisch Werten (Swoboda/Berg/Schramm-Klein 2013; Weindel/Swoboda 2016; Swoboda/Weindel/Schramm-Klein 2016).

[2] Es ist eine Vielzahl weiterer Unterkategorien der Branding-Strategien, wie Markenallianzen oder Co-Branding, denkbar (Åsberg/Uggla 2019). Selbst ein „Endorsed Co-Branding" wird in Deutschland bspw. von H&M durch die Kooperation und gemeinsame Kollektion mit Versace angewendet.

International ist die Anzahl der Studien indessen begrenzt. Eine Handvoll ländervergleichender Studien behandelt den vertikalen Imagetransfer, bspw. von

- Corporate auf Product Brands (z.B. Corporate Image/Reputation und Product Brand Equity, Heinberg/Ozkaya/Taube 2018, der Bedeutung des Corporate Endorsers, Jakubanecs/Supphellen 2012, Dimensionen der Corporate Brand und Produktevaluation, Souiden/Kassim/Hong 2006)[1] oder
- sonstigen vertikalen Beziehungen, so
  - „Celebrity Endorsements" (Einfluss der Charakteristika der „Celebrities" auf die Effekte des „Celebrity Endorsements", Knoll/Matthes 2017; Einfluss der Übereinstimmung der Herkunft des „Celebrity" und der Marke auf die Konsumentenbewertung, Roy u.a. 2019) und
  - Effekte der vertikalen Brand Extension (z.B. Vorteile für die Dachmarke, Allman/Hewett/Kaur 2019) sowie Effekte der rückwärts vs. vorwärts gerichteten vertikalen Brand Extension (z.B. auf das Preisimage, Hamilton/Chernev 2010).

Die meisten Studien betrachten die Wirkung auf das Kaufverhalten (Kaufabsicht, Loyalität etc.). Alle vergleichen nur einige, wenige Länder, die sich bzgl. vielfältiger Umfeldfaktoren unterscheiden. Welche Umfeldfaktoren, i.S. von Länderunterschieden tatsächlich bedeutend sind, kann im Ländervergleich i.d.R. nicht ermittelt werden. Letzteres ermöglichen nur länderübergreifende Studien. Hier liegt aber nur eine Studie zu den vertikalen Beziehungen der Endorsed Branding-Strategie vor (Swoboda/Sinning 2021).

Abbildung 15.18: Studien zum vertikalen Imagetransfer

Länderübergreifend		Länderspezifisch	
CB → PB	Others	CB → PB	Others
Country comparison		**Developed Countries**	
Heinberg/Ozkaya/Taube 2018; Jakubanecs/ Supphellen 2012; Souiden/ Kassim/Hong 2006.	Allman/Hewett/Kaur 2019; Boisvert/Ashill 2018; **Knoll/Matthes 2017**; Miniard u.a. 2018; **Roy u.a. 2019**.	Biehal/Sheinin 2007; Cretu/Brodie 2007; Hsu/Fournier/Srinivasan 2016; Voss/Mohan 2016.	Allman u.a. 2016; Caldieraro/Kao/Cunha Jr 2015; **Derdenger 2018**; **Ferguson/Mohan 2020**; Swoboda u.a. 2013; Vaid/Ahearne 2018 etc.
Across Nations		**Emerging Countries**	
Swoboda/Sinning 2021.	--	Abosag/Farah 2014; Fatma/Khan/Rahman 2016; Suh/Youjae 2006; Wang/Wei/Yu 2008.	**Chen/Wyer Jr 2020**; Dwivedi/McDonald/Johnson 2014; **Kwon/Saluja/Adaval 2015**; Roy/Guha/Biswas 2015; etc.

Note: Italics=Global Brands, Bold=Celebrity Endorsement-Studies. CB/PB=Corporate/Product Brand.
Quelle: I.A.a. Swoboda/Sinning 2021, S. 58ff.

Entscheidungen zur Koordination der Global Corporate und Product Brands

Eine Vielzahl MNU nutzt seine international standardisierte Unternehmensmarke zur Unterstützung der Produktmarken. So begann Kellogg's bereits im Jahr 2012 seine Markenstrategie entsprechend zu überarbeiten, während Procter & Gamble, Unilever oder Henkel vermehrt die Endorsed Branding-Strategie international umsetzen, um vom Imagetransfer zu profitieren. Das Endorsed Branding meint die Unterstützung der Produktmarke durch die deutliche Kennzeichnung der Unternehmensmarke (d.h., dem Endorser) auf der Produkt-

---

[1] Betrachtet werden diverse Corporate Brand-Ausprägungen: Reputation, „Corporate Ability", CSR (Heinberg/Ozkaya/Taube 2018; Fatma/Khan/Rahman 2016).

verpackung oder auch in der Kommunikation der jeweiligen Produktmarke. Nationale Studien zeigten, dass die "Endorsed Branding Strategy" den Firmenwert und das Kaufverhalten der Kunden positiv beeinflusst (z.B. Hsu/Fournier/Srinivasan 2016, bei „Celebrity Endorsement", Knoll/Matthes 2017 oder bei Produktmarken, Lane/Fastoso 2016).[1]

Über viele Länder hinweg, zeigen Swoboda/Sinning (2021), dass MNU von dem Imagetransfer der Unternehmens- auf die Produktmarke profitieren, wenn beide Global Brands sind (siehe Abbildung 15.19). Das **Unternehmensimage** ist das Vorstellungsbild, das die Zielgruppe vom MNU innehat und das **Produktimage** entsprechend jenes von der globalen Produktmarke vom MNU. MNU können durch den Einsatz der Corporate Brand direkt, aber auch indirekt profitieren. Interessanterweise bedingt v.a. die Endorsed Branding-Strategie die Kaufintention der Kunden. Der indirekte Effekt versetzt die Verbraucher in die Lage, eine Produktmarke mit dem MNU durch die Kennzeichnung der Unternehmensmarke zu verknüpfen; es erfolgt ein starker Imagetransfer. Sie nutzen dabei ihr Wissen über die Unternehmensmarke, übertragen dieses auf das Image der globalen Produktmarke, und lassen es in ihre Kaufentscheidung einfließen. Aufgrund der Relevanz des Produktimages in Produktkaufsituationen wird ein stärkerer indirekter Effekt durch die Endorsed Branding-Strategie im Vergleich zum direkten Effekt des Endorsers bestätigt.

Abbildung 15.19: Wirkung globaler Corporate und Product Brands

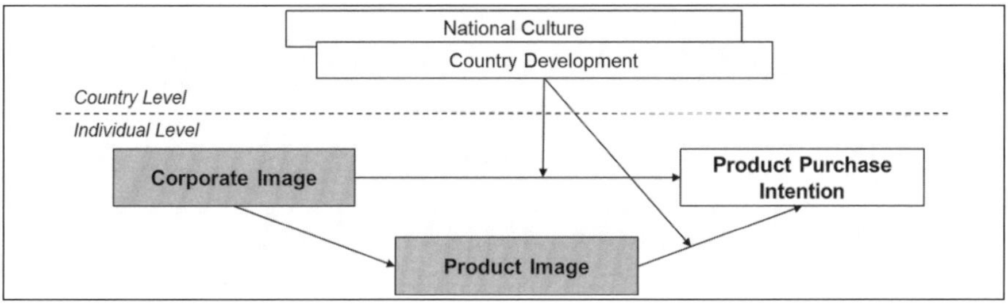

Quelle: Swoboda/Sinning 2021.

Kenntnisse länderspezifischer und -übergreifender Hebel

Wie stark die direkten und indirekten Effekte für die Kaufintention auch länderübergreifend gelten, hängt erneut von Kontextfaktoren ab. Ländervergleichende Studien betrachten Effekte vertikaler Imagetransfers in entwickelten und Entwicklungsländern (Heinberg/Ozkaya/Taube 2018; Souiden/Kassim/Hong 2006) sowie deren Zusammenhang zur nationalen Kultur (Jakubanecs/Supphellen 2012), wodurch die Bedeutung dieser Kontextfaktoren bereits induziert wird. Die Studie von Swoboda/Sinning (2021) präsentiert länderübergreifend den Einfluss des Entwicklungsgrades von Ländern und der nationalen Kultur:

- Der Entwicklungsgrad verstärkt den indirekten Effekt des Unternehmensimages über das Produktimage auf die Kaufintention. Je entwickelter ein Land ist, desto eher können MNU Wettbewerbsvorteile durch das Endorsed Branding realisieren. Dagegen wird der direkte Effekt des Unternehmensimages auf die Produktkaufintention abgeschwächt; negative Bedeutung für die direkte Wirkung des Endorsers. Daraus folgt aber auch, dass Verbraucher in Entwicklungsländern sich bei Kaufentscheidungen auf unternehmensspezifische Charakteristika, wie die Globalität der Corporate Brand, fokussieren.

---

[1] Es ist auch ein umgekehrter positiver Effekt der Product auf die Corporate Brand denkbar (Pritchard/Wilson 2018; empirisch im Handel und Omnichannel Swoboda u.a. 2013; Swoboda/Puchert/Morschett 2016).

- Die nationale Kultur (i.e.S. „Embeddedness", also Gesellschaften, in denen die Konformität mit Gruppennormen sowie ihr eigener Gehorsam wichtig sind) bedingt den indirekten Effekt des Unternehmensimages auf die Produktkaufintention positiv, d.h. das Endorsed Branding fördert die Intention globale Produktmarken zu kaufen. Dabei wird der Effekt des Endorsers nicht beeinflusst, kann länderübergreifend genutzt werden.

Insgesamt ist nationale Kultur bedeutender als Entwicklungsgrad (erklärt mehr Country-Level-Varianz). MNU können sich in Ländern mit zunehmendem Entwicklungsgrad und zunehmender „Embeddedness" durch Endorsed Branding im Wettbewerb profilieren.

15.4. Weitere Elemente von Produktmarken

Branding wird in enger Auslegung u.a. auf die Namensgebung reduziert, wobei in dieser Sicht vielfache, eher operative Gestaltungsoptionen diskutiert werden. Abbildung 15.20 zeigt exemplarisch jene Elemente einer Marke (v.a. Produktmarke), die im Hinblick auf ihre Standardisierung oder Adaption zu diskutieren sind.[1]

Abbildung 15.20: Elemente der operativen Gestaltung von Marken

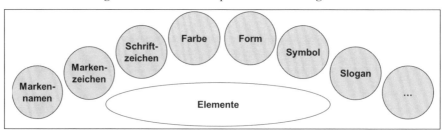

Quelle: I.A.a. Gaiser/Linxweiler/Brucker 2005, S. 247ff.

Zur Vermittlung einer klaren Kernbotschaft wird in erster Linie die Gestaltung von Markennamen und Marken- oder Schriftzeichen, aber auch die Kombination von Farben, Formen etc. Markennamen bzw. -zeichen sind verbale und visuelle Elemente, welche die Wiedererkennbarkeit der Marken fördern. Der **Markenname** entspricht dem sprachlichen Synonym von Marken, wobei diese aufgrund von Kultur- und Sprachunterschieden unterschiedlich im Verständnis und der Interpretation sein kann, zumal sich Sprachen hinsichtlich ihrer Phonetik, Semantik oder Morphologie etc. unterscheiden. Abbildung 15.21 visualisiert die grundlegenden Optionen, die in entsprechenden Studien unterschieden werden können, bspw. experimentell hinsichtlich ihrer Wirkung in unterschiedlichen Ländern betrachtet werden können. Allerdings ist es insofern eine isolierte Entscheidung, weil die Kunden in einem Land i.d.R. nur diesen einen angepassten Markennamen wahrnehmen (selten solche in anderen Ländern) und eine derartige Anpassung eine einmalige Entscheidung ist.

Markenzeichen werden als typografische Gestaltung („**Logo**") und/oder bildliche Gestaltung („**Signet**") des Markennamens verstanden, wobei ebenso Länder- bzw. Kulturunterschiede relevant sind (z.B. hinsichtlich der Bedeutung von Symbolen oder Farben, was v.a. in der internationalen Kommunikation relevant ist, siehe Abschnitt 18.3.). Abbildung 15.22 visualisiert auch hierzu die grundlegenden Möglichkeiten im Überblick.

---

[1] Betrachtet werden könnten auch die Marken von Handelsunternehmen, die international jedoch selten analysiert werden (siehe generell Schramm-Klein/Swoboda 2018; Swoboda/Weindel 2019).

Abbildung 15.21: Möglichkeiten der Wahl von Markennamen

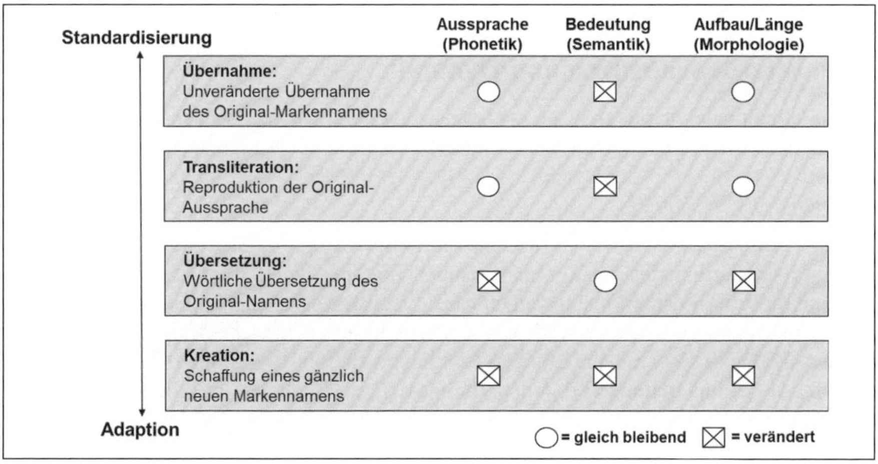

Standardisierung		Aussprache (Phonetik)	Bedeutung (Semantik)	Aufbau/Länge (Morphologie)
↑	**Übernahme:** Unveränderte Übernahme des Original-Markennamens	○	⊠	○
	Transliteration: Reproduktion der Original-Aussprache	○	⊠	○
	Übersetzung: Wörtliche Übersetzung des Original-Namens	⊠	○	⊠
↓	**Kreation:** Schaffung eines gänzlich neuen Markennamens	⊠	⊠	⊠
Adaption		○ = gleich bleibend ⊠ = verändert		

Quelle: I.A.a. Müller/Gelbrich 2015, S. 380.

Abbildung 15.22: Systematik von Markenzeichen

Text		Bilder			
	Ohne Signet	Abstrakt	Stilisiert	Naturalistisch	Surreal
Ohne Schrift		Deutsche Bank ✓	Mercedes	Musiknoten	
Standardtypografie	Milasan, SIEMENS, Persil		iglo, POND'S	RALPH LAUREN, PENATEN, LACOSTE	
Spezifische Typografie	Alete, DOUGLAS	PIONEER, adidas	Triumph, WICK	PUMA, SALAMANDER®	LÄTA
Prägnante Typografie	Coca-Cola, dunhill	WELEDA	AIGNER, HiPP	Vedima	

Quelle: I.A.a. Gaiser/Linxweiler/Brucker 2005, S. 264.

Insbesondere sog. unmittelbar beschreibende Markennamen haben den Vorteil, dass sie präziser auf produktbezogene Sachverhalte Bezug nehmen und damit i.d.R. verständlicher sind, was für eine kommunikative Wirkung von Vorteil ist. Jedoch sind solche Markennamen oft eng an die jeweilige Sprache (Sprachgebrauch) gebunden (Alashban u.a. 2002; Alon/Littrell/Chan 2009). Allerdings haben sie den Nachteil, dass sie oftmals nicht ohne Weiteres schutzfähig sind in diversen Ländern. Damit ist neben der Gestaltung auch das Markenrecht bzw. die **Schützbarkeit** von Marken bedeutend und bildet einen spezifischen Forschungszweig (Burmann u.a. 2017; Evans/Starr/Brodie 2019). Studien zeigen z.B., dass in China und Rumänien [vs. Deutschland] unzureichende gesetzliche Regelungen ein steigendes Verständnis für die Integrität der Gesellschaft einschränken, das Fälschungen außer Acht lassen könnte. Für solche Regelungen müssen die Unternehmen Hand in Hand mit den lokalen Behörden arbeiten. Sobald Fälschungen gesellschaftlich missbilligt werden, insb. in solchen kollektivistischen Gesellschaften, werden Fälschungen nicht mehr zur Darstellung von Status und Prestige verwendet. Daher sollten die Investitionen in die Marke nicht nur auf die Marke und ihren immateriellen Wert abzielen, sondern

auch auf die physische Einzigartigkeit, die eine kostengünstige Fälschung erschwert."
(Swoboda u.a. 2011, S. 403; Swoboda u.a. 2011, S. 402).

15.5. Interdependenzen und Dynamik

Das internationale Markenmanagement weist diverse Interdependenzen zu anderen Entscheidungen im Internationalen Marketing auf. Ausgewählte werden nachfolgend genannt.

Internationale Strategien

Bei der heimatmarktzentrierten, **Internationalen Strategie** erfolgt eher ein länderübergreifend-standardisiertes Markenmanagement, bei dem der Markenauftritt im Heimatland auf die Auslandsmärkte übertragen wird. Erschwert wird dabei die länderspezifische Vereinheitlichung im Wettbewerb aus Kundensicht und identische Markennamen oder -zeichen können bspw. zu sprachlichen Problemen führen. Die Globale Strategie ist natürlich mit **Global Brands** verbunden, die idealtypisch weltweit unter identischen Markennamen/-zeichen geführt werden. Dass Verbraucher dieses identisch wahrnehmen und identische Kaufreaktion zeigen ist aber unwahrscheinlich. Die **Multinationale Strategie** geht einher mit lokalen oder regionalen Markenstrategien und ist mit entsprechender Positionierung, Wahrnehmung und Wirkung verbunden. Bzgl. der Markennamen und -zeichen wird eine differenzierte Vorgehensweise gewählt. Bei der **Transnationalen Strategie** vereinen Unternehmen die Vorteile lokaler/regionaler und globaler Markenstrategien (durchaus auch heimatmarktzentrierter Strategien). Wie dargestellt, werden hierzu spezifische Markenarchitekturen genutzt. **Markenfamilien-** oder **Dachmarkenstrategien** bieten ein besonderes Potenzial, indem die Familien- bzw. Dachmarken weltweit standardisiert, die darunter anzusiedelnden Marken jedoch länderspezifisch ausgerichtet werden. Hier sind Interdependenzen beider Ebenen zu beachten. Darüber hinaus sind gemischte Markenstrategien denkbar: **Modulare Markenstrategien** können v.a. bei relativ geringen Länderunterschieden auf ein Basiskonzept aufsetzend länderspezifische Elemente umfassen, und **gebündelte Markenstrategien** können bei stärkeren Länderunterschieden homogene Länder-Cluster mit standardisierten Markenkonzepten ansprechen.

Marketing-Mix

Markenstrategien sind mit der Standardisierung/Adaption der Marketing-Mix Instrumente verbunden. Bei Globalen Marken erfolgt dies weitgehend standardisiert, bei Multinationalen Marken eher adaptiert und bei Transnationalen Marken kann eine standardisierte Marke mit unterschiedlichen Produktgestaltungen (z.B. Farbe, Sprache, Symbole) bspw. Verpackung oder Zusatzleistungen (z.B. Services, Garantien) verbunden werden (siehe Kapitel 16.). Wie angedeutet, bildet das Markenmanagement ein „Dach" für weitere Marketinginstrumente, da nur bei standardisierten Marken auch Überlegungen bzgl. der Standardisierungsvorteile in der Produkt-, Preis-, Kommunikations- oder Distributionspolitik zu erzielen sind. Bei adaptierten, multinationalen Marken sind entsprechende Vorteile in den genannten Instrumentalbereichen denkbar, aber nicht naheliegend.

Zur Dynamik innerhalb des internationalen Markenmanagements gehören u.a. Ausweitung oder Reduktionen bisheriger Markenarchitekturen, wie sie in den Abschnitten 15.3.2. und 15.3.4. behandelt wurden.

16. Internationale Produktpolitik

16.1. Systematisierung der Entscheidungsoptionen

> Die internationale Produktpolitik wird als ein zentrales Entscheidungsfeld des internationalen Marketing-Mix angesehen. Sie umfasst alle Entscheidungstatbestände, die sich auf die Gestaltung der vom Unternehmen in Auslandsmärkten angebotenen Leistungen bezieht (Meffert u.a. 2019, S. 394).

Innerhalb dieser sehr breit gefassten Definition lässt sich i.e.S. unterscheiden zwischen der

- **Internationalen Programmgestaltung**: Die Programmgestaltung betrifft das auf den jeweiligen Auslandsmärkten angebotene Leistungsportfolio und kann somit eine Bandbreite unterschiedlicher Produkte umfassen.
- **Internationalen Produktgestaltung**: Die Produktgestaltung umfasst solche Entscheidungen, die die konkrete Realisation eines Produktes in einem oder mehreren (ggf. sämtlichen) Auslandsmärkten betreffen.

In der Literatur und Praxis bestehen unterschiedliche Auffassungen bezüglich des Inhalts des Begriffs „Produkt". Im Folgenden wird ein generisches Verständnis des Produktbegriffs nach Kotler/Keller/Opresnik (2015, S. 408) zugrunde gelegt. Unter einem Produkt wird „alles, was einer Person angeboten werden kann, um ein Bedürfnis oder einen Wunsch zu befriedigen [verstanden]". Damit werden alle Formen von Sachgütern und Dienstleistungen als Produkte betrachtet. Da Produkte in diesem Sinne Bündel technisch-funktionaler Eigenschaften sind (Meffert u.a. 2019, S. 395), wird im Kontext der Produktpolitik auch von der **Leistungsprogrammpolitik** gesprochen.

Als zentrales Entscheidungsfeld im Internationalen Marketing behandelt auch die internationale Produktpolitik in ihrem Kern die Frage nach Standardisierung vs. Adaption (siehe Kapitel 14.). Innerhalb der internationalen Programmgestaltung betrifft diese Frage sowohl eine strategische Ebene (Entscheidungen auf Ebene ganzer Produktlinien) als auch eine operative Ebene (Entscheidungen über Produkte innerhalb von Produktlinien). Internationale Programmgestaltung befasst sich demnach mit der Frage danach, welche Produkte, wann und in welcher Form auf welchem Auslandsmarkt angeboten werden sollen. Sie ist der internationalen Produktgestaltung übergeordnet und gibt ihre strategischen Rahmenbedingungen vor. Aufgabe der internationalen Produktgestaltung ist es, die konkreten Anpassungs- und Standardisierungsanforderungen umzusetzen. Dies setzt eine umfassende Kenntnis der Standardisierungs- und Adaptionsoptionen voraus. Aus didaktischen Gründen wird daher in Abschnitt 16.2. zunächst die internationale Produktgestaltung betrachtet, bevor in Abschnitt 16.3. auf die internationale Programmgestaltung eingegangen wird.

Zur Anpassung der internationalen Produktpolitik an die Bedürfnisse unterschiedlicher Auslandsmärkte (**Adaption**) sowie zur Vereinheitlichung und Koordination des unternehmensweiten Produktprogramms (**Standardisierung**) stehen dem Unternehmen unterschiedliche Handlungsoptionen zur Verfügung. Diese unterscheiden sich entsprechend der landesspezifischen Produktlebenszyklen (Abschnitt 16.4.). Einen besonderen Stellenwert nehmen in diesem Zusammenhang Produktinnovationen, sowie -variationen, -differenzierungen und -eliminierungen ein. Auf diese Anpassungsoptionen wird in Abschnitt 16.5. eingegangen. Abbildung 16.1 zeigt empirische Studien zur internationalen Produktpolitik. Aufgrund der großen

Fülle an wissenschaftlichen Arbeiten in diesem Themengebiet handelt es sich an dieser Stelle jedoch nur um einen kurzen Auszug aus der aktuellen Forschung.

Abbildung 16.1: Ausgewählte Studien zur internationalen Produktpolitik

Autor(s)	Topic	Th./Emp. Basis	Findings
	**Standardization vs. Adaptation**		
Hollender/ Zapkau/ Schwens 2017	The moderating effect of international experience and product adaptation	Resource-based View/ 133 German SMEs, regression analysis	■ International experience as resource and product adaptation as a capability improve the performance of non-equity entry modes by mitigating liabilities of smallness inherent to SMEs ■ International experience and product adaptation jointly improve focal relations
Jiménez-Asenjo/ Filipescu 2019	Product adaptation and standardization of Spanish wine exporters	None/ 6 Spanish wine exporters, case study	■ External factors force companies to adapt ■ Internal factors (corporate strategy) is the main cause for standardisation
Keillor u.a. 2011	Global vs. local product strategies	None/ 372 questionnaires from 3 countries, paired significance tests	■ Quality, value, price, appearance, and availability are relevant aspects of standardization ■ Local adaptations can be necessary for number of features, service, ecological aspects, country-of-origin etc.
Kotulla/ Schmid 2016	International standardization and adaptation of products	None/ 162 cosmetics firms, 295 food producers, regression analysis	■ Degree of standardization/adaptation depends on fit with situational factors; cross-national similarities of consumer behaviour and preferences create similarities in demand structures and lower the costs of adaptation ■ Adaptations are more favourable regarding product scent, colour, or packaging design; standardizations are more favourable regarding product ingredients or design
Li/Qian/ Qian 2014	International Product Strategies and Performance of High-Tech Firms	Organizational theory/ 167 Canadian high-tech firms, regression analysis	■ Structural inertia creates inconsistencies with international product strategies ■ International strategic alliances are used to reduce inconsistencies ■ Adaptation of high-tech products positively affects performance in foreign markets
Poulis/ Poulis 2013	The influence of intra-national cultural heterogeneity on product standardisation and adaptation	None/ 9 case studies	■ Standardization and adaptation follow multi-dimensional configurations ■ Adaptations require a deep embeddedness in the host country ■ Adaptations focusing on local minority groups can positively affect performance
Wagner/ Charinsarn 2021	Unconventional lettering on product packaging and influence on success	None/ Experimental study with 830 participants	■ Congruent lettering on the package is used as quality cue ■ This effect is moderated by product category familiarity
Zúñiga-Vicente u.a. 2019	Product diversification-performance-links in a boom and bust cycle	Resource-based View/ 2565 Spanish firms, regression analysis	■ Product diversification and international diversification are complementary strategies in periods of economic growth ■ In periods of economic growth, medium levels of product diversification are successful ■ In periods of economic downturns, higher levels of diversification are more successful
	**International Product Innovation**		
Aarstad/ Kvitastein/ Jakobsen 2019	How regional, national, and international inter-firm collaboration affects innovativeness	None/ 6.584 Norwegian firms, regression analysis	■ For enterprises without R&D investments, regional collaboration, has a positive innovation effect ■ For enterprises with R&D investments, international collaboration has an additive effect, regional and national collaboration have no effect ■ Regional collaboration substitutes enterprise R&D investments as a driver of product innovation
Beugelsdijk/ ndra 2018	Product innovation decision making autonomy in subsidiaries of multinational companies	None/ 563 subsidiaries in six European countries, regression analysis	■ Higher decision-making autonomy increases the probability of a subsidiary developing a product innovation ■ Higher degrees of novelty of product innovation still benefit from subsidiaries' autonomy, but may require higher degrees of managerial involvement by headquarters

– Abbildung wird fortgesetzt –

– Fortsetzung –

Bortoluzzi u.a. 2018	Innovativeness as driver of the international expansion of developing markets' firms	Resource-based View/ 405 firms from south-east Europe, structural equation model	■ U-shaped relationship between product innovation and organisational innovation and the level of international expansion of firms in developing markets ■ Inverted U-shaped relationship between marketing innovation and the level of international expansion
Dubiel u.a. 2018	International-market-information use across new-product-development stages	None/ 128 German exporters, structural equation model	■ International-market-information (IMI) has a U-shaped (positive quadratic) relationship with international NPD performance ■ Internationally oriented innovation culture increases the level of IMI usage in all NPD process stage
Ju/Jin/ Zhou 2018	The contingent effect marketing capability on new product development	Resource-based View/ 110 international active firms from China, regression analysis	■ Marketing capability is less effective for new product development when firms face high levels of market uncertainty or technological turbulence ■ Enhancing knowledge breadth represents a critical strategic solution to address the decreased efficacy of marketing capability in driving innovation
Wu/Wu 2014	Local and international knowledge search and product innovation	None/ 343 Chinese manufacturing firms, regression analysis	■ Extensive local search and international search complement each other and affect product innovation success ■ The joint benefit of local and international search is influenced by technology boundary spanning ■ The positive interaction between local and international search weakens for firms which have spanned to a new technological domain

16.2. Internationale Produktgestaltung

16.2.1. Standardisierung und Adaption von Produktdimensionen

Produkte sind Bündel technisch-funktionaler Eigenschaften (Meffert u.a. 2019, S. 395). Demzufolge muss die Frage nach einer Standardisierung oder Adaption weniger auf der Betrachtungsebene des gesamten Produkts erfolgen als viel mehr hinsichtlich unterschiedlicher Gruppen der produktbezogenen Eigenschaften. Im internationalen Marketing hat sich in dieser Hinsicht eine Unterscheidung in drei Ebenen etabliert, die ein Produkt in seiner Gänze definieren (siehe Abbildung 16.2).

Wie dargestellt kann ein Produkt in die Ebenen **Kernproduktnutzen**, **Produktattribute** und **Produktdienstleistungen** „zerlegt" werden. Diese weisen jeweils unterschiedliche Anpassungspotentiale und -erfordernisse auf, welche nachfolgend anzusprechen sein werden.

Abbildung 16.2: Drei Ebenen eines „Produkts"

Quelle: I.A.a. Hollensen 2020, S. 453.

16.2.2. Standardisierung und Adaption des Kernproduktnutzens

Der Kernproduktnutzen repräsentiert die aus der technisch-funktionalen Zusammensetzung des Produkts resultierende Bedürfnisbefriedigung (Meffert u.a. 2019, S. 396). Es handelt sich hierbei um die grundlegende Problemlösungsfähigkeit des Produkts. Beim Pkw handelt es sich hierbei bspw. um den Transport von A nach B. Bei Glühbirnen ist die Beleuchtung der Kernproduktnutzen. Die grundlegende Natur des Kernproduktnutzens legt nahe, dass dieser auch international weitestgehend standardisiert angeboten wird. Das Standardisierungspotential erwächst aus der Befriedigung grundlegender Bedürfnisse, die über Landesgrenzen hinweg weitestgehend universell sind; so die menschlichen **Grundbedürfnisse** wie Nahrung, Wärme und Schutz oder auch grundlegende Bedürfnisse wie Mobilität und Kommunikation.

Dem Kernproduktnutzen zugeordnet werden solche Gestaltungsmerkmale, welche die Erfüllung dieses Nutzens ermöglichen. Hierzu zählen die funktionale Ausgestaltung, die Leistungsfähigkeit oder auch die verwendete Technologie. Diese bestimmen den wahrgenommenen Grundnutzen des Produkts. Aus der Wirkung der technisch-funktionalen Aspekte des Kernproduktnutzens auf den wahrgenommenen Grundnutzen, können sich im internationalen Marketing erste Anforderungen an eine Adaption des Produkts ergeben, die ganz grundlegend über den wahrgenommenen Nutzen entscheiden. Zu denken ist hier bspw. an ein Auto mit Elektromotor. Unabhängig von der Antriebsart soll das Fahrzeug das Grundbedürfnis Mobilität bedienen. Ob Konsumenten hierbei einen Nutzen wahrnehmen, hängt u.a. davon ab, ob es in dem Zielland eine hinreichende Ladestationsinfrastruktur gibt. Ist diese nicht gegeben, kann das Produkt in dem speziellen Ländermarkt entweder nicht vermarktet werden oder muss hinsichtlich seiner technischen Beschaffenheit angepasst werden, so durch einen hybriden Antrieb. Entsprechende Anforderungen lassen sich in jedem Produktmarkt identifizieren, wie Abbildung 16.3 anhand ausgewählter Beispiele verdeutlicht.

Der Erfüllung des Grundnutzens können dabei unterschiedliche Hindernisse entgegenstehen, die jeweils spezifische Adaptionen erfordern, so Verfügbarkeit weiterer technischer Geräte, rechtliche Einschränkungen, kulturelle Besonderheiten. Ersichtlich ist, dass die notwendigen Anpassungen, insb. bei technischen Geräten, so Mobiltelefone aber auch TV-Geräte, Notebooks, etc., oftmals mit Unterschieden zwischen der Infrastruktur im Heimatmarkt des Unternehmens und dem zu bedienenden Auslandsmarkt zusammenhängen. Bei diesen Unterschieden muss differenziert werden nach:

- **Unterschiedliche Standards**: Basieren die Unterschiede auf verschiedenen Standards, so unterschiedliche Stromspannung oder Steckerformate, genügt zumeist eine minimale Anpassung. Bei Geräten, die über USB-Kabel geladen werden können, liefern Hersteller bspw. landesspezifische Stecker, wobei das übrige Produkt standardisiert werden kann. Netzteile von Notebooks sind in aller Regel in der Lage unterschiedliche Spannungen zu verarbeiten, sodass es auch hier genügt, den Stecker zu adaptieren.
- **Unterschiedliche Verfügbarkeit**: Schwieriger gestaltet sich die Adaption der technisch-funktionalen Eigenschaften von Produkten, wenn wesentliche Elemente der Infrastruktur im Auslandsmarkt nicht oder nur sehr eingeschränkt verfügbar sind. In Schwellen- und Entwicklungsländern betrifft dies bspw. oftmals die Strom- oder Wasserversorgung von privaten Haushalten. In diesen Fällen ist eine Adaption oftmals nicht möglich oder bedarf einer vollständigen Neugestaltung des Produkts (siehe hierzu auch die Ausführungen zur Innovation in Abschnitt 16.5.2.). Anders verhält es sich, wenn Infrastruktur in einzelnen Ländermärkten erst verzögert verfügbar wird, so 5G Netzwerke in Deutschland. In diesen Fällen muss der Markteintritt verzögert werden, es bedarf jedoch keiner weiteren technisch-funktionalen Anpassungen.

Abbildung 16.3: Beispiele für Grundbedürfnisse und Anforderungen des Nutzenangebots

Produkt	Grundbedürfnis	Erfordernisse zur Erbringung des Kernproduktnutzens	Anpassungspotential
Tiefkühlpizza	Nahrung	■ Durchgängige Kühlkette, Logistik, Handel ■ Tiefkühlgeräte im Haushalt ■ Backofen im Haushalt	■ Fertig-Pizza ohne Tiefkühlung ■ Mögliche Zubereitung in der Mikrowelle
Mobiltelefon	Kommunikation	■ Netzabdeckung ■ Stromversorgung (z.B. Aufladung)	■ Satellitentelefon ■ Solar-Ladestation
Heizstrahler	Wärme	■ Rechtliche Beschränkungen (z.B. hinsichtlich Energieverbrauch oder Energieträger)	■ Erhöhung Energieeffizienz ■ Wechsel Energieträger (z.B. Strom vs. Gas)
Waschmittel	Hygiene	■ Waschmaschine im Haushalt ■ Ggf. technische Anforderungen wie Heizsystem in Maschine	■ Handwäsche anstelle von Maschinenwäsche ■ Technisch/chemische Anpassung an Kaltwasser

Die beschriebenen Anpassungsmöglichkeiten des Kernproduktnutzens lassen sich zusammenfassend in ein Kontinuum von Anpassungsoptionen einordnen (siehe Abbildung 16.4).

Abbildung 16.4: Kontinuum produktpolitischer Alternativen

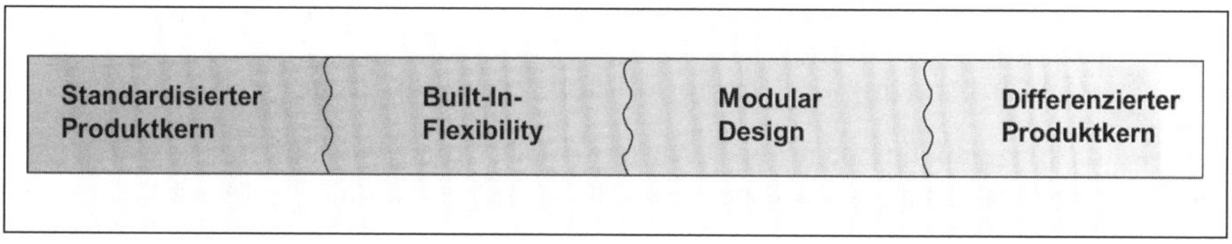

Standardisierter Produktkern	Built-In-Flexibility	Modular Design	Differenzierter Produktkern

Die beiden Extrema dieses Kontinuums bilden ein vollständig standardisierter Produktkern sowie als Gegenpol ein vollständig differenzierter Produktkern. Unter **Built-In-Flexibility** wird eine Gestaltung des Produktkerns verstanden, die durch ihre technisch-funktionale Gestaltung Unterschiede zwischen Ländermärkten bzw. unterschiedlichen Umweltbedingungen berücksichtig. So stellt bspw. die oben beschriebene Gestaltung von Netzteilen, die unterschiedliche Spannungen verarbeiten können, eine Built-In-Flexibility dar. Im Wesentlichen handelt es sich hierbei um ein standardisiertes Produkt, das durch seine Ausgestaltung adaptiv verwendet werden kann. Beim sog. **Modular Design** hingegen liegt ein größeres Ausmaß an Adaption vor. Hierzu wird, wie im Beispiel der USB-Ladegeräte, ein Produkt in separate Module zerlegt. Ein Teil dieser Module kann vollständig standardisiert werden. Nur solche Module, die eine Schnittstelle zu relevanten Länderunterschieden, z.B. Steckerformate, aufweisen, werden jeweils adaptiert. Modular Design bietet damit die Möglichkeit, sowohl Economies of Scale zu realisieren, als auch nutzenstiftende Adaptionen zu erlauben. Weitere Möglichkeiten ergeben sich im Rahmen fortschrittlicher Produktionssysteme auch durch **Mass Customization**, durch die Anpassungen auch in der Massenfertigung realisiert werden können (siehe auch Abschnitt 14.2.).

B2C- vs. B2B-Produkte

In den bisherigen Ausführungen zu den Anpassungsmöglichkeiten des Kernproduktnutzens wurde keine explizite Differenzierung zwischen B2C und B2B Produkten vorgenommen. Hinsichtlich der Frage nach Standardisierung oder Adaptierung zeigen sich jedoch oftmals zentrale Unterschiede zwischen Konsumgütern (B2C) und Industriegütern (B2B). Diese Unterschiede resultieren zum einen aus der **Kulturgebundenheit**, zum anderen aus der Individualität der Produktlösungen.

Wie bereits in Abschnitt 1.2.3. erläutert wurde, besitzen insb. technische Produkte, Computerhardware oder Schwermaschinen, eine sehr geringe Kulturgebundenheit (siehe auch

Abbildung 1.4 in Abschnitt 1.2.3.). Je geringer die Stiftung des Kernproduktnutzens mit kulturellen Gegebenheiten zusammenhängt, desto höher ist i.d.R. das Potential den Produktkern zu standardisieren. Auch wenn Kulturgebundenheit nicht unmittelbar auf den Unterschieden zwischen Konsum- und Industriegütern basiert, zeigt sich doch, dass der Nutzen technischer Produkte zumeist unabhängig von kulturellen Einflüssen erbracht werden kann. Hiervon ausgenommen sind Adaptionen an Landessprachen, die wiederum über Built-In-Flexibility gewährleistet werden können, bspw. die Umstellung der Sprache in einem Smartphone. Im Industriegütermarketing finden sich Entsprechungen zumeist in den Geschäftstypen Systemgeschäft und Produktgeschäft (siehe Abschnitt 8.1.). Beide Geschäftstypen fokussieren anonyme Massenmärkte.

Anders verhält es sich im Anlagen-/Projektgeschäft sowie dem Zulieferer-/Integrationsgeschäft. Diese Geschäftstypen sind auf kundenindividuelle Produktlösungen ausgerichtet, bspw. Kraftwerksbau oder spezielle Bauteile. Der hohe Individualisierungsgrad, vielfach handelt es sich um einzelne Spezialanfertigungen, bedingt eine weitgehende Differenzierung des Produktkerns. Lediglich einzelne Elemente dieser Produkte können ggf. über Modular Design oder Built-In-Flexibility teilweise standardisiert werden. Zu denken ist bspw. bei einem Kraftwerk an verwendete Elektronik- oder Steuerungsbauteile.

16.2.3. Standardisierung und Adaption der Produktattribute

Die zweite, konzeptuelle Ebene von Produkten bilden Produktattribute. Diese bieten weitere, über den Grundnutzen hinausgehende, Bedürfnisbefriedigungen (Meffert u.a. 2019, S. 396). Im Marketing erfolgt die Differenzierung von Produkten gegenüber Wettbewerbern zumeist auf dieser Ebene. Produktattribute können danach unterschieden werden, ob sie produktimmanent (Design, Qualität, Verpackung, Größen und Farben), markenbezogen (Markenname und Country-of-Origin), oder flexibel (Preis) sind. Im Gegensatz zum Kernproduktnutzen weisen Produktattribute ein höheres Potential für Adaptionen auf. Zudem erfordern nationale Unterschiede auch oftmals eine verstärkte Adaption der Produktattribute. Die internationale Preispolitik wird ausführlich in Kapitel 17. behandelt und soll daher an dieser Stelle nicht weiter vertieft werden.

Hinsichtlich der Besonderheiten des internationalen Markenmanagements wird nachfolgend – in Ergänzung zu den Ausführungen in Kapitel 15. – noch einmal auf die Besonderheiten der Kombination von Marken, i.S.v. Produktattributen, und Produktnutzen eingegangen. Im Rahmen der Produktattribute wird die Marke als nutzenstiftendes Element des Produkts verstanden. Sie soll dem Konsumenten bspw. die Orientierung erleichtern, so durch den Wegfall aufwendiger Suchprozesse, durch ein positives Markenimage als Qualitätssiegel fungierend und über eine Identifikation des Konsumenten mit der Marke psychologische Nutzen entfalten. Zu denken ist hierbei bspw. an Möglichkeiten der Selbstdarstellung. Hierdurch ergeben sich, je nach Produktkategorie, unterschiedliche Anforderungen an einer Standardisierung oder Adaption der Marke und/oder der Produktattribute. Abbildung 16.5 fasst unterschiedliche Beispiele dieser Kombinationen zusammen. Marken, die in ihrer Funktion als Produktattribut adaptiert werden, so in der rechten Spalte der Abbildung, finden sich insb. im Bereich der schnelldrehenden Konsumgüter. Es handelt sich hierbei vielfach um solche Marken, die von MNU im Rahmen ihrer Internationalisierung übernommen wurden und bereits über etablierte Markenimages in ihrem jeweiligen Heimatmarkt verfügten. Um ihren Markennutzen zu entfalten, werden sie daher oftmals übernommen (Adaption der Marke aus Sicht des MNU), wobei die unter der Markte vertriebenen Produkte standardisiert werden. Einen Sonderfall bilden Marken mit sinnstiftenden Markennamen, z.B. Fressnapf oder Kuschelweich.

Diese Marken müssen an die jeweilige Landessprache adaptiert werden, da sie sonst nicht verstanden werden.

Abbildung 16.5: Standardisierung vs. Adaption von Produkt und Marke

		Marke	
		Standardisierung	Adaption
Produkt	Standardisierung	■ Canon Digital Cameras ■ Apple iPhone ■ Lenovo Notebooks ■ Montblanc Fountain Pen	■ Axe/Lynx Deodorants ■ Lusso/Langnese/Streets Icecreams, Fressnapf/Maxi Zoo ■ Snuggle/Kuschelweich Fabric Softeners
	Adaption	■ Autobild ■ Vogue	■ Oft Lebensmittel, bspw. Nestlé Waters, Dr. Oetker/Cameo

Einen wesentlichen Einfluss auf die Frage danach, ob und welche Produktattribute wie stark in einem Auslandsmarkt adaptiert werden sollen, nehmen vier Arten von Bedingungen:

- Konsumentenverhalten: z.B. länderübergreifende (Un-)Ähnlichkeiten im Konsumentenverhalten und Bedürfnissen, insb. basierend auf kulturellen Unterschieden
- Interne Faktoren: z.B. Form der Internationalisierungsstrategie, internationale Erfahrung, Inertia, strategische Netzwerke
- Ökonomische Rahmenbedingungen: z.B. Wirtschaftswachstum im Auslandsmarkt, Einkommensniveau im Auslandsmarkt
- Rechtliche Rahmenbedingungen: z.B. rechtliche Anforderungen an Informationspflicht oder Produktbeschaffenheit.

Beispielhaft ist dies in Abbildung 16.6 für die Verpackungsgestaltung dargestellt.

Abbildung 16.6: Einflussfaktoren auf die Verpackungsgestaltung

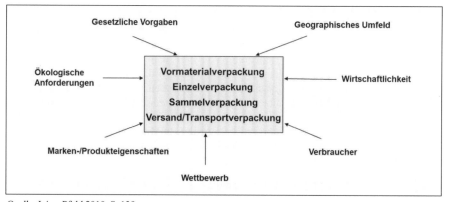

Quelle: I.A.a. Pfohl 2010, S. 139.

Wie bereits wiederholt angesprochen, üben kulturelle Unterschiede im Internationalen Marketing einen starken Einfluss auf die Ausgestaltung der Marktbearbeitung aus. Hinsichtlich der Frage, ob und welche Produktattribute in einem Auslandsmarkt adaptiert werden sollen, wirken sich kulturelle Unterschiede dabei vorrangig auf das Konsumentenverhalten, die Bedürfnisse der Konsumenten sowie ihre Beurteilung der Produktattribute aus (Kotulla/Schmid 2016). Auch wenn die starke Heterogenität nationaler Kulturen eine umfassende Beurteilung konkreter Anpassungsbedarfe an dieser Stelle unmöglich macht, konnten in empirischen Studien unterschiedliche Produktattribute identifiziert werden, bei denen eine Adaption an die Kultur des Auslandsmarkts üblicherweise geprüft werden sollte. Keillor u.a. (2011) konnten in diesem Zusammenhang zeigen, dass bspw. die Anzahl und Art von zusätzlichen Produktmerkmalen, umweltbezogene Aspekte (bspw. Bio-Zertifizierungen) und das Herstellungsland einer lokalen Adaption bedürfen können. Das Herstellungsland spielt dabei insb. bei Nahrungsmitteln eine wichtige Rolle, da Konsumenten in diesem Produktmarkt vielfach eine Präferenz für lokale Produktion haben. Bei Nahrungsmitteln bestimmt zudem die nationale Kultur vielfach, welche Art von Nahrung lokal akzeptiert wird. So ist Rindfleisch in Indien bspw. ein Tabu, in Südafrika ist Schweinefleisch unüblich, in islamischen Ländern ist es sogar verboten. Daher verwundert es auch nicht, dass internationale Fastfood-Ketten ihre Angebote an nationale Bedingungen anpassen, um hierüber eine Akzeptanz ihrer Produkte zu erreichen. Abbildung 16.7 zeigt hierzu eine Auswahl adaptierter Produkte des Unternehmens McDonalds in unterschiedlichen Ländermärkten.

Abbildung 16.7: Adaptierte Angebote von McDonalds

Country/Region	Sandwich	Description
France	Croque McDo	Grilled ham and cheese sandwich similar to traditional croquemonsieur.
India	Maharaja Mac	Two grilled chicken patties with smoke-flavoured mayonnaise, onions, tomatoes, and cheddar cheese.
Japan	Bai Teriyaki McBruger	A chicken cutlet patty marinated in teriyaki sauce.
Middle East	McArabia Sandwich	A marinated grilled chicken sandwich in flatbread.
New Zealand	Kiwiburger Beef	A hamburger with a fried egg and a slice of pickled beet.
Pakistan	Spicy Chicken Burger	A chicken sandwich with chutney.
Thailand	Samurai Pork Burger	A pork burger flavoured with teriyaki sauce.
Netherlands	McKroket	A deep fried roll containing beef ragout and potato.
Greece	Greek Mac	A pitta sandwich with two beef patties and some yogurt.

Quelle: Länderhomepages von McDonalds 2021.

Ebenfalls starken kulturellen Einflüssen unterliegen Produktattribute wie der Duft, so in der Kosmetikindustrie, die Farbe und die Verpackungsgestaltung (Kotulla/Schmid 2016; Wagner/Charinsarn 2021). Die Bedeutung von Farben in unterschiedlichen Kulturen wurde vielfach empirisch analysiert. Die Farbe Weiß wird in westlichen Kulturen z.B. mit Reinheit assoziiert, wohingegen sie in vielen asiatischen Kulturen mit Krankheit, Tod oder Trauer in Verbindung gebracht wird. Ähnliche Unterschiede zeigen sich auch beim Duft. Im Markt für Oberflächenreiniger wird in Südeuropa (z.B. Spanien, Italien und Portugal) Reinigungskraft mit Chlorgeruch assoziiert. In Mittel- und Nordeuropa besteht diese Assoziation eher zu Zitrusdüften. Liegen derart starke kulturelle Unterschiede vor, wird eine Adaption der Produktattribute unumgänglich.

Gegenüber den bereits genannten Produktattributen bestätigen empirische Studien bei einer Reihe von Attributen hingegen ein hohes Potenzial für Standardisierungen aus der Perspektive der Konsumenten. Einen wesentlichen Stellenwert nimmt dabei die gebotene **Produktqualität** ein. Diese sollte länderübergreifend standardisiert und gleichförmig angeboten werden (Keillor u.a. 2011). Unterschiedliche Produktqualitäten in unterschiedlichen Ländern erzeugen nahezu zwangsläufig negative Rückkopplungen für das Unternehmen. Dies beruht darauf, dass Konsumenten über das Internet problemlos in die Lage versetzt werden, die Qualität der Produkte international zu vergleichen. Darüber hinaus stellt die Qualität einen wesentlichen **Positionierungsfaktor** der verwendeten Marken dar (siehe Kapitel 15.). Diskrepanzen in der gebotenen Qualität führen damit zu einem inkonsistenten Markenauftritt, auch in solchen Ländermärkten, in denen eine hohe Qualität geboten wird. In diesem Zusammenhang sei darauf hingewiesen, dass auch in Schwellen- und Entwicklungsländern keine Adaption, i.S.d. **Downgradings**, vorgenommen werden sollte (Helm/Gritsch 2014). Gerade weil Konsumenten in diesen Märkten über eine geringere Kaufkraft verfügen, spielt die Produktqualität für ihre Kaufentscheidung eine zentrale Rolle. Der Investition bspw. in ein Automobil oder auch eine Waschmaschine geht in aller Regel ein intensiver Prozess der Informationsbeschaffung und des Vergleichs von Alternativen voraus. Eine Fehlentscheidung, i.S.d. Kaufs eines Produkts mit minderwertiger Qualität, ist für viele Konsumenten in Schwellen- und Entwicklungsmärkten aus finanziellen Gründen nicht reversibel. In Anbetracht der geringeren Kaufkraft in diesen Märkten, ist es bei einer Marktbearbeitung dennoch unerlässlich die angebotenen Produkte zu adaptieren (Nagy/Bennett/Graham 2019). Hierfür bieten sich bspw. das Weglassen bestimmter, nicht essenzieller Produktbestandteile an, bspw. Heizspiralen in Waschmaschinen, oder auch Variationen in Packungsgrößen.

Neben dem Kaufverhalten, als externer Einflussfaktor, nehmen auch unterschiedliche interne Faktoren Einfluss auf die Entscheidung, ob und in welchem Umfang ein Produkt auf einem Auslandsmarkt adaptiert oder standardisiert angeboten werden soll. Ganz grundlegend ist hierbei die strategische Grundausrichtung des Unternehmens zu nennen (siehe Kapitel 2.). Unternehmen, die einer internationalen oder globalen Strategie folgen, werden generell weniger stark adaptieren, wohingegen multi- oder transnational agierende Unternehmen bereits in ihrer strategischen Grundausrichtung ein höheres Maß an lokaler Adaption verfolgen (Jiménez-Asenjo/Filipescu 2019). Diese Kongruenz zwischen strategischer Ausrichtung und Produktgestaltung zeigt auch empirisch einen positiven Beitrag zum Unternehmenserfolg (Kotulla/Schmid 2016). Auffällig ist jedoch, dass empirisch nachgewiesen werden konnte, dass Wechsel in der Strategie, z.B. von global zu transnational, sich häufig nicht oder nur sehr zeitverzögert in einem Wandel der Produktgestaltung niederschlagen. Man spricht in diesem Zusammenhang auch von **Inertia** bzw. **organisatorischer Trägheit** (Li/Qian/Qian 2014). Im Ergebnis führt diese Trägheit zu mangelnder Kongruenz zwischen Strategie und Produktgestaltung. Ebenfalls den internen Einflussfaktoren zuzuordnen ist die internationale Erfahrung sowie der Zugang zu relevanten Netzwerken im Auslandsmarkt. Gemeinsam fördern beide Aspekte die Einbettung des Unternehmens in den Auslandsmarkt. Diese wiederum ermöglicht es einem Unternehmen erst, eine fundierte Entscheidung darüber zu treffen, welche Produktattribute in welcher Weise adaptiert werden müssen und welche standardisiert beibehalten werden können (Hollender/Zapkau/Schwens 2017; Li/Qian/Qian 2014).

Neben den bereits genannten ökonomischen Einflussfaktoren auf die Adaption von Produktattributen in Schwellen- und Entwicklungsländern, spielt auch die generelle ökonomische Entwicklung eines Landes eine wichtige Rolle. Zúñiga-Vicente u.a. (2019) konnten in ihrer Studie einen Zusammenhang zwischen der ökonomischen Entwicklung und dem Ausmaß an Produktadaptionen nachweisen. Demnach erscheint insb. in Ländermärkten mit ökonomischen Schwierigkeiten eine Adaption erfolgsversprechend, wohingegen in Märkten mit positiven Entwicklungstendenzen Standardisierungen bzw. nur moderate Anpassungen erfolgswirksam sind. Ursächlich hierfür dürften auch wieder die wirtschaftlichen Rahmenbedingungen der Konsumenten sein. In finanziell schwierigen Zeiten erfolgt eine stärkere Abwägung der Produktattribute und ihres wahrgenommenen Nutzens. In Zeiten finanziellen Aufschwungs hingegen, fließt der wahrgenommene Nutzen einzelner Attribute weniger stark in die Beurteilung ein.

Abschließend seien noch rechtliche Unterschiede zwischen den bearbeiteten Ländermärkten genannt. Diese bedingen nahezu ausschließlich eine Adaption der Produktattribute, um auf dem Ländermarkt rechtlich zugelassen zu werden. Hierbei handelt es sich bspw. um die technische Sicherheit, so das GS Siegel in Deutschland (GS steht für geprüfte Sicherheit), die Produktbeschaffenheit, so der Anteil von Weichmachern im Kunststoff, oder bestimmte Inhaltsstoffe, so das Verkaufsverbot von chlorhaltigem Geflügel innerhalb der EU.

16.2.4. Standardisierung und Adaption der (Produkt-)Dienstleistungen

Als letzte Ebene der Produktbeschaffenheit können auch die Elemente der Produktdienstleistungen standardisiert oder adaptiert in unterschiedlichen Ländermärkten angeboten werden. Produktdienstleistungen weisen dabei regelmäßig den geringsten Spielraum für Standardisierungen auf (Hollensen 2020, S. 453ff.). Die Gründe hierfür liegen im Wesentlichen in der Natur von Dienstleistungen:

- **Immaterialität**: Produktdienstleistungen sind in ihrer Beschaffenheit immateriell. D.h. im Gegensatz zu materiellen Produkten können sie weder berührt noch vorab getestet werden (bspw. Lieferungen oder Zahlungsoptionen).
- **Vergänglichkeit**: Produktdienstleistungen können nicht im Vorhinein hergestellt und gelagert werden, sondern verfallen, wenn sie nicht konsumiert werden. Beispielsweise verfällt ungenutzter Stauraum in einem Güterzug, sobald der Zug den Bahnhof verlässt. Die Vergänglichkeit bedingt das Vorhalten von Dienstleistungskapazitäten, um den zu erwartenden Bedarf zu decken. Die Vorhaltung ist jedoch kostspielig, sodass in jedem Ländermarkt individuell die Dienstleistungskapazitäten angepasst werden müssen.
- **Heterogenität**: Dienstleistungen erfolgen stets unmittelbar und im Wechselspiel zwischen Anbieter und Nachfrager. Diese Co-Kreation bedingt eine adaptierte Berücksichtigung der Besonderheiten eines jeden Auslandsmarkts.
- **Untrennbarkeit**: Herstellung und Konsum von Dienstleistungen erfolgt (nahezu) simultan. Hierdurch ist eine Realisation von Economies of Scale, dem zentralen Vorteil von Produktstandardisierungen, kaum möglich.

Darüber hinaus unterliegen Produktdienstleistungen oftmals, wie im Fall von Garantieleistungen, der nationalen Gesetzgebung. Dies bedingt ebenfalls eine Adaption.

Auch wenn der Großteil der bisherigen Ausführungen zur internationalen Produktpolitik auch auf reine Dienstleistungen anwendbar ist, zeigt sich, dass sich die Natur von Dienstleistungen in einigen Aspekten von physischen Produkten hinsichtlich der Standardisierung und Adaption innerhalb einer internationalen Marktbearbeitung unterscheiden. Aus diesem Grund wird nachfolgend vertiefend auf internationale Dienstleistungen eingegangen. Anhand einer Berücksichtigung der Immaterialität sowie der Einbindung des Nachfragers in die Erstellung einer Dienstleistung, können Dienstleistungen in drei Kategorien eingeordnet werden: People processing, Possession processing und Information-based services (Hollensen 2020, S. 456).

- „**People Processing**": Dienstleistungen dieser Kategorie zeichnen sich dadurch aus, dass der Nachfrager unmittelbar in die Erbringung der Dienstleistung eingebunden ist. Hieraus ergibt sich in der internationalen Marktbearbeitung die Notwendigkeit einer lokalen Niederlassung. Beispiele für diese Kategorie sind u.a. Bildungseinrichtungen, Personentransport, Gesundheitsversorgung, Restaurants oder Gastgewerbe. Diese Eigenschaften machen eine internationale Standardisierung weitgehend unmöglich.

- **„Possession Processing"**: Diese Kategorie beinhaltet Dienstleistungen, die sich mit der Bearbeitung physischer Objekte befasst, um hierüber ihren Wert für den Nachfrager zu steigern. Hierzu muss das Objekt in die Erbringung der Dienstleistung eingebunden sein, nicht jedoch sein Besitzer bzw. seine Besitzerin. Auch hieraus ergibt sich die Notwendigkeit einer lokalen Präsenz. In dieser Kategorie handelt es sich bspw. um Kfz-Reparaturwerkstätten oder Wäschereien. Dadurch, dass der Nachfrager nicht selbst in die Erstellung der Dienstleistung eingebunden ist, weisen diese Dienstleistungen ein gesteigertes Potenzial für internationale Standardisierungen auf, da sie weniger kulturabhängig sind.
- **„Information-based Services"**: Dienstleistungen in dieser Kategorie behandeln die Erzeugung von Werten durch das Sammeln, Bearbeiten, Interpretieren und Übermitteln von Daten. Sie zeichnen sich durch eine sehr hohe Immaterialität bei gleichzeitig minimaler Einbindung des Nachfragers aus. Beispiele hierfür sind Internetdienstleistungen, Banken, Telekommunikationsdienstleistungen oder auch Marktanalysen. Aufgrund ihrer Beschaffenheit bzw. virtuellen Natur eignen sie sich für hohe Standardisierungsgrade.

B2C vs. B2B Dienstleistungen

Wie bereits im Rahmen von Produkten angesprochen, bestehen auch bei Dienstleistungen im Internationalen Marketing Unterschiede zwischen B2C und B2B Märkten. Charakteristisch hierfür ist, dass im B2C Bereich Konsumenten häufig problemlos zwischen unterschiedlichen Dienstleistern wählen können. Ein unzufriedener Konsument kann somit relativ einfach einen anderen Dienstleister, z.B. ein anderes Hotel, nutzen, das seinen Anforderungen besser entspricht, bspw. durch ein landestypisches Frühstücksangebot. In B2B Märkten hingegen sind Dienstleistungen oftmals in längerfristigen Verträgen mit hohen Vertragswerten geregelt. Zu denken ist hierbei z.B. an Ingenieursdienstleistungen beim Bau einer Autobahnbrücke oder an Dienstleistungen im Rechnungswesen. Von zentraler Bedeutung bei der Auswahl des Dienstleisters sind in diesen Märkten oftmals die Fähigkeiten des jeweiligen Dienstleisters, so des Ingenieurs, der die Brücke plant, und nicht so sehr die Dienstleistungsfirma selbst (Hollensen 2020, S. 457). Das hohe Maß an Personengebundenheit schließt damit eine echte Adaption von B2B Dienstleistungen regelmäßig aus. In Abwandlung der Built-In-Flexibility kann ein Dienstleister jedoch über Auslandserfahrungen und Schulungen, z.B. kulturelle Trainings oder Sprachkurse, seine ihm eigene Adaptionsfähigkeit weiterentwickeln. Hierbei ist jedoch zu beachten, dass die eigentliche Dienstleistung weiterhin standardisiert bleibt, so technische Fähigkeiten des Dienstleisters, die Fähigkeit zur Kommunikation, i.S.d. Schnittstellenmanagements mit dem Auslandsmarkt, jedoch verbessert wird.

Elektronische Dienstleistungen (e-Services)

Durch die fortschreitende Digitalisierung gewinnen im Internationalen Marketing auch elektronische Dienstleistungen (**E-Services**) zunehmend an Bedeutung. Unter E-Services werden dabei solche Dienstleistungen verstanden, bei denen der Austausch von Informationen oder digitalen Produkten sowie zumeist Zahlungsmitteln über das Internet abgewickelt wird (Hollensen 2020, S. 457f.). Ein Beispiel eines international operierenden e-Service ist Netflix. Der US-amerikanische Video-Streaming Dienst ist mit wenigen Ausnahmen, so China, Nordkorea oder Syrien, weltweit verfügbar. Der hohe Automatisierungsgrad des Dienstes bzw. von e-Services generell, erlaubt eine sehr hohe Standardisierung der internen Prozesse. Gleichzeitig erlaubt die technische Gestaltung der Schnittstelle zum Nachfrager aber eine sehr hohe Adaption der Kundenansprache. So können über die Nutzerdaten bspw. die Auswahl an Filmen gesteuert werden, die Sprache der Internetseite kann angepasst werden und auch die gebotenen Zahlungsweisen können landesspezifisch adaptiert werden. Das Adaptionspotenzial von e-Services geht über die Nutzung von Big Data Lösungen und künstlicher Intelligenz jedoch noch weit über eine länderweise Anpassung hinaus. Theoretisch erlauben diese technologischen Entwicklungen eine individuelle, kundenspezifische Anpassung, unabhängig davon, in welchem Land ein Konsument angesiedelt ist.

16.3. Internationale Programmgestaltung

Die Aufgabe der internationalen Programmgestaltung besteht in der Festlegung, welche Produkte, wann und in welcher Form auf welchem Auslandsmarkt angeboten werden sollen.

> Die internationale Programmgestaltung beinhaltet Entscheidungen hinsichtlich der Gesamtheit der angebotenen Waren und Dienstleistungen sowie bezüglich der Länder, Regionen oder Zielgruppen, (in) denen diese Produkte angeboten werden sollen.

Die Programmgestaltung kombiniert dabei sequenziell die strategische Programmplanung und die operative Programmplanung (siehe Abbildung 16.8).

Abbildung 16.8: Entscheidungstatbestände in der internationalen Programmgestaltung

Quelle: I.A.a. Meffert u.a. 2019, S. 399.

Innerhalb der internationalen Programmgestaltung muss das Unternehmen zwei Dimensionen bezüglich der jeweiligen Ländermärkte berücksichtigen:

- **Programmbreite**: Die Programmbreite gibt die Anzahl der Produktlinien wieder, die im Programm enthalten sind.
- **Programmtiefe**: Die Programmtiefe bestimmt die Anzahl der Produkte innerhalb der jeweiligen Produktlinien.

Während Entscheidungen bzgl. der Programmbreite- und -tiefe im nationalen Marketing üblicherweise das gesamte Produktprogramm eines Unternehmens betreffen, stellen sie im Internationalen Marketing, wie erwähnt, Entscheidungstatbestände für jeden bearbeiteten Auslandsmarkt dar. Hieraus ergibt sich auch bzgl. des Produktprogramms die Frage nach Standardisierung und Adaptierung. In Abhängigkeit von der Breite und Tiefe des auf dem jeweiligen Ländermarkt angebotenen Produktprogramms ergeben sich drei Strategieoptionen:

- **Programmübertragung**: unveränderte Übertragung des Leistungsprogramms eines Landes auf die weiteren Ländermärkte
- **Programmkürzung**: Angebot eines im Vergleich zum Ausgangsland reduzierten Leistungsprogramms auf den Auslandsmärkten

- **Programmerweiterung**: Angebot eines gegenüber dem Ausgangsland erweiterten Leistungsprogramms auf den Auslandsmärkten.

Die **Programmübertragung** entspricht einer vollkommenen Standardisierung der internationalen Programmgestaltung. Eine vollständige Programmübertragung setzt nahezu identische Marktbedingungen in allen bearbeiteten Ländermärkten voraus. Selbst bei Unternehmen, die einer Globalen Strategie folgen (siehe Kapitel 15.), ist diese Grundbedingung selten erfüllt. Ob eine Programmübertragung vorgenommen werden kann, hängt maßgeblich auch von der Breite und Tiefe des Programms ab. Je breiter und/oder tiefer das Programm ist, d.h. je mehr Produktlinien mit mehr unterschiedlichen Produkten angeboten werden, desto geringer ist das Potenzial für eine vollständige Standardisierung. **Programmkürzungen** werden insb. zu Beginn der Internationalisierung sowie bei unterschiedlicher Wichtigkeit der Auslandsmärkte verwendet. Zu Beginn der Internationalisierung wird zumeist eine spezifische, besonders wettbewerbsfähige, Produktlinie ausgewählt (Verkürzung der Breite), innerhalb derer dann eine Bearbeitung von Auslandsmärkten zunächst nur mit ausgewählten Produkten erfolgt (Verkürzung der Tiefe). Mit steigendem Engagement auf dem Auslandsmarkt können dann sukzessive sowohl die Breite als auch die Tiefe des Programms gesteigert werden. Ähnliche Überlegungen gelten auch bei der Bearbeitung von Auslandsmärkten mit unterschiedlicher Wichtigkeit für das Unternehmen. Wichtige Auslandsmärkte rechtfertigen eine differenzierte Bearbeitung mit breiten und tiefen Programmen, während periphere Auslandsmärkte mit verkürzten Programmen bedient werden können. Die Entscheidung darüber, welche Produktlinien und Produkte im Auslandsmarkt verwendet werden, kann dabei auf zahlreichen Kriterien beruhen wie Konkurrenzsituation, Gewinnmarge oder Standardisierungspotential (siehe auch Abschnitt 16.2.). **Programmerweiterungen** können darin bestehen, dass neben dem Programm aus dem Heimatmarkt weitere Produktlinien im Auslandsmarkt geführt werden oder aber darin, dass Elemente des ursprünglichen Programms im Auslandsmarkt modifiziert werden. Beide Variationen können, je nach bearbeiteten Ländermärkten, auch parallel genutzt werden. So stellen bspw. die von McDonalds spezifisch für den niederländischen oder neuseeländischen Markt entwickelten Produkte eine Erhöhung der Programmtiefe dar. Das Sortiment in Indien hingegen verkürzt die ursprüngliche Programmtiefe.

Abbildung 16.9 zeigt hierzu die Programmgestaltungen von Volkswagen in Indien und Brasilien. Im Vergleich der Programme fällt zunächst auf, dass beide Ländermärkte mit einem kleineren Portfolio bedient werden, als Volkswagen es in seinen Kernmärkten z.B. in Europa nutzt (Programmkürzung). Gleichzeitig nutzt das MNU aber auch landesspezifische Programmerweiterungen, z.B. den Ameo, der speziell für den indischen Markt entwickelt wurde.

Um zu entscheiden, welche der drei strategischen Optionen ein Unternehmen auf welchem Ländermarkt wie nutzt, kann es sinnvoll sein, sich an den grundlegenden Prinzipien der Programmausrichtung zu orientieren (Meffert u.a. 2019, S. 400f.). Im Internationalen Marketing spielen dabei insb. die Orientierung am Bedarf der Nachfrager, die Orientierung nach Preislagen sowie die Orientierung an der Selbstverkäuflichkeit der Ware eine Rolle.

Bei einer **Orientierung am Bedarf der Nachfrager** im jeweiligen Auslandsmarkt erfolgt die Auswahl der Programmbreite entsprechend der identifizierten Bedürfniskategorien. So kann ein Finanzdienstleister auf einem Auslandsmarkt mit einem in der Breite reduziertem Programm, so nur Geschäftskunden, aktiv sein, wenn eine Erschließung des

Privatkundenmarkts zunächst zu schwierig oder nicht profitabel genug erscheint. Hinsichtlich der Tiefe des Programms in der Produktlinie Geschäftskunden, kann auch der landesspezifische Bedarf der Nachfrager berücksichtig werden, sodass bspw. in Schwellen- und Entwicklungsländern Geschäftskunden zusätzliche Leistungen angeboten werden, um lokale Risiken abzusichern (Programmerweiterung in der Tiefe).

Abbildung 16.9: Programmgestaltung von Volkswagen in Indien und Brasilien

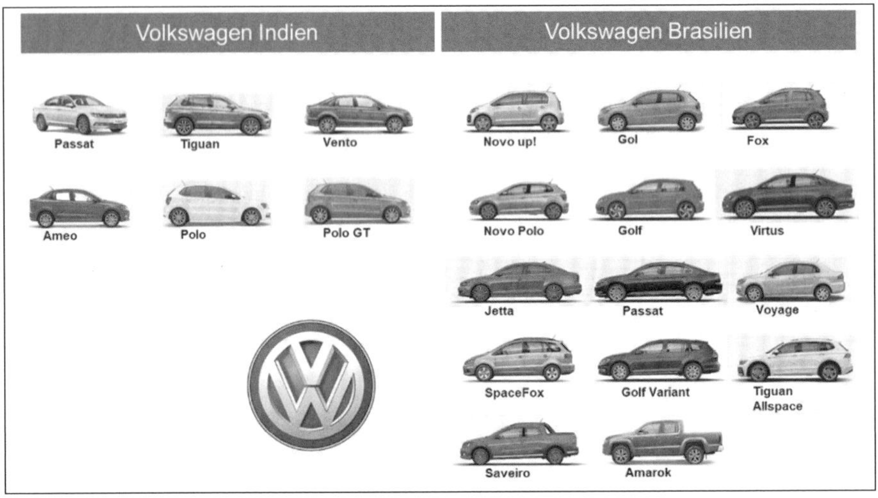

Eine **Orientierung nach Preislagen** kann, in Verbindung mit Programmkürzungen, darauf ausgelegt sein, nur spezifische Marktsegmente in einem Auslandsmarkt zu bedienen. So können bspw. nur hochpreisige Programmlinien (Breite) oder Produkte (Tiefe) im Auslandsmarkt angeboten werden, um z.B. die obere Mittelschicht in urbanen Zentren zu bedienen.

Bei der **Orientierung an der Selbstverkäuflichkeit der Ware** basieren Entscheidungen hinsichtlich der Breite und Tiefe des Programms darauf, wie erklärungsbedürftig die angebotenen Leistungen im Auslandsmarkt sind. Eine hohe Erklärungsbedürftigkeit geht zumeist mit einer mangelnden Produktvertrautheit der Nachfrager einher. Dies ist bspw. dann der Fall, wenn der jeweilige Produktmarkt im Zielland noch nicht entwickelt ist. Auf der einen Seite bietet dies die Möglichkeit Pioniervorteile im Auslandsmarkt zu realisieren, auf der anderen Seite erhöht es jedoch die Kosten der Marktbearbeitung erheblich. Im Internationalen Marketing von Bedeutung ist dabei auch, dass ein MNU bereits über hinreichende Erfahrung mit dem Auslandsmarkt sowie ein lokales Netzwerk verfügen muss, um zielgruppenspezifische Aufklärungsarbeit leisten zu können. Vor diesem Hintergrund erscheint es wahrscheinlicher, dass die meisten Unternehmen im Rahmen von Programmkürzungen nur solche Produkt(-linien) in einem Auslandsmarkt verwenden, die eine hohe Selbstverkäuflichkeit aufweisen.

16.4. Internationale Produktlebenszyklen

Die internationale Produktpolitik stellt kein statisches Entscheidungsfeld dar. Vielmehr bedingt sie sowohl i.S.d. „Going-International" als auch eines „Being-International" dynamische Anpassungsprozesse. Neben kulturellen und institutionellen Unterschieden bzw. Veränderungen zeigt sich die Dynamik der Produktpolitik insb. in dem Konzept des Produktlebenszyklus. Der Produktlebenszyklus unterteilt die „Lebenszeit" eines Produkts in generalisierbare Phasen, die ihrerseits besondere Anforderungen an die Produktpolitik stellen. In der Literatur finden sich üblicherweise Systematisierungen von Produktlebenszyklen mit vier Phasen (Hollensen 2020, S. 461) oder fünf Phasen (Meffert u.a. 2019, S. 472). Die Erweiterung auf fünf Phasen ergibt sich aus der Aufteilung der Sättigungsphase in eine Reifephase und eine Sättigungsphase. Da diese Unterscheidung keinen grundlegenden, strukturellen Unterschied begründet, wird nachfolgend auf Produktlebenszyklen mit vier Phasen abgestellt (siehe Abbildung 16.10).

Abbildung 16.10: Abgrenzung der Phasen des Produktlebenszyklus

	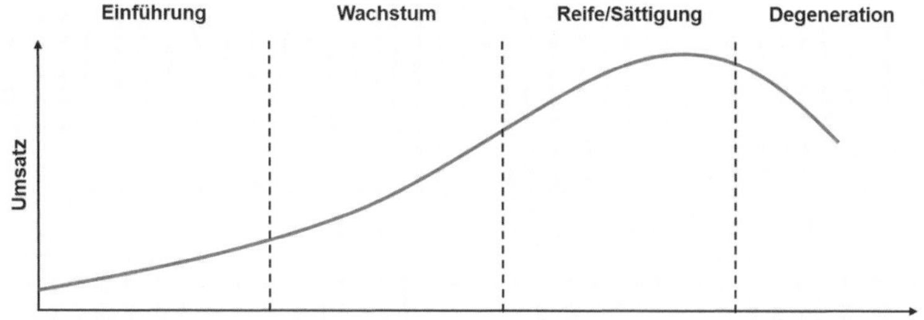 Einführung	Wachstum	Reife/Sättigung	Degeneration
Kosten	Maximal pro Kunde	Hoch pro Kunde	Niedrig pro Kunde	Niedrig pro Kunde
Kunden	Innovatoren	Adaptoren	Mehrheit	Nachzügler
Wettbewerb	Keiner/sehr gering	Gering	Maximal	Abnehmend
Produkt	Basis-Produkt	Produktvariation, Services, Garantieleistungen	Produktdifferenzierungen	Schrittweise Produkteliminierung

Quelle: I.A.a. Hollensen 2020, S. 461.

Während ein rein national agierendes Unternehmen lediglich einen Produktlebenszyklus berücksichtigen muss, müssen im Internationalen Marketing sämtliche, länderspezifischen Produktlebenszyklen berücksichtigt werden, da sich die unterschiedlichen Länder oftmals in unterschiedlichen Phasen des Zyklus befinden. Einerseits erhöht sich hierdurch die Komplexität der Marktbearbeitung, andererseits eröffnen sich jedoch auch erweiterte Handlungsspielräume. Abbildung 16.11 deutet dies exemplarisch für fünf Länder an.

Wie ersichtlich wird, befinden sich die dargestellten Ländermärkte in unterschiedlichen Phasen des Produktlebenszyklus. Zudem deuten die Kurvenverläufe unterschiedliche Marktpotenziale in den Ländermärkten an, wobei Land 2 das höchste und Land 5 das niedrigste Potenzial aufweisen. Durch die gleichzeitige Bearbeitung alle Ländermärkte, befindet sich das Unternehmen parallel in allen Phasen. Handelt es sich bei Land 1 um den Heimatmarkt des Unternehmens, besteht somit die Möglichkeit, die Lebenszeit des Produkts international zu verlängern. Während das Produkt im Heimatmarkt allmählich eliminiert wird, kann es in anderen Ländermärkten weiterhin modifiziert oder differenziert werden (vgl. zu den Anpassungsoptionen Abschnitt 16.5.). Die parallele Bearbeitung unterschiedlicher Lebenszyklusphasen bieten zudem den Vorteil, in einem Ländermarkt, der sich noch in einer frühen Phase befindet, bereits Optimierungen des Produkts, so auch Prozessoptimierungen, die typischerweise in der Reife und Sättigungsphase erfolgen, zu nutzen, die in einem bereits fortgeschrittenen Ländermarkt erarbeitet wurden. Hieraus können, aus Sicht des Resource-based View, nachhaltige Wettbewerbsvorteile bei der Erschließung neuer Ländermärkte entstehen.

Abbildung 16.11: Produktpolitik in Abhängigkeit der Produktlebenszyklen unterschiedlicher Ländermärkte

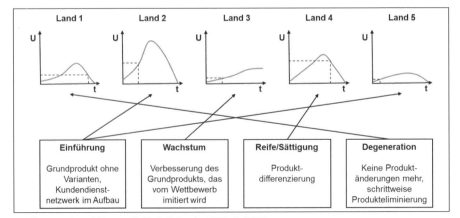

Quelle: I.A.a. Berndt/Fanatapié-Altobelli/Sander 2020, S. 268ff.

Von dem oben dargestellten Konzept des Produktlebenszyklus abzugrenzen ist die International „Product Life Cycle" Theorie nach Vernon (1966). Die Theorie beschreibt den Prozess der Diffusion von Innovationen vom Ursprungsland (laut der Theorie stets einem entwickelten Industrieland), zunächst in weitere entwickelte Länder und schließlich in Schwellen- und Entwicklungsländer (siehe Abschnitt 1.4.1.). Hierbei tritt zunächst ein Export der Innovation aus dem Ursprungsland auf. Im Zeitverlauf wandelt sich die Richtung der Exporte hin zu Exporten aus weiteren entwickelten Ländern, bei gleichzeitiger Aufnahme von Importen im Ursprungsland. In der letzten Phase erfolgen Produktion und Export dann aus Schwellen- und Entwicklungsländern. In ihrem Kern stell die **Lebenszyklus-Theorie** somit eine Theorie zur Erklärung von internationalen Handelsströmen dar und eignet sich nicht zur strategischen Ausgestaltung der Produktpolitik.

16.5. Anpassungen der internationalen Produktpolitik

16.5.1. Dynamik der internationalen Produktpolitik

Anpassungserfordernisse, die sich aus der Dynamik einer internationalen Markbearbeitung ergeben, können sich zum einen hinsichtlich der Programmgestaltung sowie bzgl. der Produktgestaltung selbst ergeben. Bezogen auf die unterschiedlichen Bereiche sind grundsätzlich neben der Produktinnovation, die Produktvariation, die Produktdifferenzierung, ggf. die Produktvereinheitlichung, die Diversifikation sowie die Eliminierung von Produkten auf den unterschiedlichen Ländermärkten mögliche Entscheidungsalternativen (siehe Abbildung 16.12). Grundsätzlich orientiert sich die Dynamik der (internationalen) Produktpolitik dabei an den Phasen des Produktlebenszyklus (siehe Abschnitt 16.4.).

Einen Einblick in mögliche, dynamische Entscheidungstatbestände im Rahmen der internationalen Produktpolitik gibt Abbildung 16.13 für den Eintritt und die Bearbeitung eines Auslandsmarkts. Der erste und zweite Schritt in Abbildung 16.13 entsprechen den Phasen Variation und Differenzierung. In Schritt drei erfolgt eine Diversifikation des Leistungsprogramms, zunächst nur auf dem Auslandsmarkt. Hiermit startet ein neuer Prozess (Schritt vier) bezogen auf das im Auslandsmarkt entwickelte Produkt. Im fünften Schritt erfolgt die Eliminierung des ursprünglichen Produkts im Auslandsmarkt, z.B.

dadurch motiviert, dass die Produktvariante (Quadrat) und das Neuprodukt (Dreieck) im Auslandsmarkt zur Kannibalisierung des ursprünglichen Produkts (Kreis) geführt haben. Aus dieser Dynamik wird auch die Unterscheidung zwischen Produkt- und **Marktlebenszyklen** ersichtlich. Das ursprüngliche Produkt erreicht im fünften Schritt das Ende seines Produktlebenszyklus im Auslandsmarkt. Da die Variante sowie das spezifisch für diesen Markt entwickelte Produkt aber noch weitergeführt werden können, gibt es nach wie vor Bedarf an dem Kernproduktnutzen. Der Markt als solches hat also noch keinesfalls das Ende seines Lebenszyklus erreicht.

Abbildung 16.12: Prozessstufen der (internationalen) Produktpolitik

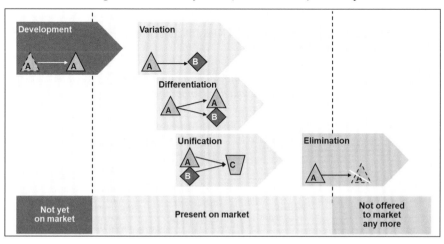

Nachfolgend wird in den nächsten Abschnitten auf die Optionen Produktinnovation, -variation, -differenzierung, -diversifizierung und -eliminierung eingegangen.

Abbildung 16.13: Internationale Produktpolitik als dynamischer Prozess

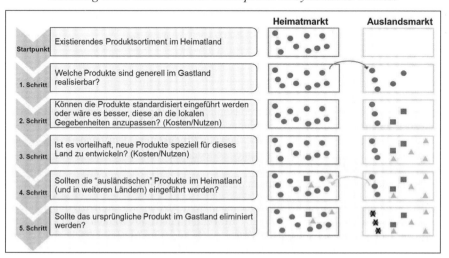

16.5.2. Produktinnovation

Produktinnovationen nehmen in der Entwicklung der Produktpolitik eine zentrale Stellung ein, da Neuprodukte einem Unternehmen die Möglichkeit zur Schaffung nachhaltiger Wettbewerbsvorteile und einer Differenzierung gegenüber dem Wettbewerber eröffnen (Halaszovich 2011, S. 1). Im Internationalen Marketing spielen Innovationen zudem eine herausragende Rolle bei der Adaption von Produkten an die Bedürfnisse spezifischer Ländermärkte. Innovationen lassen sich dabei hinsichtlich ihres **Neuigkeitsgrades** in zwei Dimensionen unterscheiden (Halaszovich 2011, S. 20):

- Neuigkeitsgrad für den Anbieter
- Neuigkeitsgrad für den Abnehmer bzw. Ländermarkt.

Aus beiden Dimensionen ergeben sich neun Klassifikationen von Innovationen, die in Abbildung 16.14 zusammengefasst werden.

Abbildung 16.14: Kategorisierung von Innovationen anhand ihrer Neuigkeit für das Unternehmen und den Ländermarkt

Neuigkeitsgrad für den Anbieter	niedrig	mittel	hoch
hoch	Produkte, die neu für den Anbieter sind, aber auf dem Markt schon existieren	Neueinführungen von Produkten in auf dem Markt bereits existierenden Produktlinien	„Weltneuheit"
mittel	Produktverbesserungen	Ausweitung existierender Produktlinien	Länderspezifische Adaption und Neueinführung von Produkten, die in anderen Ländern etabliert sind
niedrig	Produktadaptionen (z.B. Kostenreduktion) bei existierenden Produkten	Repositionierung existierender Produkte	Produkteinführungen von Produkten, die auf anderen Ländermärkten bereits etabliert sind

Neuigkeitsgrad für den Abnehmer

Quelle: I.A.a. Homburg 2020, S. 565.

Der Neuigkeitsgrad für den Anbieter spiegelt wider, inwieweit das Unternehmen bei einem neuen Produkt auf bereits im Unternehmen vorhandenes Wissen zurückgreifen kann. Ein geringer Neuigkeitsgrad impliziert dabei lediglich geringfügige Veränderung bereits existierender, eigener Produkte. Aus Abnehmer- bzw. Nachfragersicht ergibt sich der Neuigkeitsgrad darüber, ob das Produkt bzw. ähnliche Produkte auf dem Ländermarkt bereits verfügbar sind. Die Beurteilung des Neuigkeitsgrads aus Nachfragersicht stellt im Marketing zumeist die bedeutendere Perspektive dar, da sich hierüber der Grad an Bedürfnisbefriedigung definiert, den ein Konsument durch die Innovation erfährt.

In der Literatur wird zudem häufig zwischen inkrementellen und radikalen Innovationen unterschieden (Halaszovich 2011, S. 20). **Inkrementelle Innovationen** sind durch einen geringen Neuigkeitsgrad sowohl für Anbieter als auch für Abnehmer gekennzeichnet. Das innovierende Unternehmen kann bei inkrementellen Innovationen auf eigene Erfahrungswerten in der Produktion und Vermarktung zurückgreifen. Durch die Geringfügigkeit des Neuigkeitsgrads erwächst dem Unternehmen aber selten ein deutlicher Wettbewerbsvorteil, da auch Konsumenten keine wesentliche Verbesserung des Produkts wahrnehmen – sofern diese mit dem Produkt ebenfalls bereits vertraut sind (geringer Neuigkeitsgrad für den Abnehmer). Folglich dienen inkrementelle Innovationen primär der Kostensenkung bei Gewährleistung einer konstanten Leistungsfähigkeit. **Radikale Innovationen** hingegen sind durch sehr hohe Neuigkeitsgrade gekennzeichnet, so Weltneuheiten. Sind sie erfolgreich, bieten sie dem innovierenden Unternehmen das Potential nachhaltige Wettbewerbsvorteile aufzubauen und ggf. sogar einen neuen Markt zu begründen, so geschehen durch die Einführung des iPhones durch das Unternehmen Apple und die daraus resultierende Begründung des Smartphone-Markts. Wie bereits in Abschnitt 16.3. angesprochen, eröffnet das Internationale Marketing jedoch auch das Potenzial in einzelnen Ländermärkten Innovationen einzuführen, die bisher in dem Auslandsmarkt unbekannt waren. Dieser Vorgang entspricht in gewisser Weise einer für den Ländermarkt radikalen Innovation. Zu beachten ist dabei jedoch, dass im Gegensatz zu Weltneuheiten, sehr schnell mit Imitationen durch Wettbewerber gerechnet werden muss, da das einführende Unternehmen international gesehen keine radikale Innovation verwendet.

Prozess der internationalen Produktinnovation

Wie in Abbildung 16.15 angedeutet, kann der Innovationsprozess in drei Phasen von der strategischen Planung, über die Realisierung bis zur Implementierung untergliedert werden.

Abbildung 16.15: Strukturierter Innovationsprozess

Phase 1 Planungsphase	Phase 2 Realisierungsphase	Phase 3 Implementierungsphase
Grundlagen-/Angewandte Forschung → Festlegung der strategischen Stoßrichtung	Ideenfindung → Entwicklung	Markterprobung und Produktion → Markteinführung

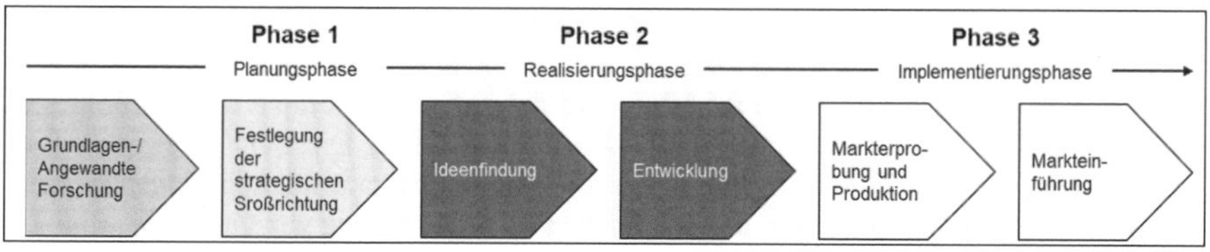

Quelle: I.A.a. Swoboda/Weiber 2013, S. 101; Weiber/Pohl 2016, S. 75.

Diese grundlegende Konzeptualisierung findet sich dabei sowohl im nationalen wie auch Internationalen Marketing. Die internationale Marktbearbeitung weist dabei jedoch einige Besonderheiten auf. So zeigt sich bereits in der ersten Phase (strategische Planung), dass im Internationalen Marketing strategische Prioritäten auf die komplexen Anforderungen einer internationalen Marktbearbeitung ausgerichtet werden müssen. Auch zeigen die unterschiedlichen Ländermärkte mitunter deutliche Unterschiede in den Marktchancen und Risiken. Das innovierende Unternehmen muss daher zunächst entscheiden, für welche Ländermärkte ein Produkt entwickelt werden soll. Wie bereits in Abschnitt 16.5.1. besprochen, kann es sich um Innovationen für alle Ländermärkte, nur den Heimatmarkt oder nur ausgewählte Auslandsmärkte handeln. Im Rahmen der Realisierungsphase haben international tätige Unternehmen eine größere Bandbreite an Ressourcen zur Verfügung. So kann die Ideenfindung über Informationen aus unterschiedlichen Länderniederlassungen gespeist werden. Auch findet bei MNU oftmals eine Verteilung der Forschungs- und Entwicklungsarbeiten international verteilt statt. Hierüber können die Kompetenzen der jeweiligen Standorte optimal genutzt werden. Darüber hinaus kann die Entwicklungsgeschwindigkeit erhöht werden, wenn die unterschiedlichen Standorte in verschiedenen Zeitzonen liegen. Hierdurch kann durchgängig an der Innovation gearbeitet werden. Diese Art der dezentralen Entwicklung stellt allerdings hohe Anforderungen an die Koordination des gesamten Prozesses. Ob und in welcher Reihenfolge die Implementierungsphase in mehreren Ländern erfolgt, hängt von den grundlegenden Entscheidungen der ersten Phase ab. Durch eine gleichzeitige Einführung steigt zum einen die Komplexität und das Risiko, jedoch können ggf. **Pioniervorteile** realisiert werden.

Determinanten des Einführungstimings von Innovationen

In welchen Ländern ein Unternehmen radikale Innovationen wann einführt, hängt von einer Reihe unterschiedlicher Determinanten ab. Diese entsprechen zum einen den generellen Determinanten für die Auswahl von zu erschließenden Auslandsmärkten, i.S. der Marktattraktivität (siehe Kapitel 5.). Zum anderen spielt auch der landesspezifische Produktlebenszyklus sowie der landesspezifische Schutz geistigen Eigentums eine wesentliche Rolle. Wie in Abschnitt 16.3. ausgeführt, bestimmt der landesspezifische Produktlebenszyklus, ob ein bestehendes Produkt weiterhin vermarktet werden sollte (bspw. in Wachstumsphasen) oder sich sein Lebenszyklus dem Ende nähert. Inkrementelle Innovationen, die bestehende Produkte aktualisieren oder geringfügig verbessern, erlauben es, den Lebenszyklus eines Produktes zu verlängern. Daher eignen sie sich besonders für Einführungen in Ländermärkte, die sich bereits in späteren Lebenszyklusphasen befinden. Da radikale Innovationen mit einem hohen Risiko verbunden sind und potenziell bereits im Markt etablierte Problemlösungen, so bestehende Produkte, kannibalisieren, eignen auch diese sich eher für Ländermärkte in späteren Lebenszyklusphasen, falls durch eine frühzeitige Einführung keine signifikanten Pioniervorteile erzielt werden können.

Die Schutzrechte für geistiges Eigentum sind den formellen Institutionen eines Landes zuzuordnen. In ihrem Kern regeln sie, inwieweit Innovationen z.B. durch Patente geschützt werden können sowie welche rechtlichen Möglichkeiten ein Unternehmen besitzt, Verletzungen dieser Rechte gerichtlich zu verfolgen. Bei mangelndem Schutz geistigen Eigentums in einem Ländermarkt besteht die Gefahr, dass lokale Wettbewerber Innovationen kopieren und als Konkurrenzprodukt auf dem Markt anbieten (**Produktpiraterie**). Diese Gefahr steht der Einführung insb. radikaler Innovationen entgegen und muss im Einzelfall abgewogen werden. Besondere Brisanz erlangt die Produktpiraterie bei der Verwendung von Online-Plattformen in der internationalen Marktbearbeitung, da bei diesen eine Beurteilung und Durchsetzung von Schutzrechten aufgrund ihrer globalen Reichweite schwierig ist (Miric/Jeppesen 2020).

Erfolgsdeterminanten von Innovationen

Wie oben bereits ausgeführt wurde, ist insb. die Beurteilung des Neuigkeitsgrads sowie der Problemlösefähigkeit einer Innovation aus Nachfragersicht entscheidend für ihren Markterfolg. Es verwundert daher nicht, dass in der Literatur vielfach die Relevanz von Marktwissen und dem Zugang zu diesem Wissen untersucht wurde (Dubiel u.a. 2018).

Empirische Befunde verdeutlichen dabei zunächst, dass eine international orientierte Innovationskultur in einem Unternehmen als Erfolgsfaktor zu klassifizieren ist (Dubiel u.a. 2018). Die Autoren zeigen in ihrer Studie, dass hierüber ein Commitment dafür geschaffen wird, in der Neuproduktentwicklung relevante Informationen aus unterschiedlichen Ländermärkten zu berücksichtigen. Dies führt zu einer Integration dieser Unterschiede in die Problemlösefähigkeit. Je höher die internationale Erfahrung des Unternehmens ist, desto positiver ist der Effekt. Ist die **Innovationskultur** hingegen auf den Heimatmarkt des Unternehmens begrenzt, bewirkt internationale Erfahrung lediglich eine Verbesserung der Kommerzialisierung des Neuprodukts in Auslandsmärkten, ohne eine Steigerung der Problemlösefähigkeit zu erzielen. Ähnliche Befunde erzielten auch Wu/Wu (2014), indem sie nachwiesen, dass der Erfolg von Innovationen dadurch gesteigert werden kann, wenn sowohl lokale als auch internationale Erfahrungen in die Produktentwicklung einfließen.

Für die lokale Adaption von Produkten, i.S. inkrementeller Innovationen, konnte gezeigt werden, dass Unternehmen erfolgreicher sind, die einer lokalen Niederlassung weitestgehende Autonomie in der Adaption gewähren (Beugelsdijk/Jindra 2018). Bei radikalen Innovationen hingegen zeigt auch diese Studie, dass der Erfolg durch die Kombination lokalen und internationalen Wissens gesteigert werden kann. Zugang zu lokalem Wissen kann ein Unternehmen dabei sowohl durch eigene Erfahrungen erlangen aber auch durch regionale Kollaborationen mit Partnerunternehmen (Aarstad/Kvitastein/Jakobsen 2019).

Internationale F&E und Produktinnovation

Im Rahmen des Innovationsprozesses ist v.a. der **Forschung & Entwicklung** eine herausragende Bedeutung beizumessen, da in diesem Bereich die eigentliche (technische) Entwicklung von Produktinnovationen erfolgt und F&E dadurch als eine zentrale Wertschöpfungsaktivität im Hinblick auf den Marktbearbeitungs-Prozess bildet. So betragen z.B. in der Investitionsgüterindustrie F&E-Aufwendungen, gemessen am Umsatz, nicht selten 6% und mehr und dies bspw. mit wachsender Tendenz in Deutschland. Erfolgt F&E marktorientiert, dann steht sie am Anfang einer Wertschöpfungskette, wo die Kollektionsentwicklung bzw. das Design einen periodisch wiederkehrenden und marktorientierten Prozess bilden. Zugleich kann F&E als Teil eines umfassenderen Innovationsprozesses gesehen werden, wobei dann F&E eine hohe Bedeutung für den Erfolg des Innovationsprozesses insgesamt hat, da hier u.a. auf technischer Ebene die Leistungsfähigkeit der Invention determiniert wird.

Allgemein zielt F&E auf die Generierung von Wissen ab, das in die Produkte und Produktionsprozesse eines Unternehmens eingeht und daher die Wettbewerbsfähigkeit bestimmt.

Der Wissensentstehungsprozess in der F&E, v.a. bei technologiebasierten Unternehmen, ist zunehmend global. Die Pioniere der F&E-Internationalisierung waren High-Tech-Unternehmen, die in Marktnischen und in relativ kleinen Heimatmärkten arbeiteten und daher bereits sehr früh internationale F&E durchführten. Heute sind aufgrund der zunehmenden Wettbewerbsintensität und den Vorteilen einer internationalen F&E v.a. die großen Unternehmen wie ABB, Philips, Roche, Alcatel o.Ä. internationalisiert in ihren F&E-Aktivitäten.

Die wachsende Intensität der F&E-Internationalisierung kann exemplarisch Abbildung 16.16 entnommen werden. Konkrete internationale Entscheidungen betreffen dann bspw. die **Konfiguration** (d.h. die Bestimmung der Anzahl und der Wahl der internationalen F&E-Standorte), die **Koordination** (d.h. die Zuweisung von Kompetenzen an die F&E-Einheiten) oder die **Externalisierung** (d.h., die Bestimmung der Leistungstiefe bzw. der Kooperation in der F&E, hierzu Zentes/Swoboda/Morschett 2004, S. 73ff.). Vor allem kann gezeigt werden, dass Kooperationen in der F&E an Bedeutung gewinnen, da hierdurch die Flexibilität erhöht und die Bindung verringert wird, wenn Unternehmen nicht nur einzelne F&E-JV sondern F&E-Netzwerke mit zahlreichen Partnern unterhalten (z.B. mit anderen Unternehmen, so Lieferanten, aber auch mit Hochschulen, staatlichen Forschungseinrichtungen, F&E-Einrichtungen). Diese Vorteile sind im Vorfeld einer Kooperationsanbahnung und -schließung abzuwägen, so im Kontrast zu Koordinationsaufwendungen. Die Bedeutungszunahme der F&E – v.a. in technologieorientierten Unternehmen aus Industrienationen – ist auf die Notwendigkeit zurückzuführen, permanent neue Leistungsangebote entwickeln zu müssen, um bestehen zu können.

Abbildung 16.16: Intensität und Internationalität des F&E

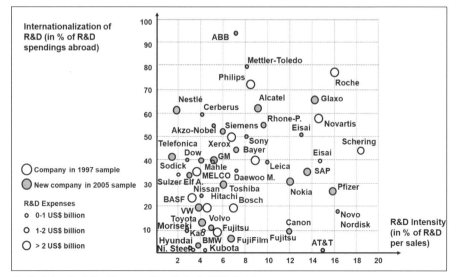

Quelle: I.A.a. Boutellier/Gassmann/Von Zedtwitz 2008, S. 46.

16.5.3. Produktvariation

Unter Produktvariation versteht man die Modifikation von Eigenschaften vorhandener Produkte. Produktvariationen können sowohl auf einem einzelnen Ländermarkt vorgenommen werden als auch länderübergreifend. Dabei werden die eigentlichen Basisfunktionen des Produktes nicht verändert, sondern die Modifikationen beziehen sich v.a. auf ästhetische Merkmale (z.B. Form oder Farbe), auf physikalisch-funktionale Merkmale (z.B. Material oder Qualität) oder auf symbolische Merkmale (z.B. Markenname oder -image) sowie zusätzliche Dienstleistungen. Beispiele für Produktvariationen sind neue Geschmacksrichtungen im Lebensmittelbereich oder Face-lifts im Automobilbereich. Hinsichtlich der internationalen Produktvariation werden zwei Arten unterschieden (Meffert u.a. 2019, S. 458ff.):

- Die **Produktpflege** bezieht sich lediglich auf kleinere Änderungen der Produkte. Sie dient neben der Anpassung an Umfeldveränderungen (z.B. Änderungen der Geschmackspräferenzen im Lebensmittelbereich oder veränderte rechtliche Rahmenbedingungen) der Sicherung der Aktualität der Produkte im Zeitablauf, kann aber auch erfolgen, um leichte Produktmängel abzustellen oder die Produktionsprozesse zu optimieren.
- Die **Produktmodifikation** geht über leichte Änderungen hinaus und wird deshalb auch als **Produktrelaunch** bezeichnet. Sie ist mit umfassenden Veränderungen der Produkteigenschaften verbunden. Modifikationen erfolgen, um vergleichsweise weitgehenden Veränderungen der internen und externen Rahmenbedingungen zu entsprechen. Oftmals sollen sie dazu führen, dass der Lebenszyklus von Produkten verlängert wird; sie dienen somit auch der Sicherung der Aktualität von Produkten.

Das Ziel von Produktvariationen liegt vorwiegend darin, die Produkte an veränderte Rahmenbedingungen anzupassen. Im internationalen Kontext sind zudem – neben grundsätzlichen Anpassungen an länderspezifische Unterschiede, die bei Erstentscheidungen über die Produktgestaltung zu treffen sind – Variationen als Reaktion auf Länderrückkopplungen von Bedeutung.

16.5.4. Produktdifferenzierung

Unter Produktdifferenzierung versteht man allgemein die Ergänzung der in den Märkten bereits eingeführten Produkte um weitere Produktvarianten. Bei der Produktdifferenzierung i.e.S. werden **Merkmalsmodifikationen** vorgenommen, die über die Modifikation im Rahmen von Produktvariationen hinausgehen und segmentspezifische Merkmale betreffen. Die Differenzierung kann sich auf funktionale Produkteigenschaften oder auf die Produktaufmachung beziehen. Eine derartige Produktdifferenzierung kann z.b. anhand von Modulkonzeptionen vorgenommen werden. Ziel ist es, die spezifischen Bedürfnisse unterschiedlicher Kundengruppen gezielter ansprechen zu können oder neue Kundengruppen als Zielgruppen hinzuzugewinnen. Im internationalen Kontext kann eine solche Differenzierung sowohl innerhalb eines Ländermarktes vorgenommen werden, indem z.B. unterschiedliche Modellvarianten im Automobilbereich angeboten werden (z.B. Limousine, Kombi und Cabriolet), sie kann aber auch vorgenommen werden, indem unterschiedliche Produktvarianten für alternative Ländermärkte realisiert werden.

Eine andere Form der Produktdifferenzierung ist die **Produktvarietät** (Produktdifferenzierung i.w.S.). Sie ist nicht segmentgerichtet, sondern der Gesamtmarkt wird mit mehreren Produktvarianten bearbeitet, sodass ein Wettbewerb zwischen den Produkten aufgebaut wird (Meffert u.a. 2019, S. 460). Produktveränderungen werden v.a. dann erforderlich, wenn Marktveränderungen, z.B. i.S. neuer Kundenbedürfnisse, auftreten. Sie können aber auch durch neue Entwicklungen im Bereich der Technologien forciert werden. Beispiele für Produktvarianten, die hierdurch beeinflusst werden, sind z.B. die unterschiedlichen Ausstattungsvarianten im Pkw-Bereich. Solche Anpassungserfordernisse werden häufig auch durch Rückkopplungseffekte zwischen den Ländermärkten ausgelöst (z.B. durch nachfragerbezogene Rückkopplungen). Differenzierungen können anhand eines Zusatzangebots an (Kunden-) Dienstleistungen erfolgen. Dadurch können Änderungen der rechtlichen Bedingungen (Garantieleistungen) oder der Kunden- bzw. Umfeldanforderungen berücksichtigt werden (Backhaus/Voeth 2010, S. 339f.).

Abbildung 16.17 fasst gebräuchliche Ansatzpunkte für Produktvariationen- und -differenzierungen zusammen. Hierbei ist im Internationalen Marketing zu beachten, dass sich Anpassungen anhand ästhetischer oder symbolischer Eigenschaften oftmals aus kulturellen Unterschieden zwischen den Ländermärkten begründen. Physikalische und funktionale Eigenschaften sowie Value-Added Services hingegen oft von ökonomischen, rechtlichen oder geographischen, so auch klimatischen, Bedingungen, motiviert werden.

16.5.5. Diversifikation des Produktprogramms

Diversifikationsstrategien sind dadurch gekennzeichnet, dass das Unternehmen neue Produkte in das Produktprogramm aufnimmt. Wichtig sind dabei v.a. die **horizontale Diversifikation**, bei der Produkte der gleichen Marktstufe aufgenommen werden, sowie die **laterale Diversifikation**, bei der vollständig neue Produkt-Markt-Felder erschlossen werden, die in keinem Zusammenhang zum bisherigen Aktivitätsspektrum der Unternehmen stehen. Die Diversifikation stellt damit einen Spezialfall der Produktinnovation dar. Dies kann wiederum auf den jeweiligen Ländermärkten erfolgen. Weiterhin kann aber auch die internationale Markterschließung oder Erweiterung des Aktivitätenfeldes anhand von Diversifikationsstrategien angestrebt werden. Diversifikationsentscheidungen dienen v.a. der Risikostreuung und der Wachstumssicherung von Unternehmen. Sie werden zudem auch dann eingesetzt, wenn sich aufgrund von Umfeldveränderungen Verschiebungen der Konkurrenz-, Beschaffungs- oder der Nachfragebedingungen ergeben, die entweder zu Sättigungserscheinungen oder Rückgängen bei bereits bestehenden Produkten führen oder wenn sich dadurch neue Bedarfs- bzw. Aktivitätsfelder für das Unternehmen auftun.

Abbildung 16.17: Ansatzpunkte für Produktvariation und -differenzierung

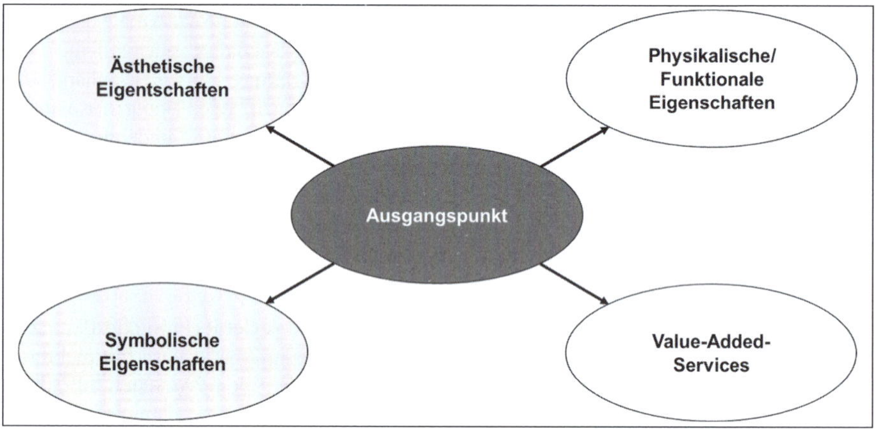

[Abbildung: Ausgangspunkt mit vier Ansatzpunkten – Ästhetische Eigenschaften, Physikalische/Funktionale Eigenschaften, Symbolische Eigenschaften, Value-Added-Services]

Quelle: I.A.a. Meffert u.a. 2019, S. 485.

16.5.6. Produkteliminierung

Die internationale Produkteliminierung beinhaltet die Herausnahme einzelner Produkte, von Produktvarianten oder von einer oder mehreren Produktlinien aus dem Programm des Unternehmens. Die Eliminierung kann dabei auf einzelne, mehrere oder alle Ländermärkte bezogen sein. Da die Lebenszyklen der Produkte i.d.R. in den unterschiedlichen Ländern voneinander abweichen, werden Eliminierungsentscheidungen häufig landesbezogen getroffen. Eine Eliminierung wird v.a. dann vorgenommen, wenn das jeweilige Produkt auf den Ländermärkten nicht mehr rentabel ist. Eliminierungen können aber auch – neben Rentabilitätsüberlegungen – dann vorgenommen werden, wenn eine Aktualisierung des Programms durch das Unternehmen erfolgt und „alte" Produkte bzw. Produktvarianten durch neue Produkte, die z.B. an neue technische Entwicklungen oder neue Nachfrageranforderungen angepasst sind, ersetzt werden. Ebenso können Änderungen der Gesetzgebung (z.B. Produkthaftungsgesetze, Local-Content-Vorschriften o.Ä.) zu Eliminierungsentscheidungen führen.

In Abbildung 16.18 ist eine Übersicht über unterschiedliche Gründe für Eliminierungsentscheidungen in der internationalen Produktpolitik dargestellt. Bei den internationalen Eliminierungsentscheidungen ist zu beachten, dass zwischen den unterschiedlichen Bestandteilen des Leistungsprogramms sowie zwischen den Ländermärkten Interdependenzen bestehen. Zum Beispiel im Fall komplementärer Absatzbeziehungen zwischen mehreren Produkten kann die Eliminierung eines Produktes zu Absatzrückgängen der anderen Produkte führen. Zudem ist es möglich, dass Eliminierungen auch mit Imageproblemen verbunden sind. Diese können als Resultat nachfragerbezogener Rückkopplungen zwischen den Ländermärkten auftreten, indem z.B. der Rückzug aus einem Markt Absatzrückgänge auf weiteren Märkten nach sich zieht, weil die Nachfrager durch den Rückzug aus einem Land verunsichert werden, so hinsichtlich der weiteren „Zukunft" des Produktes auf dem eigenen Markt (z.B. bezüglich Serviceleistungen, Aktualisierungen, Updates o.Ä.). Auch ist zu beachten, dass trotz ggf. negativer Ergebnisse eine Präsenz auf bestimmten wichtigen Märkten aus Imagegründen erforderlich ist und damit eine Eliminierung negative Konsequenzen hätte.

Abbildung 16.18: Einflussfaktoren auf Produkteliminierungsentscheidungen

Quantitative Kriterien	Qualitative Kriterien
■ Sinkender Umsatz/Deckungsbeitrag/Marktanteil ■ Sinkende Rentabilität ■ Sinkender Kapitalumschlag ■ Geringer Umsatzanteil ■ Ungünstige Umsatz-Kosten-Relation ■ Hohe Ressourcenbeanspruchung	■ Störungen im Produktionsablauf ■ Einführung von Konkurrenzprodukten ■ Negativer Einfluss auf das Unternehmensimage ■ Änderungen der Bedarfsstruktur ■ Änderung gesetzlicher Vorschriften ■ Technologische Veralterung

16.6. Interdependenzen und Dynamik

Die internationale Produktpolitik steht in enger und vielfach wechselseitiger Beziehung zu weiteren Entscheidungen im Internationalen Marketing. Nachfolgend wird hierzu zunächst auf die Interdependenzen zu den internationalen Strategien eingegangen. Im Anschluss daran werden die Wechselwirkungen zu weiteren Marketing-Mix Elementen angesprochen.

Internationale Strategien

Wie in diesem Kapitel bereits mehrfach angesprochen, stehen die Fragen nach Standardisierung oder Adaption des Leistungsprogramms sowie der individuellen Produkte in enger Beziehung zu den grundlegenden internationalen Strategien (siehe Kapitel 2.) sowie den unterschiedlichen Betätigungsformen (siehe Kapitel 9.).

Folgt ein Unternehmen der **Internationalen Strategie**, also einer Replikation des Leistungsangebots sowie der -erbringung in Auslandsmärkten, kann davon ausgegangen werden, dass standardisierte Produkte verwendet werden. Anpassungen sind eher wahrscheinlich hinsichtlich der Breite und Tiefe der Programmgestaltung, jedoch nur in der Form von Verkürzungen. In dieser Hinsicht erscheint ebenso eine Bearbeitung der Auslandsmärkte über den Export ausgewählter Produkte aus dem Heimatland als wahrscheinlichste Betätigungsform. Auch die **Globale Strategie** setzt auf ein hohes Maß an Standardisierung in der Bearbeitung internationaler Märkte. Hierbei steht jedoch die explizite Berücksichtigung der internationalen Marktbearbeitung im Vordergrund. Der Erfolg einer Globalen Strategie basiert auf der Realisation von Economies of Scale. Um diese zu erzielen und gleichzeitig die Nutzenerbringung der Produkte in unterschiedlichen Ländern zu erlauben, bietet sich Unternehmen insb. die **Built-In-Flexibility** an. Eine Produktgestaltung in dieser Form ermöglicht es, mit einem standardisierten Produkt länderübergreifend zu operieren, da auf zentrale Länderunterschiede bei der Erbringung des Kernproduktnutzens, z.B. unterschiedliche Stromspannungen, eingegangen wird. Die Standardisierung der Produktattribute hingegen limitiert den Zusatznutzen, der in unterschiedlichen Ländern, z.B. durch kulturelle Unterschiede oder auch die lokale Markenbekanntheit, erzielt werden kann. Hinsichtlich der Betätigungsformen bieten sich vorrangig Formen mit hoher Kontrollmöglichkeit über die Produkte an. Zu diesen zählen neben Tochtergesellschaften auch der Export und, im Bereich von Dienstleistungen, das Franchising. Für **Transnationale Strategien** ist es erforderlich, zumindest teilweise auch Anpassungen der Produktattribute sowie der Produktdienstleistungen vorzunehmen, um eine optimale Balance zwischen Standardisierungs- und Adaptionsvorteilen zu realisieren. Über Built-In-Flexibility und **Modular Design** können dabei weiterhin Standardisierungsvorteile genutzt werden, während eine weitergehende Anpassung an den Markt, bspw. bei Verpackungsgrößen oder der Markenwahl ermöglicht wird. Ebenso können länderspezifische Anpassungen bzgl. der Breite und Tiefe des Programms getroffen werden. Da bei der **Multinationalen Strategie** die Optimierung der landesspezifischen Nachfragerbedürfnisse im Vordergrund steht, muss die Produktpolitik weitestgehend adaptiert werden. Dies gilt insb. für die Produktattribute und -dienstleistungen, da hierüber eine Differenzierung zum lokalen Wettbewerb geschaffen werden kann. Da die Anpassungs- und Innovationsprozesse auf umfassendem lokalem Wissen beruhen müssen, bieten sich als Betätigungsformen primär solche an, die einen unmittelbaren Kontakt zu den jeweiligen Nachfragern ermöglichen, so Tochtergesellschaften und JV.

Marketing-Mix und Dynamik

Die Entscheidungen der Produktpolitik stehen in engen Interdependenzen zum gesamten Marketing-Mix. Besonders hervorzuheben sind dabei das internationale Markenmanagement, die internationale Preispolitik sowie die internationale Distributionspolitik.

Die wechselseitige Beziehung zum Markenmanagement sowie der Preispolitik ergibt sich unmittelbar aus dem Umstand, dass beide Marketing-Mix Elemente auch Teil der Produktattribute sind und hierdurch den Produktnutzen beeinflussen. So beeinflusst bspw. die Preisstellung eines Produkts auch die Qualitätsbeurteilung der Nachfrager. Darüber hinaus bestimmt die technisch-funktionale Ausgestaltung eines Produkts den Wert und somit die untere Preisgrenze, die in den Ländermärkten gesetzt werden kann. Insbesondere in der Bearbeitung von Schwellen- und Entwicklungsländern kann der Preis durch das geringe Einkommensniveau zu einer Kaufbarriere werden, die in der Folge Anpassungen des Produkts zur Kostenreduktion erfordern.

Wie auch bereits in Kapitel 15. dargestellt, stiftet die Marke, die für ein Produkt in einem Ländermarkt verwendet wird, einen zusätzlichen Nutzen. Hierüber ergeben sich, in Ergänzung der obigen Ausführungen in diesem Abschnitt, Rückkopplungen zur Ausgestaltung der Produktattribute. Diese betreffen zudem die Verpackungsgestaltung, i.S.d. Markierung von Produkten.

Die Verpackungsgestaltung sowie die technisch-funktionale Produktgestaltung stehen zudem in einer interdependenten Beziehung zur Distributionspolitik. Zu denken ist hierbei u.a. an die Lagerfähigkeit der Produkte, z.B. Haltbarkeit, notwendige Kühlung oder auch Stapelbarkeit und Widerstandsfähigkeit der Verpackung. Die internationale Kommunikationspolitik steht abschließend ebenfalls in Beziehung zur Produktpolitik. Zu denken ist hierbei z.B. an den Grad der Neuheit eines Produkts in einem Ländermarkt. Handelt es sich um eine Innovation, die eine bisher in dem Land unbekannte Problemlösung ermöglicht, muss diese über gezielte Kommunikationsmaßnahmen beworben werden. Durch die länderspezifische Beurteilung der Neuheit kann dies zu erheblichen Adaptionserfordernissen in der Kommunikation führen.

17. Internationale Preispolitik

17.1. Systematisierung der Entscheidungsoptionen

Preispolitik bezieht sich allgemein auf alle Entscheidungen im Hinblick auf das von den Kunden für die Leistung, die sie von einem Unternehmen erhalten, zu entrichtende Entgelt (Homburg 2020, S. 723). Die internationale Preispolitik hat im Gesamtgefüge des Internationalen Marketing-Mix eine besondere Rolle. Sie ist länderübergreifend relativ einfach zu kontrollieren und – zumindest operativ – schnell anzupassen. Sie einzusetzen ist dadurch häufig „verlockend", denn sie ist zudem das einzige Marketinginstrument, dessen Einsatz zumindest vordergründig nicht mit hohen Kosten verbunden ist (Hollensen 2020, S. 512).

Bekannt ist, dass es schwierig ist, standardisierte Marken international zu unterschiedlichen Preisen anzubieten, was andeutet, dass die Preispolitik schwer zu standardisieren ist. Dies liegt u.a. daran, dass über die realisierten Preise langfristig die Gesamtkosten gedeckt werden müssen, während bspw. bei Exportstrategien Intermediäre und Transportwege zu internationaler Preiseskalation führen können. Die Preispolitik ist zudem lokalen Einflüssen ausgesetzt, wie Gesetzgebung, Steuern oder Vorschriften, die Einfluss auf die Kostenstruktur und die Preissetzungsoptionen haben. Zudem können international unterschiedliche Wettbewerbsbedingungen in Verbindung mit der Produkt- und Markenpolitik unterschiedliche Preisspielräume aufspannen, wie Premium-Preise bei günstigen Marktbedingungen (z.B. starke Nachfrage bei schwachem Wettbewerb) oder wettbewerbsorientierte Preise bei ungünstigeren Marktbedingungen (z.B. schwache Nachfrage bei intensivem Wettbewerb, Powers/Loyka 2010).

Im internationalen „Pricing" steht zumeist der Preis als monetäre Gegenleistung („**Entgelt**") im Vordergrund. Bei preispolitischen Überlegungen sind jedoch nicht nur die rein auf das Entgelt bezogenen Aspekte wichtig, sondern auch Fragen des **Preis-Leistungs-Verhältnisses**. Gerade international können unterschiedliche (Kunden-)Wahrnehmungen dazu führen, dass die internationale Preisstrategie dieser Perspektive Rechnung tragen muss, da Preise nicht nur einen Preiszähler (= Entgelt) besitzen, sondern auch einen Preisnenner, der durch den interdependenten Leistungsumfang repräsentiert wird (Diller u.a. 2020, S. 38). Dies hängt auch damit zusammen, dass ein besonders starker Zusammenhang zwischen Preis und Qualität bzw. Qualitätswahrnehmung besteht. Es ist international entsprechend erforderlich, neben dem direkten Entgelt auch Ausgaben zu berücksichtigen, die mit Kauf, Nutzung und Inanspruchnahme von Produkten und Leistungen verbunden sind. Im Sinne einer „Total Cost of Ownership" (TCO) -Perspektive sind weitere Komponenten einzubeziehen, wie mit dem Kauf und der Inbetriebnahme verbundene Logistikkosten, Betriebskosten, Wartungskosten usw. Generell sind dabei v.a. zwei Perspektiven zu berücksichtigen:

- Marktpreisbildung ggü. privaten oder gewerblichen Endabnehmern
- Marktpreisbildung ggü. Intermediären (keine finalen Abnehmer).

Bei beiden ist die internationale Preispolitik von ähnlichen Triebkräften beeinflusst und auch die Mechanismen von Preisstrategien und -findung sind ähnlich, jedoch wird davon ausgegangen, dass im B2B-Kontext der Preis-Qualitätszusammenhang deutlich ausgeprägter und von stärkerer Bedeutung in der Wahrnehmung der Nachfrager ist. Wenngleich B2B-Einkäufer oftmals als stark kostenorientiert beschrieben werden, so werden sie doch oft als weniger preissensitiv eingestuft als B2C-Kunden, weil die Preis-Leistungsbeurteilung und TCO-Beurteilungen stärker im Fokus stehen. Zudem wird B2B-Einkäufern eine höhere Expertise bei den Kaufentscheidungen zugesprochen, die durch Buying-Center-Strukturen, Bewertungstools oder -modelle verstärkt wird. Während ferner national die Preise ggü. den Endabnehmern i.d.R. mehr oder weniger autonom festgelegt werden können, sind international oft mehrstufige Vertriebsstrukturen zu finden. Im Fall der Preisbildung ggü. **Intermediären** (z.B. Händlern) sind Fragen von Bedeutung, die sich darauf beziehen, ob der Anbieter die (End-) Preisfestlegung beeinflussen kann. Die Preisbildung durchläuft einen mehrstufigen, oft grenzüberschreitenden Prozess, bei dem die Festlegung der Preise ggü. den Intermediären als direkten Kunden erfolgt und weiterhin die Festlegung (oder Beeinflussung) der Endabnehmerpreise angestrebt wird. Diese kann autonom auf den alternativen Handelsstufen in den unterschiedlichen Ländern durchgeführt werden oder es erfolgt eine Einflussnahme durch den Anbieter über die Absatzkanäle (zweistufige Preispolitik). Sowohl die Endabnehmer als auch die Intermediäre können dabei in mehreren Ländern aktiv sein („**Multinational Customers**").

Abbildung 17.1: Bezugsrahmen der internationalen Preispolitik

Umfeldfaktoren (Makro)	Wettbewerbsfaktoren (Meso)	Marketing-Mix	Interne Faktoren (Mikro)
- Regularien: Importkontrolle, Preiskontrolle, Steuern etc. - Normen und Kultur - Einkommensniveaus - Währungsstabilität - Bedeutung Grauer Märkte	- Nachfrage: Struktur, Zahlungsbereitschaft und -verhalten, Arbitrageneigung - Wettbewerb: Situation, Intensität, Ziele, Strategien, relative Stärken/Schwächen	- Marke und Produkt: Position, Produktlebenszyklusphase, Merkmale (Qualität, Service) - Vertriebsstruktur: Direktvertrieb, Absatzorgane und -kanäle	- Internationale Strategie - Unternehmensreputation - Marketingziele - Market Entry Modes - Produktionskosten/-standorte - Country of Origin

Strategische Entscheidungen	Weitere Entscheidungen	Konditionenpolitik
▪ Positionierung sowie Preislagen und -gefüge ▪ Penetration bei Neuprodukten ▪ Strategietypologien ▪ Standardisierung vs. Adaption über Ländergrenzen hinweg	▪ Preisfindung ▪ Währungsrisiken ▪ Besonderheiten im Online-Bereich ▪ Transferpreise	▪ Lieferbedingungen ▪ Zahlungs- und Kreditpolitik ▪ Rabattpolitik ▪ Standardisierung vs. Adaption über Ländergrenzen hinweg

Interdependenz (Internationale Strategie, Marketing-Mix) und Dynamik (Being-International)

Quelle: I.A.a. Hollensen 2020, S. 589.

Abbildung 17.1 deutet die vielfachen Einflussfaktoren und die nachfolgend zu betrachtenden Entscheidungsoptionen an, v.a. strategische Entscheidungen. Neuere Studien gewichten auch beim „Pricing" die Kundenperspektive sehr stark (siehe Abbildung 17.2).

Abbildung 17.2: Ausgewählte Studien zum internationalen Pricing

Autor(s)	Topic	Th./Emp. Basis	Core results
\multicolumn{4}{c}{**Strategic Decision in International Pricing**}			
Burkert u.a. 2017	Configurations and performance outcomes of price management	None/N=419 executives in EU firms, six B2B industries, EFA, CFA, cluster analysis	▪ Five configurations of pricing organization for value appropriation: Rock-Solid Handcrafter, Eager Beaver, Monocracy, Talk the Talk, Stuck in the Middle. ▪ More systematic approaches to pricing organization significantly improve value appropriation outcomes.
Hallberg 2017	Involvement of assets and routines in the implementation of pricing strategy	None/N=26 interviews in EU packaging industry, case analysis	▪ Different types of factors enable different pricing strategies. ▪ Human capital (importance of judgments and commercial experience) essential for successful price discrimination. ▪ Setup and design of organization essential for successful price elasticity leverage (e.g., premium price strategies). ▪ Product costing information (IT-systems) essential for firms with cost advantage/low-price supplier strategies. ▪ Pricing strategy restricted by individual attributes/judgments of decision-makers and assets/ routines of a firm.

– Abbildung wird fortgesetzt –

– Fortsetzung –

Davcik/ Sharma 2015	Role of brand equity, marketing investment, differentiation on pricing	Industrial organization/ N=735 consumer goods brands of Nielsen, regression analysis, cluster analysis	■ Premium price positively linked to innovation, company type. ■ Higher price increase with focus on brand equity and higher marketing investments in a brand. ■ Negative interaction of equity and marketing investment (lower vs. higher quality brands lower price performance. ■ Ppremium price increased by brand differentiation.
Hofer/ Niehoff-Hoeckner/ Totzek 2019	Export performance/export pricing organization (moderation of market characteristics)	Agency, transaction cost/ N=295 executives in Austria/Germany, Regressions, SEM	■ Intensity of internal pricing coordination and price adaptation have a positive effect on export performance. ■ In turbulent export markets, intensity of internal pricing coordination contributes to export performance. ■ High level of horizontal dispersion of pricing authority advisable in countries in which enforcement of contracts is difficult.
Consumer Evaluations in International Pricing			
Bolton/Keh/ Alba 2010	Difference of price fairness perceptions across culture	None/students experiment 1: N=334 China/US, 2: N= 188 US, 3: N=270 China/US, 4: N= 255 China/US, ANOVA	■ Price fairness: Chinese collectivists react stronger to in-group vs. out-group price comparisons (vs. USA individualists). ■ Consumers primed with interdependent self-construal react more strongly to in-group vs. out-group price comparisons. ■ Chinese exhibit stronger face-driven emotional responses to in-group vs. out-group price comparisons and react more strongly in a loyal vs. first-time buyer-seller relationship.
Lowe/ Barnes/ Rugimbana 2012	Impact of price promotions on face value effect	Face-value theory/ N=353 students asked about holiday in Japan or Australia, experiment 1 (N=171), 2 (N=182), ANOVA, MANOVA	■ For low-price product reference price is lower (higher) when prices presented in a high (low) denomination currency. ■ For low-(high)price product transaction value is higher (lower) when prices presented certain currency. ■ For high-price products purchase intention is lower (higher) when prices presented in low (high) denomination currency. ■ High-price products with discounts shown in currencies (vs. percentage) perceived to be more substantial.
Westjohn/ Roschk/ Magnusson 2017	Difference in pricing practices between Eastern vs. Western culture, role of superstition, lucky numbers,localization	Information processing, social identity/ N=875 advertisements, Experiment 1: N=227 consumers Singapore, 2: N=132, logistic regressions	■ Superstitious pricing practices continue, especially with high-priced items and brands of Eastern (vs. Western) origin. ■ Lucky number price endings differ in responses when price offer is of high personal relevance (high involvement) and respondents hold superstitious beliefs (high superstition). ■ Foreign firms can use price in its informative role to create a more localized image of brands. Pricing strategy should support the overall positioning strategy of the firm.
Winit u.a. 2014	Influence of home country bias and price differences on brand evaluations	Signalling, cognitive theory/N=243 and N=558 Taiwanese students, ANOVA, t-tests	■ Brand globalness linked to brand attitude/purchase intention. ■ Perceived price difference moderates the ownership of global brands-purchase intention-link. ■ Ethnocentrism moderates the perceived price difference-purchase intention-link.
International Terms of Sale and Payment			
Chen 2012	Behaviour of project contractors, owners, and suppliers in the context of negotiating payment terms affecting cash flow	None/Case study, Taiwanese project contracting firm, N=118 Taiwanese project contracting firms, correlation	■ Payment terms of project owners, specialists, and suppliers have an important impact on contractors' working capital. ■ Case contractor regulates the dates of payment applications during the contracting phase, shifts resources to projects that pay quickly (vs. slowly) and pass project owners' payment terms down to specialists and suppliers, suggesting that contractors' behaviour depends on that of the project owners.
Flaaen/ Hortaçsu/ Tintelnot 2020	Price effect of US import restrictions on washers	None/ N= 1.637. 298 weekly price data, five major brands of washing machines	■ Price of washers increased 12 percent, price of dryers—not subject to tariffs—increased by an equivalent amount. ■ Production relocation plays a large role in the extent of tariff pass-through to prices; local producers increase prices following global safeguard tariff by similar margin to importers.
Li u.a. 2018	Seller's replenishment policy and payment term among advance, cash, and credit payments	None/mathematical model and three numerical examples, sensitivity analyses	■ Sellers adopt payment terms to increase profit. ■ Their decision model, in which the optimal replenishment cycle and the payment period among three payment terms are determined simultaneously to maximize profit. ■ Increase in selling price elevates the payment period, while an increase in purchasing cost reduces the payment period. ■ Impact of advance (vs. credit) payment on demand is relatively smaller; more profitable for seller to ask for this.

17.2. Strategische Entscheidungen

17.2.1. Preislagen und -gefüge

Den Ausgangspunkt der Preisentscheidungen bildet die internationale Preisstrategie. Sie beinhaltet die Festlegung der generellen **Preislage** auf den jeweiligen Ländermärkten und die Bestimmung des preislichen Abstands, der bei Unternehmen mit mehreren Produktlinien zwischen den Produktlinien liegen soll. Zudem ist festzulegen, wie das **Preisgefüge** innerhalb einer Produktlinie zwischen den unterschiedlichen Produkten bzw. -varianten ausgestaltet werden soll (Homburg 2020, S. 726f.).

Preispositionierung

Hiermit verbunden stellt die angestrebte **Preispositionierung** auf den jeweiligen Ländermärkten ein wesentliches Entscheidungsfeld dar, da sie grundsätzliche Vorgaben für die konkrete Preisfestsetzung gibt. Im Vordergrund stehen zumeist Preis-Leistungs-Überlegungen aus der Perspektive der Kunden. Bei der Produkt-Preis-Positionierung werden die Preise zu den Leistungen in Relation gesetzt. Sowohl die preisliche als auch die Leistungskomponente werden im Verhältnis zum Wettbewerb betrachtet (siehe Abbildung 17.3). Die Positionen im Diagonalbereich dieser Matrix bilden in der Kundenwahrnehmung konsistente Positionierungen, da sich der relative Preis und die relative Leistung entsprechen. Sie werden in der Unternehmenspraxis deshalb häufig gewählt. Die **Premiumpreis-Position** entspricht der Präferenzstrategie, bei der die hochwertige Leistung im Vordergrund steht, während bei der **Niedrigpreisposition** niedrige Preise realisiert werden. Erstgenannte Positionierung korrespondiert oft mit der Strategie der Marktführerschaft, letztgenannte mit der der Kostenführerschaft.

Abbildung 17.3: Preis-Leistungs-Positionierung auf internationalen Märkten

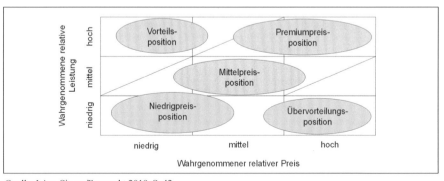

Quelle: I.A.a. Simon/Fassnacht 2019, S. 42.

Von Bedeutung ist jedoch nicht nur die Positionierung eines Produktes bzw. einer Marke ggü. der Konkurrenz, sondern auch der Bezug zu weiteren Angeboten im internationalen Leistungsprogramms des MNU. Zu beachten ist, dass nicht nur bezogen auf den internationalen Zusammenhang **Verbundeffekte** auftreten können, sondern dass gerade auch hinsichtlich des Produktprogramms des MNU die einzelnen Produkte nicht isoliert voneinander betrachtet werden können. Verbund- oder Ausstrahlungseffekte im Sortiment oder in Produktlinien bedeuten, dass sich die Preisbestimmung für ein Produkt auf den Absatz der weiteren Produkte des Unternehmens (positiv oder negativ) auswirken kann. Fragestellungen, die sich auf die Preisbestimmung für das Produkt- bzw. Leistungsprogramm beziehen, werden auch als „Product-Line-Pricing" bzw. **Preislinienpolitik** bezeichnet (Hollensen 2020, S. 522f.).

Im internationalen Kontext gilt es, das Preisgefüge i.S. der jeweils angestrebten Positionierung für die alternativen Ländermärkte zu bestimmen (siehe auch Markenpositionierung im Abschnitt 15.2.2.). Je nach internationaler Strategie des Unternehmens kann eine einheitliche Positionierung angestrebt werden oder es sind unterschiedliche Positionierungen denkbar. Hinsichtlich des Länderzusammenhangs sind jedoch Rückkopplungen zu beachten, die – bei transparenten Märkten – gerade hinsichtlich des Preises bedeutsam sind und zu Verhaltenskonsequenzen bei den Nachfragern (z.B. in Form von Arbitrageprozessen, grauen Märkten u.Ä.) führen können.

Die grundsätzlichen Entscheidungsfelder bei der internationalen Preisfindung sind in Abbildung 17.4 zusammengefasst. Von hoher Bedeutung und im internationalen Preismanagement von beachtlicher Komplexität sind die Konzepte der **Mischkalkulation**. Hierbei handelt es sich um ein strategisches Kalkül, bei dem unzureichende Gewinne oder evtl. sogar Verluste bei bestimmten Produkten bewusst in Kauf genommen werden, um deren Absatz sowie ggf. den Absatz anderer Produkte des MNU zu forcieren und diese Verluste durch Gewinnerzielung bei anderen Produkten auszugleichen. So können Markteintritte oder die Präsenz auf strategisch wichtigen Märkten finanziert und die Stellung des MNU im internationalen Wettbewerb gefördert werden.

Abbildung 17.4: Entscheidungsfelder der internationalen Preisfindung

	Internationale Preislagen und Preisgefüge	Internationale strategische Mischkalkulation	Internationale dynamische Mischkalkulation
Strategisch	■ Preislagenbesetzung in den jeweiligen Ländern bzw. länderübergreifend ■ Ober-/Untergrenze in den jeweiligen Ländern bzw. länderübergreifend ■ Anzahl und Breite der in den jeweiligen Ländern angebotenen Produkte (Preislücken)	■ Ausmaß der Quersubvention im jeweiligen Produktprogramm ■ Ausmaß der länderübergreifenden Quersubvention (zwischen unterschiedlichen Ländermärkten)	■ Ausmaß der Subventionierung von Markteintritten ■ Ausmaß der Subventionierung von Erstgeschäften ■ Ausmaß der Subventionierung von Preiskomponenten (z.B. Produkt vs. Ersatzteile, Service) in Ländern bzw. länderübergreifend
Operativ-taktisch	■ Preiskoordination innerhalb der Preislagen (länderbezogen und länderübergreifend) ■ Produktvarianten (länderbezogen und länderübergreifend) ■ Packungsgrößen bzw. Quantität und Volumina	■ programmübergreifende Preiskalkulation („Sortimentsausgleich") ■ länderübergreifende Preiskalkulation für multinationale Kunden ■ Preisbündelung (länderbezogen und länderübergreifend)	■ übergreifende Preiskalkulation über Kundenlebenszyklus oder Preiskomponenten („Sukzessivausgleich")

Quelle: I.A.a. Diller 2008, S. 265.

17.2.2 Preisstrategien für neue Produkte und neue Märkte

Bei der Festlegung von Preisen von neuen Leistungen bzw. auf neuen Ländermärkten und der anschließenden Preisfestlegung im Verlauf des Produktlebenszyklus sind unterschiedliche Preisstrategien denkbar. Als preisstrategische Alternativen stehen hier v.a. die Skimming- und die Penetrationspreis-Strategie im Vordergrund (siehe Abbildung 17.5).

Bei der **Skimming-Strategie** erfolgt der Markteintritt mit vergleichsweise hohen Preisen, die im Zeitablauf sukzessive abgesenkt werden. Auf diese Weise kann die Preisbereitschaft innovationsfreudiger Kunden abgeschöpft werden. Umgekehrt erfolgt bei der **Penetrationspreis-Strategie** ein Markteintritt mit einem vergleichsweise niedrigen Preis. Dadurch sollen möglichst schnell Marktanteile gewonnen werden. Die jeweiligen Vorteile der beiden Strategiealternativen sind in Abbildung 17.6 zusammengefasst.

Abbildung 17.5: Skimming- und Penetrationspreis-Strategie

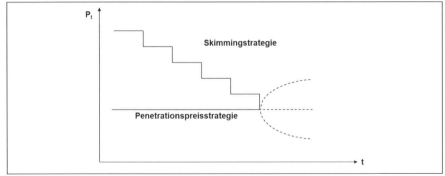

Quelle: I.A.a. Diller u.a. 2020, S. 397.

Insbesondere im Kontext von Penetrationsspreisstrategien können MNU oftmals von **Erfahrungskurveneffekten** profitieren, wenn sie eine schnelle Marktdurchdringung erreichen. Vor allem in der Einführungs- und Wachstumsphase auf neuen Märkten können damit im Vergleich zum Wettbewerb Kostenvorteile realisiert werden. Je früher ein MNU auf einem Markt aktiv ist und je höher seine Wachstumsraten im Vergleich zur Konkurrenz sind, umso höher sind dabei die auf den Märkten realisierbaren Kostenvorteile (Diller u.a. 2020, S. 397f.)

Abbildung 17.6: Vorteile von Skimming- und Penetrationspreis-Strategie

Voraussetzungen für Skimming-Strategie	Voraussetzungen für Penetrationspreis-Strategie
■ Große Anzahl preisunempfindlicher Kunden ■ Erschließungsoption neuer Kundengruppen durch Preissenkungen (hohe Preisveränderungswirkung) ■ Innovatives Produkt ohne direkte Konkurrenz ■ Vergleichsweise kurzer Produktlebenszyklus ■ Beschränkte Produktions- und Vertriebskapazitäten ■ Vermutlich schwer durchsetzbare Preis-steigerungen ■ Hohe Unsicherheit bzgl. Markt-/Umsatzentwicklungen ■ Realisierungsbestrebung, kurzfristig hoher Gewinne	■ Niedrige Markteintrittsschranken ■ Bedeutende Economies of Scale und/oder Erfahrungskurveneffekte ■ Kein ausgeprägter Preis-Qualitäts-Zusammenhang ■ Bestrebung zu eher langfristigem Engagement in einem Markt ■ Hohe Carry-over-Wirkung bei Preissenkungen ■ Streben nach Systemführerschaft im neuen Markt ■ Bestehen von „Critical-Size-Effects"

Quelle: I.A.a. Berndt/Fanatapié-Altobelli/Sander 2020, S. 331.

17.2.3. Taxonomie internationaler Preisstrategien

Die Preisstrategien von MNU werden vor dem Hintergrund der Einflussfaktoren der Makro-, Meso- und Mikroebene (siehe Abbildung 17.1) festgelegt. Mit Blick auf das Zusammenspiel zwischen externen Branchenbedingungen, dabei insb. der Art des internationalen Wettbewerbs, und der Fähigkeit der Unternehmen, sich international im Wettbewerb zu positionieren, lassen sich internationale Preisstrategien entlang von zwei Dimensionen typologisieren (Solberg 1997; Solberg/Stöttinger/Yaprak 2006):

■ „Industry Globality" (Grad der Globalisierung der Branche, in der das MNU tätig ist): Eine globale Branche ist dadurch gekennzeichnet, dass wenige, große MNU die Branche auf dem Weltmarkt dominieren und preisbestimmend agieren, während in multilokalen Märkten, die atomistisch strukturiert sind, lokale Marktbedingungen im Rahmen der Preisstrategie dominieren und berücksichtigt werden müssen.

■ „Preparedness for Internationalization" (Fähigkeit des MNU, auf marktbezogene Faktoren zu reagieren): Dieses bezieht sich auf das Ausmaß, zu dem MNU dazu in der Lage sind, auf externe Einflüsse zu reagieren, z.B. durch seinen (relativen) Marktanteil und damit seine Marktstärke auf wichtigsten Ländermärkten, die u.a. ausdrücken, inwieweit ein MNU dazu fähig ist, auf Wettbewerbsaktivitäten zu reagieren bzw. diesen zu widerstehen.

Je nach Ausprägung bezogen auf diese Dimensionen lassen sich vier **Typen internationaler Preisstrategien** unterscheiden (siehe Abbildung 17.7; Hollensen 2020, S. 529f.; Solberg/Stöttinger/Yaprak 2006):

- Lokale Preisfolger: Diese Unternehmen haben wenig internationale Erfahrung und nur begrenzte Marktkenntnisse und sind stark auf lokale Vertreter (z.B. lokale Agenten oder Distributoren) angewiesen. Sie setzen stark lokal orientierte Preise, da sie kaum von internationalen Wechselwirkungen im Sinne globaler Kräfte berührt sind. Häufig werden die Preise grob, oft kostenorientiert, kalkuliert.
- Globale Preisfolger: Diese Unternehmen weisen ähnlich wie die lokalen Preisfolger nur eine geringe Bereitschaft bzw. Fähigkeit zur Internationalisierung – und damit begrenzte Erfahrung – auf, sind jedoch durch globale Märkte gepusht, ihr internationales Marktengagement auszuweiten. Aufgrund des Wirkens globaler Kräfte in international miteinander verbundenen Märkten besteht die Anforderung, internationalen Preisbeziehungen zu entsprechen und eine globale Preisstrategie zu etablieren. Dabei ist jedoch der preispolitische Handlungsspielraum der Unternehmen aufgrund ihrer marginalen Marktpositionen auf den globalen Märkten begrenzt, sodass sie gezwungen sein können, sich an dem von den globalen Marktführern festgelegten Preisniveaus zu orientieren oder dies zu übernehmen. Globale Preisfolger stehen dabei unter konstantem Druck, ihre Preise an die globalen Bedingungen anzupassen.
- Multilokale Preissetzer: Diese Unternehmen verfügen über ausgeprägte Internationalisierungsfähigkeiten und -erfahrung und agieren auf Basis tiefer Marktkenntnisse als jeweils lokale Marktführer. Sie passen die Preise im Rahmen einer Differenzierungsstrategie jeweils lokal an die Marktanforderungen an. Dabei agieren sie aufgrund ihrer ausgeprägten lokalen Marktstellung jeweils als lokale Preisführer.
- Globale Preisführer: Diese MNU verfügen über eine starke Position als Marktführer auf den globalen Märkten und streben Preisführerschaft an. Sie tendieren dabei dazu, zwar an den jeweiligen lokalen Marktbedingungen und den (internen) Kosten orientierte, aber international harmonisierte und damit „glokale" Preise festzulegen, dies typischerweise auf vergleichsweise hohem Preisniveau.

Abbildung 17.7: Taxonomie internationaler Preisstrategien

Bereitschaft/Fähigkeit zur Internationalisierung		Multilokaler Preissetzer	Globaler Preisführer
	hoch	- Lokaler Marktführer in ausgewählten Märkten - Marktgerechte, angepasste Preise - Lokaler Wettbewerb	- Globaler Marktführer - Markt- und kostenorientierte "glokale" Preise - Globaler Wettbewerb, aber lokale Unterschiede
		Lokaler Preisfolger	**Globaler Preisfolger**
	niedrig	- Begrenzte Ressourcen und Hebelwirkung - Abhängig von lokalen Vertretern - Kostenorientiert, Standardpreise - Unbeeinflusst von globalen Kräften	- Neueinsteiger in globale Märkte - Marktorientiert, Standardpreise - Globaler Wettbewerb, aber lokale Unterschiede
		Multilokale Märkte	Globale Märkte
		Globalisierungsgrad der Branche	

Quelle: I.A.a. Solberg/Stöttinger/Yaprak 2006, S. 31.

Diese Typologie verdeutlicht, dass die Preisstrategie sowohl von externen Faktoren als auch von den unternehmensinternen Faktoren abhängig ist. Dies deutet auf die Relevanz von Standardisierung bzw. Differenzierung im Kontext der Preisstrategien hin.

17.2.4. Standardisierung und Adaption als Strategie und Umsetzung

Insbesondere bezogen auf die Preispositionierung und Preislagen stellt sich im internationalen „Pricing" diese Frage nach Optionen der Standardisierung vs. Adaption. Über allgemeine Überlegungen zur Standardisierung vs. Adaption von Marketing-Instrumenten hinaus (siehe Kapitel 14.) spielen in der internationalen Preispolitik besondere Einflussfaktoren eine Rolle, die spezifische strategische, aber auch taktische Implikationen haben (siehe Abbildung 17.8). Die Preispolitik ist von allen Marketinginstrumenten dasjenige, das besonders lokalen Einflüssen ausgesetzt ist. Während sich eine (geographische) Preisdifferenzierung an der Individualität der Ländermärkte orientiert und versucht, dieser durch eine länderspezifische Anpassung der Preise unter Ausnutzung unterschiedlicher Zahlungsbereitschaften gerecht zu werden, streben Standardisierungsstrategien entweder international (weitestgehend) einheitliche Preise oder eine einheitliche Preispositionierung an. Dies wird im Wesentlichen durch die Grundorientierung der Unternehmen bestimmt.

Abbildung 17.8: Ausgewählte Einflussfaktoren auf die internationale Preispolitik

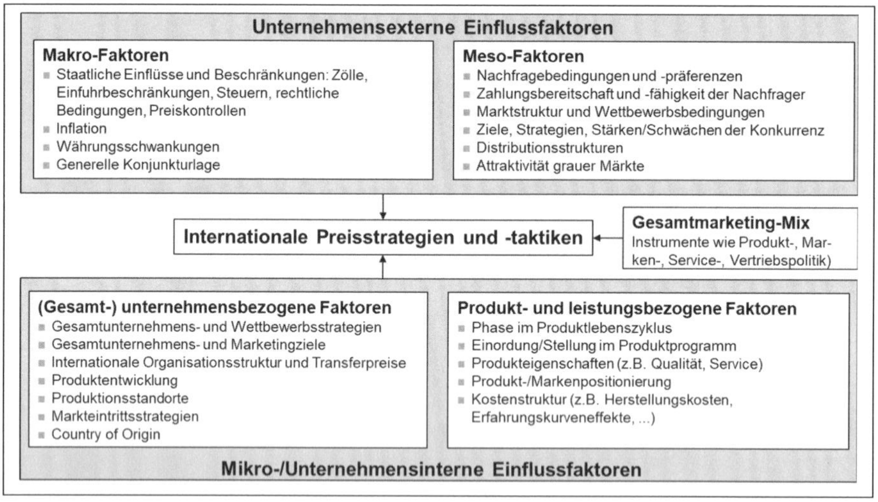

Unternehmensexterne Einflussfaktoren

Makro-Faktoren
- Staatliche Einflüsse und Beschränkungen: Zölle, Einfuhrbeschränkungen, Steuern, rechtliche Bedingungen, Preiskontrollen
- Inflation
- Währungsschwankungen
- Generelle Konjunkturlage

Meso-Faktoren
- Nachfragebedingungen und -präferenzen
- Zahlungsbereitschaft und -fähigkeit der Nachfrager
- Marktstruktur und Wettbewerbsbedingungen
- Ziele, Strategien, Stärken/Schwächen der Konkurrenz
- Distributionsstrukturen
- Attraktivität grauer Märkte

Internationale Preisstrategien und -taktiken

Gesamtmarketing-Mix (Instrumente wie Produkt-, Marken-, Service-, Vertriebspolitik)

(Gesamt-) unternehmensbezogene Faktoren
- Gesamtunternehmens- und Wettbewerbsstrategien
- Gesamtunternehmens- und Marketingziele
- Internationale Organisationsstruktur und Transferpreise
- Produktentwicklung
- Produktionsstandorte
- Markteintrittsstrategien
- Country of Origin

Produkt- und leistungsbezogene Faktoren
- Phase im Produktlebenszyklus
- Einordung/Stellung im Produktprogramm
- Produkteigenschaften (z.B. Qualität, Service)
- Produkt-/Markenpositionierung
- Kostenstruktur (z.B. Herstellungskosten, Erfahrungskurveneffekte, ...)

Mikro-/Unternehmensinterne Einflussfaktoren

Quelle: I.A.a. Hollensen 2020, S. 513; Doole/Lowe/Kenyon 2019, S. 379.

Standardisierung der internationalen Preispolitik

Eine **internationale Strategie** von MNU ist bspw. häufig dadurch gekennzeichnet, dass unabhängig von den Ländern, in denen die Produkte letztlich verkauft werden, „ab Fabrik" ein einheitlicher Nettopreis festgelegt wird, zu dem weitere Kosten hinzuaddiert werden, so insb. Transportkosten, Versicherungen, Zölle, länderspezifische Steuern und Abgaben oder lokale Serviceleistungen u.Ä. (Doole/Lowe/Kenyon 2019, S. 378ff.). Diese Vorgehensweise der „kostenorientierten Preisfindung" entspricht einer **dualen Preisstrategie**, bei der ausgehend von dem einheitlichen Nettopreis eine Differenzierung zwischen dem Preis auf dem Heimatmarkt und demjenigen auf den Auslandsmärkten erfolgt, die sich aufgrund der Kostenunterschiede, unterschiedlicher Margen des Stammhauses oder unterschiedlicher Distributionsstrukturen ergibt. Als Folge der Fokussierung auf die Nettopreise in der Preisfestlegung kann die Problematik auftreten, dass sich auf den Auslandsmärkten wesentlich höhere Preise für die Endabnehmer ergeben können. Diese Erscheinung wird auch als **"Price Escalation"** bezeichnet (Baack/Czarnecka/Baack 2018, S. 412; siehe Abbildung 17.9). Die Hauptfrage, die sich stellt, ist, inwieweit auf den Auslandsmärkten derart „inflationierte" Preise durchsetzbar sind oder – falls nicht – inwieweit die MNU ggf. bereit sind (oder sein müssen), auf Marge zu verzichten oder Systeme der Mischkalkulation zwischen Ländermärkten einzusetzen.

Abbildung 17.9: Preiseskalation auf internationalen Märkten

	Inländischer Vertriebsweg (a)	Ausländischer Vertriebsweg (b)	(c)
	Unternehmen ↓ Großhändler ↓ Händler ↓ Verbraucher	Unternehmen ↓ Grenze ↓ Großhändler ↓ Händler ↓ Verbraucher	Unternehmen ↓ Grenze ↓ Importeur ↓ Großhändler ↓ Händler ↓ Verbraucher
	EUR	EUR	EUR
Nettopreis des Unternehmens	100	100	100
Versicherungs- und Versandkosten		10	10
Wareneinstandspreis		110	110
Zoll (10% des Einstandspreises)		11	11
Importeur zahlt (Kosten)			121
Marge/Mark-up des Importeurs (15% der Kosten)			18
Großhändler zahlt (Kosten)	100	121	139
Marge/Mark-up des Großhändlers (20% der Kosten)	20	24	28
Händler zahlt (Kosten)	120	145	167
Marge/ Mark-up des Händlers (40% der Kosten)	48	58	67
Verbraucher zahlt (Preis) (ohne MWSt)	168	203	234
Prozentuale Preiseskalation gegenüber inländischem Vertriebsweg		21	39

Quelle: I.A.a. Hollensen 2020, S. 515.

Preisstandardisierung kann sich aber auch auf die (End-)Verkaufspreise in den Ländern beziehen, sodass auf allen Märkten gleiche Preise realisiert werden. Diese Form der Preisfestsetzung bietet sich v.a. dann an, wenn sehr hohe Transparenz und Integration von Ländern vorliegen und – physische wie virtuelle – Arbitrageaktivitäten bereits bei geringen Preisunterschieden in hohem Maße einsetzen (Diller u.a. 2020, S. 307ff.). Derart homogenisierte Preise sind relativ selten, denn sie können damit verbunden sein, dass Kosten des Exports oder Kosten einer Produktion vor Ort nicht abgedeckt werden können, und im Grenzfall dazu führen, dass bestimmte Auslandsgeschäfte unprofitabel werden. Sie bedeuten zudem auch, dass u.U. auf die Ausnutzung der unterschiedlichen Zahlungsbereitschaften verzichtet wird.

Die Einflussfaktoren auf die internationale Preispolitik führen zumeist dazu, dass eine derartige Standardisierung nicht zielführend oder möglich ist, wegen Kaufkraft- oder Währungsunterschieden, Inflationsraten oder dem Rechtsrahmen bzw. staatlichen Einflussnahmen. Die Durchsetzung einheitlicher Preise wird allgemein als schwierig eingeschätzt bzw. die Diskussion wird als „rein theoretische Diskussion" bezeichnet, da eine Vielzahl von Faktoren auf die internationale Preispolitik einwirkt, die letztlich damit verbunden sind, dass vollständig standardisierte Endpreise schwer realisierbar sind.

Daher erfolgt eine Orientierung im Kontext standardisierter Ansätze z.T. an Preispositionierung bzw. dem Preisniveau auf dem Heimatmarkt oder es wird eine globale Preispositionierung angestrebt. Vor allem bei globalen Strategien erfolgt eine solche übergreifende Orientierung, indem wird ein Preisniveau angestrebt wird, das auf die Durchsetzung auf allen Auslandsmärkten hin ausgerichtet wird. Im Vordergrund steht dann nicht der absolute Preis, der auf den jeweiligen Märkten erhoben wird, sondern der relative Preis, bspw. im Vergleich zu den Wettbewerbern bzw. innerhalb des Leistungsprogramms bzw. Sortiments eines Unternehmens. Bestehen **nachfragerbezogene Rückkopplungen** zwischen Ländermärkten, liegt ein Vorteil standardisierter Preispositionierungen darin, dass eine international einheitliche Preisimageposition realisiert wird, die zur Vermeidung von Verunsicherungen bzw. Verärgerungen der Absatzmittler oder der Endabnehmer der Produkte beiträgt. Ob ein einheitliches Preisniveau durchsetzbar ist, hängt davon ab, ob die Zielgruppen in den Ländern ähnliche Charakteristika hinsichtlich ihrer Zahlungsfähigkeit und **Zahlungsbereitschaft** aufweisen.

Eine **globale Strategie** basiert häufig darauf, dass die Annahme einer Konvergenz der Ländermärkte besteht. Dies bedeutet, dass Ähnlichkeiten bzgl. der die Preisdurchsetzung bestimmenden Faktoren bestehen. Zudem soll gerade im Rahmen globaler Strategien i.d.R. eine länderübergreifende Zielgruppe erreicht werden, die durch ähnliche Merkmale gekennzeichnet ist. Werden international einheitliche Preisniveaus gewählt, kann dies jedoch auch dazu führen, dass länderübergreifende Zielgruppen nicht erreicht werden, sondern unterschiedliche Gruppen in den jeweiligen Zielländern angesprochen werden. Dies kann z.B. der Fall sein, wenn die Preisbereitschaft oder (trotz Preisniveau-Harmonisierung) die Preispositionierung in den Ländern unterschiedlich ist. Vor allem bei globalen Strategien spielt der Preis auch innerhalb der Gesamtabstimmung des Marketing-Mix eine besondere Rolle, denn er geht zumeist mit der Standardisierung z.B. der Marken-, Produkt- und Kommunikationspolitik einher. Gerade bei globalen Segmenten, die oftmals die Zielgruppen der globalen Strategien sind, herrscht eine vergleichsweise hohe internationale Transparenz, durch Online-Medien verstärkt. Bei einer derartigen globalen Ausrichtung könnten daher Preisdifferenzierungen zu Problemen i.S.v. Imageschäden, Verunsicherungen oder Verärgerungen führen und die Gefahr, dass graue Märkte bzw. Reimporte auftreten, ist für globale Marken besonders hoch.

Adaption der internationalen Preispolitik

Der Makroumfeld-, Absatzmarkt- oder Kostenrahmen in Ländermärkten können dazu führen, dass eine Adaption der Preise erforderlich wird. Es resultiert eine (international bzw. zielgruppenspezifisch) differenzierte Preisgestaltung. MNU v.a. mit **multinationalen Strategien** können diese Länderspezifika berücksichtigen. Eine multinationale Preisstrategie kann auch mit weitgehend ähnlichen Preiskonstellationen verbunden sein, wenn diese bzgl. der preisrelevanten Charakteristika ähnlich strukturiert sind. Relevante (Makro-)Faktoren, die zu unterschiedlichen Preisen führen bzw. diese ermöglichen, sind bspw.:

- **Rechtsrahmen**: Dieser betrifft bspw. die Preiswahl (so staatlich festgelegte Höchstpreise oder Preisintervalle (Höchst-, Niedrigst-, Festpreise) oder die vertikale Preisbindung.
- **Einflussnahme des Staates**: Internationale Preisunterschiede können z.B. aufgrund von Steuerpolitik, Zöllen, Abgaben oder Verbraucherschutzbestimmungen erforderlich sein.
- **Politische und Währungsrisiken**: Diese sind ggf. kosten- und preiswirksam abzusichern.
- **Inflationsrate**: Diese kann unterschiedliche Preise erforderlich machen, v.a. bei stark inflationären Ländern bzw. Währungen.
- **Wirtschaftliche Entwicklung und Kaufkraft**: Diese sind bei der Erreichung der kritischen Masse relevant (z.B. Fokus auf Niedrigpreismärkte), was zu Differenzierung führt.

Beispiele für relevantes Kultur und Kaufverhalten sind (Müller/Gelbrich 2015, S. 703ff.):

- **Rolle, die eine Gesellschaft Preisen/Geld zuschreibt**: Einstellungen ggü. „Geld" variieren interkulturell: in manchen Ländern tabuisiert oder in anderen Reichtum. Kulturell variiert die Bedeutung der Preishöhe (z.B. Sparsamkeit i.S.v. Schnäppchenjägertum vs. demonstrativer Konsum i.S.v. „Ich kann mir hohe Preise leisten").
- **Funktion des Preises als Schlüsselreiz**: Der Preis kann Indikator für Produkt- bzw. Markenqualität sein, was allerdings interkulturell variiert.
- **Preiswahrnehmung und -beurteilung**: Ebenso variiert interkulturell das Preisbewusstsein und die Wahrnehmung der Höhe von Preisen (auch für identische Produkte/Marken).
- **Preisbereitschaft**: Kulturell variieren Wertvorstellungen für bestimmte Produkte oder Marken, was die Preisbereitschaft bedingt.

Preisdifferenzierung

Vor allem bei einer multinationalen Strategie erfolgt eine länderspezifische Anpassung der Preise unter Ausnutzung unterschiedlicher Zahlungsbereitschaften. Insbesondere dann, wenn überwiegend lokaler Wettbewerb vorherrscht oder wenn die Produktpolitik durch eine weitgehende Adaption an länderspezifische Gegebenheiten gekennzeichnet ist, ist eine international differenzierte Preispolitik realisierbar. Grundsätzlich sind auch international drei Formen der **Preisdifferenzierung** zu unterscheiden (Homburg 2020, S. 784):

- **Preisdifferenzierung ersten Grades**: Für jeden Kunden werden individuelle Preise festgelegt, um die maximale Preisbereitschaft auszunutzen. Auch wenn dies im Konsumgüterbereich schwer zu realisieren ist (durchaus im Online-Kontext bei Auktionen oder im Rahmen individualisierter, dynamischer Preissysteme), sind individuelle Preisverhandlungen im Investitionsgüterbereich üblich.
- **Preisdifferenzierung zweiten Grades**: Unterschiedliche Kundensegmente kaufen die Leistungen zu unterschiedlichen Preisen, obwohl es ihnen grundsätzlich freisteht, zu welchem Preis sie das Produkt erwerben. Beispiele sind die leistungsbezogene Preisdifferenzierung (bei der Produktvarianten oder Leistungspakete zu unterschiedlichen Preisen angeboten werden, so Economy, Business oder First Class, oder „Versioning" bei digitalen Produkten), die mengenmäßige Preisdifferenzierung (z.B. auf der Basis von Rabatten, Bonussystemen) oder die Preisbündelung (für Produkt- oder Leistungsbündel wird ein anderer Preis als die Summe der Einzelpreise verlangt).
- **Preisdifferenzierung dritten Grades**: Für unterschiedliche Kundengruppen werden durch den Anbieter unterschiedliche Preise festgelegt. Als Formen unterscheidet man dabei die personelle, die räumliche und die zeitliche Preisdifferenzierung.

Im Rahmen internationaler Preisdifferenzierung können grundsätzlich alle dieser Formen zur Anwendung kommen und lokal eingesetzt werden. Im Vordergrund stehen dennoch Preisdifferenzierungen dritten Grades, bei denen räumliche Aspekte der Preisabstimmung betont werden. Eine nicht zu unterschätzende Problematik, die bei internationaler Preisdifferenzierung auftreten kann, besteht dann jedoch in der **Arbitrage**. Diese ist v.a. dann relevant, wenn die zugrundeliegenden Produkte – zumindest zum gewissen Grad – standardisiert bzw. vergleichbar sind. Begünstigt wird eine internationale Preisdifferenzierung, wenn die Interdependenzen zwischen den Ländermärkten nur gering sind, also wenn eine hohe Fragmentierung der Märkte besteht. Je stärker demgegenüber die Integration der Märkte ist, umso problematischer gestalten sich Preisunterschiede, da von einem intensiveren Informationsaustausch auszugehen ist und sich Annäherungen z.B. im Hinblick auf Kaufpräferenzen erwarten lassen.

Die Gefahr der Arbitrage und von grauen Märkten ist umso höher, je stärker die Integration von Märkten ist. Unter **grauen Märkten** versteht man den legalen Absatz von Waren unter Umgehung privatrechtlicher Vereinbarungen, anerkannter Handelsbräuche oder steuerrechtlicher Vorschriften. Sie entstehen dadurch, dass Unternehmen, Händler oder Konsumenten regionale Preisdifferenzen ausnutzen, also durch **Arbitrage**. Einzelne Marktteilnehmer versuchen sich hierdurch Vorteile zu verschaffen. Relevant sind insb. (siehe Abbildung 17.10):

- **Parallelimporte**: Hierbei handelt es sich um nicht autorisierte Exporte aus dem Ursprungsland. Sie treten auf, wenn im Ursprungsland ein niedrigerer Preis verlangt wird als im Exportland.
- **Reimporte**: Bei Reimporten handelt es sich um die nicht autorisierte Rückführung von Produkten in das Ursprungsland. Sie sind dann lohnenswert, wenn die Preise im Exportland niedriger sind als im Ursprungsland.
- **Laterale graue Märkte**: Bei dieser Form grauer Märkte treten nicht autorisierte Warenströme zwischen Exportländern auf, die entsprechend hohe Preisunterschiede aufweisen. Laterale graue Märkte sind für die Unternehmen am schwierigsten aufzudecken. Graue Märkte sind zwar vom Hersteller nicht autorisiert und naturgemäß unerwünscht, sie sind dennoch legal. Ein **schwarzer Markt** ist hingegen ein illegaler Markt.

Abbildung 17.10: Funktionsweise grauer Märkte

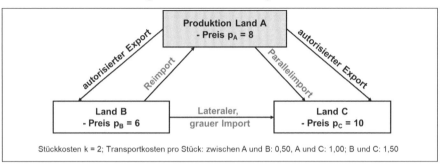

Quelle: Simon/Wiese 1992, S. 250.

Dabei wird unterstellt, dass außer Transportkosten keine weiteren Kosten entstehen. Arbitrageeffekte sind nicht möglich oder nicht lohnend, wenn rechtliche Barrieren vorhanden sind (z.B. Importquoten, -zölle) oder wenn die Transaktionskosten der Arbitrage zu hoch sind. Des Weiteren ist die Ausnutzung von Arbitrage wettbewerbsrechtlich geregelt, wobei z.B. in der EU eine Preisliberalität angestrebt wird. Graue Märkte sind sowohl auf B2B- als auch auf B2C-Märkten relevant. Zudem ist die Thematik – auf der Ebene unternehmensinterner Transaktionen – auch für B2B-Kunden relevant, die ihren Sitz in mehreren Ländern haben und dadurch Preisvorteile einzelner Länder in der Beschaffung ausnutzen können. Im Konsumgüterbereich ist die Bedeutung v.a. mit zunehmendem Cross-Border-Online-Shopping der Konsumenten gestiegen (Wagner/Schramm-Klein/Schu 2016).

Dumping und Antidumping

Eine besondere Problematik stellt das **Dumping** dar, das als eine Form der geographischen Preisdifferenzierung gilt, bei welcher der Preis für ein bestimmtes, standardisiertes Gut im Ausland (wesentlich) niedriger ist als im Herkunftsland bzw. der Preis unterhalb der Gesamtkosten liegt. Selbst wenn eine derartige Preisdifferenzierung „gerechtfertigt" sein kann (z.B. aufgrund unterschiedlicher Markt- und Wettbewerbsbedingungen), steht dies internationalen Richtlinien entgegen, z.B. jene der WTO. Die Formen des Dumping variieren je nach den Zielen, so ein möglichst schneller Eintritt in Auslandsmärkte („Penetration Dumping"), Verdrängung bestehenden Wettbewerbs („Predatory Dumping"), Abschreckung potenzieller

Konkurrenten („Defensive Dumping") oder Ausgleich zyklischer Nachfrageschwankungen („Cyclical Dumping"). Dumping kann jedoch auch unbewusst („Unintentional Dumping") aus marktorientierten Formen der Preisbildung resultieren (Czinkota/Ronkainen 2013, S. 482f.). Antidumpingregulierungen bilden bspw. die Basis für Exportpreise und begrenzen die Fähigkeit von Unternehmen strategische Preisstrategien zu verfolgen.

Kombination standardisierter und adaptierter Elemente

Die o.g. Standardisierung vs. Adaption der Preispolitik ist durch Vor- und Nachteile gekennzeichnet, der mit einer Kombination standardisierter und differenzierter Elemente begegnet wird. Eine solche Vorgehensweise erfolgt bspw. bei MNU mit einer transnationalen Strategie, um Arbitrage oder negative Imageeffekte der Preisdifferenzierung zu verhindern und zugleich die spezifischen Preisdeterminanten der jeweiligen Länder zu berücksichtigen.

Eine Möglichkeit, dies zu realisieren, liegt in der Festlegung eines bestimmten **Preiskorridors**, innerhalb dessen der Preis international variieren kann. Dabei werden ein Grundpreis bzw. **Referenzpreis** sowie ein Preiskorridor bestimmt, der bestimmt, in welchem Ausmaß die Preise international voneinander abweichen dürfen. Es handelt sich also um einen Mittelweg zwischen standardisierten Basispreisen und differenzierten Landespreisen. Anhand dieses Preiskorridors soll die Preisbereitschaft der Nachfrager in den Ländern möglichst weit ausgenutzt werden. Es soll jedoch auch verhindert werden, dass durch Arbitrage die Preise auf das Niveau der Länder mit dem niedrigsten Preis absinken. Der Korridor muss deshalb so bemessen werden, dass Arbitrage gerade unterbunden wird, die Preisdifferenzen also gerade geringer sind als die Arbitragekosten (Simon/Fassnacht 2019, S. 315ff.). Formen zur Realisierung von Preiskorridorstrategien sind (Backhaus/Voeth 2010, S. 181ff.):

- **Gegenstromverfahren**: Bei dieser Vorgehensweise werden zunächst auf der Basis der länderspezifischen Rahmenbedingungen bzw. Konstellationen die optimalen Preise für die Auslandsmärkte bestimmt. Diese werden dann im Rahmen einer zentralen Koordination in Abhängigkeit vom Interdependenzgrad der Ländermärkte ggf. modifiziert.
- **Lead-Country-Konzept**: Hierbei wird ein Lead Country bestimmt (so bzgl. Umsatz, Gewinn, Marktanteil) welches den optimalen Preis „vorgibt" bzw. den Referenzpreis für die weitere internationale Preisfindung (siehe Abbildung 17.11). Als Lead Country wird sinnvollerweise ein Markt gewählt, der für das MNU von besonderer Wichtigkeit ist. Für die „Non-lead Countries" werden die Preise in Abhängigkeit des Referenzpreises im Rahmen eines Preiskorridors so festgelegt, dass keine Arbitragegefahr von ihnen ausgehen kann.

Abbildung 17.11: Preiskorridor beim Lead-Country-Konzept

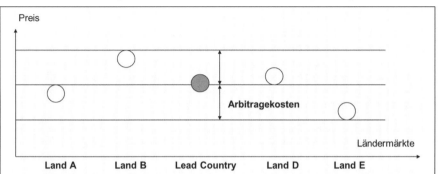

Quelle: Backhaus/Voeth 2010a, S. 182.

17.3. Weitere Entscheidungen

17.3.1. Preisfindung auf internationalen Märkten

Fragen der internationalen Preisfindung stellen sich insb. bei der Produktneueinführung. Sie stellen sich aber auch bei der Einführung von Produkten auf neuen Märkten, die in anderen Ländern bereits etabliert sind. Die Preisfestlegung kann sich auf einzelne Produkte oder auf das Produktprogramm beziehen. Bei der internationalen Preispolitik kann zur Preisfindung grundsätzlich auf die gleichen Methoden zurückgegriffen werden, wie im nationalen Kontext. Die internationale Preisfindung ist jedoch zudem dadurch geprägt, dass die in Abbildung 17.8 dargestellten Einflussfaktoren zu berücksichtigen sind. Zudem können insb. im Exportgeschäft zusätzliche Kosten anfallen und zusätzliche Risiken zu berücksichtigen sein, die bei rein nationaler Tätigkeit nicht auftreten, z.B. Wechselkursrisiken (bzw. entsprechende Absicherungen, siehe Abschnitt 17.3.2.), Zusatzkosten auf Beschaffungs- oder Absatzseite zur Überwindung von Außenhandelsbarrieren oder spezifische logistische, vertragliche Anforderungen sowie Kosten (Diller 2008, S. 354).

Zur Preisbestimmung sind bekannte Herangehensweisen auch international bedeutend:

- Bei der **kostenorientierten Preisfindung** erfolgt die Festlegung der Preise anhand von Informationen aus der Kostenrechnung. Solche Kalkulationsverfahren werden v.a. zur Bestimmung von Preisuntergrenzen genutzt, v.a. im Exportgeschäft kommen diese Verfahren aufgrund der Einfachheit ihrer Anwendung zum Einsatz, denn es sind keine differenzierten Informationen über die Umfeldbedingungen in den einzelnen Ländern erforderlich, sodass im Grundsatz keine umfangreichen Marktforschungsaktivitäten im jeweiligen Land notwendig sind. Das Verfahren ist dadurch relativ günstig.
- Bei der **nachfrageorientierten Preisfindung** erfolgt die Preisfindung auf der Grundlage kundenbezogener Betrachtungen. Zumeist wird von der Fragestellung ausgegangen, welchen Preis die Käufer im Land bereit wären zu zahlen („**What the Traffic will Bear**"-**Politik**). Die wichtigsten Modelle sind Preisschwellen- oder -korridoransatz.
- Bei der **konkurrenzorientierten Preisfindung** basiert die Preisfindung auf dem Preisverhalten der Wettbewerber. Preisentscheidungen werden v.a. vor dem Hintergrund der länderspezifischen Konkurrenzsituation bzw. eines länderübergreifenden Wettbewerbskalküls getroffen. Entweder kann eine bewusste Anpassung an das Konkurrenzverhalten angestrebt werden (z.B. bei defensiven Preisstrategien), es kann aber auch eine bewusste Abkopplung erfolgen (z.B. bei aggressiven Marktschließungsstrategien, bei denen ein deutliches Unterbieten der Konkurrenzpreise erfolgt).

17.3.2. Währungsrisiken

Eine wesentliche Einflussgröße auf die internationale Preispolitik ist das Währungsrisiko. Zum einen sind grenzüberschreitende Transaktionen (z.B. im Exportgeschäft) bei Wechselkursänderungen dem Währungsrisiko ausgesetzt und weiterhin sind auch Transaktionen auf Auslandsmärkten bei Produktion im Ausland vom Währungsrisiko betroffen, wenn eine Konvertierung, z.B. bei Gewinntransfers im Rahmen eines internationalen Konzerns, in die Währung des Mutterlandes erfolgt.

Bei grenzüberschreitenden Transaktionen ist festzulegen, in welcher Währung die Transaktion vorgenommen werden soll, was im Rahmen der Vertragsgestaltung verhandelt wird. Wird vereinbart, dass die Zahlung in der Währung des Auslandes erfolgt, was v.a. der Fall ist, wenn bei kundenorientierten Strategien auf Währungswünsche der Abnehmer eingegangen wird, so entsteht dem Anbieter bei Auseinanderfallen vom Zeitpunkt des Vertragsabschlusses und dem Zahlungszeitpunkt ein Wechselkursrisiko. Dieses kann anhand unterschiedlicher Kurssicherungsmaßnahmen abgesichert werden (z.B. Termin- oder Optionsgeschäfte, Kurssicherungsklauseln in Verträgen o.Ä.). Wechselkursänderungen haben zudem auch über den Einfluss auf die Beschaffungsmärkte MNU Folgen für die Kostenentwicklung der Inputfaktoren. Auf diese ist ggf. preislich zu reagieren (Simon/Fassnacht 2019, S. 308ff.). Die Preis- und Gewinnwirkungen von Wechselkursschwankungen sind in Abbildung 17.12 dargestellt.

Abbildung 17.12: Preis- und Gewinnwirkungen von Wechselkursänderungen

Fakturierung	Verkauf des Produktes im Ausland durch Export		Verkauf des Produktes im Ausland durch Tochtergesellschaften
	in Inlandswährung		in Auslandswährung
Abwertung der Auslandswährung	Gewinn (in Inlandswährung) bleibt konstant, Preis steigt aus Sicht des ausländischen Abnehmers	Gewinn (in Inlandswährung) sinkt, Preis aus Sicht des ausländischen Abnehmers bleibt konstant	Gewinn in Auslandswährung bleibt konstant, Gewinn in Inlandswährung sinkt, Preis aus Sicht des ausländischen Abnehmers bleibt konstant
Aufwertung der Auslandswährung	Gewinn (in Inlandswährung) bleibt konstant, Preis sinkt aus Sicht des ausländischen Abnehmers	Gewinn (in Inlandswährung) steigt, Preis aus Sicht des ausländischen Abnehmers bleibt konstant	Gewinn in Auslandswährung bleibt konstant, Gewinn in Inlandswährung steigt, Preis aus Sicht des ausländischen Abnehmers bleibt konstant

Quelle: Sander 1997, S. 52.

17.3.3. Besonderheiten im Online-Bereich

Die Grundüberlegungen zu internationalen Preisstrategien und Preisfindung finden auch im Online-Bereich ihre Anwendung und folgen prinzipiell den gleichen Regeln. Allerdings ist dieser durch eine Reihe von Spezifika gekennzeichnet, die Auswirkungen auf die internationale Preispolitik haben (Kollmann 2020, S. 152; Diller u.a. 2020, S. 79ff.):

- Online-Märkte sind durch eine hohe (Informations-) Transparenz gekennzeichnet. Dies führt dazu, dass die Preise international schneller und leichter vergleichbar sind und dass die Informationsbasis sowohl für die (internationalen) Kunden als auch für die Unternehmen selbst und die (internationalen) Wettbewerber erhöht ist.
- Online-Märkte sind global vernetzt, was die Preisdifferenzierung erschwert und gleichermaßen Konflikte zwischen Vertriebskanälen befördern kann.
- Die Online-Kommunikation ist durch die Interaktion zwischen Anbietern und Kunden, aber auch durch die Interaktion zwischen Kunden untereinander geprägt, was die Informationstransparenz fördert und die Verhandlungsmacht der Akteure beeinflusst.
- Preissetzung und -veränderung sind schnell umsetzbar und können relativ leicht kontrolliert werden.
- Es besteht die Option, Preise zu individualisieren und ein Echtzeit-Pricing umzusetzen.
- Über Online-Datenverfügbarkeit lassen sich Daten zum Nutzerverhalten (z.B. Maschinenlaufzeiten, Datenvolumen, Streamingintensität) leichter und in Echtzeit über Ländergrenzen hinweg erheben; je nach Produkt- oder Dienstleistungstyp werden dadurch weitere Formen von Pricing-Systemen möglich, z.B. Pay-per-Use-Systeme.
- Bei digital variierbaren Produkten sind Leistungsvariationen möglich (z.B. bei Software, Apps), sodass Freemium-Pricing möglich wird. Dabei werden gleichzeitig oder zeitversetzt eine kostenlose Version und eine leistungsfähigere Version angeboten; die Erstgenannte ermöglicht schnellere internationale Markteintritte und -penetrationen.

Die Optionen zur Preisfestsetzung im Online-Kontext lassen sich nach der Dynamik und dem Individualisierungsgrad systematisieren (siehe Abbildung 17.13). Beim digitalen Katalog-Pricing wird der Preis auf den internationalen Online-Märkten statisch gehalten, also nicht dynamisiert, und die Preise werden nicht individualisiert. International kann jedoch auch beim Online-Katalog-Pricing prinzipiell eine länder- oder regionenspezifische Preisdifferenzierung vorgenommen werden, bei der, bezogen auf die jeweilige Bezugsregion, einheitliche Preise gesetzt werden, diese aber zwischen den Regionen variiert werden. Online-Katalog-Pricing wird oft bei globalen Marken oder Produkten eingesetzt. Zudem ist es v.a. dann relevant, wenn MNU nicht nur Online-Kanäle in ihren Vertriebssystemen nutzen, sondern wenn sie **Omnichannel-Systeme** etablieren, bei denen eine Harmonisierung von Preisen zwischen den unterschiedlichen Komponenten des Omnichannel-Systems erforderlich ist.

Abbildung 17.13: Optionen der Preisfestsetzung auf internationalen Online-Märkten

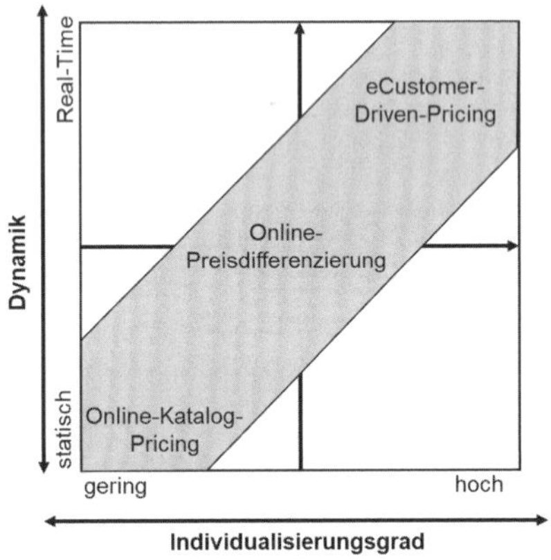

Quelle: Kollmann 2020, S. 154.

Eine weitere Form der Online-Preissetzung besteht in der **Online-Preisdifferenzierung**. Dabei werden je nach Differenzierungsgrad von Kundengruppen oder einzelnen Kunden differenzierte Preise angeboten. Diese Differenzierung kann bspw. auf Cross-Country-Zielgruppen bezogen sein oder spezifische Ländermärkte betreffen, sie kann jedoch auch noch weiter auf individuelle Kunden hin ausgerichtet werden. Als Formen der Differenzierung ist somit entsprechend – analog zu den generellen Überlegungen internationaler Preisdifferenzierung – bspw. persönliche, zeitliche, geographische, qualitative oder mengenmäßige Preisdifferenzierung möglich. Im Online-Kontext wird dabei v.a. die dynamische Preissetzung in den Vordergrund gerückt, bei der automatisiert auf Basis algorithmischer Berechnungen die Preise an internationalen Wettbewerbspreisen, Nutzerinformationen oder am individuellen Surfverhalten der Nachfrager ausgerichtet werden können, um auf diese Weise individuelle Preisbereitschaften möglichst optimal abzuschöpfen. Eine weitere Form der Preisfestlegung besteht in der individualisierten Preissetzung auf der Basis der Zahlungsbereitschaft der Nachfrager, bei der jedoch die Preise durch die Kunden bestimmt werden. Diese Form bezeichnet man auch als eCustomer-driven Pricing. Hierzu zählen bspw. Online-Auktionen, es besteht jedoch auch die Möglichkeit, dass die Kunden feste Preisangebote abgeben, die von den Anbietern entweder akzeptiert oder abgelehnt werden können.

Zusammenfassend stehen im internationalen Online-Pricing v.a. die hohe globale Transparenz von Preisen und die Möglichkeit der Individualisierbarkeit bei Optionen hoher Preisdynamik im Vordergrund. Die Transparenz wird zudem dadurch verstärkt, dass über automatisierte Systeme, wie global konzipierte Preisvergleichssysteme, Real-Time-Preisvergleiche über viele Ländermärkte hinweg möglich werden. Vor allem bei standardisierten globalen

Marken schränkt dies die Potenziale für internationale Preisdifferenzierung ein. Wichtig ist dabei jedoch, dass MNU häufig Omnichannel-Systeme unterhalten und die Preise zwischen den Kanälen (auch nur Online-Kanälen) bei standardisierten Produkten und Leistungen harmonisiert werden müssen. Dies bedeutet, dass die Besonderheiten der Online-Märkte sich in Omnichannel-Systemen auch auf das Pricing in traditionellen Vertriebswegen auswirken.

17.3.4. Transferpreise

Transfer- bzw. Verrechnungspreise sind v.a. beim Leistungsaustausch zwischen verbundenen in- und ausländischen Unternehmen oder organisatorischen Einheiten eines MNU von Bedeutung. Wenngleich sich die Transferpreispolitik vornehmlich an Fragen des Internationalen Managements orientiert, hat sie auf die internationale Preispolitik einen Einfluss, weil sie Kostencharakter für die empfangenden Unternehmenseinheiten besitzt. Bei Transferpreisen kann es sich einerseits um klassische **Verrechnungspreise** handeln, also z.B. darum, zu welchen Preisen die Muttergesellschaft Produkte, Systeme, Faktoren o.Ä. an die Tochtergesellschaften verkauft. Auf der anderen Seite kann es sich auch um Preise zwischen Landesgesellschaften handeln, sodass hierdurch aktiv Einfluss auf den Endkundenpreis genommen werden kann. Zum Beispiel kann es um die Frage gehen, zu welchen Preisen eine Landesgesellschaft in Land A Produkte einer in einem anderen Land (Land B) ansässigen Landesgesellschaft erwirbt, die in Land A verkauft werden. Die Transferpreisbildung kann unterschiedlichen Zielsetzungen unterliegen. Im Vordergrund stehen dabei:

- Gewinnverlagerung/Steuerminimierung
- Zollminimierung/Maximierung von Exportprämien
- Umgehung von Außenhandelsrestriktionen
- Kapitalrückfluss/-verlagerung
- Allokation der Ressourcen.

Zur Ermittlung von Transferpreisen können unterschiedliche Methoden eingesetzt werden, z.B. Transferpreise auf der Basis von marktorientierten Listenpreisen, Vollkosten, ausgehandelten Preisen oder Wiederverkaufspreisen. Die Transferpreisbildung kann jedoch nicht vollständig frei getroffen werden, sondern ist neben den ökonomischen Problemen der Transferpreisbildung dadurch gekennzeichnet, dass eine Reihe gesetzlicher Regelungen zu berücksichtigen ist. Im Vordergrund steht dabei das Prinzip des „Dealing-at-Arm's-Length". Dieses besagt, dass der Preis für unternehmensinterne Lieferungen und Leistungen an den Preisen ausgerichtet werden soll, die zwischen unabhängigen MNU festgelegt werden würden.

17.4. Internationale Konditionenpolitik

Die internationale Konditionenpolitik bezieht sich auf über den Preis hinausgehende Regelungen beim Abschluss von Verträgen, so Liefer- und Zahlungsbedingungen oder Kredit- und Rabattgewährung. Die Konditionenpolitik korrespondiert i.d.R. mit der Preispolitik, weil günstigere Konditionen (z.B. günstige Kreditbedingungen) tendenziell preiserhöhend wirken.

Internationale Lieferbedingungen

In den **Lieferbedingungen** werden Parameter wie die Lieferzeit, die Lieferhäufigkeit, der Lieferort, die Liefermenge, die Lieferart, die Lieferkosten u.Ä. geregelt. Vor allem mit Blick auf die Ausgestaltung von Lieferzeit und Lieferhäufigkeit gilt, dass hiervon eine besonders hohe akquisitorische Wirkung ausgehen kann, da häufig eine kurzfristige und eine flexible Lieferung von den Abnehmern gewünscht wird. Insbesondere im Konsumentenbereich steht oft die unmittelbare Ge- und Verbrauchsmöglichkeit der Produkte im Interessenfokus. Zudem spielen Faktoren wie Pünktlichkeit und Zuverlässigkeit der Lieferanten eine besondere Rolle, da z.B. im gewerblichen Bereich Lieferausfälle oder Verspätungen mit Produktionsausfällen oder -stillständen verbunden sein können (Schramm-Klein 2004). Eine hohe Lieferflexibilität und -zuverlässigkeit oder kurze Lieferzeiten können deshalb als wesentliche Wettbewerbsvorteile wirken. Mit der zeitlichen Dimension hängen die Festlegung des Lieferortes (z.B. Lager, Produktionsstätte o.Ä.) sowie die Lieferart, also die Wahl des Transportmittels, eng zusammen. Diese steht in einer Wechselwirkung zu Fragen der Verpackung und Kennzeichnung, aber auch zu Fragen der Liefermengen, da z.B. Gebindegrößen oder zulässige Mengentoleranzen in diesem Zusammenhang zu beachten sind. Im Zusammenhang mit den Lieferbedingungen ist v.a. die Aufteilung von Lieferkosten und Lieferrisiken zwischen den Vertragspartnern wichtig. Im Internationalen Marketing stehen als Lieferklauseln die **INCOTERMS** (International Commercial Terms, Internationale Handelsklauseln) im Vordergrund. Sie regeln im Wesentlichen:

- die Lieferung und Abnahme der Ware
- die Zahlung des Kaufpreises
- die Beschaffung von Lizenzen und Genehmigungen
- die Erledigung von Formalitäten
- die Verantwortung für den Abschluss von Beförderungs- und Versicherungsverträgen
- den Übergang der Gefahren
- die Kostentragung
- die Besorgung von Liefernachweisen und Transportdokumenten
- die Prüfung und Verpackung der Ware.

Die INCOTERMS, die 1936 von der International Chamber of Commerce veröffentlicht und regelmäßig überarbeitet werden, haben keinen Gesetzescharakter. Es handelt sich um vorformulierte Klauseln, die häufig von den Vertragspartnern akzeptiert werden. In Abbildung 17.14 sind die INCOTERMS in der aktuell gültigen Fassung aus dem Jahre 2020 dargestellt.

Abbildung 17.14: INCOTERMS 2020

Gruppe E Kosten- und Gefahrenübergang: Werk	EXW	Ex Works … (named place) Ab Werk … (benannter Ort)
Gruppe F Kosten- und Gefahrenübergang: Lieferort	FCA	Free Carrier … (named place) Frei Frachtführer … (benannter Ort)
	FAS	Free Alongside Ship … (named port of shipment) Frei Längsseite Seeschiff …(benannter Verschiffungshafen)
	FOB	Free On Board … (named port of shipment) Frei an Bord … (benannter Verschiffungshafen)
Gruppe C Gefahrenübergang: Lieferort Kostenübergang: Bestimmungsort	CFR	Cost and Freight … (named port of destination) Kosten und Fracht … (benannter Bestimmungshafen)
	CIF	Cost, Insurance and Freight … (named port of destination) Kosten, Versicherung und Fracht … (benannter Bestimmungshafen)
	CPT	Carriage Paid To … (named place of destination) Frachtfrei … (benannter Bestimmungsort)
	CIP	Carriage and Insurance Paid to … (named place of destination) Frachtfrei versichert … (benannter Bestimmungsort)
Gruppe D Kosten- und Gefahrenübergang: Bestimmungsort = Lieferort	DAP	Delivered at Place (named place) Geliefert … (benannter Ort)
	DPU	Delivered at Place Unloaded (named place) Geliefert entladen … (benannter Bestimmungsort)
	DDP	Delivered Duty Paid … (named place) Geliefert verzollt … (benannter Bestimmungsort)

Quelle: International Chamber of Commerce, www.iccgermany.de, Abrufdatum: 05. März 2021.

17. Kapitel: Internationale Preispolitik

Internationale Zahlungs- und Kreditpolitik

Anhand der **Zahlungsbedingungen** werden die Zahlungsverpflichtungen der Abnehmer sowie die Modalitäten der Zahlungserfüllung geregelt. Ziel der Ausgestaltung der internationalen Zahlungsbedingungen ist es, das Zahlungseingangsrisiko des Verkäufers und das Liefereingangsrisiko des Käufers zu minimieren. Dabei besteht ein Interessenkonflikt zwischen den Transaktionspartnern, der sich bspw. darin äußert, dass der Käufer das Interesse hat, erst möglichst spät zu zahlen, während der Verkäufer die Zahlung möglichst früh erhalten möchte. Die Zahlungsbedingungen regeln die Verteilung der Kredit- und Zahlungskosten. Insbesondere im Außenhandel können sich die Transaktionspartner im Gegensatz zum nationalen Handel oft bei Zahlungsverzug nicht auf ein gesichertes Rechtssystem verlassen. Deshalb kommt hier der Ausgestaltung der Zahlungsbedingungen eine besonders hohe Bedeutung zu. Verbreitete **Zahlungsformen** im internationalen Kontext sind dabei:

- Vorauszahlung („Cash before Delivery" bzw. „Advance Payment")
- Anzahlung („Down Payment")
- Abschlagszahlungen/Pro-Rata-Zahlung („Progress Payment")
- Zahlung bei Lieferung/Zahlung durch Nachnahme („Cash on Delivery")
- Zahlung gegen einfache Rechnung („Clean Payment").

In Abbildung 17.15 sind unterschiedliche Zahlungsformen im Außenhandel dargestellt. In Abhängigkeit von dem Zahlungszeitpunkt variiert das Risiko von Käufer und Verkäufer. Neben diesen nicht-dokumentären Zahlungsmodalitäten werden im Außenhandel auch dokumentäre Zahlungsformen wie Dokumenteninkasso oder Dokumentenakkreditiv eingesetzt. Bei diesen Zahlungsformen erfolgt die Zahlung gegen Aushändigung der Dokumente, mit denen der Käufer die Verfügungsgewalt über die Ware erhält.

Abbildung 17.15: Zahlungszeitpunkte im Außenhandel

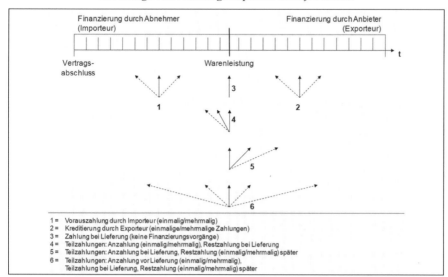

Quelle: Hünerberg 1994, S. 213.

Eng mit den Zahlungsbedingungen hängt die internationale Kreditpolitik zusammen, denn je nach Ausgestaltung beinhalten die jeweiligen Zahlungsformen z.T. auch Kreditfunktionen.

Zum Beispiel bedeuten Vorauszahlungen oder Anzahlungen des Abnehmers eine Kreditgewährung an den Anbieter, während Zahlungen gegen Rechnung mit einer Kreditgewährung des Anbieters an den Nachfrager verbunden sind.

Bei der Kreditpolitik steht die **Finanzierung** der Waren und Dienstleistungen im Vordergrund. Gerade im internationalen Industriegütergeschäft und v.a. bei Großprojekten stellen Zahlungen bei Auftragsabschluss aufgrund des Volumens sowie der zeitlichen Dimensionen z.B. bei Anlagenprojekten eher die Ausnahme dar. Aber auch bei Transaktionen mit Konsumenten spielen Finanzierungsinstrumente eine wichtige Rolle. So können durch zinsgünstige Finanzierungsangebote oder verlängerte Zahlungsfristen die aktuellen Belastungen für die Kunden reduziert und dadurch der Absatz stimuliert werden. Insbesondere im Handel und dort aufgrund der Anonymität der Kunden v.a. im Distanzhandel sind solche **Konsumentenkredite** ein wichtiges Marketinginstrument. Neben nationalen Transaktionen auf den jeweiligen Auslandsmärkten ist auch die Außenhandelsfinanzierung, also die Finanzierung von Exporten oder Importen, von besonderer Bedeutung. Unterschiedliche **Finanzierungsarten** im Außenhandel sind in Abbildung 17.16 dargestellt. Im Vordergrund steht für beide Transaktionspartner jeweils die Minimierung der Finanzierungskosten, jedoch werden auch risikopolitische Überlegungen bei der Formulierung kreditpolitischer Ziele berücksichtigt.

Abbildung 17.16: Finanzierungsarten im Außenhandel

Quelle: I.A.a. Berndt/Fanatapié-Altobelli/Sander 2020, S. 361.

Internationale Rabattpolitik

Rabatte sind Preisnachlässe, die – i.d.R. als individuelle Preisnachlässe – im Vergleich zum Normal- oder Listenpreis gewährt werden. Die internationale Rabattpolitik bezieht sich vorwiegend auf die Ausgestaltung der Rabattpolitik in den Ländern bzw. der länderübergreifenden Ausgestaltung des Rabattsystems. Dabei können unterschiedliche Formen von Rabatten eingesetzt werden. In Abbildung 17.17 ist eine Systematisierung der alternativen Rabattarten dargestellt. Rabatte werden aus unterschiedlichen Zielsetzungen herausgegeben. Im Vordergrund steht der psychologische Effekt von Rabatten, der sich darin äußert, dass sich Kunden, in erster Linie private Kunden, denen solche Preisnachlässe gewährt werden, besser behandelt fühlen als andere Marktteilnehmer. Angestrebt werden spezifische **rabattpolitische Ziele** wie z.B. Umsatzziele, Kundenbindung, Imageziele oder zeitliche Auftragslenkungen (z.B. zur Produktionsglättung). Zusätzlich zu diesen Effekten auf der individuellen Ebene kann anhand von Rabatten eine Preisdifferenzierung zwischen unterschiedlichen Abnehmergruppen oder Ländermärkten erreicht werden, ohne dass diese enorm bekannt wird, da der Basispreis nicht verändert werden muss (Berndt/Fanatapié-Altobelli/Sander 2020, S. 362). Dadurch können z.B. Glaubwürdigkeitsprobleme oder Arbitrage vermindert oder vermieden werden.

Zu berücksichtigen ist, dass die Rabattpolitik unterschiedlichen länderspezifischen rechtlichen Regelungen unterliegen kann. Ebenso variieren im Ländervergleich die Usancen der Rabattgewährung bzw. Konditionenverhandlung. Dies kann sich grundsätzlich darauf beziehen, ob Rabattgewährungen üblich sind; weiterhin variieren international der Einsatz der alternativen Rabattarten und die (üblichen) Rabatthöhen, die den Kunden gewährt werden.

Standardisierung vs. Adaption der internationalen Konditionenpolitik

Analog zu den Überlegungen im Kontext der Preispolitik können auch die Konditionen international standardisiert bzw. adaptiert werden oder es können beide kombiniert werden. Durch eine differenzierte, lokale Abstimmung der Konditionen wird die Markttransparenz bzw. die Vergleichbarkeit der Angebote verringert. Differenzierungen in der **Konditionengestaltung** erfolgen v.a. um – neben der Berücksichtigung gesetzlicher Rahmenbedingungen oder Usancen – auch die lokalen Präferenzen oder Erfordernisse hinsichtlich der Liefer- und Zahlungsbedingungen umzusetzen. So unterscheiden sich länderspezifisch z.B. die Anforderungen an Lieferzeiten, Liefertermine bzw. Lieferrhythmen und damit auch die erforderlichen Liefermengen. Diese Konditionen haben eine direkte Verbindung zu Fragen der Distributionspolitik. Hinsichtlich der Zahlungsbedingungen bestehen zudem international häufig Unterschiede, die sich auf die Akzeptanz von bzw. die Präferenz für Ratenzahlungen, Rabatte, Skonti usw. beziehen. Noch stärker als die Preisgestaltung ist dabei die Konditionengestaltung durch individuelle Vereinbarungen gekennzeichnet.

Abbildung 17.17: Formen von Rabatten

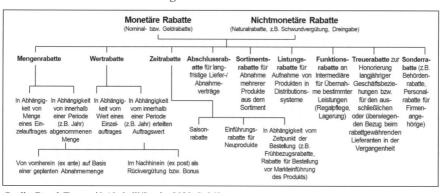

Quelle: Berndt/Fanatapié-Altobelli/Sander 2020, S. 363.

Ähnlich wie bei der Preisgestaltung können bei der internationalen Konditionenpolitik auch Korridorstrategien eingesetzt werden. Dabei werden Referenzbedingungen für die Liefer- und Zahlungsbedingungen, die Rabattpolitik, die Kreditgewährung u.Ä. festgelegt, die dann im Rahmen der länderspezifischen Ausgestaltung innerhalb vorgegebener Bandbreiten variieren können, um lokalen Anforderungen gerecht zu werden. Zudem werden die Konditionen oft modular ausgestaltet. Hierzu werden unterschiedliche Module der internationalen Preis- und Konditionenpolitik festgelegt, die länder- oder kundenspezifisch kombiniert werden können.

17.5. Interdependenzen und Preisdynamik

Die wesentlichen Interdependenzen im Kontext strategischer Entscheidungen und zu weiteren Instrumenten des Marketing-Mix wurden bereits in Abschnitt 17.2. diskutiert. Im Folgenden stehen Aspekte im Vordergrund, die sich auf die Preisdynamik beziehen. Dabei sind v.a. auch Interdependenzen zwischen den Ländermärkten von Bedeutung.

Im Rahmen des Being-International, also nach dem Markteintritt, sind häufig Anpassungen der internationalen Preispolitik zu realisieren. Diese hängen eng mit den internationalen Timing-Strategien zusammen (siehe hierzu Abschnitt 7.3.2.). Zu unterscheiden sind kurzfristige und langfristige Preisänderungen in Form von Preisaktionen oder Preiserhöhungen/-absenkungen. Solche Änderungen resultieren aufgrund veränderter externer oder interner Rahmenbedingungen (z.B. Markt-, Wettbewerbsänderungen, Veränderungen der Steuer-, Zoll- oder Einfuhrbestimmungen oder Kostenänderungen wegen veränderter Produktions- oder Logistikbedingungen, Beschaffungssituation). **Preisvariationen** sind mit unterschiedlichen Effekten verbunden. Diese gelten nicht nur bezogen auf die jeweils nationale Perspektive der Ländermärkte, sondern können auch – insb. durch **Rückkopplungen** zwischen den Ländermärkten – länderübergreifend wirken. Die wichtigsten Effekte sind in Abbildung 17.18 dargestellt.

Abbildung 17.18: Effekte von Preisvariationen im Internationalen Marketing

Preisniveau-Effekt	Preiserhöhungen führen zu einer Einschränkung der Kaufmengen bzw. Abwanderung der Kunden, während Preissenkungen zu einer Ausdehnung der Käufe bzw. Neukundengewinnung führen. Je nach Differenzierungsgrad der Preise sowie Integrationsgrad der Ländermärkte können durch Preisänderungen Arbitrage-Ströme zwischen den Märkten ausgelöst werden.
Referenzpreis-Effekt	Der Referenzpreis-Effekt tritt auf, weil die Kunden den neuen Preis am alten Preis messen. Dieser kann dabei auch länderübergreifend wirken. Zudem können auch im internationalen Vergleich Referenzpreis-Effekte zwischen den Ländermärkten auftreten. Preissenkungen führen zum Eindruck einer günstigen Kaufgelegenheit („Schnäppchen-Effekt"), während Preiserhöhungen zu einem (temporären) Preiswiderstand („Besitzstands-Effekt") führen können.
Kannibalisierungs-Effekt	Preissenkungen können zu Absatzeinbußen an anderer Stelle des Unternehmens führen, z.B. durch vorgezogene Käufe, die den späteren Absatz beeinträchtigen (Carry-over-Effekt), oder durch negative Spill-over-Effekte auf andere Produkte im Sortiment des Unternehmens. Preiserhöhungen können zu Absatzverlusten durch Abwanderungen zu niedrigpreisigeren Artikeln des eigenen Leistungsprogramms führen bzw. zur vollständigen Abwanderung der Kunden. Die Wirkungen können jeweils auch länderübergreifend erfolgen, indem z.B. Arbitrage angestoßen wird.
Preiserwartungs-Effekt	Preiserwartungen für die Zukunft können positive oder negative Carry-over-Effekte auslösen. Erwartete Preissenkungen können z.B. Verschiebungen von Käufen auf spätere Zeitpunkte bewirken, während erwartete Preiserhöhungen mit Hamsterkäufen verbunden sein können. Werden Preisaktionen erwartet, so kann das Beschaffungsverhalten gezielt darauf ausgerichtet werden, dass mit der Beschaffung gewartet wird, bis die nächste Aktion erfolgt. Der Aktionspreis avanciert dann zum „Referenzpreis". Auch bzgl. dieser Effekte können jeweils länderübergreifende Reaktionen erfolgen.
Wettbewerbs-Effekt	Durch Preisvariationen wird – zumindest kurzfristig – das Preisgefüge im Markt beeinflusst. Dadurch wird auch die Wettbewerbsposition der Konkurrenten sowohl im Inland als auch im Ausland beeinflusst, wodurch Wettbewerbsreaktionen ausgelöst werden können.

Quelle: I.A.a. Diller u.a. 2020, S. 418ff.

Während dauerhafte Preisänderungen i.d.R. Reaktionen auf langfristige Verschiebungen der Rahmenbedingungen darstellen bzw. in Antizipation solcher Veränderungen erfolgen, werden kurzfristige Preisänderungen aus innengerichteten, handelsbezogenen oder endkundenbezogenen Zielsetzungen heraus – und dabei häufig länderspezifisch – vorgenommen:

- **Innengerichtete Ziele**: z.B. Überbrückung von Liquiditätsengpässen, Abbau von Lagerbeständen, Veralterung/Verderb von Ware
- **Handelsgerichtete Ziele**: z.B. gezielte Anreize für ausgewählte Abnehmer, Platzierungs-, Bewerbungs-, Empfehlungsziele, Erhöhung des Distributionsgrades/der Markenpräsenz
- **Endkundengerichtete Ziele**: z.B. Forcierung von Preisänderungs-Effekten, Absatzausweitung, Erhöhung der Verbrauchsrate, Markenbindung.

Die **Sonderangebotspolitik** beinhaltet den aktiven und forcierten Einsatz von Preisaktionen. Dabei werden, ausgehend vom (höheren) Normalpreisniveau im Rahmen von systematischen und regelmäßigen Preispromotionen Preisabschläge auf bestimmte Produkte gewährt. Je nach kulturellem Kontext kann die Wirkung solcher Aktionen international unterschiedlich ausfallen. So können z.B. Probleme wie negative Carry-over- oder Preiserwartungseffekte, Imagebeeinträchtigungen oder Senkungen der Preisbereitschaft auftreten – auch im länderübergreifenden Zusammenhang, so aufgrund von nachfragerbezogenen Rückkopplungen. Auch hinsichtlich kurzfristiger Preisaktionen sind Arbitrage-Problematiken, die v.a. bei stark integrierten Ländern auch kurzfristig auftreten können, zu beachten.

Bei den langfristigen Preisanpassungsentscheidungen ist zunächst zwischen operativen Preisänderungsentscheidungen, bei denen lediglich eine Anpassung der nominalen Preise erfolgt (z.B. an Geldwertveränderung), während der relative Preis gleichbleibt, und strategischen Preisänderungen, die eine grundsätzliche preisliche Neupositionierung, z.B. als Reaktion auf eine Veränderung des Umfelds (z.B. der Nachfrage, der Konkurrenzbedingungen, der Kostensituation), beinhalten, zu unterscheiden.

Preisveränderungen im strategischen Sinne können auch die generelle internationale Orientierung betreffen. Ausgehend von standardisierten Preisen ermöglicht bspw. eine zunehmende Preisdifferenzierung die bessere Ausschöpfung nationaler bzw. lokaler Preisbereitschaften. Jedoch sind in diesem Zusammenhang die bereits diskutierten Probleme **grauer Märkte** zu beachten. Gerade wenn vorher standardisierte Preise gegeben waren, ist die Variation von Preisen häufig schwer durchsetzbar, denn je transparenter bzw. integrierter die Märkte sind, umso höher wird die Gefahr von Arbitrage zwischen den Märkten. Einfacher, wenngleich ebenfalls schwer durchzusetzen, ist die internationale Differenzierung der Konditionen, wie z.B. Rabatte, Kreditgewährung oder Zahlungsbedingungen. Differenzierungen im Rahmen der internationalen Preis- und Konditionenpolitik setzen – i.S. eines Differenzierungspfades – deshalb oft zuerst an der Konditionengestaltung an.

Die umgekehrte Entwicklungsrichtung beinhaltet Standardisierungsschritte. Diese stellen auch ein Mittel dar, um Arbitrage-Prozessen zwischen Ländern mit differenten Preisniveaus entgegenzuwirken. Ausgehend von differenzierten Preisniveaus kann ein Übergang zu (weitgehend) standardisierten Preisen v.a. im Rahmen von zwei Szenarien erfolgen (siehe Abbildung 17.19). Im **ungünstigen Szenario A** wird davon ausgegangen, dass der Preis im Zeitablauf auf das Niveau des niedrigsten Preises zuzüglich der Transaktionskosten sinkt. Insbesondere bei preistransparenten B2B-Märkten oder Online-Märkten wird dort eingekauft, wo der Preis am günstigsten ist. Insofern ergibt sich aufgrund von sich einstellender **Arbitrage** zwischen den Ländermärkten auf längere Sicht eine Absenkung der Preise auf das niedrigste Niveau, bis keine Arbitragemöglichkeiten mehr gegeben sind. Wird jedoch ein **Preiskorridor** eingeführt, dann wird bewusst versucht, einer derartigen Arbitrage entgegenzusteuern. Die Preise werden in den Hochpreisländern auf ein niedrigeres Niveau gesenkt, während die Preise in Niedrigpreisländern angehoben werden. Die Preise zwischen den Ländern gleichen sich an, die Preisdifferenzen werden geringer. Je standardisierter die Produkte sind, umso schneller vollziehen sich derartige Umgestaltungsprozesse (und umgekehrt) und es findet eine Annäherung im **Preiskorridor** statt, der sich bspw. durch die Transaktionskosten bestimmt.

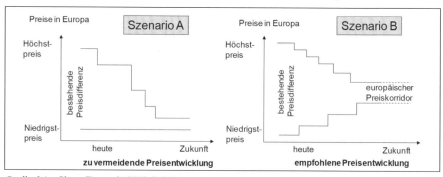

Abbildung 17.19: Szenarien der Preisentwicklung

Quelle: I.A.a Simon/Fassnacht 2019, S. 316.

Allerdings erfordern besonders erhöhte Preise eine neue Positionierung der Produkte. Da dies Kosten verursacht, können bei den Unternehmen, die eine derartige Preisentwicklung anstreben, drei Vorgehensweisen unterschieden werden:

- Die Erhöhung der Preise hat aufgrund des reduzierten Volumens bewusste **Deckungsbeitragsverluste** zur Folge. Da diese Verluste aber immer noch niedriger sein würden als die Verluste, die anfallen würden, wenn alle Länderpreise auf dem Niveau des Niedrigpreislandes wären, werden solche Deckungsbeitragsverluste in Kauf genommen.
- Eine „sanftere" Möglichkeit ist die **Umpositionierung** der Produkte. Dies ist jedoch mit hohen Kosten verbunden.
- Die radikalste Maßnahme zum Entgegenwirken stellt der **Marktaustritt** aus den Niedrigpreisländern dar, weil das gesamte Preisgefüge auf den internationalen Märkten durch diese Länder gestört wird. In Unternehmen erfolgt hier faktisch eine Herausnahme eines oder mehrerer Produkte aus dem Angebot.

18. Internationale Kommunikationspolitik

18.1. Systematisierung der Entscheidungsoptionen

Unter Kommunikation wird die Übermittlung von Informationen bzw. Bedeutungsinhalten verstanden. Bei der Marketingkommunikation steht v.a. die Steuerung von Erwartungen, Einstellungen oder Verhaltensweisen der Empfänger im Hinblick auf die Unternehmens- oder Marketingziele im Vordergrund (Bruhn 2018, S. 3). Kommunikationspolitische Instrumente adressieren neben psychologischen Zielen (vorökonomische Größen wie Bekanntheit, Image, Kaufabsicht) auch ökonomische Ziele (wie Absatz-, Umsatz-, Marktanteils- oder Gewinnziele). Empfänger sind aktuelle und potenzielle Kunden, aber auch Personen oder Organisationen, die Einfluss auf die Kaufprozesse nehmen (z.B. Medien, Multiplikatoren, Meinungsführer). Der Kommunikationsprozess kann durch die **Lasswell-Formel** skizziert werden:

- „Wer (d.h. Sender, z.B. ein MNU bzw. Verkaufsmitarbeiter)
- sagt was (d.h. Kommunikationsinhalt bzw. -botschaft, z.B. eine Werbebotschaft)
- über welchen Kanal (d.h. direkte oder indirekte Kanäle, Touchpoints)
- zu wem (d.h. Empfänger, wie Nachfrager, Verbraucher oder Stakeholder)
- mit welchem Effekt (d.h. Kommunikationswirkung, wie positive Imagebeeinflussung, Kauf, Anregung zur Weiterempfehlung)?"

Der internationale Kommunikationsprozess kann auf bestimmte Auslandsmärkte oder länderübergreifend ausgerichtet sein. Im Grundprozess (siehe Abbildung 18.1) zielt der Sender darauf ab, eine bestimmte Nachricht/Botschaft zu vermitteln, die in die jeweilige „Marktsprache" kodiert wird. Je nach Kanal/Medium, über den/das die Übermittlung erfolgt, ist auch der Einsatz von Symbolen, Bildern, Farben etc. bedeutend. Die Empfänger der Botschaft dekodieren diese, bevor sie ein Verständnis für den Botschaftsinhalt entwickeln können. Essenziell ist daher die Kongruenz des Verständnisses der Kommunikationsinhalte bei Sender und Rezipienten der Information.

Abbildung 18.1: Kommunikationsprozess im Internationalen Marketing

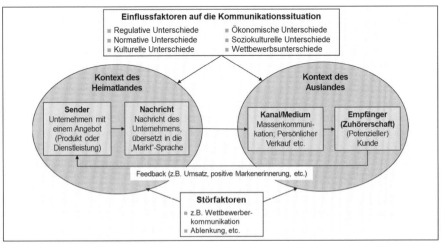

Quelle: I.A.a. Hollensen 2020, S. 589.

Die Wirkung im internationalen oder interkulturellen Kontext wird dadurch beeinflusst, dass v.a. im Rahmen der Kodierungs- oder Dekodierungsprozesse, aber auch der Übermittlungsprozesse länderspezifische Einflussfaktoren wirken und zugleich Störungen auftreten können, die dazu führen, dass diese Übereinstimmung gefährdet sein kann. Dieser Kontext und die Störfaktoren wirken prinzipiell in allen Phasen des Kommunikationsprozesses:

- **Sender**: z.B. Ressourcen und Fähigkeiten eines MNU (bzgl. Leistungsangebote und Kommunikation im Land oder länderübergreifend), Strategien und Budgets (bspw. bzgl. der Standardisierung vs. Adaption der Kommunikation).
- **Nachricht**: z.B. Ressourcen und Fähigkeiten eines MNU, die Kommunikationsinhalte in die jeweilige Marktsprache zu übersetzen und länder-/kulturbedingte Unterschiede bzgl. Zeichen und Symbole zu adressieren (im Detail bzgl. Syntaktik, Semantik, Pragmatik).
- **Kanäle/Medien**: z.B. länder-/kulturspezifische Verfügbarkeiten und Nutzung von Kanälen/Medien sowie Fähigkeiten eines Unternehmens, hierauf zu reagieren.
- **Empfänger**: z.B. Verständnis- bzw. Interpretationsunterschiede im Kommunikationsprozess, welche die kognitive und emotionale Wirkungen der Kommunikation beeinträchtigen (d.h. die Erreichung von Kommunikationszielen, z.B. bestimmte psychologische Werbewirkungen oder Kaufverhaltensbeeinflussungen; De Mooij 2019, S. 307ff.)

Besonders kritisch werden in der internationalen Kommunikation die eingesetzten Zeichen und Symbole gesehen. Probleme können v.a. dann auftreten, wenn Sender und Adressaten der Kommunikation aus unterschiedlichen Ländern stammen (z.B. durch Sprachunterschiede oder unterschiedliche Kulturen, selbst bei identischen Zielgruppen). Entsprechend stehen in der Forschung zur internationalen Kommunikationspolitik v.a. Wirkungen der Kommunikation oder von Medien/Touchpoints auf das Käuferverhalten im Vordergrund (siehe Abbildung 18.2).

Grundsätzlich können dabei entsprechende Wirkungen in der sog. persuasiven Marketingkommunikation auch international anhand hierarchischer Wirkungsmodelle systematisiert werden. Darin wird davon ausgegangen, dass die Kommunikationswirkung in einer bestimmten Reihenfolge einsetzt, bei der frühere Effekte notwendige Bedingungen für die nachfolgenden Effekte darstellen. In traditionellen Modellen durchlaufen die Rezipienten (z.B. Verbraucher im Ausland) bei der Reaktion auf die Marketingkommunikation eines MNU eine

1. kognitive Phase, in der mentale Denkprozesse ablaufen, die zu Wissen bzw. Bewusstsein über die kommunizierende Marke führen, eine
2. affektive Phase, in der eine emotionale oder bewertende Reaktion gegenüber der Marke erfolgt und Einstellungen gegenüber der Marke gebildet werden, und eine
3. verhaltensbezogene Phase, in der markenbezogene Handlungen erfolgen (z.B. der Kauf der Produkte der Marke).

Es wird also eine „Denk-, Fühl- und Handlungsabfolge" angenommen. Typische Modelle hierfür sind AIDA oder DAGMAR (De Pelsmacker/Geuens/Van Den Bergh 2021, S. 77f.). Abbildung 18.2 zeigt, dass in der Forschung weniger derartige Modelle, sondern stärker spezifische Betrachtungen von Wirkungsbeziehungen die meisten aktuellen Studien im B2C- und B2B-Bereich dominieren, meist bezogen auf Kundenwahrnehmungen und weniger auf Unternehmensentscheidungen.

In diesem Kapitel erfolgt indessen zunächst die Betrachtung des Planungsprozesses und seiner Elemente aus Sicht internationaler Unternehmen. Anschließend werden die Besonderheiten der Gestaltung der Instrumente des internationalen Kommunikations-Mix behandelt.

Abbildung 18.2: Ausgewählte Studien zur internationalen Kommunikationspolitik

Autor(en)	Gegenstand	Th./Emp. Basis	Kernergebnisse
B2C-Kommunikation			
Feng/ Mueller 2019	Merkmale von AR-(Augmented Reality)-Werbekampagnen aus verschiedenen Ländern; Verständnis über kulturübergreifenden Aufbau	Diffusionstheorie; 1.217 AR Werbekampagnen-Videos auf YouTube	■ Kampagnen aus individualistischen Kulturen neigen dazu, Produktinformationen zu enthalten und Benutzern Kontrolle über virtuelle AR-Inhalte zu ermöglichen, während solche aus kollektivistischen Kulturen eher Benutzern ermöglichen Teil des virtuellen AR-Inhalts zu werden, ohne zu manipulieren. ■ Marketer sollten überlegen, wie sie intensive Nutzungserlebnisse für Verbraucher in individualistischen Kulturen entwickeln können, die Produktinformationen mit der physischen Umgebung des Verbrauchers verweben.
Johnston u.a. 2018	Untersuchung der Verhaltensreaktionen von Konsumenten auf Social-Media-Werbung in internationalen Märkten.	Hierarchie der Effekte-Modell, Erwartungswerttheorie, Probanden Taiwan (N=476), Vietnam (N=596)	■ Social-Media-Typen mit diverser Effektivität für Werbung in verschiedenen Kulturen, da Verbraucherengagement durch vom Werte und Einstellung bedingt wird. ■ Um wahrgenommenen Wert zu erhöhen und eine positive Einstellung zu erzielen, müssen sich Manager auf den Infotainment- und Glaubwürdigkeitsaspekt konzentrieren. ■ Märkte mit geringer (vs. hoher) Unsicherheitsvermeidung sind weniger empfindlich für Infotainment und Glaubwürdigkeit.
Kim/Moon 2021	Analyse der Rolle länderübergreifender kultureller Distanz für die Markenpopularität in den sozialen Medien.	Kulturelle Distanz-Theorie; Facebook-Daten der 100 Topmarken	■ Die Online-Markenpopularität wird von den kulturellen Merkmalen eines Landes, der kulturellen Distanz und den Wechselwirkungen zwischen der kulturellen Distanz und a) dem wirtschaftlichen Wohlstand, gemessen am Pro-Kopf-BIP, b) der Zugänglichkeit zu sozialen Medien, gemessen an der Internetdurchdringung, und c) dem globalen Status der Marke, gemessen an der Globalität der Marke, beeinflusst. ■ Es lassen sich drei Gruppen von Ländern im internationalen Markenmanagement bilden: (1) individualistische, niedrige Unsicherheitsvermeidungskulturen, (2) hohe Maskulinität, kurzfristig orientierte Kulturen und (3) kollektivistische, hohe Unsicherheitsvermeidungskulturen.
Kim/Moon/ Iacobucci 2019	Untersuchung des Einflusses der globalen Markendistribution auf die Markenpopularität in sozialen Medien.	Motivation-Chance-Fähigkeiten Theorie, Facebook-Daten der 100 Topmarken	■ Popularität von Ländermarken bedingt durch Globalität der Marke und kulturelle, soziale, wirtschaftliche Merkmale ■ Erhöhte Markenglobalität ist mit einer geringeren Markenbeliebtheit in Ländern (nicht länderübergreifend) verbunden. ■ Social-Signaling-Produkte (z.B. Accessoires, Kaffee, Automobile) sind auf globalen Märkten tendenziell erfolgreicher.
Li u.a. 2020	Untersuchung der Fragen, wann und warum die lokale Gemeinschaft positiv auf lokale Marketingkommunikationsstrategien reagiert.	Theorie der Kommunikationsakkommodation; N=125 Indien N=231 USA N=105 China N=181 Indien	■ Lokale Konsumenten bewerten eine globale Marke weniger positiv, wenn diese hochsymbolische, lokale und kulturelle Elemente in ihre Marketingkommunikation einbezieht. ■ Der positive Effekt von kulturell höflicher Kommunikation auf die Bewertung einer globalen Marke durch die Konsumenten tritt nur in einem lokalen Markt auf, nicht aber wenn die Kommunikation in einem anderen Markt stattfindet. ■ Lokalisierungsbemühungen einer globalen Marke führen zu einer starken Lokalitätswahrnehmung, die einen positiven Effekt auf die Markenbewertung hat. Eine starke Lokalitätswahrnehmung der globalen Marke, könnte sogar die Notwendigkeit einer kulturell höflichen Kommunikation überschatten.
Nie/Wang 2021	Wie beziehen globale Marken lokale kulturelle Elemente ein, um ihre Markenbewertungen zu verbessern.	Kulturtheorien, Polykulturalismus; Probanden aus China: Experiment 1 (N=80), Experiment 2 (N=145)	■ Eigenschaftsinterpretation (die betont, dass Merkmale einer globalen Marke auf lokale Kulturelemente übertragen werden) führt zu einer weniger günstigen Bewertung von globalen Marken, die lokale Kulturelemente einbeziehen, im Vergleich zu einer relationalen Interpretation (die eine Beziehung zwischen globalen Marken und lokalen Kulturelementen betont). ■ Globale Marken sollten Verbrauchern in der Marketingkommunikation verstärkt polykulturelle Überzeugungen vermitteln. ■ Wenn Verbraucher ein hohes Maß an polykulturellen Überzeugungen haben, werden sie die "Veränderung", die eine fremde Kultur einer lokalen Kultur aufzwingt, weniger wahrscheinlich als kulturelles Eindringen betrachten, was wiederum ihre Bewertungen gegenüber globalen Marken, die lokale Kulturelemente einbeziehen, verbessern wird.

– Abbildung wird fortgesetzt –

– Fortsetzung –

			B2B.Kommunikation
Fraccastoro/ Gabrielsson/ Pullins 2021	Untersuchung des integrierten Einsatzes von Social Media, digitale/traditionelle Kommunikationsinstrumente im B2B-Verkaufsprozess internationaler KMU.	Keine/Grounded Theory; Tiefeninterviews mit N=6 europäischen internationalen B2B-Firmen	■ Erstellung eines Bezugsrahmens für Einsatz und Integration von Vertriebskommunikationsmitteln, inkl. Social Media, innerhalb und über die Phasen des Vertriebsprozesses hinweg. ■ Identifizierung von Vorteilen der Integration von Social Media zu anderen Vertriebskommunikationsinstrumenten während der Business-to-Business-Vertriebsprozessphasen. ■ Identifizierung von Randbedingungen wie Beziehungskultur, geographische Nähe, technologische Innovationen/Ressourcen und die Bedeutung des Kunden.
Koponen/ Julkunen/ Asai 2019	Vertriebsmitarbeiter: Anforderungen an interpersonelle Kommunikationskompetenz.	Situational Learning Theory; N=39 Tiefeninterviews im internationalen B2B-Vertrieb	■ Konzeptualisierung der Verkaufskommunikationskompetenz im internationalen B2B-Solution-Selling. ■ Vier Komponenten: verhaltensbezogene, affektive, kognitive und Vertriebskompetenz.
Martin/ Javalgi/ Ciravegna 2020	Analyse der Rolle der Marketingkommunikation im Rahmen der Wettbewerbsstrategie von Exportunternehmen in internationalen Neugründungen.	RBV/Marketing Capabilities; N=260 internationale Neugründungen aus Mexiko	■ Die Marketingkommunikation beeinflusst die Beziehung zwischen Marketingfähigkeiten und Wettbewerbsstrategie. ■ Das schnelllebige Umfeld, in dem sich internationale Neugründungen befinden, erzeugt die Notwendigkeit, effektive Exportwerbung zu entwickeln. ■ Marketingkommunikation kann die Anwendung einer Wettbewerbsstrategie erleichtern, die Kostenvorteile und Lieferdifferenzierung kombiniert, um eine überdurchschnittliche Leistung des Exportunternehmens zu erreichen. ■ Internationale Neugründungen mit erfolgreichen Marketing-Kommunikationsfähigkeiten bieten eher hochdifferenzierte Produkte an, indem sie Markenbewusstsein aufbauen und neue Exportproduktangebote entwickeln.

18.2. Strategische und operative Gestaltungsoptionen

18.2.1. Planungsprozess der internationalen Kommunikation im Überblick

Aus Unternehmenssicht sind die Entscheidungsfelder auch in der internationalen Kommunikationspolitik breit aufgestellt und gehen über reine Betrachtungen von Standardisierung vs. Adaption hinaus. Sie können anhand eines Planungsprozesses verdeutlicht werden. In Abbildung 18.3 ist ein typischer, auch im nationalen Kontext, gebräuchlicher Prozess dargestellt, der im Wesentlichen

- auf der Corporate Identity des Gesamtunternehmens basiert,
- die Ziele und Strategien und die gerade international bedeutenden Ressourcen (bspw. gesamt und länderspezifische oder -übergreifende Budgets) adressiert und
- die Umsetzung der Kommunikation über die Wahl und Priorisierung unterschiedlicher Kommunikationsinstrumente und deren Ausgestaltung (bspw. in der Werbung) umfasst.
- Zudem spielt die laufende Kontrolle (z.B. Werbewirkungskontrolle, also die Sicht der Kunden) mit entsprechenden Feedbackschleifen zu den vorgenannten Gestaltungsoptionen eine wesentliche Rolle.

Dieser Planungsprozess unterliegt international den o.g. Kontext- und Störbedingungen. So kann jede Stufe des Planungsprozesses einerseits im Hinblick auf einzelne Länder oder länderübergreifend betrachtet werden oder im Hinblick auf die Vor- und Nachteile oder Wirkungsunterschiede einer standardisierten vs. adaptierten länderspezifischen oder -übergreifenden Gestaltung. Nachfolgend adressieren wir beides, mit einem Fokus auf die Standardisierung vs. Adaption.

Abbildung 18.3: Entscheidungsfelder im Planungsprozess der Kommunikation

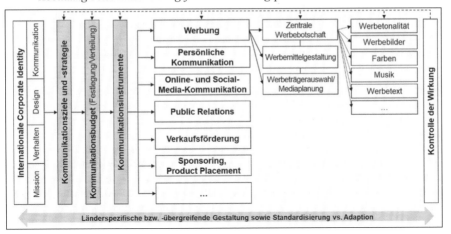

18.2.2. Internationale Corporate-Identity und Integrierte Kommunikation

Die **Corporate Identity** eines Unternehmens wird als Basis/Ausgangspunkt der Kommunikationspolitik gesehen. Sie reflektiert eine ganzheitliche Gesamtunternehmenssicht, die alle nach innen bzw. außen gerichteten Interaktionsprozesse steuert und bspw. durch die Gesamtunternehmensstrategie bedingt wird. Dabei ist bspw. davon auszugehen, dass die Corporate Identity eines MNU mit globaler Internationalisierungsstrategie wesentlich von dem eines MNU mit einer multinationalen Internationalisierungsstrategie abweicht, so in der Steuerung bspw. zentral, aus dem Headquarter gesteuert bzw. in den Landesgesellschaften.

Die Corporate Identity wird als Dach aller Kommunikationsziele-, -strategien, -beziehungen oder -aktionen eines Unternehmens angesehen (Meffert u.a. 2019, S. 281) und bildet ein langfristig stabil zu haltendes Set typischer Verhaltens-, Kommunikations- und Designmerkmale eines MNU (i.S.v. Unternehmenspersönlichkeit) ab. Seither ist die Corporate Identity eng mit dem Konzept der **integrierten Kommunikation** verbunden, das darin mündet, die unterschiedlichen Elemente bzw. Instrumente der Kommunikationspolitik aufeinander abzustimmen, mit dem Ziel, eine Einheit herzustellen und der Zielgruppe ein konsistentes Erscheinungsbild zu vermitteln. Die internationale Corporate-Identity-Politik umfasst die folgenden Instrumente bzw. Dimensionen (Berndt/Fanatapié-Altobelli/Sander 2020, S. 387f.):

- **Internationale Corporate Mission**: Dies bildet den Ausgangspunkt, so Unternehmensgrundsätze bzw. Werte und das Normengefüge. Sie kann für strategische Geschäftsfelder variieren und wird durch die internationale Strategie geprägt und ist Basis für den gesamthaften Marktauftritt eines Unternehmens sowie die Verhaltensweisen der Mitarbeiter.
- **Internationales Corporate Behavior**: Dieses bezieht sich auf Verhaltensweisen der Mitarbeiter des Unternehmens, im Heimatmarkt und in Gastländern. Diese sind im Innen- und im Außenverhältnis schlüssig und widerspruchsfrei zu gestalten (oft dokumentiert in Normen, denen sich jeder Mitarbeiter bspw. im Arbeitsvertrag verpflichtet).
- **Internationales Corporate Design**: Dieses beinhaltet die optische Umsetzung der Corporate Identity v.a. durch visuelle Elemente der Unternehmenserscheinung, z.B. die Marke (Logo, Signet), Verpackungen, grafische Umsetzungen (z.B. Drucksachen, Kleidung), Gebäude oder der Fuhrpark (z.B. Lieferfahrzeuge). Gerade hinsichtlich der Umsetzung von Design- bzw. Gestaltungselementen ist zu beachten, dass bedingt durch Länder- bzw. Kulturunterschiede unterschiedliche Bedeutungen bzw. Assoziationen auftreten

können. Dies kann dann problematisch sein, wenn ein unternehmensweit international einheitliches Corporate Design angestrebt wird.
- **Internationale Corporate Communications**: Deren Aufgabe ist die Unterstützung der angestrebten Unternehmensidentität anhand geeigneter Kommunikationsinstrumente. Dabei steht auch international die unternehmensweite Abstimmung der Kommunikationsinstrumente für Marken, Produkte bzw. das Unternehmen als Ganzes im Vordergrund.

Studien zu MNU zeigen bspw. einen positiven Einfluss der Corporate Identity auf die Attraktivität des Unternehmensimages sowie der Identifikation mit dem Unternehmen, welche den Erfolg und Wettbewerbsvorteil stärken (Arendt/Brettel 2010). Dabei ist es wichtig die Corporate Identity kongruent zu gestalten und verschiedene Facetten der Kongruenz zu beachten (z.B. Kongruenz zwischen Bedeutung und ausgestrahlten Signalen, Flint/Signori/Golicic 2018). Zudem können MNU indirekt von ihrer wahrgenommenen Corporate Identity durch deren Marketingkommunikation in Form von Kundenzufriedenheit, -vertrauen und -bindung profitieren (Melewar u.a. 2017). Ageeva u.a. (2019) zeigen, dass der Aufbau einer erfolgreichen Unternehmenswebsite (im Sinne von „Website Favorablity") zur Stärkung der wahrgenommenen Corporate Identity beiträgt.

18.2.3. Ziele und Kommunikationsstrategie

In der internationalen Kommunikation existiert eine Vielzahl von (psychografischen oder ökonomischen) Zielsetzungen, die übergreifend festgelegt werden können, oft aber zwischen den Ländermärkten, auf denen MNU aktiv sind, variieren. Begründungen hierfür können in länderspezifisch ggf. uneinheitlich verlaufenden Markt- bzw. Produktlebenszyklen, in der Abhängigkeit von den Phasen im Kundenbeziehungszyklus oder der Verfügbarkeit zentral vs. lokal festgelegter Kommunikationsbudgets liegen (siehe Abbildung 18.4).

Abbildung 18.4: Zielsetzungen im Rahmen der internationalen Kommunikationspolitik

Strategiefokus	Zielsetzungen
Bekanntmachungsstrategie	- Erhöhung von Bekanntheitswerten von Unternehmen/Marken/Produkten/Leistungen - Erhöhung und Aktualisierung von Bezeichnungs- und Eigenschaftskenntnissen
Informationsstrategie	- Erhöhung von Beziehungs- und Eigenschaftskenntnissen - Überzeugung von Produkteigenschaften/Serviceleistungen (Persuasionskommunikation)
Imageprofilierungsstrategie	- Formierung positiver Einstellungen - Kommunikation spezieller Nutzendimensionen
Konkurrenzabgrenzungsstrategie	- Erzeugung klarer, einzigartiger Unternehmens-/Marken-/Produkt-/Leistungsimages
Zielgruppenerschließungsstrategie	- Ansprache und Erschließung neuer Zielgruppen - Ausschöpfung bestehender Zielgruppen
Kontaktanbahnungsstrategie	- Gewinnung bestimmter Zielgruppen (z.B. den Handel, Öffentlichkeit) für die eigenen Aktivitäten
Beziehungspflegestrategie	- Aufbau und Pflege von Kontakten/Beziehungen zu relevanten Zielgruppen - Erzielung von Kundenbindung - Aufbau von Vertrauen

Quelle: I.A.a. Bruhn 2018, S. 223.

Die **Kommunikationsstrategie** ist ein mittel- bis langfristiger Verhaltensplan, der den Einsatz der Kommunikationsinstrumente und die Gestaltung der Kommunikationsbotschaft bestimmt. Sie umfasst, auch international, diverse Entscheidungen (Meffert u.a. 2019, S. 637f.):

- Positionierung (Nutzungsversprechen bzw. „Brand Promise")
- Kreativitätsstrategie (Copy-Strategie)
- Priorisierung des Einsatzes der Kommunikationsinstrumente
- geographischer Geltungsbereich
- zeitliche Ausgestaltung.

Den Kern der Kommunikationsstrategie bildet die Positionierung. Die **Positionierungsstrategie** basiert auf der Corporate bzw. Brand Identity und reflektiert das angestrebte Nutzenversprechen. Die Kreativstrategie als Teil der Kommunikationsstrategie bildet die Grundlage für die konkrete Ausgestaltung (Inhalt und Form) der Kommunikationsmittel zur wirkungsvollen Übermittlung des Nutzenversprechens des Kommunikationsobjektes (Brand Promise) an die Zielgruppen. Sie umfasst drei Elemente, so Übersetzung des Nutzenversprechens in konkrete, zu kommunizierende funktionale und symbolische Produkteigenschaften, Begründung des Nutzenversprechens („Reason Why") und verbaler und nonverbaler Kommunikationsstil zur Übermittlung des Nutzenbündels (z.B. bezogen auf Aspekte der Markenpersönlichkeit). Die Wirkung der eingesetzten Kommunikationsmittel kann international unterschiedlich sein, weshalb es wesentlich ist, dass mit der Copy Strategy sichergestellt wird, dass die jeweils landes- oder kulturspezifisch angestrebte Positionierung umgesetzt werden kann. Aufgrund der geschilderten Einfluss- (und ggf. Störfaktoren) im Rahmen von internationalen/globalen Kommunikationsprozessen können Wirkungsunterschiede auftreten. Diese können dazu führen, dass selbst bei globalen Marken die Positionierung auf der Wirkungs- bzw. Wahrnehmungsebene der Kunden zwischen Ländern bzw. Kulturen variieren (siehe Abschnitt 15.2.2.). Dem soll eine geeignete länder-/kulturübergreifende Copy Strategy entgegenwirken.

International sind strategische Überlegungen mit der Standardisierung vs. Adaption der Kommunikation verbunden, weshalb diese in Verbindung mit der internationalen Strategie betrachtet werden können (siehe Kapitel 14.). Dabei stehen strategische Maßnahmen zur Erreichung von Zielen im Vordergrund, aber auch eher operativer Umsetzungsmaßnahmen.

18.2.4. Standardisierung und Adaption als Strategie und Umsetzung

Die Frage der Standardisierungsoptionen bzw. Adaptionsnotwendigkeiten wird in der internationalen Kommunikationspolitik relativ oft gestellt. Dabei wird oft argumentiert, dass dieser Instrumentalbereich des Marketing-Mix Anpassungserfordernisse an lokale oder kulturelle Besonderheiten aufweist, da trotz weltweit konvergierender Technologien, Medien etc. Unterschiede im Kundenverhalten beobachtbar sind (De Mooij 2019, S. 1). Standardisierung bzw. Adaption der internationalen Kommunikationspolitik haben generelle Vor- und Nachteile (siehe Abbildung 18.5) und werden durch diverse Rahmenbedingungen bedingt, so

- Makrofaktoren, wie regulative Beschränkungen (z.B. Gesetze oder Verbote zur vergleichenden, Superlativ- oder produktspezifischen Werbung, freiwillige Selbstbeschränkungsmaßnahmen wie produktspezifische bzw. zielgruppenspezifische Werbebeschränkungen), kulturelle Unterschiede oder
- Mesofaktoren, wie kundensegmentspezifisches Kauf- und Entscheidungsverhalten, aber auch die Medienverfügbarkeit (bzgl. Art, Darstellungsformen, Sendezeiten) und
- Mikrofaktoren, wie Ressourcen, Budgets oder die behandelten Kommunikationsziele.

Standardisierung der internationalen Kommunikationspolitik und Internationale Strategie

Bei einer **internationalen Strategie** bildet häufig die auf dem Heimatmarkt realisierte Kommunikationsstrategie den Ausgangspunkt, indem im Grundsatz die gleichen Botschaften auf allen Märkten eingesetzt werden. Diese Vorgehensweise setzt voraus, dass die Botschaft „internationalisierbar" ist, also auch auf internationalen Märkten nicht nur verständlich, sondern auch mit positiven Assoziationen verbunden ist. Zudem müssen entsprechende Medien in den Ländern verfügbar sein und über eine entsprechende Reichweite verfügen. Wenngleich somit eine einheitliche Kommunikation auf allen Märkten auf der Basis der Heimatmarktkonzeption angestrebt wird, bedeutet dies nicht einen Verzicht auf lokale Adaption, denn gerade in der Kommunikation werden die eingesetzten Sprach- und Textelemente insb. aufgrund der bestehenden nationalen Sprachunterschiede eher in Ausnahmefällen standardisiert. Ausnahmen sind Kommunikationskampagnen, in denen Elemente der Stammlandsprache bewusst integriert werden, z.B. um vom **Country-of-Origin-Effekt** zu profitieren.

Abbildung 18.5: Vorteile und Nachteile standardisierter Kommunikation (Werbung)

Vorteile	Nachteile
■ Reduzierte Planungs- und Endwicklungskosten ■ Etablierung eines einheitlichen Produkt-/Unternehmensimages (insb. wichtig für internationale Kunden, für länderübergreifende Segmente, bei internationalem Media Overlap) ■ Einfachere Koordination und Kontrolle ■ Bessere Nutzung guter Ideen und kreativer Talente (sehr gute Kampagnen möglich, selbst in Ländern mit geringer Ressourcenausstattung der Tochtergesellschaft)	■ Sprachbarrieren sind ggf. größer als oft erwartet ■ Standardisierung mag möglich, aber nicht effektiv sein (Botschaften, Testimonials haben bspw. in einem Markt größere Anziehungskraft als in anderen) ■ Kulturelle Unterschiede erschweren Standardisierung ■ Produkt kann sich auf verschiedenen Stufen des Lebenszyklus befinden ■ Unterschiede in der Medienlandschaft ■ Rechtliche Unterschiede können bestimmte Werbung beschränken

Wie angedeutet, sind Kostenvorteile ein wesentlicher Vorteil einer standardisierten Strategie, so die Vermeidung von internationalen Mehrfachaufwendungen durch einmaligen Kostenanfall für Konzeptionierungs-, Produktions- und Wirkungskontrollleistungen oder für die Einschaltung einer Agentur (oft „**Lead Agentur**", die alle Aktivitäten länderübergreifend übernimmt) oder die Werbemittelproduktion. Ein Vorteil besteht darin, dass ein einheitliches Image aufgebaut wird, das durch die weltweite Konsistenz der Kommunikationspolitik unterstützt wird. Auf diese Weise treten keine negativen Verwischungseffekte auf und es können Synergien genutzt werden, die durch ein „**Overlapping**" internationaler Medien auftreten können. Auch die Koordination und Budgetierung ist vereinfacht. Diesen Vorteilen können Wirkungsnachteile entgegenstehen, weil die am Heimatmarkt orientierte Vorgehensweise kultur- bzw. länderspezifische Besonderheiten unberücksichtigt lässt, da oft nur die Multiplikation mit (höchstens) einer Übersetzung der im Heimatmarkt realisierten Aktivitäten erfolgt.

Anders gelagert sind die Standardisierungsansätze basierend auf der **globale Strategie**. Globale Kommunikationsstrategien beinhalten die bewusst übergreifend, auf einen globalen „Standard" ausgerichtet konzipierte weltweite Vereinheitlichung der Kommunikationsbotschaften und -instrumente. Sie sind i.d.R. auf eine globale Zielgruppe ausgerichtet, ohne dass eine räumliche Fixierung besteht. Kommunikative Botschaft und Auftritte werden weltweit oder in einer Länderregion einheitlich umgesetzt (Green/Keegan 2020, S. 429ff.). Hier erfolgt der Einsatz eines weitgehend standardisierten Kommunikationsmix und es erfolgt eine starke Orientierung auf Systeme **integrierter Kommunikation**, die global sichergestellt werden müssen (bei „Global Brands", Reputation des MNU, siehe Abschnitt 15.3.).

Vorteile resultieren u.a. aus Größendegressionseffekten in allen Bereichen, von der global ausgerichteten Konzeption bis zum Roll-out der Kommunikationsstrategie. Häufig erfolgt die Einschaltung global agierender Agenturen, die neben der Konzeption der weltweiten Kommunikationsstrategie deren Umsetzung koordinieren (und über hohe Kompetenz bzgl. der weltweiten Werbemärkte verfügen). Der Aufbau eines länderübergreifenden Images anhand eines konsistenten internationalen Auftretens ist ein wesentliches Ziel. Auch die Budgetierung für einzelne Länder der Kommunikationsinstrumente ist vereinfacht. Dennoch wird dies gerade für kommunikative Maßnahmen kritisch beurteilt, weil sich in der Kommunikation Länder- und Kulturunterschiede besonders stark zeigen. So ist auch bei global orientierten Vorgehensweisen zu beachten, dass bspw. rechtliche Unterschiede (z.B. Werbeverbote, Verkaufsförderungsbeschränkungen), kulturelle Unterschiede oder Sprachunterschiede bestehen, die als Herausforderung die Ausgestaltung der Kommunikation beeinflussen (Hollensen 2020, S. 588ff.). Die Konzeption der Strategie erfolgt deshalb bereits im Hinblick auf eine globale Einsetzbarkeit. Dies führt z.B. dazu, dass häufig versucht wird, auf sprachliche Elemente zu verzichten, so bei Werbespots, um internationale Einsatzmöglichkeiten zu sichern. Werden aber sprachliche Elemente benötigt, besteht ein oft genutzter Weg im Einsatz der englischen Sprache („One World, One Brand, One Claim"), die in vielen Ländern als einsetzbar gilt (**„Common-Denominator-Strategy"**), v.a. im B2B-Bereich oder für Corporate Brands (siehe Abschnitt 15.3.3.). Eine weitere Problematik resultiert aus der unterschiedlichen Ausstattung alternativer Länder mit Kommunikationsträgern oder bei der Mediennutzung. Wenngleich bei einer Ausrichtung auf globale, länderübergreifende Zielgruppen oftmals länderübergreifend konvergente Segmente im Vordergrund stehen, die durch Ähnlichkeiten in ihren Merkmalen und ihrem Verhalten gekennzeichnet sind, sind für die globale Kommunikationspolitik solche Unterschiede im Medienverhalten und in der Medienverfügbarkeit relevant (Czinkota/Ronkainen 2013, S. 429ff.). Auch hier kommen häufig „Common-Denominator"-Strategien zum Einsatz, bei denen z.B. auf international einsetzbare Medien fokussiert wird, die in allen Ländern über die benötigte Reichweite sowie Zielgruppenrelevanz verfügen. Von Bedeutung im Rahmen globaler Kommunikationsstrategien sind dabei landesspezifische und -übergreifende Medien. Ein Beispiel hierfür sind weltweit verfügbare internationale Fernsehprogramme (auch aufgrund der Verbreitung von Online-Mediatheken, Streaming-Diensten, Satelliten- bzw. Kabelfernsehen). Relevant sind auch internationale Webseiten, Auftritte in Social Networks, Serien, Zeitungen etc. Gerade solche Medien bieten für globale Unternehmen bzw. Marken ein hohes Potenzial, ein globales Image aufzubauen.

Adaption der internationalen Kommunikationspolitik und Internationale Strategie

Eine Strategie der lokalen Adaption der internationalen Kommunikationspolitik korrespondiert mit der **multinationalen Strategie** von MNU. Die Adaption oder Differenzierung kann z.B. auf Regionen- bzw. Länderebene vorgenommen werden und sich sowohl auf die Kommunikationsbotschaft als auch auf Kommunikationsmittel-, träger und -medien beziehen. Im Rahmen multinational orientierter Kommunikationspolitik werden die kommunikationspolitischen Ziele häufig länderspezifisch definiert oder an übergeordneten Produktlebenszyklusphasen orientiert ausgerichtet. Dies beeinflusst auch die an den Media-Zielen auszurichtende Budgetierung. Diese erfordert entsprechend länderspezifischer Kommunikationsziele ggf. eine asymmetrische Zuteilung von Ressourcen, abhängig von den jeweiligen Zielgruppen (z.B. Art und Anzahl der zu erreichenden Rezipienten), der Art der für die jeweils optimale Ansprache geeigneten Kommunikationsträger und der länderspezifisch erforderlichen Kommunikationsintensität. Dabei ist die länderspezifische Koordination der Corporate-Identity oder Kommunikationsziele erschwert (sie erfolgt oft nur über eine zentrale Budgetzuteilung).

Bezüglich der Kommunikationsbotschaft besteht die Problematik interkultureller Unterschiede in der Kommunikationswirkung. Hier können kulturelle Einflüsse und Verhaltensmuster dazu führen, dass zwischen den Ländern bzw. den Zielgruppen in den jeweiligen Ländern unterschiedliche Effekte erzielt werden. Dabei spielen sprachliche Einflüsse ebenso eine Rolle wie das regulative Umfeld. So machen Sprachunterschiede z.T. den Einsatz einheitlicher sprachlicher Elemente nicht möglich – selbst Übersetzungen sind hier oftmals nicht geeignet, um dieselbe Botschaft zum Ausdruck zu bringen. Kritisch diskutiert werden dabei v.a. die Thematisierung von Werten (z.B. welche Werte (z.B. Individualismus, Hedonismus, Jugendlichkeit, Status, Modernität) in der Kommunikation zum Einsatz kommen sollen, die Darstellung von Geschlechterrollen (mit Blick auf das jeweilige Rollenverständnis), der Informationsgehalt (z.B. informative vs. emotionale Botschaften, siehe Abbildung 18.6) oder der Einsatz von Bildern und Symbolen, mit denen zwar Sprachbarrieren versucht werden zu umgehen, die jedoch kulturell geprägt sein können (Müller/Gelbrich 2015, S. 631ff.).

Abbildung 18.6: Werbestile im internationalen Vergleich

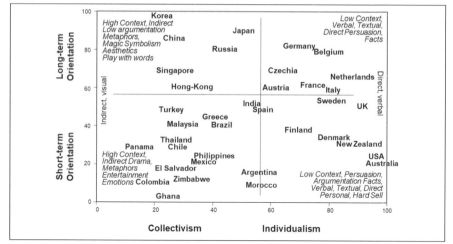

Quelle: I.A.a. De Mooij 2019, S. 284.

Neben der Gestaltung der Botschaft sind auch die einzusetzenden Medien auf die lokalen Gegebenheiten abzustimmen. Unter anderem ist dabei zu beachten, dass die Wirkungen der alternativen Kommunikationsinstrumente unterschiedlich sein können. Auch die Reichweite der Medien variiert international und die Glaubwürdigkeit der eingesetzten Kommunikationsmittel kann instrumentenspezifisch unterschiedlich sein. Im Rahmen der Kommunikationsstrategie stellt deshalb die Budgetierung einen relevanten Teilbereich dar, der insb. bei multinationalen Vorgehensweisen von hoher Komplexität ist. Hier stehen die lokalen Bedingungen und die Anpassung der Kommunikationsinstrumente an diese Determinanten im Vordergrund. Daher wird häufig mit lokalen Agenturen gearbeitet. Die Berücksichtigung der Länder- bzw. Kulturunterschiede führt dazu, dass daraus ein unterschiedlicher Media-Mix – je nach Land – resultiert sowie dass in den unterschiedlichen Ländern der Einsatz von Kommunikationsbotschaften mit unterschiedlichen Inhalten bzw. Schwerpunkten notwendig sein kann (De Mooij 2019, S. 313ff.). Problematisch ist aber, dass ein differenziertes Vorgehen die Kosten der Marktbearbeitung wesentlich erhöht, da bspw. das Potenzial zur Ausschöpfung von Größendegressionseffekten sehr begrenzt ist. Die Vorgehensweise wird dennoch befürwortet, wenn dadurch positive Wirkungseffekte wie Imagevorteile auf den jeweiligen lokalen Märkten ermöglicht werden. Jedoch beinhaltet die länderspezifische Anpassung auch die Gefahr, dass ein „diffuses" internationales Erscheinungsbild des Unternehmens entsteht.

Kombination standardisierter und adaptierter Elemente und Internationale Strategie

Beide Ansätze der standardisierten vs. adaptierten internationalen Kommunikationspolitik weisen Vor- und Nachteile auf, sodass eine Kombination naheliegt. Häufig korrespondiert dies mit einer **transanationalen Strategie**. Die Kombination von Standardisierung und Adaption basiert zumeist auf der Anwendung von Basiskonzeptionen in der Kommunikation, die zunächst als Grundkonzeption standardisiert aufgebaut werden, aber länder- oder regionen- bzw. kulturspezifische Differenzierungen einzelner Elemente oder Bestandteile vorsehen. Als Elemente stehen dabei die kommunikative Botschaft, die Kommunikationsinstrumente bzw. die Medien, über die diese Botschaft in den jeweiligen Ländern verbreitet werden soll, sowie die kreative Umsetzung der Kommunikationsstrategie im Vordergrund.

Im Rahmen transnationaler Strategien erfolgt i.d.R. eine Eingrenzung der Freiheitsgrade, indem **Dachkampagnen** definiert werden, innerhalb derer bestimmte länderspezifische Adaptionen vorgenommen werden können. Dachkampagnenstrategien sind dadurch gekennzeichnet, dass ein Zentralthema bzw. zentrale Kommunikationselemente festgelegt werden, die in den Ländern mit diversen anderen Elementen kombiniert bzw. anhand unterschiedlicher Kommunikationsinstrumente realisiert werden können. Ein zentrales Grundschema wird somit länderspezifisch so ausgestaltet, dass lokale Anforderungen berücksichtigt werden können. Dabei werden zumeist die Formulierung der Botschaft (z.B. anhand der Verwendung bestimmter Schlüsselbilder, Slogans), die Bestimmung der Zielgruppe und die Budgetierungsprozesse weitgehend vereinheitlicht, während die Mediaselektion länderspezifisch, z.B. entsprechend der Struktur, Bedeutung oder Glaubwürdigkeit, vorgenommen wird. Standardisiert werden können somit die Basisaussage, also die Unique Advertising Proposition bzw. die kommunikative Botschaft, die dann länderspezifisch bzw. kulturell adaptiert umgesetzt wird. Eine weitere Form der transnationalen Vorgehensweise liegt in der Standardisierung einzelner Bereiche des internationalen Kommunikations-Mix. So können bestimmte **Leitinstrumente** definiert werden, bzgl. derer ein einheitliches Konzept bzw. eine international standardisierte Kampagne erarbeitet wird, die durch weitere, landesspezifisch ausgestaltete Instrumente ergänzt werden kann. Das Leitinstrument im Rahmen der Kommunikationspolitik stellt dabei traditionellerweise die Werbung (insb. Fernseh- oder Printwerbung) dar (siehe Abbildung 18.7). Diese Instrumente werden hinsichtlich der Botschaftsgestaltung und der kreativen Umsetzung standardisiert und können in länderspezifischer Form durch weitere Instrumente ergänzt werden, die flexibel in lokal angepasster Form eingesetzt werden können.

Abbildung 18.7: Bedeutung der Instrumente in internationalen Kommunikationsstrategien

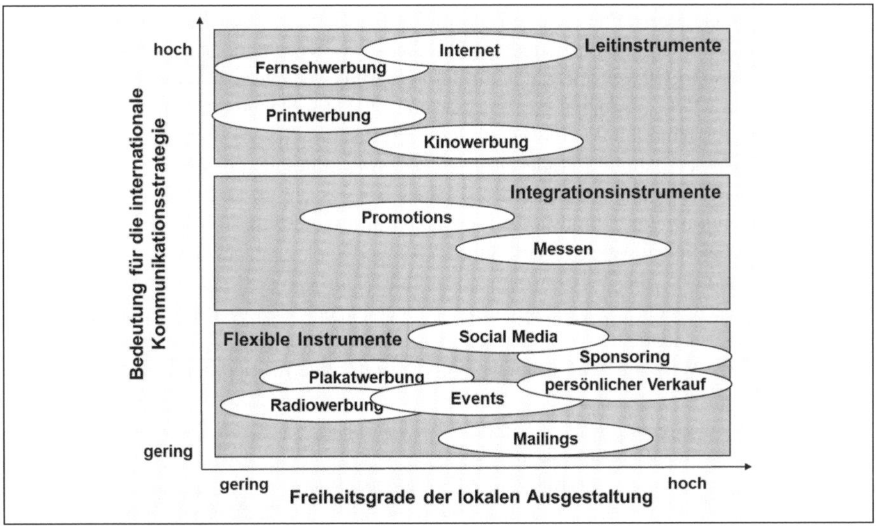

Quelle: I.A.a. Esch 2011, S. 342.

18.2.5. Budgetierung

Die Budgetierung hat im Rahmen der internationalen Kommunikationspolitik eine besondere Bedeutung. Im Vordergrund steht die Budgetzuteilung bzw. -allokation zur optimalen Verteilung des internationalen Kommunikationsbudgets auf Kommunikationsinstrumente bzw.

-medien sowie in zeitlicher und geographischer (länderbezogen bzw. länderübergreifend) Hinsicht. Zur Festlegung des optimalen Kommunikationsbudgets werden auch international bekannte Ansätze genannt (Homburg 2020, S. 833ff.; Meffert u.a. 2019, S. 640ff.):

- **Heuristische Budgetierungsmethoden**, die auf Plausibilität basieren, wie Orientierung am Budget der Vorperiode oder vergleichbarer Märkte, % von Umsatz oder Gewinn, Orientierung am Wettbewerb.
- **Analytische Budgetierungsansätze**, die auf der Modellierung des Zusammenhangs (i.d.R. in Form von Response- und Werbewirkungsfunktionen) zwischen Kommunikationsbudget und -zielen (z.B. Bekanntheit, Absatz) oder -zielgruppen basieren, z.B. marginalanalytische Modelle, Werbeanteil-Marktanteil-Methode.

Analog ist die Vorgehensweise der Budgetallokation bei der die zielgruppenspezifisch, zeitlich und länderspezifisch sowie -übergreifend optimale Auswahl von Kommunikationsträgergruppen und Kommunikationsträgern zur Übermittlung der Kommunikationsbotschaften. Wesentlichen Ausgangspunkt bilden dabei die Kommunikationsziele, wie Kundenerhaltung, Bekanntheit, Neukundengewinnung. Kriterien der Inter- und Intramediaselektion liegen neben den Kosten u.a. in der angestrebten Funktion bzw. Konzeption (z.B. Information, Emotionalisierung, Unterhaltung), der Darstellungsbasis und den gestalterischen Möglichkeiten (z.B. Text, Video, Bild, Ton), den zeitlichen Einsatzmöglichkeiten (z.B. pro-/antizyklisch, ein-/mehrmalig) und der Flexibilität, aber auch in Verfügbarkeit, Reichweite sowie Zielgruppenerreichbarkeit und Interaktions- bzw. Feedbackmöglichkeiten sowie Beeinflussbarkeit der Kommunikationssituation. Dabei sind länderspezifische und -übergreifende Einflussfaktoren und Wirkungen zu berücksichtigen (siehe Abschnitte 15.2.2. und 18.2.3.).

In der Literatur zu internationaler Budgettallokation wird v.a. die Ermittlung des optimalen Budgets behandelt (Peers/Van Heerde/Dekimpe 2017). Seltener betrachtet wird die optimale Verteilung der Kommunikationsbudgets auf Medien- bzw. Kommunikationsinstrumente oder einzelne Ländermärkte (was allerdings für die Steuerung der internationalen Kommunikationsstrategien in MNU essenziell ist). Fischer u.a. (2011) schlagen ein derartiges Entscheidungsunterstützungsmodell vor, das über Ländergrenzen hinweg die Marktdynamik, das Produktwachstumspotenzial und „Trade-Offs" zwischen Kommunikationseffektivität (bzgl. der Zielgruppe) und dem Gewinnbeitrag der Budgets berücksichtigt. Die erwähnte Effektivität deutet die Bedeutung von Kommunikationsbudget und -verteilung für die Wirkung auf das Kaufverhalten bereits an. Wie in Abbildung 18.8 angedeutet, kann gezeigt werden, dass über Ländergrenzen hinweg die Wirkung einer Corporate Brand von der Medienverfügbarkeit verstärkt oder abgeschwächt werden kann. Ein entsprechend der Mediaverfügbarkeit in den Ländern verteiltes (also adaptiertes) Länderbudget verstärkt die positiven Effekte der Medienverfügbarkeit auf die Wirkung der Corporate Brand (v.a. im Internet und beim TV).

Abbildung 18.8: Moderating Effect of Media Penetration and Media Budgets for Brand Effects

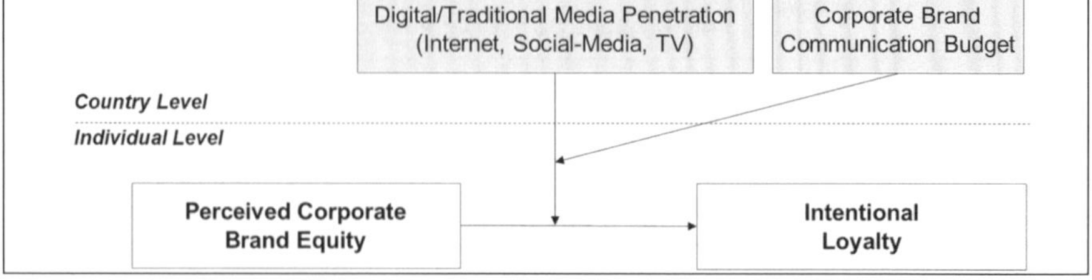

Quelle: I.A.a. Swoboda/Batton 2020.

18.3. Internationaler Kommunikationsmix

18.3.1. Touchpoints in der Customer Journey

Die internationale Kommunikationspolitik und die Ausgestaltung des Kommunikationsmix stehen in enger Verbindung zur Gestaltung der **Customer Experience**. Vor allem in gesättigten Märkten mit häufig leicht substituierbaren Leistungen wird die Gestaltung eines einzigartigen Kunden- bzw. Markenerlebnisses als wesentlicher Wettbewerbsvorteil angesehen (Lemon/Verhoef 2016). Dies gilt nicht nur für den B2C-, sondern auch für den B2B-Kontext. Vor allem der Kommunikationspolitik wird eine besondere Rolle bei der Gestaltung der Customer Experience eingeräumt. Ausgehend von dem Konzept der Customer Centricity, als Strategie, bei der die aktuellen und zukünftigen Bedürfnisse der Kunden in den Mittelpunkt gerückt werden, mit dem Ziel die Kundenprofitabilität zu maximieren, hat die internationale Kommunikationspolitik die Aufgabe, mit dem internationalen Kommunikationsmix in Abstimmung mit den weiteren Marketing-Mix-Instrumenten ein positives Kundenerlebnis entlang der gesamten Customer Journey zu unterstützen (siehe Abbildung 18.9). Hierzu sind in jeder Phase der Customer Journey unterschiedliche Kontaktpunkte relevant, die bei der internationalen Konzeption des internationalen Kommunikationsmix zu berücksichtigen und zu gestalten sind. Eine besondere Rolle spielen (Baxendale/Macdonald/Wilson 2015):

- **Brand-owned Touchpoints**: Markeneigene Kontaktpunkte, die von den Unternehmen gestaltet und kontrolliert werden. Hierzu zählen alle Kontakte zur markeneigenen Media-Landschaft (z.B. Werbung, Homepage, Soziale Netzwerksites) und markenbezogenen Elementen des Marketing-Mix (z.B. Produkt, Service, Verkaufsniederlassungen). An diesen erfolgen direkte Markenkontakte mit Effekten auf Einstellungsbildung und Loyalität.
- **Partner-owned Touchpoints**: Kontaktpunkte, die gemeinsam vom Unternehmen und einem oder mehreren Partner/-n (z.B. Einzelhändler) gestaltet und kontrolliert werden (z.B. In-Store-Kommunikation, Kommunikationsaktivitäten der Partner). Die Kontakte erfolgen z.T. indirekt, mediiert durch die Partner des Unternehmens.
- **Third-party Touchpoints**: Bei diesen Kontaktpunkten handelt es sich um soziale bzw. externe Markenkontaktpunkte, die vom Unternehmen überwiegend weder gestaltet noch kontrolliert werden können. Hierzu zählen z.B. Peer-Group, das soziale Umfeld, Influencer, Produktbewertungsseiten, Unboxing- und Produktanleitungsvideos.

Abbildung 18.9: Kundenkontaktpunkte im Rahmen der Customer Journey

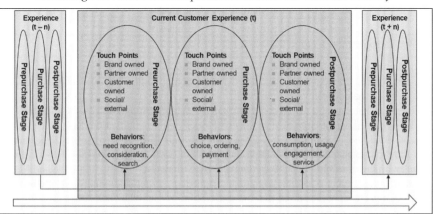

Quelle: Lemon/Verhoef 2016, S. 77.

Die Einflussoptionen der Unternehmen im Rahmen der internationalen Kommunikation variieren also zwischen den unterschiedlichen Touchpoints und gerade bei der Kommunikation über Ländergrenzen hinweg bzw. in Gastländern sind sie teilweise zusätzlich begrenzt. Zu berücksichtigen ist zudem, dass die Kontaktpunkte auch über Ländergrenzen hinweg ihre Wirkung entfalten können und dass länderübergreifende Kontakte stattfinden können (z.B. im Rahmen der Online-Kommunikation oder im Kontext des B2B-Geschäfts). Studien im internationalen Kontext zeigen bspw. einen positiven Effect der Touchpoint-Häufigkeit und -Wahrnehmung auf die Markenbetrachtung von Kunden (Baxendale/Macdonald/Wilson 2015). Über fünf Länder hinweg wurde gezeigt, dass eine vielfältige Mediennutzung in einer Customer Journey die Kaufentscheidung antreibt, insb. für digitale vs. traditionelle Medienumgebungen (Klein u.a. 2020).

18.3.2. Systematisierung der Instrumente des Kommunikationsmix

Entsprechend der Customer-Touchpoints sind die Instrumente, die in der internationalen Kommunikationspolitik eingesetzt werden können, im Wesentlichen identisch zu denen in einer nationalen Kommunikation (siehe Abbildung 18.10). Allerdings ist gerade im internationalen Kommunikationsmix die Betrachtung von „Owned, Earned, or Paid Media" besonders bedeutend, da diesbezüglich sowohl mit Blick auf die Usancen als auch mit Blick auf die Verfügbarkeit und die Wirkung internationale bzw. interkulturelle Unterschiede bestehen.

Abbildung 18.10: Instrumente der internationalen Kommunikationspolitik

		Management-Kunde Kommunikation	Mitarbeiter-Kunde Kommunikation	Management-Mitarbeiter Kommunikation	Kunde-Kunde Kommunikation
Paid	Einseitig	Mediawerbung, Kataloge, Firmenbroschüre	Prospekte, Zeitschriften, Kinowerbung	TV begleitete Mitarbeiterschulungen, Mitarbeiter TV, Newsletter	Eigens generierte Videclips
Paid	Wechselseitig	Sponsoring-aktivitäten, Portale/Plattformen	Soziale Netzwerke, Events, Sponsoring	Persönliche Gespräche	Soziale Netzwerke, Events
Owned	Einseitig	Newsletter, Geschäftsbericht	Mobile Apps	Interne Newsletter, Mitarbeitermagazine, Mitarbeiter TV, Apps	Newsletter und RSS-Feeds auf User Fanpages
Owned	Wechselseitig	Unternehmenshomepage, Direct Mailings	Direct Mailings, Clubsysteme, Preisausschreiben	Intranet, Mitarbeitergespräche, Workshops, Seminare	User Fanpages
Earned	Einseitig	Auftritte im TV und Radio	Produktempfehlungen, informationen	Mitarbeiterempfehlungen	Weiterempfehlungen
Earned	Wechselseitig	Social-Media-Plattformen (Instagram, You Tube, Twitter, etc.)	Themen-Foren, Chaträume	Mitarbeiterprofile in sozialen Netzwerken, Mitarbeiterchats, Informelle Kommunikation	Themen-Foren, Chaträume, Communities, Mails

Quelle: I.A.a.Bruhn 2014, S. 122.

Paid Media bezieht sich auf bezahlte (Massen-)Medien, bei denen Kampagnen gegen Entgelt platziert werden können (z.B. klassische Mediawerbung, Online-Kommunikation). Owned Media sind ganz oder teilweise durch die Unternehmen kontrollierbar, da es sich um Unternehmensmedien handelt (z.B. Website, Newsletter, Mobile Apps, Auftritte in sozialen Netzwerken). Earned Media bezieht sich auf von Dritten geführte, initiierte oder gesteuerte Medien, wie Online-Communities, Social-Media-Plattformen (Bruhn 2016, S. 44f.). Häufig werden die Maßnahmen der Marketingkommunikation auch in **„Above-the-Line-Maßnahmen"**, worunter man klassische Kommunikationsinstrumente versteht, die auf die undifferenzierte Ansprache über Massenkommunikationsmedien ausgerichtet sind, und **„Below-the-Line-Aktivitäten"**, bei denen es sich um Instrumente zur individuellen Ansprache der Zielgruppen über neuartige, „nicht-klassische" Instrumente handelt, unterteilt. Als Verbindung beider Formen wird die „**Through-the-Line-Kommunikation**" eingeordnet. Dabei erfolgt eine Integration von Massenmarketing und individueller Ansprache, in meist unkonventionellen und innovativen Kommunikationsmaßnahmen. Im Internationalen Marketing zeigt sich, dass verstärkt Budgets für Below-the-Line- und Through-the-Line-Aktivitäten eingesetzt werden, da ihnen das Potenzial zugesprochen wird, Probleme wie z.B. die zunehmende Informationsüberlastung der Konsumenten zu überwinden und einen höheren Aufmerksamkeitsgrad der Verbraucher in Bezug auf die Botschaft zu generieren. In dem sich sehr dynamisch entwickelnden Bereich der Below-the-Line- und Through-the-Line-Aktivitäten kommen laufend neue Kommunikationsformen hinzu, wie z.B. neue soziale Netzwerke, Online-Communities, Werbung in Computerspielen, Adgames, Location-based Marketing u.Ä.

18.3.3. Internationale Werbung

Das in der Literatur am stärksten betrachtete Instrument der internationalen Kommunikationspolitik ist die **Werbung**. Werbung ist eine bezahlte Form der persuasiven Kommunikation, bei der Massenmedien bzw. interaktive Medien genutzt werden, um ein breites Publikum zu erreichen und das Unternehmen mit (potenziellen) Käufern (d.h. mit der Zielgruppe) in Verbindung zu bringen, Informationen über die Angebote des Unternehmens (z.B. Waren oder Dienstleistungen) bereitzustellen und ihre Eigenschaften im Hinblick auf die Bedürfnisse und Wünsche der Kunden zu interpretieren. Diese Definition ist allerdings durch kulturelle Einflüsse, v.a. durch Medienveränderungen und Neu- und Weiterentwicklung von Technologien einer hohen Dynamik unterlegen (Moriarty u.a. 2019, S. 65):

- Werbung ist traditionell eine klassische Form der einseitigen Kommunikation, gerichtet von den Werbetreibenden zu dem Zielpublikum. In der Regel wird ein breites (Massen-)Publikum angesprochen, es können jedoch auch kleinere Zielsegmente adressiert werden. Leicht verändert werden diese Mechanismen durch die digitale Direct-Response-Werbung, die es ermöglicht, einzelne Personen aus dem Zielpublikum anzusprechen, sodass eine One-to-One-Kommunikation erfolgt, jedoch mit einer großen Menschengruppe.
- Klassische Werbung greift auf Massenmedien zurück und vermittelt unpersönliche Botschaften. Beim Einsatz interaktiver Medien können jedoch auch Personalisierungen erfolgen und es können Feedback-Systeme in Form von Zwei- oder Mehrwege-Kommunikation ermöglicht werden.

Ziel der internationalen Werbung ist es, die marktrelevanten Einstellungen und Verhaltensweisen der Adressaten i.S. der Unternehmensziele zu beeinflussen (Schweiger/Schrattenecker 2013, S. 6ff.). Die Hauptaufgaben der Werbung liegen entsprechend in der Information, Überzeugung, Veranlassung und Unterhaltung. Neben den Werbezielen und dem Timing der Werbung betreffen weitere Entscheidungselemente in der internationalen Werbung v.a. die Gestaltung der Werbebotschaft, die Wahl der Werbemittel und die Auswahl der Werbeträger.

Werbebotschaft

Die Gestaltung der **Werbebotschaft** beinhaltet neben der inhaltlichen Konkretisierung der zu übermittelnden Kommunikationsbotschaft auch die „technische" Umsetzung dieser Botschaft. Dabei stehen die Tonalität, Bilder, Farben, Musik sowie Werbetexte im Vordergrund. In diesem Zusammenhang sind u.a. die **Werte**, die in den Werbebotschaften thematisiert werden, der Informationsgehalt der Werbebotschaften sowie die Symbole, die bei der Vermittlung der Werbebotschaften eingesetzt werden, von Bedeutung, da sie im internationalen Kontext z.B. in unterschiedlichen Kulturen oder Ländern unterschiedlich wahrgenommen werden bzw. unterschiedliche Wirkungen erzielen können (Müller/Gelbrich 2015, S. 635; Nie/Wang

2021). Vor allem Merkmale des jeweiligen Marktes, so Traditionen, Einstellungen, Religionen, sind dabei zu berücksichtigen, denn es ist das zentrale Anliegen des Großteils der Werbekampagnen, die Werbeobjekte mit positiven Werten in Verbindung zu bringen. Bei der Gestaltung der Werbebotschaften wird deshalb versucht, auf Attribute zurückzugreifen, die als „wünschenswert" gelten. Was wiederum wünschenswerte Dimensionen sind, kann im internationalen Kontext unterschiedlich sein (De Mooij 2019, S. 353).

Im Länder- bzw. Kulturvergleich bestehen zudem Wirkungsunterschiede bezüglich der Komponente **Informationsgehalt**, z.B. bzgl. des Grades an Informationen, die anhand von Werbebotschaften vermittelt werden, oder bzgl. der Sachverhalte (z.B. Qualität, Preis, Aussehen, Zusammensetzung/Inhaltsstoffe der Werbeobjekte), auf die der Fokus bei der Informationsvermittlung gelegt wird (Müller/Gelbrich 2015, S. 641). Einen Schwerpunkt der Diskussion über die Gestaltung von Werbebotschaften im Internationalen Marketing bildet die Frage nach dem Einsatz unterschiedlicher **Symbole** bzw. deren unterschiedliche Wirkung im Kontext eines internationalen Umfelds. Besonders stark wird der Einsatz von Bild- und Textelementen diskutiert, ebenso wie die international unterschiedliche Wirkung von Farben, von Sprache bzw. sprachlichen Elementen oder von Formen (z.B. Michaelidou/Micevski/Halkias 2020; Hornikx/Van Meurs 2020).

Von Bedeutung ist auch, dass aufgrund unterschiedlicher Sprachen Werbetexte bzw. -slogans ggf. nicht einheitlich verwendbar sind. Zudem sind die Aussagen in inhaltlicher Hinsicht aufgrund unterschiedlicher Assoziationen bzw. Interpretationen nicht eindeutig belegt, sondern es bestehen Verständnis- und Wahrnehmungsunterschiede (De Mooij 2019, S. 350ff.). Auch bezogen auf die Anordnung von Elementen bei der Gestaltung der Werbung bestehen international Unterschiede, so hinsichtlich des „Rechts-Links-Schemas" im Gedächtnis.

Werbemittel

Die Auswahl und Gestaltung der Werbemittel stehen in enger Verbindung zur **Werbeträgerwahl**, da die unterschiedlichen Werbemittel i.d.R. mit dem Einsatz bestimmter Medien korrespondieren. Typischerweise werden z.B. Spots in Medien wie TV, in sozialen Medien (z.B. Instagram, Facebook, YouTube) oder Kino eingesetzt, Anzeigen werden i.d.R. in Printmedien geschaltet oder Bannerwerbung erfolgt im Internet. Mit Veränderungen in der Mediennutzung, der Entwicklung neuer Medien und neuer technischer Möglichkeiten, ist das Set an realisierbaren Werbeträgern sehr dynamisch und durch hohe Innovationsdynamik gekennzeichnet. Ein Überblick über Beispiele von Werbemitteln, die in Verbindung mit unterschiedlichen Medien genutzt werden können, ist in Abbildung 18.11 dargestellt.

Die **Werbemittelauswahl** – in Verbindung mit der Medienwahl – ist wiederum stark durch kulturelle bzw. landes- oder regionenspezifische Unterschiede geprägt. Diese beziehen sich einerseits auf die Wahrnehmung und die Interpretation der Merkmale bzw. Gestaltungselemente von Werbemitteln durch die Zielgruppen in unterschiedlichen Ländern bzw. Kulturen. Vor allem die unterschiedliche Wahrnehmung von Bildkommunikation oder textorientierter Werbung wird dabei häufig angeführt. Andererseits begrenzen z.B. rechtliche Einschränkungen den Einsatz bestimmter Werbemittel bzw. bestimmter Werbeträger (Czinkota/Ronkainen 2013, S. 429). In diesem Zusammenhang stehen v.a. Verbote für die Werbeträgernutzung bei bestimmten Produktgruppen wie z.B. Tabakwaren, Süßwaren oder Alkohol.

Werbeträger

Auswahl, Art und Möglichkeiten des Einsatzes von Werbeträgern steigen international kontinuierlich an. Die Entscheidungen bezüglich der international einzusetzenden Werbeträger beziehen sich deshalb auf die Auswahl der geeigneten Medien, über welche die Werbung verbreitet werden soll. Bei der **klassischen Werbung** stehen „herkömmliche" Medien im Vordergrund. Wenngleich vielfach die Bedeutung traditioneller Medien an den Werbebudgets international rückläufig ist, haben noch immer besondere Relevanz:

- Zeitungen: z.B. Tages-, Wochenzeitungen; allgemeine bzw. Fachzeitungen
- Publikumszeitschriften: z.B. für breite Lesergruppen oder Special-Interest-Zeitschriften
- Fachzeitschriften: z.B. fachliche Informationen, produktgruppenspezifische Informationen, Aus- bzw. Weiterbildung
- Außenwerbung: z.B. Plakate, City-Lights, elektronische Videoboards, Verkehrsmittel (z.B. Taxi, Busse, Straßenbahnen)
- Elektronische Medien: z.B. Internet-, Fernseh-, Radio-, Kinowerbung.

Abbildung 18.11: Werbemittel nach Werbeträgern – Beispiele

Klassische Werbeträger			Neue Medien	
Werbemittel in Printmedien	**Werbemittel im Fernsehen/Kino**	**Werbemittel im Radio/Hörfunk**	**Werbemittel in Online-Medien**	**Werbemittel in mobilen Medien**
▪ Anzeigen ▪ Inserate ▪ Beilagen/ Supplements ▪ Beihefterkleber ▪ Warenproben ▪ Coupons ▪ Begleitpapiere (personalisiert) ▪ Tip-Ons ▪ Flyer	▪ Spots ▪ Placements ▪ Split-Screens ▪ Dauerwerbesendungen/Infomercials ▪ Dias ▪ Placements ▪ Displays ▪ Werbeartikel/ Give-Aways ▪ Flyer ▪ Banner	▪ Spots ▪ Placements ▪ Dauerwerbesendungen ▪ Podcasts	▪ Banner ▪ Buttons ▪ Textlinks ▪ Placements ▪ Pop-ups ▪ Interstitials ▪ Sticky-Ads ▪ Spiele ▪ E-Mercials ▪ Streaming ▪ Video-Ads ▪ Superstitials ▪ Newsletter ▪ Flash Layers ▪ Microsites ▪ Widgets/Gadgets ▪ RSS-Feeds ▪ Podcasts ▪ Spots ▪ Posts ▪ Audiospots ▪ Mailings ▪ Landing Page ▪ Wallpapers	▪ SMS ▪ Spiele ▪ Mobile Portale ▪ Applikationen ▪ Banner ▪ Pop-ups ▪ Streaming/Video Ad ▪ Podcasts ▪ Spots ▪ Posts ▪ Audiospots ▪ Mailings ▪ WhatsApp's ▪ Buttons ▪ Textlinks ▪ Placements ▪ Pop-ups ▪ Interstitials ▪ Sticky-Ads ▪ E-Mercial ▪ Flash-Layer ▪ Landing Page ▪ Microsite ▪ Telefonmarketing

Besonders dynamisch und volatil ist die Entwicklung neuer Medien. Ihre Bedeutung als Werbeträger steigt international stetig und äußerst dynamisch an. Wichtige Medien sind z.B.:

- Online-Systeme (z.B. „klassisches" Internet, „smarte" Online-Systeme)
- Mobile Speichermedien (z.B. USB-Sticks)
- Kiosk-Systeme: Hierbei handelt es sich um computergestützte Terminals, die vom Unternehmen zur Information („Point-of-Information-Terminals"), zur Transaktion („PoS-Terminals") oder zur Unterhaltung („Point-of-Fun-Terminals") bereitgestellt werden.
- Mobile Kommunikationsmedien (z.B. Smartphones und Tablets, Wearables).

In der internationalen Multimediakommunikation steht v.a. die Interaktivität im Vordergrund. Mit den dort eingesetzten Medien können vielfältige Werbeformen eingesetzt werden, die sich dynamisch fortentwickeln. Zu den bereits eher klassischen Werbeformen zählen dabei z.B. Werbeformen auf Internet-Websites (Werbe- oder informative Websites), Werbung per E-Mail (z.B. Newsletter oder Direktkommunikation), Werbung durch eigens gestaltete Softwareprogramme (z.B. Lernprogramme, Spiele) u.Ä., ebenso wie Formen der „Insertionswerbung", bspw. durch die Integration von Werbung auf Internetseiten[1] (z.B. in Form von Bannern, Pop-up-Fenstern oder sonstigen Formen von Hyperlinks oder Widgets) oder durch die Integration von Werbeelementen in Softwareprodukte anderer Unternehmen o.Ä. Vor allem ermöglicht die Multimediakommunikation den Dialog und die Interaktion der Unternehmen mit ihren internationalen Kunden, aber auch den Dialog und die Interaktion zwischen (internationalen) Kunden der Unternehmen. Immer wichtiger werden deshalb (globale) soziale Netzwerke (z.B. Instagram, YouTube, LinkedIn usw.). Auf derartigen Plattformen, ggf. auch anhand eigener Systeme kann der Aufbau internationaler virtueller Markencommunities erfolgen und neben der Nutzung als Werbeplattform auch für weitere Aufgaben im Rahmen des internationalen Customer Relationship Managements genutzt werden. Der gesamte Bereich der Werbung in Online-Systemen ist aufgrund der Dynamik technischer Entwicklungen und Innovationen (z.B. Smart Home Systeme, Voice Assistants, Wearables usw.) sehr volatil und im Bereich der Werbemittel und -träger kommen dadurch ständig neue Formen hinzu.

Bei der Auswahl der geeigneten **Werbeträger** ist zu beachten, dass die Qualität der Kontakte mit den Zielgruppen je nach Medientypus unterschiedlich ist. Die unterschiedlichen Formen klassischer und neuer Medien sind dadurch gekennzeichnet, dass sie z.B. unterschiedliche Darstellungsformen ermöglichen (z.B. Text, Bild, Ton, Farbe), unterschiedliche Kontaktmöglichkeiten bieten (z.B. ständiger Zugang, begrenzter Zugang) oder in unterschiedlichen Situationen genutzt werden können (z.B. zu Hause, in der Öffentlichkeit, unterwegs, am Arbeitsplatz). Zudem sind Dialogmöglichkeiten von besonderer Bedeutung. Interkulturell unterscheidet sich deshalb auch die Nutzung z.T. sehr deutlich. In Tabelle 18.1 ist die Verteilung der Werbeinvestitionen auf die Medien im internationalen Vergleich dargestellt. Zwar ist Werbung in Zeitungen und Zeitschriften, ebenso wie TV-Werbung auch heute z.T. sehr relevant, jedoch haben neue Werbeformen, insb. Online-Medien (hierzu zählen auch die mobilen Medien), in einigen Regionen bereits deutlich höhere, z.T. fast dominierende Anteile an den Werbeinvestitionen und weisen international die größten Wachstumsraten auf.

Tabelle 18.1: Verteilung der Werbeinvestitionen auf die unterschiedlichen Medien (in %)

	Deutschland	UK	USA	Brasilien	China	Weltweit
TV	25,7	18,5	26,1	67,7	10,7	23,5
Zeitung	19,2	5	4,1	5,4	0,7	5,4
Online	33,8	68,9	51,3	11,1	79,4	59,4
(Fach-) Zeitschriften	9,5	2,3	4,0	3,6	0,4	2,9
Out-of-Home	6,9	2,8	2,7	4,3	7,4	4,7
Radio	4,4	2,2	5,6	5,4	1,5	4,1
Kino	0,5	0,2	0,1	2,5	k.A	0,1
Sonstige			6,1			

Quelle: www.groupm.com, 16.03.2021.

Diese Unterschiede tragen dem unterschiedlichen Zugang und v.a. der Nutzung der alternativen Medien zu Werbezwecken Rechnung, da diese zwischen Ländern bzw. Kulturen aus unterschiedlichen Gründen abweicht (siehe Tabelle 18.2). Dies ist auf unterschiedliche Infrastrukturausstattung der Medien zurückzuführen oder auf unterschiedliche Nutzungsusancen sowie Wahrnehmungsunterschiede mit Blick auf die alternativen Medien (z.B. Glaubwürdigkeit, Images, Sicherheit, also den mit den Medien verbundenen Assoziationen, die zwischen den Kulturen voneinander abweicht, De Mooij 2019, S. 307ff.).

---

[1] Hierzu zählen u.a. Affiliate-Programme, bei denen Elemente der eigenen Website im Rahmen von Kooperationsprogrammen in Websites anderer Anbieter integriert sind (z.B. Shop-in-Shop-Systeme in Online-Shops).

Tabelle 18.2: Nutzung von Informations- und Kommunikationstechnologien im Jahre 2020 im internationalen Vergleich

Land	Smartphone-Nutzer (%)	Internet-Nutzer (%)	Social Media Nutzer (%)	Laptop/Computer (%)	Tablet (%)	TV Streaming (%)	Smart Home Device (%)	Smart-Watch (%)
Australien	95,9	89	79,9	77,2	47,5	23,1	14,6	25,9
Brasilien	98,5	75	70,3	71,6	32,6	27	5,5	18,1
China	96,3	65,2	64,6	50,2	31,6	6,9	15,9	27,3
Dänemark	95,8	98,1	83,6	74,6	52,5	38,4	11,7	23,3
Deutschland	95,4	94	78,7	83,8	52,7	24,3	9,5	23,9
Frankreich	95,7	91	75,9	79,8	48,9	11,9	10	16,5
Großbritannien	95,9	96	77,9	78,3	56	29,4	22	25,4
Indien	96,3	45	32,3	56,4	23,1	17,8	13,2	27,2
Italien	97	83,7	67,9	74,1	55,1	18	14,1	24,8
Japan	89,6	93	74,3	74,6	28	8	4,3	7
Nigeria	99,2	50	15,8	54,1	13,8	2,6	6,5	15,4
Schweden	95,6	98	82,1	76,1	49,7	26,6	12,3	21,1
Schweiz	96	97	81,8	87	52,9	14,2	9,7	25,4
Singapur	98	90	84,4	78,4	45,3	14,2	11,3	28,5
Spanien	97,8	91	80	83,9	58,8	29,2	12,8	34,5
Südafrika	98	64	41,9	85,4	43,2	16,7	7	18,8
USA	96,3	90	72,3	73,3	50,2	36,5	20,9	27,4

Quelle: https://wearesocial.com, 28.05.2021.

18.3.3. Persönliche Kommunikation

Die absatzmarktgerichtete persönliche Kommunikation beinhaltet den persönlichen Kontakt mit den (aktuellen und potenziellen) Kunden. Sie stellt v.a. im Industriegüterbereich den Kern des internationalen Vertriebs dar (siehe Kapitel 19.). Persönliche Kommunikation kann in direkter oder in indirekter Form erfolgen. Beispielhaft sind in Abbildung 18.12 unterschiedliche Maßnahmen der persönlichen Kommunikation dargestellt.

Abbildung 18.12: Beispielhafte Maßnahmen der persönlichen Kommunikation

Art der persönlichen Kommunikation	Interaktionspartner der persönlichen Kommunikation	
	Mitarbeiter und Kunde bzw. Vermittler des Kunden	Management und Kunde bzw. Vermittler des Kunden
Direkte persönliche Kommunikation	■ Kontakt-/Verkaufsgespräche ■ Nachkaufberatung ■ Beschwerdestellen ■ Customer Relations Desks ■ Kundenclubsysteme ■ Mitarbeitervorträge ■ Messen/Ausstellungen ■ Partysysteme ■ usw.	■ Vorträge der Führungskräfte ■ Tag der offenen Tür ■ Behandlung von Kundenbeschwerden durch das Management ■ Kundenbeiräte ■ Auftritt des Managements bei Messen, Sponsoringanlässen ■ usw.
Indirekte persönliche Kommunikation	■ Gespräche des Kontaktpersonals mit Referenzkunden ■ Messen/Ausstellungen ■ Verkaufsförderungsprogramme vor Ort ■ Diskussionen mit vertrauenswürdigen Schlüsselkunden über Neuentwicklungen ■ Austausch mit User Groups (Berater, Bekannte, Firmen) ■ usw.	■ Gespräche der Unternehmensleitung mit Referenzkunden ■ Verhandlungen der Führungskräfte von Hersteller- und Handelsunternehmen ■ Pressekonferenzen ■ Diskussionen mit Werbeagenturen ■ Informationsaustausch mit Politikern ■ usw.

Quelle: I.A.a. Bruhn 2018, S. 408.

Persönliche Kommunikation erfordert i.d.R. eine Ausrichtung auf die lokale Ebene, da die Interaktion mit den Zielgruppen es notwendig macht, dass die persönlichen bzw. situativen

Gegebenheiten berücksichtigt werden. Auch persönliche bzw. kulturell geprägte Kommunikationsstile sind relevant, um z.B. kulturbedingte Missverständnisse oder „Fehltritte" zu vermeiden. So sind bspw. interkulturelle Unterschiede in der Bedeutung der verbalen bzw. nonverbalen Kommunikation relevant, es variiert der Kontextualisierungsgrad der persönlichen Kommunikation und auch der Einsatz direkter oder indirekter bzw. expliziter oder impliziter Kommunikation variiert z.T. erheblich zwischen den Kulturen (De Mooij 2019, S. 477).

Besonders bedeutend ist die persönliche Kommunikation im Verkauf bzw. im Außendienst. Im Internationalen Marketing stammen Anbieter und Nachfrager häufig aus unterschiedlichen Kulturkreisen, so im Rahmen von Exportaktivitäten. Deshalb ist es erforderlich, dass das Verkaufspersonal (bzw. Außendienst) mit den jeweiligen Handelsusancen und den Gepflogenheiten im Rahmen von Verkaufssituationen vertraut ist. Dies kann erfordern, dass länderspezifisch unterschiedliche Fähigkeiten beim Verkaufspersonal (bzw. Außendienst) notwendig sind. In diesem Zusammenhang stellt sich auch die Frage, welche Nationalität das Verkaufs- bzw. Außendienstpersonal haben soll.

18.3.4. Internationale Online- und Social-Media-Kommunikation

Online-Marketing umfasst pauschal alle Formen des digitalen Marketing. Neben den genannten Formen der Werbung in Online- bzw. sozialen Medien spielen beim Einsatz der internationalen Online-Kommunikation bspw. klassische Unternehmenshomepages, auf denen Informationen über das Unternehmen und seine Kompetenzen, Produkte und Leistungen sowie Vertriebsaspekte im Vordergrund stehen, eine Rolle. Auf eigenen Websites steht v.a. das Content Marketing im Vordergrund. Als Form der Owned Media erfolgt die Gestaltung im Hinblick auf die Unternehmens- und Marketingziele, erfordert aber oft die Berücksichtigung lokaler Besonderheiten. Je nach Relevanz können daher auch landesspezifische Websites etabliert werden, die neben sprachlichen auch inhaltliche Anpassungen an lokale Anforderungen bzw. lokale Strukturen beinhalten können. In der internationalen Online-Kommunikation spielen unterschiedliche Formen von Online-Präsenzen eine Rolle. Hier können bspw. unterschieden werden (Chaffey/Ellis-Chadwick 2019, S. 20f.; Chaffey/Smith 2017, S. 11f.):

- Transaktionale E-Commerce-Site: Hierbei handelt es sich um Online-Shops, bei denen der Verkauf der Produkte im Vordergrund steht. Diese sind sowohl im internationalen B2B- als auch B2C-Geschäft relevant und optimalerweise im Rahmen von Omnichannel-Systemen mit den weiteren Vertriebskanälen der Unternehmen zu verknüpfen.
- Serviceorientierte Website zum Beziehungsaufbau oder zur Lead-Generierung: Hier werden Informationen bereitgestellt, die zu Transaktionen animieren und dazu beitragen, Beziehungen aufzubauen und zu pflegen. Auf den Websites ist i.d.R. kein Online-Shop integriert; sie unterstützen Kunden in ihren Kaufentscheidungen (z.B. Offline-Käufe) und stimulieren Anfragen bzw. Leads. Sie sind besonders typisch für B2B-Auftritte MNU.
- Markenbildende Website: Diese dienen dem erlebnisorientierten Aufbau und der Unterstützung der Marken bzw. aktueller Kampagnen von MNU. Zum Teil werden hier Merchandising-Artikel angeboten, jedoch ist i.d.R. kein „echter" Online-Shop integriert. Sie dienen v.a. dem Support der Marke durch Entwicklung eines Online-Erlebnisses der Marke durch Content Marketing (oft mit Social-Media-Auftritten der Marken verknüpft). Wenngleich auch in B2B anzutreffen, sind die Webauftritte v.a. im B2C bedeutend.
- Portal- oder Medienseite: Solche Websites werden von Intermediären oder Publishern bereitgestellt und fokussieren auf das Angebot von Informationen. Dis sind z.B. Suchmaschinen, Verzeichnisse, Nachrichten-Portale, Blogs oder Vergleichsportale. Die Websites bieten Informationen auf der Site selbst, aber auch Links zu anderen Websites. Online-Publisher generieren z.B. Einnahmen aus Werbung, Affiliate Marketing oder den Verkauf

von Zugang zu Inhalten durch Abonnements oder Pay-per-View. Aus der internationalen Perspektive steht hier nicht (nur) die Gestaltung eigener Inhalte im Vordergrund, sondern auch die Beeinflussung der Sichtbarkeit und Präsenz auf den Online-Portalen. So knüpfen hier SEO („Search Engine Optimization") oder SEA („Search Engine Advertising") an.

- Soziales Netzwerk oder Community-Site: Hier wird die Interaktion zwischen den Mitgliedern der Community („C2C-Modell") ermöglicht. Typischerweise posten die Community-Mitglieder Kommentare, senden Nachrichten oder bewerten und markieren Inhalte. Neben globalen Social Network Sites wie Instagram, Facebook, LinkedIn oder YouTube existieren Special-Interest-Communities oder Foren, die spezifische User-Gruppen mit besonderen Interessensbereichen vernetzen sowie lokal ausgerichtete Netzwerke, die sich lediglich auf Länder oder Regionen ausrichten. Für MNU stehen dabei nicht nur eigene Präsenzen, Auftritte und Interaktionen innerhalb solcher Netzwerke im Vordergrund, sondern v.a. Interaktionen über „Social-Plug-Ins" oder „Application Programming Interfaces", die in andere Websites (z.B. die eigene Unternehmens-Homepage) integriert werden, um sie mit den relevanten Sozialen Netzwerken zu verknüpfen.

Oftmals werden die Online-Auftritte verknüpft mit Formen des Direct Marketing, als personalisierte, individuelle und dialogorientierte Kommunikation. Traditionelle Formen des elektronischen Direct Marketing bestehen z.B. im E-Mail- bzw. Newsletter-Marketing, neuere Formen greifen bspw. auf soziale Netzwerke, Messenger-Dienste (z.B. WhatsApp) oder Videokonferenzsysteme (z.B. Skype oder Zoom) zurück. Vor allem die Social-Media-Kommunikation spielt eine immer größere Rolle. Hier liegt der Fokus auf der Teilnahme an Diskussionen und dem Teilen von Ideen und Inhalten auf sozialen Netzwerken. Es geht dabei aber nicht nur rein um die Informationsvermittlung, sondern auch um die Stimulierung und Nutzung von (positiven) C2C-Interaktionen (wie kommentieren, teilen, liken), die dazu beitragen können, die Markenbekanntheit zu stärken. Zum Teil setzen Unternehmen im internationalen Kontext auch auf Formen der Social-Media-Amplifikation, bei der eine Steigerung der Bekanntheit einer Marke durch organisches und bezahltes Teilen von Social-Media-Updates über soziale Netzwerke erreicht werden soll (Chaffey/Ellis-Chadwick 2019, S. 237).

Abbildung 18.13: Beispiele zur Bedeutung der Kultur in der Online-Kommunikation

Quelle: I.A.a. Swoboda/Sinning/Hirschmann 2018, S. 215.

Studien im internationale Kontext adressieren bspw. die Bedeutung der nationalen Kultur für die Online-Kommunikation (Yalcin u.a. 2011). In Abbildung 18.13 sind exemplarisch Ergebnisse bisheriger Studien zusammengetragen. Hier zeigt sich die Ansprache kultureller Werte durch die Anpassung von Webseitenelementen und -funktionen. So wird bspw. die hohe Machtdistanz japanischer Webseiten durch die explizite Vorstellung von Geschäftsführern sowie die klare Kommunikation deren akademischer Titel sichtbar. Loyalitätsprogramme sowie Chatrooms werden verstärkt in kollektivistischen Ländern, wie Japan, beworben.

18.3.5. Internationale Public Relations

In Erweiterung der Kommunikationsinstrumente der Unternehmen, die in erster Linie der Absatzförderung dienen, ist es häufig das Ziel der internationalen **Public Relations** (PR, Öffentlichkeitsarbeit), für das Unternehmen als Ganzes zu werben (Werbung um öffentliches Vertrauen). Mit dieser Öffentlichkeitsarbeit sollen die Beziehungen zwischen dem Unternehmen und den Stakeholdern des Unternehmens, also den relevanten Gruppen der Öffentlichkeit (z.B. Anteilseigner, Mitarbeiter, aktuelle und potenzielle Kunden, Lieferanten, NGOs, Verbände, Gewerkschaften, Staat, Gesellschaft usw.) verbessert und Sympathie für das Unternehmen als Ganzes aufgebaut werden. Dieser Teilbereich der internationalen Kommunikationspolitik hat in den letzten Jahren erheblich an Bedeutung gewonnen. Ein wichtiges Ziel der internationalen Öffentlichkeitsarbeit besteht darin, Konfliktpotenziale zwischen dem Unternehmen und den Gastländern zu minimieren, aber auch länderübergreifend harmonisierend zu agieren. Während die Werbung vornehmlich zur Imagegestaltung von Produkten, Produktgruppen bzw. Dienstleistungen eingesetzt wird, prägen Public Relations (Corporate Communications) vornehmlich das Unternehmensimage. Das Ergebnis der Public-Relations-Arbeit findet seinen Niederschlag im **Goodwill**. Als spezifische Ziele der Öffentlichkeitsarbeit internationaler Unternehmen werden u.a. herausgestellt:

- Identifikation mit den Interessen des Gastlandes
- Herstellung guter Kontakte zu den Regierungsstellen
- Respektierung kultureller und sozialer Eigenheiten
- Beitrag zur Entwicklung des Gastlandes
- Selbstdarstellung des Unternehmens
- Unterstreichung der Unabhängigkeit der Auslandsniederlassungen von der Zentrale.

Instrumente der Öffentlichkeitsarbeit sind vom Unternehmen selbst gestaltete Informationsträger wie z.B. Newsletter, Internetseiten, Auftritte in sozialen Netzwerken, YouTube-Kanäle, Tweets auf Twitter oder auch Briefe oder E-Mails. Von besonderer Bedeutung sind aber gerade externe Kanäle der Massenkommunikation, wie z.B. Zeitungen, Zeitschriften, TV und Hörfunk und das Internet, über die (unabhängige) Medienvertreter Informationen von dem bzw. über das Unternehmen im Rahmen ihrer Informationsaufgabe verbreiten. Im Vordergrund stehen dabei redaktionelle Beiträge. Da diese seitens der Medienvertreter (i.d.R.) ohne ein wirtschaftliches Interesse verfasst werden, ist die Glaubwürdigkeit solcher Informationen besonders hoch. Ziel der internationalen Public Relations ist es, eine möglichst positive Berichterstattung zu realisieren. Jedoch ist es durchaus möglich, dass im Rahmen oder als Folge redaktioneller Berichterstattungen oder in sozialen Netzwerken in Form von sog. „Shitstorms" bzw. „Social Media Firestorms", also Empörungswellen im Internet, an denen sich innerhalb kurzer Zeit eine hohe Zahl von Personen auf kritische, oft unsachliche Weise an der Kommunikation beteiligt, negative Informationen über die Unternehmen oder ihre Marken bzw. Produkte thematisiert werden (Hansen/Kupfer/Hennig-Thurau 2018). Solche Online-Wellen der Entrüstung gegenüber international tätigen Unternehmen manifestieren sich oft länderübergreifend. Die Aufgabe der PR-Abteilungen liegt dann darin, auf diese Berichterstattung zu reagieren und im Rahmen von „Schadensvermeidungsstrategien" negativen Folgen entgegenzuwirken (Esch/Petri/Köhler 2018).

Ebenso wie auch hinsichtlich der Werbung ist die PR-Arbeit der Unternehmen abhängig von der Medienverbreitung bzw. -verfügbarkeit in den unterschiedlichen Ländern. Dabei ist noch stärker als im Zusammenhang mit der internationalen Werbung zu beachten, dass die Rolle der Medien und die **Glaubwürdigkeit** der Medien im internationalen Kontext unterschiedlich sind und PR-Aktivitäten häufig global umgesetzt werden (müssen).

18.3.6. Internationale Verkaufsförderung, Messen, Ausstellungen und Events

Das Ziel der Verkaufsförderung oder Sales Promotion besteht in der unterstützenden, motivierenden und absatzfördernden Wirkung. Der Fokus liegt dabei auf der kurzfristigen Förderung des Verkaufs von Waren bzw. Dienstleistungen. Verkaufsförderungsmaßnahmen sind zum einen kurzfristig und zeitlich begrenzt und weiterhin oftmals eher lokal ausgerichtet. Hierzu zählen u.a. **direkte Verkaufshilfen** (z.B. „Computer-Aided-Selling" Systeme, Schulung, Verkaufstraining, Fachliteratur), **persönliche Anreizsysteme** (z.B. Verkaufswettbewerbe) oder die **individuelle Kontaktpflege**. (z.B. Produktvorführung, Kontaktbesuche, Geschenke). Diese Maßnahmen können nach der Stufe (Intermediäre oder Endkunden) differenziert werden, auf die sie ausgerichtet sind. In der Konsumgüterbranche wird die handelsorientierte („**Trade Promotions**") von der konsumentenorientierten Verkaufsförderung („**Consumer Promotions**") abgegrenzt (siehe auch Abbildung 18.14).

Herausforderungen an die Verkaufsförderung im internationalen Kontext ergeben sich v.a. aus länderspezifisch unterschiedlichen rechtlichen Restriktionen für Verkaufsförderungsaktivitäten oder den jeweiligen Einstellungen der Intermediäre (z.B. des Handels) zur kooperativen Förderung des Abverkaufs, aber auch der Kunden zu Verkaufsförderungsaktionen. Aufgrund des kurzfristigen Charakters der Verkaufsförderungsmaßnahmen ist eine Standardisierung im Rahmen des Internationalen Marketing am ehesten bei Unternehmen mit einem eigenen, vollständig kontrollierbaren Distributionssystem denkbar.

Abbildung 18.14: Instrumente der internationalen Verkaufsförderung – Beispiele

Direkte Verkaufsförderung	
■ Sonderangebote ■ Sonderpackungen, Produktzugaben ■ Coupons ■ Gutscheine ■ Promotionartikel	■ Gewinnspiele ■ Free-Mail-In-Promotion ■ Telefonverkauf ■ Samples (Warenproben) ■ Merchandising-Artikel
Indirekte Verkaufsförderung	
Ausrichtung auf Endverbraucher	Ausrichtung auf Intermediäre
■ (PoS-) Gewinnspiele ■ Samples ■ Displays ■ Personality Promotions ■ Zugaben-Promotions ■ Hinweisschilder, Plakate, Floor Graphics am PoS ■ Lautsprecherdurchsagen ■ PoS-Radio/-TV	■ Aktionsvergütungen, Werbekostenzuschüsse, Sonderangebotsvergütungen ■ Händler-, Außendienstwettbewerbe ■ Handelswerbung ■ Einsatz von eigenem Verkaufspersonal ■ Werbegeschenke ■ Near Pack Promotions ■ Bereitstellung von PoS Displays, Ladenbaukonzepte, Computer-aided-Selling-Systemen

Quelle: I.A.a. Bruhn 2018, S. 348.

Messen sind zeitlich begrenzte, regelmäßig innerhalb eines oder mehrerer Jahre wiederkehrende Veranstaltungen, auf denen die Aussteller eines Wirtschaftszweiges (Fachmesse) oder mehrerer Wirtschaftszweige (Universalmesse) ihre Waren bzw. Dienstleistungen präsentieren. Messen werden von **Ausstellungen** dadurch abgegrenzt, dass auf Messen der Verkauf an Konsumenten zeitlichen Restriktionen unterliegt, während auf Ausstellungen ein solcher unbegrenzt erfolgen kann. Aus der Perspektive international tätiger Unternehmen liegen wichtige Ziele der Teilnahme an internationalen Messen v.a. in der Präsentation des Unternehmens mit seinen Kompetenzen, Produkten und Leistungen sowie der Information und des (Erfahrungs-) Austauschs mit dem Fachpublikum bzw. sonstigen Interessenten. Aber auch Konkurrenzanalysen, konkrete Verkaufsintentionen (z.B. mittelbare Verkaufsgespräche, Einholung bzw. Anbahnung von Aufträgen) sowie Intentionen der internationalen Vernetzung oder das Knüpfen und Intensivieren geschäftlicher Kontakte spielen eine Rolle. Messen bzw. Ausstellungen sind häufig überregional ausgerichtet und können über die genannten Zielsetzungen hinaus auch dazu dienen, auf Auslandsmärkten Kontakte mit Repräsentanten der Ländermärkte (z.B. aus Politik oder Öffentlichkeit) anzubahnen bzw. zu pflegen. Internationale Messen werden zudem immer häufiger auch in virtueller Form veranstaltet.

Während Messen und Ausstellungen zeitlich und räumlich festgelegt sind, zumeist durch unabhängige Veranstalter durchgeführt werden und i.d.R. durch die Teilnahme einer Vielzahl von Anbietern gekennzeichnet sind, handelt es sich bei **Events** um Veranstaltungen mit besonderem bzw. speziellem, meist exklusivem und insb. erlebnisorientiertem Charakter sowohl für die Veranstalter als auch für die Besucher. Events sind auf die Aktivierung der Zielgruppe sowie auf Interaktivität im Rahmen von auf Authentizität orientierten Vor-Ort-Erlebnissen ausgerichtet. Die Kontaktintensität mit dem Publikum ist potenziell sehr hoch und das Eventmarketing spielt daher eine besondere Rolle im Rahmen des Customer Experience Managements. Man unterscheidet dabei unternehmensinterne und -externe Events. Das Interesse für Events bzw. deren Wahrnehmung kann international stark variieren, sodass Events i.d.R. nicht generell in gleicher Form bzw. zum gleichen Thema einsetzbar sind.

18.3.7. Internationales Sponsoring und internationales Product Placement

Sponsoring hat im internationalen Kontext eine hohe Bedeutung, so die Bereitstellung von Finanzmitteln, Sachmitteln, Dienstleistungen oder Know-how durch den Sponsor zur Förderung von Personen oder Organisationen, z.B. in den Bereichen Sport (Förderung von Sportlern, Mannschaften, Sportveranstaltungen), Kultur (Förderung von Künstlern, künstlerischen Ereignissen) und im gesellschaftspolitischen Bereich (Förderung sozialer und ökologischer Aufgabenstellungen) (Bruhn 2018, S. 385). Der Sponsor erhält für sein Engagement eine vorher definierte Gegenleistung, die direkt oder indirekt der Erreichung der Marketingziele des MNU förderlich sein soll. Aus diesem Grund sind im internationalen Bereich die Sponsoringaktivitäten sehr stark von der Zielgruppe (national, regional oder global) und dem Produkt abhängig. Im internationalen Sponsoring werden nicht nur länderbezogene Sponsoringaktivitäten herangezogen, sondern häufig länderübergreifende Veranstaltungen gesponsert, so Sportveranstaltungen (z.B. Formel 1, Champions League, Fußball-Weltmeisterschaft, Olympiade) oder Kulturveranstaltungen (z.B. Musicals, internationale Tournee-Veranstaltungen). Beim Sponsoring ist der „Fit" zwischen dem Sponsor und dem/den Gesponserten von besonderer Bedeutung und weiterhin sind die Glaubwürdigkeit des Gesponserten und der Sponsoringaktivität selbst (z.B. Glaubwürdigkeit eines Kultur- oder Umweltengagements des betrachteten Unternehmens) von Relevanz. Diesbezüglich können Unterschiede in der Wahrnehmung der Sponsoringaktivitäten in den unterschiedlichen Ländern auftreten. Auch die Zielgruppenrelevanz der Sponsoringobjekte ist zu beachten. Deshalb kann es sinnvoll sein, sich in Ländern auf unterschiedliche Sponsoringobjekte bzw. -bereiche zu fokussieren. Zudem kann das Sponsoring von gesetzlichen Restriktionen betroffen sein. Relevant sind dabei zum einen länderbezogene Restriktionen, aber auch internationale Bestimmungen können als Herausforderung auf die Werbe- und Sponsoringpolitik bzw. -möglichkeiten einwirken.

Vom Sponsoring abzugrenzen ist das **Product Placement**. Hierunter versteht man die gezielte Platzierung von Produkten oder Markennamen als „reale Requisiten" in den Medien, z.B. in der Handlung von Spielfilmen, Fernsehsendungen, Podcasts, Videoclips, in Printmedien o.Ä. gegen Entgelt. Eine solche Platzierung kann in visueller oder verbaler Form erfolgen. Typischerweise erfolgt sie in Massenmedien. In Abbildung 18.15 sind Beispiele für internationales Product Placement dargestellt. Mit Product Placement können relativ hohe Reichweiten realisiert werden, weil z.B. **Zapping-Aktivitäten** von Zuschauern (z.B. bei Werbeblöcken) umgangen werden. Herausforderungen im internationalen Kontext ergeben sich wiederum aus landesspezifisch bzw. kulturell bedingten Unterschieden. So bestehen z.B. Unterschiede in den rechtlichen Bestimmungen hinsichtlich der Zulässigkeit des Product Placements (z.B. rechtliche Begrenzungen beim öffentlich-rechtlichen Fernsehen in Deutschland), die Filme oder Sendungen, in denen ein Placement erfolgt, können im internationalen Kontext unterschiedliche Akzeptanz erfahren oder kulturelle Unterschiede können z.B. zu Reaktanz bei den Zuschauern führen, wenn diese das Product Placement „erkennen".

Abbildung 18.15: Beispiele für Product Placement in internationalen Blockbustern

Film	Beispiele für platzierte Unternehmen/Marken	Jahr
Avengers: Infinity War	Audi	2018
Black Panther	Lexus, Toyota (zusammen haben beide 7 Minuten Screen Time), Dell, BBC, Renault	2018
A Star is born	Sennheiser, Gibson, Gretsch, Yamaha (Hauptsächlich Mikrofone, Klaviere, Keybords, etc. mit insgesamt 9 Minuten Screen Time), Ford, Harley Davidson	2018
Deadpool 2	Ford, Oxydo, Budweiser, Ray-Ban, Apple, Airbnb, Fox and Friends	2018
Bohemian Rhapsody	Beyond Shure, Vox Amplifiers, Fender Instruments, Emi, (Musikbasierte Unternehmen, wieder Instrumente etc.), Rolls Royce, Adidas, Sony, Moet & Chandon	2018
Mission Impossible: Fallout	BMW, Apple, Airbus, Dell, Renault, CNN, Landrover, Triumph, Sony	2018
Jumanji: The next Level	Sony, Polaris	2019
Once upon a Time in Hollywood	Cadillac, Champions Spark Plugs, Citizen, Porsche, Levi's, Coca-Cola, Hennessy	2019
Captain Marvel	Chevrolet, Sony, Apple, Harley Davidson, Nine inch Nails	2019
Spiderman: Far from Home	Sony (6,5 Minuten Screen Time), Nike, Audi, HP, Ralph Lauren, United Airlines	2019
Avengers: Endgame	Audi, Ford, Dior, Tom Ford, Google, Coca-Cola, Cadillac, Landrover, Ray-Ban, Panasonic, Persol	2019
Tenet	Land Rover, Jaguar, Hermès, Hamilton Watch Company, Dell, Casio, Beluga Vodka, Mercedes, Samsung, Tuner Iceni	2020
Wonderwoman 1984	Budweiser, Sony, Adidas, Sergio Tacchini, Rolex, Nike, Mercedes, Members only, JC Penney, IBM, Casio, Spencer Gifts	2020

Quelle: https://concavebt.com; https://productplacementblog.com, abgerufen am 24.02.2021.

18.5. Interdependenzen und Dynamik

Die Kommunikationsentscheidungen stehen in enger Interdependenz zu den internationalen Strategien (siehe Abschnitt 18.2.). Anpassungen der internationalen Kommunikation bei

Being-International, also nach dem initialen Markteintritt, werden relativ häufig realisiert. Neben umfeldinduzierten Anpassungserfordernissen sind Änderungen der Kommunikationsstrategie als flankierende Maßnahmen oder i.S. einer Um- oder Neugestaltung der Kommunikationsinstrumente erforderlich, wenn Veränderungen der anderen Marketing-Mix-Elemente, wie insb. der internationalen Produkt- und Markenpolitik (z.B. Produktvariationen, Produktneueinführungen, Markenneu- oder -umpositionierungen) sowie der internationalen Preispolitik (z.B. kurz- und langfristige Preisvariationen), erfolgen. Die internationale Kommunikationspolitik hat dann häufig die Aufgabe, notwendige Veränderungen in den anderen Bereichen des Marketing-Mix (z.B. der Produktpolitik) „auszugleichen" bzw. diese zu begleiten und den Nachfragern zu vermitteln.

Die internationale Kommunikationspolitik hängt zudem mit der jeweiligen Phase im **Produktlebenszyklus** zusammen. Insbesondere in der Einführungsphase neuer Produkte erfolgt ein intensiver Einsatz kommunikationspolitischer Instrumente, der in der Wachstumsphase zumeist etwas abflacht und in der Reife- bzw. Sättigungsphase wieder intensiviert wird, um den Absatz noch einmal zu forcieren. Auch die Instrumente, die in den jeweiligen Phasen eingesetzt werden, können dabei variieren. Bei der internationalen Kommunikationspolitik ist zu beachten, dass die Lebenszyklusphasen zwischen den Ländermärkten variieren können und deshalb der Instrumenteneinsatz jeweils länderspezifisch abzustimmen ist.

Aber auch der internationale Kommunikations-Mix ist „Alterungsprozessen" unterworfen. Dabei ergibt sich eine Veralterung der Kommunikationsinstrumente selbst. Auch diese sind einem Lebenszyklus unterworfen. Dies beeinflusst die Einsatzmöglichkeiten der Instrumente im Zeitablauf. So können Instrumente, die lange Zeit im Vordergrund der internationalen Kommunikationspolitik standen, nicht mehr „zeitgemäß" sein und müssen dann durch neue Formen der internationalen Kommunikation ersetzt werden. Besondere Anforderungen an die internationale Kommunikationspolitik stellen Neuerungen der Informations- und Kommunikationstechnologien dar. Die Dynamik in diesem Bereich forciert nicht nur Innovationen der kommunikationspolitischen Instrumente, sondern führt auch zu einer zunehmenden Vernetzung nicht nur der Unternehmen mit ihren Lieferanten und Kunden, sondern auch der Ländermärkte. Die Technologiedynamik erfordert eine erhöhte Flexibilität in der internationalen Kommunikationspolitik, weil die Geschwindigkeit, mit der die Kommunikation abläuft, stark zunimmt. Dadurch erfolgt nicht nur eine schnellere Verbreitung von Informationen zwischen den Marktteilnehmern und den Ländermärkten, sondern auch Ländermarktinterdependenzen nehmen zu. Dies erschwert v.a. solche differenzierten Ansätze internationaler Kommunikationsstrategien, die mit Positionierungsunterschieden zwischen den Ländermärkten verbunden sind.

Zusätzlich unterliegen die eingesetzten Botschaften oder Kampagnen „Veralterungs- bzw. Abnutzungserscheinungen". So stehen **Wear-out-Effekte** im Vordergrund: Mit steigendem Kontakt mit unveränderten Kommunikationsmitteln und -botschaften können Ermüdungserscheinungen bei den Nachfragern auftreten, die sogar in **Reaktanzreaktionen** resultieren können. Anpassungen der Kommunikation sind von Zeit zu Zeit notwendig, um derartigen Reaktionen entgegenzuwirken und um die Aktualität aufrechtzuerhalten. Zudem können Anpassungen zu einem innovativen Image der Unternehmen beitragen. Wenngleich Anpassungen an Veränderungen des Umfelds oder unternehmensinterne Veränderungen erforderlich und notwendig sind, gilt für die internationale Kommunikationspolitik, dass sie noch stärker als andere Marketinginstrumente auf **Konsistenz** ausgerichtet sein sollte, um negative Imageeffekte (z.B. „Verfremdung" durch kommunikationspolitische Brüche) zu verhindern und um ein einheitliches Image über Ländergrenzen hinweg garantieren zu können. Der Umgang mit neuen „Themen" bzw. Botschaften ist deshalb sehr sensibel zu handhaben.

19. Internationaler Vertrieb

19.1. Systematisierung der Entscheidungsoptionen

Vertrieb ist das wohl komplexeste, schwierig zu strukturierende Marketinginstrument, u.a. weil er strategische Entscheidungen umfasst, die meist kurzfristig nicht reversibel sind und hohe Vorinvestitionen erfordern. **Distribution** setzt historisch an der eher operativen Zusammenarbeit mit Intermediären an, die in Verkäufermärkten logistische Aufgaben ohne eigenes Marketing wahrnahmen, was wenig mit der heutigen Beziehung zwischen Herstellern und marktmächtigen Händlern oder Plattformen gemeinsam hat, weswegen Homburg (2020, S. 940) für den zeitgemäßen Begriff **Vertrieb** plädiert. Beide Begriffe werden nachfolgend synonym genutzt, weil in diversen Ländern auch der o.g. Kontext vorliegt, Intermediäre verschiedene Aufgaben wahrnehmen, es Branchenspezifika im Begriffsverständnis gibt und Lehrbücher zum Internationalen Marketing meist von Distribution sprechen.

> Vertrieb umfasst alle Entscheidungen, die sich auf die Versorgung von Kunden (nachgelagerten Vertriebsstufen) mit Gütern/Leistungen beziehen, so die Gestaltung
> - des Vertriebssystems (inkl. Absatzwege/-kanäle, Distributionsorgane und Management der Beziehungen mit Vertriebspartnern) und
> - der Distributionslogistik.

Die Gestaltung von **Vertriebssystemen** umfasst generell Fragen bzgl. der vertikalen Struktur der Absatzwege und -kanäle sowie der horizontalen Breite eines Vertriebsweges und des Vertriebssystems (siehe Abbildung 19.1). Zudem sind das Management der Beziehungen mit Vertriebspartnern v.a. kontraktuelle Optionen und Steuerung dieser, aber auch grundlegende Fragen von Konflikten und Machtverteilung relevant. All dies sind akquisitorische Marketingentscheidungen, mit Zielen wie Erlös und Distributionsgrad. Die darüberhinausgehende **Distributionslogistik** dient der Sicherstellung der physischen Verfügbarkeit der Leistungen mit Zielen wie Kosten und Lieferbereitschaft und Entscheidungen wie Standortwahl, Distributionslager, Transportsysteme etc. Abbildung 19.2 zeigt entsprechend ein typisches Mehrkanalvertriebssystem mit diversen Vertriebswegen und Absatzorganen am Beispiel eines Automobilzulieferers.

Abbildung 19.1: Vertriebsentscheidungen im Überblick

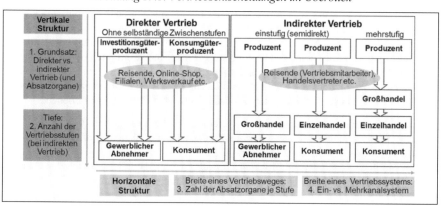

Abbildung 19.2: Beispiel eines Mehrkanalvetriebssystems

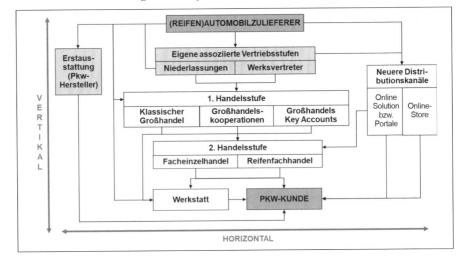

Quelle: I.A.a. Homburg 2020, S. 958.

Internationaler Vertrieb

Im Internationalen Marketing erwachsen Besonderheiten des Vertriebs aus der primär absatzseitigen Internationalisierung der Unternehmen und aus deren Präsenz in diversen Länderkontexten mit variantenreichen Vertriebsstrukturen. Darüber hinaus sind diese komplex, da sie Interaktionen zwischen mehreren geographisch und zeitlich getrennten Einheiten beinhalten, einschließlich der MNC-Zentrale, der Tochtergesellschaften und ihrer Vertriebspartner (Grewal u.a. 2018). Auch der Onlineeinkauf von Verbrauchern bei Auslandsanbietern fördert die Internationalisierung (Wagner/Schramm-Klein/Fota 2019).

Naheliegend ist der Einfluss des Makroumfeldes, bspw. regulativer oder technologischer Faktoren, so bzgl. des Zugangs zu Vertriebskanälen oder des **Mesoumfeldes**, so Kunden und Wettbewerbsbedingungen beim erstmaligen Eintritt und bei länderübergreifender Tätigkeit („Going- und Being-International", siehe Kapitel 3.). Evident ist die Verbindung der Vertriebsentscheidungen mit Marktselektion (siehe Kapitel 4.) und v.a. mit „Entry/Operation Modes" (siehe Kapitel 9.). Die Wahl unterschiedlicher Betätigungsformen wie Export, Franchising, JV, Tochtergesellschaft etc. bestimmt die Komplexität der Entscheidungen im Vertrieb. So gewährleistet i.e.S. nur eine multinationale Internationalisierungsstrategie mit eigenen Tochtergesellschaften deren autonome Vertriebsentscheidung in einem Land (d.h., jene Sicht, wie sie zum Vertrieb in rein nationalen Lehrbüchern behandelt wird). Bei JV oder beim Export ist dies bereits anders und selbst diese Sicht greift noch zu kurz, wenn ein MNU zudem bpsw. Key Accounts länderübergreifend zentral, standardisiert bearbeitet. Abbildung 19.3 zeigt den einfachen Fall der Präsenz eines MNU mit Tochtergesellschaften und deren Beziehung auf drei im internationalen Vertrieb zu beachtenden Ebenen:

- Interne Beziehungen zwischen Headquarter und Tochtergesellschaft (C und D).
- Externe Beziehungen zwischen Tochtergesellschaft und lokalen Vertriebspartnern (E) sowie Einfluss des Headquarters hierauf (F).
- Bedeutung der globalen und lokalen Umwelt (A und B) und zusätzlich der Heimatmarktumwelt des Headquarters auf die zuvor genannten Beziehungen.

Abbildung 19.3: Komplexität internationaler Vertriebsentscheidungen

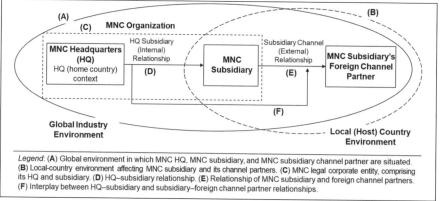

Quelle: I.A.a. Grewal u.a. 2018, S. 53.

Nachfolgend werden nicht alle Ebenen angesprochen. Der Fokus ist wie folgt:

- Strategischer Planungsprozess und spezifische Ziele des Vertriebs.
- Kernentscheidungsoptionen, so
  - vertikale Basisentscheidungen, bzgl. direktem/indirektem Vertrieb und der Struktur und Anzahl der Vertriebskanäle (i.S. Länge und vertikale Integration),
  - horizontale Basisentscheidungen, bzgl. Anzahl und Art der Vertriebsorgane je Stufe und Breite des Vertriebssystems (i.S. Mehrwegevertrieb bzw. Distributionsgrad).
- Management der Beziehungen mit Intermediären, so Fragen zur Auswahl und Bewertung sowie Konflikten, Macht oder kontraktuellen Bindungsoptionen.
- Basisentscheidungen und -besonderheiten der Distributionslogistik.
- Interdependenzen von Vertriebsentscheidungen und bspw. internationalen Strategien.

Abbildung 19.4 zeigt die Determinanten der Vertriebsentscheidungen. In der Forschung werden v.a. Vertriebskanäle betrachtet, kaum horizontale und länderübergreifende Entscheidungen (siehe Abbildung 19.5, wo aber Omnichannel und internationaler Handel ausgeschlossen sind, Swoboda/Foscht/Schramm-Klein 2019; Hübner/Holzapfel/Kuhn 2016).

Abbildung 19.4: Determinants of Channel Structure, Processes and Outcomes

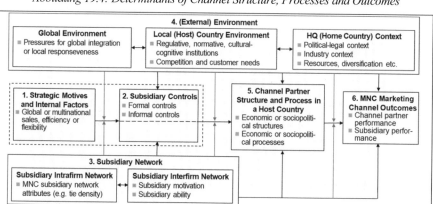

Quelle: I.A.a. Grewal u.a. 2018, S. 55-56.

Abbildung 19.5: Ausgewählte Studien zur Internationalen Vertrieb

Autor(en)	Gegenstand	Th./Emp. Basis	Kernergebnisse
General Channel Decisions			
Grewal u.a. 2018	Advancing week Marketing Channel Management of MNC with own subsidiaries	Systematic literature review	■ Two steps in channel decisions: selection of entry mode and management of foreign channel partners. ■ Relevant are headquarters-Subsidiary- and Subsidiary-Foreign Channel Partner-Relations (internal/external). ■ MNC Channel Outcomes depend on partner and subsidiary structure/processes as well as on subsidiary network (intra- and interfirm), environment and general strategic motives.
Morschett/ Swoboda 2009	International Distributions from an exporting perspective	Systematic review	■ Export management and its success factors. ■ Selection of distribution channels, standardization/adaptation of the distribution strategy, incl. multichannel and e-commerce. ■ Channel-conflicts, -coordination and CRM.
Channel Expansion			
Aminoff/ Hakanen 2018	Implications of servitization for manufacturers' global B2B distribution (indirect channels)	Service-dominant Logic/Case study N=1 manufacturer, N=3 distributors/ content analysis	■ Necessity to move beyond direct distribution network; distributer has a role in value co-creation or service co-production. ■ However, indirect global B2B distribution create several additional challenges for manufacturers' servitization strategy, e.g., selection of distributors, international contexts etc.
Homburg/ Vollmayr/ Hahn 2014	How channel expansions affect firm value?	Transaction cost, contingency theory N=240 firms from USA, DEU, PRC, Regression	■ Channel expansion (increased distribution intensity and a new channel) affect firms value (abnormal stock returns). ■ Positive vs. negatively relationship depend on contingency factors (firms, industry, channel strategy), e.g., in turbulent or competitive markets new channel leads (vs. distribution intensity) to higher value (due to risk spreading); firms with high market share benefit from increase in distribution intensity.
Rambocas u.a. 2015	Impact of channel governance structure on performance outcomes	Relationship Marketing/N=105 buyers five countries, MANOVA	■ Indirect distribution channels lead to higher exporter profit (short term). ■ Direct distribution channel lead to higher economic satisfaction as well as loyalty of the foreign buyers (long term).
Rosen/ Gunkel/ Schlaegel 2014	Determinants of dual (vs. single) distribution and its outcomes.	Transaction cost, principal-agent etc. N=2 automobile manufacturer in three countries, case study	■ Degree of dual distribution is determined by firm's competitive strategy and market development. ■ Positive effects of dual distribution on the performance of distribution systems especially channel performance. ■ Dual distribution affects profitability, market exploitation and customer satisfaction.
Intermediaries and Relationships			
Skarmeas/ Zerti/Baltas 2016	Outcomes of relationship value overseas marketing channels (Importer's standpoint)	Relational view of competitive advantage/N=271 firms/factor analysis, SEM	■ Relationship-specific investments, knowledge-sharing routines, complementary capabilities and relational norms are drivers of importer-perceived value in an supplier relationship. ■ Psychic distance has a negative effect on relationship value, but this effect is reduced by cultural sensitivity.
Yang/Su/ Fam 2012	Institutional distances' impact on marketing channels	Institutional theory/ N=205 Chinese manufacturing exporters/interviews, OLS regression	■ Institutional distances lead to perceptions of legitimacy pressure/market ambiguity. ■ Contract customization and relational governance (governance strategies) can help to overcome legitimacy and efficiency concerns and safeguarding position.
Online and Marketplaces			
Ashraf u.a. 2017	Factors that drive m-commerce across different countries	--/N=812 consumers from four countries/questionnaires, PLS	■ Usage of m-commerce channels (readiness) differs between emerging and developed markets. ■ In early stages of (emerging markets) ubiquity is of higher importance, at an advanced stage of m-commerce readiness (developed markets) habit is of higher importance.
Bei/Gielens 2020	Manufacturers adoption of Chinese online marketplaces	Contingency theory/N=408 firm announcements, Regression	■ Marketplaces provide (foreign) manufacturers with a model to overcome infrastructure and knowledge challenges in China. ■ Degree to which a manufacturer can profit from an online marketplace varies and is dependent on market knowledge, liabilities of foreignness, product portfolio, advertisement.

19.2. Strategischer Planungsprozess und spezifische Ziele

Aufgrund seiner strategischen Bedeutung wird beim Vertrieb ein strategischer Planungsprozess als Basis der Entscheidungen angenommen (siehe Abbildung 19.6). Dieser ist integriert in die **Marketingstrategie**. So müssen marktführende Konsumgüterunternehmen bei Annahme der wettbewerbsrechtlichen Regelungen der EU alle fragenden Intermediäre beliefern und die Umsetzung ihrer Marketingstrategie dann über selektive Sortimente oder Preise kontrollieren. Für andere Unternehmen gilt dies nicht; Qualitätsführer bedienen bestimmte Intermediäre nicht, z.B. Luxusgüter- oder Parfümhersteller Amazon, Alibaba, oder Aldi. Außerhalb der EU kann diese Lieferverpflichtung anders reguliert sein und die Präsenz marktstarker Intermediäre variiert ebenfalls. Die Besonderheit der Internationalität liegt im länder- oder länderübergreifenden Umfeld. Letzteres betrifft die Ziele einer standardisierten oder adaptierten Vertriebsstrategie in einer Region oder weltweit (nicht notwendigerweise nur im Vergleich zum Heimatmarkt). Analoges gilt beim „Going- und Being-International".

Abbildung 19.6: Planungsprozess des Vertriebsmanagement

Einen wichtigen Ansatzpunkt im strategischen Planungsprozesse, auch im internationalen Vertrieb, bildet die **Analyse der gegenwärtigen Vertriebssituation** des MNU, so der internen Stärken/Schwächen und der externen Chancen/Risiken bzgl. der Vertriebskanäle und -organe. Entsprechende Analysetools sind international nicht spezifisch, sehr wohl aber die benötigte Datengrundlage für deren Anwendung (z.B. verlässliche Daten in unbearbeiteten Ländern oder länderübergreifend vergleichbare Daten bspw. für SWOT-Analysen).

Das primäre und zugleich spezifische **Ziel des (internationalen) Vertriebs** liegt in der **Steuerung und Kontrolle der Absatzwege** (i.S.v. Garantien gegenüber Kunden, Sicherung der Marktpräsenz, Steuerung des Wettbewerbs auf der Abnehmerstufe, Regelmäßigkeit der Geschäftsbeziehung etc.). Detaillierte Ziele – die von den anderen Marketinginstrumenten abweichen – finden sich im ökonomischen, psychologischen und versorgungsorientierten Bereich (siehe Abbildung 19.7). International können diese Ziele erneut variieren, bspw. beim „Going- und Being-International", bei der Priorisierung im Länderportfolio, je nach verfügbaren Ressourcen in einem Land oder je nach der gewählten Betätigungsform, bspw. JV vs. Tochtergesellschaften.

Abbildung 19.7: Ziele der Distributionspolitik

Ökonomisch-orientiert	Psychologisch-orientiert	Versorgungsorientiert

■ Absatzmenge
■ Umsätze
■ Deckungsbeiträge
■ Marktanteile
■ Vertriebskosten
■ Sicherstellung des Einflusses auf den Endnachfragerpreis
	■ Sicherung des Vertriebs-
	  image (im Vertriebskanal)
	■ Hohe Beratungsqualifikation
	■ Kooperationsbereitschaft
	  der Vertriebspartner
		■ Distributionsgrad (-gewichtet)
		■ Beeinflussung der Absatzmittler
		■ Lieferzeit, -zuverlässigkeit, -bereitschaft
		■ Bevorratungsverhalten, Kontrollierbarkeit
		  und Steuerbarkeit der Vertriebspartner
		■ Flexibilität der Vertriebspartner an nach-
		  fragemäßige Veränderungen

Quelle: I.A.a. Sander 2011, S. 667.

Auch die **internationale Vertriebsstrategie** ist ein eher längerfristiges Abbild der Maßnahmen zur Zielerreichung. Sie ist der Orientierungsrahmen für die Umsetzung, so Organisation, Kanaldifferenzierung, Budgetierung oder Erfolgsvorgabe (Fürst/Leimbach/Prigge 2017) und zwar generell oder differenziert nach Abnehmerzielgruppen (i.S.v. breite oder selektive Marktabdeckung).

Die **Umsetzung der Vertriebsstrategie** umfasst alle im Abschnitt 19.1. genannten vertikalen und horizontalen Entscheidungen, so Wahl von Absatzkanälen, Verkaufsorganen oder Absatzkanalstrukturen. Nachfolgend werden Kernentscheidungen genauer betrachtet, wie die vertikale Wahl der Vertriebskanäle/-organe, die Vertriebstiefe/Vertikalisierung und die horizontale Breite der Vertriebswege und des Vertriebssystems.

Vertriebskontrolle und -koordination umfasst diverse Aspekte, auch im internationalen Bereich. Hierzu zählen z.B. die Bewertung und Auswahl von Intermediären (so Controlling, Motivation, Terminierung, siehe Kapitel 21.) und die vertikale Beziehungsgestaltung (mit Blick auf generelle Kontrakte und besonders das KAM und das Trade Marketing).

19.3. Kernentscheidungen

19.3.1. Direkter und indirekter Vertrieb sowie Vertriebsorgane

Direktvertrieb ist der Vertrieb an Abnehmer durch unternehmenseigene Absatzorgane ohne Zwischenschaltung rechtlich und wirtschaftlich selbstständiger Absatzmittler.

Indirekter Vertrieb demgegenüber, liegt bei der Einschaltung rechtlich und wirtschaftlich selbstständiger Absatzorgane vor.

Klassisch sind direkte und indirekte Vertriebssysteme zu unterscheiden (siehe zu ähnlichen Exportentscheidungen allerdings des direkten indirekten Kontakts in Länder hinein Abschnitte 10.3.1.). Der Direktvertrieb impliziert, dass Hersteller in direkter Transaktionsbeziehung mit den (privaten oder gewerblichen) Endabnehmern stehen. Wesentlich ist, dass der Einsatz der Marketinginstrumente auf den jeweiligen Ländermärkten bis zum Endabnehmer gesteuert und kontrolliert wird, was idealtypisch bei unternehmenseigenen Absatzorganen wie Außendienstmitarbeiter, Vertriebsniederlassungen etc. möglich ist. Beim indirekten Vertrieb verantworten eingesetzte externe Absatzorgane die Aufgabenumsetzung im Endkundenmarketing, so Handelsreisende oder Online-/Offline-Händler, vorausgesetzt, sie können die gewünschte Marktbearbeitung und Distributionsgrade gewährleisten.

Die grundsätzlichen Vor- und Nachteile beider Optionen sind oft reziprok, d.h., dass die Vorteile des Direktvertriebs die Nachteile des indirekten Vertriebs abbilden und vice versa (siehe Abbildung 19.8). Abbildung 19.9 zeigt, dass die Branche bzw. das Geschäftsmodell einen wesentlichen Einfluss auf die Wahl von direktem vs. indirektem Vertrieb haben.

Abbildung 19.8: Generelle Vorteile des direkten und indirekten Vertriebs

Direkter Vertrieb	Indirekter Vertrieb
■ Erklärungspotenzial (keine Massengüter) ■ Kontrolle und Einsparung (Handels-)Marge ■ Effiziente, schnelle Einführung neuer Produkte ■ Hohe Integration des externen Faktors ■ Bei Produkten mit geringer Wiederkaufrate ■ Wenn Lagerung aus produktspezifischen oder wirtschaftlichen Gründen nicht möglich oder zu teuer ist	■ Hoher Distributionsgrad ■ Schnelle(r) Markteintritt und -expansion ■ Professionelle Serviceleistungen ■ Flexibles Distributionssystem ■ Niedrigere Verwaltungskosten ■ Geringere Kapitalbindung bei Massenprodukten

Abbildung 19.9: Direkter und indirekter Vertrieb für ausgewählte Produkte

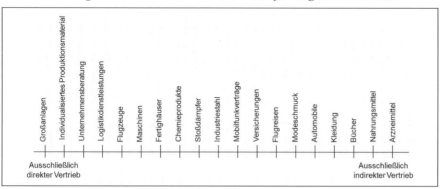

Quelle: I.A.a. Homburg 2020, S. 952.

International können weitergehende, spezifische Vor- und Nachteile aufgeführt werden. Die Vorteile eines internationalen Direktvertriebs (siehe Abbildung 19.10) resultieren aus dem direkten Kontakt zwischen Unternehmen und Kunden, was vorteilhaft sein kann, wenn ein einheitliches Image im Ausland garantiert werden soll, eine hohe Erklärungsbedürftigkeit der Angebote besteht, Know-how-Abflüsse verhindert oder ein bestimmtes Serviceniveau realisiert werden sollen. International liegt Direktvertrieb i.e.S. dann vor, wenn die **Betätigungsform** einen direkten Eintritt ermöglicht (z.B. direkter Export, Tochtergesellschaft) und, dann eigene Vertriebsorgane im Auslandsmarkt genutzt werden.

Abbildung 19.10: Vor- und Nachteile des internationalen Direktvertriebs

Vorteile	Nachteile
■ Unabhängige Steuerung aller Akquisitionsaktivitäten ■ Kontrollmöglichkeiten der Mitarbeiter ■ Schnelle Reaktionsoption auf Marktveränderungen ■ Keine Entscheidungsrechtfertigung/Verhandlungsprozesse (z.B. Preis, Liefer-/Zahlungsbedingungen) ■ Direkter Imagetransfer (z.B. Unternehmens- oder Landesimage) ■ Größere Marktnähe (evtl. direkter Kontakt zu den Endabnehmern) ■ Einsparung Spanne/Kosten der Fremddistribution	■ Hoher Aufwand des eigenen Distributionssystems ■ Kulturelle Anpassungsprobleme möglich ■ Probleme beim Einsatz inländischer Mitarbeiter im Ausland ■ Abhängigkeit von lokalen Mitarbeitern vor Ort ■ Auftritt als Auslandsunternehmen (ggf. negativer Country-of-Origin-Effekt) ■ Häufig hohe Markteintrittsbarrieren ■ Hohe Verlustrisiken bei Misserfolg ■ Keine/geringfügige Partizipation am Know-how

Wenngleich sich in der Forschung kaum Studien mit der Standardisierung bzw. Adaption des Vertriebs beschäftigt, ist es naheliegend, dass bspw. im Heimatmarkt direkt bzw. indirekt vertreibende Unternehmen ihre Kompetenz ähnlich ins Ausland zu übertragen versuchen. Studien zeigen aber, dass MNU mit Direktvertriebssystemen kurzfristige Ertragsvorteile haben, während sie bei indirekter Distribution in Ländern eine größere Loyalität und Zufriedenheit der Kunden erreichen (Rambocas u.a. 2015). Grundsätzlich deuten Studien die Vorteilhaftigkeit und globale Notwendigkeit an, in einer globalen Welt das Vertriebsnetzwerk zu erweitern, um von Partnern zu profitieren (bei „Value Co-creation, Service Co-production", Aminoff/Hakanen 2018), was aber mit zusätzlichen Herausforderungen verbunden ist. Schließlich erleichtern Online-Marktplätze Markteintritte aufgrund gebotener Wissens- und Infrastrukturvorteile, auch wenn der internationale Erfolg für Unternehmen hierbei von ihrem Marktwissen, Produktportfolio etc. abhängig ist (Bei/Gielens 2020).

Eigene und fremde Vertriebsorgane

Unternehmensfremde Distributionsorgane sind u.a. Offline-, Online- oder Omnichannel-Groß- und Einzelhandel (**Absatzmittler**), diverse **Absatzhelfer** oder kontraktuell gebundene Unternehmen (siehe Abbildung 19.11). All diese verantworten die Transaktionsbeziehungen mit Endabnehmern, was nicht ausschließt, dass Hersteller eigene kommunikative Beziehungen pflegen (z.B. im Direktmarketing, über operativ tätige Servicemitarbeiter). Im Handel können vielfache Be- und Vertriebstypen unterschieden werden. Bei den Absatzhelfern ist herauszustellen, dass sie kein Eigentum an den zu vertreibenden Produkten erlangen, während Vertragshändler oder Franchisenehmer vertraglich an das anbietende Unternehmen gebunden sind (Swoboda/Foscht/Schramm-Klein 2019, S. 93ff.).

Bei den **unternehmenseigenen Absatzorganen** kann zwischen einzelnen Personen oder organisatorischen Einheiten unterschieden werden. Letztere können unterschiedlich agieren, so aufgabenbezogen oder medienbezogen.

Abbildung 19.11: Vertriebs- bzw. Distributionsorgane

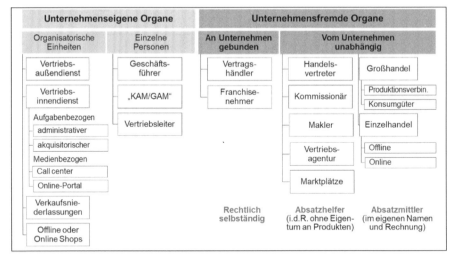

Die Wahl der Organe ist kategorial und additiv (siehe Abschnitt 19.5.1.). Dies meint, dass unternehmensexterne, bspw. stationäre Händler, für den Vertrieb an die jeweilige Zielgruppe genutzt werden, aber zugleich i.d.R. unternehmenseigene Organe, so Außendienstmitarbeiter, diese Händler betreuen und die Warenpräsentation oder Sonderaktionen verantworten. Somit wählt ein MNU ggf. in jedem Land spezifische Organe aus dem Portfolio der verfügbaren sowie zu den eigenen Zielen passenden aus und bearbeitet diese mit eigenen Mitarbeitern. Hinzuweisen ist darauf, dass v.a. in **Entwicklungs- und Schwellenländer** aus Westeuropa bekannte Handelsstrukturen unorganisierter und kostenintensiver sind, bei geringerem landesweiten Marktabdeckungsniveau (A.T. Kearney 2019).

Internationale Distribution und Vertriebsorgane

In einem Land kann ein Unternehmen direkt exportieren, sei es durch den Vertriebsaußendienst, Filialen, Online-Shops etc. Hiermit ist aber die Frage verbunden, inwiefern die Leistungen oder Produkte direkt ins Ausland transferiert werden, wie bei der Produktion im Heimatmarkt, oder ob diese vor Ort selbst produziert werden. Vielfach erfolgt eine indirekte Distribution der im Heimatmarkt produzierten Güter durch spezialisierte Organe (siehe Abbildung 19.12, Abschnitt 10.3.1.). Sie nehmen unterschiedliche Aufgaben beim Verbringen von Produkten ins Ausland wahr. Welche Organe dann im Auslandsmarkt genutzt werden, ist eine nachgelagerte Frage, die ein Unternehmen strategisch und abhängig von der Verfügbarkeit im jeweiligen Land entscheidet.

Abbildung 19.12: Vielfache Optionen bei indirekten Exportaktivitäten

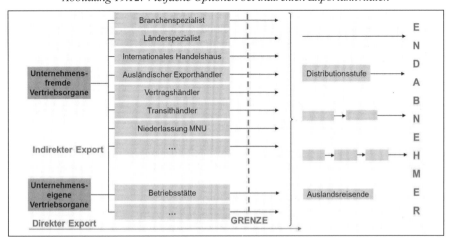

Standardisierung in länderspezifischer und -übergreifender Sicht

Internationale Netzwerke von Intermediären werden länderübergreifend als Wettbewerbsvorteil betrachtet (Andersson 2002). Oft wird aber länderspezifisch argumentiert, dass die Distributionsstruktur, die Verfügbarkeit von Kanälen oder deren Qualität stark durch die Kultur eines Landes, das Entwicklungsniveau oder die Tradition bedingt wird, sodass Anpassungen an Gastlandbedingungen notwendig sind (da Kaufverhalten und Wettbewerb variieren können, Morschett/Swoboda 2009, S. 663ff.). Wie angedeutet, führt die Kompetenz MNU oft zum Versuch der standardisierter Nutzung von Vertriebskanälen im Ausland. Abbildung 19.13 deutet bei drei (nicht weiter benannten) Strategien an, wie die Gestaltung von Kanälen und deren Management standardisiert oder adaptiert werden kann.

Abbildung 19.13: Strategische Alternativen im internationalen Vertrieb

Strategie	Auszuführende Distributionsfunktion	Lokale Business Culture	Empfohlene Kanaldesignstrategie	Empfohlene Kanalmanagement Strategie
1	Identisch	Identisch	Standardisiert	Standardisiert
2	Unterschiedlich	Identisch	Adaptiert	Standardisiert
2	Identisch	Unterschiedlich	Standardisiert	Adaptiert
3	Unterschiedlich	Unterschiedlich	Adaptiert	Adaptiert

Quelle: I.A.a. Rosenbloom/Larsen/Mehta 1997, S. 61.

Neben unterschiedlichen Geschäftspraktiken im Land (als Einflussfaktor) können Distributionskanäle eines MNU in den jeweiligen Ländern diverse Aufgaben übernehmen. Intermediäre können umfassende Funktionen für Hersteller, die sie vertreten, übernehmen (z.B. Marktanalysen, -kampagnen, Sales-Service), oder nur einfache Handelsfunktionen (z.B. Logistik). Wichtig ist jedoch die Trennung zwischen der **Selektion und Führung der Kanäle**, weil dies auf unterschiedliche Dimensionen der Standardisierung hinweist. Wie im Internationalen Marketing generell, kann auch in Bezug auf den Vertrieb zwischen der (inhaltlichen) Programmstandardisierung und der (organisatorischen) Prozessstandardisierung unterschieden werden. Die Prozessstandardisierung, i.S. eines organisationsintern einheitlichen Vorgehens bei Planung und Entscheidung, wird auch im Vertrieb in Internationalen Marketingstudien wenig adressiert (siehe Abschnitt 14.4.3., Swoboda/Elsner 2013). Im Fokus steht die Programmstandardisierung, die in Ländern unterschiedlich sein kann.

Zu berücksichtigen ist ferner, dass eine Standardisierung nicht nur die Extension der im Inland bestehenden Vertriebsstrategie auf Auslandsmärkte bedeutet, sondern der Blick auf alle Ländermärkte/-regionen zu richten ist, in denen ein MNU engagiert ist. Während Erstgenanntes bspw. eher eine ethnozentrische Perspektive der Übertragbarkeit von Konzepten andeutet (auch Effizienzgründe sind denkbar), stellt die Zweitgenannte die Interdependenz zwischen Ländermärkten in den Vordergrund. MNU vertreiben länderübergreifend nicht nur direkt oder indirekt und nur über ein Organ, sondern über multiple Kanäle (siehe Abschnitt 19.3.4.).

19.3.2. Tiefe des Vertriebs und Vertikalisierung

Die Tiefe der Distribution meint die Anzahl bzw. Stufen der eingeschalteten Intermediäre, so der Groß- und Einzelhändler (siehe Abbildung 19.14). Diese Tiefe wird international oft pauschal mit dem Entwicklungsgrad eines Landes im Hinblick auf effiziente Distributionsstrukturen verbunden, so mit der Feststellung, dass mit zunehmender Entwicklung in China oder Indien immer mehr Intermediäre auftreten, die jedoch über die Zeit aus Effizienzgründen aber wieder aus dem Market ausscheiden (Hollensen 2020, S. 554). Jedoch ist die von MNU genutzte vertikale Distributionsstruktur mit der Branche, den Zielgruppen sowie deren Bedürfnissen, die ein Absatzmittler befriedigt, verbunden (wie schon in Abbildung 19.2 angedeutet).

Abbildung 19.14: Desintermediation und Reintermediation durch Digitalisierung

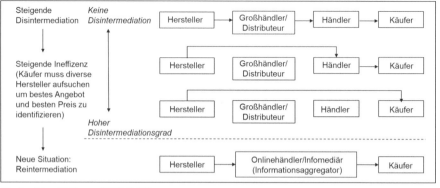

Quelle: I.A.a. Hollensen 2020, S. 569.

Im Hinblick auf die Distributionsziele sind bei der Tiefe der Distribution die Kontrolle und die Kosten zu beachten. Während letztere mit der Handelsspanne der einzelnen Stufen im Hinblick auf eine Preiseskalation in den Ländern verbunden wird (siehe Kapitel 17.), meint

Kontrolle die Fähigkeit, Entscheidungen der Intermediäre zu beeinflussen. Grundsätzlich ist die Entwicklung aber international nicht eindeutig. In bestimmten Branchen wird der Groß- und Einzelhandel umgangen, u.a. durch die Vorwärtsintegration der Industrie. Allerdings steht dem eine Rückwärtsintegration und Internationalisierung von stationären Einzelhändlern entgegen, die Absatzmacht gewinnen. Eine Tendenz zur **Reintermediation** ist ersichtlich (Ashraf u.a. 2017; Bei/Gielens 2020). Das Internet ermöglicht nicht nur neue Formen der Kommunikation und Onlinekäufe im Ausland (Wagner/Schramm-Klein/Fota 2019) sondern auch neue Handelsformate (Swoboda/Foscht/Schramm-Klein 2019, S. 108ff.). Zugleich wird der Handel selbst immer mehr Omnichannel (Swoboda/Winters 2020, Swoboda/Winters 2021); zur Bedeutung des Marketing Mix aus Kundensicht siehe Swoboda/Winters/Fränzel (2021). und weist darüber hinaus viele Entwicklungstrends auf (Foscht u.a. 2020). Inwiefern eine Reintermediation im Hinblick bspw. auf die Endkundenpreise effizienter ist oder niedrigere Distributionskosten oder eine höhere Kontrolle der Distribution ermöglicht, erscheint auch mit Blick auf marktbeherrschende, quasi-monopolartige Anbieter wie Amazon unsicher.

Vorwärts- und Rückwärtsvertikalisierung

Der Grad der Integration eines Unternehmens in der Wertkette kann horizontal und vertikal erfolgen. Vertikalisierung knüpft an das institutionenökonomische Typenband an (siehe Abschnitt 9.2.1.):

- Beim direkten Vertrieb handelt es sich um **integrative Transaktionsformen** während
- indirekter Vertrieb **marktliche Transaktionsformen** sind, sofern Absatzmittler keine über den Kaufvertrag hinausgehenden Kontrakte mit dem Hersteller haben.
- Zwischen diesen beiden Polen existiert ein breites Spektrum auch vertikal-kooperativer Distributionsformen (siehe Abschnitt 9.2.1.).

Der integrative Vertrieb umfasst eine weitgehende Vertikalisierung, i.S.d. absatzmarktorientierten Ausdehnung der Wertschöpfungstiefe der Hersteller, indem diese distributiv in unmittelbaren Kontakt mit Endabnehmern treten. Vollintegrierter Direktvertrieb liegt durch den Einsatz eigener Mitarbeiter, Niederlassungen oder Verkaufsstellen vor (z.B. Online-, Flagship-, Factory Outlet-Stores). Abhängig von der Ausgangssituation eines MNU – in einem Land oder länderübergreifend – ist eine Vertikalisierung durch Reintermediation möglich, so durch Marktplätze oder Plattformen. Die Vorwärtsintegration ist dabei als Gesamtunternehmensstrategie zu verstehen (siehe hierzu Abbildung 19.15 sowie im Handel Swoboda/Foscht/Schramm-Klein 2019, S. 335ff.).

Abbildung 19.15: Chancen und Risiken der Vorwärtsintegration

Chancen	Risiken
Steigerung der Prozesseffizienz	**Investitionsbedarf**
▪ Time to Market (Schnittstellen, Infofluss etc.)	▪ Aufbau der Handelskompetenz (in den Bereichen Personal, Systeme und Prozesse)
▪ Kosteneffizienz	▪ Standorte
Einfluss auf Marktauftritt am PoS	▪ Ausstattung
▪ Kontrolle von Verkauf und Service	**Strategische Risiken**
▪ Kontrolle der Markeninszenierung	▪ Flexibilitätsverlust auf Absatzseite
▪ Kontrolle der Warenplatzierung	▪ Interner Anpassungsbedarf (z.B. Prozesse, Supply Chain Systeme)
Verbesserung der Preisrealisierung	▪ Gefährdung Unternehmensexistenz bei Umsatzrückgang
▪ Vereinnahmungen der Handelsmarge	**Operative Risiken**
▪ Abverkaufssteuerung (Promotion, Marge-Artikel)	▪ Standortsuche, -miete
Besserer Zugang zu Nachfragern	▪ Facility (Gebäude) Management
▪ Möglichkeit für Sortimentsausdehnung/Innovation	▪ Retail Management
Sicherung/Ausbau der Verkaufsoberfläche	▪ Bestandsrisiken
▪ Unabhängigkeit vom Handel	
▪ Schnelles Erreichen kritischer Masse	

Hersteller vertikalisieren auch rückwärts, mit stärkerer Kontrolle deren Lieferanten. Dies tun Handelsunternehmen auch, so durch eigene Produktionsstätten, exklusive Lieferkontrakte etc. Beides hat Auswirkungen auf die internationalen **Vertriebsstrategien**, i.S.d. Zusammenarbeit mit Vertriebspartnern, bei der Effizienzziele (z.B. Synergieeffekte im Marketing, SCM) oder Effektivitätsziele (z.B. Kundenbindung, Markenstärkung) verfolgt werden (zur daraus resultierenden Frage nach der **Systemführerschaft**, also wer steuert das Distributionssystem, siehe Abschnitt 19.5.2.).

19.3.3. Breite des Vertriebs und Marktabdeckung

Die erste horizontale Entscheidung betrifft die Frage der angestrebten Marktabdeckung, bzw. treffender die Anzahl der Intermediäre pro Distributionsstufe. Diese charakterisiert die Kanalabdeckung bzw. **Distributionsbreite**, mit drei idealtypischen Ausprägungen:

- **Intensive Distribution** hat die Abdeckung des gesamten Zielmarktes zum Gegenstand und bedeutet die Nutzung einer Vielzahl unterschiedlicher Verkaufsorgane (vertikal) sowie einer Vielzahl von Verkaufsorganen je Stufe (horizontal). Dies ist bspw. typisch in vielen FMCG-Branchen.
- **Selektive Distribution** beschränkt sich dagegen auf bestimmte Verkaufspunkte für jedes Gebiet oder Zielgruppe, die bearbeitet werden soll. Die Selektion von Intermediären orientiert sich hierbei bspw. an den Kaufgewohnheiten der Zielgruppen, aber auch die Fähigkeit der Intermediäre, die Marketingstrategie eines Anbieters zu unterstützen.
- **Exklusive Distribution** liegt bei einer restriktiven Selektion der Intermediäre vor, i.d.R. eines Absatzmittlers für ein Gebiet oder eine Zielgruppe, wie bei Vertragshändlern mit Gebietsschutz im Automobilbereich üblich oder auch bei Generalimporteuren bei internationalen Exportaktivitäten (siehe Abschnitt 10.3.).

Abbildung 19.16: Strategien der Marktabdeckung

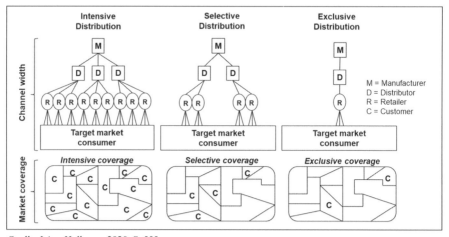

Quelle: I.A.a. Hollensen 2020, S. 555.

Abbildung 19.16 verdeutlicht dies auf der Einzelhandels- und Kundengruppenebene. Auch diese Auswahl kann nach diversen Kriterien erfolgen (siehe Abschnitt 19.5.1.). So liegen erneut Branchenunterschiede nahe, i.S.d. intensiven (vs. selektiven) Distribution bei Verbrauchs- vs. Gebrauchsgütern, aber auch bei ausgereiften vs. neuen Produkten, bei niedrig- vs. hochpreisigen Produkten, bei selbsterklärenden vs. erklärungsbedürftigen Produkten etc. Allerdings beruht die Wahl auf weit mehr Faktoren, international bspw. der Entwicklungsgrad eines Gastlandes oder der Verfügbarkeit von Intermediären in einem Land. Studien verdeutlichen zudem die zu erwartende Bedeutung diverser institutioneller Distanzen für die Wahl und die Beziehungen in Distributionskanälen (Yang/Su/Fam 2012) ebenso wie die Bedeutung von Investitionen, Kompetenzen oder Beziehungsnormen als unternehmensinterne Einflussfaktoren (Skarmeas/Zeriti/Baltas 2016).

19.3.4. Breite des Vertriebssystems: Ein- vs. Mehrkanalsysteme

Bei der Gestaltung des Vertriebssystems stellt sich auch international, v.a. länderspezifisch, die Frage, ob anhand einer „eingleisigen" Vertriebsstrategie, bei der nur ein Kanal genutzt wird, vorgegangen werden soll, oder ob ein **Mehrkanalsystem** existiert, bei dem mehrere Kanäle parallel eingesetzt werden. Gerade internationale Vertriebssysteme sind durch verschiedenste Kanäle gekennzeichnet. **Multichannel-Strategien** sind aber mit Kanalkonflikten verbunden, wenn Absatzkanäle zueinander in Konkurrenz stehen, und mit zunehmenden Koordinationsherausforderungen. Abbildung 19.17 verdeutlicht die grundsätzlichen Formen dieser auf das gesamte System bezogenen horizontalen Entscheidung.

Abbildung 19.17: Von Single-Channel zu Omnichannel-Distribution einer Corporate Brand

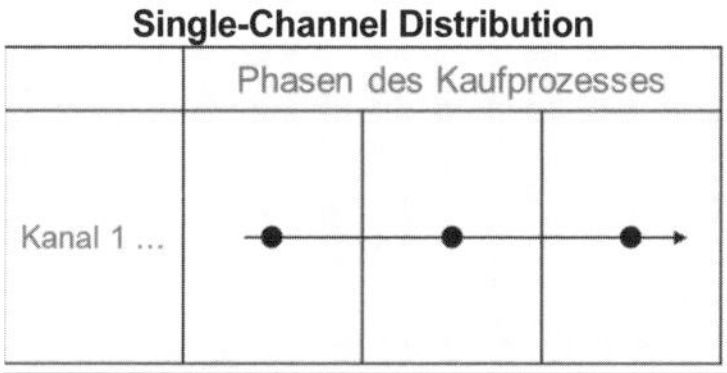

Single-Channel Distribution	
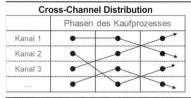	■ Beim **Single-Channel** erfolgt der Vertrieb über einen Absatzkanal, d.h. Kunden haben die „Experience" im gesamten Kaufprozess, so der Vorkauf-, Kauf- und Nachkaufphase, einen Kontaktpunkt. ■ **Beispiele**: Ein Land wird von eigener Außendienstorganisation, einem Generalexporteur etc. bearbeitet. Länderübergreifend erfolgen direkter Vertrieb und Betreuung durch Key Account, OEMs im GAM.

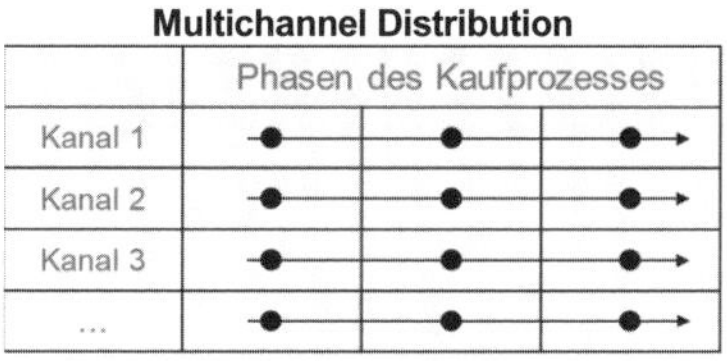

Multichannel Distribution	
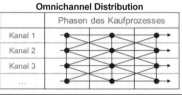	■ Beim **Multichannel** werden diverse, organisatorisch und technisch getrennte Absatzkanäle für die Ansprache von Kunden genutzt. Oft erfolgt dies, um unterschiedliche Kundengruppen und Absatzkanalziele/-strategien zu verfolgen. ■ **Beispiele**: Im Land werden ein Online-Shop, Groß- und Einzelhändler etc. genutzt. Länderübergreifend ist dies die am stärksten verbreitete Form, ggf. koordiniert durch standardisiertes Marketing-Mix.

Cross-Channel Distribution	
	■ Hier werden die Absatzkanäle koordiniert, Kunden können nahtlos zwischen vorher bestimmten Touchpoints wechseln, was den Kunden ggf. proaktiv kommuniziert wird. ■ **Beispiele**: Eine Landesgesellschaft nutzt nur Direktvertriebskanäle, so Außendienst, Online-Shop, Plattform etc. Länderübergreifend wird der Wechsel zwischen eigenen, voll kontrollierbaren Kanälen und jenen der bedingt koordinierbaren fremde Kanäle der Key Accounts.

Omnichannel Distribution	
	■ Hier erfolgt eine vollständige Integration aller Kanäle über alle Prozesse und Kaufphasen hinweg, mit dem Ziel der holistischen Konsistenz in Angebot und Auftritt. Kunden können Kanäle nicht nur sequenziell kombinieren; sie erhalten eine mehrdimensionalen Erfahrung durch parallele Nutzung von Kanälen in jeder Kaufphase. ■ **Beispiele**: Holistisches 360-Grad-24/7-Erlebnis mit integrierten digitalen und physischen Komponenten über alle Kanäle.

Quelle: I.A.a. Schramm-Klein u.a. 2014, S. 17.

Im internationalen Kontext wird davon ausgegangen, dass es notwendig ist, über eine Einkanaldistribution hinauszugehen (Rambocas u.a. 2015; Aminoff/Hakanen 2018). Als ein spezifischer Fall der Mehrkanaldistribution wird die „Dual Distribution" gesehen, bei der dasselbe Produkt in B2C- und B2B-Märkten vertrieben wird. So zeigen bspw. Rosen/Gunkel/Schlaegel (2014) die Abhängigkeit des Grades der dualen Distribution für Automobilhersteller von der internationalen Wettbewerbsstrategie und Marktentwicklung. Positive Effekte dieser Strategie für den Erfolg der Distributionssysteme, so Profitabilität, Marktpenetration oder Kundenzufriedenheit werden international evident.

Eine Expansion der Vertriebskanäle erhöht **Distributionsgrad und -intensität** und den Wert eines internationalen Unternehmens („Stock Returns", Homburg/Vollmayr/Hahn 2014). Allerdings wird dieser Zusammenhang durch vielfache Faktoren verstärkt oder abgemildert, so international von unternehmensinternen Faktoren, der Kanalstrategie oder der Branche. Unternehmen mit hohem Marktanteil profitieren besonders von einer hohen Distributionsintensität und auch in turbulenten und wettbewerbsintensiven Ländern erhöhen neue Kanäle den Unternehmenswert aufgrund einer gewissen Risikostreuung.

19.4. Weitergehende Gestaltung einer Vertriebskonzeption

19.4.1. Elemente einer Vertriebskonzeption

Die Gestaltung der Vertriebskonzeption geht über die behandelten vertikalen und horizontalen Strukturentscheidungen hinaus. Letztere bilden aber die Basis einer Vertriebskonzeption (siehe Abbildung 19.18, ohne des im Folgeabschnitt aufzugreifenden Management der vertikalen Beziehungen). Die einzelnen Entscheidungen werden nachfolgend kurz behandelt. Deren Kenntnis ist wichtig, obwohl sie nicht alle spezifisch international sind.

Abbildung 19.18: Grundelemente einer Vertriebskonzeption

Vertikale/horizontale Struktur	Aufbau der Vertriebsorganisation	Vertriebssteuerung	Verkauf im engeren Sinne	
Hier: direkt mit eigenen Organen	Rollen im Vertrieb	CAS vs. CRM	Verkaufsprozess	
	Strukturorganisation	CRM-Systeme	Kundenbewertung (-qualifizierung)	
	Ablauforganisation		Kundenwertsteigerung	
	Optimierung der Verkaufsgebiete		Besuchsanlässe/-ziele	
	Steuerung des Verkaufspersonals		Routenplanung	Kundenbesuche
Rahmen - Makro (generell) - Mikro (Wettbewerb/Kunden) - Interne Vorgaben (strategische Planung etc.)			Gesprächsvorbereitung Verkaufsverhandlungen Besuchsnachbereitung	

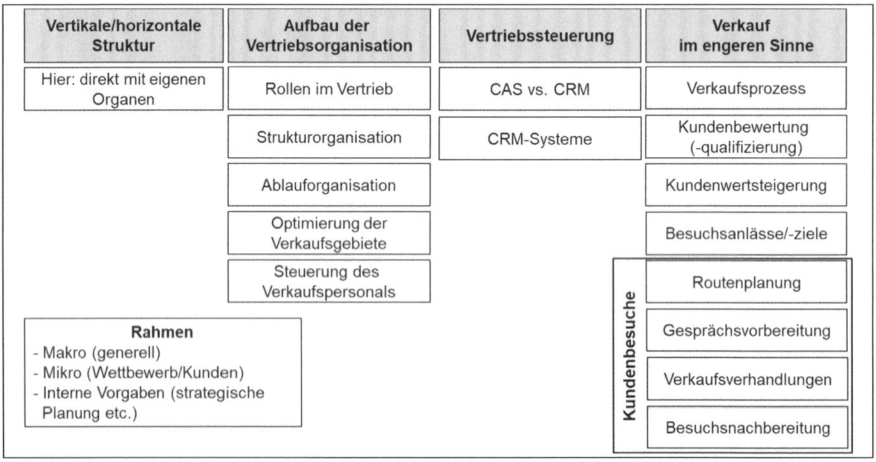

Quelle: I.A.a. Winkelmann 2013, S. 303ff.

Bezüglich des Aufbaus der Vertriebsorganisation sind zunächst die Rollen im Vertrieb festzulegen, wozu die jeweiligen Stellen im Verkauf und deren Hauptziele und -aufgaben verbunden werden können. In Abschnitt 19.3.1. wurden bereits entsprechende unternehmensinterne Organe angesprochen, so der **Außendienst** mit Kernzielen der Umsatzerreichung und Aufgaben der Interessentensuche/Potenzialabklärung, Kundenqualifizierung/-bewertung oder spezifischen Aufgaben beim **technischen Kundendienst**. Dem gegenüber steht der **Innendienst** mit dem Ziel der Effizienzsteigerung in der Kundenbeziehung und Aufgaben wie Kundenbetreuung, Fakturierung, Beschwerde etc. Oben angesprochen wurden auch einzelne Personen, wie die **Vertriebsleitung**, mit Zielen wie Umsatz- oder Ergebniszielerreichung und Aufgaben der Führung der Verkaufsmitarbeiter, Erarbeitung von Akquisitionsstrategien, Richtlinien etc. oder **Key Account Manager**, mit Zielen der Umsatz- oder Projektzielerreichung und Aufgaben der Schlüsselkundengewinnung und -sicherung, Prozessoptimierung etc. (siehe Abschnitt 19.5.3.). Die hiermit verbundene Planung der Außendienststärke (bspw. nach dem Potenzial- oder Arbeitslastverfahren) geht unmittelbar in die Thematik Organisation, so der Gebietsorganisation des Vertriebs, über.

Organisatorische und v.a. international relevante Fragen betreffen die **Einbindung des Vertriebs in die Gesamtorganisation** eines MNU (z.B. spezifisch, divisional oder matrixartig, siehe Abschnitt 21.3.) aber auch die **Organisationsformen des Vertriebs**, mit entsprechenden Ausprägungen und deren Vor- und Nachteilen. Beispiele sind eine Produktgruppenorganisation (z.B. für Spezialmaschinen), Regionalorganisation (z.B. Schweiz West oder Ost), Kundengruppenorganisation, (z.B. Unterscheidung von OEM, Kleinkunden- und Ersatzteilegeschäft) oder Mischformen. Abbildung 19.19 verdeutlicht die grundlegenden Vor- und Nachteile einer Regional- vs. Produkt-/Kundengruppenorganisation. Allerdings ist es denkbar, dass in einzelnen Ländern ein Regionalvertrieb erfolgt (bspw. während des „Being-International" in wettbewerbsintensiven Ländern und dem Ziel einer stärkeren Penetration) und in anderen Ländern ein Produktgruppenvertrieb erfolgt (bspw. während des „Going-International" bei Auswahl spezifischer Kernprodukte für den Eintritt).

Abbildung 19.19: Vor- und Nachteile von Regional- vs. Produkt-/Kundengruppenvertrieb

Vorteile des Regionalvertriebs	Vorteile Produktgruppen-/Kundengruppenvertrieb
■ Vertrauen durch One-face-to-the-customer ■ Hohe regionale Identifikation der Mitarbeiter ■ Ausschöpfen von Cross-Selling-Potenzialen ■ Ausgleich von Arbeitsbelastungen und Umsatzausfällen ■ Kurze Entscheidungswege innerhalb des Teams	■ Besondere Kompetenzbildung, Motivation durch Experten ■ Eventuell Imagevorteile beim Kunden ■ Klare Konzentration auf Zielgruppen ■ Schnelle Reaktion auf frühe Marktsignale ■ Gezielte Produktsteuerung erleichtert ■ Bei KAM besonders hohe Kundennähe
Nachteile des Regionalvertriebs	**Nachteile Produktgruppen-/Kundengruppenvertrieb**
■ Hohe Vertriebskosten durch multiple Einheiten ■ Hoher Ausbildungsaufwand ■ Einheitliche Vertriebsführung durch Zentrale erschwert ■ Regionalegoismus und Gebietskonflikte ■ Verkäufer forcieren Lieblingsprodukte	■ Weniger Synergien zwischen Mitarbeitern ■ Führungsprobleme durch „Elitedenken" ■ Geringere Flexibilität im Mitarbeitereinsatz ■ Längere Anfahrwege zum Kunden ■ Ausgleich von Misserfolgen eingeschränkt, da Produkterfolg vom Verkäufer abhängt ■ Geringere Flexibilität im Mitarbeitereinsatz

Quelle: Winkelmann 2013, S. 319.

Die Ablauforganisation umfasst Aufgaben wie Bearbeitung von Kundenaufträgen, Angebotsstellung, Lieferprognose, Angebote, Rechnungsstellung etc. Hierzu gehört auch die Aufteilung von Verkaufsbezirken und -gebieten, so auf Basis von Verkaufsgebietsanalysen, geographischen Informationssystemen, Gebietsoptimierungsansätzen etc., und die **Steuerung des Außendienstes**, die gerade in kulturell unterschiedlichen Kontexten herausfordernd ist. Ebenso sind Motivation und Beurteilungen (siehe Abschnitt 21.5.2.) zu beachten mittels formaler Leistungskriterien (Verkäufer-, Vorperiodenvergleich) oder qualitativer Kundenbeurteilung und diverser **Vertriebskennzahlen**.

Die Vertriebssteuerung mit isolierter CAS-Vertriebsautomatisierung oder integriertem CRM betrifft v.a. die Informationsbasis und -systeme zur Kundenansprache und zur Kundenbetreuung, d.h. die Integration aller Prozesse zum und vom Kunden hin, mit dem Ziel einer Balance zwischen Kunden- und Kostenorientierung.

Operative, aber wichtige Herausforderungen eröffnet der Verkauf i.e.S. Ein zu optimierender **„Sales Cycle or Journey"** umfasst Phasen wie Kunden identifizieren, Kontakte qualifizieren, „Leads" ansprechen, Chancen bewerten, anbieten, überzeugen, Kunden beliefern und nachbetreuen, weiterentwickeln, zurückgewinnen etc. Zur **Kundenbewertung** nutzbar sind ABC-Analysen (nach Umsatz, Deckungsbeitrag), Customer Lifetime Value-Analysen (bzgl. bisheriger und zukünftiger Kundenbeziehung), Scoring-Modelle oder Kundenportfolios. **Kundenwertsteigernde Strategien** erfolgen auf Basis spezifischer Sichtweisen, so transaktionalem Kundenwert, Cross- oder Up-Selling, Kundenlebenszyklusbegleitungen bis hin zu strategischen Partnerschaften. Ebensolches gilt für die **Kundenqualifikation**. Die Planung der **Kundenbesuche** umfasst sodann u.a. Touren und Routenplanung, Gesprächsvorbereitung, Besuchsdurchführung und Verhandlungen mit einer Fülle von Fragen (bzgl. Machtposition, Gesprächsklima, Verkaufsprozessphase, Verhandlungsstile oder -techniken, die besondere kulturelle Unterschiede aufweisen) und Besuchsnachbereitung (z.B. Berichte, Nachbearbeitungsmaßnahmen, Angebotsstellungen). Selbst die Kundenbesuche i.e.S. werden optimiert, bspw. nach Gesprächsphasen wie Vorbereitungsphase (Gesprächsteilnehmer, Situation des Anbieterunternehmens, Kaufhistorie, Potenzial, Gesprächsziele etc.), Gesprächseröffnungsphase (Eindruck, Atmosphäre, Charakteristika des Gesprächspartners etc.), Kernphase (Verhandlungstaktik, Präsentationstechniken, rhetorische Methoden etc.) oder Gesprächsabschlussphase (Zusammenfassung der Schritte und Aufgaben, Beziehungspflege etc.). Diese Phasen variieren je nach Arten von Kundengesprächen (z.B. Erstverhandlung, Auftragsvergabe-, -abwicklungs- oder Beschwerdegespräch).

19.4.2. Block Chains und Automatic Sales Options

Die Relevanz von Internet und Plattformen für das „Going-International" von Unternehmen wurde ebenso bereits angesprochen (Bei/Gielens 2020; mit idealtypischem Prozess Foscht u.a. 2020, S. 284f.) wie der Onlinekauf durch Endkunden im Ausland (Wagner/Schramm-Klein/Fota 2019). Technologien bedingen weitere fundamentale Veränderungen im Vertrieb.

Die **Block Chain-Technologie** verkettet Daten aus Transaktionen in Blöcken und verwaltet diese in einem verteilten Peer-to-Peer-Netz redundant, anders als Datenbanken mit zentraler Autorität wie einem Headquarter und Zugriff bspw. durch Außendienstmitarbeiter. In der Distribution ermöglicht dies den Zugriff aller Partner, Anbieter, Intermediäre, Kunden, Zollbehörden und sonstigen Servicedienstleister auf einheitliche, cloudbasierte Daten. Insofern liegen die Vorteile des Einsatzes nahe, v.a. im SCM, wo allen Beteiligten in der Lieferkette gemeinsam dokumentieren und unterschiedliche Zugriffsrechte sowie Transparenz-, Kosten- und Zeitvorteile haben. Dies gilt auch für Endverbraucher, für welche die gesamte Lieferkette von der Ernte über Verarbeitung, (Kühlketten-) Logistik, Verzollung, Zertifizierung, Lebensmittelüberwachung, Intermediäre etc. nachvollzogen werden kann. Grundsätzlich setzen Block Chains im CRM aber andere Datengrundlagen voraus, bspw. Kaufhistorien, Kommunikations-, Freizeitverhalten etc., die zugleich eine andere, persönliche, schützenswerte Qualität haben, aber für Systeme der **Künstlichen Intelligenzen** wichtig sind.

Technologien fördern die **Sales Automation** in breiten Formen, von neuen Beziehungsabläufen bis zur Nutzung unstrukturierter Daten und neuer Datenquellen (Foscht u.a. 2020):

- **Online-Konferenztools** wird generell, aber v.a. in internationalen B2B-Angebots- und Beschaffungssituationen zukünftig eine ganz andere Rolle zukommen als noch vor der

Covid-19-Pandemie. Dies gilt für Kundenidentifizierung und -erstkontakte ebenso wie für den Vertrieb unveränderter Produkte und auch manche Services.
- Die Datenbasis für die o.g. **CRM-Systeme** mit allen relevanten Kundendaten, internationalen Zertifizierungen etc. werden Sales Cycles und Mitarbeiterqualifikation prägen.
- Heutzutage wird v.a. **Voice Commerce** bei Beratung und Einkauf via Sprachbefehl diskutiert, weil diese Technologie die Integration von Informationen und Touchpoints ermöglicht. Erwähnenswert sind **Sales- und Service-Bots** im Vertrieb, v.a. in B2C-Märkten, aber auch diverse Automatisierungen, Apps o.Ä. im B2C-**Sales Cycle**.
- **Holographic Displays** mit virtuellen 3D-Darstellungen von Produkten, Shops mit Artikelsteuerung per Gestenerkennung oder die Abbildung eines Shops. Das „Cicret Bracelet" projiziert bspw. ein Handy-Display auf den Unterarm, welches zukünftig per Voice Commerce gesteuert werden könnte.
- **Smarte Kontaktlinsen** gehen darüber hinaus und werden jenseits heutiger medizinischer Anwendungen Kunden zukünftig bspw. Produkte in ihrer Umgebung erkennen, Anbietern zuordnen oder mit dem Lidschlag Aktionen auslösen helfen.
- **Near Field Communication**, bspw. mit Chips unter der Haut, übertragen Daten zur Interaktion mit Maschinen, zur Identitätsbestätigung, als Zahlungsquelle oder zur automatischen Artikelnachlieferung (inkl. personalisierter Werbung, Cross-Selling etc.).
- **Brain Commerce** basiert auf der Analyse von Bedürfnissen durch Zugang zu Gehirnströmen bspw. mittels Neural Interface Technologien, z.B. zur Steuerung von digitalen Geräten, wobei ein Elektroden-Armband gegenwärtig als technisches Auslesegerät gilt.

19.5. Management und Kontrolle

19.5.1. Bewertung und Auswahl

Folgende grundsätzliche Kriterien und Methoden sind für ein generelles Screening und eine fundierte Bewertung sowie Auswahl von Absatzwegen und Vertriebsorganen relevant.

Die Effizienz, i.S.v. **Transaktionskostenreduktion** (nachfolgend pro Direktvertrieb) kann anhand von Größen wie Anpassungsnotwendigkeit an die individuellen Kundenbedürfnisse und Komplexität der Leistungen (Spezifität), relativ geringe Zahl der Kunden (Bedarfskonzentration) und hoher monetärer Wert des Produktes bewertet werden. Hierbei handelt es sich aber eher um eine akademische Herangehensweise, da v.a. beim „Going-International" zunächst eher Nutzenüberlegungen dominieren.

Die Effektivität, i.S.v. **Nutzenmaximierung** (z.B. pro Direktvertrieb) kann anhand von Optionen zu Beziehungsaufbau, Gewinnung von Marktinformationen oder Kontrolle der Aktivitäten bewertet werden. Hierzu können viele an die Unternehmensbedürfnisse angepasste Kriterien herangezogen werden (siehe Abbildung 19.20). Ähnlich benennt Hollensen (2020, S. 562) fünf Gruppen von Kriterien zur Qualifikationsbewertung internationaler Intermediäre: Finanz- und Unternehmensstärke, Produktfaktoren, Marketing-Fähigkeiten, Commitment und sonstige fördernde Faktoren. Er führt des Weiteren Unterschiede in deren Gewichtung, der Anzahl von potenziellen Intermediären für Konsum- vs. Industriegüterhersteller oder denkbare Problematiken bei der Ansprache von Top-Intermediären aus, welche ggf. bereits für andere Lieferanten tätig sind. Pauschaler betrachtet, ist eine Herangehensweise mittels Konfigurations- und Koordinationsüberlegungen möglich (Schramm-Klein 2020).

Diese Kriterien können mittels bekannter Beurteilungsmethoden bewertet werden, so Punktbewertungsverfahren, Stärken-Schwächen- oder Gain-and-Loss-Analysen, Portfolioanalysen, Investitionsrechnungsverfahren etc.

Abbildung 19.20: Kriterien der (vertikalen/horizontalen) Selektion von Vertriebssystemen

Produktbezogene Einflussfaktoren (intern)	**Unternehmensbezogene Einflussfaktoren (intern)**
■ Erklärungsbedürftigkeit der Produkte ■ Bedarfshäufigkeit der Produkte ■ Sicherstellung von Kundendienstleistungen ■ Transport- und Lagerfähigkeit der Produkte	■ Größe und Finanzkraft des Unternehmens ■ Erfahrung mit Vertriebswegen ■ Marktstellung des Unternehmens ■ Marketingkonzeption, Anspruchsniveau der Vertriebsziele
Marktbezogene Einflussfaktoren (extern)	**Kundenbezogene Einflussfaktoren (extern)**
■ Marktposition der Vertriebskanäle ■ Wachstumsraten der Vertriebskanäle ■ Marketingpotenzial der Betriebstypen	■ Image der Betriebstypen beim Konsumenten ■ Einkaufsverhalten ■ Aufgeschlossenheit gegenüber Betriebstypen
Konkurrenzbezogene Einflussfaktoren (extern)	**Absatzmittlerbezogene Einflussfaktoren (extern)**
■ Vertriebskanäle der Hauptkonkurrenten ■ Marktstellung des Wettbewerbs in Kanälen ■ Profilierungsmöglichkeit in neuen Vertriebskanälen	■ Standort und Verfügbarkeit der Absatzmittler ■ Vertragliche Bindung oder Flexibilität zum Absatzmittler ■ Vertriebskosten oder Qualifikation des Personals
Umfeldbezogene Einflussfaktoren (Makro)	
■ Einfluss neuer Technologien auf die Vertriebskanäle ■ Gesetzgebung und Vertriebssysteme (Vertragsgestaltung, Wettbewerbsrecht) ■ Einfluss sozio-kultureller Veränderungen auf das Einkaufsverhalten u.a. ■ Länderspezifische Besonderheiten (Kultur usw.)	

Neben der Bewertung und Auswahl sind auch im internationalen Kontext u.a., die Motivation bzw. Weiterentwicklung der Lieferantenbeziehungen und die Terminierung derselben zu berücksichtigen (Hollensen 2020, S. 565f.). Typische Gründe für eine Eliminierung eines Intermediärs sind bspw. Unzufriedenheit oder fehlender Erfolg, Veränderungen im Umfeld oder in der Strategie (bspw. Einrichtung einer eigenen Tochtergesellschaft, die direkt vertreibt und damit ein Modes-Change, siehe Abschnitt 9.4.).

19.5.2. Vertikale Beziehungsgestaltung

Beziehungen und Konflikte in Distributionskanälen werden auch international viel beachtet. Diese treten im **Direktvertrieb** bzgl. der zu Beginn dieses Kapitels ausgeführten internen Beziehungen zwischen Headquarter und ausländischer Vertriebs- oder Tochtergesellschaft bzw. deren Vertriebsabteilungen auf (siehe Beziehung C in Abbildung 19.3). Dort wurden diese auf diverse Einflussfaktoren zurückgeführt, so strategische Motive, Kontrolle, Netzwerk von Auslandseinheiten, externe Einflussfaktoren etc. Der **indirekte Vertrieb** – aus dem Headquarter ins Ausland oder durch eine Tochtergesellschaft in einem Land – ist die häufiger gewählte internationale Option, denn oft können „Absatzmittler oder -helfer" die Distributionsfunktionen mit einem günstigeren Qualitäts-Kosten-Verhältnis ausüben als der Hersteller selbst. Bei der Zusammenarbeit zwischen rechtlich selbstständigen Partnern steigen allerdings die beidseitigen Unsicherheiten, Konflikte und Notwendigkeiten der Beziehungsgestaltung. International wird dies oft durch die o.g. Rahmenfaktoren verstärkt.

Ein MNU betreibt **vertikales Marketing** – auch wenn der Begriff im Internationalen Marketing weniger verbreitet ist –, wenn es durch ein koordiniertes Vorgehen mit Unternehmen anderer Marktstufen versucht die Endabnehmer anzusprechen. In nationalen Konsumgütermärkten sind die Beziehungen zwischen Industrie und Handel weit erforscht (international sind diese im Extremfall in jedem Land neu aufzubauen). Beide verfolgen in der Verbraucheransprache unterschiedliche Ziele, wie Bindung an eine Marke vs. eine Einkaufsstätte. Letzteres ist i.d.R. nicht durch ubiquitäre Markenartikel etablierter Hersteller zu erreichen, sondern durch Profilierungsdimensionen wie Sortiment, Handelsmarken, Preis, Ladenatmosphäre, Service etc. Somit driftet das Produktmarketing der Industrie und das sortimentsbezogene Marketing des Handels oft auseinander, mit der Folge hoher Kosten, vermeidbarer Fehlentscheidungen bzgl. des Absatzes, nicht genutzter Synergieeffekte oder einer begrenzten Kundenorientierung. Interessenskonflikte und ein Ausspielen der Marktmacht sind oft die Folge. Abbildung 19.21 zeigt derartige generelle Konflikte (zu spezifischen internationalen Konflikten, siehe Rose/Shoham 2004).

Abbildung 19.21: Interessenskonflikte von Herstellern und Händlern

Ziele	Hersteller	Handel
Produktpolitische Ziele	■ Markenimage auf Produktebene ■ Platzierung neuer Produkte ■ Mehr Regalplatz da Produktdifferenzierung	■ Markenimage auf Sortimentsebene ■ Listing von Renner-Produkten, Auslistung von Penner-Produkten, Förderung Eigenmarke
Preispolitische Ziele	■ Niedrige Handelsspanne ■ Einh. Endverbraucherpreise der Marke ■ Weitgehende Preisstabil	■ Hohe Handelsspanne ■ Raum-/zeitbezogene Preisdifferenzierung ■ Sonderangebotspolitik
Kommunikationspolitische Ziele	■ Handel wirbt überregional für Hersteller ■ Hersteller gestaltet Marktauftritt am PoS mit ■ Schaffung von Markenpräferenzen ■ Erhöhung/Stabilisierung der Markentreue	■ Regionale/lokale Werbung für Standorte ■ Eigenständiger Marktauftritt am PoS ■ Profilierung der Einkaufsstätte als Marke ■ Erhöhung der Händlertreue
Vertriebspolitische Ziele	■ Kontinuierlicher Abverkauf an den Handel ■ Distribution des Gesamtsortiments ■ Fertigungsoptimale Bestellmengen ■ Mindestbestellmengen für den Handel ■ Große Bestellmengen ■ Bevorzugte Regalplatzierung für Marken ■ Hohe Distributionsdichte	■ Bestellmenge entsprechend Nachfrage ■ Zielgruppenbezogene Auswahl einzelner Marken und Produktvarianten ■ Nur Regal füllende Bestellmengen ■ Flexible Nachbestellmöglichkeiten ■ Schnelle Lieferung auch kleiner Mengen ■ Möglichst exklusive Distribution

Quelle: I.A.a. Meffert u.a. 2019, S. 588; Homburg 2020, S. 970.

International stehen meistens dyadische Studien im Vordergrund, unter Betonung der Komplexität und Unsicherheit grenzüberschreitender (vs. nationaler) Beziehungen, und modellieren mittels Beziehungsvariablen wie Macht, Vertrauen oder Normen im Rahmen der Koordination der Hersteller-Intermediär-Links (Gabrielsson/Kirpalani/Luostarinen 2002²). National stehen vielfältige kontraktuelle, kooperative oder CRM-Ansätze im Vordergrund. Nachfolgend erfolgt ein Überblick (siehe auch die Verbindungen D-F in Abbildung 19.3.)

Koordination und Kontrolle im Vertikalen Marketing

Die Koordination und **Kontrolle der Distributionskanäle** ist von hoher Bedeutung, u.a. weil damit die Fähigkeit verbunden ist, schnell auf sich verändernde Marktbedingungen zu reagieren (Kim/Hsieh 2006). Die Fähigkeit eines MNU, die Beziehungen zu ausländischen Intermediären zu gestalten, wird als Erfolgsfaktor gesehen, bei einer postulierten erhöhten Komplexität der Beziehung, in der die Effektivität und Effizienz der Informationsflüsse bspw. vom kulturellen Umfeld beeinflusst wird (Rosenbloom/Larsen/Mehta 1997, S. 60). Dabei werden in der Forschung zur Analyse unterschiedliche Zugänge genutzt (Morschett/Swoboda 2009).

- Grundsätzlich wird als wichtige Aufgabe zur Koordination von Distributionskanälen die Einhaltung des Leistungsversprechens des Partners gesehen, i.S.d. Minimierung seines **opportunistischen Verhaltens**, weil bspw. (geographische und kulturelle) Distanz zwischen einem MNU und seinen Intermediären die Wahrscheinlichkeit und die Möglichkeit opportunistischen Verhaltens erhöht.
- Ex-ante- und Ex-post-Perspektiven gehen darüber hinaus. Ex ante können Beziehungen mit Intermediären nämlich gestaltet werden, so durch Partnerselektion oder **formale Verträge** (die zukünftige Situationen antizipieren und festschreiben). Sie reduzieren Opportunismus, mit einem System von Belohnungen und Bestrafungen (zur Transaktionskostentheorie und den Umständen von effizienten Verträgen siehe bereits Williamson 1985).

Die Ex-post-Perspektive adressiert existente Beziehungen, aber gerade die grenzüberschreitende Ex-ante-Gestaltung von Beziehungen ist unvollständig, etwa wegen des heterogenen rechtlichen und institutionellen Rahmens in verschiedenen Ländern. Verhaltensbezogene Variablen, wie **Vertrauen**, gewinnen als Koordinationsmechanismus an Bedeutung (dies reduziere Opportunismus oder Unfairness, Samaha/Palmatier/Dant 2011). Vertrauen meint die Glaubwürdigkeit des Partners. Wenn ein MNU im Vertrauen auf seinen Intermediär bestimmte Vorteile gewährt (z.B. Investitionen, Adaptionen), dann riskiert der Intermediär einen Verlust, wenn er das Vertrauen missbraucht; weil bspw. seine Reputation als Signal an andere Lieferanten gilt. Zugleich hat Vertrauen eine dynamische Komponente, weil sich Vertrauen über die Zeit aufbaut und den Wert der Beziehung stützt (Skarmeas/Zeriti/Baltas 2016). Damit verbunden und ähnlich werden **Beziehungsnormen** wie Solidarität, Flexibilität, gegenseitiger Informationsaustausch und harmonische Konfliktlösung betrachtet (bspw. im Export, Obadia/Vida/Pla-Barber 2017).

- Schließlich ist eine Integration der Ex-ante- und der Ex-post-Perspektive denkbar, sodass beide Koordinationsmechanismen mit einem positiven Einfluss auf den Beziehungserfolg in internationalen Distributionskanälen gestaltet werden müssen (Zhang/Cavusgil/Roath 2003, S. 552). Hier wird auch der Zusammenhang zwischen formalen Verträgen und Vertrauen betrachtet, wobei formale Verträge Misstrauen signalisieren und opportunistisches Verhalten der Vertragspartner stimulieren können.

Neben Vertrauen oder Committent als weichen Koordinationsmechanismen wird **Macht** betrachtet (i.S.d. Möglichkeit andere zum bestimmten Verhalten zu bewegen; zu Marktarten Homburg 2020, S. 966ff.). Studien im internationalen Vertrieb beziehen sich v.a. auf deren Quellen und Einsatz. Ein Intermediär kann mächtiger sein, wenn er Belohnungen geben kann, z.B. Unterstützung bei Verkaufsförderung, große Bestellmengen etc., oder bestrafen kann, z.B. durch Vorenthaltung von Kundeninformationen als Gatekeeper, verzögerte Zahlungen etc. Moderierend wirkt in derartigen Sichtweisen bspw. die Abhängigkeit eines Herstellers vom ausländischen Intermediär aufgrund fehlender Zugänge zu alternativen Kanälen. Allerdings ist der Intermediär von den Ressourcen des Lieferanten abhängig, und somit liegt eine gegenseitige, relative Abhängigkeit vor (Zhang/Cavusgil/Roath 2003, S. 556).

In Summe werden Faktoren wie „Relationship Assets, Knowledge Sharing, Complementary Capabilities oder Rational Norms" als Treiber der Werte einer Vertriebsbeziehung betrachtet, die und deren Erfolgswirkung durch diverse internationale Institutionen wie psychische Distanz oder Kultur bedingt wird (Skarmeas/Zeriti/Baltas 2016; mit Blick auf zukünftige Studien zu Vertriebsbeziehungen in MNU, Grewal u.a. 2018, S. 59f.).

Diese Sichtweise leitet über zu nationalen Vertriebsbetrachtungen. Hier werden Marktsituationen typologisiert, i.S. einer Hersteller- oder Händlerdominanz und damit einer Dominanz in Vertriebs- oder Beschaffungssystemen. Eine Abhängigkeit liegt etwa zwischen großen, marktführenden Hersteller- und Händlersystemen vor, sodass diese nur partnerschaftliche Strategien zur Endkundenbindung wählen „können" (Swoboda/Morschett 2017). Aufgrund des Machtgewinns des Handels werden für Hersteller spezifische Instrumente des **Trade Marketing** relevant, mit dem Ziel der Einflussnahme und Bindung der Handelsstufe (bspw. zur Erreichung einer „Preferred Supplier-Position"). Weitergehender ist das partnerschaftliche **ECR-Management**, das den Fokus auf die Neugestaltung der Wertschöpfungskette legt, insb. an den Schnittstellen der Wertaktivitäten von Hersteller und Handel. Es integriert bisher getrennte Sichtweisen, so die kooperative, vertikale Verknüpfung von Wertketten, das gemeinsame Effizienz- und Effektivitätsstreben und eine konsequente Endkundenorientierung. Zu seinem Instrumentenmix zählen Supply- und Demand-Management ebenso technologiebasierte „Enablers" und methodische „Integrators" (Swoboda/Foscht/Schramm-Klein 2019,

S. 621ff). Studien zeigen allerdings u.a., dass die **Ähnlichkeit der Kooperationspartner** bedeutend ist, da sie das Kooperationsausmaß und die Effektivität der Beziehung treibt, aber auch die Macht des Vertriebspartners erhöht, was wiederum negativ die Effektivität der Beziehung bedingt. Bei Aktivitäten in Vertriebsbeziehungen treten somit Trade-Offs auf. Zudem sind die Beziehungen länderspezifisch unterschiedlich (bspw. Hersteller und Händler in Japan, Chung/Sternquist/Chen 2006 oder Kontrakte in Nigeria Uzo/Mair/Adewusi 2019).

Kontraktuelle Bindungsoptionen

Im vertikalen Marketing, v.a. in nationalen Studien, werden kontraktuelle Bindungsoptionen akzentuiert, die auch hier fokussiert werden. Diese umfassen die Vertragsgestaltung mit Vertriebspartnern i.S.d. **Weisungsbefugnis des Anbieters**. Abbildung 19.22 visualisiert das Kontinuum ausgewählter Optionen: von Absatzstrukturen ohne Beziehungen zwischen den Elementen und ohne nennenswerte Weisungsbefugnisse des Anbieters über Varianten kooperativer Bindungen bis zum Anweisungsvertrieb über eigene Verkaufsorgane i.S.d. Direktvertriebs (Swoboda/Foscht/Schramm-Klein 2019, S. 341). Das Kontinuum entspricht der Transaktionskostentheorie, wonach Unternehmen bei hoher Spezifität und Angebotskomplexität ein gewisses Maß an Weisungsbefugnis ggü. Vertriebspartnern anstreben.

Abbildung 19.22: Kontraktuelle Bindungsoptionen

Umfang der Weisungsbefugnisse des Anbieters: niedrig → hoch

— Absatzkanäle ohne Bezug zwischen den Elementen oder lose Kooperationsformen mit schwachen Verbindungen (z.B. nur Informationsaustausch)
— Vertragliche Einzelbindungen (traditionelle Kontrakttypen)
  - Rahmenvereinbarungen (zeitlich gestaffelt)
  - Vertriebs- und Ausschließlichkeitsbindungen
— Key Account Management
— marktstrategische Partnerschaftstypen (aufgrund faktischer Bindung oder Trade Marketing/Efficient Consumer Response Management)
— Anweisungsvertrieb über assoziierte oder gebundene Verkaufsorgane (z.B. Franchise-Systeme, Vertragshändler)
— Anweisungsvertrieb über ausschließlich herstellereigene Verkaufsorgane

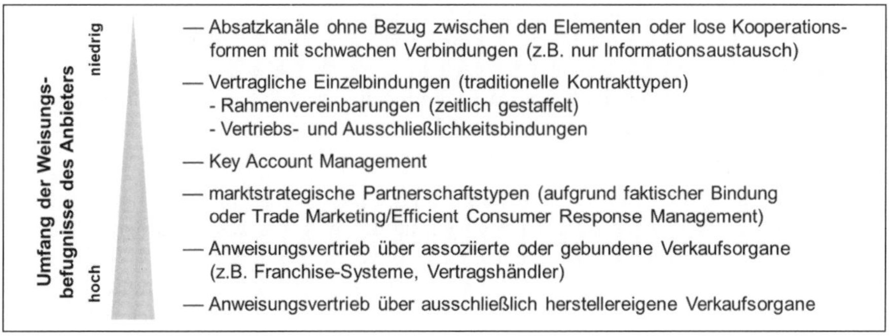

Quelle: I.A.a. Homburg 2020, S. 972.

Nachfolgend wird das KAM bzw. GAM als spezifischer Ansatz im Internationalen Marketing herausgestellt (siehe zum Franchising Abschnitt 11.3.). Dies erfolgt, weil das klassische und im Marketing verbreitete CRM im internationalen Vertrieb seltener aufgegriffen wird. Hier sind über die genannten Sichtweisen hinaus eher Netzwerkansätze verbreitet, welche pauschal die Stärke, Anzahl und Integration von MNU in Netzwerken, i.S.d. Entwicklung und Pflege langfristiger Geschäftsbeziehungen, studieren, aber weniger mit vertikalen Beziehungen verbunden werden als mit der Internationalisierung (Andersson 2002).

19.5.3. Global Account-Management

Das Management von „**Key Accounts**" ist für MNU relevant, wenn in diversen Ländern tätige Großkunden existieren, auf die beträchtliche Teile des Umsatzes entfallen. Das internationale KAM wird i.d.R. als GAM gefasst. Beim GAM werden die länderübergreifenden Beziehungen organisatorisch zusammengefasst, um dem Gewicht der Großkunden zu begegnen. Ein Anliegen liegt in der spezifischen Bearbeitung von Schlüsselkunden, womit neben einer stärkeren Kundenbindung und Integration auch eine Steigerung der Wertschöpfung für den Kunden durch gefestigte Geschäftsbeziehungen verbunden ist (zur spiegelbildlichen Sicht des Key Supplier Management, Wu/Wu 2015). Der Ablauf des GAM umfasst (Ojasalo 2012)

- die Identifikation der Key Accounts,
- die Analyse der Key Accounts,
- die Auswahl einer adäquaten Strategie für diese Key Accounts und
- die Entwicklung der organisatorischen Voraussetzungen, um die Strategie umzusetzen.

So bildet das GAM die konzeptionelle Brücke zwischen dem **Customer Relationship Marketing**, strategischen Maßnahmen und einer spezifischen Marketingorganisation.

> GAM ist definiert als die Organisationsform und der Prozess in einem MNU, bei dem die weltweiten Aktivitäten zur Bedienung eines bestimmten multinationalen Kunden zentral von einer Person oder einem Team innerhalb des liefernden Unternehmens koordiniert werden (Shi u.a. 2010).

Strategische Ziele eines KAM sind im Allgemeinen die Kundenbindung, i.e.S. auch die **Effizienzsteigerung** in der Kundenbeziehung, so Informations-, Synergie-, Innovations- und Kostensenkungspotenziale, und die **Effektivitätssteigerung**, so Erschließung gemeinsamer Erfolgspotenziale in Auslandsmärkten, zudem ggf. ein kundenspezifisch adäquater Standardisierungsgrad des Marketing-Mix (Swoboda u.a. 2012; Swoboda/Schlüter/Olejnik 2011). GAM ist komplexer als nationales KAM, weil über die Grundprinzipien des KAM hinaus spezifische Herausforderungen und Fragen gegeben sind:

- Welche Kunden sollen eher global, welche eher lokal bearbeitet werden?
- Welche Aufgaben/Services sind eher global, welche eher lokal vorzuhalten?
- Welche Strategien sind ggü. Global Accounts zu wählen und zu kommunizieren?
- Welche Kompetenzverteilung von Auslandseinheit, Sparte und GAM ist sinnvoll, bspw. Spezifische Anreizkonzepte, damit GAM-Programme gegen Länder- und Spartenegoismen durchzusetzen sind, oder Trainingsprogramme, Karrierepfade für GAM?

Die Bedeutungszunahme des GAM bedingt viele empirische Facetten, so strategische Bedeutung weltweiter Kunden, Internationalisierung des Wettbewerbs, bedarfsgerechte Bedienung von Lead Countries oder globale Economies of Scale (zum Überblick über Studien Swoboda/Seibel/Schlüter 2015). Ein Beispiel ist die zunehmende Konzentration internationaler Handelsunternehmen, die zudem kooperativ einkaufen (zu Einkaufsallianzen Swoboda/Foscht/Schramm-Klein 2019, S. 361 f.). Grundsätzlich sind die kontraktuellen Gestaltungsoptionen im KAM in Abbildung 19.23 visualisiert. Dies erfolgt erneut dem transaktionskostentheoretischen Kontinuum entsprechend, wonach ein MNU insb. bei hoher Spezifität und Komplexität der Leistungen langfristige vertragliche Bindungen mit Key Accounts bzw. Weisungsbefugnis ggü. Vertriebspartnern anstreben sollten.

Abbildung 19.23: Gestaltungsformen der vertraglichen Beziehungen mit Key Accounts

Quelle: Homburg 2020, S. 972.

Der **Erfolg des GAM** wird üblicherweise an Effizienz- und Effektivitätszielen ausgerichtet, i.S.d. erfolgreicheren (bilateralen) Kundenbeziehung und des aus der Beziehung erwachsenden Erfolges auf Auslandsmärkten. Die Erfolgstreiber bzw. -faktoren gehen dabei über die o.g. vertraglichen Beziehungen hinaus. Direkte Erfolgsfaktoren sind Gestaltungselemente des **GAM** beim Anbieter. Pauschal kann hier eine Überwindung historisch gewachsener lokaler Organisationsstrukturen genannt werden, da die Umsetzung eine intensive länder- und spartenübergreifende Zusammenarbeit erfordert, und die Beschaffungsstrukturen der Schlüsselkunden zugleich mit dem Marketing verzahnt werden müssen. GAM erfordert spezifische Kernkompetenzen, was mit dem Aufbau organisationaler, teamorientierter und personaler Strukturen verbunden ist. Konzepte müssen das Spannungsfeld zwischen mehr oder minder autonomen Ländergesellschaften, Produktsparten und dem Account Manager auflösen. Die letztgenannten Elemente werden aber international unterschiedlich konzeptualisiert. In einer frühen Studie nannten Yip/Madsen (1996, S. 27ff.) folgende Faktoren:

- **Änderung der Organisationsstruktur** durch Implementierung eines GAM mit Weisungsbefugnis gegenüber den nationalen Account Managern: Der Grad der Weisungsbefugnis kann von einer direkten Kontrolle über ein Vetorecht bis hin zu Beratung und reinen Koordinationsaufgaben reichen.
- **GAM als Managementprozess** mit direktem Einfluss auf andere Managemententscheidungen: Relevante Aspekte sind u.a. zentrale Informationsplattform, länderübergreifende Koordination, Beteiligung am Planungsprozess, zielgenaue Budgetierung, potenzielle Verbesserung der länderübergreifenden Performance-Messung.
- **Globale Unternehmenskultur**: GAM trägt zur Entwicklung einer globalen Unternehmenskultur bei, wobei die Denkweise der Mitarbeiter einen Wettbewerbsvorteil bildet und die Verteilung der Aktivitäten des GAM auf interaktive Teams ermöglicht.

Direkte konkrete Gestaltung des GAM wird ihrerseits durch Faktoren bedingt, die den Erfolg indirekt beeinflussen (i.S.v. Mediationsfaktoren), so beim

- **Account**: bspw. **Marktstellung** (Abhängigkeit vom Lieferanten, Internationalisierungsgrad, Bereitschaft zu Kooperation) oder **Marktbearbeitungsstrategie** (Zentralisierte Beschaffung, Standardisiertes Marketing, Integrative SCM-Prozesse).
- **Anbieter**: bspw. **Marktstellung** (Abhängigkeit vom Kunden, Internationalisierungsgrad, Kundenorientierung) oder **Marktbearbeitung** (Standardisierung des Marketing).
- **Umfeld**: bspw. **Makroumfeld** (Marktheterogenität, Dynamik, Wettbewerbsintensität) und diverse tangible sowie intangible Ressourcen beim Account oder beim Lieferanten.

Einige empirische Studien haben Erfolgsfaktoren des GAM analysiert (siehe Abbildung 19.24). Sie zeigen bspw., dass beim Anbieter strukturelle Gestaltungselemente (Zentralisierung, Spezialisierung, Formalisierung) signifikant die Effizienz und tendenziell die Effektivität des GAM stärker bestimmen als strategische Elemente (Intensität, Proaktivität, Standardisierung der Leistungsangebote). Besonders dominant trägt die Zentralisierung, d.h. die Koordination der kundenbezogenen Aktivitäten im Headquarter, zum Erfolg des GAM bei. Es wird empfohlen, das GAM eher in wenigen überregionalen Headquartern zu konzentrieren, da eine Zentralisation der Entscheidungskompetenzen sinnvoll ist. Eine weitere Studie zeigt, dass v.a. die Zentralisierung taktischer Aktivitäten (Category Management, Marketing, Logistik) die Effizienz und tendenziell die Effektivität stärker bedingt als die Zentralisierung strategischer Aktivitäten (Kundenstrategie, Controlling, Konditionen). Letztere erscheinen als üblich im GAM. Beim Kunden bestimmt v.a. die Zentralisierung der Beschaffung und die Integration der Prozesse die Zentralisierung beim Anbieter (Swoboda u.a. 2012). Demgegenüber zeigen Shi u.a. (2010), dass neben der internationalen und internen Koordination auch die Standardisierung des Marketing und die Integration (i.w.S. internationale Strategie) den Erfolg des GAM und die Beziehungskontinuität beeinflussen.

Abbildung 19.24: Einflussfaktoren des Erfolgs im GAM

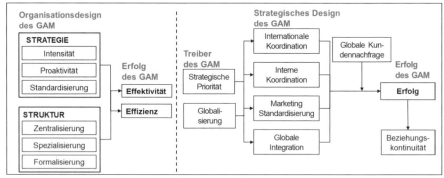

Quelle: Swoboda/Schlüter/Olejnik 2011, S. 280; Shi u.a. 2010, S. 625.

19.6. Internationale Distributionslogistik

Die Distributionslogistik stellt die physische Distribution der Produkte bzw. Leistungen sicher. Pauschal können deren Aufgaben mit dem Konzept der „4 r" umrissen werden, d.h., dass die richtigen Produkte (in Menge und Sorte) im richtigen Zustand zur richtigen Zeit am richtigen Ort zu minimalen Kosten zur Verfügung gestellt werden (Pfohl 2016, S. 4). Sie umfasst alle logistischen Aktivitäten, die im Zusammenhang mit der Verteilung der Ware an den Kunden stehen (Swoboda/Foscht/Schramm-Klein 2019, S. 686ff.):

- (Standortwahl und Aufgaben der) Distributionslager,
- Bestandsmanagement,
- Planung der Transportsysteme (inkl. Tourenplanung, Transportmitteleinsatzplanung etc.),
- Kundenauftragsabwicklung (z.B. Kommissionierung) und
- Verpackung.

Distributionslogistische Entscheidungen sind international (vs. national) komplexer, da hier oft Güterbewegungen über nationale Grenzen erfolgen, und bspw. Produktionsstätten geographisch verteilt, also nicht im Distributionsland sein können. Zu entscheiden ist somit, in welchen Ländern, Regionen bzw. Standorten Lager aufgebaut werden und in welcher Form die Transporte zwischen Produktionsstätten, Lagern und dem PoS in einzelnen Ländermärkten erfolgt. Die Gestaltung der Logistiksysteme, also z.B. die Wahl der Transportmittel, der Transportwege, der Lagerhaltung etc. wird somit wesentlich durch die Konfiguration der Wertschöpfungsaktivitäten MNU bestimmt. Insofern kann argumentiert werden, dass eine Logistikkonzeption implizit bereits immer „internationale Aspekte" dadurch berücksichtigt, dass Fragen der räumlichen Dislozierung von Unternehmensaktivitäten im Unternehmen oder darüber hinaus mit Supply-Chain-Partnern bei der Konzeption von Logistiksystemen einbezogen werden. Spezifisch sind selbst dann jedoch internationale Einflussfaktoren. Ausgehend von Begrenzungen, die sich aus den Produktspezifika ergeben (z.B. Transport- und Lagerfähigkeit, Erklärungsbedürftigkeit oder Bedarfshäufigkeit), können aus der Vielzahl der relevanten **Einflussfaktoren** folgende hervorgehoben werden (zu Mega-Trends in der Logistik bis 2030, bspw. die Bedeutung von **Künstlicher Intelligenz**, siehe z.B. Foscht u.a. 2020:

- **Distanz**: Die Transportentfernung und die Zeitdauer logistischer Leistungszyklen sind häufig größer als bei nationaler Betrachtung. Zudem sind grenzüberschreitende Logistiksysteme neben der räumlichen und zeitlichen Distanz mit institutionellen Distanzen verbunden (vgl. auch Yang/Su/Fam 2012), was evtl. erschwerende Wirkungen im Hinblick

auf die Abstimmung des SCM-Systems mit sich bringen kann. Je größer die Distanz ist, über welche die Produkte transportiert werden müssen, umso höher sind zudem die damit verbundenen Umweltbelastungen wie CO_2-Emissionen.
- **Beschränkung des Warenverkehrs**: Durch tarifäre und nicht-tarifäre Handelshemmnisse kann der Güterverkehr erschwert werden. Sie können zu Kostenerhöhungen oder zu Zeitverzögerungen und einem hohen Verwaltungsaufwand führen.
- **Versorgungssicherheit, Infrastruktur, Geografie und Klima**: Transport- und Lagerstrukturen haben die Zugänglichkeit zu den jeweiligen Waren oder Input-Faktoren zu sichern. Die jeweilige Infrastruktur (z.B. Straßen- oder Schienennetz, Flug- oder Seehäfen) sowie die Verfügbarkeit von Logistikunternehmen beeinflussen die Gestaltbarkeit und die Leistungsfähigkeit der internationalen Distributionslogistik. Die Zugänglichkeit bestimmter Regionen wird zudem durch geographische und klimatische Bedingungen (z.B. Gebirgs-, Wüsten- oder Kälteregionen) beeinflusst.
- **Nachhaltigkeit**: Transport- und Lagerentscheidungen sind vor dem Hintergrund der Auswirkungen auf das Ökosystem, insb. mit Blick auf Fragen des Klimaschutzes zu beurteilen. Hier ist immer häufiger der „CO_2-Footprint", also der im Rahmen von Transport und ggf. Lagerung verursachte CO_2-Ausstoß, bedeutend bei Entscheidungen.
- **IuK-Systeme**: Diese unterscheiden sich im internationalen Kontext häufig deutlich (z.B. hinsichtlich verfügbarer Technologien oder Standards).
- **Politisch-rechtliche Einflussnahme**: Hinsichtlich logistisch relevanter Fragestellungen bestehen international z.T. beachtliche Einschränkungen, z.B. Zollregelungen, Kontingentierungen, Regulierungen.
- **Risiko**: Größere Distanzen sowie Ländergrenzen erhöhen Risiken oder Prognoseunsicherheiten. Risikoformen sind natürliche Risiken (Unwetter, Erdbeben), politische Risiken (Krieg, Instabilitäten), gesellschaftliche Risiken (Streiks, Blockaden) oder soziokulturelle Risiken.

Entsprechend der o.g. Aufgaben der internationalen Distributionslogistik stellen Lagerung und Transport die Kernbestandteile dar. Bei den Fragen zur Lagerung steht die internationale Lagerstrukturgestaltung im Vordergrund. Entsprechende Kernentscheidungen umfassen die vertikale Lagerstruktur, d.h. die Anzahl der Lagerstufen, und die horizontale Lagerstruktur, d.h. die Anzahl der Lager auf den jeweiligen Stufen; beides länderübergreifend. Dabei sind auch Entscheidungen hinsichtlich Lagerstandorten oder räumlichen Zuordnungen der Lager zu Beschaffungs- bzw. Absatzgebieten erforderlich.

19.7. Interdependenzen und Dynamik

Der internationale Vertrieb weist diverse Interdependenzen zu anderen Entscheidungen im Internationalen Marketing auf. Ausgewählte werden nachfolgend angesprochen.

Internationale Strategien

Wie angedeutet ist der internationale Vertrieb mit den Entry und Operation Modes verbunden (siehe Kapitel 9.), die wiederum bereits in Verbindung mit der internationalen Strategie gebracht wurden (siehe Abschnitt 12.4.). Insofern sind die folgenden Ausführungen auf die Absatzkanalstruktur in den jeweiligen Ländern begrenzt (siehe weitergehender Schramm-Klein 2020). Bei der **Internationalen Strategie** folgt die Wahl jener Absatzkanäle, welche die Multiplikation der im Heimatmarkt praktizierten Konzepte ermöglichen. Diese ethnozentrische Distributionsstrategie ist durch die Strukturen und Kaufgewohnheiten im Heimatland bestimmt. Vorteile sind bspw. Erfahrungs- oder Koordinationseffekte; auch kann dies den Zugang zu neuen Märkten erleichtern und beschleunigen, aber auch verhindern. Die **globale**

Strategie ist auch im Vertrieb mit einer weitgehenden globalen Standardisierung verbunden, die jedoch die Verfügbarkeit von Absatzkanälen bzw. Intermediären auf den Ländermärkten voraussetzt. Der Vertrieb bildet aber einen wesentlichen Einflussfaktor für die Durchsetzbarkeit globaler Strategien, da die vertikale Absatzkanalstruktur die Möglichkeit zur Realisierung standardisierter Maßnahmen und eines weltweit einheitlichen Auftritts bzw. Images bedingt. Die **multinationale Strategie** ist mit einem starken Ausmaß an das „Customizing" der länderspezifischen Distributionsstrategie verbunden. Hier besteht nicht die Notwendigkeit der Standardisierung und des direkten länderübergreifenden Durchgriffs auf die Aktivitäten in den Ländern, da die angestrebte lokale Adaption der Marketingstrategie durch lokale Strukturen gefördert wird. Diese berücksichtigt v.a. die Vielzahl der behandelten länderspezifischen Einflussfaktoren auf die vertikalen und horizontalen Vertriebsentscheidungen. Bei der **transnationalen Strategie** werden die dargestellten Distributionskonzepte kombiniert, auch wenn dennoch die Bestrebung besteht, international auf Märkte zuzugreifen und zudem Synergien zu nutzen, bspw. zwischen Vertriebskanälen.

Abbildung 19.25: Standardisierungs-/Differenzierungspfad des internationalen Vertriebs

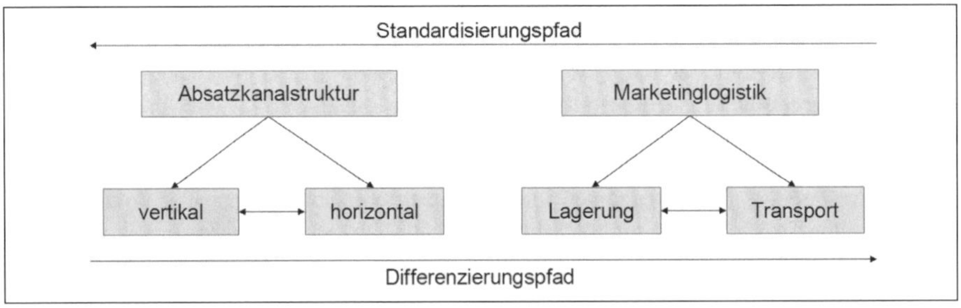

Marketing-Mix und Dynamik

Wie angedeutet, umfasst der Vertrieb strategische Entscheidungen, wie das Markenmanagement. International haben bspw. (Nicht)Verfügbarkeiten von Absatzmitteln enorme Auswirkungen auf die operative Vertriebsausführung, etwas weniger auf strategische Prozesse. Auch dynamisch erfolgt ausgehend vom „Going-International" und einer initialen Gestaltung von **Absatzkanälen** in Ländern und länderübergreifend (inkl. Auswahl von Intermediären) während des „Being-International" eine Intensivierung und Professionalisierung des Vertriebs, z.B. durch weitere Absatzkanäle und Prozesse. Eine Umgestaltung des Vertriebs umfasst wiederum Standardisierungs- oder Adaptionsprozesse (siehe Abbildung 19.25). Standardisierungsprozesse setzen bspw. bei der Absatzkanalgestaltung an aber auch bei der Art und Anzahl eingeschalteter Intermediäre. Die Standardisierung ist häufig damit verbunden, dass ein stärkerer Zugriff auf die Märkte angestrebt wird. Dies kann zur Restrukturierung der Absatzsysteme führen, sodass zunehmend vertragliche Kontrakte genutzt werden und ein Übergang zu direkten Vertriebssystemen gewählt wird, der die größtmögliche Standardisierung ermöglicht. Standardisierungen beinhalten auch, dass länderübergreifend tätige Absatzkanäle und -partner gewählt werden, also solche, die in mehreren Ländermärkten präsent sind (z.B. internationale Händler).

20. Cases in drei Branchen

20.1. Besonderheiten der Industriegüterhersteller

Die Besonderheiten der internationalen Marktbearbeitung im Industriegütersektor ergeben sich zunächst daraus, dass die Kunden Organisationen sind, so professionelle Einkäufer oder **multipersonale Gremien**. Der Sektor ist durch eine ausgeprägte Internationalität gekennzeichnet, denn gerade hier besteht eine hohe Bedeutung des strategischen **Global Sourcing**. Andererseits ist im Industriegütermarketing das Spektrum der Geschäftstypen sehr heterogen. Die häufig unterstellte These, dass eine Standardisierung über ein besonders hohes Potenzial verfüge, weil die wenigen potenziellen Kunden in diesen Bereichen vergleichsweise ähnliche Bedürfnisse hätten, findet deshalb nur teilweise eine Berechtigung, z.B. für das System- oder Produktgeschäft mit Komponenten, die in andere Produkte integriert werden (z.B. Mikroprozessoren). Im Gegenteil hierzu gilt gerade für internationale Anlagen- oder Zuliefergeschäfte, dass die angebotenen Leistungen in einem hohen Maße individualisiert werden (Backhaus/Voeth 2014, S. 532f.). Weitere Besonderheiten resultieren aus dem Design des Marketing-Mix, das nachfolgend nur pauschal angesprochen werden kann.

Im internationalen Industriegütermarketing haben **technische Produktinnovationen** und **begleitende Dienstleistungen** eine dominierende Bedeutung. So bilden Dienstleistungen insb. im Produktgeschäft, in denen allgemeine Standards von diversen Wettbewerbern angeboten werden können – wie bspw. die Wartung von Messgeräten auch in extremsten Bedingungen Alaskas –, eine, oft die einzige Möglichkeit der Profilierung (bspw. westlicher Unternehmen ggü. kostengünstigerer Konkurrenten aus Asien). Eine weitergehende Kernoption um Werte für Kunden zu schaffen, ist die **Mass Customization**, i.S.d. kundenindividuellen Massenproduktion, d.h. die Verknüpfung von Massenproduktion mit individuellen Produkten, die nach Anforderungen des Kunden hergestellt werden, wobei Vorteile der Massenproduktion wie Skaleneffekte, Erfahrungskurvenvorteile und Automatisierung erhalten bleiben, aber die Angebotsleistungen zu Dienstleistungen werden. Mass Customization ist auch ein wesentliches Ziel der Industrie 4.0. Gerade im Hinblick auf die Dienstleistungen erfolgt eine vergleichsweise starke Anpassung an individuelle Anforderungen der Kunden in unterschiedlichen Ländermärkten (Morschett/Schramm-Klein/Swoboda 2008).

Preispolitische Besonderheiten im internationalen Industriegütergeschäft sind kontraktueller Natur, sie umfassen bspw. das Anlagengeschäft über mehrere Jahre. Hierbei ist gerade international die Gefahr von Preisschwankungen, so Wechselkursveränderungen, Inflation, Lohn- oder Rohstoffkostenentwicklungen, besonders hoch. Um derartige Risiken zu berücksichtigen, können **Preissicherungsinstrumente** eingesetzt werden.

- **Festpreiseinschluss**: Etwaige Preisveränderungen in der Zukunft werden durch einen pauschal fixierten Kalkulationsaufschlag versucht zu berücksichtigen.
- **Preisvorbehalt**: Nachweisbare Kostensteigerungen werden dem Kunden weiterbelastet.
- **Offene Abrechnung**: Der Kunde trägt das gesamte Kostensteigerungsrisiko. In der Regel wird eine „Deckelung" des Gesamtbetrags vereinbart. Die offene Abrechnung wird selten für Gesamtanlagen, sondern für Teilbereiche eingesetzt, deren Kosten während der Verhandlungsphase noch nicht absehbar sind.
- **Preisgleitklauseln**: Bei der Preisgleitklausel wird die Festlegung des endgültigen Preises von der Entwicklung bestimmter Kostenfaktoren, z.B. Löhnen oder Materialkosten, abhängig gemacht.

Die Finanzierung stellt somit ein besonders wichtiges Instrument im Investitionsgütermarketing dar; als spezifische Form der Dienstleistungen ist sie v.a. von Bedeutung im internationalen Anlagengeschäft. Durch das Angebot mittel- und langfristiger Finanzierungen können sich Anbieter profilieren, wenngleich sich das Angebot von Finanzierungsoptionen oft als Voraussetzung darstellt, um z.B. an Ausschreibungen aussichtsreich teilnehmen zu können. Die Profilierung erfolgt deshalb vornehmlich über die Konditionen der Finanzierung. Ebenfalls bedeutend sind das **Cross-Border-Leasing oder Kompensationsgeschäfte**.

In der Kommunikation haben Messen und Ausstellungen (auch Hausmessen) eine besondere Bedeutung, da sie die Möglichkeit bieten, Kontakte oder Informations- und Beratungsfunktionen mit potenziellen Kunden wahrzunehmen, ebenso wie zunehmend digitale Kommunikationskanäle (Sarmento/Simões/Farhangmehr 2015; Karjaluoto/Mustonen/Ulkuniemi 2015).

Die Vielzahl der für das internationale Industriegütermarketing relevanten **Distributionskanäle** sind in Abbildung 20.1 dargestellt. Eine besondere Bedeutung hat der **Direktvertrieb**. Im Kontakt mit internationalen Key Accounts sind aufgrund des hohen Volumens bzw. Wertes der Kunden die Ansprache durch Manager oder die Geschäftsleitung verbreitet. Bei internationalen Großprojekten im Infrastrukturbereich sind zudem lokale Regierungsinstanzen bedeutend. Im Produktgeschäft sind indessen eigene Online-Shops oder **B2B-Marktplätze** aber auch der Produktionsverbindungshandel oder Handelsvertreter von Bedeutung.

Abbildung 20.1: Distributionskanäle im Industriegütersektor

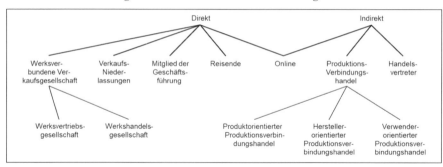

Quelle: I.A.a. Backhaus/Voeth 2014, S. 271.

Besonderheiten der Marktbearbeitung von Zulieferunternehmen

Mit Blick auf die Fallstudie sind die Besonderheiten der Zulieferunternehmen hervorzuheben. Zulieferunternehmen stellen i.d.R. keine endfertigen Produkte her, sondern liefern Teile, Komponenten oder Systeme/Module in den Produktionsprozess der Kunden und sind Teil der Supply Chain, die i.d.R. global verzweigt ist. Sie haben besondere Kernkompetenzen, bspw. geringere Produkt- und Produktionskosten, höhere Effizienz oder besondere Innovationsfähigkeit. Typischerweise sind sie an Kunden über diverse Kontraktbeziehungen eingebunden:

- Standardisiert – auf Economies of Scale und standardisierten Produkten beruhend.
- Erweitert – spezialisierte, Kern- oder Einzellieferanten für Produkte/Komponenten.
- Strategisch – mit kritischem Beitrag und langfristigen Beziehungen/Planungen.
- Partnerschaftlich – mit wechselseitiger Abhängigkeit und Einbindung in die F&E.

Vor allem Tier-1- und Tier-2-Zulieferunternehmen kommen nicht umher, den Internationalisierungspfaden ihrer Großkunden zu folgen (so der Tier-1-Kunden (OEMs) oder Tier-2-Kunden (System- und Modullieferanten), weniger Tier-3-Kunden (Komponentenlieferanten)) zunehmend mit der Maßgabe einer Just in Time-Lieferung und damit lokalen Präsenz. Sie bearbeiten internationale Märkte im Wesentlichen auf vier Arten:

- Folgen der direktinvestiven Produktionsverlagerung eines nationalen Kunden im Ausland mit eigener Produktion, wobei es auf die o.g. Kontraktbeziehungen ankommt, inwiefern der Lieferant ggf. lokal ersetzt werden kann (z.B. kaum bei Tier 1 Lieferanten).
- Folgen der Supply Chain multinationaler Kunden, d.h. die Präsenz im Stammland eines MNU und in seinen Produktionsländern; aufgrund der Bedeutung der Kunden i.d.R. mit eigener lokaler Produktion und ggf. strategischer oder operativer F&E-Einheit.
- Gemeinsame Internationalisierung mit Tier-1-Lieferanten
- Internationale Expansion und Marktbearbeitung aus eigenem Antrieb.

Bei allen Optionen kommt es auf die Rolle des Zulieferunternehmens als Tier-1- oder 2- Lieferanten an. Für Tier-1-Lieferanten ist eine direkte Interaktion mit Kunden (OEM) und Just in Time-Lieferung notwendig, was i.d.R. nur mittels lokaler Produktion und z.T. F&E sowie – je nach Branche – technischer Spitzeninnovativen möglich ist (bspw. bei der Ansprache von Chrysler durch einen deutschen Systemlieferanten wie Bosch). Ein Tier-2-Lieferant kann zudem über die Tier-1-System-/Modullieferanten Zugang zu neuen, lokalen Kunden und in dessen globales Netzwerk erhalten (bspw. Mikroprozessorhersteller liefert an Bosch, siehe Abbildung 20.2). Allerdings sind auch in diesen komplexen Beziehungen regulative oder kulturelle Länderbesonderheiten (bspw. Local-Content-Vorschriften oder Präferenzen der Kunden für lokale/nationale Geschäftsbeziehungen und Lieferanten) ebenso bedeutend wie die notwendige Präsenz eines Lieferanten mit lokaler Produktion, F&E und Services.

Abbildung 20.2: Marktbearbeitung von Zulieferunternehmen

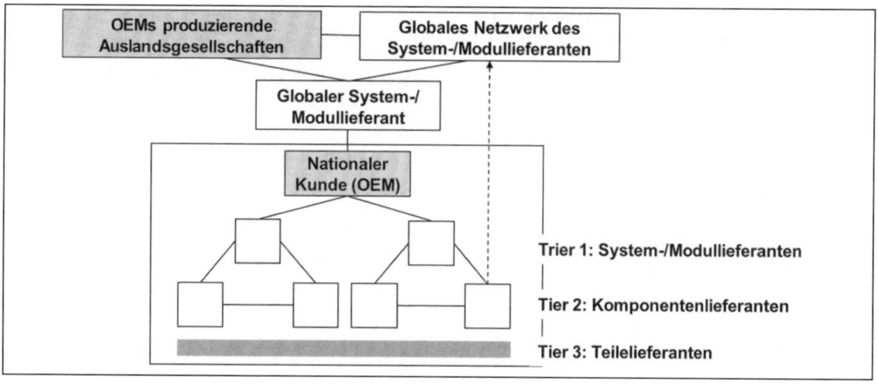

Quelle: I.A.a. Hollensen 2020, S. 418.

20.2. IEE Group – Innovative Sensorlösungen und -services[1]

20.2.1. Kurzvorstellung des Unternehmens

Seit 1989, also erst 30 Jahren, entwickelt und produziert IEE S.A. innovative und intelligente Sensortechnologien. Entsprechende folienbasierte Lösungen haben eine Dicke von weniger

---

[1] Die Fallstudie basiert auf den freundlichen Informationen von Herrn Stephan Grengs, Director Manufacturing & Supply Chain Management IEE S.A.

als 0,5 mm, sind gedruckt und können an jede geometrische Umgebung angepaßt werden, ideal für Anwendungen, bei denen der Platz begrenzt ist und komplexe Funktionalitäten erforderlich sind. Mit über 500 Mio. EUR Umsatz, fast 2.000 Mitarbeitern in sieben Ländern im Jahr 2020 und 1.600 Mitarbeitern des akquirierten Allianzpartners All Circuits versteht sich IEE als globales Unternehmen, das Angebote zunehmend stark länderspezifisch differenziert. Der Hauptsitz befindet sich in Luxemburg; F&E- und Produktionseinheiten und ein Netzwerk von Vertriebspartnern existieren weltweit. Drei Geschäftsfelder weist IEE auf:

- **Automobilsicherheit und -komfort** ist das dominante Geschäftsfeld. IEE ist der Pionier bei Lösungen für Insassenerkennung und -klassifizierung, sei es durch druckempfindliche Foliensensoren, kapazitive Messung oder Radartechnologien. Entsprechende Innenraumerfassungslösungen tragen gesetzlichen Anforderungen durch Behörden bei der Automobilzulassung Rechnung oder ermöglichen bessere Fahrzeugsicherheitsbewertungen, z.B. Euro NCAP („New Car Assessment Program"). Über 400 Mio. Pkw weltweit wurden mit Sensorsystemen ausgestattet, bei fast allen Fahrzeugherstellern (OEMs) weltweit.
- **Intelligente Gebäude** umfasst Gebäudemanagement- und Sicherheitslösungen, wie „Access Control", das die Kontrolle und Verwaltung autorisierter Zugänge zu sicheren Bereichen adressiert. „People Counting" erkennt und zeichnet die Personenanzahl auf, die sich in einem Bereich befinden oder bewegen, was die Optimierung des Personal- und Energiebedarfs oder die Generierung von Marketinginformationen, wie lokale Zählung, Verfolgung und Segmentierung von Personen, ermöglicht. „Object Surveillance" bietet einen 3D-Schutz bspw. von Gemälden in Ausstellungen, indem Sensoren Alarm auslösen, wenn jemand einen optischen Vorhang durchbricht.
- **Gesundheitstechnik und Interfacelösungen** umfassen Sensorik für medizinische Rehabilitation und Prävention sowie diverse tragbare Geräte. Der „Smart Foot" Sensor, integriert in eine Einlegesohle oder direkt in eine Schuhsohle, unterstützt über Schrittmessung und Abrollverhalten des Fußes die Erkennung und Nachverfolgung der Entwicklung verschiedener Krankheitsbilder, z.B. Diabetes. „Customized Input Sensing" adressiert die Lösungen in Unterhaltungselektronikprodukten, wie MP3-Playern und Tablet-PCs. Schalter, Schieberegler, Scroller und Touchpads umfassen dünne und leichte Sensoren, die gleichzeitig zuverlässig, robust und leicht zu integrieren sind. Eingabegeräte adressieren ein ähnliches Anwendungsfeld, je nach der Art des Kontaktmaterials fast digital (niedrige Impedanz) oder kraftabhängig (mit Kontaktwiderstand).

Das erstgenannte Geschäftsfeld wird nachfolgend fokussiert. Abbildung 20.3 visualisiert entsprechende Lösungen, die IEE in drei weitere Felder unterteilt. Der Case adressiert zunächst die Innovation der Angebotsleistungen, verbunden mit der Frage, wo und wie IEE international Innovationen vorantreibt und diese umsetzt. Im Fokus steht ferner die weltweite Distribution und damit verbundene kundennahe Produktion, weil beide länderspezifischen Besonderheiten gegenüber den **Global Key Accounts** Rechnung tragen in Verbindung mit einer **Follow-the-Customer-Strategie**. Dies erfolgt auch anekdotisch in ausgewählten Ländern.

20.2.2. Produktangebote und -innovation

Das erste Geschäftsfeld umfasst zunächst **Systeme zur Insassenerkennung**. Diese erkennen die Anwesenheit von Fahrzeuginsassen, und falls diese nicht angeschnallt sind, löst das Gurtwarnsystem ein Warnsignal aus (was die Zahl der nicht angeschnallten Insassen um 80% reduziert; das Anlegen der Sicherheitsgurte wiederum verringert das Risiko tödlicher Verletzungen um 50%). Die Lösung ist rechtlich und bspw. für die Euro NCAP Sterne-Sicherheitsbewertungen (Signal an Verbraucher bzgl. der Verfügbarkeit modernster technischer Sicherheitspakete im Pkw) bedeutend. IEE leistete Pionierarbeit bei der Entwicklung der *Insas-*

sensensorik für audiovisuelle Sicherheitsgurterinnerungssysteme, auch auf Rücksitzen. Heute sind dies druckempfindliche Sensortechnologien auf Folienbasis und Sensormatten mit Designflexibilität, unempfindlich für Temperaturschwankungen oder Feuchtigkeit. Die **automatische Airbag-Deaktivierung** für Kindersitze überwacht, ob ein Beifahrersitz besetzt ist und klassifiziert sodann Fahrzeuginsassen. Ist der Sitz nicht besetzt oder befindet sich dort ein Kind, deaktiviert das System den Airbag. **VitaSense** erkennt Insassen anhand ihrer Bewegungen oder Atmung, indem ein Radar-Signal von Insassen reflektiert wird. So wird gewarnt, wenn bspw. ein Kind im Auto vergessen wurde oder wenn ein Kind in ein unverschlossenes Auto klettert. Bei Schulbussen informieren analoge Lösungen Fahrer oder Fuhrparkmanager über im Bus verbliebene Passagiere. Schließlich wird die Anwesenheit des Fahrers erfaßt, um die automatische Handbremse zu steuern, das Motorstart-und-stopp-Management zu unterstützen oder das versehentliche Auslösen von Stop-and-Go-Funktionen zu verhindern.

Abbildung 20.3: Automobile Lösungen

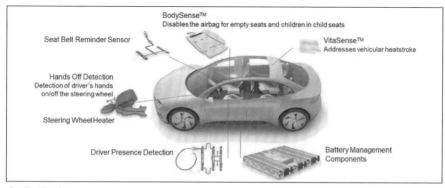

Quelle: IEE Group.

Das **assistierte/automatische Fahren** bietet viele Anwendungen für neue Systeme, die z.B. bei jeder Verkehrsbedingung lenken, beschleunigen und bremsen können sollen, um Verkehrssicherheit und Fahrkomfort zu gewährleisten. Die IEE-Sensorik unterstützt entsprechende Lösungen. Ein kapazitives Erfassungssystem ist bspw. im Lenkrad integriert (als Sensormatte) und induziert, ob der Fahrer am Lenkrad ist. Bei Spurhalteassistenzsystemen wird eine Warnung ausgelöst, sobald der Fahrer die Hände vom Lenkrad nimmt. Fortschrittliche Systeme überwacht die „Hands Off Detection" als Übergang zwischen manuellem und automatisiertem Fahren (um präzise zu erkennen wann, wer die Kontrolle über das Fahrzeug hat).

Sensor- und Heizungslösungen dienen der Optimierung des Batteriemanagements, um Batteriepakete weniger komplex und effizienter zu gestalten. Auch hier werden folienbasierte Sensoren genutzt, da sie dünn, flach, kompakt und beim Bau des Batteriepakets einfach zu handhaben sind sowie eine ideale Kombination aus geringem Gewicht (bis hin zu komplexen 3D- und gekrümmten Anwendungen) und hoher mechanischer Robustheit bieten. All-in-One-Paketlösungen umfassen u.a. elektrische Verbindungen zwischen Batteriezellen, Temperatursensoren sowie Spannungsüberwachungen von Batteriezellen und Zellenladung. Weitere Lösungen umfassen Sensoren zur Messung der Temperaturverteilung innerhalb eines Akkupacks oder Batterieheizgeräte, die zwischen Zellmodulen plaziert oder um diese gewickelt werden, die Temperaturkoeffizienten für eine gleichmäßige Wärmeverteilung auf breiten Oberflächen bieten und die optimale Heizleistung unterstützen.

Die IEE-Lösungen sind weltweit zertifiziert (z.B. IATF 16949, ISO 9001, ISO 14001, ISO 13485, OHSAS 18001) und erhielten weltweit dutzende Auszeichnungen für die innovative

Technologie. Die Leistungen werden, v.a. seit einer Dekade, zunehmend länderspezifisch adaptiert entwickelt und Kunden individuell angeboten. Der Wettbewerber ist dabei sehr produktspezifisch und für die einzelnen Sensortechnologien unterschiedlich. Kaum ein Konkurrent bietet ein identisches Produktportfolio an. Ferner existieren große, globale Wettbewerber ebenso wie neue, mittelgroße Wettbewerber, bspw. in China.

Gründe für die weltweite Innovationstätigkeit

Das Headquarter in Luxemburg bildet als Kompetenzcenter die Basis für alle F&E-Aktivitäten. Hier wird über 99% der Grundlagenforschung für die Leistungsangebote durchgeführt, heute bspw. radarbasierte Produkttechnologien. Die Entwicklung der Applikationen, d.h., die Umsetzung der Technologie in ein Produkt, erfolgt lokal. F&E-Einheiten in fünf weiteren Ländern (siehe Abbildung 20.4) tragen lokalen Umfeldbedingungen Rechnung. Hierzu gehören v.a. rechtliche Besonderheiten und lokale kunden- und fahrzeugspezifische Anpassungen. Die Verbraucher- und Kundenbedürfnisse variieren nämlich zunehmend, d.h., Pkw-Technologien sind zunehmend nur fünf Jahre stabil, bevor neue Lösungen erforderlich werden. Dies bedingt einen Innovationsdruck, auch für IEE. Darüber hinaus existieren in der Automobilbranche zwei wesentliche Treiber für Innovationen:

- Kundenwünsche erfüllen oder Kundenwünsche durch neue Funktionalitäten wecken und
- steigende Sicherheitsanforderungen, oftmals getrieben durch die o.g. Fahrzeugsicherheitsbewertungen (lokale/regionale NCAPs).

Abbildung 20.4: International Presence

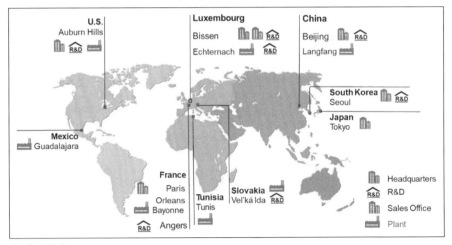

Quelle: IEE Group.

Die NCAP-Bewertungen von Fahrzeugen haben eine Schlüsselrolle, weil sie Hersteller wesentlich motivieren, neue Technologien und Funktionalitäten relativ schnell modell- und fahrzeugklassenübergreifend einzuführen. Eine schnelle Marktdurchdringung vereinfacht es wiederum Gesetzgebern sicherheitsrelevante Technologien zu regulieren, um eine Ausstattungsrate von 100% zu erreichen. Ein Beispiel ist der „Seat Belt Reminder", für den neu im Jahr 2002 der Euro NCAP Bonuspunkte einführte. Dies bedingte eine schnelle Markteinführung und bereits im Jahr 2009 wurde – basierend auf UN-Regulationen – diese Funktion in Europa und anderen Ländern gesetzlich vorgeschrieben. Seit 2019 müssen Neuzulassungen auch einen Beifahrergurtwarner vorweisen sowie auf den Rücksitzen eine Gurtschloßüberwachung (in vielen Ländern, wie EU, AUS, JPN, KOR). Daneben und gelegentlich sind auch relativ schnell gesetzliche Anforderungen zu erfüllen. So existiert bspw. in den USA eine landesweite Anschnallpflicht mit Ausnahme von New Hampshire, was aber zur Folge hat, dass Fahrer- und Beifahrerairbags deutlich größer als in Europa sind, sich schneller bei geringeren Unfallgeschwindigkeiten auslösen und sich schneller entfalten. Dies hatte zur Folge, dass auch bei relativ harmlosen Unfällen Insassen, insb. Kinder, durch den auslösenden Airbag verletzt wurden. Der US-Gesetzgeber hat entsprechend reagiert und schnell „Advanced Airbag Systems" vorgeschrieben. Insassenklassifizierungssysteme sorgen seitdem dafür, dass der Airbag abgeschaltet wird, wenn der Beifahrersitz bspw. mit einem Kindersitz belegt ist. Die Auswahl der Länder für die F&E-Einheiten kann historisch betrachtet werden.

- So wurde 1997 eine erste F&E-Einheit in Auburn Hills, nahe an drei großen US-Herstellern, aufgebaut. US-Regulierungen führten zur spezifischen Entwicklung v.a. der o.g. Sensoren zur Insassenklassifizierung, die sonst von geringerer Bedeutung sind. Diese F&E-Einheit verantwortete Produkte für lokale Kunden u.a. amerikanische Länder, auch wenn im südamerikanischen Markt Fahrzeugsicherheitsgesetzgebungen wenig verbreitet sind (die Latin NCAP etabliert nur gewisse Mindestanforderungen).
- 2001 wurde eine F&E-Einheit in Seoul eröffnet, die für lokale Kunden entwickelt, da es bspw. weniger möglich ist, aus den USA koreanische oder auch japanische Kunden zu betreuen. Aufgrund des hohen Marktanteils südkoreanischer Automarken in den USA werden in Seoul auch spezifische Sensorlösungen für den US-amerikanischen Markt entwickelt und angeboten (eine Länderinterdependenz in der F&E).
- Aus Ressourcenüberlegungen heraus erfolgte im Jahr 2006 der Aufbau einer F&E-Einheit in der Slowakei, von der aus der gesamte europäische Markt mit „Seat Belt Remindern" bedient wird; seit 2020 wesentlich vergrößert.
- Aus Ressourcen- und Logistikgründen wurden ferner F&E- und auch Produktionseinheiten in China etabliert, die ebenfalls „Seat Belt Reminder" und „Hand-of- Detektion" für diesen asiatischen Markt entwickeln und produzieren.
- Schließlich fand im Jahr 2015 die Akquisition des Elektronikherstellers All Circuits statt, der einen Großteil der für die IEE-Endprodukte benötigten Elektronik fertigt und daher in Frankreich über eine kleine F&E-Einheit auch für Sensoren verfügt.

Koordination der internationalen F&E-Einheiten

Die Organisationsstruktur der F&E entsprechen einer klassischen Matrixstruktur. Zentral aus Luxemburg werden die Technologien an die lokalen Einheiten weitergegeben, d.h., es liegt eine lokale Applikationsverantwortung mit zentraler Koordination und Entwicklungsverantwortung vor. Lokal wird über den Bedarf und über Produkte entschieden, und zwar autonom, wenn dies innerhalb der aus Luxemburg vorgegebenen Applikation erfolgt. Rückmeldungen in das Headquarter sind bspw. bei neuen Applikationen oder Preisabsprachen notwendig.

Unternehmenskulturell werden meist lokale Mitarbeiter gewonnen, i.d.R. im Anschluss an eine vorhergehende Expatriates-Lösung (oft kommunikative, die Unternehmensphilosophie kennende Ingenieure). Deren Einsatzdauer ist u.a. landeskulturell bedingt. So macht dies bspw. in China Sinn, während in Japan nur „Locals" beschäftigt werden. Eine Ausnahme bietet Luxemburg, da dort historisch eine Vielzahl an Nationen beschäftigt ist.

20.2.3. Produktion und Marktbearbeitung in Weltregionen

Die Produktionsaktivitäten sind eng mit der Marktbearbeitung verbunden, da auch die Produktionseinheiten den spezifischen lokalen Vorschriften sowie Verbraucher- und Kundenbedürfnissen Rechnung tragen. Das Headquarter ist erneut die Basis (heute v.a. bzgl. der Produktion hochautomatisierter Produktionslinien), während Produktionseinheiten in sechs weiteren Länder aufgebaut wurden. Die spezifischen Gründe für eine länderspezifische Produktion und Distribution sind: (1) Anforderungen der Leadtime, so kürzere Lieferzeiten, (2) zunehmend von Kunden geforderter *Local Content* (diese müssen selbst 50% lokale Wertschöpfung nachweisen), (3) Kostengründe, (4) reduzierte Währungsrisiken und z.T. (5) COO-Nachweis der eigenen IEE-Produkte (bspw. in den USMCA-Ländern). Die Auswahl der Produktionsstandorte kann erneut historisch betrachtet werden.

- Im Jahr 2002 wurde, aufgrund erhöhter Nachfrage, ein Teil der Produktion an einen Contract Manufacturer in der Slowakei vergeben. Dieser wurde später in das eigene IEE-Werk integriert. Aus diesem Werk wird im Wesentlichen der europäische Markt mit „Seat Belt Remindern", „Smart Trunk Openern" und „Hand-of- Detektion" bedient.
- In China erfolgte der Eintritt im Jahr 2006. Hier werden „Seat Belt Reminder", „Smart Trunk Opener" und „Occupant Classification" für China u.a. asiatische Länder sowie z.T. Brasilien und v.a. die USA hergestellt, bevor letzteres ins Werk nach Mexiko verlagert wurde. China ist u.a. aufgrund der Sprachbarriere und der hohen Personalfluktuation herausfordernd; Local Content-Regeln erfordern aber eine Produktion in China.
- In Frankreich und Tunesien erfolgte der Eintritt im Jahr 2015, durch die Akquision von All Circuits und die Produktportfolioerweiterung der IEE Gruppe. All Circuits bietet elektronische Lösungen im Bereich Automotive und Transport, Industrie und Energie, Kommunikation und Medizin an. In Frankreich sind zwei Standorte für die Produktion dieser Lösungen angesiedelt, aufgrund der benötigten doppelten Kapazitäten. In Tunesien werden eher nicht automobile, oft noch händisch verbaute Elektronikprodukte gefertigt.
- In den USA erfolgte der Eintritt im Jahr 2016, wobei u.a. der v.a. in den USA gefragte „Smart Trunk Opener" hergestellt wurde. Ansonsten beliefert das im Jahr 2019 in Mexiko gemeinsam mit All Circuits gegründete Werk den amerikanischen Markt. Hier werden „Seat Belt Reminder", „BodySense" und Elektronik hergestellt. Die von den USA forcierte Ablösung des NAFTA- durch das USMCA-Abkommen bedingte aber strengere Ursprungsregeln im Automobilsektor. So erhalten mexikanische Mitarbeiter bei der Herstellung eines für den US-Markt bestimmten Pkw 70% des amerikanischen Mindestlohns.
- In Japan ist eine Vertriebseinheit erforderlich, um kunden- und kulturnah aufzutreten.

Koordination der internationalen Produktionseinheiten

Um die internationalen Produktionseinheiten einfacher zu koordinieren dupliziert IEE die Produktionssysteme, gibt den Auslandseinheiten bspw. explizite Produktspezifikationen, Maschinenhersteller und -typ sowie Prozeßparameter vor. Hierdurch wird strukturell und prozessual eine Differenzierung der Systeme und eine starke Arbeitsteilung vermieden; ähnlich zu MNU mit vergleichbarer Größe und Internationalisierung. Dies umfaßt auch Vorgaben von Zielen und lokalen KPIs, die aber zunehmend regionalspezifisch festgelegt werden. Zudem wird länderspezifischen und kulturellen Besonderheiten in der Führung und im HRM Rechnung getragen. All dies bedeutet, das eine Verlagerung der Warenströme vom Headquarter zu den Kunden in diverse Länder erfolgt (siehe Abbildung 20.5), um eine kontinental-/länderspezifische, dezentrale und erfolgreiche Distribution zu gewährleisten. Es ist erschwerter EU-Produkte bspw. nach Asien zu liefern und selbst Lieferungen von China nach Indien sind erschwerter möglich (u.a. aufgrund indischer Regularien zum „Local Sourcing").

Internationale Marktbearbeitung und Distribution

Wie angedeutet, ist die Distribution eng mit den lokalen F&E- und Produktionsaktivitäten sowie direktem Kontakt zu globalen OEMs verbunden, was auch die Marktbearbeitung prägt:

- **Branding** ist im Zuliefergeschäft der Automobilhersteller enorm bedeutend. Lieferanten müssen sich i.d.R. eine starke Reputation erarbeiten; Bosch, ZF oder Valeo sind daher bevorzugte Ansprechpartner der OEMs. Ähnlich ist es in der Nische, in der IEE als Platzhirsch gilt. Ausnahmen sind China, wo die Reputation beim Eintritt bedeutend ist, aber ggü. lokalen Lieferanten langfristig an Bedeutung verliert, oder Japan, wo lokale Strukturen der OEMs dominieren und schwer für Top-Brands zu überwinden sind.
- In der **Preispolitik** sind in B2B-Branchen bekannte, kontraktuelle Instrumente ebenso relevant, wie leitplankenartige Preisvorgaben an den lokalen Vertrieb, bei deren Überschreitung das Headquarter zu involvieren ist, oder die zunehmend bedeutenden Wechselkurs- und Währungsrisiken (da Kunden lokal Produziertes in lokaler Währung beschaffen, was neben einer lokalen Produktion bzw. entsprechende Absicherungen erfordert).
- Typisch ist die **Kommunikationspolitik**, da durch Teilnahme an führenden Messen und Konferenzen geprägt (z.B. IAA, CES), ebenso wie jenen in Health- oder Building-Bereichen. Hier werden Trends und Wünsche nach Technologien der Kunden für das Business Development von IEE eruiert und zugleich eigene Innovationen und Produkte vorgestellt.

Abbildung 20.5: Warenströme und Länder mit den höchsten Liefervolumina (2015, 2017, 2019, in Mio. Stück)

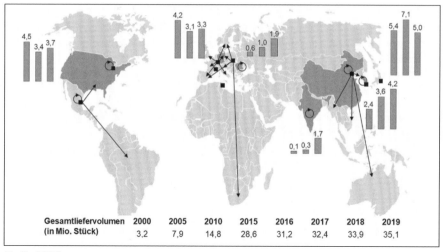

Quelle: IEE Group.

Der **internationale Vertrieb** der Technologien und lokalen Applikationen wurde v.a. in der letzten Dekade regionaler. Verliefen die Warenströme im Jahr 2000 noch ausschließlich von Luxemburg in wenige Weltregionen, existieren heute z.T. regionale Netzwerke. IEE orientiert sich an **Global Key Accounts** (siehe Abschnitt 19.5.3.) und realisiert eine **Follow-the-Customer-Strategie** (siehe Abschnitt 4.3.5.), d.h. das Vertriebseinheiten i.d.R. an den Standorten aufgebaut wurden, an denen OEMs ihre Automobilproduktion realisieren. Die Länder mit den höchsten Liefervolumina entwickeln sich unterschiedlich.

Nachfolgend werden die Besonderheiten des internationalen Vertriebs gemäß der Gliederung des Kapitels 19. behandelt, wobei IEE vorwiegend einen technischen Direktvertrieb realisiert.

Struktural und prozessual agieren das **Headquarter** und die **Auslandseinheiten** arbeitsteilig. Der lokale Vertrieb ist in annähernd allen Ländern mit lokaler Automobilproduktion und entsprechenden Beschaffungseinheiten der Kunden präsent (z.B. Deutschland, China, Japan,

Rumänien, USA). Er gestaltet den Kontakt zu den OEMs lokal und verantwortet die operative Abwicklung der Warenströme. Der Vertrieb im Headquarter oder GAM betreuen die Auslandsbeschaffungsaktivitäten der OEMs strategisch. Der Vertrieb in Luxemburg bearbeitet zudem europäische Märkte, bspw. VW, Daimler oder BMW in Deutschland. Realisiert ein OEM aber **Global Sourcing**, d.h., beschafft in diversen Ländern/Kontinenten produzierte Plattformtechnologien, hat er oft eine globale Einkaufsorganisation im Headquarter und lokale Einkaufseinheiten in den Produktionsländern. IEE dupliziert diese Kundenstruktur. Lokale Vertriebseinheiten bearbeiten i.d.R. den Kunden im jeweiligen Produktionsland, in Abstimmung mit dem GAM, der im Heimatmarkt des Kunden bzw. nahe an diesem beheimatet ist. Für US-Automobilkunden bspw. hat ein GAM mit Sitz in den USA lokale Vertriebsmitarbeiter in Korea, falls die US-Kunden in diesem Land produzieren und dort Beschaffungsmitarbeiter haben. Beschafft aber bspw. ein deutscher Kunde alle für Südkorea oder ein französischer Kunde alle für Osteuropa benötigten Plattformen im Heimatmarkt, ohne Präsenz von Beschaffungsverantwortlichen im jeweiligen Gastland, dann wird auch dieses von IEE dupliziert. Die jeweils am Heimatmarkt des Kunden liegende Vertriebseinheit, in beiden Fällen Luxemburg, erfüllt die strategischen GAM- und operativen Beschaffungsaktivitäten. IEE versucht somit die Vertriebsstruktur an die Beschaffungsstruktur des Kunden anzupassen, d.h., würde ein US-Kunde die Beschaffung nach China verlegen, dann würde der entsprechende Kontakt in China aufgebaut. Die Prozesse können wie folgt illustriert werden:

- Das GAM bzw. das Headquarter verhandeln Kopfkonditionen und langfristige Verträge mit den Verantwortlichen im Headquarter des jeweiligen Kunden und werden im operativen Geschäft lediglich bei Eskalationsrunden oder Neugeschäften aktiv.
- Der lokale Vertrieb verantwortet die operativere „Exekution" wie Lieferung, Nachlieferung etc., aber auch Produkt-, Prozess- oder Logistikänderungen, wie INCOTERM, Verpackungskonzepte, Logistikslots (klassisches Buyer-Geschäft). Ferner bearbeitet er den Kunden, versucht „Requests for Quotation" zu erhalten und entsprechende Angebote zu unterbreiten (ggf. in Abstimmung mit dem Headquarter).

In den **Beziehungen lokaler Kunden und IEE-Vertriebseinheiten** verantworten Letztere – wie angedeutet – vollständig die Führung des Vertriebs, so Kunden- und Auftragsakquisitionen, Neuprodukteinführungen, Preisverhandlungen etc. Dies erfolgt wie bei der F&E autonom für bestehende Applikationen. Lösungen außerhalb des vom Headquarter vorgegebenen Technologieportfolios sind mit Luxemburg abzustimmen.

Die **vertikale Struktur** ist bei Automobilsicherheit und -komfort durch Direktvertrieb gekennzeichnet. Lediglich in kleineren Märkten werden Vertriebspartner gewählt, wie in Japan, u.a. aufgrund kultureller Besonderheiten. In den weiteren Geschäftsfeldern wird allerdings indirekter Vertrieb realisiert, über diverse **Absatzorgane** wie Vertriebspartner, Distribuiere etc. Die **Breite von Vertriebswegen bzw. -systems** wird mit dem Partner All Circuits strategisch angestrebt. Während All Circuits ebenfalls Direktvertrieb realisiert, aber in Richtung Tier 2-3-Kunden (d.h. Teilelieferanten und Komponentenlieferanten), spricht IEE Tier 1-1,5 Kunden an (d.h., Modul- und Systemlieferanten). Strategisches Ziel ist es, alle Kunden und Kanäle zu bedienen. Ferner, im Direktvertrieb zu Global Accounts existieren mehrere Kanäle. Ingenieure in Entwicklungs- oder Vorentwicklungsteams haben adäquate Ansprechpartner bei den OEMs, wie auch Qualitätseinheiten oder Vertriebsmitarbeiter. Wie aber in Beschaffungsorganisationen verbreitet, rotieren Einkäufer bei den OEMs periodisch, v.a. um eine Objektivierung der Beziehungen zwischen Lieferanten zu fördern.

Neben den o.g. strukturellen Geschäftsbeziehungen zu Global Accounts variieren die **Prozesse** und die **Unternehmenskultur**. EU-Kunden setzen bspw. auf Qualität/modernste technische Spezifikation, auf langfristige Lieferererträge sowie -pläne und sind prozessorientiert sowie formalisiert; alles eine hilfreiche Basis für die Absatz- und Produktionssteuerung eines europäischen Lieferanten. Ferner haben EU-Kunden starke Firmenkulturen und agieren auf Augenhöhe mit Lieferanten. In anderen Ländern werden Verträge, Pläne oder Qualitätsvorteile von Kunden als hinderlich angesehen/nicht respektiert, in weiteren Ländern setzen Kunden auf ihre überlegene Position/Nachfragemacht und in anderen ist ein Kontakt zu OEMs nur mit lokalen Mitarbeitern möglich. Schließlich bestimmt die Reputation oder COO des Lieferanten das Kundenverhalten in Geschäftsbeziehungen in weiteren Ländern, wenn auch im Vertrieb grundsätzlich nationale Ansprechpartner bevorzugt werden. IEE hat aber insofern einen grundsätzlichen Vorteil, weil im Headquarter 23 Nationalitäten arbeiten.

20.2.4. Ausblick

IEE sieht sich heute als Spezialist für die Innenraumsensorik mit innovativen Technologien, einem breiten Produktportfolio und globalen Vertriebsstrukturen. Zukünftig sieht man wesentliche Weiterentwicklungen im wachsenden Bereich der Elektrifizierung/Batteriemanagement und des autonomen Fahrens. In beiden Feldern entstehen neue Sensorikanforderungen.

International ist man auf allen Kernautomobilmärkten vertreten, bei einer enormen Dynamik, welche vor 1-2 Dekaden nicht absehbar war, bei China, Indien oder Mexiko. Weiterhin wird zukünftig eine **Follow-the-Customer-Strategie** realisiert, ggf. im heute abgekühlten russischen Markt und zugleich eine Penetration von Potentialmärkten, wie Indien oder Brasilien.

Disruptiv werden die Konsequenzen der Pandemie wirken. Während in der Vergangenheit das Streben nach Globalisierung der Supply Chains vorherrschte, zeigt die Pandemie Grenzen auf, wenn der kleinste Lieferengpass die gesamte Supply Chain stocken lässt. Die Wertschöpfungskette in der Automobilbranche wird lokaler werden, mit rationalisierten Supply Chain-Designs, stärkeren „Second Sources" und stabilerer Logistik (z.B. mit der Bahn).

20.3. Besonderheiten der Konsumgüterhersteller

Die klassischen „4 P" sind stark auf das Marketing im Konsumgüterbereich ausgerichtet. Abhängig von der internationalen Orientierung sind die Standardisierungstendenzen im Marketing-Mix der Konsumgüterunternehmen unterschiedlich, mit starker Standardisierung bei internationaler und globaler Orientierung im Vergleich zu stärkeren Adaptionsansätzen bei multinationaler Orientierung bzw. so viel Standardisierung wie möglich, aber so viel Adaption wie nötig im Kontext multinationaler Ausrichtungen der Unternehmen.

Diese Überlegungen lassen die Heterogenität von Optionen des internationalen Konsumgütermarketing-Mix deutlich werden. Alle Marketing-Mix-Elemente spielen dabei im Konsumgütermarketing gleichermaßen eine Rolle, wobei häufig der Ausgangspunkt der Festlegung internationaler Marketing-Mix-Entscheidungen beginnend bei der Markenpolitik (als „Dach" des Marketing), oft in Verbindung mit Überlegungen zur Gestaltung der internationalen Produktpolitik, ansetzt. Gerade mit Blick auf die jeweiligen lokalen Märkte wird davon ausgegangen, dass die erheblichen Unterschiede, die in den Ländermärkten in Bezug auf politische, rechtliche, wettbewerbliche, aber auch infrastrukturelle und wirtschaftliche Bedingungen bestehen, v.a. im Konsumgütermarketing dazu führen, dass kein global einheitliches Konsumentenverhalten realistisch ist. Mit Blick auf die Ausgestaltung der Marktbearbeitung wurde daher in der Forschung oft davon ausgegangen, dass der Grad der Adaption des Marketing-Mix in der Konsumgüterbranche im Vergleich zu Investitionsgütermärkten höher ist (Mandler u.a. 2021; Tan/Sousa 2013). Dennoch gilt für den Konsumgüterbereich nicht, dass nur Ansätze existieren, in denen die Differenzierung des Marketing-Mix dominiert. Im Konsumgüterbereich finden sich solche Entwicklungen vornehmlich im Bereich von Gütern des täglichen Bedarfs (Fast Moving Consumer Goods, FMCG), die als besonders kulturgebundene Güter angesehen werden (siehe Kapitel 1. und Abschnitt 16.2.).

Jedoch zeigt sich zunehmend – auch forciert durch die Digitalisierung der Vertriebswege – gerade mit Blick auf langlebige Konsumgüter, die als weniger kulturgebunden angesehen werden, dass das Marketing-Mix international Standardisierungstendenzen aufweist. Die Wirkung von Standardisierung bzw. Adaption des Marketing-Mix auf die Verbraucher kann dabei sehr unterschiedlich sein. So kann Standardisierung z.B. mit Blick auf Global Brands, zwar positiv wirken, weil sie globale Standards signalisieren und vertrauensfördernd, z.B. über die Etablierung einheitlicher, globaler Qualitätsstandards, wirken können und auf diese Weise die Informationskosten und die Risikowahrnehmung der Verbraucher reduzieren. Umgekehrt kann eine solche Standardisierung aber auch negativ von den Konsumenten empfunden werden, weil sie z.B. als „massenproduziert", als wenig authentisch oder gar als ignorant gegenüber den jeweiligen lokalen Bedürfnissen der jeweiligen Länder bzw. der Kultur empfunden werden (Mandler u.a. 2021; Mandler 2019).

Eine im Kontext der Wertschöpfungszusammenhänge in der Konsumgüterbranche zusätzlich relevante Problematik besteht darin, dass sie i.d.R. keinen direkten Kontakt zu ihren eigentlichen Zielgruppen – den Konsumenten – auf den jeweiligen Märkten haben, sondern dass sie häufig über Absatzmittler agieren. In solchen Konstellationen bekommt die Beziehung zu den Absatzmittlern eine besondere Bedeutung, so mit Blick auf Fragen der Sicherung des Einflusses auf den Marktauftritt sowie die Marktpräsenz und damit die Kontrolle des Distributionskanals. Hersteller setzen daher Maßnahmen ein, die auf der Ebene der indirekten Kunden ansetzen. Obwohl der lokal agierende Handel – aufgrund der Markt- und Konsumentennähe – eine Reihe von Vorteilen hat, versuchen Hersteller daher immer stärker, im Rahmen eines **Beziehungsmanagements** den direkten Dialog mit den Konsumenten aufzunehmen. Ein Beispiel hierfür sind eigene Kundenclubs. Im Gegensatz zu derartigen Systemen des Handels sind diese zumeist von Beginn an international ausgerichtet. Beispiele für den Einsatz derartiger international ausgerichteter **Kundenbindungsprogramme** sind die Clubs von Herstellern, so der Sony Club „Sonus". Die Verbreitung interaktiver Medien vereinfacht diese Formen der Beziehung mit den Konsumenten zusätzlich und sie fördert auch weitere Tendenzen, wie den Aufbau von Mehrkanalsystemen, bei denen zusätzlich Direktvertriebssysteme aufgebaut werden, da auf diese Weise der direkte Kontakt zu den Konsumenten aufgebaut und gefördert sowie im Sinne der Marke der Konsumgüterhersteller geprägt werden kann.

Für international tätige Markenartikelhersteller ist somit die Sicherung und Durchsetzung der Markenziele ihrer lokalen, regionalen oder Global Brands von besonderer Bedeutung. Aus diesem Grund spielt neben der bereits angesprochenen **Vertikalisierung** (siehe Abschnitt 13.3.) auch das vertikale Marketing eine Rolle. Unter **vertikalem Marketing** wird eine Strategie verstanden, bei der die Konsumgüterhersteller anhand eines mit den Absatzmittlern (insb. mit Handelsunternehmen) koordinierten Vorgehens versuchen, die Konsumenten zu beeinflussen. Hersteller in der Konsumgüterbranche setzen zur Sicherung ihrer Markenziele eine Kombination konsumenten- und absatzmittlergerichteter Marketing-Mix-Elemente ein. Die konsumentengerichteten Maßnahmen umfassen den Einsatz absatzpolitischer Instrumente im Rahmen des Marken-, Produkt-, Kommunikations-, Vertriebs- und bedingt auch in der Preispolitik. Ziel der absatzmittlergerichteten Marketingaktivitäten ist es, über den Handel den Absatz der Produkte bei den Konsumenten sicherzustellen bzw. zu forcieren. In der Konsumgüterindustrie erfolgt somit i.d.R. eine **mehrstufige Marktbearbeitung**. Dabei erfolgt der Vertrieb der Produkte z.B. über Einkaufszentralen, den Großhandel, den Einzelhandel oder in kombinierter Form. Sehr häufig setzen Konsumgüterhersteller dabei aber Multichannel-Systeme ein, bei denen diese mehrstufigen Systeme mit Direktvertrieb an die Konsumenten kombiniert werden (siehe Abschnitt 13.3. sowie das Fallbeispiel Apple).

Im **internationalen vertikalen Marketing** spielt die Gestaltung der Machtpositionen zwischen den Konsumgüterunternehmen und den nationalen oder international bzw. länderübergreifend tätigen Handelsunternehmen eine besondere Rolle. Von ausschlaggebender Bedeutung für die Beziehung zwischen den Hersteller- und Handelsunternehmen ist die jeweilige Wettbewerbsposition. Wesentlich ist hierbei die **vertikale Wettbewerbsposition**, die sich auf die Stellung der Konsumgüterhersteller gegenüber den Handelsunternehmen bezieht. Wichtige Einflussfaktoren hierauf stellen z.B. die Stärke der Herstellermarken auf den jeweiligen Märkten, der Grad der Umsatzbedeutung der einzelnen Händler für die Hersteller oder die Ausweichmöglichkeiten des Handels auf alternative Produkte und die Kontraktsituation dar. Hinsichtlich der **Machtposition** besteht v.a. im Bereich von FMCG häufig eine Machtdominanz beim Handel. Im Bereich langlebiger Konsumgüter ist die Machtverteilung jedoch zumeist umgekehrt und das Gewicht liegt v.a. bei Global Brands. Konsumgüterhersteller, die mit Handelspartnern im internationalen Kontext zusammenarbeiten, müssen – je nach Machtkonstellation – die **Gatekeeper-Position** des Handels auf den lokalen Absatzmärkten berücksichtigen. Liegt diese bei den Händlern, sind v.a. handelsgerichtete Marketingmaßnahmen von hoher Bedeutung. Primäre Ziele solcher Marketingkonzeptionen liegen in der Stärkung der Position des Konsumgüterherstellers beim Handel als direktem Abnehmer sowie der Stärkung der eigenen Marken der Konsumgüterhersteller bei den Konsumenten. Dabei verfolgt der Hersteller das Ziel einer **„Preferred-Supplier"-Position**. Eine weitere handelsorientierte Marketingmaßnahme kann eine Ausrichtung der internationalen Produktpolitik auf die Handelskunden (z.B. spezifische Produktlinien bzw. -varianten) sein. Gerade Global Brands agieren oft mit **Exklusivmarkenstrategien**, um ihre Markenpositionierung zu sichern. Dabei stellt der Hersteller eine Marke oder ein Produkt bzw. eine Produktvariante in einem bestimmten Land oder einer bestimmten Region exklusiv einem bestimmten Handelsunternehmen zur Verfügung. Weitere Maßnahmen des handelsgerichteten Marketing sind die Herausstellung der Produktkompetenz sowie des Images durch den Markenartikelhersteller, die Gewährung finanzieller Anreize wie Rabatte oder Finanzhilfen, Verkaufsförderungsaktivitäten am PoS, Serviceleistungen oder die Vermittlung von Marketinginformationen.

Im Vertrieb der Hersteller sind, wie bereits dargestellt, jedoch zunehmend **Vertikalisierungstendenzen** zu beobachten. Gerade Global Brands nehmen zunehmend eine stärkere Kontrolle bzw. Koordination der Vertriebsaktivitäten vor. Neben eigenen Vertriebskanälen spielen auch vertikale Vertriebskooperationen eine Rolle. Diese dienen dazu, die lokalen, regionalen oder globalen Markenziele der Hersteller durchzusetzen und sie können von losen Formen der Zusammenarbeit bis hin zu straffen Systemen reichen. Straffe Formen werden auch als **Kontraktvertrieb** bezeichnet, wobei i.S. einer Controlled Distribution die Sicherung der Absatzwege durch die Hersteller erfolgt. Sie tragen wesentlich zur Stärkung der Marke des Herstellers bei, da die Hersteller ihre Vertriebs- und Marketingstrategie im vertikalen System besser durchsetzen können. Gerade im internationalen Kontext ist dies von wesentlicher Bedeutung. Insbesondere in herstellergebundenen Outlets kann das Sortiment eines Herstellers wesentlich strategiekonformer und umfassender präsentiert werden als im unabhängigen Einzelhandel. Noch weitergehend ist die Durchgriffsmöglichkeit der Hersteller im Rahmen von Systemen des **Direktvertriebs**, bei denen es sich um integrative Distributionsformen handelt.

Die nachfolgende Fallstudie zeigt auf, wie eine starke Marke in der internationalen Marktbearbeitung ihr internationales globales Markenimage über die Gestaltung des Marketing-Mix-Instrumentariums die Vertikalisierung um- und durchsetzt.

20.4. Marktbearbeitung am Beispiel Apple[1]

20.4.1. Kurzvorstellung des Unternehmens

Apple Inc. wurde am 01. April 1976 von Steve Jobs, Steve Wozniak und Ronald Wayne in Kalifornien gegründet. Als Produkte wurden der weltweit erste PC Apple I sowie in Folge Apple II angeboten. Letzterer bildete die Basis für den Börsengang von Apple im Jahr 1980, der dem Unternehmen neue Möglichkeiten eröffnete (u.a. den Zugang zum berühmten Xerox Palo Alto Research Center, in dem u.a. die typische grafische Benutzeroberfläche entstand, die Apple bis heute prägt). Im Jahr 1985 verließ **Steve Jobs** nach Konflikten das Unternehmen und gründete NeXT. Auf der Suche nach einem Betriebssystem wurde NeXT 1996 von Apple übernommen; Steve Jobs wurde CEO und prägte das Unternehmen bis zu seinem Tod im Jahr 2011. In den letzten zwei Jahrzehnten hat Apple maßgeblich die Entwicklung von Smartphones (iPhone), Tablets (iPad), Computern (Mac's) u.a. Technologien (wie Musikplayer, AirPods oder Apple Watch sowie Services wie iTunes, Apple TV oder Apple Pay) gefördert. Das Unternehmen ist als Designer, Entwickler und Verkäufer tätig.

Im Geschäftsjahr 2020 erwirtschaftete Apple einen Jahresumsatz von 274 Mrd. USD sowie einen Gewinn von 57 Mrd. USD (netto). Apple zählt zu den wertvollsten Unternehmen der Welt und hat über 147.000 Mitarbeiter. Die Produkte werden sowohl im stationären Handel in rund 500 Apple Retail Stores in 25 Ländern, bei ausgewählten Einzelhändlern im Bereich Unterhaltungselektronik sowie auf der eigenen Homepage verkauft. Für die Herstellung der Produkte arbeitet Apple weltweit mit mehr als 200 Lieferanten zusammen und bezieht somit mehr externe Produktteile als viele andere Hersteller (z.B. Samsung). Einer der größten Partner in Apples Supply-Chain ist das chinesische Unternehmen Foxconn. Die Hardware-Produkte von Apple werden, abgesehen von einigen Mac Computern, außerhalb der USA bei Partnerfirmen in Asien hergestellt. In dieser Case Study wird der Marketing Mix von Apple, untergliedert in die Marketinginstrumente Markenmanagement, Produktpolitik, Preispolitik, Kommunikationspolitik und Vertriebspolitik, in einem internationalen Kontext betrachtet.

20.4.2. Markenmanagement

Apple ist eine **Global Brand** mit weltweit einheitlich gesteuerter Produktion und Design und somit standardisiertem, nicht länderspezifischem Auftritt. Es wird versucht, ein weltweit konsistentes Image zu erzeugen, wobei sich das Unternehmen in den unterschiedlichen Regionen auch mit anderen Wettbewerbssituationen sowie Länderdifferenzen auseinandersetzen muss. Besonders die asiatischen Länder, die Heimatmärkte der größten Wettbewerber Samsung, Huawei und Co., werden von diesen Unternehmen als starke Wettbewerber dominiert. Aber auch z.B. im europäischen Raum hält Samsung den größten Marktanteil an Smartphone-Verkäufen. Für eine weltweit einheitliche Identifikation mit der Marke Apple setzt Apple auf eine **Corporate Identity**, die besonders durch das Logo charakterisiert wird. Zudem wird Apple durch klare Formen, helle Farben, hochwertige Produkte sowie das minimalistische und moderne Design repräsentiert. Diese werden nicht nur durch die Unternehmensorgane, sondern auch die internationalen Standorte und Partner kommuniziert, die sich an die von Apple vorgegebenen **Identitätsrichtlinien** halten müssen. Dies sind z.B. das Verhalten der Mitarbeiter, E-Mail-Signaturen oder die korrekte Anordnung von Produkt, Produkterklärung sowie Produktpreis im Einzelhandel. Neben dem einfachen und eleganten Design von Apple, wird auch die futuristische Denk- und Arbeitsweise durch den Unternehmensslogan **„Think Different"**

---

[1] Die Fallstudie basiert auf Geschäftsberichten und öffentlich zugänglichen Quellen des Unternehmens und Wettbewerbern, sowie weitergehenden Studien.

in den Vordergrund gestellt. Das Unternehmen verfolgt außerdem eine Markenstrategie, bei der alle Produkte des Unternehmens unter der **Dachmarke** Apple geführt werden. Hierbei weist Apple die Besonderheit auf, dass die Unternehmensmarke in die Produktmarke integriert ist, wie z.B. beim Apple iPhone oder der Apple Watch. Somit profitieren auch neue Produkte weltweit bei Markteinführung durch das Image der Dachmarke. Der Wert der Marke Apple zeichnet sich bei den Konsumenten besonders durch eine hohe Qualität der Produkte sowie eine starke emotionale und soziale Verbundenheit zum MNU aus, sodass Kunden auch als „Fans" der Marke bezeichnet werden und Apple als Teil ihres Lifestyles betrachten.

20.4.3. Produktpolitik

Apple setzt auf eine international standardisierte Produktpolitik und bietet seinen Kunden länderübergreifend das gleiche Produktportfolio. Tabelle 20.1 untergliedert die Produkte des Unternehmens in das iPhone, Mac, iPad und Wearable, Home and Accessories sowie in Services und zeigt den jährlichen Umsatz sowie die jeweiligen Anteile am Umsatz des Unternehmens.

Tabelle 20.1: Umsätze der Apple Produkte und Services von 2018 bis 2020 weltweit

Kategorie	Umsatz 2020 in Mio. USD (Umsatzanteil)	Umsatz 2019 in USD (Umsatzanteil)	Umsatz 2018 in Mio. USD (Umsatzanteil)
iPhone	137.781 (50,2%)	142.381 (54,7%)	164.888 (62,1%)
Mac	28.622 (10,4%)	25.740 (9,9%)	25.198 (9,5%)
iPad	23.724 (8,6%)	21.280 (8,2%)	18.380 (6,9%)
Wearables, Home and Accessories[1]	30.620 (11,2%)	24.482 (9,4%)	17.381 (6,5%)
Services[2]	53.768 (19,6%)	46.291 (17,8%)	39.748 (15,0%)
Gesamt	274.515	260.174	265.595

[1] Wearables, Home and Accessories beinhalten Umsätze von AirPods, Apple TV, Apple Watch, Beats Produkte, HomePod, iPod touch sowie Apple-Branded und Third-Party Accessories. [2] Services beinhalten Umsätze aus Werbung, AppleCare, digitalen Inhalten u.a. Dienstleistungen des Unternehmens. Zudem sind Umsätze aus den Abschreibungen der aufgeschobenen Werte von Maps, Siri und kostenlosem iCloud Speicher sowie Apple TV+ Services, die im Verkaufspreis bestimmter Produkte enthalten sind.

Quelle: Apple Geschäftsbericht 2020.

Auffällig ist die Dominanz des **iPhones** im Produktportfolio von Apple, das im Jahr 2020 alleine die Hälfte des gesamten Unternehmensumsatzes erwirtschaften konnte. Zwar lässt die Tabelle ebenfalls erkennen, dass der Umsatzanteil in den letzten Jahren abgenommen hat, dennoch sind deutliche Unterschiede zum größten Wettbewerber Samsung zu erkennen. Dieser war in den letzten Jahren besonders durch das Display- und Speicherchip-Geschäft geprägt und weist generell ein deutlich breiteres und tieferes Sortiment als Apple auf. Zudem bietet Samsung seinen Kunden, im Gegensatz zu Apple, in den Zielmärkten unterschiedliche Produkte für alle gesellschaftlichen Klassen und länderspezifische Variationen für z.B. Asien und Europa und passt dort seine globale Strategie an lokale Besonderheiten an.

Auffällig dagegen ist bei Apple die zunehmend wachsende Kategorie der **Services**, die in den letzten Jahren den zweitmeisten Umsatz für das Unternehmen generieren konnte und eine Abgrenzung zu Wettbewerbern wie Samsung ist. Sie bilden die Basis für ein geschlossenes Öko-System, zu dem Apple den Zugang stark kontrolliert bzw. begrenzt. Während ein Großteil der am Markt erhältlichen Smartphones und Computer auf die Betriebssysteme Android und Windows zurückgreifen und somit sehr ähnliche Interface-Designs aufweisen, setzt Apple auf die **eigenen Betriebssysteme** und Designs. iPhone (iOS), Mac (macOS), iPad (iPadOS), AppleTV (tvOS) sowie die Apple Watch (watchOS) haben alle ihre eigene Software und kennzeichnen sich durch ein einheitliches, schlichtes Design. Neben der Software, die für die einzelnen Produkte entwickelt wurde, bietet Apple zudem verschiedene Services an, die produktübergreifend, basierend auf Subskriptionssystemen genutzt werden können. Hierzu zählen z.B. verschiedene Plattformen, wie der App Store, Apple Fitness+, Content- oder Streaming-Dienste, wie Apple News+, Apple TV oder Apple Music, für die exklusiver oder zunehmend eigener Content (z.B. mit eigenen Film-Studios) angeboten wird. Zudem bietet das Unternehmen mit AppleCare zusätzliche Unterstützung bei Problemen mit den Produkten. Ein weiterer Service von Apple, die iCloud, kann zum Speichern von Musik, Fotos, Kalendern oder anderen Dokumenten genutzt werden und ist nicht nur für Apple-Produkte, sondern auch andere Geräte, wie z.B. Windows Computern, verfügbar.

Die internationale Produktpolitik von Apple ist durch weitestgehende globale Standardisierung, v.a. durch ausgeprägte Integration geprägt: Produkte und Services von Apple sind aufeinander für ein nahtloses Nutzererlebnis abgestimmt und vernetzt und bilden ein eigenes, hochintegriertes Plattform-Öko-System. Dieses bietet eine komplementäre und vernetzte Nutzung der Produkte und Services und bildet die Basis für hohe Wechselkosten der Nutzer.

20.4.4. Preispolitik

Neben regelmäßigen Produktinnovationen und neuen Designs sowie schneller Übernahme der Technologien durch die Wettbewerber ist die Technologiebranche, in der Apple sich befindet, weltweit durch eine aggressive Preispolitik der Wettberber sowie eine hohe Preissensitivität bei den Konsumenten geprägt. Dennoch verfolgt Apple eine **Premiumpreis-Strategie** und bietet die Produkte länderübergreifend zu hohen Preisen an. Betrachtet man bspw. den größten Umsatzträger, so die iPhones, zeigt sich, dass selbst das derzeit günstigste iPhone, das SE mit 64GB, in Deutschland ca. 466 EUR kostet. Dagegen lässt sich z.B. ein Smartphone des Wettbewerbers Samsung bereits für 165 EUR kaufen. Der Preis für die Smartphones wird von Apple durch die Überlegenheit der Produkte gegenüber anderen Anbietern gerechtfertigt. Zudem haben die Absatzzahlen von Apple der letzten Jahre gezeigt, dass auch die Kunden bereit sind, diesen Premiumpreis für die Produkte zu zahlen. Eher preisempfindliche Kunden haben die Möglichkeit, die älteren Generationen des iPhones zu einem verhältnismäßig günstigeren Preis zu erwerben. Mit der Premiumpreis-Strategie erzielt Apple Verkaufsmargen von teilweise über 60% bei den iPhones. Diese Margen werden allerdings auch bei den High-end Smartphones der anderen Wettbewerber (z.B. Samsung und Huawei) erzielt. Wenn man jedoch nicht nur die Gewinnmargen der High-end Smartphones, sondern von allen Smartphones der Wettbewerber betrachtet, erzielt Apple dort einen deutlich höheren operativen Gewinn. Somit betrug Apples weltweiter Anteil am operativen Gewinn bei Mobiltelefonen in 2019 fast 67%, während Samsung mit 19% auf Rang zwei agiert.

Bei der Entscheidung, wie die Preise in den jeweiligen Ländern gesetzt werden, müssen länderspezifische Unterschiede bei z.B. Transportkosten, Versicherungen oder Zöllen und Steuern berücksichtigt werden. Die Preise können sich somit für das gleiche Produkt länderübergreifend deutlich unterscheiden, wie Tabelle 20.2 zeigt.

Trotz des international standardisierten Auftretens von Apple bestehen deutliche Unterschiede bei der Preissetzung des iPhone 12. Auch der Wettbewerber Samsung zeigt ähnliche Preisunterschiede. In Korea, dem Heimatmarkt von Samsung, wird nur die S21 5G Variante mit mehr Speicher verkauft und ist daher nicht in der Tabelle aufgelistet. Der Referenzpreis des chinesischen Modells mit gleicher Speicherleistung liegt knapp über dem Koreanischen. Somit kann das Unternehmen das Produkt sowohl in Korea, China als auch den USA zu fast identischen Preisen anbieten, während die **länderspezifischen Preise** bei Apple deutlich höher als im Heimatmarkt USA liegen. Der Status von Apple als Premium-Produkt wird auch deutlich, wenn man betrachtet, dass das iPhone 12 in China fast ein dort durchschnittliches Monatseinkommen kostet. Am Beispiel Brasiliesn wird der Länderunterschied beim Pricing besonders deutlich, was dort besonders an hohen Zöllen auf nicht im Land produzierter Elektronik liegt. So kann Samsung, das u.a. in Brasilien produziert, dort einen im Verhältnis zum Apple-Produkt deutlich niedrigeren Preis des Smartphones anbieten.

Tabelle 20.2: Preisunterschiede Apple iPhone 12 und Samsung S21 5G

Zielmarkt	Apple iPhone 12 (USD)	Verhältnis zum Preis USA	Samsung S21 5G (USD)
USA	799	100%	799
Kanada	906	113%	906
China	969	121%	769
Vereinigtes Königreich	1108	139%	1066
Deutschland	1074	134%	1014
Frankreich	1086	136%	1026
Indien	964	121%	965
Brasilien	1428	179%	964

Quelle: Apple Inc. und Samsung länderspezifische Homepages, abgerufen am 16.03.2021.

20.4.5. Kommunikationspolitik

Die bereits im Kontext des Markenmanagements von Apple (siehe Abschnitt 20.4.2.) beschriebene **global standardisierte** Darstellung von Apple wird auch durch die internationale Kommunikationspolitik erreicht. Die gesamte Kommunikationspolitik von der klassischen Werbung bis hin zur Gestaltung der Homepage ist international standardisiert aufgebaut und lediglich an Sprachunterschiede angepasst. Besonders herausstechend sind länderübergreifende Kommunikations- und Event-Konzepte, die auf globalen Medien basieren.

Neben zunehmenden Kooperationen mit bekannten Influencern oder Werbefilmen z.B. auf YouTube oder Instagram, hat sich Apple mit seinen **Keynotes** ein eigenes Kommunikationsmedium geschaffen, um neue Produkte an die Verbraucher zu kommunizieren. Bereits 2007 wurde das erste iPhone von Steve Jobs auf der Macworld, einem Vorgänger der heutigen **Apple Events**, präsentiert. Die Präsentation fand Monate vor dem Verkaufsstart und zu einem Zeitpunkt statt, an dem weder die Hardware noch die Software marktreif waren und ein Prototyp auf der Bühne genutzt wurde. Da das Produkt zudem intern entwickelt und designt wurde, gab es vor der Macworld keine Informationen über das neue Produkt. Durch diese zentrale und groß angekündigte Produktpräsentation konnte Apple großes Interesse bei den Konsumenten wecken und nutzt sie auch heute noch für große Ankündigungen, die per Livestream weltweit übertragen werden. Neben den Keynotes, auf denen überwiegend Hardware präsentiert werden, wurde zudem die **Entwicklerkonferenz** Worldwide Developers Conference (WWDC) für Softwareankündigungen etabliert. Die Apple Events haben sich neben dem Marketing- auch als Entertainment-Event entwickelt. Im Jahr 2020 wurden für die Veröffentlichung der Produkte jeweils eigene Events veranstaltet (u.a. Event für die Mac-Reihe samt innovativem M1 Chip, Event für das iPhone 12, Event für Apple Watch und iPad). Die Wirkung von Produktpräsentationen sowie der Verkaufsstart neuer Produkte lässt sich auch an den Umsatzerlösen erkennen, die besonders im ersten Quartal eines Geschäftsjahres, in das auch der Release des neuen iPhones fällt, hoch ausfallen. Die **Produktpräsentationen** werden nicht nur über die Apple-Homepage an Millionen von Konsumenten gestreamt, sondern erreichen auch über die Plattform YouTube Millionen Menschen auf der ganzen Welt. Die Keynote von Oktober 2020, in der Apple unter anderem das iPhone 12 präsentierte, hat bereits zwei Monate später über 55 Mio. Aufrufe. Neben der emotionalen Ansprache des Kunden in der Keynote, die sowohl informativ als auch unterhaltsam gestaltet ist, werden außerdem der Apple Hauptsitz sowie die Produkte einfach und futuristisch präsentiert. Besonders der Nutzen, den der Kunde durch das Produkt hat, wird in den Vordergrund gestellt.

20.4.6. Vertriebspolitik

Die internationalen Vertriebsaktivitäten von Apple lassen sich durch den in Tabelle 20.3 aufgeführten Umsatz je Region einordnen. Der Fokus des Unternehmens liegt klar auf dem amerikanischen Heimatmarkt und auch der Umsatz in Europa konnte nach einem Rückgang in 2019 wieder deutlich gesteigert werden. Dagegen geht der Umsatz in China in den letzten Jahren deutlich zurück, was sich v.a. durch zunehmende chinesische Wettbewerber in der Technologiebranche sowie den Handelskrieg zwischen den USA und China erklären lässt.

Auch wenn die Umsätze nach den Regionen aufgegliedert sind, spricht Apple basierend auf einer **integralen Segmentierung** länderübergreifend eine einheitliche Zielgruppe an und ist besonders für Menschen zwischen 20-45 Jahren mit hoher Kaufkraft attraktiv. Zudem fallen besonders loyale Käufer der mittleren und höheren Gesellschaftsschicht, die in städtischen Gebieten wohnen, unter die Zielgruppe. Dagegen spricht z.B. Wettbewerber Samsung mit seinen Produkten international alle gesellschaftlichen Schichten unabhängig vom Alter an, geht aber zudem auf länder- oder regionsspezifische Unterschiede ein.

Tabelle 20.3: Geographische Aufteilung der Umsätze von 2018 bis 2020 (in Mio. USD)

Region	Umsatz 2020	Umsatz 2019	Umsatz 2018
Nord- und Südamerika	124.556	116.914	112.093
Europa/Indien/Mittlerer Osten/Afrika	68.640	60.288	62.420
China/Hongkong/Taiwan	40.308	43.678	51.942
Japan	21.418	21.506	21.733
Asia Pacific	19.593	17.788	17.407
Gesamt	274.515	260.174	265.595

Quelle: Apple Geschäftsbericht 2020.

Im Vertriebssystem wird deutlich, wie stark das Unternehmen vertikalisiert. Apple bietet seine Produkte zum einen in knapp 500 **Apple Stores** in 25 Ländern zum Verkauf an. Der Großteil der Stores liegt in den USA, in denen sich 270 Geschäfte befinden, gefolgt von China (42), dem Vereinigten Königreich (38), Kanada (28), Australien (22) sowie Frankreich (20), Italien (17) und Deutschland (15). In seinen Apple Stores versucht sich das Unternehmen besonders durch das Design von anderen Retail Stores abzugrenzen. Die Läden sind komplett offen gestaltet und Kunden können fast alle Produkte an Tischen ausgiebig testen. Eine sog. „Genius Bar" steht bei Fragen oder Problemen zur Verfügung. Ähnlich wie das Design der Apple-Produkte sind die Apple Stores länderübergreifend einheitlich, einfach und modern gestaltet. Außerdem bietet Apple seinen Kunden international einen direkten Vertrieb über den unternehmenseigenen **Online-Store**, der allerdings in weniger Ländern im Vergleich zum Wettbewerber Samsung verfügbar ist. Für den Online-Shop nimmt Apple nur minimale länderspezifische Anpassungen vor. So können z.B. die Konsumenten in Indien über den Online-Store mit den Spezialisten sowohl in englischer, als auch Hindi-Sprache kommunizieren. Zudem bietet das Unternehmen mit Blick auf die festliche Jahreszeit in Indien personalisierte Gravuren für verschiedene Produkte, wie z.B. die AirPods, an. Auch diese ist nicht nur in englischer Sprache, sondern ebenfalls in Bengalisch, Gujarati, Hindi, Kannada, Marathi, Tamil sowie Telugu erhältlich und geht somit auf die verschiedenen anerkannten Amtssprachen in Indien ein. Ein indirekter Vertrieb erfolgt über Groß- und Einzelhändler. Hierbei wird die länderübergreifende Steuerung und Kontrolle der Vertriebswege von Apple im Sinne einer Controlled bzw. Secured Distribution besonders deutlich, da Produkte nur über ausgewählte Partner vertrieben werden. Wettbewerber Samsung dagegen verkauft seine Produkte z.B. überall dort, wo Einzelhändler bereit sind, diese in ihr Sortiment aufzunehmen.

20.4.7. Ausblick

In der Technologiebranche, die neben Apple bereits seit Jahren durch große asiatische Unternehmen wie Samsung geprägt wird, konnten in den letzten Jahren chinesische Hersteller zu großen Wettbewerbern heranwachsen. Besonders in der stark umkämpften Smartphone-Branche drängen Hersteller wie Xiaomi, Huawei oder Oppo auch zunehmend in Märkte außerhalb von Asien und fordern Apple auf den weltweiten Märkten. Während der Absatz von Apple auf dem chinesischen Markt auch aufgrund stetiger Konflikte zwischen den USA und China langfristig schwierig zu planen ist, bieten sich mit der weiteren Erschließung von neuen Zielmärkten in der Zukunft neue Möglichkeiten. Somit ist z.B. die Nachfrage nach Smartphones in Indien in den letzten Jahren extrem angestiegen. Allerdings verzeichnet Apple, auch wenn in Indien ein Online-Shop errichtet wurde, aufgrund der hohen Preise verhältnismäßig weniger verkaufte Produkte im indischen Markt als Wettbewerber wie Samsung oder Xiaomi.

Nicht nur Wachstum über neue Märkte spielt eine Rolle, sondern auch die Nutzung und der Ausbau des international standardisierten Plattform-Öko-Systems, das als starkes Kundenbindungsinstrument wirkt. Auf diese Weise etabliert das Unternehmen einerseits Markteintrittsbarrieren, andererseits aber auch hohe Wechselkosten für Apple-Nutzer. Hier zeigt sich die hohe Bedeutung der Verzahnung, Komplementarität und Integration der Produkte und Services von Apple. Diese tragen dazu bei, dass eine Plattform für neue Produkte und Services existiert, die laufend ergänzt und erweitert wird. Hinzu kommt, dass die Nutzung mehrerer Geräte des Herstellers erweiterten Benutzerkomfort und Funktionalitäten bietet. So können bspw. Aufgaben an einem Produkt von Apple begonnen werden und über Services wie Airdrop, Airplay oder iCloud an einem anderen nahtlos fortgesetzt werden. Die Produkte können sich untereinander automatisch koppeln oder steuern. Hinzu kommt, dass die Dienste und Funktionen von Apple nur mit Apple-Produkten nutzbar sind und, dass Apple zumindest teilweise kontrolliert, wer Software für die Produkte anbieten kann bzw. darf, so u.a. über den Apple Store, und die Produkte und Services von Apple sind oftmals nicht kompatibel mit Produkten bzw. Angeboten anderer Hersteller.

Apples internationale Marktbearbeitungsstrategie basiert damit auf einem Plattform-Öko-System, das global standardisiert, mit leichten Adaptionen, die sich insb. auf sprachliche Anpassungen beziehen, umgesetzt wird. Dabei agiert das Unternehmen international als premiumorientierter Innovationsführer. Die Markteinführung neuer Produkte und Services wird nicht nur durch die globale Marke gefördert, sondern diese werden in das Öko-System integriert oder erweitern seine Vernetzungsbasis.

20.5. Besonderheiten der Dienstleistungsunternehmen

Auch für die internationale Marktbearbeitung von Dienstleistungen sind die bekannten Merkmale wie Heterogenität/Interaktionsintensität, Immaterialität/Intangibilität oder Integration des Kunden/Individualität relevant (Zeithaml/Parasuraman/Berry 1985, S. 42). Grundsätzlich können Implikationen aus diesen Charakteristika für die Marktbearbeitung formuliert werden (siehe Abbildung 20.6). Wie bereits in den o.g. Ausführungen zu den Besonderheiten der Dienstleistungen hervorgehoben, sind auch hier die Immaterialität/Intangibilität und v.a. die Integration des externen Faktors in die Leistungserstellung von besonderer Bedeutung.

Eine Sicherstellung und Dokumentation der Leistungsfähigkeit umfasst einerseits die Flexibilität des Geschäftsmodells zur Anpassung an länderspezifische Anforderungen u.a. seine Fähigkeit zur länderübergreifenden Koordination. Letzteres erfordert auch einen Blick über die Marketinginstrumente hinaus (bspw. auf die strukturelle, prozessuale und unternehmenskulturelle Koordination, siehe Kapitel 21.). Bezüglich der Immaterialität des Dienstleistungsergebnisses sind Aspekte wie die Kenntnis der länderspezifischen Wahrnehmungsunterschiede bestimmter Angebote durch Kunden ebenso bedeutend wie die Berücksichtigung von Reputation oder die Überwindung der (internationalen) Nichttransportfähigkeit. Die Integration des Externen Faktors umfasst bspw. die länderspezifische Steuerung der mitarbeiterbezogenen Dienstleistungsqualität bzw. die Vermeidung entsprechender länderübergreifender Schwankungen. In allen Fällen ist zunächst die länderübergreifende Standardisierung bzw. Adaption der Leistungen zu beachten (siehe Abbildung 20.7). Zudem ist die Ausgestaltung der Angebote in einzelnen Ländern oder Regionen relevant.

Abbildung 20.6: Implikationen der Dienstleistungsmerkmale für die Marktbearbeitung

Dienstleistungsmerkmale	Marktbearbeitungsimplikationen (länderspezifisch/länderübergreifend)
Heterogenität (Leistungsfähigkeit des Anbieters)	▪ Sicherstellung der internationalen Leistungsfähigkeit ▪ Dokumentation der internationalen Leistungsfähigkeit
Immaterialität (Nichtlagerfähigkeit, Nichttransportfähigkeit)	▪ Berücksichtigung von Interpretationsunterschieden bzgl. Qualitätsindikatoren ▪ Berücksichtigung der Länderimages ▪ Überwindung der (internationalen) Nichttransportfähigkeit
Integration des externen Faktors	▪ Steuerung mitarbeiterbezogener Qualitätsdimensionen ▪ Vermeidung von Qualitätsschwankungen

Quelle: I.A.a. Meffert/Bruhn/Hadwich 2015, S. 519.

Abbildung 20.7: Vor- und Nachteile der Standardisierung von Dienstleistungen

Vorteile	Nachteile
▪ Realisierung eines einheitlichen, harmonischen Marktauftritts ▪ Kostensenkungs- und Synergiepotenziale (z.B. Volumen-, Spezialisierungs- und Lerneffekte) ▪ Effizienzsteigerung von Planung und Kontrolle ▪ Erleichterung des Transfers von Personal und Know-how zwischen den Ländermärkten ▪ Ausstrahlungseffekte des Unternehmensimages	▪ Mangelnde Berücksichtigung länderspezifischer Nachfragebedürfnisse ▪ Unzureichende Zielgruppenansprache ▪ Mangelnde Flexibilität bei Entscheidungszentralisierung ▪ Hemmung innovativer Prozesse

Quelle: I.A.a. Meffert/Bruhn/Hadwich 2015, S. 516.

Konsens herrscht darüber, dass über die klassischen „4 Ps" im Dienstleistungsmarketing weitere Marketinginstrumente zu beachten sind (bspw. zu „7 Ps").

Wie angedeutet, ist das **Personal** aufgrund der direkten Kundeninteraktion im Leistungserstellungsprozess essenziell. Klassisch sind hier Personalauswahl und -entwicklung zu beachten (siehe Abschnitt 21.5.), im Marketing bzgl. des Personals zur Absatzmarktbearbeitung. Faktoren wie Kompetenz oder Freundlichkeit stehen im Vordergrund, weil diese Anreize und Hinweise bzgl. der angebotenen Leistung, die materiell nicht greifbar ist, liefern (siehe zu weiteren Besonderheiten Abbildung 20.8).

Auch **Prozesse** werden oft als Instrument betrachtet, weil der Leistungserstellungsprozess für Dienstleistungskunden essenziell ist. Das Prozessmanagement bezieht sich auf die mit der Dienstleistungserstellung zusammenhängenden Aktivitäten, in die Kunden eingebunden sind. Die Transparentlegung, Ablaufqualität oder Fehlerfreiheit der Kundenprozesse ist daher wichtig, auch bzgl. der unterschiedlichen Anforderungen internationaler Kunden (zu kulturellen Bewertungsunterschieden bspw. Müller/Gelbrich 2015, S. 408ff.). Bei Dienstleistungen kommt ferner oft dem Faktor **Zeit** eine Bedeutung zu (z.B. Wartezeiten, Zeitdauer der Leistungen u.Ä.), was ebenfalls international oder kulturell variieren kann.

Abbildung 20.8: Besonderheiten der Personalpolitik in Dienstleistungsunternehmen

Besonderheiten	Implikationen für die Personalpolitik
Heterogenität (Leistungsfähigkeit des Anbieters)	■ Qualifizierung der Mitarbeiter ■ Einstellung von Mitarbeitern mit entsprechender Qualifikation zur Dokumentation des Leistungspotenzials
Immaterialität (Nichtlagerfähigkeit, Nichttransportfähigkeit)	■ Mitarbeiter als Qualitätsindikator ■ Maßnahmen zur „Standardisierung" des Personals ■ personenbezogenes Unternehmensimage ■ Unterstützung der kurzfristigen Nachfragesteuerung
Integration des externen Faktors	■ Schaffung einer Mitarbeiter-Kunden-Partnerschaft ■ Information der Mitarbeiter über Probleme im Leistungserstellungsprozess ■ Externe und interne Kundenorientierung ■ Zusammenhang von Mitarbeiter- und Kundenzufriedenheit

Quelle: I.A.a. Meffert/Bruhn/Hadwich 2015, S. 401.

Schließlich wird die **physische Evidenz** als Instrument betrachtet, weil aufgrund der Immaterialität und Intangibilität für Kunden Dienstleistungen schwierig vor der Inanspruchnahme zu bewerten sind, weswegen deren Sichtbarkeit wichtig ist. Mittels eines Image- oder Reputationstransfers über die Ausstattung des Qualitätsniveaus des Dienstleistungsumfeldes, Geschäftsausstattung etc. wird versucht, die Dienstleistungen für die Kunden „tangibler" zu machen, indem Indikatoren für die Qualität angeboten werden. Imagesignale sollen über unterschiedliche Kontaktträger „materialisiert" werden (siehe Abbildung 20.9). Ähnlich ist das Kapazitätsmanagement wichtig, so die Bereitstellung von Personal (z.B. Anzahl der Mitarbeiter im Call-Center), um Garantien der Leistungserfüllung mit einem optimalen Qualitätsniveau unter Beachtung von Kosteneffekten zu gewährleisten. Aber auch bei der Marktbearbeitung werden Typologien vorgeschlagen. So ist es je nach Dienstleistungsart und Integrationsgrad möglich, bestimmte Kapazitäten länderübergreifend zu gestalten. Insofern sind allgemeingültige Aussagen zur Marktbearbeitung kaum möglich, sondern bedürfen eines Branchenfokus.

Abbildung 20.9: Beispiele zur physischen Markierung von Dienstleistungen

Verfügungs-bereich	Kontaktträger	
	Kontaktobjekte („Dinge")	Kontaktsubjekte (Menschen)
Extern	■ Schild am Kleidungsstück nach einer Textilreinigung ■ Hänger am Autospiegel nach Reparatur	■ Stempelaufdruck beim Besuch einer Diskothek ■ Textile Merchandising-Artikel (z.B. T-Shirts, Mützen, Schals)
Intern	■ Markierung von Gebäuden, Flugzeugen, Zügen, Mietwagen usw. ■ Architektonische Gestaltung von Gebäuden (z.B. Chrysler Building)	■ Einheitliche Personalbekleidung mit einer Markierung ■ Namensschilder mit Firmenemblem für die Mitarbeiter

Besonderheiten der Marktbearbeitung von investiven, technischen Dienstleistungen

Als Basis zur Betrachtung investiver, technischer Dienstleistungen wird eine Typologie von Dienstleistungen vorgeschlagen: Nach Technologieintensität und primäre Adressaten (siehe Abbildung 20.10). Allerdings selbst bei **investiven, technischen Dienstleistungen** werden bzgl. der durch die Technologie zu erfüllenden Funktionen weiter differenziert (Burr 2016, S. 12f.): Generierung von Technologien (z.B. F&E Services), Einsatz/Nutzung der Technologie (z.B. IT-Integration) oder Technologiediffusion (z.B. Produktionstechnologie). Grundsätzlich werden bei diesen Dienstleistungen die Eigenschaften des Angebotsobjekts, der Kunden und der dienstleistenden Mitarbeiter (persönliche Fähigkeiten und Qualifikationen) als besonders bedeutend gesehen und mit typischen Merkmalen verbunden (Freiling/Sohn 2018, S. 138f.):

- Es sind **Leistungsbündel**, die einer spezifischen und aufgrund der Beschaffungskompetenz des Nachfragers oft exakt spezifizierten Bedarfssituation entsprechen, was eine individuelle Auslegung der Leistung voraussetzt. Inwiefern MNU bereit und in der Lage sind, Anpassungen vorzunehmen, ist aus Nachfragersicht nicht voll transparent.

- Da es weiterhin keine vor dem Kaufabschluss überprüfbaren Leistungen sind, kommt dem **Leistungsversprechen**, bei denen der Absatzzeitpunkt vor der finalen Leistungserstellung liegt, eine besondere Bedeutung zu.
- Sie beruhen stark auf der **Mitwirkung des Nachfragers**, der einen hohen Einfluss auf das Leistungsbündel hat. Der Anbieter muss somit fähig sein, auch diese externen Faktoren zu integrieren und über die Integrationsvoraussetzungen verfügen.
- Für den Absatz ist zudem zu wichtig, dass Dienstleistungen i.d.R. **immaterieller Natur** sind, was ein Verwenden von Markenzeichen erschwert aber wichtig macht.

Abbildung 20.10: Technologie und Kunden als Kategorisierungsbasis von Dienstleistungen

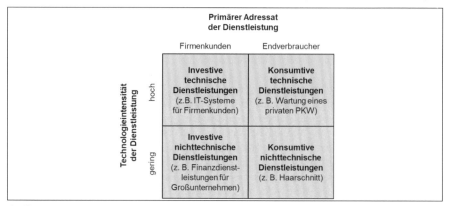

Quelle: I.A.a. Burr 2016, S. 12.

Insgesamt verwundert es nicht, dass die Charakterisierung der global und lokal angebotenen Leistungsbeschreibung sowie die Planung der internationalen Angebote ebenso bedeutend sind wie die vielen Kanäle und Netzwerke in der Distribution komplexer, technischer Dienstleistungen, bei denen GAM und die Besonderheiten der organisationalen Beschaffung der Kunden bedeutend sind (siehe Abbildung 20.11). Dies verdeutlicht die folgende Fallstudie.

Abbildung 20.11: Organisation des GAM

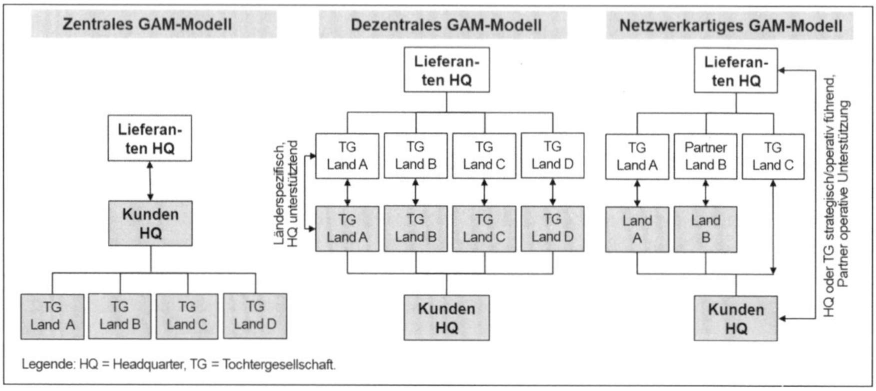

Quelle: I.A.a. Hollensen 2020, S. 705.

20.6. Internationale Angebotsplanung und Distribution der SAP SE[1]

20.6.1. Kurzvorstellung des Unternehmens

Das 1972 gegründete, heute wertvollste Dax-Unternehmen ist eine Cloud-Company für Geschäftssoftware, die Unternehmen jeder Größe unterstützt; 77% der weltweiten Transaktionserlöse durchlaufen SAP-Systeme. SAP realisiert laut Integrated Report 2020 mit über 100.000 Mitarbeitern über 27 Mrd. EUR Umsatz (12,1 EMEA, 11,3 Americas, 4,1f APJ) und hat rd. 440.000 Kunden, 21.000 Partnerunternehmen und 200 Mio. Cloud-Abonnenten in 180 Ländern. Die größten Marktanteile werden bei Enterprise Resource Planning, Analytics, Supply Chain-, Personal- sowie Erfahrungsmanagement realisiert. Weiterhin gilt SAP als führend bei Datenbanken und bietet ein breites Portfolio modularer und individualisierter Lösungen in der Cloud, On-Premise oder in hybriden IT-Landschaften an. Cloud-Lösungen bilden die Business Mission, helfen Kunden sich zu intelligenten Unternehmen zu transformieren und stehen im Zentrum des branchenspezifischen Geschäftsmodells. Die SAP-Lösungen umfassen 25 Units, so Energie und natürliche Ressourcen (z.B. Chemie, Gas, Versorgungswirtschaft), Dienstleistungen (z.B. Logistik, Bauwirtschaft, Tourismus), Konsumgüterindustrie (z.B. Konsumgüter, Retail), Fertigungsindustrie (z.B. Luftfahrt, Automobil, Maschinenbau), Finanzdienstleistungen (z.B. Bankwesen, Versicherungen) oder Öffentlicher Dienst und Verwaltung (z.B. Sicherheit, Gesundheitswesen, Hochschulen/ Forschungseinrichtungen).

Diese Fallstudie behandelt die **Global Business Unit Retail**, die mit der Consumer Goods Business Unit eine der umsatzstärksten SAP-Units ist, mit über 13.400 Handelskunden in 120 Ländern. Die Retail Unit orientiert sich an zukunftsweisenden Entwicklungen im Einzelhandel, wie Verbrauchererwartungen nach Informationen, Artikeln und Services zu jeder Zeit im Kaufprozess, Händlerangeboten über diverse Kanäle sowie Technologien und innovativen Geschäftsmodellen, die die Disruption und Vertikalisierung der Branchen beschleunigen. Fünf strategische Prioritäten werden fokussiert: „Customer centricity, Serving the Segment of One, Digital Supply Chain, Redefined Stores and New Business Models". Unterstützt werden Händler bei der Erreichung derer Prioritäten mit Lösungen für spezifische Prozesse, Applikationsentwicklung und -integration, Datenbanken und Management sowie intelligenten Technologien wie Maschinelles Lernen oder Blockchain (neben klassischen Lösungen für HRM, Finanzen). Wie in allen SAP-Units bilden Cloud-Lösungen die Vision und Kernpositionierung. Im Anschluss an die Darstellung dieser „Intelligent Enterprise for Retail" werden in dieser Fallstudie die internationale Angebotsplanung und -distribution adressiert.

20.6.2. Globale und lokal adaptierte Leistungen

Der Kern der Positionierung der Retail Division umfaßt vier Ebenen (siehe Abbildung 20.12).

- Die **Business Processes** verweisen auf diverse Geschäftsmodelle im Handel (B2C, B2B, Handelsmarken etc.) und auf die unterstützten Zugänge zu Netzwerkprozessen und -partnern, um die End-to-End-Wertkette der Kunden agiler und über das Kerngeschäft hinaus optimaler zu gestalten. Die Geschäftsmodelle können in Geschäftsprozesse umgewandelt werden, die sich in Referenzarchitektur- und Lösungskarten niederschlagen.
- Die **Intelligent Suite** bietet Applikationen für alle Prozesse im typischen Kerngeschäft (z.B. Warenwirtschaft, Kundendaten, Finanzen, Supply Chain, Filialnetzwerke, HR-

---

[1] Die Fallstudie basiert auf offiziellen Informationen der SAP SE (www.sap.com) und freundlichen Informationen von Herrn Achim Schneider, Vice President Industry Business Unit Retail.

Prozesse). Mit integrierten Analysefunktionen wird hierdurch eine Rundumsicht für Handelskunden bereitgestellt.
- Die **Industry Cloud** umfaßt maßgeschneiderte SAP-Lösungen für Handelskunden sowie technologische Innovationen. Diese Lösungen erweitern die Intelligent Suite, greifen aber auf diese als Basis zu. Entsprechende Lösungen werden bspw. mit Hyperscaler-Partnern, wie Google, Microsoft, Amazon, und mit Handelspartnern, wie Asics, Coop, The Home Depot, weiterentwickelt. Es handelt sich um für Handelskunden angebotene offene Geschäfts- und Technologieplattformen.
- Die **technologische Plattform** umfaßt die Programmierschnittstellen („Application Programming Interfaces"), die Zugriffe auf die Entitäten der Intelligent Suite und die Entwicklung innovativer Industry Cloud-Lösungen ermöglichen. Damit ein Objekt in der Intelligent Suite erstellt, gelöscht oder geändert werden kann, ist ein Prozessmodel erforderlich. Die Datenorganisation und Definition der Beziehungen unter den Entitäten wird im Datenmodel vorgenommen. In den Geschäftsservices sind Dienste für Entwickler enthalten (z.B. Währungsumrechnung, Abonnementverwaltung, Anwendungssupport).

Abbildung 20.12: Intelligent Enterprise for Retail

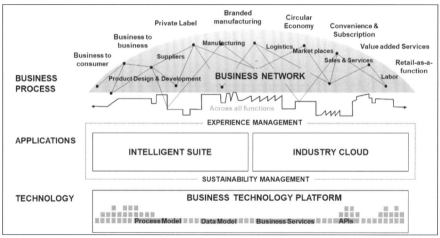

Quelle: I.A.a. SAP SE 2020.

Bei der Entwicklung der Industry Cloud-Lösungen orientiert sich die Global Business Unit Retail an ggw. Best Practices im Handel, erkennbaren „Next Practices" und des in 5-10 Jahren zu erwartenden „Vertical Edge" (i.S.v. Trends). Dies erfolgte in der Vergangenheit bzgl. klassischer Handelsprozesse wie CRM, SCM oder Category Management. Heute sind es fünf Kompetenzfelder, welche die Prozesse im Omnichannel-Handel widerspiegeln (siehe Abbildung 20.13, mit ausgewählten Lösungen). Letztere sind als offene Geschäftsprozess- und Technologieplattformen zur Förderung von Innovationen in der Zusammenarbeit zwischen SAP, Kunden und Partnern konzipiert. Den Vorteil sieht man u.a. darin, dass Händler ihr Geschäftsmodell optimieren und je nach Status und Bedarf erweitern bzw. transformieren können, unter Rückgriff auf Best Practices und bei Nutzung von **Standardlösungen**. Die Intelligent Suite bildet die Basis, auf die jede Industry Cloud-Lösung mittels Prozeß- und Datenmodellen zugreift (für Währungsumrechnung bis zu künstlicher Intelligenz). Kunden können einschätzen, ob ihre IT-Umgebung für Plug-and-Play-Integrationen weiterer Lösung geeignet ist oder ob vorbereitende Schritte erforderlich sind. Daneben bietet SAP **Kundenindividuallösungen** an, die für jeden Händler spezifisch entwickelt und implementiert werden.

Abbildung 20.13: Exemplarische SAP-Lösungen für Handelskunden

Supported Capabilities	Business Network	Intelligent Suite	Industry Cloud	Business Technology Platform
Omnichannel Planning/Optimization • Intelligent demand data foundation • Unified demand forecasting • Merchandise/assortment planning • Allocation planning	• SAP Ariba solutions • SAP Integrated Business Planning for Supply Chain • SAP S/4HANA for execution of planning results	• SAP S/4HANA for order-to-cash process and finance • SAP Commerce Cloud and SAP Customer Data Platform for consistent and secure online customer experience	• Adverity Marketing Data Analytics Platform for marketing reporting, augmented analytics • SAP Consumer Sales Intelligence & Order Sourcing for inventory information into forecasting and planning	• SAP Machine Learning services • SAP Analytics Cloud
Connect to Customers' Lifestyle • Customer identity and trust • Loyalty and personalization • Fulfillment • Circular economy	• SAP Customer Experience for marketing and loyalty management • SAP Billing and Revenue Innovation Management for subscription order management	• SAP S/4HANA and SAP Customer Activity Repository for omnichannel fulfillment	• SAP Consumer Sales Intelligence for detailed customer insight • SAP Customer Order Sourcing for omnichannel orchestration • Annex Cloud for loyalty management • FINDMINE giving guidance on complete looks	• SAP IoT services • SAP Analytics Cloud
Sustainable Supply Chains • Procurement and production • Logistics • Omnichannelfulfillment • Customer experience • Circular economy	• SAP Ariba solutions for supplier onboarding • SAP Integrated Business Planning for Supply Chain • SAP Logistics Business Network for demand and supply match and risk	• SAP S/4HANA for embedded supply chain execution	• SAP Intelligent Product Design for collaborative product development • INTURN for inventory lifecycle management • parcelLab to control post purchase communication and integration to carriers	• SAP Consumer Sales Intelligence • SAP Customer Order Sourcing for global inventory and order orchestration
Brand Experience, Convenience, Omnifulfillment • In-store merchandise and inventory management • Omnichannel fulfillment • Store manager dashboard • Shopper experience	• SAP Integrated Business Planning for Supply Chain • SAP Logistics Business Network for demand and supply match and risk	• SAP Customer Experience portfolio for interactions • SAP S/4HANA for in-store merchandise management, inventory applications • SAP Customer Activity Repository – a real-time foundation for omnichannel orchestration	• Keytree In-Store Technology for clienteling • Shelf optimizer for SAP Analytics for better assortments and offers • SAP Dynamic Pricing by GK for optimized markdowns and real-time pricing	• SAP Consumer Sales Intelligence for store-based product interactions
Platforms for Customer Value • Vertically integrated value chain • Business networks • Platform and cloud strategy • Data intelligence • Customer insights	• SAP Customer Experience for cross-platform marketing • SAP Business Network • Ariba Network and SAP Concur solutions	• SAP Customer Data Cloud for customer data management • SAP S/4HANA for industry operability on one platform	• Commerce Marketplace Management by Mirakl for expansion of products and services • SAP Mobile Consumer Assistant for smart mobile shopping, payment, and loyalty management	• SAP Data Warehouse Cloud for enterprise reporting

Quelle: I.A.a. SAP SE 2020.

Internationale Standardisierung und Adaption

Globale Angebote bedingten stets die Entscheidung zur Standardisierung vs. Adaption. Bei der SAP bedeutet dies, dass Lösungen in einem Land, einer Region oder weltweit standardisiert oder adaptiert werden können, und zwar für jedes der fünf Kompetenzfelder bzw. die darin genannten Einzellösungen. Entsprechende Anforderungen resultieren typischerweise aus dem Makroumfeld (z.B. rechtliche, normative oder kulturelle Rahmenbedingungen) und dem Meso- und Mikroumfeld eines Kunden (z.B. Wettbewerbsdruck, verfügbare Software- und Prozeßlösungen). Exemplarisch visualisiert Abbildung 20.14 einfache Anforderungen wie Sprachanpassungen, die bei Standard- oder Individuallösungen stets zu gewährleisten sind, und komplexere, lokale oder kundenindividuelle Lösungen.

Abbildung 20.14: Beispiele für festzulegende internationale Standards

Language	▪ For content management processes or for channels.
Customer Support	▪ Central or local processing in which language and via which channels (E-Mail, telephone, live chat, etc.)
Web Content	▪ Number of global vs. local sites with individual or shared catalogs, URLs and cookies, customers, local specific content, etc.
Product Content	▪ Stored in the same or separate catalogs, with a combination being common with possible effects on performance, assortment, product release time, localization, prices etc.
Prices	▪ Prices managed in a cloud need rules on different regulations regarding pricing, pricing strategies, currency conversions, rounding, markups, markdowns etc.
Payment	▪ Different payment options (cash, bank transfer, credit, debit, gift card, e-wallets), payment handling institutions, etc.
Taxes	▪ National tax systems can be simple or more complex (e.g., calculated by third-party providers in US), or shown in checkout process or in the invoice only, etc.
Promotion	▪ Different types of promotions on global, local, regional or store level and on a cost or market basis, dynamic pricing or others basis, etc.
(Social) Media	▪ Different regulations, behavior and strategies regarding media channels used and related ratings, reviews, services, analytics, etc.
Order Fulfillment	▪ Different regulations and strategies on returns, refunds, time periods, etc.
Shipping	▪ Different delivery types (address-based, click and collect, lockers, etc.), acceptable delivery speeds (same day, standard shipping, etc.), cost (free vs. paid), etc.
Deployment Architecture	▪ Sharing data, catalog data synchronization, regional specific business logic, downtime, latency, etc.

Quelle: I.A.a. www.sap.com/cxworks/article/441914544/implementing_internationalization_with_sap_commerce_cloud, 12. Januar 2021.

Internationale Planung der Leistungsangebote

Grundsätzlich erfolgt die Entscheidung Leistungen anzubieten auf Basis einer vorausgegangenen Planung von Produkten bzw. Themenbereichen, welche die Global Business Unit beim „Go-to-Market" bzw. Vertriebsplan priorisiert (stets unter Maßgabe der Cloud-Lösungen als Business Mission). So werden nach einem Fokus auf Fashion in den Vorjahren für das Jahr 2021 der LEH und entsprechende Businessprozesse priorisiert, bspw. bzgl. der Frische in der Supply Chain, in der Instore-Produktion etc. Im weiterem Go-to-Market-Prozess kommt den o.g. fünf Trends eine ebenso zentrale Bedeutung zu, wie den strategischen sog. „Sales Plays".

Diese Priorität wird zunächst bzgl. der generellen Relevanz in fünf SAP-Zielregionen bewertet: EMEA (Afrika, Europa), Nordamerika (Kanada, USA), LATAM (Lateinamerika), APJ (Australien, Japan, Neuseeland, Südostasien) und Greater China (China, Hong Kong, Taiwan). Dies erfolgt pauschal bzgl. der Bedeutung des LEH (z.B. grundsätzliche Wichtigkeit der Frische in Nordamerika) und sodann für jeden der fünf Trends (z.B. Omnichannel-Lösungen). Ebenso werden Investitionen, Absätze sowie Marktanteile der SAP und der Wettbewerber in den Regionen prognostisch betrachtet. Die Global Business Unit definiert sodann die sog. „Sales Plays" für das Planungsjahr, d.h., strategische Businessthemen und zugehörige SAP-Lösungen in jedem der fünf „Vertical Edges" als globale Kernwachstumstreiber.

Im folgenden Prozessschritt werden die „Market Units" einbezogen (z.B. je vier Organisationseinheiten in Nordamerika oder Greater China). Diesen werden die globalen „Sales Plays" vorgegeben. Sie können aber auch eigene, passendere „Sales Plays" definieren, die sie selbst entwickeln und implementieren, von der Global Business Unit unterstützt. Der weitere Prozess zwischen Global Business Unit, Region und Market Units ist wie folgt:

- **„Resourcing und Roles"** dient der Identifizierung von Ressourcen und Verantwortlichkeiten in den Regionen. Es werden Verantwortlichkeiten zwischen Global Business und

Market Units oder Ressourcenverfügbarkeiten für die Jahresstrategie identifiziert. Zudem werden Lücken in der Abdeckung des Leistungsangebots evaluiert und adjustiert.
- „**Focus Accounts**" (bzw. Key Accounts) existieren in jeder Weltregion und werden durch für diese zentralen Kunden verantwortliche Manager angesprochen. In jeder Region wird pro Account eine Planung vorgenommen, um bspw. seine Strategie zu verstehen, Bedarfe zu evaluieren und Lösungen anbieten zu können (siehe Abschnitt 20.6.4.).
- Die „**Sales Plays**" stehen, wie angedeutet, im Zentrum. Es handelt sich um i.d.R. fünf von der Global Business Unit definierte globale Businessthemen für die Trends, so für Smart-Stores zusammengehörende Themen wie Omnichannel Fulfillment, PoS in der Cloud und Loyalitätsmanagement sowie die zur Realisierung nötigen 3-4 SAP-Softwarelösungen. Jede Region kann diese voll oder partiell übernehmen (wenn sie deren lokalen Prioritäten entspricht) oder kann andere Sublösungen oder solche für andere Subsegmente (Branchen) definieren (was im Anschluss von der Global Business Unit unterstützt wird).
- „**Industry Cloud & Ecosystem**" umfasst die Positionierung der Industry Cloud-Lösung, abhängig vom globalen Thema und „Sales Plays". Das „Ecosystem" hat dabei eine hohe Bedeutung, weil es globale oder regionale Partner für die Entwicklung der Lösungen und deren Implementierung umfasst. Mit Entwicklungspartnern werden Innovationen gebaut (z.B. Fujitsu, Tata Consulting) und weitere Partner nehmen zudem die Implementierung vor (z.B. Accenture, Deloitte). Letztere entwickeln, vermarkten und implementieren Lösungen, was auch bedeutend für die Market Units und deren eigene „Sales Plays" ist.
- Über das „**Enablement**" stellt die Global Business Unit sicher, dass Vertriebsmitarbeiter und Partner die Strategie und die „Sales Plays" kennen und in den Lösungen trainiert sind. Die Koordination und Terminierung des „Enablement" erfolgt für alle SAP-Units (z.B. für Einzelhandel oder Konsumgüter als Tier 1-Branchen oft fortwährend und mit detaillierten Programmvorgaben; im Großhandel als Tier 2-Branche seltener und pauschaler).
- „**Demand Generation & Events**" meint die Ansprache von Key Accounts (siehe Abschnitt 20.6.4.) und die breitere **internationale Kommunikation**. Letztere umfasst globale Messen und Events im Handel (z.B. NAF, Middle East Retail Forum) und regionale Events der Market Units. Meist wird aus vielen Kundenkontakten bei Messen oder Events eine Interessenten-Pipeline generiert, die an den Vertrieb weitergeleitet wird, mit dem Ziel der individuellen Kundenansprache und -gewinnung.

In der **internationalen Preispolitik** folgt die Global Business Unit Retail unterschiedlichen Modellen, typischerweise je nach Softwarelösung variierend, so

- Nutzerbasiert (Preise in Abhängigkeit von der Anzahl der Zugänge/Nutzer pro Lösung),
- Umsatzbasiert (in Abhängigkeit vom Umsatz des Kunden) oder
- Transaktionsbasiert (bezogen auf Transaktionen pro Lösung, bspw. auf Basis von Minimal- und Maximaltransaktionseinschätzungen sowie ROI-Bewertung bei Kunden).

Ferner existieren Preise für jene Kunden, die auf SAP-Lösungen bei einer Drittlösung indirekt zugreifen. Grundsätzlich wird eine globale Preispolitik verfolgt (inkl. eines SAP-Pricing Committee), aber mit typischen Rabattierungsmöglichkeiten in den Market Units.

20.6.3. Internationale Vertriebsnetzwerke

Wie angedeutet, erfolgt der Vertrieb stets ausgehend von der in der Global Business Unit formulierten strategischen Priorisierung. Der lokale regulative, normative und kulturelle Rahmen ist aber bedeutend, wie auch der unternehmensspezifische Rahmen, so Öffnungszeiten, Steuer- oder Sprachunterschiede, die mit unterschiedlichen Kulturen und Religionen einhergehen und letztlich die Händlerprozesse bedingen. Kulturunterschiede sind ferner in den

Kundenbeziehungen relevant. So sind Kompetenz, Status und Direktkontakt zu Managern aus dem SAP-Headquarter in Asien wichtig, zudem Gastfreundschaft und After-Business-Networking in Südamerika oder Verkaufs- und Präsentationsfähigkeiten in den USA.

Der Vertriebsplan wird im **direkten Vertrieb** über Key Accounts (siehe Abschnitt 20.6.4.) und über Ländergesellschaften realisiert. Das „Go-to-Market" wird aber über die Region, nicht die Landesgesellschaft gesteuert. Strukturell verantwortet der Präsident einer Region mit seinem Mitarbeiterstab die Umsetzung des Vertriebsplans. Direktoren jeder Market Unit berichten in wöchentlichen Meetings über den Stand der Zielerreichung und die Aktivitäten. Die Entscheidungen zur Ansprache lokaler Kunden und zur Implementierung spezifischer Lösungen hingegen verantworten Landesgesellschaften, bspw. in Projekten zur Implementierung komplexer, da gemeindespezifischer Besteuerungsanforderungen im brasilianischen Handel. Analoges gilt bspw. für über die vorhandenen sieben Sprachen hinausgehende Anpassungen der Software. Oft wird ferner in lokalen Verkaufs- bzw. Abschlussgesprächen auf die Kompetenz der Verantwortlichen aus der Global Business Unit rekurriert.

Der **indirekte Vertrieb** erfolgt über ein Netzwerk an globalen und regionalen Partnern, wobei unterschiedliche Partnermodelle realisiert werden.

- Wie angedeutet, erweitern **Innovationspartner** das SAP-Leistungsangebot für End-to-End-Prozesse, aber vertreiben und implementieren weitere SAP-Lösungen nicht (z.B. Parcellab oder GK Software mit einer Lösung für End-to-End-Kundenerlebnisse über In-Store Kanäle, so Filialen, Geräte, Produkte und Kunden, die ferner für Geschäftsprozesse offen ist, wie zentrales Pricing, Reporting, Überwachung und Aktualisierung der Geräte).
- **Innovationspartner und Serviceintegratoren** entwickeln Lösungen, die auf SAP-Technologie basieren oder hiermit kompatibel sind, z.B. Fujitsu „Fraud Detection", Rizing „Lifecycle Pricing" oder Keytree, eine Deloitte Gesellschaft, „Clienteling- and Assisted-Sales" (einer Lösung, die Kundendaten aus offline und online Touchpoints zusammenführt und Verkaufsmitarbeitern Aktivitäten, Transaktionen oder Vorlieben der Verbraucher zeigt, für personalisierte Erlebnisse und Up-Selling). Diese Partner implementieren bei SAP-Kunden, vertreiben die eigenen Lösungen i.d.R. aber nicht separat.
- **Co-Innovationspartner** sind besonders bedeutende Kunden, da mit ihnen Lösungen vorangetrieben werden, z.B. mit Tapestry oder Aldo „Intelligent Store", mit The Home Depot End-to-End-Bestellmanagementprozesse oder mit Axfood Planungsprozesse.
- **Global Strategic Service Partners** entwickeln, implementieren v.a. SAP-Lösungen und bieten zusätzliche Services an, so Wartung oder Support (z.B. Accenture, Capgemini, IBM). Wie angedeutet, werden diese von den Global Business und Market Units länder- oder regionalspezifisch eingebunden, auch im „Go-to-Market" bzw. Vertrieb.
- Schließlich implementieren **Boutique-Partner** länderspezifisch oder bei ausgewählten, ggf. kleineren Kunden; sie sind zudem bestrebt das Mandat für den Support zu erhalten.

Die SAP wählt die Partner u.a. anhand deren (lokalen) Marktposition aus Handelskundensicht, deren Kompetenzen (z.B. dominieren IBM in China oder Accenture in Italien) sowie der Passung zur jeweiligen SAP-Lösung. Die Market Units wählen auch lokale Partner für spezifische Lösungen (o.g. für Brasilien) und werden hierbei von der Global Business Unit unterstützt. Die Steuerung der Partner erfolgt über das Partnermanagement, mit unterschiedlichen Fokusbereichen. So verantworten „Alignment Manager" die Partnerbeziehungen, global und in den Regionen. Mit den Partnern werden – wie angedeutet – die "Go-to-Market-Strategie", die strategische Ausrichtung oder Umsatzplanungen kontinuierlich abgestimmt. Weitere Stichworte in den Partnerbeziehungen sind u.a. Langfristigkeit über Partner-Lebenszyklus, ganzheitliche Sicht auf Partnerleistungen und Planung und Unterstützung der Partner.

Die **Tiefe** und **Breite** der **Distribution** variiert international (z.B. in Ländern), während im Vertriebsplan generell kleinere und größere Kunden unterschieden werden. So existieren in China zwar viele große und noch mehr attraktive mittelständische Unternehmen, aber man fokussiert hier aufgrund der Besonderheiten des Marktes und der Kunden eher die Größeren. In Europa werden demgegenüber mittelständische Unternehmen fokussiert, weil die Großunternehmen größtenteils Kunden sind, und analog in den USA, weil hier z.B. kleinere LEH-Kunden zwar nur regional tätig, aber dennoch relativ groß sind. Neben dieser Planung betreibt die SAP auch „Tele Sales", d.h. prinzipiell jeder Kunde kann die Lösungen online erwerben; allerdings gilt dies für kleinere Lösungen wie Apps, nicht für komplexe Cloud-Lösungen.

20.6.4. Global Account Management

Für die Global Business Unit Retail sind diverse Kernkunden relevant.

Eine besondere Bedeutung haben **Referenzkunden**. Es handelt sich dabei nicht um die größten Händler, sondern solche, mit denen die Business Unit langjährige Beziehungen aufbaute. Beispiele sind Walgreens Boots, Nike, Adidas, Walmart oder Valora, die annähernd sämtliche Lösungen in der Intelligent Suite, Industry Cloud und den technologischen Plattformen nutzen (auch als Co-Innovationspartner). Hier ist die Global Business Unit im Vertriebsplan bei der Account Planung, beim Enablement und bei der Demand Generation federführend.

Key Accounts („Focus Accounts") werden durch verantwortliche Manager betreut; in einer typischen, aber verkaufsorientierten GAM-Struktur. Global Account Direktoren sind für Kunden verantwortlich und zwar im engen Kontakt in deren Heimatmarkt. Deren Aufgaben sind u.a. Vertriebsplanung, Kundenbetreuung, Support für CRM, Mittelreservierung, Work Flow-Genehmigung etc. Ein Direktor ist aber nicht derjenige, welcher den Focus Account in einer Region bearbeitet, v.a., weil Händler variantenreiche Organisationsstrukturen haben und selbst globale Kunden nicht notwendigerweise die Implementierung von SAP-Lösungen aus dem Heimatmarkt heraus vornehmen. Beides verdeutlichen folgende Beispiele:

- Nike, als langjähriger SAP-Kunde und vertikaler Sportartikelanbieter, wurde vom Key Account Manager und der Global Business Unit angesprochen. Letztere stellte die SAP-Fünfjahresstrategie vor und spiegelte diese an den Zielen und strategischen Planungen von Nike. Relativ schnell wurde klar, dass eine Zusammenführung der bis dahin strikt getrennten Bereiche Produktion, Einzelhandel und Vertrieb bei Nike zukünftig auch technologisch sinnvoll ist. Die Umsetzung eines entsprechenden „Template" erfolgte in Europa (wo der Eigenhandel ohne lokale Produktion dominierte), nicht im Headquarter in Portland, und wurde dann in den USA und in Asien eingeführt. Nike war zugleich einer der Co-Innovationspartner für die neu entwickelte „SAP-Fashion Management Solution". Für Nike bedeutet dies eine langjährige kulturelle Geschäftsmodelltransformation sowie einen entsprechenden strukturellen und prozessualen Wandel.
- Bei der V.F. Corporation, einem US-Mehrmarkenunternehmen in der Fashion-Branche (z.B. The North Face, Wrangler, Lee Jeans, Timberland), erfolgte die Ansprache durch den Global Account Manager, war also vertriebsgetrieben (die Global Business Unit unterstützte v.a. bzgl. des organisatorischen Wandels). Auch hier erfolgte die Neuorientierung von Europa aus, obwohl die Asientochter erfolgreich integrierte Handelslösungen für einzelne Marken realisierte und über entsprechende Strukturen und Prozesse verfügte, während die US-Mutter eine standardisierte, globale Struktur verfolgte. Die europäische Tochter sollte harmonisieren. Der Change Prozess dauert seit über einer Dekade an.
- Komplex ist es bei Verbundgruppen. So ist die Interspar Holland ein Key Account, zugleich ist aber der zur Spar gehörende Bangchack in Thailand auch ein Key Account, aber der Region, nicht so Spar Südafrika, die im Verbund mit Spar Irland oder Schweiz steht.

- Langfristige, länderspezifische Account-Pläne, gespiegelt an den Geschäftszielen/-plänen von Händlern dominieren die Ansprache nationaler Kernkunden wie Coop, Edeka, El Corte Inglés, Liverpool oder Mercadona. Bei diesen Bestandskunden wird bspw. evaluiert was diese benötigen, um ihre Ziele zu erreichen. Die Basis sind 1-2 Meetings p.a., in denen die Global Business Unit in Unterstützung des Key Account Managers anhand der Referenzarchitektur existenter und geplanter SAP-Lösungen mit dem Kunden evaluieren, welche Lösungen für seine Pläne ggf. sinnvoll sind. Auf dieser Basis wird eine detaillierte Strategie- bzw. Roadmap, i.S. eines Projektplans für Prozesse und Lösungen erstellt. Die Key Accounts wirken unterstützend, fördern bspw. das Verständnis der Kundenbedürfnisse. In Pandemiezeiten erfolgte dies in Online-Meetings.

Die Beispiele verdeutlichen, dass insb. bei international tätigen Handelskunden, eine spezifische Komplexität besteht. Darüber hinaus sprechen Key Account Manager Kunden laufend an. Diese agieren vertriebsorientiert und sind i.d.R. an drei Tagen in der Woche beim Kunden, um sich über Neuerungen oder Strategien und v.a. Unterstützungsnotwendigkeiten im Implementierungsprojekt auszutauschen (sog. „Side-Sales-Activities"). Ein guter Key Account Manager baut nicht nur Vertrauen auf, sondern kennt die Strukturen, Ansprechpartner und Unternehmenskultur. Die Entscheider zu identifizieren ist entscheidend, so kundenindividuell Einkäufer, Chief Executive, Information, Financial oder Marketing Officers. Je nach Entscheider ist eine Business- oder Technikansprache und eine Unterstützung durch die Global Business Unit zu wählen. Da der Vertrieb i.d.R. keine industriespezifische Ansprache vornimmt und zugleich Länder existieren, in denen die Global Business Unit keine Mitarbeiter hat, kommt auch den Implementierungspartnern eine bedeutende Rolle zu.

20.6.5. Ausblick

Zukünftig werden viele Handelskunden nicht nur deren Omnichannel-Anstrengungen wesentlich erhöhen, sondern agile Betriebsmodelle realisieren müssen, d.h., immer wieder technische Innovationen wie Augmented Reality, maschinelles Lernen oder künstliche Intelligenz entlang der Wertschöpfungskette integrieren müssen, von der agilen Planung über die effiziente und effektive Disposition des Auftragsmanagements bis hin zur Neudefinition der Geschäftsfelder. Die modularen und flexiblen SAP Cloud-Lösungen bieten dabei wesentliche Bausteine (in Richtung des zukünftig sich wandelnden „Vertical Edges").

SAP sieht bzgl. der Cloud-Lösungen Änderungen in der Kundenansprache und des Vertriebs als zukünftige Notwendigkeit. Die wachsende Agilität, Geschwindigkeit und Dynamik führen zum Wandel der Aufgaben im GAM. So verschiebt sich der Fokus vom Verkauf einzelner Lösungen hin zur Adressierung gesamter „Business Needs". Der Vertrieb muss seinen Kunden eine strategische Roadmap präsentieren, die denen Mehrwert bietet und hilft, die Entwicklung der SAP zu verstehen sowie den Nutzen neuer Prozesse und Technologien für die eigenen Ziele und Pläne zu evaluieren. Hierzu wird SAP weiter die Trends im Handel systematisch erfassen. Die Handelskunden werden zugleich weiter vertikalisieren und internationalisieren, was zusätzliche Herausforderungen an das Global Account Management evoziert.

Entsprechende Herausforderungen im Rahmen des Transformationsprozesses mit Cloud-Lösungen begegnete SAP kürzlich mit dem Launch des „RISE with SAP"-Konzepts, wodurch Kunden umfassend, intelligent und individuell bzgl. der Businessprozesse und Services auf dem Weg in die Cloud und zum „Intelligent Enterprise" unterstützt werden.

IMPLEMENTIERUNG, KOORDINATION UND FÜHRUNG

21. Koordination als Grundsatzentscheidung

21.1. Gegenstand

Die Implementierung als Realisations- oder Umsetzungsplanung auch internationaler Marketingentscheidungen bezieht sich auf Elemente wie

- **Organisations- und Personalplanung** (d.h. stimmige Zuordnung von Kompetenzen),
- **Budgetierung** (d.h. Festlegung der Finanz- und Sachmittel für Marketingteilbereiche),
- **Terminierung** (d.h. zeitlicher Rahmen, in dem Strategien vollzogen werden sollen).[1]

Hierbei handelt es sich um Vorgänge, durch die Strategien in aktionsfähige Aufgaben zur Sicherung der Zielerreichung gewandelt werden. Abbildung 21.1 zeigt den pauschalen Zusammenhang zwischen Strategie und Implementierung, wobei Implementierung als besonders herausfordernd gesehen wird, jedoch in der jeweiligen Umsetzung sehr individuell ist.

Abbildung 21.1: Zusammenhang von Marketingstrategie und Implementierung

Implementierung \ Strategie	Schlecht	Gut
Gut	Misserfolg	Erfolg
Schlecht	„Verhinderte Gefahr"	„Verspielte Chance"

Quelle: I.A.a. Meffert u.a. 2019, S. 887ff.

Für MNU mit **Niederlassungen** in vielen Ländern und Kulturkreisen ist die Umsetzung bspw. einer globalen Strategie herausfordernd. Auch bei multinationalen Strategien und autonomen Auslandseinheiten kommt es auf die Eingriffsmöglichkeiten des Headquarters an, über die simple Budgetsteuerung hinweg. Insofern wird nachfolgend breiter eine Koordination der Marketing- bzw. z.T. Gesamtunternehmensstrategie angesprochen.

> Koordination adressiert die Abstimmung der länderübergreifenden (Absatz)Aktivitäten, um Wettbewerbsvorteile zu erzielen und eine zielorientierte Abstimmung arbeitsteiliger Teilaufgaben im Unternehmen zu gewährleisten.

Relevant sind organisationsstrukturelle, prozessuale/systemische und kulturelle/personelle Koordinations- und Steuerungsinstrumente (siehe Abschnitt 2.3.; alternativ bzgl. der Mutter-Tochter-Beziehung Holtbrügge/Welge 2015, S. 231ff.), i.S.d. markt- und kundenorientierten Führung von MNU in denen die Koordination des Marketing nicht losgelöst von der Gestaltung des **Wertschöpfungssystems** ist (siehe Abschnitt 1.3.2.). Diese Schnittstellen bedingen die Umsetzung, bilden aber zugleich die Basis für die Planung des Internationalen Marketing. Grundsätzlich ist der Koordinationsbedarf dann besonders groß, wenn

---

[1] Alternativen sind verbreitet. So werden die Implementierung und Kontrolle getrennt und die Budgetierung an Marketinginstrumente gekoppelt (Meffert u.a. 2019, S. 885ff.). Bestandsaufnahmen (nationaler) Marketingstudien der letzten 25 Jahre identifizieren vier interdependente Elemente der Marketingorga-nisation (so „Capabilities, Configuration/Structure, Culture und Human Capital", Moorman/Day 2016).

- die Differenzierung des Systems in Teilelemente weit fortgeschritten ist (z.B. starke Arbeitsteilung zwischen Niederlassungen),
- eine hohe Komplexität und Intensität der Beziehungen zwischen den Elementen besteht (z.B. Grad der gegenseitigen Abhängigkeit),
- große räumliche, zeitliche, sachliche und menschliche Distanzen vorliegen,
- die zu lösenden Probleme umfangreich, variabel oder unstrukturiert sind,
- das dysfunktionale Verhalten von Elementen die Zielerreichung des Systems gefährdet.

Da eine individuelle Managementsicht nicht darstellbar ist (Zentes/Swoboda/Morschett 2004), werden ausgewählte Aspekte von Organisationsstruktur, Organisationsprozessen/-systemen und Unternehmenskultur sowie Human Resource Management aufgegriffen.

21.2. Systematisierung der Entscheidungsoptionen

21.2.1. Internationales Marketing vs. Management

Bei den Entscheidungen im Internationalen Marketing im Abschnitt 2.3. wurde die Integration/Koordination typischerweise als Folge- bzw. Residualentscheidungen – im Anschluss an die Entscheidungen zum Marktengagement, Betätigungsformen und Marktbearbeitung – dargestellt. Dies entspricht bspw. der These von Chandler (1962) „**Structure Follows Strategy**", d.h. der Notwendigkeit, in Abhängigkeit von unterschiedlichen Strategien, Anpassungen der unternehmensinternen Strukturen vorzunehmen. Dies ist einerseits typisch, andererseits ist das internationale Marketing in das Gesamtunternehmen eingebunden, wird also bspw. durch die internationale Strategie und entsprechende Gesamtunternehmensziele bedingt. Insofern ist die o.g. Sicht zu erweitern, bspw. um die sog. **Fit-These**, d.h. dass erst die Abstimmung bspw. von Strategie, Struktur und externem Umfeld den Erfolg bestimmt. Damit wird einerseits die Erfolgsrelevanz von Organisationsstrukturen und -prozessen betont, andererseits eine notwendige Betrachtung dieser Elemente im Verbund. Letzteres erfolgt im folgenden Abschnitt, während in den dann folgenden Abschnitten ausgewählte Aspekte der Koordination auf drei Ebenen im Vordergrund stehen, so

- die **Organisationsstruktur** (insb. Einbindung des Marketing in die Organisation, Strukturierung des Internationalen Marketing selbst und Zentralisation),
- die **Organisationsprozesse und -systeme** (insb. Planungs-, IuK-Systeme und Controlling) sowie
- die **Unternehmenskultur und HRM** (insb. Herausforderung und Gestaltung des internationalen HRM, Führungskultur und Kulturtransfer).

Diese Systematisierung weist u.a. den Vorteil auf, dass sie im internationalen Management verbreitet ist, sie dabei hilft, MNU holistisch zu charakterisieren und auch aus dynamischer Sicht mit Internationalisierungsstufen in Unternehmen verbunden werden kann.[1]

Abbildung 21.2 visualisiert Studien zu den Themengebieten, so erfolgreiche Cluster von Familienunternehmen (bzgl. Struktur, Strategie, Unternehmenskultur, Swoboda/Olejnik 2013), strukturelle und motivationale Steuerung von Tochtergesellschaften bzgl. deren Fähigkeiten zu vom Headquarter imitierten Marketingstrategien (Schleimer/Pedersen 2014), reziproken Beziehung zwischen Prozessen (Marktforschung, Planung) und Kernkompetenzen von KMU (Swoboda/Olejnik 2016), etc.

---

[1] So betrachten Swoboda (2002, 2016), Swoboda u.a. (2009) und Swoboda/Anderer (2008), über das Marketing hinaus, die Organisationsstrukturen, -prozesse und -kultur (u.a. in Stufen der dynamischen Internationalisierung, in Wertschöpfungsketten oder in erfolgreichen Profilen).

Abbildung 21.2: Ausgewählte Studien zur Koordination

Autor(en)	Gegenstand	Th./Emp. Basis	Kernergebnisse
Fit			
Cui/Walsh/Zou 2014	Strategic fit of host-home country similarity and exploration exploitation strategies on performance	Contingency theory/N=135 senior marketing managers in USA, Multiple regression	■ Role of host-home country similarity on performance moderated by chosen exploration and exploitation strategies. ■ Host-home country similarity has a positive impact on performance when the firm adopts an exploitation strategy and has a negative impact when it adopts an exploration strategy.
Swoboda 2016	Impact of fit of corporate structure, processes, and culture on performance in internationalization stages	Uppsala, Configuration theory/N=665 German SEM, Latent Gold Clustering, SEM with Mplus	■ The more similar a firm's structural, process and cultural profile is to that of the ideal ones for its stage of internationalization, the better is the firm's performance. ■ Five stage, e.g., indirect/European Exporters, direct/worldwide exporters, first subsidiary, multinational firm. ■ Various constructs of structure, processes, culture (differences to optimal profile) affect performance in each stage.
Swoboda/ Olejnik 2013	Taxonomy of family firms (in strategy, structure, culture), link to success and firm-level factors.	Configuration theory/ N=504 German SEM, Two-step Cluster, Multinomial logistic regression	■ Combinations of structure (centralization, integration), marketing strategy (differentiation, standardization) and culture (international and risk orientation) lead to four clusters: Domestic-Focused Traditionalists, Global Standardizers, Multinational Adapters and Transnational Entrepreneurs. ■ Cluster-differences on international performances and further variables (e.g., resources, countries, modes).
Organizational Structure			
Schleimer/ Pedersen 2014	Structural and motivational factors role for subsidiary ability to absorb parent initiated marketing strategy	Absorptive capacity theory/N=213 Australian subsidiaries of MNC from EU, USA, Asia, SEM	■ Parent's effort intensity (resources, articulation, adaptation and social structure (decentralization, integration) affect subsidiary absorptive capacity (recognition, assimilation, application) of parent-initiated marketing strategy. ■ Social structure effect is indirect and reciprocally interact with the parent effort intensity (second order)
Wu 2011	Global strategy relations to market orientation, experience, performance	RBV/N=172 business units of Taiwanese high tech firms, SEM	■ Market orientation, international experience and global marketing strategy are the key antecedents of organizational performance. ■ Market orientation and international experience influence global marketing.
Processes/Systems			
Dellestrand/ Kappen 2012	Role of spatial and contextual factors (e.g., distances, subsidiary networks) on headquarters' resource allocation	None/N=169 subsidiaries (of 23 MNC from EU, US) in 31 countries, Regression	■ Network embeddedness of subsidiary important for headquarters resource allocation. ■ Institutional distance do not affect headquarters resource allocation, geographic and cultural distance negatively and linguistic distance positive effect resource allocation. ■ Headquarters and resource allocation activities are key elements for subsidiary evolution.
Swoboda/ Olejnik 2016	Do scanning and planning processes affect performance of SMEs and role of international entrepreneurial orientation.	RBV, capabilities/ N=604 German SEM, SEM with Mplus	■ Scanning/market research and strategic planning of foreign activities affect international entrepreneurial orientation (innovativeness, risk taking, pro activeness) and indirectly performance. ■ International entrepreneurial orientation affect international performance and reciprocally scanning and planning processes.
Firms Culture/HRM			
Grifith/ Hoppner 2013	Skills that global marketing managers need in order to improve their strategic decisions in global markets	None/conceptual	■ Ability of global marketing managers to make tactical adaptations to the firm's global marketing strategy (and thus enhance performance) is driven by the soft skills. ■ Important are tacit knowledge, experience, learning, self-confidence, flexibility, prioritization of problems, working under pressure and ambiguity tolerance.
Kaufmann/ Roesch 2012	Antecedents for building and deploying marketing capabilities	RBV, capabilities/ N=48 managers of Chinese emerging market firms, qualitative research	■ Deficiencies in motivation, opportunity, ability constrain firms from shifting to more marketing-driven business. ■ Inertia, market resistance, ambiguity, internal perception gaps and lack of marketing expertise are main constraints for building MCs.

21.2.2. Interne und externe Kontingenz

Über die o.g. Systematisierung hinaus, unterscheiden Macharzina/Wolf (2018, S. 44) zwischen Führung von MNU (Steuerung des Gesamtsystems) sowie der Koordination (Gestaltung/Abstimmung der Unternehmens-Umwelt-Interaktion) und adressieren damit eine interne Konsistenz von Teilsystemen und deren externer Konsistenz (zur Interdependenz der Elemente einer Marketingorganisation siehe Moorman/Day 2016).

Zusammenhänge zwischen den Teilsystemen (interne Konsistenz)

Die Bedeutung der Interdependenz der Teilsysteme für den Erfolg ist naheliegend. Wie Abbildung 21.3 zeigt, bedingen sich bspw. die Strategie und die Organisationsstruktur. Einerseits muss die Struktur (i.S.d. „**Structure Follows Strategy**") die Umsetzung der Strategien ermöglichen und ist an strategischen Entscheidungen auszurichten. Andererseits beeinflusst die Organisationsstruktur die Zuständigkeiten, Kompetenzen und Kommunikationsbeziehungen im Unternehmen und wirkt auf die Strategieformulierung und -umsetzung (i.S.d. „**Strategy Follows Structure**"). Wie angedeutet, wird im Marketing oft die erste Perspektive eingenommen, also unterstellt, dass MNU eine möglichst effiziente Struktur an eine Strategie anpassen. Ob aber die Strategie die Struktur bestimmt oder umgekehrt, ist auch hier nicht eindeutig zu beantworten. Einerseits reagieren MNU bspw. auf Trends, d.h., sie definieren zuerst Angebote und im Anschluss die Organisation; andererseits legen Geschäftsmodelle z.B. spezialisierter Maschinenbauer oder im E-Commerce bestimmte Organisationsstrukturen nahe, während die Strategie unterschiedlich sein kann.

Abbildung 21.3: Interdependenz der Teilsysteme der Koordination

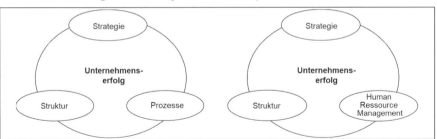

Die Wahl der Organisationsstruktur wird auch von anderen Faktoren als der Abstimmung mit der Strategie bestimmt. Über die Strategie-Struktur-Betrachtung hinaus sind Interdependenzen von Strategie, Struktur sowie Prozessen oder HRM relevant.

- Der Zusammenhang mit den Prozessen wird meistens als Verbindung von Strategie, Struktur und Planungs-/Kontrollprozessen begriffen.
- Der Zusammenhang mit dem HRM kann wie folgt verdeutlicht werden:
  – Die Organisationsstruktur bestimmt die Kompetenzen einzelner Abteilungen oder der Mitarbeiter und die formalen Kommunikationswege.
  – Weitere rekursive Beziehungen liegen nahe, denn Mitarbeiter formulieren und setzen Strategien um, während die Personalentwicklung von Wachstums- oder Gesamtunternehmensstrategien bedingt wird, und eine marktorientierte Planung für ein strategiederivates/-induziertes HRM spricht.

Eine **interne Konsistenz** ist hiermit deswegen nur adressiert, weil ein spezifischer Kontext (Ländermärkte) nur implizit, bspw. in den Strategien, berücksichtigt wird. Interne Konsistenzbetrachtung führt zu empirischen Taxonomien oder zu konzeptionellen Typologien.

Abbildung 21.4 visualisiert vier Möglichkeiten, wie der Zusammenhang zwischen den Teilsystemen gemäß den kontingenzorientierten **Fit-Ansätzen** betrachtet werden kann. Diese gehen davon aus, dass die Zusammenhänge zwischen Strategie, Struktur und Prozessen (sowie weiteren Teilsystemen wie HRM, das hier nicht dargestellt wird) unterschiedlich sind und unterschiedlich den Unternehmenserfolg erklären (vgl. Venkatraman 1989; Vorhies/Morgan 2003; Olson/Slater/Hult 2005; Xu/Cavusgil/White 2006).

Abbildung 21.4: Zusammenhänge zwischen den Teilsystemen (Fit-Perspektiven)

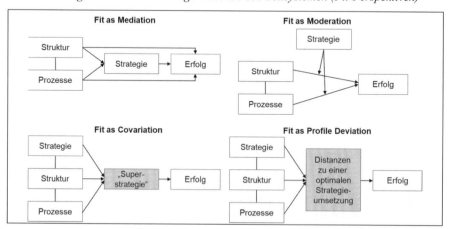

Beim „**Fit as Mediation**" wird davon ausgegangen, dass primär die gewählte Strategie den Unternehmenserfolg bestimmt, und diese die Wirkung der vorhandenen Strukturen und Prozesse filtert. Die Anwendung eines derartigen Mediatormodells kann für jene Unternehmen sinnvoll sein, bei denen die Strategie eine besondere Bedeutung für den Erfolg hat, d.h., bei denen nicht primär Prozesse und Strukturen die Kernerfolgsgrößen sind. Dies mag bei Qualitätsführern der Fall sein, da bei diesen die strategische Festlegung des Marketing-Mix für die Profilierung und Positionierung maßgeblich ist.

Beim „**Fit as Moderation**" wird die Auffassung vertreten, dass primär die Strukturen und Prozesse den Erfolg bestimmen und deren Wirkung dabei von der Strategie verstärkt oder abgeschwächt wird. Die Anwendung eines derartigen Moderatorenmodells kann für jene Unternehmen sinnvoll sein, bei denen die Strategie eher nachgeordnet und i.d.R. verstärkend wirkt. Dies mag etwa bei Preis- bzw. Kostenführern der Fall sein, da bei diesen straffe Prozesse und Organisationsstrukturen die Basis für die Profilierung bilden.

Beim „**Fit as Covariation**" wird davon ausgegangen, dass das Zusammenspiel von Strategie, Struktur und Prozessen den Unternehmenserfolg bestimmt, d.h., der Erfolgsfaktor ist die Interdependenz. Die Anwendung einer derartigen „Superstrategie" kann für jene Unternehmen sinnvoll sein, bei denen alle Führungsteilsysteme integrativ gestaltet sind. Dies ist etwa bei vertikal integrierten Unternehmen der Fall, so Vertikalen in der Fashion-Branche oder bei E-Commerce-Konzernen, bei denen Wertschöpfungsprozesse abgestimmt sind, d.h., Prozessintegration, Struktur und Expansionsstrategie den Erfolg bestimmen.

Beim „**Fit as Profile Deviation**" wird angenommen, dass nicht das Zusammenspiel von Strategie, Struktur und Prozessen den Erfolg direkt beeinflusst, sondern deren Differenz zur optimalen Umsetzung. Dies kann für all jene MNU empfehlenswert sein, die sich in der Strategie, in der Struktur und/oder in den Prozessen am Branchen- oder Weltbesten messen.

Oftmals wird eine Kohorte der „besten MNU" als Benchmark herangezogen, in empirischen Studien z.B. 1%, 5% der Besten. Eine Besonderheit besteht konzeptionell darin, diese Benchmarks zu bestimmen, denn sie müssen mit den restlichen Unternehmen zumindest grundsätzlich vergleichbar sein (Swoboda 2016).

Die „Fit-Perspektiven" wurden mit einzelnen Unternehmensbeispielen verbunden, was aber nicht bedeutet, dass z.B. Qualitätsführer, Kostenführer oder Vertikale nicht auch andere Fit-Ansätze beachten sollten. In Studien ist eine Begründung der Wahl einer oder die Kombination mehrerer Perspektiven zwingend. Allerdings haben alle Fit-Perspektiven Grenzen (vgl. ausführlicher Macharzina/Wolf 2018, S. 75, S. 553ff.).

Zusammenhänge zwischen Teilsystemen und der Umwelt (externe Konsistenz)

Ein **externer Fit** zwischen dem MNU und seiner Umwelt ist v.a. im Internationalen Marketing wichtig. In der **externen Kontingenz** wird die Umwelt i.d.R. als Moderator der Wirkung der Teilsysteme auf den Erfolg betrachtet (links in Abbildung 21.5). Werden aber Interdependenzen der Teilsysteme im Hinblick auf den Erfolg kontextabhängig betrachtet, handelt es sich um umweltspezifische Konfigurationen (rechts). Vor dem Hintergrund, dass die Interdependenzen durch viele politisch-rechtliche, ökonomische, technologische oder marktspezifische Determinanten beeinflusst werden und angesichts des dynamischen Wandels des internationalen Umfelds, ist es wichtig, dass Strategien, Strukturen, Prozesse und HRM eines MNU an der Umwelt ausgerichtet sind. In kontinuierlich (vs. diskontinuierlich) erfolgreichen MNU führt dies zu permanenten Veränderungen (vs. radikaler Reorganisation bspw. nach Dekaden erfolgreicher Internationalisierung).

Abbildung 21.5: Zusammenhänge zwischen den Teilsystemen und der Umwelt

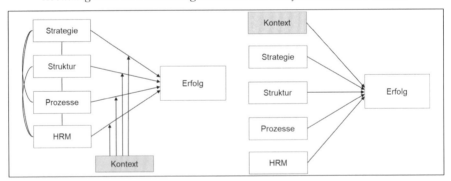

Insofern besteht die Herausforderung meist darin, dass Unternehmen gezwungen sind, permanent fortschrittsfähig zu bleiben und sich immer „neu zu erfinden". Unternehmensexterne und -interne **Innovationstreiber** sind veränderte Kundenbedürfnisse, der Wettbewerbsdruck, neue Kommunikationstechnologien etc. Diese Treiber können zu Innovationen führen, verstanden als von Kunden bzw. Unternehmen wahrgenommene Neuerungen, welche im Regelfall auf Effektivitäts- und Effizienzsteigerungen abzielen. Üblicherweise wird dabei der Erfolg einer Innovation als maßgeblich vom **Innovationsgrad** bestimmt gesehen – gemessen an der Anzahl der imitierenden Wettbewerber (Branchensicht), an der Breite/Tiefe der Veränderung (Unternehmenssicht) und/oder am Zusatznutzen für Kunden.

Im Folgenden werden drei Teilsysteme der Koordination diskutiert, um deren Spezifika, Entscheidungen und Gestaltung aufzuzeigen. Abbildung 21.6 gibt hierzu einen Überblick.

Abbildung 21.6: Teilsysteme der Koordination

Teilsysteme	Ausgewählte Ziele	Entscheidungsparameter
Organisation	▪ Effiziente, effektive und marktorientierte Gestaltung der Organisation ▪ Flexible Gestaltung der Organisation und Anpassung an ein sich änderndes Unternehmensumfeld	▪ Gestaltung der Primär- bzw. Sekundärorganisation ▪ Art der Durchführung der Organisationsentwicklung
Prozesse	▪ Sicherstellung der Koordinations-, Reaktions-, Adaptations- und Antizipationsfähigkeit der Unternehmensführung ▪ Prüfung der Zielerreichung und Strategieumsetzung	▪ Heranziehen adäquater Kennzahlen bzw. Kennzahlensysteme ▪ Einsatz geeigneter Controlling-Instrumente
HRM	▪ Gewinnung und optimierter Einsatz qualifizierter Mitarbeiter ▪ Motivierende Steuerung der Arbeitsleistung	▪ Ausgestaltung der Mitarbeiterfluss- und Belohnungssysteme ▪ Art des Führungsstils

21.3. Organisationsstruktur

21.3.1. Einbindung des Internationalen Marketing in die Gesamtorganisation

> Die instrumentelle Organisationsstruktur umfasst die bewusste und proaktive Gestaltung von Lösungen, die sowohl aufbau- und ablauforganisatorische Aspekte berücksichtigen, um effiziente Organisationsstrukturen in international tätigen Unternehmen zu schaffen.

Um die Aufgaben des Internationalen Marketing zu erfüllen, bedarf es eines Ordnungsrahmens. Im Internationalen Marketing sind folgende Optionen interessant:

- Die Bedeutung des Marketing in Unternehmen, oft beschränkt auf die Ziele und Basistypen der Gesamtorganisation.
- Die marketingspezifische Frage nach der formalen Struktur der internationalen Marketingorganisation bzw. -abteilung und sekundärorganisatorische Maßnahmen, sowie
- nach dem Grad der **Zentralisation** der Entscheidungskompetenzen.

Bildet Marketing die Denkhaltung eines Unternehmens, dann sollte es organisatorisch ausreichend hoch angesiedelt sein, um dieses zu dokumentieren, Maßnahmen besser durchsetzen zu können und eine entsprechende marktorientierte Koordination und Kommunikation in allen **Wertschöpfungsfunktionen** zu erleichtern. Bekannt sind aber Unternehmen, die keine Marketingabteilung haben, aber marketingorientiert handeln, so kleine Industrieunternehmen (mit Exportabteilungen etc.) oder Dienstleistungsunternehmen, bei denen Kunden in den Leistungsprozess eingebunden sind. Insofern ist eine Marketingabteilung nicht alleiniger Ausdruck einer Marketingorientierung, dennoch kann Internationales Marketing eine Aufgabe der Verkaufsleitung, eine Hauptfunktion im Verkauf, eine Hauptabteilung neben dem Verkauf oder ein Vorstandsressort sein. Dieses ist länderspezifisch und -übergreifend zu betrachten. Zudem ist eine agile Marketingorganisation bzw. Marketing insgesamt wichtig (um schnelle Anpassungen an das Umfeld zu ermöglichen oder um Offline- und Onlineaktivitäten zu verbinden, Kalaignanam u.a. 2021; Swoboda/Winters 2020). Da auch gesamtorganisatorische Maßnahmen Ausdruck einer Marktorientierung sein können, werden nachfolgend entsprechende Ziele und Basisstrukturen betrachtet.

Grundlegende Ziele und Basistypen internationaler Organisationsgestaltung

Die grundlegenden Ziele der organisatorischen Gestaltung sind für die Marketingorganisation nicht anders als die Herausforderungen an moderne Organisationsstrukturen generell:

- Effiziente und effektive Gestaltung der Organisation auf Märkten sowie der spezifischen Umfeld-Strategie-Konstellationen (**marktorientierte Organisation**)

- Notwendigkeit einer (informations-)**vernetzten, lernenden Organisation**
- Gewährleistung kurzer Entscheidungswege, d.h. möglichst **hohe Flexibilität** und **Kreativität** (Nutzung der Mitarbeiterkompetenz, bspw. betriebliches Vorschlagswesen)

Kernherausforderungen einer konkreten Organisationsgestaltung sind die **externe Effektivität** und die **interne Effizienz**. Effektivität adressiert die Wettbewerbsfähigkeit, bspw. den Zwang zu adaptieren, da ein standardisiertes Marketing wg. kultureller Besonderheiten eine Marktausschöpfung verunmöglicht. Eine Anpassung führt aber dazu, dass strukturelle Konzepte gewählt werden müssen, die bspw. in einem hohen Maß an Autonomie für Auslandseinheiten besteht, oder Märkte differenziert vom Headquarter bearbeitet werden, wenngleich Informationsflüsse, Überlastung oder Schwerfälligkeit Herausforderungen sind. Mit beiden Optionen wird aber deutlich, dass eine internationale Strategie nicht nur mit einer effektiven Struktur korrespondiert. Effizienz adressiert jene Gestaltungsformen, welche die bestmögliche Nutzung des Unternehmenspotenzials und gesamtstrategiekonforme Einzelentscheidungen ermöglichen. Bei der globalen (multinationalen) Strategie würde dies idealtypisch z.B. die Ausnutzung von (Verzicht auf) Skalenvorteilen sowie eine zentrale (dezentrale) Integration bedeuten. Relevant ist eine Bewertung der Abstimmungskosten, der Ressourceneinsätze und der Förderung der Motivation und Kreativität der Mitarbeiter.

Basistypen der **Organisation** betrachten die Strukturierung der Unternehmen auf oberster Unternehmensebene (international wie national mit ähnlichen Strukturierungsprinzipien, Macharzina/Wolf 2018, S. 928ff.). Folgt man dem verbreiteten Kriterium der organisatorischen Stellung des Auslandsgeschäftes im Vergleich zum Inlandsgeschäft, dann können gemäß den Entwicklungsstadien folgende Organisationsstrukturen betrachtet werden:[1]

- Solange das Auslandsengagement eine geringe Bedeutung hat, führt es zu keiner bedeutenden Veränderung in der Organisationsstruktur. In **unspezifischen Strukturen** (auch „Direct Reporting Structures") ist die Unternehmensleitung für das Auslandsgeschäft verantwortlich, Verantwortliche in der Auslandsgesellschaft berichten direkt.
- Bei **differenzierten Strukturen** liegt eine explizite Trennung von nationalen und internationalen Aktivitäten vor, d.h., selbstständige Einheiten verantworten das Auslandsgeschäft. Ein Beispiel ist die **Exportabteilung**, die i.d.R. Vertriebsrepräsentanzen im Ausland steuert und horizontal neben inländischen Funktionen wie Vertrieb, Produktion usw. steht. Ein anderes Beispiel bildet die **Internationale Division** (bei funktionaler, regionaler oder produktspezifischer Organisationsstruktur).
- **Integrierte Strukturen** überwinden die Trennung zwischen Auslands- und Inlandsgeschäft. Entsprechende Einheiten verantworten inländische und ausländische Einheiten bzw. Prozesse, d.h., alle Aktivitäten stehen unter einer einheitlichen/integrierten Leitung. Beispiele sind eine **integrierte Funktionalstruktur**, bei der Funktionsstrukturen im Stammhaus mit jenen im Ausland korrespondieren, **integrierte Produktstrukturen** (Produktdivision) oder **integrierte Regionalstrukturen** (Gebietsdivision).
- Eine Sonderrolle kommt **Holding-Strukturen** zu, die eine integrierte Struktur, aber in Form von Dachgesellschaften, bilden. Verbreitet sind die Managementholding (oft Ausdruck einer zentralisierten Strategie) und die Finanzholding.

Darüber hinaus gehen komplexere **mehrdimensionale Strukturen**, die mehrere Dimensionen als Strukturierungsgrundlage heranziehen. Eine Matrixorganisation ist nach zwei hierarchisch gleichrangigen Kriterien gegliedert, eine Tensororganisation nach drei Kriterien. **Hybridstrukturen** berücksichtigen, dass ein MNU nicht nur nach einem Strukturierungsmodell organisiert sein muss. Die Einrichtung von Mischformen wird von der

---

[1] Zu prozessualen Organisationsformen, wie Projekt-, Teamorganisation vgl. Macharzina/Wolf (2018, S. 506ff.).

Idee getragen, dass einzelne Teile – v.a. in diversifizierten MNU – in unterschiedlichen Umwelten agieren, und dass es nicht zweckmäßig ist, die Aktivitäten der Teilbereiche von der Hierarchiespitze aus zu gestalten. Sie zeichnen sich dadurch aus, dass

- Aufgabenabgrenzungen zwischen Unternehmenszentrale und Subeinheit unkonventionell gelöst sind, d.h., Leistungen nimmt nicht unbedingt die Zentrale wahr,
- leistungsfähige Koordinationsmechanismen, wie Einrichtung internationaler Komitees, persönliche Treffen usw., vorgesehen werden und
- Initiative und Verantwortungsbewusstsein im Management durch Stärkung und Pflege der Unternehmenskultur gefördert werden.

Entwicklung der Basistypen im Internationalisierungsprozess

Neben den Basistypen ist deren Entwicklung im Internationalisierungsprozess beachtenswert. Abbildung 21.7 zeigt die Organisationsstrukturen in Abhängigkeit von internationalen Entwicklungsstadien MNU. Es handelt sich um eine effizienzzentrierte Studie, die drei Variablen gegenübergestellt, während ähnliche empirische Befunde im Marketing fehlen:

- **Integrierte Funktionalstrukturen** sind selten anzutreffen, z.B. in der Mineralölindustrie oder in gering diversifizierten Automobilunternehmen.
- **Integrierte Produktstrukturen** sind hingegen relativ häufig anzutreffen, so bei Unternehmen der Elektro- bzw. Elektronikbranche sowie dem Chemiebereich, sofern nicht mehrdimensionale Organisationsstrukturen vorliegen.
- **Integrierte Regionalstrukturen** sind – zumindest bei deutschen Unternehmen – z.B. in den Sektoren Nahrungsmittel, Getränke und Kosmetika zu finden.
- **Mehrdimensionale Organisationsmodelle** sind – zumindest bei deutschen Unternehmen – v.a. in Großunternehmen der Elektrotechnik und Chemie verwirklicht, wobei der Produktdimension eine besondere Bedeutung zukommt.

Abbildung 21.7: Struktur-Stadien-Modelle von Stopford/Wells und Egelhoff

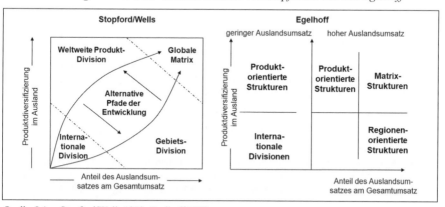

Quelle: I.A.a. Stopford/Wells 1972; Egelhoff 1988.

21.3.2. Interne Gestaltung des Internationalen Marketing

Im Internationalen Marketing sind Überlegungen bzgl. des organisatorischen Aufbaus von Marketingabteilungen relevant. Die Organisationsstruktur kann auch im Internationalen Marketing eindimensionalen Erscheinungsformen, u.a. funktional, objektorientiert, sowie mehrdimensionalen Erscheinungsformen folgen (vgl. allgemein Frese u.a. 2019, S. 341ff.).

Die **funktionsorientierte Marketingabteilung** bildet eine klassische Marketingstruktur, wobei die Tätigkeitsfelder wie Marktforschung, Vertrieb etc. die Kriterien für die Stellenbildung in der Marketingabteilung sind. Abbildung 21.8 zeigt zwei Ausprägungen einer funktionsorientiert strukturierten Marketingabteilung, so die **differenzierte Struktur**, mit expliziter Trennung von nationalen und internationalen Aktivitäten, und die **integrierte Struktur**, mit Zusammenfassung der Marketingaufgaben im Auslands- und Inlandsgeschäft. Berndt/Fanatapié-Altobelli/Sander (2020, S. 535ff.) sehen die Vorteile in der strukturimmanenten Zentralisierungstendenz und damit einem relativ geringen Koordinationsbedarf (insb. bei integrierter Struktur). Erschwert wird die Koordinationsaufgabe aber im Fall eines heterogenen Leistungsangebots, das unterschiedliche Anforderungen an das Marketing stellt, und bei dynamischen Märkten. Nachteilig wirken i.d.R. die relativ geringe Markt- bzw. Zielgruppenausrichtung, die Konzentration auf bestimmte Aufgaben/Funktionen und dadurch ggf. eine gehemmte Innovationsneigung. Des Weiteren ist eine relativ starke Belastung im operativen Tagesgeschäft anzunehmen.

Abbildung 21.8: Funktionsorientierte Marketingabteilung

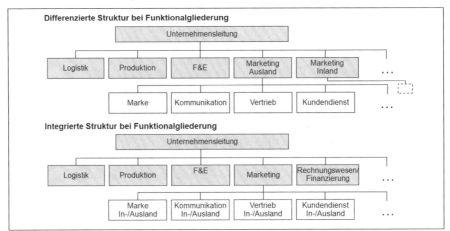

Objektorientierte Marketingabteilungen nehmen eine Gliederung nach produktspezifischen Kriterien (z.B. **Produktmanagement** mit Bündelung aller produktpolitischen Aktivitäten), regionalen Kriterien (z.B. **„Country/Area Management"**) oder kundenorientierten Kriterien (z.B. **Global Account Management**, siehe Kapitel 19.) vor.

Unter einer **produktorientierten Struktur** wird eine Struktur verstanden, die durch ein klassisches **Produktmanagement** auf der dritten Ebene nach einzelnen Produkten/Produktgruppen – abgewandelt nach Marken (**Brand Manager**) – charakterisiert ist. In Abbildung 21.8 würden diese an die Stelle der vier abgebildeten Marketingfunktionen treten. Diese würden dann für Produkte/Marken ggf. sämtliche Marketingaktivitäten verantworten. Grundsätzlich kommt dem Produktmanager die Verantwortung für die Entwicklung und Durchsetzung der Marketingstrategien hinsichtlich der von ihm betreuten Absatzobjekte zu. Bei integrierten Strukturen ist dies im In- und Ausland der Fall. Diese produktorientierte Konzentration kann als Vorteil gesehen werden. Letzteres gilt auch im Hinblick auf die Aufgaben des Produktmanagers, so Planung, Umsetzung und Kontrolle. Allerdings wandeln sich die Vorteile u.a. dann in Nachteile um, wenn im Marketing mehrere heterogene Märkte mit dem gleichen Produkt zu bearbeiten sind. Hier wäre u.U. die klassische Rolle des Produktmanagers überfordert, insb. bei integrierten Strukturen.

Aufgrund heterogener internationaler Märkte bietet sich oft eine **regionalorientierte Organisationsstruktur** an. Die funktionalen Aspekte in Abbildung 21.8 wären durch länder- bzw. regionenspezifische Bezeichnungen zu ersetzen (z.B. „Country oder Area Manager" würden ggf. alle Marketingaktivitäten verantworten). Vorteilhaft ist dies für solche MNU, die über ein heterogenes Länderportfolio verfügen oder Ländergruppen weitgehend homogene Marktbedingungen aufweisen (z.B. südliches Südamerika) und daher eine Zusammenfassung der Marktbearbeitung ermöglichen und die Nähe zu Stakeholdern fördern. Nachteilig sind heterogene Leistungsprogramme oder Kundengruppen. Berndt/Fanatapié-Altobelli/Sander (2020, S. 541) verweisen ferner auf eine **Hybridstrategie**, in der nur der Vertrieb länderspezifisch organisiert wird, und weitere Marketingfunktionen als Zentralabteilung verbleiben (siehe Abbildung 21.9). Marktbearbeitungsaktivitäten würden zentral durchgeführt, im Hinblick auf die Vorteilhaftigkeit für das Gesamtunternehmen und nicht nur im Hinblick auf einzelne Länder(-gruppen). Zu verweisen ist ferner auf die Verbindung zu einer **integrierten Regionalstruktur** (Gebietsdivision) mit Ländern als Gliederungskriterien auf der Gesamtunternehmensebene.

Abbildung 21.9: Regionale Vertriebsorganisation

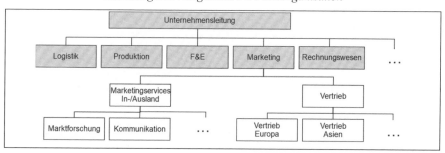

Der Leitgedanke einer **kundenorientierten Struktur** findet seine Entsprechung in funktionsübergreifenden Einheiten, welche die Erfüllung der Kundenerfordernisse ermöglichen. Dazu gehören v.a. Organisationsstrukturen, die den Anforderungen von Großkunden entsprechen sollen, so i.d.R. durch einen Ansprechpartner im anbietenden Unternehmen, der sämtliche Kundenanforderungen „aus einer Hand" erfüllt bis hin zu kundenindividuellen Problemlösungen (zum **Global Account Management**, siehe Kapitel 19.). Das Kundengruppen-Management fasst mehrere Kunden zusammen und ist i.d.R. der Marketingabteilung als Linieninstanz oder Stabstelle zugeordnet. Ein derartiges Markt-Management ist – wie die regionalorientierte Organisationsstruktur – Ausdruck einer stärkeren Kundenorientierung, zugleich aber eher ein Hybridtyp.

Auch **mehrdimensionale Organisationsstrukturen** bieten sich auf der Ebene der Marketingabteilung an. Die Matrixorganisation kann nach Funktionen und Produkten, nach Funktionen und Kunden oder nach Funktionen und Regionen erfolgen (siehe Abbildung 21.10). Vorteilhaft ist hierbei die Bearbeitung eines Marketingproblems aus unterschiedlichen Perspektiven, während die Schwerfälligkeit als Nachteil hervorgehoben wird.

Über die formale Organisationsstruktur hinaus, werden spezifische organisatorische Regelungen realisiert, die als **Sekundärorganisation**, in der Organisationsstruktur nicht erkennbare Maßnahmen (Swoboda 2002, S. 269ff.), bzw. als **strukturelle Koordinationsinstrumente** bezeichnet werden (Berndt/Fanatapié-Altobelli/Sander 2020, S. 547ff.). Für das Internationale Marketing ist Folgendes herauszustellen:

- **Internationale Workshops**, Arbeitskreise und Erfahrungsaustauschgruppen verfolgen konkrete Aufgabenlösungen oder haben partizipative bzw. auf Wissensaustausch ausgerichtete Funktion, bzgl. der Übertragung erfolgreicher Maßnahmen oder dem Abbau des „**Not-invented-here**"-**Syndroms**.
- **Globale Koordinationsgruppen** (bspw. „Strategic Planning, Research or Creative Groups") i.S.d. Abstimmung zwischen geographisch dislozierten Einheiten dienen der Konsensbildung oder dem Wissenstransfer, da sie ausdrücklich auf die Einbeziehung des Know-hows der dezentralen Einheiten bzw. des lokalen Managements ausgerichtet sind und entsprechend auch motivationale Effekte haben können.
- Beim **Lead-Country-Konzept** wird z.B. einer Landesgesellschaft ein strategisches Mandat übertragen, i.S.d. Verantwortung für bestimmte Marktgebiete (z.B. Südostasien) oder Aufgaben (bspw. Produktneuentwicklung) und entsprechender Weisungsbefugnisse für weitere Auslandseinheiten.[1]
- **Kompetenzzentren** („**Center of Excellence**") greifen weiter und sind dadurch gekennzeichnet, dass funktionale, produktbezogene, kundenbezogene oder regionenorientierte Kompetenzen gepolt werden, z.B. für strategische Marktanalysen oder -controlling (Kutschker/Schmid 2011, S. 623ff.). Sie entsprechen dem Modell der **Netzwerkunternehmung** als einem interorganisatorischen Ansatz.

Abbildung 21.10: Matrixorganisation

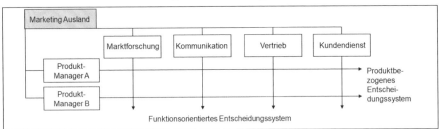

21.3.3. Zentralisierung vs. Dezentralisierung

Eng mit der Strukturierung eines MNU ist die Frage der Zentralisierung (vs. Dezentralisierung) von Entscheidungskompetenzen verbunden (allgemeiner Frese u.a. 2019, S. 179ff.).

> Internationale Zentralisierung ist das Ausmaß, mit dem Entscheidungskompetenzen auf eine oder wenige internationale Stellen konzentriert werden.

Eine Organisation ist dabei umso stärker zentralisiert, je geringer die Zahl der am Entscheidungsprozess beteiligten Stellen und je eingeengter der Entscheidungsbereich der beteiligten Stellen ist. Diese Frage, die sich in MNU stellt, tangiert bspw. die internationale Wettbewerbsstrategie. Eine hohe Zentralisation der Entscheidungskompetenz führt i.d.R. zur starken Koordination im internationalen Unternehmensverbund, während die umgekehrte Aussage nicht zwangsläufig anzunehmen ist, denn eine hohe Koordination kann auch dezentral durchgeführt werden, so im **Netzwerkmodell**. Vorteile können sowohl für die Zentralisation als auch für die Dezentralisierung angeführt werden (Berndt/Fanatapié-Altobelli/Sander 2020, S. 573ff.):

---

[1] Die Rolle der strategischen Führung eines Lead Country kann sich über das Marketing hinaus auf jede Wertschöpfungsaktivität beziehen, i.S.d. Konzeptes differenzierter strategischer Mandate übernehmen Einheiten im Rahmen des Wertschöpfungsnetzwerkes auf sie abgestimmte Aufgaben (siehe Abschnitt 12.2.3.).

- **Zentrale Entscheidungen** bewirken oftmals eine bessere Allokation der Ressourcen, höhere Kompatibilität der Geschäftsbereichsziele und eine bessere Kooperation zwischen den Auslandseinheiten untereinander und mit der Muttergesellschaft. Ungewollte Doppelarbeit kann vermieden werden und Zielkonflikte können einfacher gelöst werden. Es ergeben sich jedoch auch Gefahren, denn durch den „**Kamineffekt**" werden operative Tagesfragen bis zur Unternehmenszentrale gesogen und überlasten diese. Andererseits bewirkt Operationsferne möglicherweise eine mangelnde Anpassungsfähigkeit an die Märkte sowie den Verlust an Flexibilität und Innovationsfähigkeit.
- Durch die **Dezentralisierung** der Entscheidungsbefugnisse kann eine an den lokalen Verhältnissen orientierte Unternehmensstrategie in den verschiedenen Ländern entwickelt werden. So sind eine gezielte Produktstrategie, eine bessere lokale Allokation der Ressourcen und eine bessere Identifizierung der Marktchancen in dem betreffenden Land erreichbar. Zudem wird die Unternehmensspitze von operativer Überforderung befreit und kann sich auf die strategische Planung konzentrieren, während in den Tochtergesellschaften eine (stärkere) unternehmerische Motivation erreicht werden kann.

Obwohl von einem Kontinuum mit den Endpunkten einer völligen Dezentralisation bzw. Zentralisierung ausgegangen werden kann, dominieren eher graduelle und einzelfallbezogene Entscheidungen. Im Internationalen Marketing betreffen diese Entscheidungen vorwiegend die Gestaltung des Marketing-Mix, wobei Faktoren die Entscheidungszentralisierung bzw. -dezentralisierung determinieren (siehe Abbildung 21.11). Genereller nennen Swoboda/Anderer (2008) als wichtigste Determinanten die Umweltstabilität und die Informationsverarbeitungskapazität der Muttergesellschaft, den Einsatz von IuK, die Wettbewerbsstrategie sowie die Kultur der Muttergesellschaft. Schleimer/Pedersen (2014) betrachten den Zusammenhang von Unterstützung der Muttergesellschaft und der Fähigkeit der Tochtergesellschaft, die vorgegebene Marketingstrategie umzusetzen.

Abbildung 21.11: Kriterien der Entscheidungszentralisierung im Internationalen Marketing

Determinanten der Zentralisierung	Determinanten der Dezentralisierung
■ Internationale bzw. globale Marke ■ Standardisierte Produkte ■ Synergien bzgl. Beschaffungs-, Verpackungs- und Produktionskosten ■ Ausland bildet primär Zusatzgeschäft ■ Gefahr von unerwünschten Parallel- bzw. Reimporten ■ Länderübergreifend ähnliche Märkte ■ Standardisierung als internationale Strategie ■ Erwartet hoher Koordinationsaufwand bei Dezentralisierung preispolitischer Entscheidungen	■ Lokale Marke ■ Lokal angepasste Produkte ggf. mit besonderer regionaler Bedeutung ■ Lokale Produktion, bspw. wg. hoher Importzölle ■ Strategische Bedeutung des Auslandsmarktes ■ Hohe Dynamik und Konkurrenz im Auslandsmarkt ■ Keine hinreichenden Auslandsmarktkenntnisse der Muttergesellschaft ■ Adaption als Strategie ■ Große geographische Entfernung zum Gastland

Quelle: I.A.a. Berndt/Fanatapié-Altobelli/Sander 2020, S. 574.

Der Grad der Zentralisierung ist auch mit der internationalen Strategie verbunden. Während eine globale Strategie eine zentrale Entscheidungsgewalt nahelegt, deuten multinationale Strategien auf dezentralisierte Strukturen und transnationale Strategien auf Kompromisslösung hin. Swoboda/Morbe/Hirschmann (2018) zeigen indessen, dass die IR-Achse „Responsiveness" mit der Dezentralisierung verbunden ist, aber diese Beziehung beim weiteren Einfluss zum Erfolg in kulturell nahen Ländern positiv ist, in kulturell entfernten Ländern negativ. Analog sind die Pfade Integration-Zentralisierung-Erfolg negativ (positiv) in kulturell nahen (entfernten) Ländern. Die Autoren sehen „Responsiveness" und Integration Strategieausprägungen (nicht Umfeldfaktoren) und kommen zu eindeutigen Empfehlungen in kulturell fernen Ländern (i.S. Integration). In kulturell nahen Ländern sind die Ergebnisse widersprüchlich, wenn parallel Pfade für Adaption/Standardisierung geschätzt werden.

21.4. Organisationsprozesse und -systeme

Organisationsprozesse sind sehr erfolgsrelevant und unterliegen stärkeren Änderungen im Internationalisierungsprozess über die Zeit als die Organisationsstruktur oder -kultur (Swoboda 2016). Systemorientierte Betrachtungen subsummieren darunter u.a. **Ziel-, Planungs-, Informations- und Kontrollprozesse**. Diese adressieren eher die (marktorientierte) Führung des Gesamtunternehmers und gehen über die in Abschnitt 14.4.3. bzgl. deren Standardisierung behandelten Marketingprozesse (wie Marktanalyse, CRM etc.) oder Supply Chain-Prozesse (wie Einkauf, Distributionslogistik etc.) hinaus. Es handelt sich bspw. um **technokratische Koordinierungsinstrumente** (also personenungebundene Regelungen zur Steuerung von Abhängigkeitsbeziehungen zwischen organisatorischen Einheiten wie Regeln, Programmen, Budgets), **Planungssysteme** (z.B. Formalisierung, Detaillierungsgrad der Planung, Planungsträger) oder **Verantwortlichkeiten** (z.B. Investitions-, Gewinnverwendungsentscheidungen) (Macharzina/Wolf 2018, S. 482, 937). Im Marketing wird an dieser Stelle oft nur das Controlling betrachtet (vgl. Meffert u.a. 2019, S. 929ff.), während es international diverse Herausforderungen gibt (siehe Abbildung 21.12).

Abbildung 21.12: Planungs-, kontroll-, informationsbezogene Herausforderungen in MNU

Planungs- und kontrollsystembezogene Probleme	Informationsbezogene Probleme
■ Strategische Kontrolle unterentwickelt ■ Strategische Planung im Management vernachlässigt ■ Kaum Diskussion der Handlungsalternativen ■ Unrealistische Vorstellungen als Planungsgrundlage ■ Strategische Planung auf die Zentrale beschränkt ■ Anwendung ungeeigneter Kontrollmaßstäbe für Auslandseinheiten ■ Übertragung inländischer Planungs- und Kontrollsysteme ins Ausland ■ Inkonsistenz zwischen Planungsvorgaben und Kontrollmaßstäben ■ Mangelnde Integration und Abstimmung zwischen operativer und strategischer Planung ■ Überlastung der Tochtergesellschaften mit Planungsanforderungen ■ Fehlendes Planungs-Know-how in Auslandseinheit ■ Koordinationsprobleme von Planung/Kontrolle	■ Fehlen richtiger/wichtiger Informationen, wohingegen zu viele falsche/unwichtige Informationen vorliegen ■ Beschaffung objektiver Daten in wenig entwickelten Ländern schwierig ■ Datenunsicherheit ■ Umweltanalyse wird nur unsystematisch durchgeführt ■ Fehlende Vorgehensweisen zur Strukturierung und Analyse von Informationen ■ Unvollständige oder nur komplementäre Nutzung externer Informationen ■ Geringer Einsatz von Prognosetechniken ■ Unternehmensstrategische Inhalte werden im Unternehmen nur unzureichend kommuniziert ■ Geringe Beachtung von schriftlichen Berichten ■ Mangelnde Rechtzeitigkeit der Berichte ■ Vergangenheits- und kennzahlenorientierte Perspektive der Berichte

Quelle: I.A.a. Berndt/Fanatapié-Altobelli/Sander 2020, S. 489.

Nachfolgend werden Planungs-, Kontroll- und Informationssysteme getrennt behandelt (zu Zielen und Strategien siehe Kapitel 1. und 2.). Hinzuweisen ist allerdings auf grundlegende Schnittstellenherausforderungen des (Internationalen) Marketing mit anderen Abteilungen und entsprechenden Ziel-, Strategie- und Ressortkonflikten (siehe exemplarisch Abbildung 21.13).

21.4.1. Planungssysteme

Die Relevanz der Planung als vorausschauendes und steuerndes Führungsinstrument ist im nationalen wie internationalen Bereich evident. Allgemein besteht die koordinierende Wirkung der Planung in einer formalen und informativen Verkettung entweder einzelner Strategien und Instrumente in einem Funktionsbereich, so dem Internationalen Marketing oder verschiedener Unternehmensbereiche, mit dem Ziel, gesamtunternehmensbezogene Wirkungszusammenhänge zu berücksichtigen. Die zentralen Herausforderungen eines Planungssystems in international tätigen Unternehmen können nach strukturellen bzw. prozessualen Aspekten systematisiert werden (vgl. auch Macharzina/Wolf 2018, S. 414ff.):

- Was wird geplant, wie intensiv bzw. detailliert wird geplant, und von wem werden unterschiedliche Pläne entwickelt, d.h., was sind die Planungsinhalte, und wer sind die Planungsträger?
- Wie wird die Planung gestaltet, und zwar bezogen auf ihre Formalisierung, Standardisierung und Periodizität?

Dies spannt eine breite Palette von Fragestellungen auf, denen im Rahmen von (internationalen) Planungssystemuntersuchungen aus unterschiedlichsten Perspektiven nachgegangen werden soll. Aus der Fülle vorgeschlagener Systematiken zur Analyse der Planungskomponenten wird nachfolgend auf die strukturellen und prozessualen Aspekte der internationalen Marketingplanung rekurriert, die nicht bereits im Rahmen der Marketingstrategien oder -instrumente relevant waren. Dieser Fokus ist sinnvoll, weil die Beschreibungen der allgemeinen, also über das Marketing hinausgehenden Planungssysteme in empirischen Studien auf einzelne Planungsmerkmale bezogen sind. So zeigen Macharzina/Engelhard (1991) ein zunehmendes Vertrauen exportierender Unternehmen in die strategische Planung und damit eine Internationalisierungsgradabhängigkeit der Formalisierung und Intensität der Planungsaktivitäten (auch **Ziele** und **Strategien**). Swoboda/Olejnik (2016) zeigen eine Reziprozität zwischen Planung und Entrepreneurship, da eine intensive Planung vereinfachend wirkt, und ein stärkeres „Entrepreneurial Management" eine intensivere Planung befördert. Schließlich behandeln bspw. Dellestrand/Kappen (2012) die Dependenz der Ressourcen-, i.e.S. Budgetallokation, der Muttergesellschaft an Auslandseinheiten – als einfache Option der Koordination – von Wettbewerbs- und Umfeldfaktoren.

Abbildung 21.13: Konflikte von Wertschöpfungsfunktionen/-institutionen

Abteilung ...	legt Wert auf	Marketingabteilung legt Wert auf
F&E	Grundlagenforschung, intrinsische Qualität, funktionswirksame Produktausstattungen	Angewandte Forschung, wahrgenommene Qualität, verkaufswirksame Produktausstattungen
Konstruktion/ Engineering	Lange Vorlaufzeiten, wenige Modelle, standardisierte Komponenten für alle	Viele Modellausführungen, Sonderfertigung für Kunden
Beschaffung	Begrenzte Produktlinie, standardisierte Teile, Einkauf in optimaler Losgröße, Einkauf nach einem Turnus	Breite Produktlinie, differenzierte Teile, Vermeidung von Verkaufsengpässen, sofortiger Einkauf bei Kundenbedarf
Produktion	Lange Vorlaufzeit/ Produktionsläufe durch wenige Produktversionen, Konstanz der Produkte, Produktionsaufträge in standardisierter Form, problemlose Herstellungsverfahren, routinemäßige Qualitätskontrolle	Kurze Vorlaufzeit/Produktionsläufe durch viele Produktversionen, zahlreiche Produktveränderungen, Produktionsaufträge nach Kundenwunsch, ansprechendes Erscheinungsbild der Produkte, strikte Qualitätskontrolle
Finanzen	Rationale, nachvollziehbare Ausgabenbegründung, verbindliche Budgetvorgaben, immer kostendeckende Preise	Ausgabenbegründung manchmal auf intuitiver Basis, flexible Budgets, unter Umständen anpassbar, Preise je nach Marktentwicklung
Rechnungswesen	Vorgegebene Auftragsabrechnungen mit wenigen Optionen	Sondervereinbarungen und Individualisierung für die Kunden mit vielen Optionen
Kreditwesen	Vollständige Kreditwürdigkeit der Kunden, niedriges Kreditrisiko, harte Kreditbedingungen, Strenge beim Inkasso von Außenständen	Minimale Kreditwürdigkeitsprüfung, mittleres Kreditrisiko, generöse Kreditbedingungen, Konzilianz beim Inkasso von Außenständen

Koordinationswirkung der Planungsinhalte

Mit der Strukturdimension soll nicht nur die Frage nach dem „Wer", sondern auch der inhaltliche Aspekt mit der Frage nach dem „Was" und „Wie intensiv" der Planung gefasst werden. Insofern sind hier Fragen von **Planungsinhalten, Intensität bzw. Detaillierungsgrad** und der **Planungsträger**, einschließlich der **Zentralisation**, relevant.

Pläne als Koordinationsinstrumente gelten für eine Periode, in Abgrenzung zu auf Dauer ausgerichteten Programmen.[1] Der hier fokussierte koordinative Charakter – über Planungen in den Kernentscheidungen hinaus – wird dann deutlich, wenn man den allgemeinen Planungsinhalt differenziert. In einer vereinfachten Perspektive lassen sich drei Inhalte der Planung unterscheiden (Holtbrügge/Welge 2015, S. 246):

- Die **Zielplanung** ist auf die Ermittlung und Festlegung erwünschter Sollzustände ausgerichtet. Sie besitzt einen imperativen Charakter und soll die Orientierung der Entscheidungen der Funktionsbereiche bzw. Auslandsniederlassungen an der Effizienz und Effektivität der Gesamtunternehmung sicherstellen. Deren Verwirklichung erfolgt z.B. über **Kennzahlensysteme**, welche die Ziele der Unternehmenseinheiten (z.B. Auslandsniederlassungen) aus den Zielen des Gesamtunternehmens ableiten.
- Die **Maßnahmenplanung** umfasst u.a. die Festlegung unternehmungspolitischer Strategien und detaillierter Maßnahmen, wie sie für die Marketingbereiche behandelt wurden und in Auslandsniederlassungen durchgeführt werden. Typisch sind Vorgaben von Methoden zur Selektion, Evaluierung und Implementierung der Marketingaktivitäten.
- In der **Ressourcenplanung** erfolgt u.a. die Ermittlung, Entwicklung und Bereitstellung der zur Umsetzung geplanten Maßnahmen erforderlichen finanziellen, sachlichen und personellen Ressourcen. Aufstellung von **Budgets**, die Unternehmenseinheiten zugewiesen werden und damit Einfluss auf deren Verhalten ausüben, da sie Entscheidungsspielräume limitieren/erweitern, sind besonders bedeutend. Da Budgets häufig vorab erstellt werden, kommt ihnen v.a. im Rahmen der **Vorauskoordination** große Bedeutung zu. Je stärker die Budgets der Einheiten aufeinander abgestimmt sind, umso stärker führt die Ausrichtung und Einhaltung von Budgets zum koordinierten Verhalten.

Intensität, Zentralisation und Prozessdimensionen der Planung
Die Frage nach der **Intensität der Planung** kann pauschal mit dem Vorhandensein strategischer oder operativer Marketingplanungen verbunden werden, so auf Ebene der Mutter- und Auslandsgesellschaften (bspw. kulturelle Unterschiede bzgl. eingehender Planung ausgleichend). Zudem muss zwischen **strategischer und operativer Marketingplanung** unterschieden werden, zumal erstere den Rahmen für die konkreten operativen Maßnahmen umreißt. Diese Trennung fehlt v.a. in den ersten Phasen der Internationalisierung oft.

Bei stark internationalisierten Unternehmen ist der Grad der **Zentralisation der Planung** zu hinterfragen. Der Blick auf eine strategische Planung in einer Zentrale ist in der Praxis oft mit einer kurzfristigen Perspektive der Planungsträger im Ausland und deren fehlendem Planungs-Know-how verbunden (die o.g. kulturellen Planungswiderstände tragen zur Heterogenität bei). Indessen ist eine unmodifizierte Übertragung von Planungs- und Kontrollsystemen von der Muttergesellschaft auf Auslandseinheiten oft ineffektiv. Ein zentrales Element eines Planungssystems besteht in der Zuordnung der Planungsaktivitäten zu Planungsträgern. Hinsichtlich letzterer lassen sich bzgl. der Mutter-Tochter-Beziehung analog zu den Ausgestaltungsmöglichkeiten der Organisationsstruktur Kombinationsmöglichkeiten der Planung direkt von der Geschäftsführung oder den Linieninstanzen (z.B. Regionalmanagern) unterscheiden. Im Hinblick auf internationale Strategien liegt bei globaler Strategie i.d.R. eine intensive und zentral gesteuerte Planung vor, bei der multinationalen Strategie eine eher dezentrale.

---

[1] Gemeint sind Problemstellungen, die sich wiederholen/routinisiert, i.S.d. Standardisierung von Problemlösungen ermöglichen. Dies findet u.a. Niederschlag in Regeln (Verfahrensrichtlinien), Programmen (Ketten von Regeln, i.S.v. Handlungsanweisungen), Plänen und Budgets. Erstere nehmen Abstimmungsprobleme vorweg, mit Handlungsanweisungen unabhängig von Situation und Person (Kutschker/Schmid 2011, S. 1018ff.).

Neben Planungsinhalten, -intensität und -trägern ist international die **Prozessdimension** relevant. Darunter wird bspw. das Ausmaß an **Formalisierung und Standardisierung** angesprochen, so das Ausmaß schriftlicher Fixierung und periodischer Anwendung von Verfahren und Inhalten (z.B. bei jedem Markteintritt). Hinzu kommt die Frage der **Periodizität**, d.h. des **Planungszeitraums** und des **Verlaufs der Planung**, i.S.d. Planungsintegration im Headquarter und in Auslandseinheiten (Horváth/Gleich/Seiter 2015, S. 107ff.).

- Bei **retrograder Planung** geht der Planungsprozess von der jeweils hierarchisch höchsten Stelle aus, die verpflichtende Vorgaben festlegt, die von hierarchisch nachgeordneten Stellen konkretisiert werden. Ein Vorteil ist die relativ einfach zu erzielende Konsistenz des Gesamtplans. Der **Top-down-Planungsansatz** birgt aber die Gefahr von Motivationsproblemen, Nichtberücksichtigung lokaler Gegebenheiten etc.
- Bei der **progressiven Planung** treffen die unteren Hierarchieebenen Entscheidungen für ihren Bereich, ohne dass sie die übergeordneten Problemfelder und Lösungsansätze kennen (müssen). Die Aufgabe der jeweils höhergestellten Führungsebenen besteht darin, diese Teilpläne zusammenzufassen und zu koordinieren. Ein solcher **Bottom-up-Ansatz** betont die Marktspezifika, bewertet übergreifende Unternehmensziele unter. Interdependenzen zwischen Teilplänen sowie zwischen Tochtergesellschaften selbst und die damit verbundenen Synergie- und Rationalisierungspotenziale bleiben unausgeschöpft. Dagegen ist mit einer hohen Ziel- und Planidentifikation zu rechnen.
- Bei der Planung im **Gegenstromverfahren** setzen hierarchisch obere Stellen, ggf. unter Einbeziehung von Planerwartungen unterer Ebenen, vorläufige Rahmenpläne, die heruntergebrochen werden. Anschließend erfolgt ein progressiv angelegter Rücklauf (siehe Abbildung 21.14). Dieser integrierte **„Top-down-Bottom-up"-Prozess** kann sich wiederholen. Dadurch können die Ideen und damit das Know-how-Potenzial einzelner Niederlassungen bzw. Märkte für das Gesamtunternehmen genutzt werden. Dies sichert ein koordiniertes Auftreten auf dem Weltmarkt, die Berücksichtigung von Interdependenzen zwischen den Auslandseinheiten etc. Die Schwierigkeiten liegen aber v.a. im hohen Aufwand des Verfahrens, einer empfundenen Scheinbeteiligung etc. Das Gegenstromverfahren kann jedoch zumindest partiell die Dualität zwischen Zentralisierung und Dezentralisierung im Planungsprozess überwinden.

Abbildung 21.14: Planungsprozess nach dem Gegenstromkonzept

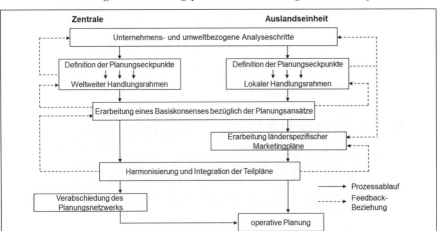

Quelle: I.A.a. Homburg 2020, S. 1304ff.

Der größte Grad an Formalisierung und Standardisierung ist bei einer globalen Strategie zu erwarten, denn dann sind sowohl die Standardisierungsnotwendigkeit als auch das Ausmaß an retrograder Planung stark ausgeprägt. Eine umgekehrte Konstellation besteht bei der multinationalen Strategie, ggf. unter Einsatz des Gegenstromverfahrens.

21.4.2. Informations- und Kommunikationssysteme

Das Internationale Marketing kann nur dann (effizient) funktionieren, wenn eine kontinuierliche Implementierung von IuK-Systemen für ein internes **Informationsmanagement** erfolgt. Im Controlling ist damit die Koordination der Informationsversorgung gemeint, so die Ermittlung des Informationsbedarfs, die Beschaffung und Aufbereitung von Informationen, die Informationsübermittlung und deren Organisation (Horváth/Gleich/Seiter 2015, S. 187ff.). International wird i.w.S. der Wissenstransfer im Netzwerk von MNU ebenso betrachtet wir die hierzu notwendigen IuK-Systeme (vgl. bspw. die Meta-Analyse von Zeng/Grøgaard/Steel 2018). Ausgewählte Ebenen und Strukturen von Informationssystemen werden nachfolgend für das Gesamtunternehmen und das Internationale Marketing angesprochen.

Ebenen und Strukturen von Informationssystemen

Ein effektives Informationsmanagement erhöht die Fähigkeit von Unternehmen, Informationen zu sammeln, zu verarbeiten und auszutauschen, sowohl innerhalb als auch außerhalb der Unternehmen. Das ist aus einer Perspektive des Internationalen Marketing und seiner Schnittstellen von Bedeutung, u.a. weil das Informationsmanagement die potenzielle Leitungsspanne eines Unternehmens i.S. der internationalen Koordination wesentlich vereinfacht. Ziel ist dabei der effektive (zielgerichtete) Einsatz von Informationen in Unternehmen. Die damit verbundenen Aufgaben können in unterschiedliche – jedoch miteinander gekoppelte – Ebenen kategorisiert werden (siehe Abbildung 21.15):

- **Ebene des Informationseinsatzes**: Auf dieser Ebene werden der Informationsbedarf und seine Deckung für alle in einer Unternehmung auftretenden (internen und externen) Verwendungszwecke geplant, organisiert und kontrolliert.
- **Ebene der IuK-Systeme** (Informationssysteme i.e.S.): Diese Ebene betrifft unmittelbar die inhaltliche Umsetzung und Ausgestaltung der Informationsflüsse. Hierzu gehören z.B. Standardsysteme des Rechnungswesens, der Kunden- und Produktionsplanung und -steuerung und unternehmensspezifische Kundeninformationssysteme.
- **Ebene der Informations- und Kommunikationsinfrastruktur**: Das Management der Informationsinfrastrukturen befasst sich mit der Bereitstellung und dem Betrieb technischer Ressourcen wie Rechnersysteme und technische Netzwerke.

Abbildung 21.15: Drei-Ebenen-Modell des Informationsmanagements

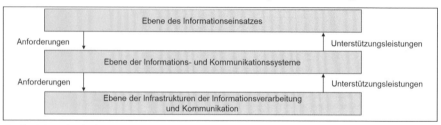

Quelle: I.A.a. Picot/Reichwald/Wigand 2013, S. 135; Krcmar 2015, S. 101.

Strukturell können eher mengen- und eher wertorientierte Informationssysteme unterschieden werden. Abbildung 21.16 zeigt die inhaltlichen Ebenen von Informationssystemen:

- Auf der untersten Ebene sind mengenorientierte operative Systeme angesiedelt, die eng mit der Leistungserstellung verbunden sind. Typische Funktionsbereiche hierfür sind Produktion, Beschaffung oder Vertrieb.
- Begleitet werden die mengenorientierten Prozesse von wertorientierten Abrechnungssystemen, in denen die betriebswirtschaftlichen Konsequenzen bestimmter Mengenflüsse deutlich werden.
- In weiterer Verdichtung werden zunächst Informationen für Berichts- und Kontrollsysteme bereitgestellt und dann Analysen erstellt, die neben den verdichteten Daten der unteren Ebenen auch Daten externer Quellen, z.B. Marktforschungsinstitute, einbeziehen.
- Auf der höchsten Verdichtungsstufe finden sich Planungs- und Entscheidungssysteme, die das Management insb. bei strategisch wichtigen Entscheidungen unterstützen sollen. Diese werden auch als **Executive Information Systems** bezeichnet.

Abbildung 21.16: Integrierte Informationssysteme

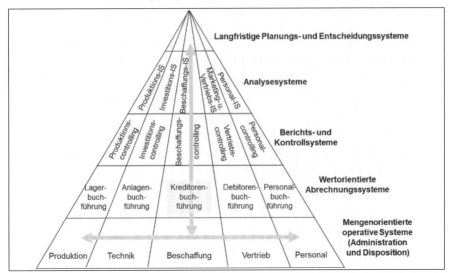

Quelle: Scheer 2013, S. 5.

Integrierte Informationssysteme umfassen die beiden in der Informationspyramide dargestellten Integrationsrichtungen. Durchgängige Informationsströme auf der Ebene der operativen Systeme folgen z.B. dem Materialfluss im Industriebetrieb, quer zu den Funktionsbereichen. Der senkrechte Pfeil verdeutlicht die Integration entlang der unterschiedlichen Verdichtungsstufen (vgl. im Handel Swoboda/Foscht/Schramm-Klein 2019, S. 716ff.).

Strategische Informationsversorgungsfunktion als Beispiel

Die Informationsversorgungsfunktion im Controlling besteht grundsätzlich darin, Informationsbedürfnisse des Managements zu befriedigen. Die Sicherung der (weltweiten) Informationsversorgung bedingt einen Informationsfluss in unterschiedlichen Richtungen. Wie angedeutet, fallen in MNU (Kunden-)Informationen oft dezentral an, werden dann zur Entscheidungsfindung zur Muttergesellschaft transferiert, verarbeitet sowie an die einzelnen

Einheiten zurückvermittelt. Detailliertere Phasen dieser Informationsversorgungsaufgabe sind (Horváth/Gleich/Seiter 2015, S. 190ff.):

- Ermittlung des Informationsbedarfs
- Informationsbeschaffung, -aufbereitung und -speicherung
- Informationsübermittlung.

Im ersten Schritt erfolgt also die Ermittlung des Informationsbedarfs. Dabei sind für das Internationale Marketing insb. **strategische Informationen** von Bedeutung, bei deren Bestimmung eine Reihe von Kriterien berücksichtigt werden muss:

- Die strategische Relevanz von Informationen kann sich durch Umfeldveränderungen schnell ändern. Das bedeutet, dass die Beobachtungsbereiche ex ante nicht zu stark eingeschränkt werden dürfen.
- Strategische Informationen sind i.d.R. hochaggregiert und umfassend. Sie betreffen u.U. das Unternehmen und seine internationalen Märkte in der Gesamtheit.
- Strategische Informationen sind oft qualitativ und oft wenig präzise. Unter Umständen ist es sogar schwierig, sie überhaupt verbal zu erfassen.
- Das Unsicherheitsproblem ist bei strategischen Informationen besonders gravierend.
- Strategische Informationen müssen sehr frühzeitige Signale liefern.

Zur **Informationsbeschaffung** können externe oder interne, im Unternehmen vorhandene zusammengeführt werden, so über Chancen und Risiken der Umwelt oder Stärken und Schwächen des Unternehmens (eher für strategische Planung und Kontrolle). Informationen zu erfolgszielbezogenen Daten aus dem internen Rechnungswesen liefern vornehmlich Informationen für die operative Planung und Kontrolle (Horváth/Gleich/Seiter 2015, S. 205). International stellt die Beschaffung von externen Daten in unterentwickelten Ländern ein Informationsversorgungsproblem dar.

Die Aufgabe der Informationsgewinnung wird ergänzt durch die Interpretationsfunktion, d.h. die Aufgabe, den Informationsempfängern Inhalt und Aussagefähigkeit der Ergebnisse, z.B. im Fall von Sondereinflüssen, zu erläutern. Zur internationalen Steuerung der Informationsströme gehört der herausfordernde Informationsaustausch zwischen Unternehmensteilen (**Informationsverteilung**), aber auch z.B. der Aufbau und der Betrieb eines kongruenten betrieblichen Berichtswesens (Horváth/Gleich/Seiter 2015, S. 329ff.).

Die Bedeutung der IuK ist bei einer internationalen Strategie, die durch eine hohe Anzahl an Weisungen, Aufträgen etc. gekennzeichnet ist, in Form v.a. vertikaler Informationssysteme bedeutend, während bei einer globalen Strategie eher strategische Vorgaben und integrierte Informationssysteme dominieren. In beiden Fällen obliegt die strategische Informationsfunktion dem Headquarter. Bei einer multinationalen Strategie ist hingegen von einer relativ geringen (grenzübergreifenden) Bedeutung von IuK-Flüssen bzw. -Systemen, v.a. zu anderen Auslandseinheiten und eher auf Basis von aggregierten Steuerungsdaten (z.B. Umsätze, ROIs usw.) zur Muttergesellschaft, auszugehen. Bei einer transnationalen Strategie sind alle Kommunikations- und Informationsflüsse – in netzwerkartiger Struktur – denkbar, i.S. eines komplexen Informationsmanagements (Zeng/Grøgaard/Steel 2018).

Relevanz von Informations- und Planungsprozessen für internationale Unternehmen

Die Bedeutung von Informations- und Planungsprozessen für MNU wird breit in der Literatur betrachtet. Die Gewinnung von Informationen über Auslandsmärkte, Kundenbedürfnisse und Wettbewerber trägt zum Wissensaufbau im Unternehmen bei (siehe zur Literaturbestandsaufnahme der kulturübergreifenden IuK-Systeme Chu/Luo/Chen 2019). Dieses

Wissen können Manager nutzen, um fundierte Entscheidungen zu treffen und Hemmnisse und Unsicherheiten bzgl. der Auslandstätigkeit abzubauen. Ebenso können Planungsprozesse dazu beitragen, zukünftige Aktivitäten zielgerichtet zu steuern und vorausschauend zu gestalten. Informations- und Planungsprozesse reduzieren die Komplexität des Auslandsgeschäfts, sind aber auch ressourcenintensiv. Besonders KMU tendieren dazu, an diesen Prozessen zu sparen. Daher ist der direkte Erfolgsbeitrag von Informations- und Planungsprozessen nicht unumstritten. In diesem Zusammenhang zeigen Swoboda/Olejnik (2016), dass der Erfolgseinfluss von Informations- und Planungsprozessen vollständig von der „International Entrepreneurial Orientation" (der Innovativität, Risikoneigung, Proaktivität) mediiert wird, d.h., es liegt ein indirekter Erfolgsbeitrag vor (siehe Abbildung 21.17). Allerdings wird die Durchführung der o.g. Prozesse von der „International Entrepreneurial Orientation" bestimmt; somit liegt ein reziproker Zusammenhang vor.

Abbildung 21.17: Reziproker Zusammenhang zwischen Informations- und Planungsprozessen und der „International Entrepreneurial Orientation"

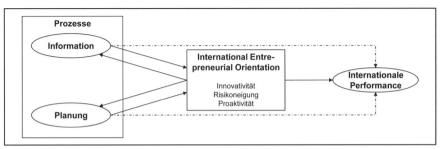

Quelle: Swoboda/Olejnik 2016, S. 142.

21.4.3. Marketing-Controlling-Systeme

Die Aufgabe des Controlling im Allgemeinen und des Marketing-Controlling im Besonderen wird unterschiedlich gesehen, nachfolgend auf eine Führungsunterstützungsfunktion mit entsprechenden Koordinationsaufgaben begrenzt (siehe Abbildung 21.18).

> Die Controllingaufgabe ist eine Funktion, die durch die Koordination von Planung, Kontrolle sowie Informationsversorgung die Führungsfähigkeiten von Organisationen zu verbessern hilft (Horváth/Gleich/Seiter 2015, S. 31).

International hängt „Management Control" stark von internen Faktoren im Headquarter und in Auslandsgesellschaften sowie von lokalen kulturellen Besonderheiten ab (vgl. die Literaturreviews von Sageder/Feldbauer-Durstmüller 2019 und national Andersen/Lueg 2017, sowie zu internationalen Herausforderungen Funk/Rossmanith 2017, S. 281ff.). Im Marketingplanungsprozess steht das **Marketing-Controlling** i.d.R. an letzter Stelle mit zwei Aufgaben: Kontrolle der Zielerreichung und des Marketingplanungssystems selbst. Entsprechend wird zwischen einer instrumentalbezogenen **Marketingkontrolle** und einem strategischen **Marketing-Audit** unterschieden. Erstgenannte sieht die Marketingkontrolle als Abfolge von Soll-Ist-Vergleichen in diversen Bereichen, die alle im Unternehmen getroffenen (und unterlassenen) Maßnahmen begleiten, während eine Revision von Zielen, Strategien, Maßnahmenplänen und Prämissen das Marketing-Audit bildet, z.T. über das Verständnis der o.g. Unterstützungsfunktion des Controlling hinaus (Berndt/Fanatapié-Altobelli/Sander 2020, S. 493f.).

Abbildung 21.18: Das Controlling-System des Unternehmens

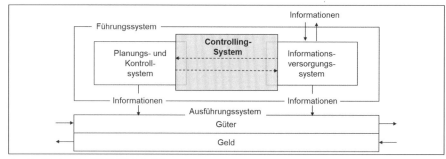

Quelle: Macharzina/Wolf 2018, S. 446.

Anforderung sowie Ebenen und Aufgaben an das internationale Controlling

Erhöhte quantitative und qualitative Anforderung an das Controlling resultieren aus den unterschiedlichen Umfeldbedingungen, in denen **Auslandseinheiten** agieren, und die unterschiedliche Festlegungen erfordern, aber kompatibel mit der Muttergesellschaft sein müssen. Konkret sind folgende Anforderungen zu berücksichtigen:

- Bezüglich internationaler Interdependenzen ist eine höhere Zahl von **Planungsvariablen** zu berücksichtigen, welche durch das Umfeld unterschiedlich beeinflusst werden.
- Störfaktoren sind **Wechselkursschwankungen** sowie volatile **Zins- und Inflationsraten**, die z.B. Währungsumrechnungen, Inflationsraten etc. erfordern.
- Die **unternehmensinternen Rahmenbedingungen**, so die Rollen und Strategien der Auslandseinheiten, unterscheiden sich z.B. nach Entwicklungsstadium (z.B. Gründungs-, Akquisitions-, Betriebsphase), nach Tätigkeitsbereich und Verantwortlichkeit (z.B. Produktions- vs. Vertriebsgesellschaften), variierenden Größen etc.
- Divergente interne/externe **Rechnungslegungspraktiken** führen zur erhöhten Komplexität (z.B. Steuerbelastung, Dividenden-/Kapitaltransfervorgaben).
- Es bestehen diverse **Risiken** (z.B. Länder-, Kapitalrisiken), welche Investitionsrechnungen, Shareholder-Value-Ansätze etc. beeinflussen.
- Für interne, länderübergreifende, **leistungswirtschaftliche Verflechtungen** sind Transferpreise zu ermitteln (z.B. für eine entsprechende Kosten- und Leistungstransparenz oder zur Minimierung steuerlicher Belastungen durch Gewinnverlagerung).
- **Kulturelle Distanz** bedingt ggf. Probleme und Missverständnisse.
- Die **Informationsbeschaffung und -vergleichbarkeit** ist international i.d.R. schwieriger, aufwändiger und unsicherer.
- Weitere Herausforderungen resultieren aus den **Interdependenzen** der i.d.R. mehrstufigen Planung und dem Zentral-, Divisions-, Tochtergesellschafts-Controlling.

Nicht alle diese Anforderungen sind gleichermaßen relevant für **Marketingkontrolle** und **Marketing-Audit**, aber sie deuten die Herausforderungen an das internationale Controlling an. Dieses muss ferner diverse Ebenen berücksichtigen, sodass **Controllingaufgaben** auf den Ebenen von Unternehmen, Division oder Auslandstochtergesellschaft variieren:

- So müssen neben der Steuerung des Unternehmens als Ganzes, ggf. unabhängige Geschäftsfelder miteinander in Verbindung gebracht werden. **Portfolio-** und **Ressourcenmanagement** sind zwei wesentliche Aufgabenfelder hierbei, die mittels entsprechender (eher strategischer) Instrumente und Informationen unterstützt werden. Auf der Ebene eines zentralen Controlling werden dabei Methoden der Systementwicklung (z.B.

Systemanalyse, Nutzen-Kosten-Analyse, Organisationspläne u.Ä.) und der Generierung/Aufbereitung strategischer Informationen genutzt.
- Auf der Ebene einzelner **Geschäftsfelder** unterstützt das Controlling v.a. die Strategieimplementierung. Hier werden somit v.a. Instrumente zur Erfassung und Aufbereitung operativer Daten und Informationen eingesetzt.

Diese Unterscheidung umreißt die Komplexität der Controllingaufgaben, insb. in MNU. Letztere bewerten diese Ebenen bei unterschiedlichen Ländern, Markteintritts- oder Marktbearbeitungsstrategien differenziert. Je nach **Führungsstruktur** des MNU variiert der Controllingfokus (siehe Abbildung 21.19). So ist in einem straff von der Muttergesellschaft geführten, z.B. globalen Unternehmen die Unternehmensleitung wesentlich detaillierter und auch mit operativeren Daten zu versorgen, als in einem eher dezentral geführten, z.B. multinationalen Unternehmen (so einer Finanzholding), da aus Sicht der Holding bspw. eine Portfoliooptimierung der Profitcenter im Ausland bedeutend ist.

Abbildung 21.19: Führungsmerkmale MNU und Controlling-Anforderungen

	Internationale Strategie/Unternehmung	Globale Managementholding	Multinationale Finanzholding	Netzwerkstrategie/ -unternehmung
Struktur	■ Dominanz der Zentrale ■ Operative Tätigkeit der Zentrale ■ Starke Interdependenzen	■ Zentrale/dezentrale Strukturelemente ■ Zentrale auf strategische Führung beschränkt ■ Mäßige Interdependenzen	■ Dominanz der Tochtergesellschaften ■ Zentrale auf finanzielle Führung und Beteiligungsverwaltung beschränkt ■ Kaum Interdependenzen	■ Hybride Strukturen ■ Zentrale vorwiegend mit Koordinationsfunktion ■ Starke Interdependenzen
Spezifische Führungsprobleme der Zentrale	■ Informationsüberlastung ■ Bürokratisierung ■ Eingeschränkte Flexibilität	■ Informationsunterversorgung ■ Mangelnde Transparenz ■ Schwache Know-how-Basis	■ Informationsunterversorgung ■ Beurteilungsmöglichkeiten ■ Know-how-Basis	■ Steuerungskomplexität ■ Koordinationsaufwand ■ Anzahl Schnittstellen ■ Erfolgszuweisung
Vermuteter Controllingfokus	■ Erfüllung strategischer Zielvorgaben ■ Ausschöpfen der Integrationsvorteile ■ Kernkompetenzen	■ Internationalisierungsstrategie ■ Portfolioziele ■ Horizontalprojekte ■ Kompetenzaufbau	■ Finanzielle Entwicklung ■ Portfolioziele ■ Risikostruktur	■ Erfüllung strategischer Rollen ■ Stakeholder ■ Leistungsverflechtung ■ Wissenstransfer ■ Innovationskraft

Quelle: I.A.a. Rieg 2020, S. 43f.

Für das Marketing-Controlling gelten analoge Ebenenüberlegungen. Abbildung 21.20 zeigt vier Controllingtypen und diverse Verantwortungsbereiche, auch wenn hier operative und strategische Aufgaben auf Unternehmens- und Marketingebene nicht eindeutig abgegrenzt sind. Literaturreviews zeigen ferner Diskrepanzen zwischen „Management Accounting" und der Kundenbetrachtung im Marketing (selbst bei digitalen Ansätzen, Matsuoka 2020).

Aufgaben des strategischen Marketing-Controlling

Das Verständnis des strategischen und operativen Controlling ist zunächst allgemein für ein Gesamtunternehmen zu betrachten. Abbildung 21.21 fasst entsprechende Charakteristika für ein Gesamtunternehmen zusammen. Auf dieser Basis, aber auch darüber hinausgehend, wird im Internationalen Marketing das strategische Controlling mit dem Begriff des **Marketing-Audit** verbunden, womit die systematische Reflexion der gesamten Planungsprozesse gemeint ist, d.h., hier wird die Planung und Kontrolle zumindest in zweifacher Weise geprüft (Controlling auf einer Meta-Ebene):

- **Prämissen- bzw. Ziele-Audit** (u.a. Hinterfragen von Annahmen des strategischen Planungsprozesses)
- **Organisations- und Strategien-Audit** (Identifikation von Schwachstellen in der Aufbau- und Ablauforganisation, in der Marketingplanung und Informationsprozessen).

Abbildung 21.20: Typen und Verantwortungen der Marketingkontrolle

Controllingtypen	Verantwortung	Ziele	Instrumente
Jährliche Plankontrolle	Top- und Mittelmanagement	Analyse, ob die geplanten Ergebnisse erreicht wurden	Umsatzanalyse, Marktanteilsanalyse, Ausgaben-Einnahmen-Verhältnis, Finanzanalyse, marktbasierte Score-Card-Analyse
Profitabilitätskontrolle	Marketing-Controller	Analyse, inwiefern die Unternehmung Geld verdient	Profitabilität nach Produkten, Regionen, Kunden, Segmenten, Distributionskanälen, Auftragsgrößen
Effizienzkontrolle	Linienmanagement	Analyse und Verbesserung der Effizienz und Wirkung der Marketinginvestitionen	Effizienz der Absatzorgane, Werbung, Verkaufsförderung, Distribution
Strategische Kontrolle	Topmanagement und Marketing-Auditor	Analyse, ob MNU die besten Optionen im Hinblick auf Märkte, Produkte und Distributionskanäle hat	Marketingeffektivitäts-Ratings, Marketing-Audit, Marketingexzellenzberichte, Corporate- und CSR-Berichte

Abbildung 21.21: Charakteristika des operativen und strategischen Controlling

	Operatives Controlling	Strategisches Controlling
Orientierung	Unternehmung: Wirtschaftlichkeit betrieblicher Prozesse	Umwelt und Unternehmung: Adaption
Planungsstufe	Taktische/operative Planung, Budgetierung	Strategische Planung
Dimensionen	Aufwand/Ertrag, Kosten/Leistungen	Chancen/Risiken, Stärken/Schwächen
Zielgrößen	Gewinn, Rentabilität, Liquidität	Existenzsicherung, Erfolgspotenziale
Zeitbezug	Gegenwart und nahe Zukunft	Nahe und ferne Zukunft
Rahmenbedingungen	Stabiles Umfeld	Komplexität, Dynamik und Diskontinuität
Sicherheit der Info	Weitgehend sichere Informationen	Unsicherheit
Art der Aufgaben	Routineaufgaben	Innovative Aufgaben
Fokus	„Doing the things right"	„Doing the right things"

Quelle: I.A.a. Horváth/Gleich/Seiter 2015, S. 123.

Beim **Prämissen- und Ziele-Audit** erfolgt die Überprüfung der Formalziele (z.B. Gewinn, Konsistenz von MNU und Umfeld) und der Sachziele (i.S.d. art- und mengenmäßigen Zusammensetzung des Leistungsangebots). Die Formal- und Sachziele sind idealtypisch im Unternehmensleitbild enthalten, und das Audit dient der langfristigen Unternehmenssicherung. Überprüft werden die nationalen/internationalen Aktivitäten bzgl. ihrer künftigen Tragfähigkeit, bspw. mittels des o.g. **Portfoliomanagements**. Ebenso werden die **Prämissen der Marketingplanung** überprüft. Berndt/Fanatapié-Altobelli/Sander (2020, S. 494f.) nennen als Beispiele Bestandsdaten (z.B. Annahmen bzgl. Marktpotenzial, Konkurrenzverhalten), Reaktionsdaten (z.B. Annahmen bzgl. grundlegender Reaktionshypothesen, Preis-Absatz-Funktionen) oder generell strategische Erfolgsfaktoren.

Zum **Organisations- und Strategien-Audit** zählt die Kontrolle der o.g. Informationssysteme (Informationsbeschaffung und -verarbeitung), ebenso wie die Kontrolle der Marketingstrategien. Hierzu gehört die Kontrolle der Übereinstimmung der gewählten in- und ausländischen Märkte, Produkte und Technologien mit dem Unternehmensleitbild, oder auch die Prüfung der Übereinstimmung der länder- bzw. produktspezifischen Marketingstrategien untereinander. Die Grundidee dieses Audits ist bspw., dass sich widersprechende strategische Konzepte das Entstehen einer konsistenten Unternehmensreputation verhindern. Abbildung 21.22 zeigt weitere strategische Entscheidungen und Kontrollinstrumente.

Abbildung 21.22: Matrix zur Identifikation von Planungs- und Kontrollinstrumenten für die Bewertung strategischer Entscheidungen im Internationalen Marketing

Planungs- und Kontrollinstrumente Strategische Entscheidungsfelder	Länderportfolios	Portfolio-Matrizen (z.B. BCG)	Chancen-Risiken-Analyse	Stärken-Schwächen-Analyse	Imageanalyse	PLZ-Analyse	Scoring-Modelle	Kennzahlen und -systeme	Break-even-Analyse
Grundorientierung des Unternehmens	X	X	X				X		
Wahl der internationalen Märkte	X	X	X			X	X		
Austritt aus Auslandsmärkten	X	X	X			X		X	
Wahl der Markteintrittsstrategie					X		X	X	X
Standardisierungsgrad der Marktbearbeitung				X	X	X	X		X
Wettbewerbsstrategisches Verhalten	X	X			X	X			

Quelle: I.A.a Berndt/Fanatapié-Altobelli/Sander 2020, S. 497.

Aufgaben des operativen Marketing-Controlling

Das operative **Marketing-Controlling** ist geprägt durch die Durchführung von Soll-Ist-Analysen, d.h. die Gegenüberstellung der geplanten und der tatsächlich realisierten Größen, sowie durch den Abgleich der Instrumentalbereiche mit den strategischen Zielen, um in Abweichungsanalysen die Ursachen festzustellen und ggf. Gegensteuerungsmaßnahmen vorzuschlagen (z.B. Wirkungskontrolle bzgl. Werbung, Preisaktionen). Es handelt sich hierbei bspw. um Überprüfung der länderspezifischen Zusammensetzung des Marketing-Mix, die Aufteilung des Marketingbudgets im Hinblick auf Unternehmensziele etc. Relativ einsichtig ist die Funktionsweise der Ergebniskontrolle, wenn in einer länderspezifischen Perspektive beurteilt wird, inwiefern die angestrebte Zielgröße mit einem gewünschten Ergebnis erreicht wurde. Abbildung 21.23 zeigt exemplarisch relevante Ziel- und Kontrollgrößen. Dabei wird deutlich, dass der Beitrag des Controlling bzw. des „Management Accounting" zur im Marketing dominanten Wirkungsbetrachtung auf das Kaufverhalten ggw. eher schwierig zu bewerten ist (Matsuoka 2020).

Die meisten ökonomischen Zielgrößen (wie Umsatz, Umsatzwachstum usw.) müssen – gerade im operativen Marketing-Controlling – um nicht-ökonomische Vorsteuerungsgrößen (wie Bekanntheit, Image, Kundenakquisition oder -bindung) ergänzt werden, die v.a. dann relevant sind, wenn die Wirkung des Marketinginstrumentariums im Vordergrund steht, da nicht-ökonomische Ziel- und Kontrollgrößen das Potenzial vor dem Eintreten wirtschaftlicher Effekte anzuzeigen in der Lage sind. Eine besondere Herausforderung besteht darin, für die nicht-ökonomischen Zielgrößen länderübergreifend einheitliche und psychologische Bewertungsmaßstäbe zu finden.

Abbildung 21.23: Messung des Erfolges der Marketinginstrumente

Produkt	Distribution
■ Umsatz in Marktsegmenten ■ Neuprodukteinführungen p.a. ■ Umsatz(-wachstum) relativ zu Umsatzpotenzial ■ Marktanteil ■ Produktdefekte, Garantiefälle ■ Anteil am Gesamtgewinn ■ Return on Investment ■ Produktportfolios in einzelnen Ländern/Regionen ■ Produktdehnungsanteile	■ Umsatz, Ausgaben etc. nach Vertriebskanälen ■ Anteil von Läden, die das Produkt anbieten ■ Umsatz im Vergleich zum Umsatzpotenzial nach Distributionskanälen und Absatzmittlern ■ Anteil der Einmallieferungen ■ Ausgaben-Umsatz-Anteil nach Vertriebskanälen ■ Erfolg unterschiedlicher Bestellrhythmen nach Distributionskanälen usw. ■ Logistikkosten nach Distributionskanälen usw.
Preis	Kommunikation
■ Reaktion zu Preisänderungen von Wettbewerbern ■ Preiselastizitäten ■ Preis in Relation zu Wettbewerbspreisen ■ Preisänderungen in Relation zum Umsatz ■ Angebotsstrategie für neue Kontrakte ■ Deckungsbeiträge im Ver. zu Marketingausgaben ■ Deckungsbeiträge in Relation zum Vertriebskanalerfolg	■ Werbeeffektivität nach einzelnen Medien (z.B. Wahrnehmungsniveaus) ■ Relation von angestrebter und realisierter Zielgruppe ■ Tausenderpreis ■ Kosten pro Kontakt ■ Anzahl von Anrufen, Informationsanfragen in Medien ■ Umsatz pro Kundenkontakt ■ neue und verlorene Kunden pro Zeitperiode

Quelle: I.A.a. Hollensen 2020, S. 711.

Ausgewählte Kennzahlen

Zur Beurteilung des Auslandsmanagements können aufgrund der Perspektivenvielfalt (z.B. länderspezifisch/-übergreifend, ökonomische/vorökonomische Erfolgsgrößen etc.) diverse Kennzahlen genutzt werden. Empirische Studien zur Steuerung von Tochtergesellschaften zeigen, dass MNU diverse Erfolgsgrößen des internen und externen Rechnungswesens parallel nutzen, wobei auch im Marketing-Controlling wirtschaftliche Key Performance Indicators (**KPIs**) dominieren. Tabelle 21.1 visualisiert die Ergebnisse zweier Studien zu „**Marketing Metrics**". In beiden – jenseits von der Zahlenhöhe –, werden hauptsächlich absatz- und finanzwirtschaftliche Kennzahlen, wie Umsatz/Absatz, Nettogewinn und Deckungsbeitrag verwendet. Demgegenüber werden vorökonomische, kundenorientierte Kennzahlen seltener erhoben und seltener als Top-Steuerungskennzahl eingesetzt, so Kundenzufriedenheit, wahrgenommene Qualität, Kundenbindung und Loyalität. Konkurrenzorientierte Größen werden, außer Marktanteil, kaum erhoben, wie auch komplexere, differenziertere Marketingkennzahlen wie Marken-/Kundenwert und -bindung.

Tabelle 21.1: In Unternehmen genutzte Marketingkennzahlen (2004/14) – in %

Rang	Kennzahl	Kennzahl wird erhoben	Top 5-Steuerungskennzahl
1	Umsatz/Absatz	92,0/87,0	71,0/69,0
2	Nettogewinn	91,5/69,9	80,5/46,0
3	Deckungsbeitrag 1 (Bruttomarge)	81,0/49,0	20,0/28,0
4	Bekanntheit	78,0/42,0	28,0/16,0
5	Marktanteil (Volumen oder Wert)	78,0/60,0	36,5/39,0
6	Umsatzrentabilität	--/51,0	--/35,0
7	Relativer Preise	70,0/27,0	37,5/11,0
8	Relativer Marktanteil	--/41,0	--/17,0
9	Kundenzufriedenheit	68,0/47,0	46,5/28,0
10	Kunden (Gesamtzahl/Wert)	65,5/14,0	40,0/7,0
11	Wahrgenommene Qualität/Wertschätzung	64,0/37,0	35,5/14,0
12	Umsatz von Neuprodukten am Gesamtumsatz	--/30,0	--/12,0
13	Kundenbindung/-loyalität	64,0/26,0	67,0/11,0
14	Wahrgenommene (Service-)Qualität	62,5/47,0	61,6/22,0
15	Anzahl/Anteil an Neukunden	57,0/45,0	57,0/18,0
16	Markenwert/Produktstärke	55,0/25,0	44,5/9,0
17	Kundenwert	--/14,0	--/7,0

Quelle: I.A.a. Ambler 2000, S. 8, 163; Reinecke 2004, S. 136; Reinecke 2014, S. 16.

Als **Vergleichsgrößen** im (internationalen) Controlling sind Planzahlen (Budgetansätze) sowie Ist-Werte vergangener Perioden üblich, wobei sich der Erfolg in der Erfüllung der Budgetvorgabe konkretisiert. Üblich sind Vergleiche zwischen Ländern, Auslandseinheiten etc. (i.S.d. **internen Benchmarking**). Die aus Vergleichen dieser Art abgeleiteten Urteile bedürfen einer Interpretation, da die Vergleichsobjekte spezifischen, andersartigen Einflüssen unterworfen sind. Abweichungs- bzw. Ursachenanalysen sind durchzuführen, da gerade Ergebnisse von Auslandseinheiten oft von unvorhersehbaren Umfeldfaktoren beeinflusst werden:

- Daneben resultieren verzerrende Einflüsse aus der Entwicklung der Konjunktur, staatlichen Eingriffen, Veränderungen des Wettbewerbsumfeldes, des Käuferverhaltens u.Ä.
- Eine besondere Schwierigkeit resultiert aus der Kosten- und Leistungsinterdependenz im Gesamtunternehmen, da jede Organisationseinheit vom Zusammenhang mit der Muttergesellschaft u.a. Tochtergesellschaften profitieren (belastet werden) kann.

Zudem ist, v.a. bei international vernetzten Marketingstrategien, oft das finanzielle Ergebnis nicht das zentrale Erfolgskriterium. So können bei einer Rollendifferenzierung der einzelnen Gesellschaften (z.B. strategische Rollen, Abschnitt 12.1.) eher qualitative und nach der Rolle differenzierte Beurteilungskriterien abgeleitet werden (Holtbrügge/Welge 2015, S. 364f.). Dies ist insb. bei einer transanationalen Strategie relevant. Demgegenüber ist das Controlling bei einer globalen Strategie aufgrund weltweit vorgegebener Standards, Vergleichsgrößen etc. von geringerer Komplexität. Bei einer multinationalen Strategie dominieren umgekehrt zunächst eher lokale Kontrollstandards, während relativ pauschale Audits durchgeführt bzw. eher strategische Reporting-Größen von der Muttergesellschaft genutzt werden (wie Profit-, Umsatz-, Kostenwerte). Schließlich können im Marketing die Ziele und die Zielerreichung nach Effizienz- und Effektivitätsgesichtspunkten bewertet werden. Abbildung 21.24 zeigt entsprechende unterschiedliche Marketingkennzahlen differenziert nach drei Kategorien.

Abbildung 21.24: Beispiele zu Marketing- und Vertriebskennzahlen

	Effektivität	**Effizienz**
Potenzialbezogene Kennzahlen	■ Kundenzufriedenheit ■ Image des Anbieters ■ Lieferantenzuverlässigkeit	■ Anzahl erzielter Kontakte/Kosten Werbeaktion ■ Kundenzufriedenheit mit der Verkaufsunterstützung/Kosten der Verkaufsunterstützung
Markterfolgsbezogene Kennzahlen	■ Anzahl der Gesamtkunden ■ Marktanteil eines Produktes ■ Im Markt erzielbares Preisniveau	■ Anzahl der Kundenbesuche pro Auftrag ■ Anzahl Angebote pro Auftrag (Trefferquote) ■ Anzahl gewonnener Neukunden
Wirtschaftliche Kennzahlen	■ Umsatz bezogen auf Produkte/ Produktgruppen ■ Umsatz von Kunden/Kundengruppe ■ Umsatz aufgrund von Aktivitäten der Direktkommunikation	■ Gewinn ■ Umsatzrendite ■ Kundenprofitabilität ■ Umsatz aufgrund der Messeteilnahme/ Kosten der Messeteilnahme

Quelle: I.A.a. Homburg 2020, S. 1331.

Derartige KPIs erweitern die bereichsbezogene Zielplanung und -kontrolle und unterstützen eine hierarchisch strukturierbare, leistungsebenengerechte Zielformulierung sowie Strategieoperationalisierung. In Bezug auf das **Beurteilungsobjekt** kann bspw. die Auslandsgesellschaft als juristische Einheit oder als Kompetenzbereich bestimmter Führungskräfte interpretiert werden. Diese Unterscheidung ist wichtig für die Erfolgsdefinition, nämlich die Auswahl und Gestaltung der zuzurechnenden Kosten- und Leistungskomponenten. Bezüglich der **Beurteilungsperspektive** kann der Erfolg einer Auslandsgesellschaft am lokal erwirtschafteten **Cash Flow** (Projektperspektive) oder an dem zur Muttergesellschaft transferierten Cash Flow (Investorperspektive) gemessen werden, wobei Unterschiede auftreten können (bedingt durch Transfers von Dividenden, Zinsen, Know-how-Gebühren, Wechselkurseinflüsse). Hat man die juristische Einheit (oder die Produktsparte) als Beurteilungsobjekt im Visier, so steht die

Sicht des Investors im Vordergrund. Damit wird der Erfolg am transferierten Cash Flow gemessen. Geht es um die Beurteilung der Managementleistung, so bietet sich die Projektperspektive an. Auch bzgl. der Wahl der **Beurteilungswährung** ist einsichtig, dass bei der projektbezogenen Sicht der Cash Flow bzw. das Finanzergebnis in der Gastlandwährung zu messen ist, während bei der Investorenperspektive die Stammlandwährung nahe liegt. Diese Umrechnungen sind bei Wechselkursänderungen zwischen Beurteilungszeitpunkten erschwert.

21.4.4. Künstliche Intelligenzen

Bereits heute ermöglichen die Anwendungsfelder von **künstlichen Intelligenzen** (Artificial Intelligence, AI) in internationalen Unternehmen eine Vielzahl von Prozessen, weswegen Sie an diversen Stellen in diesem Buch angesprochen wurden. Beispiele sind eine automatische Preisoptimierung, Vertriebs- und Kundenservice-Vorhersagen, Absatzprognosen mit Einkaufsplanung und Warendisposition, Planung von Werbeaktionen oder Anzeigen-Segmentierung, Personaleinsatzplanung etc. Weitere exemplarische Einsatzfelder auf dieser Basis sind (Foscht u.a. 2020; Gläß 2018; siehe Abschnitt 19.4.2.):

- **Produktbeschreibungen** in Online-Shops, indem eine selbstlernende Software strukturierte Daten automatisch in lesefreundliche Texte umwandelt.
- „**Digital Signage**", d.h., die Einbeziehung von Laufwegen oder der Clicks mit dem Ziel schwach besuchte Abteilungen/Produkte durch Aktionen zu beleben.
- **Virtual und Augmented Reality** zur Erhöhung des Kundenerlebnisses.
- **Chatbots** bspw. auf Basis von Daten zu bisher gekauften Produkten, Bewertungen, Beschwerden eines Kunden etc. für ein „**Conversational Commerce**".
- **Anticipatory Shopping** versucht, Bestellungen der Kunden vollständig zu antizipieren und Waren schon zu versenden, ohne dass bereits ein Kauf getätigt wurde.

Der Einsatz von **Machine-Learning-Algorithmen** zur Vorhersage der Nachfrage und Wünsche der Kunden wird zunehmen: Durch den Einsatz von Sensoren in Produkten steigt die Konnektivität ebenso wie das Internet der Dinge. Auch in den Organisationsprozessen sind die Anwendungen vielfältig, bspw. in den Feldern einer konzernweiten Analytik, integrierter Warenwirtschafts- und CRM-Systeme, dem kanalübergreifenden Matching von Kundendaten inkl. Erweiterungen auf Drittanbieter-Kanäle oder Effizienz in der Distributionslogistik (welche inkl. der Robotik intensiv diskutiert wird, Foscht u.a. 2020; DHL/IBM 2018; siehe Abschnitte 5.2.4. und 19.6).

Allerdings behandeln Autoren die notwendigen Anpassungen in Führung, in Marketing- und Supply Chain-Prozessen sowie in der IT-Infrastruktur, die mit der erfolgreichen Umsetzung der AI verbunden sind, vielfältig (bzgl. den erforderlichen digitalen und dynamischen Ressourcen bzw. Fähigkeiten von Unternehmen generell, Wielgos/Homburg/Kuehnl 2021, und in Mehrkanalunternehmen, Swoboda/Winters 2020, oder bzgl. einer agilen Marketingorganisation, Kalaignanam u.a. 2021). Entsprechende Fähigkeiten beinhalten bspw. mit den strategischen Entscheidungen, mit der internen und externen Integration oder der Formalisierung des Prozesses jene Aspekte, welche im Verlauf dieses Kapitels, wenngleich ergänzt um weitere Aspekte für internationale Unternehmen, angesprochen wurden. Im Ergebnis zeigt sich bspw. im Fall dynamischer Technologieentwicklungen ein umgekehrt U-Förmiger Verlauf des Zusammenhangs zwischen digitalen Fähigkeiten von Unternehmen und deren Erfolg (Wielgos/Homburg/Kuehnl 2021). Mit zunehmender Technologiedynamik nimmt die Erfolgsbeziehung ab, d.h. die digitalen Fähigkeiten nehmen in ihrer Erfolgsbedeutung ab. Autoren wie Kozinets/Gretzel (2021) behandeln die Herausforderungen künstlicher Intelligenzen für das Marketing generell, mit drei Schlussfolgerungen:

- Marketingspezialisten sollten, wenn sie AI verwenden, um Muster im Kundenverhalten zu verstehen, weiterhin parallel Techniken anwenden und entwickeln, die empathisches Verständnis, menschliche Einsicht und substanzielle Rationalität betonen. Diese Fähigkeiten können durch maschinelles Lernen unterstützt, aber nie ersetzt werden.
- Sie benötigen zusätzliche Kanäle für den Aufbau von Kundenbeziehungen, die sie über die großen Technologieplattformen und ihre AI hinausführen, so eigene Medien, erweiterte Kundendienstkontakte, gezielte Kontaktaufnahme mit einer persönlicheren Note etc. Durch die Diversifizierung der Marketingkanäle wird auch sichergestellt, dass Unternehmen weniger anfällig für unerwünschte Änderungen der Algorithmen sind.
- Marketingverantwortliche demonstrieren ihren Wert für ein MNU, wenn sie ein Urteilsvermögen und ein Verständnis beisteuern, das Technologien niemals könnten, z.B. in Bezug auf kulturelle Kontexte, Customer Journeys, Motivationen und eine Vielzahl anderer bedeutungsvoller multidimensionaler Konzepte, die durch Dekontextualisierung schwer zu bestimmen sind.

21.5. Unternehmenskultur und Human Resource Management

21.5.1. Strategische Bedeutung von Unternehmenskultur und HRM

Unternehmenskultur und HRM gewinnen seit Jahren an Bedeutung. Bereits früh wurde bspw. die Unternehmenskultur als wichtiger Erklärungsfaktor des Unternehmenserfolgs betrachtet, der stark mit einem ausgeprägten Commitment der Mitarbeiter verbunden wurde. Eine ähnliche hohe Bedeutung kommt dem HRM zu, das international Spezifika und Herausforderungen aufweist. Während die Unternehmenskultur das gesamte Aktivitätenspektrum eines Unternehmens bedingt, aber unbewusst ausgeprägt sein kann, bspw. je nach Herkunft der Muttergesellschaft oder der Entscheider, das HRM zwar nur eine sekundäre Wertschöpfungsfunktion, die aber im gesamten Wertschöpfungssystem relevant und steuerbarer ist. Zudem haben HRM-Aktivitäten erheblichen Einfluss auf den Kenntnisstand und die Motivation der Mitarbeiter, auf die Personalkosten und -fähigkeiten und damit in hohem Maße auf den Wettbewerbsvorteil eines Unternehmens. Aufgrund der Bedeutung beider, werden entsprechend nachfolgend betrachtet

- die Grundsatzherausforderungen der inhaltlichen Gestaltung der Unternehmenskultur, in Folge der Führungskultur und des Kulturtransfers, und
- die Grundsatzherausforderungen der Gestaltung des internationalen und interkulturellen HRM, in Folge der Herausforderungen und Gestaltungsalternativen.

Rolle von Unternehmenskultur und Wechselwirkungen mit der Landeskultur

> Unternehmenskultur ist das implizite Bewusstsein eines Unternehmens, das sich aus dem Verhalten der Organisationsmitglieder ergibt, und das umgekehrt die formalen sowie die informalen Verhaltensweisen der Individuen steuert.

Im Marketing wird die Unternehmenskultur durchaus betrachtet, aber i.d.R. v.a. über die Ausprägungen der nach außen und innen wirkenden Corporate Reputation (siehe Abschnitte 15.2.2. und 15.3.3.) und Corporate Identity, i.S. einer spezifischen, einheitlichen Selbstdarstellung eines Unternehmens erfasst. Dies wird kaum der Rolle der Unternehmenskultur als Hintergrundphänomen oder deren Elemente wie Werte, Grundannahmen, Normen und Einstellungen etc. gerecht. In der Logik dieses Buches könnten unternehmenskulturelle Unterschiede gemäß der internationalen Strategie bzw. Grundorientierung von Unternehmen beschrieben werden. Allerdings würde hiermit im gewissen

Sinne nur eine „Art oder Herkunft" der Unternehmenskultur MNU erfasst, während Weiteres bedeutend ist, so:

- Stärke und Typen von Unternehmenskultur, bspw. dem Vorhandensein von spezifischen Symbolen oder Geschichten, die in einer Unternehmung existieren. Stabile, reaktive, antizipative oder kreative Kulturtypen sind genauso denkbar wie solche anhand des Risikos und der Aktions-/Reaktionsgeschwindigkeit auf das Umfeld des Unternehmens/Abteilung abgegrenzte, so „Tough Guy/Macho-, Work Hard/Play Hard-, Bet-your-Company- or Process-Culture" (bereits Deal/Kennedy 1982, S. 107ff.).
- Zentripetale und zentrifugale Kulturkräfte (Kooperation und Wettbewerb), für bspw. fünf Basiskräfte effektiver Organisationen von Mintzberg (Führung, Effizienz, Professionalität, Konzentration und Innovation). Während Kooperation als **zentripetale Kraft** Gegensätze vereint, aber die Gefahr der Erstarrung/Veränderung nur in engen Systemgrenzen birgt, ist Wettbewerb eine **zentrifugale Kraft**, die durch die Verfolgung unterschiedlicher, individueller Interessen der Mitarbeiter konfliktfördernd wirkt, aber die Gefahr einer „Explosion" oder eines revolutionären Wandels birgt. Notwendig ist ein Ausgleich von zentripetalen Kräften (z.B. Führungsmaßnahmen, wie gemeinsame Aktivitäten, Gruppenentscheidungen, abteilungsübergreifende Kommunikation) und zentrifugalen Kräften (z.B. Veränderungsbereitschaft, unkonventionelle Ideen).

Unternehmenskultur ist ungleich der Landeskultur, beide stehen in MNU aber in einer Wechselbeziehung (zur Landeskultur als Makroumfeld und übergeordneter Bestimmungsfaktor siehe Abschnitt 3.4.). In diesem Kontext ist neben der Bedeutung der Landeskultur für die Gestaltung des kulturell adaptierten oder standardisierten Marketing-Mix die geographische Identifikation der Marketingaktivitäten vordringlich. Letztere ist bspw. bei der internationalen Strategie durch die Muttergesellschaft geprägt, bei einer multinationalen Strategie durch die Nationalität des Gastlandes, bei globaler Strategie durch eine länderübergreifend integrierte, aber nationale Kulturen wahrende Ausrichtung. Hiermit sind Effekte eines Kulturtransfers angesprochen, das mono-, poly- oder mischkulturell ausgestaltet und mit variierenden Einflüssen der Tochter- und Muttergesellschaft verbunden werden kann (Holtbrügge/Welge 2015, S. 48ff.). Weitergehende Sichtweisen sind:

- **Übergeordnete Unternehmenskultur** mit Analysenotwendigkeit von Kulturtransfers zwischen In- und Ausland oder kultureller Phänotypen/Führungsphilosophien.
- Unternehmenskultur als **personenorientiertes Koordinationsinstrument,** mit Führungskräftetransfers, Besuchsverkehren etc. (Macharzina/Wolf 2018, S. 482, 937).
- **Unternehmenskultur** als determinierendes und mit Managementmerkmalen verbundenes Konstrukt.

Studien zeigen bspw. für unternehmenskulturelle Phänotypen und Führungskräftetransfers, dass Unternehmenskultur bei gering internationalisierten KMU wenig durch das Ausland geprägt ist, was mit wachsender Internationalisierung zunimmt (Swoboda 2002). Nationale Studien betrachten den Erfolgsbeitrag einer „Failure-tolerant Culture" oder einzelner Elemente der Marketingorganisation (Moorman/Day 2016; Vomberg/Homburg/Gwinner 2020).

Hinzuweisen ist darauf, dass im Marketing Unternehmenskultur auch mit der Marktorientierung verbunden wird. Auffallend sind bei Industriebranchen die Lücken zwischen empfundener und tatsächlicher Marktorientierung mit Werten von 50% vs. 1% (Backhaus/Schlüter 1994, S. 21; zu den Indikatoren der Marktorientierung Abbildung 21.25). Begründungen hierfür liegen bspw. in Konflikten zwischen dem Marketing u.a. Abteilungen (siehe Abschnitt 21.4.1.), aber auch in einer fehlenden Verankerung in der Unternehmenskultur. Letzteres wird in der Forschung z.B. in Partialansätzen betrachtet (Hilker 1993, S. 57), mit der strukturorientierten Betrachtung (i.S.d. Bedeutung des Marketing in Organisationsstruktur, im Managementsystem etc.) und mit der verhaltensorientierten Betrachtung (strategiebezogen als Unternehmens-Umfeld-Beziehung, unternehmenskultur-, funktionseinheiten- oder mitarbeiterbezogen. Totalansätze fokussieren demgegenüber breit „People, Performance, Partnership, Principles, Culture or Environment" oder enger „Content, Process and Context" (Slater/Narver 1995, S. 67; Kirca/Jayachandran/Bearden 2005, S. 26).

Abbildung 21.25: Indikatoren der Marktorientierung

Indikatoren in Unternehmensphilosophie/-kultur	Indikatoren im Strategischen Management
■ Postulierung der Marktorientierung in Unternehmensleitsätzen oder vergleichbaren Dokumenten ■ Verankerung der Marktorientierung im kulturellen Netz des Unternehmens, z.B. in – Anekdoten/Legenden im Unternehmen – Symbolischen Handlungen von Vorgesetzten – Werthaltung und Zielsetzung der Mitarbeiter – Einstellungs- und Beförderungskriterien	■ Verankerung der Marktorientierung im Zielsystem der Unternehmung, insb. – in Marketingplänen, Strategiepapieren usw. – im Denken der Top-Führungskräfte ■ Implementierung von Strategien der Marktorientierung, z.B. – Zielgruppenbildung – Flexibilität in Produktion und Logistik
Indikatoren im Operativen Management	**Indikatoren im Bereich Organisation**
■ Effizienz des Marketinginformationsmanagements – Beschaffung von Marketinginformationen – Weitergabe von Marketinginformationen – Verwendung von Marketinginformationen ■ marktorientierter Einsatz des Marketing-Mix, z.B. im Rahmen der – Bestimmung von Preisen und Konditionen – Differenzierung von Produkten – Gestaltung von Serviceleistungen – Festlegung von Lieferstandards	■ Marketingorientierung der Aufbauorganisation, insb. – Rang des Marketing in der Aufbauorganisation – Existenz spezieller Organisationseinheiten wie Produkt und Key Account Management sowie Marktforschungsabteilung ■ Zuständigkeit in kundenrelevanten Fragen, insb. bei – strategischer Planung – Produktentwicklung/Sortimentsgestaltung – Preis- und Konditionsfestsetzung – Werbung und Verkaufsförderung

Quelle: I.A.a. Backhaus/Schlüter 1994, S. 21ff.

Rolle des HRM in internationalen Unternehmen

> „The complexity of operating in different countries and employing national categories of workers is a key that differentiates domestic and international HRM, rather than any major differences between the HRM activities [like planning, selection, training, employment, or evaluation of employees) performed" (Dowling/Festing/Engle 2017, S. 4).

Das internationale HRM hat i.e.S. die Aufgaben der Auswahl und des Managements von Beschäftigten mit unterschiedlichen kulturellen oder rechtlichen Hintergründen. HRM unterstützt im Headquarter oder in Auslandseinheiten bei der Personalbedarfsplanung, -auswahl oder -entwicklung. Allerdings kann z.B. ein deutsches MNU einen Deutschen nach China senden (**Expatriate**), einen Inder in Indien einstellen oder einen Franzosen in China beschäftigen. Die Beispiele deuten an, dass in MNU mit lokaler Auslandspräsenz drei Typen von Managern zu unterscheiden sind: solche aus dem Heimatmarkt des Headquarters, solche aus dem Gastland und solche aus einem Drittland. Die Auswahl einer Person in der richtigen Position, im richtigen Land und mit der richtigen Entwicklungsperspektive ist die Kernherausforderung des internationalen HRM. Ein erfolgreicher Mitarbeiter in einem Land muss nicht unbedingt mit der Kultur, dem Führungsstil oder den persönlichen Zielen der lokalen Mitarbeiter in einem anderen Land zurechtkommen. Ebenso können Führungsstile oder -techniken, die sich national als erfolgreich erwiesen haben, im Ausland zu Minderleistung führen. Schlechtes HRM kann somit eine Ursache für den Misserfolg im Ausland sein (siehe Abschnitt 9.4.2.). Die Unterschiede zwischen einem nationalen und internationalen HRM sind u.a. (Cavusgil/Knight/Riesenberger 2020, S. 519f.; Dowling/Festing/Engle 2017, S. 4f.):

- Breitere Perspektive, z.b. Berücksichtigung aller Arten von Staatsangehörigen, Steuerausgleich usw.
- Einflussnahme/Kümmern auf bzw. um das (Privat-) Leben der Mitarbeiter, z.B. Wohnsituation, Gesundheitsversorgung, familiäre Bedürfnisse, Sicherheit für Expatriates.
- Management eines Mixes von Expatriates und Standorten.
- Höhere Risikoexposition, Mitarbeiterproduktivität, Fluktuation, Gewerkschaft sind zudem ggf. im Ausland stärker ausgeprägt.
- Umgang mit den externen Einflüssen nationaler Institutionen.
- Neue Verantwortlichkeiten, z.B. ausländische Steuerfragen für Expatriates, internationale Relocation und Orientierung, Beziehungen zur Gastregierung, Sprachübersetzungsdienste, Repatriierung.

Aufgrund dieser Besonderheiten können die Herausforderungen und die Gestaltung des internationalen HRM aus unterschiedlichen Perspektiven heraus betrachtet werden. Im Sinne einer Implementierungsentscheidung bspw. wären rechtzeitig und ausreichende personelle Ressourcen in der benötigten Qualifikation bereitzustellen, um Marktziele zu erreichen. Dies korrespondiert mit der Ebene der allgemeinen Aufgaben des HRM wie Personalbedarfsplanung, -auswahl, -entwicklung, -führung oder Gestaltung der Anreizsysteme. Eine besondere Bedeutung kommt im internationalen Kontext der Personalführung bzw. Führungskultur zu. Entsprechend sind nachfolgend und i.S.d. **personenorientierten Koordinationsinstrumente** auch Aspekte anzusprechen wie Besuchsverkehr, Führungskräftetransfer oder Delegiertenentsendung. Dies erfolgt in Verbindung mit der Führungs- und Unternehmenskultur.

21.5.2. Herausforderungen und Gestaltung des internationalen HRM

Abbildung 21.26 zeigt zunächst die grundsätzlichen Kernaufgaben und -herausforderungen des internationalen HRM.

Abbildung 21.26: Kernaufgaben und -herausforderungen des internationalen HRM

Task	Strategic goals	Examples of challenges
International staffing policy	■ Choose between home country nationals, host country nationals, third-country nationals. ■ Develop global managers ■ Recruit and select expatriates	■ Avoid country bias, nepotism, and other local practices ■ Cultivate global mind-set
Preparation and training of international employees	■ Increase effectiveness of international employees, leading to increased company performance ■ Train employees with on area studies, practical information, and cross-cultural awareness	■ Minimize cultural shock and expatriate assignment failure
International performance appraisal	■ Assess, over time, how effectively managers and other employees perform their job abroad	■ Strike the right balance between standardization/adaptation employee performance benchmarks
Compensation of employees	■ Develop guidelines and administer compensation (e.g., base salary, benefits, allowances, incentives)	■ Avoid double taxation of employees
International labor relations	■ Manage and interact with labor union, engage in collective bargaining, handle strikes and other labor disputes, wage rates, workforce reductions	■ Reduce absenteeism, workplace injuries due to negligence, and the occurrence of labor strikes
Diversity in the international workforce	■ Recruit talent from diverse backgrounds to bring specific knowledge and experience to the firm's problems and opportunities	■ Achieve gender diversity

Quelle: I.A.a. Cavusgil/Knight/Riesenberger 2020, S. 520.

Entsprechende Gestaltungsalternativen können pauschal nach der Orientierung von Unternehmen unterschieden werden. Holtbrügge/Welge (2015, S. 353ff.) formulieren idealtypische Gestaltungsalternativen in Abhängigkeit von den kulturellen Basistypen internationaler Unternehmen von Perlmutter, die auch auf die internationalen Strategien übertragen werden können (siehe Abbildung 21.27). Letztere sind – wie in diesem Buch gezeigt – pauschal auch für die Kernentscheidungen im Internationalen Marketing relevant.

Abbildung 21.27: Idealtypische Gestaltungsalternativen des Personalmanagements in MNU

Strategie	International	Global	Multinational	Transnational
Unternehmenskultur	Ethnozentrisch	Geozentrisch	Polyzentrisch	Synergetisch
Nationalität der Führungskräfte	Inländer	Inländer und im Inland ausgebildete Gastlandangehörige	Gastlandangehörige und wenige Inländer	Ohne Bedeutung
Entsendungsziele	Know-how-Transfer, Kompensation fehlender Gastland-Führungskräfte	weltweite Koordination	Kontrolle, Schutz vor ungewollter Know-how-Diffusion	Weltweite Koordination, Integration, Personal- und Organisationsentwicklung
Anforderungsmerkmale	Technische und kaufmännische Kenntnisse, ausreichende Englischkenntnisse	Offenheit für fremde Kulturen, Durchsetzungsvermögen, Top-Englischkenntnisse	Kulturelle Sensibilität für das Gastland und Kenntnis der Gastlandsprache	Interkulturelle Flexibilität, umfangreiche Auslandserfahrung, Kenntnis mehrerer Sprachen
Anforderungen an die Mobilität	Ohne große Bedeutung	Bereitschaft zu häufigen Auslandsreisen	Bereitschaft zu längeren Auslandsaufenthalten	Bereitschaft zu Auslandsaufenthalten, häufige Ortswechsel
Führungskräfte-Typ	Funktionsspezialist	One world-Manager	Gastlandspezialist	Transnationaler Grenzgänger
Vorbereitung	Keine	Kurz und landesübergreifend	Kurz und landesspezifisch	Kontinuierlich und landesübergreifend
Entgeltgestaltung	Stammhausorientiert	Unternehmenseinheitliche Regelung	Gastlandorientiert	Gesamtunternehmensorientiert (hybrid)
Re-Integration	Teilweise schwierig	Weniger schwierig	Sehr schwierig	„Professionally easy"
Bedeutung für die Karriere	Negativ	Eher hinderlich	Wichtig für Top-Positionen	Essentiell

Quelle: I.A.a. Holtbrügge/Welge 2015, S. 354.

Ausgewählte Gestaltungsalternativen des Personalmanagements

Tiefergehender sind die Gestaltungsalternativen, die den o.g. Zielen des internationalen HRM dienen, aber auch allgemein betrachtet werden (z.B. Berndt/Fanatapié-Altobelli/Sander 2020, S. 603ff.; Dowling/Festing/Engle 2017, S. 108ff.; Scholz 2014, S. 273ff.).

Die **Personalbedarfsplanung** umfasst die Festlegung der Personalbedarfe in qualitativer, quantitativer und zeitlicher Hinsicht. Bei der qualitativen Bedarfsermittlung ist die Anforderungsstruktur an einen Stelleninhaber von besonderer Bedeutung, so insb. fachliche Kenntnisse, aber auch kulturelle oder marktliche Kenntnisse. Die quantitative Bedarfsermittlung leitet sich („programmgebunden") aus der Geschäftstätigkeit ab, kann prognostisch erfolgen oder (bei konstanten Verläufen) auf Bedarfsberechnungen basieren. Im Internationalen Marketing handelt es sich vornehmlich um Anforderungen bspw. in der strategischen Marketingplanung, im (Global) Brand Management, CRM, **GAM** oder Vertrieb.

Die **Personalauswahl** beschäftigt sich damit, die (in der vorliegenden Betrachtung für die internationale Tätigkeit) am besten geeigneten Mitarbeiter zu identifizieren. Dabei kann zwischen der unternehmensinternen und -externen Personalbeschaffung unterschieden werden. Anforderungen an internationale Manager, die eine globale Marketingstrategie umsetzen sind „Soft Skills" (Griffith/Hoppner 2013). Cavusgil/Knight/Riesenberger (2020, S. 522) nennen weitere Anforderungen internationaler Manager (z.B. „Job Knowledge, Self-reliance, Adaptability, Teamwork Skills, Leadership Ability, Health, Preparation for

Living Abroad"), wobei methodische Auswahlverfahren zu **Stellenbesetzungsstrategien** nicht spezifisch international sind. Auch Besetzungsstrategien bei internationalen Strategien sind naheliegend, z.B. Mitarbeiter der Muttergesellschaft (international), aus dem Gastland (multinational), Inländer/im Inland ausgebildete Gastlandangehörige (global) oder beste Mitarbeiter weltweit (transnational). Die Auswahl ist aber differenzierter, bspw. gemäß der genannten Herkunft der Manager (siehe Abbildung 21.28).

Abbildung 21.28: Personalauswahl abhängig von Herkunftstypen von Managern

Staff with parent-country national	Staff with host-country national	Staff with third-country national
Headquarters wants to maintain strong control over its foreign operations.	Country is distant in terms of culture and language, or when local operations emphasize downstream value-chain activities like marketing/sales.	Top management wants to create a global culture among firm's operations worldwide.
Headquarters wants to maintain control over valuable intellectual property.	Local connections and relations are critical to operational success.	Top management seeks unique perspectives for managing host-country operations.
Knowledge sharing is desirable among headquarters and the subsidiaries, particularly for developing local managers or the host-country organization.	The local government requires the MNE to employ a minimum proportions of local personnel, or tough immigration requirements prevent the long-term employment of expatriates.	Headquarters wants to transfer knowledge and technology from third countries to host-country operations.
Foreign operations emphasize new product development and manufacturing because of better knowledge.	Cost is an important consideration.	The firm cannot afford to pay the expensive compensation.

Quelle: I.A.a. Cavusgil/Knight/Riesenberger 2020, S. 521.

Eine an den Grundorientierungen ausgerichtete **Personalentwicklung** hat primär das Ziel der Vermittlung der für einen erfolgreichen internationalen Einsatz notwendigen Kompetenz, d.h. die Vorbereitung von Mitarbeitern auf ihre Tätigkeiten an bestimmten internationalen Stellen des Unternehmens. Hierbei sind die an den Entwicklungszielen und Entwicklungsobjekten ansetzenden Abläufe der Personalentwicklung i.d.R. insofern für das Internationale Marketing/Business relevant, weil „Global Mind-Sets, Cultural Intelligence, or Expatriate Assignment" typisch sind. Erneut können die Personalentwicklungsziele aus den internationalen Strategien des Unternehmens abgeleitet werden (derivative Entwicklungsziele), sie können aber auch aus Belegschaftsanalysen resultieren (originäre Entwicklungsziele). Entwicklungsobjekte können grundsätzlich alle Marketingmitarbeiter des Unternehmens, sowohl im Stammhaus als auch im Ausland sein. Die Profile bzw. daraus abgeleitet die Fertigkeitslücken werden auch im internationalen Bereich v.a. an fachlichen bzw. tätigkeitsbezogenen Faktoren festgemacht – im Marketing wie o.g. -, wenn zugleich persönliche Faktoren, insb. die Beziehungsfähigkeit und kulturelle Faktoren, eine relativ hohe Bedeutung haben. Letztere werden im folgenden Abschnitt behandelt. Hinzuweisen ist darauf, dass auch internationale Personalentwicklungsmaßnahmen mit bekannten Methoden verbunden sind, u.a. „Into the Job" (z.B. Traineeprogramme), „On the Job" (z.B. Job Rotation), „Parallel to the Job" (z.B. Karriereplanung) oder „Off the Job" (z.B. Corporate Universities).[1]

Zu weiteren Fragen für das Internationale Marketing zählen Entgelte und Bewertung der Arbeitsleistung oder Entsendung und Eingliederung von Expatriates (Berndt/Fanatapié-Altobelli/Sander 2020, S. 613ff.). Die Entgelte bei einer Auslandsentsendung liegen ggf.

---

[1] Karrieremuster variieren je nach Herkunftsland der Muttergesellschaft tendenziell, so zwischen romanischen bzw. englischen und deutschen bzw. japanischen Führungsmodellen. In Letzteren erfolgen bspw. kaum Quereinstiege, sondern die Karriere erfolgt immer noch eher im Unternehmen (Macharzina/Wolf 2018, S. 962ff.).

über den nationalen Niveaus, hängen aber u.a. von den lokalen Lebenskosten im jeweiligen Land bzw. einer Stadt ab. Typischerweise wird zwischen „Wages, Benefits, Allowances, or Incentives" unterschieden (Cavusgil/Knight/Riesenberger 2020, S. 526). Auch die Bewertung der Mitarbeiterleistung wird durch diverse Faktoren erschwert, sei es durch zwischen den Ländern nicht vergleichbaren Leistungen, unvollständigen Informationen oder Einflüssen durch strategische Entscheidungen des Headquarters.[1]

21.5.3. Führungskultur und Kulturtransfer

Bei der Entwicklung wie auch bei der Führung ausländischer Mitarbeiter sind Methoden der Kulturvermittlung bedeutend. Deren grundlegendes Ziel besteht darin, die interkulturelle Kompetenz international tätiger Mitarbeiter zu entwickeln und zu fördern. **Interkulturelle Kompetenz** umschreibt hierbei die Fähigkeit, sich an eine fremde Kultur anzupassen und in ihr effektiv zu handeln. Dabei stehen die persönlichkeitsbezogenen Kompetenzen, Anpassungsfähigkeit und Kommunikationsfähigkeit im Vordergrund. **Interkulturelle Trainingsmaßnahmen** umfassen zumindest zwei Dimensionen, nämlich eine kulturübergreifende und kulturspezifische einerseits und eine intellektuelle (didaktische) und erfahrungsbezogene Dimension andererseits. Entsprechende, grundsätzliche Methoden sind in Abbildung 21.29 in diese Systematik eingegliedert. Dabei zielen diese Methoden auf unterschiedliche Vermittlungsinhalte und -formen ab.

Abbildung 21.29: Methoden der Kulturvermittlung

	Generelle Kulturvermittlung	Spezifische Kulturvermittlung
Erfahrungsbezogene Kulturvermittlung	▪ Traditionelles HR-Training ▪ Interkultureller Workshop ▪ Generelle Kultursimulation ▪ Contrast American Simulation ▪ Selbsterfahrungstechniken ▪ Albatros-Übung	▪ Bikulturelles Relations-Training ▪ Bikultureller Workshop ▪ Verhaltensmusteransatz
Didaktische Kulturvermittlung	▪ Traditionelle akademische Kurse ▪ Kulturelle Selbsterfahrung über Video	▪ Landeskunde und Sprachtraining ▪ Kultur-Assimilator

Quelle: Scholz 2014, S. 600.

Durch die Personalführung sollen Mitarbeiter v.a. bewegt werden, Ziele des Unternehmens zu verfolgen, wobei die Motivation der Mitarbeiter und die zielorientierte Koordination des arbeitsteiligen Handelns grundlegende Aufgaben der Führung sind. Diese können auf strukturellem Wege wahrgenommen werden, d.h. mittels Organisationsstruktur oder -prozesse. Personalführung bedient sich auch struktureller Instrumente wie Anreizsystemen, Leistungsbeurteilung oder interaktionale Instrumente der zwischenmenschlichen Interaktionen. Führungsstil und -verhalten sowie das Mitarbeitergespräch prägen die interaktionale Führung.[2]

Führungsstil

Der **Führungsstil** stellt ein relativ stabiles, situationsspezifisch in einer schmalen Bandbreite variierendes Verhaltensmuster eines Vorgesetzten dar, das bspw. durch seine, in der Unternehmenskultur verankerte, Grundeinstellung geprägt ist. Bekannte Führungsstile nach dem Kriterium „Entscheidungsspielraum" können auf einem Kontinuum zwischen „autoritär" und

---

[1] Es liegt eine Vielzahl an Studien zu Expatriates vor, welche an dieser Stelle nicht aufgegriffen werden können; siehe die Meta-Analyse von Van der Laken u.a. (2019) zur Bedeutung der sozialen Supports für Expatriates-Erfolg („adjustment, commitment, performance, retention") oder den Literaturreview von Dabic/González-Loureiro/Harvey (2015) zu vierzig Jahren Forschung zu Expatriates.
[2] Zu „International **Corporate Governance**" siehe den Literaturreview von Aguilera/Marano/Haxhi (2019).

„partizipativ" (maximaler Entscheidungsspielraum des Vorgesetzten und der Gruppe) angeordnet werden (Zwischenstufen sind patriarchalische oder kooperative Führungsstile). Von besonderem Interesse v.a. für die Effektivität eines Führungsstils in MNU sind die kulturell geprägten **Partizipationserwartungen** der unterstellten Mitarbeiter (Holtbrügge/Welge 2015, S. 320ff.). Je geringer die subjektiv empfundene Diskrepanz zwischen den Partizipationserwartungen der Mitarbeiter und dem Führungsstil der Vorgesetzten ist, desto höher sind i.d.R. Motivation, Leistung und Zufriedenheit. Für die Leitung ausländischer Tochtergesellschaften impliziert dies den Einsatz eines solchen Führungsstils (bzw. Auswahl von entsprechenden Führungskräften), der eine hohe Übereinstimmung mit den Führungsstilerwartungen im jeweiligen Gastland aufweist, ergänzt bspw. durch ein interkulturelles Training.

Insgesamt variieren Erwartungen an Vorgesetzte interkulturell und das Führungsverhalten ist nicht von einem Kulturkreis auf einen anderen übertragbar. Inwieweit Führungskräfte jedoch in der Lage sind, ihr individuelles kulturgeprägtes Führungsverhalten an (kulturgeprägten) Erwartungen der Geführten auszurichten, ist fraglich. Vorgesetzte aus westlichen Ländern mit geringer (länderspezifischer) Machtdistanz sind vielfach geprägt durch eine gute Ausbildung, eine vergleichsweise liberale Erziehung, hohe Partizipation und leistungsabhängige Karrierewege. Ihnen fällt es oft schwer, ein partizipatives Verhalten zugunsten eines autoritären Führungsverhaltens aufzugeben, das durch die Rolle eines strengen, autokratischen Entscheiders und den Verzicht auf Rücksprache mit Mitarbeitern geprägt ist. Damit zeigt sich, dass Personalführung im internationalen Kontext an Grenzen stößt, die aus strukturellen, prozessualen und kulturellen Besonderheiten internationaler Führungssituationen resultieren. Da Letzterer jedoch eine zentrale Bedeutung für die Motivation der Mitarbeiter und die Koordination arbeitsteiligen Handelns zukommt, gilt es für Führungskräfte, sich dieser Grenzen bewusst zu sein und zugleich zu versuchen, diese in der täglichen Arbeit und im Rahmen des individuellen Führungsverhaltens zu überwinden.

Kulturtransferstrategien

Eng mit der Frage des landeskulturellen Einflusses auf die Personalführung verbunden, ist die Frage des **unternehmenskulturellen Einflusses**, der separat behandelt wird. Die Möglichkeiten des **Kulturtransfers** lassen sich mittels drei Kulturstrategien entwickeln, die mit den Perlmutter'schen Grundorientierungen korrespondieren (Holtbrügge/Welge 2015, S. 48f.):

1. Bei der **monokulturellen Strategie** wird die Unternehmenskultur des Stammlandes auf die Auslandsniederlassung übertragen. Man sieht also die eigene Kultur ggü. der ausländischen als überlegen an und sorgt dafür, dass in den Niederlassungen eine zur Muttergesellschaft identische Unternehmenskultur entsteht.
2. Bei der **multikulturellen Strategie** entwickeln Tochtergesellschaften ihre eigene Unternehmenskultur und stimmen diese auf die Landeskultur ab. Das Ergebnis ist dann eine Situation, bei der die Tochtergesellschaften andere Unternehmenskulturen aufweisen können als die „Mutter", auch wenn Kernbestandteile der Stammlandkultur auch in den Tochtergesellschaften vorhanden sind. Entscheidend bei der multikulturellen Strategie ist, dass eine friedliche „Koexistenz" unterschiedlicher Unternehmenskulturen gewünscht wird.
3. Bei der **Mischkulturstrategie** wird zwischen den Tochtergesellschaften und der Muttergesellschaft eine Kulturvermischung angestrebt, woraus als Ergebnis eine einheitliche Unternehmenskultur entsteht. Anders als bei der o.g. reinen Monokultur findet hier eine Kultursynthese statt. Da zentrale Merkmale der jeweiligen Landeskulturen über die einzelnen Unternehmenskulturen in die Synthesekultur eingehen, dürfte die entstehende Kultur zumindest ansatzweise auch zu den Landeskulturen passen.

Die Kulturstrategien haben direkte Auswirkung auf das Personalmanagement. So zielt die Monokulturstrategie bewusst auf einen Kulturtransfer von der Muttergesellschaft auf die Tochtergesellschaften ab. Dies kann eine räumliche Konzentration aller Entwicklungsmaßnahmen in der Muttergesellschaft, die Einführung unternehmensweiter Führungsleitsätze oder die Festlegung eines Job Rotation-Prinzips sein, bei dem alle Bewegungen immer über die Muttergesellschaft laufen. Abbildung 21.30 fasst exemplarisch einige Auswirkungen der Kulturstrategien am Beispiel von Personalentwicklung, -führung und -marketing zusammen.

Abbildung 21.30: Kulturstrategieauswirkungen auf das internationale Personalmanagement

Strategie	Monokulturstrategie International (tlw. global)	Multikulturstrategie Multinational	Mischkulturstrategie Transnational
Personalmarketing	Anforderungen an den "Linking-Pin" festlegen, um gezielte Akquisitionsmaßnahmen gestalten zu können.	Qualitätsstandard der ausländischen Berufsausbildung feststellen und dann primär lokal arbeiten.	Kulturbedingte Wahrnehmungsverzerrungen der Darstellung des Unternehmens berücksichtigen.
Personalentwicklung	Auswahl geeigneter Entwicklungsmaßnahmen für die Entsandten festlegen; Job Rotation nur zwischen Mutter und Tochter.	Landesspezifische Überprüfung der Eignung von Entwicklungsmaßnahmen; homogenes Qualifikationsniveau der Beschäftigten; wenig Job Rotation.	Systematische Job Rotation zur Integration der Mitarbeiter quer über alle Unternehmen (also auch zwischen den Töchtern).
Personalführung	Motivation der Entsandten (z.B. durch Re-Integrationsplanung) sichern.	Information der Mitarbeiter integrierend wirken (z.B. durch eine weltweite Firmenzeitschrift).	Landesspezifische Bedürfnisstrukturen der Mitarbeiter nicht vernachlässigen.

Quelle: I.A.a. Scholz 2014, S. 101.

Einflüsse der Kulturstrategien können ferner auf einzelne Maßnahmen übertragen werden, z.B. die **Entsendung von Expatriates**. Da z.B. bei der **Monokulturstrategie** die Anpassung an die Kultur der Muttergesellschaft im Vordergrund steht, bietet sich die Vergabe internationaler Projekte an Führungsnachwuchskräfte des Marketing oder Langzeitprogramme für Marketingführungskräfte an, die in Auslandstöchtern für längere Zeit Verantwortung übernehmen. Bei der **Multikulturstrategie** können kürzere Auslandsaufenthalte genutzt werden, wie mehrwöchige Hospitanzprogramme zur Ausweitung der Kenntnisse, des Fremdsprachenniveaus etc. und Auslands-Traineeprogramme für Hochschulabsolventen, die neu im Unternehmen sind. Bei einer **Mischkulturstrategie** sind hingegen Gastlandaufenthalte sinnvoll, im Extremfall auch in anderen Unternehmensbereichen oder Konzepte wie Job Rotation, in deren Rahmen Führungsnachwuchskräfte des Marketing über mehrere Jahre Funktionen in ausländischen Töchtern übernehmen. Entsprechende Vor- und Nachteile müssen naheliegend abgewogen werden. So erlauben z.B. monokulturelle Systeme ein hohes Maß an Standardisierung und erwecken die Hoffnung auf große Synergiewirkungen innerhalb des Unternehmens. Auf der anderen Seite können sich multikulturelle Systeme besser an die jeweiligen Marktsituationen anpassen. Ähnliches gilt für die **Mitarbeitermotivation**: Eine monokulturelle Strategie schafft ein hohes Motivationspotenzial dadurch, dass Mitglieder selbst geographisch weit entfernter Tochtergesellschaften sich mit der Muttergesellschaft identifizieren können.

Koordinationsmechanismen

Personenorientierte Koordinationsinstrumente sind, wie die technokratischen Koordinationsinstrumente, als **prozessuale Instrumente** anzusehen, die wiederum von den strukturellen Formen der Koordination abzugrenzen sind (Holtbrügge/Welge 2015, S. 231ff.). An dieser Stelle sollen abschließend nur ausgewählte Formen der personellen Koordination behandelt werden.

Dem bereits erwähnten **Besuchsverkehr** als einer Form des Face-to-Face-Kontakts dürfte – auch im Zeitalter der elektronischen Medien, so Chats und Videokonferenzen – weiterhin eine hohe Bedeutung zukommen, da diese Art von Kontakt bzw. Kommunikation für bestimmte Anlässe und für bestimmte Entscheidungen (z.B. mit einem komplexen und sensiblen Problemlösungsbedarf) unabdingbar ist. Der Besuchsverkehr findet sowohl in Form von Besuchen von Vertretern der Muttergesellschaft bei den Tochter- oder Landesgesellschaften als auch in Form von Besuchen von Vertretern der Tochter- oder Landesgesellschaften bei der Muttergesellschaft statt. Diese Arten des Besuchsverkehrs sind typisch für Unternehmen mit internationaler oder multinationaler Strategie. In netzwerkartigen Strukturen, mit denen eine transnationale Strategie erreicht werden soll, kann auch dem Besuchsverkehr von Vertretern der einzelnen organisatorischen Einheiten untereinander eine wichtige koordinative Bedeutung zukommen, da hierdurch eine **kognitive Assimilation** der Mitarbeiter und Führungskräfte gefördert wird.

Die **Auslandsentsendung** dient in noch stärkerem Maße dem Transfer von Führungskräften, da sie einen längeren Auslandsaufenthalt umfasst. Die oben bereits aufgegriffene Entsendung von **Expatriates** und die Wiedereingliederung von **Repatriates** sichern den Fluss von Wissen, fördern organisationales Planen, erleichtern die Kommunikation, stellen gemeinsame Werte und Normen sicher. Kutschker/Schmid (2011, S. 1050) weisen darauf hin, dass internationale Führungskräftetransfers nicht nur aus der Perspektive der Koordination bzw. des Personaleinsatzmanagements von Relevanz sind, sondern auch für die Weiterentwicklung der Organisation und/oder die Entwicklung sowie Motivation der Mitarbeiter von enormer Bedeutung sind. Entsprechend umfassend werden – wie angedeutet – die Auslandsentsendung und Expatriates in der Literatur diskutiert (Dowling/Festing/Engle 2017, S. 108ff.).

Maßnahmen wie Besuchsverkehr und Führungskräftetransfer ebenso wie Maßnahmen der Personalentwicklung zielen durch psychische Beeinflussung auf eine kognitive Assimilation der Mitarbeiter ab. **Sozialisation** wird damit zu einem personenorientierten Koordinationsinstrument. Das Ziel der Sozialisation besteht darin, weltweit einheitliche Werte und Einstellungen und damit ähnliche Entscheidungsstrukturen zu schaffen. Der Vorteil dieses Instruments, das die **Unternehmenskultur** in den Vordergrund rückt, liegt in der impliziten Koordinationsfunktion. Der Nachteil einer kulturellen Koordination liegt in der Gefahr der mentalen Vereinheitlichung der Mitarbeiter, durch die deren Sensibilität für maßgebliche Veränderungen der Umweltbedingungen sinkt. Kutschker/Schmid (2011, S. 1051) relativieren die Bedeutung der kulturellen Koordination dahingehend, dass kulturelle Koordination bei international und global orientierten Unternehmen partiell einsetzbar ist, bei multinationalen Strategien jedoch – aufgrund des Charakters der Unternehmung – nicht explizit gewünscht ist.

21.6. Koordination und internationale Strategie

Abschließend erfolgt eine kurze Gegenüberstellung der Besonderheiten und Unterschiede zwischen der internationalen, globalen, multinationalen und transnationalen Strategie und den behandelten Koordinationselementen (siehe Abbildung 21.31).

Deutlich wird bspw. bei den strukturellen Optionen, dass eine bestimmte Strategie zwar mit einer spezifischen Organisationstruktur korrespondiert, aber nicht generell korrespondieren muss. Vielmehr bildet die Frage der zweckmäßigen Organisationsstruktur einen Entscheidungsprozess, der mit der Auswahl aus einem Spektrum von Alternativen verbunden ist. Weitere Besonderheiten sind in der Abbildung und werden an dieser Stelle nicht weiter erläutert.

Abbildung 21.31: Besonderheiten der Koordination nach internationaler Strategie

	Internationale Strategie	Globale Strategie
Organisationsstruktur		
Organisationskomplexität	Komplex im Heimatland, relativ einfach bei den Tochtergesellschaften	Zunehmende Komplexität und weltweit (regional) Abhängigkeit von der Mutter (Headquarter)
Zentralisation: Treffen von Entscheidungen	Stark auf die Muttergesellschaft konzentriert	Interdependenz, aber weltweite (regionale) Vorgaben durch Muttergesellschaft
Sekundärorganisation	Ausgeprägte Koordination in der Richtung Muttergesellschaft zu Tochtergesellschaften	Weltweit/regional strukturelle Koordinationsmechanismen
Organisationsprozesse und -systeme		
Ziele, Strategien, Planungssystem	Stark (hierarchisch) von der Muttergesellschaft ausgehend	Meistens strategisch und operativ, weltweit (regional) einheitliche Standards
Kommunikations-/Informationsfluss und -systeme	Viele Aufträge, Weisungen und Ratschläge an die Tochtergesellschaften; vertikale Systeme	Strategische Vorgaben, i.d.R. ausgehend von der Muttergesellschaft (Headquarter) und auf Basis integrierter Informationssysteme
Controlling	Standards des Heimatlandes werden übertragen	Dominant universale (regionale) Standards
Unternehmenskultur und HRM		
Geographische Identifikation	Nationalität der Muttergesellschaft	Weltweites (regionales) Unternehmen
Personalauswahl und -entwicklung	Inlandsmitarbeiter der Mutter werden für weltweite Schlüsselpositionen ausgebildet	Inländer und im Inland ausgebildete Gastlandangehörige besetzen Schlüsselpositionen
Kulturstrategie und -transfer	Monokulturelle Strategie der Muttergesellschaft	Universell monokulturelle Strategie mit Mischelementen
Anreizsystem	Hoch bei der Muttergesellschaft, gering in den Tochtergesellschaften	Belohnung internationaler und lokaler Führungskräfte für das Erreichen von Zielvorgaben
	Multinationale Strategie	**Transnationale Strategie**
Organisationsstruktur		
Organisationskomplexität	Unterschiedlich und voneinander unabhängig	Unterschiedlich und sehr komplex, i.d.R. voneinander sehr abhängig
Zentralisation: Treffen von Entscheidungen	Gering von Seiten der Muttergesellschaft	Mischung von zentral durch Muttergesellschaft bzw. regionale Headquarters und/oder dezentral durch Tochtergesellschaften; netzwerkartig
Sekundärorganisation	Kaum ausgeprägte Koordination, sowohl von Mutter zu Tochter wie unter den Tochtergesellschaften	Komplex, unter Zuhilfenahme eines breiten Spektrums von strukturellen Koordinationskonzepten
Organisationsprozesse/-systeme		
Ziele, Strategien, Planungssystem	Individuell vor Ort, im Extremfall strategisch wie operativ	Mix aus individuellen Lösungen vor Ort, bei ggf strengen Rahmenvorgaben durch die Muttergesellschaft
Kommunikations-/Informationsfluss und -systeme	International gering (mit der Muttergesellschaft und den anderen Tochtergesellschaften)	Alle Wege denkbar (netzwerkartig Muttergesellschaft, Headquarter und Tochtergesellschaften); integrierte Informationssysteme
Controlling	Lokale Bestimmungen	Fallweise Kombination von Standards und vielfältigen Aktivitäten
Unternehmenskultur und HRM		
Geographische Identifikation	Nationalität des Gastlandes	Weltweites (regionales) Unternehmen, mit regionalen, ggf. lokalen Interessen
Personalauswahl und -entwicklung	Gastlandmitarbeiter werden für Schlüsselpositionen im eigenen Land ausgebildet, wenig Mitarbeiter der Muttergesellschaft	Die besten Mitarbeiter werden für weltweite Schlüsselpositionen ausgebildet („Beyond Passport")
Kulturstrategie und -transfer	Multikulturelle Strategie der Tochtergesellschaften	Mischkulturstrategie in den Unternehmensteilen
Anreizsystem	Sehr unterschiedlich, Tochtergesellschaften erhalten Belohnungen in diverser Höhe	Sehr unterschiedliche Systeme denkbar

Literaturverzeichnis

A.T. Kearney (2019). The 2019 Global Retail Development Index, https://www.kearney.com/global-retail-development-index/2019, 17. Juli 2020.

Aarseth, W., Rolstadås, A., & Andersen, B. (2014). Managing organizational challenges in global projects. *International Journal of Managing Projects in Business*, 7(1), 103-132.

Aarstad, J., Kvitastein, O.A., & Jakobsen, S.-E. (2019). What drives enterprise product innovation? Assessing how regional, national, and international inter-firm collaboration complement or substitute for R&D investments. *International Journal of Innovation Management*, 23(05), 1950040.

Abdullah, A., & Safari, Z. (2018). Industry collaboration program (ICP): empowering technology development for national economic growth. *Journal of Advanced Manufacturing Technology*, 12(1), 159-172.

Abosag, I., & Farah, M.F. (2014). The influence of religiously motivated consumer boycotts on brand image, loyalty and product judgment. *European Journal of Marketing*, 48(11/12), 2262-2283.

Abrahamsson, J., Boter, H., & Vanyushyn, V. (2019). Business model innovation of international new ventures: An empirical study in a Swedish context. *Journal of International Entrepreneurship*, 17(1), 75-102.

Acikdilli, G., Mintu-Wimsatt, A., Kara, A., & Spillan, J.E. (2020). Export market orientation, marketing capabilities and export performance of SMEs in an emerging market: a resource-based approach. *Journal of Marketing Theory and Practice*, 20, 1-16.

Agarwal, J., Malhotra, N.K., & Bolton, R.N. (2010). A cross-national and cross-cultural approach to global market segmentation: An application using consumers' perceived service quality. *Journal of International Marketing*, 18(3), 18-40.

Agarwal, N., & Brem, A. (2018). Frugal and Reverse Innovation: Case Study Insights from a German Multinational. In: D. Siegel (Hrsg.), *World Scientific Reference On Innovation*, Singapur, 193-203.

Ageeva, E., Melewar, T., Foroudi, P., & Dennis, C. (2019). Cues adopted by consumers in examining corporate website favorability: An empirical study of financial institutions in the UK and Russia. *Journal of Business Research*, 98(May), 15-32.

Aguilera, R.V., Marano, V., & Haxhi, I. (2019). International corporate governance: A review and opportunities for future research. *Journal of International Business Studies*, 50(4), 1-42.

Aharoni, Y. (1966). *The Foreign Investment Decision Process*, Boston.

Ahern, K.R., Daminelli, D., & Fracassi, C. (2015). Lost in translation? The effect of cultural values on mergers around the world. *Journal of Financial Economics*, 117(1), 165-189.

Ahn, J., Park, J.K., & Hyun, H. (2018). Luxury product to service brand extension and brand equity transfer. *Journal of Retailing and Consumer Services*, 42(3), 22-28.

Aichner, T. (2014). Country-of-origin marketing: A list of typical strategies with examples. *Journal of Brand Management*, 21(1), 81-93.

Akaka, M.A., & Alden, D.L. (2010). Global brand positioning and perceptions: International advertising and global consumer culture. *International Journal of Advertising*, 29(1), 37-56.

Akbar, Y., Balboni, B., Bortoluzzi, G., Dikova, D., & Tracogna, A. (2018). Disentangling resource and mode escalation in the context of emerging markets. Evidence from a sample of manufacturing SMEs. *Journal of International Management*, 24(3), 257-270.

Akram, A., Merunka, D., & Akram, M.S. (2011). Perceived brand globalness in emerging markets and the moderating role of consumer ethnocentrism. *International Journal of Emerging Markets*, 6(4), 291-303.

Alashban, A.A., Hayes, L.A., Zinkhan, G.M., & Balazs, A.L. (2002). International brand-name standardization/adaptation: Antecedents and consequences. *Journal of International Marketing*, 10(3), 22-48.

Alimov, A. (2015). Labor market regulations and cross-border mergers and acquisitions. *Journal of International Business Studies*, 46(8), 984-1009.

Allman, H.F., Fenik, A.P., Hewett, K., & Morgan, F.N. (2016). Brand image evaluations: The interactive roles of country of manufacture, brand concept, and vertical line extension type. *Journal of International Marketing*, 24(2), 40-61.

Allman, H.F., Hewett, K., & Kaur, M. (2019). Understanding Cultural Differences in Consumers' Reactions to Foreign-Market Brand Extensions: The Role of Thinking Styles. *Journal of International Marketing*, 27(2), 1-21.

Alon, I., Littrell, R.F., & Chan, A.K. (2009). Branding in China: Global product strategy alternatives. *The Multinational Business Review*, 17(4), 123-142.

Altinay, L., & Brookes, M. (2012). Factors influencing relationship development in franchise partnerships. *Journal of Services Marketing*, 26(4), 278-292.

Altinay, L., & Okumus, F. (2010). Franchise partner selection decision making. *The Service Industries Journal*, 30(6), 929-946.

AMA (2021). Definitions of Marketing, https://www.ama.org/the-definition-of-marketing-what-is-marketing/, 29.07.2021.

Amal, M., Awuah, G.B., Raboch, H., & Andersson, S. (2013). Differences and similarities of the internationalization processes of multinational companies from developed and emerging countries. *European Business Review*, 25(5), 411-428.

Ambler, T. (2000). *Marketing and The Bottom Line*: The New Metrics of Corporate Wealth, London.

Aminoff, A., & Hakanen, T. (2018). Implications of product centric servitization for global distribution channels of manufacturing companies. *International Journal of Physical Distribution & Logistics Management*, 48(10), 1020-1038.

Andersen, C.V., & Lueg, R. (2017). Management Control Systems, Culture, and Upper Echelons – A Systematic Literature Review On Their Interactions. *Corporate Ownership and Control*, 14(2), 312-325.

Andersen, O., & Buvik, A. (2002). Firms' internationalization and alternative approaches to the international customer/market selection. *International Business Review*, 11(3), 347-363.

Andersson, P. (2002). Connected internationalisation processes: the case of internationalising channel intermediaries. *International Business Review*, 11(3), 365-383.

Ang, S.H., Benischke, M.H., & Doh, J.P. (2015). The interactions of institutions on foreign market entry mode. *Strategic Management Journal*, 36(10), 1536-1553.

Anwar, S.T. (2017). Alibaba: Entrepreneurial growth and global expansion in B2B/B2C markets. *Journal of International Entrepreneurship*, 15(4), 366-389.

Arendt, S., & Brettel, M. (2010). Understanding the influence of corporate social responsibility on corporate identity, image, and firm performance. *Management Decision*, 48(10), 1469-1492.

Aruan, D.T.H., Crouch, R., & Quester, P. (2018). Relative importance of country of service delivery, country of person and country of brand in hybrid service evaluation: a conjoint analysis approach. *Journal of Product & Brand Management*, 27(7), 819-831.

Åsberg, P., & Uggla, H. (2019). Introducing multi-dimensional brand architecture: taking structure, market orientation and stakeholder alignment into account. *Journal of Brand Management*, 26(5), 483-496.

Ashraf, A.R., Thongpapanl, N., Menguc, B., & Northey, G. (2017). The role of m-commerce readiness in emerging and developed markets. *Journal of International Marketing*, 25(2), 25-51.

Asiri, B.K., & Hubail, R.A. (2014). An empirical analysis of country risk ratings. *Journal of Business Studies Quarterly*, 5(4), 52-67.

Asmussen, C.G., Nielsen, B., Goerzen, A., & Tegtmeier, S. (2018). Global cities, ownership structures, and location choice. *Competitiveness Review*, 28(3), 252-276.

Aulakh Preet, S., Jiang Marshall, S., & Yigang, P. (2010). International Technology Licensing: Monopoly Rents, Transaction Costs And Exclusive Rights. *Journal of International Business Studies*, 41(4), 587-605.

Ayal, I., & Zif, J. (1978). Competitive market choice strategies in multinational marketing. *Columbia Journal of World Business*, 13(3), 72-81.

Ayal, I., & Zif, J. (1979). Market expansion strategies in multinational marketing. *Journal of Marketing*, 43(2), 84-94.

Azar, G., & Ciabuschi, F. (2017). Organizational innovation, technological innovation, and export performance: The effects of innovation radicalness and extensiveness. *International Business Review*, 26(2), 324-336.

Azman, N.A., Mohamad, O., & Ahmad, N.H. (2018). Understanding the Effect of Home Country Institutional Pressures towards Internationalization Strategies among Malaysian SMEs. *Journal of Advanced Research in Business, Marketing, and Supply Chain Management*, 2(1), 1-8.

Baack, D.W., Czarnecka, B., & Baack, D. (2018). *International Marketing*, 2. Aufl., London.

Backhaus, K., & Schlüter, S. (1994). *Die Marktorientierung deutscher Investotionsgüterhersteller*, Münster.

Backhaus, K., & Voeth, M. (2010). *Internationales Marketing*, 6. Aufl., Stuttgart.

Backhaus, K., & Voeth, M. (2014). *Industriegütermarketing*, 10. Aufl., München.

Baena, V., & Cervino, J. (2012). International franchise expansion of service chains: insights from the Spanish market. *The Service Industries Journal*, 32(7), 1121-1136.

Bahadir, S.C., Bharadwaj, S.G., & Srivastava, R.K. (2015). Marketing mix and brand sales in global markets: Examining the contingent role of country-market characteristics. *Journal of International Business Studies*, 46(5), 596-619.

Bai, X., Chang, J., & Li, J.J. (2019). How do international joint ventures build legitimacy effectively in emerging economies? *Management International Review*, 59(3), 387-412.

Balci, G., & Cetin, I.B. (2017). Market segmentation in container shipping services: a qualitative study. *Management Research Review*, 40(10), 1100-1116.

Barney, J. (1991). Firm resources and sustained competitive advantage. *Journal of Management*, 17(1), 99-120.

Bartikowski, B., Walsh, G., & Beatty, S.E. (2011). Culture and age as moderators in the corporate reputation and loyalty relationship. *Journal of Business Research*, 64(9), 966-972.

Bartlett, C.A., & Ghoshal, S. (1986). Tap your subsidiaries for global reach. *Harvard Business Review*, 64(6), 87-94.

Bartlett, C.A., & Ghoshal, S. (1989). *Managing Across Borders: The Transnational Solution*, Boston.

Bartsch, F., Diamantopoulos, A., Paparoidamis, N.G., & Chumpitaz, R. (2016). Global brand ownership: The mediating roles of consumer attitudes and brand identification. *Journal of Business Research*, 69(9), 3629-3635.

Batsakis, G., & Singh, S. (2019). Added distance, entry mode choice, and the moderating effect of experience: The case of British MNEs in emerging markets. *Thunderbird International Business Review*, 61(4), 581-594.

Batton, N. (2020). *Strategic Corporate Brand Management of Multinational Coporations. Analysis of Consumer Brand Perceptions and Effects, and the Role of Contextual Factors*, Hamburg.

Baum, M., Schwens, C., & Kabst, R. (2015). A latent class analysis of small firms' internationalization patterns. *Journal of World Business*, 50(4), 754-768.

Baumgarth, C. (2019). Management von Ingredient Branding. In: F.-R. Esch (Hrsg.), *Handbuch Markenführung*, Wiesbaden, 435-458.

Baxendale, S., Macdonald, E.K., & Wilson, H.N. (2015). The impact of different touchpints on brand consideration. *Journal of Retailing*, 91(2), 235-253.

Beamish, P.W., & Lupton, N.C. (2009). Managing joint ventures. *Academy of Management Perspectives*, 23(2), 75-94.

Bei, Z., & Gielens, K. (2020). Overcoming Institutional and Infrastructure Weaknesses in China via Online Third-Party Marketplaces. *Journal of International Marketing*, 28(2), 3-19.

Beladi, H., Hu, M., & Lee, T. (2021). International joint ventures, technology licensing and ownership structure. *International Journal of Economic Theory* (in press).

Beleska-Spasova, E., Glaister, K.W., & Stride, C. (2012). Resource determinants of strategy and performance: The case of British exporters. *Journal of World Business*, 47(4), 635-647.

Bena, J., & Li, K. (2014). Corporate innovations and mergers and acquisitions. *The Journal of Finance*, 69(5), 1923-1960.

Benito, G.R.G. (2005). Divestment and international business strategy. *Journal of Economic Geography*, 5(2), 235-251.

Benito, G.R.G., & Welch, L.S. (1997). De-internationalization. *Management International Review*, 37(2), 7-25.

Benito, G.R.G., Petersen, B., & Welch, L.S. (2009). Towards more realistic conceptualisations of foreign operation modes. *Journal of International Business Studies*, 40(9), 1455-1470.

Benito, G.R.G., Petersen, B., & Welch, L.S. (2011). Mode combinations and international operations. *Management International Review*, 51(6), 803-820.

BERI (2019). *Business Environment Risk Index* 2019, http://www.beri.com/Publications.aspx.

Berndt, R., Fanatapié-Altobelli, C., & Sander, M. (2016). *Internationales Marketingmanagement*, 5. Aufl., Berlin.

Berndt, R., Fanatapié-Altobelli, C., & Sander, M. (2020). *Internationales Marketingmanagement*, 6. Aufl., Wiesbaden.

Bernecker, M. (2020). Marktsegmentierung durch Online-Profiling. In: T. Kollmann (Hrsg.), *Handbuch Digitale Wirtschaft*, Wiesbaden, 317-336.

Berry, H. (2013). When do firms divest foreign operations? *Organization Science*, 24(1), 246-261.

Berry, H., Guillén, M.F., & Zhou, N. (2010). An institutional approach to cross-national distance. *Journal of International Business Studies*, 41(9), 1460-1480.

Beugelsdijk, S., & Jindra, B. (2018). Product innovation and decision-making autonomy in subsidiaries of multinational companies. *Journal of World Business*, 53(4), 529-539.

Beugelsdijk, S., Ambos, B., & Nell, P.C. (2018). Conceptualizing and measuring distance in international business research: Recurring questions and best practice guidelines. *Journal of International Business Studies*, 49(9), 1113–1137.

Beugelsdijk, S., Kostova, T., Kunst, V., E., Spadafora, E., & van Essen, M. (2018). Cultural distance and firm internationalization: A meta-analytical review and theoretical implications. *Journal of Management*, 44(1), 89-130.

Bhalla, M. (2013). Waterfall versus sprinkler product launch strategy: Influencing the herd. *The Journal of Industrial Economics*, 61(1), 138-165.

Biehal, G.J., & Sheinin, D.A. (2007). The influence of corporate messages on the product portfolio. *Journal of Marketing*, 71(2), 12-25.

Bitkom (2019). *Digitale Plattformen*, https://www.bitkom.org/sites/default/files/2019-10/bitkom-charts-digitale-plattformen-24-10-2019.pdf, 13. Juli 2021.

Blocker, C.P., Flint, D.J., Myers, M.B., & Slater, S.F. (2011). Proactive customer orientation and its role for creating customer value in global markets. *Journal of the Academy of Marketing Science*, 39(2), 216-233.

Blut, M., Teller, C., & Floh, A. (2018). Testing retail marketing-mix effects on patronage: A meta-analysis. *Journal of Retailing*, 94(2), 113-135.

Boehe, D.M. (2016). The internationalization of service firms from emerging economies: An internalization perspective. *Long Range Planning*, 49(5), 559-569.

Boejgaard, J., & Ellegaard, C. (2010). Unfolding implementation in industrial market segmentation. *Industrial Marketing Management*, 39(8), 1291-1299.

Boisvert, J., & Ashill, N.J. (2018). The impact of branding strategies on horizontal and downward line extension of luxury brands. *International Marketing Review*, 35(6), 1033-1052.

Bolton, L.E., Keh, H.T., & Alba, J.W. (2010). How do price fairness perceptions differ across culture? *Journal of Marketing Research*, 47(3), 564-576.

Bortoluzzi, G., Kadic-Maglajlic, S., Arslanagic-Kalajdzic, M., & Balboni, B. (2018). Innovativeness as a driver of the international expansion of developing markets' firms: Evidence of curvilinear effects. *International Marketing Review*, 35(2), 215-235.

Boutellier, R., & Wagner, S. (2001). Strategische Partnerschaften mit Lieferanten. In: C. Belz, & J. Mühlmeyer (Hrsg.), *Key Supplier Management*, St. Gallen, 38-60.

Boutellier, R., Gassmann, O., & Von Zedtwitz, M. (2008). *Managing Global Innovation: Uncovering the Secrets of Future Competitiveness*, Wiesbaden.

Boyd, D.E., & Brown, B.P. (2012). Marketing control rights and their distribution within technology licensing agreements: a real options perspective. *Journal of the Academy of Marketing Science*, 40(5), 659-672.

Bradley, F. (2005). *International Marketing Strategy*, 5. Aufl., London u.a.

Brand Finance (Hrsg.) (2019). Nation Brands 2019: The annual report on the most valuable and strongest nation brands, www.brandfinance.com/knowledge-centre/reports/brand-finance-nation-brands-2019/, 16. Juni 2020.

Braunerhjelm, P., & Halldin, T. (2019). Born globals – presence, performance and prospects. *International Business Review*, 28(1), 60-73.

Brewer, P., & Venaik, S. (2012). On the misuse of national culture dimensions. *International Marketing Review*, 29(6), 673-683.

Brexendorf, T.O., & Keller, K.L. (2017). Leveraging the corporate brand. *European Journal of Marketing*, 51(9/10), 1530-1551.

Brookes, M., & Altinay, L. (2011). Franchise partner selection: perspectives of franchisors and franchisees. *Journal of Services Marketing*, 25(5), 336-348.

Brookes, M., & Roper, A. (2011). International master franchise agreements: An investigation of control from operational, relational and evolutionary perspectives. *European Journal of Marketing*, 45(7), 1253-1276.

Brouthers, K.D., Geisser, K.D., & Rothlauf, F. (2016). Explaining the internationalization of ibusiness firms. *Journal of International Business Studies*, 47(5), 513-534.

Brown, C.L., Cavusgil, S.T., & Lord, A.W. (2015). Country-risk measurement and analysis: A new conceptualization and managerial tool. *International Business Review*, 24(2), 246-265.

Bruhn, M. (2014). *Integrierte Unternehmens- und Markenkommunikation: Strategische Planung und operative Umsetzung*, 6. Aufl., Stuttgart.

Bruhn, M. (2016). Intrumente der Marketingkommunikation: ein Überblick. In: M. Bruhn, F. Esch, & T. Langer (Hrsg.), *Handbuch Instrumente der Kommunikation*, Wiesbaden, 59-75.

Bruhn, M. (2016). *Relationship Marketing: Das Management von Kundenbeziehungen*, 5. Aufl., München.

Bruhn, M. (2018). *Kommunikationspolitik: Systematischer Einsatz der Kommunikation für Unternehmen*, 9. Aufl., München.

Bruhn, M., Hadwich, K., & Georgi, D. (2017). Kundenwert als Steuerungsgröße des Kundenbindungsmanagements. In: M. Bruhn, & C. Homburg (Hrsg.), *Handbuch Kundenbindungsmanagement: Strategien und Instrumente für ein erfolgreiches CRM*, 9. Aufl., Wiesbaden, 583-604.

Bruhn, M., Meffert, H., & Hadwich, K. (2019). *Handbuch Dienstleistungsmarketing: Planung – Umsetzung – Kontrolle*, 2. Aufl., Wiesbaden.

Buckley, P.J., & Casson, M. (1985). *The Economic Theory of the Multinational Enterprise*, London.

Burkert, M., Ivens, B.S., Henneberg, S., & Schradi, P. (2017). Organizing for value appropriation: Configurations and performance outcomes of price management. *Industrial Marketing Management,* 61(February), 194-209.

Burmann, C., Halaszovich, T., Schade, M., & Piehler, R. (2018). *Identitätsbasierte Markenführung: Grundlagen – Strategie – Umsetzung – Controlling*, 3. Aufl., Wiesbaden.

Burmann, C., Riley, N.-M., Halaszovich, T., & Schade, M. (2017). *Identity-Based Brand Management*, Wiesbaden.

Burr, W. (2016). *Service Engineering bei technischen Dienstleistungen: Eine ökonomische Analyse der Modularisierung, Leistungstiefengestaltung und Systembündelung*, 2. Aufl., Wiesbaden.

Burt, S., Johansson, U., & Thelander, Å. (2011). Standardized marketing strategies in retailing? IKEA's marketing strategies in Sweden, the UK and China. *Journal of Retailing and Consumer Services*, 18(3), 183-193.

Büter, C. Springer (Hrsg.) (2017). *Außenhandel: Grundlagen internationaler Handelsbeziehungen*, Berlin.

Cairns, P., Doherty, A.M., Alexander, N., & Quinn, B. (2008). Understanding the international retail divestment process. *Journal of Strategic Marketing*, 16(2), 111-128.

Cakici, N.M., & Shukla, P. (2017). Country-of-origin misclassification awareness and consumers' behavioral intentions. *International Marketing Review*, 34(3), 354-376.

Caldieraro, F., Kao, L.-J., & Cunha Jr, M. (2015). Harmful upward line extensions: can the launch of premium products result in competitive disadvantages? *Journal of Marketing*, 79(6), 50-70.

Calof, J.L., & Beamish, P.W. (1995). Adapting to foreign markets: Explaining internationalization. *International Business Review*, 4(2), 115-131.

Campaign (Hrsg.) (2019). Ad of the Week: Bayer helps humanize corporate brand, https://www.cam paignlive.com/article/ad-week-bayer-helps-humanize-corporate-brand/1 662843, 29.07.2020.

Campos-García, I., Muñoz-Bullón, F., Sanchez-Bueno, M.J., & Zúñiga-Vicente, J.A. (2020). Exploring the exporting-downsizing link: Does the type of export strategy and firm efficiency in foreign markets matter? *Journal of Business Research*, 108(January), 324-336.

Cano, J., Campo, E., & Gómez-Montoya, R. (2017). International market selection using fuzzy weighing and Monte Carlo simulation. *Polish Journal of Management Studies*, 16(2), 40-50.

Casillas, J.C., & Moreno-Menéndez, A.M. (2014). Speed of the internationalization process: The role of diversity and depth in experiential learning. *Journal of International Business Studies*, 45(1), 85-101.

Cavusgil, S.T. (1980). On the internationalisation process of firms. *European Research*, 8(6), 273-281.
Cavusgil, S.T., Bilkey, W.J., & Tesar, G. (1979). A note on the export behavior of firms: exporter profiles. *Journal of International Business Studies*, 10(1), 91-97.
Cavusgil, S.T., Knight, G.A., & Riesenberger, J.R. (2020). *International Business: The New Realities*, 5. Aufl., Upper Saddle River.
Chaffey, D., & Ellis-Chadwick, F. (2019). *Digital Marketing: Strategy, Implementation and Practice*, 7. Aufl., Harlow.
Chaffey, D., & Smith, P.R. (2017). *Digital Marketing Excellence: Planning, Optimizing and Integrating Online Marketing*, 5. Aufl., New York.
Chan, A.W.H., & Cheung, H.Y. (2016). Extraversion, individualism and M&A activities. *International Business Review*, 25(1), 356-369.
Chan, F., Fong, Y., Petrovici, D., & Lowe, B. (2016). Antecedents of product placement effectiveness across cultures. *International Marketing Review*, 33(1), 5-24.
Chandler, A. (1962). Strategy and Structure, Cambridge.
Chandra, Y., & Wilkinson, I.F. (2017). Firm internationalization from a network-centric complex-systems perspective. *Journal of World Business*, 52(5), 691-701.
Chang, C.-C., Lin, B.-C., & Chang, S.-S. (2011). The relative advantages of benefit overlap versus category similarity in brand extension evaluation: The moderating role of self-regulatory focus. *Marketing Letters*, 22(4), 391-404.
Chang, J., Bai, X., & Li, J.J. (2015). The influence of institutional forces on international joint ventures' foreign parents' opportunism and relationship extendedness. *Journal of International Marketing*, 23(2), 73-93.
Chang, J., Wang, J.J., & Bai, X. (2020). Good match matters: Knowledge co-creation in international joint ventures. *Industrial Marketing Management*, 84(January), 138-150.
Chang, S.-J. (2019). When to go it alone: Examining post-conversion performance of international joint ventures. *Journal of International Business Studies*, 50(6), 998-1020.
Chang, Y.-S., & Fang, S.-R. (2015). Enhancing export performance for business markets: effects of interorganizational relationships on export market orientation (EMO). *Journal of Business-to-Business Marketing*, 22(3), 211-228.
Chatzipanagiotou, K., Christodoulides, G., & Veloutsou, C. (2019). Managing the consumer-based brand equity process: A cross-cultural perspective. *International Business Review*, 28(2), 328-343.
Chen, C., & Messner, J.I. (2011). Permanent versus mobile entry decisions in international construction markets: Influence of home country- and firm-related factors. *Journal of Management in Engineering*, 27(1), 2-12.
Chen, H.L. (2012). Empirical behavioral analysis of project contractors' supply-chain payment terms. *Supply Chain Management: An International Journal*, 17(3), 277-289.
Chen, Y., & Wyer Jr, R.S. (2020). The effects of endorsers' facial expressions on status perceptions and purchase intentions. *International Journal of Research in Marketing*, 37(2), 371-385.
Cheng, C., Zhong, H., & Cao, L. (2020). Facilitating speed of internationalization: The roles of business intelligence and organizational agility. *Journal of Business Research*, 110(5), 95-103.
Chetty, S., Johanson, M., & Martín, O.M. (2014). Speed of internationalization: Conceptualization, measurement and validation. Journal of World Business, 49(4), 633-650.
Choquette, E., Rask, M., Sala, D., & Schröder, P. (2017). Born Globals – Is there fire behind the smoke? *International Business Review*, 26(3), 448-460.
Chu, X., Luo, X.R., & Chen, Y. (2019). A systematic review on cross-cultural information systems research: Evidence from the last decade. *Information & Management*, 56(3), 403-417.

Chung, H.F.L., Wang, C.L., & Huang, P.H. (2012). A contingency approach to international marketing strategy and decision-making structure among exporting firms. *International Marketing Review*, 29(1), 54-87.

Chung, J.-E., Sternquist, B., & Chen, Z. (2006). Retailer–buyer supplier relationships: The Japanese difference. *Journal of Retailing*, 82(4), 349-355.

Çilingirtürk, A.M., & Koçak, H. (2018). Human Development Index (HDI) rank-order variability. *Social Indicators Research*, 137(2), 481-504.

Clarke, A., & MacDonald, A. (2019). Outcomes to partners in multi-stakeholder cross-sector partnerships: A resource-based view. *Business & Society*, 58(2), 298-332.

Cleveland, M., & Bartsch, F. (2019). Global consumer culture: epistemology and ontology. *International Marketing Review*, 36(4), 556-580.

Contractor, F.J. (1981). The role of licensing in international strategy. *Columbia Journal of World Business*, 16(4), 73-83.

Cortez, R.M., Clarke, A.H., & Freytag, P.V. (2021). B2B market segmentation: A systematic review and research agenda. *Journal of Business Research*, 126(March), 415-428.

Cretu, A.E., & Brodie, R.J. (2007). The influence of brand image and company reputation where manufacturers market to small firms: A customer value perspective. *Industrial Marketing Management*, 36(2), 230-240.

Cui, A.P., Walsh, M.F., & Zou, S. (2014). The importance of strategic fit between host–home country similarity and exploration exploitation strategies on small and medium-sized enterprises' performance: A contingency perspective. *Journal of International Marketing*, 22(4), 67-85.

Cyert, R.M., & March, J.G. (1995). *Eine verhaltenswissenschaftliche Theorie der Unternehmung*, 2. Aufl., Stuttgart.

Czinkota, M.R., & Ronkainen, I.A. (2013). *International Marketing*, 10. Aufl., Mason.

Dabic, M., González-Loureiro, M., & Harvey, M. (2015). Evolving research on expatriates: what is 'known'after four decades (1970–2012). *The International Journal of Human Resource Management*, 26(3), 316-337.

Davcik, N.S., & Sharma, P. (2015). Impact of product differentiation, marketing investments and brand equity on pricing strategies: A brand level investigation. *European Journal of Marketing*, 49(5/6), 760-781.

Davvetas, V., & Diamantopoulos, A. (2016). How product category shapes preferences toward global and local brands: a schema theory perspective. *Journal of International Marketing*, 24(4), 61-81.

Davvetas, V., & Diamantopoulos, A. (2018). Should have I Bought the other One? Experiencing Regret in Global versus Local Brand Purchase Decisions. *Journal of International Marketing*, 26(2), 1-21.

Davvetas, V., Sichtmann, C., & Diamantopoulos, A. (2015). The impact of perceived brand globalness on consumers' willingness to pay. *International Journal of Research in Marketing*, 32(4), 431-434.

De Meulenaer, S., Dens, N., & De Pelsmacker, P. (2015). Which cues cause consumers to perceive brands as more global? A conjoint analysis. *International Marketing Review*, 32(6), 606-626.

De Mooij, M. (2017). Comparing dimensions of national culture for secondary analysis of consumer behavior data of different countries. *International Marketing Review*, 34(3), 444-456.

De Mooij, M. (2019). *Consumer Behavior and Culture: Consequences for Global Marketing and Advertising*, 3. Aufl., Thousand Oaks.

De Mooij, M. (2019). *Global Marketing and Advertising*, 5. Aufl., Los Angeles.

De Pelsmacker, P., Geuens, M., & Van Den Bergh, J. (2021). *Marketing Communications*, 7. Aufl., Harlow.
Deal, T., & Kennedy, A. (1982). *Corporate Cultures: The Rites and Rituals of Corporate Life*, Reading.
Decuseara, N.R. (2013). Using the general electric/Mckinsey Matrix in the process of selecting the central and east European markets. *Management Strategies Journal*, 19(1), 59-66.
Deephouse, D.L., Newburry, W., & Soleimani, A. (2016). The effects of institutional development and national culture on cross-national differences in corporate reputation. *Journal of World Business*, 51(3), 463-473.
Del Giudice, M., Arslan, A., Scuotto, V., & Caputo, F. (2017). Influences of cognitive dimensions on the collaborative entry mode choice of small-and medium-sized enterprises. *International Marketing Review*, 34(5), 652-673.
Dellestrand, H., & Kappen, P. (2012). The effects of spatial and contextual factors on headquarters resource allocation to MNE subsidiaries. *Journal of International Business Studies*, 43(3), 219-243.
Derdenger, T.P. (2018). Examining the impact of celebrity endorsements across consumer segments: an empirical study of Tiger Woods' endorsement effect on golf equipment. *Marketing Letters*, 29(2), 123-136.
Devarakonda, S., Klijn, E., Reuer, J., & Duplat, V. (2021). Institutional differences and arbitration mechanisms in international joint ventures. *Global Strategy Journal*, 11(2), 125-155.
DHL/IBM (2018). Artificial Intelligence in Logistics, https://www.logistics.dhl/content/dam/dhl/global/core/documents/pdf/, 03.02.2021.
Diamantopoulos, A., Arslanagic-Kalajdzic, M., & Moschik, N. (2020). Are consumers' minds or hearts guiding country of origin effects? Conditioning roles of need for cognition and need for affect. *Journal of Business Research*, 108(3), 487-495.
Diller, H. (2008). Preispolitik, 4. Aufl., Stuttgart u.a.
Diller, H., Beinert, M., Ivens, B., & Müller, S. (2020). *Pricing: Prinzipien und Prozesse der betrieblichen Preispolitik*, Stuttgart.
Dmitrovic, T., Vida, I., & Reardon, J. (2009). Purchase behavior in favor of domestic products in the West Balkans. *International Business Review*, 18(5), 523-535.
Dobrucalı, B. (2019). Country-of-origin effects on industrial purchase decision making: a systematic review of research. *Journal of Business & Industrial Marketing*, 34(2), 401-411.
Doole, I., Lowe, R., & Kenyon, A. (2019). *International Marketing Strategy: Analysis, Development and Implementation*, 8. Aufl., Andover.
Douglas, S.P., & Craig, C.S. (2011). The role of context in assessing international marketing opportunities. *International Marketing Review*, 28(2), 150-162.
Dowling, P.J., Festing, M., & Engle, A. (2017). *International Human Resource Management*, 7. Aufl., London.
Driffield, N., Mickiewicz, T., & Temouri, Y. (2016). Ownership control of foreign affiliates: A property rights theory perspective. *Journal of World Business*, 51(6), 965-976.
Dubiel, A., Banerjee, S., Ernst, H., & Subramaniam, M. (2018). International-market-information use across new-product-development stages: Antecedents and performance implications. *International Marketing Review*, 35(5), 760-784.
Dunning, J.H. (1973). *The Determinants of International Production*. Oxford Economic Papers, 25(3), 289-336.
Dwivedi, A., McDonald, R.E., & Johnson, L.W. (2014). The impact of a celebrity endorser's credibility on consumer self-brand connection and brand evaluation. *Journal of Brand Management*, 21(7-8), 559-578.
Dykes, B.J., & Kolev, K.D. (2018). Entry timing in foreign markets: a meta-analytic review and critique. *Journal of International Management*, 24(4), 404-416.

e Silva, S.C., & Oliveira, S.M. (2017). Partner selection in international joint ventures: A framework for the analysis of factors relevant to the selection of partners. *The Marketing Review*, 17(2), 199-215.

Egelhoff, W.G. (1988). Strategy and structure in multinational corporations: A revision of the Stopford and Wells model. *Strategic Management Journal*, 9(1), 1-14.

Eggert, A. (2017). Die zwei Perspektiven des Kundenwerts: Darstellung und Versuch einer Integration. In: S. Helm, B. Günter, & A. Eggert (Hrsg.), *Kundenwert*, Wiesbaden, 37-51.

Elango, B., & Pangarkar, N. (2021). Home country institutional impact on the choice of direct vs indirect exports: an emerging markets perspective. *International Marketing Review*, 38(2), 387-411.

El-Khatib, R., Fogel, K., & Jandik, T. (2015). CEO network centrality and merger performance. *Journal of Financial Economics*, 116(2), 349-382.

Ellis, P.D. (2011). Social ties and international entrepreneurship: Opportunities and constraints affecting firm internationalization. *Journal of International Business Studies*, 42(1), 99-127.

Esch, F. (2011). *Wirkung integrierter Kommunikation: Ein verhaltenswissenschaftlicher Ansatz für die Werbung*, 5. Aufl., Wiesbaden.

Esch, F., Petri, J., & Köhler, I. (2018). Kommunikationskrisen meistern: Shitstorms erfolgreich bestehen. In: T. Langner, F. Esch, & M. Bruhn (Hrsg.), *Handbuch Techniken der Kommunikation*, 2. Aufl., Wiesbaden, 525-549.

Esch, F.R. (2018). *Strategie und Technik der Markenführung*, 9. Aufl., München.

Essoussi, L.H., & Merunka, D. (2007). Consumers' product evaluations in emerging markets: does country of design, country of manufacture, or brand image matter? *International Marketing Review*, 24(4), 409-426.

Estes, Z., Gibbert, M., Guest, D., & Mazursky, D. (2012). A dual-process model of brand extension: Taxonomic feature-based and thematic relation-based similarity independently drive brand extension evaluation. *Journal of Consumer Psychology*, 22(1), 86-101.

Evans, B.P., Starr, R.G., & Brodie, R.J. (2019). Counterfeiting: conceptual issues and implications for branding. *Journal of Product & Brand Management*, 28(6), 707-719.

Evers, N., Gliga, G., & Rialp-Criado, A. (2019). Strategic orientation pathways in international new ventures and born global firms – Towards a research agenda. *Journal of International Entrepreneurship*, 17(3), 287-304.

Fang, Y., Wade, M., Delios, A., & Beamish, P.W. (2013). An exploration of multinational enterprise knowledge resources and foreign subsidiary performance. *Journal of World Business*, 48(1), 30-38.

Fatma, M., Khan, I., & Rahman, Z. (2016). How does corporate association influence consumer brand loyalty? Mediating role of brand identification. *Journal of Product & Brand Management*, 25(7), 629-641.

Feifei, F. (2019). Amazon to further invest in China, http://www.chinadaily.com.cn/a/201907/04/WS5d1d5a9aa3105895c2e7b9ff.html, 29.07.2021.

Feldman, E.R., Amit, R., & Villalonga, B. (2016). Corporate divestitures and family control. *Strategic Management Journal*, 37(3), 429-446.

Feng, Y., & Mueller, B. (2019). The state of augmented reality advertising around the globe: A multi-cultural content analysis. *Journal of Promotion Management*, 25(4), 453-475.

Ferguson, J.L., & Mohan, M. (2020). Use of celebrity and non-celebrity persons in B2B advertisements: Effects on attention, recall, and hedonic and utilitarian attitudes. *Industrial Marketing Management*, 89(6), 594-604.

Ferraris, A., Bogers, M.L., & Bresciani, S. (2020). Subsidiary innovation performance: Balancing external knowledge sources and internal embeddedness. *Journal of International Management*, 26(4), 100794.

Figueira-de-Lemos, F., & Hadjikhani, A. (2014). Internationalization processes in stable and unstable market conditions: Towards a model of commitment decisions in dynamic environments. *Journal of World Business*, 49(3), 332-349.

Fisch, J.H., & Schmeisser, B. (2020). Phasing the operation mode of foreign subsidiaries: Reaping the benefits of multinationality through internal capital markets. *Journal of International Business Studies*, 51(8), 1223-1255.

Fischer, M., Albers, S., Wagner, N., & Frie, M. (2011). Practice prize winner—dynamic marketing budget allocation across countries, products, and marketing activities. *Marketing Science*, 30(4), 568-585.

Flaaen, A., Hortaçsu, A., & Tintelnot, F. (2020). The production relocation and price effects of US trade policy: the case of washing machines. *American Economic Review*, 110(7), 2103-2127.

Flint, D.J., Signori, P., & Golicic, S.L. (2018). Corporate Identity Congruence: A meanings-based analysis. *Journal of Business Research*, 86(May), 68-82.

Forbes (Hrsg.) (2021). The World's Most Valuable Brands, https://www.forbes.com/powerful-brands/list/, 16.07.2021.

Foscht, T., Morschett, D., Schramm-Klein, H., & Swoboda, B. (2020). *HandelsMonitor®: Mega-Trends 2030+. Der Handel auf dem Weg in ein neues Zeitalter*, Frankfurt/Main.

Foscht, T., Swoboda, B., & Morschett, D. (2006). Electronic commerce-based internationalisation of small, niche-oriented retailing companies. *International Journal of Retail & Distribution Management*, 34(7), 556-572.

Foscht, T., Swoboda, B., & Schramm-Klein, H. (2017). *Käuferverhalten: Grundlagen – Perspektiven – Anwendungen*, 6. Aufl., Berlin.

Fossum, K.R., Binder, J.C., Madsen, T.K., Aarseth, W., & Andersen, B.S. (2019). Success factors in global project management: A study of practices in organizational support and the effects on cost and schedule. International *Journal of Managing Projects in Business*, 13(1), 128-152.

Fotopoulos, S., Siokis, F., & Papapanagos, H. (2016). The Determinants of the Foreign Banks' Expansion in South Eastern Europe: Do Greek Banks Still Follow Their Customers Abroad or Not? *Advances in Economics and Business*, 4(11), 591-598.

Fraccastoro, S., Gabrielsson, M., & Pullins, E.B. (2021). The integrated use of social media, digital, and traditional communication tools in the B2B sales process of international SMEs. *International Business Review*, 30(4), 101776.

Frank, P., & Watchravesringkan, K.T. (2016). Exploring antecedents and consequences of young consumers' perceived global brand equity. *Journal of Product & Brand Management*, 25(2), 160-170.

Freeman, S., Hutchings, K., & Chetty, S. (2012). Born-globals and culturally proximate markets. *Management International Review*, 52(3), 425-460.

Freiling, J., & Sohn, A. (2018). Managementtheoretische Betrachtung von B-to-B-Marken im Kontext investiver Dienstleistungen. In: C. Baumgarth (Hrsg.), *B-to-B-Markenführung*, Wiesbaden, 133-152.

Frese, E., Graumann, M., Talaulicar, T., & Theuvsen, L. (2019). *Grundlagen der Organisation: Entscheidungsorientiertes Konzept der Organisationsgestaltung*, 11. Aufl., Wiesbaden.

Funk, W., & Rossmanith, J. (2017). *Internationale Rechnungslegung und Internationales Controlling*, 3. Aufl., Wiesbaden.

Fürst, A., Leimbach, M., & Prigge, J.-K. (2017). Organizational multichannel differentiation: an analysis of its impact on channel relationships and company sales success. *Journal of Marketing*, 81(1), 59-82.

Gabrielsson, M., Kirpalani, V.H.M., & Luostarinen, R. (2002). Multiple channel strategies in the European personal computer industry. *Journal of International Marketing*, 10(3), 73-95.

Gaiser, B., Linxweiler, R., & Brucker, V. (2005). *Praxisorientierte Markenführung: Neue Strategien, innovative Instrumente und aktuelle Fallstudien*, Wiesbaden.

Gamache, D.L., McNamara, G., Mannor, M.J., & Johnson, R.E. (2015). Motivated to acquire? The impact of CEO regulatory focus on firm acquisitions. *Academy of Management Journal*, 58(4), 1261-1282.

Gammelgaard, J., McDonald, F., Stephan, A., Tüselmann, H., & Dörrenbächer, C. (2012). The impact of increases in subsidiary autonomy and network relationships on performance. *International Business Review*, 21(6), 1158-1172.

Gao, G.Y., & Pan, Y. (2010). The pace of MNEs' sequential entries: Cumulative entry experience and the dynamic process. *Journal of International Business Studies*, 41(9), 1572-1580.

García-García, R., García-Canal, E., & Guillén, M.F. (2017). Rapid internationalization and long-term performance: The knowledge link. *Journal of World Business*, 52(1), 97-110.

Gaur, A.S., Pattnaik, C., Singh, D., & Lee, J.Y. (2019). Internalization advantage and subsidiary performance: The role of business group affiliation and host country characteristics. *Journal of International Business Studies*, 50(8), 1253-1282.

Gehani, R.R. (2016). Corporate brand value shifting from identity to innovation capability: from Coca-Cola to Apple. *Journal of Technology Management & Innovation*, 11(3), 11-20.

Geleilate, J.-M.G., Andrews, D.S., & Fainshmidt, S. (2020). Subsidiary autonomy and subsidiary performance: A meta-analysis. *Journal of World Business*, 55(4), 101049.

Genç, E., & Wang, S.-C. (2017). Is publishing country-of-design information beneficial for MNCs? *Journal of International Consumer Marketing*, 29(5), 278-292.

Ghoshal, S. (1987). Global strategy: An organizing framework. *Strategic Management Journal*, 8(5), 425-440.

Giachetti, C., Manzi, G., & Colapinto, C. (2019). Entry mode degree of control, firm performance and host country institutional development: A meta-analysis. *Management International Review*, 59(1), 3-39.

Gibbon, G. (2020). Amazon.sa replaces Souq.com in Saudi Arabia, https://www.arabianbusiness.com/retail/448301-amazonsa-replaces-souqcom-in-saudi-arabia, 12.04.2021.

Gkypali, A., Love, J.H., & Roper, S. (2021). Export status and SME productivity: Learning-to-export versus learning-by-exporting. *Journal of Business Research*, 128(May), 486-498.

Gläß, R. Springer Gabler (Hrsg.) (2018). *Künstliche Intelligenz im Handel 2 – Anwendungen: Effizienz erhöhen und Kunden gewinnen*, Wiesbaden.

Gnizy, I., & Shoham, A. (2018). Reverse internationalization: a review and suggestions for future research. In: L. Leonidou, C. Katsikeas, S. Samiee, & B. Aykol (Hrsg.), *Advances in Global Marketing*, Cham, 59-75.

Goldman, A. (2001). The transfer of retail formats into developing economies: the example of China. *Journal of Retailing*, 77(2), 221-242.

Gölgeci, I., Ferraris, A., Arslan, A., & Tarba, S.Y. (2019). European MNE subsidiaries' embeddedness and innovation performance: Moderating role of external search depth and breadth. *Journal of Business Research*, 102(September), 97-108.

Gómez, J., & Maícas, J.P. (2011). Do switching costs mediate the relationship between entry timing and performance? *Strategic Management Journal*, 32(12), 1251-1269.

Goodison, D. (2020). AWS Plans Data Center Expansion in Brazil, https://www.crn.com/news/cloud/aws-plans-data-center-expansion-in-brazil, 12.07.2021.

Govindarajan, V., & Warren, A. (2016). How Amazon adapted its business model to India, https://hbr.org/2016/07/how-amazon-adapted-its-business-model-to-india, 12.07.2021.

Green, D.H., Barclay, D.W., & Ryans, A.B. (1995). Entry strategy and long-term performance: Conceptualization and empirical examination. *Journal of Marketing*, 59(4), 1-16.
Green, M.C., & Keegan, W.J. (2020). *Global Marketing*, 10. Aufl., Harlow.
Greve, H.R., & Man Zhang, C. (2017). Institutional logics and power sources: Merger and acquisition decisions. *Academy of Management Journal*, 60(2), 671-694.
Grewal, D., Ailawadi, K.L., Gauri, D., Hall, K., Kopalle, P., & Robertson, J.R. (2011). Innovations in retail pricing and promotions. *Journal of Retailing*, 87(1), S43-S52.
Grewal, R., Saini, A., Kumar, A., Dwyer, F.R., & Dahlstrom, R. (2018). Marketing channel management by multinational corporations in foreign markets. *Journal of Marketing*, 82(4), 49-69.
Griffith, D.A. (2010). Understanding multi-level institutional convergence effects on international market segments and global marketing strategy. *Journal of World Business*, 45(1), 59-67.
Griffith, D.A., & Hoppner, J.J. (2013). Global marketing managers: Improving global marketing strategy through soft skill development. *International Marketing Review*, 30(1), 21-41.
Griffith, D.A., Lee, H.S., Yeo, C.S., & Calantone, R. (2014). Marketing process adaptation. *International Marketing Review*, 31(3), 308-334.
Grøgaard, B., Rygh, A., & Benito, G.R.G. (2019). Bringing corporate governance into internalization theory: State ownership and foreign entry strategies. *Journal of International Business Studies*, 50(8), 1310-1337.
Grubel, H.G. (1977). A theory of multinational banking. *PSL Quarterly Review*, 30(123), 349-363.
Grunert, K.G. (2019). International segmentation in the food domain: Issues and approaches. *Food Research International*, 115(January), 311-318.
Guo, X. (2013). Living in a global world: Influence of consumer global orientation on attitudes toward global brands from developed versus emerging countries. *Journal of International Marketing*, 21(1), 1-22.
Gupta, S., Pansari, A., & Kumar, V. (2018). Global customer engagement. *Journal of International Marketing*, 26(1), 4-29.
Gürhan-Canli, Z., Sarial-Abi, G., & Hayran, C. (2018). Consumers and brands across the globe: research synthesis and new directions. *Journal of International Marketing*, 26(1), 96-117.

Haber, G., & Ogertschnig, M. (2020). Die Absicherung von Exportrisiken. In: D. Sternad, M. Höfferer, & G. Haber (Hrsg.), *Grundlagen Export und Internationalisierung*, Wiesbaden, 321-338.
Haddoud, M.Y., Onjewu, A.-K.E., Nowiński, W., & Jones, P. (2021). The determinants of SMEs' export entry: A systematic review of the literature. *Journal of Business Research*, 125(March), 262-278.
Halaszovich, T., & Mattfeld, S. (2020). Impact of Covid-19 on Export and Investment Activities of German Companies in Sub-Saharan Africa. *Deutsche Gesellschaft für Internationale Zusammenarbeit*, Eschborn.
Halaszovich, T.F. (2020). When foreignness becomes a liability: the effects of flawed institutional environments on foreign versus domestic firm performance in emerging markets. *European Journal of International Management*, 14(1), 118-143.
Halaszovich, T.F. Gabler (Hrsg.) (2011). *Neuprodukteinführungsstrategien schnelldrehender Konsumgüter*, Wiesbaden.
Halaszovich, T.F., & Lundan, S.M. (2016). The moderating role of local embeddedness on the performance of foreign and domestic firms in emerging markets. *International Business Review*, 25(5), 1136-1148.

Halkias, G., Davvetas, V., & Diamantopoulos, A. (2016). The interplay between country stereotypes and perceived brand globalness/localness as drivers of brand preference. *Journal of Business Research*, 69(9), 3621-3628.

Halkias, G., Micevski, M., Diamantopoulos, A., & Milchram, C. (2017). Exploring the effectiveness of foreign brand communication: Consumer culture ad imagery and brand schema incongruity. *Journal of Business Research*, 80(11), 210-217.

Hallberg, N.L. (2017). The micro-foundations of pricing strategy in industrial markets: A case study in the European packaging industry. *Journal of Business Research*, 76(July), 179-188.

Hamilton, R., & Chernev, A. (2010). The Impact of Product Line Extensions and Consumer Goalson the Formation of Price Image. *Journal of Marketing Research*, 47(1), 51-62.

Hansen, N., Kupfer, A.-K., & Hennig-Thurau, T. (2018). Brand crises in the digital age: The short-and long-term effects of social media firestorms on consumers and brands. *International Journal of Research in Marketing*, 35(4), 557-574.

Harzing, A.-W., & Pudelko, M. (2016). Do we need to distance ourselves from the distance concept? Why home and host country context might matter more than (cultural) distance. *Management International Review*, 56(1), 1-34.

Hawk, A., Pacheco-De-Almeida, G., & Yeung, B. (2013). Fast-mover advantages: Speed capabilities and entry into the emerging submarket of Atlantic basin LNG. *Strategic Management Journal*, 34(13), 1531-1550.

He, J., & Wang, C.L. (2017). How global brands incorporating local cultural elements increase consumer purchase likelihood. *International Marketing Review*, 34(4), 463-479.

He, X., Brouthers, K.D., & Filatotchev, I. (2013). Resource-based and institutional perspectives on export channel selection and export performance. *Journal of Management*, 39(1), 27-47.

He, X., Brouthers, K.D., & Filatotchev, I. (2018). Market orientation and export performance: the moderation of channel and institutional distance. *International Marketing Review*, 35(2), 258-279.

He, Y., Chen, Q., Tam, L., & Lee, R.P. (2016). Managing sub-branding affect transfer: the role of consideration set size and brand loyalty. *Marketing Letters*, 27(1), 103-113.

Heinberg, M., Ozkaya, H.E., & Taube, M. (2018). Do corporate image and reputation drive brand equity in India and China? – Similarities and differences. *Journal of Business Research*, 86(5), 259-268.

Helm, R., & Gritsch, S. (2014). Examining the influence of uncertainty on marketing mix strategy elements in emerging business to business export-markets. *International Business Review*, 23(2), 418-428.

Hendriks, G., Slangen, A.H.L., & Heugens, P.P.M.A.R. (2018). How a firm's domestic footprint and domestic environmental uncertainties jointly shape added cultural distances: The roles of resource dependence and headquarters attention. *Journal of Management Studies*, 55(6), 883-909.

Hennart, J.-F. (2009). Down with MNE-centric theories! Market entry and expansion as the bundling of MNE and local assets. *Journal of International Business Studies*, 40(9), 1432-1454.

Hennart, J.-F., & Slangen, A.H.L. (2015). Yes, we really do need more entry mode studies! A commentary on Shaver. *Journal of International Business Studies*, 46(1), 114-122.

Henseler, J., Horváth, C., Sarstedt, M., & Zimmermann, L. (2010). A cross-cultural comparison of brand extension success factors: A meta-study. *Journal of Brand Management*, 18(1), 5-20.

Herger, N., & McCorriston, S. (2016). Horizontal, vertical, and conglomerate cross-border acquisitions. *IMF Economic Review*, 64(2), 319-353.

Herhausen, D., Kleinlercher, K., Verhoef, P.C., Emrich, O., & Rudolph, T. (2019). Loyalty formation for different customer journey segments. *Journal of Retailing*, 95(3), 9-29.

Hernandez, E., & Shaver, J.M. (2019). Network synergy. *Administrative Science Quarterly*, 64(1), 171-202.
Herz, M., & Diamantopoulos, A. (2017). I use it but will tell you that I don't: consumers' country-of-origin cue usage denial. *Journal of International Marketing*, 25(2), 52-71.
Hilker, J. (1993). Marketing-Implementierung, Wiesbaden.
Hillebrand, B., & Biemans, W.G. (2011). Dealing with downstream customers: an exploratory study. *Journal of Business & Industrial Marketing*, 26(2), 72-80.
Hilmersson, M. (2014). Small and medium-sized enterprise internationalisation strategy and performance in times of market turbulence. *International Small Business Journal*, 32(4), 386-400.
Hilmersson, M., & Johanson, M. (2016). Speed of SME internationalization and performance. *Management International Review*, 56(1), 67-94.
Hilmersson, M., Johanson, M., Lundberg, H., & Papaioannou, S. (2017). Time, temporality, and internationalization: The relationship among point in time of, time to, and speed of international expansion. *Journal of International Marketing*, 25(1), 22-45.
Hirschmann, J., & Swoboda, B. (2017). Multilevel structural equation modelling in marketing and management research. *Marketing: ZFP – Journal of Research and Management*, 39(3), 50-75.
Ho, M.H.-W., Ghauri, P.N., & Larimo, J.A. (2018). Institutional distance and knowledge acquisition in international buyer-supplier relationships: The moderating role of trust. *Asia Pacific Journal of Management*, 35(2), 427-447.
Hofer, K.M., Niehoff-Hoeckner, L.M., & Totzek, D. (2019). Organizing and implementing export pricing: performance effects and moderating factors. *Journal of International Marketing*, 27(1), 74-94.
Hoffman, R.C., Munemo, J., & Watson, S. (2016). International franchise expansion: the role of institutions and transaction costs. *Journal of International Management*, 22(2), 101-114.
Hoffmann, M., & Kranzusch, P. (2017). *Internationalisierung im unternehmensnahen Dienstleistungssektor – Formen, Hemmnisse und Unterstützungsbedarfe deutscher KMU*, IfM-Materialien Nr. 263, Bonn.
Hoffmann, S., & Akbar, P. (2019). *Konsumentenverhalten: Konsumenten verstehen – Marketingmaßnahmen gestalten*, 2. Aufl., Wiesbaden.
Hofstede, G. (1980). *Culture's Consequences: International Differences in Thinking and Organizing*, Beverly Hills.
Hofstede, G. (2001). *Culture's Consequences: Comparing Values, Behaviors, Institutions and Organizations Across Nations*, Thousand Oaks.
Hofstede, G., & Bond, M.H. (1988). The Confucius connection: From cultural roots to economic growth. *Organizational Dynamics*, 16(4), 5-21.
Hofstede, G., Hofstede, G.J., & Minkov, M. (2010). *Cultures and Organizations: Software of the Mind*, 3. Aufl., New York.
Hollender, L., Zapkau, F.B., & Schwens, C. (2017). SME foreign market entry mode choice and foreign venture performance: The moderating effect of international experience and product adaptation. *International Business Review*, 26(2), 250-263.
Hollensen, S. (2020). *Global Marketing*, 8. Aufl., Harlow.
Holmberg, S.R., & Cummings, J.L. (2009). Building successful strategic alliances: strategic process and analytical tool for selecting partner industries and firms. *Long Range Planning*, 42(2), 164-193.
Holtbrügge, D., & Welge, M.K. (2015). *Internationales Management: Theorien, Funktionen, Fallstudien*, 6. Aufl., Stuttgart.

Homburg, C. (2020). *Marketingmanagement: Strategie – Instrumente – Umsetzung – Unternehmensführung*, 7. Aufl., Wiesbaden.

Homburg, C., Vollmayr, J., & Hahn, A. (2014). Firm value creation through major channel expansions: Evidence from an event study in the United States, Germany, and China. *Journal of Marketing*, 78(3), 38-61.

Hornikx, J., & Van Meurs, F. (2020). *Foreign Languages in Advertising: Linguistic and Marketing Perspectives*, Cham.

Hortinha, P., Lages, C., & Lages, L.F. (2011). The trade-off between customer and technology orientations: impact on innovation capabilities and export performance. *Journal of International Marketing*, 19(3), 36-58.

Horváth, P., Gleich, R., & Seiter, M. (2015). *Controlling*, 13. Aufl., München.

Hoskisson, R., E., Gambeta, E., Green, C., D., & Li, T., X. (2018). Is my firm-specific investment protected? Overcoming the stakeholder investment dilemma in the resource-based view. *Academy of Management Review*, 43(2), 284-306.

House, R., Javidan, M., Hanges, P., & Dorfman, P. (2002). Understanding cultures and implicit leadership theories across the globe: an introduction to project GLOBE. *Journal of World Business*, 37(1), 3-10.

House, R.J., Hanges, P.J., Javidan, M., Dorfman, P.W., & Gupta, V. (2004). *Culture, Leadership, and Organizations: The GLOBE Study of 62 Societies*, Thousand Oaks.

Hsieh, L., Child, J., Narooz, R., Elbanna, S., Karmowska, J., Marinova, S., Puthusserry, P., Tsai, T., & Zhang, Y. (2019). A multidimensional perspective of SME internationalization speed: The influence of entrepreneurial characteristics. *International Business Review*, 28(2), 268-283.

Hsu, L., Fournier, S., & Srinivasan, S. (2016). Brand architecture strategy and firm value: how leveraging, separating, and distancing the corporate brand affects risk and returns. *Journal of the Academy of Marketing Science*, 44(2), 261-280.

Hu, J., Liu, X., Wang, S., & Yang, Z. (2012). The role of brand image congruity in Chinese consumers' brand preference. *Journal of Product & Brand Management*, 21(1), 26-34.

Huang, J., & Kisgen, D.J. (2013). Gender and corporate finance: Are male executives overconfident relative to female executives? *Journal of Financial Economics*, 108(3), 822-839.

Huang, Y., & Sternquist, B. (2007). Retailers' foreign market entry decisions: An institutional perspective. *International Business Review*, 16(5), 613-629.

Huang, Z., Zhu, H., & Brass, D.J. (2017). Cross-border acquisitions and the asymmetric effect of power distance value difference on long-term post-acquisition performance. *Strategic Management Journal*, 38(4), 972-991.

Huber, F., Lenzen, M., Meyer, F., & Weihrauch, A. (2013). Brand extensions in the platform countries of Asia-Effects of fit, order of market entry and involvement. *Journal of Brand Management*, 20(5), 424-443.

Hübner, A., Holzapfel, A., & Kuhn, H. (2016). Distribution systems in omni-channel retailing. *Business Research*, 9(2), 255-296.

Hünerberg, R. (1994). *Internationales Marketing*, Landsberg a.L.

Hungenberg, H. (2014). *Strategisches Management in Unternehmen: Ziele-Prozesse-Verfahren*, Wiesbaden.

Hussein, R., & Hassan, S. (2018). Antecedents of global brand purchase likelihood: Exploring the mediating effect of quality, prestige and familiarity. *Journal of International Consumer Marketing*, 30(5), 288-303.

Hutzschenreuter, T., & Harhoff, P.-L. (2020). National capital city location and subsidiary portfolio expansion: The negative effect of geographic distance to the capital city at inception on the speed of subsequent investments. *Journal of International Business Studies*, 1-26.

Hutzschenreuter, T., Kleindienst, I., & Lange, S. (2014). Added psychic distance stimuli and MNE performance: Performance effects of added cultural, governance, geographic, and economic distance in MNEs' international expansion. *Journal of International Management*, 20(1), 38-54.

Hutzschenreuter, T., Voll, J.C., & Verbeke, A. (2011). The impact of added cultural distance and cultural diversity on international expansion patterns: A Penrosean perspective. *Journal of Management Studies*, 48(2), 305-329.

Hymer, S.H. (1976). *The international operations of national firms: A study of direct foreign investment*, London.

Iazzi, A., Trio, O., Pandurino, A., & Caione, A. (2015). The evaluation of market attractiveness through the marketing intelligence approach: a tool for the SMEs. *International Journal of Markets and Business Systems*, 1(2), 92-107.

Inagaki, K. (2018). Amazon´s scale in Japan challanges rivals and regulators, https://www.ft.com/content/f50c5f24-752f-11e8-aa31-31da4279a601, 12.07.2021.

Inglehart, R. (1997). *Modernization and Postmodernization: Cultural, Economic, and Political Change in 43 Societies*, 19. Aufl., Princeton.

Inglehart, R., & Baker, W.E. (2000). Modernization, cultural change, and the persistence of traditional values. *American Sociological Review*, 65(1), 19-51.

Inglehart, R., Basáñez, M., Díez-Medrano, J., Halman, L., & Luijkx, R. (2004). World Values Surveys and European Values Surveys, 1999-2001, https://library.carleton.ca/sites/default/files/find/data/surveys/pdf_files/wvs-99-01-cbk.pdf, 11.08.2020.

Interbrand (2021). Best Global Brands, https://www.interbrand.com/best-brands/, 16.07.2021.

İpek, İ., & Bıçakcıoğlu-Peynirci, N. (2020). Export market orientation: An integrative review and directions for future research. *International Business Review*, 29(4), 101659.

Jain, N.K., Celo, S., & Kumar, V. (2019). Internationalization speed, resources and performance: Evidence from Indian software industry. *Journal of Business Research*, 95(2), 26-37.

Jakubanecs, A., & Supphellen, M. (2012). Blank endorsement: The added value of unknown corporate brands. *Journal of Brand Management*, 19(9), 788-800.

Javernick-Will, A.N., & Scott, W.R. (2010). Who needs to know what? Institutional knowledge and global projects. *Journal of Construction Engineering and Management*, 136(5), 546-557.

Javidan, M., House, R.J., Dorfman, P.W., Hanges, P.J., & De Luque, M.S. (2006). Conceptualizing and measuring cultures and their consequences: a comparative review of GLOBE's and Hofstede's approaches. *Journal of International Business Studies*, 37(6), 897-914.

Jayachandran, S., Kaufman, P., Kumar, V., & Hewett, K. (2013). Brand licensing: What drives royalty rates? *Journal of Marketing*, 77(5), 108-122.

Jean, R.-J., & Kim, D. (2020). Internet and SMEs' internationalization: The role of platform and website. *Journal of International Management*, 26(1), 100690.

Jensen, R.J., & Szulanski, G. (2007). Template use and the effectiveness of knowledge transfer. *Management Science*, 53(11), 1716-1730.

Jiang, M.S., & Menguc, B. (2012). Brand as credible commitment in embedded licensing: a transaction cost perspective. *International Marketing Review*, 29(2), 134-150.

Jiang, R.J., Beamish, P.W., & Makino, S. (2014). Time compression diseconomies in foreign expansion. *Journal of World Business*, 49(1), 114-121.

Jiménez-Asenjo, N., & Filipescu, D.A. (2019). Cheers in China! International marketing strategies of Spanish wine exporters. *International Business Review*, 28(4), 647-659.

Jin, H., & Hurd, F. (2018). Exploring the impact of digital platforms on SME internationalization: New Zealand SMEs use of the Alibaba platform for Chinese market entry. *Journal of Asia-Pacific Business*, 19(2), 72-95.

Johanson, J., & Vahlne, J.-E. (1977). The internationalization process of the firm – a model of knowledge development and increasing foreign market commitments. *Journal of International Business Studies*, 8(1), 23-32.

Johanson, J., & Vahlne, J.-E. (1990). The mechanism of internationalisation. *International Marketing Review*, 7(4), 11-24.

Johanson, J., & Vahlne, J.-E. (1998). The internationalization process of the firm. In: L. Engwall (Hrsg.), *Four Decades of Uppsala Business Research*, Uppsala, 145-154.

Johanson, J., & Vahlne, J.-E. (2009). The Uppsala internationalization process model revisited: From liability of foreignness to liability of outsidership. *Journal of International Business Studies*, 40(9), 1411-1431.

Johanson, J., & Vahlne, J.-E. (2017). The internationalization process of the firm – a model of knowledge development and increasing foreign market commitments. In: P. Buckley (Hrsg.), *International Business*, London, 145-154.

Johansson, J.K., & Ronkainen, I.A. (2005). The esteem of global brands. *Journal of Brand Management*, 12(5), 339-354.

Johansson, U., Koch, C., Varga, N., & Zhao, F. (2018). Country of ownership change in the premium segment: consequences for brand image. *Journal of Product & Brand Management*, 27(7), 871-883.

Johnson, B. (2011). The CEO of Heinz on powering growth in emerging markets. *Harvard Business Review*, 89(10), 47-50.

Johnson, Z.S., Mao, H., Lefebvre, S., & Ganesh, J. (2019). Good guys can finish first: How brand reputation affects extension evaluations. *Journal of Consumer Psychology*, 29(4), 565-583.

Johnston, W.J., Khalil, S., Nhat Hanh Le, A., & Cheng, J.M.S. (2018). Behavioral implications of international social media advertising: An investigation of intervening and contingency factors. *Journal of International Marketing*, 26(2), 43-61.

Jonsson, A., & Foss, N.J. (2011). International expansion through flexible replication: Learning from the internationalization experience of IKEA. *Journal of International Business Studies*, 42(9), 1079-1102.

Jørgensen, E.J.B. (2014). Internationalisation patterns of border firms: speed and embeddedness perspectives. *International Marketing Review*, 31(4), 438-458.

Ju, M., Jin, J.L., & Zhou, K.Z. (2018). How can international ventures utilize marketing capability in emerging markets? Its contingent effect on new product development. *Journal of International Marketing*, 26(4), 1-17.

Jung, W., Han, S.H., & Lee, K.-W. (2012). Country portfolio solutions for global market uncertainties. *Journal of Management in Engineering*, 28(4), 372-381.

Kalaignanam, K., Tuli, K.R., Kushwaha, T., Lee, L., & Gal, D. (2021). Marketing agility: the concept, antecedents, and a research agenda. *Journal of Marketing*, 85(1), 35-58.

Kani, M., & Motohashi, K. (2012). Understanding the technology market for patents: New insights from a licensing survey of Japanese firms. *Research Policy*, 41(1), 226-235.

Kantar Group and Affiliates (2021). Top 50 wertvollsten deutschen Marken 2021, https://www.kantar.com/de/inspiration/brand/brandz-germany-top-50-deutsche-marken, 16.07.2021.

Karjaluoto, H., Mustonen, N., & Ulkuniemi, P. (2015). The role of digital channels in industrial marketing communications. *Journal of Business & Industrial Marketing*, 30(6), 703-710.

Katsumata, S., & Song, J. (2015). The reciprocal effects of country-of-origin on product evaluation. *Asia Pacific Journal of Marketing and Logistics*, 28(1), 92-106.

Kaufmann, L., & Roesch, J.-F. (2012). Constraints to building and deploying marketing capabilities by emerging market firms in advanced markets. *Journal of International Marketing*, 20(4), 1-24.

Kaul, A., & Wu, B. (2016). A capabilities-based perspective on target selection in acquisitions. *Strategic Management Journal*, 37(7), 1220-1239.

Keegan, W.J., Schlegelmilch, B., & Stöttinger, B. (2014). *Globales Marketing-Management: Eine europäische Perspektive*, München.

Keillor, B.D., Kohut, J., Walsh, D.M., & Hausknecht, D. (2011). Global product strategy: A longitudinal multi-country product attribute study. *Marketing Management Journal*, 21(1), 124-139.

Keller, K.L. (2014). Designing and implementing brand architecture strategies. *Journal of Brand Management*, 21(9), 702-715.

Keller, K.L., & Swaminathan, V. (2020). *Strategic Brand Management: Building, Measuring, and Managing Brand Equity*, 5. Aufl., London.

Khan, Z., Lew, Y.K., & Park, B.I. (2015). Institutional legitimacy and norms-based CSR marketing practices: Insights from MNCs operating in a developing economy. *International Marketing Review*, 32(5), 463-491.

Kim, K., & Park, J. (2019). Cultural influences on brand extension judgments: Opposing effects of thinking style and regulatory focus. *International Journal of Research in Marketing*, 36(1), 137-150.

Kim, M.-Y., & Moon, S. (2021). The effects of cultural distance on online brand popularity. *Journal of Brand Management*, 28(January), 302-324.

Kim, M.-Y., Moon, S., & Iacobucci, D. (2019). The Influence of Global Brand Distribution on Brand Popularity on Social Media. *Journal of International Marketing*, 27(4), 22-38.

Kim, N., Chun, E., & Ko, E. (2017). Country of origin effects on brand image, brand evaluation, and purchase intention. International Marketing Review, 34(2), 254-271.

Kim, S.K., & Hsieh, P.-H. (2006). Connecting power with locus of control in marketing channel relationships: a response surface approach. *International Journal of Research in Marketing*, 23(1), 13-29.

Kim, S.M., & Park, M.J. (2020). Evaluation of cross-national global market segmentation and strategy: The case of Korean Wave for ASEAN countries. *Asia Pacific Management Review*, 25(4), 207-215.

Kipnis, E., Kubacki, K., Broderick, A.J., Siemieniako, D., & Pisarenko, N.L. (2012). They don't want us to become them: Brand Local Integration and consumer ethnocentrism. *Journal of Marketing Management*, 28(7-8), 836-864.

Kirca, A.H., Jayachandran, S., & Bearden, W.O. (2005). Market orientation: A meta-analytic review and assessment of its antecedents and impact on performance. *Journal of Marketing*, 69(2), 24-41.

Kirca, A.H., Randhawa, P., Talay, M.B., & Akdeniz, M.B. (2020). The interactive effects of product and brand portfolio strategies on brand performance: Longitudinal evidence from the US automotive industry. *International Journal of Research in Marketing*, 37(2), 421-439.

Kirkman, B., L., Lowe, K., B., & Gibson, C., B. (2017). A retrospective on Culture's Consequences: The 35-year journey. *Journal of International Business Studies*, 48(1), 12-29.

Klein, J.F., Zhang, Y., Falk, T., Aspara, J., & Luo, X. (2020). Customer journey analyses in digital media: exploring the impact of cross-media exposure on customers' purchase decisions. *Journal of Service Management*, 31(3), 489-508.

Klier, H., Schwens, C., Zapkau, F.B., & Dikova, D. (2017). Which resources matter how and where? A meta-analysis on firms' foreign establishment mode choice. *Journal of Management Studies*, 54(3), 304-339.

Klingebiel, R., & Joseph, J. (2016). Entry timing and innovation strategy in feature phones. *Strategic Management Journal*, 37(6), 1002-1020.

Kluckhohn, C. (1951). *Values and value-orientations in the theory of action: An exploration in definition and classification*, Cambridge.

Knight, G.A., & Liesch, P.W. (2016). Internationalization: From incremental to born global. *Journal of World Business*, 51(1), 93-102.

Knoll, J., & Matthes, J. (2017). The effectiveness of celebrity endorsements: a meta-analysis. *Journal of the Academy of Marketing Science*, 45(1), 55-75.

Ko, E., Taylor, C.R., Sung, H., Lee, J., Wagner, U., Navarro, D.M.-C., & Wang, F. (2012). Global marketing segmentation usefulness in the sportswear industry. *Journal of Business Research*, 65(11), 1565-1575.

Kogut, B., & Singh, H. (1988). The effect of national culture on the choice of entry mode. *Journal of International Business Studies*, 19(3), 411-432.

Kohli, A.K., & Jaworski, B.J. (1990). Market orientation: the construct, research propositions, and managerial implications. *Journal of Marketing*, 54(2), 1-18.

Kollmann, T. (2020). *Digitales Marketing*, 3. Aufl., Stuttgart.

Konara, P., & Mohr, A. (2019). Why we should stop using the Kogut and Singh index. *Management International Review*, 59(3), 335-354.

Koponen, J., Julkunen, S., & Asai, A. (2019). Sales communication competence in international B2B solution selling. *Industrial Marketing Management*, 82(October), 238-252.

Kostova, T., Beugelsdijk, S., Scott, W., R., Kunst, V., E., Chua, C., H., & Van Essen, M. (2020). The construct of institutional distance through the lens of different institutional perspectives: Review, analysis, and recommendations. *Journal of International Business Studies*, 51(4), 467-497.

Kotabe, M.M., & Helsen, K. (2020). *Global Marketing Management*, 8. Aufl., Hoboken.

Kotler, P., Keller, K.L., & Opresnik, M.O. (2015*). Marketing-Management: Konzepte-Instrumente-Unternehmensfallstudien*, Hallbergmoos.

Kotulla, T., & Schmid, S. (2016). International Standardization and Adaptation of Products–Combining the Fit Approach and the Profit Logic. *Marketing: ZFP–Journal of Research and Management*, 38(4), 180-198.

Kozinets, R.V., & Gretzel, U. (2021). Commentary: Artificial Intelligence: The Marketer's Dilemma. *Journal of Marketing*, 85(1), 156-159.

Kozlenkova, I., V., Samaha, S., A., & Palmatier, R., W. (2014). Resource-based theory in marketing. *Journal of the Academy of Marketing Science*, 42(1), 1-21.

Krautz, C., & Hoffmann, S. (2017). The tenure-based customer retention model: a cross-cultural validation. *Journal of International Marketing*, 25(3), 83-106.

Krcmar, H. (2015). *Informationsmanagement*, 6. Aufl., Wiesbaden.

Kuivalainen, O., Sundqvist, S., Saarenketo, S., & McNaughton, R. (2012). Internationalization patterns of small and medium-sized enterprises. *International Marketing Review*, 29(5), 448-465.

Kull, A., J., Mena, J., A., & Korschun, D. (2016). A resource-based view of stakeholder marketing. *Journal of Business Research*, 69(12), 5553-5560.

Kumar, V., & Pansari, A. (2016). National culture, economy, and customer lifetime value: Assessing the relative impact of the drivers of customer lifetime value for a global retailer. *Journal of International Marketing*, 24(1), 1-21.

Kutschker, M., & Schmid, S. (2011). *Internationales Management*, 7. Aufl., München.

Kutschker, M., Bäurle, I., & Schmid, S. (1997). International evolution, international episodes, and international epochs: Implications for managing internationalization. *Management International Review*, 37(2), 101-124.

Kwon, M., Saluja, G., & Adaval, R. (2015). Who said what: Effects of cultural mindsets on perceptions of endorser-message relatedness. *Journal of Consumer Psychology*, 25(3), 389-403.

Lages, L.F., Fonseca, V., & Paulino, M. (2018). The VCW-value creation wheel: A framework for market selection and global growth. In: L. Leonidou, C. Katsikeas, S. Samiee, & B. Aykol (Hrsg.), *Advances in Global Marketing*, Cham, 253-279.

Lampel, J., Mintzberg, H., Quinn, J.B., & Ghoshal, S. (2014). *The strategy process*, 5. Aufl., Upper Saddle River.

Lane, V.R., & Fastoso, F. (2016). The impact of repeated ad exposure on spillover from low fit extensions to a global brand. *International Marketing Review*, 33(2), 298-318.

Le Nguyen, H., Larimo, J., & Ali, T. (2016). How do ownership control position and national culture influence conflict resolution strategies in international joint ventures? *International Business Review*, 25(2), 559-568.

Lee, C.H., Ko, E., Tikkanen, H., Phan, M.C.T., Aiello, G., Donvito, R., & Raithel, S. (2014). Marketing mix and customer equity of SPA brands: Cross-cultural perspectives. *Journal of Business Research*, 67(10), 2155-2163.

Lee, H.S., & Griffith, D.A. (2019). The balancing of country-based interaction orientation and marketing strategy implementation adaptation/standardization for profit growth in multinational corporations. *Journal of International Marketing*, 27(2), 22-37.

Lee, K., Madanoglu, M., & Ko, J.-Y. (2013). Developing a competitive international service strategy: a case of international joint venture in the global service industry. *Journal of Services Marketing*, 27(3), 245-255.

Lee, Y.-M., & Hu, J.-L. (2018). Integrated approaches for business sustainability: The perspective of corporate social responsibility. *Sustainability*, 10(7), 2318.

Lemon, K.N., & Verhoef, P.C. (2016). Understanding customer experience throughout the customer journey. *Journal of Marketing*, 80(6), 69-96.

Leonidou, L.C., Samiee, S., Aykol, B., & Talias, M.A. (2014). Antecedents and outcomes of exporter–importer relationship quality: synthesis, meta-analysis, and directions for further research. *Journal of International Marketing*, 22(2), 21-46.

Li, C., & Parboteeah, K.P. (2015). The effect of culture on the responsiveness of firms to mimetic forces: Imitative foreign joint venture entries into China, 1985-2003. *Journal of World Business*, 50(3), 465-476.

Li, D., Kreuzbauer, R., Chiu, C.-y., & Keh, H.T. (2020). Culturally polite communication: enhancing the effectieness of localization strategy. *Journal of Cross-Cultural Psychology*, 51(1), 49-69.

Li, L., Qian, G., & Qian, Z. (2014). Inconsistencies in international product strategies and performance of high-tech firms. *Journal of International Marketing*, 22(3), 94-113.

Li, R., & Liu, Z. (2015). What causes the divestment of multinational companies in China? A subsidiary perspective. *Journal of Business Theory and Practice*, 3(1), 81-89.

Li, R., Skouri, K., Teng, J.-T., & Yang, W.-G. (2018). Seller's optimal replenishment policy and payment term among advance, cash, and credit payments. *International Journal of Production Economics*, 197(March), 35-42.

Lieberman, M.B., & Montgomery, D.B. (1988). First-mover advantages. *Strategic Management Journal*, 9(1), 41-58.

Lieven, T., & Hildebrand, C. (2016). The impact of brand gender on brand equity. *International Marketing Review*, 33(2), 178-195.

Lin, S., & Si, S. (2019). The influence of exploration and exploitation on born globals' speed of internationalization. *Management Decision*, 57(1), 193-210.

Lin, W.-T. (2014). How do managers decide on internationalization processes? The role of organizational slack and performance feedback. *Journal of World Business*, 49(3), 396-408.

Liou, R., Lee, K., & Miller, S. (2017). Institutional impacts on ownership decisions by emerging and advanced market MNCs. *Cross Cultural & Strategic Management*, 24(3), 454-481.

Liu, Y., Foscht, T., Eisingerich, A.B., & Tsai, H.-T. (2018). Strategic management of product and brand extensions: Extending corporate brands in B2B vs. B2C markets. *Industrial Marketing Management*, 71(4), 147-159.

Lockshin, L., & Cohen, E. (2011). Using product and retail choice attributes for cross-national segmentation. *European Journal of Marketing*, 45(7/8), 1236-1252.

López-Duarte, C., Vidal-Suárez, M.M., & González-Díaz, B. (2016). International business and national culture: A literature review and research agenda. *International Journal of Management Reviews*, 18(4), 397-416.

Lord, R.G., & Maher, K.J. (1991). *Leadership and information processing: Linking perceptions and performance*, Boston.

Love, J.H., Roper, S., & Zhou, Y. (2016). Experience, age and exporting performance in UK SMEs. *International Business Review*, 25(4), 806-819.

Lowe, B., Barnes, B.R., & Rugimbana, R. (2012). Discounting in International Markets and the Face Value Effect: A Double-Edged Sword? *Psychology & Marketing*, 29(3), 144-156.

Lu, I.R.R., Heslop, L.A., Thomas, D.R., & Kwan, E. (2016). An examination of the status and evolution of country image research. *International Marketing Review*, 33(6), 825-850.

Lu, Q., S., Pattnaik, C., Xiao, J., & Voola, R. (2018). Cross-national variation in consumers' retail channel selection in a multichannel environment: Evidence from Asia-Pacific countries. *Journal of Business Research*, 86(5), 321-332.

Luo, Y. (1999). *Entry and Cooperative Strategies in International Business Expansion*, Westport.

Maas, A., Heugens, P., & Reus, T.H. (2019). Viceroys or emperors? An institution-based perspective on merger and acquisition prevalence and shareholder value. *Journal of Management Studies*, 56(1), 234-269.

Macharzina, K., & Engelhard, J. (1991). Paradigm shift in international business research: From partist and eclectic approaches to the GAINS paradigm. *Management International Review*, 31(4), 23-43.

Macharzina, K., & Wolf, J. (2018). *Unternehmensführung – Das internationale Managementwissen, Konzepte, Methoden, Praxis*, 10. Aufl., Wiesbaden.

Madanoglu, M., Alon, I., & Shoham, A. (2017). Push and pull factors in international franchising. *International Marketing Review*, 34(1), 29-45.

Maekelburger, B., Schwens, C., & Kabst, R. (2012). Asset specificity and foreign market entry mode choice of small and medium-sized enterprises: The moderating influence of knowledge safeguards and institutional safeguards. *Journal of International Business Studies*, 43(5), 458-476.

Magnusson, P., Westjohn, S.A., Semenov, A.V., Randrianasolo, A.A., & Zdravkovic, S. (2013). The role of cultural intelligence in marketing adaptation and export performance. *Journal of International Marketing*, 21(4), 44-61.

Malhotra, S., Reus, T.H., Zhu, P., & Roelofsen, E.M. (2018). The acquisitive nature of extraverted CEOs. *Administrative Science Quarterly*, 63(2), 370-408.

Malmendier, U., & Tate, G. (2015). Behavioral CEOs: The role of managerial overconfidence. *Journal of Economic Perspectives*, 29(4), 37-60.

Mandler, T. (2019). Beyond reach: an extended model of global brand effects. *International Marketing Review*, 36(5), 647-674.

Mandler, T., Sezen, B., Chen, J., & Özsomer, A. (2021). Performance consequences of marketing standardization/adaptation: A systematic literature review and future research agenda. *Journal of Business Research*, 125(3), 416-435.

Marchi, G., Vignola, M., Facchinetti, G., & Mastroleo, G. (2014). International market selection for small firms: A fuzzy-based decision process. *European Journal of Marketing*, 48(11/12), 2198-2212.

Martin, S.L., & Javalgi, R.R.G. (2019). Explaining performance determinants: A knowledge based view of international new ventures. *Journal of Business Research*, 101(August), 615-626.

Martin, S.L., Javalgi, R.R.G., & Ciravegna, L. (2020). Marketing capabilities and international new venture performance: The mediation role of marketing communication and the moderation effect of technological turbulence. *Journal of Business Research*, 107(2), 25-37.

Martínez-Zarzoso, I., & Johannsen, F. (2018). What explains indirect exports of goods and services in Eastern Europe and Central Asia? *Empirica*, 45(2), 283-309.

Mas-Ruiz, F.J., Ruiz-Conde, E., & Calderón-Martínez, A. (2018). Strategic group influence on entry mode choices in foreign markets. *International Business Review*, 27(6), 1259-1269.

Matsuoka, K. (2020). Exploring the interface between management accounting and marketing: a literature review of customer accounting. *Journal of Management Control*, 31(4), 157-208.

McCormick, M., & Somaya, D. (2020). Born globals from emerging economies: Reconciling early exporting with theories of internationalization. *Global Strategy Journal*, 10(2), 251-281.

McDonald, C., Buckley, P.J., Voss, H., Cross, A.R., & Chen, L. (2018). Place, space, and foreign direct investment into peripheral cities. *International Business Review*, 27(4), 803-813.

McKinsey & Company (2016). These charts show how globalization has gone digital, https://www.mckinsey.com/mgi/overview/in-the-news/these-charts-show-how-globalization-has-gone-digital.

McSweeney, B. (2009). Dynamic diversity: Variety and variation within countries. *Organization Studies*, 30(9), 933-957.

McSweeney, B. (2013). Fashion founded on a flaw. *International Marketing Review*, 30(5), 483-504.

Meffert, H., Bruhn, M., & Hadwich, K. (2015). *Dienstleistungsmarketing*, 8. Aufl., Wiesbaden.

Meffert, H., Burmann, C., Kirchgeorg, M., & Eisenbeiß, M. (2019). *Marketing: Grundlagen marktorientierter Unternehmensführung Konzepte – Instrumente – Praxisbeispiele*, 13. Aufl., Wiesbaden.

Melewar, T., Foroudi, P., Gupta, S., Kitchen, P.J., & Foroudi, M.M. (2017). Integrating identity, strategy and communications for trust, loyalty and commitment. *European Journal of Marketing*, 51(3), 572-604.

Merrilees, B. (2014). International franchising: Evolution of theory and practice. *Journal of Marketing Channels*, 21(3), 133-142.

Meyer, C.R., Skaggs, B.C., Nair, S., & Cohen, D.G. (2015). Customer interaction uncertainty, knowledge, and service firm internationalization. *Journal of International Management*, 21(3), 249-259.

Meyvis, T., Goldsmith, K., & Dhar, R. (2012). The importance of the context in brand extension: how pictures and comparisons shift consumers' focus from fit to quality. *Journal of Marketing Research*, 49(2), 206-217.

Michaelidou, N., Micevski, M., & Halkias, G. (2020). How do international advertisers use consumer culture positioning strategies? A cross-national, cross-category approach. *International Marketing Review*, 38(2), 367-386.

Milberg, S.J., Sinn, F., & Goodstein, R.C. (2010). Consumer reactions to brand extensions in a competitive context: does fit still matter? *Journal of Consumer Research*, 37(3), 543-553.

Miniard, P.W., Jayanti, R.K., Alvarez, C.M.O., & Dickson, P.R. (2018). What brand extensions need to fully benefit from their parental heritage. *Journal of the Academy of Marketing Science*, 46(5), 948-963.

Minkov, M. (2018). A revision of Hofstede's model of national culture: old evidence and new data from 56 countries. *Cross Cultural & Strategic Management*, 25(2), 231-256.

Minkov, M., Dutt, P., Schachner, M., Morales, O., Sanchez, C., Jandosova, J., Khassenbekov, Y., & Mudd, B. (2017). A revision of Hofstede's individualism-collectivism dimension. *Cross Cultural & Strategic Management*, 24(3), 386-404.

Mintz, O., Currim, I., S., Steenkamp, J.B.E.M., & de Jong, M. (2019). Managerial metric use in marketing decisions across 16 countries: A cultural perspective. *Journal of International Business Studies*, 50(6), 1-27.

Miric, M., & Jeppesen, L.B. (2020). Does piracy lead to product abandonment or stimulate new product development?: Evidence from mobile platform-based developer firms. *Strategic Management Journal*, 41(12), 2155-2184.

Mishra, R. (2018). *A Business of State: Commerce, Politics, and the Birth of the East India Company*, Cambridge.

Mohan, M., Brown, B.P., Sichtmann, C., & Schoefer, K. (2018). Perceived globalness and localness in B2B brands: A co-branding perspective. *Industrial Marketing Management*, 72(5), 59-70.

Mohr, A., & Batsakis, G. (2018). Firm resources, cultural distance and simultaneous international expansion in the retail sector. *International Business Review*, 27(1), 113-124.

Mohr, A., Batsakis, G., & Stone, Z. (2018). Explaining the effect of rapid internationalization on horizontal foreign divestment in the retail sector: An extended Penrosean perspective. *Journal of International Business Studies*, 49(7), 779-808.

Moore, M. (2018). *Digital dominance: the power of Google, Amazon, Facebook, and Apple*, New York.

Moorman, C., & Day, G.S. (2016). Organizing for marketing excellence. *Journal of Marketing*, 80(6), 6-35.

Morgan, N.A., Katsikeas, C.S., & Vorhies, D.W. (2012). Export marketing strategy implementation, export marketing capabilities, and export venture performance. *Journal of the Academy of Marketing Science*, 40(2), 271-289.

Morgeson, F.V., Mithas, S., Keiningham, T.L., & Aksoy, L. (2011). An investigation of the cross-national determinants of customer satisfaction. *Journal of the Academy of Marketing Science*, 39(2), 198-215.

Moriarty, S., Mitchell, N., Wood, C., & Wells, W. (2019). *Advertising & IMC - Principles & Practice*, 11. Aufl., Harlow.

Morschett, D., & Swoboda, B. (2009). Internationales Management aus der Perspektive des Internationalen Distributionsmanagements. In: M.-J. Oesterle, & S. Schmid (Hrsg.), *Internationales Management. Lehre, Praxis, Forschung*, Stuttgart, 653-679.

Morschett, D., Schramm-Klein, H., & Swoboda, B. (2008). Entry modes for manufacturers' international after-sales service: analysis of transaction-specific, firm-specific and country-specific determinants. *Management International Review*, 48(5), 525-550.

Morschett, D., Schramm-Klein, H., & Swoboda, B. (2010). Decades of research on market entry modes: What do we really know about external antecedents of entry mode choice? *Journal of International Management*, 16(1), 60-77.

Morschett, D., Swoboda, B., & Schramm-Klein, H. (2006). Competitive strategies in retailing - An investigation of the applicability of Porter's framework for food retailers. *Journal of Retailing and Consumer Services*, 13(4), 275-287.

Morschett, D., Swoboda, B., & Schramm-Klein, H. (2008). Einflussfaktoren auf die Wahl einer Markteintrittsstrategie: Eine meta-analytische Untersuchung der Entscheidung zwischen Tochtergesellschaft und Kooperation. *Journal of Business Economics*, 78(5), 509-552.

Müller, S., & Gelbrich, K. (2015). *Interkulturelles Marketing*, 2. Aufl., München.

Murray, J.Y., Gao, G.Y., & Kotabe, M.M. (2011). Market orientation and performance of export ventures: the process through marketing capabilities and competitive advantages. *Journal of the Academy of Marketing Science*, 39(2), 252-269.

MWPVL (2021). Amazon supply chain and fulfillment center network, https://www.mwpvl.com/html/amazon_com.html, 12.07.2021.

Nadolska, A., & Barkema, H.G. (2014). Good learners: How top management teams affect the success and frequency of acquisitions. *Strategic Management Journal*, 35(10), 1483-1507.

Nagy, M., Bennett, D., & Graham, C. (2019). Why include the BOP in your international marketing strategy. International Marketing Review, 37(1), 76-97.

Nambisan, S., Zahra, S.A., & Luo, Y. (2019). Global platforms and ecosystems: Implications for international business theories. *Journal of International Business Studies*, 50(9), 1464-1486.

Narayanan, V. (2015). Export barriers for small and medium-sized enterprises: A literature review based on Leonidou's Model. *Entrepreneurial Business and Economics Review*, 3(2), 105-123.

Nargundkar, S.V., Karakaya, F., & Stahl, M.J. (1996). Barriers to market exit. *Journal of Managerial Issues*, 8(2), 239-258.

Nason, R., S., & Wiklund, J. (2018). An assessment of resource-based theorizing on firm growth and suggestions for the future. *Journal of Management*, 44(1), 32-60.

Navarro-García, A. (2016). Drivers of export entrepreneurship. *International Business Review*, 25(1), 244-254.

Nestlé (2020). Brands, https://www.nestle.com/brands, 30.06.2020.

Nie, C., & Wang, T. (2021). How global brands incorporate local cultural elements to improve brand evaluations: A perspective on cultural mixing. *International Marketing Review*, 38(1), 163-183.

Niu, Y., Dong, L.C., & Chen, R. (2012). Market entry barriers in China. *Journal of Business Research*, 65(1), 68-76.

Obadia, C., & Bello, D.C. (2019). How to select an export mode without bias. *Business Horizons*, 62(2), 171-183.

Obadia, C., Vida, I., & Pla-Barber, J. (2017). Differential effects of bilateral norms on SMEs' export relationships: a dynamic perspective. *Journal of International Marketing*, 25(3), 21-41.

Oesterle, M.-J., Elosge, C., & Elosge, L. (2016). Me, myself and I: The role of CEO narcissism in internationalization decisions. *International Business Review*, 25(5), 1114-1123.

Ojasalo, J. (2012). Strategic Account Management Processes at Corporate, Relationship and Annual Level. In: D. Woodburn, & K. Wilson (Hrsg.), *Handbook of Strategic Account Management: A Comprehensive Resource*, Chichester, 461-494.

Olejnik, E., & Swoboda, B. (2012). SMEs' internationalisation patterns: descriptives, dynamics and determinants. *International Marketing Review*, 29(5), 466-495.

Olson, E.M., Slater, S.F., & Hult, G.T.M. (2005). The performance implications of fit among business strategy, marketing organization structure, and strategic behavior. *Journal of Marketing*, 69(3), 49-65.

Onkelinx, J., Manolova, T.S., & Edelman, L.F. (2016). The consequences of de-internationalization: Empirical evidence from Belgium. In: T.M. Devinney, G. Markman, T. Pedersen, & L. Tihanyi (Hrsg.), *Global Entrepreneurship: Past, Present & Future*, 29. Aufl., Bingley, 45-66.

Ou, Y.-C., Verhoef, P.C., & Wiesel, T. (2017). The effects of customer equity drivers on loyalty across services industries and firms. *Journal of the Academy of Marketing Science*, 45(3), 336-356.

Özsomer, A. (2012). The interplay between global and local brands: a closer look at perceived brand globalness and local iconness. *Journal of International Marketing*, 20(2), 72-95.

Ozturk, A., Joiner, E., & Cavusgil, S.T. (2015). Delineating foreign market potential: A tool for international market selection. *Thunderbird International Business Review*, 57(2), 119-141.

Padmaja, M., & Sasidharan, S. (2017). Sunk costs, firm heterogeneity, export market entry and exit: Evidence from India. *Journal of Quantitative Economics*, 15(2), 367-393.

Pajunen, K., & Fang, L. (2013). Dialectical tensions and path dependence in international joint venture evolution and termination. *Asia Pacific Journal of Management*, 30(2), 577-600.

Panda, T.K. (2016). Impact of Country of Origin and Customer Involvement on Brand Preference-Discriminant Modeling in Indian Credit Card Business. *IUP Journal of Brand Management*, 13(4), 7-23.

Papadopoulos, N., Chen, H., & Thomas, D.R. (2002). Toward a tradeoff model for international market selection. *International Business Review*, 11(2), 165-192.

Park, B.I. (2012). What changes the rules of the game in wholly owned subsidiaries? Determinants of knowledge acquisition from parent firms. *International Business Review*, 21(4), 547-557.

Parker, J.R., Lehmann, D.R., Keller, K.L., & Schleicher, M.G. (2018). Building a multi-category brand: when should distant brand extensions be introduced? *Journal of the Academy of Marketing Science*, 46(2), 300-316.

Paul, J., & Rosado-Serrano, A. (2019). Gradual Internationalization vs Born-Global/International new venture models. *International Marketing Review*, 36(6), 830-858.

Pedeliento, G., Andreini, D., Bergamaschi, M., & Salo, J. (2016). Brand and product attachment in an industrial context: The effects on brand loyalty. *Industrial Marketing Management*, 53(2), 194-206.

Pedersen, T., Petersen, B., & Benito, G.R.G. (2002). Change of foreign operation method: impetus and switching costs. *International Business Review*, 11(3), 325-345.

Peers, Y., Van Heerde, H.J., & Dekimpe, M.G. (2017). Marketing budget allocation across countries: the role of international business cycles. *Marketing Science*, 36(5), 792-809.

Pénard, T., & Perrigot, R. (2017). Online search–Online purchase in franchising: An empirical analysis of franchisor website functionality. *Journal of Retailing and Consumer Services*, 39(November), 164-172.

Peng, M.W. (2021). *Global Strategy*, 5. Aufl., Boston.

Penrose, E. (1995). *The Theory of the Growth of the Firm*, 3. Aufl., Oxford.

Petersen, B., Welch, L.S., & Benito, G.R.G. (2010). Managing the internalisation process. *Management International Review*, 50(2), 137-154.

Petersen, P.D.Ø.J.B. (2014). Value creation logics and internationalization of service firms. *International Marketing Review*, 31(6), 557-575.

Pfohl, H.-C. (2010). *Logistiksysteme*, Wiesbaden.

Pfohl, H.C. (2016). *Logistikmanagement: Konzeption und Funktionen*, 3. Aufl., Berlin.

Picot, A., Reichwald, R., & Wigand, R.T. (2013). *Die grenzenlose Unternehmung: Information, Organisation und Management. Lehrbuch zur Unternehmensführung im Informationszeitalter*, 5. Aufl., Wiesbaden.

Porter, M.E. (2013). *Wettbewerbsstrategie: Methoden zur Analyse von Branchen und Konkurrenten*, 12. Aufl., Frankfurt a.M.

Porter, M.E. (2014). *Wettbewerbsvorteile: Spitzenleistungen erreichen und behaupten*, 8. Aufl., Frankfurt a.M.

Posner, M.V. (1961). International trade and technical change. *Oxford Economic Papers*, 13(3), 323-341.

Poulis, K., & Poulis, E. (2013). The influence of intra-national cultural heterogeneity on product standardisation and adaptation: a qualitative study. *International Marketing Review*, 30(4), 357-383.

Powers, T.L., & Loyka, J.J. (2010). Adaptation of marketing mix elements in international markets. *Journal of Global Marketing*, 23(1), 65-79.

Powers, T.L., & Sterling, J.U. (2008). Segmenting business-to-business markets: a micromacro linking methodology. *Journal of Business & Industrial Marketing*, 23(3), 170-177.

Prahalad, C.K., & Doz, Y.L. (1987). *The multinational mission: Balancing global integration with local responsiveness*, New York.

Prince, M. u.a. (2020). The psychology of consumer ethnocentrism and cosmopolitanism: a five-country study of values, moral foundations, gender identities and consumer orientations. *International Marketing Review*, 37(6), 1013-1049.

Pritchard, M., & Wilson, T. (2018). Building corporate reputation through consumer responses to green new products. *Journal of Brand Management*, 25(1), 38-52.

Putzhammer, M., Fainshmidt, S., Puck, J., & Slangen, A. (2018). To elevate or to duplicate? Experiential learning, host-country institutions, and MNE post-entry commitment increase. *Journal of World Business*, 53(4), 568-580.

Putzhammer, M., Puck, J., & Lindner, T. (2020). Changes in foreign operation modes: A review and research agenda. *International Business Review*, 29(1), 101619.

Qiu, L.D., & Wang, S. (2011). FDI policy, greenfield investment and cross-border mergers. *Review of International Economics*, 19(5), 836-851.

Qiu, T., & Homer, P.M. (2018). Cultural fit and the choice of international market entry scale of Chinese firms. *Journal of Global Marketing*, 31(5), 308-323.

Radomir, L., & Moisescu, O.I. (2019). Discriminant validity of the customer-based corporate reputation scale: Some causes for concern. *Journal of Product & Brand Management*, 29(4), 457-469.

Ragozzino, R., & Blevins, D.P. (2016). Venture–backed firms: How does venture Capital involvement affect their likelihood of going public or being acquired? *Entrepreneurship Theory and Practice*, 40(5), 991-1016.

Rahman, M., Rodríguez-Serrano, M.Á., & Lambkin, M. (2019). Brand equity and firm performance: the complementary role of corporate social responsibility. *Journal of Brand Management*, 26(6), 691-704.

Rajavi, K., Kushwaha, T., & Steenkamp, J.B.E.M. (2019). In Brands We Trust? A Multicategory, Multicountry Investigation of Sensitivity of Consumers' Trust in Brands to Marketing-Mix Activities. *Journal of Consumer Research*, 46(4), 651-670.

Ramanathan, J., & Velayudhan, S.K. (2015). Consumer evaluation of brand extensions: Comparing goods to goods brand extensions with goods to services. *Journal of Brand Management*, 22(9), 778-801.

Ramani, G., & Kumar, V. (2008). Interaction orientation and firm performance. *Journal of Marketing*, 72(1), 27-45.

Rambocas, M., Meneses, R., Monteiro, C., & Brito, P.Q. (2015). Direct or indirect channel structures. Evaluating the impact of channel governance structure on export performance. *International Business Review*, 24(1), 124-132.

Randrianasolo, A.A. (2017). Global brand value in developed, emerging, and least developed country markets. *Journal of Brand Management*, 24(5), 489-507.

Rao-Nicholson, R., & Khan, Z. (2017). Standardization versus adaptation of global marketing strategies in emerging market cross-border acquisitions. *International Marketing Review*, 34(1), 138-158.

Reinartz, W., Wiegand, N., & Wichmann, J.R.K. (2019). *Der Aufstieg digitaler (Handels-) Plattformen*, IFH Köln.

Reinecke, S. (2004). *Marketing Performance Management: Empirisches Fundament und Konzeption für ein integriertes Marketingkennzahlensystem*, Wiesbaden.

Reinecke, S. (2014). *Return on Marketing*, St.Gallen.

Rieg, R. (2020). *Internationales Controlling*, München.

Rinallo, D., & Golfetto, F. (2015). Internationalization and knowledge-based strategies of European trade show organizers in Asia: The case of Messe Frankfurt. In: H. Bathlet, & G. Zeng (Hrsg.), *Temporary Knowledge Ecologies*, Cheltenham, 67-92.

Rodrigo, P., Khan, H., & Ekinci, Y. (2019). The determinants of foreign product preference amongst elite consumers in an emerging market. *Journal of Retailing and Consumer Services*, 46(1), 139-148.

Rokeach, M. (1973). *The nature of human values*, New York.

Roland Berger (Hrsg.) (2018). Trend Compendium 2030: Understanding and applying megatrends https://www.rolandberger.com/en/Insights/Global-Topics/Trend-Compendium/, 29.05.2020.

Römer, M. (1992). Der Handel und die Kaufleute im alten Ägypten. *Studien zur altägyptischen Kultur*, 19(1), 257-284.

Rosado-Serrano, A., & Paul, J. (2018). A new conceptual model for international franchising. *International Journal of Hospitality Management*, 75(September), 179-188.

Rosado-Serrano, A., Paul, J., & Dikova, D. (2018). International franchising: A literature review and research agenda. *Journal of Business Research*, 85(April), 238-257.

Rose, G.M., & Shoham, A. (2004). Interorganizational task and emotional conflict with international channels of distribution. *Journal of Business Research*, 57(9), 942-950.

Rosen, C., Gunkel, M., & Schlaegel, C. (2014). Determinants and outcomes of dual distribution: an international study. *Management Research Review*, 37(11), 944-969.

Rosenbloom, B., Larsen, T., & Mehta, R. (1997). Global marketing channels and the standardization controversy. *Journal of Global Marketing*, 11(1), 49-64.

Rothaermel, F.T., Kotha, S., & Steensma, H.K. (2006). International market entry by US internet firms: An empirical analysis of country risk, national culture, and market size. *Journal of Management*, 32(1), 56-82.

Roy, S., Guha, A., & Biswas, A. (2015). Celebrity endorsements and women consumers in India: how generation-cohort affiliation and celebrity-product congruency moderate the benefits of chronological age congruency. *Marketing Letters*, 26(3), 363-376.

Roy, S., Guha, A., Biswas, A., & Grewal, D. (2019). Celebrity endorsements in emerging markets: Align endorsers with brands or with consumers? *Journal of International Business Studies*, 50(3), 295-317.

Roy, S.K., & Chakraborti, R. (2014). Case Study 6: Junglee.com: Amazon´s Entry in India. In: D. Mutum, S.K. Roy, & E. Kipnis (Hrsg.), *Marketing Cases from Emerging Markets*, Berlin, 45-57.

Ruiz, B., García, J.A., & Revilla, A.J. (2016). Antecedents and consequences of bank reputation: a comparison of the United Kingdom and Spain. *International Marketing Review*, 33(6), 781-805.

Sageder, M., & Feldbauer-Durstmüller, B. (2019). Management control in multinational companies: a systematic literature review. *Review of Managerial Science*, 13(5), 875-918.

Salancik, G.R., & Pfeffer, J. (1978). A social information processing approach to job attitudes and task design. *Administrative Science Quarterly*, 23(2), 224-253.

Samaha, S.A., Palmatier, R.W., & Dant, R.P. (2011). Poisoning relationships: Perceived unfairness in channels of distribution. *Journal of Marketing*, 75(3), 99-117.

Samiee, S. (2019). Reflections on global brands, global consumer culture and globalization. *International Marketing Review*, 36(4), 536-544.

Sampson, G.P., & Snape, R.H. (1985). Identifying the issues in trade in services. *World Economy*, 8(2), 171-182.

Sander, M. (1997). *Internationales Preismanagement - Eine Analyse preispolitischer Handlungsalternativen im internationalen Marketing unter besonderer Berücksichtigung der Preisfindung bei Marktinterdependenzen*, Heidelberg.

Sander, M. (2011). *Marketing-Management: Märkte, Marktinformationen und Marktbearbeitung*, 2. Aufl., Stuttgart.

SAP SE (2020). *Intelligent Enterprise for the Retail Industry SAP's Industry. Innovation on the Road to a New World of Retail*, Walldorf.

Sarabia-Sanchez, F.J., Vigaray, M.D.D.J., & Hota, M. (2012). Using values and shopping styles to identify fashion apparel segments. *International Journal of Retail & Distribution Management*, 40(3), 180-199.

Sarmento, M., Simões, C., & Farhangmehr, M. (2015). Applying a relationship marketing perspective to B2B trade fairs: The role of socialization episodes. *Industrial Marketing Management*, 44(January), 131-141.

Sarstedt, M., Wilczynski, P., & Melewar, T.C. (2013). Measuring reputation in global markets – A comparison of reputation measures' convergent and criterion validities. *Journal of World Business*, 48(3), 329-339.

Sartor, M.A., & Beamish, P.W. (2018). Host market government corruption and the equity-based foreign entry strategies of multinational enterprises. *Journal of International Business Studies*, 49(3), 346-370.

Schaeffler (2016). Geschäftsbericht 2015, https://www.schaeffler.com/remotemedien/media/shared mediarwd/08investorrelations/reports/2015schaefflerannualreportde.pdf, 12.07.2021.

Schaeffler (2021). Geschäftsbericht 2020, https://www.schaeffler.com/remotemedien/media/shared mediarwd/08investorrelations/reports/2020ar/2020schaefflerannualreportde7ors5a.pdf, 12.07.2021.

Schaeffler, M. (2008). Praxisbeitrag: Erfolgsstrategien international tätiger Familienunternehmen am Beispiel der Schaeffler Gruppe. In: C. Rödl, W. Schaeffler, & M. Winter (Hrsg.), *Internationale Familienunternehmen*, München.

Scheer, A.W. (2013). *Wirtschaftsinformatik Studienausgabe: Referenzmodelle für industrielle Geschäftsprozesse*, Berlin.

Schellenberg, M., Harker, M.J., & Jafari, A. (2018). International market entry mode–a systematic literature review. *Journal of Strategic Marketing*, 26(7), 601-627.

Schlager, T., & Maas, P. (2013). Fitting international segmentation for emerging markets: conceptual development and empirical illustration. *Journal of International Marketing*, 21(2), 39-61.

Schleimer, S.C., & Pedersen, T. (2014). The effects of MNC parent effort and social structure on subsidiary absorptive capacity. *Journal of International Business Studies*, 45(3), 303-320.

Schmid, D., & Morschett, D. (2020). Decades of research on foreign subsidiary divestment: What do we really know about its antecedents? *International Business Review*, 29(4), 101653.

Schmid, S., & Kotulla, T. (2011). 50 years of research on international standardization and adaptation – From a systematic literature analysis to a theoretical framework. *International Business Review*, 20(5), 491-507.

Schmidt, H. (2019). Plattform-Inkubator, https://www.platformincubator.com, 13.07.2021.

Scholz, C. (2014). *Personalmanagement: Informationsorientierte und verhaltenstheoretische Grundlagen*, 6. Aufl., München.

Schooler, R.D. (1965). Product bias in the Central American common market. *Journal of Marketing Research*, 2(4), 394-397.

Schramm-Klein, H. (2004). Internationales Supplier-Relationship-Management. In: J. Zentes, D. Morschett, & H. Schramm-Klein (Hrsg.), *Außenhandel*, Wiesbaden, 765-791.

Schramm-Klein, H. (2020). Konfiguration und Koordination des internationalen Vertriebs. In: L. Binckebanck, A.-K. Hölter, & A. Tiffert (Hrsg.), *Führung von Vertriebsorganisationen*, 2. Aufl., Wiesbaden, 195-211.

Schramm-Klein, H., & Swoboda, B. (2018). Handelsmarken und Handelsmarkenpolitik: Aktuelle Fragen und Forschungserkenntnisse. *Wirtschaftswissenschaftliches Studium*, 47(11), 12-19.

Schramm-Klein, H., Morschett, D., & Swoboda, B. (2008). Verticalization: The impact of channel strategy on product brand loyalty and the role of involvement in the fashion industry. *ACR North American Advances*, 35, 188-198.

Schramm-Klein, H., Morschett, D., & Swoboda, B. (2015). Retailer Corporate Social Responsibility: Shedding light on CSR's Impact on Profit of Intermediaries in Marketing Channels. *International Journal of Retail & Distribution Management*, 43(4/5), 403-431.

Schramm-Klein, H., Wagner, G., Neus, F., Swoboda, B., & Foscht, T. (2014). *(R)Evolution des Mehrkanalhandels: von Multi-Channel-über Cross-Channel-zu Omni-Channel-Retailing*, Frankfurt/Main.

Schramm-Klein, H., Zentes, J., Steinmann, S., Swoboda, B., & Morschett, D. (2016). Retailer corporate social responsibility is relevant to consumer behavior. *Business & Society*, 55(4), 550-575.

Schu, M., & Morschett, D. (2017). Foreign market selection of online retailers – A path-dependent perspective on influence factors. *International Business Review*, 26(4), 710-723.

Schu, M., Morschett, D., & Swoboda, B. (2016). Internationalization speed of online retailers: A resource-based perspective on the influence factors. *Management International Review*, 56(5), 733-757.

Schühly, A., & Tenzer, H. (2017). A multidimensional approach to international market selection and nation branding in sub-Saharan Africa. *Africa Journal of Management*, 3(3-4), 236-279.

Schwartz, S.H. (1992). Universals in the content and structure of values: Theoretical advances and empirical tests in 20 countries. *Advances in Experimental Social Psychology*, 25(1), 1-65.

Schwartz, S.H. (1994). *Beyond Individualism/Collectivism: New Cultural Dimensions of Values*, Thousand Oaks.

Schwartz, S.H. (1999). A theory of cultural values and some implications for work. *Applied Psychology*, 48(1), 23-47.

Schwartz, S.H. (2014). Rethinking the concept and measurement of societal culture in light of empirical findings. *Journal of Cross-Cultural Psychology*, 45(1), 5-13.

Schwartz, S.H., & Boehnke, K. (2004). Evaluating the structure of human values with confirmatory factor analysis. *Journal of Research in Personality*, 38(3), 230-255.

Schwartz, S.H., & Sagiv, L. (1995). Identifying culture-specifics in the content and structure of values. *Journal of Cross-Cultural Psychology*, 26(1), 92-116.

Schweiger, G., & Schrattenecker, G. (2013). *Praxishandbuch Werbung: mit exklusiver Website zum Buch*, München.

Scott, W.R. (2014). *Institutions and Organizations: Ideas, Interests and Identities*, 4. Aufl., Los Angeles.

Sedziniauskiene, R., Sekliuckiene, J., & Zucchella, A. (2019). Networks' impact on the entrepreneurial internationalization: A literature review and research agenda. *Management International Review*, 59(5), 779-823.

Sharma, A., Kumar, V., Yan, J., Borah, S.B., & Adhikary, A. (2019). Understanding the structural characteristics of a firm's whole buyer-supplier network and its impact on international business performance. *Journal of International Business Studies*, 50(3), 365-392.

Sharma, P. (2010). Measuring personal cultural orientations: Scale development and validation. *Journal of the Academy of Marketing Science*, 38(6), 787-806.

Sharma, P. (2011). Country of origin effects in developed and emerging markets: Exploring the contrasting roles of materialism and value consciousness. *Journal of International Business Studies*, 42(2), 285-306.

Sharma, R.R., Nguyen, T.K., & Crick, D. (2018). Exploitation strategy and performance of contract manufacturing exporters: The mediating roles of exploration strategy and marketing capability. *Journal of International Management*, 24(3), 271-283.

Shi, L.H., & Gao, T. (2016). Performance effects of global account coordination mechanisms: an integrative study of boundary conditions. *Journal of International Marketing*, 24(2), 1-21.

Shi, L.H., White, J.C., Zou, S., & Cavusgil, S.T. (2010). Global account management strategies: drivers and outcomes. *Journal of International Business Studies*, 41(4), 620-638.

Shneor, R., & Flåten, B.-T. (2008). The Internet-enabled internationalization process: a focus on stages and sequences. *Journal of e-Business*, 8(1), 45-52.

Shrum, L.J., Lowrey, T.M., Luna, D., Lerman, D.B., & Liu, M. (2012). Sound symbolism effects across languages: Implications for global brand names. *International Journal of Research in Marketing*, 29(3), 275-279.

Shu, C., Jin, J.L., & Zhou, K.Z. (2017). A contingent view of partner coopetition in international joint ventures. *Journal of International Marketing*, 25(3), 42-60.

Sichtmann, C., & Diamantopoulos, A. (2013). The impact of perceived brand globalness, brand origin image, and brand origin-extension fit on brand extension success. *Journal of the Academy of Marketing Science*, 41(5), 567-585.

Sichtmann, C., Davvetas, V., & Diamantopoulos, A. (2019). The relational value of perceived brand globalness and localness. *Journal of Business Research*, 104(11), 597-613.

Siemens AG (2017). Innovation Management at Siemens Building Technologies Division, www.roland-berger.ch/media/pdf/Roland_Berger_Strategic-Planner-Circle_20110526.pdf, 29. April 2017.

Simon, H., & Fassnacht, M. (2019). *Price Management: Strategy, Analysis, Decision, Implementation*, Berlin.

Simon, H., & Wiese, C. (1992). Europäisches Preismanagement. *Marketing: Zeitschrift für Forschung und Praxis*, 14(4), 246-256.

Sinning, C., & Swoboda, B. (2021). Effects of E-commerce Firms' Internationalization Rhythm and Speed on Firm Growth: Do Institutional Distances Play a Role? *Paper presented at the European International Business Academy (EIBA) Annual Conference*, Madrid.

Skarmeas, D., Zeriti, A., & Baltas, G. (2016). Relationship value: Drivers and outcomes in international marketing channels. *Journal of International Marketing*, 24(1), 22-40.

Slater, S.F., & Narver, J.C. (1994). Does competitive environment moderate the market orientation-performance relationship? *Journal of Marketing*, 58(1), 46-55.

Slater, S.F., & Narver, J.C. (1995). Market orientation and the learning organization. *Journal of Marketing*, 59(3), 63-74.

Sleuwaegen, L., & Onkelinx, J. (2014). International commitment, post-entry growth and survival of international new ventures. *Journal of Business Venturing*, 29(1), 106-120.

Solberg, C.A. (1997). A framework for analysis of strategy development in globalizing markets. *Journal of International Marketing*, 5(1), 9-30.

Solberg, C.A., Stöttinger, B., & Yaprak, A. (2006). A taxonomy of the pricing practices of exporting firms: Evidence from Austria, Norway, and the United States. *Journal of International Marketing*, 14(1), 23-48.

Soleimani, A., Schneper, W.D., & Newburry, W. (2014). The impact of stakeholder power on corporate reputation: A cross-country corporate governance perspective. *Organization Science*, 25(4), 991-1008.

Søndergaard, M. (1994). Research note: Hofstede's consequences: a study of reviews, citations and replications. *Organization Studies*, 15(3), 447-456.

Song, R., Moon, S., Chen, H.A., & Houston, M.B. (2018). When marketing strategy meets culture: the role of culture in product evaluations. *Journal of the Academy of Marketing Science*, 46(3), 384-402.

Sood, S., & Keller, K.L. (2012). The effects of brand name structure on brand extension evaluations and parent brand dilution. *Journal of Marketing Research*, 49(3), 373-382.

Sort, J.C., & Turcan, R.V. (2019). De-internationalization: A business model perspective. *Journal of Business Models*, 7(4), 39-44.

Souiden, N., Kassim, N.M., & Hong, H.J. (2006). The effect of corporate branding dimensions on consumers' product evaluation. *European Journal of Marketing*, 40(7/8), 825-845.

Soule, S.A., Swaminathan, A., & Tihanyi, L. (2014). The diffusion of foreign divestment from Burma. *Strategic Management Journal*, 35(7), 1032-1052.

Sousa, C.M.P., & Tan, Q. (2015). Exit from a foreign market: Do poor performance, strategic fit, cultural distance, and international experience matter? *Journal of International Marketing*, 23(4), 84-104.

Stallkamp, M., & Schotter, A.P. (2019). Platforms without borders? The international strategies of digital platform firms. *Global Strategy Journal*, 11(1), 58-80.

Stallmann, F., & Wegner, U. (2015). *Internationalisierung von E-Commerce-Geschäften-Bausteine, Strategien, Umsetzung*, WIesbaden.

Steenkamp, J.B.E.M. (2001). The role of national culture in international marketing research. *International Marketing Review*, 18(1), 30-44.

Steenkamp, J.B.E.M. (2019). Global versus local consumer culture: Theory, measurement, and future research directions. *Journal of International Marketing*, 27(1), 1-19.

Steenkamp, J.B.E.M., & De Jong, M.G. (2010). A global investigation into the constellation of consumer attitudes toward global and local products. *Journal of Marketing*, 74(6), 18-40.

Steenkamp, J.B.E.M., Batra, R., & Alden, D.L. (2003). How perceived brand globalness creates brand value. *Journal of International Business Studies*, 34(1), 53-65.

Stopford, J.M., & Wells, L.T. (1972). *Managing the Multinational Enterprise: Organization of the Firm and Ownership of the Subsidiaries*, New York.

Strizhakova, Y., & Coulter, R.A. (2015). Drivers of local relative to global brand purchases: A contingency approach. *Journal of International Marketing*, 23(1), 1-22.

Strizhakova, Y., Coulter, R.A., & Price, L.L. (2011). Branding in a global marketplace: The mediating effects of quality and self-identity brand signals. *International Journal of Research in Marketing*, 28(4), 342-351.

Suh, J.-C., & Youjae, Y. (2006). When brand attitudes affect the customer satisfaction-loyalty relation: The moderating role of product involvement. *Journal of Cconsumer Psychology*, 16(2), 145-155.

Swoboda, B. (2002). *Dynamische Prozesse der Internationalisierung: Managementtheoretische und empirische Perspektiven des unternehmerischen Wandels*, Wiesbaden.

Swoboda, B. (2002). The relevance of timing and time in international business – analysis of different perspectives and results. In: C. Scholz, & J. Zentes (Hrsg.), *Strategic Management – A European Approach*, Wiesbaden, 85-113.

Swoboda, B. (2012). Internationale Expansion von Handelsunternehmen. In: J. Zentes, B. Swoboda, D. Morschett, & H. Schramm-Klein (Hrsg.), *Handbuch Handel*, Wiesbaden, 37-61.

Swoboda, B. (2016). The Impact of Fit among Internationalization Stages and Firms' Structure, Processes and Culture on Performance. In: S. Eckert, & G. Trautnitz (Hrsg.), *Internationales Management und die Grundlagen des globalisierten Kapitalismus*, Wiesbaden, 59-82.

Swoboda, B., & Anderer, M. (2008). Coordinating the international retailing firm: Exploratory models and evaluations of structural, systemic, and cultural options. *Journal of Retailing and Consumer Services*, 15(2), 104-117.

Swoboda, B., & Batton, N. (2019). National cultural value models and reputation of MNCs. *Cross Cultural & Strategic Management*, 26(2), 166-198.

Swoboda, B., & Batton, N. (2020). Cross-national roles of perceived reputation dimensions for MNCs. *International Marketing Review*, 37(6), 1051-1081.

Swoboda, B., & Batton, N. (2020). Joint Roles of Digital Media Penetration and Communication Budget for Corporate Brand Effects Across Nations. *Paper presented at the American Marketing Association (AMA) Winter Conference*, San Diego.

Swoboda, B., & Elsner, S. (2012). Bedeutung institutionalisierter Markteintrittsstrategien in internationalen Handelsunternehmen. In: J. Zentes (Hrsg.), *Markteintrittsstrategien - Dynamik und Komplexität - Tagungsband Kommission Internationales Management*, Wiesbaden, 95-121.

Swoboda, B., & Elsner, S. (2013). Transferring the retail format successfully into foreign countries. *Journal of International Marketing*, 21(1), 81-109.

Swoboda, B., & Foscht, T. (2015). Co-operation Activities of Middle-Sized Retailers and Manufacturers in the Fashion Industry - A Look at Competences, Potentials, Realization and Success Factors in Value Chain Activities. *European Retail Research*, 28(1), 103-118.

Swoboda, B., & Hirschmann, J. (2016). Does being perceived as global pay off? An analysis of leading foreign and domestic multinational corporations in India, Japan, and the United States. *Journal of International Marketing*, 24(3), 1-30.

Swoboda, B., & Hirschmann, J. (2017). Perceptions and effects of cross-national corporate reputation. *International Marketing Review*, 34(6), 909-944.

Swoboda, B., & Morbe, L. (2019). International Grocery Retailers' Country Environment, Resources and Local Performance. A Cross-classified Multi-level Approach. *Marketing ZFP*, 41(1), 4-23.

Swoboda, B., & Morschett, D. (2017). Kundenbindung im vertikalen Marketing. In: M. Bruhn, & C. Homburg (Hrsg.), *Handbuch Kundenbindungsmanagement*, 9. Aufl., Wiesbaden, 191-219.

Swoboda, B., & Olejnik, E. (2013). A taxonomy of small-and medium-sized international family firms. *Journal of International Entrepreneurship*, 11(2), 130-157.

Swoboda, B., & Olejnik, E. (2016). Linking processes and dynamic capabilities of international SMEs: the mediating effect of international entrepreneurial orientation. *Journal of Small Business Management*, 54(1), 139-161.

Swoboda, B., & Pennemann, K. (2014). Do International Retailers benefit from being Global in Emerging Countries? A Multilevel Study in China. *Marketing: ZFP – Journal of Research and Management*, 36(2), 141-150.

Swoboda, B., & Sinning, C. (2020). How country development and national culture affect the paths of perceived brand globalness to consumer behavior across nations. *Journal of Business Research*, 118(9), 58-73.

Swoboda, B., & Sinning, C. (2020). Internationalisierung - Wachsende Nachfrage und zunehmendes Angebot. In: T. Foscht, D. Morschett, H. Schramm-Klein, & B. Swoboda (Hrsg.), *HandelsMonitor: Mega-Trends 2030+. Der Handel auf dem Weg in ein neues Zeitalter*, Frankfurt/Main, 263-291.

Swoboda, B., & Sinning, C. (2021). Endorsement of Global Product Brands by Global Corporate Brands – A Consumer Perspective across Nations. *Management International Review* (in press).

Swoboda, B., & Weiber, R. (2013). *Grundzüge betrieblicher Leistungsprozesse: Marketing, Innovation, Produktion, Logistik und Beschaffung*, München.

Swoboda, B., & Weindel, J. (2019). Management von Retail Brands und Handelsmarken. In: F.-R. Esch (Hrsg.), *Handbuch Markenführung*, 5. Aufl., Berlin, 485-506.

Swoboda, B., & Winters, A. (2020). Management von Handelsunternehmen in einer digitalen Zukunft. In: M. Bruhn, C. Burmann, & M. Kirchgeorg (Hrsg.), *Marketing Weiterdenken*, 2. Aufl., Wiesbaden, 195-121.

Swoboda, B., & Winters, A. (2021). Reciprocity within major retail purchase channels and their effects on overall, offline and online loyalty. *Journal of Business Research*, 125(March), 279-294.

Swoboda, B., Berg, B., & Dabija, D.-C. (2014). International transfer and perception of retail formats. *International Marketing Review*, 31(2), 155-180.

Swoboda, B., Berg, B., & Schramm-Klein, H. (2013). Reciprocal effects of the corporate reputation and store equity of retailers. *Journal of Retailing*, 89(4), 447-459.

Swoboda, B., Berg, B., Schramm-Klein, H., & Foscht, T. (2013). The importance of retail brand equity and store accessibility for store loyalty in local competition. *Journal of Retailing and Consumer Services*, 20(3), 251-262.

Swoboda, B., Elsner, S., & Morschett, D. (2014). Preferences and performance of international strategies in retail sectors: an empirical study. *Long Range Planning*, 47(6), 319-336.

Swoboda, B., Elsner, S., & Olejnik, E. (2015). How do past mode choices influence subsequent entry? A study on the boundary conditions of preferred entry modes of retail firms. *International Business Review*, 24(3), 506-517.

Swoboda, B., Elsner, S., Foscht, T., & Schramm-Klein, H. (2010). Doing the Right Things and Doing the Things Right – Endorsers in Retail Store Flyer Advertising. In: M.C. Campbell, J. Inman, & R. Pieters (Hrsg.), *Advances in Consumer Research*, 37. Aufl., Provo, 399-406.

Swoboda, B., Foscht, T., & Clique, G. (2008). International Value Chain Processes by Retailers and Wholesalers - A General Approach. *Journal of Retailing and Consumer Services*, 15(Special Issue 2), 55-77.

Swoboda, B., Foscht, T., & Schramm-Klein, H. (2019). *Handelsmanagement: Offline-, Online-und Omnichannel-Handel*, 4. Aufl., München.

Swoboda, B., Foscht, T., Maloles, C., & Schramm-Klein, H. (2009). Exploring how garment firms choose international sourcing- and sales-country markets. *Journal of Fashion Marketing and Management*, 13(3), 406-430.

Swoboda, B., Huber, C., Schuster, T., & Hirschmann, J. (2017). Corporate reputation effects across nations: the impact of country distances and firm-specific resources. *Management International Review*, 57(5), 717-748.

Swoboda, B., Jager, M., Morschett, D., & Schramm-Klein, H. (2009). A behavior-based analysis of the changes of the structure, systems, and culture in the internationalization processes over time'. In: J. Larimo, & T. Vissak (Hrsg.), *Research on Knowledge, Innovation and Internationalization (Progress in International Business Research)*, 4. Aufl., Bingley, 41-65.

Swoboda, B., Meierer, M., Foscht, T., & Morschett, D. (2011). International SME alliances: the impact of alliance building and configurational fit on success. *Long Range Planning*, 44(4), 271-288.

Swoboda, B., Morbe, L., & Dabija, D.-C. (2017). An Inter-and Intra-format Perspective on Transfer and Perception of Retail Formats. *Marketing ZFP – Journal of Research and Management*, 39(4), 24-36.

Swoboda, B., Morbe, L., & Hirschmann, J. (2018). International strategy's effects on retailers' local implementation and performance. *International Business Review*, 27(3), 642-653.

Swoboda, B., Olejnik, E., & Morschett, D. (2011). Changes in foreign operation modes: Stimuli for increases versus reductions. *International Business Review*, 20(5), 578-590.

Swoboda, B., Pennemann, K., & Taube, M. (2012). The effects of perceived brand globalness and perceived brand localness in China: Empirical evidence on Western, Asian, and domestic retailers. *Journal of International Marketing*, 20(4), 72-95.

Swoboda, B., Pennemann, K., & Taube, M. (2011). Purchase intention toward counterfeits. Antecedents and consequences from culturally diverse countries. In: W.D. Darren, G.V. Johar, & S.M.J. Van Osselaer (Hrsg.), *Advances in Consumer Research*, 39. Aufl., Duluth, 402.

Swoboda, B., Pennemann, K., Taube, M., & Morschett, D. (2011). Do Foreign Brand Preferences Lead to Counterfeiting? Cross-Country Insights. In: W.D. Darren, G.V. Johar, & S.M.J. Van Osselaer (Hrsg.), *Advances in Consumer Research*, 38. Aufl., Duluth, 399-405.

Swoboda, B., Puchert, C., & Morschett, D. (2016). Explaining the differing effects of corporate reputation across nations: a multilevel analysis. *Journal of the Academy of Marketing Science*, 44(4), 454-473.

Swoboda, B., Schlüter, A., & Olejnik, E. (2011). Erfolgsrelevanz von KAM Strategien und Strukturen gegenüber internationalen Handelskunden. *Marketing ZFP*, 33(4), 278-292.

Swoboda, B., Schlüter, A., Olejnik, E., & Morschett, D. (2012). Does centralising global account management activities in response to international retailers pay off? *Management International Review*, 52(5), 727-756.

Swoboda, B., Schramm-Klein, H., & Weindel, J. (2016). *HandelsMonitor®: Retail Branding: Handelsunternehmen als Marken*, Frankfurt/Main.

Swoboda, B., Schwarz, S., & Hälsig, F. (2007). Towards a conceptual model of country market selection: Selection processes of retailers and C&C wholesalers. *International Review of Retail, Distribution and Consumer Research*, 17(3), 253-282.

Swoboda, B., Seibel, C., & Schlüter, A. (2015). Successful GAM Organisation for Companies that Supply International Retailers and the Role of international Marketing Strategy. European Retail Research, 28(1), 27-48.

Swoboda, B., Sinning, C., & Hirschmann, J. (2018). International Market Development im Online- und Offline-Commerce. In: M. Bruhn, & K. Hadwich (Hrsg.), *Service Business Development: Strategien - Innovationen - Geschäftsmodelle*, Wiesbaden, 191-226.

Swoboda, B., Weindel, J., & Hälsig, F. (2016). Predictors and effects of retail brand equity– A cross-sectoral analysis. *Journal of Retailing and Consumer Services*, 31(4), 265-276.

Swoboda, B., Weindel, J., & Schramm-Klein, H. (2016). Crosswise and reciprocal interdependencies within retailers' multichannel structures. *The International Review of Retail, Distribution and Consumer Research*, 26(4), 347-374.

Swoboda, B., Winters, A., & Fränzel, N. (2021). How Online Trust and Online Brand Equity Translate Online- and Omni-Channel-Specific Instruments into Repurchase Intentions. *Marketing ZFP – Journal of Research and Management*, 43(1-2), 37-53.

Swoboda, B., Zentes, J., & Elsner, S. (2009). Internationalisation of retail firms: state of the art after 20 years of research. *Journal of Research and Management*, 5(2), 105-126.

Szulanski, G., & Jensen, R.J. (2008). Growing through copying: The negative consequences of innovation on franchise network growth. *Research Policy*, 37(10), 1732-1741.

Talay, M.B., Townsend, J.D., & Yeniyurt, S. (2015). Global brand architecture position and market-based performance: the moderating role of culture. *Journal of International Marketing*, 23(2), 55-72.

Tan, Q., & Sousa, C.M.P. (2013). International marketing standardization. *Management International Review*, 53(5), 711-739.

Tang, L. (2017). Mine your customers or mine your business: The moderating role of culture in online word-of-mouth reviews. *Journal of International Marketing*, 25(2), 88-110.

Taras, V., Steel, P., & Kirkman, B., L. (2010). Negative practice-value correlations in the GLOBE data: Unexpected findings, questionnaire limitations and research directions. *Journal of International Business Studies*, 41(8), 1330-1338.

Taras, V., Steel, P., & Kirkman, B., L. (2016). Does country equate with culture? Beyond geography in the search for cultural boundaries. *Management International Review*, 56(4), 455-487.

Teng, L., Huang, D., & Pan, Y. (2017). The performance of MNE subsidiaries in China: Does it matter to be close to the political or business hub? *Journal of International Management*, 23(3), 292-305.

Thams, Y., Alvarado-Vargas, M.J., & Newburry, W. (2016). Geographical diversification as a predictor of MNC reputations in their home nations. *Journal of Business Research*, 69(8), 2882-2889.

Thomadsen, R. (2012). Seeking an expanding competitor: How product line expansion can increase all firms' profits. *Journal of Marketing Research*, 49(3), 349-360.

Thomas, R.J. (2012). Business-to-business market segmentation. In: G.L. Lilien, & R. Grewal (Hrsg.), *Handbook of Business-to-Business Marketing*, Cheltenham, 182-207.

Thomas, R.J. (2016). Multistage market segmentation: an exploration of B2B segment alignment. *Journal of Business & Industrial Marketing*, 31(7), 821-834.

Torelli, C.J., & Ahluwalia, R. (2012). Extending culturally symbolic brands: A blessing or a curse? *Journal of Consumer Research*, 38(5), 933-947.

Torresan, V. (2019). Why Amazon is continuously expanding in Brazil, https://labsnews.com/en/articles/business/why-amazon-is-continuously-expanding-in-brazil/, 29.03.2021.

Tower, A.P., Hewett, K., & Fenik, A.P. (2019). The role of cultural distance across quantiles of international joint venture longevity. *Journal of International Marketing*, 27(4), 3-21.

Trąpczyński, P. (2016). De-internationalisation: A review of empirical studies and implications for international business research. *Baltic Journal of Management*, 11(4), 350-379.

Trąpczyński, P., Halaszovich, T.F., & Piaskowska, D. (2020). The role of perceived institutional distance in foreign ownership level decisions of new MNEs. *Journal of Business Research*, 108(January), 435-449.

Triandis, H.C. (1995). *Individualism and Collectivism: Theory, Method, and Applications*, Thousand Oaks.

Trichterborn, A., Zu Knyphausen-Aufseß, D., & Schweizer, L. (2016). How to improve acquisition performance: The role of a dedicated M&A function, M&A learning process, and M&A capability. *Strategic Management Journal*, 37(4), 763-773.

Uzo, U., Mair, J., & Adewusi, A. (2019). Relational activities and channel contracts: Insights from channel intermediaries in Nigeria. *Journal of Strategic Contracting*, 4(1-2), 75-97.

Vahlne, J.-E., & Johanson, J. (2013). The Uppsala model on evolution of the multinational business enterprise – from internalization to coordination of networks. *International Marketing Review*, 30(3), 189-210.

Vahlne, J.-E., & Johanson, J. (2017). From internationalization to evolution: The Uppsala model at 40 years. *Journal of International Business Studies*, 48(9), 1087-1102.

Vaid, S.S., & Ahearne, M. (2018). When does CEO endorsement of sales & marketing leaders help firms? The role of heavy marketing emphasis. *Industrial Marketing Management*, 69(2), 185-197.

Van Alstyne, M.W., Parker, G.G., & Choudary, S.P. (2016). Pipelines, platforms, and the new rules of strategy. *Harvard Business Review*, 94(4), 54-62.

Van der Laken, P., van Engen, M., van Veldhoven, M., & Paauwe, J. (2019). Fostering expatriate success: A meta-analysis of the differential benefits of social support. *Human Resource Management Review*, 29(4), 100679.

Van der Lans, R., van Everdingen, Y., & Melnyk, V. (2016). What to stress, to whom and where? A cross-country investigation of the effects of perceived brand benefits on buying intentions. *International Journal of Research in Marketing*, 33(4), 924-943.

Van Dut, V., Akbar, Y.H., Dang, N.H., & Hanh, N.K. (2018). The impact of institutional distance on the choice of multinational enterprise's entry mode: Theory and empirical evidence from Vietnam. *Asian Journal of Business and Accounting*, 11(1), 71-95.

Van Hoorn, A., & Maseland, R. (2016). How institutions matter for international business: Institutional distance effects vs institutional profile effects. *Journal of International Business Studies*, 47(3), 374-381.

Van Rosmalen, J., Van Herk, H., & Groenen, P.J. (2010). Identifying response styles: A latent-class bilinear multinomial logit model. *Journal of Marketing Research*, 47(1), 157-172.

Venaik, S., & Midgley, D.F. (2019). Archetypes of marketing mix standardization-adaptation in MNC subsidiaries. *European Journal of Marketing*, 53(2), 366-399.

Venkatraman, N. (1989). The concept of fit in strategy research: Toward verbal and statistical correspondence. *Academy of Management Review*, 14(3), 423-444.

Vernon, R. (1966). International investment and international trade in the product cycle. *Quarterly Journal of Economics*, 80(2), 190-207.

Visentin, M., Pizzi, G., & Pichierri, M. (2019). Fake news, real problems for brands: The impact of content truthfulness and source credibility on consumers' behavioral intentions toward the advertised brands. *Journal of Interactive Marketing*, 45(1), 99-112.

Voeth, M., & Zimmermann, B. (2020). Customer Lifetime Value auf B2B-Märkten. In: T. Kollmann (Hrsg.), *Handbuch Digitale Wirtschaft*, Wiesbaden, 373-392.

Vomberg, A., Homburg, C., & Gwinner, O. (2020). Tolerating and managing failure: An organizational perspective on customer reacquisition management. *Journal of Marketing*, 84(5), 117-136.

Vorhies, D.W., & Morgan, N.A. (2003). A configuration theory assessment of marketing organization fit with business strategy and its relationship with *marketing* performance. *Journal of Marketing*, 67(1), 100-115.

Voss, K.E., & Mohan, M. (2016). Corporate brand effects in brand alliances. *Journal of Business Research*, 69(10), 4177-4184.

Vuong, B.N., & Khanh Giao, H.N. (2020). The impact of perceived brand globalness on consumers' purchase intention and the moderating role of consumer ethnocentrism: An evidence from vietnam. *Journal of International Consumer Marketing*, 32(1), 47-68.

Wagner, G., Schramm-Klein, H., & Fota, A. (2019). *Die Rolle des Verbraucherschutzes beim grenzüber-schreitenden Online-Handel Working Papers des KVF NRW*, 12. Aufl., Düsseldorf

Wagner, G., Schramm-Klein, H., & Schu, M. (2016). Determinants and Moderators of Consumers' Cross-Border Online Shopping Intentions. *Marketing: ZFP–Journal of Research and Management*, 38(4), 214-227.

Wagner, U., & Charinsarn, A.R. (2021). What language should be displayed on product packaging? How unconventional lettering influences packaging and product evaluation. *Journal of International Consumer Marketing*, 33(1), 1-18.

Walgenbach, P. (1999). Institutionalistische Ansätze in der Organisationstheorie. In: A. Kieser (Hrsg.), *Organisationstheorien*, 3. Aufl., Berlin, 319-353.

Walsh, G., & Beatty, S.E. (2007). Customer-based corporate reputation of a service firm: scale development and validation. *Journal of the Academy of Marketing Science*, 35(1), 127-143.

Walsh, G., Beatty, S.E., & Shiu, E.M.K. (2009). The customer-based corporate reputation scale: Replication and short form. *Journal of Business Research*, 62(10), 924-930.

Walsh, G., Shiu, E., & Hassan, L.M. (2014). Cross-national advertising and behavioral intentions: A multilevel analysis. *Journal of International Marketing*, 22(1), 77-98.

Wang, C.L., Li, D., Barnes, B.R., & Ahn, J. (2012). Country image, product image and consumer purchase intention: Evidence from an emerging economy. *International Business Review*, 21(6), 1041-1051.

Wang, H., Wei, Y., & Yu, C. (2008). Global brand equity model: combining customer-based with product-market outcome approaches. *Journal of Product & Brand Management*, 17(5), 305-316.

Wang, X., & Yang, Z. (2008). Does country-of-origin matter in the relationship between brand personality and purchase intention in emerging economies? *International Marketing Review*, 25(4), 458-474.

Warnking, P. (2015). *Der römische Seehandel in seiner Blütezeit: Rahmenbedingungen, Seerouten, Wirtschaftlichkeit*, Rahden.

We Are Social (2020). Digital 2020 Deutschland, https://wearesocial.com/de/digital-2020-deutschland, 18. Juni 2020.

Wei, T., & Clegg, J. (2020). Untangling the integration-performance link: levels of integration and functional integration strategies in post-acquisition integration. *Journal of Management Studies*, 57(8), 1643-1689.

Weiber, R., & Pohl, A. (2016). *Innovation und Marketing*, Stuttgart.

Weindel, J., & Swoboda, B. (2016). A Cross-Lagged Analysis of the Reciprocal Effects of Perceived Value and Retail Brand Equity. *Marketing: ZFP – Journal of Research and Management*, 38(2), 92-104.

Weinstein, A. (2014). Segmenting B2B technology markets via psychographics: an exploratory study. *Journal of Strategic Marketing*, 22(3), 257-267.

Welch, X., Pavićević, S., Keil, T., & Laamanen, T. (2020). The pre-deal phase of mergers and acquisitions: A review and research agenda. *Journal of Management*, 46(6), 843-878.

Welge, M.K., Al-Laham, A., & Eulerich, M. (2017). *Strategisches Management: Grundlagen-Prozess-Implementierung*, 7. Aufl., Wiesbaden.

Weltbank (2021). World bank open data, https://data.worldbank.org/, 12.07.2021.

Westjohn, S.A., Magnusson, P., & Zhou, J.X. (2015). Does the value of global brands apply to both foreign and domestic-based global brands? In: S. Zou, H. Xu, & L.H. Shi (Hrsg.), *Entrepreneurship in International Marketing*, 25. Aufl., 267-286.

Westjohn, S.A., Roschk, H., & Magnusson, P. (2017). Eastern versus western culture pricing strategy: Superstition, lucky numbers, and localization. *Journal of International Marketing*, 25(1), 72-90.

Westman, C., & Thorgren, S. (2016). Partner conflicts in international joint ventures: A minority owner perspective. *Journal of International Management*, 22(2), 168-185.

Wielgos, D.M., Homburg, C., & Kuehnl, C. (2021). Digital business capability: its impact on firm and customer performance. *Journal of the Academy of Marketing Science*, 49(5), 762-789.

Williamson, O.E. (1985). Assessing contract. *Journal of Law, Economics, & Organization*, 1(1), 177-208.

Winit, W., Gregory, G., Cleveland, M., & Verlegh, P. (2014). Global vs local brands: how home country bias and price differences impact brand evaluations. *International Marketing Review*, 31(2), 102-128.

Winkelmann, P. (2013). *Vertriebskonzeption und Vertriebssteuerung: Die Instrumente des integrierten Kundenmanagements-CRM*, 5. Aufl., München.

Winter, S.G., & Szulanski, G. (2001). Replication as strategy. *Organization Science*, 12(6), 730-743.

Witzel, M. (2017). *A History of Management Thought*, 2. Aufl., Milton Park.
Wood, V.R., & Robertson, K.R. (2000). Evaluating international markets: The importance of information by *International Marketing Review*, 17(1), 34-55.
World Bank (2020). Worldwide Governance Indicators, https://databank.worldbank.org/databases/governance-effectiveness, 11.08.2020.
World Bank (2021). Doing Business Index, https://www.doingbusiness.org/en/doingbusiness, 17.06.2021.
World Value Survey (2015). Cultural map – wvs wave 6, http://www.worldvaluessurvey.org/WVSContents.jsp, 18.06.2020.
Wu, C.-W. (2011). Global marketing strategy modeling of high tech products. *Journal of Business Research*, 64(11), 1229-1233.
Wu, J., & Wu, Z. (2014). Local and international knowledge search and product innovation: The moderating role of technology spanning. *International Business Review*, 23(3), 542-551.
Wu, J., & Wu, Z. (2015). Key supplier relationships and product introduction success: The moderating roles of self-enforcement and interdependence between buyer and supplier. *Industrial Marketing Management*, 46(April), 183-192.
Wu, X., & Gereffi, G. (2019). Amazon and Alibaba: Internet governance, business models, and internationalization strategies. In: R. van Tulder, Verbeke, A. and Piscitello, L. (Hrsg.), *International Business in the Information and Digital Age*, 13. Aufl., Bingley, 327-356.

Xie, Y., Batra, R., & Peng, S. (2015). An extended model of preference formation between global and local brands: The roles of identity expressiveness, trust, and affect. *Journal of International Marketing*, 23(1), 50-71.
Xu, K., Hitt, M.A., & Miller, S.R. (2020). The ownership structure contingency in the sequential international entry mode decision process: Family owners and institutional investors in family-dominant versus family-influenced firms. *Journal of International Business Studies*, 51(2), 151-171.
Xu, S., Cavusgil, S.T., & White, J.C. (2006). The impact of strategic fit among strategy, structure, and processes on multinational corporation performance: a multimethod assessment. *Journal of International Marketing*, 14(2), 1-31.

Yalcin, S., Singh, N., Dwivedi, Y.K., Apil, A.R., & Sayfullin, S. (2011). Culture and localization on the web: Evidence from multinationals in Russia and Turkey. *Journal of Electronic Commerce Research*, 12(1), 94-114.
Yamakawa, Y., & Cardon, M.S. (2017). How prior investments of time, money, and employee hires influence time to exit a distressed venture, and the extent to which contingency planning helps. *Journal of Business Venturing*, 32(1), 1-17.
Yamin, M., & Kurt, Y. (2018). Revisiting the Uppsala internationalization model. *International Marketing Review*, 35(1), 2-17.
Yang, Z., Su, C., & Fam, K.-S. (2012). Dealing with institutional distances in international marketing channels: Governance strategies that engender legitimacy and efficiency. *Journal of Marketing*, 76(3), 41-55.
Yeung, M.C.H., Ramasamy, B., Chen, J., & Paliwoda, S. (2013). Customer satisfaction and consumer expenditure in selected European countries. *International Journal of Research in Marketing*, 30(4), 406-416.
Yim, S. (2013). The acquisitiveness of youth: CEO age and acquisition behavior. *Journal of Financial Economics*, 108(1), 250-273.
Yip, G.S., & Hult, G.T.M. (2012). *Total Global Strategy*, 3. Aufl., Londen.
Yip, G.S., & Madsen, T.L. (1996). Global account management: The new frontier in relationship marketing. *International Marketing Review*, 13(3), 24-42.

Yoo, B., Donthu, N., & Lenartowicz, T. (2011). Measuring Hofstede's five dimensions of cultural values at the individual level: Development and validation of CVSCALE. *Journal of International Consumer Marketing*, 23(3-4), 193-210.

Yu, Y., Umashankar, N., & Rao, V.R. (2016). Choosing the right target: Relative preferences for resource similarity and complementarity in acquisition choice. *Strategic Management Journal*, 37(8), 1808-1825.

Zabkar, V., Arslanagic-Kalajdzic, M., Diamantopoulos, A., & Florack, A. (2017). Brothers in blood, yet strangers to global brand purchase: A four-country study of the role of consumer personality. *Journal of Business Research*, 80(11), 228-235.

Zeithaml, V.A., Parasuraman, A., & Berry, L.L. (1985). Problems and strategies in services marketing. *Journal of Marketing*, 49(2), 33-46.

Zeng, R., Grøgaard, B., & Steel, P. (2018). Complements or substitutes? A meta-analysis of the role of integration mechanisms for knowledge transfer in the MNE network. *Journal of World Business*, 53(4), 415-432.

Zentes, J., & Swoboda, B. (1999). Motive und Erfolgsgrößen internationaler Kooperation mittelständischer Unternehmen – Überprüfung kontingenztheoretischer Hypothesen. *Die Betriebswirtschaft*, 59(1), 44-60.

Zentes, J., & Swoboda, B. (2000). Auswirkungen des Electronic Commerce auf den Handel. *Die Betriebswirtschaft*, 60(6), 687-706.

Zentes, J., Schramm-Klein, H., & Morschett, D. (2005). Neue Ansätze im internationalen Marketing. In: A. Haas, & Ivens, S. (Hrsg.), *Innovatives Marketing*, Wiesbaden, 543-566.

Zentes, J., Swoboda, B., & Morschett, D. (2004). *Internationales Wertschöpfungsmanagement*, München.

Zhang, C., Cavusgil, S.T., & Roath, A.S. (2003). Manufacturer governance of foreign distributor relationships: do relational norms enhance competitiveness in the export market? *Journal of International Business Studies*, 34(6), 550-566.

Zhang, S.S., van Doorn, J., & Leeflang, P.S.H. (2014). Does the importance of value, brand and relationship equity for customer loyalty differ between Eastern and Western cultures? *International Business Review*, 23(1), 284-292.

Zhong, W., Lin, Y., Gao, D., & Yang, H. (2019). Does politician turnover affect foreign subsidiary performance? Evidence in China. *Journal of International Business Studies*, 50(7), 1184-1212.

Zhu, D.H., & Chen, G. (2015). CEO narcissism and the impact of prior board experience on corporate strategy. *Administrative Science Quarterly*, 60(1), 31-65.

Zhu, F., & Liu, Q. (2018). Competing with complementors: An emperical look at Amazon.com. *Strategic Management Journal*, 39(10), 2618-2642.

Zou, S., & Cavusgil, S.T. (2002). The GMS: A broad conceptualization of global marketing strategy and its effect on firm performance. *Journal of Marketing*, 66(4), 40-56.

Zúñiga-Vicente, J.Á., Benito-Osorio, D., Guerras-Martín, L.Á., & Colino, A. (2019). The effects of international diversification on the link between product diversification and performance in a boom and bust cycle: Evidence from Spanish firms (1994–2014). *Journal of International Management*, 25(4), 100687.

Stichwortverzeichnis

Above-the-Line-Maßnahmen 412
Absatz
  -helfer 432, 442
  -kanäle 376, 430, 437f., 450
  -märkte 116, 164, 201, 277, 463
  -mittler 213ff., 432, 436, 442, 460
  -organe 432f.
  -potenzial 50, 62, 117f.
Across-the-border-trade 299f.
Abstinenzmarkt 118
Adaption 7, 212, 305ff., 319, 349, 405f.
  -Entscheidungsoptionen 308ff.
  -Interdependenzen und Dynamik 318ff.
  -Strategien 310ff.
  -Ziele und Vorteile 306ff.
AIO-Ansatz 95
Akquisitionen 250, 258ff.
Anlagengeschäft 101, 151, 451f.
Anreizsysteme 421, 512
Arbitrage 39, 137, 385ff., 396f.
Area Management 490
Artificial Intelligence 508f.
ASEAN 9, 49, 92, 201
Audit 501ff.
Augmented Reality 401, 480, 508
Auslands
  -agent 214ff.
  -commitment 84, 87f., 257, 313
  -einheiten 16, 29, 293, 481, 502
  -entsendung 514, 518
  -franchising 232ff.
  -niederlassungen 193, 153, 496
  -projekte 73, 75
Außenhandel(s)
  -bilanz 6
  -Export 4, 201ff.
  -Grundformen des 4ff., 205
  -partner 5f.
  -risiken 121
  -vertreter 214ff.
Ausstellungen 421f.
Austritts 37, 67ff.
  -barrieren 85, 150, 271
  -folgen 85
Automatic Sales Options 440f.

B2B-Plattform 107, 216ff., 282f.
Behavioristische Ansätze 14ff., 69, 79, 134, 195
Being-International 1, 36, 177, 181
Below-the-Line-Aktivitäten 412f.
Benchmarking 234, 507
BERI-Index 126ff.
Beschaffungsmärkte 63f., 116, 389
Besuchsverkehr 518
Betätigungsformen 37, 65, 134, 146, 177ff., 431
  -Anpassung der 192ff.
  -Direktinvestive 249ff.
  -Einflussfaktoren der Wahl von 186ff.
  -Kooperative 225ff.
  -Methoden der Wahl von 189ff.
  -Online-Unternehmen 293f.
  -Präferierte 184ff.
  -Systematisierung der 278ff.
  -Vor- und Nachteile der 183ff.
  -Wahl der 181ff., 295ff.
  -Wandel der 181ff., 295ff.
Between-Mode-Changes 193f.
Beziehungsmarketing 104, 444
Block Chain 440f.
Born Globals 11, 69, 130, 140ff., 152
Born Regionals 142
Born-again Globals 141
Bottom of the Pyramid 50
Brain Commerce 441
Branchenwettbewerb 61ff.
Brand Management 159, 323ff., 490
Branded House 333
BRIC-Countries 6, 26, 110, 136, 160, 276
Brownfield Investments 179, 258ff.
Brückenkopfland und -stadt 70, 79, 137, 156
Budget 409f., 443, 496
Built-In-Flexibility 353f., 373
Business Risk Service 126
Buying Center 78, 101f.

Cash & Carry 169ff.
Cash Flow 184, 230, 261, 310, 507f.
Center of Excellence 492
Chaebol 214

Chatbots 508
Checklisten 125, 193
CIF-Agent 214ff.
Common-Denominator-Strategy 407f.
Controlling 430, 447, 482, 487, 492, 494, 498f., 501ff.
Conversational Commerce 508
Coplin-O'Leary System 125
Corporate
 -Behavior 403
 -Brand 332ff.
 -Communications 404
 -Design 403
 -Governance 515
 -Identity 403ff.
 -Image 32
 -Reputation 45, 53, 58f., 66, 325f., 215, 294, 341ff., 406, 444, 459
 -Social Responsibility 52, 341
Corruption Perceptions Index 125
Country-of-Origin 32, 119, 184, 334f., 354, 406, 431
Country Ratings 125
Cross-Country-Segmente 9, 71, 90ff., 102
Cultural Value Models 54ff.
Customer Experience 303, 411f.
Customer Journey 99, 100, 411f.
Customer-Lifetime-Value 106, 105f.

Dachkampagne 409
Dachmarkenstrategie 327, 348
De-Internationalisierung 82ff.
Desintermediation 434
Desinvestition 82ff.
Dezentralisierung 492ff.
Dienstleistungen 422
 -B2C vs. B2B 359
 -Elektronische 359
 -Standardisierung und Adaption 358ff.
 -Typologie 166
Dienstleistungsunternehmen, Besonderheiten der 166ff., 291ff., 469ff.
Differenzierte Standardisierung 320
Differenzierung 305ff., 319, 349, 382, 405f.
Diffusionsforschung 195
Digital Signage 508
Digitale Plattformen 217ff., 282f.
Digitalisierung 51, 359, 434
Directly Operated Stores 286

Direktinvestition 4, 14, 72, 249ff., 304, 306
Direktvertrieb 430, 442, 452, 478
Distanz, Länder- 45ff., 448
 -Added 46, 78
 -Kulturelle 68, 188, 502
 -maße 46f.
 -Politische 188
 -Psychische 68, 200
Distribution 58, 425ff., 473ff.
 -Breite und Intensität der 436ff.
 -sgrad 438
 -Exklusive 436
 -Intensive 436
 -Selektive 436
 -skanäle 134, 443, 452
 -slogistik 425, 448f.
 -spolitik 305
 -sorgane 432
 -ssystem 421
Divergenztendenzen 8, 26
Diversifikation 285ff., 312, 371
Divestments 82, 84ff., 262f.
Domestic-Establishment-Trade 291
Downgrading 357
Dumping 303, 386f.

Early Mover 83, 129, 131ff., 163, 165
E-Business/-Commerce 70, 145
Economic Freedom Index 52
Economies of Scale 25, 30, 137, 271, 295, 303, 307, 328, 353, 358, 373, 380, 446, 452
Effektivität 64, 89, 410, 436, 441ff., 486ff.
Effizienz 1, 14, 24ff., 53, 216, 319ff., 488
Eintritte aus Nachbarländern 73, 78f.
Eintrittsstrategien (siehe Betätigungsformen)
Endorsed Branding 326, 333, 343ff.
Entgelt 375
Entscheidung
 -proaktive/reaktive 82
 -Zentrale 493
 -soptionen 230ff., 255ff., 349, 375, 399
Entscheidungsbaumverfahren 17, 117, 186
Entwicklungsgrad/-länder 28, 47, 50f., 134, 331, 435ff.
Establishment Chain 195f.
Ethno(zentrismus) 29, 320, 325f., 337f.

EU 6, 9, 49, 201
Euromoney-Country Risk 126
Events 421f.
Executive Information Systems 499
Exit (siehe Austritt)
Expatriates 83, 251, 511ff.
Export 178, 201ff.
-abteilung 208, 488f.
-Abwicklungsbesonderheiten 222ff.
-Erfolgsfaktoren 220ff.
-Direkter/Indirekter 206ff., 301, 307
-entwicklung 4ff.
-gemeinschaft 209f.
-Market Orientation 203ff.
-kooperation 209f.
-kredite 223
-papiere 222f.
-struktur 207f.
-Vor- und Nachteile 211
-Wahl von 210ff.
Externalisierung 180, 270, 369

Failure 82ff., 87, 148
Feasibility-Study 112, 114, 173f.
Feinselektion 116
Fernhandelshäuser 3
Festpreiseinschluss 451
Filterverfahren 80, 109
Financial Ethics Index 126
First Tier-supplier 76, 464ff., 489
Fit, Systemischer 266, 482ff.
Flagship Stores 286f., 289f.
Follow-the-Customer 68, 75ff., 155, 454
Forecast of Country Risks for
  International Lenders 126, 128
FORELEND 126, 128
Formalisierung 13, 205, 447, 494ff.
Formattransferstrategie 311
Forschung & Entwicklung 320, 369f., 453ff.
Franchising 179, 185, 232ff., 289, 296, 302
Führungskultur und -stil 515ff.
Führungsstruktur 488f., 503

GAINS-Ansatz 16
Gastlandmarktbedingungen 134, 307
GATT 49, 111
Gelegenheitsmarkt 118
Generalhandelshaus 207

Gesamtunternehmesstrategie 1, 21f., 310f.
Geschäftsfeld 21, 299, 403, 454, 503
Geschäftsklima 49, 127
Global
  -Account Management 446ff., 479, 490f., 513, 454
  -Brand 28, 37, 327ff., 340ff.
  -Competitiveness Report 53
  -Marketing 26
  -Organization 27
  -Sourcing 63, 152, 451
Globale Strategie 26ff., 319f.
Globalisierungsthese 26, 62, 319
Globalisierungsvorteile 7, 149
Going-International 1, 36, 177, 181
Government Stability Index 125
Greenfield Investments 254, 258ff.
Graue Märkte 385f., 397
Grobselektion 115

Handelsbarrieren und hemmnisse 5, 49, 64, 121, 146, 190, 388, 449
Handelskompanien 3
Handelsmittler 213ff.
Handelsunternehmen 167f.
Hermes-Deckung 219, 223
Hidden Champions 152
Hoffnungsmarkt 118
Holding-Strukturen 488
Holographic Displays 441
Human Ressource Management 482, 511ff.
Hybride
  -Betätigungsformen 39
  -Strategie 147, 311, 491
  -Strukturen 233, 488, 503

Image(transfer) 32, 229, 329ff.
Implementierung 38f., 481ff.
Importe (siehe Exporte)
INCOTERMS 122, 223, 392f.
Industriegüterhersteller, Besonderheiten der 151ff., 273f., 451ff.
Industrieökonomik 17f.
Industry Cloud 477
Inflationsrate 50, 384, 502
Informations- und
  Kommunikationssysteme 498ff.
Information 14, 137, 498ff.
Initial Lead 236

Innendienst 439
Innovation
 -Erfolgsdeterminanten der 368
 -Inkrementelle vs. Radikale 366f.
 -Produkt- 369
 -sgrad 486
 -skultur 368
 -streiber 486
 -zyklen 51
Institutional Investor-Index 126
Institutionen
 -Cultural-Cognitive 44f., 53f.
 -Nationale 44ff.
 -Normative 44, 53f.
 -Regulative 44, 51f.
 -theorie 44
Institutionentheorie 44
Institutionenökonomik 180, 207
Integrale Segmentierung (siehe Marksegmentierung)
Integrationsgeschäft 151
Integrale Marktsegmentierung 89ff., 101ff.
Integrierte Kommunikation 403f.
Intelligence Generation 208
Interdependenzen 502
 -der Entscheidungsfelder 39ff., 252, 276ff.
 -der Kernentscheidungen im Internationalen Marketing 40f., 224, 146
 -in der Marktbearbeitung 318ff.
 -mit der Marktwahl 321ff.
 -mit der Strategie 40f., 146ff., 224, 246f., 271, 318ff.
 -zwischen Kernentscheidungen 40f.
Interkulturelle
 -Ansätze 29, 57ff.
 -Kompetenz 515
Intermediäre 62f., 201, 213ff., 275f., 425ff.
Internalisierungstheorie 14
Internalisierungsvorteile 215f.
International Country Risk Guide 126, 128
International New Ventures 141
Internationale Division 488
Internationale Orientierung (siehe Internationale Strategie)
Internationale Strategie 23ff., 321, 348, 382, 518ff.
Internationale Workshops 492

Internationales Management 12f., 482ff.
Internationales Marketing
 -Charakteristika 10ff.
 -Kernentscheidungen 35ff., 40f.
 -Komplexität 39
 -Einbindung in Gesamtorganisation 487ff.
 -Interne Gestaltung 489ff.
 -Strategieebenen 21ff.
 -Theoretische Grundlagen 13ff.
 -Umfeldfaktoren 43ff.
 -Vorentscheidungen 146
Internationalisierung
 -Basisformen 4f.
 -Branchenspezifisch 6
 -Dynamik 3ff.
 -Inkrementelle 199
 -Rhythmisch/Arrhythmisch 139ff.
 -sierungsgeschwindigkeit 143ff., 188
 -sierungsgrad 146
 -smuster 139ff.
 -pfade 129, 139ff.
 -Unternehmensspezifisch 8
 -Ziele der 3
Internes Umfeld (siehe Mikroumfeld)
Investitionsklima und -risiken 126
IR-Framework
 -Konzeption 25ff.
 -Empirische Einsichten 33ff.
IuK-Systeme 449, 498ff.

Joint Venture 179, 185, 238ff., 290, 302
 -Erfolgsfaktoren 241ff.
 -Typen 239
 -Vor und Nachteile 240
Just-in-time-Belieferung 76

Kapitaltransfer 178, 211, 233, 235f.
Kapitalwertmethode 190
Kaufkraft 384
Kennzahlen 439, 458, 487, 505ff.
Kernmarkt 118
Kernproduktnutzen 351ff.
Key Account Management (siehe Global Account Management)
Key Supplier Management 77
Kommunikation
 -Adaption und Standardisierung 405ff.
 -Entscheidungsoptionen 399ff.
 -Instrumente der 412ff.

-Online- und Social-Media- 418f.
-Persönliche 417f.
-Planungsprozess der 402f.
-smix 411ff.
-sstrategie 404f.
-Ziele der 404f.
Kompensationshandel 202, 219f.
Kompetenzzentren 492
Konditionenpolitik 391ff.
Konfiguration 16, 369
Konflikte 244f.
Konsistenz 424ff.
Konsumgüterhersteller, Besonderheiten der 158ff., 282ff., 461ff.
Kontingenz 16, 484ff.
Kontraktvertrieb (siehe Vertrieb)
Konvergenz
 -Faktoren 27, 384
 -these 8, 26
Konvertierungsrisiko 124
Konzentration 63
Konzentrische Kreise 69
Konzession 294
Kooperationen
 - Export und Import 209f.
 - Downstream und Upstream 239
 - Management und Erfolg 243ff.
Kooperative Betätigungsformen 225ff.
Koordination 38f., 481ff.
 -Entscheidungsoptionen 482ff.
 -Instrumente 491ff., 510ff.
 -Interdependenzen 484
 -Teilsysteme 487
 -Straffe und zentrale 278
Kostenvorteile (siehe Exonomies of Scale)
Kredite 122, 218, 394
Kultur, Nationale 29, 50, 54ff., 331, 422
Kulturansätze
 -GLOBE 59f.
 -Hofstede 57ff.
 -Inglehart 60f.
 -Schwartz 58f.
Kulturgebundenheit 9, 353
Kulturtransfer 515ff.
Kundenbewertung 317ff., 380, 421
Kunden
 -merkmale 93
 -orientierung, Proaktive 77
 -präferenzen 133

-segmente 90, 93ff., 110
-verhalten 62
-wert 105, 440
Künstliche Intelligenz 440, 448, 508f.

Länderbewertung 157
Länderdistanzen/-differenzen 45ff., 317
Ländermarktsegmentierung und -selektion 79f., 109ff., 160, 167
Länderportfolio 109, 118ff.
Länderrisiken 109, 121, 124ff.
Länderrisikenbeurteilungskonzepte 124ff.
Länderrisikoanalyse 124f.
Lasswell-Formel 399
Late Mover 129, 131ff., 150
Lead Countries 141, 258, 321, 387, 492
Lead Agentur 406f.
Lean Management 76
Leasing 274, 452
Lebensstile 8, 26, 93, 95ff.
Lebenszyklus
 -effekte 138
 -Kunden- 102, 105f., 440
 -Markt- 365
 -Produkt- 137f., 364, 368, 379f., 406f., 424
 -phasen 363f., 368, 424
 -Theorie 13f., 195, 364
Leistungsprogrammpolitik 349, 360ff.
Liabilities of Foreignness 79, 257, 260
Liberalisierungstendenzen 49
Lieferanten 63f.
Lieferbedingungen 391, 122, 223, 391f.
Lieferungsrisiko 122
Line Extension (siehe Produktpolitik)
Lizenz 177, 185, 228ff., 289, 302
 -arten 228
 -Erfolgsfaktoren 230f.
 -beschränkung 233
 -Vor- und Nachteile 229
Local-Content 49, 64, 164, 240
Lokalisierungsvorteile (siehe Adaption)

Mergers & Aquisitions 4, 40, 86, 185, 258ff.
Machine-Learning 508
Macht(-distanz) 331, 444
Makroumfeld 43ff., 110, 70
Management Contracting 179, 236ff.

Managertypen 511
Marken
 -Globale 28, 37, 327ff., 340ff.
 -Lokale 328
 -architektur 332f., 343
 -management 159, 323ff., 490
 -dehnung 339
 -Dynamik der 348f.
 -eliminierung 340
 -Entscheidungsoptionen 323ff.
 -familienstrategie 327, 348
 -innovation 340
 -lizenz 228
 -portfolio 332, 340
 -positionierung 329ff.
 -reichweite 324, 328
 -strategie 327, 348
 -wahrnehmung/-bewertung 324, 329ff.
 -wirkung 329ff.
 -zeichen 346
Marketing (siehe auch Internationales Markting)
 -Abteilung 490
 -Audit 501ff.
 -budget 312ff.
 -Controlling 501ff.
 -Instrumente/-Mix 305ff., 506
 -Metrics 506
 -Planung 496f.
 -prozesse 66, 316f.
 -ziele 3, 422
Marktattraktivität 118ff.
Marktaustritt 37, 67ff., 82ff., 146ff., 160, 196, 398
Marktaustrittsbarrieren 277
Marktbarrieren 118ff.
Marktbearbeitung 37, 41, 146, 322, 447
Marktdynamik 134
Markteintritt 37, 58
 -Grundsatzentscheidung 67ff.
 -Formen 73ff.
Markteintrittsbarrieren 116, 121ff.
Markteintrittsrisiko 138
Marktengagement 37ff., 67ff., 146
Marktgruppierende Konzepte 110
Marktkonvergenz 9
Marktplätze 63, 75, 302, 452
Marktreduktion 81, 148, 149, 150
Marktsegmentierung 7, 26, 70ff., 89ff., 112ff., 147

Marktselektion 12, 73, 80, 114ff., 147, 160
Mass Customization 320, 353, 451
Master-Franchise-Nehmer (siehe Franchising)
Matrixorganisation 492
Mediadienste 304, 307
Mehrkanalsystem 426, 437
Mesoumfeld 6ff., 43
Messen 74f., 156, 422f.
Mikroumfeld 43, 64ff., 121
Milieu-Studien 96
Mimetic Behavior 16, 54, 74, 185, 308
Mineral Extraction Risk Assessment 126
MINT-/MIST-Countries 6
Mischkalkulation 379
Mischkulturstrategie 516f.
Misfit-Analyse 190
Mitarbeitermotivation 517
Mode(s) 37, 65, 134, 146, 177ff., 431
 -Changes 192ff.
 -Experience 184ff.
 -Einflussfaktoren der Wahl eines 186ff.
 -Inertia 185
 -Methoden der Wahl eines 189ff.
 -Switches 192ff., 300
 -Vor- und Nachteile von 183ff.
 -Wahl der 181f., 295ff.
Modular Design 353, 373
Mono- und Multikulturstrategie 517
Moratoriumsrisiken 124
Multichannel-Strategien 437
Multi-domestic Marketing 29
Multinationale Strategie 28f., 320, 348
Multiple-Faktoren-Indizes 111

Nachhaltigkeit 449
National Institutions 51ff., 332
Nationale Kultur 54ff.
Nationale Kulturhomogenität/-heterogenität 29
Near Field Communication 441
Neo-institutionalistische Perspektive 16, 74
Netzwerk(ansatz) 16f., 76, 134, 141, 216ff., 268f., 294, 492
Netzwerkunternehmung 492
Neugründungen 258ff.
Neuprodukteinführung 135
Niederlassungen 443

Oligopolistisches Parallelverhalten 74
OLI-Paradigma 14, 201, 211, 225
Omnichannel 390f., 437
Online
 -Besonderheiten 389ff.
 -Firms Player 11, 28, 70, 300
 -Konferenztools 440
 -Konzessionsmodell 289
 -Plattformen 217ff., 282f.
 -Preisdifferenzierung 390f.
 -Stores 282, 286, 289
 -Vertrieb 98, 290
Operation Mode (siehe
 Betätigungsformen)
Operation Risk Index 127
Opportunistisches Verhalten 72f., 443
Organisation
 -Lernende 488
 -Marktorientierte 487
 -Planung der 443
 -Prozesse der 482, 494ff.
 -Struktur der 482, 487ff.
 -Systeme der 482, 494ff.
 -Trägheit der 357
 -Vernetzte 488
Organisational Restructuring 82
Organisationaler Fit 266, 482ff.
Organizational Capability-Ansatz 18, 64
Organizational Institutionalism 44
Overlapping 406
Ownership Advantages 211

Parallelimporte 386
Patente 66
Patterns of Internationalization (siehe
 Internationalisierung)
Penetrationspreis-Strategie 379
Perceived Brand Foreignness 336ff.
Peripheral Elements 315f.
Personal
 -ausstattung 65
 -auswahl 513
 -bedarfsplanung 513
 -entwicklung 514
 -planung 443
Pioniervorteile (siehe Early Mover)
Planungssysteme 494ff.
Planung
 -Bottom-up 497
 -Gegenstromverfahren 387, 497

Plattformen, online 217ff., 282f., 302
Political Risk Index 127
Portale 63, 73ff.
Portfolios 81, 87, 106, 122, 502, 504
Modernisierungstheorie 60
Possession processing 359
Preis
 -adaption 382ff.
 -arbitrage 39, 385ff., 396f.
 -bereitschaft 110, 385
 -differenzierung 385f.
 -dynamik 396ff.
 -findung 388.
 -gefüge 378ff.
 -gleitklauseln 451
 -korridor 387, 398
 -lagen 378ff.
 -Leistungs-Verhältnis 375
 -linienpolitik 378
 -politik 305, 375ff., 477
 -positionierung 378f.
 -risiko 122
 -standardisierung 382ff.
 -strategie 379ff.
 -variationen 396f.
 -vorbehalt 451
 -wahrnehmung 385
Price Escalation 383
Product Brand (siehe Marken)
Product Placement 422ff.
Production Hubs 13
Produkt
 -Adaption vs. Standardisierung 354ff.
 -beschreibungen 508
 -dienstleistungen 351
 -differenzierung 371
 -diversifikation 371
 -eliminierung 372
 -geschäft 101, 151
 -gestaltung 351ff.
 -image 345
 -innovation 366ff.
 -lebenszyklen (siehe Lebenszyklus)
 -Marke 66
 -modifikation 370
 -neueinführung 136, 424
 -piraterie 368
 -politik 58, 305, 349ff., 488f.
 -relaunch 370
 -variation 370f.

Produkt-Markt-Bereiche 81
Produktion 65, 121, 162, 256, 271, 278
Produktivitätsvorteile 117
Profit Opportunity Recommendation 127
Profitcenter 29
Programmgestaltung 349, 360ff
Projekte 75, 156
Projektgeschäft 151
Promotions 421
Prozesse der Organisatzion 494
Prozessuale Instrumente 517
Psychic Distance-Paradoxon 317
Public Relations 420f.
Punktbewertung 118, 190

Qualitative Verfahren 124f.
Quality of Workforce Index 126

Rabattpolitik 394f.
Rankings 117
Realoptionsansatz 192
Rechnungslegungspraktiken 502
Reengineering 76
Referenzmarkt 79, 137
Referenzpreis 387
Referenzprojekte 75
Regionale Zentren 257f.
Regionalstrukturen 488ff.
Regiozentrisch 320
Reimporte 386f.
Reintermediation 434
Re-Nationalisierung 82ff.
Repatriates 518
Repatriation-Factor 127
Reputation 45, 53, 58f., 66, 215, 294,
   325f., 341ff., 406, 444, 459
Resource-based View 17ff., 64ff.
Resource-Dependency-Theorie 66
Responsiveness 208
Ressourcen 64ff., 139, 496, 502
Restructuring 82
Retailer Brand (siehe Marke)
Risiken 68, 384, 388, 449, 502
Robinson Country Risk Index 126
Roper-Consumer-Styles 95, 96
Rückkopplung 29, 38f., 384, 396f.
Rückwärtsvertikalisierung 435

Sales Automation 440
Sales Cycle 440f.

Sales Subsidiaries 183
Schwarze Märkte 386
Schwellenländer 432
Scoring-Modell 117, 190
Screening 114
Second Mover 131ff., 150
Second Tier-supplier 76, 464ff., 489
Segmentierung 58, 150
   -bestehende Kunden 104ff.
   -kriterien 91
   -neue Kunden und Lieferanten 102f.
   -Online- und Omni-Channel 98ff.
   -Unternehmens- 101f.
   -Voraussetzungen 90f.
Segments of One 98
Selektion 73, 150, 241, 303
   -kriterien 69, 80, 149
   -sschritte 80
Selektive Strategie 136
Signet 346
Sinus-Meta-Milieus 95
Skimming-Strategie 379
Smarte Kontaktlinsen 441
Social Network Theory 145
Sogo Shosha 214
Sonderangebotspolitik 397
Spinnennetz-Strategie 241
Sponsoring 422ff.
Sprinkler-Modell 136, 278
Standard- und Individuallösungen 477ff.
Standardisierung 26, 305f., 319, 349,
   405f., 421, 497
   -Branchen mit 307
   -Dynamik der 318ff.
   -Effekte der 315
   -Entscheidungsoptionen der 308ff.
   -Faktoren der 307
   -Interdependenzen der 318ff.
   -spotenzial 271
   -Strategie 382ff.
   -Ziele und Vorteile der 306ff., 406
Stationäre Kanäle 304, 306
Stellenbesetzungsstrategien 514
Stores 3, 162, 286, 298
Strahlen-Strategie 136
Strategie
   -As Pattern 22
   -bildungsprozess 22f.
   -Deliberate 22
   -Ebenen der 21f.

-Emergente 23, 32
-Funktionale 21f.
-Globale 26ff., 373, 384f., 406, 450
-Internationale 31ff., 373, 405, 449
-Multinationale 28f., 374, 384, 407, 450
-Transnationale 30f., 45, 373, 408
-Multikulturelle 516
Strategische Allianzen 134, 239, 294
Strategischer Korridor 148
Strategy Follows Structure 482, 484
Structure-Conduct-Performance-Paradigma 17
Struktur (siehe Organisation)
Stufenmodell (siehe Uppsala-Modell)
Sub-Branding 333
Sunk Costs 85
Symbole 414
Synergiepotenziale 307
Systembindungseffekt 281
Systemführerschaft 436
Systemgeschäft 101, 151, 279f.

Tauschhandel 202
Taxonomie 380f.
Technische Dienstleistungen 438, 451, 471f.
Technologiekonvergenz 26
Technologielebenszyklus 138
Technologiesprünge 134
Technologische Lückentheorie 13
Terminierung 443
Theoretische Ansätze 13ff.
Third-Country-Trade 291
Three-Es-Ansatz 16
Tier One-supplier 76
Timing 77, 165
    -Entscheidungsoptionen 129ff., 148
    -Länderspezifisch 129, 131ff., 147, 150
    -Länderübergreifend 135ff., 148, 150
    -Strategieformulierung 133, 278
Tochtergesellschaft 179, 185, 276, 287, 306, 389, 426, 442, 493, 502
    -Rollen 252f.
    -Erfolgsfaktoren 267ff.
    -Konfigurationsformen 251, 253ff.
Total Costs of Ownership 375
Touchpoints 411f.
Trade Marketing 159, 444

Trading Houses 3
Transaktionsformen (siehe Betätigungsformen)
Transaktionskosten 179f., 188, 196, 441
Transaktionskostenansatz 14, 189
Transference 26, 31
Transferpreise 391f.
Transferrisiko 124
Transnational (siehe Strategie)
Transportrisiko 122

Umfeld
    -faktoren im Internationalen Marketing 43ff.
    -Makro 39ff., 49ff.
    -Meso 39, 61ff.
    -Ökonomische 49
    -Politisch-rechtliche 49
    -Soziodemografisch und kulturelle 50
    -Systematik 43ff.
    -Technologische 51
    -Unternehmensinternes 64ff.
Umpositionierung 398
Umsatzpotenzial/-attraktivität 121
Underperformance 82
Unsicherheitsvermeidung 331
Unternehmensimage 345
Unternehmenskultur 482, 510, 518
 – Einfluss 516
 – Strategische Bedeutung 509ff.
 – Übergeordnete 510
Unternehmenskultur 509ff.
Unternehmensreputation 45, 53, 58f., 66, 325f., 215, 294, 341ff., 406, 444, 459
Unternehmensstrategie-Ansatz 16f.
Uppsala-Modell 14ff., 199
USMCA 49

VALS 95, 96
Value Creation Logic 300
Verbundeffekte 378
Vergleichsmodelle 109
Verkaufsförderung 421
Verkaufshilfen 421
Vermittlungsagent 214
Verrechnungspreise 391
Versorgungssicherheit 449
Vertikales Marketing 2, 159, 442, 462
Vertikalisierung 159, 282ff.

Vertrieb 425ff.
 -Breite und Tiefe 434ff.
 -Direkter 430ff.
 -Dynamik des 449f.
 -Ein-/Mehrkanalsystem 437f.
 -Entscheidungsoptionen im 425ff.
 -Indirekter 289, 430ff., 442, 478
 -Interdependenzen im 449f.
 -Management und Kontrolle im 441ff.
 -Marktabdeckung im 436f.
 -saktivitäten 477ff.
 -sgesellschaften 297
 -sleitung 439
 -slizenz 183, 228, 287
 -skennzahlen 439
 -skontrolle und -skoordination 430
 -skonzeption 438ff.
 -sniederlassung 253ff., 255ff.
 -splanungsprozess 429f.
 -sorgane 430ff.
 -sstrategien 430, 436
 -ssystem 425, 442
 -sziele 429f.
 -Vertikale Beziehungsgestaltung im 442ff.
 -Vertikalisierung im 434ff.
Virtual Reality 508
Vision 303
Voice Commerce 441
Vorauskoordination 496
Vorwärtsintegration 435

Währungsrisiko 122
Warenverkehr 449
Warenzeichenlizenz 228
Wasserfall-Strategie 135ff.
Wear-out-Effekte 424

Wechselkurs 50, 502
Weisungsbefugnis 445
Welthandel 5
Werbebotschaft 413
Werbemittel 414
Werbeträger 414, 416
Werbung 413ff.
Werte 54f., 62, 413
Wertetheorie 58
Wertschöpfung
 -Konfiguration der 178
 -sfunktionen 487
 -snetzwerke 76, 216
 -ssysteme 443
Wettbewerber 61f., 70, 123
Wettbewerbsposition 122
Wettbewerbsumfeld 61ff., 121
Wettbewerbsvorteil 19, 131
Wirtschaftlichkeitsanalyse 190f.
World Competitiveness Yearbook 53
World Governance Indicators 52
World Trade Organization 49, 201, 386

Zahlungsbedingungen 124, 393
Zahlungsbereitschaft 384
Zapping-Aktivitäten 423
Zentralisation 487, 492ff.
Zentrifugale und -pedale Kraft 510
Ziele 1ff., 397
Zielgruppen 90, 384, 400, 407
Zielkongruenz 248
Zinsraten 502
Zuliefergeschäft 101, 151
Zulieferunternehmen 134, 453
Zweimarkenstrategie 284
Zweiseitige Plattformen 311
Zwischenhändler 206f.